U1014816

浙江文叢

洪頤煊集

〔第一册〕

筠軒詩鈔
筠軒文鈔
漢志水道疏證
管子義證

〔清〕洪頤煊 著
王建
林辰達
馮先思 點校

浙江古籍出版社

圖書在版編目(CIP)數據

洪頤煊集 / (清)洪頤煊著;王建,林辰達,馮先思點校. —杭州:浙江古籍出版社,2019.3
(浙江文叢)
ISBN 978-7-5540-0938-3

Ⅰ.①洪… Ⅱ.①洪… ②王… ③林… ④馮… Ⅲ.①洪頤煊(1765-1837)—文集 Ⅳ.①Z424.9

中國版本圖書館 CIP 數據核字(2017)第 005042 號

洪頤煊集

(全五册)

(清)洪頤煊 著

王 建 林辰達 馮先思 點校

出版發行 浙江古籍出版社
(杭州市體育場路 347 號 郵編:310006)
網　　址 www.zjguji.com
zjgjcbs.tmall.com(天猫旗艦店)
網　　址 www.zjguji.com
責任編輯 劉 蔚
封面設計 劉 欣
責任校對 余 宏
責任印務 樓浩凱
照　　排 浙江時代出版服務有限公司
印　　刷 浙江新華數碼印務有限公司
開　　本 710mm×1000mm 1/16
印　　張 123.5
字　　數 1265 千
版　　次 2019 年 3 月第 1 版
印　　次 2019 年 3 月第 1 次印刷
書　　號 ISBN 978-7-5540-0938-3
定　　價 600.00 圓(精裝)

如發現印裝質量問題,影響閱讀,請與市場營銷部聯繫調換。

ISBN 978-7-5540-0938-3
9 787554 009383

出版説明

洪頤煊(一七六五—一八三七),字旌賢,號筠軒,晚號倦舫老人。浙江台州臨海人。累試不第,援例捐貲州判,簽發廣東試用,歷署羅定州州判及新興縣事。少年時期,洪頤煊即與其兄弟震煊致力于經史考證之學,成就斐然。嘉慶二年(一七九七),浙江學政阮元視學台州,洪氏兄弟得受其嘉獎,并赴杭州敷文書院學習。嗣後,洪氏兄弟參與阮元倡議編纂的《經籍纂詁》,主事者臧庸在工作中得以對兄弟二人有較多瞭解,其評語稱『大洪淵博,小洪精鋭。兩君之卓識,吾不及也』。洪氏兄弟進入詁經精舍深造,得與王昶、孫星衍諸師游。後洪頤煊選爲拔貢,入京考試,未中,乃入孫星衍幕,爲之校刊古書、編纂書目、校録金石,各有著述傳世。洪頤煊廣東任職之時,又逢阮元調任兩廣總督,乃入阮幕。頤煊在粤期間聚書三萬餘卷,携歸家山,著述終老。

洪頤煊生當乾嘉學術鼎盛之時,受知於阮元、孫星衍、王昶諸師,考經校史,成績卓著。著有《禮經宫室問答》二卷、《孔子三朝記注》七卷《目録》一卷、《孝經鄭注補證》一卷,《諸史考异》十八卷、《漢志水道疏證》四卷、《平津讀碑記》八卷,《管子義證》八卷、《校正穆天子傳》七卷、《校正竹書紀年》二卷、《台州札記》十二卷、《讀書叢録》二十四卷,輯録《經典集林》三十二卷，其詩文集爲《筠軒文鈔》八卷（初刻爲四卷，後增補爲八卷）、《筠軒詩鈔》四卷等。今人陳鴻森有《洪頤煊年譜》，述其學行著述最爲完備。

《洪頤煊集》選録洪氏著述七種。《平津讀碑記》八卷、《續記》一卷、《再續》一卷、《三續》二卷。版本有洪氏家刻之《傳經堂叢書》本、及後人刊刻的《槐廬叢書》本、《木犀軒叢書》本等。其中《傳經堂叢書》本爲洪氏生前手訂，最可依據。然而此版隨寫隨刻，其中的《再續》《三續》刻於洪氏晚年，流傳較罕。《續修四庫全書》影印《讀碑記》四種時，亦只採用了《傳經堂叢書》本《讀碑記》《續記》，并用《木犀軒叢書》本《再續》《三續》配補。此次整理，底本用《續修四庫全書》所影印者之外，《再續》《三續》用上海圖書館藏《傳經堂叢書》本對校，又參考了《石刻史料新編》影印《槐廬叢書》本《讀碑記》四種及復旦大學圖書館藏《木犀軒叢書》本《讀碑記》《續記》。整理過程中參考了趙明誠《金石録》，洪适《隸釋》、《隸續》，王昶《金石萃編》，陸增祥《八瓊室金石補正》等金石學書籍，以及本書所收原碑拓片等參考資料。《讀碑記》多異體字，依據原碑文字進行保留。《筠軒文鈔》八卷《補遺》一卷，初刻爲四卷，後增補爲八卷。本次整理底本爲《續修四庫全書》影印《傳經堂叢書》本。《筠軒詩鈔》四卷，底本爲《清代詩文集彙編》影印《傳經堂叢書》本。以上三種由林辰達整理。

《讀書叢録》二十四卷，前二十三卷乃考證經史百家所得札記之匯集，末卷則爲宋元善本書志。洪頤煊抵粤之後，開始編寫此書，道光元年（一八二一）定稿，翌年由廣東富文齋刊行，卷前有道光元年十二月廿一日自序。又有宋翔鳳所作序文，則撰寫於道光四年，故僅見於後印本中。此書即其自著《傳經堂叢書》之第五種。整套叢書今不多見，外間流行仍以單行本爲主。此本又經光緒十三年（一八八七）吴氏醉六堂重刊。吴氏覆刻頗爲忠實，與原本文字幾無二致。本書又有節本三種。其一即《讀書叢録節鈔》一卷，收於光緒七年（一八八一）歸安姚氏粤東藩署刊《晉石厂叢書》内。叢書書板後歸瞿氏鐵琴銅劍樓，民國二十三年（一九三四）重修。所節抄者即原書第二十四卷之『群書題跋』。其二即《讀書叢録》一卷，收於《皇清經解續編》卷四百九十五，光緒十四年（一八八八）南菁書院刻。共摘録經學類札記三十則。其三即《讀書叢録》七卷，爲《廣雅叢書》之一種，光緒十五年（一八八九）廣雅書局刻。該本僅取史學類札記，即原書卷十七至二十三考證《史記》、《漢書》、《後漢書》之部分，故爲七卷。此次整理，以《續修四庫全書》影印國家圖書館藏李慈銘舊藏道光二年富文齋刊本爲底本。此本目録之後有『男瞻墉校字』字樣，可知付刻之時，由洪頤煊之子親自校勘，故質量頗精。本次校勘以覆核引文爲主，引文内容有與通行本文字相異或摘句偶誤者，均註明於校勘記内。《讀書叢録》此書考訂經史異文，其中異體字涉及文義者從底本。本書由王建整理。

《漢志水道疏證》四卷。洪頤煊以錢坫《漢書地理志新斠注》一書於地理、水道，頗有未合者，即勾稽考索，采録群書，成《漢書水道考證》四卷，後改名『疏證』。本書有嘉慶間《問經堂叢書》本、光緒間《廣雅叢書》本、長洲蔣氏《心矩齋叢書》本。本次整理底本爲光緒十八年《廣雅叢書》本。《管子義證》八卷，乃洪頤煊入孫星衍幕所作。其時，與孫星衍共事校訂《管子》，王念孫以其校本寄示，故洪校采録王説頗多，間有不見於王氏《管子雜誌》者。本書有清嘉慶間《傳經堂叢書》本、《積學齋叢書》本。本次整理底本爲《續修四庫全書》影印嘉慶二十四年《傳經堂叢書》刻本。《諸史考異》十八卷。洪頤煊此書乃繼錢氏大昕《廿二史考異》而作，義主校勘諸史異文，以條其異同，辨其舛謁。洪氏所校《史記》、兩漢書三史，已載入《讀書叢録》中。此書則校《三國志》以下至南北史諸書，勒爲十八卷，於地理、年代頗多留意。本書有清嘉慶間《傳書堂叢書》本、光緒間《廣雅叢書》本。本次整理底本爲《續修四庫全書》影印《廣雅叢書》本。《諸史考異》中多涉避諱與史籍異文問題，涉及文義的避諱字、異體字一從底本。以上三種由馮先思整理。

洪頤煊集總目

筠軒詩鈔

林辰達 點校

筠軒詩鈔目録

筠軒詩鈔卷二

筠軒詩鈔卷三

筠軒詩鈔卷四

�軒詩鈔序

余少研經訓，不善吟詩。率爾酬應，以及閒有題詠之作，藏諸篋中，不敢出以示人。今秋晴窗無事，偶檢舊稿，頗動雞肋之歎。太史公有言：『食肉不食馬肝，不爲不知味。』録而存之，亦可見友朋之繾綣，山水之留連。染指嘗鼎，藉紀歲月。知無當於大雅之一噱爾。嘉慶廿二年歲次丁丑，十月既望，臨海洪頤煊識於粵東鍾官西舍。

筠軒詩鈔卷一

癸　丑

台州雜詩八首

靈江遶郭傍寒流，隔岸蕭蕭黄葉秋。一片山城如畫裏，白雲深處是吾州。白雲山在龍頭東。

鈴閣高懸白日斜，水雲迢遞足生涯。清香不礙幽人夢，猶記平橋看蕅花。宋州衙平橋荷花最盛。

雙塔峻峋鎖碧苔，幾時投筆向江隈。前朝亞字紅欄在，引得游人日日來。巾山雙塔，舊有欄杆，明嘉靖中燬於火。

春風落日子城西，内外班連敞畫題。共道先朝有賜第，槐陰清晝子規啼。子城内外俱錢氏子弟所居，謂之『内外班』，賜第元時猶存。

三絶長懷杜老詩，尋春閒過廣文祠。捏兒坊裏無人到，開盡蕪菁知不知。鄭虔居捏兒坊，見《輟耕録》。

般若臺高緑樹遮，孤僧相對只梅花。庵中剩得殘碑在，剥落松窗字半斜。余近得錢松窗《般若臺詩碑》，有『疎梅何事門僧清』一句可讀。

秋光冷淡敞圍屏，銀燭微銷醉後青。欲看東南好山色，扶笻應上玉霄亭。曾茶山《玉霄亭詩》：『欲看東南未了青。』

王喬尋仙去絶踪，三清宫殿白雲封。當年提舉朱夫子，曾聽齋堂覺後鐘。宋天慶觀有仙人王喬祠，朱子往來台州，嘗主觀中。

甲　寅

題寺幡

寶幡相引彩雲邊，佛力三生信有緣。清篆香煙迷法界，瑶臺花雨散諸天。何人解説無生偈，有客來參最上禪。試問木樨香在否，世間能得幾回傳。

燈花詞擬作

沉沉秋意凉如水，蘭房夜静人無語。瑣窗不見月光寒，獨對銀釭理殘杼。機聲軋軋苦不休，一回相憶一回愁。三年征戍夢河北，鴛鴦瓦冷誰知秋。忽見燈花燦的皪，閨中喜動蛾眉色。歸人有兆定先知，展轉燈前三嘆息。向日心情輕别離，黄金如斗誇腰圍。一自驅車出門去，花鈿落盡無人知。從今但願人如燕，雙棲雙宿雕梁院。年年長共一燈青，花落花開俱不見。古來萬事信有因，燈花未必能如神。惟恐明朝音信斷，翠蛾依舊啼愁顰。君不見，昨夜羽書到帝闕，單于已度龍城月。

靈江竹枝詞七首

青山兩點海門遥，郎去販鮮只一潮。昨夜五更風浪惡，聞郎船尚在黄椒。
江干斜日已西銜，掛起船頭白布帆。寄語後梢齊努力，明朝早早到黄巖。
馬頭山下春草香，馬頭山上春草長。儂心不管長和短，日日船頭歌赧郎。
放船放過白塔灣，閣船閣在馬角山。一潮上來一潮落，與郎同去又同還。
水雲初過暮山青，一夜行來櫓未停。可惜今宵無月色，前村隱隱是新亭。
三山浪忽易翻舟，兩岸蕭蕭蘆荻秋。搭上蜑船斜渡去，大江稱看月華流。
昨夜無人載貨過，空船泊在鏡山坡。爲郎補得蓑衣好，只恐來朝風雨多。

乙　卯

贈郭滄洲

槐庭晝静臨朱夏，點檢齋中得閑暇。人生樂意須盡歡，莫使良時負清課。與君嗜好有同癖，搜索閒錢不論價。五銖半兩那足奇，九府泉刀誰敢借。吾家鄱陽作泉志，分别流品辨欺許。高文大册久懸垂，千載猶有虹光射。君從何處得永安，古色斕斑驚滿座。可惜世人好事稀，至寶久使埋塵堁。尊彝鐘鼎世所珍，寒士焉能屈其駕。不如阿堵覓生涯，品論滄桑等噉蔗。日來積雨苦瀟瀟，摩榻幾令旁人罵。他年倘得著録成，與君拍手長林下。

避暑香谷山莊

風流不減杜家莊，水石清奇映畫廊。庭有好花侵几硯，座無俗客厭文章。移來枕簟濃陰合，夢入瀟湘暑意忘。不是主人能愛客，煩襟何處滌清涼。

嘉樹隨時著意栽，雲根細劚護蒼苔。清風似與故人約，明月遲于昨夜來。坐久不知茵次濕，話長偏覺斗杓催。他年回首三江勝，應記荷花馥郁開。

東滄洲

小齋岑寂似巖阿，一榻清風近若何。雲水生涯隨分住，文章憎命總由他。槐庭晝静無人到，花院陰濃少客過。昨夜先生歸去也，新詩賦就倩誰磨。

旱

東南水稻種，五日須一沐。灌溉滿平疇，倉箱慶豐足。如何六月來，亢陽肆驕毒。騰騰烈焰張，赫赫炎威逐。行潦點滴乾，巖竇涔蹄覆。疾雷噤不鳴，老龍懾相伏。禾如蓬槁焦，田作龜兆卜。農夫走羣望，朝夕祀羣谷。天聽總莫聞，蒼旻愈清穆。嗷嗷小民情，隱隱窮閭哭。謂將溝壑填，毋乃衣食蹙。余聞頗不然，所見何碌碌。當今太平世，風雨各專局。陰陽互燮調，亭毒自往復。雨澤偶愆期，降罰未必酷。况乎上天仁，羣黎素愛育。寧舍食息氓，遽作雀鼠瘃。不見南山雲，冉冉出林麓。

里中求雨有暴龍王于烈日中者叠前韻

朝看南山雲，鬱蒸氣如沐。謂可致雨師，霑體及塗足。胡爲風伯來，掃除反予毒。村農困無告，舞號聲相逐。移罪及社神，汝不救顛覆。暴諸烈日中，恍若巫尪伏。皇天重紀綱，管籥慎枚卜。法令如毫毛，案牘積山谷。海濱蟣蝨臣，何以動蒼穆。得毋刑罰乖，忍使土木哭。我嘗溯厥由，惟民自生蹙。庖厨列鼎俎，撙節賤庸碌。暴殄本不仁，靡費更變局。上帝實震怒，赫然示之復。降眚既有因，受禍未爲酷。急當各湔祓，泥首謝覆育。天心倘見憐，尚可甦昏瘃。何必責鬼神，旦夕望川麓。

聞城中求雨更甚再叠前韻

台州魚米鄉，果腹事膏沐。幸逢太平世，葢藏無不足。譬彼羅珍羞，噬腊未遇毒。今年歲少挫，祈禱各奔逐。皇皇城市憂，戚戚甑釜覆。觀音早入城，慈悲争拜伏。側聞龍王至，排户設虔卜。金鼓震四郊，旌旗蔽通谷。縣官下堂求，麻鞋叩沕穆。冀得天心回，免使閭閻哭。緬想近時宰，爲政頗不蹙。雖非古循良，尚異鰥生碌。時邑侯蔣公城頗宜其民。脂膏絶請謁，贓汙翻前局。廉静鎮方隅，生機似可復。積貯本政經，催科非爲酷。如何旱魃虐，梗此羣生育。城鄉十萬民，岌岌憂瘡瘃。回首望長天，躑躅三江麓。

柬樧堂

青山白石路迢迢，孤館何人破寂寥。得句漫論唐與宋，求詩須識桂和椒。野無纖翳沉沉隔，天有微雲淡淡描。一段秋光誰管領，莫將清興付漁樵。

晚　行

出郭日已晚，秋風吹遠林。潮隨沙岸闊，煙帶隴雲深。鴻雁徐徐度，寒蛩唧唧吟。遲回思往事，清興月中尋。

和乩仙韻同宋确山作

仙馭隨風舉，雲遊到草堂。偶尋未了夢，乩言曾與余及确山前生唱和。來話夙緣長。大藥丹初轉，黄粱飯正香。頭顱應已誤，不敢問前生。叶。

勝會連宵洽，仙凡在一堂。燭因深夜短，話爲有情長。問字煙霞古，探奇巖穴香。回頭思舊事，飄蕩愧吾生。

丁巳

送朱省弇教授歸海鹽

槐市春風日月長，諸生濟濟共登堂。青錢自揀丁年品，黄卷能分丙夜光。故里未荒松菊社，閑情偏愛水雲鄉。從今弟子長相憶，又在横湖瀲浦旁。

春光初過百花朝，惜别無端感寂寥。一片性情留舊雨，三年笑語隔今宵。從兹鴛水吟踪好，此去台山客夢遥。何日重游尋蠟屐，寒齋相對一燈挑。

阮雲臺閣學試台手篆鄂不館題榻以贈賦以志感兼示樧堂

六經邈河漢，終古亘長天。緬懷羽翼輩，議論高雲煙。與子有同嗜，黽勉晋魏前。未能點畫辨，敢道文字賢。淮海起哲匠，風度何翩翩。手抉天人學，心參泰古先。搜羅及葑菲，題字光茅椽。灼灼夫栘華，耀彩何新鮮。愧我非等倫，鄂拊徒相連。人生一顧恩，寵若鐘鼎鐫。回頭思往事，撫卷爲茫然。

天姥吟

天姥山在新昌縣南五十里。人皆知太白有《夢游天姥吟》，不知少陵詩一云：『歸帆拂天老。』一云：『悄然坐我天姥下，耳邊已是聞清猿。』少陵亦至其地。余欲于其旁建李杜二先生祠，嘗釀金而不果，因作此詩，以寄意焉。

天姥之峰高插天，青山四面圍雲煙。迴崖側壁陡佳絶，靈境往往多神仙。太白當年走吴越，栩然一夢成奇緣。醒來作詩寫胸臆，七字千古争流傳。少陵足跡亦曾到，歸帆信宿何翩翩。耳邊清猿啼不住，事後尚自懷山前。白雲嶺上日冉冉，青谿谷底流涓涓。洞天福地世豈少，名人一至長新鮮。我家天台去咫尺，來往此地尤留連。思欲一椽薦蘋藻，大書碑刻深雕鐫。可惜世人好事少，醵金那得青銅錢。清晨過此重歎息，空吟招鶴歸來篇。

渡錢塘江

江勢通三折，波濤日夜浮。帆連澉浦小，潮到富春收。越嶠行方盡，吴音聽漸稠。中流看擊楫，天際起沙鷗。

宋望祭殿

泥馬空傳半壁功，當年和議泣英雄。汴京草長迷雙闕，漠北風高怨渚鴻。荒塚年年留麥飯，故園處處隔春風。傷心千古冬青樹，唯有殘暉伴落紅。

戊午

論經十三首

絶學紛綸百代中，笙簧六籍藉羣公。尼山世業飄零後，總帶秦灰劫火紅。

表章六藝仗河間，珍重賢王手自删。何似淮南聘方士，只留鴻寶枕中還。

不見西京孔子國，紛紛傳注託時名。當年問故唯遷史，枉被遺書誤後生。

多病文園渴帝漿，《上林》賦罷寫《凡將》。句裁七字斯翁體，漫作鄒枚墨汁香。

太乙燃藜丙夜光，書成别録奏君王。中流砥柱論功賞，秘閣當年校勘忙。

吐鳳雄才揚子雲，古文奇字任披紛。輶軒採得無人識，唯有劉歆知此君。

博士移書俗學嗔，劉君稽古信如神。千秋倘肯寬青史，孔子庭中祀此人。

開國東京白水潯，桓榮父子受恩深。當時據座談經者，誰記西州有杜林。

虎觀經帷次弟開，賈君奉詔主羣裁。六篇當日通人議，一代蘭臺班史才。

《説文》南閣九千字，小篆新從六法摩。不是許君懷絶業，漆燈長夜竟如何。

通德門墻滙衆流，千秋鴻業鄭君優。中天日月懸如鏡，一任蚍蜉撼不休。

漢末傳經漸失真，喜將議論逐時新。傳家不改師門法，應許高劉作後塵。

孫叔原爲鄭學徒，偶成反切任音呼。後來誤殺命癡子，錯認西人字母圖。

庚申

詁經精舍祀許叔重鄭康成兩栗主紀事

古人講學地，厥名曰精舍。後儒不攷實，反爲禪林借。中丞妙稽古，湖濱敞臺榭。諸生競勸學，誦春而弦夏。詩書既聿陳，俎豆欣薦藉。南閣祭酒君，《説文》光長夜。司農百世師，羣經斗牛射。兩者家法同，研求類噉蔗。下士少究心，實學多驚詫。譬彼植嘉禾，其志在速化。遺經孔壁尊，詁訓尼山亞。願勉二三子，絶業毋生怕。

送張子白明府之鎮番

送君鎮番去，春色滿征鞍。一片西涼月，千秋賢宰官。奇探石室古，盃泛酒泉寒。回首南明路，何如絶塞觀。

題王蘭泉少司寇三泖漁莊圖

蕭蕭白髮老容顔，帝許儒臣一味閒。投筆舊從荒服外，簪毫長在紫宸班。繡衣節鉞紅塵遠，絳帳風流客夢還。回首漁莊正蕭瑟，煙波縹緲白雲間。

辛　酉

題桃源圖和阮中丞劉閣學兩夫子原韻

恍向天台採藥還，桃花春雨舊家山。偶觀靈境心逾遠，卻和新詩愧復删。仙掌月明珠作珮，佛螺日暖翠爲鬟。每憐千載魚書杳，尚有多情鶴夢闕。湘竹空聞傳楚澤，洛川漫說贈交環。興懷一昔分時面，誰識于今別後顔。洞口歸雲紅靄靄，溪邊芳草緑閒閒。圖成無隔幽尋意，笑與同人想像間。

題劉信芳夫子桃李新陰圖

春雲閣雨養花天，珍重南園種樹年。十里笙歌三月錦，無人不道小遊仙。
碧紗映月夜窗虚，玉尺閒量舊校書。收盡名花歸筆底，滿庭濃露曉陰餘。
午橋花塢爛新紅，接葉連枝颺曉風。本是江城舊顔色，一經點染艷逾工。
不言樹下自成蹊，南國人環小院西。結實終當瓊玉報，烏絲且界咏新題。

西湖柳枝詞六首

纔過蘇隄又白隄，絲絲着雨望中迷。無端染得閒愁甚，聽徹鶯聲在水西。

拂面長條映畫欄，春光迢遞耐輕寒。湖山好景應須畫，添得斜陽仔細看。
湖光如水蔚藍天，點點飛花落綺筵。可惜土孫留不住，春風寒食又來年。
裊娜腰支一捻消，銀牙碧管度春宵。朦朧花影勾吟舫，總在紅欄弟二橋。
南屏煙雨破空濛，花港平隄一笛風。莫唱鷓鴣歸未得，柳梢明月又垂東。
辜負春光二月時，閒中消息有誰知。平橋一望花如雪，盡入游人七字詩。

望湖樓曉憇

湖樓碧四圍，曉色動新漲。荷香滿衣裾，清氣心蕩漾。羣影含空濛，煙光猶未暢。但覺微風吟，不聞漁父唱。青山寂無言，白雲澹相向。茫然身世間，俯仰聊自放。

同邵東滙蔣蔣村游南山水樂洞

溪雲未散日光没，黄葉滿林路突兀。南屏秋色露漸晞，乘興直探山水窟。淙淙鳴玉隱朝霞，滴滴清泉映曉月。玲瓏巖竇長枯藤，剥落莓苔生石髮。洞口流連響過簫，石上沈吟風透骨。老僧入定坐閒禪，野猿欺客倚清樾。浮囂謝盡眼界空，塵心不動天機發。兹游示暢暮影横，聊以題名記殘碣。

白雲庵泛月

涼露霏霏夜氣清，碧波閒向月中行。一奩竹色摇窗影，四壁花光照眼明。倚棹渾忘征袖濕，扣舷最愛暮雲平。良宵未盡吟秋興，時聽烏飛繞樹聲。

題陶凫香紅豆樹館圖時凫香將歸蘇州

跌宕風流文史家，扶疎遶屋緑陰斜。何年種得相思樹，到處勾留看彩霞。一生多半爲情牽，柳七才名映紫煙。此去江南秋正好，新詩題滿碧雲箋。

題錢同人策蹇訪碑圖

盡日探奇破寂寥，秋郊不惜軟蹄遥。前邨穲稏斜陽外，記得碑陰是六朝。歐趙遺文墨瀋香，何人搜訪到江鄉。從今好事輸吾友，手搨摩崖補硬黄。

題𠬶積堂桐陰覓句圖

宿雨初銷金井東，翛然一榻緑雲中。何人解咏吹香句，勾引詩情上短筩。我亦曾爲桐下居，風流瀟洒媿君如。十年不踏斜塘路，回首西風一渺予。余壬子在武塘，倪韭山丈曾爲寫《桐陰著書圖》。

筠軒詩鈔卷二

壬戌

姑蘇懷古

春風斜日過姑蘇，往事興亡一嘆吁。越國山川憐王氣，吴宫花草怨平蕪。寒潮下上空嗚咽，金虎銷沉半有無。畢竟君王成大度，輸他狡獪作雄圖。

山塘雜詩

纔過春風二月天，平隄水滿柳如煙。笙歌隱隱歸何處，高捲珠簾落照前。
紅橋迢遞緑陰中，短簿祠邊漾晚風。多少閒情吟不盡，遊人畫舫正匆匆。
畫閣陰濃碧樹遮，水雲深處足生涯。嬉春盡日迷來往，十里山塘十里花。
夜漏沉沉玉笛吹，酒旗歌館正相垂。一輪皓月三更後，猶聽吴儂唱竹枝。

舟過無錫

短棹任夷猶，春風落日留。白雲眠遠郭，緑樹送行舟。紺塔凌霄迥，珠宫接地浮。惠泉一樽酒，聊解别離愁。

揚州看月

廿四橋頭月，今宵止獨看。風輕摇澹宕，雲净耐清寒。鄉思江關隔，吟踪旅次安。繁華自古地，永夜笛聲殘。

韓庄守閘同裘香山孫琢齋王春畬三同年登水閣望微山湖作

旭日散晴曦，微風動孤槳。泠泠沸水清，扁舟不得上。同人約登岸，水閣共延賞。遠見微山湖，煙光何泱漭。漁帆止一葉，雲際數來往。極岸送遥青，山氣亦蕭爽。藉此片晷閒，聊以滌塵想。

初抵京師作

蓬萊春色滿皇州，宫殿森沈想冕旒。乍聽千官屯豹尾，又傳萬國拜龍樓。時清令肅天街静，日暖風微仙仗浮。滄海小臣争一粟，也思簪筆試螭頭。

呈朱石君尚書二十韻

海内思文柄，中朝第一人。龍門競趨謁，鴻藻悉羅陳。派異空疎衍，書還誦讀頻。三唐超絶業，兩漢邁前塵。振筆推燕許，知人接李荀。官從青傅重，品是大儒身。憶昔星軺出，來從浙水濱。東西歌樂育，大小遍陶鈞。鶚薦多名士，芹香盡俊民。家家誇紙貴，處處嘆書貧。伯氏謂地齋懷英傑，當憂正苦辛。搜才舒慧眼，别試得奇珍。逸翮矜孤上，高騫賞絶倫。關心留滿服，異數貢成均。謂可騰雲路，因之致館賓。鹿鳴纔一躍，鵬賦竟長淪。命薄悲秋草，天高視杳旻。三千歸旅櫬，畢世荷帡仁。事已嗟終紀，言還愴左神。况兹同氣者，躑躅淚霑巾。

吴稷堂侍讀招住寓齋賦此志謝并柬徐楚香同年時同注聽彝堂賦選

詞伯今無敵，文宗占上頭。祇因曾獻賦，翻喜獨迴眸。桂樹延同賞，茅齋足暫留。徘徊清眺地，先免旅人愁。

槐省依吟久，薇垣引試多。高文窺浩瀚，撰注費編摩。鍊石原難就，研都媿易訛。幸聯徐孺榻，清話屢相過。

徐飴庵裘香山孫琢齋三同年陶然亭小集

秋風初動袷衣凉，訪勝城南愛景光。但對西山延爽氣，焉知北斗是他鄉。繁華易逐紅塵夢，閑寂難忘野興長。千頃蘆花猶未白，平皋樹色正蒼蒼。

良鄉道中

驅車出國門，日暮逐塵鞅。朦朧遠樹間，風煙何莽莽。古來征途人，祇爲名利綱。羸馬慘不驕，病僕呼難上。傾欹無停輪，歷碌轉自想。所以泉石流，孤高成獨往。

題北河旅壁

隔墻絃索太分明，幽怨難銷兒女情。棖觸旅懷眠不得，起看斜月已三更。

定州曉發

殘星猶在樹，驅馬向西行。野戍霜花重，荒郊露氣清。車鈴連遠道，寺塔迥層城。我已棲棲慣，年來不記程。

渡滹沱河

河聲遠自代中來，曉渡蒼茫四望開。西映太行迷崒嵂，東連碣石走風雷。傷心舊事悲秋壘，弔古前朝見土臺。九月清霜正蕭瑟，壯懷何處滌塵埃。

抵藁城作示劉初泉茂才

河北漢時縣，蕭條俗最淳。城危餘古堞，邑小見貧民。客舍凉初覺，書齋漏轉頻。幸憐故人意，話舊倍相親。

癸　亥

學字篇

我生學字如學仙，仙猶可學字無緣。少時執筆如執杵，長乃稍習苦不妍。春蛇秋蚓極變幻，以意塗抹任所便。後來發憤治古學，六書一一窮真詮。《凡將》《説文》日來往，蘇黄米蔡隨雲煙。去年蒙恩試太學，瓊林玉樹相新鮮。故人翩翩盡鸞鳳，我獨被放守石田。相逢勸我學字好，一誤何如再誤賢。朅來書興頗勃勃，伸紙作畫波磔連。埋頭初似蟻旋磨，細視仍如蠅附羶。譬以枯柴雜濕葦，那有光燄騰星躔。我聞萬物各有數，人生遇合皆由天。懸針倒薤亦奚用，况我腕力非華年。清晨擘紙坐自笑，馬肝不食何妨焉，馬肝不食何妨焉。

醉歌行同初泉作

憶昔與子來浙東，哲匠特起呼春風。一時相羅盡豪俊，武林往往多鉅公。子才正如不羈馬，橫槊直入盤當空。眼前瑣細何足道，西湖桃柳尋青驄。我則埋頭據講案，兄弟日夕雕魚蟲。蔬食菜羹甘所飽，閉户不出吟枯桐。兩者相逢異臭味，訂交翻喜意氣同。匆匆往事已十載，朋儕星散隨秋鴻。今年河朔喜相值，衙齋夜話燈花紅。故人翩翩盡鸞鳳，唯我與子悲樊籠。酒酣耳熱急起舞，狂歌大叫排蒼穹。君不見，古來萬事豈有主，得失何必齊塞翁。李蔡爲人下中耳，封侯遠出陰山功。達人既不信天命，壯士焉肯歌途窮。眼前有酒且盡歡，胡爲戚戚同愚蒙。沈泥爛醉轉自笑，起看星斗橫當中。

甲子

寄内

生計愁無奈，飄飄任所之。三年爲客久，兩地寄書遲。白髮高堂夢，青雲子舍期。永懷長不寐，何日是歸時。

贈歌者

碧管紅牙日未斜，當場一曲暈朱霞。風流莫笑輕狂態，飛盡江南陌上花。

題唐人詩意圖

春山藹白雲，古木鬱蒼莽。人語寂不聞，空中樵斧響。山行。

送別誰家子，斜陽古渡旁。相隨唯雁影，一夜過瀟湘。送別。

暮色尚空濛，夕陽向西没。回首柳梢頭，瞥見一輪月。晚眺。

繡閣夜添香，怕惹芝蘭氣。記語小花奴，湘簾下鉤未。閨情。

驅車出郭門，殘月猶在樹。不辨馬蹄遥，朦朧見荒戍。曉發。

秋夜何迢迢，孤燈不成寐。忽動故鄉情，月華正滿地。旅思。

秋　興

兀坐蕭齋露氣清，開簾澹宕晚風輕。鈔書忙比催租吏，畏酒逃同敗將兵。剩有閒緣銷永日，愧無綺語答平生。梧桐飄落雲陰薄，聽取秋蟬曳樹聲。

家山萬疊白雲屯，幾樹秋風黄葉村。問字何人晨載酒，談經有客夜敲門。悔將游屐隨鴻雁，那得耕田教子孫。一縷爐香閒自撥，匆匆心跡向誰論。

乙丑

送劉戒堂明府歸山陰

甘棠種得已三年，欲别風煙一惘然。他日輶軒採遺愛，兒童指點白雲邊。
白髮蕭蕭老未遲，蘭芳桂馥盡新枝。先生本受三清訣，歸買丹房種石芝。
紅塵脱却意翛然，此去應稱自在仙。一棹吟踪何處好，山陰道上萬花船。
天台萬八記雲峰，越樹紆連隔幾重。我亦年來倦游翮，他時瓢笠定相逢。

德州謁觀察孫淵如師留館平津

先生海鶴姿，手抉天人奥。胸中羅萬卷，筆下力排奡。海内思龍門，蓬萊不可到。憶昔西湖濱，一見眼不眊。謂余考核精，新義幾獨造。三年走燕趙，風煙隔席帽。今晨謁平津，喜極門吏告。館我小書齋，商榷百川導。優容禮數寬，青眼俗子噪。人生一飯緣，聊以從所好。

淵如夫子屬題得六絶句

探禹穴圖

宛委藏書别有天，玉虬化去久雲烟。何人剔蘚尋幽閟，重訪稽山一段緣。
窆石崚峋字渺茫，是誰鐫刻費推詳。龍門不作遊山記，留待先生翰墨香。

萬卷歸裝圖

蓬萊仙籍舊知名，出視河防政績成。點檢歸裝壓畫舫，縹緗何比鬱林清。
我來又值戒征途，輓運琴書且自娱。錦軸已添三四萬，他年應更畫新圖。

孫武私印

銀鉤細字土花斑，破楚功成事等閒。一自吴宫埋没後，又隨劍氣出人間。
韜鈐當日費經營，方寸依然識姓名。借問黄金懸肘後，有誰抵得此書生。

衛河第三屯後魏龍驤將軍高貞墓碑移置德州學宫紀事

蘭膏夜爇椒房里，渤海甲第連雲起。金貂事業已煙銷，千載遺碑卧長水。龍驤本是天家親，翩翩世胄銀麒麟。朝直昭陽暮長信，金鞭玉勒生芳塵。白面郎君真年少，英華雕組文章妙。秘省春濃芍藥香，青宮望重珪璋耀。午夜宮中催賜金，長秋新册寵眷深。坐看河潤及九族，腰懸銀艾連華簪。如何一夢成妖鵩，玉折蘭摧速復速。兩宮悲悼贈銜多，紀以春秋二十六。從此長埋別寢園，衛河寂寞黄雲屯。陵遷谷改不知數，豐碑欹仄龜趺存。使君博古稱好事，千夫移向黌宫置。餘輝猶傍聖人門，夜夜虹光照滿地。當年龍戰隨煙灰，丹書鐵券安在哉。何如此碑巋然立，令人摩搨重徘徊。

丙寅

奉陪淵如夫子運糧北上舟中次韻

野潤春光透，天和瑞氣融。河流聲㶁㶁，樹影緑匆匆。畫鷁千帆上，危檣兩岸通。舳艫相接處，燈火夜深紅。

山翠迎人轉，船窗對面開。春飛花片至，風送笛聲來。渡口斜陽淡，村前暮靄催。一帆添畫意，清眺重徘徊。

舟小寬如屋，人間興漸多。箋經鉛槧富，咏史簡編羅。證古勤商略，通今費揣摩。聯床同席研，斜月照輕波。

官舫遄行速，連宵不記程。雲移遮遠岸，煙散見重城。亦有高朋集，時聞妙論生。柳灣深處泊，黄鳥兩三聲。

晚過青縣

紺塔淩霄一徑斜，夕陽高挂柳藏鴉。城頭畫角遮殘靄，水面輕舟漾落花。對鏡朝朝愁短髪，啣杯冉冉醉流霞。渾來不覺心情嬾，雲樹蒼茫苦憶家。

泊唐官屯

飽挂輕帆趂急流，層層緑樹送行舟。荒村市近魚蝦賤，野店人多桑柘稠。極浦煙光明似鏡，隔河山色碧于油。閒鷗拍水銜飛去，對浴斜陽古渡頭。

由静海至天津

曉煙新霽水泠泠，兩岸風摇楊柳青。六幅蒲帆斜着力，郵籤十里短長亭。
回旋潮汐暗通波，隄上行塍映緑莎。樹杪晴雲迎畫鷁，垂楊一路酒旗多。
白鷗睡足赴新凉，杏葉菱花到處香。眼裏波光心裏畫，渾忘身在水雲鄉。
竹籬茅舍水當門，髣髴江南雨後村。丁字沽前泥滑路，桃花時節賣河豚。

謁朱石君相國次韻

青宫重禮數，儤值依上方。燮理得餘暇，名園揚衆芳。我來共趨謁，接見何温良。藹然露道貌，叱石疑成羊。出示典誥册，獲覩雲霓章。回首想同氣，前後登斯堂。材蒙廣厦覆，醇飲北斗觴。自慚樗櫟質，緇塵猶如常。著書乏獨斷，識字媿凡將。感此片言訓，歸路生清光。

廿七日孫淵如觀察杜尊季明府洪旌賢選士偕庚姪來謁小酌詩以記之

朱　珪

長嬴已旬日，嘉客來遠方。我園開三徑，衆卉何芬芳。孫君文介後，博學政事良。杜子急流勇，近道聊常羊。洪生天台彦，昆季能文章。偕我阿咸至，盍簪聚草堂。餅餌羞酏鬻，魚飱佐壺觴。清談敘契闊，嘉會安可常。我老興易遣，同道各就將。願言從所好，及此佳景光。

夏日書懷

槐陰清晝映窗紗，貼水圓荷未著花。掃地焚香欹午枕，卷簾看畫煮新茶。間關鳥語風摇篔，斷續蟬聲水浸瓜。恰喜日來書客至，閒將舊板問麻沙。

小軒風透聽松杉，暑意全忘白紵衫。隔院竹陰涼月上，滿園花影夕陽銜。留連節序青湘管，消遣圖書白玉函。莫怪生來心性嬾，別無嗜好異酸鹹。

丁　卯

平原道中

落日平原道，蕭疎樹幾行。晴開平野濶，秋到晚煙蒼。禾黍登場近，牛羊引隊長。南來無信息，望斷白雲鄉。

晏子祠

青齊當日事堪哀，宗社危如累卵來。共道公宫愁杞棘，敢言臣宅避蒿萊。滑稽學得全身術，屢諷深知濟世才。千載緬懷真相業，牛山何處望遄臺。

游濟南歷下亭

西風蕭瑟正當秋，淺水蘆花接地浮。一派煙光迷歷下，何如八月在杭州。

北海當年宴此亭，杜陵曾作小詩聽。碧波捲淨真瀟灑，放入齊山數點青。

淵如夫子招同張石農司馬蔣伯生貳尹吴南薌上舍集滙泉寺

湖陰何處滌煩襟，滿坐風生衆壑深。蒼翠横空皆入畫，雲煙過眼總關心。簿書抛却偷清暇，名士依來動醉吟。更約明朝訪秋色，百壺懷抱擬重尋。

龍　洞

濟南山水奇，龍洞居第一。何年神鬼功，琢此奇特質。陰崖石罅遥，重巘峭壁出。陡絶向青霄，硉兀隱白日。山腰亘古洞，邃杳黑如漆。以火照人行，鞠躬恍自失。中有老龍藏，毛髮常戰慄。我來值深秋，紅葉正蕭瑟。尋幽點染佳，縋險氣力溢。回首吴越間，雁宕庶其匹。

佛　峪

既作龍洞遊，復聞佛峪好。相去二三里，勇往事探討。樓閣倚半天，青翠凌蒼昊。幽興灑然生，入門更傾倒。危梯峻百級，層巒叠鳥道。乍疑石磴絶，瞥向谷底繞。怪石森嵯岈，修竹隱昏曉。白雲起翠微，清風動林杪。剔蘚得古碑，云是開皇造。人生塵網勞，片息寄懷抱。

題朱環洲畫册

蘸筆臨窗寫遠天，分明竹樹繞寒煙。江南多少佳山水，抛却春游已六年。

戊辰

德州書院同諸生作

蕭然環堵地，傳是董生居。科第儒林重，春秋著述初。虛窗延夜月，秋水隱寒蕖。千載心源接，臨風一起予。

蘇禄國王墓 永樂時入覲，卒，葬德州。

乘槎往事幾經春，弔古徒傷屬國臣。華表鶴歸滄海外，墓門秋冷衛河濱。空餘石馬蒙恩地，尚有豐碑紀事人。回首長陵亦蕭瑟，滿山紅葉覆寒津。

題羅兩峯畫伏生女子授經圖

洓水清澈花蒙茸，秋風草屋吟枯桐。厖眉皓髮老博士，遺經獨抱秦灰紅。天子下詔太常遣，欲讀尚書問故典。龍鍾老語口齟齬，下筆茫茫字難辨。十三小女雙髻丫，齒牙伶俐顔如花。二十九篇授大意，回環轉讀無參差。從此儒林競傳寫，弟子紛紛歐與夏。尼山絶業藉重新，翩翩女子功斯寡。後人好事繪作圖，羅生妙筆真神乎。令我挂在虛堂上，研求經訓無時無。

題趙子昂公子春游圖

五陵年少本翩翩，走馬春郊帶晚煙。回首長林金彈落，游人羨煞小神仙。
生長朱門意氣豪，鶯聲柳陌日周遭。韝鷹臂犬尋常事，歸去珠叢脱錦袍。

柬楊惕盦孝廉

一生多半爲名牽，到處相逢豈偶然。雲水生涯隨分住，賓朋聚散感流年。寧無肝膽披知己，剩有詩書不值錢。同是飄蓬長作客，又看風雪映窗前。

己　巳

連句苦雨柬邵子峯明經孫仲旋別駕

花事闌珊芳草秀，綠楊已過清明候。日來積雨苦瀟瀟，落紅滿地窗紗透。侵階蘚迹碧成圍，繞壁蝸涎字如籀。但看羃歷灑長空，那有餘暉生遠岫。風伯奮迅掃不開，雨師旋舞勢仍舊。長安道上泥没車，處士齋頭屋漸漏。整理殘書嬾掃除，閴寂吟懷卧自覆。三杯濁酒伴春宵，一縷清香銷永晝。前村想見瀑飛懸，隔岸定有波生皺。明朝倘得趂新晴，同君一看長河溜。

淵如夫子招同吴山尊學士周臨莊明府泛舟衛河次韻

洞庭木葉已微波，選勝難忘白紵歌。隔岸秋光看漸起，偪人炎氣喜無多。乘流頻唤開春茗，問俗還欣見早禾。多少圖書共清賞，評量真贋費長哦。

送阮雲臺中丞師入朝即聞重入翰林之信賦呈二律

持節東南近十年，之江重賴主恩偏。煙銷滄海停桴鼓，頌滿窮閻雜管弦。清節每看勤下士，真心難得動巡邊。此行驄馬回朝去，佇聽鸞音下九天。

龍門海内共争趨，大雅輪凴隻手扶。經義紛綸誇絶代，史材淹貫破羣愚。縹緲本是神仙侣，冠珮還同鸞鶴俱。近日玉堂清禁地，又看簪筆領生徒。

齋中雜咏

窗外寒螿唧唧鳴，秋光容易動鄉情。不須更讀歐陽賦，聽盡疎林打雨聲。

小園籬落自横斜，緑樹濃陰一半遮。亦有兒童供灑掃，膽瓶隨意插新花。

手種庭前夾竹桃，深紅淺緑韵蕭騷。閨中嫌得無香色，輸與幽人點染高。

倦罷琴書意自慵，閒尋花叟問前蹤。明朝有便即歸去，何必龍鱗學種松。

�軒詩鈔卷三

庚午

三月九日淵如夫子招同汪夢巖刺史張留山州佐泛舟衛河次韻

隴上春深宿雨收，扶犂看入杏花疇。雲光淡映如新沐，山色微寒似早秋。畫舫聯吟清興發，懸河高論逝波流。自慚弱植隨蓬轉，同上龍門百尺舟。

蓬萊仙籍舊知名，覽古春郊最繫情。六代風流青草臥，九河遺跡白雲平。尊前緑酒濃籌勸，座上新詩擊鉢成。記取陵州好風景，畫圖寫出盡循聲。

酬畢恬溪嚴鐵橋兩孝廉

史公采《尚書》，兼及今古文。伏生與魯壁，秦火幸未焚。如何梅賾輩，作僞徒紛紛。緬想六國初，戰伐生塵氛。術士競縱横，簡策隨煙雲。搜集百家語，誰復記典墳。及秦設博士，聖經尊遺聞。傳教齊魯間，學士多芳芬。蠹簡二十九，證讀如所云。後人論功烈，始皇蓋明君。竹素寡流傳，金石稱最壽。摩挲鍾鼎文，得見史書籀。惜哉淺學徒，俗讀滋訛謬。碑版照千春，紀載多口授。傳聞與目擊，此理寧待究。史臣考核疎，安心守固陋。所賴博雅儒，搜尋補罅漏。歐趙始揚波，題跋光文囿。近人精此學，往往矇發覆。後生勝前賢，斯言日盥漱。

答管異之茂才

人生難得是清歡，異地相逢眼界寬。斗酒論交忘爾汝，衙齋小住共盤桓。庭前細草添新緑，社後春風尚薄寒。耐取平津光景好，别時容易聚時難。

明珠百琲荷傾投，媿我無能嬾未休。握筆敢懷千載上，依人今已六年留。棠枝有夢埋荒草，地齋先兄歿已十九年矣。雁序無書慰遠愁。榭堂舍弟在台，近亦不得消息承念，故及之。羨汝翩翩好風格，淩雲直上到瀛洲。

景州道中

又作紅塵夢，蕭蕭逐馬蹄。曉程常帶月，午店不聞雞。雨透郊原緑，風輕禾黍齊。征輪何處宿，斜日棗林西。

題河間旅壁

雨腳初停蟬亂鳴，披襟頓覺晚風輕。勞生莫嘆征途苦，點檢明朝赴早程。

題陳伯恭宗丞定武蘭亭卷後

永和三月天氣新，同人祓除越水濱。一觴一咏偶然事，名士往往傳其真。右軍乘興寫此敘，筆妙龍騰雜風雨。昭陵嗜好天下稀，蕭翼一賺成千古。當年歐褚臨紛紛，意態各出誇風雲。況復後來競刻石，長短肥瘦誰敢分。君從何處得此本，五字如新石未損。墨痕千載有光輝，評以定武理非遠。我欲借此摹雙鉤，好手鐫刻不可求。還君此卷三歎息，他時一夢燕山秋。

葉東卿上舍齋中小集

蕭齋雅集静無塵，小築園林景色新。磊落尊彝誇百代，琳瑯碑版照千春。求名不敢尋芳興，博古還須好事人。摩搨幾時重贈我，爐香茗椀日相親。

同陳受笙上舍張秋水同年游下窪諸寺

秋風吹動桂花林，蘭若幽扃次第尋。松柏參天多雨勢，樓臺拔地倚雲深。禪關戒定前生力，佛性因緣此日心。十丈紅塵渾忘却，徘徊清梵續閒吟。

題家和圃上舍小照

翠竹蕭疎静者居，田園風景意何如。吾家自有《盤洲集》，明月當窗夜讀書。
江干迢遞水雲鄉，山徑微茫映夕陽。閒共漁樵譚舊話，壺中日月晷偏長。

送張秋水之江西學幕

送子南昌去，蕭然見遠情。月臨溢浦白，雲映贛江清。弔古登高閣，吟詩對短檠。秋風莫相負，多少讀書聲。

辛　未

春日即事

花朝今已過，小步倚闌干。宿草初生緑，春風尚薄寒。簾開窺燕入，窗淨展書看。欲寫長相憶，何人寄羽翰。
久客憐吾拙，棲遲又一年。青雲抛宿志，白髪守遺編。晴樹開芳甸，寒煙莽石田。商量今古切，姑聽後人傳。

題章仿軒別駕舊隱圖

君本西京作賦才，題輿新向日邊來。濟南多少真名士，争乞雲章五色裁。
松風謖謖動長吟，閬嶠蒼茫舊隱心。寄語山靈莫相怨，策勳原不在泉林。
螃蠏何人耐監州，三齊踪跡暫淹留。明朝竹馬歡迎去，添取平津一段愁。
迢遞鄉關隔幾旬，相逢異地倍相親。他年倘遂初衣願，還訪天台卧雪人。

臧在東上舍卧疾詩以訊之

維摩閒示疾，書卷暫相抛。竹閣風摇牖，茅堂燕語巢。藥爐新活計，醫訣舊傳鈔。幾日消殘暑，何須演易爻。

七月五日涿州孫鳳卿觀察爲鄭康成設生日會詩以志喜

閒將湯餅祀經神，燈火輝煌四壁新。汲古有靈真好事，征衫恰卸信前因。千秋俎豆緣吾輩，百代宣揚藉後塵。回首西湖正澄潔，不知蘋藻薦何人。自余攷定，海内始知有司農生日。阮雲臺中丞撫浙，於西湖置祀典焉。

別德州兼示封生宗翕田生元春

自我來平津，已閱七寒暑。今晨理歸裝，欲別反無語。人生聚散緣，促促勞機杼。幸賴主人賢，萬卷足深處。風雲雜談笑，鸞鶴共軒舉。當其得意時，直可忘爾汝。遺我棫樸材，教誨同庠序。頭角漸崢嶸，詩書日就緒。譬彼揚春華，秋實定見許。出城走相送，衣冠立楚楚。感此弟子勞，敢作先生拒。他年奮翮飛，慎勿忘延佇。

歸舟雜感

秋風蕭瑟放歸船，野水微茫集晚煙。草草吟踪容易過，又隨寒雁下南天。
山光明滅送輕波，寥落時還倚醉歌。一種離情向誰訴，故人星散已無多。
金石因緣歎未除，坐攤筆硯曉風初。此行剩有清閒興，不爲豬肝爲著書。

壬　申

元　旦

打疊新年換舊年，梅花初試粉墻邊。還家未久身同客，好友重尋語帶禪。詩酒情懷差不惡，江鄉風景總如前。南山難得幽棲地，又恐明朝別夢牽。

題諸名公見寄手札卷後

掉鞅名場二十年，故人珍重遞魚箋。牙籤玉軸裝潢好，記取臨風翰墨緣。
鸞鳳難得惠佳音，分付兒曹秘護深。他日欲知名姓貴，儒林文苑傳中尋。

題趙千里仙山樓閣圖

天風琅琅海山碧，扶桑日射珠宫赤。仙人樓閣盡凌空，瑶草琪花不知夕。紛紛列騎霓旌斜，簪花侍從多煙霞。若非王母朝玉闕，定是織女回雲車。爲問蓬池幾清淺，蟠桃夜宴開雕輦。但恐銀河斗柄斜，那知鶴髮人間轉。何人妙筆寫兹圖，千載使我懷歡娱。仙家行樂須及早，桑田草長寧非愚。

山行雜詠

城外江流清且漣，溪山重叠送行韉。此中定有仙人住，時聽雲璈下九天。
松花墮後雨初晴，嵐翠山光潑墨成。盡日肩輿行畫裡，淡濃皴法太分明。
一帶溪聲遶屋流，赤城高矗正當頭。神仙拍手應相笑，又向紅塵汗漫游。

過新昌有感

少小趨庭地，徘徊止數弓。講堂依樹緑，曲院映花紅。魂夢時相到，音書久未通。交游應有在，多半已成翁。

謝太傅祠

江干遺廟故依然，太傅風流晋代傳。南渡衣冠棋一局，東山絲竹鶴千年。清談未必成奇禍，料敵應知出萬全。日暮靈旗空想像，蒼生終望濟時賢。

鏡　湖

縹緲平湖一鏡空，柔橈細櫓漾當中。雲山遠映千重翠，楊柳輕摇四面風。蘭渚懷人光景暮，縠紋送客古今同。當年賀監真堪羡，乞取煙波作釣翁。

蕭山東汪厚叔同年

平津相送隔風煙，鶗鴂頻驚歷歲年。芳訊時勞燕雁至，懷人偏阻越江前。高才早注《潛夫論》，曲學難通《乘馬篇》。君注《潛夫論》，余近校《管子》。一卷緬懷千載業，何時樽酒溯離緣。

許周生駕部招同李許齋嚴少峰兩太守戴金谿西曹許青士庶常雅集望湖樓即送許齋太守之汀州

坡公化去已千秋，遺跡今仍敞畫樓。西子湖光全在目，南屏山翠正當頭。風流太守欣多暇，詞館仙班愛雅游。日暮清吟還未已，明朝江上聽鳴騶。

舟過平望

一帆風作兩帆懸，來去船如倚馬看。地近吴江山色少，雲遮越樹旅懷難。春收有望田疇熟，蠶事將成桑柘殘。最是昵人雙燕子，憐他衝雨帶輕寒。

虎丘孫子祠謁孫淵如觀察師

園林新喜傍祠開，巖竇名花次第栽。塔影崚峋當户出，山光重叠映窗來。投簪未老身逾健，名士相依酒滿杯。千頃襟懷傾海内，龍門到處仰清裁。

平津七載媿相將，幕府趨承樂未央。醉後狂談欺賈馬，眼前著述笑班楊。話多那記星霜换，聚久都忘離别長。不是蓴羹歸思切，一廛猶自阻江鄉。

淵如夫子招陪慶蕉園方伯吴蠡濤太常孫子瀟庶常集園中

名園依虎阜，紅旆暫相臨。丘壑琅嬛富，山泉霖雨深。游魚潛出聽，飛鳥過遺音。塵慮都消盡，何知出處心。

傴仄行贈林庶常

傴仄復傴仄，孤館臨風三歎息。繞樹無枝烏鵲飛，幾回欲舉傷其翼。我自襆被天台來，寒士茅屋生蒼苔。君已注名仙籍上，胡爲躑躅同蒿萊。古往今來真草草，滿腹詩書歌鮮飽。不信但看杜陵翁，冷炙殘羹色枯槁。日來積雨苦瀟瀟，客舍無人正寂寥。牀頭恰有一樽酒，何妨相對傾春醪。世間豪傑豈有主，餘子紛紛何足數。眼前學步笑邯鄲，萬里雲霄一毛羽。五兩屐、百花洲，暫時分手佩吴鈎。勸君奮翮蓬池上，勝作人間汗漫游。

有　感

自我辭天台，已届兩匝月。奔走吴越間，雲山互超忽。茫茫百感生，身世何突兀。平時樽酒交，見棄忍飢渴。鳳凰猒卑棲，天宇終寥闊。會當學飛仙，上訴青旻闕。

夙昔敦異尚，所好在詩書。搜爬及古義，著作窮玄虚。饑寒不療貧，徒以荒居諸。十載走燕齊，緇塵滿衣裾。儒冠多誤身，俯仰焉得舒。寄語後生輩，志大才易疎。

我生望微禄，聊以慰雙親。蕭蕭白髮生，章紱未加身。所得亦雞肋，况復多艱辛。不如鄉里輩，早據要路津。古來蕭艾姿，根蒂誰有因。回首望家舍，臨風一霑巾。

鬱鬱棠棣枝，花開想正好。風霜經剥蝕，顔色亦已老。少日相依倚，遺經共探討。及壯各分飛，隨人逐秋草。南山久荒蕪，家食心如擣。何時振翮來，相見開懷抱。

阿和少失學，未得從名師。能作篆刻字，聊任性所之。文章貴華國，厥要在根基。含華兼佩實，飲醇先啜醨。氣足神乃旺，意動筆自隨。少壯當努力，慎勿安等夷。

無錫呈秦小峴少寇

銀黄卸却返滄浪，高蹈丘園引興長。名望當朝尊潞國，文章今世誦歐陽。春風緑樹頻携杖，鶴髮華堂數舉觴。只恐聖朝思讞獄，詔書重下白雲鄉。

舟次鎮江

參差雉堞勢凌虚，欲向朱方問舊墟。千里江山横北固，六朝風景記南徐。時清漫説天爲險，雲净還看畫不如。京口幾回勞悵望，風帆渺渺一愁予。

過淮陰侯故里

意氣凌霄渺九州，登壇妙策藉安劉。論兵神算超三傑，遠害全身欠一籌。未必赤心真報主，漫言白首願封侯。良弓莫怨長陵薄，故里蕭條漂母羞。

回舟夜泊揚州

江閣燈初上，津關鑰已收。閒鷗驚客夢，斜月照孤舟。雲樹頻來往，風帆任去留。飄飄何所見，真媿稻粱謀。

三月煙花暮，征篷日再過。深宵更漏永，游舫笛聲多。不寢空相憶，啣杯只自歌。隔江山色好，明發看春波。

煙雨樓

煙波縹緲漲平湖，雨意蒼茫半有無。濃淡山光都入畫，分明一幅米於菟。
亭臺高映緑楊間，畫舫匆匆心自閒。千頃湖光全在眼，鴛鴦飛去幾時還。
白鷺銜寒水拍天，曉風荷葉正田田。石門斜日春帆路，不到鴛湖漫十年。

杭州喜晤戚鶴泉年丈留别二首即用溪西集韻

詩情直似浣花溪，草草相逢浙水西。杖底精神誇海鶴，眼前談笑陋醯雞。雲山重叠家鄉遠，野樹參差旅夢齊。聞有新刊肯分惠，芸編長擬聽鶯啼。

司馬當年悔出溪，我今又逐軟輪西。詞林莫道毛如鳳，宦況深知肋似雞。時余赴京謁選。

無奈饑寒妻子逼，敢言鍾鼎古今齊。匆匆別去秋江冷，一任窗前絡緯啼。

留別樧堂叠前韻

家住天台對碧溪，巾峰交映宅東西。十年塵土籠中鵠，雨鬢星霜夢裏雞。竟夕對談嫌燭短，出城回首看雲齊。此行多少分飛意，坐待鴻書慰別啼。

水繞層城山繞溪，吾家族本自江西。安居難買支公鶴，壯志還思祖逖雞。拔萃五科叨邑薦，先大人乙酉拔貢，地齋己酉，余辛酉，今癸酉樧堂又得此，并從兄丹霞丁酉而五也。家聲三瑞望君齊。秋風且養凌雲翮，莫向人前作怨啼。

癸　酉

家賓華殿撰招集廖鈺甫編修江元卿西曹金子彥儀部程子謙孝廉吴述庵上舍次韻

初日鶯花錦繡堆，名流岔集綺筵開。蓬山簪筆皆英品，郎署凝香盡上才。放縱吟懷添韻事，流連煙景勸深杯。西窗絳燭頻頻剪，一任花枝月影催。

席上有贈

同人永夜勸飛觴，銀燭交輝錦瑟旁。莫遣離情怨飄蕩，樽前一曲小霓裳。
玉貌如花勝似仙，低斟淺唱意纏綿。多情最是閒鷗鷺，打疊新聲入管弦。

酬和胡墨莊太史見贈原韻兼柬郝蘭皋農部馬元伯水部潘庶常錫恩胡孝廉培翬張孝廉聰咸

小住京華喜接肩，玉堂文采媿相懸。看君頃刻馳千里，時君將考試差。笑我終年抱一編。
往事關心駒隙裏，論文樽酒夜燈前。窮經白首知何補，讀罷新詩各黯然。
絶學同人藉仔肩，文星朗朗正中懸。疏成禹迹開羣牒，農部注《山海經》成。聽講《毛詩》掃舊編。水部喜談《毛詩》。新入詞林光自遠，早傳鴻藻氣無前。他年回首春明路，應爲今宵一灑然。

庭前丁香花盛開殿撰連日醵集余以小恙不及奉陪悵然有作兼柬子彦子謙

桃花散後楊花飛，丁香滿樹紅霏霏。主人開軒醵嘉客，花前只恐春將歸。玲瓏絡索光照座，回環掩映香流扉。夕陽倒影墮酒琖，曉風吹落黏春衣。繁花雜沓競愛惜，高朋駢集生光輝。移樽促席撤錦幄，連宵痛飲真知幾。病魔妬我日纏擾，坐使樂事違芳菲。青帝匆忙豈肯駐，好景轉瞬當成非。開懷暢飲輸君輩，賦詩鬥巧誇重圍。紗窗花影月光滿，猶聞寶瑟調金徽。人生歡會能有幾，春宵一刻争殘暉。金樽到手須盡白，毋令明日生歔欷。

題董元宰山水卷

何人妙筆寫秋煙，點染霜林落照前。釣艇欲歸深處去，寒潭時抱白雲眠。
把卷閒吟枯樹根，高人真諦向誰論。秋風蕭瑟溪邊路，仿佛江南黄葉村。
危橋遠望抱琴回，石徑逶迤長緑苔。盡日空山無客到，柴門欹側不曾開。

酬子彦

劍氣宵騰貫斗牛，卅年零落桂花秋。蓬山難到隨風引，閒苑何人只夢游。著作有靈他日願，科名無分此生休。明朝墮入風塵裏，對面應添十斛愁。

筠軒詩鈔卷四

甲戌

正月廿四日出都門之官粵東途中有作四首

抛卻琴書學宦游，蕭蕭裘馬別皇州。風霜久歷塵中苦，雲樹新添客裏愁。歲月如流真可惜，頭顱自誤敢相尤。江山重疊羊城遠，荔子紅時好繫舟。時余引假回里，抵粵東將及五月矣。

屈指名場二十年，故交鸞鶴盡神仙。青氊困我真無柰，白髮看人更可憐。微禄寧堪歌飽腹，卑官何處得安眠。補缺尚在需次。平生空有凌雲志，小隱聊師柳下賢。

虚聲深愧動神京，諸老風流倒屣迎。冠蓋時過通德里，起居咸問魯儒生。丹鉛晨夕知何益，金石搜羅費定評。此去共嗟分手易，燕山多少別離情。

舩船波泛十分紅，豪飲歡呼徹夜同。檀板輕敲珠一串，歌喉細轉蕙千叢。寓家賓華殿撰齋中，選酒徵歌，極一時之勝。人生聚散隨風馭，往事朦朧有夢通。回首春明臺上月，不堪惆悵馬蹄中。

題陳月溪垂釣圖

少日同歡笑，脩然各已翁。感君懷舊笠，媿我逐征篷。澹蕩秋江冷，霏微落照紅。平生肝膽氣，聊寄釣綸中。

仙居道中

縣僻經行少，山深曲折多。薄雲生遠岫，老樹臥平坡。水響淙淙玉，晴開點點螺。生平幽隱意，買宅竟如何。

蒼　嶺

蒼嶺高百重，横亘插天表。嵯峨積累成，峻極青未了。我來向西行，肩輿陟幽窅。初如蟻磨旋，忽作羊腸繞。回頭驚險阻，下步力探討。陰崖足底生，峭壁眼前小。攀蘿歎累息，觸石常恐倒。須臾到絶頂，羣山互迴遶。嵏括數峯連，台宕衆壑杳。細雨正濛濛，涼風自裊裊。藉此盪心胸，人生一粟渺。

湖塍飲呂氏宅

偶爾相邂逅，招邀意倍親。服從多子弟，質朴見天真。席上佳肴列，燈前禮數頻。終宵感高誼，太古有遺民。

蘭谿阻雨

山色盪空濛，雨勢正未已。扁舟不得行，結纜漸江涘。人生塵網勞，日月無停軌。朝爲燕齊遊，暮向吴粤指。饑寒不療身，茵厠悟至理。胡爲名利徒，帆檣密如蟻。茫茫百感生，輕鷗拍浪起。

玉山道上

青山宛轉送人行，石路逶迤不記程。一段幽情誰管領，畫眉時叫兩三聲。緑陰深處酒帘斜，隔竹人家唤賣茶。小憇可消清夢破，杜鵑紅放滿山花。

過鄱陽湖

彭蠡東南滙，汪洋萬頃秋。地連三郡濶，波帶九江流。擊楫凴齊力，揚帆據上頭。回眸看極岸，數點曉煙浮。

雨中登滕王閣

巍然高閣敞城陰，春水瀰漫一望深。南浦晚煙長漠漠，西山暮雨正沈沈。銀潢舊迹今何在，紛壁題詩只自吟。明日揚舲向西去，流連光景待重尋。

十八灘

十八灘頭一笛風，布帆無恙水涵空。白鷗驚起春波遠，飛入青青蘆荻中。一灘未已一灘生，兩岸桃花照眼明。坐看輕舟容易過，淡煙斜抹暮雲平。四月山深鶯亂飛，前邨緑樹幾重圍。舟中最愛晴和候，檢點輕衫换袷衣。溪流宛轉水生渦，竹逕蒙茸長薜蘿。努力一帆風定後，夕陽處處挂漁蓑。

梅嶺

一嶺横空設，巍然兩界分。人行多似蟻，樹密半爲雲。南雁看長度，寒梅不可聞。入關居第一，行笈映斜曛。

清遠峽

青山送行舟，蒼翠滴平野。忽作斷厓懸，驚湍石壁下。揚舲當中流，過峽捷如馬。回頭望彼岸，暮色微沾灑。上有飛來寺，傑構淩古瓦。危巖瀑布垂，絶磴松濤瀉。境佳不得游，意寂誰能寫。何時叩禪關，一訪長生者。

秋日書懷兼寄同學諸友

聽鼓衙參趂曉班，暫時休謁掩重關。地偏衹覺紅塵遠，官小能爲白日閒。散步聊尋籬外竹，捲簾愛看雨中山。疎頑不負臨池興，且把新詩手自删。紗窗花影日横斜，積雨初晴漾晚霞。野寺偶行搜斷碣，僧房閑坐惠新茶。三千里外家鄉杳，一指禪中歲月賒。珍重故人勞遠眄，何時錦字到天涯。

海珠寺

忽然海上湧仙珠，粧點旃檀色相殊。樓閣凌虚含瑞氣，煙雲回繞照通衢。夜深定有鮫人集，地近時同游客俱。一片空明真法界，應知彈指即蓬壺。

移居

收拾圖書止兩肩，安排斗室舊青氊。爐香細細頻添篆，净几明窗枕月眠。庭前兩樹石榴花，灼灼穠姿映晚霞。小倚晴欄無客到，閒看蟻鬥勝誰家。隔院歌聲競繞梁，遥知玉樹倚新妝。書生不破纏頭錦，聽徹花陰上粉墻。碑帖經春梅雨多，重黏壁上細觀摩。何時搨就《端州記》，共對清樽辨字訛。王松亭許寄《端州石室記》。

厓山

孤注功原一局難，厓山舟覆淚長酸。君臣到此天方盡，血肉同沈海亦寒。千載有靈懷勇畧，六陵無主怨偏安。平生讀史祥炎際，常背青燈不忍看。

曾賓谷方伯以詩集見贈賦呈二律

海内詩壇舊主盟，移來嶺表識霓旌。生成慧業仙爲骨，結就菩提佛是名。吟詠性靈官閣暖，屏藩政績粤江清。芸編何幸分餘燭，末吏臨風盥誦聲。

古來騷伯幾稱雄，才力還如福量同。千里江山歸坐鎮，百年事業盡詩筒。名高泰岳龍門重，品在香山玉局中。近日洛陽添紙貴，瓣香到處祝南豐。

順德舟中

曲岸連橋集，孤舟動客吟。晚煙遮橘塢，疎雨滴蕉林。老樹秋容淡，平皋暮影沈。日來鄉信斷，遥望碧山岑。

李鐵橋明府席上兼柬龍太史廷槐徐農部旭曾

小圃秋容着意栽，菊花初放畫屏開。衙齋似水香盈坐，佳客如雲酒滿杯。樂事偏饒幽興好，勝談恰值破帆來。就中老斵絲綸手，定有新詩費妙裁。

暮抵香山遇雨

暝色含餘光，衆鳥棲已倦。展轉長林間，乃得抵鄉縣。蒼茫海國秋，昏黑了無見。忽聞山雨來，風聲挾奔雹。舟摇不得寧，浪簸駭相戰。落葉捲長空，蓬窗響急霰。聲如萬馬騰，勢比千軍變。須臾龍怒平，銀河懸匹練。移床整殘樽，剪燭添餘膳。披襟快晚凉，開窗對水面。倏然一夢成，栩栩華胥見。

周召伯爵歌爲賓谷方伯賦《銘》云：『穌作召伯父辛寶尊彝。』

斗間長虹夜灼灼，主人示我黄金爵。千年手澤尚如新，古色斕斑光錯落。摩挲歲月不可尋，腹内銘文幸鐫鑿。曰穌應是子孫名，父辛本爲召伯作。想見當年分陝初，周家天子深寄託。夾輔功高受賜多，秬鬯一卣日酬酢。重臣報國有異數，天室須庸本不薄。百年眉壽慶延洪，三咤精神喜矍鑠。流傳後嗣保餘勳，廟祀千齡勤挹酌。甘棠猶且人愛護，况是明堂器沃若。公從何處得此爵，掏取當在燕山郭。金匱難尋石室寒，丹書久化龍漦惡。方今屏藩寄南粤，旬宣朝夕勞咨度。五嶺花明望舉煙，百蠻路遠懷私勺。願公更進千萬觴，遍灑窮檐起寂寞。古往今來同一功，史臣應畫麒麟閣。

乙亥

羅定州判署中作

瀧水何年設故關，署爲舊瀧水縣治。江聲永夜聽潺潺。春前緑繞三羅鏡，城隍廟有額曰：『三羅一鏡。』雨後青圍四面山。古堞煙迷棲鳥倦，荒庭訟少吏人閒。西窗挂起頻移榻，臥看孤雲自往還。

一卷書難宿業抛，偷將魚魯辨羣淆。開簾祇覺微風颶，啓帙還欣密樹交。勵苦任教塵滿甑，茹冰莫歎肉無庖。編成斷簡從頭看，分付傔人仔細鈔。

溪山罨畫似天台，嫩緑郊原翠作堆。高下水田飛白鷺，横斜村舍映蒼苔。早知馴鹿原天性，莫遣鶩烏怨非材。我本書生舊行樂，等閒無夢到瑶臺。

春暮

三月春光暮，楊花撲面飛。方塘魚子活，曲逕藥苗肥。蕉影摇書幌，苔痕上釣磯。悠然相得處，清興早忘機。

樓閣依山起，煙嵐入畫齊。夕陽村樹遠，暝色浦雲低。粉蝶花枝北，流鶯竹院西。開軒聊注目，緑野看扶犂。

草色侵階碧，藤花滿屋香。穿簾雙燕慣，剪水一鷗長。摹帖蹔湘管，吟詩乏錦囊。恰憐新雨後，山翠正蒼蒼。

地僻山多静，庭閒鳥自喧。酒香貪近市，笋透愛窺園。掃石尋花徑，烹茶問水源。晴欄頻徙倚，相對寂無言。

雷雨謡

黑雲如山壓山險，赤日炙手炎威歛。蔚藍天作潑墨染，老龍怒攫電光閃。雷聲急吼脱拘檢，窗外波濤撼巖厂。風伯忽來揮霍忝，雨師反向天公諂。阿香車廻雲冉冉，夕陽蘋末枝頭颭。荷花着雨兩三點，新凉浸入湘紋簟。道人兀坐端思儼，《黄庭》讀罷卷未掩。

答區之藩茂才

新詩連夕喜相誇，羡爾英年筆有花。斷碣能尋忘路仄，時訪得宋人寶峯巖石刻。殘碑未搨惜雲遐。聞龍龕巖有唐碑。勝游難得逢知己，好事終須學大家。只恐明朝乘風去，故山回首隔煙霞。

漫　興

霜林摵摵曉風寒，隔岸山光遶屋看。四壁圖書花滿座，清香不斷蕊珠蘭。

輕雲揺曳竹毿毿，老屋如同僧一龕。茗椀爐香無別計，穩抛秋夢在江南。
開窗晴拂遠山螺，野渡無人水自波。一片秋光何處好，釣帆歸去夕陽多。

除　夕

風雨蕭蕭感歲除，年華容易轉輪車。一身作客三千路，四海相依幾卷書。人世榮枯寧有種，我生得失且緣渠。遥知此夕家鄉樂，笑語燈前憶索居。

丙　子

題顔魯公争坐位帖

朝廷設官常，大小各有制。區區坐位間，豈容紊厥義。如何魚軍容，桀驁勢凌厲。班行忽一變，舊章忍廢棄。推原厥根由，其壞自奴隸。浸淫士大夫，沿習不復議。堂堂顔魯公，胸中無芥蔕。奮筆與之争，狂瀾挽既墜。流傳翰墨香，塗改字可記。明窗展拓本，摩挲不能寐。題詩紙尾間，千秋發長喟。

贈朱潤齋同年用岑嘉州韻

我本輪囷人，鬱勃不自料。以指喻非指，旁觀匿相笑。昂藏七尺軀，千載誰同調。泠然御風行，獨對寒江釣。

雲重風易散，日赤雨難料。區區反手間，達者只一笑。撫琴寫我心，解絃不改調。文章豈誤人，敢用虚聲釣。

屋後亂山青，點檢入詩料。翛然斗室中，賴子共談笑。紛紛看百戲，何妨存別調。緬想古人言，亦有直鉤釣。

讀書貴曠達，下士焉能料。俯仰天地寬，局促良可笑。皋夔匪異心，巢許豈殊調。惜哉嚴子陵，羊裘五月釣。

名實關至理，榮枯非意料。得酒且盡歡，清狂曷足笑。但抱青松姿，漫歌白石調。嗒然身世忘，一任機心釣。

故鄉同袍子，屢把歸期料。誰知滯海涯，徒爲猿鶴笑。卑官苦繫身，與君成一調。何時買棹回，老逐清溪釣。

秋夜作用東坡韻

青天捲盡長河雲，皓月一輪飛良夜。庭前衆木緑漸稀，新秋落葉紛紛下。我欲停杯對月言，凉入心脾如水瀉。駢指吾生豈有涯，勞薪終日誰其亞。窗間駒影不肯留，天上梭流孰敢借。緑蟻煙迷枕上盧，烏衣客送堂前謝。春雨蒼苔節相家，秋風黄葉村農舍。經眼繁華響過簫，着想真空味啖蔗。心中無佛但高歌，床頭有酒且莫怕。酣眠雞唱日三竿，嬾惰一任旁人罵。

舟中即事

斷虹一抹挂林間，夕照霏霏映遠山。飛雨欲來風正急，船頭小立看雲還。隔岸輕雷歷碌鳴，溪橋欹仄少人行。牧童驅犢歸何處，苦竹坪邊吹笛聲。

夜泊横槎

短棹初停月未升，暮煙撩亂碧波澄。蘆灣風起漁村笛，蓼岸秋明蟹舍燈。倒影星光連上下，照人山色看崚嶒。分明一幅天然畫，夜景何人寫最能。

羚羊峽

突兀聳孤峯，天晴豁林際。傳是羚羊名，厥狀駭奇麗。青圍觸石痕，緑繞搏風勢。得非方平叱，墜落不知歲。端江清且漣，峽裏愜幽契。懸厓看猱升，急湍藉人曳。泠泠响玉簫，淙淙滴巖桂。輕帆幾旋轉，利涉知可濟。酌此一掬泉，聊以滌塵翳。

七星巖

媧皇鍊餘石，天帝墮衆星。羅羅齊森列，作此北斗形。洞壑清無底，巖壁杳重冥。回環蔽白日，宛轉通仙靈。徘徊嵩臺下，仿佛鶴駕停。當年李北海，尋覽路再經。妙寫石室記，開拓垂幽扃。後人紛題字，剥落苔花青。摩挲不知夕，慷慨懷前型。兹游信已快，歸路生餘馨。

閱江樓

古郡雄南服，危城敞畫樓。長江天塹設，鐵鏁地維收。雲映蒼梧遠，波通海若秋。時清鼙鼓息，相對只沙鷗。

題吴玗樹小照

瀟洒風神自在身，偷將花影認前因。嶺南争説韶光早，香滿枝頭已十春。

茶煙竹閣漫敲詩，千縷閒情欲語誰。小坐能消清夢破，箇中惟有暗香知。

新興卸篆留别吴香竺明府

十年作吏此棲遲，文采風流世所師。聽鼓暫看花縣錦，挑燈細讀草堂詩。新陰桃李香盈室，盡日笙歌酒滿巵。别去一簾秋色好，敢言棠樹有相思。

兩代交情弟與兄，香竺尊人與先君同席研。我今又忝作同盟。芝蘭得氣花偏秀，枳棘無材葉未榮。荏苒光陰催急箭，往來踪跡感浮萍。此行小住寧非福，贏得寒泉一樣清。

丁丑

游光孝寺

城陰一帶訪招提，古寺深藏喬木西。佛國花香鈴鐸静，梵宫雲淨海天齊。五羊蘿没餘秋草，雙塔崚峋剩舊題。我媿年來行腳慣，嬾將心事問曹溪。

移監錢局

茶竈詩床百樣空，安排小院舊簾櫳。琴無匣護還防雨，花有屏遮不礙風。容膝寧須書短券，啣杯聊且看飛鴻。一錢不直真奴虜，錯被人呼作富翁。

題家孟章觀察小照

官閣蕭森退食初，暗香浮動樹扶疎。塵中百慮都銷盡，只有難抛一卷書。
嶺南冰雪喜雙清，露冕行春到處迎。花裏偷閒能有幾，書生結習本天成。
二分明月古揚州，少壯風神百尺樓。爲問故園花好否，免教猿鶴惹閒愁。

題金壽門手書冬心詩册

遺老風流翰墨新，天然佛性悟前因。平生睡足江湖興，不是茶鄉即笋鄰。
澗底蕭森千丈松，微雲舒捲問孤蹤。有時白鶴一聲嘯，明月窗前雨後峯。
不留姓氏挂人間，長恐詩名絆往還。一卷清華淡秋色，最難埋没是青山。

送湯雨生都司之任山西

劍氣騰天末，征衫逐柳條。悲笳邊塞急，落日大同遥。畫角添詩興，琱弓映酒瓢。白登臺上望，風雪幾時銷。

漫　成

輕煙漠漠柳絲絲，寒食風光蝶夢遲。春水渡頭村社散，夕陽樓外酒旗垂。尋芳嬾著游山屐，乘興聊題滿壁詩。一片閒情無處著，笛聲嘹亮最相思。
江城新霽杏花初，千里何人憶索居。野寺春風一杯酒，關山夜月數行書。欲凴征雁無消息，但看《楞嚴》藉掃除。水檻凌空窗影薄，夢中得句意何如。

答許鳳喈妹夫

漫將甲子日推排，斗室焚香且放懷。强飯勝常多是福，觀書有味即爲佳。茶煙細裊留吟草，花影頻移换字牌。一點靈犀終在我，何須繡佛學長齋。

月夜

月色凉如水，秋宵分外明。銀河雲影薄，桂樹露華清。延爽開虚幌，長吟醉巨觥。悠然動鄉思，想見故人情。

呈陳望坡中丞二首

雙旌新向點蒼來，羊杜風流重外臺。畫戟令看綏百粤，繡衣星早貫三台。公先任廉使。雲澄島嶼鯨波静，花滿江山錦甸開。聽説青青霜鬢改，籌邊端費棟梁才。

蓬瀛仙籍鏡長明，小草何緣識姓名。臺號黄金偏下上，政成白璧倍多情。南樓玩月秋蕭爽，東閣吟詩日論評。深媿菲材優禮數，坐聆燕語有餘清。

秋感

年華容易感秋風，五十光陰彈指中。老去漸於詩興減，閒來不覺醉顔紅。鵷鸞得路輸時

趙篴樓方伯禮待甚
輩，駑馬無材守固窮。惟有蟲聲相伴慣，長宵唧唧粉墻東。

書生作計本蹉跎，四海空張一月羅。萍水交游知己少，雲霄盼望感恩多。湘潭朗映波千尺，玉宇涼生月一梭。莫怪秋來無底事，新添畫軸費吟哦。

疎林夕照晚生煙，負郭還須二頃田。未解垂頭容我法，敢將摇尾乞人憐。蓴鱸味好思千里，橘柚香濃又一年。寄語故園諸弟少，幾時相對石欄邊。

謝里甫太史以畫見贈作此謝之

先生手抉天人根，詞林文采世所尊。蓬山仙闕不肯住，歸臥却掃仍柴門。賓朋迭唱劇談笑，主持風雅繼南園。有時興酣寫蒼翠，畫法直欲前人吞。晴窗貽我止尺幅，點染瘦盡秋山痕。近來作畫學元派，大癡子久紛評論。淡煙一抹僅皮相，筆力未到遺神魂。何人潑墨具真想，令我恍惚懷江村。層崖古木坐長嘯，莓苔細路生朝暾。遺山妙句得幽趣，閉户習静空山存。年來緇塵媿滿面，簿書奔走忘晨昏。卑躬曲折手板立，上官伺候笑語温。只恐當階生杞棘，幾曾别徑尋蘭蓀。小山叢桂日招隱，欲往從之心長捫。感君此畫三歎息，庭前明月催金樽。

不寐

吴雲越樹路迢迢，客館風光夜寂寥。月色朦朧鄉夢斷，不須秋雨滴芭蕉。

筠軒文鈔

林辰達　點校

筠軒文鈔目録

筠軒文鈔卷三

筠軒文鈔卷四

筠軒文鈔卷五

補遺〔一〕

校勘記

〔一〕補遺中三篇文，爲原刻本目録中所無而附於全書後者。原刻此三篇版心處標『筠軒文鈔卷』而不記卷數，故此次整理將其列入補遺之中。

筠軒文鈔序

臨海洪氏兄弟多才俊。先是，有坤煊者，以諸生負文名。朱宫傅石君師視學時，生擬成公綏《嘯賦》，賞異之，拔爲選士。至都，館於家。以壬子科得第，不永年而卒。其弟曰頤煊、震煊。頤煊字筠軒，震煊字檆堂，最好學，亦爲石君師所拔。阮雲臺中丞筆記稱『臨海兩生，精研經訓，或過齊次風侍郎』者也。予主講浙中，與中丞及王蘭泉少寇以古學課詁經精舍諸生，見兩洪生撰著古書尤多。越數年而筠軒亦貢成均，授經於藁城，以所刊《文鈔》見寄。閲其文，多証明經史之作，與世之浮華佻巧、學無所得者殊。

予嘗惜鄭康成《六藝論》不傳，欲輯十七史志議禮之文及天文地理異同之説，合之漢魏六朝人文之足證佐經學者爲一集，題曰『六藝通論』，未及成書。而世人方見予《問字堂集》，有訾以爲不合唐宋八家體格者。蓋明季以來，以八比課士，其選唐宋人文集，多取近於時文，習見者疑爲古文定格。不知古人當日亦自行胸懷，隨其學之所得。司馬遷《報任少卿書》、嵇康《與山巨源絶交書》，率意成文，不肯修飾邊幅，亦如真英雄之視井底蛙耳。八家中，韓退之學識最高，無背聖哲之論。柳子厚則多出入，所見僻隘，畧如其人。歐陽永叔不惑二氏之學，持論甚正，然《濮議》不合於經。蘇子瞻經學典禮甚疎，其文實天下之才耳。

予嘗恨學不深，苦文不逮意，每與筠軒諸人同志者言之，又不肯爲違經無益之言。今觀筠軒所作，先得我心，宜其兄弟見賞於石君、雲臺兩先生。筠軒進猶未也，近館於安德平津館，與予商撰《尚書今古文義疏》，及校訂古書，將爲《五經異義補證》。檆堂從邵楚帆學使游，亦將以《夏小正注疏》寄予刊刻。而予早衰，輒有假年學《易》之歎。倘因仕學餘閒，擁古書、銷永日，有所成就，以遂闡揚古學之志，固夙昔之願。否則幸同志者繼成其事，無一字背先聖之言、爲欺世之學。筠軒兄弟其人也！嘉慶十一年六月七日撰於安德使署孫星衍。

�軒文鈔卷一

呈孫淵如夫子書

頃示許叔重粟主結銜，以『洨長』爲大銜，『太尉南閣祭酒』爲小銜，此論極確。生兄弟歸檢《後漢書》，得四證：漢三公府本有祭酒之官，《周澤傳》云：『建武末，辟大司馬府，署議曹祭酒。』《蔡邕傳》云：『中平六年，董卓爲司空，勅州郡舉邕詣府。邕不得已，到，署祭酒，甚見敬重。』胡廣曰：『祭酒皆一位之元長，不必定屬尊官。』其證一也。《百官志》太尉屬官下有黄閤，『主簿録省衆事』，其官以令史爲之。許沖《上説文表》云『臣父故太尉南閣祭酒』者，或如東曹、西曹之例，不必盡以『黄閣』冠之。其證二也。『令史，《舊注》百石，自中興以後，不説石數』〔二〕，其官甚微，故三公府得自辟除。《百官志》云：『縣萬户以上爲令，不滿爲長。』又云：『每縣邑道大者置令一人，千石；其次置長，四百石；小者置長，三百石。』是長本大于令史。其證三也。許君本傳云：『爲郡功曹，舉孝廉。再遷，除洨長，卒于家。』漢制：令、長尊，孝廉不能直除。故《周澤傳》云：『辟大司馬府署議曹祭酒。數月，徵試博士。中元元年，遷黽池令。』令、長一也。許君由孝廉辟太尉南閣祭酒，由祭酒遷洨長。故史云『再遷，除洨長』，與《周澤傳》官階正合。其證四也。得此四證，『太尉南閣祭酒』六字或可依正史删去。未審先生以爲何如？嘉慶庚申閏四月廿六日。

再呈孫淵如夫子書

前論許叔重粟主結銜，蒙中丞謬以爲可。後數日，臧君復持書來。據《唐六典》，親王府有東閣祭酒、西閣祭酒各一人。晉初，從公以上並置東閣、西閣祭酒。宋齊梁陳後魏北齊皆因之。蓋與東漢太尉南閣祭酒爲一例。生近復檢得衛宏《漢官舊儀》云：『丞相設四科之辟，以博選異德名士。第一科曰德行高妙，志節清白；二科曰學通行修，經中博士；三科曰明曉法令，足以決疑，能案章覆問，文中御史；四科曰剛毅多略，遭事不惑，明足以照姦，勇足以決斷，才任三輔。令第一科補西曹南閣祭酒，二科補議曹，三科補四辭八奏，四科補賊決。』陸德明《經典釋文序録》稱『司空南閣祭酒陳元』。始知東漢三公府西曹下本有此官。得此一證，非惟當日之官閥顯然，可爲范史『舉孝廉』三字增一佐據。并許君之德行高妙，志節清白，其見重于當世，不徒五經無雙可知矣。《舊儀》又云：『丞相考召取明經一科，明律令一科，能治劇一科。詔選諫大夫、議郎、諸侯王傅、僕射、郎中令，取明經，選廷尉正、監、平案章，取明律令；選能治劇長安、三輔令，取治劇。』足知東漢令、長，皆取選于三公府四科辟除。許君當日以太尉南閣祭酒除洨長，亦其舊制然也。唯所稱『太尉』，書無□文，究不知爲何人辟除耳。嘉慶庚申五月十一日。

三呈孫淵如夫子書

前年在武林西湖，獲侍函丈，與論許叔重栗主結銜二書，阮中丞已刋入《詁經精舍文集》。生近游藁城，重檢《後漢書》，復得一證：《西南夷夜郎傳》云：『桓帝時，郡人尹珍自以生於荒裔，不知禮義，乃從汝南許慎應奉受經書圖緯。』案桓帝嗣位，上距安帝建光元年許冲上《説文》時已二十七年，是時許君猶存。足證冲上書言『父病』，並非病篤不起。范史書『汶長』，據終後而言，先生之説爲確不可易。且冲上書云：『先帝詔侍中、騎都尉賈逵修理舊文，臣父慎本從逵受古學。』考逵本傳云：『和帝永元三年，以逵爲左中郎將。八年，復爲侍中，領騎都尉，兼領秘書近署。』則許君從學於逵當在此時。故《説文自序》云：『粤在永元困頓之季。』此記其撰書之始。時和帝永元十二年庚子，積二十二年至建光元年始克成書上之。冲云：『慎前以詔書校書東觀，教小黄門孟生、李喜等，以文字未定未奏上。』案《宦者·蔡倫傳》云：『元初四年，帝以經傳之文多不正定，迺選通儒謁者劉珍及博士良史詣東觀，各讐校漢家法。』《和熹鄧皇后紀》云：『又詔中官近臣於東觀受讀經傳，以教授宫人。』許君校書東觀即在此時。《馬融傳》云：『永初四年，詣東觀典校秘書。十年不得調。』許君典校時融猶在東觀。融以延熹九年卒，年八十八。桓帝初年止六十八。許君從學於逵即在弱冠，自永元八年下距桓帝初年，亦必七十有餘歲矣。其齒視融爲長。故范史本傳云：『馬融常推敬之。』良不誣也。請再質之先生。嘉慶壬戌八月九日。

禹都陽城考

《孟子》云：『禹避舜之子于陽城。』趙岐《章句》云：『陽城在嵩山下。』《史記集解》引劉熙注云：『今潁川陽城是也。』《史記・夏本紀》云：『禹辭避舜之子商均于陽城，天下諸侯皆去商均而朝禹。禹于是遂即天子位。』蓋是時舜子居河北平陽，禹避至河南陽城，因諸侯之朝遂定都焉。古文之説如此。

皇甫謐作《帝王世紀》，妄謂禹都安邑，漢屬河東郡，其地在河北。《史記正義》引《括地志》云：『禹居洛州陽城者，避商均時，非久居也。』案《漢書・地理志》云：『潁川郡陽翟，夏禹國。』注：臣瓚曰：『《世本》：「禹都陽城。」《汲郡古文》亦云居之，不居陽翟也。』考《漢志》，陽城亦屬潁川郡，與陽翟相近。或當日禹所都陽城本在陽翟，《漢志》因注禹國于陽翟下。班史去古未遠，其言自是不謬。《尚書序》云：『伊尹相湯，伐桀，升自陑。遂與桀戰于鳴條之野。』《正義》引『或云』：『陳留平丘縣，今有鳴條亭是也。』孔安國傳云：『桀都安邑。陑在河曲之南。鳴條在安邑之西。』《書序》又云：『夏師敗績，湯遂從之。遂伐三朡，俘厥寶玉。』孔安國傳云：『三朡，國名。桀走保之，今定陶也。桀自安邑東入山，出太行東南涉河。湯緩追之不迫，遂奔南巢。』孔沖遠不知其謬，從而爲之疏云：『今安邑見有鳴條陌昆吾亭。《左氏》以爲：「昆吾與桀同以乙卯日亡，韋顧亦爾。」故《詩》曰：「韋顧既伐，昆吾夏桀。」於《左氏》，昆吾在衛，乃在濮陽，不得與桀異處同日而亡，明昆吾亦來安邑，欲以衛桀，故同日亡。而安邑有其亭也。』不知《漢書·地理志》『北海郡平壽』注：應劭曰：『古斟尋。』《史記正義》引《括地志》云：『斟尋故城，今青州北海縣是也。《汲郡古文》云：「太康居斟尋，羿亦居之，桀又居之。」』是桀都斟尋，不都安邑。《今本竹書紀年》云：『帝癸元年，即位，居斟尋。十三年，遷于河南。』河南疑即禹陽城故都。『三十一年，商自陑征夏邑，克昆吾。大雷雨，戰于鳴條。夏師敗績，桀出奔三朡。商師征三朡，戰于郕。獲桀于焦門。放之于南巢。』是桀先都斟尋，次都河南，及鳴條戰敗，出奔三朡，仍欲退保斟尋故城，蹤跡甚明。是終夏之世，未嘗都安邑也。豈復有東南涉河之迂道如《書傳》所説者哉？

故自皇甫謐謂『禹都安邑』，古文陽城之跡反晦。而《書傳》反與之合，亦足爲《僞古文尚書》出于皇甫謐之一證。《竹書紀年》『帝禹元年居陽城』，《今本》反改作『居冀』以就謐説。今人往往信《僞古文尚書》而反以《孟子》《史記》《汲冢古文》爲疑，吾不敢以爲然也。

禹貢北過降水至于大陸考

《禹貢》降水，據《漢書·地理志》『上黨郡屯留』下云：桑欽言：『絳水出西南東入海。』

《禹貢》：『絳水亦入海。』鄭君注《尚書》云：『今河内共北山淇水出焉，東至魏郡黎陽入河。近所謂降水也。降讀當如「郕降於齊師」之「降」。蓋周時國於此地者惡言降，故改云共耳。又今河所從去大陸遠矣。館陶北屯氏河其故道與？』

博考羣籍，鄭君之言信而有徵，其證有五：《禹貢》經文次降水于大伾之後，則降水當在大伾下流。鄭君注『大岯』云：『在脩武、武德之界。』《漢志》河内郡共故國北山，淇水所出。東至黎陽入河。脩武、武德與共同屬河内郡，其地相近，其證一也。

《漢志》『鉅鹿郡鉅鹿』下云：『《禹貢》大陸澤在北。』若以信都絳水當《禹貢》降水，則同在今之順德府。故鄭君引《地説》云：『大河東北流，過絳水，千里至大陸爲地腹。』如《志》之言『大陸在鉅鹿。』《地理志》云：『水在安平信都鉅鹿。』與信都相去不容。此數其證二也。

《漢書·溝洫志》：賈讓言：『近黎陽南故大金隄，從河西西北行至西山南頭，廼折東與東山相屬。』又云：『遮害亭西十八里至淇水口，廼有金隄高一丈。自是東，地稍下，隄稍高，至遮害亭，高四五丈。往五六歲，河水大盛，增丈七尺，壞黎陽南郭門，入至隄下。』王横亦云：『河入勃海，勃海地高于韓牧所欲穿處。禹之行河水，本隨西山下東北去。與太史公所言「禹廝二渠，以引其河，北載之高地，過降水，至于大陸故道」相合。其證三也。

《溝洫志》云：『塞瓠子，築宫其上，名曰宣防。而道河北行二渠，復禹舊迹。』又云：『自塞宣房後，河復北決於館陶，分爲屯氏。河東北經魏郡、清河、信都、勃海入海。』此正鄭君之所據。則自漢以前，皆以屯氏河爲禹河故道。其證四也。

漢以前古音，『降下』之『降』與『降服』之『降』並讀如『洪』。故《孟子》云：『洚水者，洪水也。』《荀子·成相篇》云：『禹有功，抑下鴻。』楊倞注云：『鴻，洪水也。』《書》曰：『降水警予。』《説文》：『棒，讀若鴻。』皆與共聲相近。若作『絳』則破讀矣。故鄭君云：『水土之名，世失其處。』見降水則以爲絳水，故依而廢讀，或作絳字，非也。其證五也。有此五證，《禹貢》降水當以鄭君之言爲正。桑欽雖傳《古文尚書》，而班固不言古文以爲絳水，或欽亦兼采今文家説，故其言與鄭君違也。

七經孟子考文補遺跋

右《七經孟子考文》並《補遺》二百卷，日本西條掌院記山井鼎所撰，東都講官物觀補遺。嘉慶丁巳夏，阮雲臺夫子視學兩浙，以日本元板菭紙本再雕于瑯嬛僊館，以一本贈頤煊，頤煊始得卒讀。

是書據凡例所引各本，有曰『宋板』者，足利學所藏刻本；有曰『古本』者，足利學所藏寫本；有曰『足利本』者，本學所印活字板本；有曰『正德本』者，明正德注疏本；有曰『嘉靖本』者，明嘉靖注疏本；有曰『萬曆本』者，明萬曆注疏本；有曰『崇禎本』者，明汲古閣注疏本。今中國所行，惟萬曆北監本、崇禎汲古閣本而已，餘不可悉得也。

頤煊偶以他書所引證之，如《隨》『大亨貞』，『貞』上有『利』字。《升》『積小以高大』以下有『成』字。《柏舟》『髧彼兩髦』，『髧』作『优』。《月令》『鞠有黄華』，『鞠』作『菊』，與《釋文》所引本同。《曲禮》『主人辭不能亨』，『亨』作『烹』。《檀弓》『從若斧者焉』，『從』上有『吾』字。《鄉飲酒》『義所以致絜也』，『絜』作『潔』，與《初學記》所引本同。《坤》《象》曰履霜堅冰』，『冰』下有『至』字。《檀弓》『使子路問之』，『子路』作『子貢』。《禮器》『二者天下之大端矣』，『矣』作『也』，與《藝文類聚》所引本同。《羔裘》『彼其之子』，『其』作『已』。《衡門》『可以樂飢』，『樂』作『瘵』。《論語》『舉一隅』，『隅』下有『而示之』三字，與《文選》注所引本同。《雜卦》『姤，遇也』，『姤』作『遘』。《王制》『示弗故生也』，『示』作『亦』。《學記》『燕辟廢其學』，『辟』作『譬』，與唐石經本同。《緇衣》『敝予又改爲兮』，『敝』作『弊』。《曲禮》『酒漿處内』，『内』作『右』。《檀弓》『凡在宫者殺無赦』，『宫』作『官』。《祭統》『論撰其先祖』，『撰』作『譔』，與《太平御覽》所引本同。他如《桓公六年》疏『孔子年十九，娶于宋开官氏』，『开』作『并』，與《韓勑碑》同，可訂今讀作『开』之誤。《襄公二十八年》傳『武王有亂臣十人』，『亂』下無『臣』字，與《論語釋文》同，可爲攻《僞古文尚書》者增一左證。《定公四年》傳『殷民六族，殷民七族』，『民』作『氏』，古人氏族並稱，不可謂避唐諱也。《洪範》『五者來備』，『者』下有『是』字，《後漢書·李雲傳》作『五氏來備』[二]，古『氏』、『是』通用，後人誤衍一『者』字。又《曲禮》『客踐席乃坐』作『客踐席主人乃坐』。《檀弓》『還葬』下有『而無椁』三字。《王制》

『屏之遠方』上有『不變王』三字。《樂記》『五成而分』下有『陝』字。《表記》『不犯日月』上有『君子』二字。義皆長于今本。

山井鼎稱足利學所藏古本爲唐以前物，蓋亦可信其不誣矣。惟《盤庚》『作福作災』作『依福依災』，『依』當是『作』字之譌。《微子之命序》『殺武庚』，『庚』作『康』，古文『康』、『庚』字相近。《君牙》『率乃祖攸行』，『攸』作『道』，『攸』本作『逌』，因譌作『道』。《秦誓》『斷斷猗』，『斷斷』作『鮎鮎』，即《説文》『詔』字之譌。亦惜材力有限，尚不能考覈精當耳。昔人謂《文選注》一字一縑，頤煊于此書亦云。喜公之嘉惠，後學重雕是書而獲至寶也。因畧書所見于卷尾。嘉慶庚申五月廿三日。

周禮六官論

《周禮》以天地四時分爲六官。大宰爲天官，司徒爲地官，宗伯爲春官，司馬爲夏官，司寇爲秋官，冬官雖亡，司空之職也。賈公彦《周禮正義序》據唐虞官制言之：『稷爲天官，司徒爲地官，秩宗爲春官，司馬爲夏官，士爲秋官，共工爲冬官。』伯禹作司空，四時官不數者，鄭君云：『初，堯冬官爲共工，舜舉禹治水，堯知其有聖德，必成功，故改命司空，以官名寵異之，非常官也。至禹登百揆之任，捨司空之職，爲共工與虞。故曰「垂作共工，益作朕虞」是也。』

頤煊謂：上古洪荒初闢，天與民近，故帝王設官必以天事爲首務。《左氏》述少皞氏之官曰：『鳳鳥氏，曆正也；元鳥氏，司分者也；伯趙氏，司至者也；青鳥氏，司啟者也；丹鳥氏，司閉者也。』又：『高辛氏之世，命重爲南正司天，犂爲火正司地。』《虞書》贊堯，首言：『乃命羲、和，欽若昊天，曆象日月星辰。』所首舉者皆天官也。後世庶政繁興，民與天遠。故堯初年唯命羲和爲四岳，分掌四時。末年庶績多闕，乃分岳事，置八伯，皆王官。至舜即位，遂設百揆之職以總理庶政。夏商以降，民事多而天事少。《周禮》六官凡言天者，馮相保章之職，僅屬春官、天官所掌，皆百揆之任，沿其名而改其實，其制與堯時異矣。鄭君云：『稷爲天官者，蓋堯時止有四官，司徒所掌皆春官兼之故。』《大戴禮·千乘篇》云：『司徒典春，司馬司夏，司寇司秋，司空司冬。』《周禮》既以百揆之任爲天官，而以稷所掌分屬地官，此亦一代之變制，非唐虞之舊法也。蓋自古帝王剏制，無不法天。《白虎通》云：『爵有五等，以法五行。或三等者，法三光也。』又云：『京師者何？千里之邑號也。法日月之徑千里。諸侯封不過百里，象雷震百里所潤雲雨同也。』推之：祭天圜丘象北極、祭地方澤象后妃；三公法三台，九卿法北斗。凡大祭祀大典禮莫不皆然。漢儒解經猶能窺見此恉，至宋元以後，天學絕置不講，而反以六天帝爲荒謬不經之談。吁！是可怪也已。

鄭康成不應罷從祀議

孔子之志在六經，故後世之從祀孔庭者，當以傳經之功爲斷。鄭君生當漢末，章句繁多，羣言淆亂，學徒勞而少功，後生疑而莫定。鄭君囊括六藝，屏斥俗儒，範模正旨，誠百代之儒宗，千秋之絶業也。

明嘉靖九年，議更祀典，張璁據程敏政議，謂康成注書無關于聖人之旨，罷從祀。夫程氏所謂聖人之旨者，乃宋元以後空談性命之學也，孔子生當周季，遺文片義，皆當從周秦以前之語言文字求之。若乃膠執臆見，謬襲異説，是猶陟泰山而上丘垤，探河海而酌蠡測也。其去聖人也遠矣。國朝雍正二年，世宗憲皇帝特允儒臣之請，仍命從祀孔庭。今謹次第康成傳經之功，以補前人之遺議。

《周易》秦火未焚，漢初傳之者衆，劉向以中古文《易》校諸家經，或脱无咎悔亡，唯費氏經與古文同。費氏《易》亡章句，徒以《彖》《象》《繫辭》《文言》解釋上、下經，有合于聖人以傳釋經之旨。鄭康成注費氏《易》，厥後荀爽、王弼皆從康成所定之本，迄今千餘年不變。是康成之有功于《周易》，其當祀一也。

魯恭王壞孔子舊宅，得《古文尚書》，唯孔安國傳其業。漢世未立學官，從之者少。至鄭康成從賈逵校定古文，爲之訓釋其義，由是古學大明。今雖篇什散佚，而微文大義猶有散見于諸書者，是康成之有功于《尚書》，其當祀二也。

鄭康成先從張恭祖受《韓詩》，後得《毛詩》，爲之箋。毛義若隱畧則更表明，如有不同，即下己意，使可識别，而且訓詁章句悉衷于《爾雅》，能使聖人表章之功，千載如見。是康成之有功于《毛詩》，其當祀三也。

《漢書·藝文志》：『《禮》古經五十六卷，經七十篇、記百三十一篇。《周官》經六篇。』戴德删古《禮》二百四篇爲八十五篇，謂之《大戴禮》，戴聖删《大戴禮》爲四十九篇，謂之《小戴禮》。鄭康成從馬融受《周官》，作《周官注》。本治《小戴禮》，後以古經校之，取其於義長者順者，故爲鄭氏學。又注小戴所傳《禮記》四十九篇，通爲《三禮》。今世之所傳皆其本。是康成之有功于三《禮》，其當祀四也。

孔子因魯史記作《春秋》，上遵周公遺制，下明將來之法，褒善黜惡，弟子退而異言。左丘明恐弟子各安己意，以失其真，故論本事而爲之傳，明夫子不以空言説經也。鄭康成雖未注《左氏》，而《箴膏肓》《發墨守》《起廢疾》，發明《左氏》之功爲大。是康成之有功於《春秋》，其當祀五也。

《論語》者，孔子之遺書。漢興，傳之者三家。鄭康成就《魯論》張、包、周之篇章，以《齊古》讀正，凡五十事，使聖人之微言不絶。是康成之有功于《論語》，其當祀六也。

他如《孝經大傳》、《中候》、《乾象曆》、《天文七政論》、《毛詩譜》、《孟子注》、緯書、《魯禮禘祫議》、《六藝論》、《答臨孝存周禮難》、《駁許慎五經異義》，莫不博綜條貫，芟削繁蕪，其書雖或傳、或不傳。大抵今世學官所傳《周易》《毛詩》《周禮》《儀禮》《禮記》皆鄭君之本，然則鄭君之從祀于孔庭，雖百世不易可也。謹議。

與朱謂卿書

『鄂不館』題榀乃阮雲臺夫子丁巳視學至台以贈頤煊、震煊者。前託繪圖，承問花狀。案：《小雅·常棣之華》毛傳云：『常棣，棣也。』《釋文》云：『本或作「常棣，移」。』王伯厚《詩考》引《韓詩序》云：『夫移燕兄弟，閔管蔡之失道也。』《藝文類聚》引《詩》云：『夫移之華，萼不煒煒。』是詩人所咏本作『常棣，移』。故《説文》云：『移，棠棣也。棣，白棣也。』二種本別。《爾雅·釋木》云：『唐棣，移。常棣，棣。』『唐』、『常』聲相近，故二字得相假借。其實名『移』者當作『常』，名『棣』者當作『唐』也。《秦風·山有苞棣》毛傳云：『棣，唐棣也。』《論語》『唐棣之華』何平叔《集解》云：『唐棣，移也。』《春秋繁露·竹林篇》引《論語》本作『棠棣』字猶可證。經典單言『棣』者皆曰『棣』，言『華』者皆夫移。邢叔明疏《爾雅》于『移』下引陸機疏云：『奥，李也。一名雀梅，亦曰車下李。所在山皆有其華，或白或赤〔三〕。六月中大如李子，可食。』于『棣』下引陸機疏云：『許慎曰：白棣，樹也。如李而小，如櫻桃正白。今宫園種之。又有赤棣樹，亦似白棣葉，如刺榆面微圓，子正赤如郁李而小。五月始熟，自關西，天水、隴西多有之。』關西棣樹今無從目驗，而知《小雅》『夫移』似即江浙所有之郁李也。司馬相如《上林賦》云：『隱夫薁棣。』郭景純注云：『薁，車下李也。棣實似櫻桃。』《藝文類聚》引《禮記疏》云：『夫移一名薁李，一名爵梅，一名車下李，一名鬱。』證以經傳，亦復相合。鄙見如此，請再參考得實，不致見誚通人，幸甚。嘉慶辛酉三月十九日。

答李生書

接手札，并《尚書》雜問。博考《堯典》《舜典》分合，甚詳而有法。以頤煊所聞，《周禮·春官》鄭司農注引《堯典》曰：『咨四岳，有能典朕三禮。』王充《論衡·氣壽篇》引《堯典》曰：『朕在位七十載。』又曰：『舜生三十徵，用三十，在位五十載，陟方乃死。』是皆漢人以《舜典》合于《堯典》之證。不僅如王光禄《尚書後案》所引也。《舜典》六朝所行有三本：陸德明《經典釋文序録》云：『元帝時，豫章内史枚賾奏上孔傳，《古文尚書》亡《舜典》一篇，購不能得，乃取王肅注《堯典》，從『昚徽五典』以下分爲《舜典篇》以續之。後范甯變爲今文《集注》，俗間或取《舜典篇》以續孔氏。』齊明帝建武中，吴興姚方興采馬、王之注，造孔傳《舜典》一篇，云於大桁頭買得上之。今《釋文》所録《舜典》注，王肅本也。孔沖遠《正義》本與《釋文》所引王注不同，姚方興本也。《一切經音義》引《尚書》俱稱孔安國，唯《舜典》篇稱『范甯《集注》』，是即俗間所續范注本也。桓譚《新論》云：『秦延君能説《堯典》篇目兩字之説至十餘萬言，但説「曰若稽古」三萬言。』案《漢書·儒林傳》：『張山拊事小夏侯建爲博士，授信都秦恭延君，恭增師法至百萬言。』是秦延君説今文二十九篇止百萬言，不應説堯典篇目兩字即至十餘萬言。桓譚所譏疑未得其實。足下以爲何如？餘不悉宣。

釋魯郊

《左氏·桓五年》傳云：『凡祀啟蟄而郊。』杜元凱注云：『啟蟄，夏正建寅之月祀天南郊。』此說非也。案：《春秋》書郊十一見。于正月者四見，于四月者五。周正四月乃夏正二月。《禮記·郊特牲》云：『郊之祭也，迎長日之至也。』鄭君注云：『迎長日者，建卯而晝夜分，分而日長也。』鄭正據《春秋》爲說。孔沖遠《正義》引杜氏《釋例》云：『曆法：正月節立春，啟蟄爲中氣。』

考《周髀算經》《逸周書》《淮南子·通卦驗》，並以啟蟄爲二月節。《考工記》云：『凡冒鼓必以啟蟄之日。』《說文》云：『鼓春分之音。』是周時啟蟄本在二月。鄭君引《易說》云：『三王之郊，一用夏正。夏正者以建寅爲歲首，非謂郊用建寅之月也。』《說文》云：『禾二月始生，八月而孰。』又云：『春分而禾生，夏日至晷，景可度，禾有秒。』古人時候早，二月已耕，故孟獻子曰：『啟蟄而郊，郊而後耕。』是當時魯本有二郊，《春秋》所書正月之郊即冬至圜丘之郊，四月之郊即二月祈穀之郊。鄭君謂『魯無圜丘之祭』，是據常禮而言。

圜丘之祭，諸侯之僭禮也。《郊特牲》云：『郊之用辛也，周之始郊日以至。』鄭君以爲魯郊，魯郊用辛，不卜不用，辛則卜。故有三卜郊。四卜郊之文，《月令》：『孟春之月，天子乃以元日，祈穀于上帝，乃擇元辰。天子親載耒耜，帥三公九卿，躬耕帝籍。』《月令》紀候用夏正，非周公所作，不可以注此經也。鄭君於《郊特牲》『迎長日之至』注云：『建卯於明堂位。』『魯君孟春祀帝于郊』注云：『建子之月。』説本不誤。王肅《聖證論》牽引《月令》之文，説魯冬至郊天，至建寅之月又郊以祈穀。是誤以周正爲夏正。杜元凱據之以釋《春秋》，孔沖遠又從爲之辭曰：『「夏四月卜郊」者，傳舉節氣有前有卻，但使春分未過。仍得爲郊。』真臆説不可通矣。因作此以正之。

釋封禪

世謂封禪之名不見於六經。案：《史記·封禪書》云：『文帝使博士刺六經作《王制》，謀議巡守封禪事。』又云：『上與公卿、諸生議封禪，羣儒采封禪《尚書》、《周官》、《王制》之望祀射牛事。』又云：『羣儒既已不能辨明封禪事，又牽拘於詩書古文而不能騁。』是六經未嘗無封禪也。

太史公首引《尚書》『歲二月東巡守，至于岱宗，柴望秩于山川』以爲封禪之始。下又引《周官》『冬日至祀天於南郊，夏日至祭地祇』，《論語》『或問禘之説』爲證。《白虎通》説封禪云：『增泰山之高以配天，附梁父之基以報地。』是『封』即《周禮》南郊祭天，『禪』即北郊祭地。

古者天子巡守所及必祭天以告。至管仲曰：『古者封泰山禪梁父者七十二家，而夷吾所記者十有二焉。』此就東方言之，非謂封禪者必在泰山也。禮不王不禘，故桓公欲封禪，管仲曰：『古之封禪，鄗上之黍，北里之禾，所以爲盛。江淮之間，一茅三脊，所以爲藉。東海致比目之魚，西海致比翼之鳥，然後物有不召而自至者。』此乃一時之託言，非封禪之禮經也。

晚周巡守不行，郊祀禮廢。秦皇漢武議復封禪，諸生昧于所見，言人人殊，宜無怪其然。加以方士怪迂阿諛苟合之徒，附會符瑞之説，然後封禪之名乃大壞。其實南北郊、日月星辰山川神鬼之祀本見于周禮，並非鑿空之談。故始皇禪梁父采太祝祀雍上帝所用，武帝封泰山詔如郊祀太一之禮。太一者，即《周禮》『冬至圜丘所祀北辰耀魄寶』。是當日所用典禮猶知釐正，故太史公撰《封禪書》重舉郊畤之禮，而於方士荒誕之説略致微辭，猶得六經本恉。而後世迂腐之儒動訾封禪，其毋乃爲方士所愚也哉！

校勘記

〔一〕此句爲《續漢書·百官志》之文。

〔二〕後漢書李雲傳作五氏來備　『李雲傳』，原譌作『李尋傳』，今改正。

〔三〕或白或赤　『白』原訛作『曰』，據《爾雅注疏》改。

筠軒文鈔卷二

重建曝書亭記

曝書亭者，秀水朱竹垞先生之所建也。案：先生《曝書亭文集》：亭舊在嘉興梅會里荇谿。《詩集序》云：『予十七避兵夏墓，既而徙練浦之南，再徙梅會里曝書亭。』《著録序》云：『予年十七，從婦翁避地。六遷而安度。』先生九遷乃定居梅會里。里即先生之所居也。先生所居本以竹垞得名，有南垞、北垞。垞之中有池，四面皆種竹。先生詩云：『垞南宜得翠筠看，上番移來近百竿。昨夜疾風吹拔木，老夫差喜竹平安。』蓋指此也。池之南爲曝書亭，亭藏書凡八萬卷。著録者曰經、曰藝、曰史、曰志、曰子、曰集、曰類、曰說，是即高士李君之所贈，宛平孫氏、無錫秦氏、崑山徐氏之所借鈔者也。亭之建雖不知剏自何年，觀集中載《曝書亭絶句》《曝書亭得孫學士都下札》詩，大抵在歸田後。所作《鴛鴦湖櫂歌》注云：『余近移居長水之梅谿，殳山在其北，横山在其南。』《著書硯銘》云：『北垞南，南垞北，中有曝書亭，空明無四壁，可以得亭之槩矣。』亭久就圮。嘉慶丁巳秋，阮雲臺夫子視學至禾中，捐俸重建。于是賢士大夫交相歌詠，傳爲盛事。一時曝書亭之名復新。

噫！人生泡影耳。亭臺花木頃刻化爲煙雲，惟書之名能爲不朽。《孝經援神契》云：『書者，如也。』《釋名》云：『書，亦言著也，著之簡紙，永不滅也。』嘗見世有富厚之士，每不屑致力于書，即或勉存庋閣，而非其性之所好，不再傳，蟲殘鼠囓，又安望有人從没世後，緬想其丰采，而爲之重建其庭宇耶！先生承文恪公之後，詩文爲本朝大家。越今百餘年其風流猶在，故即有宏擠羣雅之人，爲之尋訪故跡，修葺舊居。則此亭之興廢，蓋早視乎其人矣。聞梅會里當先生時，有周青士篔、王介夫翃、范遵甫路、朱近修一是，王千明汸、沈山子進、李振公麟友皆以詩鳴，朝夕過從，故居皆與曝書亭相近。倘有好事者爲之搜訪遺迹，附祀亭中，俾得于風宵月夕之下吟咏其間，亦大韻事也。是又不能無望于禾中諸君子云。是爲記。

春秋日食占變説

春秋災變最重日食。《左氏·昭公十七年》：『夏六月甲戌朔，日有食之。大史曰：「日過分而未至，三辰有災。」於是乎百官降，君不舉，辟移時。』《二十一年》：『秋七月壬午朔，日有食之。公問梓慎，對曰：「二分二至日有食之不爲災。日月之行，分，同道也；至，相過也。其他月則爲災，陽不克也。」』《二十四年》：『夏五月乙未朔，日有食之。梓慎曰：「將水。」昭子曰：「旱也。」』日過分而陽猶不克，克必甚，能無旱乎？是古者日食唯二分二至不爲災，過此則皆災也。其占法見于《昭公七年》：『夏四月甲辰朔，日有食之。晋侯問于士文伯曰：「誰當日食？」對曰：「魯、衛惡之，衛大魯小。」公曰：「何故？」對曰：「去衛地，如魯地，於是有災。」」杜元凱注云：『衛地，豕韋也。魯地，降婁也。日食於豕韋之末，及降婁之始乃息，故禍在衛大，在魯小也。周四月，今二月，故日在降婁。』是專以日食所在分野視其國之所受災。《漢書·五行志》劉歆《左氏》、董仲舒《公羊》、劉向《穀梁》推春秋日食皆本此術。故《五行志》云：『凡日所躔而有變，則分野之國失政者受之。人君能脩政，共御厥罰，則災消而福至；不能，則災息而禍生。』此乃其大略也。《昭公三十一年》：『十二月辛亥朔，日有食之。史墨曰：「六年及此月也。吴其入郢乎？入郢必以庚辰日，月在辰尾，庚午之日，日始有謫，火勝金，故弗克。」』杜元凱注云：『午，南方楚之位也。午火庚金也。日以庚午，故災在楚。』鄭君《十月之交》『辛卯日食』箋云：『日爲君，辰爲臣。辛，金也。卯，木也。又以卯侵辛，故甚惡也。』鄭君以日食日辰辨其陰陽生尅以定吉凶，雖本于《詩緯推度災》，亦《左氏》之遺法也。惟《五行志》：『京房推隱三年日食，貫中央，上下竟而黑，臣弑從中成之形也。桓三年日食，貫中央，上下竟而黄，臣弑而不卒之。』《五形志》又引《易傳》〔二〕：『凡食二十占，其形二十有四。改之輒除。不改三年，三年不改六年，六年不改九年。』其占法與《左氏》錯，不知其術之所出耳。

勾陳大星辨

勾陳之名不見于《史記·天官書》。今世所謂『勾陳大星』，《天官書》謂之『太一』，《甘氏星經》謂之『天皇大帝』，《論語》謂之『北辰』也。何以明之？案：《天官書》云：『中宫天極星，其一明者，太一常居也。』《鶡冠子》云：『太一者，天之中央。』惟太一常居不動，處天之中央，故爲天之樞紐。《論語》云：『譬如北辰，居其所而衆星拱之。』《爾雅》云：『北極謂之北辰。』即此星也。《周禮·大宗伯》：『以蒼璧禮天。』鄭君注云：『此禮天以冬至，謂天皇大帝在北極者也。』『以禋祀祀昊天上帝。』鄭君注云：『昊天上帝冬至於圜丘所祀天皇大帝。』《甘氏星經》云：『天皇大帝一星，在鉤陳口中。』《晋書·天文志》云：『鉤陳口中一星曰天皇大帝，其神耀魄寶，主御羣靈，執萬神圖。』正與《論語》衆星環拱之義相合。自隋丹元子作《步天歌》云：『北極五星在紫微宫中。第一星主月，太子也。第二星主日，帝王也。第三星主五星，庶子也。其第四星爲后宫。第五星爲天樞。又别出太一一星，在天一南。』又别指一細星爲天皇大帝，謂其星常隱不見，見則有災。案：《天官書》云：『中宫天極，後句四星，末大星正妃，餘三星后宫之屬。』鄭君注《檀弓》云：『帝嚳立四妃，象后妃四星，其一明者爲正妃，餘三者爲次妃。』《天官書》不别出鉤陳者，後句四星即鉤陳也。《晋書·天文志》亦云：『鉤陳，後宫也。北四星曰女御宫，八十一御妻之象也。』並不以北極第四星爲后宫。第五星爲天樞，是《步天歌》所指北極五星，即古之鉤陳。賈逵、張衡、蔡邕論極星，皆謂不動處厥，後歲差漸移，極星亦隨之而移，故近世臺官於冬至前後卯、酉二時測勾陳大星，折中以定北極，猶見古法。

若如《步天歌》所指北極五星與今測勾陳大星相隔尚遠，豈得指以爲天之樞紐乎？賈公彦《周禮疏》引《春秋緯運斗樞》云：『大微官有五帝座星。』即《文耀鉤》所云：『春起青受制，其名靈威仰；夏起赤受制，其名赤熛怒；秋起白受制，其名白招拒；冬起黑受制，其名叶光紀。季夏六月火受制，其名含樞紐。』《晋書・天文志》云：『大帝上九星，曰華蓋，所以蔽覆大帝之座也。華蓋下五星曰五帝内座，設叙順帝所居也。』今世儀象志所測紫微垣有句陳六星而無五帝内座五星，是後人以内座五星與天皇大帝誤指爲鉤陳六星，而以後句四星反指爲北極五星，此誤之甚者也。

書步天歌後

上古星言簡質，次舍與今不同。《步天歌》參七星：中三星，兩旁肩股四星，中又三小星爲伐。案《毛詩》『三星在户』傳云：『三星，參也。』不兼左右肩股而言。《考工記》『熊旗六斿以像伐也』鄭君注云：『伐，屬白虎宿，與參連體而六星。』是參可并伐稱矣。

《步天歌》室壁各兩星。《毛詩》『定之方中』鄭君箋云：『定昏中而正，謂小雪時。其體與東壁連正四方。』《考工記》：『龜蛇四游，以象營室也。』鄭君注云：『營室，玄武宿與東壁連體而四星。』是室，壁可并爲一也。

《步天歌》分二十八星爲二十八舍。《史記・天官書》所録無壁星，《律書》又别出二十八舍之名，以建星易斗、狼弧易井、鬼罰易觜，又柳名爲注、畢名爲濁、昴名爲留。是古所稱二十八舍者亦不專指此二十八星也。《天官書》分經星爲五官，中曰紫微，東曰房心，南曰權衡，西曰咸池，北曰虚危。巫咸、甘、石三家分中外官，以在二十八宿已内之星爲中官，以外之星爲外官，位次見《開元占經》。

《步天歌》以中宫爲紫微垣，又分南宫星爲太微垣，東宫星爲天市垣，又分二十八星爲二十八宿，位次頗爲變亂。李淳風撰《晋書・天文志》在《步天歌》之後，以在二十八宿已内星分爲五官，以二十八宿已外星附于後。可知當時亦不盡用其法也。自鄭樵《通志略》載之，謂其書：『句中有圖，言下見象。』宋元明諸儒皆尊信此書。後世臺官惟知三垣二十八宿之名，而古法遂蕩然廢矣。

南宋中興四將論

語有之：『天下安，注意相；天下危，注意將。』南宋建炎初年，金人背盟，二帝北狩，東南不絶如綫。高宗以中主優柔牽制，卒能成中興之業者，將之力也。

世以張、韓、劉、岳爲南渡四將，而史以伯英爲冠。考本傳，伯英握兵最早，江淮羣盜半爲所平，號爲『張鐵山』。其勇健有過人者。苗劉之亂，伯英首先勤王。劉平叔以所部至，伯英即釋舊憾。韓蘄王來自海上，伯英喜不自持，以劉寳兵二千借之，始克。奏臨平之勳，盡忠報國，方之韓、岳，曷有愧焉？

劉平叔律身不嚴，馭軍無法，雖爲當時所詆，但世爲名將，一時將卒多出其門。故職掌兵枋，得與張韓鼎立。觀其援汴京、討李成，苗劉爲亂，獨憚平叔，其儒雅亦可概見。惟黄州之役，馮檝貽書請選精兵伏其歸路，可使匹馬不還，平叔不能用，此則其大謬也。

韓蘄王精勇絶倫，大小凡百餘戰未嘗敗北。金山之扼，兀术請哀；大儀之圍，撻孛授首。論者以爲中興武功第一。

岳鄂王天畀神力，智勇兼全。而又忠義性生，激發士卒。故所向無不披靡。郾城之戰，何減于昆陽突圍；楊幺之擒，有過于雪夜入蔡。韓、岳兩軍對峙，金人不敢窺江淮以南者，正天之所以限南北也。

所惜者，蘄王相持黄天蕩四十八日，兀术鑿渠通江，蘄王不覺。鄂王師捷朱仙鎮，兀术欲弃汴京，金牌之召，痛哭班師，功敗垂成，業隳一旦。後人或有議其不妨從權者，然此亦天意，不可以此而語純臣也。故論中興四將，戰功當以韓岳爲第一、張次之、劉又次之。史之所次，張居韓先、岳在劉後。考韓宣和中平方臘，雖已從王淵有功，而高宗任用終不及張。故高宗勅張俊曰：『羣臣謂朕待卿獨厚，其仰體眷懷，益思勉勵。』又張韓劉同以建炎中授節度使，岳至紹興四年始授清遠軍節度使。且岳在諸將中年最少，故居四將之末。然則此四將之次以位望論，並非以人品與戰功言。此又論世者所不可不知也。

春秋天子不頒曆説

春秋列國未嘗用周天子正朔，周天子亦未嘗頒曆于諸侯也。孔子撰《春秋》，用魯史紀年而不用周正，其彰明較著者固無論矣。其他見于《左氏》者，文十七年鄭子家遺書趙宣子曰：『寡君即位三年，召蔡侯而與之事君。十二年六月，歸生佐寡君之嫡夷以請陳侯于楚。十四年七月，寡君又朝，以蕆陳事。』《襄二十二年》傳：『晋人徵朝于鄭。鄭人使少正公孫僑對曰：「在晋先君悼公九年，我寡君于是即位。我二年六月朝于楚。我四年三月，先大夫子蟜又從寡君以觀釁于楚。」』其所引用即晋鄭之紀年也。若當時列國皆奉周天子正朔，當舉周正以示尊王之義，不應獨用私史。故《左氏・文十一年》傳云：『晋侯問公年。季武子曰：「會于沙隨之歲，寡君以生。」』《襄三十年》傳云：『「臣生之歲正月甲子朔，四百有四十五甲子矣。」師曠曰：「魯叔仲惠伯會郤成子於承匡之歲也。」』皆錯舉列國紀年，並無一語及于周正。

《周禮》：『大史正歲年以序事，頒之于官府及都鄙。』並未云頒于邦國。其云『頒告朔于邦國』，不過舉十二月所行之典禮頒之諸侯。諸侯至每月之朔，朝于廟告而行之，《玉藻》謂之『聽朔』，《春秋》謂之『視朔』，並未云頒曆于諸侯也。《左氏・桓三年》：『春正月。』杜元凱注云：『經之首時必書王，明此曆天王之所頒也。其或違常，失不頒曆，故不書。』孔沖遠《正義》

引劉炫《規過》云：『天王失不頒曆，經不書王，乃是國之大事，何以傳無異文？又昭二十三年以後，王室有子朝之亂，經皆書王，豈是王室猶能頒曆？又襄二十七年再失閏，杜云：「魯之司曆，頓置兩閏。」又哀十三年十二月，螽。杜云：「季孫雖聞仲尼之言而不正曆。」如杜所注，曆既天王所頒，魯人何得擅改？』光伯此言可謂篤論。故《左氏》云：『天子有日官，諸侯有日御。日官居卿，以底日禮也。日御不失日，以授百官于朝。』明其事不相統繫。故劉歆《三統曆》所述有周曆、魯曆之不同。晋太康中得《汲冢紀年》，周幽王以後皆以晋、魏紀年。後人不知春秋天子不頒曆，列國亦未嘗用周天子之正朔，而《今本紀年》東遷以後盡改周正，此蓋襲杜説之誤而不知其事之非古也。

大戴禮記跋

《大戴禮記》八十五篇，第三十八以上今亡。中間又闕四十三、四十四、四十五、六十一四篇、八十二以後四篇，存者三十九篇。許叔重《五經異義》、《魏書·李謐傳》、《隋書·牛弘傳》引《明堂》俱作《盛德記》，不知何時析出《明堂篇》。故今本有兩七十四，存者共四十篇。《史記·仲尼弟子列傳》索隱云：『按戴德撰禮號曰《大戴禮》，合八十五篇，其四十七篇亡，今存者有三十八篇。』疑司馬貞所見本已有《明堂篇》，又合《制言》上中下三篇爲一，故云三十八篇歟？今本《大戴禮記》二十四篇有注，十六篇無注。隋唐《志》皆不題作注人姓氏，至王伯厚始指爲北周盧辯景宣注。案：《魏書·儒林傳序》：『永熙中，於顯陽殿詔祭酒劉廞講《孝經》，黄門李郁講《禮記》，中書舍人盧景宣講《大戴禮·夏小正篇》。』景宣於此篇不應無注，蓋亦後人傳寫脱佚之證矣。

書山海經後

《山海經》卷九、卷十三末俱有『建平元年四月丙戌，待詔太常屬臣望校治，侍中光禄勳臣龔、侍中奉車都尉光禄大夫臣秀領主省結銜』三十九字。案：《漢書·儒林房鳳傳》云：『鳳擢光禄大夫，時光禄勳王龔以外屬内卿，與奉車都尉劉歆共校書，三人皆侍中。』《百官公卿表》云：『成帝綏和二年，侍中光禄大夫王龔子即爲衛尉。二月遷。』其云『遷』者，即遷爲光禄勳。次年哀帝建平元年四月，龔猶爲光禄勳。故此書結銜云『侍中光禄勳臣龔』，稱『侍中』者，其加官也。《劉歆傳》云：『哀帝初即位，大司馬王莽舉歆宗室有材行，爲侍中大夫，遷騎都尉、奉車、光禄大夫，復領五經，卒父前業。歆乃集六藝羣書，種别爲《七略》。』歆本以奉車都尉兼光禄大夫秩，同比二千石，故此書結銜，先稱『奉車都尉』，後稱『光禄大夫』。歆傳又云：『初，歆以建平元年改名秀。』此書結銜已稱『臣秀』。其改名當在四月丙戌以前，所稱皆與史合。『校治』猶今官書之分校，『領主省』猶今官書之總裁。『太常屬臣望』，官卑史無其人。《房鳳傳》又云：『歆白《左氏春秋》可立，哀帝納之，以問諸儒，皆不對。歆於是數見丞相孔光，爲言《左氏》以求助，光卒不肯。唯鳳、龔許歆，遂共移書責太常博士。大司空師丹奏歆非毁先帝所立，於是出龔等補吏。』西漢古文未立學官，故傳業者少。至劉歆始發明之。龔所見與歆同，蓋亦明習古學之流，其與歆同領主省也宜哉。

與孫與人書

得手教，并示《竹書紀年》校本。是書殘舛譌脱，幾于不可剌目。蓋《汲冢》原文，周平王東遷以後本以晉紀年，晉滅以後以魏紀年。《水經注》諸書所引甚明。不知何時晉魏紀年皆改從周王。觀《路史》引『桓王十二年秋，秦侵芮』，『桓王十七年，楚及巴伐鄧』，《太平御覽》引『周隱王二年，齊地暴長七丈餘高一尺』，似在北宋時已有此本也。其中證以羣書所引：《史記·魏世家》索隱引《紀年》，武侯二十六年卒，《今本》魏武侯止十六年。《韓世家》索隱引《紀年》云：『晉桓公邑哀侯于鄭，韓山堅賊其君哀侯而立韓若山。』若山即懿侯也，在魏武侯二十二年，《今本》在烈王二年。是時武侯止十三年。《晉世家》索隱按：『《紀年》魏武侯以桓公十九年卒。韓哀侯、趙敬侯並以桓公十五年卒。』以《今本》校之，魏武侯之卒當在烈王二年，韓哀侯之卒當在安王二十四年。《今本》非惟裁減魏武侯紀年，即晉桓公紀年亦譌舛不足信。《韓世家》索隱引《紀年》：『鄭昭侯武薨，次威侯立。威侯七年五月，梁惠王會威侯于巫沙。十月，鄭宣王朝梁。』『顯王元年，鄭城邢丘。』注云：『自此韓改稱曰鄭，宣王即威侯也。』古『威』、

『宣』多通用。《今本》鄭宣王朝梁在隱王元年，今王立五年矣，豈有梁惠王會威侯于巫沙之事。《索隱》引梁惠成王後元十一年，韓昭侯猶在，昭侯即于是年卒。威侯七年亦當在今王二年，不得與梁惠王會于巫沙。《張儀列傳》索隱引《紀年》云：『梁哀王九年五月卒。』《韓世家》集解亦云『魏哀王十九年』。《紀年》于此説：『楚入雍氏，楚人敗。』其時張儀已死十年。』則張儀之卒在今王九年，當次隱王五年，不得次在三年。蓋由淺識人改晋魏紀年以從周王，勢不得不删《紀年》以就《史記》，而又不詳考前後年次，故其繆亂遂至于此。頤煊近日方校治是書，俟繕寫完畢，當録呈正，唯足下留神。

詁經精舍策對略

《史記》載《尚書》多孔氏古文説，有百篇之序，然及周公揃蚤雷風葬畢之事，殆兼有今文家説與？

洪頤煊曰：《堯典》『宅西曰昧谷』，《書正義》曰：『夏侯等書昧谷，鄭爲柳谷。』鄭傳古文，今《史記》反作『昧谷』。《牧誓》『如熊如羆』，《史記》作『如豺如離』，徐廣曰：『此訓與螭同。』《説文》『离』字注歐陽喬説：『离，猛獸也。』《文選·東都賦》注引《歐陽尚書》説云：『螭，猛獸也。』《史記》作『離』，本今文也。

洪震煊曰：《五帝本紀》云：『便在伏物。』《史記》索隱引《大傳》文。《周本紀》『紂囚西伯于羑里，閎夭之徒求美女文馬之屬獻紂，以釋文王』，亦見《尚書大傳》。凡此皆參用今文家説也。古文一家之學，而今文立于學官，齊魯大師無不傳今文者，伏生親見百篇，雖亡書數十篇，而其説實信而有徵，則參用今文未爲過也。

《年表》紀甲子始于共和之元，上一格題『庚申』等字，次格爲裴駰引徐廣『歲在庚申』之語，或以甲子爲徐廣所增，然乎？否乎？

洪震煊曰：《十二諸侯年表》『庚申』等字列干支以紀元，是史公本文。顧或疑爲徐廣所加，並有謂古術百四十四年而超一辰，則共和元年必不直『庚申』，上一格爲宋以後校刊者所增，此則非也。案：超辰之法，特始于劉歆《三統曆》耳。太史公固不言也。《天官書》云：『歲星，歲行三十度十六分度之七。』據此則知歲星行十二年適滿周天三百六十五度四分度之一。故又云『十二歲而周天』。假令有百四十四年超辰之説，則必將云『歲行三十度十六分度之十』矣。故自太初元年丁丑直推至共和元年無可疑也。且《漢書·高帝紀》：『元年冬十月，五星聚于東井。』是歲爲乙未。《王莽傳》于始建國五年云：『歲在壽星，填在明堂，倉龍癸酉。』服虔注云：『倉龍，太歲也。』傳又云：『更以天鳳七年歲在大梁，倉龍庚辰，行巡狩之禮。厥明年歲在實沈，倉龍辛巳。』是爲天鳳八年。歲星在申，太歲在巳，上距高帝太歲在乙未已二百二十七年。夫《三統》作于王莽之前，雖具超辰之法，而其時已不用超辰如此。星衍案：超辰者，歲星也。歲星行有餘度，故積久則超。所謂『龍度天門』，非太歲也。太歲超辰則年上起月，月上起日，與之俱超。豈理也哉。《後漢書·律曆志》：『太史令虞恭、治曆宗訢等議云：「《四分曆》仲紀之元起于孝文皇帝後元三年歲在庚申，上四十五歲歲在乙未，則漢興元年也。又上二百七十五歲，歲在庚申，則孔子獲麟。」』蔡邕議亦云漢元年歲在乙未，上至獲麟則歲在庚申。此所謂『歲』即太歲。二説蓋本太史公《年表》之法。且《天官書》明云『太歲在甲寅，鎮星在東壁』，亦可知太史公當日以干支紀年，正無容執超辰之説。疑年表『庚申』、『甲子』等字爲後人所加也。

史公言：『孔子序尚書無年月，疑則傳疑。』今推步家有『帝嚳唐堯甲子』，何所本與？

洪頤煊曰：今曆有甲子紀年，起于劉歆《三統曆》，並不以此上推上古曆年。故記上元至伐桀之歲十四萬一千四百八十歲歲在大火，上元至伐紂之歲十四萬二千一百九歲歲在鶉火，仍用歲星紀年。自皇甫謐撰《帝王世紀》，始用甲子。裴駰引皇甫謐曰：『堯以甲申歲生，甲辰即帝位，甲午徵舜，甲寅舜代行天子事，辛巳崩。』即今推步家所本，乖古法矣。

《世家》有孔子以鮒至安國，世有博士，如世禄之家。王安石訾之，豈知言與？

洪震煊曰：《索隱補序》云：『子思以下，代有哲人，繼代象賢，誠可仰同列國。前史既定，吾何間然。』此唐人據實之言，終勝宋人鑿空之論也。

《曆書第四》，《曆術甲子篇》終于建始，豈史公本文與？

洪頤煊曰：《索隱》引張晏云：『褚先生，潁川人。仕元、成間。』韋稜云：『《褚顗家傳》：褚少孫，梁相褚大弟之孫。宣帝時博士。寓居沛，事大儒王式。』《漢書・王式傳》云：『沛褚少孫亦來事式，問經數篇。』今篇末記及建始，正其所補也。

太初元年是丁丑，乃云『閼逢攝提格』，《漢志》又云『太歲在子』，何也？

洪頤煊曰：《漢書・律曆志》云：『乃以上元泰初四千六百一十七歲，至于元封七年，復得閼逢攝提格之歲，中冬十一月朔旦冬至，日月在建星，太歲在子，已得太初本星度。』蓋古人紀年，專用歲星。必得上元本星度，然後可以知。歲星寅歲居丑，正月晨出斗牽牛；卯歲居子，二月晨出婺女虛危。所謂歲名『焉逢攝提格』者，即《天官書》所謂『歲陰』，《淮南・天文訓》所謂『太陰之行度』也。自劉歆《三統曆》以庚戌爲上元本星度，下推太初元年當得丁丑。于是改太陰爲太歲，而後世紀曆者因之。故《漢志》有『太歲在子』一句而《史記》無之。是即《三統曆》之原文。《史記》之『歲陰』，《漢書・天文志》即謂之『太歲』。太初元年本丁丑而云『在子』者，以所紀冬至在元封六年，故曰『太歲在子』也。但以太初元年本星度推太初以後歲星則合，推太初以前歲星則差，《三統》因創爲超辰之説。《後漢書・律曆志》云：『太初元年，歲在丁丑。上極其元，當在庚戌。而曰「丙子」者，百四十四年歲超一辰，凡九百九十三超歲，有空行八十二周有奇，乃得丙子。』故《王莽傳》：始建國五年，歲在壽星，倉龍癸酉。八年，歲躔星紀。天鳳七年，歲在大梁，倉龍庚辰。明年，歲在實沈，倉龍辛巳。此所謂『歲』指歲星，『倉龍』指太歲。以《三統》丁丑求之，自太初元年至王莽時止一百十餘年，歲星尚不超。《度尚碑》：『永康元年，歲在鶉尾，龍集丁未。』按太歲在未，歲星在午，而云『在巳』者，太初元年至此已二百七十一年，超一辰故也。大抵《史記》用上元甲寅入算可以不用超辰，《三統》用上元庚戌入算不得不用超辰。其立法雖異，而其用算則同。以此知太歲即太陰，不必分爲二也。

洪震煊曰：太初元年是丁丑，而《曆書》乃云『年名焉逢攝提格』者，蓋太初始用寅正創立曆法，而攝提格等名不過借以紀數，非必謂太歲。鄭康成注《周官・馮相氏》『十有二歲』云：『歲謂太歲。歲星與日同次之月，斗所建之辰。』蓋謂如太歲在寅則歲星在亥。日以正月次于亥，是歲星與日同次之月，而正月斗建寅，以是定太歲在寅。如前年歲星在子，曰以十二月次于子。是歲星與日同次之月，而十二月斗建丑，以是定太歲在丑。推之十二歲皆然。《周官》注又云：『樂説：歲星與日常應太歲月建之辰以見。然則今曆太歲非此也。』所謂『今曆太歲』即指東漢超辰一輩言耳。蓋太歲不超辰而歲星超辰，則百四十四年後歲星與日不能常應，太歲月建之辰以見，故云『非此也』。《曆書》之年名即《天官書》之歲陰。歲陰左行在寅，歲星右轉居丑。夫歲星果居丑，則應以十一月爲歲星與日同次之月，十一月斗建子，則太歲應在子。而今謂『在寅』，以此知年名歲陰非太歲也。太初元年，太歲自在丁丑，以歲星在子故也。其前一年爲元封六年，太歲在丙子，以歲星在丑故也。《漢書・律曆志》云：『至於元封七年，復得閼逢攝提格之歲，中冬十一月甲子朔旦冬至，日月在建星，太歲在子。』所云『中冬十一月』，乃元封六年之十一月也。漢高帝元年，歲在乙未，歲星當在午，而紀云：『元年冬十月，五星聚于東井。』則歲星尚在未，亦以前年之冬言之也。淮南王之元年當漢文帝之十六年，歲亦在丁丑，而《天文訓》云：『淮南元年冬，太乙在丙子。』『太乙』即太歲。實丁丑而謂之丙子，亦在前年之冬也。《史記》借歲陰以定歲星所在，而太歲不言而自見。《漢書》則直以歲星命太歲所在，而不用歲陰紀數，雖異實同也。

《漢書・古今人表》分上中下，本于《文子》，豈得謂之臆撰與？

洪頤煊曰：《古今人表》分爲九等。其曰『上上』、『中上』、『上下』云者，即《王制》班爵之次也。其曰『聖人』、『仁人』、『智人』、『愚人』者，即《文子》所定之名也。

《地理志》多本古文説，『大坏』、『大別』、『昆侖』、『積石』之屬，今悉用新説移易處所，猶得謂之信而好古與？

洪頤煊曰：《禹貢》：『東過洛汭，至于大伾。』《水經注》引鄭注云：『大伾，地喉也。沇出伾際矣。然則大伾在河内修武、武德之界。』《書正義》引張揖云：『成皋縣山也。』武德故城在今武陟縣東，以河北岸之山言之，張以河南岸之山言之。《地理志》：『六安國，安豐，《禹貢》大別山在西南。』《夏本紀》集解引鄭注云：『大別在廬江安豐縣。』《書正義》不檢全文，妄謂《漢志》無大別，因據《僞孔傳》謂大別在荆州。《元和郡縣志》乃以漢陽東北之魯山當之，不知《左氏·定四年》傳云：『吴子伐楚，舍舟于淮汭，自豫章與楚夾漢。史皇謂子常速戰，乃濟漢而陳。自小別至于大別。』吴在漢東，楚在漢西。既云『濟漢而陳』，則大別之在漢東明矣。何得云『荆州』也？《地理志》：『金城郡，臨羌，西有弱水、昆侖山祠。』張守節《秦本紀》正義謂之小昆侖，即《禹貢》所謂昆侖。《釋文》引馬融注云：『昆侖在臨羌西。』《書正義》引鄭注謂：『别有昆侖之山，非河所出者皆是。』若《爾雅·釋水》云：『河出昆侖虚。』《山海經》云：『昆侖墟在西北，河水出其東北隅。』又云：『敦薨之山，敦薨之水出焉。西流注于泑澤，出于昆侖之東北隅，實惟河源。』星衍按：古言昆侖在西北，河水入蒲昌海，伏流出于積石之山。今言昆侖在西南，河水不伏流，不經蒲昌海，以此爲異。

《唐書・吐蕃傳》云：『劉元鼎使還，言自湟水入河處西南行二千三百里，有紫山，直大羊同國，古所謂昆侖河源在其間，即此山之西北隅。』《元史》載世祖命篤什求河源，在土蕃朶甘思西鄙，有泉百餘泓，名火敦腦兒。火敦，譯言星宿也。今復考河源，去星宿海三百餘里，與雲南金沙江近，皆非《禹貢》之昆侖也。《地理志》：『金城，河關，積石山在西南羌中，河水行塞外，東北入塞内。』《後漢書・桓帝紀》：『延熹三年，燒當羌叛。段熲追擊于積石，大破之。』李賢注云：『積石山在今鄯州龍支縣南，即《禹貢》「導河積石」是也。』《太平寰宇記》：『龍支縣本漢允吾縣之地，屬金城郡。』近人謂李賢誤認龍支之小積石爲《禹貢》積石，不知其實與漢志合也。

洪震煊曰：《溝洫志》載禹道河至于大伾，又云：『於是禹以爲河所從來者，高水湍悍，難以行平地。』其所云『平地』疑即大伾。蓋一成之山猶平地耳。班、鄭之説暗合也。

今世所傳古書，爲《藝文志》不載，何故？

洪頤煊曰：今世傳周秦古書，爲《藝文志》所不載者，據《隋書・經籍志》，《周易》類有《周易》二卷，魏文侯師卜子夏傳。《釋文》引《七略》云：『漢興，韓嬰傳。』《漢志》，《易傳》本有《韓氏》二篇，《漢志》本于《七略》，故不重出此篇。雜史類有《越絶記》十六卷，子貢撰。《崇文總目》云：『或曰子胥。』案：此書下載春申君，及紀年至建武二十八年，乃後漢袁康所作。星衍案：本書《外傳·本事篇》云：或以爲子貢所作，一説子胥所作。後人述而記之，則此爲古書。袁康續增于後耳。《論語》類有《孔叢》七卷，陳勝博士孔鮒撰。案：此書與《孔子家語》乃王肅所撰以證《僞古文尚書》者，並非孔鮒也。如《禮》類有《大戴禮記》十三卷、《小戴禮記》二十卷。《大戴》八十五、《小戴》四十六，合之即《藝文志》所謂記百三十一篇是也。雜史類有《汲冢周書》十卷，此書本不得之汲冢，鄭君注《禮》、杜預注《左傳》皆引之，即所謂《周書》七十一篇是也。舉此條足知當日古書，經向、歆父子校定，詳審精核，勝于《隋志》。餘如張弧之僞《子夏易傳》、毛漸之《古三墳書》、豐坊之《魯詩》世學、吾丘衍之《晉乘》、《楚檮杌》，雜出于唐宋元明人假托矣。

洪震煊曰：宋王應麟作《藝文志考》，增入二十六種，真僞雜出，未爲盡善。

《循吏傳》與《酷吏》並列，豈取于寬猛相濟之政與？

洪頤煊曰：史公序《循吏》於《儒林》之前，序《酷吏》于《儒林》之後，最有深意。序《循吏》云：『奉法循理之吏，不伐功矜能，百姓無稱，亦無過行。』序《酷吏》云：『民變本多巧，奸軌弄法。善人不能化。惟一切嚴削爲能齊之。』故於傳贊云：『其廉者足以爲儀表，其污者足以爲戒。方略教導，禁姦止邪，一切亦皆彬彬質有其文武焉。』自後世有貪酷殘酷之稱，始以酷吏爲惡名，非史公之本意也。

作史莫難于表志，《史》《漢》之後，范《史》則有司馬彪《補志》。三國六朝諸史，表志或具、或不具。列代典禮略見于《三通》。宋徐天麟作《兩漢會要》，止就本書編次。此外漢事尚多，其事猶可補與？唐五代已來皆有《會要》，三國六朝無之，有能纂輯成書，略言體例與？

洪頤煊曰：《後魏書・天象志》乃張太素所作。《南齊志》大半本于江淹，《天文》但紀災祥，《州郡》不載户口，《祥瑞》乃多載圖讖，于七史最爲下劣。《宋志》兼載魏晋，《隋志》并及五代，亦非體例。杜佑《通典》、馬端臨《通考》、鄭樵《通志》三書皆史志之總滙也。惟鄭樵學識淺陋，頗多紕繆。宋徐天麟撰《兩漢會要》，上採班、范二史，其外可補者荀悦《漢紀》、袁宏《後漢紀》、劉珍《東觀漢記》今傳于世，再採李賢《後漢書注》、裴松之《三國志注》、劉孝標《世説新語注》、司馬彪《九州春秋》、衛宏《漢官舊儀》、蔡邕《獨斷》、應劭《風俗通義》以及鄭君《三禮注》、何休《公羊注》、《説文》、《隸釋》、《隸續》、《太平御覽》諸書所引漢制，詳加攷校，當更完備。東晋以降，南北分支，『帝系』一門，當更詳别。又九品既興，門第日貴，『封建門』可補氏族。反切初起，四聲盛行，『文學門』可補音韻。餘如徐氏之舊例可也。

洪震煊曰：魏收《志》及于碑刻，鄭樵首稱夫氏族，意謂會要增此二門，必有可觀。編年始于《漢紀》，濫觴于《通鑑》。而《春秋》有《長曆》，可考三傳事迹，尚可博搜與？

洪頣煊曰：以《春秋長曆》爲經，以三傳事迹爲緯。再博采三史、《國語》、《國策》、《管子》、《晏子》、《淮南》、《吕覽》、《説苑》、《新序》諸書。凡有涉于三傳者，以人繫事，以事繫年，其無年月事迹可繫者，再仿《左氏春秋外傳》，體例當更精也。

校勘記

〔一〕五形志又引易傳　『五』字原脱，今增補。

筠軒文鈔卷三

竹書穆天子傳序

《穆天子傳》六卷，晋太康二年汲縣民盜發魏襄王墓中所得竹書也。書記周穆王遊行四海，見帝臺西王母，暨美人盛姬死事。《隋書·經籍志》云：『體製與今起居正同。蓋周時内史所記，王命之副。』案《史記》，穆王在位五十五年。此書所載，尋其甲子不過四五年間事耳。雖殘編斷簡，其文字古雅，信非周秦以下人所能作。如《聘禮》云：『管人布幕于寢門外。』鄭君注云：『管猶館也。古文「管」爲「官」。』此書云『官人陳牲』，『官人設几』，乃古文之僅存者。《爾雅·釋地》云：『觚竹、北户、西王母、日下謂之四荒。』此書云：『紀迹于弇山之石眉，曰西王母之山。』與《爾雅》所記合。《史記·周本紀》云：穆王崩，子共王繄扈立。司馬貞《索隱》引《世本》作『伊扈』。此書云：『喪主伊扈。』伊扈即共王也，尤足與經史相證據。《晋書·束皙傳》：此書本五卷，末卷乃《雜書》十九篇之一。《索隱》引《穆天子傳目録》云：『傅瓚爲校書郎，與荀勗同校定《穆天子傳》。』今本卷首載勗序云：『謹以二尺黄紙寫上，藏之中經，副在三閣。』今本六卷當即勗等所定也。勗時收書不謹，已多殘闕。厥後傳寫益復失真。晁公武《郡齋讀書志》云：『書凡六卷，八千五百一十四字。』今本僅六千六百二十二字，則今本又非晁氏所見之本矣。頤煊懼是書之荒落，因不揣檮昧，取今《漢魏叢書》本與明程榮本、吴琯本、汪明際本、錢唐趙君坦所校吴山道藏本，暨《史》《漢》諸注、唐宋類書所引互相參校，表其異同，正其舛謬。爲補正文及注若干字、删若干字、改若干字，其無可校證者闕之。徒恨傳譌已久，未能盡復舊觀，如釋古彝器碑碣之十得五六云爾。

竹書紀年序

《今本竹書紀年》二卷，不知何人撰集。案《晉書·束晳傳》云：『晉太康二年，盗發魏襄王墓，或言安釐王冢，得竹書數十車。其《紀年》十三篇。』《隋書·經籍志》：『《紀年》十二卷。』《新唐書·藝文志》：『《紀年》十四卷。』《今本紀年》止二卷，其誤一。

《束晳傳》云：『《紀年》十三篇，記夏以來至周幽王爲犬戎所滅，以事接之，三家分，仍述魏事至安釐王之二十年。』杜預《春秋後序》云：『《紀年篇》起自夏殷周，皆三代王事，無諸國别也。唯特晉國起自殤叔，次文侯、昭侯，以至曲沃莊伯，皆用夏正建寅之月爲歲首，編年相次。晉國滅，獨記魏事，下至魏哀王之二十年。』據此二説，束晳、杜預所見《紀年》本起自夏殷，至周幽王以後以晉紀年。晉滅，以魏紀年。《今本紀年》乃起自黄帝，至魏今王二十年。幽王以後皆以周王紀年。其誤二。

《水經·丹水注》引：『晉烈公三年，楚人伐我南鄙。』《汶水注》引：『晉烈公十二年，王命韓景子、趙烈子及我師伐齊。』『我』者，晉也。《沁水注》引：『梁惠成王元年，趙成侯偃、韓懿侯若伐我蔡。』《河水注》引：『梁惠成王二年，齊田壽帥師伐我，圍觀。』『我』者，魏也。若如《今本》用周王紀年，則『我』皆爲周，文義盡失。其誤三。

《今本》有沈約注，案：《梁書·沈約傳》並不言注《竹書紀年》，隋、唐《志》亦無《紀年》沈約注。《今本》注文多與《宋書·符瑞志》相同，疑皆後人羼入。其誤四。

然《今本》頗信其非出于杜撰者。《史記·魏世家》集解引和嶠云：『《紀年》起自黄帝，終于魏之今王。』郭璞注《山海經》引《竹書》：『昌意降居若水，産帝乾荒。』又引『顓頊産伯鯀，是維若陽。』與《今本》同，與束晳、杜預本異。《隋書·經籍志》有《竹書同異》一卷，疑當時所得竹書傳寫各異，其本亦不能盡歸于一。《今本》或猶是和嶠、郭璞所見之舊。其證一。

《新唐書·劉貺傳》云：『貺嘗以《竹書紀年》序諸侯列會皆舉謚，後人追修，非當時正史。如齊人殲于遂，鄭棄其師，皆孔子新意。知按《春秋》經傳而爲也。』《今本》文法大畧相似，是《今本》所存其未見前人所引者，亦不能遽定其爲後人掇拾他書所爲。其證二。

《今本》夏殷後皆有總記年數，幽王後亦云：『自武王元年己卯至幽王庚午二百九十二年。』平王下云：『自東遷以後，始紀晉事。』王即位皆不書。疑《今本》唯東遷以後周王紀年是後人所改，其餘皆紀年原文。其證三。

沈約注雖由後人僞題，韓愈《黄陵廟碑》引《竹書紀年》云：『帝王之崩曰陟。』《史記·夏本紀》集解、《文選·六代論》李善注引：『自禹至桀十七世，有王與無王，用歲四百七十一年。』皆作《紀年》。是舊本《紀年》本有注文，唯爲後人所羼亂耳。其證四。據此則《今本紀年》雖經後人變改，殘闕失次，非僞書可比。

庚申夏，頤煊游學武林孫淵如觀察屬，重校是書。因仍取今本，歷證羣書所引，訂正于每年之下。并補脱五十餘條，注中有明見於《宋書·符瑞志》者削之，其可信者存之。明知非汲冢之舊，亦聊存梗槩而已。書成，因序其大略如此。

孔安國獻古文尚書辨

《漢書·藝文志》云：『武帝末，魯共王壞孔子宅，得《古文尚書》。孔安國者，孔子後也。悉得其書以考二十九篇，得多十六篇。安國獻之，遭巫蠱事，未列于學官。』閻百詩謂：《孔子世家》：『安國爲今皇帝博士，至臨淮太守，早卒。』司馬遷與安國遊，記其早卒應不誤。《漢書·兒寬傳》：『寬以郡國選詣博士，受業孔安國，補廷尉卒史。』時張湯爲廷尉，在武帝元朔三年乙卯，巫蠱難在武帝征和元年己丑二年庚寅，相距凡三十五六年。安國即二十餘歲爲博士，越三十五六年始獻書，即甫獻書而即死，其年已五十七八，且望六矣，安得爲早卒乎？朱錫鬯謂：『《世家》稱安國早卒，《自序》則云：「予述黄帝以來，至太初而訖。」是安國卒在太初前，若巫蠱事乃征和二年，距安國没久矣。因據荀悦《漢紀》，作武帝時孔安國家獻之。』近儒多韙其説，頤煊竊不謂然。案：《漢書・劉歆傳》云：『魯共王壞孔子宅，得古文于壞壁之中。《逸禮》有三十九、《書》十六篇，天漢之後孔安國獻之，遭巫蠱倉卒之難，未及施行。』歆傳習古文，方欲建立《左氏春秋》及《毛詩》《逸禮》《古文尚書》，皆列于學官，移書責讓太常博士，其言必精審不苟。《史記自序》雖云『至太初而訖』，其紀載實及天漢以後，故于《李廣傳》載李陵事，《大宛傳》載李廣利事，《衛將軍驃騎傳》載公孫賀、公孫敖、韓説、趙破奴。皆直書巫蠱獄，多係征和年事。史記云『安國早卒』，蓋視撰史記時爲早卒，以明驩卭之尚存，非即謂其不壽而終也。《藝文志》云：『武帝末，魯恭王壞孔子宅。』考《魯恭王餘傳》，以孝景前三年徙王魯，二十八年薨，在武帝元朔元年。其壞宅在元朔以前。《儒林傳》云：『孔氏有《古文尚書》，孔安國以今文讀之，因以起其家。』故兒寛從安國受業，司馬遷亦從安國問，故迨至天漢以後始獻于朝，故《藝文志》即以武帝末繫之，非謂是時始得《古文尚書》。其所言與歆《書》正合。故論安國始末，當以劉歆、班固所見爲最先，信《漢紀》不如信《漢書》。今《僞孔傳》序文大旨亦本《漢書》，唯添『承詔作傳』一段出于杜撰。近儒因後人之作僞，并疑安國之未嘗獻書，毋乃其太過，與是不可以不辨。

浙江漸江考

『浙江』之名始見于《史記》。《莊子》謂之『制河』。『制』、『浙』聲相近。《漢書・地理志》『丹陽郡石城』下云：『分江水首受江東，至餘姚入海。過郡二，行千二百里。』《水經》謂之『南江』，南江即浙江也。故《説文》『浙』字近接『江』字之下。《漢志》『錢唐』下不載浙江之名，《水經》亦有南江無浙江，蓋漢儒本以南江爲浙江，故不重出其名。其水自石城東出，逕吴南然後至餘姚入海，故《漢志》云：『南江在吴縣南，東入海。』浙江在漢末已漸湮塞，今運河是隋時所開，見《大業拾遺記》。韋昭注『三江』，謂吴松江、錢唐江、浦陽江，已不知浙江之名。至郭璞注《山海經》、酈道注《水經》，尋求不得，反以漸江當浙江。考《漢志》『漸江水』，《説文》謂之『漸水』，出丹陽黟縣南蠻中，東入海。與《山海經》『浙江』、當作漸江，傳寫之譌。《水經》『漸江水出三天子都』者同是一水，即今之錢唐江，並非漢人所言之浙江。若浙江即漸江，《説文》何以『浙』、『漸』並收。《漢志》『大末，穀水』下當云『東北至錢唐入海』，不當云『至錢唐入江』。又《漢書・高祖功臣表》：『堂邑安侯陳嬰定豫章浙江，都漸。』師古曰：『漸，水名。在丹陽黟縣南蠻中。』此皆二水不同之明證。又春秋時吴、越以浙江爲界，其地在吴縣南。《國語》云：『吴王起師，軍于江北。越王軍于江南。明日將舟戰于江。』其所言『江』即浙江也。浙江因從大江分支，古通名之爲江。故《漢志》《説文》直稱曰『江』。《越絶書》云：『句踐與吴戰于浙江之上。』語最明確，而韋昭反以松江當之，則謬矣。故論浙江故道，當以漢儒之言爲近正。《説文》云：『江水東至會稽山陰爲浙江。』一舉其源，一舉其委，與《漢志》文法正同。自晋以後始以漸江當浙江，而二水合并爲一，世遂無有辨其誤者矣。

漢淮陽置郡考

《水經·渠水注》云：『陳城内有漢相王君造四縣邸碑文，剥落不可盡識。其略曰：「唯兹陳國，故曰淮陽郡。」云云。』趙誠夫《水經注釋》疑《漢志》『淮陽』是國名，不知此碑何以有郡稱。案：《漢書·地理志》『淮陽國』下云：『高帝十一年置。』據《諸侯王表》：趙幽王友以高帝子，十一年三月丙寅立爲淮陽王，二年徙趙。後梁孝王武以文帝子，二年二月乙卯立爲代王，三年徙爲淮陽王，十年徙梁。魯共王餘以景帝子，二年三月甲寅立爲淮陽王，二年徙魯。至淮陽憲王欽，始以宣帝子，元康三年四月丙子立淮陽國，傳至王莽篡位方絶。其在元康以前淮陽未爲王國，時固置郡也。故《申屠嘉傳》云：『孝惠時爲淮陽守。』《灌夫傳》云：『武帝即位，以爲淮陽天下郊，勁兵處，故徙夫爲淮陽太守。』《汲黯傳》云：『武帝召黯拜爲淮陽太守，居淮陽十歲而卒。』《田廣明傳》云：『遷廣明爲淮陽太守。』又：『擢廣明兄雲中代爲淮陽太守。』此皆在淮陽未置國時也。其見于元康以後者，《百官公卿表》云：『孝元初元元年，淮陽中尉韋元成爲少府。』『初元三年，淮陽相鄭弘爲右扶風。』『孝成綏和元年，薛宣爲京兆尹，一年，貶爲淮陽相。』《彭宣傳》云：『淮陽陽夏人也。遷廷尉，以王國人出爲太原太守。』《表》在孝成永始四年，其時淮陽已置國矣。《漢志》特未詳言之耳。又《漢志》孟康曰：『孝明帝更名陳國。』案：《後漢書・淮陽頃王傳》云：『建初四年，徙爲淮陽王。以汝南之新安、西華益淮陽國。』又《陳敬王傳》云：『建初七年，徙羨爲西平王。及帝崩，遺詔徙封爲陳王，食淮陽郡。』《續漢志》『陳國』下注云：『高帝置爲淮陽。章和二年改。』則改淮陽爲陳國在章帝既崩以後，孟康注作明帝更名陳國，亦誤也。

古文叙録

孔子書六經，左丘明述《春秋》，皆以古文。秦焚詩書，篇簡散失。至漢興，魯恭王壞孔子宅，得《古文尚書》及《禮記》《論語》《孝經》凡數十篇，皆古字。河間獻王好聚書所得皆古文先秦舊書《周官》《尚書》《禮》《禮記》《孟子》《老子》之屬。于是古文始稍稍裒集。獻王又立《毛氏詩》《左氏春秋》，皆古文學。《漢書・藝文志》：『劉向以中古文《易經》校施、孟、梁丘三家之《易》，唯費氏經與古文同。』然則費氏《易》亦古文學也。古文終漢世未立學官，藏於祕府。故西漢自孔安國、司馬遷以下傳者蓋寡。至成帝末，劉歆領校秘書，尋議建立《左氏春秋》及《毛詩》《逸禮》《古文尚書》，哀帝令歆與五經博士講論其義，諸博士不肯置對，歆移書太常責讓，而後古文之學始顯。東漢古文之學大抵皆出于歆。陸德明《經典釋文序録》云：『河南緱氏杜子春受業于歆，還家以教門徒。好學之士鄭興父子等多往師之。』《後漢·杜林傳》云：『河南鄭興、東海衛宏等皆長于古學。興嘗師事劉歆。』迨賈逵、馬融、鄭玄、盧植諸儒繼之，而後古文之學大明。故賈、鄭諸儒所注《易》、《尚書》、《毛詩》、三《禮》、《左氏春秋》、《論語》、《孝經》皆古文也。魏王肅始變古文之學，與鄭爲難。肅又撰《僞古文尚書》，孔壁真《古文尚書》反爲所奪。晉、宋六朝，鄭學雖存，往往乖其師法。唐孔穎達撰《五經正義》，賈公彦撰《三禮疏》，雖發明鄭學，猶沿梁人餘習。鄭君所注諸經其未列于學官者，皆由此亡。故論古文之學者，當以兩漢爲斷。因著其目于左。

第一卷

古文之始

魯恭王、河閒獻王

古文篇次

《周易》《尚書》《毛詩》《周禮》《儀禮》《禮記》《左氏春秋》《論語》《孝經》《爾雅》

西漢倡明古文之學

孔安國、司馬遷、劉歆

第二卷

東漢表章古文之學

杜子春、杜林徐巡附、鄭興、鄭衆、陳元、衛宏、桓譚、賈逵、許慎、馬融、鄭玄、盧植、服虔、蔡邕

東漢治古文之學

費氏《易》、《古文尚書》、《毛氏詩》、《周禮》、《儀禮》、《禮記》、《左氏春秋》、《古文論語》、《古文孝經》、鄭氏弟子

第三卷

魏人變亂古文之學

王肅

魏晋以後古文之學

鄭氏《易》、鄭氏《尚書》、鄭氏《孝經》

唐人重修古文之學

孔穎達《五經正義》、賈公彦《三禮疏》、開元《孝經》議

古文著録

《漢書・藝文志》《隋書・經籍志》《舊唐書・經籍志》《新唐書・藝文志》

右第一卷著西漢古文之學，第二卷著東漢古文之學，第三卷著魏晋以後古文之變暨古文存逸，而以自漢迄唐治古文書目見于國史者終焉。西漢經師傳授散見于本經篇次之下，東漢

表章古文功較鉅者始别立傳。餘則各依所治本經次之。魏晋以後唯鄭學獨存，賈、馬諸儒所注，世鮮專家，故不别立目而存其書名于總目中。古文亡于漢末，今略見許君《説文解字》及鐘鼎欵識，不著録云。

夏小正注序

嘉慶庚申冬，同褱弟震煊注《夏小正》成，以示頤煊。頤煊讀而歎曰：夏后氏世次綿邈，典章散佚。其書之傳於今者，《尚書》而外，惟《山海經》與《小正》爲二而已。《山海經》詳地理，《小正》重時令，皆夏先王敬天勤民之寶訓。然則後之讀是書者，豈易言哉！

震煊通天算，故解是書多創獲。『正月鞠則見。』戴震曰：『「鞠」讀爲「噣」，字之譌也。《詩》：「三五在東。」』傳云：「三心五噣，四時更見。」箋云：「心在東方，三月時也。噣在東方，正月時也。」』震煊謂：『鞠乃虚星之别，《小正》凡一月候數星者，必一在晨，一在昏。正月「鞠則見者」，晨候也。「初昏參中，斗柄懸在下」者，昏候也。正月日躔在室虚，東距日躔三十度，故晨見也。』「六月初昏，斗柄正在上。」孔廣森曰：『此斗柄謂斗衡，「正在上」謂正南也。六月之昏，尾中南方，衡當尾，故南指。』震煊謂：『斗柄恒指龍角。五月初昏，大火加午。六月初昏，大火加未矣。大火加未則龍角加申，南斗加巳，斗柄攜于申。「衡殷于巳」是正在上也。斗柄指在申，申當西南隅，故傳曰：「不在當心。」蓋當依所云「當心」謂當中也。過中則倚午爲當中，未申爲當倚，未當倚之始，申當倚之尾。六月斗柄已指申者，據「五月，時有養日」傳云：「一則在本，一則在末。」此大暑或在六月末也。』

『十月，初昏南門見。』唐一行曰：『定星方中則南門方伏，非見也。』震煊謂：『營室加午則亢加亥，非僅伏也。張衡云：「東井八星，天之南門也。」《黄帝占》云：「東井一曰天之南門。」據是則此所云「南門」者，其井星與？十月初昏，東井加卯，故曰：「初昏南門見。」三月初昏，井見于西，至十月初昏井見于東。故傳曰：「及此再見也。」』他如解辰繫于日不言『日繫于辰』而言『辰繫于日』者。《小正》重在言天體以定時，不重在言日月五星，重言日月五星者，後世法也。解今時大舍菜謂舍，猶置也，『采』讀如『繅藉五采』之『采』。《魯語》：『天子大采朝日，小采夕月。』引鄭司農《周禮·大胥》注爲證，因定傳文爲周公所作。解『菽麋隕麋角』皆重見于經：『菽麋爲食矩，食矩者，人之所以生。隕麋角爲陽氣，陽氣者，人之所由生，故皆重言之。』皆前人所未發。頤煊喜是書之有成，因綜其大畧，以序于簡端。

與宋德輝書

前日枉顧敝廬，蒙示尊注《夏小正》，懽喜無量。并索愚兄弟所注，云有《夏小正集解》之刻。舍弟於是書留心有年，頤煊僅留覽及之而已。閒有所見知，無當於大雅。今謹條録如左，望賜裁正。嘉慶辛酉正月十日。

啟蟄　《漢志》作『驚蟄』，《周書・時訓》驚蟄在雨水後，蓋夏正以啟蟄爲正月中，周正以啟蟄爲二月節也。《時訓》據節氣，故首立春，《小正》據中氣，故首啟蟄。日躔必過中，氣始移一辰。

用是見君之亦有耒也　『農緯厥耒』者，民自緯厥耒也。《月令》：『天子親載耒耜，帥三公九卿、諸侯大夫躬耕帝籍。』明君亦當緯厥耒。君緯不書，《小正》重民事，書農以見君也。

暘也者，終歲之用祭也，言是月始用之也　《公羊傳》：『是月者何？僅逮是月也。』何休《解詁》云：『是月，邊也。魯人語也。在正月之幾盡，故云劣及是月也。』傳以『是月』釋終歲，其義亦猶是也。

園之燕者也　《周禮・囿人》：『掌囿游之獸禁。』鄭君注云：『囿游，囿之離宮小苑觀處也。』《大宰》：『八曰斿貢。』鄭君注云：『「斿」讀如「囿游」之「游」。游貢謂燕好珠璣琅玕。』是人君游觀之所皆得謂之燕。韭宜于園，杏宜于山。故傳于正月『囿有見韭』曰『園之燕』，『四月囿有見杏』曰『山之燕』，皆據所植言之。

祭也者，得多也　『得多』當讀如『登來』。何休《公羊解詁》云：『「登」讀言「得來」。得來之者，齊人語也。齊人名「求得」爲「得來」。』多與來古聲相近。《公羊傳》云：『登來之者何？美大之之辭也。』故此傳亦以大釋經意。

相粥粥呼也　《月令》：『季冬，鷄始乳。』至正月則粥粥呼矣。《月令》與《小正》同以夏正紀候，故互舉以見義也。《易緯通卦驗》：『立春，鶵始乳。』視此爲遲，故或以抱粥釋之。凡傳言『或曰』者，皆别具一義。

百鳥皆曰巢，突穴取與之室，何也 燕鳥類當名其居曰『巢』。『九月，元鳥蟄。』蟄則穴處若熊羆豹貉類矣。反取而與之室，故傳以爲問，『突』讀如『窟』，謂獸穴也。

鴽，鶴也 《説文》『鴇』、『雒』互釋，是同類相比況法。《爾雅》：『鴇，子鴔。鴽，子鶉。』二文對舉，又云：『鴽，牟母〔一〕。鶴，鴇。其雄鵲，牝庳。』亦言『鴇』、『鴽』而不言『鶴』，以『鶴』即『鴽』。故此傳云：『鴽，鶴也。』義同《爾雅》。或云『鴽』當作『鴇』，非也。傳作『鶴』，《説文》作『雒』，《禮記·内則》作『鷃』，《列子·釋文》引《小正》作『鵪』，皆字之異。

拂桐 『拂』讀如『掃拂』之『拂』。《初學記》引《華陽國志》云：『益州有梧桐木，其華采如絲，人績以爲布。』又引郭義恭《廣志》云：『驃國有白桐木，其華有白毳，織以爲布。』《禹貢》：『島夷卉服。』《小正》記拂桐其或爲此布歟？《小正》重農桑，故記之。

莠幽 二字本是經文。《毛詩·七月》箋引《夏小正》：『「四月，王萯莠葽。」其是乎？』疑鄭君引《小正》以證《詩》，本作『四月莠幽』，因『幽』、『葽』異文，故作疑詞。後人不知『莠幽』爲《小正》經文，誤以爲上文『王萯莠』之傳，因羼入『王萯』二字，改『幽』作『葽』，連『其是乎』爲句，以『葽』釋『萯』，乖其義矣。《穆天子傳》云：『珠澤之藪，爰有雚葦莞蒲茅萯蒹葽。』『萯』、『葽』並舉，可爲後人破讀之證。

心中種黍　與『九月榮鞠而樹麥』皆傳者申經意，或以『種黍』作經文者，非。

蓋當依依尾也　『依』讀如『殷』。《禮記・中庸》鄭君注云：『齊人言「殷」聲如「衣」。』《爾雅・釋言》云：『殷，中也。』傳衍一『依』字。

爽死　《月令》：『孟秋之月，戮有罪，嚴斷刑。天地始肅，不可以贏。故凡受罪以死者，不可不明正其法。』《説文》云：『爽，明也。』傳釋『爽』爲『疏』者，讀作『疏窗』之『疏』，亦取『明』義。

蜨，蠑也　《釋文》引司馬彪《莊子注》云：『螅蛄，寒蟬也。一名蜨蠑。』『蠑』當作『蟟』。《毛詩》『可以瘵飢』，《韓詩》作『可以療飢』。説文『瘵』重文作『療』。『蠑』、『蟟』古同聲通用。『蜨蟟』即『蜩』字雙聲。

遰，往也　《月令》：『季秋，鴻雁來賓。』『遰』即『來』也。傳訓爲往者，亦猶《爾雅》訓徂爲存、訓亂爲治也。《月令》據中國人目所見，故言『來』。傳據北方雁所居，故言『往』。居有定處，故正月記『雁北鄉』；往無定處，故九月不記『南鄉』。故正月傳云：『記鴻雁之遰也，如不記其鄉，何也？曰：鴻不必當《小正》之遰者也。』

若蟄而　《易緯通卦驗》：『小寒，熊羆入穴。』此『能羆豹貉鼶鼬則穴』八字當作經文，傳『若蟄而』下有脱文。

時有養夜　養日在五月，養夜當在十一月。此記在十月者何也？五月傳云：『一則在本，一則在末。』冬至陽生，故記十月冬初；夏至陰生，故記于五月至末。皆君子扶陽抑陰之義。

論説文與叔子百里書

《説文》之學，至今日而大明。其殘闕訛謬，學者多所是正。頤煊輒以己意釋之，復得數事：

『併，送也。古文以爲「訓」字。』《周禮·瞽矇》注：『無目眹謂之瞽。』《釋文》云：『「眹」本作「眒」。』『訓』與『併』音義不相協，疑『引』字之譌。

『畀』，杜林以爲『麒麟』字。《説文》『綥』重文『綦』、『箕』古文『[illegible]』，與『畀』字相近，故杜林借作『麒』字。

『逴』讀若『棹苕』之『棹』。《禮記·內則》注云：『不敢掉磬。』崔靈恩《集注》云：『北海謂相激事爲「掉磬」。』『棹苕』疑『掉磬』之譌。『磬』、『磬』字相似，故又轉而作苕。

『櫪撕，椑指也。』《一切經音義》引《字林》云：『柙其指也。』《説文》『櫪撕』承『桎梏』下，皆謂刑具。『椑』即『柙』字之譌。

『姕，婦人小物也。妓，婦人小物也。』案：《廣韻》『姕』字注：『婦人貌。』『妓』字注：『姕態貌。』『小物』疑『小弱』之譌。

説文無『䪁』字。《爾雅・釋詁》云：『䪁，息也。』《釋文》引孫炎本作『快』，古『䪁』、『快』通用。

無『劉』字，唯『鐂』字注云：『殺也。』《玉篇》云：『「鐂」，古「劉」字。』疑『鐂』本『劉』字重文，傳寫者脱去『劉』字，因以『鐂』字加之，故注中多殘闕。

又今本《説文》並非唐人所見之本。《文選・西京賦》李善注引《説文》：『營，惑也。』今本作『營，惑也』，在『目部』。《閒居賦》注引《説文》：『泊，無爲也。』今本作『怕，無爲也』，在『心部』。『僧』字在『新附』。《玉篇》，『僧』字注已引《説文》云：『西域浮屠也。』『禰』字在『新附』，注云：『親廟也。一本云古文禰。』《五經文字》『示部』有『禰』字，云見《説文》，可證唐本《説文》本有此字，小徐以『禰』爲秋田，當涉犬部『獮』字而譌。

他如『栩，柔也』，『柔』當作『柔』。『茅蒐，染韋也』，『韋』當作『草』。『磺，銅鐵樸石也』，『磺』當作『礦磺』。『悟，氣解也』，『悟』當作『㝵』。『趍，趙久也』，『久』當作『夊』。傳寫之譌，皆可以意改正者也。吾弟再審之何如？前校王蘭泉夫子所藏宋本《説文》，便中再付覽。

校勘記

〔一〕鴽牟母　『牟』，《爾雅・釋鳥》作『鴾』。

筠軒文鈔卷四

文王受命説

文王受命之年，據《尚書大傳》：『文王受命一年斷虞芮之訟。二年伐邘。三年伐密須。四年伐犬夷。五年伐耆。六年伐崇。七年而崩。』《史記·周本紀》：『西伯受命明年，伐犬夷。明年，伐密須。明年，敗耆國。明年，伐邘。明年，伐崇侯虎。明年，西伯崩。』亦七年也。《漢書·律曆志》載劉歆《三統曆》：『文王受命，九年而崩。二年觀兵。又二年克商。』《史記》作：『九年觀兵，十一年殺紂。』與《三統曆》差二年。

頤煊案：《書序》云：『惟十有一年，武王伐殷。一月戊午，師渡孟津，作《泰誓》三篇。』《序》未嘗明言十一年觀兵、十三年伐紂也。又云：『武王勝殷。殺受，立武庚，以箕子歸作《洪範》。』經云：『惟十有三祀，王訪于箕子。』以伏生《大傳》證之，箕子既受周之封，不得無臣禮。故于十三祀來朝武王，因其朝而問《洪範》。《史記》亦云：『武王已克殷，後二年，問箕子殷所以亡。』是經所云『十三祀者』，亦不必定其爲伐紂之年也。孔沖遠《毛詩正義》云：『文王九十七而終，終時受命九年。』受命之元年年八十九，其即諸侯之位已四十二年。皇甫謐《帝王世紀》亦云：『文王四十二年歲在鶉火，更爲受命之元年。』《三統曆》引《春秋曆》：周文王四十二年十二月丁丑朔旦冬至，後八歲而武王伐紂。文王四十二年受命，四十八年崩，五十年觀兵。其説正與《史記》合。《春秋曆》者即史公之所據，見于《十二諸侯年表》。《三統曆》推武王伐紂歲在鶉火，同于《國語》。其云文王受命九年而崩，武王十一年觀兵，十三年伐紂，當亦古文家説如此。故賈逵、馬融、王肅、韋昭、皇甫謐輩皆悉同之。鄭君釋觀兵伐紂從《三統曆》，釋文王受命從《史記》文王受命七年崩，後四年武王觀兵，又二年伐紂，引《多方》『天惟五年須暇之子孫』爲證。自文王受命八年至十三年是五年也。然鄭君必爲此説者，《三統曆》據古文《武成篇》推文王受命歲在鶉火，至十三年殷正月五日甲子殺紂。鄭君據《易緯乾鑿度》文王以入戊午蔀二十九年受命，歲在戊午，次年乃改元，歲在己未。以殷曆校之，文王受命十三年辛未之歲殷正月六日甲子殺紂。若從《史記》作『十一年殺紂』，與曆不合。若從《三統曆》作『受命九年』，又與《多方》經文『須暇五年』不合。是以兼采兩家之説擇善而從，此鄭學之所以精也。

與季子潤功書

漢制：十里一亭，十亭一鄉。顧氏《日知録》引亭制最詳，然亦尚有遺者。《尹賞傳》如淳注：『舊亭傳於四角，面百步，築土四方，上有屋，屋上有柱，出高丈餘，有大板貫柱四出，名曰桓表。』是亭必有臺，臺上建桓表，如今驛舍之堡臺也。《西南夷傳》：『陳立爲牂柯太守，諭告夜郎王興至且同亭，召興。興從邑君數十人入見立。』是亭必有公署，凡郡縣到部可以視事者也。《齊武王縯傳》：『王莽使長安官署及天下鄉亭皆畫伯升像于塾，旦起射之。』李賢注：『塾門側堂也。』是亭門側必有堂，如今之廂房也。《韓信傳》：『信從下鄉南昌亭長食。亭長妻苦之。』是亭長之妻子皆得居亭中也。《昭帝紀》：『建始五年，罷天下亭母馬。』《黄霸傳》：『霸使郵亭鄉官皆畜雞豚。』又曰：『某亭猪子可以祭。』是亭中所養六畜皆官物也。《仇覽傳》：『縣召補吏〔二〕，選爲蒲亭長。亭人有陳元者，獨與母居，而母詣覽告元不孝。』《周禮・朝士》鄭司農注：『若今時得遺失物及放失六畜，持詣鄉亭。』是亭長得治事也。《毛詩・小宛》釋文引《韓詩》：『鄉亭之獄曰犴。』是亭亦有獄也。《王忳傳》：『縣署忳大度亭長。』是亭長縣所署也。《魯恭傳》：『恭爲中牟令，亭長從人借牛而不肯還之。牛主訟於恭，恭召亭長，勑令歸牛。』是亭長令即得勑也。《漢官儀》：『材官樓船，年五十六老衰乃得免爲民就田，應合選爲亭長。』是亭長年高者亦得爲也。《仇覽傳》：『覽爲蒲亭長時，『考城令王涣聞覽以德化人，署爲主簿。』《陳寔傳》：『寔爲郡西門亭長，尋轉功曹。』是亭長之資遷也。《東觀記》：『趙惠王乾止宿亭，令奴金盗取亭席金，與亭佐孟常爭言。』《方言》：『楚東海之間亭父謂之亭公，卒謂之弩父，或謂之褚。』是亭長以下之别稱也。《漢官儀》：『亭長課徼，巡尉遊徼。亭長皆習備五兵，司姦盗。亭長持二尺板以劾賊，索繩以收執賊。』是亭長專以捕盗爲本職也。《周禮・司常》注：『徽，識也。今亭長著絳衣是其遺象。』是亭長皆衣絳也。餘再檢之。

書易緯稽覽圖後

右《易緯稽覽圖》二卷，殘舛譌脱，前後倒置，驟讀之苦不能解。前見嘉定錢氏校本，亦僅别去後人附益，自爲一卷，於算例仍未析也。今略按文義，尋其端緒。其分卦直日之法依《卦旡圖》次序列之。《小過》、《蒙》、《益》、《漸》、《泰》正月寅；《需》、《隨》、《晉》、《解》、《大壯》二月卯；《豫》、《訟》、《蠱》、《革》、《夬》三月辰；《旅》、《師》、《比》、《小畜》、《乾》四月巳；《大有》、《家人》、《井》、《咸》、《姤》五月午；《鼎》、《豐》、《涣》、《履》、《遯》六月未；《恒》、《節》、《同人》、《損》、《否》七月申；《巽》、《萃》、《大畜》、《賁》、《觀》八月酉；《歸妹》、《无妄》、《明夷》、《困》、《剥》九月戌；《艮》、《既濟》、《噬嗑》、《大過》、《坤》十月亥；《未濟》、《蹇》、《頤》、《中孚》、《復》十一月子；《屯》、《謙》、《睽》、《升》、《臨》十二月丑。每月得五卦三十爻，先初爻主五日，次二爻主五日，次三爻主五日，次四爻主五日，次五爻主五日，次上爻主五日，成一月。故節氣、中氣所當之爻非三則上也。以節氣、中氣所當之爻觀其所值之寒温，從《泰》至《遯》爲陽，從《否》至《臨》爲陰。陽卦當温，陰卦當寒。雜卦用事：九三、上六決温；九三、上九微温；六三、上九決寒；六三、上六微寒。并以天氣之清净白濁視之，温宜清净，寒宜白濁。若不效，降陽爲風，降陰爲雨。如上九用事，卦不效，後一百八十二日降爲風；上六用事，卦不效，後一百八十二日降爲雨。凡應必在對冲，原注或作『一百二十日』，或作『九十一日』，皆傳寫之譌。凡效十二辟卦及《震》、《離》、《兑》、《坎》四時卦，當盡六日七分。若雜卦用事，六日七分中一辰效則可矣。其推卦主歲法：置天元以來至所求即位年，積數以三十二除之，餘不盡從

《乾》、《坤》始，二卦而當一歲數之末，即主歲之卦。推爻主月法：置每軌二卦，順逆交錯，列于十二辰。上卦起子，下卦起未。觀即位在何月辰，即知某月屬某卦某爻也。推厄法：置即位月卦所得軌數，以距即位年數，爲法除之，餘不盡以即位年歲干數之，觀其年得何干即知其年之厄也。甲乙爲飢、丙丁爲旱、戊己爲中興、庚辛爲兵、壬癸爲水。嘉慶壬戌三月十二日。

昔陽肥邑考

《左氏·昭十二年》傳：『晋荀吴僞會齊師者，假道於鮮虞，遂入昔陽。』杜元凱注云：『鮮虞在中山新市縣。昔陽，肥國都，樂平沾縣東有昔陽城。』『秋八月壬午，滅肥。以肥子緜皋歸。』杜注云：『鉅鹿下曲陽縣有肥累城。』孔冲遠《正義》引劉炫《規過》謂：『既入昔陽，而别言滅肥，則肥與昔陽不得爲一。』《十五年》：『荀吴伐鮮虞，圍鼓。』杜云：『鉅鹿下曲陽縣有鼓聚。』肥、鼓並在鉅鹿昔陽，即是鼓都在鮮虞東南。孔冲遠《正義》復申杜説。顧氏《日知録》、顧氏《春秋大事表》皆極辨之。

頤煊案：《漢書·地理志》『真定國，肥纍』下注云：『故肥子國。』『鉅鹿郡下曲陽』下不言，是肥國都在肥纍，不在昔陽也。《水經·濁漳水注》云：『祇水承白渠於藁城之烏子堰，又東逕肥纍城，又東逕昔陽城南。』是昔陽與肥纍相近。肥纍故城在今藁城縣西南七里，昔陽在今晋州中山，新市今新樂縣。以今道里校之，藁城東至晋州四十里，北至新樂縣九十里。故荀吴假道於鮮虞，既入昔陽，遂得滅肥。若以樂平沾縣昔陽城當之，在今山西平定州樂平縣，去肥纍遠矣。晉欲取肥，何須假道鮮虞？此必不然之勢也。考昔陽雖非肥都，當是肥邑，與鼓相近。《漢志》『鉅鹿郡下曲陽』注：應劭曰：『晉荀吳滅鼓，今鼓聚昔陽亭是也。』《水經·濁漳水注》云：『昔陽城本鼓聚。京相璠曰：下曲陽有鼓聚，故鼓子國也。』劉光伯因以昔陽爲鼓都，其實非也。《左氏·十二年》傳云：『晉荀吳僞會齊師，假道鮮虞。』本欲取肥，故下文云『遂入昔陽』，『秋八月壬午，滅肥』。若昔陽是鼓都，傳必分別言之，又此言昔陽，《十五年》傳復言圍鼓，明昔陽與鼓不得爲一。《二十二年》傳云：『使師僞糴者負甲以息於昔陽之門外，遂襲鼓，滅之。』昔陽本肥邑，是時已爲晉滅，故得負甲以息於門外。若是鼓都，方漏泄之是懼，又何暇以襲鼓哉？云襲亦昔陽非即鼓都之一證。兩顧氏皆極言杜注『昔陽肥都』之誤，而獨不言昔陽之非鼓都，何也？

虖沱河考

《漢書·地理志》虖沱河本有二：『代郡鹵城』下云：『虖沱河東至參户入虖沱，别過郡九，行千三百四十里。』此正河也。又云：『從河東至文安入海，過郡六，行千三百七十里。』此别河也。以今輿地言之，正河出山西代州繁峙縣東泰戲山，《山海經》云：『泰戲之山，虖沱之水出焉。』郭璞注云：『虖沱水出雁門鹵城縣南武夫山。』《元和郡縣志》云：『今繁峙縣泰戲山，一名武夫山。在縣東南九十里〔二〕。』西南流逕五臺縣，《方輿紀要》『五臺縣』下：《水經注》云：『滹沱水東逕聖人阜。』又東南流逕忻州，《太平寰宇記》『忻州秀容縣』下：《水經注》云：『滹沱南歷忻中口，俯會忻州水。』又逕定襄縣，《元豐九域志》『忻州定襄縣』下：《水經》云：『三會水出九原縣西，東入虖沱，逕定襄界。』又東南流逕直隸平山縣北，《漢書·地理志》『太原郡上艾縣』：『緜曼水東至蒲吾入虖沱水。』《古今注》：『永平十年，作常山呼沱河蒲吾渠，通漕船也。』又逕靈壽縣南，《漢書地理志》『常山郡靈壽縣』：『《禹貢》衛水出東北，東入虖沱。』又東逕正定府北，《太平寰宇記》『鎮州真定縣』下：《水經注》云：『滹沱河水東逕常山城北，又東南爲蒲澤。』又逕行唐縣南，《續漢書·郡國志》：『常山國，南行唐，有石臼谷。』《後漢書·鄧訓傳》云：『永平中，理虖沱、石臼河。從都慮至羊腸倉，欲令通漕。太原吏人苦役，連年無成。』《章帝紀》云：『建初三年夏四月，罷常山、石臼河漕。』又逕新樂縣南，《漢書·地理志》『常山郡南行唐縣』：『牛飲山白陸谷，滋水所出，東至新市入虖沱〔三〕。』《名勝志》『行唐縣』下：《水經注》云：『滋水至行唐縣，鹿水出焉，謂之木刀溝，入滹沱河。』又東逕深澤縣南，《後漢書·光武紀》：『更始二年，光武至饒陽，晨夜兼行至呼沱河。』李賢注云：『在今定州深澤縣東南，即光武所度處。今俗謂之危度口。』又東逕饒陽縣南，《後漢書·光武紀》李賢注：『呼沱河舊在饒陽縣南。至魏太祖曹操因饒故瀆決，令北注新溝水，所以今在饒陽縣北。』《水經·濁漳水注》：『白馬河上承虖池，東逕樂鄉縣北、饒陽縣南。』又東逕河間府北。見下。又東逕任丘縣南，《水經·滱水注》：『滱水又東南逕任丘縣南，其水又東南流入于呼沱。』又東北逕大城縣西南，至參户入别河。應邵曰：『平舒縣西南有參户亭，故縣是也。』正河應過代郡、鴈門、定襄、太原、常山、鉅鹿、河間、涿郡、勃海，凡九郡。《漢志》不記別河始分之縣，其過郡六，遂不可考。『信都國信都』下云：『故章河、故虖沱皆在北，東入海。』云『故』，明其時已改易河道。『勃海郡成平』下云：『虖沱河，民曰徒駭河。』疑當時別河自勃海以下，支流岔出，與漳水相亂。　一支至河間獻縣與正河合，故《漢志》于『河間國樂成』下云：『虖沱別水首受虖沱河，東至東光入虖沱河。』東光虖沱即別河也。　一支至阜城縣與正河合，即『弓高』下云『虖沱別河首受虖沱河，東至平舒入海』是也。《水經·濁漳水注》亦云：『衡漳於樂成陵縣無別出之瀆。出縣北者乃虖沱別水，分虖沱故瀆之所纏絡也。』《水經注》所云『故瀆』者，皆別河之故瀆。　別河經流始見南宮以下，《後漢書·馮異傳》：『光武至南宮，因度虖沱至信都。』又逕冀州東北，故信都，見上。　又東逕東昌縣北，《漢書·地理志》『魏郡武安縣』：『寖水東北至東昌入虖沱河。』《水經·濁漳水注》：『衡漳又逕東昌縣故城北，經所謂昌亭也。　又東北，左會虖沱故瀆，謂之合口。』又東逕交河縣南，《水經·濁漳水注》：『衡漳又東逕成平縣故城，又東左會虖沱別河故瀆，又東北合清河，謂之合口。』又東北逕滄州西，《水經·淇水注》：『清河又北逕浮陽縣故城西，又東北，虖沱別瀆注焉。』又東北逕大城縣東，《水經·濁漳水注》：『清漳又逕東平舒故城，分爲二水。　一水北注呼沱，謂之「濊口」，與清漳亂流而東注于海。』又北逕文安縣南，《水經·易水注》：『易水逕鄚縣故城北，至文安縣與虖沱合。』又東逕寶坻縣，南入于海。《水經·鮑丘水注》：『泃水又東合泉州渠口故瀆，上承虖沱水于泉州。』《巨馬水注》云：『八丈溝水注之[四]，逕泉州故城西，又南合虖沱枯溝。』平舒、文安、泉州皆與章武接壤，故《山海經》云：『虖沱水出晉陽城南，而西至陽曲北，而東注勃海，入越章武北。』

《水經·沽水注》云：『沽河又東南逕泉州縣故城東，清、淇、漳、洹、滱、易、涞、濡、沽、虖沱同歸于海。故經云：「派，河尾也。」』此即今天津小直沽海口也。今别河已枯廢，其存者爲漳水所亂。正河自靈壽以下直趨正定府南，逕藁城縣北，又逕束鹿縣至衡水縣西，與滏水合流，亦非舊迹。《水經注》本有《滹沱篇》，宋以後傳寫始佚。今以《漢志》爲本，兼采酈注之散見者著于篇，以見故道之可考者如此。

與劉初泉書

承示《滹沱河考》，與鄙見大略相同。足下問學既博，復徧歷幽、并之地，宜乎所言之詳明也。《漢志》虖沱有正河，有從河，同繫于代郡鹵城下，其同出一源可知。惟《漢志》不載從河分支之縣，或疑『河間國樂成』、『弓高』下二條即爲當日從河所行之道。若如所言，《漢志》不應重載從河于鹵城下，又與所過六郡不合，其説恐未必然。疑當日正河自正定府北直趨而東；從河自正定府南過常山、鉅鹿、信都、清河、河間、勃海六郡，至文安入海。勃海以下從河大而正河小，故《漢志》鹵城下云：『從河東至文安入海。虖沱河東至參合入虖沱别。』『參合』即『參户』之譌也。《後漢書·光武紀》既云：『至饒陽，晨夜兼行，至虖沱河。』《馮異傳》復云：『光武至南宫，因度虖沱至信都。』紀、傳乖異，然正足證南宫之有虖沱。《三國志·魏書》：『建安十一年，鑿渠，自呼沱入派水，名「平虜渠」。』《續漢志》『鴈門郡鹵城』下劉昭《補注》引作：

『自呼沱入汾。』《水經注》泒水與虖沱至泉州同入于海。又《魏志》與下文『從泃河口鑿入潞河』同爲一役，則今本《郡國志》所引作『汾』者，誤也。《漢志》『五原郡稒陽』下云：『北出石門障得光禄城，又西北得支就城，又西北得頭曼城，又西北得虖河城。』虖沱河出代郡鹵城，決不能遠繞塞外。《漢書·武帝紀》云：『太初三年，遣光禄勳徐自爲築五原塞外列城，西北至盧朐。』《匈奴傳》亦云：『漢使徐自爲出五原塞數百里，遠者千里，築城障列亭至盧朐。』晋灼曰：『《地理志》：從五原稒陽縣北出石門障，即得所築城。』『虖河』疑即『盧朐』之譌。前篇鄙見所未盡者，敢再質之足下。

書藁城縣志後

《漢書·地理志》『真定國藁城』下注云：『莽曰藁實。』《後漢書·銚期傳》云：『攻拔樂陽藁肥纍。』《光武郭皇后傳》云：『真定藁人也。』不知何時省名曰『藁』。《續漢志》無藁城縣，『鉅鹿郡下曲陽』下劉昭注引杜預曰：『縣西南有肥累城。』《銚期傳》李賢注云：『肥纍故城在今藁城縣西南。』是藁城在後漢時前屬真定，後省入下曲陽，屬鉅鹿也。《新唐書·地理志》『常山郡藁城』下注云：『義寧元年置鉅鹿郡，并析置栢肆、新豐、宜安三縣。武德元年曰廉州，省栢肆、新豐、宜安入藁城。貞觀元年州廢。』《魏書·太祖紀》：『皇始元年二月丁丑，軍于鉅鹿之栢肆塢，臨滹沱水。』然則栢肆本塢名也。《史記·趙世家》：『幽繆王三年，秦攻宜安。李牧率師與戰肥下。』《後漢書·耿純傳》李賢注云：『《水經注》：郎水北有耿鄉，光武封耿純爲侯，國俗謂之宜安城。其故城在今恒州稾城縣西南。』是宜安城即耿鄉，肥下即肥纍也。《續漢志》：『下曲陽，有昔陽亭。』《左氏·十二年》正義云：『昔陽今屬廉州。』案孔冲遠上《正義》在貞觀七年，此時廉州已廢，疑尚沿用舊文之譌。《水經·濁漳水注》云：『綿蔓水又東逕烏子堰，枝津出焉。』又云：『泜水承白渠於稾城縣之烏子堰，又東逕肥纍縣之故城南，又東逕陳臺南，又東逕新豐城。』今志不載白渠、枝津之名。孔冲遠《尚書正義》引鄭君注云：『《戰國策》：碣石在九門縣，今屬常山郡。今驗九門無此山也。』九門，《漢志》屬常山郡，《續漢志》屬常山國，宋開寶六年省入稾城。今縣西北二十五里有九門故城，周回五百餘里，皆平地無山，並無所謂碣石者，鄭君之言可謂信而有徵矣。舊志殘闕訛舛，聊摭經史所記附書於後，并以質諸劉君。嘉慶癸亥十二月二日。

霍山爲南嶽解

《爾雅·釋山》述五嶽，一云：『江南衡。』李廵曰：『衡，南嶽衡山也。一云霍山爲南嶽。』郭璞曰：『霍山，今廬江灊縣，灊水出焉。別名天柱山。漢武帝以衡山遼曠，故移其神于此。今其土俗人皆呼之爲南嶽。』案：《漢書·地理志》『長沙國湘南』下注云：『《禹貢》衡山在東南，荆州山。』『廬江郡灊』下注云：天柱山在南，有祠。』班孟堅作《志》在武帝移易衡山以後，故注嶽祠于天柱下，並未以天柱爲霍山也。霍山即衡山。應劭《風俗通》云：『衡山一名霍山。』衡之與霍猶泰之與岱，是一山有二名也。』故孫炎注《爾雅》以霍山爲誤，當作衡山。李善注《文選·遊天台山賦》引《爾雅》『衡山爲南嶽』當即據孫炎所改之本。是霍山在漢武未易以前，即荆州衡山之别名；漢武既易以後，後人始以名灊縣之天柱山。故《水經》記山水澤地所在云：『霍山爲南嶽，在廬江灊縣西南。』又《沘水篇》云：『沘水出廬江灊縣西南、霍山東北。』張揖《廣雅》云『天柱謂之霍山』，皆據移易以後言也。郭景純注《爾雅》，獨云：『南嶽本以兩山爲名，非從近也。而學者多以霍山不得爲南嶽，又言從漢武帝始乃名之。如此言爲武帝在《爾雅》之前乎？斯不然矣。』〔五〕景純此言，明駁孫炎不知漢武移易南嶽，以衡山遼曠，因移嶽祠于天柱下，並非以天柱有霍山之名舉以當南嶽也。若天柱本名霍山，既有《爾雅》此文，可證《漢志》灊縣下當稱『霍山』，不當稱『天柱』矣。且衡山在江南，天柱在江北，若霍山即天柱，《爾雅》所舉不應前後互異。故應仲援以霍山即衡山而不分爲二，其所言與《漢志》《爾雅》合，視景純爲覈實也。

台州古蹟記

宋王象之《重修子城記》云：『子城東自鼓樓，踰州學，過東山閣，包職官廳，歷玉霄亭，入于州之後；西自鼓樓，介于内外班之間而長于内外班，曲而爲洞門，又曲而依於大城。』《嘉定赤城志》云：『子城，其門有三：南曰譙門，上有鼓樓，榜曰台州；東曰順政門，樓名東山；西曰延慶門，今名迎春。』《赤城志》卷首有《羅城圖》，內有子城。以今坊巷考之，譙門當在鎮寧廟前直街，近聖書院巷口。東循近聖書院，過台州府學折而北，從州橋頭過鼓樓，直至東嶽宮繞入山後；西自近聖書院巷口直至栝蒼門舊址，以附于大城。其所謂『內外班』，暨曲爲洞門者，《赤城志圖》不記所在，今無可考證。『東山閣』即子城順政門，今大街鼓樓是也。從鼓樓下過台州府前直至西門街口當有迎春門，與順政門東西相對。《嘉靖臨海志圖》不載，其亡久矣。

城中舊有三河：曰清漣、曰新澤、曰清水。可以通舟往來，此唐時故河道也。《赤城志》已云：『今皆污塞涓流而已。』《赤城志・州河記》云：『按舊經：源始平橋，平橋始石佛寺後山，流于栝蒼門後，頗堙塞。自栝蒼門衍于州南橋東北流至東橋並棲霞宮。又東北流越悟真橋觀橋，疏而爲二：一南流至都酒務後，凡白塔橋尼巷之水皆入焉，又東則入楊柳巷，出寶城巷水門；一東流直出都米倉前，稍南，復東出崇和門水門，餘水南流，亦會于寶城巷。自餘兜率、六通一帶之水，又出小固山水門。』今城中河道故迹大略如記所言，東城三水門猶存，唯《羅城圖》所載與記不合，圖無白塔橋尼巷之水。又都酒務後之水不記所出，都米倉前不記南流。寶城院北有狀元池，極大。一支從寶城巷斗門出，一支又從下斗門出，今唯小固山南有斗門，以出兜率、六通之水。小固山北別無斗門可以當此。疑《羅城圖》所繪者猶是乾道前舊本也。

元絳十橋。《赤城志》云：『慶曆七年，元守絳建十石梁于河，以通車馬。詢之故老，云謂今兩州橋、觀橋、學橋、賣茆橋、永泰橋、保寧橋其舊蹟焉，餘則不可考矣。』在嘉定時已如此。州橋有二：一名南橋，在州南八十步，《州河記》云：『河自栝蒼門衍于州南橋。』當在子城譙門外；一名東橋，又名順政橋，在子城順政門外，今之所謂『州橋頭』者即東橋也。又有平橋，在州治小廳前，跨池爲屋，左右植芙蓉。明包廷嘉《重修府治記》云：『土地祠前左右鑿池，琢以石欄，直深各四丈四尺，衡廣各五丈二尺。』即平橋之故址，今謂之荷花池。

東湖，據《羅城圖》，自交禮橋以北，過放生池，又過懷義橋北，直至流盃亭知樂堂，通謂之東湖。懷義橋者，即今東門外弔橋。《赤城志·州城記》云：『舊城東自小鑑湖，循清心嶺而南，縈抱舊放生池，直接城山嶺。今湖昔地皆闤闠中物。』王廉清《修東湖記》云：『乾道五年冬，秘閣河内向公移守是邦。浚城中之水溝，擗城闉之斗門，以達懷義橋之南北。』皆其證也。今弔橋、北湖尚存，弔橋南唯有小浦在焉，人亦不知此地之舊爲東湖矣。

宋時營制在城東者，以《羅城圖》考之，唯壯城營在今東門後街，余所居大營巷當是寶城巷寶城院故基。《州河記》云『州河俱會于寶城巷，出寶城巷水門』是也。今水門猶存，在大營巷前矣，不知何時改建，稱爲大營巷。後爲寶城巷，又後爲州營巷，又後爲東門街，與《羅城圖》不合，當在嘉定修志以後。寶城院，《赤城志》云：『舊名「護國」，唐光啟三年建，大中祥符元年改今額。』章郇公得象爲之記。院舊有清熙堂，陳瑩中謫台州，寓居院中。公作《徐中行事略》云『政和癸巳，黃巖隱士左緯經臣訪瓘于寶城方丈』是也。公以政和元年十一月初十巳時到台，寓院中凡五年。

貢院，《赤城志》載之最詳。志云：『貢院在巾子山北。乾道七年，朱守江建。南渡初，□□士未盛，故以州東三百步今韓運判宅址爲之。後徙兜率院。院据山腹，陟降不勝病，遂徙今地。有監試位一，考試位六。後有亭曰搴秀，爲會考之地。重廡參錯，爲屋三百一十楹，置試案、卷棚。自是應書者雖漸盛，猶不過五六千人，近歲至八千人。始於報恩寺截行者寮附益之，猶慮不能容。嘉定十四年，將大比，齊守碩諏羣議，相其東有福安廢院，院後多隙土，可縛屋，有馬氏地闌之守，併得其地，通爲三百八十二丈。塈高塞卑，建八廡，爲屋七十三楹，與正院第八廡通。又益以福安餘屋，別爲門以入。且慮逕途隘蹙，待試者病，西闢酒務繚垣，畫地爲衢，其廣四軌，兩旁渠道亦以石甃平之。是秋應書者又多，皆穩坐散步無他患。先是未有也。』據《赤城志》，當在今芝蔴園西口，《羅城圖》作『東口』，誤也。院前有興賢坊，院後有小浮屠，正當今天寧寺之東偏。

東湖上蔡書院，據《嘉靖臨海志》云：『宋上蔡謝良佐，程門高第，遭黨禁，未解而卒。仲子克念流落台州。紹興六年，給事中朱震奏官之，克念尋卒。嘉定中，郡守黄㽦請祀良佐于州學。景定三年，郡守王華甫遂建書院，徙祠焉。』事在嘉定修志以後，故《赤城志》不載書院之名。書院舊有聖則堂，張復《内外服制通釋跋》云『余丱角時從車玉峰先生于東湖上蔡書院，引試聖則堂』是也。又有稽古堂，王魯齋《趙訥齋綱目凡例跋》云『是書得于上蔡書院奉祠，趙君遂鋟梓于稽古堂』是也。今東湖左畔有『小瀛洲』三字石坊，即書院之門額。

天慶觀本宋時大刹，與南報恩寺相埒。《赤城志》云：『在州東一里。』據《羅城圖》，今觀橋直北小教場火藥局其遺址也。觀在唐名『白鶴』，《赤城志》云：『開元中獲《天寶度人經》，建天寶臺，扁榜乃徐浩書。上有銅鐘，開元十二年所鑄。天寶中又鑄銅老子像。』王象之《輿地碑目》云：『開元二十九年《老君真容碑》，在台州天慶觀。觀舊有聖祖殿，殿前有兩鉅松甚怪，世傳茯苓產其下。又道士壁間有范子珉所繪牛及來禽，人傳其妙。又有昊天殿，殿後有丹井泉。又有三清殿，西廡有三官堂，東有元應善利真人祠，祀仙人王子喬。朱子來往台州，皆寓觀中。』余《台州雜詩》云：『王喬尋仙去絶踪，三清宫殿白雲封。不知提舉朱夫子，曾聽齋堂覺後鐘。』蓋詠此也。

錢丞相府，據《羅城圖》在今錢王祠南近城一帶皆是。當時謂之『錢園』。樓攻媿有《陪沈虞卿史君過錢園》詩云：『裴公餘綠野，六一醉瑯琊。幽坂森三友，飛橋粲百花。』又云：『佳處城環雉，吟邊路繚蛇。市井花相映，湖波柳半遮。』可見其略。其賜第至元末猶存，見陶九成《輟耕録》。《羅城圖》又有謝參政府，在『今大街十字口，與悟真坊相對』，今莫知其處。

分繡閣在添差通判廳左。洪适《分繡閣》記云：『十數年，監州始有以員外置者，僑宇城之巽隅，距黄堂七百步，而贏吏不以爲便，乃徙幕舍爲今所居，與正員相西東。』《赤城志》云：『添差通判廳在州東四十步。紹興十六年，通判洪适建。』《羅城圖》不記所在。公《分繡閣》詩云：

『城隅喬木可怡顔，小閣初成尺五間。』其地當與子城順政門相近。今興善門城隅有三府基，或即當時僑寓之所。

謝雩《台州司户廳壁記》云：『台州司户參軍，唐至德間著作郎鄭虔嘗以謫官居之。今州城東偏猶以户曹名巷。』陶九成《輟耕録》云：『周待制月巖先生買地于府城之鄭捏兒坊剏義塾，以淑後進。築礎時獲雙硯，硯有欵識，乃唐鄭司户虔故物。虔字弱齊，俗謁爲捏兒。』今又謁爲『韮泥』，即户曹巷也。以司户廳在焉故名。《嘉靖臨海志圖》：『巷有鄭廣文祠。』今廢。

梅園在山宫法安院側，屢見前人題詠。曾宏父《簡洪景伯》詩云：『待得山宫千樹白，與君騎馬入青苔。』景伯《同宫使尚書觀山宫梅花》詩云：『好向山宫記名氏，他時嘉話踵斜川。』是也。又李益謙有《景伯正字招東郊觀梅晚集茶院秀遠堂》詩云：『十里寒梅欲鬬妍，東郊尋勝喜聯翩。』舊志稱雙橋地多梅花，是沿郊十里宋時皆樹梅花。明陳次經有《問山宫梅》詩云：『爲問山宫道，千梅吐臘前。行穿三里雪，坐弄一溪煙。』山宫梅花明末猶有存者。其在城中者，永慶寺當郡圃之後園，梅花最多，當時有『梅臺』、『梅榭』、『梅峽』諸名。凡太守公餘之暇必登焉。李德升有《永慶閣後觀梅》詩，一時如綦叔厚、陳國佐俱有和章。

張丑《清河書畫舫》：《展子虔春遊圖》有『台州市務房抵當庫印』。《赤城志》云：『抵當庫在州治西二十步合同茶場左，嘉定四年黄守𥳑建。先是，軍民當春冬雪寒，質貸多弗售，公乃捐錢二千緡爲此。自十月至三月，每質不過五百，拘息一分爲簿書油索費。今廢。』又云：

『商税務在州南一里，抵當庫平準務附焉。』在今税務街，此軸不知爲何庫物也。

巾山三官堂，本明玉輝堂故址。石壁上有題名云：『胡承公同弟成美來游，男羽兆侍行。癸丑清明日題。』承公本胡世將字，癸丑乃紹興三年。又巾山塔下巖間有大『佛』字，已漫漶，不知何人所書。北山大悲庵後有『湛泉』二字，末有一跋，係乾道年間，姓名不可識。乾隆丙午，錢王祠掘地，得一碑：《望般若臺》詩一首，末題『松窻道人書』。松窻，錢端禮字。今碑余移置臨海學中。

王象之《輿地碑目》云：『唐文德二年《台州刺史杜雄廟碑》，碑陰有《蔡大王廟記》，今在臨海蔡王廟中。』城中無蔡王廟，或云即崔王廟，崔、蔡聲相近。乾隆癸丑秋，余至義誠鄉，過廟前村，土人指余曰：『此廟王姓蔡，鄉中神皆自此分支，廟最古。』余因憶及此。或即王象之所謂『蔡王廟』乎？然疑此野廟三間亦未必有唐碑在也，遂不顧而歸。後爲宋确山孝廉言之。積歲餘，确山走告余曰：『近見廟前土人云：廟中有一碑，兩面有字，彷彿有「雄」字。』余亟往訪之，果見此碑，如《碑目》所言。不勝狂喜。惜剥落已甚，《蔡大王廟記》墨填之尚可完讀，《杜雄碑》惟有前後數行存矣。

校勘記

〔一〕縣召補吏　『補』原訛作『捕』，據《後漢書》卷七六《循吏傳》改。

〔二〕在縣東南九十里　『九十里』，原誤作『九千里』，據《元和郡縣志》改正。

〔三〕東至新市入虖沱　原刻本『虖沱』下有『水名』二字，據《漢書·地理志》删『水』字；又『名』字屬涉下文『名勝志』而衍，今一併删去。

〔四〕八丈溝水注之　原脱『之』字，文意不完，據《水經注》卷十二補。

〔五〕此段郭注《爾雅》不見於今本，乃洪氏據《爾雅正義》轉引，該段《正義》亦爲宋人襲《毛詩·崧高》下孔穎達《正義》而成。當據《尚書·舜典》下《正義》稱引於『非從近』下增一『來』字、『如此言』上增一『即』字以正。又，此郭注之意或未必如洪氏所釋，參段玉裁《經韻樓集》卷四《讀爾雅釋山論南嶽》。

筠軒文鈔卷五

曾氏一貫論

《論語》一貫之旨兩見於經，宋儒謂一貫爲孔門不傳之秘，惟曾氏得其真詮，端木氏次之，其餘不可得聞。此其説非也。案：《爾雅·釋詁》云：『貫，事也。』又云：『貫，習也。』古人解貫字皆屬行説，即孔子所謂道也。曾氏以『忠恕』解一貫，『忠』即是『一』，『恕』即是『貫』。恕非忠不立，忠非恕不行，此即一貫之義，非忠恕之外别有一貫之用也。孔子因能行者少，故偶呼曾氏以發之。他如告哀公曰：『凡爲天下國家有九經，所以行之者一也。一者，忠也。』告仲弓曰：『己所不欲，勿施於人。』勿施者恕也。忠恕之説盡人皆得聞之，寧獨二氏爲得其傳乎？又《老子》云：『天得一以清，地得一以寧，王侯得一以爲天下貞。』又云：『聖人抱一以爲天下式。』《莊子》云：『自其同者觀之，萬物皆一也。』老莊異端，尚知一之爲貫，曾是七十子身通六藝者，而反不知一貫之爲用乎？故《吕氏春秋》云：『亡國之主一貫。』《説文》引董子云：『一貫三爲王。』《莊子·德充符》云：『以可不可爲一貫。』是一貫亦當時常語，非果有不傳之秘也。端木氏因論學，孔子語以『一貫』，此又别是一義。後人以錢十百爲一貫，《穀梁傳》云：

『羈貫成童。』范甯注：『羈貫謂交午翦髮以爲飾。』鄭君注《儀禮》云：『一從一横曰午。』是貫從十起義，故《説文》引孔子曰：『推一合十爲士。』《論語》：子貢曰：『回也聞一以知十；賜也聞一以知二。』孔門惟顔氏生知亞于聖人，故能以一貫十。曾氏力行忠恕已至，故聞而即『唯』。若端木氏力行忠恕有未至，則猶有『然！非與〔二〕？』之疑，夫子云：『予一以貫之。』夫亦謂道在忠恕，非與語曾氏者有二也。宋儒好言玄妙，幾若孔門一貫别有一物，得其傳即可超凡入聖，孔子秘不示人者。此禪家頓悟法容或有之，以此而語聖人之道，恐失之遠矣。

孔子壁中書考

孔子壁中書，據《漢書·魯恭王餘傳》：『恭王初好治宫室，壞孔子舊宅以廣其宫。於其壁中得古文經傳。』未嘗著其目也。《藝文志》：『武帝末，魯共王壞孔子宅欲以廣其宫，而得《古文尚書》及《禮記》《論語》《孝經》凡數十篇，皆古字。』《劉歆傳》又云：『魯恭王壞孔子宅欲以爲宫，而得古文於壞壁中。《逸禮》有三十九，《書》十六篇，及《春秋》左氏丘明所修，皆古文舊書。多者二十餘通，臧於祕府。』歆所言視《藝文志》多《左氏春秋》而無《論語》《孝經》。王充《論衡·佚文篇》：『孝武皇帝封弟爲魯恭王。恭王壞孔子宅以爲宫，得佚《尚書》百篇、《禮》三百、《春秋》三十篇、《論語》二十一篇。』亦無《孝經》而有《春秋》。《説文解字序》：『魯恭王壞孔子宅而得《禮記》《尚書》《春秋》《論語》《孝經》。』而《晋書·衛恒傳》：『漢武時，魯恭王壞孔子宅，得《尚書》《春秋》《論語》《孝經》，時人不復知有古文，謂之科斗書。漢世秘藏，希得見之。』《北史·江式傳》：『魯恭王壞孔子宅而得《尚書》《春秋》《論語》《孝經》。』《水經·泗水注》：『魯恭王壞孔子舊宅，得《尚書》《春秋》《論語》《孝經》。』其言又皆有《春秋》而無《禮記》。

頤煊案：《漢書·藝文志》：『《春秋古經》十二篇。』又云：『《左氏傳》三十卷。』注云：『左丘明，魯太史。』皆不云出于孔壁。《儒林傳》：『漢興，北平侯張蒼及梁太傅賈誼、京兆尹張敞、太中大夫劉公子皆修《春秋左氏傳》。』考魯恭王餘以孝景前三年徙王魯，張蒼即以孝景五年薨。《左氏春秋》在孔壁未出以前已盛傳于世，祕府已有藏本。後孔壁所得，與秘府本無異。故班氏作《志》，即據秘府本録之，而不復載及孔壁中書。《藝文志》：『《禮古經》者，出於魯淹中及孔氏學，七十篇文相似，多三十九[二]。及《明堂陰陽》《王史氏記》所見，多天子諸侯卿大夫之制，雖不能備，猶瘉倉等推《士禮》而致於天子之說。』所云『孔氏學』者，即孔壁中書，與魯淹中所得別一本。鄭君《六藝論》亦云：『後得孔氏壁中河間獻王古文《禮》五十六篇、《記》百三十一篇、《周禮》六篇。其十七篇與高堂生所傳同而字多異。』班氏因文有異同，録存其本，故定孔壁所得書爲《尚書》《禮記》《論語》《孝經》凡四種。厥後諸儒傳述，因《春秋》、《禮記》皆先孔壁而出，故所記或存或略。其實孔壁所得凡五書：《尚書》《禮記》《春秋》《論語》《孝經》，當以許君之言爲定。嘉慶壬戌十月八日。

周九鼎入秦考

《史記·周本紀》云：『西周君奔秦，秦取九鼎寶器而遷西周公於𢡊狐。』《秦本紀》云：『昭襄王五十二年，周民東亡其器，九鼎入秦。』《封禪書》云：『秦滅周，周之九鼎入於秦。或曰宋太丘社亡而鼎没于泗水彭城下。』考《六國表》，宋太丘社亡在周顯王三十三年，當秦惠文王二年，下距秦滅周八十二年。若九鼎早没于泗水，何以後復入秦？《始皇本紀》云：『二十八年，始皇還過彭城，齋戒禱祀，欲出周鼎泗水。使千人没水求之，弗得。』其時上距滅周止三十七年，若九鼎在秦，何以復求于泗水？且漢初去秦未遠，《封禪書》：『孝文時，新垣平言曰：周鼎亡在泗水中，今河溢通泗，臣望東北汾陰直有金寶氣，意周鼎其出乎？孝武時，有司皆曰：禹收九牧之金鑄九鼎，皆嘗亨鬺上帝鬼神。遭聖則興，遷于夏商。周德衰，宋之社亡，鼎乃淪没。』並不言九鼎入秦之事。若謂九鼎没泗即在入秦之年，以道里計之，自周入秦，當由河達渭，必不取道彭城。學者皆以爲疑。

頤煊案：《國策》：『顔率曰：昔武王伐殷而取九鼎，一鼎九萬人挽之，九鼎八十一萬人挽之。』孔冲遠《春秋正義》云：『挽鼎人數或是虚言。要知其鼎有九，故稱九鼎。』《封禪書》稱鼎可亨鬺上帝，疑九鼎亦非至重難移之物。故夏傳之商，商傳之周，流轉於河洛之間。是時西周孱弱，僅如泗上小侯。秦、韓、齊、楚爭欲得鼎，見于《國策》者五。九鼎或有入于諸侯之國，惟不知其何以在宋太丘社没入泗水。史册散佚，無可考證。迨後昭襄王五十二年，西周既滅，鼎入於秦，未必其九者俱在。至始皇二十八年，過彭城，聞宋太丘社亡鼎没之説，因復求鼎于泗水。其時昭襄王取以入秦之鼎固無恙也。秦旋覆亡，項羽入關燒秦宫室，火三月不滅，九鼎存者疑亦在灰燼之中。故自高祖定天下以後絶無言及咸陽九鼎者。至孝文十七年新垣平用事，唯知泗水尚有周鼎，於是羣相稱煽，不知其時昭襄王所取入秦之九鼎其亡固已久矣。王充《論衡·儒增篇》言：『或周亡之時，將軍摎人衆見鼎盜取，姦人鑄爍以爲他器。始皇求不得，後因言有神名，則空生没於泗水之語。』其言亦近理。至若張守節《史記正義》謂：『周赧王十九年，秦昭王取九鼎，一飛入泗水，餘八入於秦中。』豈理之可信也哉！

擬州縣請立靈星祠議

謹案：靈星之祀，見於《毛詩序》：『絲衣，繹賓尸也。高子曰：靈星之尸也。』《史記·封禪書》云：『或曰周興而邑郃，立后稷之祠，至今血食天下。於是高祖制詔御史，其令郡國立靈星祠。元封三年，其令天下尊祠靈星。』《三輔故事》『長安城東有靈星祠』是也。《續漢志》云：『言祠后稷而謂之靈星者，以后稷又配食星也。』孔冲遠《毛詩正義》云：『靈星者，不知何星。』《續漢志》云：『舊説謂天田星也。一曰龍左角爲天田官，主穀。』《風俗通》云：『左中郎將賈逵説：龍第三有天田星。靈者，神也，故祀以報功。辰之神爲靈星，故以壬辰日祠靈星于東南，金勝爲士相也。』《漢書音義》：『張晏曰：龍星左角曰天田，則農祥也。晨見而祭之。』《春秋左氏傳》：『龍見而雩。』杜元凱注云：『建巳之月，蒼龍宿之體，昏見東方。萬物始盛，待雨而大。故祭天遠爲百穀求膏雨。』王充《論衡》云：『靈星之祭，祭水旱也。於禮，舊名曰雩。』蔡邕《獨斷》：『靈星一曰龍星。《周書·作雒》謂之農星。』《後漢書·高句驪》傳謂之『零星』，皆聲相近。龍星昏見在夏正四月，晨見則在十月。《左氏傳》云『龍見而畢務』是也。《周禮·大司寇》：『孟冬祀司民，獻民數于王。』鄭君注：『司民，星名，謂軒轅角也。』賈公彦釋云：『軒轅有十七星，如龍形，有兩角。角有大民、小民。左角即天田星也。古者重民事，故龍星晨見昏見皆祭之。』

《漢舊儀》云：『古者歲再祠靈星。靈星，《春秋》之太牢禮也。』《風俗通》：『俗說：縣令問主簿：「靈星在城東南，何法？」主簿仰答曰：「唯靈星所以在東南亦不知也。」』杜氏《通典》爲之釋曰：『東南祭之，就歲星之位也。歲星爲星之始最尊，故就其位。』《續漢志》云：『祀用壬辰日祠之。壬爲水，辰爲龍，就其類也。牲用太牢。縣邑令長侍祠舞者，用童男十六人。舞者象教田，初爲芟除，次耕種、芸耨、驅爵及穫刈、舂簸之形，象其功也。』《古今注》云：『元和三年，初爲郡國立稷及祠社靈星禮器。』《隋書·禮儀志》云：『晉元帝建武元年，令郡國縣兼祀靈星。開皇初，於國城東南七里延興門外爲靈星壇。立秋後辰，令有司祠以一少牢。』杜氏《通典》：『天寶四載，勅昇靈星爲中祀。』是歷代靈星之祀未嘗廢也。今請依禮經，令州縣於城東南立靈星祠，每歲四月辰日州縣官用少牢致祭靈星，爲百姓求雨用舞。十月辰日再祭以報歲功。謹議。

書史記後

衛宏《漢儀注》：『太史公，武帝置，位在丞相上。天下計書先上太史公，副上丞相。序事如古《春秋》。司馬遷死後，宣帝以其官爲令，行文書而已。』案：《史記・封禪書》云：『天子郊雍，有司與太史公祠官寬舒議。』《漢書・郊祀志》作：『有司與太史令談。』《百官公卿表》有太史令而無太史公，當由宣帝後追改，非武帝時所置之官名也。太史公本周官。《周禮》有太史、小史、馮相氏、保章氏、內史、外史諸職，皆掌天文圖籍。至春秋時，天子有內史，諸侯有太史。故《左氏傳》：『韓宣子聘魯，觀書於太史氏，見《易象》與《魯春秋》曰：「周禮盡在魯矣。」』《太史》：『凡邦國都鄙及萬民之有約劑者，藏焉以貳六宮，故天下計書先上太史公。』虞喜《志林》云：『古者主天官者皆上公。至漢其職轉卑，然朝會坐位猶居公上，尊天之道也。』太史公《自序》：『著十二本紀、十表、八書、七十列傳，凡百三十篇、五十二萬六千五百字，爲《太史公書》。序略，以拾遺補藝，成一家言。』據此則書名太史公遷所自署。桓譚云：『遷所著書成，以示東方朔。朔皆署曰太史公。或曰遷外孫楊惲所稱其說，非也。』《漢書・藝文志》：《太史公》百三十篇，馮商所續《太史公》七篇。《東平思王傳》：『上書求諸子及《太史公書》。』《後漢書・竇融傳》：『賜融太史公《五宗、外戚世家》、《魏其侯列傳》。』《楊終傳》：『受詔刪《太史公書》。』王充《論衡》、葛洪《抱朴子》引作『《太史公記》』，皆其舊題如此。至《隋書·經籍志》始云：『《史記》一百三十卷、目録一卷，漢中書令司馬遷撰。』當由六朝本改題，迄今遂相承而不變矣。

書漢書地理志後

《漢書·地理志》近日有錢氏坫《新斠》本。頤煊嘗采輯羣書，是正其誤。其未經錢氏改正并與錢氏違者：

『京兆尹南陵』下：師古曰：『兹水，秦穆公更名以章霸功，視子孫。』錢氏塗去『師』字，改作班注原文。案：《高帝紀》引此注作『應劭曰』，《水經·渭水注》引此文亦不作《地理志》。疑後人傳寫脱去『應劭曰』三字，因與下『沂音先歷反』九字顔注誤并爲一。

『右扶風鄠』下：『古國。』《續漢志》：『鄠，古扈國。』〔三〕《説文》『鄠』字注云：『右扶風縣。』『扈』字注云：『夏后同姓所封戰於甘者，在鄠。』非謂鄠即國也。當依《尚書正義》所引作『古扈國』，其義方合。

『鄠』下：『又有潏水』，師古曰：『潏音決。』《水經·渭水注》作『沈水』，亦謂是水爲潏水。『沈』當作『泬』，與潏聲相近。錢氏本改作『澇水』，非也。

『美陽』下：『周太王所邑。』《毛詩・周南》正義引作『周文王所居。』《説文》『郊』字注云：『周文王所封，在右扶風美陽中水鄉。』此作『太王』，後人所改。

『武功』下：『垂山，古文以爲敦物。』錢氏本改作『岳山』。案：《郊祀志》：『岳山。』師古曰：『據《地理志》，武功但有垂山，無岳山也。』顔本實作『垂』字。《史記・夏本紀》索隱引：『華山，古文以爲敦物。』又云：『太華即敦物，華岳可以通稱。』垂山疑華山之譌。

『河東郡左邑』下：『莽曰兆亭。』《水經・涑水注》：『司馬彪曰：洮水出聞喜縣，故王莽以縣爲洮亭也。』『兆』當作『洮』，四字又當在『聞喜』下。

『垣。』《説文》『沇』字注云：『水出河東東垣王屋山。』《史記・夏本紀》集解引鄭注云：『沇水出河東東垣縣王屋山。』《周禮・職方氏》注云：『滎，兖水也，出東垣，入于河。』釋云：『「出東垣」者，《地理志》文也。』今本『垣』上脱『東』字。

『東郡畔觀。』《史記・平準書》：『河決觀。』徐廣曰：『觀，縣名也。屬東郡。』《溝洫志》云：『又爲石隄使，西北抵黎陽、觀下。』師古曰：『觀，縣名也。』《翟方進傳》：『義與東郡都尉斬觀令。』文穎曰：『觀，縣名也。』《續漢志》云：『衛公國，本觀故國。』此畔字是後人所加。

『南燕。』錢氏云：『《春秋正義》引此無「南」字，《郡國志》亦無「南」字，衍也。』案：《宋書・州郡志》云：『前漢曰南燕，後漢曰燕。』六朝本已然。《曹參傳》云：『程處反於燕。』《灌嬰傳》云：『擊破柘公王武，軍於燕西。』師古曰：『燕亦縣名，古南燕國也。』皆無『南』字。

『潁川郡父城。』《左氏・僖廿四年》傳杜預注云：『應國在襄城城父縣西。』《昭十九年》傳注云：『城父，今襄城城父縣。』《説文》云：『滶水出南陽魯陽，入城父。』《史記・留侯世家》、《伍子胥列傳》、《王翦列傳》索隱俱引作『城父』。《元和郡縣志》云：『城父故城在郟城縣東南四十里，故殷時應國也。後人因沛郡有城父，嫌與同名，乙作父城。』《後漢書・光武紀》、《馮異傳》，《續漢志》，《水經・滍水注》、《汝水注》俱作『父城』，當是後人從今本所改。

『汝南郡鮦陽』下：孟康曰：『鮦音紂。』明監本作『音紂紅反。』《左氏・襄四年》釋文云：『鮦，孟康音紂。』《後漢書・吴祐傳》、《陰興傳》李賢注俱云：『鮦音紂。』《高帝紀》師古曰：『地名爲射，自相假借，亦猶鮦陽音紂，蓮勺音酌。當時所呼，別有意義。』足證顔本止作『音紂』，無『紅反』二字。

『南陽郡堵陽』下：『莽曰陽城。』《水經・淯水注》作『赭陽』，引《地理志》曰：『縣有赭水，王莽曰陽城也。』今本『堵』當作『赭』，又脱『有赭水』三字。

『常山郡元氏』下：『沮水首受中丘西山窮泉谷，東至堂陽入黄河。』《説文》云：『泜水在常山。』《山海經》郭璞注云：『今泜水出中丘縣西窮泉谷，東注于堂陽縣。入于漳水。』《文選》注引《漢書》：『恒山郡元氏縣有泜水，首受中丘西山窮泉谷，入黄河。』今本作『沮水』，誤也。

『會稽郡山陰』下：『會稽山在南，上有禹冢、禹井。』《史記・夏本紀》集解引作：『山上有禹井、禹祠。』《周禮・職方氏》疏引作：『山上有禹井。』《續漢志》作『禹冢』。禹井即禹冢也，後人多聞冢，寡聞井，因改禹井作禹冢，後并『禹祠』二字删之，作『禹冢、禹井』，非也。

『越巂郡姑復』下：『臨池澤在南。』《續漢志》『姑復』，注引《地道記》：『鹽池澤在南。』『青蛉』下：『臨池澤在北。』《續漢志》注引《華陽國志》曰：『有鹽官，濮水出。』『臨』皆『鹽』字之譌。

『牂柯郡夜郎』下：『豚水。』《後漢書·夜郎傳》：『有女子浣于遯水。』李賢注引《前志》作『遯水』。『豚』即『遯』字之省。

『句町』下：『又有盧唯水。』《三國志·諸葛亮傳》：『五月渡瀘。』裴松之注引作『瀘惟水』，然則『盧』當作『瀘』，古字通用也。

『代郡狋氏』下孟康曰：『狋音權。氏音精。』《説文》云：『狋，犬怒也。从犬示聲。代郡有狋氏縣。又讀若銀。』『權精』二字本狋字反切，傳寫者誤分爲二，其音遂不可曉。

『遼東郡番汗』下：『沛水出塞外，西南入海。』汲古閣本依宋本下有『應劭曰汗水出塞外西南入海』十二字注。引應劭曰者，是釋番汗命縣之義。師古曰：『沛音普蓋反，汗音寒。』汗字作音在沛字下，顏本當有此十二字，明監本删之。汪文盛、歐陽鐸兩本又以『應邵曰』三字補在『沛水』上，皆非是。

『交趾郡龍編。』《水經·葉榆水注》云：『又東逕龍淵縣故城南。建安二十三年立州之始，蛟龍蟠編于南北二津，故改龍淵，以龍編爲名。』據此，建安以前當名『龍淵』，非『龍編』也。師古曰：『編音鞭。』疑因避唐諱而改。

『膠東國下密』下：『有三台山。』明監本作『三石山』。《水經·濰水注》引作『三户山』。《郊祀志》：『祠三户山於下密。』《魏書·地形志》：『長廣郡即墨，有三户山。』『三台』、『三石』皆『三户』之譌。嘉慶甲子十月八日。

漢志水道考證序

夫天下之至變者莫如水。或千百年而變，或數十年而變，或一、二年而變。觀其趨決无常，遷徙不定，載籍所陳，靡得而盡也。然其中名號雖殊，源流本一。學者加以考證，則古今不變之經，改易之跡，猶可如指掌焉。

自古言水道者，《山海經》荒邈難稽，外此最詳者莫如《禹貢》，其次則有《漢書·地理志》。嗣後《水經》有作，酈氏有注。加以應劭、闞駰、杜預、郭璞之徒，參稽引證，厥名猶詳。至宋元以後，世競新名，舊蹟漸廢，而班氏之所記始微。故以《漢志》上考《禹貢》諸水，《禹貢》河入海在碣石，《志》則改從章武；《禹貢》江入海在中江，《志》則改從北江；《禹貢》嶓冢導漾，東流爲漢，《志》則有西漢東漢之分；《禹貢》導黑水至于三危，《志》則僅記黑水祠于滇池而不詳其所出。蓋以《志》上距《禹貢》已歷二千餘年，其所言乖異，宜無怪其然也。

《水經》撰于和、順以後，去《志》未遠。淇水至黎陽入河而止，《水經》則自内黄以下盡目淇流；沮水與沔水互通，《水經》即以東狼谷爲沔水所出；汝水出定陵，《水經》謂在梁縣；泲水至乘氏爲泗水，《水經》則通名之曰濟。它如易湖漢爲贛水，改鬱水爲温水，河東則詳澮、涑，九江則出肥、施，枝分派别，不可悉舉。降而下之，則又無論矣。

班氏身爲蘭臺令史，得見天下圖籍。故其所記，約而能該，詳而有法。東京大儒如許君撰《説文解字》，鄭君注《尚書》《周禮》，所引地説，多與志同。則其書之精審不苟，取重後世，有自來已。頤煊劉覽有年，因取班氏所記，可名者三百六十一，無名者一百三十一，隨其所入，條分縷繫。又復錯舉古書，證其同異，别爲四卷。首記北方諸水，次記東南諸水，次記西南諸水，末仿《水經》之例，記以池澤所在。俾學者窮源竟委，觸目可知。用以推當時之古道，息衆論之紛爭。則區區之述，亦未必無補于來哲云爾。嘉慶甲子十二月八日書于藁城官舍。

吴王濞封會稽三郡考

《漢書·高帝紀》云：『六年春，以故東陽郡、鄣郡、吴郡五十三縣立劉賈爲荆王。十二年十月，詔曰：吴，古之建國〔四〕，日者荊王兼有其地，今死無後。朕欲復立吴王。』長沙王臣等請立沛侯爲吴王。《吴王濞傳》云：『荆王劉賈爲黥布所殺。上患吴會稽輕悍，無壯王填之，乃立濞爲吴王，王三郡五十三城。』師古謂吴王濞所封三郡即荆王劉賈三郡，然以吴王濞本傳考之，有吴，有會稽，有豫章，而無東陽與鄣。是時東陽已廢，楚漢初年，會稽郡治吴故國，别有吴郡，疑治在廣陵。故《灌嬰傳》云：『下東城、歷陽。度江破吴郡長吴下，得吴守，遂定吴、會稽、豫章郡[五]。』既有會稽，復有吴郡。劉賈爲荆王，會稽與吴并爲一，故東陽、鄣、吴爲三郡。濞爲吴王，吴與會稽分爲二，後又得豫章，并鄣爲四郡。故《伍被傳》云：『吴王王四郡之衆，地方數千里。』《五行志》云：『吴王封有四郡五十餘城。』濞本傳言王三郡者，據其始封而言也。徐廣曰：『荆王劉賈都吴，吴王移廣陵。』故濞傳云：『及削吴會稽、豫章書至，吴王悉其士卒，孝景前三年正月甲子，初起兵於廣陵。』廣陵即吴郡治。其時濞未削者尚有吴、鄣二郡。及吴王敗後，廣陵改爲江都。《地理志》『廣陵國』下注云：『高帝六年屬荆。十一年更屬吴。景帝四年更名江都。』廣陵縣注云：『江都易王非、廣陵厲王胥皆都此，并得鄣郡，而不得吴。』當時廣陵國治江都而不治廣陵，廣陵爲吴、鄣共界地，明二王得鄣地而不得吴地也。濞本傳云：『吴有豫章郡銅山。』韋昭曰：『此有「豫」字誤也。但當言章郡。』如昭所言，則豫章郡不在封中。吴王所得止吴、鄣、會稽三郡，與濞本傳及《伍被傳》、《五行志》『四郡』之言不合，其説非也。

禹都陽城續考

頤煊既作《禹都陽城考》，或據皇甫謐，謂禹始都陽城，後乃遷于晋陽，其説非也。《史記·封禪書》：『昔三代之君皆在河、洛之間。故嵩高爲中嶽，而四嶽各如其方。』《國語》云：『昔伊、洛竭而夏亡，河竭而商亡。』韋昭曰：『禹都陽城，伊、洛爲近。』《漢書音義》：臣瓚曰：

『吴起對魏武侯曰：「昔夏桀之居左河濟、右太華，伊闕在其南，羊腸在其北，河南城爲值之。」』又《周書・度邑篇》：『曰武王問太公曰：「吾將因有夏之居，南望過于三塗，北望瞻于有河。」』『有夏之居』即河南是也。是終夏代之君未嘗居河北也。《漢書・地理志》『太原郡晉陽』云：『故《詩》唐國。』不言禹都所在。《左氏傳》引《夏書》曰：『惟彼陶唐，有此冀方。今失其道。乃滅而亡。』案《穀梁傳》云：『鄭，同姓之國也，在乎冀州。』《淮南子》云：『正中冀州曰中土。』又云：『少室、太室在冀州。』少室即嵩山，在潁川郡密高，與陽城相近。是則《夏書》所云『冀方』，即指陽城而言，後人誤以爲《禹貢》冀州。故皇甫謐云：『禹受舜禪，都平陽，或于安邑，或于晉陽。』皆懸揣其詞，而不能定其實。禹都在河南，不在河北。馬、班之説不可易也。《漢志》於『陽城』下不言禹都，『陽翟』云：『夏禹國國都。』本可通稱，或傳寫之譌，故應邵即注云：『夏禹都也。』《續漢志》亦云：『陽翟，禹所都。』陽城在嵩山之南今河南登封縣，陽翟今在開封府禹州，其地相距止七十餘里。《漢志》『陽城』下不言者，明其地今在陽翟也。《禮記・緇衣》：『惟尹躬先見于西邑夏。』鄭君注：『夏之邑在亳西。』孔冲遠《正義》曰：『《世本》及《汲冢古文》並云禹都陽城正在亳西。』亳，今偃師縣，與陽翟相近。陽翟本潁川郡治。《史記・貨殖列傳》云：『潁川、南陽，夏人之居也。夏人政尚忠朴，猶有先王之遺風。』《漢志》云：『潁川、南陽本夏禹之國。夏人上忠，其俗鄙朴。』是禹都陽城，漢魏人並無異説，至皇甫謐而始疑之。《括地志》云：『禹居洛州陽城者，避商均，非時久居也〔六〕。』《水經・潁水注》云：『陽翟，夏禹始封於此，爲夏國。徐廣曰：『夏居河南，初在陽城。後居陽翟。』皆不免望文生義，其説寧足信乎？

宅　記

余家在台州府城大營巷，乃宋朝壯指揮營故址，見《嘉定赤城志》。宋城内五營，壯指揮居其一。與州營巷相連，故又稱大營。俗譌爲康熙十三年討耿逆屯兵之所，非也。府城著姓甚寡。余家自高王父遷居于此。前臨大營巷，後抵實城巷。左隣東門城根直街，右隣嘉爵橋直街。方圍之内，聚族而居，皆由大門出入。國初時，馮、洪、何、葉稱四大姓，今馮、葉所居已鞠爲茂草，何亦僅數人存，唯余家科名未替。故數台州之著姓，必以余家爲最。自大門而入，分東、西邊。東邊同曾祖伯叔兄弟所居，西邊同高祖伯叔兄弟所居。東、西邊風氣各異。凡得科第者俱住東邊。

大門題榀曰『司農大夫』，高王父官户部時所署。大門内轉東石臺門而入，有横街。街北大門内爲敬業堂，四明仇滄柱兆鼇所書。大廳七間，廳之左爲一嘯軒，念劬伯父所居。庭前有石壇，種牡丹一本，旁有紅茶花，諸伯叔少時皆讀書于此。廳之右爲静光樓，孟昭伯兄所建。中有白茶花，廳進有正樓七間，又進小樓五間，爲四拙齋，懋謙伯父所居。花石楚楚，頗見結構。庭前素心蘭數盆，奇香撲鼻，辛亥夏伯父從粤西官舍攜歸者。齋之右爲櫟園，園之南有最樂軒。

横街之東有檜樹，老幹青葱，曾王父所手植。家大人嘗詠檜樹詩云：『離奇詰屈飽霜雪，與汝共見雍正年。』想見其古。檜樹之旁有園，舊有芭蕉大冬青樹，蒲桃蔓其上，夏月過之忘暑。乾隆甲辰秋爲大風所拔。

由檜樹折而北有長衖。中有小樓三間，余家惟此樓最古。相傳高王父遷居大營已先有此樓。今爲達泉伯弟所居。

山檜樹轉東而北有長甬道，即余家保艾堂舊址。堂大樓七間前爲大廳，廳之旁有左右廂。左廂外有大槐樹，右廂外有海棠一株。廳舊爲曾王父宴客之所，乾隆丙子燬于火。

甬道北大門内爲傳經堂，余家所居也。大樓七間，兩旁樓各三間。左樓後有小天井，有水梔花一株。右樓外廂屋三間，爲半睫居，家大人居其中。窗外有大園，雜蒔菜甲瓜菓。有老桑數株，每當秋深，蕭瑟之聲可聽。傳經堂後爲鄂不館。嘉慶丁巳春，阮雲臺閣學視學至台，楄以贈余與㮶堂者。青浦王少寇昶作記，錢唐徐西澗鉽、朱謂卿壬繪爲圖。一時交游，俱有題詩。稍東爲緑杉居，有大杉庇蔭其間，亦百餘年物。園中巖石，家大人少時從王恒叔白鷗莊移歸。白鷗莊在東門外山宫，爲宋待制東巖堂舊址，亦足見此石之古矣。

甬道折而東有小臺門，内書樓三間，爲虚受齋，曾王父所居處也。庭前有小假山、方竹數叢、紅木樨二株，皆曾王父手植。齋後有紅茶花二株，又舊有牡丹、雀李、薔薇、玫瑰，余猶及見之。舊稱爲後花園，後爲琴山伯父所居。園之外有倉樓十餘間，樓側有梧桐、栢樹數株。

大門内轉西石臺門而入，亦有横街。街北大門内爲高王父所居正堂故址。相傳堂後有花園極大，康熙年間燬于火，其詳不可得聞矣。今僅横樓五間，樓之北有小軒，彤章叔父所居。樓之南有書齋五間，頗清曠，熊中伯兄所居。庭前植菊花數百本，每至九月花開時，諸昆季晨夕往還，觴詠其間，亦一時之樂也。

横街直進又有小石門。由小石門直進大門内，大廳七間爲分繡堂。宋時，余家文惠公适通判台州，嘗建分繡閣於添差通判廳，有記，見《嘉定赤城志》。因取以名堂。楄爲蕭山毛西河奇齡所書，字法奇古。與余所藏西河真蹟絶相類。堂之右有書樓三間，晰庭叔父所居。又北有小廳五間，廳前有羅漢松一株，皆曾王伯父劬存公舊居。

小石門稍折而北有大門，内大廳五間，瑞五伯父舊居。廳之後有大樓七間，配祇伯兄所居。

校勘記

〔一〕然非與　原作『然與非』，據《論語・衛靈公》乙正。

〔二〕禮古經者出於魯淹中及孔氏學七十篇文相似多三十九　據中華書局點校本《漢書・藝文志》校勘記引劉敞、楊樹達之説，『學七十』當作『與十七』，『與』屬下句。洪氏引文又於『多三十九』下脱『篇』字。

〔三〕此句中華書局點校本《後漢書》作劉劭補注。

〔四〕吴古之建國　『建國』下《漢書·高帝紀》有『也』字。

〔五〕遂定吴會稽豫章郡　『會稽豫章郡』，《漢書·灌嬰傳》作『豫章會稽郡』。

〔六〕避商均非時久居也　『非時』，原作『時非』，據《史記·五帝本紀》集解引《括地志》乙正。

筠軒文鈔卷六

忌日不祭議答淵如夫子

《禮記・王制》曰：『喪三年不祭，唯祭天地、社稷，爲越紼而行事。』《曾子問》曰：『大夫之祭，鼎俎既陳，籩豆既設，不得成禮，廢者幾？孔子曰：「三年之喪，齊衰，大功，皆廢。外喪自齊衰以下行也。士之所以異者，緦不祭，所祭於死者無服，則祭。」』《儀禮・喪服》傳曰：『有死于宫中者，則爲之三月不舉祭。』蓋古者吉凶不相干，吉凶相遇，喪爲重，祭爲輕。孔冲遠曰：『凡禮，卒哭而祔，練而禘于廟。』此爲新死者爲之，非常祭也。其常祭必待三年喪畢。春秋之時，未至三年而爲吉祭者皆非禮也。《曾子問》曰：『天子崩，未殯，五祀之祭不行；既殯而祭。自啟至于反哭，五祀之祭不行；已葬而祭。』云『既殯已葬而祭』者，明前此祭不行者，竟不設祭也。又曰：『當七廟五廟無虚主。虚主者，唯天子崩，諸侯薨。』明不祭，故廟可虚主。今許太恭人在殯，金恭人爲婦，揆以律文服在斬衰，非禮所謂外喪也。廿七日爲金恭人忌日，俗有設祭之禮。太先生主喪固無與，義孫齊衰以下，禮亦當停。《奔喪》曰：『凡喪：父在，父爲主。』《雜記》曰：『父有服，宫中子不與於樂。』祖父母同宫至尊之喪，非世父母、叔父母異門旁尊可比。或俟期年服除再申私薦，亦祖不厭孫、姑不厭婦之義也。其餘時祭可仿權制，卒哭而後行事。既無永闕之傷，亦合《禮經》之正。簏陳所見，不知審否？伏望裁定。嘉慶乙丑六月廿五日。

期喪在任行禮議答淵如夫子

《禮記·王制》：『喪三年不祭，唯祭天地、社稷爲越紼而行事。』鄭君注：『越紼行事，不敢以卑廢尊。』孔沖遠云：『私喪者是其卑，天地社稷是其尊。今雖遭私喪，既殯以後，若有天地社稷之祭，即行之。』故《曾子問》曰：『君薨，五祀之祭不行。既殯而祭之，自啟殯至于反哭，五祀之祭不行。』既葬而祭之。蓋古人居喪，唯不自祭其家廟，其餘外神皆不廢祀。今功令期功以下之服不去官，則凡主祭外神及參謁上官皆得改用吉服者，明上官尊，不敢以卑者之私喪廢禮也。然古禮吉服雖易，其弁絰與帶仍得依用喪制。《服問》曰：『凡見人無免絰，雖朝于君無免絰。唯公門有税齊衰。』《檀弓》亦曰：『士唯公門説齊衰。』可見古人居喪，至公門唯脱齊衰，未嘗去絰。絰重于帶，絰且不除，帶更可知。則凡不得已，改用吉服，並不與無服同也。《王制》：『齊衰之喪，三月不從政。』而《雜記》云『期之喪，卒哭而從政』者，《雜記》：『士三月而葬。是月也卒哭。大夫三月而葬，五月而卒哭。』是《王制》據士而言，《雜記》據大夫而言，故其月數有不同也。《喪大記》：『君既葬，王政入於國，既卒哭而服王事；大夫士既葬，公政入於家，既卒哭弁經帶金革之事，無辟也。』周制世官，無後世遷除調署之制，故卒哭後即當從政，明以國事爲重也。今七七已滿，許太恭人靈櫬遠歸就葬，雖未届古人五月之期，但帷堂已徹，即與卒哭無異。一切安葬禮儀聽至家鄉陳設，其在任參謁上官，接見寮屬，《大清會典》既無明文，傳曰：『君子不奪人之喪，亦不可奪喪。』今依《禮經》，酌時制：凡參謁上官，弁經既非所施，吉袍之上可繫帛帶，外穿補服，加以素珠；接見寮屬，吉袍之上繫以帛帶，可穿玄色素掛，不用補服素珠。其祭大神如參謁上官之儀，祭小祀如接見寮屬之儀。終事仍易喪服，似亦於今古無悖也。伏賜裁察爲幸。嘉慶乙丑七月十二日。

漢置五經博士考

《漢書·百官公卿表》：『博士，秦官。掌通古今，秩比六百石，員多至數十人。武帝建元五年，初置五經博士。宣帝黄龍元年，稍增員十二人。』《武帝紀》亦云：『建元五年，置五經博士。』其前無聞。唯《後漢書·翟酺傳》云：『孝文皇帝始置五經博士。』趙岐《孟子題辭》云：『孝文皇帝欲廣遊學之路，《論語》《孝經》《孟子》《爾雅》皆置博士。後罷傳記博士，獨立五經而已。』《儒林傳贊》云：武帝立五經博士，『初，《書》唯有歐陽，《禮》后，《易》楊，《春秋》公羊。』僅舉四經，而不及《詩》，以《詩》孝文時已立。《韓嬰傳》：『孝文時爲博士。』《轅固傳》：『孝景時爲博士。』《楚元王傳》：『聞申公爲《詩》最精，以爲博士。』三家之立，皆在武帝建元前。故《傳贊》中不復出也。《傳贊》又云：『孝宣世，復立大小夏侯《尚書》，大小戴《禮》，施、孟、梁丘《易》，《穀梁春秋》。至元帝世，復立京氏《易》。平帝時，又立《左氏春秋》、《毛詩》、逸《禮》、《古文尚書》。』《宣帝紀》云：『甘露三年，廼立梁丘《易》、大小夏侯《尚書》、《穀梁春秋》博士。』不言施、孟。《劉歆傳》云：『往者，博士《書》有歐陽，《春秋公羊》，《易》則施、孟。孝宣皇帝猶廣立《穀梁春秋》、梁丘《易》、大小夏侯《尚書》。』又無大小戴。其言皆與《傳贊》異。案：《施讎傳》：『梁丘賀爲少府，詔拜讎爲博士。』《百官表》：梁丘賀以宣帝神爵三年爲少府。《孟卿傳》：『小戴以博士論石渠。』其立皆當在甘露前。紀、傳不書者，畧也。宣帝立博士八，兼武帝四，故《百官表》云：『宣帝稍增員十二人。』《詩》齊、魯、韓三家不在數中。後《易》省楊何，故《藝文志》云：『漢興，迄于宣、元，有施、孟、梁丘、京氏列于學宫。』而不及楊。《左氏春秋》、《毛詩》、逸《禮》、《古文尚書》初立即廢，故《藝文志》皆云未列于學官，退附於所立諸家之後。《後漢書》：『光武中興，立五經博士，各以家法教授。《易》有施、孟、梁丘、京氏，《尚書》歐陽、大小夏侯，《詩》齊、魯、韓，《禮》大小戴，《春秋》嚴、顔，凡十四博士。』《禮》省后蒼，《春秋》省《穀梁》，又分《公羊》爲二，其餘皆西京之制也。

孟喜京房易皆古文辨

漢世治章句者爲今學，治訓故者爲古學。《漢書·孟喜傳》：『喜從田王孫受《易》。』《丁寬傳》：『寬至雒陽，從周王孫受古義。作《易説》三萬言，訓故舉大義而已。』寬授同郡碭田王孫，田王孫授施讎、孟喜、梁丘賀。喜所治本古文《易》，故許君《説文解字序》《易》偁孟氏爲古文也。秦燔書，《易》以卜筮獨存。故傳古文者皆言災異。《孟喜傳》：『喜從田王孫受《易》。喜好自稱譽，得易家候陰陽災變書，詐言師田生且死時枕喜膝獨傳喜。諸儒以此耀之。』《京房傳》：『受《易》梁人焦延壽。延壽云：嘗從孟喜問《易》。會喜死，房以爲延壽《易》即孟氏學。』《高相傳》：『治《易》與費公同時，其學亦亡章句，專説陰陽災異，自言出于丁將軍。』丁將軍者即寬也。故鄭君傳費氏《易》，其注《易》有爻辰、值爻之法，又復兼通圖緯並爲之注。蓋《易》古文之學本如是。當時章句之學，利禄所在，治之者衆。古文奥義難通，又不立於學官，治之者終漢世不過數人。故孟喜、京房所傳《易》，世皆極力詆之。孟喜稱得田生《易》，同門梁丘賀疏通證明之曰：『田生絶於施讎手中，時喜歸東海，安得此事？』京房稱延壽《易》即孟氏學，『翟牧、白生不肯，皆曰非也』。劉向亦以焦延壽獨得隱士之説託之孟氏，不與相同。班孟堅並載之傳中，蓋皆爲章句之學所眩矣。嘉慶乙丑十月五日。

鄒平伏生墓辨

漢伏生墓在今鄒平縣東北十八里。自《水經注》以迄唐宋元明皆無異説。近人撰《伏徵君墓考》，謂漢鄒平故城在今治西北四十里之孫家鎮，鎮西有寄駕塚，即伏生墓。其説非是。

案：《水經注》云：『漯水東北逕東朝陽故城南，《宋書・州郡志》：『前漢曰朝陽，後漢曰東朝陽。』又東逕漢徵君伏生墓南，又東逕鄒平縣故城北。《太平寰宇記》云：『臨濟縣《後漢・郡國志》：『樂安國，臨濟縣，本狄，安帝更名。』《史記正義》云：『故城在高苑縣西北二里。』《寰宇記》：『臨濟縣，齊州東北一百二十里。』朝陽城，漢縣名也，今縣東四十里。《後漢書・耿弇傳》李賢注云：『朝陽城在今濟州臨濟縣東。』伏生冢在縣朝陽故城東五里。』學者欲明伏墓，必先知朝陽、鄒平兩故城所在，方可定其道里。

案：于欽《齊乘》云：『朝陽城，漢初封華寄爲侯國。高齊廢，入章丘。《寰宇記》：『章丘縣，齊州西北一百二十里。』隋復置，改曰臨濟。《元和郡縣志》：『臨濟縣，開皇三年移朝陽縣理于此。十六年改爲臨濟縣。』餘已見上。宋咸平四年復省入章丘，《宋史・地理志》：『咸平四年，廢臨濟縣。』以其地爲臨濟。』鎮古城在鎮東，據此則臨濟故城當在今章丘縣東北。伏墓去臨濟四十五里，今章丘縣至鄒平縣六十里，縣至伏墓十八里，則臨濟故城當在今章丘縣東北三十里間。朝陽故城又在臨濟故城東四十里也。《太平寰宇記》云：『鄒平本漢舊縣，晉永嘉之亂，其縣遂廢。後魏屬臨濟縣。《魏書・地形志》：『東平原郡，臨濟縣，有鄒平城。』高齊天保七年，自今長山縣界濟南故城，《寰宇記》：『長山縣，濟南故城，古郡城在今縣西北。』移平原縣於今理東南三十五里漢梁鄒故城《山東通志》：『梁鄒故城在今鄒平縣東十二里。』地屬焉。隋開皇三年，自梁鄒城移平原縣入鄒平城，今理是也。《寰宇記》：『鄒平縣，淄州西北一百二十里。』十八年改平原縣爲鄒平縣。』《宋史・地理志》云：『淄州鄒平縣，景德元年移治濟陽，廢縣。』《寰宇記》：『高苑縣，淄州北百一十里。廢濟陽縣，唐景龍元年析高苑置。在州北九十四里。』《元和郡縣志》：『濟陽縣本漢梁鄒縣也，即今鄒平縣治。』據此則今鄒平縣治非漢之鄒平縣，漢鄒平故城當在今鄒平縣東。《山東通志》：『鄒平故地在今鄒平縣東北境。』故《水經注》叙伏墓在朝陽之東，鄒平之西，其跡甚明。今鄒平縣東北之伏墓，即《太平寰宇記》所稱朝陽故城東之伏墓，特以縣治有遷改，各附相近言之，故所稱地名有不同耳。若以今鄒平縣西北四十里之孫家鎮當鄒平故城，以鎮西之寄駕塚當伏墓，前人俱無明文，臆定不可爲據。則伏墓在朝陽城之西，其差舛不可通矣。

近人又謂今伏墓在小清河南，是在濟水南，非漯水北，與《水經注》不合，其説亦誤。《漢書·地理志》：『濟水自滎陽至琅槐入海。』琅槐在今樂安縣東北一百里。『漯水自東武陽東北至千乘入海。』千乘在今高苑縣東北二十五里。據《水經注》：『濟水自東北逕華不注山，又東逕菅縣故城南，又東北逕高昌縣故城南，又東北逕樂安縣故城南，又東北至甲下邑南，東歷琅槐縣故城北，入海。漯水自東逕鄒平縣故城北，又東逕東鄒城北，又東北逕建信縣故城北，又東北逕千乘縣二城間，又東北亂河枝流而入于海。』漯水在鄒平故城北，濟水在鄒平故城南。《元和郡縣志》云：『鄒平縣，濟水南去縣三十五里。』《太平寰宇記》云：『鄒平縣，濟水西自臨濟縣界流入，南去縣三十五里，又北入高苑縣界。』今鄒平縣治爲宋初廢濟陽縣，《寰宇記》云：『以在濟水之北，故名縣。』此皆唐宋時濟水在鄒平縣南之確證。今從小清河宋元後之改流，反疑伏墓在濟水南，豈非誤乎？余懼後人以僞亂真，不辨伏墓所在，因作此以正之。

黄帝龍首經序

《龍首經》之名始見於晋葛洪《抱朴子・遐覽篇》。《隋書・經籍志》『五行類』有《黄帝龍首經》二卷。《顔氏家訓・雜藝篇》云：『吾嘗學六壬式，亦值世間好匠，聚得《龍首》《金匱》《玉軨》《玉燧》《玉曆》十許種書。』則此書之傳世久矣。尋書中所占諸術，第十法云：『功曹廷掾爲士官，外部吏及内不屬五曹者皆屬功曹。』第四十九法『占諸吏謀對計簿當見上官』，又云：『欲見王者，以天乙；諸侯，以太常；將軍，以勾陳；卿相二千石，以青龍；令長，以朱雀。』皆漢時官制。其第九法『占知臣吏心善惡』，《漢書・翼奉傳》所述曰〔二〕：『辰爲客，加時爲主人。辰正時邪，則客正主人邪；辰邪時正，則客邪主人正。』漢人本有此占法。此書在漢時爲民間日用之書，故至六朝猶行於世，唐宋以後傳寫始微。晁氏《郡齋讀書志》、陳氏《書録解題》皆未及見。此本上下二卷、占法七十二章，孫淵如觀察從道藏中録出，頤煊見而愛之，影鈔此册并爲校勘一過。

據蕭吉《五行大義》第四篇引《龍首經》『子齊青州丑吴越揚州』一條，宋許洞《虎鈐經・戰位篇》引《龍首經》『將欲出兵初以木日聞事』一條、『諸欲陳兵必伺向白虎』一條、《占兵已交勝負篇》引《龍首經》『先起爲客後起爲主』一條，今本皆無此文。疑傳寫尚有殘闕。又『午爲勝先』，今世流俗書本皆作『勝光』，據《五行大義》第二十篇云：『午勝先者，陽氣大威，陰氣時動，惟陽在先爲勝也。』足正俗本『光』字之譌。他時倘得付諸剞劂，流通于世，以視靈棊、九宫諸術，其得失勝負不知又當何如也。嘉慶十年太歲乙丑月將在午日辰丙申加時在酉，臨海洪頤煊書于德州節署之平津館。

牟子序

《隋書·經籍志》：『《牟子》二卷，後漢太尉牟融撰。』新、舊《唐志》同。梁僧祐《弘明集》有漢牟融《理惑論》三十七篇，前有《自序》云：『一名《牟子理惑》。』劉孝標《世説新語注》、李善《文選注》、《太平御覽》諸書引《牟子》數條，雖字句異同，皆在《理惑論》三十七篇中。知隋、唐《志》所載《牟子》即是書也。《後漢書·牟融傳》：『融代趙憙爲太尉，建初四年薨。』是書《自序》云：『靈帝崩後天下擾亂』，則相距已百餘年。《牟子》非融作明矣。《弘明集》題下注云：『一云蒼梧太守牟子博傳。』子博之名不見于史，據《自序》云：『先是，牟子將母避世交阯，年三十六，歸蒼梧娶妻。太守聞其守學，謁請署吏，不就。』是牟子本蒼梧人，未嘗爲蒼梧太守。《自序》又云：『是時州郡相疑，隔塞不通。太守以其博學多識，使致敬荊州。會被州牧優文處士辟之，復稱疾不起。』又云：『牧弟爲豫章太守，爲笮融所殺。時牧遣騎都尉劉彦將兵赴之。遂不果行。久之退念，以辨達之故輒見使命。方世擾攘，非顯己之秋。』疑牟子避亂交州，未嘗居官。《弘明集》作『蒼梧太守牟子博』，豈從其後而署之耶？抑別有其人耶？是書雖崇信佛道，尚不悖於聖賢之旨，故《隋志》列于儒家。吾師淵如觀察愛其爲漢魏舊帙，録出別行，屬頤煊考校其事，因識其始末於卷首。仍題曰『漢太尉牟融撰』者，因隋、唐之舊，亦疑以傳疑之意云爾。

書鄭志後

《隋書·經籍志》：『《鄭志》十一卷，魏侍中鄭小同撰。』『《鄭記》六卷，鄭玄弟子撰。』《後漢書》玄本傳：『門生相與撰玄答諸弟子問五經，依《論語》作《鄭志》八篇。』而無《鄭記》，其言與《隋志》異。《鄭記》，《崇文總目》已不著録。《鄭志》今世所傳，尚有三卷。此本爲偃師武虚谷億所校，復撰《補遺》一卷。其中有誤采者，臨碩即臨孝存，鄭君《答臨孝存周禮難》，據本傳本別爲書。《孔融傳》：『融爲北海相，薦舉賢良鄭玄、彭璆、邴原等。郡人甄子然、臨孝存，知名早卒，融恨不及見之。』是臨爲鄭君同輩，未必在弟子之列。《孝經正義》：『鄭君卒後，其弟子追論師所著述及應對，時人謂之《鄭志》。鄭之弟子分證門徒，各述所言，更爲問答，編録其語，謂之《鄭記》。』今書中有鄭君答弟子語，亦有弟子自相答問，當屬《鄭記》之文。劉昭《續漢志補注》引《鄭志》有『小泰山』，據《漢書·郊祀志》，是鄭氏注，非《鄭志》也。

鄭君弟子：河内趙商見《後漢書》本傳，《太平御覽》引鄭玄《自序》：『趙商字子聲，河内温人。博學有秀才，能講難，而吃不能劇談。』又引《抱朴子》：『趙子聲《書詣鄭康成學》曰：「夫學之於人，猶土地之山川也，珍寶於是乎出；猶樹木之有枝葉，木根於是乎庇也。」』又引《鄭玄别傳》：『故尚書左丞同縣張逸，年十三爲縣小史。君謂之曰：「爾有贊道之質。玉雖美，須雕琢而成器。能爲書生以成爾志不？」對曰：「願之。」乃遂拔於其輩，妻以弟女。』劉德，北海人，注《漢書》，見顔師古《叙例》。田瓊，魏博士，見杜氏《通典》。其餘如劉炎、炅模、孫皓、冷剛、任厥、氾閣、陳鏗、陳鑠、崇精、崇翱、鮑遺、王權、桓翱、焦喬、王瓚，皆無可攷證。而《後漢書》本傳：門人山陽郗慮、東萊王基、清河崔琰、樂安國淵、任嘏，以及馬昭、孫炎之徒，又皆不在《鄭志》中，則知其弟子之不及著録者多矣。

子路死衛孔悝之難論

子路死衛孔悝之難，《史記》《左氏傳》俱載其事。或疑子路之死爲孔悝，其死爲傷勇者，非也。《史記》云：『方孔悝作亂，子路在外聞之而馳往。遇子羔出衛城門，謂子路曰：「出公去矣，而門已閉。子可還矣，毋空受其禍。」』子路之聞而馳往者，爲出公，非爲孔悝也。子路曰：『食其食者，不避其難。』『食其食者』謂食出公之禄。古者邑宰皆受禄於公家，非大夫之私屬也。故『城門開，子路隨而入，造蕢聵，蕢聵與孔悝登臺。子路曰：「君焉用孔悝？請得而殺之！」』是時孔悝爲蕢聵所劫，其徒襲攻出公，君臣之分已絶，子路直以亂賊視之，故必得而甘心焉。《左氏傳》云：『太子焉用孔悝？雖殺之，必或繼之。』言雖殺出公，必有繼而起者，非謂己必繼孔悝而爲難也。出公據國拒父，其罪固不容誅。若以君臣之義而論，子路唯知有出公而已。子羔曰：『弗及，不踐其難。』邑宰位卑，政弗及己，其義固可不死。子路曰：『求利焉而逃其難，由不然。利其禄必救其患。』此則子路之素志也。故子羔之不死，非貪生；子路之死，非傷勇。《鹽鐵論·殊路篇》：『子路仕衛，孔悝作亂，不能救君出亡，身葅於衛。』尤足證子路之死爲出公非爲孔悝。宋人以子路之死爲傷勇者，毋乃非實録與？嘉慶丙寅三月二十六日。

先府君行狀

府君姓洪氏，諱枰，字世持，號平木，晚年號雪蘊，台之臨海縣人。洪氏南宋時自鄱陽分支，居縣西鄉下塘園。至國朝始遷居府城大營巷。高祖諱若皋，順治戊子舉人，乙未進士。歷官户部湖廣司郎中，擢授福建福寧道按察使僉事。曾祖諱熙揆，廩貢生，鎮海縣學訓導，事蹟俱見省縣志。祖諱承濂，郡庠生，以府君官贈修職郎。祖妣周太孺人早殁，繼配鄭太孺人，生子二、女一。長伯父諱杺，廩貢生，歷署樂清、臨安縣學教諭。次即府君。

府君甫二齡，先王父棄世，鄭太孺人煢煢嫠居。府君幼多病，時家方鼎盛，伯叔中或有欺以孤寡者，鄭太孺人青燈獨夜對府君而泣，府君亦泣。府君性穎悟，既長，善屬文。乾隆壬申，補弟子員，每試輒冠軍。鄭太孺人曰：『台州僻處海濱，見聞有限。吾聞天台齊息園宗伯，海內大儒也。主講杭州敷文書院，汝兄弟盍往師之？』府君遂偕伯父從宗伯游，前後凡七年。宗伯嘗題府君《採芝招鶴圖》云：『予主講松岡，諸生來請益者率以舉業，次則以古文詞，能以古聖賢爲己之學者，惟生一人而已。』

乙酉，府君以選拔貢成均，出武進錢文敏公維城之門。丙戌入都，朝考取二等第七名，引見以教職用。戊子，選授新昌縣學訓導。新昌與台接壤，板輿迎養。庚寅二月初八日，鄭太孺人六衮壽辰，有司先以節孝請旌，奉旨給帑建坊，部文適以前一日至。又恭遇萬壽覃恩封典，門下士稱觴者三百餘人，咸以爲榮。府君天性孝友，既之官，悉以舊宅推讓伯父。族中兄弟有以匱乏來告者，無不周給。每歲命諸姪至署讀書。從兄復煊，甲午舉於鄉，官廣西平南縣知縣；鼎煊丁酉以選拔貢成均，官龍泉縣學教諭；最後從弟蒙煊，戊申副榜，官廣東廣寧縣知縣，皆府君所造就也。府君講析名理，詞旨不窮，凡有求以詩古文者，操筆立就。自晨至暮，賓客門弟子闐滿。新昌文廟就圮，府君率俸修之。衙齋廢壞，詳請建造，以及諸生月課、朔望鄉約，無不具舉。學使王文端公杰、方伯徐公恕、中丞李公質穎先後爭欲舉薦府君，皆以母老辭。

庚子春，高宗純皇帝南巡浙江，府君奉委率領廢員迎鑾，奉旨賞緞二疋。府君即以是年秋舉於鄉。癸卯正月，丁鄭太孺人憂。乙巳服闋，署安吉縣學教諭。戊申冬，補授嘉善縣學教諭。嘉善故劇邑，每歲完漕糧時，衿士與縣官持短長，有四旗八總之謠。府君至，專以文藝課士，凡諸生以訟訴者，必爲之反復勸釋。或有受屈抑者，再三上請，得解乃已。在嘉善五年，人咸懷府君之賢。

先是，不孝坤煊姿質過人，能爲詩、古文。府君鍾愛甚。丁未，居先妣鄭孺人憂，今大興朱相國前視學至台，訪得之。己酉，以選拔貢成均。壬子，舉北闈。發榜十餘日，暴歿於京邸。府君哭之慟，自此意緒不寧，又值上官某涖任，鴟張甚，府君愈不樂，遂於是冬棄官歸。府君自少去家，鄉中諸老徂謝，府君向不諳家人生産以及世俗鄙瑣，時又值宵小交乘，家難累作，而府君處之怡如也。暇則爲山水之游，酌酒賦詩，流連竟日。閒有來問字者，亦復從容應之。丁巳，阮雲臺閣學視學至台，不孝頤煊、震煊以治經受知。庚申，閣學以少司農撫浙，建詁經精舍。不孝頤煊、震煊來往武林，與海内通儒學士捧手定交。府君嘗謂不孝等曰：『夫文詞者，枝葉；德行者，本根。未有本根不實而枝葉能茂者也。毋以小善忘大業，亦毋以虚聲隳實行。汝兄弟其勉之！』府君性好吟詠，嘗與茹古香庶子，邵瑶圃，戴東山太史，曹仲梅，倪韭山廣文倡和，然不欲以詩自鳴。新昌蘇明府解餉回任，邑中父老有綵帳之迎，府君題語云：『三春花雨重携鶴，百里笙歌早入雲。』袁簡齋先生見之大相擊，節録入《隨園詩話》，不知其爲府君作也。尤嗜書畫，鑒賞無豪髮差。家中藏書皆府君節俸所得，或典衣買之。晚年兼好形家言，所著有《雪薑詩鈔》六卷，藏于家。

府君以乙丑閏六月初六日寅時終于正寢，距生於雍正甲寅九月十四日寅時，享年七十有二。配先妣鄭孺人，貴州貴陽營參將諱有得公女，沈靜寡言，事節姑以孝聞。乾隆丁未正月初六日辰時棄世，詳見不孝坤煊哀誌。子六人：長不孝師煊，國學生，嘉慶辛酉二月初五日殁，娶朱氏；次不孝坤煊，乾隆己酉拔貢，壬子順天舉人，壬子九月廿二日殁，娶沈氏；次不孝頤煊，嘉慶辛酉拔貢，娶葉氏；次不孝革煊，候選從九品，娶傅氏；次不孝震煊，台州府學優廪生，娶沈氏，繼娶陳氏；次不孝坎煊，臨海縣學增生，娶趙氏。女二人：長適國學生金鼎元，次適邑庠生許瑛。孫十三人：長瞻圻，臨海縣學增生，娶黄氏；次瞻垣，娶李氏；瞻壇、瞻堉，俱不孝師煊生，不孝坤煊無子，以瞻壇承嗣；瞻墉，聘朱氏，不孝頤煊生；瞻臺、瞻陛，俱不孝革煊生；瞻堪、瞻坫、瞻塾、瞻壝，俱不孝震煊生；瞻壁、瞻墐，俱不孝坎煊生。孫女十二人：長適謝如安，次適朱復占，次適高鳳岐，俱不孝師煊生；次字邑庠生何映潢，不孝坤煊生；次字傅玉瑞，不孝革煊生；餘一不孝師煊生，一不孝坤煊生，一不孝頤煊生，二不孝革煊生，一不孝震煊生，一不孝坎煊生，俱未字。曾孫二人：用錫、賡錫，俱瞻垣生。嘉慶丙寅正月初四日未時，奉府君合葬先妣鄭孺人於臨海縣西鄉二十五里金竹山之原，不孝頤煊謹狀。

校勘記

〔一〕漢書翼奉傳所述曰　『曰』，原作『日』。案《漢書·翼奉傳》：『師法用辰不用日。辰爲客，時爲主人。』顏師古以下均於『日』下斷句。疑洪頤煊誤以『日』字屬下句，今改正。

筠軒文鈔卷七

諸葛亮論

或問于予曰：諸葛亮何如人也？予曰：相才也。陳壽謂亮『應變將略，非其所長』，其言信歟？予曰：壽之言是也。夫相有相才，將有將才，二者恒不能相爲用也。陳壽評諸葛亮之爲相國也，曰：『撫百姓，示儀軌，約官職，從權制，開誠心，布公道，善無微而不賞，惡無纖而不貶。』樊建之對晋武帝也，曰：『聞惡必改而不矜過，賞罰之信足感神明。』此皆相才也。若以之爲將則不然。司馬宣王《與弟孚書》云：『亮志大而不見機，多謀而少決，好兵而無權。雖提卒百萬，已墮吾畫中。』此出師隴右之不能成功也。劉先主知馬謖言過其實，不可大用，亮不以爲然，以謖爲參軍，卒至街亭之敗。此先主所以能用關、張，而亮之不能用魏延、吴壹也。楊子昭諫亮曰『爲治有體，上下不可相侵，請爲明公以作家譬之』云云。蜀使對司馬宣王曰：『諸葛公夙興夜寐，罰二十以上皆親擥焉。所噉食不至數升。』宣王曰：『亮將死矣。』此亦用違其才之效也。晋初，扶風王駿鎮關中，司馬高平劉寶、長史滎陽桓隰、諸官屬士大夫共論諸葛亮，于時譚者多譏亮託身非所，勞困蜀民，力小謀大，不能度德量力。張儼作《默記》曰：『諸葛丞相誠有匡佐之才，然處孤絶之地，戰士不滿五萬，自可閉關守險，君臣無事。空勞師旅，無歲不征，未能進咫尺之地，開帝王之基，而使國内受其荒殘，西土苦其役調。』後魏崔浩論亮曰：『夫亮之相備，英雄奮發之時，君臣相得，魚水爲喻。而不能與曹氏爭天下，委棄荆州，退入巴蜀。守窮崎嶇之地，僭號邊夷之間，此策之下者。且亮既據蜀，弗量力，嚴威切法，控勒蜀人。欲以邊夷之衆抗衡上國。出兵隴右，再攻岐山，一攻陳倉，踈遲失會，摧衄而反〔二〕。後入秦川，更求野戰。魏人知其意，以不戰屈之。智窮勢盡，發病而死。由是言之，豈合古之善將見可知難者乎？』予故曰：諸葛亮相才，非將才也。

介者蓌拜釋

《禮記·曲禮》：『介者不拜，爲其拜而蓌拜。』鄭君注云：『蓌則失容節，蓌猶詐也。』孔冲遠《正義》云：『「爲其拜而蓌拜」者，解所以不拜。蓌，挫也。戎容暨暨，著甲而屈拜，則挫損其戎威之容也。一云蓌，詐也，言著鎧而拜，形儀不足，似詐也。虚作矯蓌，則失容節，是蓌猶詐也。』

頤煊案：此二説皆未明經注『蓌』字之義而并失其讀也。介者不拜，此軍中之常禮。《少儀》：『介者不拜。』鄭君注云：『軍中之拜肅拜。』鄭司農云：『肅拜，但俯下手，今時撎是也。』〔一〕《左氏·成十六年》傳：『郤至曰：「間蒙甲冑，不敢拜命，爲事之故，敢肅使者。」三肅使者而退。』是即介者不拜之證也。爲其拜而蔆拜者，言若有事而拜，則當爲蔆拜。《説文》無『蔆』字。陸德明《音義》云：『「蔆」，盧本作「蹲」。』《史記集解》：徐廣曰：『古「蹲」字作「踆」，通作「逡」，又作「駿」。』《爾雅》云：『駿，速也。』蔆拜者，言軍中不暇爲容節，故其拜，以速爲敬也。《曲禮》：『是以君子恭敬撙節，退讓以明禮。』鄭注：『撙，猶趨也。』撙與蹲，同亦取疾速爲敬。軍中唯見君而後有拜。《曲禮》云：『大夫士見於國君，君若勞之，則還辟，再拜，稽首。』陸德明《音義》云：『還辟，逡巡也。』《公羊·成二年》傳：『師還齊侯，晋郤克投戟逡巡，再拜稽首馬前。』曰還辟，曰逡巡，皆所謂蔆拜也。鄭訓『蔆猶詐』者，《公羊·僖三十三年》傳：『詐戰不日。』何休云：『詐，卒也。齊人語。』言軍中倉卒，而爲拜不暇爲禮容，故注云『蔆則失容節』也。孔冲遠《正義》誤以經文『蔆』字爲挫損之『挫』，注中『詐』字爲欺詐之『詐』，又以『爲其拜而蔆拜』爲申釋上句『介者不拜』之文，故兩解而皆失其義也。

圈豚行釋

《禮記·玉藻》：『圈豚行不舉足，齊如流。』鄭君注云：『圈，轉也。豚之言若有所循。』孔冲遠《正義》云：『「圈豚行」者，此釋上「徐趨」之形也。圈，轉也。豚，豬也。言徐趨法曳轉足，循地而行也。』

頤煊案：《正義》訓『豚』爲豬，非惟不識『豚』字之義，添此一句與上下文義不相貫，非注意也。『豚』爲『遯』字之省。《周易·中孚》：『豚魚吉。』陸德明《音義》云：『「豚」，黄作「遯」。』《太玄·薑》：『次三，豚其埻。』范望注云：『豚，遯也。』遯與遁、循、巡、徇字異而音義並同。《說文》云：『循，順行也。』圈之爲言圜也。蓋古人徐趨之法，以循行圜轉爲敬。圜轉則行疾，行疾故不舉足而齊如流也。《玉藻》云：『周還中規，折還中矩。』疾趨地寬，折而曲行，故可中矩。徐趨地狹，反行不能成方，故當中規。規者，圜也。故曰『逡循』、曰『還辟』、曰『周還』，皆謂循地而圜轉也。《管子·樞言篇》：『沌沌乎博而圜，豚豚乎莫得其門。』『豚豚』猶『循循』也。鄭君注以『循』釋『豚』，以轉釋圜。『圈豚行』者，言循地而圜轉，以速爲敬。故云：『不舉足，曳踵則衣之齊如水之流也。』注又云：『孔子執圭則然。』《論語》：『足蹜蹜，如有循。』『循』與『豚』通，即所謂圈豚行也。此皆『豚』字之古義。若訓『豚』爲豬，則失之遠矣。

春秋戰國大河考

春秋時唯晋居河内，三面距河。衛初都朝歌，屬河内，及狄人之亂遷居楚丘，後又遷帝丘，皆在河南。《左氏傳·僖二十四年》：『秦伯納公子重耳，濟河，圍令狐，入桑泉，取臼衰。』《文三年》：『秦伯伐晋，濟河，焚舟，取王官及郊。晋人不出，遂自茅津濟，封殽尸而還。』《成十一年》：『秦晋爲成，將會于令狐。晋侯先至，秦伯不肯涉河，次于王城。使史顆盟晋侯于河東，晋郤犨盟秦伯于河西。』此晋與秦隣之河也。

《僖二十五年》：『秦伯師于河上，將納王。晉侯辭王而下。三月甲辰，次于陽樊。』《襄十年》：『王叔陳生與伯輿爭政。王叔陳生怒，出奔及河。』杜預注云：『欲奔晉。』《昭二十四年》：『王子朝用成周之寶珪于河。甲戌，津人得諸河上。』此晉與周隣之河也。

《閔二年》：『鄭人惡高克，使帥師次于河上。』《宣十二年》：『晉師救鄭。及河，聞鄭既及楚平，桓子欲還，彘子不可，師遂濟。楚子北師次于郔，子反將右，將飲馬于河而歸，聞晉師既濟，次于管以待之。晉師在敖鄗之間。』《襄三十年》：『游吉如晉〔三〕，駟帶追之，及酸棗。與子上盟，用兩珪質于河。』《昭十年》：『晉平公卒。鄭伯如晉，及河。晉人辭之。』此晉與鄭隣之河也。

《閔二年》：『狄入衛。宋桓公逆諸河。宵濟，立戴公以廬于曹。』《成十五年》：『華元出奔。晉魚石自止華元于河上。』此晉與宋隣之河也。

《襄二十七年》：『衛侯之弟鱄奔晉。公使止之，不可。及河，又使止之。止使者而盟于河。』定十三年，齊侯、衛侯次于垂葭，實郥氏。使師伐晉，將濟河。邴意茲曰：『可。銳師伐河内，傳必數日而後及絳。絳不三月，不能出河。』《哀十六年》：『衛侯使鄢武子告于周曰：「蒯聵得罪于君父、君母〔四〕，逋竄于晉。晉以王室之故，不棄兄弟，寘諸河上。』杜預注云：『河上，戚也。』此晉與衛隣之河也。

河自戚城以上，折而北行。故《閔二年》：『晉侯將伐曹，假道于衛。衛人弗許。還，自南河濟，侵曹伐衛。』〔五〕杜預注：『從汲郡南渡，出衛南而東。』由是而北，爲齊、晉分界。《僖四年》：『管仲曰：昔召康公賜我先君履，東至于海，西至于河。』《宣十七年》：『晉侯使郤克徵會于齊。出而誓曰：「所不此報，無能涉河。」』《襄十八年》：『晉侯伐齊，將濟河。獻子以朱絲係玉二瑴而禱。』《十九年》：『荀偃濟河，及著雍，病，目出。』《昭六年》：『齊侯如晉，士鞅逆諸河。』皆晉與齊隣之河。

《春秋保乾圖》云：『移河爲界，在齊吕填閼入流以自廣。』《禹貢》九河皆在齊界中。《漢書・溝洫志》引《周譜》云：『定王五年，河徙。』當春秋魯宣公七年。《禹貢》河從碣石入海，至此徙從勃海章武，即今自汲縣以北，由臨清至天津直沽入海，衛河之故道也。至戰國時亦不離此數。齊北隣燕、西隣趙，故蘇秦説齊宣王曰：『齊西有清河，北有渤海。』即有軍役，未嘗絶清河涉渤海也。』齊宣王曰：『吾臣有盼子者，使守高唐，則趙人不敢東漁于河；吾吏有黔夫者，使守徐州，則燕人祭北門，趙人祭西門。』魏徙大梁在河南，蘇代説魏曰：『決滎口，魏無大梁；決白馬之口，魏無濟陽；決宿胥之口，魏無虚、頓丘。』皆與春秋時河道相同，此乃其大畧也。

揚子雲上甘泉羽獵長楊三賦年月辨

《漢書・揚雄傳》：『孝成帝時，客有薦雄文似相如者，上方郊祀甘泉泰畤、汾陰后土，以求繼嗣，召雄待詔承明之庭。正月，從上甘泉，還奏《甘泉賦》以風。其三月，將祭后土，上廼率羣臣橫大河，湊汾陰。還，上《河東賦》以勸。其十二月羽獵，雄從。聊因《校獵賦》以風。明年，上將大誇胡人以多禽獸。秋，雄從至射熊館，還，上《長楊賦》。』

李善《文選注》引《七畧》云：『《甘泉賦》，永始三年正月，待詔臣雄上。《羽獵賦》，永始三年十二月上。《長楊賦》，綏和元年上。』李善駁之曰：『《漢書》：永始四年正月行幸甘泉。三年無幸甘泉之文，疑《七畧》誤也。明年，謂作《羽獵賦》之明年，即校獵之年也。《漢書·成紀》曰：「元延二年冬，幸長楊宫，縱胡客大校獵。」永始三年去校獵之前首尾四載，謂之明年，疑班固誤也。綏和在校獵後四歲，無容元延二年校獵，綏和二年賦，又疑《七畧》誤。』

頤煊案：《漢書·成帝紀》：『永始三年十月庚辰，皇太后詔有司復甘泉泰畤、汾陰后土。四年春正月，行幸甘泉，郊泰畤。三月，行幸河東，祠后土。元延二年春正月，行幸甘泉，郊泰畤。三月，行幸河東，祠后土。冬，行幸長楊宫，從胡客大校獵。』雄《甘泉賦》作于永始四年正月，其年十二月校獵，雄又作《羽獵賦》上之。《成紀》不書者，畧也。《七畧》作『永始三年』，當由後人傳寫之誤。班固作《雄傳》據雄賦自序連綴成文，其云『明年』者，非即作《羽獵賦》之明年也。以《七畧》證之，當在綏和元年秋。《七畧》作于劉歆，歆與雄同時，所書當不誤。《成紀》但書『元延二年冬行幸長楊宫，從胡客大校獵』，綏和元年秋不書者，以非常大獵，但書其最初一次，餘從省也。

且《雄傳贊》云：『初，雄年四十餘，自蜀來至游京師。大司馬、車騎將軍王音奇其文雅，召以爲門下史，薦雄待詔。歲餘，奏《羽獵賦》，除爲郎，給事黄門。年七十一，天鳳五年卒。』王音之薦雄待詔，與客之薦雄文似相如者是兩時事。『客』者，即雄《答劉歆書》所云『雄先作《縣邸銘》《王佴頌》《階闥銘》及《成都城四隅銘》。蜀人有楊莊者，爲郎，誦之於成帝。成帝好之，以爲似相如，雄遂以此得外見』是也。班氏以楊莊人微，故稱曰『客』。事當在永始二、三年間。故《贊》云『歲餘，奏《羽獵賦》』也。

戴東原以王音薨於成帝永始二年丙午正月，設雄至京師即在前一年乙巳，下至王莽天鳳五年戊寅凡三十四年，時雄年三十八，不得云『年四十餘始自蜀來』。至傳序《甘泉賦》《河東賦》《羽獵賦》爲一年所作，斷屬元延二年庚戌。其實雄自蜀來至京師，先王音召爲門下史，音薨又爲楊莊所薦，待詔承明之庭，皆一、二年間事。永始四年正月上《甘泉賦》時，雄年四十一，《贊》云『年四十餘，始自蜀來至』者，是連後作賦時約言之。若改從元延二年，則《羽獵》《長楊》并在一時，與傳所云『明年』者不合矣。至或疑雄天鳳五年卒時不止七十一，《北堂書鈔》卷九十二引《楊雄家牒》〔六〕：『子雲以甘露元年生，天鳳五年卒，葬安陵阪上。』卷九十四又引《楊雄家録》：『子雲以甘露元年正月戊寅鷄鳴生，天鳳五年四月癸丑晡卒，葬安陵阪上。』年月分明，謬悠之説不足論也。嘉慶戊辰十月六日。

史記天官書補證

淵如觀察既撰《天官書考證》，復屬臧君庸及頤煊是正其得失。頤煊嘗謂：自古天文家言，唯《天官書》與《淮南・天文訓》爲最先。太史公世掌天官圖籍，其所記載即《周禮》保章氏之遺術也。後人因其文義奧衍，傳習鮮通。遺文殘舛，不復糾正。今就臧君所未及者，條補于後。

中宮天極星，其一明者，太一常居也。《周禮・大宗伯》疏引《春秋元命包》云：『紫微宮爲大帝。』又云：『天生大列爲中宮大極星，星其一明者，太一帝居。』馬融注《易》云：『太極，北辰也。』此『天極』當作『太極』，『常居』當作『帝居』。《文選》：《甘泉賦注》引《春秋漢含孳》曰：『大一之帝居』亦其證。

隨北端兑。《索隱》引劉氏：『隨，他果反〔七〕。「斗」一作「北」。』劉氏所見本作『隨』，『斗』、『隨』當讀如字。若依劉音『橢』，則作北字爲長。《漢書・天文志》作『隨北耑銳』。

斗魁戴匡六星曰文昌宮。《天官書》中宮星有二，曰紫宮、曰北斗。『斗魁戴匡六星曰文昌宮』者，以文昌宮繫於北斗也。鄭司農注《周禮・司民》云：『文昌宮三能，屬軒轅角，相與爲體。近文昌爲司命，次司禄，次司民。』是以文昌宮三能爲南宮星矣。《後漢・襄楷傳》云：『天官宦者星不在紫宮而在天市。』然則紫宮之外又别出天市也。可知東京之初，天星部分已不盡用古法。

房爲府，曰天駟。《天文志》作『房爲天府』。《索隱》引宋均云：『房又別爲天府。』舊本『府』上當有『天』字。

東北曲十二星曰旗。《天官書》河鼓下不言旗，《正義》云河鼓左右旗各九星者，乃參西句曲天旗、九游也〔八〕。孫炎注《爾雅》云：『河鼓之旗十二星，在牽牛之北。』又以此房東北句曲十二星爲河鼓旗也。

杓端有兩星：一内爲矛，招搖；一外爲盾，天鋒。薛綜《西京賦注》：『玄戈，北斗第八星名，爲矛頭，主胡兵。招搖，第九星名，爲盾。』薛注以招搖屬盾而以玄戈爲矛别名，皆與此異。《星經》云：『北斗九星。』故此二星皆連北斗言之。

大角者，天王帝廷。東宫蒼龍『杓攜龍角』者，謂大角也。《漢書音義》：張晏曰：『龍星左角曰天田。』《風俗通》：賈逵説：『龍第三有天田星。』是連大角數之。

亢爲疏廟。《明堂位》曰：『疏屏，天子之廟飾也。』故曰疏廟。《天文志》作『亢爲宗廟』。

尾爲九子，曰君臣。『曰』當作『主』，與上文『亢爲疏廟，主疾』、『氐爲天根，主疫』爲一例。《二十八宿山經》亦云：『尾主君臣。』故下句云『斥絶，不和』也。

箕爲敖客，曰口舌。此『曰』字亦當作『主』。

門内六星，諸侯。 黄帝、巫咸、《甘氏》、《石氏》俱作『五諸侯』，《正義》亦引五諸侯以證之。此作『六星』，傳寫之誤。《晋書·天文志》以此爲『内五諸侯』，别有五諸侯星在東井北，疑本一星而後人分爲二。

附耳入畢中，兵起。 《天文志》無此句，疑上文『附耳摇動，有讒亂臣在側』下脱簡，或後人取他書附益之。

危爲蓋屋。 鄭注《尚書大傳》云：『虚、危爲宗廟。』蓋屋謂以茅蓋屋，即明堂。古者明堂、大廟同制，故鄭云『宗廟』也。《隋書·天文志》以蓋屋爲治宫室之官，非。

危東六星，兩兩相比，曰司空。 正義曰：『危東兩兩相比者〔九〕，是司命等星也。司空唯一星耳，又不在危東，恐「命」字誤爲「空」也。司命二星，在虚北；司禄二星，在司命北；司危二星，在司禄北；司非二星，在危北〔一〇〕。』《月令》正義引史遷云：『四司，鬼官之長。』今《天官書》無此文，疑此節文有脱譌。

營室爲清廟，曰離宫、閣道。 《天官書》記四方二十八宿皆直舉其名，以衆所易知也。餘星則各依其附近方位并星數言之。營室與離宫，古法本分爲二，此當云：『營室爲清廟，其上六星曰離宫。』傳寫者脱之，文義遂不相連屬。又案閣道六星已見中宫，此不應重出『閣道』二字，疑後人增加。《毛詩·定之方中》箋云：『定昏中而正，謂小雪時，其體與東壁連正四方。』《考工記》：『龜蛇四游，以象營室。』鄭注云：『營室與東壁連體而四星。』古人室、壁兼言，故

《天官書》不載壁宿。《元命包》云：『營室十星。』又合離宮六星言之。

王良策馬。 《甘氏》曰：『策一星，在王良前。』《左氏傳》杜預注：『天策，傅説星。』《正義》云：『《史記・天官書》文。』今本無之。

匏瓜。 《月令》：『瓠不成。』鄭注云：『子宿值虚危，虚危内有瓜瓠。』《正義》引《天文志》：『瓜瓠四星在危東。』『瓜瓠』即『瓜匏』也。

其失次，有應見危，曰大章。 『曰大章』三字與上下文失次，止言見某星，文例不相協。當涉下文『晨出曰大章』而譌。

三月生彗星，長二丈，類彗星。 『長二丈，類彗』，謂其星形如彗也。『彗』下有『星』字，涉上文而衍。《正義》《天文志》皆無『星』字。

退而西北，三月生天欃。 《天文志》：『先縮西南，生天槍；次縮西北，生天欃。』與《天官書》次序不同。

營室爲清廟，歲星廟也。 《晋書・天文志》：『營室爲清廟，歲星廟也；心爲明堂，熒惑廟也；南斗爲文太室，填星廟也；亢爲疏廟，太白廟也；七星爲員官，辰星廟也。五星行至其廟，謹候其命。』《天官書》唯太白云：『太白，大臣也，其號上公。大司馬位謹候此。』今本『上公』下有『其他名殷星』二十九字，本錯簡，觀《晋書・天文志》可見。餘云：『心爲明堂，熒惑廟也。謹候此。』不言所主之星。『斗爲文太室，填星廟。天子之星也。』『七星爲員官，辰星廟，蠻夷星也。』不言『謹候此』。歲星僅言『營室爲清廟，歲星廟也』，皆文有殘缺，或省之以互見也。

以其舍命國熒惑。　歲星、太白、辰星皆言『以其舍命國』，謂以其星所舍命其國之吉凶也。此『熒惑』二字誤重下文而衍。

土與水合，穰而擁閼。　《天文志》《石氏》皆云：『爲雍沮。』《晋書·天文志》亦云：『土與水合，爲壅沮。』此不當有『穰』字。

太歲在甲寅，鎮星在東壁，故在營室。　此節文義不可解，疑有脱誤或錯簡。

出太白右，去三尺。　劍長三尺，故高祖曰：『吾提三尺劍取天下。』『出太白右，去三尺』即上文『可柭一劍之數』。

營室至東壁并州。　『至』字衍。

其怒，青黑。　《左氏·襄二十八年》傳：『以害鳥帑。』杜預注：『鳥尾曰帑。』『怒』當依李奇音帑，謂其末之芒角也。

凡望雲氣以下。　臧君謂無關於天官，宜删之。此言非也。《保章氏》：『以五雲之物辨吉凶、水旱降、豐荒之祲象，以十有二風察天地之和，命乖别之妖祥。』《天官書》『凡望雲氣』即『五雲之物』。『凡候歲美惡』、『正旦決八風』，即『十有二風』遺法。皆一家言。故太史公録于《天官書》也。

書洛陽伽藍記後

《洛陽伽藍記》云：『京師東西二十里，南北十五里，户十萬六千餘。廟社宫室府曹以外，方三百步爲一里，里開四門，門置里正二人，吏四人，門士八人，合有二百二十里。寺有一千三百六十七所。』

頤煊嘗取見於《記》者繪爲圖。宫内唯式乾殿、光明殿、建始殿、徽音殿、凝閒堂、乾明門、東華門，城内唯永安里、昭義里、般若寺、承光寺、禪林寺、靈覺寺不知所在，餘皆可列而知也。此書世無善本，今本五卷題『後魏撫軍府司馬楊衒之撰』。晁公武《讀書志》作『羊衒之』，《新唐書・藝文志》作『陽衒之』。據《廣弘明集》：『陽衒之，北平人。元魏末爲秘書監，見寺宇壯麗，損費金碧〔一二〕，王公相競侵漁百姓，乃撰《洛陽伽藍記》。』《水經・鮑丘水注》：『無終有陽翁伯玉田，《陽氏譜叙》言翁伯是周景王之孫，食采陽樊。春秋之末，爰宅無終。因陽樊而易氏焉。』陽氏爲北平望族，『羊』、『楊』皆傳寫之譌。《法苑珠林》：『《洛陽伽藍記》五卷，元魏鄴都期城郡守楊衒之撰。』其官位亦多不同云。嘉慶己巳二月廿五日。

書杜工部年譜後

客有遺以《杜詩鏡銓》者，其前有所撰《工部年譜》，因畧爲攷證。

《譜》云：『開元十九年，公年二十，遊吴越。』頤煊案：《送許八拾遺歸江寧覲省詩序》：『甫昔時嘗客游此縣，於許生處乞瓦棺寺維摩圖樣。』甫游金陵亦當在此時，《壯游》詩不載。

《譜》云：『開元二十五年，公遊齊趙。』頤煊案：《壯遊》詩：『放蕩齊趙間，裘馬頗清狂。春歌叢臺上，冬獵青丘旁。』甫當先游趙而後游齊。

《譜》云：『天寶元年，公在東都。』頤煊案：《贈李白詩二年客東都》似天寶二年作，下云：『亦有梁宋游，方期拾瑶草。』《昔游》詩：『昔者與高李，晚登單父臺。』《遣懷》詩：『昔我游宋中，惟梁孝王都。憶與高李輩，論交入酒壚。』甫在東都，先游梁宋，後游齊州。《與李白尋范隱居》詩：『余亦東蒙客，憐君如弟兄。』《昔游》詩：『東蒙赴舊隱，尚懷同志樂。』亦自梁宋赴齊州途中作。

《譜》云：『乾元元年，任左拾遺。六月，出爲華州司功。冬晚離官，間至東都。』頤煊案：《至日遣興奉寄北省舊閣老兩院故人》詩時猶在華州，《冬末以事之東都湖城東遇孟雲卿》詩：『照室紅爐促曙光，縈牕素月垂文練。』甫之東都亦當在十二月望後矣。

《譜》云：『大曆二年，公在夔州。春，遷居赤甲。三月，遷瀼西。秋，遷東屯。未幾，復自東屯歸瀼西。』頤煊案：《行官張望補稻畦水歸》詩：『東屯大江北，百頃平若案。六月青稻多，千畦碧泉亂。』甫夏間已還東屯。《阻雨不得歸瀼西甘林》詩：『三伏適已過，驕陽化爲霖。欲歸瀼西宅，阻此江浦深。』又云：『安得輟雨足，杖藜出嶇嶔。』甫之歸瀼西當在秋初。又有《自瀼西荆扉且移居東屯茅屋》詩：『東屯復瀼西，一種住清溪。來往兼茅屋，淹留爲稻畦。』又云：『煙霜淒野日，秔稻熟天風。』《東屯月夜》詩：『青女霜風重，黄牛峽水喧。』又《從驛次草堂復至東屯茅屋》詩：『山險風煙僻，天寒橘柚垂。』《暫往白帝復還東屯》詩：『築場憐蟻穴，拾穗許村童。』甫九、十月又在東屯。蓋東屯爲甫稻田所在，故數往來其間，不必定以時也。嘉慶己巳五月十七日。

宋洗寃集録跋

右《洗寃集録》五卷，宋朝散大夫，湖南提刑宋慈編。淵如觀察取元版本重刊成。頤煊讀而歎曰：集此書者，其仁人之用心乎！《月令》曰：『命理瞻傷察創，視折審斷，決獄訟必端平。』《王制》曰：『司寇正刑明辟，有旨無簡，不聽。』《吕刑》曰：『無簡不聽，具嚴天威。』『簡』之言檢也，凡戕殺人命，非檢驗無以具獄。不得其術，疑似之見生，姦詐之計得。雖有深寃，莫由雪已。

此書自檢覆疑難、洗罨驗骨，以及縊、溺、服毒、物傷、病斃諸死者，陳説其狀，俾治獄者可目驗而知。余嘗謂周秦漢唐以來，刑家亦必有此書，今特不傳耳。《後漢書·周紆傳》：『廷掾憚紆嚴明，乃晨取死人斷手足，立寺門。紆至死人邊，若與死人共語狀。陰察口眼有稻芒。』《益部耆舊傳》：『嚴遵爲揚州刺史，行部，聞道旁女子哭聲不哀。問所哭者，曰：「夫遭燒死。」

遵勅吏舁尸到，吏白：「有蠅聚頭所。」遵令披視，得鐵椎貫頂。』此即檢驗之證也。《太平御覽》引《吴録》：『張舉爲句章令。有婦殺夫者，因焚屋，言燒死。其弟疑而訟之。舉按屍開口視，無灰。令人取豬二頭，殺一生一而俱焚之，開視其口，殺者無灰，生者有灰。』與此書驗生前被火燒死條同。又引《隋書》：『秦王俊好内。妃崔氏性妬，於瓜中進毒。俊由是疾篤，含銀，銀色黑，爲遇蠱。』與此書驗服毒用銀釵條同。《梁書・豫章王綜傳》：『其母吴淑媛，自齊東昏宫得幸於高祖，七月而生綜，宫中多疑之。綜年十五六，微服至曲阿。聞俗説以生者血瀝死者骨，滲即爲父子。綜乃私發齊東昏墓，出骨瀝臂血試之。并殺一男，取其骨試之，皆有驗。』此書載檢滴骨親即其術。足證此書檢驗諸術皆前人所有。余既嘉其用心之厚，又摭舉史策數事附于後，以明其術之有自來云。嘉慶庚午正月十七日。

校勘記

〔一〕摧衄而反　原刻本『而』下有『後』字，係涉下文『後入秦川』而衍，據《魏書》卷四三《毛脩之傳》删。

〔二〕此句爲《周禮・大祝》鄭司農注文。

〔三〕游吉如晋　洪氏此條節引《左傳》，文意不完，滋生誤會。當依《左傳・襄公三十年》於『如晋』下補『還聞難奔晋』，或改『如晋』爲『奔晋』，方可接下文。

〔四〕蒯聵得罪於君父君母　『君父君母』，原作『君父君父』，據《左傳・襄公二十七年》改。

〔五〕案：此事見《左傳・僖公二十八年》。洪氏言引自《閔二年》者，誤也。

〔六〕北堂書鈔卷九十二引《楊雄家牒》　『楊雄家牒』，原作『楊雄家謀』，據《北堂書鈔》及《藝文類聚》卷四十、《太平御覽》五五八所引改。

〔七〕隨他果反　《史記索隱》此四字非引劉氏之説，且作『隋，音湯果反』。

〔八〕乃参西句曲天旗九游也　『九游』，原作『天游』，據《史記·天官書》改。

〔九〕危東兩兩相比者　『危東』下原衍一『北』字，據《史記·天官書》正義改。

〔一〇〕在危北　原涉上文誤作『在虚北』，據《史記·天官書》正義改。

〔一一〕損費金碧　『金碧』二字原刻本節引時脱去，致使文義不完，今據《廣弘明集》卷六補之。

筠軒文鈔卷八

孔子三朝記序

夫天生民而立之君，將以定國家、保宗社、明教化、總衆庶也。於是有公卿大夫以輔其治，有尊卑上下以辨其等，有禮樂刑政以制其防，有甲兵干楯以懼其志。末世紀綱廢壞，法度倒施，君極不張，强臣柄國。於是内外咸怨，上帝降毒。水旱洊興，災眚並作。小則刈戮及身，大則殄絶厥世。自上古以來，莫之有易也。

孔子抱撥亂之才，生衰周之際。周流四方，席不暇煖。迨哀公十一年，自衛反魯，三朝魯君，反復陳詞。其大恉歸於戒淫色，慎取人，明天人之應，别君臣之分，而終動之以慕義，諷之以失政。惜乎！其終不能用也。門弟子退録此記。漢興，藏在秘府，傳其學者則有戴德、劉向、劉歆、揚雄、班固、許慎諸家。魏世《中經》，猶藏此本。逮及六朝，臣瓚、郭璞、裴松之、酈道元之徒，遞相引證。至唐以後，篇籍始亡。今所傳者，惟《大戴》所録，遺文譌舛，微言斷絶。注家自北周盧僕射以降，前賢鮮聞緒論。蓋此記之沉薶，已千餘年矣！

頤煊幼習先蹤，長佩庭訓，博問通人，兼資往籍。於是董而理之，注成七卷，别作《音義》，校其同異，附于左方。蓋聞孔子贊《周易》，删《詩》《書》，定《禮》《樂》，作《春秋》，其大垂而爲經，其次録而爲傳。此記論四時行政，即明堂月令之遺也；視才取人，即九德官人之瀍也；爲壇東郊，則澤宮教士之制存焉；建正孟春，則夏時得天之數寓焉。而且通陰陽之原，符瑞集於有德；辨盛衰之治，得失繫於一人。純而不雜，博而有要。息百家之異説，廣郅治之恒經。竊嘗謂：《論語》者，乃聖門垂教之精言；此記者，實孔子因時之大政。方今國家重乾秉運，久道化成。海宇晏寧，人材日出。倘得頒立學宮，懸以取士。使誦先聖之良模，闡百王之心法。上下和同，君臣輯睦。協感應之期，享久安之福，則簡牒之鴻規，雲礽之上烈也。予日其跂之矣。

嘉慶辛未六月廿五日。

管子義證序

歲己巳，頤煊在德州使署，孫淵如觀察以所校《管子》屬頤煊審定。會王懷祖觀察暨令嗣伯申學士又以校本見遺，於是删其重複，附以鄙説，成《管子義證》八卷。系以叙曰：

《漢書·藝文志》《管子》在道家。《隋書·經籍志》《管子》在法家。《漢志》本於《七畧》，班氏於兵權謀家言『省《管子》』，則《管子》《七畧》不在道、法兩家。《史記正義》引《七畧》『《管子》十八篇在法家』者，誤也。《漢志》：『《管子》八十六篇。』劉向《叙録》亦云：『凡中外書五百六十四篇，以校，除復重四百八十四篇，定著八十六篇。』與今本篇數同。太史公叙《管仲列傳》云：『吾讀管氏《牧民》《山高》《乘馬》《輕重》《九府》，詳哉其言之也。其書世多有之，是以不論。』又引『倉廩實而知禮節，衣食足而知榮辱』數句，皆在今本中，足證今世相傳之本即漢世所有之本。今本《管子》闕《王言》《謀失》《正言》《言昭》《修身》《問霸》《牧民解》《問乘馬》《輕重丙》《輕重庚》凡十篇。據《文選》注引江邃《文釋管子》曰：『夫士懷耿介之心，不蔭惡木之枝，惡木尚能耻之，况與惡人同處？』《管子》無此文，李善曰：『今檢《管子》，近亡數篇，恐是亡篇之内而邃見之。』《史記・封禪書》索隱云：『今《管子・封禪篇》是也。』尹知章注《封禪篇》云：『元篇亡，今以司馬遷《封禪書》所載管子之言以補之。』則此篇之亡又在司馬貞所見本後。故自漢魏以迄隋唐，《管子》著録以《北堂書鈔》《初學記》《藝文類聚》《太平御覽》諸書所引證之，即是今本。其間有不在今本中者，或在闕篇之内，或是他書引《管子》之言，非復有别本也。

余嘗謂子書流傳莫先於《管子》，亦莫真於《管子》。其文義奥衍，下士驟不能通。故法家絶少，而殘舛亦彌甚。《舊唐書・經籍志》《新唐書・藝文志》《管子》有尹知章注，今本譌題作房玄齡，訓釋淺陋，今並爲訂正，而以逸文附於末。若夫疏通而證明之，則不能無俟於後之君子。嘉慶壬申三月十二日。

台州刺史杜雄墓誌銘跋

右《台州刺史杜雄墓誌銘》，在臨海縣南二十里廟前村。宋王象之《輿地碑目》：『唐文德二年《台州刺史杜雄廟碑》，碑陰有《蔡大王廟記》，今在臨海蔡王廟中。』即此碑也。乾隆癸丑秋，余至義誠鄉始訪得此碑，詳見《台州古蹟記》。嘉慶壬申秋，余將北上謁選，兒瞻墉冒雨爲余手搨以歸，始得卒讀是碑。

據《嘉定赤城志》『辨誤門』：『魯洵作《杜雄墓碑》，稱：「雄字昌符，京兆人。徙台，與劉文起事。劉知明州，因人之欲請主郡政，廉使承制加御史大夫。明年，兼大司憲，轉左貂，錫以竹使符。」又云：「光啟三年，加工部尚書。是秋，遷刑部尚書。今聖嗣位，蓋昭宗也。嘉其威武，謂執政曰：『寰宇方擾，獨海郡有武不用。非以德行化乎？』因命以德化爲軍號。文德元年，加兵部。龍紀初，加右揆。大順初，加左揆。乾寧二年，加司空。乾寧四年冬十月，卒。」』今碑唯『承制加御史大夫。光啟三年，加工部尚書。是秋，又遷刑部』并卒月、魯洵銜名可辨，餘字俱殘泐。碑云：『以其年十一月廿五日，葬於郡之義成鄉貞節里。』則是碑當刻於乾寧四年十一月。王象之題作『文德二年《杜雄廟碑》』者，誤也。《赤城志》又稱碑：『中和三年，太守劉公改刺明州，雄主州事。』《壁記》載杜雄『中和三年到任乾寧』，四年方稱『駱團繼之』，殆與洵所製碑合。《新唐書・僖宗紀》：『中和元年九月，臨海賊杜雄陷台州。光啟元年十二月丙午，台州刺史杜雄執劉漢宏，降于董昌。』漢宏本傳：『漢宏率麾下六百人走台州。杜雄饗其軍，皆醉，執漢宏以見董昌，昌斬之。』碑字已殘泐，亦無可攷證。碑云：『女四人，次許嫁陳氏，即故閩帥司空公第二子。』當是福建觀察陳巖。巖卒於景福元年三月丙寅，故稱『故閩帥』。『次許嫁錢氏，即今兩浙中令彭城郡王愛子』，『中令』即錢鏐。碑云：『公即秦州府君之第二子也。』上有『□州刺史』四字，其父當爲秦州刺史。又云：『一日親吏傳尚書公命曰：「子爲賓職，復典文翰。我先君勳績善政，當得其實。」』則雄又有子以繼尚書之任，留主郡事。其云『明治亂之機，入侍庭闈，出佐軍旅』者，當即指其長子而言，惜《赤城志》不詳載其始末云。此碑自余訪得之始傳於世，今録其碑文并陰於後。

上闕州刺史檢校司空□□□公墓誌銘并序

門吏德化軍巡官前嶺南西道觀察支使試秘書省正字魯洵撰

上闕斯照乃有□電呈瑞靈嶽降賢上則一千年以誕

上闕簡册焕乎古今

上闕人也自漢魏至于

上闕絶□茂族　　先世自東晋過江士族南徙以丹丘上闕　　先君顒自安高尚不求禄仕

先君由　　上闕州刺史　　公即秦州府君第二子也生有奇表上闕精玄孝資温清敬事昆

弟至於疎親遠屬上闕天下將亂且歎曰窮經講學將非其時豹署龍上闕之志廉使美其材署爲

平昌討伐使上闕州事承　制加御史大夫是時歉儉後上闕貂兼大司憲恩及師徒惠播閭里
上闕以功□
上聞　上闕光啟三年加工部尚書是秋又遷刑部上闕以正道使知而後改遂刑措不用上
闕租賦其或稼穡將登有水上闕助不若神明之政也日者上闕　公率兵拒之羣寇亢此行上全
闕闕而不用得非良二千石上闕金紫是歲復加右揆大上闕淑中令以嘉辝厚上闕史不絕書多
竭私上闕千里有爵三公顯赫上闕其禮未嘗驕於色慲於上闕於國厚於人薄於己古上闕政以
其月十七日薨上闕終神氣不亂顧謂　上闕曰中闕歸勉主郡事言訖而暝上闕如中闕撫軍若
一奉　上上闕名之善始令終□上闕碑□州罷市□□□□□見□其得人心也如此中闕
繼□上闕是日　太君□□□□□□上闕閨門道光先公一□□□□□□□上闕將孝以承家
謙以處衆生知□□□□□明治亂之機入侍庭闈出佐軍旅□□彥□彥□彥信彥特彥特彥
琪彥擇□□□前節度推官幼曰彥豐並俊秀聰敏仰稟義方號慕殞絕者數四女四人皆明惠
賢淑有曹謝之風長適鎮海軍都指揮右揆吳章次方笄年未良匹次許嫁陳氏即故閩帥　司
空公第二子次許嫁錢氏即今兩浙
中令彭城郡王愛子也　副使葉公與左都押衙師位右都押衙紹香及諸都將親奉喪事各
率家財送往事居知無不至傳曰周人之思邵公愛其甘棠況其子乎　公恩施廣於一境可謂
貽厥孫謀矣以其年十一月廿五日葬於郡之義成鄉貞節里一日親吏傳　尚書公命曰子

爲賓職復典文翰　我先君勳績善政當得其實願爲誌石以傳不朽洵受恩有日報賜無階陳讓不獲因灑泣銘曰

五緯降瑞　四靈効祥　誕生碩臣　讚我巨唐
奇表岳峙　懿行蘭芳　揞天柱石　濟海舟航
士懷恩信　民謌樂康　鳳書錫命　虎符有光
軍崇美号　義洽故鄉　□公爵秩　千里憲章
化穆二紀　仁被一方　威儀棣棣　度量江汪
未當分閫　俄驚壞梁　望碑揮灑　罷市淒涼
佳城叶吉　丹旐啟行　厚地永固　遺德難忘
流慶令嗣　與□□□

碑陰：

蔡大王廟記碑額五篆字横書碑上

上闕盧仁實胡允恭王仁益盧允德　郡士干棠

上闕仲尼修春秋紀災異近於怪立祠祭近上闕臨海靈江之南號義城鄉在唐爲義誠鎮鎮之白巖□□有下闕□□□廟□□□響□之所求□□□□□□疫□□禱之□上巳有祈重陽有報孟冬朔日上闕者亡慮□□□□□□常□□肖其容題其號飲食必終之其禮

□□□□□大任嘗謂余曰吾　神□□□□□□□以禍福如相與話言他日無不驗者小人□□爲不臧必示以凶敗之象吾□□□□□□□□順者舉　神貺也達可聞而異之一日林公請叙其事記于廟以詔來者乃□□□□□□□□□言　神晋人也其先蓋出於周文王子成王叔父度之後莫知其名有二子□□□□□□□□郎今塑像立于左一長婦一息女侍立夫人之□□　神□□□□□之錢柱□□□□□□□極難步　神獨躍馬馳騁上下使人怖慄因目之中闕爲□□□□□擲釣擇潭谷佳處終日憩息遠近知其上闕預道晴雨之期□□□□□□□□□□像漂流數十里止于定光山之側水退□有一虎中闕之不許請徙廟于此則聽是夕虎聲化去乃共於山下創宇圖形而祀之日益□□□然稱爲　大王蓋尊之也□□□□□□□上闕轉文尋□則廟無全基咸出矢言　上闕之境如萬馬奔嘶雜以金鼓居人震□莫知中闕觀如故其靈顯類此始　神之祭必以□雞中闕誦佛經易之以殺蔌　神欣然從之今遂以爲中闕傳曰聰明正直之謂神又曰神無以靈將恐歇中闕必有以感人者惜乎未聞有人爲能揭其盛烈告之於下空朝使得與趙靈康並爲丹丘命祀□□□□□□□□□然靈康自漢列名方術劒化於章安逮我宋六葉　神宗皇帝元豐中始爲立廟□□□□□□□□靈不泯則褒榮有時今大王自晋爲神隱而未著林公廼能摭其始末表而出之□□□□□□□殆未可知也下空上方肇稱盛禮靡神不秩將見前旌後□榮□□□□□龍可無紀述以備討論故爲之記紹興壬午一陽日進士李達可記夏知言篆林鵬程書□□捨□勸緣盧冲林宗懋進士林大任立石

助緣盧儻林忠盧懿孫宗誠潘用安吴日宣日昌林章□庭修□□□□□□□□□敦復敦

叙琪胡阜進士盧翼陳岳林鴻漸盧樞等重書

唐碣宋碑王靈呵護磨刀損石即犯神怒

右碑以建初尺度之高三尺三寸，廣五尺六寸。五十一行，行約三十三四字。碑陰《蔡大王廟記》横刻二十五行，行三十七字，皆正書。前後盧仁實等題名皆後人補刻。『唐碣宋碑』十六字又是明人題識。《嘉定赤城志》：『蔡大王廟在臨海縣南二十里，咸平中建。按廟籍周蔡叔度之後失其名。初，廟于錢柱山，至今石有馬蹄痕。會大水像流漂，止今地，故徙而祠云。』碑大畧如志所言。吾鄉唐宋碑流傳絶少，因備録之。嘉慶壬申十月廿七日。

列仙傳序

郝蘭臯農部以德配王婉佺安人所校劉向《列仙傳》見贈，并問序於余。余案：劉向《列仙傳》不見於《漢書·藝文志》及向本傳，應劭《漢書音義》始引此書。《抱朴子·論僊篇》云：『劉向博學，則究微極妙，其所撰《列僊傳》僊人七十有餘。』《隋書·經籍志》云：『漢時阮倉作《列仙圖》，劉向典校經籍，始作《列仙》《列士》《列女》之傳。』晋唐人所論如是，不可謂向無此書也。陶弘景《真誥》云：『孔安國撰孔子弟子七十二人，劉向撰列仙亦七十二人。』今本止七十人。安人攷定脱羡門、劉安二傳。然《顔氏家訓·書證篇》作『七十四人』。《法苑珠林》亦云：『向有《列僊傳》，其七十四人已見佛經。』其人數不同者，何也？《漢書·郊祀志》應劭引《列仙傳》『崔文子學仙於王子喬，王子喬化爲白蜺』一條，《司馬相如傳》應劭引《列仙傳》『陵陽子言春食朝霞，夏食沆瀣』一條，皆今本所無。《抱朴子·極言篇》引《列僊傳》『黄帝自擇亡七十日，去七十日，還葬于喬山』一條，視今本爲詳。其前後文法悉與今本相同。蓋亦足證今本爲漢時原帙，僅傳寫有闕佚，非後人之僞造明矣。

自六朝以下，所引《列仙傳》與今本異者：《世説·規箴篇》劉孝標注引《列仙傳》『東方朔楚人』，今本作『平原厭次人』，疑後人據《漢書》本傳以改其文。今本《琴高傳》：『浮遊冀州涿郡之間二百餘年，後辭入涿水中。』舊注云：『涿，一作碭。』《水經·獲水注》『趙人有琴高者』一段全本此傳，字作『碭郡』、『碭水』，足證六朝本『涿』皆作『碭』。又《水經·洛水注》言王子晋控鶴緱氏山，引劉向《列仙傳》云：『世有簫管之聲焉。』今本亦無此文。其餘字句之異同，傳寫之譌舛，安人舉之最詳。如嘯父『少在西周市上補履』，安人據《文選注》《水經注》證『西周』當作『曲周』。『寇先者，宋人也』，安人據《太平御覽》，『寇』當作『冠』。『谿父者，南郡鄘人也』，安人據《太平御覽》，『鄘』當作『編』。『商丘子胥者，高邑人也』，安人據《後漢·郡國志》，以『高邑』本作『鄗』，淺人誤分爲二。皆足正今本之譌。

唯《穀城鄉卒常生傳》，今本『卒』譌作『平』，標題稱爲『平常生』，傳中言『卒輒在缺門山頭大呼，言「卒常生在此」』，又云『但見卒衣帔革帶』，若改『卒』作『平』，義不可通。今本《搜神記》雖出明人掇拾成書，其言常生事稱『穀城鄉卒』，字尚不誤，此又近刻之譌所當更正者也。聊舉所知，質諸安人，農部以爲然否？嘉慶壬申十一月長至日。

春秋豫章考

春秋時豫章北界徐、桐、舒、巢，東界吴，東南界越，南臨大江，西北界灊、六，其西則楚界也。

《左氏·昭六年》傳：『楚使薳洩伐徐，吴人救之。令尹子蕩帥師伐吴師于豫章。』《昭十三年》傳：『楚師還自徐，吴人敗諸豫章。』此豫章近於徐也。《漢書·地理志》：『臨淮郡，徐故國，盈姓。至春秋，徐子章禹爲楚所滅。』在今鳳陽府鳳陽縣。《定二年》傳：『桐叛楚。吴子使舒鳩氏誘楚人曰：「以師臨我，我伐桐，爲我使之，無忌。」秋，楚囊瓦伐吴，師于豫章。吴人見舟於豫章，而潛師于巢。冬十月，吴軍楚師于豫章，敗之。遂圍巢，克之。』此桐、杜預注：『桐，小國。廬江舒縣有桐鄉。』在今安慶府桐城縣。舒、《漢書·地理志》：『廬江郡，舒故國。』在今廬州府舒城縣。巢《漢書·地理志》：『廬江郡，居巢。』應劭曰：『《春秋》「楚人圍巢」。巢，國也。』在今廬州府巢縣。三國皆南近於豫章，故舒鳩誘楚伐桐而吴得潛師於巢，以敗楚師於豫章也。

《昭廿四年》傳：『楚子爲舟師以畧吴彊，越大夫胥犴勞王於豫章之汭。杜預注：『汭，水曲。』

王及圉陽而還，吴人踵楚而邊人不備，遂滅巢。』是時楚舟師沿大江而下。《定二年》：『吴人見舟於豫章。』是吴舟師沿大江而上。豫章南臨大江，江以南迆與越隣，故越大夫得勞王於豫章之汭。《昭五年》傳：『楚子以諸侯及東夷伐吴。越大夫常壽過，帥師會楚子于瑣。』瑣亦當去豫章不遠也。《昭卅一年》傳：『吴人侵楚，伐夷，侵潛、六。杜預注：『六國在廬江六縣。潛，楚邑，在廬江六縣西南。』皆在今廬州府六安州。楚沈尹戌帥師救潛，吴師還。楚師遷於南岡而還。吴師圍弦。《漢書・地理志》『江夏郡，軑，故弦子國。』在今黄州府蘄水縣。左司馬戌、右司馬稽帥師救弦。及豫章，吴師還。』是時吴伐楚一師；伐夷，侵潛、六，出豫章西北一師。圍弦出豫章直西，左司馬戌、右司馬稽帥師救弦，吴師已退回豫章，迨楚師追及之，而吴師始還。云『及豫章』，明豫章不與弦近也。若豫章近弦，當爲楚腹裏地，不得與吴爲界。證以前後經文俱不合。《定四年》傳：『蔡侯、吴子、唐侯伐楚，舍舟於淮汭，杜預注：『吴乘舟從淮來，過蔡而舍之。』自豫章杜預注：『豫章，漢東江北地名。』與楚夾漢。杜預注：『漢水出武都，至江夏入江。』在今武昌府江夏縣。漢水在弦西。左司馬戌謂子常曰：「子沿漢而與之上下，我悉方城外以毁其舟，還塞大隧、直轅、冥阨。子濟漢而伐之，我自後擊之，必大敗之。』是時吴子帥唐、蔡之師，舍舟於淮汭，陸行至豫章。自豫章直至漢水以東皆吴師。左司馬戌所謂『塞大隧、直轅、冥阨』，是塞其自豫章歸淮汭之道，非塞其自漢東至豫章之道也。子常聽史皇之言，『乃濟漢而陳，自小別至于大別』。《漢書・地理志》：『安豐，《禹貢》大别山在西南。』安豐與蓼、六同屬六安國，與豫章近。是時楚師亦盛，濟漢而東，繞出吴後，至二别始與吴師三戰。『子常知不可，欲奔。』至敗于柏舉，其勢遂不可支。杜元凱不知夾漢吴師未必盡逼近漢水而軍，因改此二别在江夏界以遷就其説者，誤也。

大約春秋時豫章在今懷寧、望江兩縣江北，地爲吴、楚接界往來必由之路。《漢書·地理志》：『豫章郡，高帝置。』治南昌在大江以南，又有『豫章水出贛西南，北入大江』。是漢時江以南地亦得蒙江北豫章之稱，以其非經所有，故不復具論。

答胡墨莊編修書

頃論西漢郡治。司馬彪《續漢志》云：『凡縣名先書者，郡所治也。』戴東原謂：孟堅作《志》，未有斯例。因引西河郡治平定，不治富昌；汝南郡治上蔡，不治平輿爲證。閻百詩《潛丘劄記》亦謂：汝南郡先書平輿卻不爲治，治上蔡縣，以《翟方進傳》知之。其傳首叙次與《賈誼傳》正同。閻氏以翟方進汝南上蔡人，年十二三失父孤學，給事太守府爲小史，因定上蔡爲汝南郡治。然以《漢書》攷之，給事太守府不必盡郡治第一縣人。《王尊傳》：『涿郡高陽人。年十三求爲獄小史。數歲，給事太守府。』高陽，涿郡第十二縣。《咸宣傳》：『楊人，以佐史給事河東守。』楊，河東郡第十九縣。《嚴延年傳》：『東海下邳人，其父爲丞相掾。延年少學法律丞相府，歸爲郡吏。』下邳，東海郡第四縣。

且邊郡治縣不常。《韓王信傳》：『以太原郡爲韓國，都晋陽。』信上書請治馬邑。《代孝王參傳》：『初立爲太原王。四年，徙爲代王，并得太原，都晉陽如故。』《翼奉傳》：『乃二月戊午，地大震于隴西郡，毁落太上廟殿壁木飾，壞敗豲道縣城郭官寺及民室居。』其時，隴西郡治豲道，後乃改屬天水郡，而隴西郡治狄道。《東觀記》謂西河郡治平定縣，此是東漢初制，不可以此而定西漢之郡治也。

《潛丘劄記》又云：『胡身之注《通鑑》地理，不知西漢第一縣非必郡治。云班《志》襄平縣，遼東郡治所猶可，而云漢中郡治西成縣，豈可乎？』不知《隸釋》載《仙人唐公房碑》云：『君，成固人。王莽居攝二年，君爲郡吏。是時府在西成，去家七百餘里。』是西漢漢中郡本治西成縣，閻氏譏之，爲失言也。故西漢郡國一百五，東漢改并一百三，縣名先書相同者六十五，餘郡國以《漢書》《水經注》證之，皆大約治第一縣。唯梁國終漢世治睢陽，班《志》睢陽，梁國第八縣，疑元始初年梁國移治碭縣，而孟堅書之。因無史文可證，終不能明。未審閣下以爲何如？

答郝蘭皋農部書

承賜《山海經》《列女傳》兩書，校正甚善。復屬頤煊辨其譌舛，聊就鄙見所及，畧舉數端。《山海經·南山經》：『杻陽之山，其中多玄龜，可以爲底。』郭璞注云：『底，躪也。爲，猶治也。』頤煊案：『底』無躪訓，『底』是『胝』字之借，『躪』是『繭』字之譌。《戰國策》：『百舍重藺。』高誘注：『重藺，累胝也。』後人『藺』加足旁，故譌作『躪』。

《西山經》：『騩山，是錞于西海。』頤煊案：《玉篇》引此經作『埻于西海』。『錞』、『埻』古字通用。《説文》：『埻，射臬也。讀若準。』此『錞』借作『準望』之『準』，謂西海以此山爲準望也。《北山經》『敦題之山，是錞于北海』、《東山經》『竹山，錞于江』皆同此義。郭注蓋失之。

《北山經》：『單張之山有鳥焉，可以已瘌。』注云：『瘌，癡病也。』頤煊案：《説文》：『癋，小兒瘛瘲病也。』又云：『引縱曰瘛。』《玉篇》：『癋，癡也。小兒瘛瘲病也。』『瘌』同上。疑此注及《玉篇》『癡』字皆『瘲』字之譌。

『京山，其陰有玄礵。』注云：『黑石，砥也。《尸子》曰：「加玄黄砥。」明色非一也。』頤煊案：《太平御覽》七百六十七卷引《尸子》曰：『磨之以礱礪，加之黄砥。』注蓋本作『加之黄砥』，今本後人誤改也。

『燕山，多嬰石。』注云：『言石似玉，有符彩嬰帶，所謂燕石者。』頤煊案：《玉篇》引《埤蒼》云：『瓔珉，石似玉也。』《西山經》：『input次之山，多嬰垣之玉。』蓋即此經所謂『嬰石』，郭注非。

《中山經》：『崍山，有草，多䪥韭，多葯〔二〕、空奪。』注云：『即蛇皮脱也。』頤煊案：蛇皮脱非草。升山、熊山『其草多寇脱』。『空奪』即『寇脱』也。形聲皆相近。

《西山經》『嬰垣』亦即『嬰珉』之譌。

《大荒東經》：『有女和月母之國。有人名曰鳧，北方曰鳧，來之風曰狻。』注云：『言亦有兩名也。』頤煊案：上文『來風曰俊』，注：『未詳來風所在也。』《大荒西經》：『有人名曰石夷，來風曰韋。』此『來風』亦地名，『之』字衍。

《大荒南經》：『有獸，名曰跊踢。』注云：『出猤名國。』今本無此國。《集韻》引：『有國曰猤氏。』『名』即『氏』字之譌。

《列女傳・魯季敬姜傳》：『物者，所以治蕪與莫也。』頤煊案：『物』當是『惣』字之譌。《毛詩》：『素絲五總。』『都』亦有『總』義。故『惣』可以爲『都』。

《楚莊樊姬傳》〔二〕：『得無饑倦乎？』頤煊案：『饑倦』當作『氿倦』。《漢書・司馬相如傳》：『窮極倦氿。』郭璞曰：『疲憊也。』又曰：『氿，疲極。』此與下文俱作『饑倦』者，淺人所改。

《宋鮑女宗傳》：『以事夫室，澈漠酒醴。』頤煊案：下文兩言『夫室』，此當以『事夫室』爲句〔三〕。『澈』當作『澂』，與『澄』字同。『澄漠酒醴』，言其清也。《禮運》曰：『澄酒在下。』

《陶答子妻傳》：『答子治陶三年。』頤煊案：『陶』即定陶。《史記・越世家》：『范蠡止于陶，自謂陶朱公。』徐廣曰：『今之濟陰定陶。』《穰侯列傳》：『復益封陶。』《索隱》曰：『陶即定陶也。』唯閣下裁察。

答胡孝廉培翬書

承枉過，并論《禮》經宫室。鄙著《禮答問》，於宫室已麤有成緒。尊意以燕寢與正寢異制，正寢中央爲室，左右爲房，燕寢止有東房西室；正寢室户在南面，燕寢室户在東壁，以通于房，其南面有牖而無户。細繹之，鄙意頗不以爲然。

《士昏禮》：『期初昏，陳三鼎于寢門外。』鄭注：『寢，壻之室也。』古者命士，十五以上父子皆異官。此壻之室不在正寢，即爲燕寢之制。『婦至，主人揖婦以入。及寢門，揖入，升自西階。贊者舉鼎入，陳于阼階南。記云：婦入寢門，贊者徹尊冪，酌玄酒，三屬于尊，棄餘水于堂下階間。』燕寢有東西階，又有『堂下階間』，則亦當爲三間屋制，中央爲室，左右爲房。若依賈疏『東房西室』，施於兩間屋制則可，施於三間屋制，勢必截割中央各半以益東西，則房室之中皆不免有當楹之患，古人無是宅法也。

至謂燕寢室東壁有户，以通于房，南面無户，與正寢户東牖西室異制。案：《士喪禮》：『死於適室。』鄭注：『適室，正寢之室也。疾者齊，故于正寢焉。疾時處北墉下。』正寢與燕寢名雖不同，其爲房室之制則一。齊者，卧在正寢室中北墉下，明平時卧亦當在燕寢室中北墉下也。正寢、燕寢室制既同，其爲户牖之法當亦相同。《玉藻》：『君子之居恒當户，寢恒東首。』鄭注：『當户，鄉陽。』此亦燕寢室户居南之證。故《士昏禮》：『贊洗爵，酌酳主人。主人拜受，贊户内北面答拜。』言『户内以贊』者，西面告饌，具其南正當户，不必出户而北面答拜也。『主人出，婦復位。主人説服于房，婦説服于室。主人入，親説婦之纓。』鄭注：『入者，從房還入室也。』此言主人食訖，從室出復入于房，説服于房，復從房還入于室，與《特牲饋食禮》『主婦出，反于房』，必出户然後反于房，其文法正相類。非謂室東壁有户以通于房也。賈疏云：『今言「入」，明從房入室也。』删一『還』字，其義遂晦。大抵古人宫室，無論正寢、燕寢，天子、諸侯、卿、大夫、士，廣狹大小或有不同，其爲架數間數，房室户牖門階之法，則無不同也。足下盍再審之？嘉慶癸酉二月十六日洪頤煊書。

《漢書·龔勝傳》：『勝病篤，爲牀室中户西南牖下，東首加朝服拕紳。使者入户，西行南面立，致詔。』其室户之制與《禮》經同。

昆季别傳

第二兄諱坤煊，字載厚，一字地齋。少時性穎悟，讀書過目成誦。年十一二，侍先君新昌學署。邑有楊思萱孝廉，負博學名。一日來謁，縱談今古，其鋒鋭不可當。兄適在旁，知其誤，歷引經傳以折之。楊駭曰：『此子胎髮未燥，英氣逼人，將來定成偉器！』遂下席致敬。及壯，補博士弟子員，試輒冠軍。兄才情敏捷，下筆千言。或有來問字者，雖倥偬之際，十餘藝頃刻立就。是以同輩咸畏服之。乾隆丁未，大興相國朱文正公視學兩浙，先以詩古文觀風課士。兄課藝已就，適丁先母憂，因以卷畀伯兄某。及公按試，曰：『此卷非汝所作。』問教官：『洪氏讀書，以誰爲最？』教官舉兄名，公曰：『何以不就試？』曰：『有服。』公即命次日特試，以擬成公綏《嘯賦》、謝康樂《遊赤石進帆海》詩。公覽卷大喜，問：『何時服闋？』兄對以明年三月。

公曰：『我即三月按台，汝當可就試也。』兄因得以己酉選拔貢成均，庚戌入都，即館公家，命課諸孫，朱蘭石觀察、朱潤齋州判皆其弟子也。朝考初取二等第七名。覆試下第，兄在京文名噪甚，國子監累試第一。法時帆祭酒刻其文入《成均課士録》。壬子，應順天鄉試，中式第六十四名舉人。榜發十餘日，暴歿於京邸，年三十三。房師何蘭士先生以詩哭之。所著有《地齋詩鈔》四卷。

第五弟諱震煊，字百里，一字檆堂。少刻苦好學，嘗讀書夜分，以錐自刺，達旦不寐。每有所搆思，研求忘食，不得其解不止。及補博士弟子員，與余同以治經受知于阮雲臺學使，檄調杭州肄業敷文書院。時有『大小洪』之目。戊午夏，爲學使校《經籍纂詁》，與臧君在東、丁君小雅晨夕辯難。臧君嘗歎曰：『大洪淵博，小洪精鋭。兩君之卓識，吾不及也。』庚申夏，阮公以少司農撫浙，建詁經精舍，復檄調視學時識拔之士肄業其中，余兄弟與焉。弟試輒冠軍。辛酉，余拔貢而弟下第。中丞撰《十三經校勘記》，弟分校《禮記》，人皆服其精審。甲子冬，邵楚帆少司馬視學福建，延弟校文，遂窮入閩之勝，間亦發爲歌咏。弟性介，嘗曰：『讀書貴自得，何以名爲？』是以撰述頗寡。癸酉，周廉堂學使至浙，久知弟績學，因得拔貢。甲戌，入都朝考。弟素精制藝，又善楷書，而卒下第。周大宗伯歎曰：『洪生之不獲雋，其命也夫！』弟亦以此鬱鬱。乙亥冬，從杜學使校文順天，卒於保定旅邸，年四十六。所著有《夏小正疏義》四卷、《檆堂詩鈔》一卷。

論曰：余少年隨侍先君新昌學署，兄弟之樂，怡怡如也。及壯，兄弟讀書少固山房，兄躬自督課。兄長於治劇家中米鹽細務，皆手檢校，雖酬應忙冗，終未嘗廢學。迨庚戌入都，留滯京邸，而卒成永訣，痛何如也！後余與弟游學武林，對床風雨，每讀書有得，輒共相拊掌。及余辛酉拔貢，壬戌入都應朝考，報罷，薄游山東，館孫淵如觀察幕中凡七年。弟亦作入閩之游。甲戌，余以直隸州州判分發粤東，引假回里，弟亦匆匆入都就試。雲山迢阻，見面遂艱。今墓有宿草，余髮亦斑白。回念曩時兄弟之樂，恒惓惓於懷。因撰此別傳，以見余手足之痛，其所遭不幸，有如此云！

校勘記

〔一〕多葯　『葯』，原誤作『約』，據《山海經箋疏》卷五改正。

〔二〕楚莊樊姬傳　原作『大夫楚莊樊姬傳』，據《列女傳補注》卷二篇題删『大夫』二字。

〔三〕《列女傳補注》卷二此句下注曰：『此讀當以「事夫」爲句，「室澈」爲句。』

筠軒文鈔補遺

通玄觀崔府君祠禱嗣記

祈嗣之神，自古有之。其見於經者，莫先於《月令》高禖之祀。《五經要義》云：『契母簡狄以玄鳥至之日祀於高禖而生契。』高禖者，蓋先王所以祈子孫之祀也。《漢書》：『武帝年二十九得太子，甚喜，爲立禖，使東方朔、枚皋爲禖祝。』然其禮尊，後世民間莫敢用。其次則有九子母之説。九子母見於佛書，世間求子者咸受其供養。《成帝紀》：『生甲觀畫堂。』應劭曰：『畫堂，畫九子母。』則其神在漢時已著稱。他如唐皇甫觀察祠九子母生一男、宋錢穆父有形肖九子母丈夫之戲。慶曆中，張奭撰《法門寺重修九子母碑》，記其所述，皆與佛書大畧相同。

至南宋，始有崔府君祠，樓鑰《顯應觀記》及舊志所載：府君諱珏，彭城人，唐磁州刺史，有祠在河干。宋高宗爲康邸，出使至磁州，禱宿祠下，神馬引而南還。建炎初，秀邸夢神指一羊，謂曰：『以此爲識。』遂誕孝宗。由是崇祀遍宇内，賜額曰『顯應』。《夢粱録》：『顯應觀在豐城門外聚景園。比六月六日府君誕辰，此日内庭降香設醮，貴戚士庶獻香化紙，湖中畫舫俱艤隄邊。』其盛可知。元王少保積翁、明李太守文皆禱於府君而生。

今西湖顯應觀舊址莫知所在，惟通玄觀有崔府君祠，在城中白馬廟側，禱嗣最靈。國初時，丁禮部澎以六十七歲禱於府君，得一子，毛檢討奇齡撰記，載《西河文集》中。道光甲申冬，余在羊城，嚴厚民杰過余，語及此，且曰：『杰行年六十二而未有子，偶閱西河此記，因以壬子日詣祠求禱，此年果得一子。』時余望孫甚殷，衆咸勸以壬子日遥求於神，次年九月八日亦果得一孫，神之不爽如此。《易》曰：『陰陽不測之謂神。』《洪範》曰：『惟天陰隲下民。』民之所生，莫非天之所定，而冥漠之中，積誠感召，其符應有昭然者，此神所以歷代崇祀而不廢也。余既感神之德，因重撰此記，傳世之祈嗣者，知所趨向焉。

書王氏鍾鼎欵識後

右王順伯鍾鼎欵識集册，共五十九器，每器自爲釋文題識，鈐以『復齋』、『厚之』名印。國初時爲曹秋嶽、朱竹垞諸公所藏，今歸阮雲臺師，重加考證，摹刻於杭州。近開府兩粤，予因得借覽摩抄者累日。

順伯撰述，有《復齋碑録》，見陳思《寶刻叢編》。其墨跡傳於世者，唯此册矣。俞松《續蘭亭考》引周益公云：『朝士喜藏金石刻，且殫見洽聞者，莫如沈虞卿、尤延之、王順伯。』李秀巖云：『王順伯好古博雅，在二熙間爲第一。』《宋史》不爲順伯立傳，其官爵里居不甚著。樓鑰《攻媿集·外制》有《度支員外郎王厚之直秘閣兩浙路轉運判官敕》云：『爾庠校諸生，故家人物，領使淮西，聲望藉甚。爲郎名曹，侃然有守。』《兩浙名賢録》稱『淮西通判』，當在其前。又有《直秘閣兩浙運判王厚之直顯謨閣知臨安府敕》云：『以爾先世，嘗爲京尹，故以命汝。』順伯家世莫詳，《慶元黨禁》稱『江東提刑』，當在其後也。袁起巖詩云：『臨川先生天下士，古貌古心成古癖。搜奇日富老不厭，如渴欲飲饑欲食。牙籤軸不止三萬，集古已多千卷帙。』《容齋三筆》〔一〕：『王順伯藏昔賢墨帖至多。』《攻媿集·跋王順伯家藏帖》有蘇子美《錦雞詩》、范文正公《與尹師魯帖》、韓魏公《與尹師魯帖》、王荊公書佛語、林和靖《與通判帖》、右軍章草、米元章三帖。桑世昌《蘭亭考》稱王氏藏本凡十帙，殆百本，以定武舊刻爲首，北本副之，各以類分，嘗從順伯之子友仁借觀。袁桷《清容集》：『順伯名厚之，號復齋，有《金石録》。家藏石刻、鐘鼎、篆籀、鑑銘、泉譜侔内府。其家兵後不廢。近歲丁未，越饑，新昌尤慘，遂散落。』然則順伯本寓居越之新昌，故册内有『石公輔』名印。題『臨川』者，是其舊望。予髫年侍先君學舍，在新昌最久，王氏子姓繁衍，惜未訪其遺跡云。

亡妻葉安人墓誌銘

安人諱某，其姓葉氏，臨海庠生文梓公長女。文梓公嘗與先君子同席研書，故相締姻。安人以乾隆五十年歸予。纔二年，先慈棄世，安人哀毀盡禮。時家中落，兄弟析爨，安人盡典嫁衣釵釧，以償債負，無愠色。日與僕婦輩共操作，夜間紡績，至三更不倦，里閈嘖嘖稱羨。安人治家，井井有法，遇事咄嗟立辦，甚至鞭扑交下。然性仁慈，恒以恩惠濟人，人咸樂爲之盡力。嘉慶六年，予以選拔貢成均，朝考報罷，薄游燕齊。先君子在堂，安人侍奉，甘旨必親調而後進。課子讀書成人，使予無内顧之憂者，安人之力也。迨十九年，予以直隸州州判，分發廣東候補。引假回里，安人臨别握予手曰：『予骨相薄，恐不及享君之成，此行其永訣耶！』不覺淚下。予驚曰：『寧遽爾！』寬慰再三，不怡者累日。逾二年，果凶問至矣。安人卒于嘉慶二十一年十二月十日，享年五十有三。生子一：瞻墉，遵酌增例捐納，即用布政司理問；女一：適同邑庠生許權衡。瞻墉娶朱氏，生孫女二，側室崔氏生孫鳳鑾、鳳鰲。深念窀穸有期，春秋易謝，將以某年某月，葬於義誠鄉白巖後洋山之原。爰泚筆而爲之銘曰：

糟糠不厭，辛苦與偕。心力既竭，時運多乖。胡微禄之甫沾兮，竟琴軫其先埋。朔風兮栗烈，惻怛兮予懷。

校勘記

〔一〕容齋三筆　原誤作『容齋三華』，今改正。此條引文在《容齋三筆》卷十六。

漢志水道疏證

馮先思　點校

目録

漢志水道疏證序

夫天下至變者莫如水，或千百年而變，或數十年而變，或一二年而變。觀其趨決無常，遷徙不定，載籍所陳，靡得而盡也。然其中名號雖殊，源流本一，學者加以考證，則古今不變之經，改易之跡，猶可如指掌焉。自古言水道者，《山海經》雖荒邈難稽，而支源可尋。外此最詳者，莫如《禹貢》，其次則有《漢書·地理志》，嗣後《水經》有作，酈氏有注，加以應劭、闞駰、杜預、郭璞之徒，參稽引證，厥名猶詳。至宋元以後，世競新名，舊蹟漸廢，而班氏之所記始微矣。以《漢志》上考《禹貢》諸水，《禹貢》河入海在碣石，《志》則改從章武。《禹貢》江入海在中江，《志》則改從北江。《禹貢》『嶓冢導漾，東流爲漢』，《志》則有西漢、東漢之分。《禹貢》『導黑水至于三危』，《志》則僅記黑水祠于滇池，而不詳其所出，蓋以《志》上距《禹貢》已歷二千餘年，其所言乖異，宜無怪其然也。《水經》撰于和順以後，去《志》未遠，淇水至黎陽入河而止，《水經》則自内黄以下盡目淇流。沮水與沔水互通，《水經》即以東狼谷爲沔水所出。汝水出定陵，《水經》謂在梁縣。泲水至乘氏爲泗水，《水經》則通名之曰濟。它如易湖漢爲贛水，改鬱水爲温水，河東則詳澮涑，九江則出肥施，枝分派别，不可悉舉。降而下之，則又無論矣。班氏身爲蘭台令史，得見天下圖籍，故其所記約而能該，詳而有法。東京大儒如許君撰《説文解字》，鄭君注《尚書》《周禮》，所引地説多與《志》同，則其書之精審不苟，取重後世，有自來已。頤煊劉覽有年，因取班氏所記可名者三百六十一，無名者一百三十一，隨其所入，條分縷繫，又錯舉古書，證其同異，别爲四卷。首記北方諸水，次記東南諸水，次記西南諸水，末仿《水經》之例，記以地澤所在，俾學者窮源竟委，觸目可知，用以推當時之古道，息衆論之紛爭，則區區之述亦未必無補于來哲云爾。嘉慶九年十二月八日，臨海洪頤煊書于稾城官舍。

漢志水道疏證卷一

金城郡河關縣積石山，在西南羌中，河水行塞外，東北入塞内，至章武入海，過郡十六，行九千四百里。

《山海經》：『海内昆侖之虚在西北。河水出東北隅，以行其北，西南又入勃海，又出海外，即西而北，入禹所導積石山。』郭璞曰：『河南出昆侖，潛行地下，至葱嶺，出于闐國。復分流岐出，合而東流，注泑澤。已復潛行，南出于積石山，而爲中國河也。』《水經》：『積石在隴西河關縣西南。』《後漢書》注：『積石山在今鄯州龍支縣南，即《禹貢》云導河積石是也。』案《禹貢》河自碣石入海。《溝洫志》：『《周譜》云：定王五年河徙。』《武帝紀》：『元光三年春，河水徙，從頓丘東南流入勃海。』此《志》所記之河道也。《水經》敘河水自黎陽以下有河水故瀆，而以漯水爲河水正流，蓋元始以後所改變矣。河自河關至章武，所過有金城、天水、武威、安定、北地、朔方、五原、雲中、定襄、雁門、西河、上郡、河東、左馮翊、河内、河南、魏郡、東郡、清河、平原、信都、勃海二十二郡，今本作十六者，字之誤也。

金城郡白石縣，離水出西塞外，東至枹罕入河。

《水經注》：『灕水導源塞外羌中，東北流，又東逕白石縣故城南，又東逕枹罕縣故城南，又東北出峽北流注于河。』

隴西郡臨洮縣，洮水出塞外羌中，北至枹罕入河。

《説文解字》：『洮水出隴西臨洮，東北入河。』《水經》：『河水又東過隴西河關縣北，洮水從東南來注之。』注：『《沙州記》曰：洮水與墊江水俱出嵹臺山。嵹臺，西傾之異名也。洮水東北流，逕吐谷渾中，又東逕臨洮縣故城北，又北逕安故縣故城西，又北逕降狄道故城西，北入河。』《括地志》：『嵹臺山在洮州臨潭縣西南三百三十六里。』謹案：《水經注》『降狄道』，戴校本據《漢書》删『降』字。

金城郡臨羌縣北，則湟水所出，東至允吾入河。

《説文解字》：『湟水出金城臨羌塞外，東入河。』《水經注》：『王莽更允吾爲修遠縣，河水逕其南。西有湟水出塞外，東逕西王母石室、石釜、西海、鹽池北，故闞駰曰：其西即湟水之源也。東逕臨羌縣故城北，又東逕安夷縣故城，又東逕允街縣故城南，又東逕枝陽縣，又東流注于金城河，即積石之黄河也。』

金城郡浩亹縣，浩亹水出西塞外，東至允吾入湟水。

《水經注》：『湟水又東南逕小晋興城北，又南與閤門河合，即浩亹河也。水出西塞外，東入塞内，逕敦煌、酒泉、張掖南，又東逕浩亹縣故城南，又東流注于湟水。』《元和郡縣志》：『湟水縣，浩亹水，今謂之閤門水，經縣東，去縣五十五里。』謹案：『閤』戴校本作『閤』。

金城郡允吾縣，烏亭逆水出參街谷，東至枝陽入湟。

《水經注》：『湟水又東逕枝陽縣，逆水注之。水出允吾縣之參街谷東南流，又東逕枝陽縣故城南，東南入于湟水。』《元和郡縣志》：『廣武縣，烏逆水，在縣西南二十許里。』

金城郡令居縣，澗水出西北塞外，至縣西南入鄭伯津。

《水經注》：『湟水又東逕允吾縣，北爲鄭伯津，與澗水合。水出令居縣西北塞外，南流逕其縣故城西，又南流注鄭伯津。』

安定郡眴卷縣，河水別出爲河溝，東至富平北入河。

《水經注》：『河水於此有上河之名也。』又云：『河水又東北逕廉縣故城東。河水又北與枝津合，水受大河，東北逕富平城，所在分裂，以溉田圃。北流入河，今無水。《爾雅》曰：灉〔一〕，反入，言河決復入者也。河之有灉，若漢之有潛也。』

定襄郡武進縣，白渠水出塞外，西至沙陵入河。

《水經注》：『白渠水出塞外，西逕定襄武進縣故城北，又西南逕雲中縣故城南，又西北逕沙陵縣故城南，其水西注沙陵湖。』

定襄郡武皋縣，荒干水出塞外，西至沙陵入河。

《水經注》：『荒干水出塞外，西南逕武皋縣，又南逕原陽縣故城西，又西南注沙陵湖，湖水西南入于河。』

上郡白土縣，圜水出西，東入河。

《史記·匈奴列傳》作『圜洛之間〔三〕』。晋灼曰：『圜，音嚚。《三倉》作圁。』顔師古曰：『圜水即今銀州銀水是也。書本作「圁」，後轉寫者誤爲「圜」耳。』《水經注》：『圁水出上郡白土縣圁谷，東逕圁陰縣南，東流注于河。』

太原郡汾陽縣北山，汾水所出，西南至汾陰入河，過郡二，行千三百四十里。

《山海經》：『管涔之山，汾水出焉，而西流注于河。』《淮南子》：『汾出燕京。』《十三州志》：曰『亦管涔之異名也。』《元和郡縣志》：『静樂縣管涔山在縣北一百三十里，汾水源出焉。』《水經》：『汾水出太原汾陽縣北管涔山，至汾陰縣北，西注于河。』郭璞曰：『今汾水出太原晋陽故汾陽縣東南，經晋陽西南，經西河、平陽，至河東汾陰入河，過太原、河東二郡。』

太原郡晋陽縣，龍山在西北，晋水所出，東入汾。

《山海經》：『縣雍之山，晋水出焉，而東流注于汾水。』《水經》：『晋水出晋陽縣西縣甕山，又東過其縣南，又東入于汾水。』《魏書·地形志》：『晋陽西南有懸甕山，一名龍山，晋水所出。』《元和郡縣志》：『在縣西南十二里。』

隴西郡首陽縣，《禹貢》『鳥鼠同穴』，山在西南，渭水所出，東至船司空入河，過郡四，行千八百七十里。

《山海經》：『鳥鼠同穴之山，渭水出焉，而東流注于河。』又云：『渭水出鳥鼠同穴山，東注河，入華陰北。』《水經》：『渭水出隴西首陽縣渭谷亭南鳥鼠山，至華陰縣北，又東入于河。』郭璞曰：『鳥鼠同穴山，今在隴西首陽縣，渭水出其東，經南安、天水、略陽、扶風、始平、京兆、弘農、華陰縣入河。』《括地志》：『渭水源出渭原縣西七十六里鳥鼠山，東流入河，過隴西、天水、右扶風、左馮翊四郡。』

右扶風汧縣，汧水出，西北入渭。

《説文解字》：『汧水出扶風汧縣，西北入渭。』《水經注》：『汧水出汧縣之蒲谷鄉弦中谷，決爲弦蒲藪。水有二源，一水出縣西山，東逕汧縣故城北，流注于汧，汧水又東會。一水發源南山西側，又東南逕隃麋縣故城南，東南逕郁夷縣，逕平陽故城南，又東流注于渭。』《括地志》：『汧水源出隴州汧源縣汧山，東入渭。』

右扶風武功縣，斜水出衙領山，北至郿入渭。

《水經》：『渭水又東過武功縣北，注斜水，出縣西南衙領山，北歷斜谷，逕五丈原東。水出武功縣，故亦謂之武功水，其水北流，注于渭。』

右扶風漆縣，漆水在縣西

《山海經》：『羭次之山，漆水出焉，北流注于渭。』郭璞曰：『漆水出岐山。』《説文解字》：『漆水出右扶風杜陵岐山，東入渭。一曰入洛。』《水經》：『漆水出扶風杜陽縣俞山，東北入于渭。』注：『漆水出杜陽縣之漆谿，謂之漆渠，故徐廣曰「漆水出杜陽之岐山」者是也。』《括地志》：『漆水源出岐州普潤縣東南岐漆山漆谿，東入渭。』

右扶風杜陽縣，杜水南入渭。

《水經注》：『杜水出杜陽山，謂之杜陽川。左會漆水，東逕杜陽縣故城東，又南流注于渭。』

右扶風鄠縣，酆水出東南。又有潏水，皆北過上林苑，入渭。

《水經》：『渭水過槐里縣南，又東。豐水從南來注之。』張揖《上林賦》注：『灃水出鄠南山豐谷。』《括地志》：『灃水源在雍州長安縣西南山灃谷。』《元和郡縣志》：『鄠縣，豐水，出縣東南終南山，自發源北流，經縣東二十八里，北流入渭。』吕忱曰：『潏水出杜陵縣。』《水經注》：『渭水又東北逕渭城南，而沈水注之。其水上承皇子陂于樊川。其水西北流。又北逕長安城西。又北流注渭。』亦謂是水爲潏水也。

右扶風郿縣，成國渠首受渭，東北至上林，入蒙籠渠。

《水經注》：『盩厔縣北有蒙籠渠，上承渭水于郿縣東，逕武功縣東〔三〕，爲成林渠，東逕縣北，亦曰靈軹渠，漳渠以引堵水。』案『成林渠』即『成國渠』之譌。《元和郡縣志》：『郿縣，成國渠，在縣東北九里。』《水經注》又云：『渭水又東會成國故渠，渠，魏尚書左僕射衛臻征蜀所開也。其瀆上承汧水於陳倉東，東逕郿及武功、槐里縣北，又東逕茂陵縣故城南，又東逕平陵縣故城，又東南注于渭。』當由後人改鑿，非《志》之所云矣。

京兆尹南陵縣，滻水舊本誤作『沂水』。出藍田谷，北至霸陵入霸水，霸水亦出藍田谷北，入渭。

《説文解字》：『滻水出京兆藍田谷，入灞。』《水經》：『滻水出京兆藍田谷，北入於灞。』注：『滻水出南陵縣之藍田谷，西北流與一水合。水出西南莽谷，東北流注滻水。滻水又北歷藍田川，北流注于灞水。』《水經》：『渭水，又東過霸陵縣北，霸水從縣西北流注之。』注：『古曰滋水。秦穆公霸世，更名滋水爲霸水，以顯霸功。水出藍田縣藍田谷。』《元和郡縣志》：『藍田縣，霸水，即秦嶺水之下流，東南自商州上洛縣界流入，又西北合滻水入渭。藍田山一名玉山，一名覆車山，在縣東二十八里。』

安定郡涇陽縣，幵頭山在西。《禹貢》『涇水所出』，東南至陽陵入渭，過郡三，行千六十里。

《説文解字》：『涇水出安定涇陽幵頭山，東南入渭。』郭璞曰：『今涇水出安定朝那縣西幵頭山，至京兆高陵縣入渭。』《水經注》：『渭水東逕霸城縣北，與高陵分水，左則涇水注之。』《括地志》：『涇水源出原州百泉縣西南笄頭山涇谷。』《元和郡縣志》：『百泉縣涇水源出縣西南涇谷，過安定、右扶風、左馮翊三郡。』

右扶風汧縣，芮水出西北，東入涇。

《山海經》：『龍首之山，苕水出焉。東南流注于涇水。』案『苕』當爲『芮』。《水經注》：

『芮水出小隴山。』《元和郡縣志》：『華亭縣小隴山在縣西四十里。』

安定郡烏氏縣，烏水出西，北入涇舊本作『入河』誤。

《續漢志》『烏枝』補注：『本傳有龍池山，《地道記》曰：「烏水出。」』《太平寰宇記》：『烏水出都盧山，有西烏水。又東北逕烏氏縣，東注于涇。』

左馮翊褱德縣，洛水東南入渭。

《周禮》：『雍州其浸渭、洛。』注：『洛出懷德。』賈公彦曰：『此洛即《詩》云「瞻彼洛矣」一也，與《禹貢》「導洛自熊耳」者别。』《水經》：『渭水又東過華陰縣北。』注：『渭水東南，洛水入焉。闞駰以爲漆沮之水。』晋灼曰：『《水經》：洛水出上郡雕陰泰冒山，過華陰入渭，即漆沮水也。』程大昌曰：『諸家言洛即漆沮。所謂洛水者，《地理志》曰「出北地歸德縣戎夷中」，今案其自入塞後逕鄜、坊、同之三州，乃始入渭。孔安國輩謂自馮翊懷德縣入渭者是也。』

北地郡歸德縣，洛水出北蠻夷中，入河。

《山海經》：『白於之山，洛水出于其陽，而東流注于渭。』《淮南子》：『洛出獵山。』高誘曰：『獵山在北地西北夷中。』《説文解字》：『洛水出左馮翊歸德北夷界中，東南入渭。』案《志上》記其委，此記其源。二洛本一水，故《説文》即合爲一，與《志》同也。所云入河者，由渭以入河也。

北地郡直路縣，沮水出東，西入洛。

《説文解字》：『瀘水出北地直路西，東入洛。』《水經》：『瀘水出北地直路縣東，過馮翊祋祤縣北，東入於洛。』注：『今水自直路縣東南，又東逕粟邑縣故城北，其水又東北注於洛水也。』

弘農郡弘農縣，衙領衙領，舊本作衙山領。下谷，爥水所出，北入河。

《水經注》『爥水有二源，左水南出于衙嶺，世謂之石城山，其水東北流，逕石城西，東北合右水。右水出石城山東北，逕石城東，東北入左水。爥水，又北入門水。門水又北逕弘農縣故城東，而注于河。』《太平寰宇記》：『恒農縣，衙山嶺在縣西南三十五里。』

弘農郡上雒縣，《禹貢》『雒水出冢領山』，東北至鞏入河。過郡二，行千七十里。

《山海經》：『讙舉之山，洛水出焉。』又云：『洛水出洛西山，東北注河，入成皋之西。』《水經》：『洛水出京兆上洛縣讙舉山，東北過鞏縣，入千河。』杜預曰：『雒水出上雒縣冢領山，東北經弘農至河南鞏縣入河。』《元和郡縣志》：『鞏縣，洛水，東經洛汭，北對琅邪渚入河，謂之洛口。過弘農、河南二郡。』

弘農郡盧氏縣，熊耳山在東，伊水出，東北入雒。過郡一，行四百五十里。

《山海經》：『蔓渠之山，伊水出焉，而東流注于洛。』郭璞曰：『今伊水出上洛盧氏縣熊耳山，東北至河南洛陽縣入洛。』《水經》：『伊水出南陽魯陽縣西蔓渠山。又東北至洛陽縣南，北入洛。過河南郡。』

河南郡穀成縣，《禹貢》『瀍水出晉亭北』，東南入雒。

《續漢志》：『穀城縣，瀍水出。』補注：『《博物記》曰：出潛亭山。』《水經》：『瀍水出河南穀城縣北山，又東過洛陽縣南，又東過偃師縣，又東入于洛。』注：『穀城縣北有潛亭，瀍水出其北梓澤中。』《括地志》：『瀍水出洛州新安縣，東南流至洛州郭内，南入洛。』

弘農郡新安縣，《禹貢》『澗水在東』，南入雒。

《山海經》：『白石之山，澗水出於其陰，西北流注于穀水。』《説文解字》：『澗水出弘農新安，東南入洛。』《水經》：『澗水出新安縣南白石山，東南入于洛。』注：『世謂是山曰廣陽山，水曰赤岸水，亦曰石子澗。東北流，歷函谷東坂東。即《周書》所謂「我卜澗水東」，言是水者也。』《括地志》：『澗水源出洛州新安縣東白石山，東北與穀水合流，經洛州郭内，東流入洛。』

弘農郡黽池縣，穀水出穀陽谷，東北至穀成入雒。

《山海經》：『傅山之西有林焉，曰墦冢，穀水出焉，而東流注于洛。』郭璞曰：『今穀水出穀陽谷，東北至穀城縣入洛河。』《水經》：『穀水出弘農黽池縣南墦冢林穀陽谷，東北過穀城縣北。又東過河南縣北，東南入于洛。』注：『今穀水出于崤東馬頭山穀陽谷，東北流，歷黽池川，亦謂之彭池，穀水出處也。』

上黨郡穀遠縣，羊頭山世靡谷，沁水所出，東南至滎陽入河。過郡三，行九百七十里。

《説文解字》：『沁水出上黨羊頭山，東南入河。』《水經》：『沁水出上黨涅縣謁戾山，又東過武德縣南，又東南至滎陽縣北，東入于河。』注：『或言出穀遠縣羊頭山世靡谷。』《元和郡縣志》：『綿上縣，羊頭山一名謁戾山，在縣東北五十里，沁水所出。過上黨、河内、河南三郡。』

上黨郡泫氏縣，楊谷，絶水所出，南至壄王，入沁。

《水經注》：『絶水出泫氏縣西北楊谷，東南流逕泫氏縣故城北，與泫水會，東南入高都縣，右入丹水。』《太平寰宇記》：『高平縣，絶水在縣西北三十里，源出髑髏山楊谷。』案《水經注》自此以下到『入沁』，俱稱丹水。《太平御覽》引《志》作『泫水』。《水經注》：『泫水導源縣西北泫谷。』與絶水源别。

上黨郡高都縣，莞谷，丹水所出，東南入絶水。

《水經注》：『丹水出上黨高都縣故城東北阜〔四〕，俗謂之源。源水，《山海經》曰「沁水之東有林焉，名曰丹林，丹水出焉」，即斯水矣。丹水自源東北流，又屈而東注。左會絶水。丹水又東南出山，逕郟城西。又西逕苑鄉城北，東南注于沁。』

河内郡共縣，北山，淇水所出，至黎陽入河。

《山海經》：『沮洳之山，淇水出焉，南流注于河。』《説文解字》：『淇水出共北山，東入河。一曰出隆慮西山。』《水經》：『淇水出河内隆慮縣西大號山。』高誘曰：『大號山在河南共縣北。或曰在隆慮西。』《水經注》：『淇水歷舊淇水口東流，逕黎陽縣界，南入河。《溝洫志》「遮害亭西十八里，至淇水口」是也。』《水經》：『淇水又東過内黄縣南，爲白溝。屈從縣東北，與洹水合。又東北過館陶縣北，又東過清淵縣西。又東過廣宗縣東，爲清河。又東過武城縣西。又東過廣川縣東。又東過脩縣南，又東過東光縣西。又東北過南皮縣西。又東北過浮陽縣西。又東北過漂榆邑，入于海。』案《水經》淇水與黄澤、清河、洹、蕩諸水亂流通稱，《志》不謂之淇水也。

上黨郡壺關縣，沾水東至朝歌入淇。

《説文解字》：『沾水出壺關東，入淇。』《水經注》：『沾水出壺關縣東沾臺下，泉流發于西北隅，又東流注于淇。』《元和郡縣志》：『壺關縣，羊腸坂，在縣東南一百六里，沾水出焉。』

河内郡蕩陰縣，蕩水東至内黄澤。西山，羑水所出，亦至内黄入蕩。

《説文解字》：『蕩水出蕩陰縣東，入黄澤。』《水經》：『蕩水出河内蕩陰縣西山東。又東北至内黄縣，入于黄澤。』《溝洫志》：『内黄界中有澤，方數十里。』《水經注》：『羑水出蕩陰西北韓大牛泉。又東流逕羑城北。又東歷黄澤，入蕩水。』《太平寰宇記》：『蕩陰縣，蕩水，在縣治北，源出縣西牟山，去縣三十五里。羑水源出縣西北山下。』《元和郡縣志》：『内黄縣，黄澤，在縣西北五里。』

魏郡内黄縣，清河水出南。

《續漢志》：『魏郡内黄縣，清河水出。』《水經》：『淇水東北過廣宗縣東，爲清河。』案自此以下至入海，《注》皆謂之清河。

魏郡鄴縣，故大河在，東北入海。

《續漢志》：『魏郡鄴有故大河。』《水經》：『河水又東北過黎陽縣南。河之故瀆出焉。』注：『《溝洫志》曰：「河之爲中國害尤甚，故導河自積石，歷龍門，釃二渠以引河。」一則漯川，今所流也。一則北瀆，王莽時空，故世俗名是瀆爲王莽河也。』《史記正義》：『河至冀州分布爲九河，下至滄州更同合爲一。大河名曰逆河，而夾右碣石入于勃海。』案《水經》東漢人所撰，故以漯川爲河水正流，其北瀆王莽時空者，疑即《志》至章武入海之道也。此故大河即王横所云禹之行河，水本從西山下東北去者。

魏郡館陶縣，河水別出爲屯氏河，東北至章武入海。過郡四，行千五百里。

《溝洫志》：『自塞宣房後，河復北決於館陶，分爲屯氏河，東北經魏郡、清河、信都、勃海入海。』《水經》：『河之故瀆自沙丘堰南分，屯氏河出焉。』注：『一水分大河故瀆，北出爲屯氏河，逕館陶縣東，東北出。』又云：『屯氏河故瀆自別河，東逕甘陵之信鄉縣故城南。又東逕甘陵縣故城北，又東逕靈縣北，又東北逕鄃縣，與鳴犢河故瀆合。上承大河故瀆于靈縣南，《地理志》曰「河水自靈縣別出爲鳴犢河」者也。』案屯氏河自館陶別出，至章武入海，與大河同也。

清河郡靈縣，河水別出爲鳴犢河，東北至蓚，入屯氏河。

《溝洫志》：『元帝永光五年，河決清河靈鳴犢口，而屯氏河絶。』《水經注》：『大河故瀆又東北逕靈縣故城南，河水于縣別出爲鳴犢河。《十三州志》曰：「鳴犢河東北至脩入屯氏。」』

清河郡信成縣，張甲河首受屯氏别河，東北至蓨，入漳水。

《水經注》：『屯氏别河故瀆又東北逕信成縣，張甲河出焉。張甲故瀆又東北至脩縣東會清河。《十三州志》曰「張甲河東北至脩縣入清漳」者也。』《元和郡縣志》：『宗城縣，張甲河在縣南二十五里。經城縣，張甲枯河東去縣十里。』

河内郡隆慮縣，洹水舊本誤作國水。東北至信成入張甲河，過郡三，行千八百四十里。

《水經》：『淇水東過内黄縣南，爲白溝，屈從縣東北與洹水合。』又云：『洹水出上黨泫氏縣，東過隆慮縣北。又東北出山，過鄴縣南。又東過内黄縣北，東入于白溝。』注：『水出洹山，山在長子縣也。』郭璞曰：『洹水出汲郡林慮縣東北，到魏郡長樂入清水。過河内、魏、清河三郡。』

平原郡平原縣，有篤馬河，東北入海，行五百六十里。

《溝洫志》：『孫禁以爲今可決平原金隄閒，開通大河，令入故篤馬河，至海五百餘里。』《續漢志》『平原』補注：『《地道記》曰有篤馬河。』《水經注》：『屯氏别河南瀆自平原城北首受大河故瀆，東出，亦通謂之篤馬河。即《地理志》所謂「平原縣有篤馬河，東北入海，行五百六十里」者也。』

上黨郡沾縣，大黽谷，清漳水所出，東北至阜成入大河。過郡五，行千六百八十里。謹案：《水經》：『漳水東北過阜城縣，與滹沱河會。』阜城，故信都之昌成，非勃海阜城，此作『阜』誤。

《水經注》：『漳水又東北逕西門豹祠前。漳水右與枝水合，其水上承漳水於邯會西，而東自寄氏界來，入濁漳。』

魏郡武始縣，漳水東至邯鄲入漳。

桑欽云：絳水出屯留西南，東入漳。』《魏書·地形志》：『樂陽，有望天嶺，絳水所出。屯留水

《水經注》：『絳水西出穀遠縣東之發鳩谷。東逕屯留縣故城南。其水東北流，入于漳，故

上黨郡屯留縣，桑欽言絳水出西南，東入漳。

在南。』《元和郡縣志》：『發鳩山在縣西南六十五里，濁漳水出焉。』

鄴，入清漳。』《水經》：『濁漳水出上黨長子縣西發鳩山。』注：『漳水出鹿谷山，與發鳩連麓而

《山海經》：『發鳩之山，漳水出焉，東流注于河。』郭璞曰：『或曰出長子縣鹿谷山，而東至

上黨郡長子縣，鹿谷山，濁漳水所出，東至鄴，入清漳。

故昌成。郭注作『邑成』，亦誤也。

過上黨、魏、廣平、鉅鹿、信都五郡。謹案：班《志》『阜城』屬勃海，『昌成』屬信都。《續志》安平國阜城，

入海。』注：『大河故瀆又東北至東光縣故城西，而北與漳水合。』《志》漳水入河，不入海也。

東至武安縣南黍窖邑，入于濁漳。濁漳水又東北過成平縣，南合清河。又東北過平舒縣南，東

入于濁漳。或曰東北至邑成，入于大河也。』案《水經》：『清漳水出上黨沾縣西北少山大𡝩谷，

《說文解字》：『清漳出沾山大𡝩谷，北入河。』郭璞曰：『清漳出少山大要谷，至武安縣南，

別與邯水合。張晏曰：漳水之別自城西南與邯山之水會。今城旁猶有溝渠存焉。其水又東北入于漳。』謹案：《御覽》引《水經注》：『滏水出石鼓山，東流注于漳，謂之合河。』段氏玉裁、錢氏坫云《志》『漳水』當作『滏水』，是也。

魏郡武安縣，欽口山，白渠水所出，東至列人，入漳。

《水經注》：『漳水又東北逕列人縣故城南。于縣右合白渠故瀆，白渠水出武安縣欽口山，東南流逕邯鄲縣南。歷邯溝縣故城東。又東逕肥鄉縣故城北。逕列人，右會漳津，今無水。』

魏郡武始縣，又有拘澗水，東南至邯鄲，入白渠。

《水經注》：『白渠水逕邯鄲縣南，又東與拘澗水合。水導源武始東山，入白渠，北俗猶謂是水爲拘河也。』

趙國邯鄲縣，堵山，牛首之水所出，東入白渠。

《山海經》：『錫山，牛首之水出焉，而東流注于釜水。』《水經注》：『白渠水又東，又有牛首水入焉。水出邯鄲縣西堵山。東入邯鄲城。東南流，注拘澗水。又東入白渠。』《太平寰宇記》：『邯鄲縣，牛首水在縣西北三十里，又名曲河。』

真定國綿曼縣，斯洨水首受大白渠，東至鄡，入河。

《水經注》：『斯洨水首受大白渠。大白渠首受綿蔓水。』又云：『斯洨水又東逕西梁城南，又東北逕欒信縣故城南。又東南入衡水。衡水又北逕鄡縣故城東。』案『鄡』即『鄡』字之誤。

《續漢志》：『房子縣贊皇山，濟水所出。』《説文解字》：『濟水出常山房子贊皇山，東入

常山郡房子縣贊皇山，石濟水所出，東至廮陶入泜。

《説文解字》：『洨水出常山石邑井陘，東南入于泜。』

常山郡石邑縣，井陘山在西，洨水所出，東南至廮陶入泜。

郡元氏縣有泜水，首受中丘西出窮泉谷，入黄河。』案黄河者，漳河也。或改作横河，非是。

郭璞曰：『今泜水出中丘縣西窮泉谷，東注于堂陽縣，入于漳水。』《文選》注引《漢書》：『恒山

《説文解字》：『泜水在常山。』《山海經》：『敦與之山，泜水出于其陰，而東流注于彭水。』

常山郡元氏縣，泜水舊本作沮水，誤。首受中丘西山窮泉谷，東至堂陽，入黄河。

《水經注》反以爲正流矣。

北。又東逕貰縣，入斯洨水。』案上艾縣綿蔓水，本至蒲吾入虖池水，此入斯洨水者其枝津耳，

水。《地理志》曰「大白渠東南至下曲陽，入斯洨河」者也。』又云：『白渠枝水又東逕下曲陽城

者。又東南逕闞縣故城北。又東逕宋子縣故城北。又東逕敬武縣故城北。又東，謂之斯洨

《水經注》：『綿蔓水又東逕烏子堰。又東，謂之大白渠。《地理志》所謂「首受綿蔓水」

常山郡蒲吾縣，大白渠水首受緜曼水，東南至下曲陽，入斯洨。

易、滹沱諸水所亂。此云入河者，入漳河也。

《志》大河本自黎陽以下至章武入海。東漢後改從漯川，至千乘入海，其故道遂爲淇、漳、滱、

泜。』《元和郡縣志》：『濟水源出贊皇山，西北流，去縣南十里。』此自别一濟水，應劭以爲四瀆，誤也。

信都國信都縣，故章河、故虖池皆在北，東入海。《禹貢》絳水亦入海。

案云『故』者，是章河、虖池之故道，非作《志》時所行之道也。《史記集解》：『鄭玄云《地理志》降水在信都南。』《水經注》『絳瀆又北逕信都，東散入澤渚。西至于信都城，東連于廣川縣之張甲故瀆，同歸于海。』鄭玄注《尚書》曰：『水土之名變易，世失其處，見降水則以爲絳水，故依而廢讀，或作絳字，非也。』

代郡靈丘縣，滱水東至文安，入大河。過郡五，行九百四十里。

《山海經》：『高是之山，滱水出焉，東流注于河。』《説文解字》：『滱水起代郡靈丘，東入河。』《水經》：『滱水出代郡靈丘縣高是山〔五〕。又東過博陵縣南。又東北入于易。易水又東過泉州縣南，東入于海。』《太平寰宇記》：『靈丘縣，嘔夷水，一名滱水，出縣西北高是山。』又云：『高是山在縣西北七十里，過代、常山、中山、涿、勃海五郡。』

常山郡上曲陽縣，恒山北谷在西北，《禹貢》『恒水所出』，東入滱。

《水經》：『滱水又東南過中山上曲陽縣北，恒水從西來注之。』注：『滱水又東逕左人城南。又東，恒水從西來注之，自下滱水兼納恒川之通稱焉，即《禹貢》所謂「恒衞既從」也。』《史記索隱》：『恒水出恒山上曲陽縣，東入滱水。』

中山國北新成縣，桑欽言易水出西北，東入滱。

《水經注》：『易水東逕容城縣故城南。易水又東，涭水注之。水側有渾涭城，易水逕其南，東合滱水。故桑欽曰：「易水出北新城西北，東入滱。」自下滱、易互受通稱矣。』

中山國望都縣，博水東至高陽，入河。

《水經注》：『滱水又東北逕侯世縣故城南，又東北逕陵陽亭東。又北，左會博水，水出望都縣故城北〔六〕。又東北，左則濡水注之。自下博水亦兼濡水通稱矣。』應劭曰：『博水出中山望都，入河。』案滱亦名河，入河者即入滱也。下同。

中山國北平縣，徐水東至高陽，入博。又有盧水，亦至高陽入河。

《水經注》：『博水又東北，徐水注之。水西出廣昌縣東南大嶺下。又逕北平縣。又東流，入博水。』又云：『滱水又東逕唐縣故城南。滱水之右，盧水注之。水上承城内盧水池〔七〕。《地理志》曰「盧水出北平」，疑爲疎闊，闞駰、應劭之徒，咸亦謂是矣。』

中山國曲逆縣，蒲陽山，蒲水所出，入濡。又有蘇水，亦東入濡。

《水經注》：『濡水出蒲陰縣西昌安郭南。其水自源東逕其縣故城南。亦謂之爲曲逆水也。又東與蘇水合，水出縣西南近山，東北流，又東逕其縣入濡。濡水又東，得蒲水口，水出西北蒲陽山。又東南流逕蒲陰縣故城北。又東入濡。又東北逕樂城南。又東入博水。』

代郡廣昌縣，淶水東南至容城入河，過郡三，行五百里。

《説文解字》：『淶水起北地廣昌，東入河。』《水經》：『巨馬河出代郡廣昌縣淶山，又東南過容城縣北，又東過勃海東平舒縣北，東入于海。』注：『即淶水也。東南流逕迺縣故城東，謂之巨馬河。《地理志》曰「淶水東南至容城入河」，即濡水也。』過代、上谷、涿三郡。

涿郡故安縣，閻鄉，易水所出，東至范陽入濡。水亦至范陽入淶。

《周禮》注：『易出故安。』《水經》：『易水出涿郡故安縣閻鄉西山。東過范陽縣南，又東過容城縣南。又東過安次縣南。又東過泉州縣南，東入于海。』注：『易水逕范陽縣故城南。又東與濡水合。濡水又東南流于容城縣西北，合易水而注巨馬水。』案《志》不記濡水所出，《水經注》於此下云『濡水出故安縣西北窮獨山南谷〔八〕』，與上文出蒲陰縣西昌安郭南者異源同流，亦淶、易諸水之互受通稱也。《説文解字》：『濡水出涿郡故安，東入漆淶』，《水經注》又引作『入深』，『深』、『渠』皆傳寫之譌。

涿郡涿縣，桃水首受淶水，分東至安次入河。

《水經注》：『聖水自涿縣東與桃水合，首受淶水于徐城東南良鄉，西分垣水，世謂之南沙溝，即桃水也。桃水東逕陽鄉，東注聖水。聖水又東逕勃海安次縣故城南。又東南流，注于巨馬河。』

涿郡良鄉縣，垣水東南至陽鄉，入桃。

《水經注》：『垣水上分淶水于良鄉縣之桃水，世謂之北沙溝。又東逕涿縣北，東流注于桃。故應劭曰：「垣水東入桃。」闞駰曰：「至陽鄉注之。」』

代郡鹵城縣，虖池河東至參合入虖池別。過郡九，行千三百四十里。從河東至文安入海。過郡六，行千三百七十里。謹案：『別』下當有『河』字。

《山海經》：『泰戲之山，虖沱之水出焉。』又云：『虖沱水出晉陽城南，而西至陽曲北，而東注勃海，入越章武北。』郭璞曰：『今虖沱水出雁門鹵城縣武夫山。』《元和郡縣志》：『繁峙縣，泰戲山，一名武夫山，在縣東南九十里。』案《水經注》本有虖沱篇，今傳寫亡矣。過代、雁門、定襄、太原、常山、鉅鹿、河閒、涿、勃海九郡。從河所過六郡無攷。謹案：錢坫曰：『從河當作別河，過代、雁門、常山、信都、河閒、勃海六郡。』

太原郡上艾縣，緜曼水東至蒲吾入虖池水。

《水經注》：『綿蔓水上承桃水，出樂平郡之上艾縣。南逕蒲吾縣故城西。又東南流逕綿蔓縣故城北，自下通謂之綿蔓水。』《史記正義》：『綿蔓水一名阜將，一名洄星，自并州流入井陘界。』《古今注》：『永平十年作常山呼沱河蒲吾渠，通漕船也。』

常山郡靈壽縣，《禹貢》『衛水出』，東北入虖池。

《周禮注》：『衛水在靈壽。』《續漢志》：『靈壽，衛水出。』《太平寰宇記》引《水經》云：『衛水出常山靈壽縣西，東北入滹沱河。』

常山郡南行唐縣，牛飲山白陘谷，舊本作『白陸谷』。滋水所出，東至新市入虖池水。

《山海經》：『高是之山，滋水出焉，而南流注于虖沱。』《説文解字》：『滋水出牛飲山白陘谷，東入呼沱。』

魏郡武安縣，又有寖水，東北至東昌入虖池河。過郡五，行六百一里。

《説文解字》：『寖水出魏郡武安，東北入呼沱水。』《隋書·地理志》：『武安郡武安縣，有寖水。』過魏、趙、廣平、鉅鹿、信都五郡。

趙國襄國縣，西山，渪水所出，東北至任入寖。又有蓼水、㴲水，舊本『㴲水』作『馮水』，誤。皆東至朝平入渪。

《説文解字》：『渪水出趙國襄國之西山，東北入寖。』又云：『㴲水出趙國襄國，東入渪。』《隋書·地理志》：『襄國郡龍岡縣，有㴲水。』《太平寰宇記》：『龍岡縣，渪水，一名澧水，俗謂之百泉，出縣東平地。蓼水，一名達活水。《水經》云：「蓼水出襄國石井岡。」』

常山郡中丘縣，逢山長谷，渚水舊本誤作『諸水』。所出，東至張邑入渪。舊本誤作『入濁』。

《説文解字》：『渚水在常山中丘逢山，東入渪。』《太平寰宇記》：『内丘縣蓬鵲山，在縣西六十三里。《地理志》云：「中丘蓬山長谷，之水所出。」』

廣平國南和縣，列葭水東入㴲。

《武五子傳》：『燕剌王使人祠葭水。』晋灼曰：『葭水在廣平。』《水經注》：『衡水自堰分爲二〔九〕，其右水東北注出石門。謂之長蘆水，蓋變列葭之名也。』《太平寰宇記》：『南和縣，列家水，在縣西南十里。』

河閒國樂成縣，虖池別水首受虖池河，東至東光入虖池河。

《水經》：『濁漳水又東北至樂成陵縣別出北瀆。』注：『衡漳于縣無別出之瀆，出縣北者乃虖池別水，分虖池故瀆之所纏絡也。』

河閒國弓高縣，虖池別河首受虖池河，東至平舒入海。謹案：此東平舒。

《水經注》：『衡漳又東逕弓高縣故城北。又東逕建成縣故城南。成平縣故城在北，城南北相值。又東，左會虖池別河故瀆，又東北合清河，謂之合口。清漳枝瀆又逕東平舒縣故城南。又東北分爲二水，一水北注虖池，與清漳亂流而東注于海。』

勃海郡成平縣，虖池河，民曰徒駭河。謹案：《水經注》：『成平縣東有虖池河故瀆。』

《溝洫志》：『許商以爲：古説九河之名，有徒駭、胡蘇、鬲津，今見在成平、東光、鬲界中。』

《爾雅》：『九河徒駭。』郭璞曰：『今在成平。』

雁門郡陰館縣，累頭山，治水所出，東至泉州入海。過郡六，行千一百里。

《武五子傳》：『燕剌王使人祠台水。』晉灼曰：『《地理志》台水在雁門。』《説文解字》：『纝水出雁門陰館累頭山，東入海。或曰治水也。』《水經》：『纝水出雁門陰館縣，東北過代郡桑乾縣南，又東至漁陽雍奴縣西，入笥溝。』注：『笥溝，沽水之別名也。〔一〇〕』案『台』、『纝』皆聲相近。過雁門、代、上谷、涿、廣陽、漁陽六郡。

代郡平舒縣，祁夷水北至桑乾入沽。

《周禮》：『并州，其川嘔夷。』注：『嘔夷，祁夷與？出平舒。』《水經注》：『祁夷水出平舒縣，東逕平舒縣之故城南澤中。又東北流，逕代城西。又北逕桑乾故城東，而北流注于㶟。』

代郡且如縣，于延水出塞外，東至廣寧入沽。

《水經注》：『于延水出塞外柔玄鎮西長川城南小山。《山海經》曰：「梁渠之山，修水出焉。」東南流逕且如縣故城南。于延水出縣北塞外，即修水也。于延水，又南逕且居縣故城南，其水東南流注于㶟水。』

敦煌郡冥安縣，南籍端水出南羌中，西北入冥澤〔一二〕。

《太平寰宇記》：『籍端水，一名冥水。《地理志》云「冥安縣南籍端水出南羌中，西北入冥澤」者也。』應劭曰：『冥水出北，入其澤。』《元和郡縣志》：『晋昌縣，冥水自吐谷渾界流入大澤，東西二百六十里，南北六十里。』

敦煌郡龍勒縣，氐置水出南羌中，東北入澤。謹案：《漢志》『水』上有『氐置』，字原脱，今補。

《李陵傳》：『至東浚稽山南龍勒水上。』

張掖郡觻得縣，千金渠西至樂涫入澤中，羌谷水出羌中，東北至居延入海。過郡二，行二千二百里。

《後漢書》注：『令鮮水在今甘州張掖縣界，一名合黎，一名羌谷水。』《太平寰宇記》：『張掖縣，合黎水，一名羌谷水，鮮水，一名覆袁水，亦名張掖河。南自吐谷渾界流入。』《太康地記》云：『河北得水便名爲河，塞外有水便名爲海。』故居延澤亦名海也。過張掖、酒泉二郡。

酒泉郡祿福縣，呼蠶水出南羌中，東北至會水入羌谷。

《太平寰宇記》：『酒泉縣，呼蠶水，一名潛水，亦名羌谷，俗謂福祿河。西南自吐谷渾界流入。會水一名白亭海，在縣東北三十里。《十三州志》云：「衆羌之水所會，故曰會水。」』

張掖郡刪丹縣，桑欽以爲道弱水自此西至酒泉合黎。

《説文解字》：『溺水自張掖刪丹西至酒泉，合黎餘波入于流沙。』又云：『岍，山也。或曰弱水之所出。』《史記正義》：『合黎水出臨松縣而北流，逕張掖故城下，又北流至縣北二十三里，合弱水。弱水自合黎山折而北流，逕沙領之西，入居延澤，行千五百里。』

金城郡臨羌縣有弱水

《山海經》：『弱水出昆侖墟西南隅。』《西域傳》：『長老傳聞條支有弱水，西王母亦未嘗見。』《括地志》：『弱水有二源，俱出女國北阿傉達山，一名昆侖山。在雍州西南一萬五千三百七十里。』

武威郡姑臧縣，南山，谷水所出，北至武威入海，行七百九十里。

《續漢志》『姑臧』補注：『《地道記》曰：「南山，谷水所出。」』《水經注》：『馬城河又東北逕武威縣故城東。《地理志》曰：「谷水出姑臧南山，北至武威入海。」』

武威郡倉松縣，南山，松陝水所出，北至揟次入海。

《續漢志》『倉松』補注：『《地道記》曰：「南山，松陝水所出。」』

安定郡鹵縣，灈水出西。

水無攷。

北地郡郁郅縣，泥水出北蠻夷中。

《説文解字》：『泥水出北地郁郅北蠻中。』《續漢志》補注引《地道記》同。《史記正義》：『泥谷水源出羅川縣東北泥陽，源側有泉，於泥中潛流二十餘步，而流入泥谷。』

漁陽郡漁陽縣，沽水出塞外，東南至泉州入海，行七百五十里。

《説文解字》：『沽水出漁陽塞外，東入海。』《水經》：『沽河從塞外來，南過漁陽狐奴縣北，與灅餘水合爲潞河〔一二〕。又東南至雍奴縣西，入笥溝。又東南至泉州縣，東入于海。』注：『沽河出禦夷鎮西北九十里丹花嶺下。』

上谷郡軍都縣，温餘水東至路南入沽。

《水經》：『灅餘水出上谷居庸關東。又東流過軍都縣南，又東流過薊縣北。又北屈，東南至狐奴縣西，入于沽河。』案『温』，『灅』字之誤。

上谷郡且居縣，樂陽水出東，南入海。

《水經注》：『沽水又東南與鵲谷水合。水有二源，南即陽樂水也，出且居縣。《地理志》

曰:「水出縣東。」北流逕大翮山、小翮山,北歷女祁縣故城南,世謂之陽曲河。又逕赤城西,逕其城南,東南入赤城河。河水又東南入沽水。』

右北平郡無終縣,浭水西至雍奴入海,過郡二,行六百五十里。

《隋書·地理志》:『漁陽郡無終縣有庚水、灅水。』顏師古曰:『即下所云「入庚者」同一水也。』《水經注》:『庚水出右北平徐無縣北塞中。又南逕北平城西,而南入鮑丘水。』《水經》:「鮑丘水南至雍奴縣,北屈東入于海。」過右北平、漁陽二郡。

右北平郡俊靡縣,灅水南至無終,東入庚。

《説文解字》:『灅水出右北平浚靡,東南入庚。』《水經注》:『灅水出右北平俊靡縣,東南流,世謂之車軬水。又東南流。又西南逕無終山。又西南入于庚水,世亦謂之爲柘水也。』

右北平郡字縣,榆水出東後。

《漢書》注:『鮑丘水出北塞中,南流,經九莊嶺東,俗謂之大榆河。』

漁陽郡白檀縣,洫水出北蠻夷。

《水經注》:『《地理志》曰:「洫水出北蠻夷中〔一三〕。」又東南流,右與要水合。又東南流,逕白檀縣,而東南流入于濡。』

遼西郡肥如縣,玄水東入濡水,濡水南入海陽。又有盧水,南入玄水。

《水經》:『濡水從塞外來,東南過遼西令支縣北,又東南過海陽縣西,南入于海。』注:『玄水出肥如縣東北玄溪，西南流，逕肥如縣故城南，右會盧水。水出縣東北沮溪，而入于玄水。』《太平寰宇記》：『盧水一名大涓水〔一四〕，一名小濡水。』案此濡水即今灤河，與范陽故安濡水別一川也。『南入海陽』，當云『南至海陽入海』。

遼西郡臨渝縣，渝水首受白狼，東出塞外。又有矦水，北入渝。

《說文解字》：『渝水在遼西臨俞，東出塞。』《水經注》：『白狼水出右北平白狼縣東南。又北逕黄龍城東。又東北出，東流分爲二水，右水疑即渝水也。《地理志》曰：「渝水首受白狼水。」西南巡山，逕一故城西。渝水南流，東屈與一水會，世名之曰榼倫水。疑即《地理志》所謂「矦水北入渝」者也。《十三州志》曰：「矦水南入渝。」《地理志》言蓋自北而南也。』

遼西郡交黎縣，渝水首受塞外，南入海。

《水經注》：『白狼水又西南流，注于渝。渝水又東南逕一故城東，又南逕營丘城西，其水東南入海。』

遼西郡海陽縣，龍鮮水東入封大水，封大水、緩虚水皆南入海。

《水經注》：『封大水出新安平縣，西南流逕新安平縣故城西。又東南流，龍鮮水注之，水出縣西北，世謂之馬頭水。二源俱導南合一川，東流注封大水，亂流南會新河，南流入于海。新河又東出海陽縣，與緩虚水會，水出新安平縣東北，世謂之大籠水。東南流逕令支城西，西南流與新河合，南流入于海。』

遼西郡絫縣，下官水南入海。又有碣石水、賓水皆南入官。

《水經注》：『新河又東，木究水出焉，南入海。』錢坫曰：『「下官」、「木究」以字形相亂。』案《管子》『齊桓公征孤竹，至卑耳之谿，有贊水者』，《水經注》今自孤竹南出，則巨海矣，卑耳之川若贊谿者，亦不知所在也。『卑耳』疑即『下官』，『贊水』疑即『賓水』，字形皆相近。

遼西郡狐蘇縣，唐就水至徒河入海。

《太平寰宇記》：『彭盧水即唐就水〔一五〕。《後魏輿地圖風土記》云：「水至徒河入海，與地平，故曰平盧。今語譌彭盧。」』

遼西郡新安平縣，夷水東出塞外。

水無攷。

遼西郡柳城縣，參柳水北入海。

水無攷。

遼西郡有小水四十八，并行三千四十六里。

《後漢書·東夷傳》：『句驪一名貊耳，有別種，依小水爲居，因名曰小水貊。』注：『《魏氏春秋》曰：「遼東郡西安平縣北有小水，南流入海。」』

遼東郡望平縣，大遼水出塞外，南至安市入海，行千二百五十里。

《山海經》：『潦水出衛皋東，東南注勃海，入潦陽。』《水經》：『大遼水出塞外衛白平山，東南入塞，過遼東襄平縣西。又東南過房縣西。又東過安市縣西，入于海。』案『白平』即『皋』字之譌。

玄菟郡高句驪縣，遼山，遼水所出，西南至遼隊入大遼水。又有南蘇水，西北經塞外。

《水經》：『又玄菟高句驪縣有遼山，小遼水所出，西南至遼隧縣〔一六〕，入于大遼水也。』郭璞曰：『玄菟高句驪縣有潦山，小潦水所出，西流注大潦。』

遼東郡遼陽縣，大梁水西南至遼陽入遼。

《水經注》：『大梁水出北塞外，西南流注遼水。其水西南流，故謂之爲梁水也。』

遼東郡居就縣，室僞山，室僞水所出，北至襄平入梁也。

《水經注》：『小遼水又西南逕襄平縣爲淡淵，晉永嘉三年涸。小遼水又逕襄平入大梁水。』案『室僞水』不見於《水經注》，疑即此水也。

遼東郡番汗縣，沛水出塞外，西南入海。

《說文解字》：『沛水出遼東番汗塞外，西南入海。』應劭曰：『汗水出塞外，西南入海。』案『汗』疑即『沛』字之譌，師古作『沛』、『汗』兩音。

玄菟郡西蓋馬縣，馬訾水西北入鹽難水，西南至西安平入海。過郡二，行二千一百里。

《太平寰宇記》：『馬訾水，一名鴨綠水，水源出東北靺鞨白山，去遼東五百里，經國內城，又西與一水合，即鹽難水也。二水合流，西南至安平城，入高麗之地。』

樂浪郡浿水縣，浿水西至增地入海。

《説文解字》：『浿水，出樂浪鏤方，東入海。一曰出浿水縣。』《水經》：『浿水，出樂浪鏤方縣，東南過于臨浿縣，東入于海。』

樂浪郡吞列縣，分黎山，列水所出，西至黏蟬入海。行八百二十里。

《山海經》：『朝鮮在列陽東海北山南，列陽屬燕。』郭璞曰：『列亦水名也，今在帶方。』張晏曰：『朝鮮有濕水、洌水、汕水三水，合爲洌水。』

樂浪郡含資縣，帶水西至帶方入海。

水無攷。

校勘記

〔一〕灕　《水經注》《爾雅》皆作『灕』。

〔二〕史記匈奴列傳作圜洛之間　《史記·匈奴傳》作『圁洛之間』，《漢書·匈奴傳》作『圜洛之間』。

〔三〕逕武功縣東　《水經注》無『東』字。

〔四〕丹水出上黨高都縣故城東北阜　《水經注》『阜』下有『下』字。

〔五〕滱水出代郡靈邱縣高是山　《水經注》『是』作『氏』。戴震作『氏』，趙一清從《山海經》作『是』。

〔六〕水出望都縣故城北　《水經注》作『水出望都縣，東南流逕其縣故城南』。疑因下文『又東逕廣望縣故城北』而訛。

〔七〕水上承城内盧水池　『盧水池』，《水經注》作『黑水池』。楊守敬疏：『水黑曰盧。』

〔八〕濡水出故安縣西北窮獨山南谷　『北』原訛作『此』，據《水經注》改。

〔九〕衡水自堰分爲二　『堰』，《水經注》朱謀㙔、全祖望、趙一清本作『堰』，戴震作『縣』，楊守敬《水經注疏》從戴。

〔一〇〕沽水之別名也　『沽』，《水經注》朱謀㙔本脱，全祖望、趙一清作『沽』，戴震作『潞』。楊守敬疏以爲『沽』字『潞』字皆通，作『潞』與下文清泉河『東流與潞河合』相照。

〔一一〕西北入冥澤　『冥』，《漢書·地理志》作『其』。王先謙《補注》以爲當作『冥』。

〔一二〕與灅餘水合爲潞河　『灅餘水』，《水經注》作『濕餘水』。下條『上谷郡軍都縣』引《水經》同。

〔一三〕洫水出北蠻夷中　『洫』《水經注》作『濡』。楊守敬疏以爲『洫』爲《漢志》誤字，當作『濡』。

〔一四〕盧水一名大涀水　『涀』《太平寰宇記》作『沮』。

〔一五〕彭盧水即唐就水　『唐就水』，《太平寰宇記》作『唐龍水』。

〔一六〕西南至遼隧縣　『隧』，《水經注》作『隊』。

漢志水道疏證卷二

河東郡垣縣，《禹貢》『王屋山』在東北，沇水所出，東南至武德入河。軼出滎陽北地中，又東至琅槐入海。過郡九，行千八百四十里。

《山海經》：『王屋之山，聯水出焉，而西流注于泰澤。』郭璞曰：『《地理志》：王屋山沇水所出。』『聯』、『沇』聲相近。畢尚書曰：『泰澤』當即『滎澤』。《禹貢》：『導沇水，東流爲濟。』《說文解字》：『沇水出河東東垣縣王屋山，東爲泲。』《水經》：『濟水出河東垣縣東王屋山，爲沇水，又東至温縣西北爲濟水。』案《志》不言泲水者，略也。《水經》：『濟水又南當鞏縣北，南入于河。與河合流，又東過成皋縣北，又東過滎陽縣北，又東北至礫磎南，東出過滎澤北。又東至乘氏縣西，分爲二。其一水東南流，其一水從縣東北流，入鉅野澤。過乘氏縣。又東北過甲下邑，入于河。又東北入海。』注：『濟水東北至甲下邑南，東歷琅槐縣故城北。《山海經》「濟水絶鉅野，注渤海，入齊琅槐東北」者也。』過河内、河南、陳留、濟陰、東郡、泰山、濟南、齊、千乘九郡。

陳留郡封丘縣，濮渠水首受泲，東北至都關，入羊里水。過郡三，行六百三十里。

《水經》：『濟水過乘氏縣，與濮渠合。』注：『北濟自濟陽縣北。又東北逕定陶縣故城北。

又東北與濮水會。上承濟水於封丘縣，即《地理志》所謂「濮渠水首受濟」者也。』《水經》又云：『瓠子河出東郡濮陽縣北。河東至濟陰句陽縣爲新溝。又東北過廩丘縣爲濮水。』注：『濮水支渠又東北逕句陽縣之小成陽城東故垂亭西，而北入瓠河。《地理志》曰「濮水首受泲于封丘縣，東北至都關入羊里水」者也。』過東郡、濟陰、山陽三郡。

泰山郡萊蕪縣，原山，淄水所出，東至博昌入泲。又《禹貢》汶水出，西南入泲。汶水，桑欽所言。

《續漢志》：『泰山郡萊蕪有原山，淄水出。』《水經》：『淄水出泰山萊蕪縣原山。又東北過臨淄縣東。又東過利縣東。又東北入于海。』《括地志》：『淄州淄川縣，東北七十里原山，淄水所出。』案淄水自博昌以下入馬車瀆，與時水通稱，《水經》言入海者，據下流而言也。《説文解字》：『桑欽説，汶水出泰山萊蕪，西南入泲。』《水經》：『汶水出泰山萊蕪縣原山。西南過嬴縣南。又西南過壽張縣北，又西南至安民亭入于濟。』

齊郡臨淄縣，如水西北至梁鄒入泲。

《水經注》：『京相璠曰，今臨淄唯有澅水西北入泲，即《地理志》之如水矣。』又云：『時水又屈而逕杜山北。又有澅水注之，水出時水東，去臨淄城十八里，所謂澅中也。西北入于時水。時水又西北逕西安縣故城南。又西至石洋堰，分爲二水。枝津西北至梁鄒入泲。』

齊郡昌國縣，德會水西北至西安，入如。

《水經注》：『時水逢西安城西南，分爲二水。枝津別出，西流，德會水注之。水出昌國縣黄山，西北流逕昌國縣故城南。又北流注時水。』

齊郡鉅定縣，馬車瀆水首受鉅定，東北至琅槐入海。

《水經注》：『淄水又東逕巨淀縣故城南。縣東南則巨淀湖。淄水又東北，馬車瀆水注之，首受巨淀，淀即濁水所注也。』又云：『淄水入馬車瀆，亂流東北逕琅槐故城南，又東北至皮丘坑〔一〕，入于海。』

千乘郡博昌縣，時水東北至鉅定入馬車瀆。

《水經注》：『時水出齊城西北二十五里，平地出泉，即如水也。時水又屈而東北逕博昌城北，又東北逕巨淀縣故城北，又東北逕廣饒縣故城北，東北入淄水。淄水入馬車瀆。』

齊郡廣縣，爲山，濁水所出，東北至廣饒入鉅定。

《説文解字》：『濁水出齊郡厲嬀山，東北入鉅定。』吕忱曰：『濁水一名溷水，出廣縣爲山。』《水經注》：『時水通謂濁水爲陽水〔二〕，亦或通名之爲繩水。濁水又北逕益城西，又北流注巨淀。』

齊郡臨朐縣，石膏山，洋水所出，東北至廣饒入鉅定。

《説文解字》：『洋水出齊臨朐高山，東北入鉅定。』《水經注》：『世又謂陽水爲洋水。』余案羣書盛言洋水出臨朐縣，而陽水導源廣縣，兩縣雖鄰，川土不同，於事疑焉。

甾川國東安平縣，菟頭山，女水所出，東北至臨甾入鉅定。

水出東安平縣之菟頭山。東北流，逕東安平縣故城南。東北入巨淀。《水經注》：『巨淀之右，又有女水注之。』

濟陰郡乘氏縣，泗水東南至睢陵入淮。過郡六，行千一百一十里。

《説文解字》：『泗受泲水，東入淮。』《史記集解》引鄭玄云：『泗水出濟陰乘氏。』《水經》：『濟水東至乘氏縣西分爲二。其一水東流者，過乘氏縣南。又東過方與縣北爲菏水，又東過湖陸縣南，東入于泗水。又東南過沛縣東北。又東過彭城縣北。又東至下邳睢陵縣南入于淮。』過濟陰、山陽、沛、楚、東海、臨淮六郡。

魯國卞縣，泗水西南至方與入泲。過郡三，行五百里。

《山海經》：『泗水出魯東北而南，西南過湖陵西而東南注東海，入淮陰北。』郭璞曰：『今泗水出魯國卞縣，西南至高平湖陵縣，東南經沛國、彭城、下邳，至臨淮下相縣入淮。』《水經》：『泗水出魯卞縣北山。西南過魯縣北。又南過方與縣東。又屈東南，過湖陸縣南。又東過沛縣東。又東南過彭城縣東北。又東南過下邳縣西。又東南入于淮。』案《志》泗水自方與入泲，以下泲水即爲泗水，上文所記泗水入淮，即泲水也。《水經》濟、泗分流，故注云濟與泗亂，故沛納兩稱，又云『濟水與泗水渾濤，東南流至角城，同入淮』，皆與《志》異。謹案：依《志》泗水自方與入泲，過魯、山陽二郡，今作三郡，當有譌脱。

魯國蕃縣，南梁水西至胡陵，入泲渠。

《水經注》：『泗水又左會南梁水，《地理志》曰：「水出蕃縣。」今縣之東北平澤出泉若輪焉，發源成川，西南流。逕魯國蕃縣故城東，又屈逕城南。《地理志》曰：「其水西流注于泲。」經無南梁之名，而有涓涓之稱，疑即是水也。』

山陽郡湖陵縣，《禹貢》『浮于淮泗』，通于河水，在南。

《說文解字》：『菏澤水在山陽胡陵。』《禹貢》：『浮于淮泗，達于菏。』《水經》：『泗水又南過方與縣東，菏水從西來注之。』注：『菏水即泲水之所苞注以成湖澤也，而東與泗水合于湖陵縣西六十里穀庭城下。』《太平寰宇記》：『菏水即泲水，一名五丈溝，去縣十里，東南流，合泗水。』案今《尚書》作『達于河』，《釋文》曰：『河如字，《說文》作菏，古字通用。』

山陽郡平樂縣，泡水東北至沛，入泗。

《說文解字》：『泡水出山陽平樂，東北入泗。』《水經注》：『豐水又東逕平樂縣，右合泡水。水上承睢水于下邑縣界。又東逕沛縣故城南。豐水於城南東注泗，即泡水也。』《元和郡縣志》：『沛縣，泡水，即豐水也，西去縣百五十步。』

梁國蒙縣，獲水首受甾獲渠，東北至彭城，入泗。過郡三，行五百五十里。

《水經》：『獲水出汳水于梁郡蒙縣北。又東過蕭縣南。又東至彭城縣北，東入于泗。』注：『獲水於彭城西南迴而北流，逕彭城。獲水又東轉，逕城北而東注泗。』又云：『汳水，又東逕濟陽考城縣故城南，爲菑獲渠。』過梁、沛、楚三郡。

陳留郡浚儀縣，睢水首受狼湯水，東至取慮入泗。過郡四，行千三百六十里。

《水經》：『汳水出陰溝于浚儀縣北。』注：『陰溝即蒗蕩渠也。』案『汳』通作『汴』，杜預曰：『汴水自滎陽受河，睢水受汴，東經陳留、梁國、譙郡、沛國，至彭城縣入泗。』《水經》：『睢水出梁郡鄢縣。又東過睢陽縣南。又東過相縣南，屈從城北，東流，當蕭縣南，入于陂。』注：『睢水又東南流，逕下相縣故城南。東南流入于泗。經止蕭縣，非也。』《太平寰宇記》：『《輿地志》云：「汴水自滎陽受睢水，東至陳留彭城南入泗。」』過陳留、梁、沛、臨淮四郡。

泰山郡蓋縣臨樂于山，洙水所出，西北至蓋，入池水。又沂水南至下邳入泗，過郡五，行六百里。

《說文解字》：『洙水出泰山蓋臨樂山，北入泗。』《水經》：『洙水出泰山蓋縣臨樂山，西南至卞縣，入于泗。』注：『或作「池」字，蓋字誤也。』《周禮》注：『沂山，沂水所出也。在蓋。』《說文解字》：『沂水出東海費東，西入泗。一曰沂水出泰山蓋。』《水經》：『沂水出泰山蓋縣艾山。南過琅邪臨沂縣東，又南過開陽縣東。又南過下邳縣西，南入于泗。』過泰山、魯、城陽、琅邪、東海五郡。

泰山郡南武陽縣，冠石山，治水所出，南至下邳入泗。過郡二，行九百四十里。

《水經注》：『沂水又南逕臨沂縣故城東，有治水注之。水出泰山南武陽之冠石山。應劭

《地理風俗記》曰：「武水出焉。」蓋水異名也。』案《注》不云入泗，而云入沂。《泗水篇》又有武水，云『至下邳入泗』，而其出不云『南武陽冠石山』。然則《志》言入泗者，亦由沂以入泗也。過泰山、東海二郡。

琅邪郡東莞縣，術水南至下邳入泗。過郡三，行七百一十里。

《水經》：『沭水出琅邪東莞縣西北山，東南過其縣東。又東南過莒縣東。又南過陽都縣東，入于沂。』注：『沭水又南逕東海厚丘縣南，南入淮陽宿預縣，注泗水。《地理志》所謂「至下邳注泗」者也。』經言於陽都入沂非矣。過琅邪、城陽、東海三郡。

東海郡容丘縣，桐水舊本作『祠水』，誤。**東南至下邳入泗。**

《水經注》：『桐水出西北東海容丘縣東南，至下邳入泗。』

東郡東武陽縣，《禹貢》漯水東北至千乘入海。過郡三，行千二百里。

《續漢志》：『東武陽，濕水出。』《說文解字》：『濕水出東郡東武陽，入海。』應劭曰：『漯水出東武陽，東北入海。』案自河平三年，河決平原，流入濟南、千乘，東漢以後河遂與漯合，故《水經》敘漯水于河水之後。《史記》：『禹釃二渠以引其河。』孟康曰：『其一則漯川。』永平中，王景修汴渠，汴河分流，導之千乘入海。』即漯水也。《水經注》：『今漯水上承河水于武陽縣東南。又逕高唐縣故城東。又東北逕千乘縣二城閒，亂河枝流而入于海。』過東郡、平原、千乘三郡。

平原郡高唐縣，桑欽言漯水所出。

《續漢志》：『高唐，濕水出。』《説文解字》：『桑欽云出平原高唐。』《水經》：『河水又東北過高唐縣東。』注：『河水于縣漯水注之。水自城東北逕東武陽縣故城南。』應劭曰：『縣在武水之陽。』然則漯水亦或武水矣。桑氏所言蓋津流所出，次于是間也。

琅邪郡箕縣，《禹貢》濰水舊本『濰』或作『維』，或作『淮』，皆字之省。北至都昌入海。過郡三，行五百二十里。

《説文解字》：『濰水出琅邪箕屋山，東入海。』《水經》：『濰水出琅邪箕縣濰山。又東北過都昌縣東。又東北入于海。』注：『濰水導源濰山，許慎、吕忱云：濰水出箕屋山。《淮南子》曰：濰水出覆舟山。蓋廣異名也。』《元和郡縣志》：『莒縣，濰山在縣東北三十八里，濰水所出也。』案過琅邪、高密、北海三郡。

琅邪郡折泉縣，折泉水北至箕入濰〔三〕。

《水經注》『濰水東北逕箕縣故城西。又西，析泉水注之，水出析泉縣北松山，東南流逕析泉縣東，又東南逕仲固山東，北流入于濰。』《太平寰宇記》：『莒縣，今縣東北分流山之北有涓水源，其涓水即古折泉水也。』

琅邪郡横縣故山，久台水所出，東南至東武入濰。

《水經注》：『濰水又北，右合盧水，即久台水也。《地理志》曰：「水出琅邪横縣故山。」西北流逕昌縣故城西。東北流逕東武縣故城東，而西北入濰。』《太平寰宇記》：『諸城縣，盧水出縣東南盧山，亦名久台水。』

琅邪郡靈門縣，壺山，浯水所出，東北入濰。

《説文解字》：『浯水出琅邪靈門壺山，東北入濰。』《水經注》：『浯水出峿山〔四〕，世謂之巨平山也。東北逕姑幕縣故城東。又東北逕平昌縣故城北。又東北流而注于濰水。』

琅邪郡朱虛縣，東泰山，汶水所出，東至安丘入濰。

《説文解字》：『汶水出琅邪朱虛東泰山，東入濰。』《水經》：『汶水出朱虛縣泰山。北過其縣東。又北過淳于縣西，又東北入于濰。』注：『伏琛、晏謨並言，水出縣東南峿山，山在小泰山東者也。』《太平寰宇記》：『北海縣，汶水在縣東南六十里，源出沂水縣小泰山，入縣界合濰水入海。』

北海郡桑犢縣，覆甑山，溉水所出，東北至都昌入海。

《説文解字》：『溉水出北海桑犢覆甑山，東北入海。』《水經注》：『溉水出桑犢亭東覆甑山。北逕斟亭西北。又北逕寒亭西，而入別畫湖。』又云：『別畫湖亦曰朕懷湖，湖東西二十里，南北三十里，東北入海。』

甾川國劇縣，義山，蕤水所出，北至壽光入海。

《水經注》：『堯水出劇縣南角崩山，即故義山也。水即蕤水矣，又東北逕東、西壽光二城閒。又東北注巨洋。《地理志》曰「䓖水自劇東北至壽光入海」，沿其徑趣，即是水也。』

東萊郡腄縣，聲洋，丹水所出，東北入海。

《太平御覽》引此作：『梁山，丹水所出。』《太平寰宇記》聲洋水謂之清陽水。

東萊郡曲成縣，陽丘山，治水所出，南至計斤入海。舊本作『至沂入海』。

《說文解字》：『治水出東萊曲城陽丘山，南入海。』

琅邪郡朱虛縣，凡山，丹水所出，東北至壽光入海。

《水經注》：『《地理風俗記》曰：「丹山在西南，丹水所出，東入海。」丹、凡字相類。丹水有二源，各導一山。西丹水自凡山北流，逕劇縣故城東，東丹水注之。水出方山。北逕縣，合西丹水而亂流。丹水又東北逕望海臺東，東北注海。』

琅邪郡邞縣，膠水東北至平度入海。謹案：今《志》作『東至平度』，《水經注》引作『北至平度』。

《水經》：『膠水出黔陬縣膠山北，過其縣西。又北過夷安縣東。又北過當利縣西北，入于海。』注：『《齊記》曰：「膠水出五弩山。」蓋膠山之殊名也。』《魏書·地形志》東武郡梁鄉縣有五弩山，膠水出焉。

琅邪郡柜縣，柜艾舊本作『根艾』，誤。水東入海。

《水經注》：『柜艾水出黔陬縣西南柜艾山，即《齊記》所謂黔艾山也。東北流，逕柜縣故城西。又東北逕黔陬城西，又東入海。』《太平寰宇記》：『高密縣，故柜城，俗亦謂之王城，有柜北流逕昌縣故城西。東北流逕東武縣故城東，而西北入濰。』《太平寰宇記》：『諸城縣，盧水出縣東南盧山，亦名久台水。』

琅邪郡靈門縣，壺山，浯水所出，東北入濰。

《説文解字》：『浯水出琅邪靈門壺山，東北入濰。』《水經注》：『浯水出峿山〔四〕，世謂之巨平山也。東北逕姑幕縣故城東。又東北逕平昌縣故城北。又東北流而注于濰水。』

琅邪郡朱虚縣，東泰山，汶水所出，東至安丘入濰。

《説文解字》：『汶水出琅邪朱虚東泰山，東入濰。』《水經》：『汶水出朱虚縣泰山。北過其縣東。又北過淳于縣西，又東北入于濰。』注：『伏琛、晏謨並言，水出縣東南峿山，山在小泰山東者也。』《太平寰宇記》：『北海縣，汶水在縣東南六十里，源出沂水縣小泰山，入縣界合濰水入海。』

北海郡桑犢縣，覆甑山，溉水所出，東北至都昌入海。

《説文解字》：『溉水出北海桑犢覆甑山，東北入海。』《水經注》：『溉水出桑犢亭東覆甑山。北逕斟亭西北。又北逕寒亭西，而入别畫湖。』又云：『别畫湖亦曰朕懷湖，湖東西二十里，南北三十里，東北入海。』

甾川國劇縣，義山，蕤水所出，北至壽光入海。

《水經注》：『堯水出劇縣南角崩山，即故義山也。水即蕤水矣，又東北逕東、西壽光二城聞。又東北注巨洋。《地理志》曰「蕤水自劇東北至壽光入海」，沿其徑趣，即是水也。』

東萊郡䏲縣，聲洋，丹水所出，東北入海。

《太平御覽》引此作：『梁山，丹水所出。』《太平寰宇記》聲洋水謂之清陽水。

東萊郡曲成縣，陽丘山，治水所出，南至計斤入海。舊本作『至沂入海』。

《說文解字》：『治水出東萊曲城陽丘山，南入海。』

琅邪郡朱虛縣，凡山，丹水所出，東北至壽光入海。

《水經注》：『《地理風俗記》曰：「丹山在西南，丹水所出，東入海。」丹、凡字相類。丹水有二源，各導一山。西丹水自凡山北流，逕劇縣故城東，東丹水注之。水出方山。北逕縣，合西丹水而亂流。丹水又東北逕望海臺東，東北注海。』

琅邪郡邞縣，膠水東北至平度入海。謹案：今《志》作『東至平度』，《水經注》引作『北至平度』。

《水經》：『膠水出黔陬縣膠山北，過其縣西。又北過夷安縣東。又北過當利縣西北，入于海。』注：『《齊記》曰：「膠水出五弩山。」蓋膠山之殊名也。』《魏書·地形志》東武郡梁鄉縣有五弩山，膠水出焉。

琅邪郡柜縣，柜艾舊本作『根艾』，誤。**水東入海。**

《水經注》：『柜艾水出黔陬縣西南柜艾山，即《齊記》所謂黔艾山也。東北流，逕柜縣故城西。又東北逕黔陬城西，又東入海。』《太平寰宇記》：『高密縣，故柜城，俗亦謂之王城，有柜艾水東入海，因名。』

琅邪郡椑縣，夜頭水南入海。

《太平寰宇記》：『《輿地志》云：「向水南至海。」』夜頭、向水，蓋異名也。

南陽郡平氏縣，《禹貢》桐柏大復山在東南，淮水所出，東南至淮浦入海。過郡四，行三千二百四十里。謹案：《志》作『至淮陵入海』。

《續漢志》：『南陽郡平氏，桐柏大復山，淮水出。』《説文解字》：『淮水出南陽平氏桐柏大復山，東南入海。』《水經》：『淮水出南陽平氏縣胎簪山，東北過桐柏山。又東至廣陵淮浦縣，入于海。』注：『淮水與醴水同源，西流爲醴，東流爲淮，潛流地下三十許里，東出桐柏之大復山南，謂之陽口。故經云「東北過桐柏」也。』郭璞曰：『今淮水出義陽平氏縣桐柏山山東，北經汝南、汝陰、淮南、譙國、下邳，經淮陰縣入海。』過南陽、江夏、汝南、廬江、九江、臨淮六郡，今本作四者，字之誤也。

汝南郡定陵縣高陵山，汝水所出，東南至新蔡入淮。過郡四，行千三百四十里。

《山海經》：『汝水出天息山，在梁勉鄉西南，入淮極西北。』《水經》：『汝水出河南梁縣勉鄉西天息山。東南過其縣北，又東南過潁川郟縣南，又東南過定陵縣北，又東南過郾縣北，又東南過汝南上蔡縣西，又東南過平輿縣南，又東至原鹿縣。南入于淮。』《説文解字》：『汝水出弘農盧氏還歸山，東入淮。』郭璞曰：『今汝水出南陽魯陽縣大盂山，東北至河南梁縣，東南經襄城、潁川、汝南，至汝陰褒信縣入淮。』案汝水一源出魯陽大盂山，一源出梁天息山，皆定陵之上流。《淮南子》『汝出猛山』，高誘曰：『猛山一曰高陵山。』《晉地道記》曰：『高陵山，汝水所出。』所言皆與《志》合。過汝南、潁川二郡，今作四者，後人所改也。

南陽郡魯陽縣，堯山，滍水所出，東北至定陵入汝。又有昆水，東南至定陵入汝。

《說文解字》：『滍水出南陽魯陽堯山，東北入汝。』《水經》：『滍水出南陽魯陽縣西之堯山。東北過潁川定陵縣西北，又東過郾縣南，東入于汝。』注：『滍水東逕西不羹亭南，于定陵城北東入汝。』又云：『汝水又東南，昆水注之，水出魯陽縣唐山，東南流，逕昆陽縣故城西。又東逕定陵城南，又東注汝水。』

南陽郡雉縣，衡山，澧水所出，東至郾入汝。

《說文解字》：『澧水出南陽雉衡山，東入汝。』《水經注》作：『醴水出南陽雉縣，亦云導源雉衡，即《山海經》之衡山也。是山在雉縣界，故世謂之雉衡山。醴水東流，歷唐山下。東逕郾縣故城南，左入汝。』

南陽郡舞陰縣，中陰山，瀙水所出，東至上蔡入汝。

《山海經》：『葴山，視水出焉，東南流注于汝水。』郭璞曰：『視宜爲瀙，瀙水今在南陽也。』《說文解字》：『瀙水出南陽舞陽中陽山，入潁。』《水經》：『瀙水出潕陰縣東上界山。東過吴房縣南，又東過灈陽縣南。又東過上蔡縣南，東入汝。』

廬江郡雩婁縣，決水北至蓼入淮。又有灌水，亦北至蓼入決。過郡二，行五百一十里。

《説文解字》：『廬江有決水，出于大别山。』《水經》：『決水出廬江雩婁縣南大别山。北過其縣東。又北過安豐縣東。又北入于淮。』《説文解字》：『灌水出廬江雩婁北，入淮。』《水經注》：『決水自縣西北流逕蓼縣故城東，又逕其北。灌水注之，其水導源廬江金蘭縣西北東陵鄉大蘇山，即淮水也。灌水東北逕蓼縣故城西，而北注決水。』過廬江、六安二郡。

廬江郡，金蘭西北有東陵鄉，淮水出。

胡渭曰：『淮』當作『灌』。《水經注》：『褚先生所謂神龜出於江灌之閒、嘉林之中，蓋謂此水也。』全祖望曰：『《龜策傳》作江淮，淮即灌也，非出桐柏之淮。』

廬江郡灊縣，泚山，泚水所出，北至壽春，入芍陂。

《水經》：『泚水出廬江灊縣西南霍山東北。東北過六縣東。北入于淮。』注：『泚字或作「淠」。淠水又西北逕六安縣故城西。又西北分爲二水，芍陂出焉。』又云：『陂周一百二十許里，在壽春縣南八十里。』

六安國六縣，如谿水首受泚，東北至壽春，入芍陂。

《水經注》：『泄水上承泚水於麻步川，西北出，歷濡谿，謂之濡水也。』案『濡』『如』聲相近，全祖望曰：『如谿水即濡谿水也。』

潁川郡陽城縣，陽乾山，潁水所出，東南到下蔡入淮。過郡三，行千五百里。

《山海經》：『潁水出少室山，入淮。』《説文解字》：『潁水出潁川陽城乾山，東入淮。』《水經》：『潁水出潁川陽城縣西北少室山。又東南至慎縣，東南入于淮。』注：『今潁水有三源奇發，右水出陽乾山之潁谷。中水導少室。左水出少室南〔五〕，東合潁水。』杜預曰：『潁水出河南陽城縣陽乾山，東南經潁川、汝陰，至淮南下蔡縣入淮。』《元和郡縣志》：『潁陽縣，陽乾山在縣東二十五里。』過潁川、汝南、沛三郡。

潁川郡陽城縣，陽城山，洧水所出，東南至長平入潁。過郡三，行五百里。

《説文解字》：『洧水出潁川陽城山，東南入潁。』《水經》：『洧水出河南密縣西南馬領山。又東南過新汲縣東北，又東南入于潁水。亦言出潁川陽城山，山在陽城縣之東北，蓋馬領之統目焉。洧水又南逕長平縣故城西。又東逕習陽城西，西南折入潁。』《元和郡縣志》：『密縣，馬領山在縣南十五里，洧水所出。』過潁川、河南、汝南三郡。

河南郡滎陽縣，有狼湯渠首受泲，東南至陳入潁。過郡四，行七百八十里。

《水經》：『河水又東過滎陽縣北，蒗蕩渠出焉。』注：『大禹塞滎澤，開之以通淮泗，即經所謂蒗蕩渠也。』又云：『渠出滎陽北河，東南過中牟縣之北。又東至浚儀縣。又屈南至扶溝縣北。其一者，東南過陳縣也。』注：『《地道記》云：「城北有故沙。」沙水又東而南屈，逕陳城東，謂之百尺溝。又東南流注于潁。』又云：『潁水又東南至新陽縣北，蒗蕩渠水從西北來注之。』注：『蒗蕩渠者，百尺溝之别名也。』過河南、潁川、汝南、淮陽四郡。

河南郡密縣，有大騩山，溴水所出，南至臨潁入潁。

《説文解字》：『溴水出河南密縣大隗山，南入潁。』《水經》：『溴水出河南密縣大騩山，東南入于潁。』注：『大騩即具茨山也。』《元和郡縣志》：『密縣，大騩山在縣東南五十里，溴水源出于此〔六〕。又長社縣，溴水，俗名勑水，經縣西，其流出密縣大騩山。』

沛郡城父縣，夏肥水東南至下蔡入淮，過郡二，行六百二十里。

《水經注》：『夏肥水上承沙水于城父縣，右出東南流逕城父縣故城南。又東逕思善縣之故城南。左合雞水，而亂流東注，俱入于淮。』過九江、沛二郡。

淮陽國扶溝縣，渦水首受狼湯渠，東至向入淮。過郡三，行千里。

《説文解字》：『渦水受淮陽扶溝浪湯渠，東入淮。』《水經》：『陰溝水出河南陽武縣蒗蕩渠，東南至沛爲過水，又東南至下邳淮陵縣，入于淮。』過淮陽、沛二郡。

陳留郡陳留縣，魯渠水首受狼湯渠，東至陽夏入渦渠。

《水經注》：『沙水又東南逕牛首鄉東南，魯溝水出焉，亦謂之宋溝也。又逕陳留縣故城南。又東南逕圉縣故城北。又東南至陽夏縣故城西，又南入渦。』

臨淮郡淮浦縣，游水北入海。

《水經注》：『淮水于縣枝分，北爲游水，歷朐縣。又北逕東海利城縣故城之東。又北逕祝其縣故城西。左逕琅邪計斤縣故城之西。又東北逕贛榆縣北。東北入海。』

校勘記

〔一〕又東北至皮丘坑　『坑』，《水經注》大典本、朱謀㙔本作『沈』，趙一清、戴震作『坈』。

〔二〕時水通謂濁水爲陽水　『時水』，《水經注》作『時人』。

〔三〕折泉水北至箕入濰　『箕』，《漢書·地理志》作『莫』。

〔四〕浯水出峿山　『峿』，《水經注》作『浯』，趙一清本作『峿』。

〔五〕左水出少室南　《水經注》『南』下有『溪』字。

〔六〕潩水源出于此　『潩』《元和郡縣志》作『瀷』，下文長社縣仍作『潩』。張駒賢考異：『《說文》二字並存，實一水也。』

漢志水道疏證卷三

蜀郡湔氐道，《禹貢》嶓山在西徼外，江水所出，東南至江都入海，過郡七，行二千六百六十里。

《山海經》：『岷山，江水出焉，東北流注于海。』《說文解字》：『江水出蜀湔氐徼外嶓山，入海。』《水經》：『岷山在蜀郡氐道縣，大江所出。』注：『岷山即瀆山，又謂之汶阜山，在徼外，江水所導也。』郭璞曰：『今江水出汶山郡升遷縣岷山，東南經蜀郡犍爲至江陽，東北經巴東、建平、宜都、南郡、江夏、弋陽、安豐，至廬江南界，東北經淮南、下邳，至廣陵郡入海。』案《禹貢》『嶓冢導漾，東流爲漢。至東匯澤爲彭蠡，東爲北江，入于海。岷山導江，至東迆北會于匯，東爲中江，入於海。』《志》於『蕪湖』下云『中江出西南，東至陽羨入海。』『毗陵』下云『北江在北，東入海。』『吴』下云『南江在南，東入海。』大江至江都入海，以北岸言之曰江都，以南岸言之曰毗陵，大江即北江也，與《禹貢》所言異矣。過蜀、犍爲、巴郡、南郡、長沙、江夏、廬江、丹陽、廣陵九郡，今作『七』者，字之誤也。

蜀郡，有小江八〔一〕，并行千九百八十里。

《釋名》『江，共也〔二〕。小水流入其中，所公共也。』《水經注》：『《益州記》曰，大江泉源即今所聞，始發羊膊嶺下，緣崖散漫小水百數，殆未濫觴矣。』

蜀郡郫縣，《禹貢》江沱在西，東入大江。

《說文解字》：『沱，江別流也。出崏山東，別爲沱。』郭璞曰：『沱水自蜀郡都安縣湔山與江別而東流。』《水經》：『益州沱水在蜀郡汶江縣西南，其一在郫縣西南，皆還入江。』注：『江水又東，別爲沱，開明之所鑿也。』

蜀郡江原縣，鄗水首受江，南至武陽入江。

《水經注》：『鄗江水出江原縣，首受大江，東南流，至武陽縣，注于江。』《元和郡縣志》：『唐興縣，鄗江，一名皁江，經縣東二里。』

蜀郡臨邛縣，僕千水東至武陽入江，過郡二，行五百一十里。

《水經注》：『江水至蜀郡臨邛縣，與布僕水合，水出徼外成都西沈黎郡。水從縣西分爲二流，一水又東逕臨邛縣入文井水，文井水又東逕江原縣。又東至武陽縣天社山下，入江。』過蜀、犍爲二郡。

蜀郡汶江縣，渽水出徼外，南至南安，東入江。過郡三，行三千四十里。江沱在西南，東入江。

《說文解字》：『涐水出蜀汶江徼外，東南入江。』《水經注》：『渽水出徼外，逕汶江道，呂忱曰：渽水出蜀。許慎以爲涐水也。南至南安入大渡水，大渡水又東入江。』過蜀、越巂、犍爲三郡。

蜀郡青衣縣，《禹貢》蒙山谿，大渡水東南至南安入渽。

《水經注》：『青衣縣南有蒙水，即大渡水也。水發蒙谿，東南流，與渽水合〔三〕。』《括地志》：『蒙山在雅州嚴道縣南十里。』《元和郡縣志》『羅目縣，大渡水，在縣南二百步〔四〕。』

蜀郡嚴道，邛來山，邛水所出，東入青衣。

《山海經》：『來山，江水出焉，東流注于大江。』郭璞曰：『邛來山今在漢嘉嚴道縣南，江水所自出也。』《水經》：『江水又東南過犍爲武陽縣，青衣水、沫水從西南來，合而注之。』又云：『青衣水出青衣縣西蒙山。』注：『青衣水又東，邛水注之，水出漢嘉嚴道邛來山，東至蜀郡臨邛縣，東入青衣水。』《元和郡縣志》：『滎經縣邛來山，在縣西五十里。』

犍爲郡南廣縣，汾關山，符黑水所出，北至僰道入江。又有大涉水，北至符入江。過郡三，行八百四十里

《水經注》：『江水又與符黑水合，水出寧州南廣郡南廣縣。導源汾關山，北流，有大涉水注之。水出南廣縣，北流注符黑水。又北逕僰道入江。』案《水經注》大涉水無過郡，疑別有正流遠出徼外，其源不可攷矣。

越巂郡遂久縣，繩水出徼外，東至僰道入江，過郡二，行千四百里。

《水經》：『江水又東南過僰道縣北，若水、淹水合從西來注之。』又云：『淹水出越巂遂久

縣徼外。東南至蜻蛉縣，又東過姑復縣南，東入于若水。』《説文解字》：『淹水出越嶲徼外，東入若水。』案『淹水』即『繩水』也，因字形相近而別。《水經注》：『繩水出徼外。《山海經》曰：「巴遂之山，繩水出焉。」東南流分爲二水，其一枝流東出，逕廣柔縣，東流，注于江。其一水南逕旄牛道，至大莋與若水合，自下亦通謂之爲繩水矣。』過越嶲、犍爲二郡。

益州郡弄棟縣，東農山，毋血水出，北至三絳南入繩，行五百一十里。謹案：『三絳郡』《國志》作『三縫』，是也。

《續漢志》補注：『《地道記》：連山，無血水所出。』《水經注》：『毋血水出益州郡弄棟縣東農山毋血谷，北流逕三絳縣南，北入繩。』

益州郡牧靡縣〔五〕，南山臘谷，涂水所出，西北至越嶲入繩，過郡二，行千二十里。

《説文解字》：『涂水出益州牧靡南山，西北入繩。』《水經注》：『涂水出建寧郡之牧靡縣南山，涂水導源臘谷，西北流，至越嶲入繩。』過益州、越嶲二郡。

蜀郡旄牛縣，鮮水出徼外，南入若水。若水亦出徼外，南至大莋入繩，過郡二，行千六百里。

《水經》：『若水出蜀郡旄牛徼外，東南至故關爲若水也。南過越嶲邛都縣西，直南至會無縣。又東北至犍爲朱提縣西。又東北至僰道縣，入于江。』注：『若水東南流，鮮水注之，一名州江。大渡水出徼外，至旄牛道，南流入于若水。』又云：『若水至僰道縣，繩水、瀘水、孫水、淹水、大渡水隨決入而納通稱，是以諸書録記羣水，或言入若，或言注繩，亦或言至僰道入江〔六〕，正是異水沿注，通爲一津。』《後漢書》注：『瀘水，一名若水，出旄牛徼外，經朱提，至僰道入江。』過蜀、越巂二郡。

越巂郡臺登縣，孫水南至會無入若，行七百五十里。

張揖曰：『孫水出臺登縣南，至會無入若水。』《水經注》：『孫水出臺高縣，即臺登縣也。孫水一名白沙江，南流逕邛都縣，又南至會無，入若水。』

越巂郡蘇示縣，尼江在西北。

《太平寰宇記》：『蘇祁縣，居池。』《山海經》云：『越巂蘇祁有居池，今謂曲池是也。』案『尼江』疑『居池』之譌。

蜀郡緜虒縣，玉壘山，湔水所出，東南至江陽入江。過郡三，行千八百九十里。

《説文解字》：『湔水出蜀郡緜虒玉壘山，東南入江。』《水經注》『湔水出緜道〔七〕，亦曰緜虒縣之玉壘山，下注江。』過蜀、廣漢、犍爲三郡。

廣漢郡雒縣，章山，雒水所出，南至新都谷入湔。

《水經》：『江水又東過江陽縣南，洛水從三危山東過廣魏洛縣南，東南注之。』注：『洛水出洛縣漳山，亦言出梓潼縣柏山。洛水又南逕新都縣，與緜水合，又與湔水合，亦謂之郫江也。』《元和郡縣志》：『雒縣，雒水在縣東一里。』

廣漢郡緜竹縣，紫巖山，緜水所出，東至新都北入雒。《續漢志》『緜竹』補注：『《地道記》曰：有紫巖山，緜水之所出焉。』《華陽國志》：『緜水出紫巖山，徑緜竹入洛，東流過資中，會江陽。』注：『緜水西出緜竹縣，至江陽縣方山下入江。』《元和郡縣志》『緜竹縣，紫巖山，在縣西北三十里。』

隴西郡西縣，《禹貢》嶓冢山在西，西漢水所出，南入廣漢白水，東南至江州入江。過郡四，行二千七百六十里。《水經注》：『《華陽國記》〔八〕：漢水有二源。東源出武都氐道縣漾山，爲漾水，《禹貢》「導漾東流爲漢」是也。西源出隴西西縣嶓冢山，會白水，逕葭萌入漢。』案常璩所言與《志》合，《水經》『漾水出隴西氐道縣嶓冢山，東至武都沮縣爲漢水，又東南至廣魏白水縣西，又東至葭萌縣，東北與羌水合』，誤以東漢水之源合于西漢水。又《華陽國記》于西漢水下誤云『始源曰沔』，後人因紛紛致疑，皆誤也。過隴西、武都、廣漢、巴四郡。

廣漢郡甸氐道，白水出徼外，東至葭萌入漢，過郡一，行九百五十里。《山海經》：『白水出蜀，而東南注江，入江州城下。』《水經注》：『白水西北出于臨洮縣西南西傾山。東南逕陰平道故城南，即廣漢之北部也。又東南逕白水縣故城東。又東南逕吐費城南。東南流注漢水。』

隴西郡羌道，羌水出塞外，南至陰平，入白水。過郡二，行六百里。

《說文》：『濳水出巴郡宕渠，南入江。』《水經》：『潛水出巴郡宕渠縣。又南入汙江。』注：

巴郡宕渠縣，灊水西南入江，不曹水出東北，南入灊徐谷。

於相府。」言出自此谿也。』全祖望曰：『《漢志》朐忍縣，容毋水所出，即此谿也。』

巴郡朐忍縣，容毋水所出，南入江。

《水經注》：『江水又東，右得將龜谿口。《華陽記》曰：「朐忍縣出靈龜。咸熙元年，獻龜

逕梓潼縣，自縣西逕涪城東〔一一〕，又南入于涪水。』

《水經注》：『五婦山又曰五婦堠，馳水所出，一曰五婦水，亦曰潼水也。其水導源山中，南

廣漢郡梓潼縣，五婦山，馳水所出，南入涪，行五百五十里。

至小廣魏與梓潼合〔一〇〕，又西南至小廣魏南，入于墊江。』過廣漢、巴二郡。

《說文解字》：『涪水出廣漢剛氐道徼外，南入漢。』《水經》：『涪水出廣魏涪縣西北。南

廣漢郡剛氐道，涪水出徼外，南至墊江入漢。過郡二，行千六十九里。

注羌水』五字近刻之譌，蓋羌水至白水縣與西漢水合，又南入江也。

八十里。蓋古之天池大澤，白水之源蓋出此也。』過隴西、廣漢二郡。謹案：戴校《水經注》云『南北

流逕宕昌城東，又東逕宕婆川城東南，北注羌水〔九〕。』《元和郡縣志》：『丹嶺縣，湫池，在縣西

又南至墊江縣，東南入于江。』注：『彼俗謂之天池白水矣。《地理志》曰：出隴西羌道。東南

《水經》：『羌水出羌中參狼谷。又東南至廣魏白水縣，與漢水合。又東南過巴郡閬中縣，

『縣西北有不曹水[一二]，南逕其縣，下注潛水。』《水經》又云：『江水又東北到巴郡江州縣東，强水、涪水、漢水、白水、宕渠水五水合，南流注之。』注：『宕渠水即潛水矣。』

南郡巫縣，夷水東至夷道入江，過郡二，行五百四十里。

應劭曰：『夷水出巫，東入江。』《水經》：『江水又東南過夷道縣北，夷水從佷山縣南，東北注之。』又云：『夷水出巴郡魚復縣江。東南過佷山縣南。又東過夷道縣北。東入于江。』過巴、南二郡。

南郡枝江縣，江沱出西南，東入江[一三]。

《水經》：『荆州沱水在南郡枝江縣。』注：『江水又東逕上明城北，江沱枝分[一四]，東入大江。』

漢中郡房陵縣，東山，沮水所出，東至郢入江。行七百里。

《說文解字》：『沮水出漢中房陵，東入江。』《水經》：『沮水出漢中房陵縣睢山[一五]，東南過臨沮縣界。又東南過枝江縣，東南入于江。』

南郡高成縣，洈山，洈水所出，東入繇。繇水南至華容入江。過郡二，行五百里。

《山海經》：『宜諸之山，洈水出焉，而南流注于江。』郭璞曰：『今洈水出南郡東洈山，至華容縣入江也。』《說文解字》：『洈水出南郡高城洈山，東入繇。』又云：『油水出武陵孱陵西，東南入江。』《水經》：『油水出武陵孱陵縣西界。東過其縣北。又東北入于江。』注：『縣有白石山，油水出，東逕其縣西，與潙水合。水出高城縣潙山，東逕其縣下，東至孱陵縣，入油水也。』《水經》又云：『江水又東南當華容縣南。又東南，油水從東南來注之。』過武陵、南郡二郡。

牂柯郡故且蘭縣，沅水東南至益陽入江。過郡二，行二千五百三十里。

《山海經》：『沅水出象郡鐔成西，入東注江。』《説文解字》：『沅水出牂柯且蘭縣，爲旁溝水，又東至鐔成縣爲沅水。又東至長沙下雋縣西，北入于江。』《水經》：『沅水出牂柯故且蘭，東北入江。』《後漢書》注：『沅水出牂柯故且蘭，東北經辰州、潭州、岳州，經洞庭湖入江。』過牂柯、長沙二郡。

武陵郡無陽縣，無水首受故且蘭，南入沅，行八百九十里。

《水經注》：『無水出故且蘭，南流至無陽故縣。無水又東南入沅。』

武陵郡義陵縣，鄜梁山，序水所出，西入沅。

《水經注》：『序溪水出武陵郡義陵縣鄜梁山，西北流逕義陵縣。又西北入于沅。』

武陵郡辰陽縣，三山谷，辰水所出，南入沅，行七百五十里。

《水經注》：『沅水又東逕辰陽縣南，東合辰水，水出縣三山谷，東南流。逕其縣北。又右會沅水，名之爲辰溪口。』《元和郡縣志》：『麻陽縣，三山谷，一名辰山，在縣西南百三十五里。』

武陵郡索縣，漸水東入沅。

《水經注》："沅水又東入龍陽縣。有澹水出漢壽縣西陽山，南流，東折逕其縣南。闞駰以謂與水所出，東入沅。而是水又東歷諸湖，方南注沅，亦曰漸水也。"謹案：戴校《水經注》"西陽山"作"西楊山"。

武陵郡充縣，酉原山，酉水所出，南至沅陵入沅。歷山，澧水所出，東至下雋入沅，過郡二，行千二百里。謹案：今《志》"至沅陵入沅"下有"行千二百里"五字，當補。

《水經注》："酉水導源益州巴郡臨江縣，故武陵之充縣酉原山，東南流，逕無陽故縣南[一六]。東逕酉陽故縣南。又東逕沅陵縣北。又南注沅水。"《水經》："澧水出武陵充縣西歷山，東過其縣南。又東過零陽縣之北。又東過作唐縣北。又東至長沙下雋縣西北，東入于江。"注："澧水又東南注于沅水。"過武陵、長沙二郡。

零陵郡都梁縣，資水所出[一七]，東北至益陽入沅，過郡二，行千八百里。

《水經》："江水又東至長沙下雋縣北，澧水、沅水、資水合，東流注之。"又云："資水出零陵都梁縣路山。東北過夫夷縣。又東北過邵陵縣之北。又東北過益陽縣北。又東與沅水合于湖中，東北入于江也。"注："資水出武陵郡無陽縣界唐糺山，蓋路山之別名也。"過零陵、長沙二郡。

牂柯郡鐔縣，不狼山，鐔水所出，東入沅，過郡二，行七百三十里。

《續漢志》補注："《地道記》：不狼山，鐔水所出。"《水經注》："縣有鐔水，出鐔邑西不狼山，東與温水合。』案《志》鼈水入沅，《水經注》鼈水入延江水，延江水入酉水，酉水入沅，皆互受之通稱也。過牂柯、武陵二郡。

犍爲郡符縣，温水南至鼈入黚水，黚水亦南至鼈入江。

《水經》：『温水，一曰煖水，出犍爲符縣，而南入黚水〔一八〕。黚水亦出符縣，南與温水會。闟駰謂之闟水。俱南入鼈水。鼈水於其縣而東，注于延江水。』《説文解字》：『温水出犍爲涪南，入黔水。』案『黔』、『黚』聲相近。

犍爲郡漢陽縣，山闟谷，漢水所出，東至鼈入延。

《水經注》：『漢水出犍爲漢陽縣山闟谷〔一九〕。東至鼈入延江水也。』

零陵郡零陵縣，陽海山，湘水所出，北至酃入江，過郡二，行二千五百三十里。

《續漢志》：『零陵陽朔山，湘水出。』《説文解字》：『湘水出零陵陽海山，北入江。』《水經》：『湘水出零陵始安縣陽海山。東北過零陵縣東，又北過下雋縣西。又北至巴丘山，入于江。』注：『即陽朔山也。應劭曰：湘出零山。蓋山之殊名也。』《元和郡縣志》：『全義縣，湘水，出東南八十里陽朔山下。』過零陵、長沙二郡。

長沙國荼陵縣，泥水西入湘，行七百里。

《水經》：『洣水出荼陵縣上鄉，西北過其縣西。又西北過攸縣南。又西北過陰山縣南。又西北入于湘。』注：『《地理志》謂之泥水也。』

桂陽郡郴縣，耒山，耒水所出，西至湘南入湖。

《水經》：『耒水出桂陽郴縣南山。又北過其縣之西。又北過便縣之西。又西北過耒陽縣之東。又北過酃縣東。北入于湘。』

桂陽郡耒陽縣，舂山，舂水所出，北至酃入湖，過郡二，行七百八十里。

《續漢志》補注：『《湘中記》有舂水，注湘。』《水經注》：『《十三州志》曰，大別水南出耒陽縣太山，北至酃縣入湖。』案『舂』、『泰』字形相近，疑即此水也。過桂陽、長沙二郡。

隴西郡氐道，《禹貢》養水所出，至武都爲漢。

《説文解字》：『瀁水出隴西柏道，東至武都爲漢。古文作瀁。』《水經》：『漾水出隴西氐道縣嶓冢山，東至武都沮縣爲漢水。』注：『闞駰云，漢或爲漾。漾水出崑崙西北隅，至氐道重源顯發而爲漾水。許慎、吕忱並言漾水出隴西豲道，東至武都爲漢水。案《漢中記》曰，嶓冢以東，水皆東流，嶓冢以西，水皆西流，即其地勢源流所歸。故俗以嶓冢爲分水嶺。』漾水源出嶓冢以東，故《禹貢》於東漢水亦言『嶓冢導漾』也。今本《説文》作『柏道』，《水經注》引作『豲道』，皆字之誤。

武都郡武都縣，東漢水受氐道水，一名沔，過江夏，謂之夏水，入江。

《尚書·禹貢》：『嶓冢導漾，東流爲漢。』《史記集解》引鄭玄云：『《地理志》瀁水出隴西氐道，至武都爲漢，至江夏謂之夏水。』《山海經》：『嶓冢之山，漢水出焉，而東南流注于沔。』

應劭曰：『沔水自江別至南郡華容爲夏水，過郡入江，故曰江夏。』《史記正義》：『夏水口在荆州江陵縣東南二十五里。』

武都郡沮縣，沮水出東狼谷，南至沙羨入江。過郡五，行四千里。

《説文解字》：『沔水出武都沮縣東狼谷，東南入江，或曰入夏水。』《水經》：『沔水出武都沮縣東狼谷中。又東南過江夏雲杜縣東，夏水從西來注之。又南至江夏沙羨縣北，南入于江。』注：『沔水一名沮水，闞駰曰：以其初出沮洳然，故曰沮水。』《後漢書》注：『沔水源出武都東狼谷中，即漢水之源也。』案『沮』、『沔』互通，故《説文解字》《水經》並以沮水爲沔水。《志》沮、沔各自入江，然記過郡于沮水下，沮大而沔小，故東京以後，即以沮水爲沔水耳。過武都、漢中、南陽、南郡、江夏五郡。

武都郡河池縣，泉街水南至沮入漢，行五百二十里。

《華陽國志》：『泉街縣，水入沮，合漢。』《水經注》：『泉街水出河池縣，東南入沮縣，會于沔。沔水又東南逕沮水戍，而東南流注漢，曰沮口，所謂沔漢者也。』

漢中郡南鄭縣，旱山，池水所出，東北入漢。

《續漢志》『南鄭』補注：『《華陽國志》曰：有池水從旱山來。』《水經注》：『池水出旱山。俗謂之獠子水。夾溉諸田，散流，左注漢水。』

漢中郡安陽縣，鬵谷水出西南，北入漢。左谷水出北〔二〇〕，南入漢。

《水經》：『沔水又東過魏興安陽縣南，涔水出自旱山，北注之。』注：『涔水出西南而東北入漢，左谷水出西南而東北入漢〔二一〕。左谷水出西北〔二二〕，即壻水也。』《水經》又云：『涔水出漢中南鄭縣東南旱山，北至沔陽縣入于沔〔二三〕。』鄭康成曰：『安陽之灊，其尾入漢。』案『鬵』、『涔』、『灊』古字通用。謹案：《水經注》戴校云，『左谷水出西南而東北入漢』十一字係衍文，蓋水出西北而東南入漢也。

南陽郡酈縣，育水出西北，南入漢。

《山海經》：『支離之山，淯水出焉，南流注于漢。』郭璞曰：『今育水出酈縣西北山，南入漢。』《說文解字》：『淯水出弘農盧氏山，東南入沔。或曰出酈山西。』《水經》：『淯水出弘農盧氏縣攻離山，又西過鄧縣東，〔二四〕南入沔。』注：『淯水導源弘農，東流逕酈縣故城北。』

右扶風武功縣，褒水亦至衙領，南至南鄭入沔〔二五〕。

《水經注》：『褒水西北出衙領山，東南逕大石門，歷故棧道下谷。又南逕褒縣故城東。又南流入于漢。』《元和郡縣志》：『武功縣，褒水源出縣西衙領川，斜水與褒水同源而派分。在縣北五里〔二六〕。』

弘農郡盧氏縣，熊耳山在東。又有育水，南至順陽入沔。又有洱水，東南至魯陽入沔，皆過郡二，行六百里。

《水經》：『均水出析縣北山，南流過其縣之東。又南當涉都邑北，南入于沔。』注：『均水發源弘農郡之盧氏縣熊耳山。又東南流注逕其縣。又南流。逕順陽縣西。又南流注于沔水。故《地理志》謂之育水，言熊耳之山，育水出焉。又東南至順陽入于沔。』案《水經注》以『淯水』當酈縣育水，而以『均水』當盧氏育水，然二水源既相同，流亦不遠，其入漢、入沔，疑亦枝津各別耳。《水經注》『洱水出弘農郡盧氏縣之熊耳山，東南逕酈縣北。又逕西鄂縣南。又東南流注于淯水。《地理志》曰熊耳之山出三水，洱水其一焉。「東南至魯陽入沔」是也。』皆過弘農、南陽二郡。

弘農郡析縣，黄水出黄谷，鞠水出鞠谷，俱東至酈，入湍水。

《水經》：『湍水出酈縣北芬山，南流過其縣東，又南過冠軍縣東。又東南至新野縣。東入于淯。』注：『黄水出北芬山黄谷〔二七〕，南逕丹水縣，南注于丹水。菊水出西北石澗山芳菊谿，亦言出析谷。東南流入于湍。』

弘農郡丹水縣，丹水出上雒冢領山，東至析入鈞。

《水經》：『丹水出京兆上洛縣西北冢領山。東南過其縣南。又東南過商縣南，又東南至于丹水縣，入于汮。』案『汮』、『鈞』、『均』古字通用。

弘農郡上雒縣，又有甲水出秦領山，東南至錫入沔，過郡二〔二八〕，行五百七十里。

《水經注》：『甲水出秦嶺山，東南流。又東逕上庸郡北。又東南逕魏興郡之興晋縣南。又東，右入漢水。』《太平寰宇記》：『上洛縣，秦嶺山在縣西南一百里，高九百五十丈。』過弘農、漢中二郡。

漢中郡旬陽縣，北山，旬水所出，南入沔。

《水經注》：『旬水出旬山。又東南逕旬陽縣。南注漢。』《華陽國志》：『洵陽縣，洵水所出。』《太平寰宇記》：『洵水，《水經》云北出洵山，東南流。經縣北至縣東，又南入沔。』

漢中郡房陵縣，淮山，淮水所出，東至中廬入沔。又有筑水，東至筑陽，亦入沔。

《續漢志》補注：『《巴漢志》曰：維山，維水所出。』《水經》：『沔水又東過中廬縣東，淮水自房陵淮山東流注之。』案『維』、『淮』字之異。應劭曰：『筑水出漢中房陵，東入沔。』《水經注》：『沔水又南逕筑陽縣東，又南，筑水注之。杜預以爲彭水也。水出梁州新城郡魏昌縣界。東逕筑陽縣故城南。又東流注于沔。』《太平寰宇記》：『穀城縣，筑水在縣南百步。陸澄《地理志》云：筑水會沔水之處謂之筑口。』

南郡臨沮縣，《禹貢》南條荆山在東北，漳水所出，東至江陵入陽水，陽水入沔，行六百里。

《說文》：『南漳水出南郡臨沮。』《水經》：『漳水出臨沮縣東荆山東。南至枝江縣入于沮[二九]。』杜預曰：『漳水出新城沶鄉縣，南至荆山，東南經襄陽、南郡當陽縣入沮。』《山海經》：『荆山，漳水出焉，而東南注于睢。』案『睢』即『沮』字之異。《淮南子》：『沮出荆山。』蓋即以漳水爲沮水也。《水經注》：『陽水上承江陵縣赤湖。又東入華容縣。又北逕竟陵縣西。又北注于沔。』

南郡華容縣，夏水首受江，東入沔，行五百里。

《水經》：『夏水出江津于江陵縣東南。又東過華容縣南。又東至江夏雲杜縣，入于沔。』注：『闞駰《十三州記》曰：江別入沔爲夏水源。鄭玄注《尚書》「滄浪之水」，言今謂之夏水，來同，故世變名焉。劉澄之著《永初山川記》云：夏水古文以爲滄浪，漁父所歌也。』案《志》沔水過江夏謂之夏水，入江。夏水又首受江，入沔。此即東漢水之正流，《禹貢》所謂滄浪之水也。東京以後，沔水奪入沮水，故《説文解字》《水經》並以沮水爲沔水，而東漢水之正流反晦矣。

廬江郡，廬江出陵陽東南，北入江。

《山海經》：『廬江出三天子都，入江彭澤西。』《水經》：『廬江水出三天子都，北過彭澤縣西，北入于江。』

廬江郡尋陽縣，《禹貢》九江在南，皆東合爲大江。

劉歆曰：湖漢等九水入彭蠡，故言九江矣。應劭曰：江自廬江尋陽分爲九。張揖曰：九江在廬江尋陽縣南，皆東合爲大江。

豫章郡贛縣，豫章水出西南，北入大江。

《水經注》：『豫章水導源東北流，逕南壄縣北，贛川石岨，水急行難，傾波委注，六十餘里。又北逕贛縣東，豫章水右會湖漢水。』又云：『《地理志》曰：豫章水出贛縣西南，而北入江。蓋控引衆流，總成一川，雖稱謂有殊，言歸一水矣。故《後漢·郡國志》曰：贛有豫章水。雷次宗云：似因此水爲其地名，雖十川均流而此源最遠，故獨受名焉。』案《志》以湖漢爲經流，《水經》以贛水爲經流，皆此水也。

豫章郡雩都縣，湖漢水東至彭澤入江，行千九百八十里。

《水經注》：『湖漢水出雩都縣，導源西北流，逕金雞石。又西北逕贛縣東，西入豫章水。』

長沙國安成縣，廬水東至廬陵，入湖漢。

《水經注》『《十三州志》稱廬水西出長沙安復縣〔三〇〕。東至廬陵入湖漢』者也。

豫章郡宜春縣，南水東至新淦，入湖漢。

《水經注》：『牽水西出宜春縣。牽水又東逕吴平縣。牽水又東逕新淦縣，而注于豫章水。湖漢及贛，並通稱也。』案『牽』、『南』因字形相近而譌。

豫章郡南城縣，盱水西北至南昌〔三一〕，入湖漢。

《水經注》：『盱水出南城縣，西北流，逕南昌縣南，西注贛水。』

豫章郡建成縣，蜀水東至南昌，入湖漢。

《水經注》：『濁水出康樂縣。又東逕望蔡縣。又東逕建成縣。又東至南昌縣，東流入于贛水。』《太平寰宇記》：『高安縣，蜀水在縣北三里。』《漢書·地理志》云：蜀水源出縣内小界山，東流五百九十里，入南昌縣，與鄣水合。』案『鄣水』即『贛水』，今《志》脱『行五百九十里』

六字。

豫章郡餘汗縣，餘水在北，至鄡陽入湖漢。

《水經注》：『餘水東出餘汗縣。北至鄡陽縣，注贛水。』

豫章郡鄱陽縣，鄱水西入湖漢。

《續漢志》鄱陽有鄱水。《水經注》：『鄱水出鄱陽縣東，西逕其縣南。又西流注于贛。』

豫章郡艾縣，脩水東北至彭澤，入湖漢，行六百六十里。

《水經注》：『脩水出艾縣西，東北逕豫寧縣。又東北逕永脩縣。又東北注贛水。』

豫章郡南壄縣，彭水東入湖漢。

《水經》：『贛水出豫章南壄縣。』注：『《山海經》曰：贛水出聶都山，東北流，注于江，入彭澤西也。班固稱南壄縣，彭水所發，東入湖漢水。庾仲初謂大庾嶠水北入豫章，注于江者也。』

丹陽郡石城縣，分江水首受江，東至餘姚入海，過郡二，行千二百里。

《水經》：『沔水與江合流，又東過彭蠡澤。又東至石城縣。分爲二，其一東北流，其一又過毗陵縣北，爲大江〔三二〕。又東至會稽餘姚縣，入于海。』案東至餘姚入海，《説文解字》『江水東至會稽山陰爲浙江』，即此分江水也，《水經注》以爲南江。過丹陽、會稽二郡。

丹陽郡陵陽縣，桑欽言淮水出東南，北入大江。

《水經注》：『旋谿水出陵陽山下，逕陵陽縣西。桑欽曰，淮水出縣之東南，北入大江。其水又北歷蜀由山，左合旋谿。而同注南江。』《元和郡縣志》：『上元縣，淮水，源出縣南華山，在丹陽、湖孰兩縣界，西北流經秣陵、建康二縣之閒，入于江。』

丹陽郡宛陵縣，清水西北至蕪湖入江。

《説文解字》：『泠水出丹陽宛陵，西北入江。』應劭曰：泠水出丹陽宛陵，西北入江。案『泠』、『清』聲相近。

丹陽郡蕪湖縣，中江出西南，東至陽羨入海。

《水經》：『中江在丹陽蕪湖縣西南，東至會稽陽羨，入於海。』《太平寰宇記》：『宜興縣，荆溪，在縣南二十步。《漢志》云「中江首受蕪湖，東至陽羨入海」，即此溪也。』宋《景定建康志》：『中江舊逕溧陽縣界，古三江之一，今永陽江，一名九陽江，一名潁陽江，在縣西北三十五里，即其遺跡。』

會稽郡毗陵縣，北江在北，東入海。

《續漢志》：『毗陵，北江在北。』《水經》：『北江在毗陵北界，東入于海。』又云：『沔水與江合流，又東至石城縣。分爲二，其一東北流，其一又過毗陵縣北，爲大江。』注：『江即北江也。』

會稽郡吳縣，南江在南，東入海。

《水經注》：『《地理志》曰：江水自石城東出，逕吳國南，爲南江。』案今《志》無此文。

會稽郡太末縣，穀水東北至錢唐入江〔三三〕。

《水經注》：『穀水源西出太末縣。又東入錢唐縣，而左入浙江。』《元和郡縣志》：『須江縣〔三四〕，穀水江在縣東南一里。』

廣陵國江都縣，渠水首受江，北至射陽入湖。

《水經注》：『中瀆水首受江於廣陵郡之江都縣。舊江水道也。自江東北通射陽湖。《地理志》所謂渠水也，西北至末口入淮。』《續漢志》『射陽』注：『有梁湖。《地道記》曰：有博支湖。』

蜀郡，《禹貢》桓水出蜀山西南，行羌中，入南海。

《水經》：『桓水出蜀郡岷山，西南行羌中，入于南海。』注：『《尚書·禹貢》「和夷底績」，鄭玄曰：「和」讀曰「桓」。《地理志》曰「桓水出蜀郡蜀山西南，行羌中」者也。』

益州郡來唯縣，勞水出徼外，東至麋伶，入南海，過郡三，行三千五百六十里。

《水經注》：『僕水又東至來唯縣入勞水，水出徼外，東逕其縣，與僕水合。東至交州交趾郡麋泠縣〔三五〕，南流入于海。』過益州、越嶲、交趾三郡。

越嶲郡青蛉縣，僕水出徼外，東南至來唯，入勞，過郡二，行千八百八十里。

《水經注》：『布僕水出徼外成都西沈黎郡。水從縣西布僕來，分爲二流。其一水南逕越嶲邛都縣西，東南至雲南郡之蜻蛉縣。入於僕水，又東至來唯縣入勞水。』過越嶲、益州二郡。

益州郡葉榆縣，貪水首受青蛉，南至邪龍入僕，行五百里。

《水經注》：『蜻蛉水出蜻蛉縣西，東逕其縣下。貪水出焉』，又云『貪水出蜻蛉縣，上承蜻蛉水，逕葉榆縣，又東南至邪龍縣，入于僕。』

益州郡秦臧縣，牛蘭山，即水所出，南至雙柏入僕，行八百二十里。

《水經注》：『即水出秦臧縣牛蘭山，南流至雙柏縣，東注僕水。』

益州郡嶲唐縣，周水首受徼外。又有類水，西南至不韋，行六百五十里。

《續漢志》『嶲唐』補注：『《華陽國志》曰，有同水從徼外來。』案『同』，『周』字之譌。《水經注》：『類水出嶲唐縣，西南流曲折又北流，東至不韋縣，注蘭倉水。』

牂柯郡西隨縣，麋水西受徼外，東南至麋伶，入尚龍谿，過郡二，行千一百六里。

《續漢志》補注：『《地道記》：麋水西受徼外，東至麋泠，入尚龍谿。』《水經》：『益州葉榆河過不韋縣，入牂柯郡西隨縣北爲西隨水，又東出進桑關。過交趾麋泠縣北。東入海。』注：『馬援言從麋泠水道出進桑，自西隨至交趾，崇山接險，水路三千里。』過牂柯、交阯二郡。

牂柯郡都夢縣，壺水東南至麋伶，入尚龍谿，過郡二，行千一百六十里。

《水經注》：『劉澄之曰：沅水自壺頭枝分，跨三十三渡，逕交阯龍編縣東北，入于海。脈水尋梁，乃非關究。』案《續漢志》沅陵有壺頭山，沅水不應至交阯，故《水經注》以爲疑，疑劉澄之所云者即此壺水，因名近而譌。過牂柯、交阯二郡。

牂柯郡夜郎縣，豚水東至廣鬱。

《水經注》：『豚水東北流，逕談稾縣東，逕牂柯郡且蘭縣，謂之牂柯水。又東南逕毋斂縣，又逕鬱林廣鬱縣，爲鬱水。』

鬱林郡廣鬱縣，鬱水首受夜郎豚水，東至四會入海，過郡四，行四千三十里。

《水經注》：『鬱水南，自壽泠縣注于海。《山海經》曰「鬱水出象郡，而東南注南海〔三六〕，入須陵東南」者也。』過牂柯、鬱林、蒼梧、南海四郡。

牂柯郡鐔封縣，温水東至廣鬱入鬱，過郡二，行五百六十里。

《水經》：『温水出牂柯夜郎縣。又東至鬱林廣鬱縣爲鬱水。又東至領方縣，東與斤南水合。東北入于鬱。』注：『鬱水即夜郎豚水也。』過牂柯、鬱林二郡。

益州郡銅瀨縣，談虜山，迷水所出，東至談稾，入温。

《續漢志》注：『《地道記》曰：銅虜山，米水所出。』《水經注》：『迷水西出益州郡銅瀨縣談虜山，東逕談稾縣，右注温水。』

益州郡俞元縣，池在南，橋水所出，東至毋單入温，行千九百里。

《水經注》：『橋水上承俞元之南池，周四十七里。一名河水，與邪龍分浦。橋水東流至毋單縣，注于温。』

牂柯郡句町縣，文象水東至增食入鬱，又有盧唯水、來細水、伐水。

《水經注》：『文象水導源牂柯句町縣，與盧唯水、來細水、伐水並自縣東歷廣鬱至增食縣，注于鬱水也。』案《三國志·諸葛亮傳》注引作『瀘惟水』，即以爲瀘水也。

鬱林郡領方縣，斤員水入鬱，又有橋水。

宋祁曰：『一作斤南水。』《水經》：『温水又東至領方縣，東與斤南水合。東北入于鬱。』又云：『斤江水出交阯龍編縣，東北至鬱林領方縣，東注于鬱。』注：『《地理志》又云：領方縣而有橋水。』『而』字當爲『南』，南橋水也。蓋書字誤矣。案『而』今本作『又』，『橋』作『墧』，師古曰：『墧，音橋。』皆字之誤。謹案：戴校《水經注》作：『字當爲温，非橋水也。』云領方縣有温水，不當又有橋水，『橋』即『温』字之誤。

鬱林郡臨塵縣，朱涯水入領方，有斤員水、侵離水，行七百里。

《水經注》：『朱厓水出臨塵縣，東北流。又東北逕臨塵縣，縣有斤南水、侵離水，並逕臨塵，東入領方縣，流注鬱水。』又云：『侵黎水出廣州晉興郡。行至臨塵入鬱。』

鬱林郡增食縣，驩水首受牂柯東界，入朱涯水，行五百七十里。

《水經注》：『驩水源上承牂柯水，東逕增食縣，而下注朱厓水。』又云：『牂柯水又東南逕毋斂縣西。又東，驩水出焉。』

鬱林郡有小谿川水七，并行三千一百一十里。謹案：『川水』疑『小水』之譌。

《水經》：『浪水又東至蒼梧猛陵縣爲鬱溪，又東至高要縣爲大水。』注：『鬱水出鬱林之阿林縣，東逕猛陵縣。浪水於縣左合鬱溪。』謹案：此條所引《水經》與《志》無涉，當云有鬱谿也。

武陵郡鐔成縣，玉山，潭水所出，東至阿林入鬱，過郡二，行七百二十里。

《說文解字》：『潭水出武陵鐔成玉山，東入鬱林。』《水經注》：『潭水出武陵郡鐔成縣玉山，東流逕鬱林郡潭中縣。又逕中留縣東、阿林縣西，右入鬱水。』過武陵、鬱林二郡。

牂柯郡毋斂縣，剛水東至潭中入潭。

《水經注》：『剛水西出牂柯毋斂縣，東至潭中入潭。』

鬱林郡定周縣，周水首受毋斂，東入潭，行七百九十里。

《水經》：『存水出犍爲郁鄢縣東南至鬱林定周縣爲周水。又東北至潭中縣，注于潭。』注：『周水又東〔三七〕，逕牂柯郡之毋斂縣北，而東南與毋斂水合矣。水首受牂柯水，東逕毋斂縣爲毋斂水，又東注于存水。存水又東，逕鬱林定周縣，爲周水，蓋水變名也。』案周水自益州嶲唐徼外合毋斂水，以同入于潭。

益州郡毋棳縣，橋水首受橋山，東至中留入潭，過郡四，行三千一百二十里。

《續漢志》補注：『《地道記》曰：有橋水出橋山。』《水經注》：『温水又東南，逕興古郡之毋棳縣東，與南橋水合。水出縣之橋山，東流。注于温。』又云：『《地理志》曰：橋水東至中留入潭。』又云領方縣而有橋水。余診其川流，更無殊津，正是橋温亂流，故兼通稱。作者咸言至中留入潭，潭水又得鬱之兼稱。』案《志》橋水自益州分爲二，一流逕俞元縣，至毋單入温。一流自毋棳，至中留入潭。温、潭、鬱雖互受通稱，而橋水之所入則有别也。過益州、越嶲、牂柯、鬱林四郡。

益州郡勝休縣，河水東至毋棳入橋。

《續漢志》「勝休」補注：「《南中志》曰：有大河從廣百四十里，深數十丈。《地道記》曰：水東至毋棳，入橋水。」《水經注》：「梁水上承河水於俞元縣，而東南逕興古之勝休縣。又東逕毋棳縣，左注橋水。」案梁水亦河水之别名也。

零陵郡零陵縣，又有離水，東南至廣信，入鬱林，行九百八十里。

《水經》：「灕水亦出陽海山。南過蒼梧縣荔浦縣〔三八〕。又南至廣信縣，入於鬱水。」注：「灕水與湘水出一山而分源也。」《太平寰宇記》：「湘灕同源出，分爲二水，水在金義嶺上〔三九〕，南流爲灕水，北流爲湘水。」

桂陽郡桂陽縣，洭水南至四會入鬱林〔四〇〕，過郡二，行九百里。

《説文解字》：「洭水出桂陽縣盧聚山洭浦關爲桂水〔四一〕。」《水經》：「洭水出桂陽縣盧聚。東南過含洭縣。南出洭浦關，爲桂水。」注：「《山海經》謂之湟水。徐廣曰：湟水一名洭水。」過桂陽、南海二郡。

桂陽郡臨武縣，秦水東南至湞陽，入洭，行七百里。

《説文解字》：「溱水出桂陽臨武，入洭。」《水經》：「溱水出桂陽臨武縣南，繞城西北屈東流。東至曲江縣安聶邑東，屈西南流。過滇陽縣，出洭浦關，與桂水合。南入于海。』注：『南注于鬱而入于海。』

合浦郡臨允縣，牢水北至高要入鬱〔四二〕**，過郡三，行五百三十里。**

《水經注》：『鬱水又東逕高要縣，牢水注之。水南出交州合浦郡。郡統臨允縣，牢水自縣北流，逕高要縣，入于鬱水。』過合浦、南海、蒼梧三郡。

武陵郡鐔成縣，康谷水南入海。

水無攷。謹案：《水經》：浪水出武陵鐔成縣北界沅水谷。至番禺西分爲二，皆南入于海。疑即此水，『浪』、『康』形聲並相近。

蒼梧郡猛陵縣，龍山，合水所出，南至布山入海。

《續漢志》補注：『《地道記》曰：龍山，合水所出。』

九真郡有小水五十二，并行八千五百六十里。

《水經注》：『九德浦内逕越裳究、九德究、南陵究。竺芝《扶南記》：山溪瀨中謂之究。《地理志》曰「郡有小水五十二，并行大川」，皆究之謂也。』

日南郡西捲縣，水入海。

《水經注》：『漢武帝元鼎六年開日南郡，治西捲縣。《地理志》曰：「水入海。」《林邑記》曰：其城治二水之閒，三方際山，南北瞰水，東西澗浦，流湊城下。』

日南郡有小水十六，并行三千一百八十里。

《水經》：『容容、夜、緰、湛、乘、牛渚、須無、無濡、營進、皇無、地零、侵黎、無會、重瀨、夫省、無變、由蒲、王都、融、勇外，此皆出日南郡西，東入於海。』

丹陽郡黝縣，漸江水出南蠻中，東入海。

《説文解字》：『漸水出丹陽黟南蠻中，東入海。』《水經》：『漸江水出三天子都。北過餘杭，東入於海。』《山海經》：『浙江出三天子都，在蠻，東入海。』郭璞曰：『《地理志》：浙江出新安黟縣南蠻中，東入海。』案『浙』當作『漸』，傳寫之譌。

會稽郡錢唐縣，武林山，武林水所出，東入海，行八百三十里。

《水經注》：『縣有武林山，武林水所出也。闞駰曰：山出錢水，東入海。《吴地記》言：縣唯浙江，今無此水。』

會稽郡上虞縣，柯水東入海。

《水經注》：『上虞江東逕周市而注永興。《地理志》曰：縣有仇亭，柯水東入海。仇亭在縣之東北一十里，柯水疑即江也。』

會稽郡餘暨縣，蕭山，潘水所出，東入海。

《水經注》：『上虞江又東北逕永興縣東，與浙江合，謂之浦陽江。《地理志》又云：縣有蕭山，潘水所出，東入海。又疑是浦陽江之别名也。』案《吴都賦》劉逵注引作『瀵水』，字之誤。

會稽郡鄞縣，東南有天門水，入海。

趙一清曰：天門水即縣之廣平湖及大溪是也。

會稽郡句章縣，渠水東入海

《水經注》：『江水有六谿，六谿裂溉入江。』全祖望曰：『是即所謂渠水者矣。』謹案：戴校《水經注》作：『江上有谿，六谿列溉，散入江。』

校勘記

〔一〕蜀郡有小江八　據《漢書·地理志》『八』當作『入』。

〔二〕江共也　『共』，《釋名》作『公』。

〔三〕東南流與濊水合　『濊水』，朱謀㙔、戴震作『涐水』，全祖望、趙一清、楊守敬作『濊水』。

〔四〕大渡水在縣南二百步　『縣南』，《元和郡縣志》作『縣北』。

〔五〕益州郡牧靡縣　『牧靡』，《漢書·地理志》作『收靡』。

〔六〕亦或言至僰道入江　『或』，朱謀㙔、戴震作『咸』，趙一清、楊守敬作『或』。

〔七〕湔水出緜道　《水經注》戴震本『緜』下有『虒』字。

〔八〕華陽國記　『記』，《水經注》戴震本作『志』，楊守敬同，朱謀㙔、趙一清作『記』。

〔九〕又東逕宕婆川城東南北注羌水　《水經注》朱謀㙔本作『水又逕宕昌婆川城東南，北注羌水』，趙一清作『白水又逕宕婆川城東南，北注羌水』，戴震作『羌水又逕宕婆川城東，而東南注』，楊守敬作『羌水又東南逕宕昌婆川城東，而東南注」。見下文案語。

〔一〇〕南至小廣魏與梓潼合　《水經注》戴震本「梓潼」下有「水」字，楊守敬《注疏》同。

〔一一〕自縣西逕涪城東　「西」，《水經注》戴震、楊守敬作「南」，朱謀㙔、趙一清作「西」。

〔一二〕縣西北有不曹水　「不曹」，戴震作「餘曹」。

〔一三〕江沱出西南東入江　《漢書・地理志》無「南」字。

〔一四〕江沱枝分　「沱」，《水經注》朱謀㙔本作「汜」，朱箋：「當作江沱。」趙一清作「沱」，楊守敬作「汜」。

〔一五〕沮水出漢中房陵縣睢山　「睢山」，《水經注》朱謀㙔作「淮水」，趙一清作「睢山」，戴震作「東山」，楊守敬作「景山」。

〔一六〕東南流逕無陽故縣南　《水經注》朱謀㙔本無「逕無」二字，箋：「陽上缺無字。」趙一清、戴震增「逕無」。楊守敬作「逕黚」。

〔一七〕資水所出　《漢書・地理志》「資」上有「路山」二字。

〔一八〕而南入黚水　「黚水」，《水經注》朱謀㙔本作「鬵水」，趙一清、戴震、楊守敬作「黚水」，下同。

〔一九〕漢水出犍爲漢陽縣山闟谷　「縣」，《水經注》各本作「道」。

〔二〇〕左谷水出北　「左」，《漢書・地理志》作「在」。下文《水經注》作「左」。

〔二一〕左谷水出西南而東北入漢　「南」，朱謀㙔本作「面」，箋：「當作出西南。」趙一清云：「面字不誤。」戴震本無「左谷水出西南而東北入漢」十一字。楊守敬本「西南」作「西北」，「東北」作「東南」。

〔二二〕左谷水出西北　「西北」，朱謀㙔本作「漢北」，趙一清從《漢志》作「北」，戴震作「西北」，《輿地紀勝》、《名勝志》作「漠北」，楊守敬作「漢北」。

〔二三〕北至沔陽縣入于沔　『沔陽』，朱謀㙔、趙一清作『沔陽』，戴震、楊守敬作『安陽』。又，『縣』下《水經注》各本有『南』字。

〔二四〕又西過鄧縣東　『又西過』，朱謀㙔本作『西過』，趙一清作『又西過』，戴震作『南過』，楊守敬作『又西南過』。

〔二五〕褒水亦至衙領南至南鄭入沔　《漢書·地理志》『至』作『出』，『領』下無『南』字。

〔二六〕《元和郡縣志》『在縣北五里』者非『褒水』，而是『褒谷山』。

〔二七〕黄水出北芬山黄谷　『出北芬山』，朱謀㙔本作『北出予山』，箋：『一作北予山。』趙一清以爲當作『北芬山』。戴震作『北出芬山』。楊守敬作『北出予山』。

〔二八〕過郡二　『二』，《漢書·地理志》作『三』。

〔二九〕南至枝江縣入于沮　《水經注》各本『縣』下有『北烏扶邑』四字。楊守敬疏：『《御覽》六十五引無「烏扶邑」字。』

〔三〇〕西出長沙安復縣　『安復』，朱謀㙔箋：『當作安成。』全祖望以爲『長沙安復』當作『安成安復』。戴震作『安成』，楊守敬從之。

〔三一〕旴水西北至南昌　『旴』，《漢書·地理志》作『盱』，《水經注》各本作『旴』。

〔三二〕爲大江　『大』，《水經注》各本作『北』，趙一清作『大』。下文『會稽郡毗陵縣北江』條引《水經》同。

〔三三〕穀水東北至錢唐入江　『穀』，《水經注》朱謀㙔本作『穀』，戴震、趙一清、楊守敬作『穀』，《元和郡縣志》作『縠』。

〔三四〕須江縣　《元和郡縣志》『縠水江』在『盈江縣』下，『盈川縣』在『須江縣』條之後。

〔三五〕東至交州交趾郡麊泠縣　『麊』，《水經注》朱謀㙔本作『麓』，趙一清同。戴震作『𪊽』，楊守敬同，下文《水經注》皆同。

〔三六〕而東南注南海　『東』，《水經注》朱謀㙔本作『東』，趙一清同。戴震作『西』。《山海經》作『西』。

〔三七〕周水又東　『周』，《水經注》朱謀㙔本作『周』，趙一清同。戴震作『存』，楊守敬從戴震。

〔三八〕南過蒼梧縣荔浦縣　《水經注》『蒼梧』下無『縣』字。

〔三九〕水在金義嶺上　『金』，《太平寰宇記》作『全』，有全義縣。

〔四〇〕洭水南至四會入鬱林　『洭』，《漢書・地理志》作『匯』。下條『桂陽郡臨武縣秦水』同。

〔四一〕洭水出桂陽縣盧聚山洭浦關爲桂水　『山』，《説文》作『南出』。

〔四二〕牢水北至高要入鬱　『至』，《漢書・地理志》作『入』。

漢志水道疏證卷四

敦煌郡，正西關外有蒲昌海。

《西域傳》：『河有兩源，一出葱嶺山，一出于闐。于闐在南山下，其河北流，與葱嶺河合，東注蒲昌海。蒲昌海，一名鹽澤者也。去玉門陽關三百餘里，廣袤三百里。』《水經注》：『河水又東注于泑澤，即經所謂蒲昌海也。水積鄯善之東北，龍城之西南，西接鄯善，東連三沙，爲海之北隘矣。』

張掖郡居延縣，居延澤在東北，古文以爲流沙。

《山海經》：『流沙出鍾山。』《水經》：『流沙地在張掖居延縣東北。』注：『居延澤在其縣故城北〔二〕，《尚書》所謂流沙者也。』《元和郡縣志》：『張掖縣，居延海在縣東北一千六百里。』

武威郡武威縣，休屠澤在東北，古文以爲豬壄澤。

《水經》：『都野澤在武威縣東北。』注：『縣在姑臧城北三百里，東北即休屠澤也。古文以爲豬野也。其水上承姑臧武始澤。又東北逕武威縣故城東，一水北入休屠澤，俗謂之爲西海。一水又東逕一百五十里，入豬野，世謂之爲東海。通謂之都野矣。』

金城郡臨羌縣，有僊海鹽池，西有須抵池。

《後漢·西羌傳》:『羌乃去湟中,依西海鹽池左右。』《水經注》:『湟水出塞外,東逕西王母石室、石釜,西海鹽池北。故闞駰曰,其西即湟水之源也。』案『僊海』即『西海』也,古字通用。

朔方郡朔方縣,金連鹽澤、青鹽澤皆在南。

《水經注》:『《魏土地記》曰:縣有大鹽池。漢置典官。鹽池去平城宫千二百里,在新秦之中。』《元和郡縣志》:『朔方縣,城西南有二鹽池,大而青白。青者名曰青鹽,一名戎鹽,入藥分也。』《太平寰宇記》:『靈州,青鹽澤。按:《漢書》云:朔方縣,青鹽澤在其南。』

朔方郡窳渾縣,屠申澤在東。

《水經注》:『河水又北迤西溢于窳渾縣故城東,其水積而爲屠申澤,東西一百二十里。闞駰謂之窳渾澤矣。』

西河郡穀羅縣,武澤在西北。

《司馬相如傳》注:『文穎曰:西河穀羅縣有紫澤,在縣西北。』疑即此澤。趙一清曰:武澤本名虎澤,唐人避諱改之,後漢建武二十八年詔南匈奴居西河美稷之虎澤〔三〕,即此澤也。

上郡膚施縣,有帝原水。

《水經注》:『帝原水西北出龜茲縣,東南流。又東南注奢延水,又逕膚施縣南。東入五龍山。自下亦爲通稱也。』

上郡高奴縣，有洧水，肥可爇〔三〕。

《水經注》：『清水又東逕高奴縣，合豐林水，《地理志》謂之洧水也。』《元和郡縣志》：『膚施縣，清水俗名去斤水，北自金明縣界流入，《地理志》謂之洧水〔四〕，其肥可然。鮮卑謂洧水爲去斤。』

雁門郡沃陽縣，鹽澤在東北。

《水經注》：『今鹽池西南去沃陽故城六十五里，池水澂渟，淵而不流，東西三十里，南北二十里。』

雁門郡彊陰縣〔五〕，諸聞澤在東北。

澤無攷。

太原郡鄔縣，九澤在北，是爲昭餘祁。

《周禮》注：『昭餘祁在鄔。』《水經注》：『汾水於大陵縣左迤爲鄔澤。其陂東西四里，南北一十餘里，陂南接鄔。《地理志》曰「九澤在北」，并州藪也，俗謂之鄔城泊。』《元和郡縣志》：『介休縣，鄔城泊，在縣東北二十六里。』《周禮》『并州之藪曰昭餘祁，即鄔城泊也。』

河東郡安邑縣，鹽池在西南

《續漢志》『安邑，有鹽池』補注：『《雒陽記》曰，河東鹽池長七十里，廣七里。』《說文解字》『河東鹽池袤五十一里，廣七里，周百一十六里。』《水經注》：『城南有鹽池。今池水東西七十里，南北十七里。池西又有一池，謂之女鹽澤，東西二十五里，南北二十里，在猗氏故城南。』

右扶風盩厔縣，靈軹渠，武帝穿也。

《溝洫志》：『關中靈軹、成國、漳渠引諸川。』如淳曰：『《地理志》盩厔有靈軹渠。』

河南郡滎陽縣，卞水、馮池皆在西南。

《後漢書》：『永平十二年夏四月，遣將作謁者王吴修汴渠，自滎陽至於千乘海口。』注：『汴渠即莨蕩渠也。』案《志》卞水不與狼湯渠通也。《水經注》：『礫磎水出滎陽城西南李澤〔六〕，澤中有水，即古馮池也。』

河南郡中牟縣，圃田澤在西。

《周禮》注：『圃田在中牟。』《水經注》：『澤在中牟縣，西限長城〔七〕，東極官渡，北佩渠水。東西四十許里，南北二百許里，中有沙岡，上下二十四浦，津流逕通，淵潭相接，各有名焉。』《元和郡縣志》：『中牟縣，圃田澤，一名原圃，在縣西北七里。』

河南郡開封縣，逢池在東北，或曰宋之逢澤也。

臣瓚曰：『《汲郡古文》：梁惠王發逢忌之藪以賜民。今浚儀有逢陂忌澤是也。』《水經注》：『池水上承役水于苑陵縣〔八〕。別爲魯溝，東南流，逕開封縣故城北。魯溝南際富城，東南八百尺陂〔九〕，即古之逢澤也。』《括地志》：『逢澤亦名逢池，在汴州浚儀縣東南十四里。』

鉅鹿郡鉅鹿縣，《禹貢》大陸澤在北。

《尚書》鄭注：『大陸，澤名，在鉅鹿北。』《爾雅》：『晉有大陸。』郭璞曰：『今鉅鹿北廣阿澤是也。』《吕氏春秋》：『趙之鉅鹿。』高誘曰：『廣阿澤也。』《元和郡縣志》：『鉅鹿縣，大陸澤在縣西北。東西二十里，南北三十里。昭慶縣，廣阿澤在縣東二十五里。』案大陸、鉅鹿、廣阿，皆一澤之别名也。

濟陰郡，《禹貢》荷澤在定陶東。

《水經》：『荷澤在定陶縣東。』又云：『荷水又東過湖陸縣南，東入于泗水。』注：『澤所鍾也。』杜佑《通典》曰：『菏澤在曹州濟陰縣東北九十里，故定陶城東北。』

濟陰郡成陽縣，《禹貢》雷澤在西北。

《周禮》注：『雷夏在成陽。』《水經》：『雷澤在濟陰成陽縣西北。注：『瓠河又左逕雷澤北，其澤藪在大成陽縣故城西北一十餘里，其陂東西二十餘里，南北一十五里，即舜所漁也。』《元和郡縣志》：『雷澤縣，雷夏澤在縣北郭外。』

山陽郡鉅壄縣，大壄澤在北。

《周禮》注：『大野在鉅野。』《水經》：『大野澤在山陽鉅野縣東北。』注：『何承天曰：鉅野湖澤廣大，南通淮泗，北連清濟，舊縣故城，正在澤中。』《元和郡縣志》：『鉅野縣，大野澤，一名鉅野，在縣東五里，南北三百里，東西百餘里。』

梁國睢陽縣，《禹貢》盟諸澤在東北

《周禮》：『青州澤藪曰望諸。』注：『望諸，明都也，在睢陽。』《水經》：『明都澤在梁郡睢陽縣東北。』注：『《尚書》：「導菏澤，被孟豬。」孟豬在睢陽縣之東北。闞駰《十三州記》曰：「不言入而言被者，明不常入也。水盛方得覆被矣。」澤水淼漫，俱鍾睢泗。』《元和郡縣志》：『睢陽縣〔一〇〕，孟諸澤，在縣西北十里，周迴五十里。』

琅邪郡長廣縣，奚養澤在西。

《周禮》注：『豯養在長廣。』《元和郡縣志》：『昌陽縣，奚養澤在縣西北四十里。』

武都郡武都縣，天池大澤在縣西。

《華陽國志》：『武都縣，東漢水所出，有天池澤。』《水經注》：『天池大澤在西，故以都爲目矣。常璩、范曄云，郡居河池，一名仇池，池方百頃，即指此也。』《元和郡縣志》：『丹嶺縣，湫池在縣西八十里通彌山中，周迴百餘里。蓋古之天池大澤，白水之源，蓋出此也。』

越嶲郡邛都縣，有邛池澤。

《水經注》：『邛都縣，漢武帝開邛筰置之，縣陷爲池，今因名爲邛池，南人謂之河〔一一〕。』

《續漢志》注：『《南中志》曰：邛都縣東南數里有水名邛廣都河，從廣三十里，深百餘丈。』

越嶲郡定莋縣，步北澤在南。

澤無攷。

越巂郡姑復縣，臨池澤在南。

《水經注》：『淹水逕縣之臨池澤。』《續漢志》注：『《地道記》：鹽池澤在南。』案『臨』，『鹽』字之誤。

越巂郡青蛉縣，臨池灊在北。

趙一清曰：『灊即澤也，二縣地界以此而分。』

益州郡滇池縣，大澤在西，滇池澤在西北。

《水經注》：『温水又西會大澤，與葉榆僕水合。』《續漢志》：『滇池，有池澤。』補注：『《南中志》曰：池周二百五十里。』《説文解字》：『滇，益州池名。』《水經注》：『温水又西南逕滇池，池在縣西北，周三百許里，上源深廣，下流淺狹，似如倒流，故曰滇池也。』

益州郡葉渝縣，葉榆澤在東。

《水經》：『益州葉榆河，出其縣北界。』注：『縣之東有葉榆澤，葉榆水所鍾，而爲此川藪也。』

巴郡閬中縣，彭道將池在南，彭道魚池在西南。

《續漢志》補注：『《巴漢志》曰：閬中有彭池大澤。』《太平寰宇記》：『閬中縣，彭道將池，《郡國志》云：彭道魚池在州西南。《四夷述》云：州東南池，東西二里，南北約五里，州城西南有郭池，周約五十畝。二池與《漢志》注相符。』

巴郡安漢縣，是魚池在南。

池無攷。

南郡華容縣，雲夢澤在南。

《周禮》注：『雲瞢在華容。』《爾雅》：『楚有雲夢。』郭璞曰：『巴丘湖是也。』《水經》：『雲夢澤在南郡華容縣之東。』注：『自州陵東界逕于雲杜沌陽，爲雲夢之藪矣。』

廬江郡湖陵邑，北湖在南。

案下吴分埜云：『壽春、合肥受南北湖。』其地與湖陵相近。全祖望曰：北湖即樅陽湖，與丹陽郡溧陽縣之南湖隔江對岸。未知其審。

豫章郡彭澤縣，《禹貢》彭蠡澤在南。

《續漢志》：『彭澤，彭蠡澤在西。』《水經》：『彭蠡澤在豫章彭澤縣西北。』又云：『沔水與江合流，又東過彭蠡澤。』注：『《尚書·禹貢》匯澤也。鄭玄曰：漢與江鬭，轉東成其澤矣。』《括地志》：『彭蠡湖在江州潯陽縣東南五十二里。』

豫章郡歷陵縣，傅昜川在南，古文以爲敷淺原。

《水經》：『敷淺原地在豫章歷陵縣南。』杜佑《通典》：『江州潯陽縣有蒲塘驛，即漢歷陵縣也。驛前有敷淺原，原西數十里有敷陽山。』《太平寰宇記》：『德安縣，敷淺水即《尚書》敷淺源也，常流不絶，色頗清泠，其源乃接瑞昌縣及鄂州永興界，屈曲餘二百里，方至縣〔一二〕。』

會稽郡吴縣，具區澤在西，古文以爲震澤。

《山海經》：『浮玉之山，北望具區。』郭璞曰：『具區，今吴縣西南太湖也。』《尚書》謂之震澤。《周禮》注：『具區，五湖在吴南。』《水經》：『震澤在吴縣南五十里。』注：『《尚書》謂之震澤，《爾雅》以爲具區，方員五百里。』《元和郡縣志》：『吴縣，太湖，在縣西南五十里，《禹貢》謂之震澤，《周禮》謂之具區。』《太平寰宇記》：『澤縱廣二百八十三里，周迴三萬七千頃，連接四郡界，入於海。』

校勘記

〔一〕居延澤在其縣故城北　『北』，《水經注》朱謀㙔本作『東』，趙一清、戴震、楊守敬作『東北』。

〔二〕後漢建武二十八年詔南匈奴居西河美稷之虎澤　『二十八』，《水經注疏》引趙一清作『二十六』。《後漢書》卷一《光武帝紀》、卷八九《南匈奴傳》均繫其事於建武二十六年。

〔三〕肥可爇　《漢書·地理志》無『肥』字。

〔四〕地理志謂之洧水　『洧水』，《元和郡縣志》殿本作『清水』，下同。

〔五〕雁門郡疆陰縣　『疆』，《漢書·地理志》作『彊』。

〔六〕礫磎水出滎陽城西南李澤　《水經注》『礫』下有『石』字。

〔七〕澤在中牟縣西限長城　《水經注》『縣』下有『西』字，作『澤在中牟縣西，西限長城』。

〔八〕池水上承役水于苑陵縣　『池水』，《水經注》作『氾水』。

〔九〕東南八百尺陂　『八』，《水經注》作『入』。

〔一〇〕《元和郡縣志》孟諸澤在『虞城縣』條下，《元和郡縣志》睢陽爲宋城縣，無『睢陽縣』條。

〔一一〕南人謂之河　《水經注》趙一清、戴震、楊守敬本『河』上有『邛』字。

〔一二〕屈曲餘二百里方至縣　『餘二百』，《太平寰宇記》作『二百餘』。

管子義證

馮先思　點校

目録

管子義證卷六

管子義證卷七

管子義證卷八

管子義證序

歲己巳，頤煊在德州使署，孫淵如觀察師以所校《管子》屬頤煊審定，會王懷祖觀察暨令嗣伯申學士又以校本見遺，於是删其重複，附以鄙説，成《管子義證》八卷，系以敘曰：

《漢書·藝文志》《管子》在道家，《隋書·經籍志》《管子》在法家，《漢志》本於《七略》，班氏於兵權謀家言『省《管子》』，《七略》不在道法兩家。《史記正義》引《七略》『《管子》十八篇在法家』者，誤也。《漢志》《管子》八十六篇，劉向《敘録》亦云『凡中外書五百六十四篇，以校除復重四百八十四篇，定著八十六篇』，與今本篇數同。太史公敘《管仲列傳》云『吾讀管氏《牧民》《山高》《乘馬》《輕重》《九府》』，詳哉其言之也。其書世多有之，是以不論。』又引『倉廩實而知禮節，衣食足而知榮辱』數句，皆在今本中，足證今世相傳之本即漢世所有之本。今本《管子》闕《王言》《謀失》《正言》《言昭》《修身》《問霸》《牧民》《解問》《乘馬》《輕重丙》《輕重庚》凡十篇，據《文選》注引江邃文釋《管子》曰：『夫士懷耿介之心，不蔭惡木之枝，惡木尚能耻之，況與惡人同處。』《管子》無此文。李善曰：今檢《管子》，近亡數篇，恐是亡篇之内，而邃見之。《史記·封禪書》索隱云『今《管子·封禪篇》是也』，尹知章注《封禪篇》云『元篇亡，今以司馬遷《封禪書》所載《管子》之言以補之』，則此篇之亡又在司馬貞所見本後。故自漢魏以迄隋唐，《管子》著録以《北堂書鈔》《初學記》《藝文類聚》《太平御覽》諸書所引證之，即是今本其間有不在今本中者，或在闕篇之中，或是他書引《管子》之言，非復有别本也。余嘗謂，子書流傳莫先於《管子》，亦莫真於《管子》，其文義奥衍，下士驟不能通，故注家絶少，而殘舛亦彌甚。《舊唐書·經籍志》、《新唐書·藝文志》，《管子》有尹知章注，今本譌題作房玄齡，訓釋淺陋，今並爲訂正，而以逸文附於末。若夫疏通而證明之，則不能無俟於後之君子。

嘉慶十七年太歲在申，三月十二日臨海洪頤煊序。

管子義證卷一

卷一

牧民第一

滅不可復錯也

星衍案：《藝文類聚》五十二引『復錯』作『得復』。《太平御覽》六百二十四引與今本同。

四曰恥

頤煊案：《賈子新書·俗激篇》『恥』作『醜』。

政之所由興

星衍案：《群書治要》三十二、《藝文類聚》五十二、《太平御覽》六百二十四引『興』作『行』。

故刑罰不足以畏其意

星衍案：《群書治要》引『畏』作『恐』。下句云『故刑罰繁而意不恐』，此作『畏』字，誤。

積於不涸之倉

星衍案：《群書治要》引『涸』作『凋』。《文子・精誠篇》作『積於不盡之倉』。

下合於流水之原

星衍案：『於』字當依《文子・精誠篇》作『如』。

使民於不争之官者

星衍案：《長短經》八引『民』作『士』，『争』作『諍』。

不偷取一世也

星衍案：《群書治要》引『一』作『壹』。

毋曰不同國

念孫案：『國』當爲『邦』。生、聽爲韻，鄉、行爲韻，邦、從爲韻，今作『國』者，蓋漢人避諱所改。

言室滿室，言堂滿堂，是謂聖王

星衍案：《韓非子・難三篇》『言滿』下俱省『於』字，『聖王』作『天下王』。

兵甲彊力

星衍案：《群書治要》引『彊』作『勇』。

形勢第二

山高而不崩

星衍案：《埤雅》引崩作阤。

抱蜀不言而廟堂既脩

劉績曰：蜀乃器字之誤書耳。

念孫案：劉以『蜀』爲『器』之誤，是也。後《形勢解》作『蜀』亦誤。『脩』當爲『循』，亦字之誤也。事、試爲韻，循、言爲韻。循，順也，從也，言人君抱器不言，而廟堂之中已順從也。

平原之隰，奚有於高

念孫案：此當作『平隰之封，奚有於高』，後解當作『所謂平隰者，下澤也。雖有小封，不得爲高，故曰：平隰之封，奚有於高。』尹注云『言平隰之澤，雖有小封，不成於高』，是其明證也。下溼曰隰，故言下澤；積土曰封，故言『雖有小封，不得爲高』。後人既改此處『平隰之封』爲『平原之隰』，遂并後解而改之，弗思甚矣。

裁大者衆之所比也

星衍案：『裁』古通作『材』字，故《形勢解》云『天之裁大，故能兼覆萬物；地之裁大，故能兼載萬物；人主之裁大，故容物多而衆人能比焉。』尹注非。

訾食者不肥體

頤煊案：『訾』當作『訾』，《形勢解》『訾食者多所惡也，人訾食則不肥』，字皆作『訾』。《玉篇》『訾，嫌食貌』，義本此。

邪氣入内

星衍案：宋本『入』作『襲』。《文選・長門賦》注、《七發》注引俱作『襲』，《形勢解》亦作『襲』字。《文子・九守篇》『邪氣不能襲』，此作入字，非。

天下之配也

念孫案：『天下』當爲『天地』。人君能定萬物，則可以配天地。上文之『能予而無取者，天地之配也』即其證。今作『天下』者，因上文『天下之人』而誤。

萬事之生也

星衍案：《形勢解》『生』作『任』。

烏鳥之狡，雖善不親

念孫案：『烏鳥之狡』當作『烏集之佼』。『佼』與『交』同，《説文》『佼，交也』。《明法篇》『民務交而不求用』，《明法解》『交』作『佼』。《趙策》『夫齊韓事趙，宜爲上交』，《史記・趙世家》『交』作『佼』。後《解》云『與人佼多詐僞無情，實偷取一切，謂之「烏集之佼」』，是其明證也。尹注非。

見與之交，幾於不親；見哀之役，幾於不結

念孫案：『見與之交』當從後《解》作『見與之友』。『見哀之役』，『哀』與『愛』古字通。《吕氏春秋·報更篇》『人主胡可以不務哀士』，《淮南·説林篇》『各哀其所生』，高注並云『哀，愛也。』《樂記》『肆直而慈愛者』，鄭注云『愛或爲哀』。『役』當爲『佼』字之誤也。『役』字古文作『伇』，形與『佼』相似，『佼』與『交』同，後《解》作『見愛之交』，是其明證也。尹注非。

獨王之國

星衍案：《形勢解》『王』作『任』。

權修第三

民無取也

頤煊案：『取』當作『耻』，謂民無愧厲，雖衆而弱。《北堂書鈔》二十八引下文『則民無取』，《文選·射雉賦》李善注引下文『民無取』，『取』皆作『耻』，其證也。尹注非。

必重盡其民力

星衍案：『民』字因上文而衍。

民衆而可一

星衍案：《群書治要》引『一』作『壹』。

用之有止，用之不止

星衍案：《群書治要》引『止』作『正』。

家與府争貨

星衍案：《北堂書鈔》二十七引『貨』作『貸』。

婦言人事

頤煊案：當作『婦人言事』。《君臣上篇》『主德不立，則婦人能食其意』，又云『婦人嬖寵，假於男之知以援外權』，其證也。尹注非。

而求百姓之安難

星衍案：《群書治要》引無難字。

上下凌節

星衍案：《群書治要》引作『下賤侵節』。

則法不可不審

星衍案：《北堂書鈔》四十三、《太平御覽》六百三十八引『審』作『重』。

立政第四〔一〕

則不可授以重禄

星衍案：《群書治要》引作『立君』。

星衍案：宋本『以』作『與』。《群書治要》引『以』亦作『與』，無授字。

道塗無行禽

頤煊案：『無行禽』謂不作禽荒，尹注非。

大德不至仁

星衍案：《群書治要》引『德』作『位』。《長短經》一引亦作『大位不仁』。

山澤不救於火

頤煊案：『救』當作『敬』。下文『修火憲，敬山澤』，其證也。『敬』古通作『儆』字，謂儆戒山澤，毋傷於火，則草木植成。下文同。

築障塞匿

星衍案：『匿』字衍。尹注非。

博出入

頤煊案：『博』當作『摶』，謂摶擊出入之不時者。

圈屬群徒

頤煊案：『圈』讀如『圈聚』之『圈』，屬附也。群徒謂朋輩言環結交遊之人，故下文云『不順於常者，閭有司見之，復無時。』《幼官篇》『强國爲圈，弱國爲屬』即其證也。尹注非。

五鄉之師

星衍案：《藝文類聚》五十四引『之師』作『五師』。

由田之事也

星衍案：『由田』當作『司田』，下文有『大司田』，此脱『司』字。『由』即涉『田』字而衍。

六畜人徒有數

星衍案：《春秋繁露·服制篇》『六畜』作『畜産』。

舟車陳器有禁

星衍案：《服制篇》『陳』作『甲』。

脩生則有軒冕、服位、穀禄、田宅之分

星衍案：《服制篇》『生』上無『脩』字。『冕』下有『之』字，『穀』作『貴』。

雖有賢身貴體

星衍案：《服制篇》『身』作『才』，『貴』作『美』。

天子服文有章

頤煊案：當依《服制篇》作『服有文章』。

而夫人不敢以燕以饗廟

頤煊案：此有脱譌，以《服制篇》證之，『饗』字下當有『公以廟將軍大夫不得以燕卿以』十三字。

不得服長鬈貂

頤煊案：『長鬈貂』《服制篇》作『狐貉』，『貂』『貉』字形相近。

不敢服絻

頤煊案：舊校云一本作絲，《服制篇》作『不敢服絲元纁』。別本『絲』字是。

乘馬第五

百貨賤則百利不得，百利不得則百事治

星衍案：『百貨賤然後百利得，百利得然後百事治，未有百利不得而百事治也。』尹注非。《太平御覽》八百二十七引無兩『不』字。

奉車兩

頤煊案：『奉』當作『輂』。《周禮》『鄉師治其徒役與其輂輦』，《史記・淮南列傳》『輂車四十乘』，《説文》云『輂，大車駕馬也』，謂載物之車。

卷二

七法第六

若是安治矣

星衍案：《群書治要》引『安治』作『治安』。

猶立朝夕於運均之上

星衍案：《墨子·非命》上中下三篇俱言『譬猶運鈞之上而立朝夕』。

猶倍招而必拘之

頤煊案：招讀如《孟子》『又從而招之』之『招』。趙岐《章句》云：招，罥也。謂背縛而欲拘之，是難行也。尹注非。

右七法右百匿四傷

宋本作『右四傷右百匿』。

念孫案：此當作『右七法』，下篇當作『右四傷』，其『百匿』二字則因篇首『百匿傷上威』而誤衍耳。百匿乃四傷之一，不得爲篇目也。宋本不可從，俗本亦誤。

百匿傷上威

念孫案：『匿』與『慝』同，百匿，衆慝也。言姦惡衆多，共持國柄，則上失其威也。尹注甚迂。

人君泄見危

念孫案：『見』當爲『則』，故尹注云：君泄其事，則其位危。

世主所貴者寶也，致所貴非寶也

念孫案：兩『寶』字皆當爲『寶』，下文云『故不爲重寶虧其命，故曰令貴於寶』，是其證也。今作『實』者，因上文『言實之士』而誤。

故兵未出境而無敵者八，是以欲正天下

星衍案：《通典》百四十八、《太平御覽》二百七十一引作『此八者皆强，故兵未出境而無敵，八者悉備，然後能正天下』，文義方明晰，今本脱誤。

故聚天下之精財

星衍案：『財』當依下文作『材』。

下怨上而器械不功

星衍案：『功』讀爲『工』，工巧也。《周禮·肆師》鄭注『古者「工」與「功」同字』。

版法第七

頓卒怠倦以辱之，罰罪宥過以懲之，殺僇犯禁以振之

念孫案：『宥過』當從後《解》作『有過』，此謂怠倦者頓卒之，有過者罰罪之，犯禁者殺僇之也。今作『宥過』者，後人不曉文義而妄改之耳。

植固不動，倚邪乃恐

念孫案：『倚邪』即《周官》之『奇衺』。『奇』與『倚』古字通。後《解》及《明法篇》並作『奇邪乃恐』。言法立而不動，則奇衺之人皆恐也。尹注大謬。

象法無親，參於日月，佐於四時，悦在施有，衆在廢私，召遠在脩近，閉禍在除怨，脩長在乎任賢，高安在乎同利

念孫案：『象法』當爲『象地』，『象地』與『法天』相對爲文。尹注云：地之資生無所私親，是其證也。佐於四時，『佐』當爲『伍』，『伍』與『參』相對爲文。『脩長在乎任賢，高安在乎同利』，『脩』當爲『備』，俗書『備』字作『偹』形，與『脩』相似，『高安』當爲『安高』，與『備長』相對爲文。並見後《版法解》。

卷三

幼官第八

威之以誠

念孫案:『威』當爲『感』。

地辟散成

頤煊案:『散』當作『政』,尹注非。

九本摶大

念孫案:『摶』當爲『博』,尹注非。

十官飾勝備威

念孫案:此在『九本八分』之下、『六紀五紀』之上,則『十官』當爲『七官』。

藪澤以時禁發之

星衍案:據下文《幼官圖篇》,『藪澤』上脱『毋征』二字。

流之焉莠命

星衍案:《吕氏春秋·季春紀》『天子焉始乘舟』,高誘注『焉,猶於也』,《公羊·隱二年傳》

『託始焉爾』，何休《解詁》云『焉爾，猶於是也』，焉、於古字通用，謂官處四體而無禮者，以莠命流之，與下文『尚之于玄官』句文義相對，尹注非。

定綸理勝

念孫案：『綸理』即『倫理』，『倫』與『綸』古字通，故《漢書・律曆志》『泠倫』作『泠綸』，尹注非。

博一純固

念孫案：『博』當爲『摶』，即『專』字也。『專一』與『獨行』義正相承，唯其專一純固，故能獨行而無敵也。古書多以『摶』爲『專』，『摶』字俗書作『博』，因譌而爲『博』。

則其攻不待

念孫案：尹注甚謬，此當讀『則其攻不待權與』爲句，『權與』謂與國也，言能慎號審章，則攻人之國不待與國之相助也。《七法篇》曰『攻國救邑，不待權與』，《輕重甲篇》『數欺諸侯者無權與』，是其證也。

數也動慎十號

星衍案：『數』讀如『計數』之『數』，總承上文爲句，『動慎十號』爲句，與下文『明審九章，飾習十器，善習五官，謹修三官』句法爲一例，尹注非。

善習五官

頤煊案：《兵法篇》『三官不繆，五教不亂，九章著明』，此『五官』當作『五教』。

有天下之稱材

念孫案：『稱材』當爲『精材』，即上文所云『求天下之精材』也。《七法篇》云『聚天下之精材，論百工之鋭器』，《小問篇》云『選天下之豪傑，致天下之精材』，此云『收天下之豪傑，有天下之精材』，意並同也，尹注非。

經不知

念孫案：經，過也。謂兵過敵境而敵不知也。『經不知，發不意』，相對爲文。經之言徑也，《兵法篇》云『徑乎不知，發乎不意』，是其明證矣，尹注非。

則爲詐不敢鄉

星衍案：『爲』讀作『僞』，《兵法篇》『則僞詐不敢嚮』。《禮記·月令》『毋或作爲』，注今《月令》『作爲』爲『詐僞』。《左氏·定九年》傳『子爲不知』，《釋文》：『爲』本作『僞』。古字通用。

則危危而無難

頤煊案：上『危』字當爲『居』字之譌，尹注非。

幼官圖第九

夫之能傷也

星衍案：『夫』當依《幼官篇》作『莫』。

五輔第十

莫如教之以政

星衍案：《群書治要》引無『以政』二字。

其君子上中正

星衍案：《群書治要》引『中』作『忠』，下句同。

上彌殘苟

劉績曰：『殘苟』當作『殘苛』。

念孫案：劉以『苟』爲『苛』之誤，是也。凡隸書從『可』從『句』之字，往往譌溷，故『苛』誤作『苟』。下文『薄税斂毋苛於民』，『苛』字亦誤作『苟』。

下愈覆鷙

念孫案：『覆』讀爲『愎』，愎、鷙皆很也，言上殘苛而不已，則下很戾而不從也。《廣雅》曰

『愎、鷙，很也』，愎字從心复聲，故與覆通。

慎津梁

頤煊案：慎讀爲順。

賑罷露

念孫案：罷露謂室家疲敝也，『匡貧窶，振罷露，資乏絶』，三者義相近。罷與疲同，露之言羸也。《方言》曰『露，敗也』。昭元年《左傳》『勿使有所壅閉湫底以露其體』，杜注曰『露，羸也』。《韓子·亡徵篇》『好罷露百姓』，《秦策》曰『諸侯見齊之罷露』，《吕氏春秋·不屈篇》曰『士民罷潞』，高注曰『潞，羸也』，皆其證矣。

貧富無度則失

念孫案：『失』讀爲『佚』，謂放佚也。尹注非。

大夫任官辯事

念孫案：辯，治也。昭元年《左傳》曰『主齊盟者誰能辯焉』，尹注非。

士脩身功材

念孫案：功，成也，謂脩身成材也。《爾雅》曰『功，成也』。『脩身成材』與『任官辯事』、『任事守職』皆相對爲文。尹注非。

故曰五經既布

星衍案：『故曰』二字因上文而衍。

雕琢采

星衍案：『采』讀如『采椽不斲』之『采』。

校勘記

〔一〕立政第四　底本原無此标題，據文意補。

管子義證卷二

卷四

宙合第十一

其處大也不究，其入小也不塞

念孫案：『究』當爲『窕』字之誤也。窕，不滿也。塞，不容也。《大戴禮·王言篇》『布諸天下而不窕，内諸尋常之室而不塞』，《淮南·氾論篇》『舒之天下而不窕，内之尋常而不塞』，《俶真篇》『處小隘而不塞，横扃天地之間而不窕』，皆其證也。草書『窕』字或作『究』，『究』字或作『究』，二形相似，故『窕』誤爲『究』，尹注非。

涅儒

頤煊案：『涅儒』當作『温濡』。《幼官篇》『藏温濡』，其證也。『温濡』即燥溼，與動静、開闔、詘伸、取與爲一例，『儒、濡』古字通用。

惠者知其不可兩守

星衍案：『惠』與『慧』通。

故曰欲而無謀

念孫案：故曰二字因下文而衍。

勸則告

念孫案：『告』當爲『吉』，與下文『怨則凶』相對，尹注非。

半星辰序

星衍案：『半星』即『中星』，《説文》『半，物中分也』。《列子·力命篇》『得亦中，亡亦中，殷敬順』，《釋文》云『中，半也』，中、半字形亦相近。辰序，十二辰之次序。尹注非。

薄承瀷而不滿

星衍案：《廣雅》『草叢生曰薄』，謂水草叢生之處。尹注非。

若鼓之有椁，擿擋則擊

頤煊案：『椁』當作『桴』。《左氏·成十二年》傳『右援桴而鼓』，《韓非子·功名篇》『至治之國，君若桴，臣若鼓』，《字林》云『桴，鼓椎也』。『擿擋則擊』當作『擿擊則擋』，『擋』與『鐺』通，言若鼓之有搥投擊之，則鐺然而有聲也。尹注非。上文同。

天地，萬物之橐也

念孫案：『也』字，後人所加。『天地，萬物之橐』，《宙合》有『橐天地』二句，已見上文，此復舉上文而釋之，不當有『也』字。

不可名而山是

尹注『是』字屬下句讀。劉績曰：『山』乃『止』字誤。

頤煊案：『山是』當作『由是』，言宙合之意，散之至于無間，不可名而民莫不由是，故下文云『大之無外，小之無内』。尹、劉注俱非。

樞言第十二

是故先王慎貴在所先所後

念孫案：『貴在』二字因下文『慎貴在舉賢』而衍。

吾畏事不欲爲事，吾畏言不欲爲言

星衍案：《白帖》三十、《太平御覽》七百四十兩『欲』字引俱作『敢』。『而老吃也』作『如老吃耳』。

卷五

八觀第十三

以人猥計其野

星衍案：『猥計』猶『總計』也，謂以人總計其野。《文選・潘安仁河陽縣詩》注引許慎《淮南注》『猥，凡也』，凡有總義。尹注非。

則衆有大遺苞矣

頤煊案：下文無『大』字，此涉上文而衍。『遺苞』當讀作『遺莩』。《公羊・隱八年》『盟于包來』，《左氏》作『浮來』。《漢書・楚元王傳》『浮丘伯』，《鹽鐵論》作『包丘子』。包、孚古字通用。《孟子》『塗有餓莩』，趙岐曰：『餓死者曰莩，謂年大凶，則衆棄餓死之人於道旁。』尹注非。

則道有損瘠矣

頤煊案：『損』當作『捐』，《漢書・食貨志》『國亡捐瘠』，孟康曰『捐，謂棄捐』，其證也。《公羊・莊二十年》傳『大災者何？大瘠也。大瘠者何？痢也』，注云：『痢者，民疾疫也，瘠謂疾疫未死者。』

博民於生穀也

念孫案：『博』當作『摶』，已見《幼官篇》。

本求朝之臣

頤煊案：當作『求本朝之臣』，《重令篇》『不逆於本朝之事』，《荀子·仲尼篇》『與之高國之位，而本朝之臣莫之敢惡也』，《淮南·繆稱訓》『齊桓失之乎閨内，而得之本朝』，本朝之臣謂朝廷尊重之臣。尹注非。

法禁第十四

受之者衰

星衍案：『衰』當作『褎』，即『裔』字。《隸釋·張壽碑》『盛德之褎』，《陳球碑》『有虞氏之褎』，『裔』皆作『褎』，傳寫者譌而作衰。

則大臣之贅下

星衍案：以注文繹之，『贅』字下當脱『福』字。

聚徒威群

頤煊案：『威群』當作『成群』。下文云『常反上之法制，以成群於國』，《法法篇》『則人臣黨而成群』，其證也。尹注非。

飾於貧窮，而發於勤勞，權於貧賤

星衍案：『發』讀爲『廢』，古字通用，謂以貧窮自飾，而廢其勤勞之事，復不自安其居，以争權於貧賤，故爲聖王之所禁。

隱行辟倚

念孫案：《版法篇》『植固不動，倚邪乃恐』，《樞言篇》『名正則治，名倚則亂』，《荀子·榮辱篇》『飾邪説，文姦言，爲倚事』，是倚爲邪也。『隱行辟倚』謂隱行其僻邪之事也。尹注非。

遁上而遁民者

念孫案：遁，欺也，言上欺君，而下欺民也。《廣雅》曰『遁，欺也』，《賈子·過秦篇》曰『姦僞並起，而上下相遁』，《史記·酷吏傳》序曰『姦僞萌起，其極也上下相遁』，皆謂上下相欺也。

漁利蘇功

念孫案：蘇者，取也，言漁利取功也。《楚辭·離騷》『蘇糞壤以充幃兮』，王注云『蘇，取也』。《淮南·修務篇》『蘇援世事』，高注曰『蘇，猶索也』。索亦取也。

重令第十五

故安國在乎尊君，尊君在乎行令，行令在乎嚴罰

星衍案：《太平御覽》六百三十八三『在』字引皆作『存』。

錦繡綦組

念孫案:『綦』當爲『纂』字之誤也。隸書『纂』或作『纂』,形與『綦』相似。《七臣七主篇》曰『文采纂組者燔功之窑也』,是其證。漢景帝詔曰:『雕文刻鏤,傷農事者也。錦繡纂組,害女紅者也。農事傷,則飢之本也。女紅害,則寒之原也。』《淮南·齊俗篇》同,意皆本於《管子》。

明王能勝其攻,亂王不能勝其攻

念孫案:兩『其』字皆『六』字之譌。『其』字古作『亓』形,與『六』相似,故『六』譌爲『其』。《史記·周本紀》『三百六十夫』,《索隱》曰『劉氏音破,六爲古其字』。《淮南·地形篇》『通谷六』,今本『六』譌作『其』。後《版法解》云『明君能勝六攻,不肖之君不能勝六攻』,是其明證矣。

卷六

法法第十六

親人而不固

星衍案:《群書治要》引『人』作『仁』。

毋怪嚴

星衍案:『怪嚴』謂毋爲奇怪嚴急之命。《説文》『嚴,教命急也』,下文『易令』二字正釋此句，尹注非。

則上尊而民從

星衍案：《長短經》一引作『則上尊崇』。

則卒輕患而傲敵

星衍案：《長短經》引作『則卒輕死』。

痤睢之礦石也

星衍案：『睢』當作『疽』。《淮南·説林訓》『潰小皰而發痤疽』，《韓非子·外儲説》『夫痤疽之痛也，不能使人以半寸砥石彈之』，《廣雅》『痤、疽，癰也』，《群書治要》、《初學記》一又八、《白帖》四十八、《太平御覽》三百五十八又六百五十二引俱作『痤疽礦石』，《御覽》六百五十二引作『砭石』。

所以著貴賤，所以守其服

星衍案：《群書治要》、《藝文類聚》五十一、《文選·羽獵賦》注、《太平御覽》一百九十八引兩『所』字俱作『足』。

四者備體則胥足上尊時而王

念孫案：『足上尊』三字因上文而衍。胥，待也，言待時而王也。尹訓『胥』爲相失之。又《君臣篇》『上尊而民順，財厚而備足，四者備體，頃時而王不難』，『頃』當爲『須』。須，亦待也。

文有三侑

頤煊案：『侑』與『宥』通。《儀禮·聘禮》注『古文侑皆作宥』，《周禮》『三宥之灋，壹宥曰不識，再宥曰過失，三宥曰遺忘』，尹注『侑，寬也』，義亦作宥。

故春秋之記，臣有弑其君，子有弑其父

頤煊案：《韓非子·外儲説右上篇》引『春秋之記』，『弑』皆作『殺』，古字通用。

忠臣不用謂之塞

星衍案：《群書治要》引『用』作『至』。

立儀以自正也

星衍案：《群書治要》引『儀』作『義』。

明君公國一民

星衍案：《群書治要》引『一』作『壹』。

正民之經也

星衍案：《群書治要》引『經』作『徑』。

兵法第十七

器械不巧則朝無定

星衍案：『巧』當作『功』。『定』當作『政』。《七法篇》『器械不功朝無政』，其證也。『功』『巧』字形相似，『政』作『正』，與『定』字相近，因譌，若奇巧之器則當爲朝所禁矣。尹注非。

教其身以號令之數

頤煊案：『身』當作『耳』，號令之數，耳所聽也，因字形相似而譌。尹注非。

舉龍章則行水，舉虎章則行林

星衍案：《白帖》五十八引作『水行』、『林行』。

舉鵲章則行陸

星衍案：《北堂書鈔》一百二十、《白帖》五十八引『陸』作『船』。

管子義證卷三

卷七

大匡第十八

惕而有大慮

念孫案：惕，懼，與『有大慮』義不相屬，尹說非也。『惕』當爲『愓』字之誤也。《説文》『愓，放也』今通作『蕩』，言小白之爲人跌蕩而有大慮也，跌蕩則爲人所不容，故下句即云『非夷吾莫容小白也』，下文云『臣聞齊君惕而亟驕』，『惕』亦當爲『愓』。

無所歸死

念孫案：當依《左傳》作『無所歸咎』，字之誤耳。

豕人立而啼

頤煊案：《荀子・禮論篇》注引『啼』作『諦』，楊倞曰『古字通用』。

及齊君之能用之也

念孫案：及猶若也。言若齊君能用之，則管子之事必濟也。《樂記》曰『及夫敦樂而無憂，禮備而不偏者，其唯大聖乎』，及夫，若夫也。《中庸》曰『及其無窮也，日月星辰繫焉，萬物覆焉』，及其，若其也。尹注非。

君必不能待也

引之案：尹訓『待』爲『擬』，於義無取。今案，待者，禦也，言鮑叔作難，君必不能禦之也。《魯語》『帥大讎以憚小國，其誰云待之』，《楚語》曰『其獨何力以待之』，韋注並曰：待，禦也。

其智多誨

星衍案：『誨』當作『悔』，謂其多悔，故少胥其自及，下文『成而不悔爲上舉』，《宙合篇》『故政事不悔』，其證也。尹注非。

三國所以亡者絶以小，今君簕封亡國

星衍案：簕當作蘄，求也。言三國所以亡者，以土地小不足自存，今君求封亡國，是自盡其國也。尹注非。

季友

星衍案：《小匡篇》作『季勞』。

慱於糧

劉績曰：《小匡》作『公子舉慱聞而知禮』，『糧』字是『禮』字誤。

星衍案：劉説是也，『糧』、『禮』字形相近。

蒙孫

星衍案：《小匡篇》作『曹孫』，宿蒙曹聲相近。《毛詩》『還遭我乎猛之間兮』，《漢書·地理志》『猛作嶩』，《爾雅·釋言》『懵，慮也』，《釋文》云『懵，本作悰』，皆聲近之證。

戰於後故敗狄

星衍案：『戰於後』三字爲句，以卒先致緣陵，故稱後。尹注非。

必足三年之食安

念孫案：『必足三年之食安』甚爲不詞，此當讀『安以其餘修兵革』爲句，安，語詞，猶乃也。必足三年之食，乃以其餘修兵革也。《内業篇》曰『精存自生其外乃榮』，言精生於中，其外乃榮也。尹訓『安』爲『静』，非是。《山國軌篇》曰『民衣食而繇下，安無怨咎』，言下乃無怨咎也。

無國勞

頤煊案：『無』與『毋』通，謂國事毋勞於一人，即《孟子》『四命官事無攝』。下句『毋專子禄』，即士無世官。尹注非。

費義數而不當

頤煊案：『義』當作『犧』，謂費犧牲之數。尹注亦當作『犧』字。

出欲通

引之案：『出』當爲『士』，隸書『出』字或省作『士』。若敫省作敖，賫省作賷，欵省作款之類。故諸書中『士』『出』二字往往譌溷。《荀子·大略篇》『以其教士畢行』，今本『士』譌『出』。又『習容而後出』，今本『出』譌作『士』。《史記·吕后紀》『齊内史士』，徐廣曰『一作出』。吏不通庶人七日囚，不通士五日囚，不通貴人子三日囚。士在貴人子與庶人之間，猶下文選舉之事，士在貴人子與農工賈之間也，尹注非。

野爲原又多不發起訟不驕

頤煊案：『發』讀爲『廢』，謂開辟荒野爲原田。又『教以樹藝之功，不廢其地利』，『發』『廢』古字通用。『起訟』謂民起而相訟者不驕，謂聽之無驕矜之色。尹注非。

耕者農農用力

念孫案：此文内多一『農』字，後人所加也。『耕者農用力』，此農字非謂農夫，《廣雅》曰『農，勉也』，言耕者勉用力也。下文云『耕者用力不農』，亦謂用力不勉也。

不事賢行

星衍案：《太平御覽》八百二十二引作『農不事賢行』，後人因上句『用力不農』疑衍『農』字删之，非也。

卷八

中匡第十九

昔三王者既弑其君

星衍案：《太平御覽》七十六引『弑』作『殺』。

寡人自以爲脩矣

星衍案：《白帖》十五引作『以爲脱於罪矣』。

小匡第二十

君有加惠於其臣

星衍案：《文選·陸厥答内兄詩》注引『加』作『嘉』，《左氏·莊九年》正義引無其字。

使臣不凍飢

星衍案：《群書治要》引『飢』作『餧』。《左氏正義》作『餒』。

治國不失秉

星衍案：《群書治要》引『秉』作『柄』。

使百姓皆加勇

星衍案：《左氏正義》引『加』作『知』。

彼爲其君動也

星衍案：《齊語》『夫爲其君動也』，《群書治要》引此無『動』字，非。《左氏正義》引作『勤』。

頤煊案：『勤』字是。《左氏·僖二十八年》傳『令尹其不勤民』，《周語》『不佞以勤叔父』，又《楚語》『是勤民以自封也』，《爾雅》『勤，勞也』，杜預曰『盡心盡力無所愛惜爲勤』，今本與《齊語》作『動』，皆誤。

以戮群臣

星衍案：《左氏正義》引『戮』下有『於』字。

請受而甘心焉

星衍案：《左氏正義》引作『請受而戮之』。

君何不殺而受之其屍

星衍案：《左氏正義》引『受』作『授』，無『之』字。

使臣不能受命

星衍案：《左氏正義》引『能』作『敢』。

夫鮑叔之忍不僇賢人其智稱賢以自成也

頤煊案：尹注言多所容忍，必不僇賢人，其義甚迂。《左氏正義》引作『鮑叔之不忍僇賢人，其知知稱賢以自成也』，義勝于今本。下句上『知』字音『智』，下『知』字如字，今本删一『知』字，俱誤。

將何如是昭德以貳君也

念孫案：『將何如』爲句，『是昭德以貳君也』爲句。

管仲詘纓插袵

星衍案：宋本『插』作『捷』，《太平御覽》六百八十六引作『捷袵』，『捷』即『揵』字之譌。

戎馬待游車之弊

念孫案：『戎馬』當依《齊語》作『戎車』，據尹注亦作『戎車』。

十邑爲率

念孫案：『率』當依《齊語》作『卒』，下文『二百人爲卒』亦與《齊語》同也。

國之石民也

星衍案：《文選·陸士衡挽歌詩》注、《揚雄劇秦美新》注引作『國之正民』，『正民』對『閒民』而言，作石字非。《嵇叔夜絶交書》注、《陳孔璋檄吴將校文》注、《白帖》八十三引俱作『石民』。

比耒耜穀芨

星衍案：『穀芨』當依《齊語》作『耞芟』。宋本『穀』作『殺』，即『耞』字之壞。

旦昔從事於此

星衍案：《白帖》八十三引作『旦暮』。

正旅舊則民不惰

頤煊案：『正』依《齊語》作『政』，旅，陳也，謂陳其舊政，尹注非。

正卒伍

頤煊案：『正』當作『定』。《漢書·刑法志》引此作『定』，下文『卒伍政定於里，軍旅政定於郊』，『桓公曰卒伍定矣』，皆作『定』字。

則其制令

星衍案：『其』字誤。《通典》一百四十八引作『有』。

五鄉一師

星衍案：《通典》一百四十八引『師』作『帥』，下文同。

卒伍政定於里，軍旅政定於郊

星衍案：《通典》一百四十八引作『卒伍定於里，軍政定於郊』。

設問國家之患而不肉

念孫案：尹注大謬，劉績依《齊語》以『肉』爲『疚』之誤，是矣，而未盡也。『肉』與『疚』形不相近，若本是『疚』字，無緣誤爲『肉』。蓋其字本作『宊』，篆作形，與肉相似，因誤爲肉。《説文》『宊，貧病也。從宀久聲。《詩》曰：煢煢在宊。』今詩『宊』作『疚』，未必非後人所改。此『宊』字若不誤爲肉，則後人亦必改爲疚矣。

曹宿孫處楚

星衍案：《大匡篇》并此篇下文俱作『曹孫宿』。

徐開封處衛

星衍案：『徐開封』當依前後文作『衛開方』，『開方』本衛公子，皆字之譌。

匽尚處燕

星衍案：即《大匡篇》晏子。

綱山於有牢

念孫案：《齊語》作『環山於有牢』，韋注云『環，繞也』。《後漢書·馬融傳》注引《齊語》『繯山於有牢』，賈注云『繯，還也』，是賈本作繯，與韋異也。今《管子》作『綱山於有牢』者，蓋『綱』字俗書作『綎』，與『繯』字相似，『環』誤爲『綎』，又誤爲『綱』耳。尹注非。

踰方地

念孫案：當依《齊語》作『踰方城』，《霸形篇》云『踰方城，濟於汝水，望汶山』，文與此同也。尹注非。

星衍案：《太平御覽》六百二十六作『踰方城』。

方舟投柎

星衍案：投當依《齊語》作『設』，因字形相近而譌。

懸車束馬

星衍案：《北堂書鈔》一百十四引作『乘馬』。

與卑耳之貉

念孫案：『貉』當作『谿』，《齊語》作『與辟耳之谿』，『辟』、『卑』古字通。《小問篇》云『未至卑耳之谿十里』，即其證。尹注非。

實謂爾伯舅毋下拜

頤煊案：《穆天子傳》郭璞注引作『伯咎無下拜』，《士昏禮》注『古文舅皆爲咎』，此『舅』字後人所改。

用此五子者何功

星衍案：『何』讀如『擔荷』之『何』，《易》『何校滅耳』，《毛詩》『百禄是何』，《廣雅·釋詁》云『何，擔也』，言用此五子者擔荷而成其功也。尹注非。

姑姊有不嫁者

星衍案：《意林》、《白帖》九十三引『姊』下有『妹』字。《荀子·仲尼篇》『齊桓，五伯之盛者也，内行則姑姊妹之不嫁者七人』。何休《公羊解詁》『齊侯亦淫諸姑姊妹不嫁者七人』，當有『妹』字。

唯優與不敏優則忘衆

星衍案：《意林》兩『優』字俱作『不愛』。

請立爲大司田

星衍案：《群書治要》、《長短經》一引無『大』字，《晏子春秋·問下篇》『異日君過於康莊，聞甯戚歌，止車而聽之，舉以爲大田』，又無『司』字。

臣不如王子城父

星衍案：《韓非子·外儲説》作王子成甫。

臣不如賓須無

星衍案：《韓非子》作『弦商』，《晏子春秋·問上篇》、《吕氏春秋·勿躬篇》作『弦章』，《説苑·雜事篇》作『弦寧』，上文『弦子旗爲理』即其字。

請立爲大司理

星衍案：《群書治要》、《長短經》一引俱無『司』字。

則五子者在矣

星衍案：《吕氏春秋》『在』作『足』。

卷九

霸形第二十二

有貳飛鴻而過之

星衍案：《北堂書鈔》四十九、《藝文類聚》九十、《太平御覽》九百十六引『貳』作『二』。

非唯有羽翼之故

頤煊案：文義不應有『非』字，《藝文類聚》、《太平御覽》引俱無『非』字。

盍不當言

念孫案：當言，讜言也。讜言，直言也。蔡邕注《典引》曰：讜，直言也。《皋陶謨》『禹拜昌言』，《爾雅》『昌，當也』，並聲近而義同。

仲父不一言教寡人

星衍案：《群書治要》引『一』作『壹』。

市書而不賦

念孫案：『書』當爲『壓』，尹注非。

紉贄

頣煊案：《楚辭・離世篇》『情素潔於紉帛』，王逸《章句》云『紉，結束也』，謂以帛結束其贄而稱疾。《左氏・僖二十八年》傳『魏犨束贄見使者』，即其證，尹注非。

霸言第二十三

夫先王取天下也術

頣煊案：『術』當屬下句，讀作『術術乎大德哉，物利之謂也』。『術』古通作『遂』字，《左氏・文十二年》『秦伯使術來聘』，《公羊》作『遂』。《禮記・樂記》『術有序』，注『術當爲遂，聲之誤也』。《爾雅・釋訓》『烝烝、遂遂，作也』，郭注『皆物盛興作之貌』。尹注非。

重宮門之營

星衍案：《八觀篇》『宮營大而室居小』，此句不誤。《群書治要》引作『重宮闕之勞』，是俗人所改。

埊近而攻遠

星衍案：《玉篇》『埊，古地字。』

令行諸侯而不拂

星衍案：《群書治要》『拂』作『咈』。

諸侯皆令已獨孤

念孫案：『令』當爲『合』，下文云『諸侯合則彊，孤則弱』，是其證也。尹注非。

夫上狹而下苴

念孫案：『苴』與『粗』同。《莊子・讓王篇》『苴布之衣』。上狹而下粗，謂上小而下大也，故下句云『國小而都大』，尹注非。

方而不最

星衍案：方，大也。最，聚也。言心大而不知聚，故下文『夫先王之争天下也，以方心，其立之也以整齊』，整齊即聚之謂。尹注非。

一而伐之

念孫案：『一』當爲『二』，『二』與『貳』同。僖十五年《左傳》云『貳而執之，服而舍之』。尹注非。

文武具滿

引之案：『滿』當爲『備』字之誤也。『備』字俗書作『俻』，『滿』字俗書作『㒼』，右畔相似。尹注非。

釋堅而攻膬

星衍案：《通典》一百五十引『膬』作『毳』。

問第二十四

問州之大夫也

星衍案：『也』字衍。

毋使讒人亂普而德

念孫案：『普』當爲『晋』。『普』本作『晋』，形與『晋』相似。尹注『普，廢其德』，『普』亦當爲『晋』，『晋』與『替』同，廢也，故注言『晋廢』。

邊信傷德厚，和構四國

念孫案：『德厚』二字連讀。『厚』字上屬爲句，不與『和構』相連。『德厚』猶言『仁厚』，《樂記》曰『廣其節奏，省其文采，以繩德厚』，《鄉飲酒義》曰『主人者接人以仁，以德厚者也』，《荀子·君道》篇曰『德厚者進而佞説者止』，《齊策》『顔斶曰：德厚之道得貴士之力也』，《漢景帝詔》曰『德厚侔天地，利澤施四海』，《子虚賦》曰『今足下不稱楚王之德厚，而盛推雲夢以爲高』，皆以『德厚』連文，尹以厚字下屬爲句，非是。

頤煊案：《形勢解》『雖已盛滿，無德厚以安之，則國非其國』，亦『德厚』二字連讀之證。

令守法之官日，行度必明，無失經常

念孫案：『日』當爲『曰』，字之誤也。『令守法之官曰』爲句，『行度必明』爲句，『無失常經』爲句。舊本脱『無』字，據尹注補。尹注非。

管子義證卷四

卷十

戒第二十六

我游猶軸轉斛

頤煊案：『斛』當作『轂』，言游之不已，如軸轉轂中。《文子·上德篇》『通於道者，若車軸轉於轂中，不運於已』，《鹽鐵論·刺權篇》『齊國轉轂游海者蓋三千乘』。尹注非。

秋出補人之不足者謂之夕

星衍案：《荀子·内篇》『春省耕而補不足謂之游，秋省實而助不給者謂之豫』，《孟子》亦作『一游一豫』，『夕』『豫』聲相近，《白帖》三十六引『夕』作『豫』，下同。

期而遠者莫如年

星衍案：『而』當作『之』，與上文句法相同。《群書治要》、《文選·陸士衡長歌行》注引俱作『之』。

唯君子乃能矣

星衍案：《群書治要》引『乃能矣』作『爲能及矣』。

澤其四經

念孫案：『澤』讀爲『舍其路而弗由』之『舍』。『舍』、『澤』、『釋』三字古同聲而通用。經，常也。四經即孝、弟、忠、信，内不孝弟，外不忠信，故曰舍其四經。尹注非。

弛弓脱釪

星衍案：《太平御覽》三百五十引『釪』作『捍』。《禮記·内則》『右佩玦捍』，注云『捍，謂拾也，言可以捍弦也』。《説文》『釪，臂鎧也』，字從金旁作。

非皆二子之憂也

星衍案：《太平御覽》八百三十三『非皆』作『皆非』。

雖鴻鵠之有翼

星衍案：《太平御覽》六百二十七引作『黄鵠』，引上文作：『桓公見黄鵠，謂管仲，仲曰：「鴻鵠東西南北，倏忽千里，所恃者六翼也。」』亦與此不同。

朔月三日

頤煊案：當作『三月朔日』。

門傅施城

頤煊案：『施城』當作『方城』。尹注非。

出冬蔥與戎叔

星衍案：《列子・力命篇〔一〕》釋文引『出』作『得』。『戎叔』作『茙菽』，《毛詩・生民》正義、《爾雅・釋器》疏引作『戎菽』。

握路家五十室

頤煊案：『握』古通作『幄』字。《爾雅・釋言》『握，具也』，《釋文》云『李本作幄』。『路家』謂露處之家，《逸周書・皇門篇》『自露厥家』，『路』、『露』古字通用，言幄覆露處者五十家，而不使其人知之，故爲大仁。尹注非。

爲臣死乎

念孫案：爲猶如也，言如臣死，則君必歸江黄於楚也。古或謂如曰爲，《列子・説符篇》『孫叔敖戒其子曰，爲我死，王則封女，女必無受利地』，言如我死也。《秦策》『秦宣太后出令曰，爲我葬，必以魏子爲殉』，言如我葬也。《吕氏春秋・長見篇》『魏公叔痤對惠王曰，臣之御庶子鞅願王以國聽之也，爲不能聽，勿使出竟』，言如不能聽也。《韓子・内儲説》『荆王新得美女，鄭袖教之曰，王甚喜人之掩口也，爲近王，必掩口』，言如近王也。《秦策》『公孫衍謂義渠君曰，中國無事於秦，則秦且燒焫獲君之國，中國爲有事於秦，則秦且輕使重幣而事君之國』，言中國如有事於秦也。尹説大謬，劉説近之，然亦未釋爲字之義。

是所願也

頤煊案：『也』字衍，當讀『是所願得於君者』爲句。

地圖第二十七

困殖之地

星衍案：杜牧《孫子注》引『困』作『園』，謂園地可種殖者，或古圃字之省。尹注非。

參患第二十八

是以聖人小征而大匡

星衍案：《禮記・禮器》『衆不匡懼』，注云『匡猶恐也』。尹注非。

用日維夢

星衍案：『夢』讀如《召誥》『汝乃是不蘉』之『蘉』，馬融云『蘉，勉也』。

頤煊案：《説文》：『夢，不明也。』《毛詩》：『視天夢夢。』古者師行早，常在天未明時。《牧誓》『時甲子昧爽』，《史記・高祖本紀》『黎明圍宛城三匝』，皆其證也。尹注非。

制分第二十九

攻堅則軔

星衍案：『軔』當作『韌』，《説文》云『韌，柔而固也』。

而刀可以莫鐵

星衍案：《莊子·養生主篇》釋文云：『《管子》有屠牛坦，朝解九牛，刀可剃毛。』

敵人雖衆不可止待

引之案：『止待』即『止禦』也。『止』字承上『不可止』而言，『待』字承上『不可圉』而言，尹以待字下屬爲句，大謬。

君臣上第三十

丈尺一綧制

頤煊案：《周禮·内宰》『出其度量淳制』，杜子春讀『淳』爲『純』，謂幅廣也，制謂匹長，尹注非。

卷十一

君臣下第三十一

騰至則北

星衍案：『北』，古『背』字。尹注非。

施舍優猶以濟亂

念孫案：『施舍優猶以濟亂』當作一句讀。『優猶』即『優游』。《荀子·正論篇》曰『優猶知止』是也。濟，止也。施舍以厚之，優猶以畜之，則可以止亂矣。尹注非。

廢比黨淫悖行食之徒

頤煊案：《爾雅·釋詁》『食，僞也』，上文『便僻不能食其意』，《君臣上篇》『則婦人能食其意』，皆謂詐僞其意。『行食之徒』即謂行多詐僞之人。尹注非。

制群臣百姓通中央之人和

星衍案：『制群臣』爲句，『百姓通』爲句，『中央之人和』爲句。言爲人上者所以宰制群臣，而百姓得通於上者，由於中央之人和也。故下文云『制令之布於民也，必由中央之人』。

能易賢不肖而可威黨於下

念孫案：『威』當作『成』，謂成朋黨於下。

兼上下以環其私

念孫案：尹注未曉『環』字之義，環之言營也，謂兼上下以營其私也。『營』與『環』古同聲而通用。《韓子·五蠹篇》『古者蒼頡之作書也，自環者謂之私』，《説文》『厶』字解引作『自營爲厶』，《韓子·人主篇》曰『當途之臣得勢擅事，以環其私』，謂自營其私也。

以刑役心

劉績曰：以刑役心，以一身言。『刑』作『形』下同。

頤煊案：劉説是也。『形』對心言，故下文云『心道進退而形道滔赶，進退者主制，滔赶者主勞』。『滔』與『蹈』通。《楚辭·謬諫篇》『年滔滔而日遠兮』，王逸注『滔滔，行貌』。《廣雅·釋訓》『蹈蹈，行也』。《説文》云『赶，舉尾走也』，皆與勞義相近。尹注非。

此宮亂也此家亂也

星衍案：《長短經》十二引『宮』作『家』，『家』作『宗』。

則失族矣

星衍案：《群書治要》引『族』作『彊』。

小稱第三十二

以來美名

念孫案：『來』當爲『求』，下文云『以求美名，又可得乎』，即其證也。尹注非。

滿者洫之

頤煊案：『洫』當作『溢』。《莊子·齊物論》『以其老洫也』，《釋文》云『洫本作溢，古字通用』。《形勢解》『天之道滿而不溢』，與上下句文義相對。尹注非。

吉事可以入察

念孫案：『察』當爲『祭』。

堂巫

星衍案：《史記·齊世家》索隱引作『棠巫』，《漢書·古今人表》《呂氏春秋·知接篇》引作『常之巫』。

夫易牙以調和事公

星衍案：《群書治要》引『和』作『味』。

於是烝其首子

星衍案：『首子』當作『子首』。《韓非子·難一篇》、宋本作『子首』。

不歸視其親

星衍案：《群書治要》引作『於親之不愛焉能有於公』。

務爲不久

頤煊案：『爲』當作『僞』，古字通用，與下句『蓋虚不長』文義相對。《韓非子·難一篇》作『矜僞不長，蓋虚不久』，其證也。《大匡篇》『公子開方之爲人也，慧以給不能久而樂始』，《小匡篇》『公子開方爲人巧轉而兑利』，皆務僞之意。尹注非。

公愴四子者

星衍案：《群書治要》引『愴』作『召』。

逐堂巫而苛病起兵

念孫案：『苛病起』下不當有『兵』字，尹曲爲之説，非也。《吕氏春秋·知接篇》無『兵』字。

星衍案：《群書治要》引亦無『兵』字。

乃援素幭以裹首而絶

念孫案：『幭』謂帊幞也。《方言》曰『幡裷謂之幭』，郭璞曰『即帊幞也』。《廣雅》曰『幭帊、幡裷，幞也』，《説文》曰『幭，蓋幭也』，《吕氏春秋·知化篇》『夫差乃爲幎以冒面而死事』，與此相類。『幎』即『幭』字也，帊幞可以覆面，故云『援素幭以裹首』，非車上之覆軨也。

死十一日蟲出於户

頤煊案：『十一』當作『七』，因字形而譌。《周禮·職方氏》『方三百里則七伯』，鄭注云『以方三百里之積，以九約之，得十一有奇，云七伯者，字之誤也』。《戒篇》『公死七日不斂』，其證也。據《史記·齊世家》『桓公尸在牀上六十七日，尸蟲出於户』，《説苑·權謀篇》『桓公死六十日蟲出於户』，俱與此不同。

闔不起爲寡人壽乎

星衍案：此闔字誤也。《群書治要》、《太平御覽》五百三十九引俱作『盍』。

使公毋忘出如莒時也

念孫案：『時』字後人所加，莒、魯下爲韻，若『莒』下加『時』字，則失其韻矣。《藝文類聚·人部》七、《太平御覽·人事部》一百引此皆無『時』字。

四稱第三十三

以繵緣繵

念孫案：『繵』當爲『緇』，下文云『以素緣素，吾何以知其善也』，『素』與『緇』正相對，是『繵』爲『緇』之譌也。緇從甾聲，繵從亶聲，隸書亶字作亶，甾字或作甾，二形相似，故甾譌亶矣。

敖其婦女

星衍案：《爾雅·釋天》疏引『敖』作『淫』，尹注非。

不蘄亡已

星衍案：蘄，求也，言不至於干求則不已。尹注非。

唯趣人詔

念孫案：『趣』讀爲『促』，『詔』當爲『訟』字之誤也。『詔』『訟』草書相似。『不彌人争，唯趣人訟』二句意正相承。且『訟』與『從』爲韻，『訟』字古讀平聲。《召南·行露篇》『何以速我訟』，與『墉』、『從』爲韻。《管子·問篇》『則人不易訟』，與『功』、『宗』爲韻。《堯典》『嚚訟可乎』，『訟』馬本作『庸』。《史記·吕后紀》『未敢訟言誅之』，『訟』一作『公』。若作『詔』，則失其韻矣。尹注非。

入則乘等

念孫案：乘者，匹耦之名。《廣雅》曰『雙、耦、匹、乘，二也』，《方言》曰『飛鳥曰雙，鴈曰乘』。《周官·校人》『乘馬』，鄭注『二耦爲乘』。《廣雅》曰『等，輩也』，入則乘等，出則黨駢，『乘等』與『黨駢』其義一也。

卷十二

侈靡第三十五

頤煊案：《藝文類聚》八十引：『周容、子夏以侈靡見桓公，桓公曰：「侈靡可以爲天下乎？」子夏曰：「可，夫雕橑然後炊之，雕卵然後瀹之，所發積藏散萬物也。」』又《初學記》二十六、《白帖》九十七、《太平御覽》八百九十二引『武王爲侈靡』，《輕重乙篇》『有武王問於癸度』。令人豹襜豹裘方得入廟，故豹皮百金，功臣之家糶千鍾未得一豹皮』，皆今本所無，此篇一問一答，以『侈靡』名篇，又『雕卵』二句見下文，二條疑皆此篇之闕文。

不出百里而來足

念孫案：『來』當爲『求』。尹注非。

一踦腓一踦屨

念孫案：踦，足也，謂一足腓一足屨也。《爾雅·釋蟲》『蠨蛸長踦』，謂小蜘蛛長脚者也。《廣雅》曰『踦，脛也』，《淮南·齊俗篇》『男女切踦，肩摩於道』，高注云『踦，足也』。尹以一踦爲一隻，非。

玉者陰之陰也

星衍案：《大戴禮·勸學篇》上『陰』字作『陽』。

故天子臧珠玉

星衍案：《勸學篇》『臧』作『藏』，下同。

大夫畜狗馬

星衍案：《勸學篇》『狗』作『犬』。

智者能牧之

星衍案：《勸學篇》『牧』作『秉』。

鰥寡獨老不與得焉

星衍案：《勸學篇》作『矜寡孤獨不得焉』。

藹然若夏之雲静

星衍案：當作『若夏雲之静』，與上句『秋雲之遠』相對。

鵬然若謞之静

頤煊案：『鵬』，古『驩』字。《古文尚書》『驩兜』字如此作。

若相爲

星衍案：『爲』讀作『僞』，言若詐僞相尚，則生怨。尹注非。

六畜遮育，五穀遮熟

頤煊案：《説文》「遮」从辵庶聲，《易・晋卦》「用錫馬蕃庶」，釋文云「庶，鄭止奢反，謂蕃遮禽也」。「遮」、「庶」古字通用，《爾雅・釋詁》「庶，衆也」。尹注非。

而雕卵然後瀹之，雕橑然後爨之

頤煊案：《藝文類聚》八十引作「夫雕橑然後炊之，雕卵然後瀹之」，與此不同。《淮南・本經訓》「橑檐榱題」，高誘注「橑，椽橑也」。《大戴記・保傅篇》二十八「橑以象列星」，注「橑，蓋弓也」，《一切經音義》「橑」，古文「橑」同。

好緣而好駔

頤煊案：古者禮服皆有緣，《玉藻》云「緣，廣寸半」，謂衣邊飾也。《晏子春秋・諫篇》云「聖人之服中侻而不駔，今君之服駔華不可以導衆」，《周禮・典瑞》「駔，圭璋璧琮之渠眉」，鄭注「駔讀爲組，以組穿聯六玉」。「好緣」「好組」皆謂衣服華飾。尹注非。

擇鬼之所當

念孫案：「當」宜爲「富」字之誤也。《郊特牲》云「富也者，福也」，故尹注云「爲神所福助」。《大雅・瞻仰篇》「何神不富」，《毛傳》云「富，福也」。《大戴禮・武王踐阼篇》「勞則富」，盧辯注云「躬勞終福」。《謙》彖傳「鬼神害盈而福謙」，京房「福」作「富」。「富」與「宥」、「戴」爲韻。

通然後成國

念孫案：「國」當爲「邦」，「寶」、「首」爲韻，「下」、「處」爲韻，「通」、「邦」爲韻，此亦漢人避諱所改。

必從是嚚亡乎

頤煊案：『嚚亡』疑『嚣』字之譌。

鄉丘老不通覩誅流散則人不眺

頤煊案：『丘』讀爲『區』，古者『丘、區』同聲。『老不通』，《老子》所謂『老死不相往來』。『眺』即『逃』之借字。《廣雅》云『逃、眺，避也』，義本此。尹注非。

故不送公

念孫案：『故』當爲『胡』。尹注非。

苴美於朝市國

頤煊案：『苴』是『莫』字之譌，與下文『莫盡如市』文相對言。國中貧而邊鄙富，莫美趨於朝以爲市於國中。國中富而邊鄙貧，莫若盡趨於都鄙之市，以益其貧。尹注非。

善而末事起不侈

星衍案：『善』字當屬上文，『所以起本善』爲句。

緣故脩法以政治道

念孫案：『脩』當爲『循』，緣亦循也。『政』與『正』同，言緣循故當遵循法度，以正治道也。尹注失之。

必有萬世之實

念孫案:『實』當爲『寶』,下文『弃其國寶』即其證也。『寶』與『道』爲韻,下文『寶』字亦與『道』爲韻。

水,鼎之汨也,人聚之。壤,地之美也,人死之

頤煊案:『汨』當作『汩』,言水者,鼎投之則汩没,人有舟楫之利,則聚居於上。壤者,本地之美,往往争奪而至於死,皆『杜事前不前之』别承上文對言。尹注非。

求珠貝者不令

頤煊案:『令』當作『舍』,謂舍而去之。《文選·蜀都賦》劉淵林注引此作『舍』,尹注非。

人死則易云

星衍案:『云』讀如『運數』之『運』,言人死則易其運行之數。《戒篇》云『四時云下』,《吕氏春秋·圜道篇》『雲氣西行云云然』,高誘注『云,運也』。下文『士能自治者,不從聖人,豈云哉』,言士能自治,豈爲運數所限,若阨其道而薄其所予,則士爲運數所限矣。兩『云』字皆讀作『運』。『然後運可請也』,運即云字通用之證。

市塵之所及

星衍案:『塵』當作『廛』,尹注非。

魚鼈之不食咡者

星衍案：『咡』當作『餌』。

將合可以禺

頤煊案：『禺』，古『偶』字。《心術篇》『其應物也若偶之』，此言將合可以如物之有偶。尹注非。

聲好下曲

星衍案：『下曲』謂下里之曲。見宋玉《對楚王問》。

校勘記

〔一〕力命　原作『力令』，據《列子·力命篇》改。

管子義證卷五

卷十三

心術上第三十六

故必知不言

念孫案：『不言』下脱『之言』二字，下句『不與萬物異理』衍『不』字，并見後《解》中。尹注非。

不怵乎好

念孫案：尹所見本本作『不休乎好』，故云『休止也』。不止人好利之情，且云下《解》中作『怵』，則此不作『怵』明矣。今作『怵』者，後人據下《解》改之也。但改注内『休止也』爲『怵止也』，則於義不可通。又案下《解》中作『怵』是也，『怵』與『訹』通，《説文》『訹，誘也』，《漢書·賈誼傳》《服鳥賦[一]》『怵廹之徒，或趨西東』，孟康曰『怵，爲利所誘怵也』。廹，廹貧賤也』。此云『怵乎好，廹乎惡』，即承上文『好利惡死』而言，故下《解》云『人廹於惡則失其所好，忕於好則忘其所惡』。尹注非。

闕其門

星衍案：『闕』當依上文作『開』。

心術下第三十七

聖人因而財之而天下治實不傷

念孫案：『聖人因而財之而天下治』爲句，『實不傷不亂於天下而天下治』爲句，『實』與『名』正相對。尹注非。

若存若亡

星衍案：《文選・頭陀寺碑文》注引『存』作『有』。

金心在中

頤煊案：《内業篇》作『全心』，下文『金心之形』作『心氣之形』，此作『金』字譌。尹注非。

害於戈兵

星衍案：《内業篇》『戈』作『戎』。

是故内聚以爲原泉之不竭表裏遂通

念孫案以爲『原』當依《内業篇》作『以爲泉原，表裏遂通』，『通』當爲『達』，『竭』『達』爲韻，『涸』『固』爲韻。《内業篇》同。

一言解之

念孫案：當依《内業篇》作『一言之解』，『解』『地』爲韻。

白心第三十八

建當立有以靖爲宗

念孫案：『當』當爲『常』，『有』當爲『首』，皆字之誤也。『建常立首』爲句，『以靖爲宗』爲句。『首』即道也，道字古讀若首，故與『寶』、『久』爲韻。下文『非吾當』，『當』字亦當爲『常』。

其事也不隨

念孫案：『隨』當爲『墮』字，本作隓。《方言》云『隓，壞也』。《吕氏春秋・必己篇》注曰『墮，廢也』。『不廢不墮』義正相承。今作『隨』者，因上文『不隨』而誤。尹注非。

正名自治之

念孫案：『之』字因上句而衍。

其人入入於身

念孫案：『人』字亦因上句而衍。

兵之勝從於適

頤煊案：『適』，古『敵』字，言兵之勝則從於敵，德之來則從於身。敵與身對言之。上文『兵之出，出於人，其入，入於身』，亦『人』與『身』對言，二句文義相承。尹注非。

故曰有中有中

念孫案：『有中有中』當作『中有有中』，上『有』字讀爲『又』。經傳通以『有』爲『又』。『中又有中』者，中之中又有中也。下句云『孰能得夫中之衷乎』，是其明證矣。

夫或揞之

念孫案：『揞』者『揞』之壞字。

上聖之人

念孫案：四字意屬下，不屬上。尹注非。

祥其神矣

念孫案：『其』當作『於』，上文『祥於鬼者義於人』即其證。

毋提提

星衍案：《毛詩·葛屨》『好人提提』，《傳》云『提提，安諦也』。《淮南·説林訓》『提提者射』，高誘注『提提，安也』。《爾雅·釋訓》作『媞媞』，言爲善者毋提提而安緩。尹注非。

不可以仕任

頤煊案：依注當作『任仕』，與下句合韻。

卷十四

水地第三十九

具材也

星衍案：《水經·河水注》作『其具材也而水最爲大』。

淖弱以清

星衍案：《文選·運命論》注引『弱』作『溺』。

已獨赴下

星衍案：《海賦》注引『已』作『水』。

鄰以理者知也

頤煊案：『鄰』讀如『白石粼粼』之『粼』，謂玉堅而有文理者。《禮記·聘義》作『縝密以栗，知也』，鄭注『縝，緻也』。《荀子·法行篇》作『縝栗而理』，『縝』『鄰』聲相近，皆謂玉文。《事類賦注》九引『鄰』作『粼』，尹注非。

瑕適皆見精也

星衍案：《事類賦注》九引『精』作『情』，《荀子·法行篇》『精』亦作『情』。《聘義》『瑕不掩瑜，瑜不掩瑕，忠也』，『忠』字義亦與『情』相近。尹注非。

其音清搏徹遠

星衍案：《太平御覽》八百三、《事類賦注》引『搏』作『専』。《説文》『其聲舒揚，専以遠聞』，『専』，古『敷』字。

酸主脾鹹主肺辛主腎苦主肝甘主心

星衍案：《太平御覽》三百六十引五『主』字皆作『生』。

脾生隔肺生骨腎生腦肝生革心生肉

星衍案：《五行大義》三引作『脾生骨，腎生筋，肺生革，心生肉，肝生爪髮』。

肺發爲竅

星衍案：《五行大義》《太平御覽》引俱作『肺發爲口，心發爲下竅』，《五行大義》并爲申釋其義，是今本誤也。

欲大則藏於天下

星衍案：《太平御覽》九百二十九、《事類賦注》二十八引作『欲大則函天地。』

欲下則入於深泉

星衍案：《太平御覽》《事類賦注》引作『欲沈則伏泉』。

乘小馬

星衍案：《太平御覽》七十二引作『乘水鳥』。

涸川之精者生於蟜

星衍案：《山海經・北山經》注引作『涸水之精，名曰蟜』，《法苑珠林》八引作『涸小水生蚳，蚳者一頭而兩身』。

可以取魚鼈

星衍案：《山海經》注引作『可使取魚鼈』。

愚疾而垢

星衍案：《意林》引『垢』作『姤』。

泔寂而稽

星衍案：《意林》引『泔』作『汨』。

諂諛葆詐

星衍案：《困學紀聞》十引『諛』下有『而』字。

間易而好正

星衍案：《困學紀聞》引『間』作『簡』。

四時第四十

國家乃路

念孫案：『路』與『露』同，敗也，見《五輔篇》，尹注非。

謹禱弊梗

頤煊案：『弊』，古通作『幣』字。《孔宙碑》『彫弊』作『雕幣』。《周禮》『女祝掌以時招梗禬禳之事』，鄭注『梗，禦未至也』，此言將祭之時謹察其禱祀牲幣。梗乃其祭名也。尹注非。

舍有罪

星衍案：《藝文類聚》二、《太平御覽》十引『舍』作『赦』。

修封彊

星衍案：《藝文類聚》引作『治封洫』。《太平御覽》《事類賦注》三引作『治封壃』。

無殺麑夭

星衍案：《太平御覽》《事類賦注》引『夭』作『卵』。

母蹇華絶芋

頤煊案：《藝文類聚》二、《太平御覽》十、《事類賦注》三引俱作『無絶華蕚』。『蹇』是衍字。『華絶』二字誤乙，『芋』即『蕚』字之譌。尹注非。

五政苟時

星衍案：《太平御覽》《事類賦注》引作『五政徇時』，下引秋三月亦作『徇時』，『徇』與『循』同義，『徇時』謂循其時序。《白帖》二引作『順時』，『順』『徇』亦音義相近。

順旅聚收

頤煊案：『順』讀爲『慎』，旅謂旅處在野之農。下文『五政曰慎旅農，趣聚收』，其證也。尹注非。

禁博塞

星衍案：《初學記》三、《太平御覽》二十四引『塞』作『賽』，古字通用。《事類賦注》五引作『簺』，《白帖》三十三引作『禁博棊』。

周門閭

星衍案：『周』是『固』字之譌。《初學記》、《太平御覽》、《事類賦注》俱引作『謹門閭』，『謹』與『固』義相近。

德生正正生事

念孫案：『正』與『政』同。尹注非。

五行第四十一

修槩水上

念孫案：『上』當爲『土』。槩，平也，謂脩平水土也。尹注非。

奢龍

念孫案：『奢』當爲『蒼』。《北堂書鈔》帝王部十一、《太平御覽》皇王部四引此並作『蒼龍』。

而天地治神明至

星衍案：《北堂書鈔》四十九、《太平御覽》七十九引作『而天下治神明之至也』。

作五聲以政五鍾

星衍案：《北堂書鈔》一百八引『作』下有『立』字，『政』作『正』，以下文作『立五行以正天時』句證之，《書鈔》所引本是。

水解而凍釋

念孫案：『水』當作『冰』。

草木區萌

念孫案：『區萌』即『句芒』。《樂記》曰『草木茂區萌連』是也。尹注非。

農事爲敬

念孫案：『敬』當作『亟』。讀如『亟其乘屋』之『亟』。亟，急也。言夏時不行誅罰，唯農事爲急。《集韻》『亟，或作菣』，因譌而爲『敬』。《大戴禮·文王官人篇》『亟再其説』，今本『亟再』譌爲『敬再』，是其證也。

然則天爲粤宛

頤煊案：『粤』古『越』字，《左氏·昭四年》傳『風不越而殺』，杜注云『越，散也』。《淮南·俶真訓》『精神已越于外』，《主術訓》『精神勞則越』，高誘皆訓『越』爲『散』。『宛』古通作『菀』、『苑』，皆謂鬱結，言天散其鬱結之氣，草木得以養長，五穀得以蕃實秀大也。尹注非。

衍組甲厲兵

星衍案：《北堂書鈔》五十一引作『合組甲厲士衆』，《藝文類聚》四十七、《太平御覽》二百九又二百九十七引作『全組甲厲士衆』，『全』即『合』字之譌。

地競環

頤煊案：『環』讀爲『營』，謂可營盡其地利。尹注非。

命左右使人内御

念孫案：此下衍一『御』字。

羽卵者不段

頤煊案：『段』讀作『鰕』。《説文》『鰕，卵不孚也』，《淮南·原道訓》『獸胎不贕，鳥卵不鰕』，高誘注『胎不成獸曰贕，卵不成鳥曰鰕』，段即鰕字之省。

天子敬行急政

念孫案：『敬』亦當作『亟』，讀如『亟稱於水』之『亟』。亟，數也。言天子數行急政，則有旱札之災也。

卷十五

勢第四十二

繆受其刑

頤煊案：注云『則被誅戮，受其刑罪也』，『繆』當爲『僇』字之譌。

慕和其衆以脩天地之從

念孫案：此與下文『脩陰陽之從而道天地之常』，兩『脩』字亦當爲『循』。循，順也。從，行也。言順天地之行，順陰陽之行也。『道天地之常』，『道』與『循』義亦相近也。

天地刑之

星衍案：依下文，『刑』當作『形』。注云『天地又見其意，有從順之形』，字亦作形。

動作不貳

念孫案：『貳』當爲『貣』。『貣』音他得反，不貣不差也。《説文》『忒，失常也，字或作忒』。又作『貸』，『貣』與下文『極』『極』『德』『極』『力』『代』爲韻，『貳』則非韻矣。『貳』於『貣』字相近，故『貣』作『貳』。

天地之形

念孫案：當依上文作『天地形之』，『形』與『成』爲韻。尹注非。

正第四十三

必脩其理

念孫案：『脩』亦當爲『循』。

九變第四十四

不然則州縣鄉黨與宗族足懷樂也

星衍案：《通典》一百四十八、《太平御覽》二百七十一引俱作『州黨』，『縣鄉』二字是後人所加。

不然則賞明而足勸也

頤煊案：《通典》、《太平御覽》引俱無『不然』二字。《墨子·備城門篇》『不然則賞明可信而罰嚴足畏也』，亦無此二字，方合九變之數。

任法第四十五

善明法禁之令而已矣

星衍案：《藝文類聚》五十四引作『善明法察令而已』，『之』字衍。

無間識博學辯説之士

念孫案：『間識』當爲『聞識』，下文『聞識博學之人』，即其證。尹注非。

聖君失度量

念孫案：『失』當爲『矢』。矢，陳也。『矢度量，置儀法』，相對爲文，尹、劉二説皆非是。

頤煊案：《藝文類聚》五十二、《太平御覽》六百二十四引俱作『設度量』，『失』即『設』字之壞。

令出而後反之

念孫案：『後』當爲『復』，『復反』與『還廢』相對爲文。

用金玉事主而來焉

念孫案：『來』當爲『求』。尹注非。

明法第四十六

百官識非惠也

頤煊案：《明法解》作『百官論職』，此各脱其偏傍而并爲一字，尹注非。

令求不出謂之滅

念孫案：『求』當爲『本』，下『情求不上通謂之塞』，衍『求』字。并見後《解》，尹注非。

不淫意於法之外

星衍案：《韓非子·有度篇》『淫』作『遊』，尹注『淫，遊也』，義本此。

比周以相爲匿是忘主死交以進其譽

念孫案：當讀『比周以相爲匿』爲句，『匿』與『慝』同。『比周以相爲慝』猶言朋比爲姦也。是下當有『故』字。後《明法解》作『比周以相爲慝，是故忘主死佼以進其譽』，是其明證也。尹注非。『死交』《韓非子·有度篇》作『外交』，『外』『死』字相近。

非朝臣之衰也。

星衍案：《韓非子·有度篇》『臣』作『廷』。

故能匿而不可蔽

念孫案：本無『匿』字，義見後《解》，據尹注亦無『匿』字。

頤煊案：《韓非子·有度篇》作『能者不可蔽』，亦無『匿』字。

正世第四十七

治莫貴於得齊

引之案：《爾雅》『齊，中也』，言莫貴於得中也。尹注大謬。

治國第四十八

民富則安鄉重家，重家則敬上畏罪；民貧則危鄉輕家，輕家則敢陵上犯禁

星衍案：《藝文類聚》五十二引作『民富則安鄉，安鄉則重家，重家則敬上畏罪；民貧則危鄉，危鄉則輕家，輕家則陵上犯禁』。

則敢陵上犯禁

星衍案：《群書治要》引『陵』作『凌』。

而亂國常貧

星衍案：《群書治要》引『常』作『必』。

法制不一

星衍案：《群書治要》引『一』作『壹』。

必先禁末作文巧，末作文巧禁

頤煊案：兩『文巧』當依下文作『奇巧』。

國富則安鄉重家

星衍案：《群書治要》引無『重』字，下同。

而民不惡也

星衍案：《群書治要》引『惡』作『怨』。

人貧則輕家，輕則易去，易去則上令不能必行

星衍案：《群書治要》引『民貧則輕家易去，輕家易去則上令不能必行』。

校勘記

〔一〕服鳥賦　『鳥』字原脱，據《漢書·賈誼傳》補。

管子義證卷六

卷十六

内業第四十九

而可迎以音

念孫案：『音』即『意』字也，言不可呼以聲，而但可迎之以意也。『音』與『力』、『德』、『德』、『得』爲韻，明是『意』之借字，若讀爲『聲音』之『音』，則失其韻矣。下文『惡音與聲，脩心静音，音以先言，音然後形』，『音』字亦讀爲『意』。《心術篇》『意以先言，意然後形』，是其明證也。

不見其形不聞其聲而序其成

星衍案：《文選·辨命論》注引作『視之不見其形，聽之不聞其聲，而序其成者，道也』。

神明之極照乎知

頤煊案：『照』當爲『昭』。『乎』字衍。『昭知萬物』爲句，與上下文『極』『忒』合韻。《心術下篇》作『神莫知其極，昭知天下，通於四極』，其證也。尹注非。

精將至定

念孫案：『至』當爲『自』。上文『精將自來』，即其證也。尹注非。

能摶乎能一乎

念孫案：古『專』字通作『摶』，譌而作『搏』，見《幼官篇》。

能無卜筮而知吉凶乎

念孫案：『吉凶』當依《心術篇》作『凶吉』，『吉』與『一』爲韻。

傷而形不臧

星衍案：『傷』上當有脱字。

理丞而屯泄

引之案：尹以『屯』爲『屯聚』，非也。『丞』讀爲『烝』，烝，升也。泄，發也。『屯』當爲『毛』字之誤也。《史記·魯世家》『子屯立，是爲康公』，《漢書·律曆志》『屯』作『毛』。《漢書·溝洫志》『河决於館陶，分爲屯氏河』，師古曰：『隋室分析州縣，誤以爲毛氏河，乃置毛州。』言得道之人和氣四達，烝泄於毛理之間，故匈中無敗也。《淮南·泰族篇》『今夫道，静莫恬淡，四枝節族，毛蒸理泄』，是其證也。《淮南》言『毛蒸理泄』，此言『理烝毛泄』，互文耳。

封禪第五十

頤煊案：《封禪篇》唐初尚未亡，《史記·封禪書》索隱云『今《管子·封禪篇》是也』，《尚書序》正義、《禮記·王制》正義、《文選·羽獵賦》注引此篇『古者封泰山，禪梁父』，以下皆作《管子》，是孔冲遠、司馬貞、李善輩猶見之。

炎帝封泰山

星衍案：《禮記·王制》正義引『炎帝』作『少皞』。

小問第五十一

公曰吾聞之也

念孫案：當作『夷吾聞之也』，此管仲語，非桓公語。

百川道

念孫案：『道』猶『順』也。《楚語》曰『違而道，從而逆』，是其證。『百川道，年穀孰，糴貸賤』三句相對爲文，尹注非。

發食稟

星衍案：『食』是『倉』字之譌。

其臣教

引之案：『教』當爲『敎』。色介反。『敎』與『豐』正相對。玩注意，亦是『殺』字也。『殺』字或書作『敎』形，與『教』相近。

公遵遁繆然遠二三子遂徐行而進

念孫案：『公遵遁僇然遠』爲句，『二三子遂徐行而進』爲句。『遵遁』與『逡巡』同，尹注大謬。

先傅曲木先傅直木

星衍案：《意林》兩『傅』字俱作『搏』。

與若之多虛而少實

引之案：『若』當爲『君』，下文云『又與君之若賢』，是其證也。尹注大謬。

瞑目而視祝凫已疵

念孫案：『瞑目』當爲『瞋目』，隸書『真』字或作『㝠』，『冥』字或作『寘』，二形相似而誤。《莊子·秋水篇》『瞋目而不見丘山』，『瞋』本或作『瞑』。《韓子·守道篇》『瞋目切齒傾耳』，《淮南·道應篇》『佽非瞋目教然』，今本『瞋』字並譌作『瞑』，是其證也。

桓公放春三月觀於野

頤煊案：『放』古字通作『方』。《尚書·堯典》『方命圮族』，《漢書·傅喜傳》、《王商傳》

俱作『放命圮族』。《荀子·子道篇》『不放舟』，楊倞注『放讀爲方』。尹注非。

桓公北伐孤竹

星衍案：《水經·濡水注》：『按《管子》，齊桓公二十年征孤竹。』

走馬前疾

星衍案：《太平御覽》三百二十九引作『馬前疾走』。

若右涉其大濟

念孫案：劉逵《吴都賦》注、《水經·濡水注》、《藝文類聚·戰伐部》引此並作『已涉大濟』，當據改。《太平御覽·神鬼部》二引此作『已涉其大濟』，則所見本已誤衍『其』字。唯『已涉』二字不誤。《説苑·辨物篇》作『已渡事果濟』。

未有室家而安召我居甯子其欲室乎

星衍案：《藝文類聚》三十五、《太平御覽》五百引作『未有家室，我將安歸，甯子其欲室乎。仲以其言告桓公』。

有執席食以視上者

念孫案：『視上』當爲『上視』，尹注云『私目上視』，即其證也。《北堂書鈔·武功部》二引此正作『上視』。《吕氏春秋·重言篇》《説苑·權謀篇》亦作『上視』。

東郭郵至

星衍案：《金樓子·志怪篇》作『郄』，《隸釋·孫根碑》『郵』本作『郄』，《説苑·權謀篇》作『垂』，即『郵』字之省。《北堂書鈔》一百十四引作『牙』，與《吕氏春秋·重言篇》同。

與之分級而上

念孫案：『上』當爲『立』，此因與上句相涉而誤。《吕氏春秋》《説苑》及《論衡·知實篇》並作『分級而立』。

小人善意

念孫案：『意』讀爲『億』，『億』即度也。尹注非。

口開而不闔是言莒也

頤煊案：《顔氏家訓·音辭篇》云『北人之音多以舉莒爲矩，東郭牙望見桓公口開而不閉，故知所言者莒也，然則莒矩必不同呼，此伐莒以音而知，非論字形』，尹注非。

唯莒於是

念孫案：尹注未曉『於是』二字之義。『於是』二字與『焉』字同訓，言臣觀小國諸侯之不服者唯莒焉，故曰伐莒也。莊八年《公羊傳》『吾將以甲午之日然後祠兵於是』，『於是』即『焉』也。僖十五年《左傳》『晋於是乎作爰田，晋於是乎作州兵』。《晋語》作『焉作轅田，焉作州兵』。《西周策》『君何患焉』，《史記·周本紀〔二〕》作『君何患於是』，此其明證矣。

卷十七

七臣七主第五十二

不誶則國失勢

星衍案：『誶』即『悟』字，與『寤』通用，謂不覺寤也，下俱同。尹注非。

昬則緩急俱植

頤煊案：『植』古『置』字。《尚書·金縢》『植璧秉珪』，鄭注『植，古置字』。《論語》『植其杖而芸』，《熹平石經》作『置其杖』。謂緩急皆置而不行，尹注非。

國家踣

念孫案：『度』『路』爲韻，『時』『菑』爲韻。今本『路』作『踣』，乃後人不知古義而妄改之耳。下文『亡國路家』，今本『路』作『踣』，亦是後人所改。

故民有義不足。

念孫案：『義』當爲『羡』字之誤也，後《國蓄篇》、《輕重己篇》多言『羡不足』。尹注非。

倮大衍

頤煊案：『倮』當作『僇』，《輕重己篇》作『毋戮大衍』。『戮』古通作『勠』，謂盡其力也。

尹注非。

傷伐五穀

念孫案：『五穀』當爲『五藏』，《禁藏篇》云『冬收五藏』是也。今作『五穀』者，因與注文相涉而誤。注言『五穀之藏』，是解『五藏』非解『五穀』也。《續漢書·五行志》注引此正作『傷伐五藏』。

則百長不生

星衍案：《續漢書·五行志》注作『春政不禁則五穀不成，夏政不禁則草木不榮』。

大風漂屋折樹

星衍案：『漂』當依《續漢志》注作『飄』。『樹』下有『木』字。

山多蟲蝱

念孫案：『蟲蝱』即『蟲螟』。《月令》曰『蟲螟爲害』是也，注内『蝱即蚉』三字蓋妄人所加，非尹注也。

亡國之廡也

星衍案：《續漢志》注引『廡』作『簾』。

羽劍珠飾者

星衍案：《續漢志》注引『羽劍』作『翠羽』。

文采纂組者熘功之窑也

星衍案：《續漢志》注引作『五采纂組者蕃功之室』也。

則人主道備矣

星衍案：《續漢志》注引作則『王道備也』。

禁藏第五十三

夫冬日之不濫非愛冰也

星衍案：《意林》，《太平御覽》二十二、又三百九十五引『濫』作『盥』，『冰』作『水』。

夫先易者後難

星衍案：依注『者』當作『而』。

夜以續日

星衍案：《意林》引『續』作『繼』。

海深萬仞

星衍案：《意林》、《太平御覽》八百三十三引作『百仞』。

就彼逆流

星衍案：《意林》引作『衝波逆流』。

菹笠

頤煊案：『菹』當作『蒩』。注云『取蒩澤草以爲笠』，字亦作蒩。

則功戰巧矣

頤煊案：『功』古通作『攻』字。

萩室熯造

念孫案：尹説甚謬。《輕重己篇》『教民樵室、鑽鐩、墐竈、泄井，所以壽民也』，鑽鐩、泄井即此所謂『鑽鐩易火，杼井易水』也。『樵』與『萩』古字通，『萩室』即『樵室』也。《公羊春秋·桓七年》『焚咸丘』，傳曰『焚之爲何？樵之也。樵之者何？以火攻也』。『樵室』與『熯竈』意相近，皆謂以火乾之也，『墐』與『熯』字相似，故『熯』譌作『墐』。『造』即『竈』字也。

毋拊竿

引之案：『拊』當爲『折』，『竿』當爲『芽』，言毋折萌芽也。俗書『折』字或作『折』，因譌而爲拊。《鹽鐵論·論勇篇》『推鋒折鋭』，今本『折』譌爲『拊』，是其證矣。又隸書从『艸』、『竹』之字，往往譌溷，故『芽』譌爲『芋』，又譌爲『竿』也。

夫法之制民也

星衍案：《後漢書·黨錮傳序》注引『民』作『人』，無『也』字。

果蓏素食當十石

頤煊案：『素』古通作『索』字。索，盡也，謂果蓏盡食當十石。《輕重乙篇》『素賞軍士』，亦謂盡賞軍士。尹注非。

如典之同生

星衍案：『典』當作『與』，尹注非。

卷十八

入國第五十四

入國四旬五行九惠之教

頤煊案：四旬，四十日也。五行，行五次也。《史記·管仲列傳》正義引《管子》云『相齊以九惠之教』，是約其義也。尹注非。

一曰老老

星衍案：《北堂書鈔》三十九引作『一曰養老』。

八曰振困

星衍案：《史記正義》引作『八曰賑』，《北堂書鈔》引作『賑困』。

身之膌胜

念孫案：『胜』讀如減省之省，『胜』亦『瘦』也，字或作『眚』，又作『省』。《周官·大司馬》『馮弱犯寡則眚之』，鄭注『眚，猶人眚瘦也』。《釋名·釋天篇》曰『眚，瘠也，如病者省瘦也』。並字異而義同。

殊身而後止

念孫案：《説文》『殊，死也』，猶言殁身而後止也。尹注非。

庯人呰厲

頤煊案：《列子·黄帝篇》『物無疵厲』，《莊子·逍遥遊篇》『使物不疵厲』，《爾雅·釋詁》『呰，病也』，古字皆通用。

九守第五十五

四曰上下前後左右熒惑其處安在

念孫案：尹以熒惑爲法星，非也。『熒惑』猶『眩惑』也。《逸周書·史記篇》曰『熒惑不治』，《趙策》曰『蘇秦熒惑諸侯』。《鬼谷子·符言篇》『四曰』作『四方』，『其處』作『之處』，於義爲長。四方上下，承天地而言。左右前後，承人而言。熒惑謂不明於天、地、人之道。

君因其所以來

念孫案：『來』當爲『求』。《鬼谷子·符言篇》正作『求』。尹注非。

修名而督實

念孫案：『脩』當爲『循』，循，因也。因名而責實也。《淮南·主術篇》曰『循名責實，官使自引』，《後漢書·王堂傳》曰『循名責實，察言觀效』，《蜀志·諸葛亮傳》評『循名責實，虛僞不齒』，皆本於管子。

星衍案：《文選·晋紀總論》注引作『循名而案實』。

桓公問第五十六

黄帝立明臺之議

星衍案：《初學記》十三、《藝文類聚》十一引『明臺』作『明堂』。

上觀於賢也

星衍案：《三國志·魏文帝紀》注引『賢』作『兵』。

禹立諫鼓於朝而備訊唉

星衍案：《北堂書鈔》九引作『禹置敢諫之鼓』，《太平御覽》六十七引作『而備訊謡也』。《三國志》注、《初學記》九引作『備訴訟』，『唉』字譌。

武王有靈臺之復

星衍案：《三國志注》引『復』作『囿』，《藝文類聚》《太平御覽》俱作『靈臺之宮』，與上『湯有總街之庭』句相對。《初學記》作『靈臺之侯』，即今本復字之譌。

度地第五十七

經水若澤

星衍案：『經水』見下文。若，順也。尹注非。

水別於大水

星衍案：《水經·河水注》『別』作『引』，言引他水入於大水及海，今本作『別』，非。

雨輂什二

念孫案：《説文》『輂，大車駕馬也。』輂非所以禦雨，『輂』皆當爲『畚』字之誤也。畚謂車蓋弓也，《方言》『車枸簍，西隴謂之畚』，郭璞曰『即車弓也』，『畚』與『畚』同。《釋名》云『畚，藩也，藩蔽雨水也』。故尹注曰『車輂所以禦雨』，故曰雨輂。

春不收枯骨朽脊

頤煊案：《周禮》『蜡氏掌除骴』，注『故書骴作脊』，鄭司農云『脊讀爲瘠，謂死骨也』。《月令》曰『掩骼埋胔』，《藝文類聚》百、《太平御覽》二十二又三十八引俱作『朽胔』，古字通用。

獨水蒙壤

念孫案：『獨』當爲『濁』，見下文。

校勘記

〔一〕周本紀　『紀』字原脱，據《史記·周本紀》補。

管子義證卷七

卷十九

地員第五十八

其木宜櫄擾桑

引之案：尹以『擾桑』爲『柔桑』，非也。讀爲《唐風》『隰有杻』之『杻』。《爾雅》曰『杻，檍』，《西山經》曰『英山其上杻橿』是也，字古讀若『狃』，故與『杻』通。《左傳》『公山不狃』，《論語》作『弗擾』，是其證也。

其泉黄而糗

星衍案：《後漢書·馮衍傳》注引作『其水黄而有臭』。

其泉鹹

星衍案：《馮衍傳》注引作『其味鹹』。

如茅與走

頤煊案：『走』非草名，疑『蓬』字之譌。

每州有常

星衍案：《困學紀聞》四引『州』作『土』。

蟲易全處

引之案：『易』當爲『豸』，『豸』與『易』篆文相似，故『豸』譌作『易』。《爾雅》曰『有足謂之蟲，無足謂之豸』，《漢書·五行志》『蟲豸之類謂之孽』。

其陰則生之楂藜，其陽則安樹之五麻

念孫案：『安』與『則』相對，『安』亦『則』也，言其陽則樹之五麻也。今本安上有則字，乃後人不曉文義而妄加之。

青黎以落及

引之案：『落』與『灰』爲韻，『及』字蓋衍文耳。下文云『五隱之狀黑落，青怵以肥，芬然若灰』，亦以『落』『灰』爲韻。

群木安逐

念孫案：『安，於是也』。《爾雅》曰『逐，彊也』，言群木於是彊盛也。下文『群藥安生，群藥安聚，群木安逐，鳥獸安施』，義並同也，尹注非。

條長數大

星衍案：《爾雅翼》三引『大』作『丈』，上文兩言『數大』，疑亦『丈』字之譌。

大蕡細蕡

引之案：此篇凡言其種某某者，皆指五穀而言。若草木則於五穀之外別言之，不得稱種也。『蕡』讀爲《大雅》『維秬維秠』之『秠』，上文云『其種大秬小秬』，此云『其種大蕡小蕡』，是『蕡』即『秠』也，『蕡』字從艸負聲，『負』古讀若『倍』，聲與『秠』相近。『秠』之通作『蕡』，猶『丕』之通作『負』也。《金縢》『是有丕子之責於天』，《史記・魯世家》『丕』作『負』。

累然如僕累

頤煊案：《山海經・中山經》『墠渚是多僕累』，郭璞注云『僕纍，蝸牛也』。此上下文『若糠以肥』、『如屑塵厲』、『如糞』、『如鼠肝』，皆舉物以喻其土，尹注非。

大樛杞小樛杞

念孫案：『樛』當爲『穋』，『杞』當爲『𥝤』，『穋』即『黍稷重穋』之『穋』，『𥝤』即『維糜維芑』之『芑』。上文云『大重細重，大秬細秬，大蕡細蕡』，『重』即『重穋』之『重』，『蕡』即『維秬維秠』之『秠』。《大荒南經》『維宜芑苣穋楊是食』。郭璞曰『《管子》說地所宜云：其種穋𥝤黑秀，皆禾類也』，是其證。尹注『木名』亦『禾名』之譌。《集韻》『𥝤，禾名』，引《管子》『其種穋𥝤』，義本尹注也。

五殖之次曰五觳

念孫案：『五殖』當爲『殖土』，例見上下文。

弟子職第五十九

如見賓客

星衍案：《文選·絶交書》注引『見』作『有』。

顏色毋怍

星衍案：《文選》注引『怍』作『作』。

左酒右醬

頤煊案：『醬』當作『漿』，《曲禮》『酒漿處右』，鄭注云『兩有之，則左酒右漿』。義本此。《北堂書鈔》一百四十四、《太平御覽》八百六十一引『醬』作『漿』。《書鈔》引注云『漿右，尚漱也』，不知何人所撰。

周還而貳唯嗛之視

星衍案：《周禮》『酒正』，司農注、賈公彦疏皆引此二句，『還』作『旋』。疏云『周旋而貳者，欲副益酒尊之時』，『嗛』謂不滿，唯酒尊不滿者，視之更益。

執箕膺揲

頤煊案：『揲』當依下文作『葉』，《禮記·曲禮》注引作『擖』。《儀禮·士冠禮》注『古文葉爲撝』，《毛詩・小戎》正義引作『執箕膺揭』，傳寫之譌。

右手秉燭左手正櫛

星衍案：《禮記・檀弓》注引『右手折堲』，正義引作『左手秉燭，右手折堲』，釋文同。『堲，燭頭燼也』，此左右誤乙。又作『櫛』字誤。

問所何趾

頤煊案：《説文》引作『問疋何止』，古文亦以爲『足』字，或曰『胥』字。此作『所』字，與『胥』音相近。

卷二十

形勢解第六十四

臣下隨而不忠

頤煊案：『隨』讀爲『怠墮』之『墮』。下文云『解惰簡慢，以之事主則不忠』，宋本『隨』作『墮』，古字皆通用。

銜令者

星衍案：《形勢篇》『令』作『命』，此涉上文而譌。

蜚摇而無所定

星衍案：『蜚』，古『飛』字。《後漢書·明帝紀》注引作『飛』字，下俱同。《形勢篇》作『飛』字。

犧牲珪璧

星衍案：《形勢篇》『牲』作『牷』。

善馭馬者也

星衍案：《太平御覽》七百四十六引作『善御者也』。

度量馬力

星衍案：《太平御覽》引作『量其馬力』。

奚仲之爲車器也

星衍案：《藝文類聚》七十一、《太平御覽》七百七十三引無『器』字。

非斲削也

星衍案：《藝文類聚》引作『非斤刀也』。

於四方無擇也

星衍案：《群書治要》引方作『旁』。

道之純厚

星衍案：《群書治要》引『道之』作『導民』。

偷得利而後有害，偷得樂而後有憂

星衍案：《初學記》十七引無兩『有』字。

備利而偷得

念孫案：『備』當爲『循』，隸書『循』字作『㣟』，『備』字作『偹』，二形相似而誤。《荀子·勸學篇》『聖心備焉』，今本『備』誤作『循』，是其例也。

蝚蝯飲焉

星衍案：《形勢篇》作『猿猱』，《爾雅·釋獸》『猱蝯善援』，《説文》『蝯，善援』，字皆作『蝯』。『猱』字當从犬旁作。

故事不廣於理者

星衍案：《太平御覽》八百二十引無『不』字。

主視民如土

星衍案：《群書治要》引『主』上有『人』字。

不以其理動者下瓦

星衍案：宋本無『動者』二字，因涉下文而譌。《太平御覽》六百四十九引作『不以其理下瓦』。

後必相咄

星衍案：《意林》引『咄』作『吐』。

卷二十一

立政九敗解第六十五

請謁任譽

星衍案：『譽』當作『舉』。《立政篇》本作『舉』，《任法篇》亦兩言『請謁任舉』，此譽字誤。

版法解第六十六

則下饒

頤煊案：『饒』當作『撓』，屈也。

無度則事無機

頤煊案：《藝文類聚》五十四、《太平御覽》六百三十八引『機』俱作『儀』，《任法篇》『故聖君置儀設法而固守之』，又云『置儀設法以度量斷者上主也』，《禁藏篇》『法者，天下之儀也』，《形勢解》『法度者，天下之儀也』，此作『機』字誤。

罪殺不赦

星衍案：《北堂書鈔》四十三引作『罪煞不疑』。

非斧鉞無以畏衆

星衍案：《群書治要》引『畏』作『威』，下同。

明法解第六十七

百官條通

頤煊案：『條』讀曰『脩』，《漢書·周勃傳》『乃封爲條侯』，《地理志》『條』作『脩』。《任法篇》『群臣脩通輻湊以事其主』，即其證。

案其當宜

星衍案：《群書治要》引作『案賞罰』。

故財貨不行於吏

星衍案：《群書治要》引『財貨』作『貨財』。

雖貧賤卑辱

星衍案：《群書治要》引作『卑辱貧賤』。

則民務佼

星衍案：《明法篇》『佼』作『交』，古字通用。

佼衆譽多

星衍案：《明法篇》『佼』作『交』。

邪之所務事者

念孫案：『邪』上當有『姦』字。

星衍案：《群書治要》引『邪』上有『姦』字。

主無悟

星衍案：《群書治要》引『悟』作『寤』。

小臣持祿養佼

星衍案：《明法篇》引『佼』作『交』。

故以戰功之事定勇怯

星衍案：《群書治要》引『功』作『攻』。

任人而不官

星衍案：《群書治要》引『官』作『課』。

萬民驩盡其力

星衍案：《群書治要》引『驩』作『歡』。

臣乘馬第六十八

秇稷

星衍案：《集韻》『秇，古藝字』。

筴乘馬之數求盡也

念孫案：此上當有『管子曰』三字。

使農夫寒耕暑耘

星衍案：《藝文類聚》五、《太平御覽》二十四引『暑』俱作『熱』。

管子義證卷八

卷二十二

事語第七十一

泰奢之數

星衍案：上文作『秦奢』，二字必有一誤。

海王第七十二

問口千萬也

星衍案：『問』當依宋本作『開』。《揆度篇》俱作『開口』，《通典》十引亦作『開口』。

今夫給之鹽筴

頤煊案：『今』當作『令』。

行服連軺輂者

念孫案：『輂』當爲『輂』。

星衍案：《通典》十引作『輂』。

國蓄第七十三

故民無不累於上也

星衍案：《通典》十二引『累』作『繫』。

民予則喜

星衍案：《通典》十二引『民』上有『夫』字，『喜』作『憙』。

故民愛可洽於上也

星衍案：《通典》十二引作『民憂』，此『愛』字誤。

租籍者所以彊求也租税者所慮而請也

頤煊案：『租籍』當作『正籍』，《輕重乙篇》『租籍，君之所宜得也；正籍者，君之所强求也』，『正』讀如『征』。此亦作『租』者，涉下句而譌。

不可爲籠以守民

星衍案：《通典》十二引無『爲籠』二字，『民』作『人』。

人君鑄錢立幣

念孫案：『人』當作『今』。

人有若于百千之數矣

星衍案：《通典》八引作『人有若千百十之數矣』。

利有所并藏也

念孫案：『利有所并藏也』，本無『藏』字。『藏』字因上文『穀有所藏』而衍。見《輕重甲篇》，尹注非。

頤煊案：《漢書·食貨志》亦作『利有所并也』，《通典》八引作『利有所藏也』，無『并』字。

藏繈千萬

頤煊案：《通典》十、《太平御覽》八百二十三引『繈』俱作『鏹』，《說文》無『鏹』字。《漢書·食貨志》作『繈』。

鍾鑲糧食

頤煊案：『鍾鑲』當作『種鑲』。《漢書·食貨志》引此作『種鑲』，師古曰『種五穀之種也』。《山國軌篇》尹注亦作『種鑲糧食』。

山國軌第七十四

民有過移長力

念孫案：『過』當爲『通』。《地數篇》《輕重甲篇》作『通移』，《國蓄篇》作『通施』，『施』與『移』同。

捍寵纍箕勝籯屑糉

頤煊案：此皆械器名。『寵』疑作『籠』，『糉』即『稯』字之譌。

握以下者爲柴楂

星衍案：『楂』即『槎』字。

山權數第七十五

使蓄衺者

頤煊案：《玉篇》『裕』作『衺』，『哀』即『衺』字之譌。

山至數第七十六

不曰貧之

星衍案：《揆度篇》『貧』作『用』。

秦之明山之曾青

星衍案：《揆度篇》作『秦明山之曾青』，上『之』字衍。

内則大夫自還而不盡忠

念孫案：『還』與『環』同，謂自營也。見《君臣篇》。

泰秋田穀之存予者若干

頤煊案：『予』當作『子』。《臣乘馬篇》『春秋子穀大登』，又曰『幣之在子者以爲穀而廩之州里』，下文文義俱相同，此作『予』字誤。

卷二十三

地數第七十七

出銅之山四百六十七出鐵之山三千六百九

念孫案：《太平御覽・地部一》引此作『出銅之山四百六十七，出鐵之山三千六百九十』，《中山經》同，當據改。

頤煊案：《史記・貨殖列傳》正義、《太平御覽》三十八引『出銅之山』上皆有『凡天下名山五千三百七十』一句，今本脱之。

此之所以分壤樹穀也

星衍案：據《中山經》『此』字下脱『天地』二字。

刀幣之所起也

星衍案：《中山經》『幣』作『鍛〔二〕』。

上有陵石者

星衍案：《太平御覽》三十八引作『緑石』，八百十引作『陵石』，與今本同。

君謹封而祭之

星衍案：《北堂書鈔》一百四十四引『謹』作『遥』。

葛盧之山發而出水

星衍案：《史記・五帝本紀》索隱引作『蚩尤受盧山之金而作五兵』，『盧』上無『葛』字，《高祖本紀》集解引作『交而出水』，《藝文類聚》六十引作『廢而出水』。『廢』、『發』古字通用。

以爲雍狐之戟芮戈

頤煊案：《荀子・榮辱篇》『狐父之戟』，楊倞注：『狐父，地名。《管子》曰：蚩尤爲雍狐之戟。狐父之戈豈近此耶。』《路史・後紀》四引作『雝狐之戟、狐父之戈』。此作『芮戈』誤。

玉起於牛氏邊山

念孫案：『牛』當作『禺』，見《國蓄》《揆度》二篇。

金起於汝漢之右洿

星衍案：《揆度篇》《輕重乙篇》『洿』皆作『衢』。

十人咶鹽

星衍案：《太平御覽》八百六十五引『咶』俱作『舐』。

煮沸水爲鹽

頤煊案：『沸』當作『沸』，沸水清不能爲鹽，且下文『修河濟之流』，字已作濟。《輕重甲篇》《乙篇》《丁篇》并此篇此語凡五見，唯《輕重甲篇》作『沸』字不誤。

丈夫毋得治宫室

頤煊案：『丈夫』當作『大夫』，《輕重甲篇》『孟春既至，農事且起，大夫毋得繕冢墓，理官室』，其證也。《太平御覽》八百六十五引亦作『大夫』。

脩河濟之流

念孫案：『脩』當爲『循』，言循河濟而南也。

星衍案：《太平御覽》八百六十五引『脩』作『循』。

揆度第七十八

皆以雙武之皮

頤煊案：『武』當作『虎』，此唐人避諱字。《通典》十二、《路史·後紀》十一俱作『虎』。

發朝鮮之文皮

星衍案：『發，北狄國名』。

吾非埏埴搖鑪橐

頤煊案：『橐』當作『槖』，《埤蒼》作『韛鍜，家用吹火令熾者也。』

其徐遠

星衍案：『徐』當作『涂』，見上《地數篇》。

國準第七十九

彼菹萊之壤

念孫案：『菹菜』當作『菹萊』，『菹』或作『沮』。《孟子·滕文公篇》注云『菹，澤生草者也』，《禮記·王制》注云『沮，謂萊沛』，《周官》『縣師』注云『萊，休不耕者』，是『菹、萊』皆生草之地也。《輕重乙篇》『菹萊鹹鹵斥澤山間堤壘不爲用之壤』，『萊』字亦誤作『菜』。唯《輕重甲篇》『山林菹澤草萊』，萊字不誤。

輕重甲第八十

端譟晨樂聞於三衢

星衍案：《太平御覽》四百九十二引作『晨譟於端門，樂聞於三衢』，此有脱誤。《御覽》八十二又引作『晨譟聞於衢』。

故遷封倉邑

星衍案：宋本『倉』作『食』，上下文俱作『遷封食邑』，此倉字誤。

金鏂之數

星衍案：『金』是『釜』字之譌。下文『釜鏂無止』，其證也。宋本作『釜鏂之數』。

夫妻服簞

頤煊案：『服』讀爲『負』。見《考工記》『車人』注。『簞』當依宋本作『簞』，盛食之器。言夫妻負簞而往者，不以百里爲難。今本作『簞』誤。

天酸然雨

頤煊案：『酸』通作『霰』，《説文》云『小雨也』，義本此。

解匋弓弩

引之案：《説文》《玉篇》《廣雅》《集韻》皆無『匋』字，『匋』當爲『匋』，讀與韜同，弓衣也。

不得棐撤

頤煊案：《荀子·性惡篇》『繁弱鉅黍，古之良弓也，然而不得排撤，則不能自正。』『棐』，『排』古今字。

此何故也

念孫案：此四字因上文而衍。

一束十他

星衍案：『他』是『倍』字之譌。

天下倪而是耳

頤煊案：『倪』通作『睨』，『是』當作『走』，言操之不工，用之不善，天下之人皆斜視而走耳。今本作『是』字誤。《輕重乙篇》同。

請君伐菹薪

念孫案：下文云『山林菹澤草萊者，薪蒸之所出也』，尹注非。

煮沸火爲鹽

頤煊案：『沸火』當作『沸水』，見《地數篇》《輕重乙篇》。

乃以令使糶之

星衍案：《太平御覽》八百六十五引『使』作『吏』。

請以給其口食筲曲之彊

頤煊案：字書無『筲』字。《月令》『具曲植籧筐』，《吕氏春秋》『籧』作『篆』。『筲』即『篆』字之壞。

遺財不可包止

頤煊案：『包』當作『拘』，拘，留也。《揆度篇》作『貨財不安於拘』，『包』『拘』因字形相近而譌。

崑崙之虚不朝

星衍案：《太平御覽》八百九引無『之』字。《爾雅》『有崑崙虚之璆琳琅玕焉』，又云『河出崑崙虚』，此不宜有『之』字。

卷二十四

輕重乙第八十一

玉出於禺氏之旁山

星衍案：《地數篇》、《揆度篇》皆作『邊山』，『邊』『旁』因字形相近而譌。

一箴

星衍案：『箴』當依《海王篇》作『鍼』。《太平御覽》八百三十引作『針』。

故見予之所

星衍案：據《國蓄篇》『所』是『形』字之譌。

期於泰舟之野期軍士

星衍案：《群書治要》引作『朝軍』。

誰能陷陳破衆者賜之百金

星衍案：《史記・李牧列傳》集解引作『能破敵禽將者賞百金』。

言能得者壘千人

星衍案：《群書治要》引『壘』作『累』。

見其若此其厚

星衍案：《群書治要》引作『見禮如此』。

農事且作

星衍案：《太平御覽》十七引『且作既』。

輕重丁第八十三

黄金珠玉五穀文采布泉

念孫案：『泉』當爲『帛』。《輕重丁篇》云『五穀叔粟布帛文采』，是其證也。《通典・食貨十二》引此正作『布帛』。

其出之鍾也一鍾

頤煊案：上『鍾』字當作『中』，下文『其出之中伯伍也』，『其出之中鍾五釜也』，『其出之中伯二十也』，字皆作『中』，此涉下『鍾』字而誤。

帶山負海苦處

念孫案：『苦』當爲『谷』，上文『山居谷處』，即其證。隸書『谷』字作『峇』，『苦』字作『𠀌』，形相似而誤。

纂訾

頤煊案：『纂』當作『綦』，綦，雜色，訾草，染成之，故稱『綦訾』。下文『萊失綦訾』，字不誤。

溝瀆阮而不遂谿谷報上之水不安於藏

引之案：『阮』當爲『阸』，『報』當爲『鄣』，皆字之誤也。《立政篇》曰『溝瀆不遂於隘鄣，水不安其藏』，又曰『通溝瀆，修障防，安水藏』。『隘』與『阸』同，『障』與『鄣』同。

五穀收粟

念孫案：『收』當爲『叔』，『叔』即『菽』字，見下文。

泉金

念孫案：『泉』當爲『帛』，見上文。

此謂乘天嗇而求民鄰財之道也

念孫案：『嗇』亦當爲『甾』，『甾』即『災』字。彗星，天災也，因彗星出而斂財物，故曰：此謂乘天災而求民鄰財之道。

此何以洽

念孫案：『洽』當爲『給』，下文云『國中大給』，即其證也。『洽』、『給』草書相似，故『給』譌作『洽』，尹注非。

表稱貸之家

念孫案：『表』當爲『旌』，故尹注云『旌，表也』，今作『表』者，因注而誤。

通之杭莊之間

念孫案：『杭』當爲『抗』，『抗』古讀若『康』，《小雅・賓之初筵篇》『大侯既抗』，與『張』爲韻。《後漢書・班固傳》：『《典引》：尊無與抗。』與『王』爲韻。李賢曰『抗讀曰康』。『抗莊』即『康莊』。

投蟲虵巨雄

星衍案：『虵』當依上文作『虻』。

洊龍夏

頤煊案：《山至數篇》『龍夏以北至海莊禽獸牛羊之地也』，此『洊』字本『海莊』二字，譌并作一字。

輕重戊第八十四

虙戲作造六峜以迎陰陽

頤煊案：『峜』當作『佱』，『佱』古文『法』字。

無兹胷之病

星衍案：《北堂書鈔》一百四十二、《太平御覽》七十九引『兹胷』作『腸胃』，《集韻》『胃，古文作胷。』

循六㤖

頤煊案：『㤖』當作『佱』。

二十四月

星衍案：《通典》十二引作『周月』。

代人果去其本

星衍案：《藝文類聚》五十九、《太平御覽》九百九引『本』俱作『農』。

離枝聞之則侵其北

星衍案：《藝文類聚》九十五引作『離枝聞而伐之』，又五十九引作『齊聞而伐』，誤。

輕重己第八十五

搢玉揔

念孫案：『揔』當爲『忽』，『忽』譌爲『悤』，又譌爲『揔』耳。『忽』即『笏』字也。《皋陶謨》『在治忽』，鄭作『曶』，注云『曶者，笏也』。《士喪禮》『竹笏』，今文『笏』作『忽』。

發出令

念孫案：『發』下當有『號』字，見下文。

又擅權渠繉絏

念孫案：『又』當爲『乂』，『乂』與『刈』通。《齊語》云『搶刈耨鎛』是也。『擅』當爲『櫙』，《說文》『櫙，鉏柄名』。《鹽鐵論·論勇篇》云『鉏櫌棘擅以破衝隆』是也。『權渠』當爲『擭渠』，下文云『擭渠』是也。『繉』即『繩』字之誤。隸書『黽』字或作『黾』，又作『黾』形，與『晁』相似。『黽』之爲『晁』，與『鼉』之爲『晁』，其下半亦相類也。緤亦繩也。

誅大臣

星衍案：『誅』上當脫『毋』字。

祀於太宗

星衍案：《太平御覽》二十三引作『祈天宗』，據下文『祀於太祖』，此當作『太宗』。

校勘記

〔一〕中山經幣作鍛　『鍛』原作『鍜』，據《山海經·中山經》改。

浙江文叢

洪頤煊集

〔第二册〕

諸史考異

〔清〕洪頤煊 著

王　建
林辰達　點校
馮先思

浙江古籍出版社

諸史考異

馮先思 點校

諸史考異目録

諸史考異卷二

諸史考異卷三

諸史考異卷四

諸史考異卷五

諸史考異卷六

諸史考異卷七

諸史考異卷八

諸史考異卷九

諸史考異卷十

諸史考異卷十一

諸史考異卷十二

諸史考異卷十三

諸史考異卷十四

諸史考異卷十五

諸史考異卷十六

諸史考異卷十七

諸史考異卷十八

諸史考異序

史之異始於《左》《公》《穀》，昧與蔑、鄍與微、厥慭與屈銀、君氏與尹氏、履緰與裂繻，此較著者，特音聲之譌，非若後世烏焉成馬，有待於是正者也。二十一史夥矣，高宗純皇帝加《明史》爲廿二史，又加《舊唐書》《舊五代史》爲廿四史，蓋浩如煙海矣。修史者各因前人之實録，一事而先後不同，一人而彼此各别，所見異詞，所聞異詞，所傳聞又異詞，此考異之不可少也。鄉先達筠軒先生著述之暇，作《諸史考異》，始《三國志》，終《南北史》，都爲十八卷。於前人一字之謬，一句之譌，皆旁通曲引而辨正之，洵有功於列史。亦可見先生無書不覽，無擇不精矣。霖不獲親炙門墻，而於先生開示後學之意，亦略有微會焉。竊嘗於《南北史》之外，約記所疑。《資治通鑑》尊武氏黜中宗，朱子《綱目》自唐武德八年至天祐季年甲子皆差，此其大者，不待論。且如《宋史》載周傑卜易遇比之復，《東都事略》則云比之豐。《通鑑》及歐陽《史》皆云唐莊宗時洛陽令何澤歷官太常卿，陸務觀則云青海軍從事。《通鑑》載徐知誥改吴天祐三年爲昇元元年，國號唐，而陸游《南唐書》云國號齊。宋齊丘爲太保兼中書令，而馬令《南唐書》云左丞相都虞候。嚴恩，《五代史》作嚴思，馬令作嚴思禮。淮南州將王仁謙，《五代史》作王仁謹。諸如此類，野史與正史異，正史與正史又異，豈徒如《晉書》所紀『慕容』之誤『步摇』，《通典》所粵在秋間，小筠參軍出其搨本錢王鐵券文以示，中有云『未足顧功』，而别本俱作『未足顯功』，此目所親見，亦如先生所謂『分土』『介士』之譌，有《比干墓碑》訂證者，又不待考而知也。嗟乎，予生也晚，秉質愚魯，不克多記誦，家又無藏書，所得管窺之見欲以就正前輩，而先生歸道山已十餘年矣。雖無老成人，尚有典型，能無撫遺編而流連不置哉。同里後學程霖謹識。

稱『但馬』妄云『誕馬』，僅在聲音點畫已也。霖於乙巳歲館先生家，課其令孫。

諸史考異自序

國史成於衆手，其訛舛固所不免，厥後篇帙浩繁，校刊匪易，輾轉改變，譌謬滋多。嘉定錢氏大昕撰《廿二史考異》，參互考校，精審不苟，余向亦留心史學，《史記》、兩《漢書》三史間有所見，已載入《讀書叢録》中。戊子冬杪，自粤歸里，寒爐多暇，復取《三國志》以迄《南北史》條其異同，辨其得失，成《諸史考異》十八卷，撲塵掃葉，聊補錢氏之闕。海内倘有好學深思之士，薈粹群本，擇善而從，刊一定本，斯亦不朽之盛業也。道光十六年太歲丙申八月七日，臨海洪頤煊撰，時年七十有二。

諸史考異卷一

三國志

夏侯氏

《魏書·武帝紀》：養子嵩嗣，莫能審其生出本末。《注》：吴人作《曹瞞傳》及郭班《世語》並云[一]：嵩，夏侯氏之子，夏侯惇之叔父。太祖於惇爲從父兄弟。

頤煊案：承祚敘《夏侯列傳》於諸曹之前，亦同此説。

濟南相

光和末討潁川賊，遷濟南相。

頤煊案：《後漢書·獻帝紀》：『建安十三年冬十月乙巳，黄巾賊殺濟南王贇。』《注》：『河間孝王五代孫。』

東武陽

初平二年，袁紹因表太祖爲東郡太守，治東武陽。

頤煊案：《續漢志》東郡治濮陽，時王肱爲東郡太守，故太祖治東武陽。《臧洪傳》袁紹使洪領青州，徙爲東郡太守，治東武陽。在太祖後。

利城郡

建安三年，分琅邪、東海、北海爲城陽、利城、昌慮郡。

頤煊案：《續漢志》注：『《魏氏春秋》曰：初平三年，分琅邪、東海爲城陽、新城、昌慮郡。』以《臧霸、吕虔傳》證之，則作新城者誤也。利城本縣名，屬東海郡。

小沛

四年，劉備至下邳，遂殺徐州刺史車冑，舉兵屯沛。《先主傳》：先主乃殺徐州刺史車冑，留關羽守下邳，而身還小沛。

頤煊案：《續漢志》沛國有沛縣，時人稱小沛，以別於沛國。《志》凡稱小沛者，皆據流俗所稱加之。

兩劉岱

遣劉岱、王忠擊之，不克。《注》：《魏武故事》曰：岱字公山，沛國人。以司空長史從征伐有功，封列侯。

頤煊案：初平元年，兖州刺史劉岱。《注》：『岱，劉繇之兄，見《吴志》。』與此别是一人，而同字公山。

李　堪

十六年，遂與韓遂、楊秋、李堪、成宜等叛。

頤煊案：《太平御覽》卷九十三引作『李堪』。下文『斬成宜、李堪等』。『堪』字，傳寫之譌。李堪，河東人，見《張魯傳》注。

漢寧郡

二十年三月，公西征張魯。七月，魯潰奔巴中，公軍入南鄭，復漢寧郡爲漢中。

頤煊案：《張魯傳》：『魯據巴漢垂三十年，漢末力不能征，遂就寵魯爲鎮民中郎將，領漢寧太守。』是張魯據漢中，改漢中爲漢寧。是年魯平，復改漢寧爲漢中。《續漢志》注：『《袁山松書》曰：建安二十年，復置漢寧郡。』非也。

饒安縣

《文帝紀》：元年夏四月丁巳，饒安縣言白雉見。《注》：《魏書》曰：賜饒安田租，渤海郡百户牛酒，人酺三日〔二〕。

頤煊案：《漢書·地理志》『渤海郡千童縣』，應劭曰：『靈帝改曰饒安。』東京渤海郡省千童，靈帝時始改立饒安，故《續漢志》不載。

陽平郡

黄初二年正月，以魏郡東部爲陽平郡。

頤煊案：《樂進傳》：『陽平衛國人也，以膽烈從太祖爲帳下吏，遣還本郡募兵，得千餘人。』《司馬芝傳》：『太祖從其議，歷甘陵、沛、陽平太守，黄初中入爲河南尹。』陽平置郡當在此年之前。

穀梁博士

五年，置《春秋穀梁》博士。

頤煊案：《後漢書·儒林傳序》：『光武中興，立十四博士。《春秋》嚴、顔，皆公羊學也。建初中，又詔高才生受《古文尚書》《毛詩》《穀梁》《左氏春秋》，雖不立學官，然皆擢高第。』至是始立《春秋穀梁》博士。

天水郡

《明帝紀》：太和二年，諸葛亮寇邊，天水、南安、安定三郡吏民叛應亮。

頤煊案：《文帝紀》：『延康元年七月，武都氐王楊僕率種人内附，居漢陽郡。』《張既傳》：『太祖徙民以充河北、隴西、天水、南安，民相恐動，既假三郡人爲將吏者休課，使治屋宅，民心遂安。』漢陽之復爲天水郡，當在文帝初年間。

陸議

太和二年九月，曹休率諸軍至皖，與吴將陸議戰於石亭，敗績。

頤煊案：《吴主傳》作『陸遜』，《陸遜傳》：『本名議。』《志》或稱陸遜，或稱陸議，亦史之駁文。

伍瓊伍孚

《董卓傳》：以爲毖、瓊等通情賣己，皆斬之。《注》：《英雄記》曰：瓊字德瑜，汝南人。謝承《書》：伍孚，字德瑜。遷越騎校尉。挾佩刀見卓，卓送至閤中，孚因出刀刺之。卓多力，退卻，不中，遂殺孚。謝承記孚字及本郡則與瓊同，而致死事乃與孚異也，不知孚爲瓊之別名，爲別有伍孚也？蓋未詳之。

頤煊案：《後漢書·董卓傳》：『卓怒曰：此二君賣卓，卓何用相負！遂斬瓊、珌。』下文乃言越騎校尉汝南伍孚刺卓見殺事。伍瓊、伍孚當是二人。《荀攸傳》謀刺卓作越騎校尉伍瓊，非傳寫譌即紀述誤也。

糾合義兵

《臧洪傳》：洪乃升壇，操槃歃血而盟曰：『兖州刺史岱、豫州刺史伷、陳留太守邈、東郡太守瑁、廣陵太守超等糾合義兵，並赴國難。』《注》：臣松之案：於時此盟止有劉岱等五人而已，《魏氏春秋》横内劉表等數人，皆非事實。

頤煊案：《武帝紀》此盟後有將軍袁術[三]、冀州牧韓馥、河内太守王匡、渤海太守袁紹、山陽太守袁遺、濟北相鮑信，而無廣陵太守張超，與此不同。

朗陵令

《荀彧傳》：祖父淑，字季和，朗陵令。《注》：《續漢書》：淑爲朗陵侯相。張璠《漢紀》：出補朗陵侯相。

頤煊案：下文《注》：『《荀氏家傳》：「悦，朗陵長儉之少子。」』儉即淑子。《田豫傳》：『太祖召除朗陵令。』其時朗陵侯國已廢爲縣，故稱朗陵令。《後漢書·荀彧傳》亦作『朗陵令淑之孫也』。

鄄城

豫州刺史郭貢謂鄄城未易攻。《後漢書·荀彧傳》：操東擊陶謙，使彧守甄城。《注》：縣名，屬濟陰郡，今濮州縣也。『甄』今作『鄄』，音絹。

頤煊案：《春秋左氏·莊公十四年》：『會於鄄。』注：『鄄，衞地，今東郡鄄城也。』《釋文》云：甄城，音絹，或作鄄，古字通用。

韓莫

《荀攸傳》：紹運車日暮至，其將韓莫鋭而輕敵，擊可破也。《注》：臣松之案：諸書韓莫或作韓猛，或云韓若，未詳孰是。

頤煊案：字書無蒰字，《曹仁傳》：『紹別遣將韓荀鈔斷西道。』蒰即荀字異文。

北平郡治

《田疇傳》：舊北平郡治在平岡，道出盧龍，達於柳城。自建武以來，陷壞斷絶，垂二百載。而尚有微徑可從。

頤煊案：後漢右北平郡治土垠，前漢右北平郡平岡第一縣，此當是前漢舊治，可證閻百詩謂西漢郡治不在第一縣之誤。

司金中郎將

《王修傳》：行司金中郎將。

錢氏大昕曰：陳琳爲袁紹檄操：特置發丘中郎將、摸金校尉。即謂此也。頤煊案：《韓暨傳》：『暨乃因長流爲水排，計其利益三倍於前。在職七年，器用充實，就加司金都尉。』《張裔傳》：『還爲司金中郎將，典作農戰之器。』魏蜀皆有此官，不必如陳琳所指。

蘄陽

《何夔傳》：陳郡陽夏人也。袁術與橋蕤俱攻圍蘄陽，蘄陽爲太祖固守，術以夔彼郡人，欲脅令說蘄陽。

頤煊案：《後漢書·袁術傳》注：『《水經注》：「蘄水出江夏蘄春縣，又南對蘄陽，注於大江。亦謂之蘄陽口。」』其時蘄陽當屬陳，故以夔爲彼郡人。

淮南郡

《劉曄傳》：淮南成德人也。

頤煊案：《續漢志》成德縣屬九江郡，袁術僭號，以九江太守爲淮南尹。黄初二年，邯鄲懷王邕封淮南公，以九江郡爲國。六年，改封楚王彪。嘉平元年，彪自殺，國除爲淮南郡。術平後，楚王未封以前，亦當改爲淮南郡也。

揚州刺史治所

《劉馥傳》：太祖表爲揚州刺史，馥既受命，單馬造合肥空城，建立州治。

頤煊案：《續漢志》：九江郡，歷陽，刺史治。《孫討逆傳》：先是劉繇爲揚州刺史。舊治在壽春。此建立在合肥，皆隨時所置。

陽安郡

《李通傳》：分汝南二縣，以通爲陽安都尉。《趙儼傳》：袁紹招誘豫州諸軍，惟陽安郡不動。

頤煊案：《武帝紀》：『建安二十年，分漢中之安陽、西城爲西城郡，置太守。分錫、上庸郡，置都尉。』當時置郡亦有專置都尉而不置太守者，都尉兼領太守，故亦得稱太守。《魏略》曰：『儼與領陽安太守李通同治。』是時儼爲朗陵長，朗陵爲陽安屬縣，同治一郡之地，故云然。

狟道

《龐德傳》：南安狟道人也。

頤煊案：《續漢志》『漢陽郡』注：『《秦州記》曰：中平五年，分置南安郡。』狟道即獂道，時分屬南安郡。《晉書·地理志》南安郡狟道縣與此同。

荀緯王象

《常林傳》：梁習薦州界名士林及楊俊、王淩、王象、荀緯，太祖皆以爲縣長。

頤煊案：荀緯見《王粲傳》注：『荀勖《文章敘録》曰：緯字公高，少喜文學。建安中召署軍謀掾，魏太子庶子，稍遷至散騎常侍、越騎校尉，年四十二，黄初四年卒。』王象見《楊俊傳》注：『《魏略》曰：王象字羲伯，建安中與荀緯等俱爲魏太子所禮待。魏有天下，拜象散騎侍郎，遷爲常侍，封列侯，受詔撰《皇覽》。』皆不言爲縣長。

王翁河

《孫禮傳》：清河、平原争界，禮案圖宜屬平原界，實以王翁河爲限。

頤煊案：桓譚《新論》：『王翁使都尉孟孫往泰山告祠。』又云：『余前作王翁掌教大夫。』又云：『王翁覩人五藏，無損生人，生人惡之。』王翁謂王莽，王翁河即王莽河。《元和郡縣志》王莽枯河在平原縣南五里。

犢　民

《高堂隆傳》：犢民酉牧年七十餘，舉爲計曹掾。

頤煊案：犢上當有脱字，此必鄉亭之民。《鄧艾傳》注：『艾少爲襄城典農部民。』《管輅傳》『利漕民郭恩』，《吕虔傳》『部民炅母』，《孫皓傳》『西湖民景養』，皆是。

令狐愚

《王淩傳》：是時，淩外甥令狐愚以才能爲兖州刺史，屯平阿，甥舅並典兵，專淮南之重，淩就遷爲司空。

頤煊案：《續漢志》平阿屬九江郡〔四〕，『兖州』當是『揚州』之譌。《注》：『《魏書》曰：愚字公治，本名浚。』此稱淩就遷者，即愚也，史失於改正。

江由

《鄧艾傳》：維守劍閣。艾上言，宜從陰平由邪徑經漢德陽亭趣涪，出劍閣西百里。《太平御覽》卷三百十五引作：從陰平江由邪徑。

頤煊案：下文：『艾自陰平道行無人之地七百餘里，鑿山通道，皆攀木緣崖，魚貫而進，先登至江由，蜀守將馬邈降。』《鍾會傳》：『鄧艾追姜維到陰平，簡選精鋭，從漢德陽入江由。』『由』上當有『江』字。

高句麗王宫

《高句麗傳》：宫死，子伯固立。

錢氏大昕曰：《後漢書》：宫死，子遂成立。遂成死，子伯固立。此文疑有脱誤。頤煊案：傳言宫死，子伯固立；伯固死，小子伊夷模立，生子名位宫。伊夷模死，立以爲王，今句麗王宫是也。其曾祖宫生能開目視，今王生墮地亦能開目視人。句麗呼相似爲位，故名之爲位宫。位宫稱宫爲曾祖，伯固上不得有遂成一代。

益州賊

《蜀書·二牧劉焉傳》，是時涼州逆賊馬相、趙祗等於綿竹縣自號黄巾。

頤煊案：《後漢書·劉焉傳》作『益州賊馬相』，以下文破壞三郡皆在益州界證之，馬相當是益州賊。

劉　平

《先主傳》：試守平原令，後領平原相。郡民劉平素輕先主，耻爲之下，使客刺之。

頤煊案：上文《注》：『《典略》曰：平原劉子平知備有武勇，時張純反叛，青州被詔遣從事將兵討純，過平原，子平薦備於從事。』劉平當即劉子平，其前後不同如此。

昌霸

東海昌霸反，郡縣多叛曹公。《諸葛亮傳》注：《漢晋春秋》載亮《表》云：曹操五攻昌霸不下。

頤煊案：《武帝紀》《于禁傳》《張遼傳》《臧霸傳》俱作昌豨。

亮見先主

《諸葛亮傳》：時先主屯新野，徐庶見先主曰：『諸葛孔明者，臥龍也，將軍豈願見之乎？』先主曰：『君與俱來。』庶曰：『此人可就見，不可屈致也。』先主遂詣亮，凡三往乃見。《注》：《魏略》曰：劉備屯於樊城，是時曹公方定河北，亮知荆州次當受敵，而劉表性緩不曉軍事，亮乃北行見備，備與亮非舊，又以其年少，以諸生意待之。《注》謂聞見異辭，彼此乖背。

頤煊案：此亮見備當是兩時事，亮初見備於樊城，雖以上客禮之，未奇亮也。迨徐庶舉薦，再見備於新野，始情好日密，故亮亦以後見爲感激。『先帝不以臣卑鄙，猥自枉屈，三顧臣於草廬之中』，《注》云事當在建安十三年，而《表》云『爾來二十有一年矣』，則初見或在十二年也。

石廣元

《注》：《魏略》曰：徐庶先名福，本單家子，少好任俠擊劍，折節學問，遂與同郡石韜相親愛。初平中，中州兵起，乃與韜南客荆州，到又與諸葛亮特相善。及荆州内附，孔明與劉備相隨去，福與韜俱來北。至黄初中，韜仕歷郡守、典農校尉，福至右中郎將、御史中丞。逮太和中，諸葛亮出隴右，聞元直、廣元仕財如此，歎曰：『魏殊多士邪，何彼二人不見用乎？』

頤煊案：元直，庶字；廣元，韜字。財與纔同。明南監本『廣』字譌作『龐』，汲古閣本『仕』字又誤乙在『元』上，龐士元未嘗仕魏，其誤甚矣。

前都亭侯

《馬超傳》：因爲前都亭侯。

錢氏曰：前字疑衍。頤煊案：上文騰求還京畿，於是徵爲衛尉，以超爲偏將軍，封都亭侯，領騰部曲。先主以超爲平西將軍，仍爲前都亭侯。前字非衍文。

南　郡

《霍峻傳》：乃以弋領永昌太守，遷監軍，領建寧太守，還統南郡事。

頤煊案：南郡謂南中六郡。《注》『《漢晋春秋》曰，弋得後主東遷之問，始率六郡將守上表，晋文王善之』是也。

建興元年

《杜微傳》：建興二年，丞相亮領益州牧，與書曰：主公今年始十八。

頤煊案：《後主傳》：章武三年正月[五]，後主襲位於成都，時年十七。則年十八當在建興元年。《諸葛亮傳》亦云建興元年領益州牧，此作二年，誤。

陳　元

《尹默傳》：又專精於《左氏春秋》，自劉歆條例鄭衆、賈逵、陳元方、服虔注説，咸略誦述。

頤煊案：陳元方是陳紀之字，不注《左氏》，當是陳元，後人誤加『方』字。

孔子劉向卒年不同

《譙周傳》：昔孔子七十二，劉向、楊雄七十一而没。

頤煊案：《史記·孔子世家》，孔子年七十三，以魯哀公十六年四月己丑卒。《漢書·劉向傳》：年七十二卒，卒後十三歲而王氏代漢。皆與此差一年。

庲降都督治所

《李恢傳》：章武元年，庲降都督鄧方卒，先主遂以恢爲庲降都督、使持節、領交州刺史，住平夷縣。

頣煊案：《楊戲傳》『鄧孔山』《注》：『孔山，名方。隨先主入蜀，選爲安遠將軍、庲降都督，住南昌縣。章武二年，卒。』文與此不同。又《馬忠傳》：『建興十一年，徵庲降都督張翼，還以忠代翼。故都督常駐平夷縣，至忠乃移治味縣，處民夷之間。』蓋邊郡治所，本無常也。

建寧郡

《馬忠傳》：初，建寧郡殺太守正昂，縛太守張裔於吴。

錢氏云：《後主》及《張裔傳》俱作『益州郡』，考益州郡之改名建寧，在丞相亮南征以後，此時不當云建寧也。頣煊案：《後主傳》：『建興元年，先是，益州郡有大姓雍闓反，流太守張裔於吴，據郡不賓。三年，丞相亮南征，改益州郡爲建寧郡。』此所稱述在建興十一年，故即據改後郡名言之。

劉邕陰化

《蔣琬傳》：丞相亮開府，辟琬爲東曹掾。琬固讓劉邕、陰化、龐延、廖淳。

頤煊案：《楊戲傳》：《輔臣贊》注：『劉南和，名邕，義陽人也。隨先主入蜀。益州既定，爲江陽太守。建興中，稍遷至監軍後將軍，賜爵關内侯。』陰化見《鄧芝傳》，廖淳見《宗預傳》。

許昭

《吴書·孫破虜傳》：會稽妖賊許昌起於句章，自稱陽明皇帝。《注》：《靈帝紀》曰：昌以其父爲越王也。

頤煊案：《後漢書·靈帝紀》：『會稽人許生自稱越王，寇郡縣。』注：『《東觀記》：會稽許昭聚衆，自稱大將軍，立其父生爲越王，攻破郡縣。』《討逆傳注》引《吴録》亦作許昭，是避晉諱改作昌。

横江

《討逆傳》：繇遣樊能、于麋、陳横屯江津，張英屯當利口以拒述。

頤煊案：《妃嬪·徐夫人傳》：『琨隨孫策討樊能、于麋於横江，擊張英於當利口。』《吴夫人傳》：『景與孫賁共討樊能、于麋於横江。』《周瑜傳》：『瑜將兵迎策，遂從攻横江、當利，皆拔之。』《程普傳》：『隨孫策到横江、當利，破張英、于麋等。』今本作『陳横屯江津』，是傳寫之誤。

秦　松

彭城張昭、廣陵張紘、秦松、陳端等爲謀主。

頤煊案：《張紘傳》：『初，紘同郡秦松字文表，陳端字子正，並與紘見待於孫策，參與謀謨，各早卒。』《周瑜傳》注：『《江表傳》曰：劉備之自京還也，權乘飛雲大船，張昭、秦松、魯肅等十餘人共追送之。』時松尚存。

吕範平鄱陽

《吴主傳》：八年，還過豫章，使吕範平鄱陽、會稽。

頤煊案：吕範征江夏，還平鄱陽。策薨，奔喪于吴。後復征江夏，範與張昭留守，與此不同。

漢昌郡

十五年，分長沙爲漢昌郡，以魯肅爲太守。

頤煊案：《周瑜傳》：『領南郡太守，以下雋、漢昌、瀏陽、州陵爲奉邑。』《魯肅傳》：『代瑜領兵，奉邑四縣皆屬焉。令程普領南郡太守，肅拜漢昌太守。』魯肅卒，吕蒙拜漢昌太守，食下雋、瀏陽、漢昌、州陵。則四縣皆漢昌郡之屬縣也。《續漢志》州陵屬南郡，下雋屬長沙郡。《宋書・州郡志》長沙郡有瀏陽，吴立吴昌，後漢立曰漢昌，吴更名，皆長沙郡也。

東安郡十縣

黄武五年，分三郡惡地十縣，置東安郡，以全琮爲太守。《注》：《吴録》曰：郡治富春。

頤煊案：『三郡』，《全琮傳》作『丹陽、吴、會稽』。《宋書・州郡志》吴郡建德、桐廬、壽昌皆吴分富春立。新城，吴立爲縣，後并桐廬。《太平寰宇記》建德、桐廬俱黄武四年分富春置。黄武五年，於富春縣置臨武縣，又析富春置新城縣。則東安郡十縣有建德、桐廬、壽昌、臨武、新城，并富春而六也。

始平省南字

黄龍三年，會稽南始平言嘉禾生。

頤煊案：《宋書・州郡志》：『臨海郡始豐，吴立曰始平，晋武帝太康元年更名。』《虞翻傳》『山陰丁覽』《注》：『《會稽典録》曰：覽字孝連，仕郡至功曹，守始平長。』皆省『南』字。

羅陽縣

太元元年初，臨海羅陽縣有神，自稱王表。注：《吴録》曰，羅陽，今安固縣。

頤煊案：《三嗣主傳》：『太平二年三月，以會稽東部爲臨海郡。』是時臨海尚未置郡，二字是史家之駁文。

豫章太守

《劉繇傳》：遂泝江南，保豫章，駐彭澤，笮融先至，殺太守朱晧。《注》：《獻帝春秋》曰，是歲繇屯彭澤，又使融助晧討劉表所用太守諸葛玄。

頤煊案：《諸葛亮傳注》：『《獻帝春秋》曰：初，豫章太守周術病卒，劉表上諸葛玄爲豫章太守，治南昌。漢朝聞術死，遣朱晧代玄。』此所謂太守，皆謂豫章太守。

建昌六縣

《太史慈傳》：孫策於是分海昬、建昌左右六縣，以慈爲建昌都尉，治海昬。

頤煊案：《元和郡縣志》：『新吴，後漢靈帝中平中分海昬縣立。』《宋書・州郡志》吴平、望蔡、永修皆漢靈帝中平中立。疑即此所分之六縣也。

王　誧

《妃嬪·吴夫人傳》：漢遣議郎王誧音普銜命南行，表景爲揚武將軍。

頤煊案：《討逆傳》注：『《江表傳》作王輔。』

臨淮郡

《步夫人傳》：臨淮淮陰人也，與丞相隲同族。《步隲傳》：臨淮淮陰人。《魯肅傳》：臨淮東城人。

頤煊案：《續漢志》：武帝置臨淮郡，永平十五年，更爲下邳郡。《百官志》注：《獻帝起居注》，建安十八年，省州并郡。徐州郡有下邳而無臨淮，不知何時復置爲郡。

京　城

《孫韶傳》：伯父河爲將軍，屯京城。

頤煊案：『京城』即『京口』。《魯肅傳》『備詣京見權，求都督荆州』，《張紘傳》注『《獻帝春秋》曰：劉備至京，謂孫權曰，吴去此數百里，即有警急，赴救爲難，將軍無意屯京乎』，《宋書·州郡志》『太興初，晋陵郡及丹徒縣治京口』是也。

雲陽郡

《顧邵傳》：陽羨張秉生於庶民，雲陽殷禮起乎微賤，邵皆拔而有之。秉，雲陽太守。禮，零陵太守。

頤煊案：吴主嘉禾三年，詔復曲阿爲雲陽，當是改縣在前，置郡在後。

李　崇

《程秉傳》：時率更令河南徵崇亦篤學立行云。《注》：《吴録》曰：崇字子和，治《易》《春秋左氏傳》，兼善内術。本姓李，遭亂更姓。初見太子登，以疾賜不拜，東宫官僚皆從諮詢，太子數訪以異聞，年七十而卒。

頤煊案：吴主太元元年，遣中書郎李崇齎輔國將軍、羅陽王印綬迎表，當是其人。

西安縣

《潘璋傳》：遷豫章西安長。

錢氏曰：《兩漢、晋、宋志》豫章郡並無西安縣。頤煊案：《太史慈傳》：劉表從子磐數爲寇於艾、西安諸縣。《宋書·州郡志》：『豫章郡豫寧，漢獻帝建安中立，吴曰要安，晋武帝太康元年更名。』『要安』即『西安』之譌。

遥　領

《朱治傳》：吴郡太守許貢拒之於由拳，治與戰，大破之，遂入郡，領太守事。建安七年，權表治爲九真太守。

頤煊案：此遥領也，是時權未得有九真，治仍在吴郡，故下文割婁、由拳、無錫、毘陵爲奉邑。黄武元年，封毘陵侯，領郡如故。

東　冶

《虞翻傳》：孫策征會稽，朗拒戰，敗績，亡走浮海。翻追隨營護到東部侯官，侯官長閉城不受。

頤煊案：《王朗傳》：『孫策渡江略地，朗遂舉兵與策戰，敗績浮海，至東冶。』《賀齊傳》：『王朗奔東冶，侯官長商升爲朗起兵。』『東部』當是『東冶』之譌。

吾　粲

《吾粲傳》：吴郡烏程人也。孫河爲縣長，粲爲小吏，河深奇之。河後爲將軍，得自選長史，表粲爲曲阿丞，遷爲長史。治有名迹，雖起孤微，與同郡陸遜、卜静等比肩齊聲矣。

頤煊案：《顧邵傳》：『烏程吾粲起于微賤，邵拔而友之，爲立聲譽。』《步隲傳》：『潁川周昭著書稱：吾粲由於牧豎，豫章揚其善，以並陸、全之列。』皆與此異。

孫權爲將軍

《陸遜傳》：孫權爲將軍，遜年二十一，始仕幕府。

頤煊案：遜以赤烏八年卒，年六十三。年二十一，當建安八年，是時孫權爲將軍已四年矣。《吴主傳》：『是歲，使韓當、周泰、吕蒙等爲劇縣令長。』遜出爲海昌屯田都尉，并領縣事，亦當即在此年。

焱沛

注：《吴書》曰：當恐有顛沛交馳之憂。

頤煊案：《太平御覽》卷三百三十引作『當恐有焱沛交馳之憂』，注云：『焱音標。』曹植《七啓》『風厲猋舉』，『焱』與『猋』同。何休《公羊傳注》：『沛焉者，怒有餘之貌。』淺人不知『焱沛』之義，妄改作『顛沛』。

剡長

《賀齊傳》：會稽山陰人也，少爲郡吏，守郯長。

頤煊案：『郯』當作『剡』。《嘉泰會稽志》：『賀齊，字公苗。爲剡長，縣吏斯從爲姦，立斬之。』字尚不誤。

松陽長

令楊松長丁蕃留備餘汗。

頤煊案：當作松陽長。《晉書·地理志》松陽屬臨海郡。《三嗣主傳》注：『《搜神記》曰：臨海松陽人柳榮。』

臨川郡

《周魴傳》：負阻劫鈔，豫章、臨川並受其害。

頤煊案：孫亮太平二年，分豫章東部爲臨川郡。是時未立爲郡，而已有臨川之名。《朱然傳》分丹陽爲臨川郡，然爲太守與此別。

反語

《諸葛恪傳》：成子閤者，反語石子岡也。

頤煊案：《顔氏家訓・音辭篇》：『孫叔然創《爾雅音義》，是漢末人獨知反語。至於魏世，此事大行。』此稱反語石子岡，亦大行之證。

校勘記

〔一〕吴人作曹瞞傳及郭班世語並云　『郭班』，《三國志》裴注作『郭頒』。

〔二〕人酺三日　『人』，《三國志》作『大』。

〔三〕武帝紀此盟後有將軍袁術　『後有將軍袁術』，《三國志》作『有後將軍袁術』。

〔四〕續漢志平阿屬九江郡　『平阿』原作『平陽』，據上下文義及《後漢書・郡國志四》改。

〔五〕章武三年正月　據《三國志・後主傳》，章武三年夏四月，先生殂。後主襲位在五月。『正』當作『五』。

諸史考異卷二

晋書上

公孫淵

《宣帝紀》：青龍四年，遼東太守公孫文懿反。

頤煊案：《魏志》作『公孫淵』。史臣避唐諱，因舉其字。

武　丘

嘉平三年，淩計無所出，乃迎於武丘，面縛水次。

頤煊案：《魏志·王淩傳》：『淩自知勢窮，乃乘船單出迎到丘頭，淩面縛水次。』《文帝紀》：『甘露三年，魏帝命改丘頭曰武丘，以旌武功。』此時不得有武丘之名，當依《魏志》作丘頭爲正。

置平州

《武帝紀》：泰始十年二月，分幽州五郡置平州。

頤煊案：《地理志》作：『咸寧二年十月分昌黎、遼東、玄菟、帶方、樂浪等郡國五，置平州。』

伍延

太康元年二月，杜預克江陵，斬吴江陵督王延。注：一本『王』作『圖』。

頤煊案：《吴志·孫皓傳》：『預又斬江陵督伍延。』《杜預傳》：『吴督將伍延。』則作『王』字者誤也。

楊珧

《惠帝紀》：永平元年正月，誅太傅楊駿、駿弟衛將軍瑶。

頤煊案：《楊駿傳》『瑶』俱作『珧』。《職官志》亦作『衛將軍楊珧』。《説文》：『瑶，玉之美者。珧，蜃甲也。』二字不同。

昌安侯

四年春正月丁酉朔，侍中太尉安昌公石鑒薨。

頤煊案：《石鑒傳》：封昌安縣侯。元康初爲太尉，尋薨。未嘗進爵爲公。

李庠

永康元年十二月，益州刺史趙廞與洛陽流人李庠害成都内史耿勝。

頤煊案：洛陽當作略陽。《李特載記》『耿勝』作『耿滕』。永康元年，詔徵益州刺史趙廞爲大長秋，以成都内史耿滕代廞。廞遂謀叛，滕率衆入州，廞遣衆逆滕，戰於西門，滕敗死之。特弟庠與兄弟及妹夫李含等以四千騎歸廞，廞以庠爲威寇將軍。害耿滕，庠未預其事。

東燕王

光熙元年九月，進東嬴公騰爵爲東燕王。永嘉元年三月，改封東燕王騰爲新蔡王。

頤煊案：《地理志》：石季龍分兖州之陳留、東燕爲洛州。騰雖封東燕王，郡旋没於劉聰、石勒，故《騰傳》不載東燕封號。《毛穆之傳》：『使穆之督東燕四郡軍事，領東燕太守。』是桓温平洛後復立。

湘州八郡

《懷帝紀》：永嘉元年八月，分荆州、江州八郡爲湘州。

錢氏曰：《地理志》：『懷帝分長沙、衡陽、湘東、零陵、邵陵、桂陽及廣州之始安、始興、臨賀九郡置湘州。』是九郡非八郡也。頤煊案：《宋書·州郡志》：『湘州刺史，晉懷帝永嘉元年，分荆州之長沙、衡陽、湘東、邵陵、零陵、營陽、建昌，江州之桂陽八郡立。』文與此同。

簡以字行

三年三月戊申，征南大將軍高密王簡薨。

頤煊案：《高密孝王略傳》：『字元簡，懷帝即位，遷使持節、都督荆州諸軍事、征南大將軍，永嘉三年薨。』簡即略也。蓋以字行。

四十八王

五年三月，東海王越薨，東海世子毗及宗室四十八王尋又没於石勒。

頤煊案：《東海王越傳》：『毗及宗室三十六王俱没於賊。』《魏書·石勒傳》作『二十六王』。

晋王保

《元帝紀》：太興三年五月，晋王保爲其將張春所害。

頤煊案：《保傳》：張春奉保奔桑城。是歲保病薨，年二十七。不言爲春所害。

懷德縣

七月，詔琅邪國人在此者近有千户，今立爲懷德縣，統丹陽郡。

頤煊案：《地理志》丹陽郡無懷德縣。徐州下云：『琅邪國人隨帝過江者，遂置懷德縣及琅邪郡以統之。』《宋書·州郡志》：『晋亂，琅邪國人隨元帝過江千餘户。太興三年，立懷德縣。丹陽雖有琅邪相而無此地。』《蘇峻傳》有懷德令匡術。

安北將軍郗鑒

永昌元年七月，王敦自加兗州刺史，郗鑒爲安北將軍。

錢氏曰：按鑒非敦之黨，且亦不可云自加也。以《敦傳》考之，當是自領江州牧。與郗鑒事初不相涉，蓋傳寫有脱文。頤煊案：《郗鑒傳》：『明帝初即位，王敦專制，内外危逼，謀杖鑒爲外援，由是拜安西將軍當作安北、兗州刺史、都督揚州江西諸軍，假節，鎮合肥。敦忌之，表爲尚書令，徵還。』錢氏之説非也。

觀陽侯

《成帝紀》：咸和元年七月，江州刺史平南將軍觀陽伯應詹卒。

頤煊案：《應詹傳》封觀陽縣侯，以咸和六年卒。

臨賀郡公

《穆帝紀》：升平四年十一月，封太尉桓温爲南郡公，子濟爲臨賀郡公。

頤煊案：《桓温傳》：『升平中改封南郡公，降臨賀爲縣公，以封其次子濟。』此仍稱臨賀郡公，非也。

義城郡

《哀帝紀》：興寧三年二月，以右將軍桓豁監荆州、揚州之義城諸軍事。

頤煊案：《簡文帝紀》：『咸安元年十一月，以冠軍將軍毛武生都督揚州之義城諸軍事。』《宋書・州郡志》：『義成太守，晋孝武立，治襄陽。』《永初郡國》有下蔡、平阿縣，皆九江郡地，故其初分屬於荆、揚，後則專屬於揚也。《宋志》以爲孝武時立，非是。

海西公

《海西公紀》：咸安二年正月，降封帝爲海西縣公。

頤煊案：《簡文帝紀》：『咸安元年十二月庚寅，廢東海王奕爲海西公。』

謝安都督十五州

《孝武帝紀》：太元九年九月，加太保謝安大都督揚、江、荆、司、豫、徐、兖、青、冀、幽、并、梁、益、雍、凉十五州諸軍事。

頤煊案：《謝安傳》十五州有寧無凉，《帝紀》前後都督亦皆有寧無凉，凉州已爲吕光所據，當以《安傳》所舉爲正。

田次之

十年四月，劉牢之與沛郡太守周次及垂戰於五橋澤。

頤煊案：《牢之傳》作沛郡太守田次之。

南蠻校尉

《安帝紀》：隆安三年十二月，桓元襲江陵，荆州刺史殷仲堪、南蠻校尉楊佺期並遇害。

頤煊案：《佺期傳》，時以佺期代郗恢爲都督梁、雍、秦三州諸軍事、雍州刺史，並不爲南蠻校尉，爲南蠻校尉者桓偉也。

辛昺

元興元年，臨海太守辛景擊孫恩，斬之。

頤煊案：《世説新語·德行篇》注：『《晋安帝紀》：孫恩攻没郡縣，後爲臨海太守辛昺斬首送之。』今《紀》作辛景，是史臣避唐諱改。

周撫卒

《天文志》：哀帝興寧二年六月，鎮西將軍益州刺史周撫卒。

頤煊案：《海西公紀》在興寧三年。

南沙

成帝咸和六年正月景辰，月入南斗。明年，石勒衆又抄略南涉、海虞。

頤煊案：《成帝紀》：『咸和七年三月，勒將韓雍寇南沙及海虞。』《宋書・州郡志》：『南沙，本吴郡司鹽都尉署。咸康當作咸和七年罷鹽署，立以爲南沙縣。』南涉是南沙之譌。

新蔡王

懷帝永嘉元年五月，汲桑殺東燕王騰，遂據河北。

頤煊案：《懷帝紀》：『永嘉元年五月，汲桑反，遂陷鄴城，害新蔡王騰。』是年三月，改封東燕王騰爲新蔡王。《志》失於改正。

東郡

《地理志》：濮陽國，故屬東郡，晋初分東郡置。

頤煊案：其時當有東郡。杜預《左氏・隱五年》注：『東郡燕縣。』《定八年》注：『東郡燕縣東北有瓦亭。』《成十六年》注：『東郡廪丘縣東有鄆城。』《襄二十六年》注：『東郡廪丘縣故城是。』《成公綏傳》：『東郡白馬人。』《魏浚傳》：『東郡東阿人。』《郗隆傳》：『補東郡太守。』

《宋書·州郡志》：《永初郡國》兗州有東郡、濮陽、陳留三郡。《地理志》有濮陽國而無東郡，是史之脱。

山茌縣

泰山郡山茌縣。

頤煊案：《漢書·地理志》《續漢志》《説文解字》皆作茬縣，晉改作山茌。他如廣平郡涉縣即魏郡沙縣，琅邪國鄫縣即繒縣，新泰縣故曰平陽省東字，幽州北平郡省右字，皆晉改，不必盡依《漢志》。

襄城郡

襄城郡，泰始二年置。

頤煊案：《宋書·州郡志》：『魏分潁川爲襄城郡，晉成帝咸康二年省襄城還併潁川。』不得云泰始二年置也。

昌黎郡

昌黎郡，漢屬遼東屬國都尉，魏置郡。

頤煊案：《續漢志》遼東屬國無昌黎縣，《漢書·地理志》：『遼西郡交黎縣，東部都尉治。應劭曰：今昌黎。』《慕容廆載記》：『昌黎棘城鮮卑人也。』《地理志》昌黎郡無棘城縣。

秦州

太康三年，罷秦州并雍州。七年復立。

頤煊案：『七年』上脱『元康』二字，見《宋書·州郡志》。

汶江縣

汶山郡汶山縣。

頤煊案：上文『靈帝又以汶江、蠶陵、廣柔三縣立汶山郡』，今縣亦作『汶山』，蓋涉郡名而譌。《漢書·地理志》汶江、蠶陵、廣柔三縣皆屬蜀郡，《續漢志》作汶江道。

北海郡

齊國，秦置，漢以爲國，景帝以爲北海郡。

頤煊案：此文有脱誤。《漢書·地理志》：『齊郡，秦置。北海郡，景帝中二年置。』非以齊郡爲北海也。杜預《左氏·莊元年》注：『北海都昌縣有訾城。』《襄六年》注：『北海即墨縣有棠鄉。』《襄四年》注：『北海平壽縣東有寒亭。』又云：『北海平壽縣東南有斟亭。』《王浚傳》：『北海太守劉搏。』晉初本有北海郡，而志失之。

濟㟉郡

濟南郡，漢置。或云魏平蜀，徙其豪將家於濟河北，故改爲濟岷郡。而《太康地理志》無此郡名，未之詳。

頤煊案：《成帝紀》：『咸和元年十二月，濟㟉太守劉闓殺下邳内史夏侯嘉，叛降石勒。』《宋書・州郡志》：『濟岷郡，江左立，領營城、晉寧二縣。』又云：『濟岷郡，安帝義熙中土斷并濟南郡。』

東南一尉

秦始皇遂定南越，以爲桂林、南海、象等三郡，非三十六郡之限，乃置南海尉以典之，所謂東南一尉也。

頤煊案：《漢書・楊雄傳》：『東南一尉。孟康曰：會稽東部都尉也。』與此異。

三字衍

《律曆志》：漢章帝元和元年，故待詔嚴嵩具以準法教子男宣，詔嵩子不得依託父學，能知命十二律，其二中，不失一，乃爲能傳。

頤煊案：《續漢志》作『嚴崇能知命十二律不失一』，《宋書・律志》同，俱無『其二中』三字，當是涉下文而衍。

魏元帝

《禮志》：魏元帝咸熙二年十二月甲子，禪位於晋。

頤煊案：《魏志・陳留王紀》注：『《魏世譜》曰：封帝爲陳留王，年五十八，太安元年崩，謚曰元皇帝。』《惠帝紀》太安元年不書陳留王奂薨，亦史之闕。

周忌錯誤

康帝建元元年正月晦，成恭杜皇后周忌。有司奏：至尊期年應改服。詔曰：君親，名教之重也，權制出於近耳。於是素服如舊。

頤煊案：《成帝紀》：『咸康七年三月戊戌，杜皇后崩。』則周忌當在咸康八年三月。《康帝紀》：『建安元年六月〔二〕，有司奏成帝崩一周，請改素服。詔曰：君親相準，名教之重。權制之作蓋出近代，雖曰適事，實弊薄之始，義弗可矣。』《志》以成帝周忌爲杜皇后周忌，又錯舉其月，其誤甚矣。

納后儀

升平八年，臺符問：迎皇后大駕，應作鼓吹不。

頤煊案：穆帝立皇后何氏，在升平元年八月。升平止五年，無八年。下文『永和二年納后，議賀不』。永和二年，穆帝四歲，無納后之文。

召試博士

《職官志》：國子博士皆取履行清淳，通明典義者，若散騎常侍、中書侍郎、太子中庶子以上，乃得召試。

頤煊案：散騎常侍、中書侍郎、太子中庶子三官並不召試博士，『若』下十六字未知何處文錯附在此。

河隄謁者

武帝省水衡，置都水使者一人，以河隄謁者爲都水官屬。

頤煊案：《宋書·百官志》晋西朝有參軍而無謁者，謁者則江左置也。

襄陽火

《五行志》：懷帝永嘉四年十一月，襄陽火，燒死者三千餘人。

頤煊案：《懷帝紀》：『四年十一月，襄陽大疫，死者三千餘人。』

永昌無二年

元帝永昌二年，大將軍王敦下據姑孰。

頤煊案：《明帝紀》：『永昌元年閏月己丑，元帝崩。庚寅，太子即皇帝位，大赦。』明年爲太寧元年，不得稱元帝永昌二年。又云：『永昌二年七月庚子朔，雷震太極殿柱。』《明帝紀》作：『太寧元年七月景子朔，震太極殿柱。』

鄭氏律章句

《刑法志》：漢承秦制，蕭何定律。叔孫宣、郭令卿、馬融、鄭玄諸儒章句十有餘家，家數十萬言，覽者益難。天子於是下詔，但用鄭氏章句，不得雜用餘家。

頤煊案：《漢書・諸侯王表》：『張晏曰：律鄭氏説：封諸侯過限曰附益。』當是律章句之文。

何侯致敬

《王祥傳》：及武帝爲晋王，祥與荀顗往謁。顗謂祥曰：『相王尊重，何侯既已致敬，今便當拜也。』

頤煊案：《何曾傳》：『文帝爲晋王，曾與高柔鄭沖倶爲三公，將入見，曾獨致拜盡敬。』與此不同。

舞陽侯

《裴秀傳》：初文帝未定嗣，而屬意舞陽侯攸。

頤煊案：《賈充傳》亦作『舞陽侯攸』，《齊王攸傳》作『武陽侯』。

殺　字

《衛恒傳》：杜氏殺字甚安，而書體微瘦。

頤煊案：『殺』讀如《説文》『㮟桼』，字通用。《説文》訓爲散。《南齊書·周顒傳》『少從外氏得衛恒散隸書法，學之甚工』，即此體。《三國志·劉劭傳》注引作『然』〔三〕，傳寫之譌。

壯武郡

《張華傳》：進封壯武郡公。初，華所封壯武郡有桑化爲柏，識者以爲不祥。

頤煊案：《地理志》壯武縣屬城陽郡，不言置壯武郡。

劉柏根

《高密孝王略傳》：永興初，㡘令劉根起兵東萊，攻略於臨淄，不能拒，走保聊城。

頤煊案：《惠帝紀》作：『光熙元年三月，東萊㡘令劉柏根反，自稱㡘公，襲臨淄。高密王簡奔聊城。』簡即略字，《王彌傳》亦作劉伯根。

梁王肜薨

《梁孝王肜傳》：永康二年薨。

頤煊案：《惠帝紀》：『太安元年五月乙酉，太宰、領司徒梁王肜薨。』是年十二月大赦改元。五月尚是永寧二年，永康當是永寧之譌。

荀勖荀顗不同

《荀勖傳》：帝素知太子闇弱，恐後亂國，遣勖及和嶠往觀之。勖還，盛稱太子之德，而嶠云太子如初。

頤煊案：《和嶠傳》：『後與荀顗、荀勖同侍，帝曰：太子近入朝，差長進，卿可俱詣之。既奉詔還，勖、顗並稱太子明識宏雅，誠如明詔。嶠曰：聖質如初。帝不悦而起。』《魏志·荀彧傳》注引干寶《晋紀》：『武帝使侍中荀顗、和嶠俱至東宫觀察太子。』孫盛曰遣荀勖。其語並同。

王　瓚

《賈充傳》：朝廷議立《晋書》限斷，中書監荀勖謂宜以魏正始起年，著作郎王瓚欲引嘉平以下朝臣盡入晋史。

頤煊案：《漢書音義》稱臣瓚者莫知姓氏，《史記索隱》、劉孝標以爲干瓚。據何法盛《晋書》，干瓚以穆帝時爲大將軍，誅死，不言注《漢書》。干瓚當即此王瓚之譌，『干』、『王』字形相近干瓚見《庾翼傳》。

黄沙獄

《高光傳》：是時武帝置長沙獄以典詔囚，以光歷世明法，用爲長沙御史。注云：長沙一作黄沙。

頤煊案：《武帝紀》：『太康五年六月，初置黄沙獄。』《職官志》：『泰始四年，置黄沙獄，治書御史一人。』

校勘記

〔一〕據《晋書·康帝紀》，『建安』當作『建元』。

〔二〕三國志劉劭傳注引作然　《三國志·劉劭傳》裴注引《文章敘録》：『杜氏結字甚安而書體微瘦。』『然』當作『結』。

諸史考異卷三

晉書下

駙馬

《盧欽傳》：武帝受禪，以爲都督沔北諸軍事，假節，給第二駙馬二乘。

頤煊案：《杜預傳》：『拜鎮南大將軍，都督荆州諸軍事，給追鋒車第二駙馬。』《賈充傳》：『其以充爲使持節，都督秦涼二州諸軍事，給第一駙馬。』《輿服志》《職官志》俱不載駙馬之制。

並陷石氏

《盧諶傳》：諶名家子，值中原喪亂，與清河崔悦、潁州荀綽〔一〕、河東裴憲、北地傅暢並淪陷非所，雖俱顯于石氏，恒以爲辱。

頤煊案：《劉羣傳》：『時勒及季龍得公卿人士多殺之，其見擢用，終至大官者，唯有河東裴憲、渤海石璞、滎陽鄭系、潁川荀綽、北地傅暢及羣、悦、諶等十餘人而已。』《石崇傳》：『苞曾孫樸，字元真，爲人謹厚，無他材藝，没於胡。石勒以與樸同姓，俱出河北，引樸爲宗室，特加優寵，位至司徒。』

王渾

《何攀傳》：詔攀參濬軍事。及孫晧降于濬，而王渾恚於後機，欲攻濬，攀勸濬送晧與渾，由是事解。

頤煊案：《王渾傳》唯言渾甚媿恨，有不平之色，頻奏濬罪狀，時人譏之。《王濬傳》亦不言送晧與渾，此傳失之。

靈州

《傅祇傳》：以討楊駿勳封靈川縣公。

頤煊案：『靈川』當作『靈州』。《宋書·傅弘之傳》：『高祖祇封靈州公。』晋武帝太康三年復立靈州縣，《地理志》不載。

汲冢竹書

《束晳傳》：初，太康二年，汲郡人不準盜發魏襄王墓，或言安釐王冢，得竹書數十車，大凡七十五篇。

頤煊案：傳中所記有七十六篇。又《律曆志》：『汲郡盜發六國時魏襄王冢，得古周時玉律及鍾磬。』傳亦不載。

阮种

《阮种傳》：弱冠有殊操，爲嵇康所重。康著《養生論》，所稱阮生即阮种也。

頤煊案：《隋書·經籍志》：『梁有《養生論》三卷，嵇康撰。』今嵇康集中有《養生論》一首，向子期《難養生論》一首，《答難養生論》一首，即《隋志》所稱三卷。其末卷『李少君識桓公玉椀，則阮生謂之逢占』，阮生即阮种。

廣城君

《潘岳傳》：與石崇等諂事賈謐，每候其出，與崇輒望塵而拜。

頤煊案：《石崇傳》：『與潘岳諂事賈謐，謐與之親善，廣城君每出，崇降車路左，望塵而拜。』廣城君者，謐之母也。

任　鋭

《羅憲傳》：尚乃使兵曹從事任鋭僞降，斬李特，傳首洛陽。

頤煊案：《李特載記》作任明。

滕　脩

《滕脩傳》：仕吴爲將帥，孫晧時爲廣州刺史，徵爲執金吾。

頤煊案：《孫晧傳》作滕循。

西豫州

《趙誘傳》：南頓王宗反，殺宗，轉冠軍將軍，遷西豫州刺史，卒於官。

頤煊案：西豫州之名不見於《地理志》。《宋書·後廢帝紀》：『泰豫元年，割南豫州南汝陰郡屬西豫州，西豫州廬江郡屬豫州當作南豫州。』西豫即豫州，其名已見於此。

陳　眕

《周馥傳》：李眕、上官巳等奉清河王覃爲太子。

頤煊案：《惠帝紀》：『永興元年七月，右衛將軍陳眕因勒兵討成都王穎。』《成都王穎傳》：『永興初，左衛將軍陳眕及長沙故將上官巳等奉大駕討穎。』《傳》一本作李眕者，非也。

劉聰未死

《李矩傳》：劉聰遣其太子粲率劉雅生等攻趙因，矩遣郭誦、張皮夜渡河攻粲，衆驚擾奔潰，聰因憤恚發病而死。

頤煊案：《劉聰載記》：『聰聞粲敗，使太尉范隆赴之。聰所居螽斯則百堂災，焚其子會稽王衷以下二十有一人，聰聞之自投於牀，哀塞氣絶，良久乃蘇。』矩因此附會，以爲夸大之詞，非實録也。

杜尹

《魏該傳》：時杜預子尹爲弘農太守，屯宜陽界。該遣其將馬瞻將五百人赴尹，瞻夜襲尹，殺之。

頤煊案：《杜預傳》不言有子尹爲弘農太守，爲魏該所殺。《新唐書·世系表》：襄陽杜氏出自當陽侯預少子尹，字世甫，晉弘農太守。

歸鄉縣

《劉弘傳》：弘都督荆州諸軍事，以仇勃爲歸鄉令。

頤煊案：《地理志》荆州無歸鄉縣。《宋書·州郡志》建平郡有歸鄉縣。何《志》云：吴分秭歸立。

成武侯

《周顗傳》：字伯仁，安東將軍浚之子也，弱冠襲父爵武城侯。

頤煊案：《周浚傳》作成武侯。

郭璞讖文

《郭璞傳》：初，庾翼幼時，令璞筮公家，卦成曰：建元之末丘山傾。及康帝即位，將改元爲建元，或謂庾冰曰：子忘郭生之言邪，丘山上名，此處不宜用。

頤煊案：《康帝紀》：『改元曰建元，或謂冰曰：「郭璞讖云：立始之際丘山傾。立者，建也。始者，元也。丘山，諱也。」冰矍然。』所記讖文與此少異。

吴國内史

《庾冰傳》：出補吴興内史，會蘇峻作逆，遣兵攻冰，冰不能禦，便棄郡奔會稽。

頤煊案：『吴興』當作『吴國』。《王舒傳》：『時吴國内史庾冰棄郡奔舒。』《顧衆傳》：『時吴國内史庾冰奔於會稽。』皆可證。

西　陵

《荀崧傳》：鎮宛，改封曲陵公。《地理志》江夏郡有曲陵縣。

頤煊案：《漢書・地理志》《續漢志》《宋書・州郡志》江夏郡皆作西陵縣，此《傳》及《志》曲陵皆當是西陵之譌。

同名改選

《王舒傳》：父會。王導欲出舒爲外援，乃授會稽内史。舒上疏，辭以父名，朝議以字同音異，於禮無嫌。舒復陳音雖異而字同，求换他郡。於是改會爲鄶，舒不得已而行。

頤煊案：《江統傳》：『故事，父祖與官職同名，皆得改選。』《唐律疏議》：『諸府號官稱犯祖父名而冒榮居之者，徒一年。』

版　授

《顧衆傳》：虞潭檄衆爲五郡大督護，統諸義軍。衆守紫壁，臨平人范明亦謂衆曰：此地險要，可以制寇，不可委也。衆乃版明爲參軍。

頤煊案：《桓彝傳》：『元帝爲安東將軍，版行逡遒令。』《文選·陸機表》：『張含齋版詔書印綬，假臣爲平原内史。』李善注：『凡王封拜謂之版官。』然則在軍中者，凡督護、統軍皆得版授也。

新城三郡

《褚翜傳》：率邑人三千督新城、梁、陽城三郡諸營事。

頤煊案：《地理志》新城、梁、陽城三縣皆屬司州河南郡，不言三縣置爲郡。

勸學篇

《蔡謨傳》：謨初渡江，見彭蜞，大喜曰：蟹有八足，加以二螯。令烹之。既食，吐下委頓，方知非蟹。後詣謝尚而説之，尚曰：卿讀《爾雅》不熟，幾爲勸學死。

頤煊案：《世説新語·紕漏篇》作『幾爲《勸學》死』。劉孝標注云：『《大戴禮·勸學篇》：

蟹二螯八足，非蛇蟺之穴，無所寄託者，用心躁也。』故蔡邕《勸學章》取義焉。此作勤學，是淺人所改。

濟陽太守

《謝玄傳》：濟陽太守郭滿據滑臺。

頤煊案：《地理志》無濟陽郡。《宋書・州郡志》：『濟陽太守，晋惠分陳留爲濟陽國。』即此郡也。《蔡謨傳》：『陳留考城人。』其子《宋書・蔡廓傳》：『濟陽考城人。』是陳留後分爲濟陽之證。

寧州四郡

《王遜傳》：乃以遜爲南夷校尉、寧州刺史，遜以地勢形便，上分牂牁爲平夷郡，分朱提爲南廣郡，分建寧爲夜郎郡，分永昌爲梁水郡。

頤煊案：《地理志》：『永嘉二年，分牂牁立平夷、夜郎二郡。』不言南廣、梁水。《宋書・州郡志》：『南廣太守，晋武帝分朱提立；梁水太守，晋成帝分興古立。』皆與《傳》異。《州郡志》有西平太守，永嘉五年，寧州刺史王遜分興古之東立；東河陽太守，永嘉五年寧州刺史王遜分永昌、雲南立，《傳》亦不載。

葬洛陽

《陳壽傳》：以母憂去職。母遺言令葬洛陽，壽遵其志，又坐不以母歸葬，竟被貶議。

頤煊案：以此爲貶議，近於苛矣。壽病卒，詔下河南尹、洛陽令，就家寫其書。壽當即家於洛陽。

召撰晋史

《王隱傳》：太興初，典章稍備，乃召隱及郭璞俱爲著作郎，令撰晋史。

頤煊案：《郭璞傳》：『璞作《江賦》，其辭甚偉。後復作《南郊賦》，帝見而嘉之，以爲著作佐郎。』不言召撰晋史。

炎　興

《習鑿齒傳》：鑿齒在郡著《漢晋春秋》。魏武雖受漢禪，晋尚爲篡逆。至文帝平蜀，乃爲漢亡而晋始興焉。引世祖諱炎興，而爲禪受，明天心不可以勢力强也。

頤煊案：《武帝紀》：『諱炎，字安世。』《魏志·陳留王紀》：『以中撫軍司馬炎爲撫軍大將軍。』皆無興字。

楊亮

《楊佺期傳》：父亮，少仕僞朝，後歸國，終於梁州刺史，以貞幹知名。

頤煊案：《苻堅載記》：『晉梁州刺史楊亮遣子廣襲仇池，與堅將楊安戰，廣敗績。』即其人。

王弘

《劉毅傳》：劉裕自率衆討毅，命王弘、王鎮惡、蒯恩等率軍至豫章

頤煊案：《宋書·高祖紀》：『義熙八年九月，公自表討毅，壬午，發自京師，遣參軍王鎮惡、龍驤將軍蒯恩前襲江陵。』不言有王弘，王鎮惡及弘本傳俱不言弘預斯役。

隴西太守韓稚

《張軌傳》：永嘉初，會東羌校尉韓稚殺秦州刺史張輔。

頤煊案：《惠帝紀》作：『永寧二年六月，隴西太守韓稚攻秦州刺史張輔，殺之。』

晉興郡

《張重華傳》：麻秋進攻枹罕，晉陽太守郎坦以城大難守，守棄外城[二]。

頤煊案：《地理志》：永寧中，張軌分西平界，置晉興郡，統晉興、枹罕、永固、大夏、遂興等縣，晉陽當是晉興之譌。

涼州置郡

《李暠傳》：晉興太守，氾德瑜爲寧遠將軍、西都太守[三]，張靖爲折衝將軍、河湟太守，索訓爲威遠將軍、西平太守，趙開爲騂馬護軍、大夏太守，索慈爲廣武太守，陰亮爲西安太守，令狐赫爲武威太守，索術爲武興太守。

頤煊案：《地理志》武威、西平、武興、晉興、廣武皆舊郡，西都、河湟、騂馬、大夏皆縣名，後升爲郡。下文『分中州人五千户置廣夏郡』，廣夏即大夏，當避隋諱改。

華　縣

《顔含傳》：琅琊莘人也。

頤煊案：《地理志》琅琊無莘縣，當是華縣之譌。

雍州十一郡

《杜軫傳》：又除池陽令，爲雍州十一郡最。

頤煊案：《地理志》雍州七郡，獻帝時涼州數有亂，河西五郡去州隔遠，於是乃别以爲雍州。其云十一郡者，始平郡泰始三年置，恐其時未在數中也。

平昌郡

《伏滔傳》〔四〕：平昌安丘人。

頤煊案：《地理志》：『惠帝元康十年，又置平昌郡。』安丘本屬東莞郡，後分屬高密國，與此不同。

堂邑令

《戴洋傳》：時陳敏爲右將軍，堂邑令孫混見而羨之。洋曰：敏當作賊族滅，何足願也！未幾，敏果反而誅焉。

頤煊案：《惠帝紀》：『永興二年十二月，右將軍陳敏舉兵反。』《地理志》：元康七年，以堂邑置堂邑郡。是時不得有堂邑令。

襄城太守石覽

《荀崧小女灌傳》：崧爲襄城太守，爲杜曾所圍，力弱食盡，欲求救於故吏平南將軍石覽。

頤煊案：《荀崧傳》：『族父藩承制以崧監江北軍事、假節、襄陽太守。遷都督荆州江北諸軍事、平南將軍，鎮宛。爲賊杜曾所圍。石覽時爲襄城太守，崧力弱食盡，使其小女灌求救於覽。』《傳》作崧爲襄城太守，覽爲平南將軍，誤。

孟昶妻

《孟昶妻周氏傳》

頤煊案：孟昶與宋武帝同起義，其妻同謀造宋，其人當附入宋，不當入晋。

冠軍城

《桓玄傳》：仲堪出奔酇城，聞佺期死，乃將數百人奔姚興，至冠軍城，爲馮該所得，玄令害之。

頤煊案：《殷仲堪傳》：『仲堪出奔酇城，爲玄追兵所獲，逼令自殺，死於柞溪。』

武寧綏安二郡

移沮漳蠻二千户于江南，立武寧郡。更招集流人，立綏安郡。

頤煊案：《地理志》：『桓温又分南郡立武寧郡。』《地理志》無綏安郡。《何無忌傳》：義熙二年，遷都督江荆二州八郡軍事。有綏安郡，當即玄所立也。

司馬陶侃

《張昌傳》：詔以寧朔將軍、領南蠻校尉劉弘鎮宛，弘遣司馬陶侃，參軍蒯桓、皮初等率衆討昌。

頤煊案：《劉弘傳》：『弘遣南蠻長史陶侃爲大都護，參軍蒯桓爲義軍都護，牙門將皮初爲都戰帥，累戰破昌。』《陶侃傳》亦云劉弘辟侃爲南蠻長史，討賊張昌，破之。《職官志》領軍護軍屬官有長史、司馬、功曹、主簿，江左罷長史，司馬即長史也。

宣陽門戰

《劉元海載記》：聰進屯宣陽門，令其將劉厲、呼延朗等督留軍。東海王越命參軍孫詢、將軍丘光、樓裒等率帳下勁卒三千，自宣陽門擊朗，斬之。元海召聰等還師。

頤煊案：《懷帝紀》：『永嘉三年九月，東海王越入保京城，聰至西明門，越禦之，戰於宣陽門外，大破之。』《東海王越傳》不載此事。

姬　澹

《劉聰載記》：猗盧遣子日利孫、賓六須及將軍衛雄、姬澹等率衆數萬攻晉陽，琨收散卒千餘，爲之鄉導。猗盧率衆六萬，至於狼猛。

頤煊案：姬澹《劉琨傳》作『箕澹』，狼猛《地理志》作『狼孟』，衛雄、姬澹俱見《魏書·衛操傳》。

兖州刺史

《石勒載記》：陽平人公師藩等自稱將軍，勒與汲桑從攻平昌公模於鄴，濮陽太守苟晞討藩，斬之。

頤煊案：《模傳》：『公師藩等攻鄴，范陽王虓又遣兖州刺史苟晞援之，藩等散走。』《苟晞傳》亦作兖州刺史。

長樂郡

使長樂太守程遐屯於昌亭。

頤煊案：《魏書·地形志》：『長樂郡，漢置信都郡，安帝改曰安平，晉改長樂。』《地理志》有安平國而無長樂郡。《蔡豹傳》：『豹歷長樂、清河太守，避亂南渡，元帝以爲振武將軍。』則郡亦西晉所改。

劉隗授官不同

晉鎮北將軍劉隗降於勒，拜鎮南將軍，封列侯。

頤煊案：《劉隗傳》：『隗攜妻子及親信二百餘人奔於石勒，勒以爲從事中郎、太子太傅。卒，年六十一。』

大夏武始二郡

《苻堅載記》：羌斂岐叛堅，自稱益州刺史，西依張天錫叛將李儼。張天錫率步騎三萬擊李儼，攻其大夏、武始二郡。天錫將掌據又敗儼諸軍於葵谷。

頤煊案：《張天錫傳》斂岐作『廉岐』，掌據作『常據』。《地理志》：『張駿又以狄道縣立武始郡。』大夏已見前。

即丘縣公

《姚襄載記》：晋遣使拜襄持節、平北將軍、并州刺史、即丘縣公。

頤煊案：《穆帝紀》：『永和七年十一月，以襄爲平北將軍、都督并州諸軍事、并州刺史、平鄉縣公。』

載事重出

《李雄載記》：張駿又遣治中從事張淳稱藩於蜀，託以假道。雄大悦，謂淳曰：貴主英名蓋世，土險兵强云云。

頤煊案：此段《張駿傳》已載之，此爲重出。

高昌郡

《吕光載記》：苻堅高昌太守楊翰説其凉州刺史梁熙拒守高桐、伊吾二關，熙不從，光至高昌，翰以郡迎降。

頤煊案：《地理志》《宋書·州郡志》皆無高昌郡。《苻堅載記》：『徙東海公陽於高昌郡。』當是苻堅所立。

嶺西諸郡

魏安人焦松等起兵數千，迎大豫於揖次，陷昌松郡，大豫乃遣王穆求救於嶺西諸郡，建康太守李隰、祁連都尉嚴純起兵應之。又沮渠蒙遜叛，攻光，陷臨松郡。

頤煊案：『揖次』《續漢志》作『揟次』。《地理志》：吕光都於姑臧，改昌松爲東張掖郡。其餘建康郡、祁連郡、臨松郡皆張氏置。

十二郡

《乞伏國仁載記》：置武城、武陽、安固、武始、漢陽、天水、略陽、漒川、甘松、匡朋、白馬、苑川十二郡。

頤煊案：《地理志》：『張駿分武始、武城爲河州。』《張駿傳》：『駿因長安亂，復收河南地，置武衛、石門、候河、漒川、甘松五屯護軍。』據此則漒川、甘松皆郡也，錢氏未舉。

武興四郡

《秃髮傉檀載記》：傉檀僞游澆河，徙西平、湟河諸羌三萬餘户于武興、番禾、武威、昌松四郡。

頤煊案：《地理志》：永寧中，張軌於姑臧西北置武興郡。番禾，縣名，至此立爲郡。東張掖仍復爲昌松郡。《禿髮烏孤載記》：「降光樂、湟河、澆河三郡。」則澆河、湟河亦郡名。

涼寧郡

《沮渠蒙遜載記》：酒泉、涼寧二郡叛，降李玄盛。

頤煊案：《李暠傳》：「分敦煌之涼興、烏澤，晉昌之宜禾三縣爲涼興郡。」此作涼寧，因避姚興而改。

校勘記

〔一〕潁州荀綽　據《晉書·盧諶傳》，「州」當作「川」。

〔二〕守棄外城　「守」，《晉書》作「宜」。當因上文「城大難守」而訛。

〔三〕晉興太守氾德瑜爲寧遠將軍西都太守　「晉興太守」四字當屬上文，作「令狐遷爲武衛將軍、晉興太守」。又「西都」，《晉書》作「西郡」。按《晉書·地理志》，涼州有西郡，有西都縣，西都爲西平郡首縣。此處所列各郡已有西平，洪氏以爲西都由縣升爲郡殆誤，疑當作「西郡」。

〔四〕伏消傳　「消」，據《晉書》當作「滔」。

諸史考異卷四

宋書上

綏輿里

《武帝紀》：彭城縣綏里人。

頤煊案：『綏』下脱『輿』字。《南史·宋武帝紀》：『彭城縣綏輿里人。』《劉延孫傳》：『帝室居綏輿里。』『輿』即『輿』字之譌。

庾禕之

玄又遣武騎將軍庾禕之，配以精卒利器，助謙等。

頤煊案：《晉書·桓玄傳》作遣武衛將軍庾頤之。『禕』『頤』聲相近〔一〕。

桓 歆

桓玄兒子韶，聚衆向歷陽，高祖命輔國將軍諸葛長民擊走之。

頤煊案：『韶』當作『歆』。《桓玄傳》：『桓歆聚黨向歷陽，宣城内史諸葛長民擊破之。』《諸葛長民傳》：『於時桓歆聚衆向歷陽，長民擊走之。』皆不言玄子。桓謙兄桓歆封臨賀縣王，此紀失之。

孫季高

義熙七年二月，盧循至番禺，爲孫季高所破，收餘衆南走。

頤煊案：《晋書·盧循傳》：『循還保廣州，裕先遣孫處從海道據番禺城，循攻之不下。』《孫處傳》：『字季高，會稽永興人。籍注季高，故字行於世。』

崩年六十七

永初三年五月癸亥，上崩於西殿，時六十七。

頤煊案：高祖以晋哀帝興寧元年歲癸亥三月壬寅夜生，下距永初三年止六十歲，七字當衍。

隆字不諱

《文帝紀》諱義隆。

頤煊案：《張茂度傳》名與高祖同，故稱字。《王景文傳》名與明帝諱同。臣下於諸帝皆避諱。此奉迎表『給事中游擊將軍龍鄉縣侯臣隆』，所謂二名不偏諱也。

東壽張

元嘉八年正月丁酉，征南大將軍檀道濟破索虜於東壽張。

頤煊案：《檀道濟傳》：『元嘉八年，率衆北討，軍至東平壽張縣，大破之。』此『東』下脱『平』字。

益州二郡

十二年八月壬申，於益州立南晋、壽新、巴西三郡。

頤煊案：此文錯誤，當云：南晋壽、南新巴二郡。《州郡志》南晋壽、南新巴二郡皆文帝元嘉十二年立。

安固六郡

十六年二月癸亥，割梁州之巴西、梓潼、南宕渠、南漢中，南秦州之南安、懷寧凡六郡屬益州。

頤煊案：《州郡志》秦州上無『南』字，『南安』當作『安固』。《張茂度傳》：『太祖元嘉元年，出爲使持節，督益寧二州，梁州之巴西、梓潼、宕渠、南漢中，秦州之懷寧、安固六郡諸軍事。』《吉翰傳》：『元嘉三年，徙督益寧二州，梁之巴西、梓潼、宕渠、南漢中，秦州之安固、懷寧六郡諸軍事。』皆其證。

加督秦州

《孝武帝紀》元嘉二十一年，加督秦州，進號撫軍將軍。

頤煊案：《文帝紀》：『二十一年，南豫州刺史武陵王贊加撫軍將軍。』無『加督秦州』四字。

荆湘

孝建元年六月，分荆、襄、江、豫州，立郢州。

頤煊案：『襄』當作『湘』。《州郡志》：『孝建元年，分荆州之江夏、竟陵、隨、武陵、天門，湘州之巴陵，江州之武昌，豫州之西陽，立郢州。

懷漢郡

大明元年三月，梁州獠求内屬，立懷漢郡。

頤煊案：《州郡志》：『梁州懷漢太守，孝武孝建二年立。』在大明前一年。

浙東大旱

七年十一月乙未，原放行獄徒繫，東諸郡大獄。

頤煊案：此條文有脱誤，當從《南史》作：『原放行獄徒繫，浙江東諸郡大旱。』故下文遣使開倉賑恤。本二事，俗人誤改爲一。

白帽

《明帝紀》：壽寂之等殞廢帝於後堂。於時事起倉卒，上失履，跣至西堂，猶著烏帽。坐定，休仁呼主衣以白帽代之。

頤煊案：《南齊書·柳世隆傳》：『沈攸之曰：「我被太后令，建義下都，大事若剋，白紗帽共著耳。」』《禮志》《晋書·輿服志》皆不詳白帽之制。《唐六典》乘輿之服則有白紗帽，皇太子之服則有烏紗帽，宋制當亦相同。

宋安郡

泰始六年十二月戊戌，以始興郡爲宋安郡。

頤煊案：《州郡志》：『明帝泰始六年，立岡溪縣，割始興之封陽、陽山、含洭四縣立宋安郡〔三〕。』司州環水縣下云：『孝武大明八年，省義陽郡所統東隨二左郡，立爲宋安縣，屬義陽。明帝立爲郡。』《魯爽傳》：『爽至汝南，加督豫州之義陽、宋安二郡軍事，領義陽内史。』俱與此不同。

西豫州

《後廢帝紀》：泰豫元年閏月，割南豫州南汝陰郡屬西豫州，西豫州廬江郡屬豫州。

頤煊案：《州郡志》作：『泰豫元年，以南汝陰度屬豫州，豫州之廬江度屬南豫州。』『豫』即豫州，廬江郡本西豫，改屬南豫州，此於『豫州』上脱『南』字。

徐岳

《曆志》：吴中書令闞澤受劉洪《乾象法》於東萊徐岳，字公河。

頤煊案：徐岳《數術紀遺》一卷，北周甄鸞注。《晉書·律曆志》皆稱東萊徐岳，不言其字公河。

禹將受位

《禮志》：《樂稽曜嘉》曰：禹將受位，天意大變，迅風雷雨，以明將去虞而適夏也。

頤煊案：《史記·五帝本紀》：『堯使舜入山林川澤，暴風雷雨，舜行不迷。』此古文《尚書》説。王肅乃謂：『麓，録也。堯使舜大録天下，萬機之政。』此作禹將受位，與《尚書》異。

二月乙卯

元嘉四年二月己卯，太祖東巡。丁卯，至丹徒。己巳，告覲園陵。三月甲戌，幸丹徒離宫。

頤煊案：『己卯』當從《文帝紀》作『乙卯』。三月甲戌，二月不得有己卯，是傳寫之譌。

冀土臣

拜刺史二千石，辭闕板文云：某官冀土臣及某甲臨官稽首再拜。

頤煊案：《晉書·禮志》：穆帝納皇后何氏。納采，主人曰：『前太尉參軍、都鄉侯冀土臣何琦稽首，再拜承詔。』其證也。

處士府君

宋武帝初受晉命，爲宋王建宗廟於彭城，皇祖東安府君，皇考處士府君。

頤煊案：《武帝紀》：『混生東安太守靖，靖生郡功曹翹，是爲皇考。』與此稱處士府君異。

徐逵之

《樂志》：《督護哥》者，彭城内史徐逵之，爲魯軌所殺。逵之妻，高祖長女也。

頤煊案：《徐湛之傳》：『父逵之，尚高祖長女會稽公主，爲振威將軍、彭城沛二郡太守。』『達』是『逵』字之譌，《高祖紀》亦作徐逵之。

梧槃舞

晉初有《梧槃舞》，史臣按：梧槃舞，今之齊世寧也。

頤煊案：《晉書・樂志》：『《杯柈舞》，太康中天下爲《晉世寧》。』齊史臣改作《齊世寧》，而休文沿用之。下文泰始歌詞有《宋世寧》，虞龢造。

寧海衍文

《符瑞志》：後廢帝元徽元年正月甲午，白麞見海陵寧海，寧海太守孫嗣之以獻。

頤煊案：《州郡志》寧海令屬海陵太守，未嘗自立郡，其言太守者海陵太守也。《志》衍重『寧海』二字。

婦女無纏足

《五行志》：昔初作履者，婦人圓頭，男子方頭。晉太康初，婦人皆履方頭，與男無別。

頤煊案：《史記·秦本紀》：『繆公虜晉侯以歸，夫人聞之，乃衰絰跣。』《後漢書·伏皇后傳》：『華歆就牽后，被髮徒跣行。』《王良傳》：『妻布裙曳柴，從田中。』《東觀記》作『徒跣曳柴』。《隸續》載武梁祠堂畫像，曾子母坐機上，足與男子無異。此皆古婦女無纏足之證。

會　州

《州郡志》：揚州刺史，孝建元年，分揚州之會稽、東陽、新安、永嘉、臨海五郡爲東揚州。

頤煊案：《元凶劭傳》：『三月，分浙以東五郡爲會州。』事在元嘉三十年。《竟陵王誕傳》：『元凶弑立，以揚州浙江西屬司隸校尉，浙江東五郡立會州，以誕爲刺史。』志不載會州之名。

永平

永世令，吴分溧陽縣爲永平縣。又有平陵縣。董覽《吴地志》云：晋分永世、太康、永寧。

頤煊案：《太平寰宇記》：『《輿地志》云：元帝割丹陽永平縣爲平陵縣。』永寧當是永平之譌。〔三〕

黟縣

新安太守，領縣五。

頤煊案：黟令，漢舊縣，當别爲一縣，傳寫者誤連在海寧令下。

逡道

淮南逡道令，漢作逡遒，晋作逡道。

頤煊案：《晋書·地理志》亦作逡遒。《左氏·哀十二年》杜預注：『橐皋在淮南逡遒縣東南。』陸德明音義：『遒音囚。』

陵縣

臨海廣陵令，前漢屬泗水，後漢屬廣陵。

錢氏《考異》云：『陵』當作『淩』，『廣』字衍。頤煊案：南彭城北陵令，《晋太康地志》屬下邳，本名陵，而廣陵郡舊有陵縣，晋武帝太康二年以下邳之陵縣非舊土而同名，改爲北陵。『淩』字久改作『陵』。

西海郡

東海太守，明帝失淮北，僑立青州於贛榆縣。泰始七年，又割贛榆置鬱縣，立西海郡，並隸僑青州。

頤煊案：《明帝紀》：『泰始七年七月，於冀州置西海郡。』其時冀州寄治亦在僑青州鬱縣，鬱縣亦作鬱州。

東平

南兖州諸僑郡縣，何志又有鍾離、雁門、平原、東平、北沛五郡，東平原領范、朝陽、歷城三縣。

頤煊案：『東平原』當作『東平』，衍『原』字。『北沛』《志》作『南沛』。

南梁郡

南梁太守，孝武大明六年廢，屬南豫，改名淮南。

頤煊案：《孝武帝紀》：『大明六年三月乙巳，改豫州南梁郡爲淮南郡。』是其時廢屬豫州，非南豫也。下文豫州刺史，《永初郡國》、何、徐寄治睢陽。睢陽即南梁郡治所。

陳郡谷陽

東郡太守，《永初郡國》無萇平、谷陽。

頤煊案：東郡當依豫州，下作『陳郡父陽令』是『谷陽』之譌。《太平寰宇記》：『谷陽，蓋谷水之陽，因以爲名。』依字當作穀陽。

隨陽郡

隨陽太守，晉武帝太康年又分義陽爲隨國，屬荆州。明帝泰始五年還屬郢，改爲隨陽。

頤煊案：《明帝紀》：『泰始五年四月辛未，割雍州隨郡屬郢州。』未嘗改名隨陽。《後廢帝紀》：『元徽四年九月丁亥，割郢州之隨郡屬司州。』《順帝紀》：『昇明二年十二月甲子，改封南陽王翽爲隨郡王，改隨陽郡。』《志》誤。

王忱治江陵

荆州刺史，桓温治江陵，桓沖治上明，王説還江陵，此後遂治江陵。

頤煊案：『王説』是『王忱』之譌，《南齊書·州郡志》：『太元十四年，王忱還江陵，自忱以來，不復動移。』《晋書·王忱傳》：『太元中，出爲荆州刺史。』

建昌郡

湘州建昌郡，晋惠帝元康九年，分長沙東北下雋諸縣立，成帝咸康二年省。

頤煊案：《志》湘州無建昌郡。《孝武帝紀》：『孝建元年，於雍州立建昌郡。』《志》於雍州云：『建昌太守，孝建元年，刺史朱修之免軍户爲永興、永寧二縣，立建昌郡。』與此不同，當是其重立時地如此。

南秦州

秦州刺史，領郡十四。

頤煊案：《文帝紀》：元嘉十四年，劉道真爲梁、南秦二州刺史。十九年，裴方明爲梁、南秦二州刺史。二十六年，劉秀之爲梁、南秦二州刺史。大明四年，柳叔仁爲梁、南秦二州刺史。永光元年，劉道隆爲梁、南秦二州刺史。元徽四年，范柏年爲梁、南秦二州刺史。凡秦州上皆加『南』字，以别於北秦州也。

博　羅

南海博羅，漢舊縣。二《漢》皆作傅字，《晋太康地志》作博。

頤煊案：今本《漢書·地理志》《續漢書·郡國志》皆作博羅，無作『傅』字者。

南蘭陵

《孝懿蕭皇后傳》：蘭陵蘭陵人也。

頤煊案：《州郡志》蘭陵郡無蘭陵縣，蘭陵縣屬南蘭陵郡。《晋書·地理志》：『元帝過江後置南蘭陵郡。』上省南字，非是。《蕭思話傳》：『南蘭陵人，孝懿皇后弟子也。』亦有南字。

戒涼在殡

《文帝袁皇后傳》：戒涼在律。

頤煊案：《文選·袁皇后哀册文》作『戒涼在殡』。李善注：『《儀禮》曰：死三日而殡，三月而葬。《説文》曰：「殔，瘞也。」此作「律」，因字形相近而譌。

康樂公主

《孝武文穆王皇后傳》：生康樂公主修明。

頤煊案：《南齊書·徐孝嗣傳》：「祖湛之，父聿之。孝嗣風儀端簡，宋孝武甚愛之，尚康樂公主。」

臨汝公主

左光禄大夫江湛孫斆當尚世祖女，上乃使人爲斆作表讓婚曰：伏承詔旨，當以臨海公主降嬪。

頤煊案：《何尚之傳》：「顒之尚太祖第四女臨海惠公主。」封號不應同名。《南齊書·江斆傳》：「尚孝武女臨汝公主，拜駙馬都尉。」臨海當是臨汝之譌。

東城

《劉穆之傳》：十二年，高祖北伐，留世子爲中軍將軍、監太尉留府，轉穆之左僕射，領監軍、中軍二府，入居東城。

頤煊案：《武帝紀》作：『入居東府。』義熙十年，息民簡役，築東城，起府舍。高祖府在東城，故亦稱東府。《孝懿蕭皇后傳》『高祖在外凡五年，后常留東府』是也。

下官致敬

先是，郡縣爲封國，若自吏相並於國主稱臣〔四〕，去任便止。至世祖孝建中，始革此制，爲下官致敬。

頤煊案：《蕭思話傳》：『元凶弑立，以爲徐兖二州刺史，起義以應世祖，遣使奉牋曰：「下官近在歷下。」』《袁淑傳》：『出爲始興王濬征北長史，淑答曰：「朝廷遣下官，本以光公府望也。」』《南史·廬陵王義真傳》：『義真獨逃草中，中兵參軍段宏單騎追尋，義真曰：「可刎身頭，使家公絕望。」宏泣曰：「死生共之，下官不忍。」』皆在孝建前，稱下官，未嘗稱臣。

富陽公主

《徐羡之傳》：子喬之，尚高祖第六女富陽公主。

頤煊案：《前廢帝何皇后傳》：『父瑀尚高祖少女豫章康長公主，諱欣男。公主先適徐喬。』即喬之。從誅後公主改適何瑀，改封豫章康長公主。

荀中郎

《謝晦傳》：昔荀中郎年二十七，爲北府都督，卿比之已爲老矣。

頤煊案：《晉書·荀羨傳》作：『時年二十八，中興方伯未有如羨之少者。』

佛佛

《王鎮惡傳》：時西虜佛佛强盛，姚興世侵擾北邊，高祖既至長安，佛佛畏憚不敢動。

頤煊案：即赫連勃勃，『佛』『勃』同聲字。

避諱稱字

《向靖傳》：小字彌，名與高祖同，改稱小字。

頤煊案：《孔靖傳》：『字季恭，名與高祖祖諱同，故稱字。』此高祖下脱『祖諱』二字。休文於帝諱同者直稱其字，如《張茂度、王景文傳》是也。祖諱同者存其名，改稱其字，如《向靖、孔靖傳》是也。蓋其例如此。

奔慕容德

《劉敬宣傳》：敬宣奔喪，哭畢，乃奔鮮卑慕容德。

頤煊案：《晋書·劉敬宣傳》作：『與廣陵相高雅之俱奔慕容超。』以《載記》考之，慕容德以義熙元年死，超以義熙元年嗣僞位，敬宣還至京師在安帝元興三年，則作『慕容德』是也。《桓玄傳》亦作：『高雅之、敬宣並奔慕容德。』

南齊國内史

《劉鍾傳》：除南齊國内史。

頤煊案：《州郡志》南兖州有南齊郡，領安西、臨菑，凡二縣，後省屬南徐州。即此國也。

羅仚生

《胡藩傳》：藩外兄羅企生，爲仲堪參軍。

頤煊案：《晋書·殷仲堪傳、忠義傳》俱作『羅仚生』，《説文》：仚，人在山上；企，舉踵也。二字不同。

半城

又遣藩及朱超石等追索虜於平城。

頤煊案：《南史》作『半城』。《劉懷慎傳》『子榮祖與朱超石大破索虜於半城』是也。《魏書·崔浩傳》作『畔城』。

新康

《劉康祖傳》：虔之封新庸縣男，康祖，虔之子也，襲封。

頤煊案：《索虜傳》：『新康縣開國男劉康祖。』《南史》亦作虔之『封新康縣男』。

校勘記

〔一〕此條前作『庾禕之』，後作『禕頤聲相近』，今兩存之。

〔二〕割始興之封陽山含洭四縣立宋安郡　《宋書》作『四縣』，而所列僅三縣。

〔三〕此條考異斷句以永世、太康、永寧並列爲縣名。當以『太康永寧』屬下句，作『太康永寧地志並無，疑是江左立』。太康、永寧皆爲年號，《宋書·州郡志》多見『太康永寧地志』。

〔四〕郡縣爲封國若自吏相並於國主稱臣　『若自吏』，《宋書》作『者内史』。

諸史考異卷五

宋書下

寧　孟

《長沙景王道憐傳》：道憐率寧孟、龍驤將軍孔隆及穆之等追真、蘭〔一〕。

頤煊案：『寧孟』文有脱誤，當云『率寧遠將軍孟龍符』，因涉下文而譌。

新喻侯

以破索度真功封新渝縣男。子義宗，幼爲高祖所愛，賜爵新渝縣男，永初元年，進爵爲侯。

頤煊案：《彭城王義康傳》：『新喻侯義宗。』《州郡志》無新渝縣。《元和郡縣志》：『新喻縣，本漢宜春縣地，吴孫皓分置新渝縣，以渝水爲名。今曰新喻，因聲變也。』

吴國内史

《庾悦傳》：祖義，吴國内史。

頤煊案：《晋書》列傳作『庾羲』、『吴興内史』。

謝安從孫

《謝景仁傳》：高祖當謂景仁是太傅安孫。

頤煊案：景仁祖據，太傅安第二弟，景仁是太傅安從孫。

袁　湛

《袁湛傳》：字士深，父文質，琅邪内史。湛以后父追贈侍中、左光禄大夫、開府儀同三司，謚曰敬公。

頤煊案：《文帝袁皇后傳》：『父湛之，自有傳。』《晋書》列傳：『袁質，字道和，子湛。』無『文』字。

褚淡之

《褚叔度傳》：兄秀之，弟淡之。高祖令淡之兄弟視褚后，后出别室相見，兵人乃踰垣而入。

頤煊案：《晉書·恭帝紀》作：『裕使后兄叔度請后，有間。』

狄當

《張茂度傳》：中書舍人狄當爲太祖所信委，家在海陵，死還葬，橋路毁壞不通[二]。

頤煊案：《南齊書·陸慧曉傳》作『狄當假還葬父』，此脱『父』字。

江彪

《江夷傳》：祖晉護軍將軍。

頤煊案：《南史》傳同，而皆失其名。《陳書·江總傳》：『余六世祖宋尚書右僕射州陵侯，侯之王父晉護軍將軍彪。』據此可補其闕。

五等侯

《徐廣傳》：義熙初，除鎮軍諮議參軍，領記室，封樂成縣五等侯。

頤煊案：《晉書·徐廣傳》作『封樂成侯』，無『五等』二字。

袁顗

《蔡興宗傳》：外甥袁顗始生彖。

頤煊案：『袁顗』當作『袁覬』。《南齊書·袁彖傳》：『祖洵，吴郡太守。父覬，武陵太守。覬臨終，與兄顗書云云。顗見誅，宋明帝投顗尸江中。彖微服潛行，求尸瘞藏。』《袁顗傳》作：『弟子彖微服求訪。』則袁彖是袁覬子也。

溵水

《張暢傳》：程天祚一介常人，近於汝陽身被九創，落在殿外，我手牽而出之。

頤煊案：《魏書·李孝伯傳》作：『落在溵水，我使牽而出之。』

棄官稱訴

《范泰傳》：荆州刺史王忱，泰外弟也，請爲天門太守。會忱病卒，召泰爲驃騎咨議參軍，遷中書侍郎。

頤煊案：《晉書·范甯傳》：『補豫章太守，在郡改革舊制，不拘常憲，江州刺史王凝之上言。子泰時爲天門太守，棄官稱訴。』傳不言棄官稱訴。

王　珣

《王韶之傳》：韶之爲晉史，序王珣貨殖，王廞作亂。珣子弘，廞子華，並貴顯，韶之懼爲所陷。

頤煊案：今《晉書·王珣傳》不言貨殖事，王廞事見《宋書·王華傳》。

段　宏

《廬陵王義真傳》：段宏，鮮卑人也，爲慕容超尚書左僕射、徐州刺史。高祖伐廣固，歸降。

頤煊案：《晉書·慕容超載記》作『徐州刺史段宏奔於魏』，當是其後歸降高祖。

西省

《江夏王義恭傳》：世祖入討，劭疑義恭有異志，使入住尚書下省，分諸子並住神虎門外侍中下省。劭遣始興王濬就西省殺義恭十二子。

頤煊案：《王韶之傳》：『晉帝自孝武以來，常居内殿，以省官一人管司詔誥，任在西省，因謂之西省郎。韶之遷黄門侍郎，領著作郎，西省如故。』西省即侍中省也。

豫寧縣侯

《王曇首傳》：以預誅徐羨之等謀，追封豫寧縣侯，謚曰文侯。

頤煊案：《王弘傳》：『故散騎常侍、左光禄大夫、太子詹事豫章文侯曇首。』《王僧綽傳》：『曇首子，襲封豫章縣侯。』《南史・王儉傳》：『襲爵豫寧縣侯。』《梁書・王志傳》：『祖曇首，宋左光禄大夫、豫章文侯。』《晉書・地理志》豫章郡有豫章縣，無豫寧。《州郡志》豫章太守有豫寧侯相，無豫章。其本封在豫章縣，後隨縣改名作豫寧，故前後不同，而《州郡志》不言。

江邃文釋

《沈演之傳》：江邃字元遠，濟陽考城人。頗有文義，官至司徒記室參軍。撰《文釋》，傳於世。

頤煊案：《舊唐書·經籍志》：江邃《文釋》十卷。《史記·蘇秦列傳》索隱引江邃曰：『揣人主之情，摩而迎之，其意當矣。』《文選·長笛賦》注：『孫卿子曰：昔瓠巴鼓琴。江邃《文釋》曰：瓠巴，齊人也。』陸士衡《猛虎行》注：『江邃《文釋》曰：《管子》曰：夫士懷耿介之心，不蔭惡木之枝，惡木尚能恥之，況與惡人同處。』皆是雜釋諸家之文。

何恢

《何尚之傳》：曾祖準，高尚不應徵辟。祖恢，南康太守。

頤煊案：《晉書·何準傳》：準三子，放、惔、澄。惔官至南康太守。『恢』乃『惔』字之譌。

佛教自殺

《彭城王義康傳》：遣中書舍人嚴龍賫藥賜死，義康不肯服藥，曰：『佛教自殺不復得人身，便隨宜見處分。』乃以被掩殺之。

頤煊案：《褚叔度傳》：『兵士乃踰垣而入，進藥於恭帝。帝不肯飲，曰：「佛教自殺者不得復人身。」乃以被掩殺之。』與義康語同。

江　湛

《江湛傳》：劭之入弑也，湛值上省，聞叫噪之聲，乃匿旁小屋中。劭遣收之，舍吏紿云：『不在此。』兵士即殺舍吏，乃得湛之。湛之據窗受害，意色不撓。

頤煊案：此受害者是江湛，故載在本傳。徐湛之、江湛同時受害，其情狀略同，校者不察，誤於兩『湛』下添兩『之』字。

直　勤

《南平王鑠傳》：虜永昌王宜勤庫仁真救虎牢。

頤煊案：『宜勤』當作『直勤』。《索虜傳》：『使持節、征東大將軍、安定王、直懃伐伏玄，侍中、尚書左僕射、安西大將軍、平北公、直懃美晨。』《新唐書・突厥傳》：『可汗者猶古之單于，其子弟謂之特勤。』『特』『直』同聲字。

劉憲之

《顔延之傳》：妹適東莞劉憲之，穆之子也。

頤煊案：《劉穆之傳》：穆之三子，長子慮之，中子式之，少子貞之。無名憲之者。『慮』

『憲』字形相近。

司州五郡

《魯爽傳》：爽可督司州陳留、東郡、濟陰、濮陽五郡諸軍事，征虜將軍，司州刺史。

頤煊案：五郡止四郡，其時邊郡遷立不常，又有遥領僑郡，故與《州郡志》司州所屬不同。

魯爽反

孝建元年二月，義宣報爽秋當同舉，爽狂酒乖謬，即日便起兵。《孝武帝紀》：孝建元年二月庚午，豫州刺史魯爽反。

頤煊案：《柳元景傳》《沈慶之傳》皆作孝建元年秋冬舉兵〔三〕。爽狂酒失旨，其年正月便反。

今皇帝

《沈攸之傳》：今皇帝即位，聽攸之及諸子喪還葬墓。

頤煊案：休文《自序》：『永明五年，被敕撰《宋書》。六年二月畢功，表上之。』今皇帝者，齊武帝也。

義陽郡

《朱修之傳》：義興平氏人也。祖序，豫州刺史。

頤煊案：《州郡志》義興郡無平氏縣。《晉書·朱序傳》：義陽人。《州郡志》平氏縣屬南義陽郡。《南史》本傳作：義陽平氏人。

前廢帝

《王玄謨傳》：少帝既誅顔師伯、柳元景等，狂悖益甚。以領軍徵玄謨，及至，屢表諫諍，少帝大怒。

頤煊案：少帝即前廢帝，事見本紀。

宗越

玄謨性嚴刻少恩，宗越御下更苛酷。軍士爲之語曰：『寧作五年徒，莫逢王玄謨。玄謨猶自可，宗越更殺我。』

頤煊案：此語《宗越傳》亦載之。

蕭源之

《蕭思話傳》：父源之，南琅邪太守，永初九年卒。

頤煊案：永初無九年。思話孝建二年卒，時年五十。年十八，除琅邪王大司馬行參軍，轉相國參軍，父憂去職。源之卒當在永初三年間。

尋陽公主

《廬江王禕傳》：往又經尋陽公主第，兄弟共集。

頤煊案：《梁書·高祖郗皇后傳》：『父燁，尚宋文帝女尋陽公主。』

山陰公主淫縱

《豫章王子尚傳》：山陰公主楚玉肆情淫縱，以尚書吏部郎褚淵貌美，請自侍十日，廢帝許之。淵雖承旨而行，以死自固，楚玉不能制也。

頤煊案：此事《前廢帝紀》已載，此爲重出。

劉湛之

《顧琛傳》：初，義康請琛入府，琛不能承事，劉湛之尋見斥外。

頤煊案：當作劉湛，《范曄傳》《沈慶之傳》『劉湛』皆作『劉湛之』。

寘諸掌

《周朗傳》：昔仲尼有言，治天下若寘諸掌。

頤煊案：《禮記·中庸》：『治國其如示諸掌乎。』鄭注：『「示」讀如「寘諸河干」之「寘」。』寘，置也。物而在掌中，易爲知力者也。此從鄭義。

吴喜公

《吴喜傳》：本名喜公，太宗減爲喜。

頤煊案：《明帝紀》：泰始二年二月，建武將軍吴喜公。《王玄謨傳》：『玄謨馳啓孝武帝，具陳本末。帝遣主書吴喜公撫慰之。』《魏書·尉元傳》作『吴憘公』。

戴凱之

《鄧琬傳》："琬遣武昌戴凱之爲南康相，世子率衆攻之，凱之戰敗遁走。"

頤煊案：《舊唐書·經籍志》："《竹譜》一卷，戴凱之撰。"晁公武《郡齋讀書志》："《竹譜》一卷，戴凱之撰。凱之字慶預，武昌人。"《隋書·經籍志》"別集"宋人有《戴凱之集》六卷，時代與此合。

坐選免官

《謝莊傳》："六年，又爲吏部尚書，領國子博士。坐選公車令張奇免官，事在《顏師伯》傳。"

頤煊案：《顏師伯傳》作"七年"。

袁愍孫改名

《袁粲傳》："愍孫幼慕荀奉倩之爲人，白世祖求改名爲粲，不許。至是言於太宗，乃改爲粲，字景倩焉。二年，遷領軍將軍。"

頤煊案：《明帝紀》："泰始二年正月癸巳，以司徒左長史袁愍孫爲領軍將軍。"《蔡興宗傳》："尚書袁愍孫牒請免愍孫所居官。"其時尚未改名。

烏傷令

《王弘之傳》：家貧而性好山水，求爲烏程令。

頤煊案：《南史》作『烏傷令』。

宋書體例不同

《徐爰傳》：僞玄篡竊，同於新莽，雖靈武克殄，自詳之晋録。及犯命干紀，受録霸朝，雖揖讓之前，皆著之宋策。詔曰：項籍、聖公，編録二《漢》，前史已有成例，《桓玄傳》宜在宋典。

頤煊案：與休文《宋書》體例不同。《魏書》『島夷桓玄』、『島夷劉裕』二傳並列，其意亦與爰同。

陽　武

《索虜傳》：毛德祖，滎陽南武陽人。

頤煊案：《晋書・地理志》南武陽屬泰山郡。《毛德祖傳》：『璩宗人。』璩祖毛寶，滎陽陽武人。『南武陽』當是『陽武』之譌。

苞橋水

虜望玄敬後有軍，引去，趨苞橋，至，欲渡清河。沛縣民燒苞橋，夜於林中擊鼓，虜謂官軍大至，争渡苞水，水深，溺死殆半。

頤煊案：《水經・泗水注》引作『泡橋』、『泡水』，清河即泡水之别名也。

趙敺

《大且渠蒙遜傳》：河西人趙敺善曆笇。十四年，茂虔奉表，獻《周髀》一卷，《趙敺傳》并《甲寅元曆》一卷。

頤煊案：《隋書・經籍志》：『《周髀》一卷，趙嬰注。《河西甲寅元曆》一卷，凉太史趙敺撰。』『趙嬰』疑即『趙敺』之譌。

皇子劭生

《元凶劭傳》：帝即位後生劭，時上猶在諒闇，故祕之。二年閏正月方云劭生。

頤煊案：『二年』當作『三年』。《文帝紀》：『元嘉三年正月閏月丙戌，皇子劭生。』

臨賀公主

遣閹人奚承祖詰讓劭曰：臨賀公主南第先有一下人欲嫁，聞此下人養他人奴爲兒，而汝用爲隊主。

頤煊案：東陽公主第在西掖門外，故稱南第。王鸚鵡是東陽公主應閤婢，非臨賀也。此四字蓋涉上文而衍。《南史》『南第』上無『臨賀公主』四字。

孟昶

《自序》：劉毅、何無忌、魏詠之、檀憑之、孟昶、諸葛長民志在興復，情非造宋。

頤煊案：《宋書》既無孟昶傳。《晉書》亦無孟昶傳，孟昶與武帝同起義，其事蹟僅散見於紀傳，知其爲鎮北主簿、丹陽尹、左僕射，封臨汝公而已，志在興復事無考。

校勘記

〔一〕道憐率寧孟龍驤將軍孔隆及穆之等追真蘭　『真蘭』當屬下文，作『真蘭走奔相城』。

〔二〕橋路毀壞不通　『不通』當屬下文，作『橋路毀壞，不通喪車』。

〔三〕柳元景傳沈慶之傳皆作孝建元年秋冬舉兵　《柳元景傳》《沈慶之傳》皆無南郡王義宣與魯爽約舉兵魯爽先期事，事見《南郡王義宣傳》，『柳元景傳沈慶之傳』當作『南郡王義宣傳』。

諸史考異卷六

南齊書

侍中彪

《高帝紀》：何子鄼定侯延，生侍中彪。

頤煊案：《新唐書・宰相世系表》蕭氏：鄼文終侯何二子遺、則，則生彪。《漢書・蕭何傳》：『更封小子延爲鄼侯，薨。子遺嗣，薨。無子，遺弟則嗣。』此作延生彪，非是。

吴郡太守冰

闡生吴郡太守永。

頤煊案：《梁書・武帝紀》：『闡生吴郡太守冰。』《新唐書・宰相世系表》亦作『冰』。

胡宗之

太祖與質別軍主胡宗之等五軍前驅，宗之等皆陷没。

頤煊案：《宋書·蕭思話傳》作『胡崇之』，《魏書·世祖紀》亦作『胡崇之』。

平鄉縣侯

建元元年，降差之典，宜遵往制。南康縣公、華容縣公可爲侯，平鄉縣侯可爲伯，減户有差，以繼劉穆之、王弘、何無忌後。

頤煊案：《晋書·何無忌傳》：『以興復之功封安城郡開國公。』當是宋初減降，改封平鄉縣侯，而本傳不載。《南史》作『萍鄉侯』。

朱方姑熟二縣

《武帝紀》：永明十一年，京師二縣、朱方、姑熟可權斷酒。

頤煊案：上文：『上即位，癸未詔曰：頃水雨頻降，潮流荐滿，二岸民居，多所淹漬。遣中書舍人與兩縣官，優量賑恤。戊戌詔曰：建康、秣陵二縣貧民加賑賜，必令周悉。』即此所謂京師二縣也。《宋書·州郡志》：丹徒，古朱方，南東海郡治。姑熟，即于湖，淮南郡治。皆京邑重鎮，故連言之。

梁王

《明帝紀》：建武二年七月壬申，以冠軍將軍梁王爲司州刺史。

頤煊案：《梁書·武帝紀》是時未封梁王，而稱梁王者，是史臣追書。

司徒西閤祭酒

《禮志》：永明二年，司徒西閤祭酒梁王議。

頤煊案：《武帝紀》：『永明二年正月，以竟陵王子良爲護軍將軍，兼司徒。』《梁書·武帝紀》：『竟陵王子良開西邸，招文學，高祖與沈約、謝朓、王融、蕭琛、范雲、任昉、陸倕等並遊焉，號曰八友。』

五行成數

《樂志》：《月令》：木數八，火數七，土數五，金數九，水數六。蔡邕云：東方有木三土五，故數八。南方有火二土五，故數七。西方有金四土五，故數九。北方有水一土五，故數六。

頤煊案：《月令》其數八，鄭注：木生數三，成數八。但言八者，舉其成數。《正義》：皇氏用先儒之義，以爲金、木、水、火得土而成，以水數一，得土數五，故六也。火數二，得土數五，爲成數七。木數三，得土數五，爲成數八。金數四，得土數五，爲成數九。此即蔡邕之説。

蘭　雲

《天文志》：永明六年三月甲申，日於蘭雲中薄半暈，須臾過帀。隆昌元年正月壬戌，日於蘭雲中暈南北。

頣煊案：永明八年六月戊寅，日於蒼白雲中南北各生一珥。蘭雲即藍雲，假借字。

南東海郡

《州郡志》：南東海郡，祝其、襄賁、西隰。

頣煊案：《宋書·州郡志》南東海無此三縣，《永初郡國》有襄賁、祝其、厚丘、西隰四縣。文帝元嘉十二年省厚丘併襄賁。何、徐無厚丘，餘與《永初郡國》同。其襄賁、祝其、西隰是徐志後所省也。此又是大明以後復立。

西豫州

建元二年，太祖以西豫吏民寡刻，分置兩州，損費甚多，省南豫。永明二年，割揚州宣城、淮南，豫州歷陽、譙、廬江、臨江六郡，復置南豫州。四年，冠軍長史沈憲啓：二豫分置，以桑堁子亭爲斷。潁川、汝陽在南譙、歷陽界内，悉屬西豫，廬江居晋熙、汝陰之中，屬南豫。求以潁川、汝陽屬南豫，廬江還西豫。

頤煊案：《宋志》：永初二年分淮東爲南豫州，淮西爲豫州。其時稱西豫者，即豫州也。

鬱州

青州：宋泰始初，淮北没虜。六年，始治鬱州上。鬱州在海中，週迴數百里。劉善明爲刺史，以海中易固，不峻城雉，乃累石爲之，高可八九尺。後爲齊郡治。建元初，徙齊郡治瓜步，以北海治齊郡故治。

頤煊案：《元和郡縣志》：『海州東海縣，本漢贛榆縣地，俗謂之鬱州。僑立青州。亦謂之田横島。』《宋書·州郡志》：『明帝失淮北，於鬱州僑立青州，立齊、北海、西海郡。』故北海僑治亦在鬱州。

南北秦州

宋文帝爲荆州都督，督秦州，又進督北秦州。《永明郡國志》秦州寄治漢中南鄭，不曰南北。《元嘉計偕》亦云秦州，而荆州都督常督二秦。梁、南秦一刺史。是則志所載秦州爲南秦，氏爲北秦。

頤煊案：《宋書·文帝紀》：『改授都督荆、益、寧、雍、梁、秦六州。』其稱秦州仍是南秦。下文『進督北秦，并前七州』。《孝武帝紀》：『元嘉二十一年，加督秦州。明年，徙都督雍、梁、南北秦四州，荆州之襄陽、竟陵、南陵、順陽、新野、隨六郡諸軍事。』《明帝紀》：『永光元年〔一〕，又徙爲都督雍、梁、南、北秦四州，郢州之竟陵諸軍事。』《沈攸之傳》：『乃以攸之都督荆、湘、雍、益、梁、寧、南、北秦八州諸軍事，鎮西將軍，荆州刺史。』紀傳於南北秦必分別言之。

總明觀

《百官志》：總明觀祭酒一人。

頤煊案：《宋書·明帝紀》：『泰始六年九月戊寅，立總明觀，徵學士以充之，置東觀祭酒。』《丘靈鞠傳》：『世祖即位，尋領東觀祭酒。』《王諶傳》：『尋以本官領東觀祭酒。即明帝所置總明觀也。』《南史·王儉傳》：『宋明帝泰始六年，置總明觀，以集學士。或謂之東觀，置東觀祭酒一人。總明訪舉郎二人，儒玄文史四科，科置學士二人，其餘令史以下各有差。』志未分別詳言之。

侍中

孝武時，侍中何偃南郊陪乘，鑾輅過白門闕，偃將匐，帝乃接之，曰：『朕乃陪卿。』齊世朝會多以美姿容者兼官。

頤煊案：《阮韜傳》：『宋孝武選侍中四人，並以風貌。王彧、謝莊爲一雙，韜與何偃爲一雙，常充兼假。』《陸慧曉傳》：『後欲用爲侍中，以形短小乃止。』

嫌名改選

《文惠太子傳》：轉祕書丞，以與宣帝諱同，不就，改除中書郎。

頤煊案：宣帝諱承之，承丞同聲字，則祖父嫌名字亦得改選矣。

南郡獻公主

《褚淵傳》：淵少有世譽，復尚文帝女南郡獻公主。

頤煊案：《宋書・何尚之傳》：『子劭，尚太祖第十六女南郡公主。』當是獻公主初尚何劭，改尚褚淵。《文選・褚淵碑文》作：『選尚餘姚公主，拜駙馬都尉。』餘姚其始封也。

巴西主

又詔淵妻宋故巴西主埏隊暫啓，宜贈南康郡公夫人。

頤煊案：此别是一妻，或前或後所未詳也。《南史·褚彦回傳》亦作『巴西主』，當是親王之女，若是帝女公主，不宜贈夫人。《南史·王峻傳》：『子琮，尚始興王女繁昌主。』《周書·蘇綽傳》：『子威，娶護公女新興公主。』亦親王女稱主之證。

衣裾

《王儉傳》：察太祖雄異，先於領府衣裾。

頤煊案：衣裾致敬，禮無明文，以《南史·王儉傳》證之，此下當有脱文。

朱靈真沈攸敬王彌之

《柳世隆傳》：龍驤將軍騎兵參軍朱靈真、沈攸敬，寧朔將軍中兵參軍王彌之。

頤煊案：《宋書·沈攸之傳》作朱靈寶、沈僧敬、王珍之。

積弩將軍

《垣崇祖傳》：父詢之，積射將軍。

頤煊案：詢之《宋書》附見《垣護之傳》，世祖以爲積弩將軍。

劉彌之

會青州援軍主劉珍之背逆歸降。注：雍本作彌之。

頤煊案：《宋書・薛安都傳》：『青州刺史沈文秀遣劉彌之、張靈慶、崔僧琁三軍應安都，彌之等至下邳，改計歸順。』『珍』是『彌』字之譌。

張苟兒

《張敬兒傳》：本名苟兒，宋明帝以其名鄙，改焉。

頤煊案：《南史・後廢帝紀》：『越騎校尉張苟兒斬休範。』

劉　從

《王敬則傳》：隨寧朔將軍劉懷珍征壽春。殷琰傳遣將劉從築四壘於死虎〔二〕。

頣煊案：《宋書·殷琰傳》：『以殿中將軍劉順爲司馬。』又是月，劉順、柳倫、皇甫道烈、龐天生等馬步八千人東據宛唐，去壽陽三百里。劉從即劉順，蓋避梁諱而改。《劉懷珍傳》同。

東陽州

《劉懷珍傳》：元嘉二十八年，亡命司馬順則聚黨東揚州，遣懷珍將數千人掩討平之。

頣煊案：『東揚州』當依《南史》作『東陽州』。《晋書·地理志》：『羊穆之爲青州刺史，築東陽城而居之。元帝渡江，始置北青州，鎮東陽城。』即此所謂東陽州也。《宋書·蕭思話傳》：『二十八年，亡命司馬順則詐稱晋室近屬，自稱齊王，聚衆據梁鄒城。』亦與青州相近。

新塗

《劉善明傳》：封新塗伯。

錢氏《考異》云：『塗』當作『淦』。頣煊案：《宋書·恩倖傳》：『李道兒新塗縣侯。』《梁書·簡文帝紀》：『新塗公大成爲山陽郡公。』《南史·袁顗傳》：『景和元年，封新塗縣子。』此必有新塗縣，而《宋、齊志》失書。

垣閎

《垣榮祖傳》：子閎，宋孝建初累遷龍驤將軍、司州刺史。義嘉事起，明帝使閎出守盱眙，北討薛道標，封樂鄉縣男。

頤煊案：垣閎非榮祖子，此文當有脱誤。《南史·垣閎傳》：『字叔通，榮祖從父也，父遵。』見《宋書·垣護之傳》。

司州治義陽

《吕安國傳》：泰始四年，虜陷汝南，司州失守，以安國爲督司州諸軍事、寧朔將軍、司州刺史。六年，義陽立州治，仍領義陽太守。

頤煊案：《州郡志》：『泰始中立司州於義陽郡。』不言其年。

元玄度

《周山圖傳》：虜果寇朐山，爲元玄度、盧紹之所破。

頤煊案：《魏虜傳》作『朐山戍主玄元度』。《魏書·蕭道成傳》亦作：『破道成將盧紹之、玄元度於朐山。』

東徐州

《桓康傳》：以康爲持節，督青冀二州、東徐之東莞琅邪二郡、朐山戍。

錢氏《考異》云：《州郡志》止有南徐、北徐，而無東徐之名。頤煊案：《宋書·明帝紀》：『泰始三年十一月，分徐州置東徐州。四年己未，以游擊將軍劉懷珍爲東徐州刺史。』在大明八年以後，故《宋志》不書。桓康督東徐在齊建元四年，《齊志》不載，當是其後省也。

張氏五龍

《張岱傳》：父茂度，宋金紫光禄大夫。岱少與兄太子中舍人寅、新安太守鏡、征北將軍永，弟廣州刺史辨俱知名，謂之張氏五龍。

頤煊案：《宋書·張茂度傳》：『茂度子演，太子中舍人。弟鏡，新安太守。皆有盛名，並早卒。鏡弟永。永弟辯，廣州刺史。辯弟岱，昇明末吏部尚書。』則辯是岱兄也。

湘陰縣

《王僧虔傳》：巴峽流民多在湘土，僧虔表割益陽、羅、湘西三縣緣江民，立湘陰縣，從之。

頤煊案：僧虔遷湘州刺史，在泰始中。湘陰置縣，在大明八年後。故《宋書·州郡志》

不載。

彭城三里

《劉悛傳》：彭城安上里人也。彭城劉同出楚元王，分爲三里，以别宋氏帝族。

頤煊案：《宋書・劉延孫傳》：『帝室居綏輿里，左將軍劉懷肅居安上里，豫州刺史劉懷武居叢亭里。』《劉懷肅傳》：『高祖從母兄。』則三里皆帝族也。『悛祖穎之，山南、新蔡二郡太守。父勔，司空。』《宋書・劉勔傳》：『祖懷義，始興太守。父穎之，汝南、新蔡二郡太守。』此作『山南』，傳寫之譌。

北兖州

《竟陵王子良傳》：永明元年，都督南兖、兖、徐、青、冀五州，征北將軍，南兖州刺史。

頤煊案：《文選・齊竟陵文宣王行狀》作：『遷使持節，都督南兖、徐、北兖、青、冀五州諸軍事。』《州郡志》亦作『北兖州』。傳於『北兖州』皆省『北』字。

南平昌

《江祏傳》：高宗爲驃騎，鎮東府，以祏爲諮議參軍，領南昌太守。

頤煊案：《南史》作『領南平昌太守』。《州郡志》南昌，縣名，屬豫章郡。此當從《南史》作『南平昌』爲正。

劉暄

祏議欲立江夏王寶玄，劉暄初爲寶玄郢州行事。

頤煊案：《文選·頭陀寺碑》：『寧遠將軍長史、江夏内史行事彭城劉府君，諱誼。』注引蕭子顯《齊書》亦作劉誼。

晋平郡

《王秀之傳》：出爲晋平太守。

錢氏《考異》云：《宋書·明帝紀》：泰始四年，山陽王休祐改封晋平王，改晋安郡爲晋平郡。而《宋、齊州郡志》並不載晋平之名，此史之漏也。頤煊案：《宋書·州郡志》序大校以大明八年爲正，改晋安爲晋平在大明後，故《宋志》不書。齊武帝即位封子子懋爲晋安王，此時晋平已復爲晋安，故《齊志》亦不書，非史之漏。

與子瓚之書

初，秀之祖裕致仕，隱吴興，與子瓚之書曰：『吾欲使汝處不競之地。』

頤煊案：《宋書·王敬弘傳》：『子恢之，被召爲祕書郎。敬弘爲求奉朝請，與恢之書曰「祕書有限，故有競。朝請無限，故無競。吾欲處汝於不競之地。」恢之弟瓚之。』

奕品畫人

《蕭惠基傳》：善隸書及奕棊。當時能棊人琅邪王抗第一品，吴郡褚思莊、會稽夏赤松並第二品。

頤煊案：以善奕入正史，前此所未有也。《劉繪傳》：『弟瑱，字士温。滎陽毛惠遠善畫馬，瑱善畫婦人，世並爲第一。』《劉係宗傳》：『少便書畫。』以畫人入史傳，亦始見於此。

日　蝕

《檀超傳》：班固五星載《天文》，日蝕載《五行》。改日蝕入《天文志》。左僕射王儉議：《洪範》九疇，一曰五行。五行之本，先乎水火之精，是爲日月五行之宗也。今宜憲章前軌，無所改革。

頤煊案：沈約《宋書》、蕭子顯《齊書》日月蝕、五星淩犯皆改入《天文》，同超此例。

寒官

《倖臣傳》序：元帝用琅邪劉超，以謹慎居職。宋文世，秋當、周糾並出寒門。孝武以來，士庶雜選，如東海鮑照以才學知名，又用魯郡巢尚之，江夏王義恭以爲非選。

頤煊案：當時重流品，雜選官即謂之寒官，亦謂寒流。《紀僧真傳》：『自寒官歷至太祖冠軍府參軍、主簿。』《劉係宗傳》：『泰始中爲主書，以寒官累遷至勳品。』《梁書・武帝紀》：『天監九年四月，革選，尚書五都令史用寒流。』皆是。

面首

《茹法亮傳》：孝武末年，選白衣左右百八十人，皆面首富室。

頤煊案：《宋書・前廢帝紀》：『山陰公主謂帝曰：「陛下六宫萬數，而妾惟駙馬一人。」帝乃爲主置面首左右三十人。』面首謂容貌魁偉之人。

介士

《魏虜傳》：至比干墓，作《弔比干文》云：『脱非武發，墓誰因〔三〕。嗚呼分土，胡不我臣。』

注：『分土』，北雍本作『介士』。

頤煊案：魏孝文《弔比干墓碑》今尚存，諦視之，作『介士』。『分土』是傳寫之譌。

校勘記

〔一〕永光元年　『永光』原作『永元』，據《宋書·明帝紀》改。

〔二〕殷琰傳遣將劉從築四壘於死虎　《南齊書》無『殷琰傳』，《南齊書·王敬則傳》此句無『傳』字，『傳』字衍。

〔三〕脱非武發墓誰因　《南齊書·魏虜傳》『墓』上有『封』字。

諸史考異卷七

梁書

曹武

《武帝紀》詔又遣左民尚書崔慧景總督諸軍，高祖及雍州刺史曹武等並受節制。

頤煊案：《南齊書》傳作『曹虎』。思廉唐人，避唐諱改作『曹武』。

新野郡

於沔南立新野郡，以集新附。

頤煊案：《宋書·州郡志》：雍州刺史領新野太守。何志晋惠帝分南陽立。《南齊書·州郡志》雍州亦有新野郡。此所立是僑郡。

張樂祖

魯山城主僧寄死〔一〕，衆復推助防張樂祖代之。

頤煊案：《楊公則傳》、《南齊書・和帝紀》俱作『魯山城主孫樂祖』。

書薨書卒

天監五年十二月癸卯，司徒謝朏薨。十一年正月，驃騎將軍王茂爲司空。十四年四月丁亥，王茂薨。

頤煊案：凡史例，三公書薨，餘官皆書卒。中大通元年，蕭琛、陸杲並特進、司空。三年二月乙卯，特進蕭琛卒。四年八月景子，特進陸杲卒。又不書薨，何也？

徐州刺史

六年四月，以右衛將軍曹景宗爲領軍將軍、徐州刺史。

頤煊案：《曹景宗傳》：『五年，魏托跋英寇鍾離，圍徐州刺史昌義之，高祖詔景宗督衆軍援義之。』不言景宗爲徐州刺史。

揚州刺史

普通七年十一月丁亥，放魏揚州刺史李憲還北，以壽陽置豫州。

頤煊案：《陳慶之傳》：『魏豫州刺史李憲力屈遂降，遂入其城。』《魏書·地形志》：『揚州，後漢治歷陽，魏治壽春，後治建業。晉亂，置豫州，劉裕、蕭道成並同。景明中改。』魏之揚州，即梁之豫州也。

南北青州

大同四年八月甲辰，詔南兗、北徐、西徐、東徐、青、冀、南北青、武、仁、潼、睢等十三州既經饑饉，曲赦逋租宿債。

頤煊案：《晉書·地理志》：『自元帝渡江，於廣陵僑置青州，至是始立北青州，治東陽城，以僑立州爲南青州。後省南青州，而北青州直曰青州。』《宋書·州郡志》：『明帝後失淮北，於鬱州僑立青州。』《南齊書·州郡志》：『青冀二州共一刺史，其寄治在鬱州。』此既言『青冀』，復言『南北青』，當是其後所立。《隋書·地理志》：『琅邪郡沂水縣，舊置南青州。東海郡懷仁縣，梁置南北二青州。』即此。

合　州

太清元年七月，改合肥爲合州，合州爲南合州。

頤煊案：普通四年六月，置合州。《隋書・地理志》：『合浦郡海康縣，梁大通中立高州，尋又分立合州。大同末，以合肥爲合州，此置南合州。』

陳帝書名

《簡文帝紀》：太清三年六月，西江督護陳霸先起兵攻之。

頤煊案：凡舊史於新君未禪位以前皆尊而不名。沈約《宋書》稱『齊王』，蕭子顯《齊書》稱『梁王』，皆是。思廉《梁書》雖成於唐貞觀十年，其父姚察則陳吏部尚書也，禮當爲舊君諱，而此直書其名，乖史義矣。

南荆州

在襄陽拜表北伐，魏南荆州刺史李志據安昌城降。

頤煊案：《武帝紀》：『大通二年四月，南荆州刺史李志以地降。』不言安昌城。《魏書・地形志》無南荆州。《鑾傳》：『延昌元年，桓叔興拜南荆州刺史，居安昌，隸於東荆。』安昌城即南荆治所。

蕭方諸

《元帝紀》：大寶元年九月，世子方諸爲郢州刺史。

頤煊案：『大寶二年閏四月，景遣其將宋子仙、任約襲郢州，執刺史蕭方諸。』不言世子。『八月辛亥，以鎮南將軍、湘州刺史蕭方矩爲中衛將軍。』方矩即愍懷太子，世祖第四子。而亦不言世子，皆史之失。

詔文脱字

《敬帝紀》：太平二年，詔曰：敢忘烈代之至願乎。

頤煊案：《陳書·高祖紀》作：『敢忘列代之遺典，人祇之至願乎。』此脱五字。

徐妃

《世祖徐妃傳》：諱昭佩，東海郯人也。生世子方等、益昌公主含貞。太清三年五月，被譴死。史臣曰：徐妃之無行，自致殲滅，宜哉。

錢氏《考異》云：徐妃失行，不見於本傳，而論忽及之，疑傳文有漏落也。頤煊案：徐妃事附見《世子方等傳》，《南史》言其淫亂最詳。

吴郡十城

《昭明太子統傳》：吴郡十城，亦不全熟。

頤煊案：《南齊書·州郡志》吴郡十二縣。

張道文

《曹景宗傳》：與州里張道門厚善。道門，齊車騎將軍張敬兒少子也，爲武陵太守。敬兒誅，道門於郡伏法。

頤煊案：《南齊書·張敬兒傳》：『子道文，武陵内史。道暢，征虜功曹。道固、弟道休並伏誅，少子道慶見宥。』道文即道門，聲相近，又誤作少子。皆史之譌。《南史·張敬兒傳》作『道門』。

外兵參軍

《蕭穎達傳》：兄穎胄，齊建武末亦爲西中郎外兵參軍，俱在西府。

錢氏《考異》云：按《夏侯詳傳》稱『南康王長史蕭穎胄』。《柳忱傳》亦稱『西中郎長史蕭穎冑』,《夏侯亶傳》稱『長史蕭穎冑』,則其時穎冑實以長史行州府事,非外兵參軍也。頤煊案:《南齊書·蕭穎冑傳》:『世祖有詔除竟陵王司徒外兵參軍。和帝爲荆州,以穎冑爲冠軍將軍、西中郎長史、南郡太守,行荆州府州事。』史特未分析言之耳。

任漾之

敗輔國將軍任議之於硤口,破大將軍劉孝慶於上明。

頤煊案:『議之』當作『漾之』,《南齊書·蕭穎冑傳》:『蕭璝破汶陽太守劉孝慶等於硤口〔三〕,巴東太守任漾之見殺,遂至上明。穎冑乃追贈任漾之輔國將軍。』

永光

《韋叡傳》:宋永元初,袁顗爲雍州刺史,見而異之。

頤煊案:宋無『永元』年號,當是『永光』之譌。《宋書·袁顗傳》:『景和元年,除雍州刺史。』《前廢帝紀》:『永光元年八月,改元爲景和元年。』景和即永光也。

南鄉郡

《范雲傳》:南鄉舞陰人。

錢氏《考異》云：宋、齊二《志》俱無南鄉郡，而有南鄉縣，爲順陽郡治。蓋梁時縣，武帝父諱改順陽郡爲南鄉耳。頤煊案：《晉書·地理志》：『魏武盡得荆州之地，分南陽西界立南鄉郡。』及武帝平吴，改南鄉爲順陽郡。《武帝紀》：『普通六年，長史柳津破魏南鄉郡。』是其後復立，非因避梁諱而改。

樂安郡

《任昉傳》：樂安博昌人。

頤煊案：《宋書·州郡志》樂安郡屬青州，有博昌縣。《南齊書·州郡志》青州無樂安郡。此是舉其舊望郡。

犯私諱

《張稷傳》：父永，宋右光禄大夫。稷復爲司馬、新興永寧太守。郡犯私諱，改永寧爲長寧。

頤煊案：此暫時所改，去任則否。《張齊傳》：『普通四年，遷鄱陽王司馬、新興永寧二郡太守。』是其證也。

王茂先

《王珍國傳》：義師至，使珍國出屯朱雀門，爲王茂先所敗。

頤煊案：《武帝紀》：『王茂、曹景宗等犄角奔之，將士皆殊死戰，珍國之衆，一時土崩。』《南史·王茂傳》：『一字茂先。』《魏書·蕭衍傳》俱作『王茂先』。

廣平鄚

《馮道根傳》：廣平鄚人也。

頤煊案：《晉書·地理志》廣平郡無鄚縣，鄚縣屬譙郡。《南史》亦作『廣平鄚人』。

丘遲與陳伯之書

《陳伯之傳》：天監四年，詔太尉臨川王宏率衆軍北討，宏命記室丘遲私與伯之書云云。

頤煊案：《文選》載此書，李善注引劉璠《梁典》：『帝使吕僧珍寫書於陳伯之，丘遲之辭也。』與此異。

盧循

《王僉傳》：又除僉寧遠將軍、南康内史，屬盧循作亂。

頤煊案：此與晋末盧循别是一人。

衡州

《蕭昌傳》：天監九年，分湘州置衡州。

頤煊案：《武帝紀》：天監六年四月，分湘、廣二州置衡州。

平陸縣

《明山賓傳》：天監十五年，出爲北兖州刺史。初，山賓在州，所部平陸縣不稔。

頤煊案：《宋書·州郡志》平陸縣屬東平郡。《南齊書·州郡志》北兖州東平郡無平陸縣，是其後復置。

裴邃卒在六年

《裴邃傳》：普通四年，進號宣毅將軍。是歲大軍將北伐，以邃督征討，率騎三千，先襲壽陽。九月壬戌，夜至壽陽。

頤煊案：《武帝紀》作：『普通五年九月壬戌，宣毅將軍裴邃襲壽陽，弗尅。』《傳》『四年』當是『五年』之譌。《傳》：『明年，略地至於鄭城。』《紀》作『六年』。其年五月，邃卒於軍中。《夏侯亶傳》：六年，大舉北伐。裴邃攻壽陽，未尅而邃卒，乃加亶使持節，馳驛代邃。』是亦以邃卒在六年，與紀合。

南定州

《夏侯亶傳》：以亶爲使持節，都督豫州緣淮、南豫、霍、義、定五州諸軍事。

錢氏《考異》云：本紀失書定州建立年月。頤煊案：《武帝紀》：『普通四年六月，分廣州置成州、南定州、合州、建州，分霍州置義州。』定即南定。《魏書·地形志》亦作『南定州』。

年方六十

《顧協傳》：普通六年，湘東王表薦協曰：年方六十。

頤煊案：協大同八年卒，年七十三，普通六年止五十六。而云六十者，舉成數也。《南史》：『張率嘗薦之於帝，問協年，率言三十有五。』當在天監三年，其時年亦相合。

俚帥

《蘭欽傳》：經廣州，因破俚帥陳文徹兄弟，並擒之。

頤煊案：《隋書・地理志》：『南海、交趾各一都會也，其俚人則質直尚信，諸蠻則勇敢自立，皆重賄輕死，唯當爲雄〔三〕。』廣州俚蠻雜處，別自爲種。

錢唐令

《王僧孺傳》：遷治書侍御史，出爲唐令。

頤煊案：《南史》作：『出爲錢唐令。』此『唐』上脱『錢』字。

年長七歲

《劉孝綽傳》：父繪。范雲年長繪十餘歲。

頤煊案：《南齊書・劉繪傳》：『中興二年卒，年四十五。』《范雲傳》：『天監二年卒，年五十三。』雲長繪七年，不得云十餘歲。

南蘭陵郡

《張纘傳》：仍遷北中郎長史、南蘭陵太守。

頤煊案：《褚球傳》《孔休源傳》皆作『南蘭陵太守』，唯《張綰傳》：『出爲北中郎長史、蘭陵太守。』當是脱『南』字。《武帝紀》：『天監元年，改南東海爲蘭陵郡。』《陳書・高祖紀》：『永定二年，改南徐州所領南蘭陵郡復爲東海郡。』亦有『南』字。

江革三子

《江革傳》：長子行敏，官至通直郎，早卒。次子從簡，歷官司徒從事中郎。

頤煊案：《南史》：革長子敏早卒，次子德藻，德藻弟從簡。與此不同。德藻《陳書》有傳。

仁州

《羊鴉仁傳》：詔鴉仁督士州刺史桓和之、仁州刺史湛海珍等。

頤煊案：《武帝紀》在太清元年，大同四年八月詔已見仁州之名。《魏書・地形志》：『仁州，蕭衍置，魏因之，治赤坎城，領臨海郡。』《隋書・地理志》：『彭城郡蘄縣，後齊置仁州。』

殷州

仍爲都督豫、司、淮、冀、殷、應、西豫七州諸軍事。

錢氏《考異》云：『殷州，《本紀》未詳置立年月。《隋志》：「項城縣，東魏置揚州，梁改殷州，即鴉仁所督之殷州也。」』頤煊案：《本紀》：『太清元年七月改項城爲殷州。』《侯景傳》：『詔以西陽太守羊思建爲殷州刺史，鎮項城。』錢氏偶失檢耳。

祖潭之

《臧盾傳》：高祖燾，宋左光禄大夫。祖湛之，左民尚書。

頤煊案：《宋書·臧燾傳》：『長子邃，邃長子諶之，諶之弟凝之。凝之弟潭之，後廢帝元徽中，爲左民尚書。』『湛之』即『潭之』之譌。

父聞慰

《劉孺傳》：祖乘民，宋冀州刺史。父聞慰，齊正員郎〔四〕。弟杳，在《文士傳》。敲，在《處士傳》。

頤煊案：《劉杳傳》：『祖乘人，宋冀州刺史。父懷慰，齊東陽太守，有清績，在《齊書·良政傳》。』《南齊書·劉懷慰傳》：『懷慰本名聞慰，世祖即位，以與舅氏名同，敕改之。』

潮溝

《嚴植之傳》：植之館在潮溝，生徒常百數。

頤煊案：《伏挺傳》：『宅居在潮溝，於宅講《論語》，聽者傾朝。』《朱异傳》：『异及諸子自潮溝列宅至青溪，其中有臺池翫好，每暇日與賓客遊焉。』

華林遍略

《何思澄傳》：天監十五年，敕太子詹事徐勉舉學士入華林苑撰《遍略》。勉舉思澄等五人以應選。

頤煊案：《南史》：『勉舉思澄、顧協、劉杳、王子雲、鍾嶼等五人以應選。八年乃書成，合七百卷。』《隋書・經籍志》：『《華林遍略》，六百二十卷，梁綏安令徐僧權等撰。』《辨正論》：『梁武皇帝使劉杳、顧協等一十八人於華林苑中纂要七百二十卷，名曰《遍略》。』撰人不同，卷數亦異。《北齊書・祖珽傳》：『以《遍略》數帙質錢摴蒱，文襄杖之四十。』

榙酒

《劉杳傳》：在任昉坐，有人餉昉榙酒，而作榐字。昉問杳：此字是不？杳對曰：葛洪《字苑》作木旁若。

頤煊案：《廣雅》：『榙榴，奈也。』《文選・南都賦》注引《廣雅》：『若榴，石榴也。』《顔氏家訓・書證》篇：『吴人呼盞爲竹簡反，故以木旁作榐代盞字。』『榐』非『榙』字之本義。

七十二

《何胤傳》：胤家世年皆不永，唯祖尚之七十二。

頤煊案：《宋書·何尚之傳》：『大明四年，薨於位。時年七十九。』

洗枯骨

《顧憲之傳》：齊高帝即位，除衡陽内史。土俗山民有病者輒云先人爲禍，皆開冢剖棺木洗枯骨，名爲除祟。

頤煊案：嶺南風俗至今猶然，而官不能禁，觀此傳，其由來已久。《南齊書》有《顧憲之傳》，與此傳詳略不同。

劉　秉

《陶季直傳》：時劉景、袁粲以齊高帝權勢日盛，將圖之。

頤煊案：《宋書》作『劉秉』，此避唐諱嫌名，改作景。

東陽太守

《伏暅傳》：高祖徵爲東陽太守，在郡清恪，屬縣始新、遂安、海寧並同時生爲立祠。

頤煊案：《南史》作『新安太守』。《宋書·州郡志》《南齊書·州郡志》始新、遂安、海寧三縣皆屬新安郡，非東陽屬縣。

區粟城

《林邑國傳》：二十三年，使交州刺史檀和之、振武將軍宗慤伐之，乃遣大帥范扶龍戍其北界區粟城。

頤煊案：《宋書·宗慤傳》作『元嘉二十二年』，區粟城作『粟城』。

太清五年

《武陵王紀傳》：大清五年夏四月，紀帥軍東下，至巴郡，以討侯景爲名，將圖荆陝。

頤煊案：《元帝紀》作『太清六年八月』。

臨江郡

《侯景傳》：景以錢塘爲臨江郡，富陽爲富春郡。

頤煊案：《元和郡縣志》：『陳禎明中，置錢塘郡。』《隋書・地理志》：『錢塘舊置錢塘郡，平陳廢郡。』臨江是暫時所置，故不書。

校勘記

〔一〕魯山城主僧寄死　《梁書・武帝紀上》『僧』上有『房』字。

〔二〕蕭璝破汶陽太守劉孝慶等於硤口　『蕭璝』原作『蕭瓆』，據《南齊書・蕭穎胄傳》改。

〔三〕唯當爲雄　『當』，《隋書・地理志》作『富』。

〔四〕父聞慰齊正員郎　『正員郎』原作『正員外』，《梁書・孝行劉霽傳》作『工員郎』，《南齊書・良政劉懷慰傳》作『正員郎』。正員郎即散騎侍郎。《梁書》『工』爲『正』字之訛。今據《南齊書》改。

諸史考異卷八

陳書

李賁

《武帝紀》：賁竄入屈獠洞中，屈獠斬賁，傳首京師，是歲太清元年也。

頤煊案：《梁書·武市紀》作『太清二年三月』。

廣梁郡

永定二年八月，以廣梁郡爲陳留郡。

頤煊案：《陳詳傳》：『資割故鄣、廣德置廣梁郡〔一〕，以詳爲太守。高祖踐阼，改廣梁爲陳留，又以爲陳留太守。』《隋書·地理志》：『綏安縣，梁末立大梁郡，又改爲陳留。』『大梁』即『廣梁』，避隋諱改。

縉州

三年閏四月，詔曰：吴州、縉州去歲蝗旱。

頤煊案：《留異傳》：『紹泰二年除縉州刺史，領東陽太守。世祖即位，改授都督縉州諸軍事、縉州刺史、領東陽太守。』《隋書·地理志》不載縉州之名。《元和郡縣志》：『孫晧分會稽置東陽郡。陳武帝置縉州。』

會稽十郡

《文帝紀》：以功授持節都督會稽等十郡諸軍事、宣毅將軍、會稽太守。

頤煊案：會稽太守持節都督諸軍事止有會稽、東陽、新安、臨海、永嘉五郡。《徐度》、《沈恪傳》並云：『都督會稽、東陽、臨海、永嘉、新安、新寧、信安、晋安、建安九郡諸軍事。』此云十郡。『天嘉六年三月乙未，詔侯景以來遭亂，移在建安、晋安、義安郡者並許還本土，其被略爲奴婢者，釋爲良民。』三郡毗連，疑即并此而十也。

秦郡

《宣帝紀》：太建五年四月，吴明徹克秦州水栅，齊軍救秦州，吴明徹又破之。五月，秦州城降。

頤煊案：《吴明徹傳》『秦州』皆作『秦郡』。《隋書·地理志》：『六合，舊置秦郡，後齊置秦州。』是降後仍復爲秦郡也。

神農郡

七年三月，移譙州鎮於新昌郡，以秦郡屬之。盱眙、神農二郡還隸南兖州。

頤煊案：《隋書·地理志》：『高郵，梁置廣業郡，尋以有嘉禾爲神農郡，開皇初郡廢。』

廣陵

十二年九月，周廣陵義主曹藥率衆入附。

頤煊案：《魏書·地形志》：『廣陵郡，興和中分東豫州置，領宋安、光城、安蠻、新蔡、汝南五縣。』五年九月，左衛將軍樊毅克廣陵楚子城，亦即此郡。

山陽王

《後主紀》：至德元年十月，立皇弟叔宣爲陽山王〔二〕。

頤煊案：本傳作『山陽王』。

臨海王

四年二月，立皇弟叔顯爲臨江王。

頤煊案：本傳作『臨海王』。

臨　澤

《杜僧明傳》：廣陵臨澤人也。

頤煊案：《隋書・地理志》：『毗陵郡義興縣，又廢義鄉、國山、臨澤三縣入焉。』《南齊書・州郡志》『臨澤』作『臨津』，屬海陵郡。

隨高宗入援

侯景之亂，隨高宗入援京師。高宗於始興破蘭裕。

頤煊案：『高宗』當作『高祖』。

壽昌縣

《周文育傳》：少孤貧，本居新安壽昌縣。

頤煊案：《南齊書·州郡志》壽昌、桐廬並屬吴郡。《隋書·地理志》：『雉山縣，舊置新安郡，桐廬縣屬焉。』其時壽昌縣亦當屬於新安郡。

拍即礮字

《侯安都傳》：安都引船入堰，起樓艦，與異城等，放拍碎其樓雉。

頤煊案：《侯瑱傳》：『衆軍施拍縱火。』《黄法𣰰傳》：『乃爲拍車及步艦，竪拍以逼歷陽，歷陽人窘蹴乞降。』《文選·閒居賦》：『礮石雷駭。』李善注：『礮石，今之拋石也。』《後漢書·袁紹傳》：『操乃發石車，擊紹樓，皆破。』李賢注：『即今之拋車。』拋車即拍車，皆聲之轉。

高州有二

《黄法𣰰傳》：太平元年，割江州四郡置高州，以法𣰰爲高州刺史，鎮於巴山。

頤煊案：《隋書·地理志》：『臨川郡崇仁縣，梁置巴山郡。』此與高涼郡之高州不同。

東西寧

《淳于量傳》：尋出爲持節，都督桂、定、東西寧等四州諸軍事，桂州刺史。

頤煊案：《周書·陽雄傳》：『遷西寧州總管。』《隋書·梁毘傳》：『開皇初出爲西寧州刺史。』大業初改爲縣。《隋書·地理志》：『始安郡，梁曰桂州。義熙縣，舊置東寧州。』

樂山郡

《劉仲威傳》：歷樂山、豫章二郡太守。

頤煊案：《隋書·地理志》：『巴陵郡沅江縣，梁置曰藥山，仍爲郡。平陳，郡廢，縣改曰安樂。』藥山即樂山之譌。

南北新蔡

《華皎傳》：尋詔督尋陽、太原、高唐、南北新蔡五郡諸軍事。

頤煊案：《魯廣達傳》：『除假節、信武將軍、北新蔡太守。』

巴山太守

又令巴山太守黄法𣰰别從宜陽出澧陵。

頤煊案：《法𣰰傳》祇言爲高州刺史，鎮于巴山，不言爲巴山太守，得此可補其闕。法𣰰，巴山新建人。

杜陽

杜陽太守曹宣。

頤煊案：《隋書·地理志》無杜陽郡，當是『桂陽』之譌。

荆信祐三州

《陸子隆傳》：尋遷都督荆、信、祐三州諸軍事，荆州刺史，是時荆州新置，治公安。

頤煊案：《沈恪傳》：『光大二年，遷使持節，都督荆、武、祐三州諸軍事，荆州刺史。』《隋書·地理志》：『南郡公安縣，陳置荆州。武陵郡，梁置武州。巴東郡，梁置信州。』不載祐州治所。

昌州

《袁憲傳》：京城陷，入于隋。隋授使持節、昌州諸軍事、開府儀同三司、昌州刺史。

頤煊案：《隋書·地理志》：『春陵郡，西魏改曰昌州。』《周弘直傳》：『歷雲麾將軍、昌州刺史。』梁末已有此州。

狎客王瑗

《江總傳》：日與後主遊宴後庭，共陳暄、孔範、王瑗等十餘人，謂之狎客。

頤煊案：《南史·陳暄傳》：『後主即位，遷通直散騎常侍，與義陽王叔達、尚書孔範、度支尚書袁權、侍中王瑳、金紫光禄大夫陳褒、御史中丞沈瓘、散騎常侍王儀等恒入禁中，陪侍游宴，謂之狎客。』《隋書·高祖紀》作『王嵯』。

迎主簿

《蔡徵傳》：梁承聖初，高宗爲南徐州刺史，召補迎主簿。

頤煊案：《江總傳》：『父紑，本州迎主簿。』《隋書·百官志上》上州刺史州屬官有都光迎主簿。

逍遥郡

《樊毅傳》：後主即位，改封逍遥郡公，邑三千户。

頤煊案：《隋書·地理志》：『始安郡豪静縣，陳置逍遥郡。』

江德藻

《江德藻傳》：字德藻，濟陽考城人。

頤煊案：《南史》亦作『德藻，字德藻』。汲古閣本作『德操，字德藻』，是淺人所改。

大寶紀年

《何之元傳》：至在太宗，雖加美謚，而大寶之號，世所不遵，蓋以拘於賊景故也。承聖紀曆，自接太清，神筆詔書，非宜輒改。

頤煊案：元帝承制不用大寶年號，在權制則可，而後人論定，終不能抹卻簡文一代紀元，此論未爲平允。

臨海

《陳寶應傳》：自海道寇臨安、永嘉及會稽、餘姚、諸暨。

頤煊案：『臨安』當作『臨海』。

錢　肅

前宣威太守錢肅。

頤煊案：《周迪傳》：『宣城太守錢肅。』

校勘記

〔一〕資割故鄣廣德置廣梁郡　『資』字當屬上文，作『以功授散騎侍郎、假節、雄信將軍、青州刺史資』。錢大昕《廿二史考異》：『梁陳之間，往往有以刺史資領郡守縣令者。』

〔二〕立皇弟叔宣爲陽山王　『皇弟』原訛作『皇帝』，據《陳書·後主紀》改。下『臨海王』條同。

諸史考異卷九

魏書上

盛樂

《太祖紀》：登國元年二月，幸定襄之盛樂。三月，劉顯自善無南走馬邑。

頤煊案：《漢書·地理志》作『成樂』，屬定襄郡。善無、馬邑屬雁門郡。

改代爲魏

天興元年六月，詔有司議定國號。羣臣以爲應以代號。詔：宜仍先號以爲魏。

頤煊案：登國元年正月，帝即代王位，四月改稱魏王。至是始議定焉。

寒食散

天賜六年，初，帝服寒食散。自太醫令陰羌死後，藥數動發，至此逾甚。

頤煊案：《晋書・裴秀傳》：『服寒食散，當飲熱酒而飲冷酒，薨。』《皇甫謐傳》：『謐初服寒食散，而性與之忤，每委頓不倫，嘗悲恚，叩刃欲自殺。』《隋書・經籍志》有《寒食散論》二卷，《寒食散對療》一卷，《解寒食散方》二卷，《解寒食散論》三卷。今《外臺祕要》《千金翼方》内猶傳其法。

娥　清

《太宗紀》：泰常二年十一月，司徒長孫嵩遣娥清、周幾與叔孫建討西山。

頤煊案：《晋書・安帝紀》作『魏將鵝青』。

論語正名

《世祖紀》：始光二年，初造新字千餘，詔曰：孔子曰：『名不正則事不成。』今制定文字，世所用者，頒下遠近，永爲楷式。

頤煊案：《論語》：『必也正名乎。』集解：馬融曰：正百事之名也。《儀禮・聘禮》疏引鄭注《論語》云：『古者曰名，今世曰字。』此詔引《論語》從鄭義。

徵士人數

神䴥四年，遂徵玄等及州郡所遣至者數百人，皆差次敘用。

頤煊案：《高允傳》：『神䴥已後，訪諸有司，以求名士，咸稱范陽盧玄等四十二人，親發明詔，以徵玄等，其就命三十五人。』又云：『昔歲同徵，零落將盡。感逝懷人，作《徵士頌》，蓋止於應命者，其有命而不至則闕焉。』此稱數百人，蓋統州郡所遣至者而言。

廣　陵

太平真君三年，征南將軍東安公刁雍東趨廣陵。

錢氏《考異》云：『此非揚州之廣陵，在今光州息縣，魏時嘗置東豫州於此。』頤煊案：《宋書·索虜傳》：『征南將軍，徐、兗二州刺史，東安公刁雍東趨廣陵，南至京口。』此當是揚州之廣陵，錢氏説誤。

蒙　山

《高祖紀》：延興元年，劉彧將垣崇祖率衆二萬，自郁州寇東兗州，屯于南城固。

頤煊案：《南齊書·垣崇祖傳》：『崇祖率數百人入虜界七百里，據南城固蒙山，扇動郡縣。』《漢書·地理志》：『泰山郡蒙陰，《禹貢》蒙山在西南。』《續漢志》南城，縣名，屬泰山郡。

乾象六合殿

太和三年二月壬寅，乾象六合殿成。

頤煊案：四年正月癸卯，乾象六合殿成。此不應重出，《北史》無此句，當是衍文。

孔子閉房記

九年正月戊寅，詔自今圖讖祕緯及名爲《孔子閉房記》者一皆焚之，留者以大辟論。

頤煊案：《隋書·王充傳》：『有道士桓法嗣者，自言解圖讖，充昵之。法嗣乃以《孔子閉房記》畫作丈夫持一竿以驅羊。』其時尚有傳本。

周文公

十六年詔祀唐堯于平陽，虞舜于廣寧，夏禹于安邑，周文于洛陽。

錢氏云：『「周文」當爲「周公」之譌。』頤煊案：《禮志》作：『周文公制禮作樂，垂範萬葉，可祀于洛陽。』此省公字。

南徐州

《世宗紀》：太和二十三年，南徐州刺史沈陵南叛。

頤煊案：《劉芳傳》亦作：『南徐州刺史沈陵外叛。』《盧玄傳》作：『徐州刺史沈陵密謀外叛。』無『南』字。《隋書・地理志》：『下邳郡，後魏置南徐州，梁改爲東徐州。』

義　州

正始元年九月，蕭衍霍州刺史田道龍、義州刺史張宗之遣使内附。

頤煊案：《梁書・武帝紀》：天監六年十二月，分豫州置霍州。普通四年六月，分霍州置義州。』正始元年當梁天監三年，其時霍州、義州俱已分置在前。

司馬悦

永平元年十月，豫州彭城人白早生殺刺史司馬悦，據城南叛。蕭衍遣將齊苟仁等四將以助之。

頤煊案：《梁書・馬仙琕傳》作：『魏豫州人白早生殺其刺史琅邪王司馬慶曾。』『齊苟仁』作『齊苟兒』。《司馬楚之傳》：『悦字慶宗。』『曾』『宗』聲之轉。

徐元明

延昌二年二月，蕭衍郁州民徐玄明等斬送衍鎮北將軍，青、冀二州刺史張稷首，以州内附。

頤煊案：《游肇傳》作『蕭衍軍主徐玄明』，《奚康生傳》作『蕭衍直閤將軍徐玄明』，《梁書·張稷傳》作『州人徐道角等夜襲州城害稷』。

弘化太守

《肅宗紀》：延昌四年十月，蕭衍弘化太守杜桂舉郡内屬。

頤煊案：《隋書·地理志》：『弘化郡，西魏置朔州。朔方郡巖緑縣，西魏置弘化郡。』

七州治所

熙平二年，城青、徐、兖、涇、平、營、肆七州所，治東陽、歷城、瑕丘、平涼、肥如、和龍、九原、七城。

錢氏《考異》云：『諸州治所，《地形志》具載之，惟涇州《志》云治臨涇城，而《紀》云平涼，未詳。』頤煊案：《隋書·地理志》：『安定郡，舊置涇州。陰盤，後魏置平涼郡。』臨涇亦屬安定郡，當是涇州前治在平涼，後移治在臨涇城。《地形志》徐州治彭城，齊州治歷城。以所治考之，『徐州』當是『齊州』之譌。

南秀容

正光五年八月丁酉，南秀容牧子于乞真反，殺太僕卿陸延，别將尒朱榮討平之。

頤煊案：《尒朱榮傳》作：『南秀容牧子萬子乞真反。』

東魏郡

孝昌元年二月，齊州魏郡民房伯和聚衆反。

頤煊案：《地形志》齊州有東魏郡，此『魏郡』上當脱『東』字。

南荆州

《孝莊紀》：建義元年六月辛卯，南荆州刺史李志據城南叛。

頤煊案：《李彪傳》：『子志。桓叔興外叛，南荆荒毁，領軍元叉舉其才任撫導，擢爲南荆州刺史。建義初，叛入蕭衍。』故《地形志》不載。

瓜州

癸卯，以高昌王世子光爲平西將軍、瓜州刺史，奏臨縣開國伯。

頣煊案：《出帝紀》《高昌傳》俱作『泰臨縣』，《地形志》瓜州郡縣闕。《隋書·地理志》：『敦煌郡，舊置瓜州。』

宥州

《出帝紀》：永熙元年，夏州徙民郭遷據宥州反，刺史元嶷棄城走。詔齊州刺史尉景、濟州刺史蔡儁攻討之。

頣煊案：《常山王傳》：『嶷，出帝初授兖州刺史。于時城人王奉伯等相扇謀逆，棄城出走。詔齊州刺史尉景、本州刺史蔡儁往討之。』『宥州』當是『濟州』之譌。

魏分爲三

《孝静紀》：帝諱善見，清河文宣王亶之子也。出帝既入關，齊獻武王奉迎不克，乃與百寮會議，推帝以奉肅宗之後。改永熙三年爲天平元年。武定八年，遜位于齊。

頣煊案：魏收仕齊，撰《魏書》，自以孝静爲正統。《陳書·何之元傳》：『今以未分之前爲北魏，既分之後，高氏所輔爲東魏，宇文所挾爲西魏。』張太素《天文志》稱東西帝。《隋書·地理志》有後魏、東西魏之分。皆不同收例。

揚州

元象元年二月，豫州刺史堯雄攻揚州，拔之。

頤煊案：《隋書·地理志》：『淮南郡，舊曰豫州，後魏曰揚州，梁曰南豫州，東魏曰揚州。』《李順傳》：『蕭寶卷豫州刺史裴叔業以壽春歸附，詔焕率衆迎接，入城撫慰，仍行揚州事。』即其證。錢氏《考異》改此『揚州』作『陽州』，非是。餘見《梁書》。

新安郡

《上黨王天穆傳》：時青州刺史元世儁表置新安郡，以杲爲太守。

頤煊案：《地形志》青州無新安郡，而義州有之，興和中置。

則問

《東陽王丕傳》：每於則問，令丕坐觀。

頤煊案：『則』當作『測』。《隋書·刑法志》：『凡繫獄者不即答款，應加測罰，不得以人事爲隔。斷食三日，聽家人進粥二升。女及老小一百五十刻乃與粥，滿千刻而止。』

平原郡

《常山王素傳》：休屠郁原等叛，素討之，斬渠帥，徙千餘家於涿鹿之陽，立平原郡以處之。

頤煊案：《地形志》：『平原郡，漢高帝置，皇始中屬冀州。』即此郡。

滄州

《遼西公傳》：洪超持節綏慰冀部，還，上言：『冀土寬廣，界去州六七百里，負海險遠，宜分置一州，鎮遏海曲。』朝議從之，後遂立滄州。

頤煊案：《地形志》：『滄州，熙平二年分瀛、冀二州置，治饒安城。』

燕州昌平郡

《京兆王傳》：羅侯遷洛之際，以墳陵在北，遂家於燕州之昌平郡，就拜昌平太守。

頤煊案：《宋弁傳》：『維黜爲燕州昌平郡守。』《地形志》：『東燕州，太和中分恒州東部置燕州。』『平禺郡』即『昌平郡』之譌〔二〕。

馮文通

《樂平王丕傳》：初，馮弘之奔高麗。

頤煊案：《海夷馮文通傳》：『本名犯顯祖廟諱。』此稱其名，非史本文。

渤海郡

《廣陵王羽傳》：羽食渤海郡之東光二千户。

頤煊案：《地形志》渤海郡有二，一屬冀州，一屬青州。東光屬冀州之渤海郡。

桓帝碑

《衛操傳》：桓帝崩後，操立碑于大邗城南，以頌功德。皇興初，雍州別駕雁門段榮於大邗掘得此碑，文雖非麗，事宜載焉，故録於傳。

頤煊案：此碑不載於帝紀，而載在《操傳》，亦作史者重金石文之證。

董京霍原

《崔玄伯傳》：玄伯同郡董謐，謐父京。時廣陽霍原等俱以碩學播名遼海。

頤煊案：董京、霍原《晉書》俱在《隱逸傳》。

崔宏

《長孫嵩傳》：太宗即位，與山陽侯奚斤、北新侯安同、白馬侯崔宏等八人坐，止車門右，聽理萬機。

頤煊案：《崔玄伯傳》：『名犯高祖廟諱。』紀傳皆稱其字，此獨稱名，當是後人所改。

赫連屈丏

赫連屈丏士宇不過千里。

頤煊案：『丏』當作『子』。《鐵弗傳》：『屈子本名勃勃，太宗改其名曰屈子。屈子者，卑下也。』

筆公

《古弼傳》：以敏正稱，太宗嘉之，賜名曰筆，取其直而有用。後改名弼，言其輔佐材也。

頤煊案：下文：『弼頭尖，世祖常名之曰「筆頭」，是以時人呼爲筆公。』筆非賜名，亦不取正直爲義。

原　平

《張黎傳》：雁門平原人也。

頤煊案《地形志》，當作原平。

謚曰文

《封懿傳》：興之出爲瀛、冀二州平北府長史。天平中重贈殿中尚書，謚曰孝。注：一作文。

頤煊案：《新唐書·世系表》作『謚曰文』。

高陽太守

《屈遵傳》：太祖南伐，高陽太守崔玄伯東走海濱。

頤煊案：《崔玄伯傳》作『高陽内史』。

馮代彊

《崔浩傳》：浩寫《急就章》，從少至老，所書蓋以百數，必稱『馮代彊』，以示不敢犯國。

頤煊案：《玉海》：《急就章》本作：『馮漢强。』顔師古注：『漢强，意在忠於本朝也。』浩易『漢』爲『代』，亦同此意。

中山王熙

《刁雍傳》：相州刺史山陽王熙在鄴起兵，將誅元叉等，事敗，傳首京師。

頤煊案：《盧同傳》：『元叉之廢靈太后也，相州刺史中山王熙起兵于鄴。』《刁雙傳》：『正光初，中山王熙之誅也，熙弟略投命於雙。』《明帝紀》：『正光元年八月甲寅，相州刺史中山王熙舉兵欲誅叉、騰，不果，見殺。』《中山王英傳》：『熙，延昌二年襲封。』此作『山陽王』，誤。

太原王氏

《王慧龍傳》：自云太原晋陽人，司馬德宗尚書僕射愉之孫。

頤煊案：《晋書》王愉爲王坦之之子，王湛玄孫。王湛字處沖，司徒渾之弟。《渾傳》云：『太原晋陽人。』則慧龍本太原王氏，而北人不之信，故稱自云。

東徐州

叡娶徐州刺史崔鑒女〔二〕。

頤煊案：下文『叡婚自東徐還』，則鑒之爲徐州刺史是東徐州刺史，省『東』字。《李彪傳》《崔鑒傳》俱作『東徐州刺史』。

太州

《薛辯傳》：長瑜天平中爲洛州刺史，歿于陳，贈都督冀、定、太三州諸軍事，車騎將軍，冀州刺史。

錢氏《考異》云：『太州蓋天平中所置，而《地形志》無之。』頤煊案：《薛野賭傳》：『高宗初，賜爵順陽子。和平中，除并州刺史，轉太州刺史，在治有聲。』

中川郡

《寇讚傳》：臻字仙勝，顯祖末爲中川太守。

頤煊案：《地形志》：『中川郡，天平初置。』顯祖末已有此郡，天平初當是復置。

兖州刺史

《劉休賓傳》：稍遷幽州刺史，鎮梁鄒。

頤煊案：『幽州』當是『兖州』之譌。下文：『慕容白曜軍至升城，遣人說之令降，休賓不從。會劉彧遣使授休賓輔國將軍、兖州刺史。』『文曄對曰：「臣亡父休賓劉氏，持節兖州刺史，戍梁鄒。」』皆其證。《北史·劉休賓傳》：『仕宋爲兖州刺史。』不作幽州。

兄子聞慰

休賓密與其兄子聞慰議爲降計。

頤煊案：聞慰改名懷慰，乘民子，見《南齊書·良政傳》。

東荆州三郡

《韋閬傳》：珍又破慧景，擁降民七千餘户内徙，表置城陽、剛陵、義陽三郡以處之。高祖詔珍移鎮北陽。

頤煊案：《隋書·地理志》：『淮安郡，後魏置東荆州，治比陽縣。』三郡皆當屬於東荆州。《地形志》州郡俱不置。

北幽州

《李訢傳》：父崇，延和初歸降。世祖以崇爲平西將軍、北幽州刺史。

頤煊案：《地形志》無北幽州。下文：『世祖曰：「云何不取幽州刺史李崇老翁兒也。」』無

『北』字。

疩

《盧玄傳》：道虔尚高祖女濟南長公主，公主先無疩患，倉卒暴薨。

頤煊案：此即今世所謂痘瘡也。字書無痘字，古通呼之爲疹。《玉篇》：『疹，癮疹，皮外小起也。』

徵士頌

《高允傳》：又以昔歲同徵，零落將盡，感逝懷人，作徵士頌。

頤煊案：傳中列盧玄以下三十四人銜名，以本傳考之，多不同。《李順傳》：『初順與從兄靈、從弟孝伯並以學識器業見重於時。』此傳無孝伯，當是徵而未至。靈與族叔詵、族弟熙等俱被徵，事在高允《高士頌》。《李熙傳》：『字仲熙。神䴥中，與高允等俱被徵。』此傳作李遐仲熙，與雁門李熙別是一人。《李叔虎傳》：『從祖金，世祖神䴥中與高允俱被徵，位至征南從事中郎將。』此傳作李欽。《韋閬傳》：『字友觀。』此傳字友規，結銜稱征西大將軍從事中郎，本傳不載。邢穎附其孫《邢巒傳》〔三〕，稱：『拜中書侍郎、假通直常侍、寧朔將軍、平城子。』此傳稱中書郎、武恒子。張誕附《張袞傳》，稱：『除中書侍郎、通直散騎常侍、建威將軍，賜爵容城子。』此傳止稱中書郎。此傳盧玄結銜稱固安伯，高濟稱浮陽侯，《盧同本傳》，高濟附其子《遵傳》，俱不載[四]。

東徐州

《尉元傳》：劉彧東徐州刺史張讜據團城。

頤煊案：《地形志》：『南青州，治團城，顯祖置爲東徐州，太和二十二年改。』

東兖州

中書侍郎李璨與畢衆敬對爲東兖州刺史。

頤煊案：《畢衆敬傳》：『皇興初，就拜散騎常侍、寧南將軍、兖州刺史，賜爵東平公，與中書侍郎李璨對爲刺史。』無『東』字。

南濟陰郡

元表淮陽郡上黨令韓念祖。

錢氏《考異》云：『案尉元在徐州，表稱南濟陰郡睢陵縣人趙憐等乞念祖爲令。詔聽如請。然《地形志》無上黨、睢陵二縣，并未見南濟陰郡名。』頤煊案：《地形志》：『南濟陰郡，治竹邑城，孝昌中陷，武定五年復。』錢氏偶失檢耳。南濟陰郡與淮陽郡同屬徐州。睢陵縣，武定六年置，屬淮陽郡，不屬南濟陰郡。上黨縣本寄治在淮陽郡，見《北史·茹皓傳》〔五〕。尉元爲徐州刺史，治彭城。延興元年五月，假元淮陽王，因得表淮陽郡上黨令者，其刺史職也。《地形志》淮陽郡不載上黨寄治。《宋書·州郡志》上黨令屬淮陽太守。

平齊郡

《慕容白曜傳》：崔道固及兖州刺史、梁鄒守將劉休賓竝面縛而降〔六〕，白曜送道固、休賓及其寮屬於京師，後乃徙二城民望於下館，朝廷置平齊郡懷寧、歸安二縣以居之。

頤煊案：《劉休賓傳》：『及立平齊郡，乃以梁鄒民爲懷寧縣。』《房崇吉傳》〔七〕：『立平齊郡，以歷城民爲歸安縣。』《崔道固傳》〔八〕：『慕容白曜送崔道固赴都，詔徙青齊士望共道固守城者數百家於桑乾，立平齊郡於平城西北北新城。尋徙治京城西南二百餘里舊陰館之西。』《隋書·地理志》：『馬邑郡雲内，後魏立平齊郡，尋廢。』故《地形志》不載。

東青州

《韓茂傳》：先是，河外未賓，民多去就，故權立東青州，爲招懷之本，新附之民咸受優復。

錢氏云：『東青州未詳所在。』頤煊案：《宋書·明帝紀》：『泰始四年八月，分青州置東青州，尋朝議罷之。』《隋書·地理志》：『平原郡平原，後魏置東青州，置未久而廢。』

張　湛

《張湛傳》：字子然，一字仲玄，敦煌人。

頤煊案：此與注《列子》者《隋書·經籍志》東晉光禄勳張湛别是一人。

蒼雅林説

《游明根傳》：肇博通經史及《蒼》《雅》《林》《説》。

頤煊案：謂《三蒼》《廣雅》《字林》《説文》也。

北徐州

《劉芳傳》：思祖叛奔蕭衍，衍以思祖爲輔國將軍、北徐州刺史，頻寇淮北。

頤煊案：《南齊書·州郡志》北徐州鎮鍾離。《地形志》：『楚州，蕭衍置北徐州，武定七年改治鍾離城。』

殷州四郡

《崔辯傳》：孝昌初，分定、相二州四郡置殷州，以楷爲刺史。

頤煊案：《地形志》：『殷州，孝昌三年分定、相二州置，治廣阿。』殷州所領止三郡。

校勘記

〔一〕平禺郡即昌平郡之譌　《魏書·地形志》無平禺郡，東燕州下有平昌郡，屬縣有昌平縣。『平禺郡』當作『平昌郡』。

〔二〕此條屬《陸叡傳》，此句上脱『陸叡傳』三字。

〔三〕邢穎附其孫邢巒傳　『邢巒』，原作『邢蠻』，據《魏書·邢巒傳》改。

〔四〕《盧同傳》雖不載盧玄爵固安伯事，《盧玄傳》附孫《盧淵傳》：『景明二年卒官。復本爵固安伯，謚曰懿。』則盧玄結銜稱固安伯於史有據。

〔五〕上黨縣本寄治在淮陽郡見北史茹皓傳　『茹皓』原作『徐皓』，據《北史·茹皓傳》改。《北史·茹皓傳》：『是時南土飢亂，遂寓居淮陽上黨。』《魏書·恩倖茹皓傳》同。

〔六〕崔道固及兖州刺史梁鄒守將劉休賓竝面縛而降　『梁鄒』原作『梁州』，據《魏書·慕容白曜傳》改。

〔七〕房崇吉傳　『房崇吉』原作『崔崇吉』，下引文屬《魏書·房法壽傳》附從弟《房崇吉傳》，據改。

〔八〕崔道固傳　『崔道固』原作『崔念遠』，史無崔念遠其人，下引文屬《魏書·崔玄伯傳》附族人《崔道固傳》，疑涉崔道固上『崔彦遠』而誤。今據《崔道固傳》改。

諸史考異卷十

魏書下

南豳州

《楊播傳》：椿，正光五年尋加衛將軍，出除都督雍、南豳二州諸軍事，本將軍，雍州刺史。肅宗詔，復除椿都督雍、岐、南豳三州諸軍事，本將軍，雍州刺史。《蕭寶夤傳》：孝昌三年四月，除持節，都督雍、涇、岐、南豳四州諸軍事，征西將軍，雍州刺史。

頤煊案：《地形志》無南豳州。《隋志》：『北地郡，後魏置豳州。』《元和郡縣志》：『文帝大統十四年，于今理置南豳州。廢帝除「南」字。』

番郡

徐州番郡人續靈珍受衍平北將軍、番郡刺史。

頤煊案：《地形志》作『蕃郡』。

監伯陽

《李彪傳》：初，受業于長樂監伯陽，伯陽稱美之。

頤煊案：《儒林董徵傳》：『師清河監伯陽，受《論語》《毛詩》《春秋》《周易》。』清河、長樂二郡相近。

管州

《高道悦傳》：高祖甚加悲惜，贈散騎常侍、帶管州刺史。

頤煊案：《地形志》無管州。《崔挺傳》：『敬邕以本將軍出除管州刺史〔二〕。』錢云：『「管」當作「營」。』

三荆

《李崇傳》：東荆州蠻樊安聚衆於龍山，崇分遣諸將攻擊賊壘。生擒樊安，進討西荆，諸蠻悉降。

頤煊案：《蠻傳》有東荆、南荆，而無西荆。《尒朱榮傳》：『仍出魯陽，歷三荆，悉擁生蠻。』《崔挺傳》：『除孝芬荆州刺史，又除都督三荆諸軍事。』錢氏謂：『荆州亦稱西荆。』非是。

洪始改元

《崔光傳》：鴻乃撰爲《十六國春秋》，勒成百卷。鴻經綜既廣，多有違謬。至太祖天興二年，姚興改號，鴻以爲改在元年。

頤煊案：《姚興傳》：『天興元年，興去皇帝之號，降稱天王，號年洪始。』《晋沙門法顯傳》：法顯以弘始二年，歲在己亥，至天竺。天興元年戊戌，二年己亥，則亦以弘始改元在天興元年。唯《梁高僧傳》：鳩摩羅什以僞秦弘始十一年八月二十日卒於長安，是歲晋義熙五年。此以弘始改元在天興二年。

慕容超滅

太宗永興二年，慕容超擒於廣固，鴻又以事在元年。

頤煊案：《太宗紀》：『永興二年，是歲，司馬德宗將劉裕滅慕容超於廣固。』《宋書・高祖紀》：『義熙六年二月，屠廣固，送超京師，斬於建康市。』義熙六年當永興二年。

北巴郡

《傳暨眼傳》：假暨眼征虜將軍、持節，領步兵三萬，先討北巴。

頣煊案：《南齊·州郡志》北巴西郡屬梁州。《隋書·地理志》：『閬内，梁置北巴郡。』

南兖州

《裴叔業傳》：寶卷遷叔業本將軍、南兖州刺史，叔業慮内難未已，不願爲南兖，以其去建鄴近。

頣煊案：《南齊書·裴叔業傳》：『虜南兖州所鎮，去彭城百二十里，僞兖州刺史孟表固守拒戰。』《孟表傳》：『仕蕭鸞爲馬頭太守。太和十八年，表據郡歸誠，除南兖州刺史，領馬頭太守，鎮渦陽。』此與《地形志》南兖州正光中置治譙城者不同。

廣陵寒人

魏承祖封平春縣開國子。承祖，廣陵寒人也，依隨叔業，爲趨走左右。

頣煊案：《山偉傳》：『元叉欲用代來寒人爲傳詔。』寒人亦謂之寒官。《孫惠蔚傳》：『魏初已來，儒生寒官惠蔚最爲顯達。』餘見《南齊書·倖臣傳》。

安固桓陵

《淳于誕傳》：其先太山博人，後世居於蜀漢，或家安國之桓陵縣。

頤煊案：《地形志》無此郡縣。《南齊書·州郡志》益州安固郡有桓陵縣。『安國』即『安固』之譌。

南冀州

《路侍慶傳》：思令尋拜征虜將軍、陽平太守。又割冀州之平清河、相州之陽平、齊州之原以爲南冀州，仍以思令爲左將軍、南冀州刺史。

頤煊案：當作『冀州之東清河、相州之陽平、齊州之平原』，傳寫脱誤也。《地形志》無南冀州，平原郡下云：『武泰初，立南冀州。永安中，罷州。』《隋書·地理志》：『武陽郡聊城，舊置南冀州。未幾，州廢。』《辛紹先傳》：『子馥，孝昌初釋褐，後除南冀州防城鎮將。』與崔道固所授之南冀州刺史不同。

樂陵二郡

《朱元旭傳》：本樂陵人也。祖霸，真君末，南叛投劉義隆，遂居青州之樂陵。

頤煊案：《地形志》滄州有樂陵郡，魏初置義興郡。青州樂陵郡，故千乘地，劉義隆置，魏因之。

義州

于時，朝廷分汲郡、河内二界挾河之地，以立義州，安置關西歸款之户。除元旭使持節、驃騎將軍、義州刺史。武定三年夏，卒于州。

頤煊案：《地形志》：『汲郡汲縣，陳城，興和二年，恒農人率户歸國，仍置義州于城中。義州，興和二年置，寄治汲郡陳城。』

秀容郡

《尒朱榮傳》：北秀容人也。太祖初以南秀容川原沃衍，欲令居之。羽健曰：『臣家奉國，給侍左右，北秀容既在列内，差近京師，豈以沃墝，更遷遠地。』

頤煊案：《地形志》肆州有秀容郡，不言南北。下文『曾祖鬱德、祖代勤〔三〕，繼爲領民酋長。高宗末，假寧南將軍、肆州刺史』，則肆州所屬之秀容郡即北秀容也。《尒朱天光傳》：『建義初，除撫軍將軍、肆州刺史。永安中，加侍中、金紫光禄大夫、北秀容第一酋長。』尤其明證。《元和郡縣志》：『秀容縣，本漢陽曲縣地。開皇十八年，于此置忻州，又于今西北五十里秀容故城，移後魏胡元所置秀容縣于今理，屬忻州。』此即南北秀容之故址，其地相去不遠，同在肆州界中。

西荆州

《辛雄傳》：纂，永熙三年，除使持節、河内太守。九月，行西荆州事、兼尚書南道行臺，尋正刺史。時蠻酋樊五能破析陽郡，應宇文黑獺。

頤煊案：西荆州已見《李崇傳》。《地形志》：『析陽郡，領東析陽、西析陽二縣，析州所屬，皆蠻中郡縣。』南道行臺即南中府，南安郡以下皆屬之。

北荆州

詔珍之持節，爲廣、洛、北荆、揚、雍、襄六州慰勞大使，北荆鎮城，行廣州事，招納有稱。

頤煊案：《地形志》：『北荆州，武定二年置。』不言治所。《隋書·地理志》：『襄城郡，東魏置北荆州。河南郡陸渾，又有東魏北荆州。』『廣州，武定中陷，徙治襄城。』即南廣州。

行字於世

《高崇傳》：恭之字道穆，行字于世。

頤煊案：《傅永傳》：『字脩期。王肅之爲豫州，高祖曰：「已選傅脩期爲其長史。」高祖每歎曰：「上馬能擊賊，下馬作露布，唯傅脩期耳。」』《咸陽王禧傳》：『長子通，字曇和。』《陸俟傳》：『咸陽王禧謀反，令子曇和先據河内，琇聞禧敗，斬曇和首。』《寇讚傳》：『時馮熙爲涪州刺史，仙勝微能附之。』皆稱其字。

永安五銖錢

道穆表：在市銅價八十一文得銅一斤。私造薄錢，斤餘二百。宜改鑄大錢，文載年號，以記其始，則一斤所成止七十六文。銅價至賤五十有餘，其中人功食料、錫炭鉛沙，縱復私營，不能自潤。』後遂鑄永安五銖錢。

頤煊案：今所在有之。

東豫州十三郡

《張普惠傳》：出除左將軍、東豫州刺史。淮南九戍十三郡，猶因蕭衍前弊，别郡異縣之民錯雜居止。

頤煊案：《田益宗傳》：『太和十九年，都督光城、弋陽、汝南、新蔡、宋安五郡諸軍事，冠軍將軍，南司州刺史。後以益宗既渡淮北，不可仍爲司州，乃於新蔡立東豫州，以益宗爲刺史。』《地形志》：『東豫州，太和十九年置，治廣陵城，領郡六。廣陵郡，興和中分東豫州置，領縣五。』宋安、光城、新蔡、汝南皆南司州舊郡。《田益宗傳》：『命安蠻太守梅景清。』安蠻亦嘗置郡，并之即十三郡也。《隋書·地理志》：『汝南郡新息，後魏置東豫州，梁改曰西豫州。』

西平原

《馮元興傳》：其世父僧集，官至東清河、西平原太守，贈濟州刺史。

頤煊案：《地形志》有東平原郡，而無西平原郡。西平原疑即濟州所屬之平原郡也。

唐州

《樊子鵠傳》：及榮向洛，以爲假節，假平南將軍，都督河東、正平軍事，行唐州事，刺史崔元珍閉門拒守，子鵠攻尅之。建義初，拜平北將軍、晋州刺史。

頤煊案：《地形志》：『晋州，孝昌中置。唐州，建義元年改。』《孝莊紀》：『建義元年五月乙亥，晋州刺史樊子鵠克唐州，斬刺史崔元珍。』是據改後書之。

梁國蒙縣

《李峻傳》：字珍之，梁國蒙縣人，元皇后兄也。

頤煊案：《皇后傳》：『文成元皇后李氏，梁國蒙縣人，母當作『后』頓丘王峻之妹也。』凡兩言梁國蒙縣人，足證《李庶家傳》『梁國家人』是『梁國蒙人』之訛。

高平公主

《高肇傳》：尚世宗姑高平公主，遷尚書令。

頤煊案：《常景傳》：『肇尚平陽公主，未幾主薨。肇欲使公主家令居廬制服。』

孫　蔚

《孫惠蔚傳》：先單名蔚，正始中，侍講禁内，詔使加惠。

頤煊案：惠蔚與李彪以儒學相知，高祖曾從容言曰：『道固既登龍門，而孫蔚猶沈涓澮，朕常以爲負矣。』

北隨郡

《閻元明傳》：太和五年，除北隨郡太守。

頤煊案：《地形志》無北隨郡。

赭陽武陰

《杜纂傳》：南陽平，又詣赭陽、武陰二郡，課種公田。

頤煊案：《漢書·地理志》南陽郡有堵陽、舞陰二縣。堵陽《水經·淯水注》引作『赭陽』，武陰即舞陰，古字通用。《地形志》無此二郡名。《高祖紀》：『太和二十二年，赭陽戍主成公期、舞陰戍主黄瑶起。』當是暫置爲郡，故不言。

趙郡人

《李謐傳》：涿郡人，相州刺史安世之子。

頤煊案：下文兩言『趙郡李謐』。相州刺史安世，《李孝伯傳》：『兄詳，子安世〔三〕，趙郡人。』謐亦當爲趙郡人，『涿』字譌。

觀象賦

《張淵傳》：明占候，曉内外星分，世祖以淵爲太史令，嘗著《觀象賦》。

頤煊案：《初學記·星第四》引作『宋張鏡《觀象賦》』，《文選·月賦》李善注引作『張泉《觀象賦》』，皆因避唐諱改。徐堅以淵爲宋人，未知何據。

陰　貞

《周澹傳》：爲太醫令時，有河南人陰貞，家世爲醫，與澹竝受封爵。

頤煊案：《太祖紀》：『初，帝服寒食散，自太醫令陰羌死後，藥數動發。』當即其人。

南　䜌

《王仲興傳》：趙郡南欒人也。

頤煊案：《地形志》南欒屬南趙郡，二漢屬鉅鹿。《漢書·地理志》《後漢·郡國志》鉅鹿郡皆作『南䜌』。

常　安

《劉曜傳》：曜還都長安，自稱大趙。

頤煊案：《晋書載記》作：『徙都常安。』

小字匐

《石勒傳》：字世龍，小字匐勒。《石虎傳》：勒之從子也，祖曰匐邪。

頤煊案：《晋書載記》作石勒初名㔨，季龍祖曰㔨邪。『㔨』『匐』聲之轉，而字各異。《集韻》：『㔨，人名。晋有㔨督。見《石勒載記》。』

慕容䟿

《慕容廆傳》：廆死，子元真代立。元真名犯恭宗廟諱。

頤煊案：恭宗名晃，元真名䟿，凡音同而偏旁異者不諱，如顯祖名弘，而姚泓不諱是也。

據《宇文莫槐傳》，元真本名晃，故避諱後俗寫改作䟿字。

發　冢

《司馬叡傳》：逸求峻屍，弗獲。乃發衍父母冢，剖棺焚屍。

頤煊案：《晉書・蘇峻傳》作：『乃發庾亮父母墓，剖棺焚屍。』

杜墨騾

《劉裕傳》：休範將杜墨騾又攻新亭東廂，昱將顯達率所領至杜姥宅，破墨騾軍。

頤煊案：《宋書・桂陽王休範傳》《南齊書・高帝紀》俱作『杜墨蠡』〔四〕。

勇士城

《乞伏國仁傳》〔五〕：分部内爲十一郡，築勇士城以都之。

頣煊案：《漢書·地理志》勇士縣屬天水郡。

樂　都

《禿髮烏孤傳》：天興初，烏孤又稱武威王，徙治樂都。

頣煊案：《漢書·地理志》洛都縣屬上郡。

涼州七郡

《沮渠蒙遜傳》：割涼州之武威、張掖、敦煌、酒泉、西海、金城、西平七郡，封王爲涼王。

頣煊案：《晋書·地理志》涼州統郡八，此外尚有西郡，不在數中，當是其時已并省。

高昌郡

《高昌傳》：漢西域長史、戊己校尉竝居於此〔六〕，晋以其地爲高昌郡。張軌、呂光、沮渠蒙遜據河西，皆置太守。

頣煊案：《晋書·地理志》無高昌郡。《呂光載記》有高昌太守楊翰。《沮渠蒙遜載記》：『以熾盤爲高昌太守。』

新陽太守

《蠻傳》：藻又遣其新陽太守邵道林，於沔水之南石城東北立清水戍。

頤煊案：《南齊書·州郡志》新陽郡屬寧蠻府。

蟲

《蠕蠕傳》：世祖以其無知，有類於蟲，故改其號爲蠕蠕。

頤煊案：《春秋左氏·成五年》：『同盟于蟲牢。』《春秋繁露·竹林篇》作『蟲牢』。『蟲』即『蟲』字。

父草馬

父草馬五百匹。

頤煊案：《爾雅·釋畜》：『馬屬。牡曰騭。』郭璞注：『今江東呼父馬爲騭。』『牝曰騇。』注：『草馬。』

名犯諱字

《宇文莫槐傳》：與慕容晃相攻擊。

頤煊案：『晃』字凡五見。紀傳『晃』避恭宗諱，皆稱『慕容元真』。此傳不回換，是史之失。

南北稱帝

《天象志》：由是魏爲北帝，而晋氏爲南帝。

頤煊案：魏收撰《魏書》以北爲帝，而以晋爲僭。收《天象志》已殘闕，後人取張太素書補之。太素唐人，無南北之分，故竝稱之爲帝。

太史上言

天賜六年六月，金、火再入太微，犯帝座。蓬孛、客星及他不可勝紀。太史上言，且有骨肉之禍，更政立君，語在帝紀。

頤煊案：《太祖紀》天賜六年無太史上言。

廣平郡治

《地形志》：廣平郡，治曲梁。

頤煊案：曲梁，廣平郡第五縣，其時郡治不必在第一縣，與《後漢・郡國志》異。

受　陽

太原郡，受陽，晋屬樂平。

頤煊案：《晋書・地理志》樂平郡作『壽陽』。

廮　陶

鉅鹿郡，廮陶，二漢、晋屬，治廮陶城。廮遥，永安二年分廮陶置，治楊城。

頤煊案：《元和郡縣志》平遥縣下云：『魏以太武帝名燾，改平陶爲平遥。』此郡既有廮遥，復有廮陶，當有舛譌。《隋志》：『趙郡廮陶，舊曰廮遥，開皇六年改廮陶。』而不言别有廮陶縣。

涓　水

武德郡，温，有温涓水

頤煊案：《春秋·襄十六年》：『公會晋侯于溴梁。』杜預注：『溴水出河内軹縣東南，至温入河。』『湨水』即『溴水』之譌，『溴』上衍『温』字。

建州

建州，慕容永分上黨置建興郡，真君九年省，和平五年復。永安中罷郡置州，治高都城。

頤煊案：《北齊書·神武紀》：『天平元年，建州刺史韓賢，魏帝忌之，故省建州以去賢。』在五月前。旋復建州，而志不書。

汾州

汾州，延和三年爲鎮，太和十八年置州，治蒲子城。孝昌中陷，移治西河。

頤煊案：《裴延儁傳》：『以良爲汾州刺史，值寇亂，城民大飢，人相食，因與城人奔赴西河。』汾州之治西河，自良始也。

梁父菟裘澤

泰山郡，梁汶，二漢、晋屬有菟裘澤。

頤煊案：『梁汶』是『梁父』之譌。《後漢·郡國志》：『梁甫，侯國，有菟裘聚。』劉昭補注：

『《左傳》：隱公使營菟裘，吾將老焉。杜預曰：南有菟裘城。』

東平原

東平原郡，劉裕置，魏因之，治梁鄒。

頤煊案：《鄭羲傳》平城、豪俱爲東平原太守。《漢書·地理志》梁鄒屬濟南郡。《隋書·地理志》：『齊郡，長山，舊曰武彊，置廣川郡。并東清河、平原二郡入，改曰東平原郡。』

潁　州

鄭州，天平初置潁州，治長城。武定七年，改治潁陰城。

頤煊案：《楊播傳》：『儉後以本將軍、潁州刺史，尋加散騎常侍、平南將軍。州罷不行。』

南潁川郡

豫州，潁川郡，太和六年置。

頤煊案：潁川郡屬鄭州，此即南潁州郡〔七〕。《韋閬傳》：『崇除南潁川太守，郡中大治，高祖聞而嘉賞。』《鄭羲傳》：『季明武泰中爲亂兵所害，追封南潁川郡開國公。』皆是。

承　城

蘭陵郡，治永城。

頤煊案：永城當作承城。承是郡第二縣。《隋書·地理志》：『蘭陵舊曰承，置蘭陵郡。』

南秦州

南秦州，真君七年置仇池鎮，太和十一年爲渠州，正始初置洛谷城。

頤煊案：《裴駿傳》：『宣出爲征虜將軍、益州刺史，甚得羌戎之心。復晉壽，更置益州，改宣所蒞爲南秦州。』洛谷，本名駱谷。《皮豹子傳》：喜拜爲使持節，侍中，都督秦、雍、荆、梁、益五州諸軍事，本將軍，開府，仇池鎮將，詔令更給軍糧一月，速于駱谷築城，使四月必令成就訖。南天水郡民柳旂據險不順，喜率衆討滅之。』南天水郡，即南秦州所屬之天水郡，真君七年置。

安康郡

東梁州，安康郡，闕置年。

頤煊案：《淳于誕傳》：『孝昌三年，朝議以梁州安康郡阻帶江山，要害之所，分置東梁州，仍以誕爲鎮遠將軍、梁州刺史。』

巖　緑

夏州，化政郡〔八〕，復緑縣，一本作巖緑。

頤煊案：《隋志》：『朔方郡，後魏置夏州。巖緑縣，西魏置弘化郡。』則作『復緑』者譌也。

高僧裕

《律曆志》：長兼國子博士高僧裕乃故司空允之孫。又云：前司徒司馬高綽。

頤煊案：《高允傳》：『綽字僧裕，延昌初遷尚書右丞，參議《壬子曆》。』肅宗改名《正光曆》。

華陰公主

《禮志》：華陰公主，帝姊也。元紹之爲逆，有保護功，故別立其廟。

頤煊案：《道武宣穆皇后傳》：『登國初納爲夫人，生華陰公主，後生太宗。』保護事《太宗紀》《清河王紹傳》俱不載。

新泰侯

散騎常侍、都曹尚書、新秦侯游明根。

頤煊案：『新秦』當作『新泰』。《游明根傳》：『就拜東兖州刺史，改爵新泰侯。』

桓州白登山

《食貨志》：延昌三年秋，桓州又上言，白登山有銀鑛，八石得銀七兩，錫三百餘斤。

頤煊案：《後漢・郡國志》：『雁門郡，平城。』補注：『《前書》高帝被圍白登。服虔曰：去縣七里。』《地形志》作『恒州』。

桑乾郡

《靈徵志》：延昌元年，恒州之繁畤、桑乾、靈丘。

頤煊案：《地形志》恒州無桑乾郡。《隋書・地理志》：『馬邑，又有後魏桑乾郡，後齊以置朔州。』《北齊・張纂傳》：『父烈，桑乾太守。』

司　州

景明元年，司州之潁川、汲郡。

頤煊案：《地形志》：洛州，太宗置[九]，太和十七年改爲司州，天平初復爲潁川汲郡[一〇]。

靈丘郡

太和九年六月，司州靈丘、廣昌鎮貢霜。

頤煊案：太和十八年遷洛以後，以洛州爲司州，未遷洛以前以恒州爲司州。《地形志》靈丘郡屬恒州。

校勘記

〔一〕敬邕以本將軍出除管州刺史　『敬邕』原作『敬雍』，據《魏書·崔挺傳》改。
〔二〕祖代勤　『代勤』，《魏書·尒朱榮傳》作『代勤』。
〔三〕子安世　『安世』原作『孝伯』，李孝伯兄子不應爲孝伯，據《魏書·李孝伯傳》改。
〔四〕宋書桂陽王休範傳南齊書高帝紀俱作杜墨蠡　按《南齊書·高帝紀》作『杜黑蠡』。
〔五〕乞伏國仁傳　『乞伏國仁』原作『乞休國仁』，據《魏書·乞伏國仁傳》改。
〔六〕漢西域長史戊己校尉竝居於此　『西域』原作『西城』，據《魏書·高昌傳》改。

〔七〕此即南潁州郡　據上下文意，『州』當作『川』。

〔八〕夏州化政郡　『化政』原作『化城』，據《魏書·地形志下》改。

〔九〕太宗置　『置』字原脱。太和爲高祖孝文帝年號。今據《魏書·地形志中》改。

〔一〇〕天平初復爲潁川汲郡　《魏書·地形志中》無『爲潁川汲郡』五字。洛州屬郡無潁川、汲郡。潁川郡屬鄭州，汲郡先後屬相州、司州，疑五字涉上文而衍。

諸史考異卷十一

北齊書

樹生

《神武帝紀》：皇考樹。

頤煊案：《魏書·高湖傳》作：『第三子謐，謐長子樹生，樹生長子即齊獻武王也。』《杜弼傳》：『相府法曹辛子炎諮事，云須取署。子炎讀「署」爲「樹」。高祖大怒曰：「小人都不知避人家諱。」弼進曰：「禮，二名不偏諱。孔子言徵不言在，言在不言徵。子炎之罪，理或可恕。」』『樹』下當有『生』字。《北史》亦作『樹生』。

阿鞠泥

時賀拔允在坐，請神武，神武拳毆之，折其一齒，曰：『阿鞠泥誣下罔上，請殺之。』

頤煊案：《賀拔允傳》：『字可泥。』《周書》作『阿泥』。蓋傳寫有脱譌也。

節閔帝

魏普泰元年二月，尒朱度律廢元曄而立節閔帝〔一〕。十月壬寅，奉章武王融子渤海太守朗爲皇帝，年號中興。永熙元年四月，神武至洛陽，廢節閔及中興主，而立孝武。

頤煊案：節閔帝者，前廢帝也。中興主者，後廢帝也。孝武者，出帝也。《魏書》三帝紀俱不載其謚號。

市虎

《文襄帝紀》：遂懷市虎之疑，乃致投杼之惑。

頤煊案：《梁書·侯景傳》作『遂懷市獸之疑』，此『虎』字是後人所改。

德州

《文宣帝紀》：武定七年，梁德州刺史劉領隊以州内附。

頤煊案：《梁書·敬帝紀》：『德州刺史陳法武。』《地形志》無德州。《隋志》：『平原郡，開皇九年置德州。』是時已有德州，在開皇前矣。

茹茹

天保三年二月，茹茹主阿那瓌爲突厥虜所破，瓌自殺。

頤煊案：《魏書·列傳》作『蠕蠕』，聲相近。

顯祖廟號

乾明元年二月丙申，葬於武寧陵，謚曰文宣皇帝，廟號威宗。武平初，又改爲文宣，廟號顯祖。

頤煊案：《北史》：『乾明元年二月，謚曰文宣皇帝，廟號顯祖。天統初，有詔改謚景烈，廟號威宗。武平初，又奏復帝本謚，廟號顯祖。』《孝昭本紀》：『改乾明元年爲皇建十一月癸丑，有司奏：顯祖文宣皇帝廟宜奏文正之樂，舞光大之舞。庚申，詔以故太尉河東王潘相樂三人配饗顯祖廟庭。』《北史》『顯祖』皆作『高祖』，文與此異。《後主紀》：『天統元年十一月庚午，有司奏改高祖文宣皇帝爲威宗景烈皇帝。』文與《北史》同。

南膠州

《廢帝紀》：乾明元年四月癸亥，詔河南、定、冀、趙、瀛、滄、南膠、光、青九州。

頣煊案：《地形志》有膠州，而無南膠。

豐州

《武成帝紀》：大寧元年，以豐州刺史婁叡爲司空。

頣煊案：《地形志》無豐州，《婁叡傳》亦不言爲豐州刺史。《隋志》：『上黨郡，鄉縣，又有後魏南垣州，尋改豐州，後周廢。』

北朔州

《趙郡王叡傳》：八年，徵叡赴鄴，仍除北朔州刺史，都督北燕、北蔚、北恒三州及庫堪以西、黄河以東長城諸鎮諸軍事。

頣煊案：《范陽王紹義傳》：『周武帝克并州，以封輔相爲北朔州總管。』《地形志》《隋志》俱無北朔州之名。輔相附見《張保洛傳》：『周武平并州，即以爲朔州總管。』無『北』字。凡漠北諸州，以其對南言，俱可稱爲北州也。

兄兄家家

《南陽王綽傳》：綽兄弟皆呼父爲兄兄，嫡母爲家家，乳母爲姊姊，婦爲妹妹。

頤煊案：《琅邪王儼傳》『阿兄愞何能率左右』，謂其父武成也。『士開謀廢至尊，剃家家頭，使作阿尼』，謂胡皇后也。『願遣姊姊來迎臣』，姊姊即陸令萱。《崔暹傳》：『顯祖嘗問安樂公主：「達拏於汝何似？」答曰：「甚相敬重，唯阿家憎兒。」』亦謂其母。

潘相樂

《潘樂傳》：字相貴，廣寧石門人也。樂初生，有一雀止其母左肩，占者咸言富貴之徵，因名相貴，後始爲字。

頤煊案：《神武紀》：『潘相樂本作道人，心和厚。』《文宣紀》：『以潘相樂爲司空。詔封潘相樂爲河東王。』當是初名『相樂』，後省『相』字。

涇州

又爲南道大都督，討侯景。發石鼈，南度百餘里，至梁涇州。涇州舊在石梁，侯景改爲懷州。樂獲其地，仍立涇州。

頤煊案：《段韶傳》：『會梁將嚴超達等軍逼涇州，韶自將步騎數千人，倍道赴涇州，塗出盱眙。』《隋書·地理志》：『江都郡永福縣，舊曰沛，梁置涇城、東陽二郡。陳廢州，并二郡爲沛郡。後周改沛郡爲石梁郡。』『涇城郡』上當脱『涇州』二字。《北史》作『侯景改爲淮州』。

敕勒

《斛律金傳》：字阿六敦，朔州敕勒部人也。

頤煊案：《魏書·高車傳》：『高車蓋赤狄之餘種也，初號狄歷，北方以爲敕勒。諸夏以爲高車、丁零，其種有斛律氏。』

馬邑縣

《厙狄盛傳》：割并州之石艾縣、肆州之平寇縣、原州之馬邑縣各數十户，合二百户爲其食邑。

錢氏云：《魏》《隋》二志所載，原州後爲平涼郡，與馬邑相距甚遠。《魏志》無馬邑縣，《隋志》有馬邑郡而無馬邑縣。頤煊案：此節文有錯誤，當云『肆州之平寇縣、原平縣、馬邑縣各數十户』，其地方相合。《續漢志》馬邑縣屬雁門郡。後省，復置，隋改爲郡。

是寶

《堯雄傳》：詔雄與廣州刺史趙育、揚州刺史是育寶等，各總當州士馬，隨行臺任延敬。

頤煊案：《北史·堯雄傳》作『揚州刺史是寶』，下文『延敬與戰失利，育、寶各還本州，據城降敵』，亦作『是寶』。《魏書·官氏志》：『是云氏，後改爲是氏。』《周書·宇文貴傳》作『是云寶』。《梁書·陳慶之傳》作『是玄寶』，『玄』是『云』字之譌。

東西夏南北華

《薛循義傳》：俄而東西二夏、南北兩華及豳州等反叛。

頤煊案：《魏書·地形志》有夏州、東夏州、華州、北華州，其以夏州爲西夏，華州爲南華，俱以相對而名，史如此類甚多。别有西夏州，寄治并州界，其相距恐遠。

牒舍樂

《慕容儼傳》：尒朱將帥，義旗建後歸順立功者，武威牒舍樂、代郡范舍樂亦致通顯。

頤煊案：《張保洛傳》：『從高祖出山東，又有麴珍、段琛、牒舍樂、尉標、乞伏貴和及弟令和、王康德竝以軍功至大官。』此爲重複，而史失於删并。

東冀州

《高乾傳》：父翼，拜渤海太守。未幾，賊徒愈盛，翼部率合境徙居河濟之間。魏因置東冀州，以翼爲刺史。

頤煊案：《魏書·崔鑒傳》：『孝昌末，冀州流民聚於河外，因立東冀州，除秉爲刺史。』《地形志》無東冀州，當是其後省。

易陽郡

《李元忠傳》：分廣平易陽、襄國，南趙郡之中丘三縣爲易陽郡。

頤煊案：『廣平』下當脱『之』字。《地形志》無易陽郡，魏郡有易陽縣，《魏書·劉藻傳》：『廣平易陽人。』是其先屬廣平也。《隋志》：『臨洺縣，舊曰易陽，後齊廢入襄國縣，置襄國郡。』當是易陽後廢入襄國郡，亦隨改名焉。

宛川

《魏蘭根傳》：從行臺蕭寶夤討破宛州，俘其人民爲奴婢，蘭根辭曰『此縣界于强虜』。

頤煊案：《北史》作『宛川』。《地形志》無此二縣名。《隋志》：『陳倉縣，後魏曰宛川。』

樂陵男

《崔㥄傳》：㥄族子肇師，魏尚書僕射亮之孫也。父士太，諫議大夫。肇師襲父爵樂陵男。

頤煊案：《魏書·崔亮傳》：『士泰以功賜爵五等男。』不言樂陵。

蘭固成

《陳元康傳》：世宗家蒼頭奴蘭固成先掌廚膳，甚被寵昵。世宗杖之，固成因進食，置刀于盤下而殺世宗。

頤煊案：《文襄紀》作：『梁將蘭欽子京。』《北史》：『固成一名京。』

臨海鎮

《杜弼傳》：顯祖發忿，遂徙弼臨海鎮。時楚州人東方白額謀反，南北響應。臨海鎮爲賊帥張綽、潘天合等所攻，弼率厲城人，終得保全。顯祖嘉之，敕行海州事，即所徙之州。

頤煊案：《地形志》海州海西郡有臨海縣，當是其時廢爲鎮。

敬顯儁

《敬顯儁傳》：字孝英，平陽人。

頤煊案：《北史》作『陽平太平人』。《敬使君碑》作『公名□，字顯儁，平陽泰平人。』《北史》作『陽平』者，傳寫譌也。以碑考之，顯儁釋褐奉朝請，孝莊初，封泰平縣開國子，除晋州別駕。後從齊神武起兵，以功封永安縣侯，食邑千户。孝静初，爲汾州刺史，轉晋州刺史，拜儀同三司、驃騎大將軍、潁州刺史、大都督潁州諸軍事。而傳皆不載，知其脱略多矣。

万俟普

萬俟普字普撥，太平人。

頤煊案：《北史》作『万俟普』。《廣韻》二十五德：『万，同墨音。』注：『虜複姓，北齊特進万俟普。俟音其。』北監本作『萬俟普』，明人之不識字可笑如此。

普樂郡

《劉豐傳》：普樂人，以守城功，除普樂太守。

頤煊案：《隋書・地理志》：『靈武郡，後魏置靈州。迴樂縣，後周置，帶普樂郡。』《地形志》靈州郡，縣闕。普樂郡當在所闕之中。

元　弼

《元弼傳》：字輔宗，魏司空之子。

頤煊案：『魏司空』下當脱其名。《魏書・濟陰王傳》：『弼父鬱，襲位開府，爲徐州刺史。』亦未爲司空。弼字邕明，皆與此異。

父遵崔社客

《李渾傳》：父遵，魏冀州征東府司馬，京兆王愉冀州起逆遇害。普泰中，崔社客反於海岱，攻圍青州，詔渾爲征東軍、都官尚書行臺赴援。

頤煊案：《魏書・李靈傳》：渾父道[二]，字良軌。社客，崔祖螭小字也。《周書・段永傳》亦稱青州人崔社客舉兵反。皆舉其字。

襄城王昶

《高德政傳》：楊愔書中旨，以魏襄城王昶并司空公潘相樂、侍中張亮、黄門趙彦深入通奏事。

頤煊案：《魏書・孝静紀》作『襄城王旭及司徒潘相樂』。

自稱其字

《王昕傳》：字元景，太尉汝南王悦辟騎兵參軍。左右言其誕慢，悦作色曰：『卿是何人，獨爲偃蹇。』對曰：『元景位望微劣，不足使殿下式瞻儀形。』

頤煊案：《神武紀》：『神武曰：「此賀六渾之意也。」』此亦自稱其字。

高安縣

《陸法和傳》：既入荆州汶陽郡高要縣之紫石山。

頤煊案：《南齊書·州郡志》荆州汶陽郡有高安縣〔三〕，「高要」即「高安」之譌。

鄭子默

《楊愔傳》：使薛孤延、康買執子默于尚藥局，子默曰：「不用智者言，以至於此，豈非命也。」

頤煊案：《孝昭紀》作：「入自雲龍門，于中書省前遇散騎常侍鄭子默，又執之，同斬于御府之内。」子默名頤，以字行。

裴文季

《裴讓之傳》：愔每云：此人風流警拔，裴文季爲不亡矣。

頤煊案：讓之父佗，見《魏書·良吏傳》，字元化，河東聞喜人。文季未知爲何人。

河間鄚人

《邢邵傳》：字子才，河間鄚人。

頤煊案：《地形志》河閒郡有鄚縣而無鄚。《北史》邵爲邢巒族孫，巒河閒鄚人。《魏書·邢巒傳》作『河閒鄚人』。『鄚』、『鄚』皆『鄚』字之譌。

梁國蒙人

《魏收傳》：《李庶家傳》稱其本是梁國家人。斐、庶譏議云〔四〕：史書不直。

頤煊案：《李構傳》：『李平爲陳留人，云其家貧賤。故斐等致訟。』《魏書·李平傳》：『字曇定，頓丘人也。彭城王嶷之長子。』無言其家貧賤事。彭城王嶷見《外戚李峻傳》。峻，梁國蒙縣人。《收傳》『梁國家人』當是『蒙人』之譌，當時重地望，故以蒙人爲貧賤。

靈太后

《祖珽傳》：又靈太后之被幽也，珽欲以陸媪爲太后，撰魏帝皇太后故事，爲太姬言之。

頤煊案：『靈』當是『胡』字之譌。太姬即陸媪，《穆婆提傳》：『穆后立，令萱號曰太姬。』

明月謡言

斛律光甚惡之，珽因其女無寵，以謡言閒。

頤煊案：明月謡言《斛律光傳》已載，此爲重出。《周書·韋孝寬傳》亦載之。

林慮郡

《赫連子悦傳》：除林慮太守，世宗往晉陽，路由是郡，因問所不便。悦答云：『臨水、武安去郡遥遠，山嶺重疊，車步艱難，若東屬魏郡，則地平路近。』

頤煊案：《魏書・地形志》臨水、武安二縣屬魏郡，不屬林慮，當是後所改併。

父靈芝

《唐邕傳》：父靈芝，魏壽陽令。

頤煊案：《新唐書・宰相世系表》：『靈芝，北齊尚書右僕射、温國公。』

南平原貝丘

《崔劼傳》：本清河人，曾祖曠，南度河，居青州之東。時宋氏于河南立冀州，置郡縣，即爲東清河郡人。南縣分易，更爲南平原貝丘人。

頤煊案：《地形志》有東平原郡，而無南平原，貝丘縣屬東清河，不屬東平原，與此異。

同郡

《許惇傳》：高陽新城人。同郡邢邵爲中書監，德望甚高，惇與競中正。

頤煊案：《邢邵傳》：『河間鄚人。』與高陽同屬瀛州，同州而非同郡。

虎字偏旁諱

《源彪傳》：字文宗。

頤煊案：傳皆稱其字而不稱其名，蓋唐人避虎字偏旁諱。《盧叔武傳》，《北史》作『叔彪』，其避諱與此同。

睦豫

《睦豫傳》：字道閑，趙郡高邑人。父寂，梁北平太守。

錢氏云：『《廣韻》「睦」字下不云「又姓」，它書亦未見睦姓者，然諸本皆從目旁。』頤煊案：《魏書》有《逸士睦夸傳》，《慕容寶傳》有中書令睦邃，字懷道，即夸父。皆目旁。〔五〕

節　下

《孟業傳》：魏彭城王韶拜定州，除典籤，對曰：業以微細，伏事節下。

頤煊案：《晋書・吕光載記》：『聞堅寇晋，光欲更須後命，部將杜進曰〔六〕：「節下受任金方，赴機宜速。」』《宋書・劉穆之傳》：『公泝流遠伐〔七〕，而以老母稚子委節下。』《陳書・高祖紀》：「節下奉辭伐罪，故當生死以之。」』《隋書・百官志》：『諸王，境内稱之曰殿下。公侯封郡縣者，境内稱之曰第下。』節下之稱亦由是也。

成安令

《路去病傳》：擢爲成安令。京城下有鄴、臨漳、成安三縣，輦轂之下，舊號難治。

頤煊案：《隋書・百官志》：『齊制，鄴、臨漳、成安三縣令竝置丞。』《地形志》魏尹有鄴、臨漳二縣，而無成安。《元和郡縣志》：『高齊文宣帝分鄴縣置成安縣。』

阿那瓌

《高阿那肱傳》：肱至長安，封郡公，爲隆州刺史，誅。雖作『肱』字，世人皆稱爲『瓌』音。

頤煊案：《周書・王謙傳》作：『隆州刺史阿史那瓌。』《隋書・梁睿傳》：『謙又令高阿那瓌等攻利州。』

校勘記

〔一〕尒朱度律廢元曄而立節閔帝　『尒朱度律』原乙作『尒朱律度』，據《北齊書·神武紀上》改。

〔二〕渾父道　李渾父名，《魏書·李靈傳》作『道』，《北史·李靈傳》附《李渾傳》、《新唐書·宰相世系表》、《魏書·京兆王愉傳》皆同。《北齊書·李渾傳》作『遵』，『道』字疑誤。

〔三〕南齊書州郡志荆州汶陽郡有高安縣　『高安』原作『高要』。《南齊書·州郡志》荆州汶陽郡下無高要縣，有高安縣。高要縣屬廣州南海郡。今據上下文意及《南齊書·州郡志》改。

〔四〕斐庶譏議云　『斐』，原作『裴』。案斐爲盧斐，庶爲李庶。今據《魏書·魏收傳》改。

〔五〕《北齊書》此卷上文《文苑傳序》『睦道閑』，《北史》作『眭道閑』。《魏書》『睦夸』『睦邃』，汲古本作『睦』，監本作『眭』。『睦豫』疑當作『眭豫』。汲古閣本《北史》亦作『眭豫』。

〔六〕部將杜進曰　『杜』字原脱，據《晋書·吕光載記》補。

〔七〕公泝流遠伐　『伐』原作『代』，據《宋書·劉穆之傳》改。

諸史考異卷十二

周書

薛瑾

《文帝紀》：齊神武留其將薛瑾守關而退。

頤煊案：《北齊書·神武紀》作：『命行臺尚書長史薛瑜守潼關。』

東雍州

魏廢帝三年正月，改東雍爲華州。

頤煊案：《隋志》：京兆郡鄭縣，後魏置東雍州，并華山郡。西魏改曰華州。又有絳郡，後魏置東雍州，後周改曰絳州。此即《地形志》所載之東雍州，與此別。

淮州

東荆爲淮州，淮州爲純州。

頤煊案：《隋志》：『淮安郡，後魏置東荆州，西魏改爲淮州。桐柏縣，梁置，曰淮安，并立華州。西魏改州爲淮州，後改爲純州。』

梁州

東梁爲金州，南梁爲隆州，北梁爲静州。

頤煊案：《隋志》：『西城郡，梁置梁州，尋改曰南梁州，西魏改置爲東梁州，尋改爲金州。巴西郡，梁置南梁、北巴州，西魏置隆州。』唯北梁未詳所在。《元和郡縣志》：『劍南道，静州，本漢鬵陵縣地。天授元年，于此置静州，疑即其舊地。』

西益東巴

西益爲利州，東巴爲集州。

頤煊案：《隋志》：『義城郡，後魏立益州，世號小益州。梁曰黎州，西魏復曰益州，又改曰利州。』《魏書·傅豎眼傳》『尋假鎮軍將軍，都督梁、西益、巴三州諸軍事』，即此。《隋志》：

『漢州郡，難江縣，後周置集州。』本在巴東，不言東巴州，史之略也。

沙州

沙州爲深州。

頤煊案：沙州有二，《隋志》：『蒲圻縣，梁置上雋郡。又有沙陽縣，置沙州，州尋廢。』《地形志》：『沙州，蕭衍置，魏因之，治白沙關城。』《任果傳》：『伯父褒，龍驤將軍，新巴、南安、漢廣三郡守，沙州刺史。』二沙州其地不同。

巖州

義州爲巖州。

頤煊案：《隋志》：『汲郡，東魏置義州。魏郡林慮縣，開皇十六年置巖州。』《許善心傳》：『出除巖州刺史。』

温州

新州爲温州，江州爲沔州。

頤煊案：《隋志》：『安陸郡京山縣，梁置新州，西魏改爲温州。』《陳書·周文育傳》『高祖以侯瑱據温州』，《南史》作『江州』。蓋温州本江州地。

陵州資州

《孝閔帝紀》：元年正月，於劍南陵井置陵州，武康郡置資州。

頤煊案：《隋志》：『隆山郡，西魏置陵州。資陽郡，西魏置資州。』《元和郡縣志》：『陵州因陵井以爲名，陵井者本沛國張道陵所開，故以陵爲號。後魏廢帝二年，析武康郡之陽安縣，置資州。』視《隋志》爲詳。

南寧州

《武帝紀》：保定元年九月，南寧州遣使獻滇馬及蜀鎧。二年十月，分南寧州置恭州。

頤煊案：《新唐書·地理志》：『南寧州，漢夜郎地。武德元年，開南中，因故同樂縣置。』即《宋》、《齊志》之寧州，後没入蠻中，故《隋志》開邊縣有恭州而無南寧。《新唐志》南寧州在羈縻州之列。

夕惕若厲

三年詔曰：惟斯不安，夕惕若厲。

頤煊案：《淮南・人間訓》《漢書・王莽傳》《風俗通義》《説文》『鶍』字注及《張衡・思玄賦》引《易》皆曰『夕惕若厲』，得此知河北所行本亦作『夕惕若厲』。

尉遲勤

建德六年正月，尉遲勤擒齊主及其太子恒于青州。

頤煊案：《北齊書・幼主紀》作：『爲周將尉遲綱所獲。』《綱本傳》天和四年，已薨于京師，不與此役。勤，綱之子也。

豐　州

《越王盛傳》：大象元年，詔以豐州武當、安富二郡邑萬户爲越。

頤煊案：《令狐整傳》：『除整豐州刺史。豐州舊治，不居人民，賦役參集，勞逸不均。整請移治武當，詔可其奏。』《隋志》：武當縣，舊置武當郡。又梁置興州，後周改豐州。安富疑即安福，梁置，曰廣福，并爲郡。當是避隋諱，改爲安富。

澧　州

《代奰王達傳》：所管澧州刺史蔡澤。

頤煊案：《郭彦傳》：「孝閔帝踐阼，出爲澧州刺史。蠻左生梗，未遵朝憲。」《隋志》：「澧陽郡，平陳置松州，尋改爲澧州。」不言後周置者，蓋考之不審也。

二十州

《賀拔岳傳》：永熙二年，孝武詔岳都督二雍、二華、二岐、豳、四梁、三益、巴、二夏、蔚、寧、涇二十州諸軍事。

頤煊案：《魏書·賀拔岳傳》作「二益、巴」，「蔚、寧」，下有「南益」二字。依此傳，改作「二益、巴」，恰二十州，若增南益，則多一州矣，傳寫當有舛譌。

昌平

《寇洛傳》：上谷昌平人也。

頤煊案：《地形志》昌平縣屬平昌郡，不屬上谷。

玉壁城

《王思政傳》：仍鎮弘農。思昌以玉壁地在險要，請築城，即自營度，移鎮之。遷并州刺史，仍鎮玉壁。

頤煊案：《元和郡縣志》：『玉壁故城，在稷山縣南十二里。魏文帝大統四年，東道行臺王思政表築玉壁城，因自鎮之。』後置爲勳州。《郭賢傳》：『尋出爲勳州刺史，鎮玉壁。』《韋孝寬傳》：『保定初，以孝寬立勳玉壁，遂于玉壁置勳州是也。』

固道氏

《豆盧寧傳》：魏恭帝三年，武興氏及固查氏、魏大王等相應反叛。

頤煊案：《氏傳》作『固道氏、魏天王等』。《隋志》：『河池郡梁泉縣，後魏置郡曰固道。』則作『查』字者譌。

沙文方三州

永恩武成元年，遷都督利、沙、文三州諸軍事，利州刺史。

錢氏《考異》云：『《趙剛傳》：「孝閔帝踐阼，出爲利州總管，沙、利、方、渠四州刺史。」沙、方、文三州不見於《隋志》。』頤煊案：《崔猷傳》：『及太祖崩，始、利、沙、興等諸州阻兵爲逆。』《隋志》：『武都郡長松縣，西魏置，初曰建昌，置文州。同昌郡封德縣，後周置，又立芳州。』『芳』即『方』矣，皆與利州相近。

樹頽

《楊忠傳》：因家于神武樹頽焉。

頤煊案：《地形志》神武郡作『殊頽』。

信州

乃授忠都督三荆、二襄、二廣、南雍、平、信、隨、江、二郢、淅十五州諸軍事。

錢氏《考異》云：『《隋志》：「梁于巴東郡置信州。」此時亦未屬魏，不知忠所督置于何所。』頤煊案：《武帝紀》：『天和六年四月，信州蠻渠冉祖喜、冉龍驤舉兵反。』《静帝紀》：『大象二年，分潼州管内新遂、普合，及瀘州管内瀘、戎六州，並隸信州總管府。』《隋志》：『巴東郡，梁置。信州，後周置總管府。』錢氏説誤。

同州

梁同州刺史柳仲禮留其長史馬岫守安陸，自率兵騎一萬寇襄陽。

頤煊案：《文帝紀》：『梁司州刺史柳仲禮。』《隋志》：『安陸郡，梁置南司州，治安陸縣。』『同州』當是『司州』之譌。

豳州

乃拜總管涇、豳、靈、雲、鹽、顯六州諸軍事，涇州刺史。

錢氏《考異》云：『豳州與涇絶遠，當是「豳」字之譌。』頤煊案：《地形志》靈、雲、顯三州皆在汾、并二州，與豳州北界相近。《魏書·李訢傳》：『父崇，爲北豳州刺史。』當即此州。

李虎

《尉遲綱傳》：大統元年，從儀同李諱討曹泥，破之。

頤煊案：《文帝紀》作『儀同李虎』。令狐德棻撰《周書》，唐人當避唐諱，唯此傳尚存其舊。餘凡作『李虎』者皆後人所改。

東雍州

《楊寬傳》：弘農華陰人也。五年，除驃騎大將軍、開府儀同三司、都督東雍州諸軍事、東雍州刺史，即本州也。

頤煊案：《隋志》：『鄭縣，後魏置東雍州，并華山郡。西魏改曰華州。』《地形志》華陰屬華山郡，故其時以東雍爲本州。

何以守位曰仁

《蘇綽傳》：何以守位曰仁。

頤煊案：陸德明《釋文》作『曰人』，注云：『王肅、卞伯玉、桓玄、明僧紹作「仁」。』此河北本亦作『曰仁』。

甑山城

《李賢傳》：乃遷江夏民二千餘户以實安州，并築甑山城。

頤煊案：《隋志》：『普安郡，梁置南梁州，後改爲安州。沔陽郡甑山縣，後周置。』即此城。

涪陵郡

《陸騰傳》：涪陵郡守藺休祖又據楚、向、臨、容、開、信等州，地方二千餘里，阻兵爲亂。

頤煊案：《辛慶之傳》：『時臨、信、楚、合等諸州亦多從逆。』《隋志》無向州，當是『合』字之譌。宕渠郡墊江縣，西魏置容州容山郡。

西江州

《賀若敦傳》：巴西人譙淹據南梁州，與梁西江州刺史王開業共爲表裏，扇動群蠻。

頤煊案：《隋志》：清江郡巴山縣，梁置宜都宜昌郡縣，後周置江州。沔陽郡甑山縣，梁置梁安郡，西魏改曰魏安郡，置江州。』魏廢帝三年，改江州爲沔州。此即西江州矣。

陽　周

《郭賢傳》：趙興陽州人也。

頤煊案：《地形志》作『陽周』。

南豳州

《韋孝寬傳》：父旭，建義初，雍州大中正。永安二年，拜右將軍、南幽州刺史。

頤煊案：『南幽』當作『南豳』。魏廢帝三年，改南豳爲寧州。《隋志》：『北地郡，後魏置豳州，西魏改爲寧州。』省『南』字。

韓　陵

《趙善傳》：天光拒齊神武于寒陵。

頤煊案：當作『韓陵』。

務　州

《元定傳》：祖比頽，魏安西將軍、務州刺史。

頤煊案：《北史》作『婺州』。《地形志》無此二州名，當是『豫』字之譌。

高　梁

《揚𢷬傳》：正平高梁人。

頤煊案：《地形志》作『高涼』，屬高涼郡。又『正平、河北、南涉、二絳、建州、大寧等城並有請爲内應者』，『南涉』《北史》作『南汾』，『大寧』《地形志》作『泰寧』。

邵　州

又於邵郡置邵州，以𢷬爲刺史。

頤煊案：《隋志》：『垣縣，後魏置邵郡及白水縣，後周置邵州。』

儻城郡

韓盛祖與，魏儻成郡守。

頤煊案：《楊乾運傳》：『儻城興勢人也。』《隋志》：『漢川郡興勢縣〔二〕，舊置儻成郡。』《地形志》不載。《崔猷傳》：『即以猷爲都督梁、利等十二城白馬、儻城二防諸軍事。』其時郡已廢爲防矣。

拓　州

《裴俠傳》：出爲郢州刺史，尋轉祏州刺史。

頤煊案：《北史》作『拓州』。《隋志》：『夷陵郡，梁置宜州，西魏改曰拓州。』

中華郡

《令狐整傳》：拜御正中大夫，出爲中華郡守。

頤煊案：《隋志》：『富平縣，舊北地郡，後周改曰中華郡。』

洵州

《寇儁傳》：子奉，位至儀同三司、洵州刺史。

頤煊案：《泉企傳》：『蠻帥杜清河自稱巴州刺史，以州入附，改巴州爲洵州。』《隋志》：『西城郡金川縣，後周置洵州，尋廢。』《元偉傳》有洵州刺史宜都郡公元顔子。

臨信楚合開通六州

《辛慶之傳》：族子昂，天和初，陸騰討信州群蠻，歷時未克。高祖詔昂使與通、渠等諸州運糧饋之。時臨、信、楚、合等諸州亦多從逆。昂令老弱使還巴州萬榮郡〔二〕，於是遂募開、通二州，得三千人，直趨賊壘。

頤煊案：《隋志》：『巴東郡，梁置信州，後周置總管府。臨江縣，後周置臨州。巴郡，梁置楚州。涪陵郡，西魏置合州。清化郡，舊置巴州。永穆縣，有萬榮郡。西流縣，西魏又置開州。通州郡〔三〕，梁置萬州，西魏曰通川。』即『通州』之譌。

東徐州

《韓雄傳》：除東徐州刺史，東魏東雍州刺史郭叔略與雄接境。

頤煊案：下文『世宗二年，除使持節，都督中、徐、虞、洛四州諸軍事，中州刺史』。徐即東徐，四州地當相近。《隋志》：『絳郡，後魏置東雍州。河東郡河北縣，舊置河北郡。』《明帝紀》：『置虞州。』『河南郡，舊置洛州。新安縣，後周置中州。』唯不載東徐州治所。《地形志》東徐州治下邳城，其相距恐遠。

南洛州

《泉企傳》：大將軍王雄南征上津、魏興，仲遵率所部兵從雄討平之。遂於上津置南洛州，以仲遵爲刺史。

頤煊案：《王雄傳》：『大統七年，雄率軍出子午谷，圍梁上津、魏興。明年，克之，以其地爲東梁州。』二州同時並置。《隋志》：『上洛郡上津縣，舊置北上洛郡，梁改爲南洛州。』非也。

直州

《李遷哲傳》：安康人也。除直州刺史，即本州也。

頤煊案：《隋志》：『安康縣，齊置安康郡，後魏置東梁州。後蕭詧改直州。』

上甲郡

《扶猛傳》：上甲黄土人。

頤煊案：《隋志》：『西城郡黄土縣，西魏置濟陽郡，後周郡省入甲郡，置縣曰黄土。豐利縣，梁置南上洛郡，後周省入上津郡，後又廢入甲郡。』皆無『上』字。

青　州

世爲渠帥。猛梁大同中，出爲青州刺史，轉上庸、新城二郡守。

頤煊案：《隋志》：『眉山郡，西魏曰眉州，後周曰青州。』

邑　陽

《陽雄傳》：上洛邑陽人也。

頤煊案：《隋志》：『上洛郡上洛縣，舊置上洛郡。』不言邑陽縣。『弘農郡朱陽縣，舊置朱陽郡，後周郡廢，有邑陽縣。』則朱陽廢後，邑陽屬上洛也。傳又云：『前後增邑四千五百户，世襲邑陽郡守。』則邑陽又置爲郡矣。皆《隋志》所不載。

平　州

又侵陷南郡之當陽、臨沮等數縣，詔遣開府賀若敦、潘招等討平之，即以其地置平州，以雄爲刺史。

頤煊案：《隋書·地理志》：南郡當陽縣，後周置平州，領漳川、安遠二郡。

李寶鼎

《熊安生傳》：東魏天平中，受《禮》於李寶鼎。

頤煊案：李鉉字寶鼎，見《北齊書·儒林傳》。《馮偉傳》：『少從李寶鼎遊學。』《鮑季詳傳》：『少時恒爲李寶鼎都講。』皆稱其字。

基平鄀三州

《蕭巋傳》：高祖詔以基、平、鄀三州歸之於巋。

頤煊案：《隋志》：『竟陵郡豐鄉縣，西魏置，又置基州。南郡當陽縣，後周置平州，領漳川、安遠二郡。竟陵郡樂鄉縣，舊置武寧郡，西魏置鄀州。又紫陵縣，西魏置華陵縣，後周改名焉。其城南面，梁置鄀州。』

信　州

《蠻傳》：信州舊治白帝，騰更於劉備故宫城南、八陣之北臨江岸築城，移置信州。又以巫縣、信陵、秭歸並是硤中要險，於是築城置防，以爲襟帶焉。

頤煊案：《隋志》：『巴東郡，梁置信州，後周置總管府。巴東縣，舊曰歸鄉，梁置信陵郡。』又巫山縣、秭歸縣並屬東巴郡。

恒　陵

《獠傳》：天和三年，梁州恒稜獠叛，總管長史趙文表討之。

頤煊案：《趙文表傳》作『恒陵』。

南洮州

《羌傳》：大統四年，以宕定爲南洮州刺史，後改洮州爲岷州，仍以宕定爲刺史。

頤煊案：《隋志》：『臨洮郡，後周武帝逐吐谷渾，以置洮州。』在此南洮後。『臨洮縣，西魏置，曰溢樂，并置岷州。』不云洮州改。

落叢郡

《氐傳》：世宗時，興州人段吒及下辯、柏樹二縣民反，相率破蘭皋戍。氐酋姜多復率廚中氐、蜀攻陷落叢郡以應之。

頤煊案：《隋志》：「順政郡，後魏置東益州，西魏改爲興州。鳴水縣，西魏置，曰落叢，並置落叢郡。」

校勘記

〔一〕漢川郡興勢縣　「漢川」原作「漢州」，據《隋書·地理志上》改。

〔二〕昂令老弱使還巴州萬榮郡　《周書》原文作「乃令老弱負糧，壯夫拒戰，咸願爲用，莫有怨者，使還，屬巴州萬榮郡反叛」，洪頤煊節引其文，遂乖本意。

〔三〕通州郡　《隋書·地理志上》作「通川郡」。

諸史考異卷十三

隋書上

平原太守

《高祖紀》：暇生平原太守烈，烈生寧遠將軍禎。

頤煊案：《周書·楊忠傳》作：『祖烈，龍驤將軍、太原郡守。父禎，以軍功除建遠將軍。』官號與此不同。

尉遲迥

韋孝寬破尉遲迥於相州。

頤煊案：《宇文述傳》：『高祖爲丞相，尉迥作亂。』《五行志》：『周大象二年，尉迥敗於相州。』迥本姓尉氏，後改尉遲，《周書》皆稱『尉遲迥』，隋書皆稱『尉迥』。下文：『大定元年二月壬子，令曰：已前賜姓，皆復其舊。』此在未賜復以前，故猶稱『尉遲迥』。

二十郡

以隋州之崇業，鄖州之安陸、城陽，温州之宜人，應州之平靖、上明，順州之淮南，士州之永川，昌州之廣昌、安昌，申州之義陽、淮安，息州之新蔡、建安，豫州之汝南、臨潁、廣寧、初安，蔡州之蔡陽，郢州之漢東二十郡爲隋國。

頤煊案：二十郡所在皆見于《地理志》，唯不載士州之永川、息州之建安，未知是何郡之改。隋州崇業郡亦不見于志。

馬榮伯等六儒

開皇五年四月，詔徵山東馬榮伯等六儒。

頤煊案：《儒林·馬光傳》：『字榮伯。開皇初，高祖徵山東義學之士，光與張仲讓、孔籠、竇士榮、張黑奴、劉祖仁等俱至，並授太學博士，時人號爲六儒。』《北史》作：『詔徵山東大儒馬伯榮等。』非是。

民部尚書

六年正月，遣民部尚書蘇威巡省山東。

頤煊案：《隋書》修於唐初，應避『民』字諱。《百官志》：『又改吏部爲選部，户部爲人部。』字尚未改。《新唐書·百官志》：『高宗即位，改民部曰户部。』《北史》作『户部尚書蘇威』，是又據改後書之。

浙州

十年六月，浙江刺史元胄爲靈州總管。

頤煊案：《元胄傳》：『歷亳、淅二州刺史，拜靈州總管。』《地理志》：『淅陽郡，西魏置淅州。』此作『浙江』，是妄人所改。

生日

仁壽三年五月，詔：六月十三日是朕生日，宜令海内爲武元皇帝、元明皇后斷屠。

頤煊案：此爲後世重生日之始。在唐中宗、玄宗之前。

南蘇道

《煬帝紀》：大業八年，左第六軍可南蘇道。

頤煊案：高麗諸道皆本于漢郡縣。《漢書·地理志》：『高駒驪又有南蘇水，西北經塞外南蘇道。』當因此水得名。

高陽郡

九年十月，改博陵爲高陽郡。

錢氏《考異》云：『《地理志》失記。』頤煊案：《地理志》博陵下不言改爲高陽。河間郡高陽縣下云：『舊置高陽郡。』當是其後所改并也。

德皇帝

《禮儀志》：陳制：永定元年，武帝受禪。明年有事南郊，以皇考德皇帝配。

頤煊案：《陳書·武帝紀》：『永定元年冬十月乙亥，高祖即皇帝位，追尊皇考曰景皇帝。』周太祖皇考，武成初，追尊曰德皇帝。此于『陳制』稱『皇考德皇帝』，誤甚。

後　齊

北齊籍于帝城東南千畝内。

頤煊案：《隋書》『北齊』皆稱『後齊』，此作『北齊』，是後人所改。

闟戟

皇帝諸侯加以弧韣，搨戟。

頤煊案：下文皆作『闟戟』。闟戟即棨戟，《漢書·匈奴傳》注：『棨戟，有衣之戟也。』

翙衣

食命婦，歸寧，則服翙衣玄色。

頤煊案：皇后衣十二等，翬衣、褕衣、鷩衣、鳪衣、鵫衣，皆本于《爾雅》五雉。《爾雅》：『秩秩，海雉。』郭璞注：『如雉而黑，在海中山上。』此即改作翙衣，《説文》《玉篇》俱無『翙』字。

樂記

《音樂志》：《樂記》取《公孫尼子》。

頤煊案：《史記·樂書》正義：『其《樂記》者，公孫尼子次撰也。』馬氏《意林》：『公孫尼子云：樂者，先王所以飾喜也。軍旅者，先王所以飾怒也。』今在《樂記》中。

宣業舞

蕭子顯《齊書志》曰：宋孝建初，朝議以凱容舞爲韶舞，宣業舞爲武德舞。據韶爲言，宣業即是古之大武，非武德也。

頤煊案：今《南齊志》作『宣烈舞』。

盈不足

《律曆志》：七曰盈朒，以御隱雜互見。

頤煊案：《九章算術》作：『盈不足，以御隱雜互見。』《周禮》『保氏九數』，鄭司農注亦作『贏不足』。

劉焯卒

其開皇十七年所行曆術，命冬至起虛五度，後稍覺其疎。至大業四年，劉焯卒後，乃敢改法。又四年，駕幸汾陽宫，太史奏曰：日食無效。帝召焯，欲行其曆，會焯死，曆竟不行。

頤煊案：《劉焯傳》：大業六年卒，時年六十七。

日景

《天文志》：《考靈曜》、《周髀》、張衡《靈憲》及鄭玄注《周官》並云：日景于地千里而差一寸。

頤煊案：《辨正論》卷五：『宋何承天與智嚴慧觀法師共争邊中。法師云：「西域之地，夏至之日日正中時，豎木無影。漢國影臺，至期立表，猶餘陰在。依算經，天上一寸，地下千里。」何乃悟焉。』一本作『立夏之日』。

蘭欽反

中大通六年四月丁卯，熒惑在南斗。其年十二月，北梁州刺史蘭欽舉兵反。後年更爲大同元年。

頤煊案：《武帝紀》蘭欽攻漢中，在大同元年十一月。

北營州

建德七年十二月癸丑，流星大如月。是月，營州刺史高寶寧據州反。

頤煊案：《周書・武帝紀》作：『建德六年十二月，北營州刺史高寶寧據州反。』

呼楊爲嬴

《五行志》：時人呼楊姓多爲嬴者。

頤煊案：《文選・祭顔光禄文》李善注：『郭璞《三蒼解詁》曰：楊音盈。』《匡謬正俗》文曰：『俗呼姓楊者，往往爲盈音，有何依據？答曰：按晋灼《漢書音義》，反楊惲爲由嬰。如此則楊姓舊有盈音，蓋是當時方俗，未可非也。』

麟遊太守

恭帝義寧二年，麟遊太守司馬武獻羊羔[一]，生而無尾。

頤煊案：《元和郡縣志》：『麟遊縣，本漢杜陽縣地，隋于此置仁壽宮。義寧元年，獲麟于公所，因廢宫，置立郡縣。』《地理志》不載。

蔡法度

《刑法志》：梁武帝時，欲議定律令，得齊時舊郎濟陽蔡法度家傳律學，于是以爲兼尚書删定郎，使損益舊本，以爲《梁律》。天監二年四月，法度表上新律，又上令三十卷、科三十卷，帝乃以法度守廷尉卿。

頤煊案：《經籍志》：『《梁律》二十卷，梁義興太守蔡法度。』當是其後所歷官也。

劉　訥

《百官志》：以太學博士劉訥兼殿中都[二]。

頤煊案：《劉臻傳》：『有劉訥者，亦任儀同，俱爲太子學士。』

陸　始

陸始名公之胤，位居納言，曲蒙優禮，方有斯授。

頤煊案：陸始歷吏部尚書，《晋書》附見其父《陸玩傳》。

國主稱臣

諸王公侯國官皆稱臣。

頤煊案：《宋書·劉穆之傳》：『先是，郡縣爲封國者，内史、相並于國主稱臣[三]，去任便止。至世祖孝建中，始革此制，爲下官致敬。』

南新豐

《地理志》：渭南縣，後魏置渭南郡，西魏分置靈源、中源二縣，後周郡及二縣並廢入焉。

頤煊案：《元和郡縣志》：『後魏孝明帝于今縣東南四里置渭南郡及南新豐縣，西魏廢帝二年改南新豐爲渭南縣。』志不載。

湫谷

安定郡臨涇縣，大業初置，初曰秋谷，尋改焉。

頤煊案：『秋』當作『湫』。《元和郡縣志》：『隋大業元年，于今縣理置湫谷縣，取縣内湫谷爲名。』

廣閏

靈武郡靈武縣，後周置，曰建安。開皇十八年，改建安爲廣閏，仁壽元年改名焉。

頤煊案：《元和郡縣志》：『開皇十八年，改爲大潤縣。』當因避隋諱改。

鄯州

西平郡，舊置膳州。

頤煊案：『膳』當作『鄯』。《地形志》：『鄯州郡。』縣闕。《元和郡縣志》：『後魏孝昌二年立鄯州。』

冥安

敦煌郡常樂縣，後魏置常樂郡，後周併涼興、大至、冥安、閏泉，合爲涼興縣。

錢氏《考異》云：『「冥安」當作「宜安」。』頤煊案：《漢書·地理志》《續漢志》皆作『冥安』。應劭曰：冥水出北，入其澤。《元和郡縣志》：『晉昌縣，本漢冥安縣，因縣界冥水爲名也。』《晉書·地理志》作『宜安』，當是傳寫之譌。

閿鄉

河南郡閿鄉縣，舊曰湖城，開皇十六年改焉。

頤煊案：《元和郡縣志》：『周明帝二年，置閿鄉郡，閿鄉本湖縣鄉名。「閿」古文「聞」字也。《說文》從門旻聲。開皇三年廢閿鄉郡，移湖城縣于今所，改名閿鄉縣。』

白狗堆

汝南郡真陽縣，又有白狗縣，梁置淮州，後齊廢州，以置齊興郡。

頤煊案：《地形志》：『西淮州，蕭衍置，魏因之，治豫州界白狗堆。』即此城。

長淵

弘農郡長泉縣，後魏曰南陜，西魏改焉。

頤煊案：《元和郡縣志》：『長水縣，後魏宣武帝分盧氏東境置南陜縣，西魏廢帝改爲長淵。義寧元年，以犯高祖廟諱，改爲長水。』此作『長泉』，亦避唐諱改。

内鄉

淅陽郡内鄉縣，舊曰西淅陽郡，西魏改爲内鄉。

頤煊案：《元和郡縣志》：『後魏于此置淅陽郡，廢帝改爲中鄉縣，隋開皇三年以避廟諱改爲内鄉。』

魯州

東平郡，後周置魯州，尋廢。

頤煊案：上文襄城郡魯縣，『後魏立魯陽郡，後置魯州。大業初，州廢』。二州地相近，不應同名。錢氏以魯陽之『魯州』爲『廣州』之譌，其説是也。

貴鄉

武陽郡貴鄉縣，東魏置。

頤煊案：《元和郡縣志》：『貴鄉縣，本漢元城縣地，後魏孝文帝分置貴鄉縣。』《地形志》：『天平二年，分館陶置。』

曲沃

絳郡曲沃縣，後周置，建德六年廢。

頤煊案：此文有脱誤，《地形志》：『正平郡曲沃縣，太和十一年置。』

太平

太平縣，後魏置。

頤煊案：《元和郡縣志》：『後魏太武于今縣東北二十七里太平故關城置泰平縣，周改泰平爲太平。』

伍城

文城郡伍城縣，後魏置，曰刑軍縣，改爲伍城。後又置伍城郡。開皇初，郡廢。

頤煊案：《元和郡縣志》：『後魏于此置仵城郡，領京軍縣。孝文帝改京軍縣爲仵城縣，開皇三年廢。』『仵城郡』《地形志》作『五城郡』，五城縣，永安中置。

善陽

馬邑郡善陽縣，後齊置縣曰招遠，大業初改曰善陽。

頤煊案：《元和郡縣志》：『大業元年，改爲鄯陽縣。』

永年

武安郡永年縣，舊曰廣平，置廣平郡，後齊廢北廣平郡及曲梁、廣平二縣入。仁壽元年，改廣平爲永年。

頤煊案：《元和郡縣志》：『高齊文宣帝省曲梁〔四〕，置廣年縣。仁壽元年，改廣年爲永年，避煬帝諱也。』

昔陽

趙郡鼓城縣，開皇十六年分置晋陽縣，十八年改爲鼓城。

頤煊案：《元和郡縣志》：『隋開皇六年，置昔陽縣。十八年，改爲鼓城縣。』《水經·濁漳水注》：昔陽城，本鼓聚。作『晋陽』是傳寫之譌。

濰州

北海郡北海縣，開皇十六年分置維州，大業初州廢。

頤煊案：『維』當作『濰』。《元和郡縣志》：『開皇十六年，又于此置濰州，取界内濰水爲名。大業二年廢濰州。』

魯郡

魯郡，舊兗州。大業二年，改爲魯郡。

頤煊案：《元和郡縣志》：『大業元年，于兗州置都督府。二年改爲魯州。三年改爲魯郡。』博城縣下云：『大業初，州廢。』即魯州之改爲魯郡也。《志》脱魯州之置。錢氏引王劭《舍利感應記》以爲當置泰州，是誤證。

南陽

宣城郡涇縣，平陳，省安吳、南陽二縣入焉。

頤煊案：《南齊志》宣城郡無南陽縣，當是廣陽，避隋諱改作『南陽』。

新會郡

南海郡新會縣，舊置新會郡，平陳，郡廢。又併盆允、永昌、新建、熙潭、化召、懷集六縣爲封，有堯十二年，改爲允州。

頤煊案：此節文有舛譌。《宋、齊志》新會郡有新熙而無新建。『十二年』上當稱『開皇』，『有堯』二字係涉『含洭縣有堯山』而譌[五]。

樂陽郡

鬱林郡樂山縣，梁置樂陽郡。

頤煊案：《元和郡縣志》：「陳于此置樂陽郡。」

南司州

永安郡黄陂縣，後齊置南司州，後周改曰黄州。

頤煊案：《元和郡縣志》：黄陂縣，本黄城鎮，周大象元年，改鎮爲南司州。

湘陰縣

巴陵郡湘陰縣，梁置岳陽郡及羅州，陳廢州及湘陰〔六〕，入岳陽縣，尋改岳陽爲湘陰。

頤煊案：《元和郡縣志》：「宋元徽二年，分益陽、羅、湘西三縣立湘陰。」志失載。

校勘記

〔一〕麟遊太守司馬武獻羊羔　「太守司馬武」，原乙作「司馬太守武」，據《隋書・五行志》乙正。

〔二〕以太學博士劉訥兼殿中都　「劉訥」，《隋書・百官志》作「劉納」。

〔三〕郡縣爲封國者内史相並于國主稱臣　『者内史』，原作『若自吏』，據《宋書·劉穆之傳》改。

〔四〕高齊文宣帝省曲梁　『曲梁』原訛作『典梁』，據《元和郡縣志·河東道四》改。

〔五〕『又併益允永昌新建熙潭化召懷集六縣爲封有堯十二年』，《隋書》作『又併益允永昌新建熙潭化召懷集六縣入爲封州十一年』。

〔六〕陳廢州及湘陰　《隋書·地理志下》『及』上有『平陳廢郡』四字。

諸史考異卷十四

隋書下

宋　衷

《經籍志》：梁有漢荆州五業從事宋忠注《周易》十卷。

頤煊案：陸德明《釋文序録》：宋衷注，九卷。字仲子，南陽章陵人，後漢荆州五等從事。《七志》《七録》云十卷。『五業』是『五等』之譌〔一〕。『忠』『衷』古字通用。

伏曼容

梁有臨海令伏曼容，注《周易》八卷。

頤煊案：《梁書·伏曼容傳》作臨壽太守。

張　譏

《周易講疏》三十卷，陳諮議參軍張機撰。

頤煊案：《陳書》本傳作張譏撰《周易義》三十卷。

謚　法

《大戴禮記》十三卷，梁有《謚法》三卷，後漢安南太守劉熙注，亡。

頤煊案：《大戴禮記》本有《謚法篇》，《白虎通·號篇》引《禮記·謚法》『仁義所生稱王』，《謚篇》引《禮記·謚法》『强理勁直曰武』，故志附于《大戴禮記》下。劉熙注，宋蘇洵撰《謚法》多引之。

續春秋義略

《春秋左氏經傳義略》二十五卷，陳國子博士沈文阿撰。王元規《續沈文阿春秋左氏傳義略》十卷。

頤煊案：《陳書·王元規傳》：『元規著《春秋發題辭》及《義記》十一卷。』不言續沈書。陸德明《經典釋文序録》：『《左氏》，梁東宫學士沈文何撰《春秋義疏》，闕下袟。陳東宫學士王元規續成之。』與此合。

京相璠

《春秋土地名》三卷，晋裴秀客京相璠等撰。

頤煊案：《水經・穀水注》：京相璠與裴司空彦季修《晋輿地圖》，作《春秋土地名》。

孟　整

梁有盈氏及孟釐注《論語》各十卷，亡。

頤煊案：『孟釐』當作『孟整』。《經典釋文序録》：『《論語》盈氏注十卷，孟整注十卷。一云孟陋，陋字少孤，江夏人，東晋撫軍參軍，不就。』

齊春秋

《齊春秋》三十卷，梁奉朝請吴均撰。

頤煊案：《梁書・吴均傳》：『除奉朝請。均表求撰《齊春秋》，書成，奏之。高祖以其書不實，使中書舍人劉之遴詰問數條，竟支離無對，敕付省焚之，坐免職。』

劉　景

《涼書》十卷，記張軌事，僞梁大將軍從事中郎劉景撰。《敦煌實録》二十卷，劉景撰。

頤煊案：『僞梁』當作『僞涼』。『劉景』本作『劉昞』，避唐諱改。《魏書》有《劉昞傳》。

益部耆舊傳

《益部耆舊傳》十四卷，陳長壽撰。

頤煊案：『長』字衍。《舊唐志》：『《益部耆舊傳》十四卷，陳壽撰。』

英蕃可録

《英蕃可録》二卷，張萬賢撰，邵武侯新注。

頤煊案：《舊唐志》：『《英蕃可録事》二卷，殷系撰。』與此不同。

太康地記

《元康三年地記》六卷

頤煊案：『元康』當作『太康』。《舊唐志》：『《地記》五卷，太康三年撰。』《宋書・州郡志》『始寧令』下、《三國志》孫皓寶鼎二年注俱引《太康三年地記》。

西京記

《西京記》三卷。

頤煊案：《周書・薛寘傳》：『又撰《西京記》三卷，引據該洽，世稱其博聞焉。』《舊唐志》：《西京記》三卷，薛冥志。

殷　興

《通語》十卷，晉尚書左丞殷興撰。

頤煊案：《舊唐志》：《通語》十卷，文禮殷奧續[三]。

老子節解

《老子節解》二卷。

頤煊案：《經典釋文序録》：『《節解》二卷，不詳作者，或云老子所作，一云河上公作。』

莊子義疏

梁有《莊子義疏》三卷，宋處士李叔之撰。

頤煊案：《經典釋文序録》：『叔之《義疏》三卷，字穆□，琅琊人，宋處士。亦作注。』

鬼谷子

《鬼谷子》三卷，樂一注。

頤煊案：『一』當作『壹』。《史記・蘇秦列傳》正義引《鬼谷子》樂一注。《舊唐志》：『鬼谷子三卷，樂臺注。』『臺』即『壹』字之譌。

靈　憲

《靈憲》一卷，張衡撰。

頤煊案：《舊唐志》：『《靈憲圖》一卷，張衡撰。』《天文志》：『衡所鑄圖，遇亂湮没，星官名數亦不復存。』《後漢書・張衡傳》：衡著《靈憲》。不言有圖。

甲子元曆

《齊甲子元曆》一卷，宋氏撰。

頤煊案：《舊唐志》：『《北齊天保曆》一卷，宋景業撰。』《律曆志》：『後齊文宣受禪，命散騎侍郎宋景業造天保曆，以上元甲子至天保元年庚午。』《甲子元曆》即《天保曆》，宋景業撰。

亭亭白姦法

《遯甲九宫亭亭白姦書》一卷。

頤煊案：《太白陰經·神殺門户篇》有『推亭亭白姦法』：『常以正月加正時[三]，神后下爲亭亭，寅午戌上見孟春，木位上是白奸[四]。』《向背擇日篇》『推亭亭白姦』：『常以月將加時辰，神后下爲亭亭所在，次析十二月時，其寅申巳亥神后白姦所在，神后時白姦在寅，常行四孟，亭亭常以白姦囚於巳亥[五]，格于寅申。』

玉女反閉局

《玉女反閉局法》一卷。

頤煊案：《太白陰經·出師安營篇》有《玉女反閉局法》一卷：『以刀畫地，常以六爲數。室中六尺，庭中六步，野外六十步。手持六算，長一尺二寸。假令甲日從甲上入，乙日從乙上入，戊日從東西南北入。入局竟，從今日日辰起。假令子日，即以第一算置子上，第二算加丑上，第三算加寅上，第四算加卯上，第五算加辰上，第六算加巳上。下六持亦依次去[六]，便呼云：鼠行失窟，入市便逐。子上算置戌上，度算訖，大呼云：青龍。下次移丑上算置卯上，云：牛入兔塗食時草。度訖就，便呼云：朱雀。下次移寅上算置巳上，云：猛虎跳，鳶來到。度算，便呼云：句陳。下次移卯上算置丑上，云：兔入牛欄伏不起。便大呼云：白虎。下次移辰上算置午上，云：龍入馬廄因留止。度訖，便呼：玄武。下次移巳上算置申上，呼云：螣蛇宛轉來。度訖，便呼云：六合。下兩算夾一算，先成爲天門，後成爲地户。所避難出天門，入地户，乘玉女，上云吉[七]，仍呼：玉女所在之庚上，玉女來護我，無令百鬼中傷我，敵人不見我，以爲米薪，狗開天門而閉地户。咒會，交手以算閉門而去，勿反顧，以刀畫地，即地脉不得復見。

竭伽仙人

《竭伽仙人占夢書》一卷。

頤煊案：《天文類》有《婆羅門竭伽仙人天文説》三十卷，此亦婆羅門書也。

阮河南藥方

梁又有《阮河南藥方》十六卷，阮文叔撰。

頤煊案：《舊唐志》：『《阮河南方》十六卷，阮炳撰。』『文叔』當是避唐諱，改稱其字。《外臺祕要》引有《阮河南方》。

李陵集

漢騎都尉《李陵集》二卷。

頤煊案：《史通・雜説篇》：『《李陵集》有《與蘇武書》，詞采壯麗，音句流麗，觀其文體，不類西漢，殆後來所爲，假稱陵作也。』《藝文類聚》、《文選》注、《太平御覽》引有《李陵與蘇武書》《蘇武報李陵書》《李陵重與蘇武書》，當在《李陵集》中。

辛德遠

晋臨海太守《辛德遠集》，五卷，梁四卷。

頤煊案：《舊唐志》：『《辛昞集》四卷。』『德遠』即昞字。《晋書・孫恩傳》：『臨海太守辛景。』皆避唐諱改。

江智深

宋北中郎長史《江智深集》九卷，并目一卷。

頤煊案：『智深』本作『智淵』，《宋書》有傳。《舊唐志》：『《江智泉集》十卷。』皆避唐諱改。

梁明帝

《煬帝蕭皇后傳》：梁明帝巋之女也。

頤煊案：《周書·蕭巋傳》：『巋在位二十三載，五年五月薨，其羣臣葬之于顯陵，謚曰孝文皇帝，廟號世宗。』《外戚蕭巋傳》作：『梁之臣子謚曰孝明皇帝。』

升遷伯

《李穆傳》：又別封一子爲升遷伯，穆讓兄子軌〔八〕，許之。

頤煊案：《周書·李賢傳》作：『孝軌，開府儀同大將軍，升遷縣伯。』《李穆傳〔九〕》亦作『穆請迴封賢子孝軌』。

新囯

《王世積傳》：闡熙新囯人也。

頤煊案：《地理志》：『朔方郡長澤縣，西魏置闡熙郡。』《地形志》：『闡熙郡，太和十二年置，領山鹿、新囯二縣。』《玉篇》：『囯，古文國字。』

美陽伯

《蘇威傳》：周太祖時襲爵美陽縣公。

頤煊案：《周書·蘇綽傳》：『子威，嗣襲爵美陽伯。』

楊遵彦

《李德林傳》：任城王湝爲定州刺史，舉秀才，王因遺尚書令楊遵彦書云云。

頤煊案：《北齊書》：『楊愔字遵彦。』《盧思道》、《薛道衡傳》俱稱『左僕射楊遵彦』。

滕穆王

《滕穆王瓚傳》：字恒生，一名慧，高祖母弟也。周世以太祖軍功封竟陵郡公。

頤煊案：《周書·楊忠傳》：『子堅嗣。弟整。整弟惠，大象末，大宗伯、竟陵縣公。』『慧』『惠』古字通用。

尞允

《牛弘傳》：安定鶉觚人也。本姓尞氏，父允，魏侍中、工部尚書、臨涇公，賜姓爲牛氏。

頤煊案：《周書・高賓傳》：『又有安定𢒟允，本姓牛氏，歷官侍中、驃騎大將軍、開府儀同三司、工部尚書、臨涇縣公，賜姓宇文氏。子弘，大象末復姓牛氏。』《北史》：『其先避難，改姓遼氏。』

順考古道

堯舜至聖，猶考古道而言。

頤煊案：《尚書・堯典》：『曰若稽古帝堯。』鄭康成云：『稽古同天，言堯同於天也。』王肅云：『堯順考古道而行之』，此亦同于王肅。

廬州總管

《韓擒傳》：于是拜爲廬州總管，委以平陳之任。

頤煊案：《陳書・後主紀》作『京口總管韓擒虎』。

任蠻奴

擒以精騎五百直入朱雀門，陳人欲戰，蠻奴撝之曰：『老夫尚降，諸君何事。』衆皆散走。

頤煊案：《陳書・任忠傳》：『小名蠻奴。臺城陷，其年入長安。隋授開府儀同三司，卒時年七十七。』

王　述

《王長述傳》：京兆霸城人也。祖羆，魏太尉。

頤煊案：《周書・王羆傳》：『孫述，字長述。』蓋以字行。

彭陽縣公

《令狐熙傳》：襲爵彭陽縣公，邑二千一百户。

頤煊案：《令狐熙碑》亦作：『襲爵彭陽公，邑二千一百户。』《北史・令狐熙傳》作『彭城』，傳寫之譌。

李元操

《李孝貞傳》：字元操。開皇初，拜馮翊太守，爲犯廟諱，于是稱字。

頤煊案：《高祖紀》：『祖寧遠將軍禎。』孝貞避嫌名諱，故改稱字。《王劭傳》：『有家著《齊書》，爲内史侍郎李元操所奏。』《文學傳序》：『趙郡李元操。』皆舉其字。

裴讞之

《薛道衡傳》：河東裴讞目之曰：『自鼎遷河朔，吾謂關西孔子罕值其人，今復遇薛君矣。』

頤煊案：《北齊書》作『裴讞之』，附見《裴讓之傳》〔一〇〕。

魏　史

《魏澹傳》：詔澹別成《魏史》，澹自道武及恭帝爲十二紀，七十八傳，別爲史論及例一卷，并目録合九十二卷。

頤煊案：《經籍志》：『《後魏書》一百卷，著作郎魏彦深撰。』魏收書撰于北齊天保二年，以東魏爲正統，故止於孝静帝。澹書撰于隋受禪初年，以西魏爲正統，故止于恭帝。此兩書所以不同也。

蕭　修

《劉行本傳》：行本起家武陵國常侍，遇蕭修以梁州北附，遂與叔父璠同歸于周。

頤煊案：《周書·劉璠傳》作『益州刺史蕭循』。

慕容三藏

《慕容三藏傳》：燕人也。父紹宗，齊尚書左僕射、東南道大行臺。三藏武平初襲爵燕郡公。周武帝授開府儀同三司。開皇十年以功授大將軍，十五年授疊州總管。

頤煊案：《北齊書・慕容紹宗傳》：『長子士肅以謀反伏誅，士肅弟建中襲爵。武平末，儀同三司。隋開皇中，大將軍、疊州總管。』三藏即建中之字，其官位皆相合。

柳　霞

《柳莊傳》：祖季遠，梁司徒從事中郎。父遐，霍州刺史。

頤煊案：《周書》本傳作『柳霞』，父季遠，梁臨川王諮議參軍、宜都太守。

渾　象

《宇文愷傳》：昔張衡渾象以三分爲一度。

頤煊案：《天文志》：『延熹七年，太史令張衡更以銅製渾天儀，以四分爲一度。』

熒陽

《王劭傳》：大象元年夏，熒陽汴水北有龍鬭。『熒』字三火，明火德之盛也。

頤煊案：《玉篇》『熒』字注亦作『熒陽縣』。《漢韓勑後碑》《劉寬碑陰》《鄭烈碑》皆作『熒陽』，《唐盧藏用紀信碑》亦作『熒陽』。《地理志》作『滎陽』。

堯受命

《袁充傳》：唐堯景辰生，景子年受命。

頤煊案：《史記·帝堯本紀》集解：『皇甫謐曰：堯以甲申歲生，甲辰即帝位。』《律曆志》引《竹書紀年》：『堯元年景子。』與此同。

皇甫誕

《皇甫誕傳》：字元慮，安定烏氏人也。高祖受禪，爲兵部侍郎。出爲魯州長史。

頤煊案：《皇甫誕碑》：『字元憲，安定朝那人。授廣州長史。』

洛州刺史

《辛彦之傳》：人云潞州刺史辛彦之有功德，造此堂以待之。

頤煊案：『潞州』當作『洛州』。

是察阿黨

《何妥傳》：孔子云，是察阿黨，則罪無掩蔽。

頤煊案：《月令》：『孟冬之月，是察阿黨，則罪無有掩蔽。』山井鼎《考文》引古本、足利本作：『是月也，察阿黨。』宋板以下諸本皆脱『月也』二字，據此傳則經本無『月也』二字，山井鼎之言不足爲據。蔡邕、王肅云，《月令》周公作，此以爲孔子之言，亦異。

章仇太翼

《盧太翼傳》：本姓章仇氏，煬帝即位，賜姓爲盧氏。

頤煊案：《經籍志》：『《風角》七卷，《要》一卷，章仇太翼撰。』《柳肅傳》：『劉臻嘗進章仇太翼于宫中。』《房陵王勇傳》：『瀛州民章仇太翼。』皆舉本姓。

俀國

《俀國傳》：在百濟、新羅東南，水陸三千里。

頤煊案：《梁書》作『倭國』，『俀』『委』古字通用。

孟秉

《宇文化及傳》：鷹揚郎將孟秉。

頤煊案：《煬帝紀》作『鷹揚郎將孟景』。

王充

王充傳。

頤煊案：王世克因避唐諱闕『世』字〔二〕，紀傳中又皆稱『王充』，何也。

校勘記

〔一〕《三國志·杜恕傳》裴注引《魏略》：『于時太學初立，有博士十餘人，學多褊狹，又不熟悉，略不親教，備員而已。惟(樂)詳五業並授。』則『五業』可作五經解。疑作『五業』不訛。

〔二〕文禮殷奧續　《舊唐書·經籍志下》『文禮』下有『撰』字。

〔三〕常以正月加正時　『正月』，《太白陰經·雜式·推神煞門户》作『月將』。

〔四〕寅午戌上見孟春木位上是白奸　『木位』，《太白陰經·雜式·推神煞門户》作『五本位』。下有小字夾注：『「春五」二字有誤。』

〔五〕亭亭常以白姦囚於巳亥　『囚』原訛作『因』，據《太白陰經·遁甲·推亭亭白姦法》改。

〔六〕下六持亦依次去　『持』，《太白陰經·遁甲·出師安營》作『時』。

〔七〕上云吉　『云』，《太白陰經·遁甲·出師安營》作『去』。

〔八〕穆讓兄子軌　『軌』，《隋書·李穆傳》作『孝軌』。

〔九〕李穆傳　『李』原作『孝』，據《周書·李穆傳》改。

〔一〇〕附見斐讓之傳　『斐』，《北齊書》作『裴』。

〔一一〕王世克因避唐諱闕世字　『王世克』當作『王世充』。據上下文意，洪頤煊似以『克』爲正，以『充』爲訛。

諸史考異卷十五

南史上

西陵太守

《宋武帝本紀》：以西陵太守朱齡石爲益州刺史。

頤煊案：《宋書》本紀、《朱齡石傳》俱作『西陽太守』，《州郡志》西陽太守屬郢州〔一〕。西陵，縣名，屬西陽太守。

北東海

元熙元年正月〔二〕，進公爵爲王，以徐州之海陵、北東海、北譙、北梁。

頤煊案：《宋書》本紀『東海』上無『北』字。《州郡志》南徐州治南東海。此稱徐州，即北徐州，治彭城。『東海』上不應加『北』字。

王　球

《文帝本紀》：元嘉十七年十二月癸亥，以光禄大夫王球爲尚書僕射。十八年十一月戊子，尚書僕射王球卒。

頤煊案：《宋書》本紀皆作『王琳』，《宋書》有《王球傳》而無王琳，是傳寫譌也。

徐道寶

《孝武本紀》：孝建元年二月，兗州刺史徐道寶舉兵反。

頤煊案：《南郡王義宣傳》《宋書》本紀俱作『徐遺寶』。

鱁鮧

《明帝本紀》：以蜜漬鱁鮧，一食數升，奢費過度。

頤煊案：《南齊書·虞愿傳》：『帝素能食，尤好逐夷，以銀鉢盛蜜漬之，一食數鉢。謂揚州刺史王景文曰：「此是奇味，卿頗足不？」景文曰：「臣夙好此物，貧素致之甚難。」』可想見其珍貴。

劉彦節

《齊高帝本紀》：與袁粲、褚彦回、劉彦節等更日入直決事，號爲四貴。

頤煊案：《宋書·袁粲傳》：『時粲與齊王、褚淵、劉秉入直，平決萬機，時謂之四貴。』秉字彦節，見《宗室長沙景王傳》，史臣避唐嫌名諱，因舉其字。

配享太祖廟庭

《武帝本紀》：永明十年正月丙戌，詔故太宰褚彦回、故太尉王儉、故司空柳世隆、驃騎大將軍王敬則、鎮軍大將軍陳顯達、故鎮東將軍李安人，配享太祖廟庭。

頤煊案：王敬則、陳顯達此時尚存，後二人以反罪伏誅。配享廟庭，徒成虚語。《南齊書·禮志》於二人結銜上誤添故字，錢氏已駁其失，不知此紀之尚未誤也。

楊婆兒

《鬱林王本紀》：在西州，令女巫楊氏禱祀，速求天位。及文惠薨，謂由楊氏之力，倍加敬信，呼『楊婆』。宋氏以來，人間有楊婆兒哥，蓋此徵也。

頤煊案：《袁彖傳》：『于時何澗爲文惠太子作《楊畔歌》，辭甚側麗，太子甚悦。』《隋書·

音樂志》：『其歌曲有《陽伴》。』後呼爲《楊叛兒》，皆此曲一聲之轉。

王倀子

《東昏侯本紀》：遣王寶孫督戰，呼爲王倀子。

頤煊案：《梁書·武帝紀》：『閹人王倀子持白虎幡督率諸軍。』《南齊書》本紀作：『遣左右直長閹豎王寶孫督戰，呼爲王長子。』

謚曰懿

《梁武帝本紀》：皇考歷位侍中、衛尉、太子詹事、領軍將軍、丹陽尹，贈鎮北將軍，謚曰懿。

頤煊案：《梁書》本紀無『謚曰懿』三字。

大明八年

帝以宋孝武大明元年歲次甲辰，生于秣陵縣同夏里三橋宅。

頤煊案：當依《梁書》本紀作『大明八年』。

王天虎

乃遣參軍王天武、龐慶國詣江陵。

頤煊案：《梁書》本紀作『王天獸』，皆避唐諱虎字改，書内凡『白虎幡』、『虎賁』、『虎牢』、『虎檻』、『虎魄』、『虎豹』，諸『虎』字皆不避，唯人名犯者則改，蓋其例如此。其間有與例不合者，皆後人所改。

臨川王宏

天監十二年九月，加揚州刺史臨川王宏位司空。十七年六月乙酉，中軍將軍、中書監臨川王宏以本號行司徒。

頤煊案：《梁書》本紀：十七年五月戊寅，驃騎大將軍、揚州刺史臨川王宏免。辛巳，以臨川王宏爲中軍將軍、中書監。此删戊寅、辛巳兩節，前後官位遂不合。

土州

太清元年三月甲辰，遣司州刺史羊鴉仁，率土州刺史桓和、仁州刺史湛海珍等應接侯景。

頤煊案：《隋書·地理志》：『漢東郡土山縣，梁曰龍巢，置土州。』《梁書·羊鴉仁傳》作

『士州』，因字形相近而譌。《武帝本紀》作『兖州』，誤。

京　師

二年三月己未，屈獠洞斬李賁，傳首建鄴。

頤煊案：《梁書》本紀作：『傳首京師。』《簡文本紀》：『大寶二年七月，景還至建鄴。』《梁書》本紀作：『侯景還至京師。』李延壽撰《南北史》每内北而外南，故不以梁都爲京師，如此類甚多。

東方光

《元帝本紀》：承聖二年十二月，宿豫土人東方光據城歸北齊，江西州郡皆起兵應之。

頤煊案：《梁書》本紀作：『宿預土民東方光歸化，魏江西州郡皆起兵應之。二年正月，陳霸先遣晉陵太守杜僧明率衆助東方光。』《北齊書·文宣紀》天保四年不載此事。則作歸梁者是也。

孝閔帝

《陳武帝本紀》：永定元年，是歲周閔帝元年，及九月，冢宰宇文護廢閔帝而奉明帝。

頤煊案：《周書》本紀皆作『孝閔帝』。

太后

《宋少帝司馬皇后傳》。

頤煊案：《宋書》本傳作『少帝司馬皇太妃』。延壽於諸后未立爲皇后，由所生尊崇者，則稱太后。如《宋書》『武帝胡婕妤』《史》稱『文帝胡太后』，『文帝路淑妃』《史》稱『孝武昭路太后』，『文帝沈婕妤』《史》稱『明宣沈太后』是也。少帝司馬皇后，宋初拜皇太子妃。少帝即位，立爲皇后。前廢帝何皇后，孝建三年納爲皇子妃，大明五年薨於東宫。廢帝即位，追崇曰獻皇后，故皆稱皇后。《宋書》稱少帝司馬皇太妃，非也。

南郡王

《齊鬱林王何妃傳》：南郡王所與無賴人游。

頤煊案：傳中『南郡王』凡三見。是時鬱林雖未即位，不當稱其舊封，此亦史之駁文未改正者。

徐妃

《梁元帝徐妃傳》：帝製《金樓子》，述其淫行。

頤煊案：今世所傳《金樓子》六卷無言徐妃事。

子懷珍嗣

《宋長沙景王傳》：義宗卒於南兖州刺史，謚曰惠侯。子懷珍嗣。

頤煊案：《宋書》本傳作：『子懷侯玠嗣。』『珍』『玠』字形相近。

海西

《臨川烈武王傳》：劉遵字慧明，淮南海西人。

頤煊案：《宋書》本傳作：『臨淮海西人。』《州郡志》海西屬臨淮郡，當是其先屬淮南也。

鮑照

鮑照字明遠，東海人。

頤煊案：杜甫詩：『才兼鮑昭愁，絶倒韋莊詩。』『欲將張翰松江雨，畫作屏風寄鮑昭。』唐人避武后諱，改作昭。

録尚書

《江夏王義恭傳》：徵義恭爲司徒，録尚書事。義恭小心，且戒義康之失，雖爲總録，奉行文書而已。

頤煊案：《彭城王義康傳》：『義康既專朝權，事決自己，生殺大事皆以録命斷之。』

改刀爲力

《元凶劭傳》：初命之曰『劭』，在文爲召刀。後惡焉，改刀爲力。

頤煊案：《説文》：『劭，勉也，从力召聲，讀若舜樂韶字。』在力部。此必俗體有作劭者，而《南史》妄爲之説。

廬陵王

《廬陵王禕傳》：字休秀，文帝第八子也。元嘉二十二年，封東海王。明帝踐阼，封廬陵王。

頤煊案：《宋書》本傳作『廬江王』。

安陰縣公

《晉熙王昶傳》：乃以第六皇子燮繼昶，封爲晉熙王。齊受禪，燮降封安陰縣公。謀反，賜死。

頤煊案：《宋書》本傳作：『降封隆安縣侯，食邑千五百户。謀反，賜死。』

武寧太守

《王玄謨傳》：謝晦爲荆州，請爲南蠻行參軍、武寧太守。

頤煊案：《宋書》本傳作『武昌太守』。《州郡志》武寧郡屬荆州；武昌郡屬郢州，孝建以前屬江州。

冀州刺史

元凶弒立，以玄謨爲冀州刺史。

頤煊案：《宋書》作『益州刺史』，下文『孝武伐逆，玄謨遣濟南太守垣護之等將兵赴義』，則作『冀州』是。

服領

《蕭惠開傳》：今以惠開爲憲司，冀當稱職，但一往眼額，已自殊有所震。

頤煊案：《宋書》本傳『眼額』作『服領』。

偏諱

《蕭琛傳》：帝每朝讌接，琛以舊恩，嘗犯武帝偏諱。帝歛容，琛從容曰：『名不偏諱，陛下不應諱順。』上曰：『各有家風。』

頤煊案：六朝凡言諱者，皆其父名，此犯武帝父順之偏諱。

謝宣明

《謝晦傳》：以晦領南蠻校尉、荆州刺史，加都督。精兵舊將悉以配之。

頤煊案：《劉瑀傳》：與顔竣書曰：『朱修之三世叛兵，一日居荆州青油幕下，作謝宣明面見向，使齋帥以長刀引吾下席。』可想見其威嚴。

字通遠

《謝瞻傳》：字宣遠，一曰名檐，字通遠。

頤煊案：《謝密傳》：『通遠懷清悟，采采標蘭訊。』是舉其舊字。

從叔混

瞻文章之美，與從叔琨、族弟靈運相抗。

頤煊案：《宋書》本傳『琨』作『混』。《晋書·謝安傳》混爲安孫，瞻爲安兄萬曾孫，靈運爲玄孫。玄少穎悟，與從兄朗俱爲叔父安所知。故瞻以混爲從叔、靈運爲族弟也。

瑍生靈運

《謝靈運傳》：祖玄，父瑍生而不慧。玄謂親知曰：『我乃生瑍，瑍兒何爲不及我。』

頤煊案：《宋書》本傳作：『我乃生瑍，瑍那得生靈運。』《晋書·謝玄傳》：『我尚生瑍，瑍那得不生靈運。』三傳文異，當以《宋書》之言爲正。

聞諱徒跣

《謝超宗傳》：父鳳。右衛將軍劉道隆正觸其父名〔三〕，曰：『旦侍宴，至尊説君有鳳毛。』超宗徒跣還内。

頤煊案：《王亮傳》：『父攸。沈巑之云：「未知明府諱，若爲攸字，當作無骹尊傍犬，爲犬傍無骹尊？若是有心攸，無心攸？」亮不履，下牀跣而走。』蓋六朝人重避諱，其禮如此。

越巂

《謝幾卿傳》：超宗徒越巂，詔家人不得相隨。

頤煊案：《梁書》本傳作：『超宗坐事徒越州。』

南奔

梁天監中，自尚書三公郎爲書侍御史，舊郎官轉爲此職者，世謂之南奔。

頤煊案：《宋書・百官志》：『漢東京御史中丞遇尚書丞郎，則中丞止車執版揖，而丞郎坐車舉手禮之而已。』《南齊書・王僧虔傳》：『遷御史中丞，領驍騎將軍，甲族向來多不居憲臺。』故世以此爲左遷。

散騎侍郎

《謝密傳》：晋世名家身有國封者，起家多拜員外散騎侍郎。

頤煊案：《謝靈運傳》：『襲封康樂公，以國公例除員外散騎侍郎，不就。』《王弘傳〔四〕》：『子錫嗣，少以宰相子起家爲員外散騎。』亦以有國封也。

東鄉君遺財

及東鄉君薨，遺財千萬，園宅十餘所。又會稽、吴興、琅邪諸處，太傅安、司空琰時事業，奴僮猶數百人。

頤煊案：上文稱『混仍世宰相，一門兩封，田業十餘處，僮役千人』，此爲重出。

雙聲疊韻

《謝莊傳》：王玄謨問莊，何者爲雙聲，何者爲疊韻。答曰：『玄護爲雙聲，磝碻爲疊韻。』

頤煊案：宋《重修廣韻》卷末有『雙聲疊韻法』，章灼、良略是雙聲，灼略、章良是疊韻。章掌、良兩是雙聲，掌兩、章良是疊韻，即本於此。

新歲三十五

亡高祖四十，曾祖三十三，亡祖四十七，下官新歲便四十五。

頤煊案：《宋書》本傳作：『新歲便三十五。』莊以泰始二年卒，年四十六。此與江夏王義恭牋在孝建二年，則作『四十五』者誤也。莊高祖謝萬，《晉書》萬卒時年四十二，此作『四十』亦誤。

唯宜飲酒

《謝朏傳》：仍爲吴興太守，弟瀟時爲吏部尚書。朏至郡，致瀟數斛酒，還書曰：『可力飲此，勿豫人事。』

頤煊案：《謝瀟傳》：『初朏爲吴興，瀟於征虜渚送別，朏指瀟口曰：「此中唯宜飲酒。」』文意相同。

珣字音

《王弘傳》：客有疑其諱者，弘曰：『家諱與蘇子高同。』

頤煊案：弘父名珣，客疑其所讀音。陸德明《爾雅釋文》：『珣，胥均反。又音峻。《説文》

云：《周書》所謂夷玉，讀若宣。』弘言與蘇子高同，則是讀音峻也。

路瓊之

《王僧達傳》：路瓊之，太后兄慶之孫也。宅與僧達門並。

頤煊案：《路太后傳》：『太后弟子撫軍參軍瓊之上表自陳，有司承旨，奏贈瓊之父道慶給事中。』此作『太后兄慶之孫』，疑誤。

駉駉牧馬

《王融傳》：駉駉之牧，遂不能嗣。

頤煊案：《毛詩》：『駉駉牡馬。』《釋文》：『「牡」本作「牧」。』《顔氏家訓·書證篇》：『「駉駉牡馬」，江南書皆作牝牡之「牡」，河北本悉爲放牧之「牧」。』此同河北本。

大宗不衰

《王瞻傳》：從父僧遠聞而異之，謂其父猷曰：『大宗不衰，寄之此子。』

頤煊案：《梁書》本傳作：『從父尚書僕射僧達謂瞻父曰：「吾宗不衰，寄之此子。」』『遠』字譌。

養　炬

《王泰傳》：沈約常曰：『王有養、炬，謝有覽、舉。』養，泰小字；炬，筠小字也。

頤煊案：《梁書・王筠傳》：『時人爲之語曰：謝有覽、舉，王有養、炬。炬是泰，養即筠，並小字也。』與此異。

殷　鈞

《王筠傳》：昭明太子愛文學士，常與筠及劉孝綽、陸倕、到洽、殷鈞等遊宴玄圃。筠又與殷鈞以方雅見禮。

頤煊案：《梁書》本傳作『殷芸』，《劉孝綽傳》亦作『陳郡殷芸』。殷鈞、殷芸，梁書各有傳。

稱小字

《王彧傳》：上手詔譬之曰：『庶姓作揚州，徐干木、王休元、殷鐵並處之不辭。』

頤煊案：《王弘傳》：『字休元。』《蔡廓傳》：『我不能爲徐干木署紙尾。』《范泰傳》：『君生平重殷鐵，今以此爲報。』干木，徐羨之小字。殷鐵，景仁小字也。

王綸之

《王綸之傳》：字元章，齊永明中歷位侍中。

頤煊案：《南齊書》作『倫之』，附見其父《延之傳》。

坐璽制免

《王韶之傳》：坐璽制謬誤免黄門。事在《謝晦傳》。

頤煊案：《謝晦傳》：『永初二年，坐行璽封鎮西司馬、南郡太守王華，而誤封北海太守球。板免晦侍中。』不言韶之同免。

校勘記

〔一〕西陽太守屬郢州　按郢州爲孝武帝孝建元年立，此前西陽屬豫州。

〔二〕元熙元年正月　『元熙』原作『元興』，據《南史·宋本紀上》改。

〔三〕右衛將軍劉道隆正觸其父名　『右』字原脱，據《南史·謝超宗傳》補。

〔四〕此引爲《宋書·王弘傳》。

諸史考異卷十六

南史下

避諱稱下官

《垣榮祖傳》：除榮祖冗從僕射，遣還徐州。説刺史薛安都曰：『天之所廢，誰能興之。使君今不同八百諸侯，如下官所見，非計中也。』

頤煊案：《南齊書》本傳作：『今不同八百諸侯，如民所見。』榮祖，下邳人，於徐州刺史例稱民。《南史》避唐諱，改作『下官』。餘見《到撝傳》錢氏《考異》。

襄陽星惡

《袁顗傳》：顗舅蔡興宗謂曰：『襄陽至惡，豈可冒邪。』

頤煊案：《宋書》本傳作『襄陽星惡』，下文云『天道遼遠，何必皆驗』。字當作『星』。

孔奐

《孔琇之傳》：子臻，至太子舍人、尚書三公郎。臻子幼孫，梁寧遠枝江公主簿、無錫令。幼孫子奐。

頤煊案：《陳書·孔奐傳》：『曾祖琇之。祖琇，太子舍人、尚書三公郎。父稚孫，梁寧遠枝江公主簿、無錫令。』

期頤

《褚炤傳》：彦回拜司徒，炤歎曰：『名德不昌，遂有期頤之壽。』

頤煊案：《彦回傳》：『薨，年四十八。』不得云期頤之壽。

殷恒

《蔡興宗傳》：太子率殷恒爲中庶子。

頤煊案：下文『殷恒』凡三見，《宋書》本傳皆作『殷常』。

新昌太守

於是除興宗永昌太守，郡屬交州。

頤煊案：《宋書》本傳作『新昌太守』。《州郡志》：『新昌郡，宋末立，屬交州刺史。』而無永昌。

袴

《何點傳》：永元中，崔惠景圍城，乃逼召點，點裂裙爲袴，往赴其軍。

頤煊案：《劉穆之傳》：『及武帝剋京城，穆之反室，壞布裳爲袴往見帝。』《方言》：『袴，齊魯之間謂之襱，或謂之襱，關西謂之袴。』今世有襱袴之稱，蓋軍中兵士所服。

張齊

《張稷傳》：帝時亦酣，謂曰：『卿兄殺郡守，弟殺其君，如君兄弟，有何名稱。』

頤煊案：兄謂張瓌，弟謂張齊。《梁書·張齊傳》：『馮翊郡人，或云横桑人也。初事桓歷生，歷生罷官，歸吴郡張稷。稷甚相知重，以爲心腹。雖家細事，皆以任焉。』齊非稷弟，或當時冒稱弟耳〔一〕。

張禕

《張暢傳》：邵兄禕子也。

頤煊案：《宋書》本傳作『邵兄偉之子』。《南齊書·張融傳》亦作：『祖禕，晋琅邪王國郎中令。』

宋略

《裴子野傳》：及齊永明末，沈約撰《宋書》，稱：『松之已後無聞焉。』子野更撰爲《宋略》二十卷，其敘事多善，而云：『戮淮南太守沈璞，以其不從義師故也。』約懼徒跣，謝之，請兩釋焉。

頤煊案：《梁書·裴子野傳》無此兩端，蓋由兩釋後削之。

白渦書

《周捨傳》：南津校尉郭祖深獲始興相白渦書，餉捨衣履及婢，以聞，坐免官。

頤煊案：《梁書》本傳作：『獲武陵太守白渦書，許遺捨面錢百萬。』

合族避諱

《周弘正傳》：弘正諂附王偉，又與周石珍合族避景諱，改姓姬氏。

頤煊案：《梁書·侯景傳》：『景曰：「前世吾不復憶，惟阿爺名標。」景黨有知景祖名周者，於是追尊其祖周爲大丞相，父標爲元皇帝。』

北侵

《柳元景傳》：及朝廷大舉北侵。

頤煊案：《宋書》本傳作：『及朝廷大舉北討。』《梁書·裴子野傳》：『普通七年，王師北伐。』《南史》作：『大舉北侵。』此皆内北外南之證。

卒年不同

《柳惔傳》：尋遷尚書左僕射，年六十，卒于湘州刺史。

頤煊案：《梁書》本傳：『六年十月卒于州，時年六十四。』

反語臨雝

《劉悛傳》：悛本名忱，宋明帝多忌，反語劉忱爲『臨讐』，改名悛焉。

頤煊案：《説文》：『忱，从心，冘聲。』《後漢書·竇武傳》：『太后冘豫未忍。』冘豫即猶豫，足證『忱』字反語爲『臨雝』也。

沈僧旻

《劉孝綽傳》：領軍臧盾、太府卿沈僧旻等並被時遇，孝綽尤輕之。

頤煊案：《梁書》本傳作『太府卿沈僧杲』。

東西一百

《齊豫章王嶷傳》：百年復何可得，止得東西一百，於事亦濟。

頤煊案：《隋書·食貨志》：『梁自破嶺以東，八十爲百，名曰東錢。江郢已上，七十爲百，名曰西錢。』

永福省

《竟陵王昭胄傳》：明帝慮有同異，召諸王侯入宫，晋安王寶義及江陵公寶覽住中書省，高、武諸孫住西省。其夜並將加害。

頤煊案：《南康縣侯子恪傳》：『始安王遥光勸上併誅高武諸子孫，於是並敕竟陵王昭胄等六十餘人入永福省，期三更當殺之。』西省即永福省也。

于瑶之

《晋安王子懋傳》：阮報同産弟于瑶之爲計。

頤煊案：《南齊書》本傳作：『阮報其兄于瑶之爲計。』

寶夤奔魏

《鄱陽王寶夤傳》：中興二年，謀反奔魏。

頤煊案：《和帝本紀》：『中興二年三月辛丑，鄱陽王寶夤奔魏。』《南齊書》本傳作：『中興二年，謀反誅。』誤。

彭城侯

《陳顯達傳》：齊高帝討桂陽賊於新亭壘，事平，封彭城侯。

頤煊案：《南齊書》本傳：『封豐城縣侯，邑千户。』

晉興縣男

《周山圖傳》：建元元年，封晉興縣男。

頤煊案：《南齊書》本傳：『封廣晉縣男，邑三百户。』

堯廟蘇侯神

《崔祖思傳》：年十八爲都昌令，隨青州刺史垣護之入堯廟，廟有蘇侯神偶坐，護之曰：『唐堯聖人，而與蘇侯神共坐，今欲正之，何如？』祖思曰：『使君若清蕩此坐，則是堯廟重去四凶。』

頤煊案：《南齊書》本傳作：『初辟主簿，與刺史劉懷珍於堯廟祀神，廟有蘇侯像，懷珍云云。』與此不同。

鮮于琮

《陸襄傳》：先是，郡人鮮于琮服食修道法。

頤煊案：《梁書》本傳作『鮮于琛』。

中從事

《劉善明傳》：年四十，刺史劉道隆辟爲中從事。

頤煊案：《南齊書》本傳作：『辟爲治中從事。』《明僧紹傳》：『祖玩，州中從事。』《南齊書》作『州治中』。《梁吴平侯景傳》：『祖道賜，仕宋，終于書侍御史。』《梁書》作『治書侍御史。』皆避高宗名闕。

孔徹

《劉璡傳》：與友人會稽孔逷同舟入東，於塘上遇一女子。或曰與友孔徹同舟入東。

頤煊案：《南齊書》本傳作：『與友人孔徹同舟入東。』

蕭淵藻

《梁西昌侯藻傳》。

頤煊案：《梁書·鄧元起傳》：『徵爲右衛將軍，以西昌蕭深藻代之。』藻本名淵藻，唐人避諱改作『深』，或闕『淵』字但稱蕭藻。

蕭淵明

《貞陽侯明傳》。

頤煊案：《陳書·武帝紀》：『四年五月，齊送貞陽侯淵明還主社稷。』《梁書·敬帝紀》：『齊送貞陽侯蕭深明來主梁嗣。』亦唐人因避諱闕『淵』字。

爹

《始興王憺傳》：人歌曰：『始興王，人之爹徒我反。赴人急，如水火。何時復來哺乳我荊土。』方言謂父爲爹。

頤煊案：《玉篇》：爹，屠可切。父也。又陟斜切。今人則讀如後音。

吴郡浙江

《昭明太子統傳》：吴郡屢以水災不熟，有上言當漕大瀆，以瀉浙江。

頤煊案：《漢書·地理志》：『會稽郡吴縣，南江在南，東入海。』浙江即南江。《梁書》本傳作『吴興郡上言』，傳寫衍『興』字。

通理弟乂理

《南康王會理傳》：會理弟通理，字仲宣，位太子洗馬，封祈陽侯。至是亦遇害。通理弟乂理，字季英，生十旬而簡王薨。

頤煊案：《梁書·南康王傳》：『會理與建安侯通理並遇害。通理字季英，會理第六弟也。』無乂理名，史即以《乂理傳》爲通理，其誤甚矣。

南陽縣男

《康絢傳》：天監元年，封南陽縣男。

頤煊案：《梁書》本傳：『天監元年，封南安縣男，邑三百户。』

長兼侍中

《張纘傳》：累遷吏部郎，俄而長兼侍中。

頤煊案：《梁書》本傳作：『累遷尚書吏部郎，俄爲長史兼侍中。』『史』字是後人誤添，見《王儉傳》錢氏《考異》。

東平范人

《吕僧珍傳》：東海范陽人也。錢氏《考異》云：《梁書》無『陽』字。東海固不得有范陽縣，而考之《宋志》，范縣亦隸東平，非東海也。

頤煊案：汲古閣本《梁書·吕僧珍傳》：『東平范人。』字尚不誤。

三橋宅

《范雲傳》：帝嘗與雲言及舊事，云：『朕司州還，在三橋宅。』

頤煊案：《梁書·武帝紀》：『高祖以宋大明八年甲辰歲，生于秣陵縣同夏里三橋宅。』《周興嗣傳》：『高祖以三橋舊宅爲光宅寺，敕興嗣、陸倕各製寺碑。』

冀州刺史徽

《裴邃傳》：魏冀州刺史徽之後也。

頤煊案：《梁書》本傳：『魏襄州刺史綽之後。』《晋書·裴楷傳》：『父徽，魏冀州刺史。楷弟綽，官至黄門侍郎、長水校尉。』不言爲襄州刺史。

卿年三十五

《江淹傳》：建元二年，始置史官，淹與司徒左長史檀超共掌其任。拜中書侍郎，王儉嘗謂曰：『卿年三十五，已爲中書侍郎。』

頤煊案：《梁書》本傳：淹天監四年卒，時年六十二。淹年三十五，當昇明二年，在建元前矣。前後年歲當有一誤。

睢陵鄉人

《陳伯之傳》：濟陰睢陽人也，後隨鄉人車騎將軍王廣之。

頤煊案：《梁書》本傳作『睢陵人』。《南齊書·州郡志》睢陵縣屬濟陰郡。王廣之，沛郡相人，同屬北徐州，故稱鄉人。

文藝

《朱异傳》：天下唯有文義棊書，卿一時將去。

頤煊案：『義』當作『藝』，即上文所云『异涉獵文史，兼通雜藝，博弈書算，皆其所長』是也。

新安令

《顧協傳》：正德爲巴西、梓潼郡，協除所部新安令。

頤煊案：《梁書》本傳作：『除所部安都令。』

任約

《王僧辨傳》：嗣徽密結南豫州刺史任約，與僧辨故舊，圖陳武帝，度江戰敗。嗣徽墮馬死，任約得北歸。

頤煊案：此與侯景大將任約爲胡僧祐所擒者别是一人。

韓擒

《陳太子深傳》：隋將韓擒虎自南掖門入。

頤煊案：《魯廣達傳》：『初，隋將韓擒之濟江。』《任忠傳》：『隋將韓擒自新林進軍，忠引擒軍共入南掖門。』此與《後主本紀》稱『韓擒虎』，皆是後人妄加。

抛車

《黄法𣰰傳》：出歷陽，於是爲抛車及步艦，豎拍以逼之，砲加其樓堞，尅之。

頤煊案：《陳書》本傳『抛車』作『拍車』，『砲』亦作『拍』，三字皆通用。

安成王

《吴明徹傳》：遣安成王瑱代明徹。

頤煊案：《陳書・宣帝紀》：『諱頊，世祖嗣位，改封安成王。』『瑱』當是『頊』字之譌。

韓子高

《陳子高傳》：會稽山陰人也。

頤煊案：《陳書》作『韓子高』。《南史》目録亦作『韓子高』，此作『陳』字，傳寫之譌。

姚僧垣

《姚察傳》：父僧坦，梁太醫正，後入周，位遇甚重。

頤煊案：『坦』當作『垣』。《周書》姚僧垣在《藝術傳》。《隋書·經籍志》：『《姚大夫集驗方》十二卷。』《舊唐志》：『姚僧垣撰。』

郡　禄

《阮長之傳》：時郡田禄以芒種爲斷，此前去官者，則一年禄秩皆入後人。

頤煊案：此文有脱誤。《宋書》本傳作：『芒種爲斷，此前去官者，則一年秩禄皆入前人。此後去官者，則一年秩禄皆入後人。』

江陰郡

《沈文阿傳》：陳武帝以文阿州里，表爲原鄉令，監江陰郡。

頤煊案：《隋書·地理志》：『毗陵郡江陰縣，梁置，及置江陰郡。平陳廢郡。』《陳書》本傳作『監江陵郡』。

詣領軍

《丘靈鞠傳》：州辟從事。詣領軍沈演之，演之曰：『身昔爲州職，詣領軍謝晦，賓主坐處政如今日，卿將來復如此也。』

頤煊案：州職詣領軍當用下官禮，此爲異數。故特言之。

高爽

《卞彬傳》：時有廣陵高爽，博學多材。劉蒨爲晋陵縣，爽經途詣之，了不相接。俄而爽代蒨爲縣，蒨遺迎贈甚厚。

頤煊案：《梁書》高爽附見《吴均傳》：『出爲晋陽令，坐事繫治。』『晋陽』當是『晋陵』之譌。

顔延之在尋陽

《陶潛傳》：先是，顔延之爲劉柳後軍功曹，在尋陽，與潛情款。

頤煊案：《宋書·顔延之傳》：『後將軍吴國内史劉柳以爲行參軍，因轉主簿。』後劉柳爲江州刺史，其時延之當在尋陽。

少文舊宅

《宗測傳》：遂往廬山，止祖少文舊宅。

頤煊案：下文『測送弟喪還西，仍留舊宅永業寺』，《南齊書》本傳作：『遂往廬山，止元武司宅〔三〕。』當是其舊宅所居名異耳。

樓惠明

《闞康之傳》：又有東陽樓惠明，文惠太子在東宫，苦延方至，仍又辭歸。俄自金華輕棹西下，及就路，回之豐安。旬日之間，唐寓之祅賊入城塗地，唯豐安獨全。

頤煊案：《南齊書·徐伯珍傳》：『樓惠明忽乘輕舟向臨安縣，衆不知所以。尋而唐寓之賊破郡。』與此不同。

蔡閑

《戴法興傳》：法興與戴明寶、蔡賢俱轉參軍督護。

頤煊案：『賢』當作『閑』。《宋書》本傳作『蔡閑』。下文『大明二年，以南下預密謀，閑時已卒，追加爵封』。《宋書》：『封閑高昌縣男，食邑各三百户。』

濟南太守

《徐爰傳》：明帝崩，還都，以爰爲濟南太守。

頤煊案：《宋書》本傳：『以爰爲南濟陰太守。』

臨淮王敬則

《阮佃夫傳》：又語所領細鎧將臨淮王敬則。

頤煊案：《南齊書·王敬則傳》：『晋陵南沙人也，領細鎧左右，與壽寂之同斃景和。』或寓居在臨淮。

潘妃

《茹法珍傳》：帝所幸潘妃，本姓俞，名尼子，王敬則妓也。

頤煊案：《王茂傳》：『時東昏妃潘玉兒有國色，武帝將留之，以問茂，茂曰：「亡齊者此物，留之恐貽外議。」帝乃出之。』

校勘記

〔一〕據上下文意，弟即謂張稷。

〔二〕止元武司宅　《南齊書·宗測傳》作『止祖炳舊宅』。

諸史考異卷十七

北史上

魏始祖

《魏神元本紀》：神元皇帝諱力微。

頤煊案：《魏書》本紀稱『始祖神元皇帝』。

文帝如晋

五十六年，文帝復如晋。

頤煊案：《晋書·武帝紀》：『咸寧元年六月，鮮卑力微遣子來獻。』

劉琨子遵

《穆帝本紀》：三年，晋并州刺史劉琨遣子導爲質乞師。

頤煊案：《魏書》作『以子遵爲質』。《晉書·劉琨傳》亦作『子遵』。『導』字傳寫之譌。

元年至九年

《道武本紀》：元年，葬昭成皇帝于金陵。

錢氏《考異》云：『自什翼犍被執，道武逃竄賀蘭部，僅得存活，代之無主者九年。魏收於昭成殁後，即稱道武帝元年以至九年，誕妄之甚，《北史》不當仍之。』頤煊案：道武六歲而昭成崩，逃竄獨孤部、賀蘭部，九年而後返國。事同夏少康，非空籍可比，錢氏之譏未爲得之。

義陽公

天興五年五月，姚興遣其弟義陽王平來侵平陽，攻陷乾壁。

頤煊案：《魏書》本紀作『義陽公』。

武　牢

《明元本紀》：泰常八年，司空奚斤既平兖豫，還圍武牢。

頤煊案：《南史》『虎牢』字不避，《北史》俱改作『武』。

閭氏薨

《文成本紀》：興安元年十一月甲申，皇妣閭氏薨。

錢氏《考異》云：『《后妃傳》：「少以才選入東宮，有寵，生文成皇帝而薨。文成即位，追尊號謚。」是閭氏之薨在文成即位以前，紀書于即位之後，自相矛盾。』頤煊案：《魏書·恭皇后傳》：『真君元年六月，生高宗。世祖末年薨。』即興安元年十一月，本與紀合。《北史》删去其薨年，遂致牴牾。

什　寅

《獻文本紀》：皇興四年二月，詔征西大將軍上黨王長孫觀討吐谷渾什寅。

頤煊案：《魏書》本紀作『拾寅』。

鄭　羲

《孝文本紀》：太和二年十月，詔員外散騎常侍鄭發使於宋。注：『發』，一作『羲』。

頤煊案：《魏書》本紀作『鄭羲』。《鄭羲傳》：『孝文初，兼員外散騎常侍、寧朔將軍、陽武子，使於宋。』則作『鄭發』者誤也。

破六韓

《孝明本紀》：正光五年三月，沃野鎮人破六韓拔陵反，聚衆殺鎮將。

頤煊案：《魏書》本紀作『破落汗拔陵』。《北齊書·破六韓常傳》：『右谷蠡王潘六奚没於魏，其子孫以潘六奚爲氏。後人訛誤，以爲破六韓。』《周書·于謹傳》作『破六汗拔陵』。

万俟醜奴

《孝莊本紀》：永安元年七月，高平鎮人萬俟醜奴僭稱大位。

頤煊案：《魏書》本紀作『万俟醜奴』，『萬』字是妄人所改，已見《北齊書·万俟普傳》。

侯深

三年九月，遣武衛將軍奚毅、前燕州刺史侯深，率衆鎮北中。

頤煊案：《魏書》本紀作『前燕州刺史崔淵』。

李賢

《孝武本紀》：永熙三年七月，略陽公宇文泰遣都督駱超、李賢和各領數百騎赴洛。超先至。甲戌，賢和會帝於崤中。

頤煊案：《周書》作：『遣大都督李賢將精兵一千赴洛陽。』『賢』字『賢和』。

即位改元

《恭帝本紀》：廢帝三年正月，即皇帝位，改元。

頤煊案：廢帝立三年，爲宇文泰所廢。恭帝立三年，遜位於周閔帝。皆未改元建號。此『改元』二字當是後人所加。

矛　鈒

《孝静本紀》：天平元年十二月，詔内外戒嚴。百司悉依舊章，從容雅服，不得以務衫從事。

頤煊案：《魏書》本紀作：『不得以矛鈒從事。』

梁人來聘

四年七月甲辰，遣兼散騎常侍李楷聘於梁。十二月甲寅，梁人來聘。

頤煊案：《魏書》本紀此後魏聘於梁皆書『使于蕭衍』，梁來聘皆書『蕭衍遣使朝貢』。史臣夸飾之詞，言之顔孔厚矣。

鄉郡長公主

《齊神武本紀》：路逢爾朱榮妻鄉郡長公主自洛陽來。

頤煊案：《北齊書》本紀作『北鄉長公主』，誤。《魏孝莊紀》亦作『榮妻鄉郡長公主』。

年號神嘉

天平元年，初孝昌中，山胡劉蠡升自稱天子，年號神嘉。

頤煊案：《孝明本紀》：『孝昌元年十二月，山胡劉蠡升反，自稱天子。』失載其年號。

八月壬辰

《文襄本紀》：武定五年八月壬辰。

頤煊案：此下俱與《北齊書·文襄紀》異。《北齊書》此紀本闕，後人雜采他書以補之，故不同。

賀拔仁

《文宣本紀》：天保元年六月，又詔封功臣，并州刺史賀拔仁爲安定王。

頤煊案：《神武本紀》：『兆徵神武，神武將往，賀拔焉過兒請緩行以弊之。』又：『神武謂世子曰：「賀拔焉過兒樸實無罪過。」』焉過兒當即仁之小字。

廟號不同

乾明元年二月景申，葬於武寧陵，謚曰文宣帝，廟號顯祖。天統初，有詔改謚景烈，廟號威宗。武平初又奏復帝本謚，廟號顯祖。

頤煊案：『孝昭皇建元年十一月癸丑，有司奏：高祖文宣皇帝廟宜奏文正之樂，舞光大之舞。庚申，詔以故太尉河東王潘相樂三人配饗高祖廟庭。天統元年十二月庚午，有司奏，改高祖文宣皇帝爲威宗景烈皇帝。』皇建元年即乾明元年，當是二月景申初葬，廟號顯祖。九月壬申，議定三祖，改號高祖，故前後廟號不同。

策試秀孝

《武成本紀》：河清二年正月乙亥，帝詔臨朝堂策試秀孝。

頤煊案：《魏書·靈太后傳》：『又親策孝秀、州郡計吏於朝堂。』《邢巒傳》：『有司奏策秀孝。』《北齊書》本紀作『策試秀才』，非。

衛可瓌

《周文帝本紀》：正光末，沃野鎮人破六韓拔陵作亂，其僞署王衛可瓌。

頤煊案：『瓌』當作『瓌』。《周書》本紀作『衛可孤』，《北齊書·賀拔允傳》作『衛可肱』，皆聲相近。

兄子遵

四月，引兵上隴，留兄子遵爲都督鎮原州。

頤煊案：《周書》本紀作『留兄子導』。大統四年，華州刺史宇文導襲咸陽，與帝會，攻破青雀。即兄子導也。《宗室傳》：『邵惠公顥子導。』

高　慎

大統九年二月，東魏北豫州刺史高慎舉州來附。

頤煊案：《周書》本紀作『高仲密』。慎字仲密，見《北齊書·高乾傳》。

長子覺

十四年春，魏帝詔封帝長子覺爲寧都郡公。

頤煊案：《周書》本紀作：『詔封太祖長子毓爲寧都郡公。』《孝閔帝紀》：『諱覺，文帝第三子。』《明帝紀》：『諱毓，文帝長子。大統十四年，封寧都郡公。』此紀作『長子覺』者誤也。

帝不愈

《宣帝本紀》：大象二年五月乙未，帝不愈。

頤煊案：『愈』當作『悆』，與『豫』字通用。

襄武縣公

《隋文帝本紀》：從禽竇泰，破沙苑陣，封襄武縣公。

頤煊案：《周書·楊忠傳》作：『進爵襄城縣公。』

永富郡公

開皇元年十一月乙卯，以永富郡公竇榮定爲右武侯大將軍。

頤煊案：《隋書》本紀作『永昌郡公』。《竇榮定傳》：『襲爵永富縣公。』

熒惑入太微

《煬帝本紀》：大業元年甲子，熒惑入太微。

頤煊案：『甲子』上脱『六月』二字。

給復三年

五年六月戊午，大赦隴右諸郡，給復三年。

頤煊案：《隋書》本紀作：『隴右諸郡，給復一年。行經之所，給復二年。』

保母乳母

《明元密皇后杜氏傳》：先是，太武保母竇氏初以夫家坐事誅，與二女俱入宫，明元命爲太武保母。及即位，尊爲皇太后。

頤煊案：又：『文成乳母常氏，本遼西人，因事入宫乳帝。文成即位，尊爲保太后，尋尊爲皇太后，告於郊廟。』蓋其時制如此。

樂安公主

《孝文文昭皇后高氏傳》：後生宣武及廣平王，懷樂安公主。

頤煊案：《魏書》本傳作『長樂公主』。

蠕蠕公主

《齊武明皇后婁氏傳》：神武逼於蠕蠕，欲娶其女。及茹茹公主至，后避正室處之。

頤煊案：『茹茹』即『蠕蠕』，下傳云：『蠕蠕公主者，蠕蠕主郁久閭阿那瓌女也。武定三年，使慕容儼往聘之，號曰蠕蠕公主。』此稱『茹茹公主』，亦史之駁文。

宣帝后陳氏

《周宣帝后陳氏傳》：大象元年六月，以選入宮。帝崩，出俗爲尼，改名華光。后永徽初終。

頤煊案：自周大象元年，下距唐高宗永徽元年，凡七十二年。《元皇后傳》：『年十五被選入宮。與陳皇后同時，年齒復同。二后貞觀時尚存。』

孝　武

《魏常山王遵傳》：陟弟順，字敬叔。從孝武入關，封濮陽王。及武帝崩，秘未發喪。

頤煊案：『武帝』即『孝武』也。下文又云：『初，孝武在洛。』一傳之中，名稱前後互異。

庾信贈詩

順子偉，字大猷。大統十六年，封南安郡王，改淮南縣公。初自鄴還，庾信贈其詩曰：『梁亡垂棘反，齊平寶鼎歸。』

頤煊案：今庾信集《贈司寇淮南公詩》：『虢亡垂棘返，齊平寶鼎歸。』

高　諒

《陽平王熙傳》：孝昌元年，法僧殺行臺高諒，反於彭城。

頤煊案：《魏書》本傳作『殺行臺高謨』。

元　善

《京兆王黎傳》：叉字伯儁。累加侍中、領軍將軍，賜死於家。叉子舒，祕書郎。叉死後，亡奔梁。官至征北大將軍、青冀二州刺史。子善，亦名善住。少隨父至江南，侯景之亂，善歸周。武帝甚禮之，賜爵江陽縣公。叉弟羅，字仲綱。

頤煊案：《隋書·元善傳》：『祖叉，魏侍中。父羅，初爲梁州刺史，及叉被誅，奔於梁，官至征北大將軍、青冀二州刺史。』以元善爲元羅之子，元羅爲元叉之子，而以元舒官位爲元羅，傳皆與此不同，當是《隋史》之誤。

臨淮王

《臨淮王譚傳》：彧弟孝友，襲爵淮陽王。

頤煊案：『淮陽』當作『臨淮』。《魏書》本傳、《北齊書·元孝友傳》俱作臨淮王。

高聰

《廣川王略傳》：詔曰：古者大臣之喪，有三臨之禮。黄門侍郎崔光、宋弁，通直常侍劉芳，典命下大夫李元凱，中書侍郎高聰等議。

頤煊案：《魏書》本傳作『中書侍郎高敏』。

賜如意

《廣陵王羽傳》：詔羽從至雁門〔一〕，及令羽歸，望其稱效，故賜如意以表心。

頤煊案：賜如意之禮已見於此。

彭城王

《彭城王勰傳》：嫡子邵，字子訥，襲封。

錢氏《考異》云：『勰第三子子攸，封長樂王，即孝莊帝也。子攸弟子正，封始平王，於河陰遇害。又孝莊兄子小字伽利，封陳留王。傳皆失書。』頤煊案：彭城諸子，《北史》所載不及《魏書》本傳之詳。劭有二子，韶字世胄，襲字世紹，武定初封武安王。劭兄子直，字方言。劭稱嫡子，子直當是庶長兄。子直封真定縣公，孝莊踐阼，追封陳留王。三子寬，字思猛，襲王爵。剛字金明，莊帝初封浮陽王。質，林慮王，劭弟。子正，肅宗初封霸城縣公，莊帝即位，封始平王，與兄劭俱遇害。伽利當即子直、子寬小字也。

東海王頊

《北海王詳傳》：顥弟頊，莊帝初封東海王。

頤煊案：《魏書》本傳作『顯弟瑱』，《孝莊紀》：『中軍將軍、給事黄門侍郎元瑱爲東海王。』

兩　譏

《穆崇傳》：時河南尹李奬往詣紹，奬以紹郡人，謂必致敬。紹又恃封邑是奬國主，匡坐待之，不爲動膝。奬憚其位望，致拜而還。議者兩譏焉。

頤煊案：《宋書·劉凝之傳》：『臨川王義慶、衡陽王義季鎮江陵，並遣使存問。凝之答書曰頓首稱僕，不修民禮。人或譏焉。』《劉穆之傳》：『先是，郡縣爲封國，若自吏相並於國主稱臣[三]，去任便止。至世祖孝建中，始革此制，爲下官致敬。』故議者兩譏焉。

苻　氏

《庾業延傳》：昭成崩，苻氏内侮。

頤煊案：《魏書》本傳『苻氏』作『氐寇』。

次中山

《崔宏傳》：仕慕容垂，爲高陽内史。道武征慕容寶，次中山，棄郡走海濱。

頤煊案：《魏書》本傳：『太祖征慕容寶，次於常山。玄伯棄郡，東走海濱。』《道武紀》：『皇始元年十一月庚子朔，帝至真定，自常山以東，守宰或捐城奔竄，或稽顙軍門。戊午，進軍中山。』

鉤己

《崔浩傳》：往年以來，熒惑再守羽林，越鉤陳，其占秦亡。

頤煊案：《魏書》本傳作：『再守羽林，皆成鉤己。』《史記正義》引《天官占》云：『熒惑環繞句曲，芒角動摇，乍前乍後，其殃逾甚。』『己』字形屈曲，『鉤己』即『鉤曲』也。後人不知『鉤己』字義，妄改作『越鉤陳』，其誤甚矣。

趙准

《長孫肥傳》：時中山太守仇儒亡國，匿趙郡〔三〕，推趙準爲王。

頤煊案：《魏書》本傳作：『趙准妄造祆言云：「燕東傾，趙當續。欲知其名，准水不足。」』字當作『准』。

孫伏連

《于栗磾傳》：王顯欲逞奸計，與中常侍、給事中孫蓮等厲色不聽。孫蓮等密欲矯太后令，以高肇録尚書事。

頤煊案：《魏書》本傳作『給事中孫伏連』。

巨彌乜列河

《于謹傳》：字思敬，小名巨引。

頤煊案：《周書》本傳作：『小名巨彌。』『於是西部乜列河等三萬餘户並款附。』本傳作『乜列河』。

天下盛門

《崔㥄傳》：每謂盧元明曰：『天下盛門，唯我與尒。博崔、趙李，何事者哉。』崔暹聞而銜之。

頤煊案：《魏書·崔暹傳》：『本云清河東武城人也。世家於滎陽、潁川之間。』《北齊書·崔暹傳》：『博陵安平人。』

匿於長樂

《宋隱傳》：被徵，乃棄妻子，匿於長樂，數年而卒。臨終，謂其子經曰云云。

頤煊案：《魏書》本傳作：『後匿於長樂之經縣，數年而卒。臨終，謂其子姪等曰。』與此不同。

韓子連珠

《李先傳》：俄而召先讀《韓子連珠論》二十二篇、《太公兵法》十一事。

頤煊案：《魏書》本傳『連珠』下無『論』字。今《韓子》五十五篇，無『連珠』名。

固安侯

《盧元傳》：後賜爵固安子。卒，贈平東將軍、固安侯。

頤煊案：《魏書》本傳俱不載。《高允傳》作『固安伯』。

幽　州

《盧昌衡傳》：孝徵每曰：『吾用盧子均爲尚書郎，自謂無愧幽明。』

頤煊案：《隋書》本傳作：『自謂無愧幽州矣。』昌衡祖盧淵，卒於祕書監，贈幽州刺史。父道虔，天平中歷幽州刺史。猶言無愧於其祖父。此改作『無愧幽明』，非是。

叔虎

《盧觀傳》：觀弟仲宣，仲宣弟叔彪。

頤煊案：《魏書》本傳：『仲宣弟叔虔，武定初，司徒諮議參軍。』『虔』當是『虎』字之譌，《北史》避唐諱改作『叔彪』，《北齊書》避唐諱改作『叔武』，皆其證。

南潁川太守

《高允傳》：初，允所引劉模者，長樂信都人。太和中，除南潁川太守。

頤煊案：《魏書》本傳作：『出除潁州刺史。』誤。『模遂家於南潁川，不復歸其舊鄉。』

名字不同

《崔辯傳》：士元弟士謙，孝昌初解褐著作佐郎。孝武西遷，拜尚書左丞、荆州刺史。與弟説特相友愛。説本名士約，累遷都官尚書、總管、涼州刺史。

頤煊案：《魏書》本傳：『士元弟士謙、士約並歿關西。』『士謙』《周書》列傳作『崔謙』，

『説』《周書》作『訫』，字形相近。

爲羣拜紀

《崔孝芬傳》：比見賢子謁帝，旨喻殊優，今當爲絶羣耳。

頤煊案：《魏書》本傳作：『今當爲羣拜紀。』今汲古閣本《北史》是妄人所改。

趙郡睦仲讓

《崔暹傳》：命達拏高坐開講，同郡睦仲讓陽屈服之〔四〕。

頤煊案：《北齊書》本傳作『趙郡睦仲讓』。《睦豫傳》：『趙郡高邑人。宗人仲讓，天保時尚書左丞。』則作『同郡』者非是。

光青兖三州

《鄭道昭傳》：歷光、青二州刺史。

頤煊案：《魏書》本傳作：『出爲光州刺史，轉青州刺史。』《地形志》：『光州，治掖城。皇興四年，分青州置。』《晋書·地理志》：『慕容超移青州於東萊郡。』光、青二州本同在一城。子《述祖傳》：『歷兖州刺史，還光州刺史。初，述祖父爲兖州，於城南小山起齋亭，刻石爲記，述祖時年九歲。及爲刺史，往尋舊迹，得一破石，有銘云：「中岳先生鄭道昭之白雲堂。」』其時兖州亦當寄治在掖，故或稱光州，或稱兖州，明是一城。錢氏疑『兖』爲『光』字之譌，非是。

番州

《薛道衡傳》：煬帝嗣位，轉潘州刺史。

頤煊案：《房彦謙傳》：『煬帝嗣位，道衡轉牧番州。』《隋書·地理志》：『南海郡，仁壽元年置番州。』

校勘記

〔一〕詔羽從至雁門　『雁門』原作『應門』，據《北史·魏廣陵王羽傳》改。

〔二〕郡縣爲封國若自吏相並於國主稱臣　『若自吏』《宋書·劉穆主傳》作『者内史』。見《諸史考異》卷四校勘記〔四〕。

〔三〕時中山太守仇儒亡國匿趙郡　《北史·長孫肥傳》作『時中山太守仇儒不樂内徙亡匿趙郡』，無『國』字。

〔四〕同郡睦仲讓陽屈服之　『睦仲讓』汲古閣本《北史》作『眭伸讓』。下文《北齊書》『睦豫』，《北史》汲古閣本作『眭豫』，見《諸史考異》卷十一校勘記〔五〕。當作『眭』爲是。

諸史考異卷十八

北史下

東清河

《房法壽傳》：清河東武城人也。曾祖諶，隨慕容氏遷於齊，子孫因家之，遂爲東清河繹幕人焉。

頤煊案：《魏書》本傳：『清河繹幕人。』脱『東』字。

許赤虎

《甄琛傳》：遂從許赤彪假書研習。

頤煊案：《魏書》本傳作『許叡李彪』，是淺人所改。《許彦傳》：『又有博陵許赤虎，涉獵經史，善嘲謔，延興中著作佐郎。』《北史》避唐諱，改『許赤彪』。

東　吳

《邢邵傳》：其高情達識，開遣滯累，東門吳以還，所未有也。

頤煊案：《北齊書》本傳作『東吳以還』，無『門』字，句不可解，當有脱誤。

宣　武

《崔鴻傳》：雖明旨已行，猶宜消息，武帝不從。

頤煊案：『武帝』當作『宣武』。

妹　夫

《劉藻傳》：永安中，與妹夫李嶷俱來歸魏。

頤煊案：《魏書》本傳作『姊夫李嶷』。

魯康祖

《傅永傳》：齊將魯康祖、趙公侵豫州之大倉口〔一〕。

頤煊案：《魏書》本傳作『魯康祚』，下文同。

磐　陽

《傳暨眼傳》：本清河人也，祖父融，南徙渡河，家於磐陽。

頤煊案：《地形志》：『東清河郡，治磐陽城。』

臣卿乃少

《孫紹傳》：紹曰，臣年雖老，臣卿乃少。

頤煊案：紹時爲太府少卿，故云然。《魏書》本傳作『臣節乃少』，非是。

幽　州

《祖瑩傳》：昔流共工於幽州，北裔之地那忽有此子也。

頤煊案：《孟子》作『幽州』。《尚書》作『幽洲』，孔氏《正義》云：『流徙共工於北裔之幽州。』與此本同。『幽洲』字亦當寫『幽州』。

足一名敦

《斛斯椿傳》云：父足，一名敦。時椿父足先在秀容，忽有傳其死問，椿請減己階以贈之。

頤煊案：《魏書》本傳：足一名敦〔二〕。皆作敦。

高崇之

《高恭之傳》：父崇，字積善，除洛陽令，爲政清斷。

頤煊案：《魏書》本傳亦作『高崇』。子《謙之傳》：『臣亡父先臣崇之爲洛陽，常得入奏是非〔三〕。』『崇』下有『之』字。

游　娘

《齊趙郡王叡傳》：養於宫中，令游娘母之，其母魏華山公主也。

頤煊案：《后妃傳序》：『齊神武、文襄俱未踐尊極，兩宫自餘姬侍並稱娘而已。《高陽太妃游氏傳》有馮娘、李娘、王娘、穆娘。《北齊書》本傳其母則魏華陽公主，以下文證之，『山』字誤也。

清河王岳

《清河王岳傳》：使高歸彦就宅賜以鴆。岳曰：『臣無罪。』彦曰：『飲之。』飲而薨，時年三十四。皇建中，配享文宣廟庭。

頤煊案：《北齊書》本傳作：『六年十一月，使高歸彦就宅切責之。岳憂悸不知所爲，數日而薨。故時論紛然，以爲賜鴆也，時年四十四。皇建中，配享世宗廟庭。』皆與此不同。

見太后

《琅邪王儼傳》：出儼居北宫，五日一朝，不復得無時見太后。

頤煊案：《北齊書》本傳作：『不得每日見太后。』

獨孤如願

《莫多婁貸文傳》：與行臺侯景攻獨孤信於金墉城。

頤煊案：《北齊書》本傳作『獨孤如願』。《周書·獨孤信傳》『本名如願。』

高隆之

《高隆之傳》：文宣末年多猜害，追忿隆之，執其子司徒中兵慧登等二十人於前，慧登言乞命，帝曰：『不得已。』以鞭扣鞍，一時頭絶，並投之漳水。

頤煊案：《北齊書》本傳作：『追忿隆之，誅其子德樞等十餘人，並投漳水。』

卿

《斛律光傳》：祖信少年時，父遜爲李庶所卿，因詣庶，謂庶曰：『暫來見卿。還辭卿去。』庶父諧杖庶而謝焉。

頤煊案：《南齊書・陸慧曉傳》：『未嘗卿士大夫。或問其故，慧曉曰：「貴人不可卿，而賤者可卿。」』

贊物〔四〕

《陳元康傳》：子善藏嗣，大業初，卒於彭城郡贊務。

頤煊案：《北齊書》本傳作『贊治』〔五〕，皆《北史》避高宗名改作務。

曲陽

《杜弼傳》：中山曲陽人也。

頤煊案：《魏書・地形志》：『中山郡，上曲陽。』《隋書・地理志》：『恒陽，舊曰上曲陽。後齊去上字。』《杜臺卿傳》：『博陵曲陽人。』其時中山已併入博陵郡。

胡皇后妹

《馮子琮傳》：子琮妻，胡皇后姊也。

頤煊案：《北齊書》本傳作『胡皇后妹』。以下文『太后妹夫』之言證之，此『姊』字誤。

豳國公

《周章武郡公導傳》：贈尚書令，謚曰孝。天和五年，重贈太師柱國公。

頤煊案：《周書》本傳作：『重贈太師、柱國、豳國公。』此省『豳國』二字，非是。

恒爲同州

《中山公護傳》：出植爲梁州，恒爲同州，欲遏其謀。

頤煊案：《周書・晋蕩公護傳》：『恒爲潼州刺史。』

賜　姓

《寇洛傳》：明帝二年，賜和姓若引氏。

頤煊案：《周書》本傳作『若口引氏』。《魏書・官氏志》：『若口引氏後改爲寇氏。』此

『若』下脱『口』字。

厙狄樂

《李賢傳》：拜賢孫厙狄樂爲儀同。

頤煊案：《周書》本傳作：『賢甥厙狄樂。』

次子暉

《李弼傳》：子曜居長，以次子暉尚文帝女義安長公主故，遂以爲嗣。

頤煊案：《周書》本傳作：『子輝，次子耀尚太祖女義安長公主，遂以爲嗣。』『輝』誤乙，非是。

可頻氏

《王雄傳》：恭帝元年，賜姓可頻氏。

頤煊案：《周書》本傳亦作『賜姓可頻氏』。《北齊書·斛律光傳》：『河清三年，周文帝遣庸國公可叱雄等寇洛陽。』《北史》作『庸公王雄』。

封邑不同

《獨孤信傳》：第三子穆，必要縣侯。第五子順，武成縣侯。

頤煊案：《周書》本傳：『穆，文侯縣侯。順，項城縣伯。』

柱國泰

《蘇綽傳》：乃命綽爲《大誥》，其詞曰：惟十有一年仲夏，庶邦百辟，咸會於王庭。柱國泰泊羣公列將罔不來朝。

頤煊案：《周書》本傳作：『柱國虎泊羣公列將。』其時魏帝祭廟，因作《大誥》，羣臣自當以周文爲首。當時周受禪後，史臣改作『李虎』，非實録也。

華山郡

《韋孝寬傳》：拜國子博士，行華山郡事。

頤煊案：《周書》本傳作『華陰郡事』。《魏書·地形志》華州華山郡第一縣華陰，未嘗置郡。

子孝僊

《王傑傳》：追封鄂國公，謚曰威。子孝遷位開府儀同、大將軍。

頤煊案：《周書》本傳作『子孝僊』，『遷』即『僊』字之譌。《隋龍藏寺碑》：『太師、上柱國大威公之世子，金城王孝僁。』『僁』又『僊』字之别體。

子　城

《劉雄傳》：臨洮子城人也。

錢氏《考異》云：『《魏志》臨洮郡無子城縣。』頤煊案：《隋書·地理志》：『金城郡金城縣，舊縣曰子城。狄道縣，後魏置臨洮郡。』其時子城當屬焉。

令狐邁

《令狐整傳》：整遠祖漢建威將軍邁，不爲王莽屈，其子稱避地河右。

頤煊案：《元和姓纂》：『令狐氏，周文王子畢公高之後。漢有令狐邁，避王莽亂敦煌〔六〕，生稱，稱八代孫整，周御正中大夫。生熙，隋吏部尚書。』

豆盧氏

《豆盧寧傳》：高祖勝以燕皇始初歸魏，賜姓豆盧氏。或云北人謂歸義爲『豆盧』，因氏焉。又云避難改焉。未詳孰是。

頤煊案：《周書》本傳作：『或云避難改焉。』《隋書・豆盧勣傳》作：『北人謂歸義爲「豆盧」，因氏焉。』

叱利氏

《楊紹傳》：賜姓叱吕引氏。

頤煊案：《隋書・觀德王傳》亦作『叱吕引氏』。《周書》本傳作：『賜姓叱利氏。』

韓擒虎

《韓禽傳》。

頤煊案：《隋書》本傳作韓擒。《周易》『師卦』：『田有禽。』《釋文》云：『徐本作「擒」。』『禽』『擒』古字本通用。禽本名擒虎，史臣避唐諱，皆闕『虎』字。

青驄馬

先是，江東謠曰：『黄班青驥馬，發自壽陽涘。』

頤煊案：《隋書》本傳作『青驄馬』。『禽本名禽武。』本傳作：『擒本名豹。』皆避諱改。

令狐延

《申徽傳》：瓜州刺史成慶爲城人張保所殺，都督令狐延等起義逐保。

頤煊案：事見《令狐整傳》，整本名延。

賜　姓

《陸通傳》：賜姓部六孤氏。

頤煊案：『部』當作『步六孤氏』。《魏書·官氏志》：『步六孤氏，後改爲陸氏。』此是賜復其本姓。

邵　州

《楊擯傳》：又於邵郡置邵州，以擯爲刺史。

頤煊案：《魏書·地形志》邵郡屬東雍州。時東魏以正平爲東雍州，遣薛榮祖鎮之，周因於邵郡置邵州，以擲爲刺史。《隋書·地理志》：『絳郡垣縣，後魏置邵郡，後周置邵州，開皇初郡廢，大業初州廢。』

投　杼

隋《房陵王勇傳》：每恐讒譖出於杼軸，鴆毒遇於盃杓。

頤煊案：《隋書》本傳作：『讒譖生於投杼。』淺人見與下句盃杓對，改作『杼軸』，非是。

邗國公楊惠

《高熲傳》：隋文帝得政，意欲引之入府，遣邗公楊惠諭意。

頤煊案：《李德林傳》：『邗國公楊惠。』《滕穆王瓚傳》：『一名慧，進位上柱國、邵國公。』《周書·楊忠傳》『慧』作『惠』。

懷州刺史

《李德林傳》：因出爲湖州刺史，在州逢旱，課人掘井溉田，爲考司所貶。

頤煊案：《隋書》本傳：『因出爲湖州刺史，轉懷州刺史，在州逢亢旱，課民掘井溉田。』此删『轉懷州刺史』，非是。

東梁州

《劉昉傳》：父孟良，從武帝入關，爲梁州刺史。

頤煊案：《隋書》本傳作『東梁州刺史』。

李　雄

《李雄傳》：渤海蓨人也。

頤煊案：《隋書·李雄傳》：『字毘盧，趙郡高邑人。』與此別是一人。

子總管

《來護兒傳》：高智慧據江南反〔七〕，以子總管統兵，隨楊素討之。

頤煊案：《達奚長儒傳》：『授子都督，數有戰功。』名皆不見於《百官志》。

鎮江都

《張奫傳》：賀若弼之鎮江都也，特敕奫從，因爲間諜，平陳之役，頗有力焉。

頤煊案：《隋書》本傳作『鎮壽春』。《賀若弼傳》：『拜吴州總管，委以平陳事，弼忻然以爲己任，與壽州總管源雄並爲重鎮。』《地理志》：『江都郡，後周改爲吴州。』壽春則壽州治所也。

將作少監

《宇文化及傳》：煬帝追憶之，起化及爲右屯衛將軍、將作少監。

頤煊案：《隋書》本傳作：『起化及爲右屯衛將軍，智及爲將作少監。』史脱三字。

廣　寧

《賀訥傳》：訥總攝東部，爲大人，遷居大寧。

頤煊案：大寧即廣寧，隋時避諱改。

論語孝經

《陳奇傳》：乃取奇注《論語》《孝經》燒於庭内。奇曰：『公貴人，不乏樵薪，何乃然奇《論語》。』

頤煊案：奇注《論語》《孝經》，當是寫於竹簡，故云然。

皋魚

《劉獻之傳》：見皋魚之歎，方乃歸而養親。

頤煊案：『皋』當作『皋』。

講書

《徐遵明傳》：是後教授門徒，每臨講坐，先持執疏，然後敷講，學徒至今浸以成俗。

頤煊案：《魏書·祖瑩傳》：『時中書博士張天龍講《尚書》，選爲都講，生徒悉集。瑩夜讀書勞倦，不覺天曉，催講既切，遂誤持同房生趙郡李孝怡《曲禮》卷上座。博士嚴毅，不敢還取，乃置《禮》於前，誦《尚書》三篇，不遺一字。』《張吾貴傳》：曾在夏學，聚徒千數而不講《傳》，生徒竊云：「張生之於《左氏》，似不能說。」吾貴聞之，謂其徒曰：「我今夏講暫罷，後當說《傳》，君等來日皆當持本。」生徒怪之而已。吾貴詣劉蘭，蘭遂爲講《傳》。三旬之中，吾貴兼讀服、杜〔八〕，隱括兩家，異同悉舉。諸生後集，便爲講之，義例無窮，皆多新異。蘭仍伏聽，學者以此益奇之。』

張黑奴

《熊安生傳》：常受其業，擅名於後者，有馬榮伯、張黑奴、竇士榮、孔籠。

頤煊案：『張黑奴』即『張買奴』。《馬光傳》：『字榮伯。開皇初，徵光與張仲讓、孔籠、竇仕榮、張買奴。』《隋書·馬光傳》作『張黑奴』。

南昌縣侯

《王褒傳》：襲爵南昌縣侯。

頤煊案：《周書》本傳：『曾祖儉，齊侍中、太尉、南昌文憲公。祖騫，梁侍中、南昌安侯。父規，梁侍中、南昌章侯〔九〕。』《南史·王儉傳》：『襲爵豫寧縣侯。』儉爲王曇首孫，曇首本封豫章縣侯，因縣改名，故稱豫寧。《南齊書·州郡志》縣又改名南昌，故褒所襲稱南昌縣侯。餘見《宋書·王曇首傳》。

王軌

《顏之儀傳》：及帝殺元軌，之儀固諫，帝怒欲并致之於法。

頤煊案：『元軌』當作『王軌』。《周書·王軌傳》：『帝令内史杜慶信就徐州殺軌，御正中大夫顏儀切諫，帝不納。』王軌亦稱烏丸軌。

草馬

《許善心傳》：賜草馬二十匹。

頤煊案：『草馬』即『牝馬』，已見《魏書·蠕蠕傳》。《隋書》本傳改作『皁馬』，非是，當從宋本。

陽洛

《竇瑗傳》：遼西陽洛人也。

頤煊案：《魏書》本傳作『遼西遼陽人』。《地形志》遼西郡無遼陽縣，陽洛作『陽樂』，古字通用。

冀州繹幕縣

《蘇瓊傳》：冀州繹幕縣人成氏。

頤煊案：《地形志》繹幕縣一在安德郡，屬冀州；一在東清河郡，屬齊州。故此稱『冀州』以別之。

騎虎

《庚季才傳》：吾今譬騎虎，誠不得下矣。

頤煊案：『虎』字是後人所改。

靈臺秘苑

撰《靈臺秘苑》一百二十卷，《垂象志》一百四十二卷。

頤煊案：《隋書·經籍志》：『《垂象志》一百四十八卷，《靈臺秘苑》一百一十五卷。』卷數與此不同。

象州逆帥

《何稠傳》：象州、逆州開府梁昵討叛夷羅壽。

頤煊案：此節文多舛錯。《隋書》本傳：『象州逆帥杜條遼、羅州逆帥龐靖等相繼降款，分遣建州開府梁昵討叛夷羅壽，羅州刺史馮暄討賊帥李大檀，並平之。』

淮陽上黨

《茹皓傳》：遂寓居淮陽上黨，爲縣金曹史〔一〇〕，南徐州刺史沈陵見而喜之。

頤煊案：其時上黨縣寄治淮陽郡，見《魏書·尉元傳》。

劉　虎

《鐵弗劉武傳》：南單于苗裔居於新興、虒意之間。

頤煊案：《魏書》本傳作『劉虎』，避唐諱改作『武』。『虒意』當作『慮虒』，傳寫之譌。

大沮渠

《大沮渠蒙遜傳》：匈奴有左沮渠官，蒙遜之先爲此職。羌之酋豪曰大，故以官爲氏，以大冠之。

頤煊案：《魏書》本傳、《晉書·載記》皆作『沮渠蒙遜』，無『大』字。

若洛廆

《吐谷渾傳》：本遼東鮮卑徒河涉歸子也，涉歸一名奕洛韓，有二子，庶長曰吐谷渾，少曰若洛廆。涉歸死，若洛廆代統部落，是爲慕容氏。

頤煊案：《徒河慕容廆傳》：『字奕洛瓌。』皆聲相近。

時羅漫山

《突厥傳》：處羅大敗，棄妻子，將數千騎東走，遁於高昌，東保時羅漫山。高昌王麴伯雅上狀。

頤煊案：《唐姜行本紀功碑》：『以貞觀十四年五月十日師次伊吾時漫羅山。』《元和郡縣志》：『時漫羅山，匈奴謂之天山，在伊州北一百二十里。』

李廣三子

《序傳》：廣子當户、椒、敢。當户子陵，戰歿匈奴。椒。敢歷侍中、郎中令、關内侯。生子禹，位至侍中。並事具《漢》《史》〔一二〕。

頤煊案：《新唐書·世系表》：『廣二子，長曰當户，生陵，字少卿，騎都尉。次曰敢，字幼卿，郎中令、關内侯。生禹，字子通。』而無『椒』字。《史記》《漢書·李廣傳》並云：『廣三子，曰當户、椒、敢，皆爲郎中。當户蚤死，乃拜椒爲代郡太守。敢以校尉從票騎將軍擊胡，賜爵關内侯，代廣爲郎中令。敢男禹，有寵於太子。』廣三子當以《史》《漢》之言爲正。

校勘記

〔一〕齊將魯康祖趙公侵豫州之大倉口　『趙公』《北史·傅永傳》作『趙公政』，『大倉口』《北史·傅永傳》作『太倉口』。

〔二〕魏書本傳足一名敦　《魏書·斛斯椿傳》逕作『父敦』。疑涉上文而誤。

〔三〕臣亡父先臣崇之爲洛陽常得入奏是非　『常』原作『當』，據《魏書·高謙之傳》改。《北史》同。又《魏書》《北史》『洛陽』下有『令』字。

〔四〕贊物　據上下文意，『贊物』當作『贊務』。

〔五〕北齊書本傳作贊治　『北齊書』原作『隋書』，《隋書》陳善藏無傳，《北齊書·陳元康傳》：『元康子善藏。大業初，卒於彭城郡贊治。』據改。

〔六〕避王莽亂敦煌　《元和姓纂》『敦煌』上有『居』字。

〔七〕高智慧據江南反　『反』原作『及』，據《北史·來護兒傳》改。

〔八〕吾貴兼讀服杜　『服杜』，《北史·儒林張吾貴傳》作『杜服』，《魏書》同。

〔九〕南昌章侯　原作『南昌文憲章侯』，『文憲』二字涉上文王儉謚號而衍，據《周書·王褒傳》删。

〔一〇〕爲縣金曹史　『史』，《北史·恩幸茹皓傳》作『吏』。

〔一一〕並事具漢史　『漢史』，《北史·序傳》作『史漢』。

浙江文叢

洪頤煊集

〔第三册〕

平津讀碑記

〔清〕洪頤煊 著

王　建
林辰達
馮先思　點校

浙江古籍出版社

平津讀碑記

林辰達 點校

平津讀碑記目録

平津讀碑記卷二

魏

平津讀碑記卷三

北齊

北周

隋

平津讀碑記卷四

唐

平津讀碑記卷五

唐

平津讀碑記卷六

唐

平津讀碑記卷七

唐

平津讀碑記卷八

唐

平津讀碑記續記

五代

平津讀碑記再續

夏

漢

平津讀碑記三續卷上

平津讀碑記三續卷下

唐

平津讀碑記序

翁方綱序

臨海洪君筠軒以所著《讀碑記》八卷示予，讀之歎其勤且博。近日，錢詹事《金石跋尾》用意之精庶其遠矣。王司寇《金石萃編》雖廣摭，而精密或不逮此也。夫金石之足證經史，其實證經者，二十之一耳，證史則處處有之。記載楮柱，曷可勝原，惟當論其大者而已。有如唐温彦博，史稱其褊急好爭論是非，而碑特著其宏量不與人爭。其相反乃若是。岑江陵固不應作諛墓文，此當表出之以資論世者。金石文固不專以書論，然若秦《繹山碑》、魏《受禪碑》，實以備篆隸體耳。唐《昇仙太子碑》，以其陰銜名出薛、鍾二家手跡而存之，不則仆而毁之可也。若職官之除授，歲月之前後，其實有關係者，著之可也。其他偶有錯互者，不能枚舉。吾安能爲此，費日損功耶？至唐文宗大和，宜據石刻以證板本作『太』之訛。遼道宗壽昌，據石刻以證史作『壽隆』之訛。又如漢《禮器碑》闕里聖母姓并官氏，以證姓氏書。宋《泰山碑》『尊賢下武』，以證補《大雅》傳説。此書不載宋以後碑，姑略撮言之。諸如此類，則亟宜表出之耳。不然豈有傳注箋疏之不治，而日矻矻焉從事於拓本者哉？近日輯録金石者多矣，未有若洪君用心之精密者，故於此略及之。

嘉慶癸酉春三月廿有四日，北平翁方綱，時年八十有一。

李鑾宣跋

昔歐陽文忠訂《集古録》，於漢《華山廟碑》『集靈宫』曰：『他書皆不見，惟見此碑。』浚儀王深寧尚書始援《漢·地理志》補證之，國朝閻徵君輩，遂有蓋代文人無過歐陽公，學殖之陋亦無過公之誚。甚矣！考訂金石之難也！筠軒此册雖僅伯淵一家之藏，然海内流傳，碑刻略備，攷經證史，贍博簡覈，拾遺補罅，無少疎漏。翁覃谿閣學言其用心精密，無過於此。吾知此書出，不復爲後之批尾家吹求彈射。是則筠軒所自信也夫。嘉慶丙子二月八日，雨中跋於羊城臬署之吾未信齋，静樂李鑾宣。

許宗彦序

金石文字之學，歐趙以來，至國朝而大盛。亭林、竹垞揚鑣於前，嘉定、青浦接響於後。考經訂史，剖析六書，旁通二氏，美矣！富矣！吾友淵如觀察，尤好是學。收藏最夥，筠軒在幕中久，著《平津讀碑記》八卷，考據明審，於唐代地理，尤多所得。駸駸乎與諸前輩方駕矣。宗彦素未研心碑刻，近來稍涉兩《唐書》之學，每遇事蹟舛午，輒思得碑刻以證之。讀筠軒此書，多所開悟。因題數語於册首而歸之。嘉慶壬申浴佛日，德清許宗彦。

自序

淵如師喜金石文字，生平遊歷所至，搜訪無虚日。德州平津館所藏碑，自周、秦至唐末五代，凡廿餘匣。庚午冬，頤煊始取而讀之。見諸君題跋未盡，間有所獲，輒録於左方。積成八卷，題曰《平津讀碑記》，示所從得也。昔家文惠公，嘗假石邦哲、王順伯兩家之碑，撰《隸釋》、《隸續》，流傳至今。頤煊少賤，不能備金石之藏。遊幕平津，始得盡見海内所有之碑。雖才遠不及文惠，所遇殆或過之。

夫世之所貴乎金石者，以其足取證經史也。聖賢經傳，微言奥義，典籍散亡，往往得自學士之摛詞，家狀之纘述。至國家易代，脩史或采自傳聞，或成於衆手，殘舛譌闕，勢不能免。尤不若金石之出於當時爲可據。其他如六書之通轉，文體之宗尚，皆可於是窺其厓畧，此其學所以日積而日昌也。今世之爲是學者，有錢少詹《潛研堂金石文跋尾》、翁閣學《兩漢金石記》、阮中丞《山左金石志》、王少寇《金石萃編》、武大令《授堂金石跋》，皆海内尊向。頤煊獲讀是碑，復得從諸君後，以商榷其是非，則亦可以自熹也已。嘉慶十六年，太歲在未，八月十四日，臨海洪頤煊題於濟寧舟次。

平津讀碑記卷一

周

吉日癸巳

右『吉日癸巳』四字，相傳爲周穆王書。在贊皇縣壇山上。宋皇祐中，宋祁始訪得之。後鑿取陷置趙州廳壁。政和五年，取入内府。亂後不知所在。此本爲南宋越州石氏重刻本。《漢書·地理志》房子有贊皇山。《集古録》引《穆天子傳》『登贊皇山以望臨城』。今本《穆天子傳》無此文。此『吉日癸巳』四字，不知何人附入『乙酉，天子西絶鈃隥』郭璞注中。

石鼓文

右《石鼓文》，在國子監大成門左右。石鼓至唐始顯，《後漢書·鄧騭傳》李賢注：『今岐州《石鼓銘》，凡重言者皆爲「二」字。』宋人言石鼓見于唐人著録者，獨不及此注，何也？第一鼓『㸚』字，《説文》：『業，古文作𤕨。』『㸚』即『業』字。《詩》曰『四牡業業』，與『𧾷𧾷』、『㸚𢍜』義合。第四鼓『𢊁』字，《説文》：『𨭛或從賁作饙，或從奔作餴。』𢊁即『奔』字。鄭夾漈以爲『拜』字，非也。『𢊁』字作『奔』説極是。或因戊鼓有『奔』字以疑此條。愚謂甲鼓『遻』字與庚鼓『我』字，何妨並見。此即『𢊁』與『奔』一字而丁鼓戊鼓並見之例也。覃谿。

孔子題季子墓碑

右《孔子題季子墓碑》，文云：『於虖！有吴延陵君子之墓。』相傳爲孔子書。唐大曆十四年，蕭定取殷仲容摹本刻于丹徒九里鎮季子廟中，吴郡張從申有記。宋崇寧元年，朱彦又摹刻于江陰申港季子墓。《淳化閣帖》中亦有刻本。其篆法互異。郭忠恕《汗簡》引『墓』字古文，又與各本不同。

秦

琅邪臺刻石

右《琅邪臺刻石》，在諸城縣東百六十里。碑十三行，八十六字。首行『五夫一一』、次行『五夫一一楊樛』、三行『皇帝曰』以下，皆二世詔書。與《史記·始皇本紀》所載無異。當時每刻石後，皆著此段文。《本紀》云：『盡刻始皇所立刻石，石旁著大臣從者名。』五大夫趙嬰、五大夫楊樛，前從始皇，與議於海上。故二世刻石，復著其名于石旁。

泰山刻石

右《泰山刻石》，舊在山頂，四面有字。宋大觀中劉跂拓得二百二十三字，爲《泰山篆譜》。至明北平許□僅得此二十九字於榛莽中，移置碧霞元君祠東廡。乾隆五年，祠火。此石遂亡。今有嶽廟重刻本，僞舛不足觀。

嶧山刻石

右《嶧山刻石》。據《封氏聞見記》，後魏太武登山使人排倒此碑。後世傳摹重刻，今所見本，以長安鄭文賓本爲最佳。《説文》：『乁，古文「及」。秦刻石「及」如此。』此碑『陀及五帝』，『及』字不如此作。

漢

魯孝王刻石 五鳳二年六月

右《魯孝王刻石》，在曲阜縣孔子廟。文云：『五鳳二年，魯卅四年六月四日成。』金明昌二年始出土。高德裔曼卿有《記》。錢辛楣少詹謂，魯孝王慶忌以後元元年嗣，則五鳳二年當爲孝王之三十三年。頤煊謂，《漢表》據踰年改元，故以後元元年爲孝王慶忌元年。此魯國所書，以即位之日爲始。故自征和四年，下距五鳳二年爲三十四年。《漢表》諸侯王皆踰年改元。唯《武帝紀》元朔元年，書魯王餘薨。《表》書：『元朔元年，安王光嗣。』未踰年改元。此乃其變例也。

居攝墳壇刻石 居攝二年二月

右《居攝墳壇刻石》，在曲阜縣孔子廟。一曰：『上谷府卿墳壇。』一曰：『祝其卿墳壇。』皆居攝二年二月造。『卿』猶『君』也，尊美之詞。上谷府卿，上谷太守也。猶《西嶽華山碑》弘農太守稱『袁府君』。『祝其卿』，祝其令也。猶《郎中鄭固碑》『著令』稱『著君〔一〕』。卿爲上下通稱，故《武開明碑》終於『吴郡府丞』，《武榮碑》稱『吴郡府卿』。《南安長王君平鄉道碑》有『丞什邡王卿』，『尉綿竹楊卿』。卿即君也

漢中太守鄐君開褒斜道碑 永平六年

右《鄐君開褒斜道碑》，在褒城縣北石門。宋紹熙末，南鄭令晏袤有《記》並釋文。據《楊孟文石門頌》，永平四年，『詔書開余，鑿通石門』。此碑云：『永平六年，漢中郡以詔書受廣漢、

蜀郡、巴郡徒二千六百九十人，開通褒余道。』其相距止二年。又云：『郵亭、驛置徒司空、褒中縣官寺并六十四所。』《漢書·地理志》有『船司空』，《百官公卿表》有『水司空』，此『徒司空』亦官名，隨事所立。故《續漢志》不書。晏袤《記》云：『一百五十九字』。今拓本止一百三十二字。

三公山碑 元初四年

右《三公山碑》，在元氏縣城外野坡上。《河朔訪古記》：『三公神廟在元氏縣西北三十里封龍山下。有漢《三公山碑》一通。』即此碑。《後漢書·淮陽王昞傳》永元十三年〔二〕，立防子侯爲常山王。延平元年就國。立二十五年，薨。是爲靖王。此碑云：『元初四年，常山相隴西馮君到官。』當靖王就國之十二年。碑云：『國界大豐，穀斗三錢。』《明帝紀》：『永平十三年〔三〕，歲比登稔，粟斛三十。』十斗曰斛，斛三十即斗三錢。碑字作『斗』，或釋爲『升』字，非。

嵩山太室神道石闕銘 元初五年四月

右《嵩山太室石闕》，在登封縣中嶽廟南百餘步。前後兩銘，碑額『中嶽泰室陽城□□□』九字，陽文篆書。《前銘》二十七行，以後不可計。元初五年四月刻。《後銘》四十六行，延光四年三月刻。字不甚大，每行俱有界畫直線。依翁閣學《兩漢金石記》所釋，其未舉者《前銘》

十八行第三是『史』字，十九行第九是『之』字。《後銘》首脱四行，二行有『地』字，四行有『三』字，五行有『十』字、『三』字，七行有『孝』字，九行『孔子』上是『公』字，十一行有『陽』字，十二行有『北海相』字，十四行有『屬』字，十七行有『縣』字，二十二行有『雙』字，二十六行『潁』上是『存』字，三十行有『是』字，三十二行有『親』字，四十行有『置』字。《後銘》有『潁川太守』字。《訪碑録》題爲『潁川太守題名』，即此碑。

嵩山少室神道石闕銘 延光二年三月

右《少室神道石闕銘》，在登封縣西十里邢家鋪。碑額『少室神道之闕』六字，陰文篆書。依翁氏所釋，二十二行，亦有界畫直線，『將作掾嚴壽』與太室《前銘》『鄉三老嚴壽』是一人。《漢書・地理志》，西河郡有圜陽、圜陰。師古曰『圜字本作「圁」，王莽改爲方陰，當時已誤爲「圜」字』。此《銘》亦作『圜陽』。此銘上層諦視之，尚有『以』『山』『亶』『靈』『亲』『名』『疇』數字，隱隱可辨。牛氏《金石圖》未載。

少室東闕題名

右《少室東闕題名》，在《少室神道石闕銘》之東。題名十二人。『令常、令容』，《史記・孝文本紀》『中大夫令勉』，顔遊秦以令是姓。《風俗通》『令姓，令尹子文之後』。『相』即

『查』字。

嵩山開母廟石闕銘 《金石文字記》延光二年

右《開母廟石闕銘》，在登封縣北十里崇福觀東。依翁氏所釋，下層十一行前尚有一行，有字隱隱可辨。『祀聖母虖山隅』後上下層脱一行，所未釋字尚多。蓋所得拓本有優劣也。『太守朱寵』以下題名共十一人，與《少室神道石闕》同者八人。『佐』即廟佐。『隘』作『𨻶』，『胥』作『昌』，『伯鯀』作『栢鮌』，『逍遥』作『消搖』，『九山刊旅』作『九山甄旅』，皆異文。

延光殘碑 延光四年六月

右《延光殘碑》，康熙年間諸城縣修超然臺出土中，今移置縣署。碑文五行，皆有界畫直綫。碑首界畫外有字，似碑額，横書。碑唯下段可辨，末行有『延光四年六月卅日庚戌』字，極分明。第三行中段尚有『郡』字、『孫』字可辨。《金石萃編》、《山左金石志》俱未釋。

敦煌太守裴岑紀功碑 永和二年八月

右《敦煌太守裴岑紀功碑》，在巴里坤城西北三里關帝廟前。《後漢書·西域傳》：『延光二年，陳忠上疏以爲敦煌宜置校尉。』案舊增四郡屯兵以西撫諸國。故前後西域出師皆敦煌太守將兵。裴岑爲敦煌太守，當在徐由之後，司馬達之前。而史不書其名。此碑巴里坤土人有重刻本。有『德祠』、『海祠』之辨，諦視此本，作『湠』本是『德』字，後人誤釋作『海』耳。

北海相景君銘并陰　漢安二年八月

右《北海相景君銘》，在濟寧州學宫。碑雖漫漶，諦視之不可辨者無幾。景君以司農屬官出宰元城。遷益州太守，以路遐戀親，改北海相。以病去官。漢安二年仲秋卒。三載後，故吏諸生乃立是碑。惜不書其名字邑里。碑云：『北海部城十九』。《續漢志》北海國十八城。樂安國益、壽光二縣皆故屬北海。此時當有一縣未改屬。碑陰有『故午六人』，《續漢志》里有里魁，民有什伍。什主十家，伍主五家，以相檢察。『午』即『伍』也。《隸續》以『午』爲『幹』字之省，非是。

敦煌長史武斑碑　建和元年二月

右《敦煌長史武斑碑》，在嘉祥縣紫云山。碑云：『建和元年，太歲在丁亥，二□辛巳朔。』《桓帝紀》『建和元年正月辛亥朔』。正月大，故二月辛巳朔。碑與史合。斑字宣張，據《武氏石闕銘》，宣張仕濟陰。年廿五，曹府君察舉孝廉，除敦煌長史。碑俱約綜其詞。『以永嘉元年□月□日遭疾□。河間高陽史恢等，追惟昔日同歲郎署，故□石銘碑。』似斑舉孝廉爲尚書郎。

故碑云『□翼紫宫，領校秘鄭』。《續漢志》注引《决録》注：『故事，尚書郎以令史久缺補之。世祖始改用孝廉爲郎。』斑以孝廉爲尚書郎，領校秘書，除敦煌長史，其官階亦相合。

武氏石闕銘 建和元年三月

右《武氏石闕銘》，在嘉祥縣紫云山。黄小松司馬始訪得之。《武斑碑》在建和元年二月辛巳朔廿三日癸卯，此闕在建和元年三月庚戌朔四日癸丑。其相距止十二日。《武斑碑》稱『武氏漢與以來爵位相踵』，此闕有武始公弟綏宗、景興、開明、開明子宣張，宣張即斑也。開明爲吴郡府卿。又有中子榮，字含和，舉孝廉，郎中，遷執金吾丞。綏宗名梁，爲從事，子仲章、季章、季立，孫子僑。武梁、武榮俱有碑。亦氏族之盛者。

司隸校尉楊孟文石門頌 建和二年十一月

右《司隸校尉楊孟文石門頌》，在褒城縣北五里。《水經·沔水注》：『褒水又東南，歷小石門，門穿山通道，六丈有餘。刻石言：漢明帝永平中司隸校尉楗爲楊厥之所開。逮桓帝建和二年，漢中太守同郡王升嘉厥開鑿之功，琢石頌德。』即此碑也。碑云：『永平四年，詔書開余，鑿通石門。中遭元二，西夷虐殘，橋梁斷絶。於是故司隸校尉楗爲武陽楊君厥字孟文，數上奏請，帝用是聽。』則楊君之開通石門，不在永平中也。楊君名涣，字孟文。其云『厥』者，助語之詞。《順帝紀》：『延光四年，詔益州刺史罷子午道，通褒斜路。』《隸釋》以爲即從楊君之所請。建和二年仲冬，漢中太守王升勒石頌德，距其時又二十四年矣。

孔廟置守廟百石卒史碑　永興元年六月

右《孔廟置守廟百石卒史碑》，在曲阜縣孔子廟。司徒雄、司空戒以元嘉三年三月廿七日壬寅，奏雒陽宫，即以是日下魯相，承書從事，下當用者。魯相平以永興元年六月甲辰朔十八日辛酉，上司空府。《桓帝紀》『元嘉三年五月丙申，改元永興』。其置百石卒史始末止八十日。碑云：『褒成侯四時來祠，事已即去。』《史晨祀孔子奏》亦云：『雖有褒成世享之封，四時來祭，畢即歸國。』《漢書·恩澤侯表》褒成侯國在瑕丘。《地理志》瑕丘屬山陽郡。是時孔子襲封子孫，不在魯國。故魯相乙瑛請置百石卒史，典主守廟；魯令鮑疊造作百石吏舍，亦考闕里文獻者所宜知也。

宛令益州刺史李孟初神祠碑　永興二年六月

右《宛令益州刺史李孟初神祠碑》，在南陽縣。其名已闕。孟初其字也。舉孝廉，除郎中，遷宛令、益州刺史。己亥朔十日下《金石萃編》有『宛令』二字，諦視此碑亦有，而《兩漢金石記》無之。宛爲南陽郡治。『貴君』以下，皆宛令故吏名。

孔謙碑 永興二年七月

右《孔謙碑》，在曲阜縣孔子廟。『謙』字微泐尚可辨。謙字德讓，宣尼公廿世孫，都尉君之子也。《漢書·平帝紀》：元始元年六月，追謚孔子曰『褒成宣尼公』。都尉君者，泰山都尉孔宙也。《後漢書·孔融傳》：『父宙，泰山都尉。』李賢注引《融家傳》：『兄弟七人，融第六。』唯有兄褒見《融傳》，不及謙也。《孔宙碑》：『年六十一，延熹六年正月卒。』謙卒於永興二年七月。時宙尚存，年五十一。《獻帝紀》：『建安十三年八月，曹操殺太中大夫孔融。』融本傳：『時年五十六。』謙卒時，融止二歲。

孔君殘碑 永壽元年

右《孔君殘碑》，何夢華上舍訪得於孔林牆外。今移置孔子廟。『元年乙未』上字已泐。趙明誠《金石録》定爲『桓帝永壽元年』。碑云：『孔子十九世孫。』當是孔宙、孔彪兄弟行。其所歷官『五官掾，守長史，兼行相事』，字尚可辨。

魯相韓勑造孔廟禮器碑并陰兩側 永壽二年

右《魯相韓勑造孔廟禮器碑》，在曲阜縣孔子廟。《水經·泗水注》：『魯人藏孔子所乘車於廟中，是顔路所請者也。永平中，鍾離意爲魯相，到官出私錢萬三千文，付户曹孔訢治夫子車。』此碑亦云：『脩飾宅廟，更作二輿。』在意之後。《續漢志》東武陽屬東郡。《孔宙碑》亦云：『東郡東武陽。』此碑獨書『東郡武陽』省『東』字。

郎中鄭固碑 延熹元年四月

右《郎中鄭固碑》，在濟寧州學宫。碑舊拓止上段，近始得下段殘石，又洗出中段，拓本始完。固字伯堅，著君元子。《續漢志》著屬濟南國。其父爲著令也。延熹元年二月十九日，詔拜郎中，以疾錮辭。未滿期限，乃遘凶愍。其四月廿四日，遭命殞身。《漢書·汲黯傳》：『黯多病，病且滿三月，上常賜告者數。』《疏廣傳》，『即日父子俱移病，病三月，賜告，廣遂稱篤。』固自拜官至卒，止六十餘日，故尚未滿期限。『琦、瑶延以爲至德不祀〔四〕。』《爾雅》：『延，長也。』『琦』、『瑶』當是其兩弟名。

蒼頡廟碑并陰兩側 延熹五年正月

右《蒼頡廟碑》，在白水縣東北五十里史官村。《續漢志》『衙縣』注引《皇覽》曰：『有蒼頡冢，在利陽亭南，墳高六丈。』後人因建廟於其縣。《廣韻》：『倉姓，黄帝史官倉頡之後。』此碑作『蒼』。碑額有『左馮翊東牟平陵衡君』。東牟屬東萊郡，此云『東牟平陵』，當由東牟而遷於平陵也。碑字體最小，漫漶亦最甚。兩側明白可辨。

泰山都尉孔宙碑并陰 延熹七年七月

右《泰山都尉孔宙碑》，在曲阜縣孔子廟。宙字季將，孔子十九世孫，孔融父也。《後漢書・孔融傳》：『年十歲，隨父詣京師。年十三喪父。』《獻帝紀》：『建安十三年八月，曹操殺太中大夫孔融。』《融傳》云：『時年五十六。』融當生於永興元年。此碑宙年六十一，延熹六年正月己未卒。時融年十一。《後漢書・融傳》作十三喪父者，誤也。《桓帝紀》：『延熹三年九月，太山琅邪賊勞丙等復叛，寇掠百姓。』『十一月，太山賊叔孫無忌攻殺都尉侯章。』『十二月，遣中郎將宋資討破之。』宙爲泰山都尉，當在侯章之後。融年十歲隨父詣京師，則宙之爲泰山都尉，會遭篤告休，當在延熹五年。

竹邑侯相張壽碑 建寧元年五月

右《竹邑侯相張壽碑》，在城武縣學宫，後人截其碑爲碑趺，而穴其中。今僅存一百八十字。《隸續》載此碑甚完。《後漢書・彭城靖王恭傳》：『永初六年，封恭子阿奴爲竹邑侯。』壽遷竹邑侯相，『遭江、楊劇賊，役賦彌年』。《質帝紀》：『永嘉元年，廣陵賊張嬰等復反，攻殺堂邑、江都長。九江賊徐鳳等攻殺曲陽、東城長。』本初元年，詔曰：『九江、廣陵二郡數離寇害，壽視事年載，治功曹周憐放濫，爲督郵周紘所表捐禄。後復辟司徒府。年八十，建寧元年五月辛酉卒。是月丁未朔，辛酉十五日也。殘夷最甚。』碑所謂『江、楊劇賊』即此。

衛尉卿衡方碑并陰　建寧元年九月

右《衛尉卿衡方碑》，在汶上縣西南十五里郭家樓。碑云：『詔選賢良，招先逸民，務在寬失。』《李固傳》：『伏聞詔書，務求寬博。』『寬博』即寬佚也。『已從政者，退就勑巾。』《陳憲傳》：『飾巾待終。』《趙咨傳》：『使飾巾出入。』李賢注：『以幅巾爲首飾，不加冠冕。』謂棄官以就舉也。『安貧樂道。』皇侃《論語義疏》本作：『未若貧而樂道。』『少以文塞，長以欽明。』即《尚書考靈曜》：『欽明文塞晏晏。』此碑用古義最多，餘皆如諸家所釋。

魯相史晨奏祀孔子廟碑　建寧二年三月

右《魯相史晨奏祀孔子廟碑》，在曲阜縣孔子廟。史晨奏以建寧二年三月癸卯朔七日己酉上尚書。『時副言太傅、太尉、司徒、司空、大司農府治所部從事。』《續漢志》以太傅、太尉、司徒、司空、大將軍爲五府。此大司農亦稱府。大司農掌諸錢穀金帛諸貨幣。晨奏祀孔子，『依社稷出王家穀，春秋行禮，以共煙祀』。是其專掌，故并及之。

魯相史晨饗孔廟後碑

右《魯相史晨饗孔廟後碑》，即刻在前碑之陰。史晨以建寧元年四月十一日戊子到官。而饗孔廟，及補完嗇垣，脩通大溝，又昌平亭下立會市，孔瀆南北種梓，假夫子冢顔母井舍及魯公冢守史事，皆在前碑之後。魯公冢者，伯禽冢也。《魏書・地形志》魯有伯禽冢。《續漢志》補注引《皇覽》曰：『奄里伯公冢在城内祥舍中，民傳言魯五德。奄里伯公葬其宅。』伯公即伯禽之譌。

淳于長夏承碑 建寧三年六月

右《淳于長夏承碑》，在永年縣紫山書院。《金石録》云：『元祐間因治河隄，得于土壤中。余家所藏漢碑二百餘卷，此碑最完。』至明中葉，此碑猶存，唯下半截殘缺。今世所傳有闕三十字本、闕一百十字本、成化間補刻下半截本。嘉靖二十三年，碑爲築城工役所毁，知府唐曜重刻于漳川書院，即此本也。舊本『勤約』，重刻本作『勤紹』。末云：『建寧三年，蔡邕伯喈書。』是後人肊題。

陳德殘碑 建寧四年三月

右《陳德殘碑》，牛氏《金石圖》云：『碑在沂州府東南數十里田間。郃陽褚峻跡得之，搨數本，則土人埋之矣。』或云即褚千峯僞造碑。止存上截十行，行五字。每字有方格界線。碑陰十一行，俱有額。諦視之，字僅形似，乏漢隸淳古之氣。其爲僞造無疑。

武都太守李翕西狹頌 建寧四年六月

右《武都太守李翕西狹頌》，在成縣，摩崖書。翕，漢陽阿陽人。阿陽，《水經·漾水注》作河陽。《漢書·高帝紀》師古曰：『阿陽，今流俗書本或作河陽者，非也。』《後漢書·隗囂傳》李賢注亦云：『本爲河陽者，誤也。』此碑作『阿陽』，與《續漢志》同。碑額有『惠安西表』四篆字。年月後有『丞右扶風陳倉吕國字文寶』小字題名二行。又有『丞右扶風陳倉吕國字文寶』大字題名十二行。即《隸續》所謂『天井道題名』。

李翕黽池五瑞圖

右《李翕黽池五瑞圖》，在《西狹頌》之前。上層爲白鹿、黃龍，下層爲甘露降、承露人、嘉禾、木連理。後題：『君昔在黽池，脩崤嶔之道，德治精通，致黃龍白鹿下闕之瑞〔五〕，故圖畫其像。』又有『上官掾上禄，上官正字君選』題名三行。後尚有龍字隱隱可辨。

博陵太守孔彪碑并陰 建寧四年七月

右《博陵太守孔彪碑》，在曲阜縣孔子廟。故吏崔烈等所立。《續漢志》無博陵郡。《桓帝紀》：『延熹元年六月丙戌，分中山置博陵郡，以奉孝崇皇園陵。』《水經・滱水注》：『漢質帝本初元年繼孝冲爲帝，追尊父翼陵曰博陵。因以爲縣，又置郡焉。漢末，罷還安平。』故《續漢志》不書此。木桓帝繼質帝〔六〕《水經注》以爲質帝繼冲帝，酈氏之誤。博陵置縣在本初元年，置郡在延熹元年。以此碑陰證之，屬縣曰博陵，曰安平，曰安國，曰高陽，曰南深。《澤成陽靈臺碑》又有蠡吾，皆屬博陵郡。彪爲尚書侍郎，見《韓勑碑》陰，爲河東太守，見《史晨後碑》。

李翕析里橋郙閣頌 建寧五年二月

右《李翕析里橋郙閣頌》，在略陽縣。《隸釋》所載缺四十一字。後有年月題名五行。《金石萃編》本無年月題名，視《隸釋》多闕十三字。此本又視王氏本多缺三十七字，然皆非『明申如塤』翻刻之本。此本『建寧三年』與《隸釋》同，王氏本作『五年』，當由摹刊之譌。『香風有隣』，『香』通作『鄉』。『香風』即『嚮風』。『醳散關之嶃漯』，《説文》：『嶅，嶨也。』『嶨，山形。』《玉篇》：『嶐同嶅』。『漯』即『嶁』字之借。諸家皆誤釋。

執金吾丞武榮碑

右《執金吾丞武榮碑》，在濟寧州學宫。『闕幘傳講《孝經》、《論語》、《漢書》、《史記》、《左氏》、《國語》』，今碑『《漢書》、《史記》』四字已泐。《漢書·藝文志》：『《太史公》百三十篇。』《東平王思傳〔七〕》：『上書求《太史公書》。』《楊終傳》：『受詔删《太史公書》。』此皆秘府藏本。《漢書》亦至漢末有應邵《集解》、服虔《音義》二書之傳。榮其嚆矢矣。碑云『内幹三署』，後漢以五官署、左、右署爲三署，謂榮爲五官掾也。碑字十行行三十字，僅刻碑之半。

司隸校尉楊淮表紀　熹平二年二月

右《司隸校尉楊淮表紀》，在褒成縣褒斜谷。敘淮與從弟弼前後歷官，稱『元弟功德牟盛，當究三事，不幸早隕。二君清□約身，俱大司𣪠孟文之元孫也』。《後漢書》任城王以元和元年封，傳六十八年國絶。當元嘉元年。至延熹四年，復爲國。淮爲任城太守，當在元嘉至延熹十年中。孟文名渙，見《華陽國志》。司隸校尉稱大司隸，亦僅見此碑。

司隸校尉魯峻碑并陰　熹平二年四月

右《司隸校尉魯峻碑》，在濟寧州學宫。峻爲司空王暘所舉，徵拜議郎、太尉長史、御史中丞。延熹七年二月丁卯，拜司隸校尉。《後漢書·靈帝紀》：『建寧元年四月，長樂衛尉王暢爲司空。八月，司空王暢免。』碑敘在延熹七年以前，何也。碑陰『河内夏菅懿夯遠千』，河内無夏縣。此與《楊孟文石門頌》『鼉漢彊』同爲東漢二名之證。『平原西平昌』，《續漢志》：『平原九城。』今本八城，『西平昌』三字脱在樂安國注中〔八〕。『河間阜城』，《續漢志》阜城屬安平國，此時猶屬河間。『河東蒲坂』作『反』，『魏郡黎陽』作『犂』，皆與《續漢志》異。

熹平殘碑 熹平二年十一月

右《熹平殘碑》，在曲阜縣孔子廟。近時始出土。『年廿有七，熹平二年十一月乙未』，蓋其卒時年月。《靈帝紀》是年十二月癸酉晦，乙未爲十一月廿一，或廿二也。但無官爵名氏。『府君』者，是稱其立碑之人，故書在卒後。《孔褒碑》亦魯相汝南陳府君立，即其證。錢辛楣少詹謂當是曾任郡守者，卒時年厪廿有七，非是。

武都太守耿勳碑 熹平三年四月

右《武都太守耿勳碑》，在成縣。《隸續》有此碑。後殘泐重開，故多譌字。『癸酉到官』重開本作『癸日郎官』。『勸勉趍時』重開本『勉』作『課』。『□如農』重開本作『大小民』。此本雖已重開，而翁王兩家據《隸續》所補之字此尚隱隱可辨，洵可寶也。『扶活』下《隸續》作『□

餐』。諦審此碑是『餍餐』二字。《内則》注：『似今膏餍矣。』説文：『餐，小兒嬾餐。』『外羌且』下《隸續》作『□』，諦審此碑，是『居』字。

聞憙長韓仁銘 熹平四年十一月

右《聞憙長韓仁銘》，在滎陽縣署。金正大中滎陽令李天翼得于京索間土中。碑止存上截，碑右有正大五年趙秉文、李獻能題字。前半似敘司隸校尉績勳，下云尉表上，似仁爲司隸校尉所表。『遷槐里令，除書未到而卒』，《續漢志》：縣萬户以上爲令，不滿爲長。仁自聞憙長遷槐里令，如今之調繁。《孔宙碑》都昌長遷元城令，《張遷碑》除穀城長，遷蕩陰令，皆其證。

堂谿典嵩高山石闕銘 熹平四年

右《堂谿典嵩高山石闕銘》，在登封縣開母廟石闕銘下。趙明誠《金石録·堂谿典嵩高山石闕銘》云：中郎將堂谿典伯并熹平三年來請雨嵩高廟。此銘前數行已泐，尚隱隱可辨。如趙之言，典大君諱協，字季度，爲郡主簿，作闕銘文。後舉孝廉，西鄂長，早終。熹平四年典來請雨嵩高廟，重泐此銘。《後漢書·延篤傳》注引《先賢行狀》：『典字季度，爲西鄂長。』以『協』爲『典』恐由唐人徵引之誤。《靈帝紀》：『熹平五年，復崇高山爲嵩高山。』注：《東觀記》曰：『使中郎將堂谿典請雨，因上言改之。』典請雨在四年，山改名在五年。

豫州從事尹宙碑 熹平六年四月

右《豫州從事尹宙碑》，在鄢陵縣孔子廟。碑云：『分趙地爲鉅鏕。』顧亭林謂鉅鹿之『鹿』不當從金。錢辛楣少詹謂《廣韻》注明言『鉅鏕，郡名』。後魏《弔比干碑》陰有『鉅鏕伯魏祐』，《北史》有鉅鏕郡守元道龍。頤煊近見《魏靈藏造像記》亦作『鉅鏕魏靈藏』。《後漢書·陳敬王羨傳》：『建初三年，與鉅鹿王恭就國。』影宋本《北堂書鈔》第七十卷引范《後漢書》作『鉅鏕王』，足證古本皆作『鏕』。

溧陽長潘乾校官碑 光和四年十月

右《溧陽長潘乾校官碑》，在溧水縣學宫。碑云：『□此龜艾，遂尹三梁。』龜謂印紐，艾謂青綬。《續漢志》：『進賢冠，公侯三梁，中二千石以下至博士兩梁。』故此碑以三梁爲頌禱之詞。《靈帝紀》光和四年九月庚寅朔，碑云『十月己丑朔』，是年閏九月小，故十月己丑朔。《兩漢金石記》謂是閏十月己丑朔者，誤也。有『天□德之絶操』，諦視『天』下是『徑』字，翁、王亦未舉。

白石神君碑 光和六年

右《白石神君碑》，在元氏縣開化寺。碑云：『縣界有六名山，三公封龍靈山先得法食去。光和四年，三公守民蓋高等始爲無極山詣太常，求法食。相縣以白石神君道德灼然，乃具載本末。』求依無極，爲比六名山者，此碑得其五。其一則御語山也，見元初四年《三公山碑》。《毛詩·雲漢》篇：『敬恭明神。』《釋文》本『神』作『祀』，此碑作『敬恭明祀』，與陸氏本同。

尉氏令鄭季宣碑并陰 中平二年四月

右《尉氏鄭季宣碑》，在濟寧州學宫。此碑宋時已殘缺，《隸續》所録僅二百六十八字，碑陰二百九十二字。《兩漢金石記》：『舊拓本可見者四十八字，碑陰九十一字。』此本可見者三十一字，碑陰七十七字。『協』上『神人』二字甚明。《金石萃編》摹本反闕之。翁氏本又不著『協』字，何也？

郃陽令曹全碑并陰 中平二年十月

右《郃陽令曹全碑》，在郃陽縣孔子廟。明萬曆初出土時止缺一『因』字，後乃中有斷裂。又後『乾』字中『日』有穿連之，世恒以此辨拓本新舊。全以建寧二年舉孝廉，除郎中，拜西域戊部司馬，遷右扶風槐里令。棄官。光和六年復舉孝廉，除郎中，拜酒泉禄福長，轉拜郃陽令。門下掾王敞等刊石紀功。末言『君高升，極鼎足』，此時全尚存也。碑云：『縣前以河平元年遭白茅谷水灾，退於戌亥之間與造城郭。是後舊姓及脩身之士，官位不登。君乃閔縉紳之徒不濟，開南寺門，承望華嶽，鄉明而治。庶使學者李儒、欒規、程寅等各獲人爵之報。』戌亥之間謂西北隅，以干支紀方位，《尚書大傳》已然。今人因科名罕雋改造城垣官署，冀得顯仕。觀此碑知其風始於東漢矣。碑陰有徵博士李儒文優。

蕩陰令張遷碑并陰 中平三年二月

右《蕩陰令張遷碑》，在東平州學宫。明時始出。碑『爰既且於君』，『暨』字分爲二。顧亭林疑爲後人重刊，其實當時撰文一人、書石一人，古碑往往有文義相屬中空一格，此無足怪。遷治《京氏易》，京氏長於災變，分六十卦更直日用事，以《震》《離》《兑》《坎》爲方伯監司之官，專主四時。此云二月震節即京氏義也。《周禮·職方氏》言『四夷八蠻七閩九貉五戎六狄』，《明堂位》言『九夷八蠻六戎五狄』，《大戴記》言『六蠻四夷』，《爾雅》言『九夷八狄七戎六蠻』，此碑又云『八蠻七戎五狄九夷』，皆所見本異。

豫州從事孔褒碑

右《豫州從事孔褒碑》，雍正三年始出於曲阜縣東周公廟側。今移置孔子廟。碑云：『君諱褒字文禮。孔子廿世之孫。泰山都尉之元子。』即孔謙、孔融之長兄也。褒與融留舍張儉，後事泄送獄，一門争死。詔書坐褒。儉抵褒時融年十六，當建寧元年。《史晨饗孔廟後碑》立於建寧二年間，稱『處士孔褒文禮』，其時尚未爲豫州從事。孔謙以永興二年七月卒，年卅四。褒爲謙兄，自建寧二年上距建光元年謙生時已四十九年。褒死時當又不止於此數之歲。

魯相謁孔廟殘碑

右《魯相謁孔廟殘碑》，在曲阜縣孔子廟。《隸釋》有此碑，土人稱爲『吉日令辰碑』，以第一行有『吉日令辰』四字也。牛氏《金石圖》誤題爲『孔宏碑』，近時搜訪始有碑陰并碑側。唐人題字見《山左金石志》。

中部督郵殘碑陰

右《中部督郵殘碑陰》在曲阜縣孔子廟。碑多剥裂，痕似竹葉。土人因名爲『竹葉碑』。其正面亦有字。碑陰所書有『中部督郵』、『南部督郵』、『北部督郵』。《續漢志》『每郡有五部督郵』是也。又有『中賊曹』、『左賊曹』、『右賊曹』、『左户曹』、『右户曹』、『左決曹』、『右決曹』、『奏曹』、『辭曹』、『功曹』不分中左右，當日分曹必有繁簡之别。《續漢志》不書。

戚伯著碑

右《戚伯著碑》，見《隸釋》第十二卷。《隸釋》稱碑『而爲性焉』，以『性』爲『姓』也。此本作『姓』字甚分明。《隸釋》『焉』下闕『漢』闕三字『亡』闕二字，此本『焉』下闕六字『漢』，比《隸釋》少一字，又闕字位置不同。碑末《隸釋》『卿相』之下闕十字有『伯著』二字，此本無之。《隸續·碑式》：『《戚伯著碑》，隸。額一行十九字。』此本止『之』『碑』二字。『碑十二行，行二十字。』此本剪裱，每行約六字。有直剪痕而無横接痕，非《隸釋》《隸續》所見之本。孫退谷有《戚伯著碑》，見朱竹垞《曝書亭集》。此本有北海孫氏珍藏書畫印。

仙人唐公房碑

右《仙人唐公房碑》，在城固縣西北三十里。碑殘泐，僅存三百餘字。以《隸釋》讀之：『王莽居攝二年，君爲郡吏。是時府在西成，去家七百餘里。休謁往來，轉景即至。』《漢書·地理志》漢中郡西成第一縣。《續漢志》南鄭第一縣，西成第三縣。觀此碑，西漢漢中郡治西成，足訂閻百詩《潛丘札記》謂西漢郡治非必第一縣，漢中郡治不在西成之誤。

子斿殘碑

右《子斿殘碑》，與下《劉君》《元孫》《正直》三殘碑在安陽縣西門君祠中。此碑存十二行七十八字。首云：『允字子斿。』不知其姓。第六行末有『永初二年』。允當是安帝時人。『敂』即『輔』字。

劉君殘碑

右《劉君殘碑》。一石存六行十五字，第二行有『《春秋》博覽』四字，當亦顓經之士。一石存五行二十二字，有『國之裔兮』四字，因知其人姓劉。兩石中皆有穿孔，碑側有『歲在辛酉三月十五』八字。

元孫殘碑

右《元孫殘碑》。存七行十八字。第二至第四行無字。可知唯遺孤奉承大兄，元孫早終，二子名重字元□而已。

正直殘碑

右《正直殘碑》。存八行三十八字。第一行有『正直是以揚名于州里』。第二行有『部職』二字，其人似常爲曹掾。第四行『終年』下似『卅』字。碑中有大穿孔，下有『年三』二字，似其人終時年卅□，當□年之三月也。碑字『叚』作『叚』，『究』作『究』，『其』作『亓』。

魯王墓石人胸前題字

右《魯王墓石人胸前題字》。一曰『府門之卒』，一曰『漢故樂安太守麃君亭長』，舊在曲阜縣魯恭王墓前，今移置矍相圃。此當爲樂安太守麃君墓前之物，與魯恭王墓相近，土人因稱爲『魯王墓石人』。太守稱府君，故此石人稱『府門之卒』。

孝堂山石室畫象

右《孝堂山石室畫象》，在肥城縣西北六十里。舊釋是郭巨石室，有永建四年，永康元年題字。所畫岑樓重閣，屋脊設鳳凰或猴或雁。形貴者冠皆平樣，前仰後俯，即《續漢志》所謂『進賢冠』。次則前低後高，如紗帽無翅，賤者鋭其上。車皆兩輪兩較，較或高出輪半，前式減輪半，或兩較高僅及輪半，前式又減較半，或竟無兩較。中有平蓋圓形，出較上一桯。擎之又有曲榦枝其四角，榦或在較外。又有較與蓋四周相屬，如今車形，即古之『安車』。或一人中坐，較僅及肩，一人前立執輿，一人後立侍。車皆空其後面，或駕四馬，或兩馬，或一馬，皆一轅，上曲繫於馬首。大王車駕以四馬，馬首有衡，衡上立一鳥，長尾形。《續漢志》：『乘輿鸞雀立衡。』徐廣曰：『置金烏於衡上。』是貴者所乘。又有兩輪車，四人繩挽之，古謂之輦。又有兩輪車，上闊下狹，中坐四人，蓋極高。有兩人持刀舞，及懸一物如鼓形，亦御以兩馬。疑即《續漢志》所謂『黄門鼓車』。

武梁祠堂畫象

右《武梁祠堂畫象》，在嘉祥縣南武宅。山凡三石，石五層。中三層畫皆有題字。帝王伏羲至夏桀十人，唯黄帝、顓頊、帝佶、帝堯、帝舜冕服。梁節姑姊、抹者、齊繼母、無鹽醜女、榆母、章孝母婦人皆長服被土。曾母投杼坐機，上機制與今同，其足略小，或以爲古人纏足之證，非也。車凡九見，轅蓋之制，皆與《孝堂山畫象》同。唯處士牛車略異。

武氏前石室畫象

右《武氏前石室畫象》，在嘉祥縣武氏祠。凡十五石，三石無字。文王十子題字可見者七人。魯秋胡、老萊子、荆軻秦武陽已見祠堂畫象，此復畫之。有曰：『此君車馬，君爲都□時，君爲市掾時，爲督郵時。』不知武氏何人。

武氏後石室畫象

右《武氏後石室畫象》，在嘉祥縣武氏祠。凡十石，題字俱漫漶。有石柱題『武家林』三字。黄小松司馬謂邊幅隱隱八分書『中』『平』等字，諦視之不可辨。

武氏左石室畫象

右《武氏左石室畫象》，在嘉祥縣武氏祠。凡十石，惟第一石有『顔淑』『侯嬴』『王陵母』『范贖』四段事迹題字。『顔淑』《毛詩・巷伯傳》作『顔叔子』。

武氏石室祥瑞畫象

右《武氏石室祥瑞畫象》，在嘉祥縣武氏祠。凡二石，每段畫祥瑞草木禽魚之狀。題記皆與《孫氏瑞應圖》、《宋書・符瑞志》相同。『白魚武□津入于王月』，本今文《泰誓》。『獸』作『獸』，又作『鄮』。『禦』作『衙』。『秬鬯』作『巨暘』。皆異文。

武氏石室新出畫象

右《武氏石室新出畫象》，凡九石，一石上下俱漫漶。中有『武氏祠』三大字八分書。一石上有獸首，口銜大環，與射陽石門畫象同一石。上層二人騎馬前後行，下層漫漶，中層似有題字五行，不可辨。餘俱作人馬宮室形，無題字。

孔子見老子畫象

右《孔子見老子畫象》，舊在嘉祥縣武宅山，今移置濟寧州學宫。此畫象見《隸續》。老子車後三人，《隸續》止一人。《隸續》『老子曳曲竹杖』，今杖已泐。老子車兩較與蓋相連，孔子車兩較僅及蓋十分之七。《隸續》未釋。

洪福院畫象

右《洪福院畫象》，在嘉祥縣劉村。凡三石，唯一石有成王周公魯公三人題字。成王南面，周公、魯公在成王右，東面冠，前仰後俯。又有侍臣二人，在成王左，西面冠。前後齊無題字。餘如翁氏所釋。

射陽石門畫象

右《射陽石門畫象》，在寶應縣東七十里射陽聚。今爲汪容甫取歸江都。凡二石。《孔子見老子象》，孔子居中，西面，老子居左東面，一弟子在孔子後西面。與濟寧州學宫象不同。中層中間有如今之佛，坐有一人，赤身居其上，左右侍立各一人，皆可辨。餘如翁氏所釋。

朱鮪墓石室畫象

右《朱鮪墓石室畫象》，在金鄉縣西三里，皆畫男女燕饗，杯盤尊勺，帷屏之屬。『朱長舒之墓』并『鮪』字四行題字。《山左金石志》記之詳矣。以此本諦視之，一幅尚有『朱』字，極分明。

校勘記

〔一〕『著』，洪适《隸釋》卷六作『著』。王昶《金石萃編》卷一〇作『萶』。按原碑作『著』，似當作『著』。然本書後『鄭固碑』條考『著』爲縣名。則『著』爲俗寫，正字爲『著』。

〔二〕據《後漢書》卷五〇《孝明八王傳》，常山殤王永元二年立，立十三年薨，立防子侯爲常山王。則時非永元十三年。

〔三〕『永平十三年』，據《後漢書》卷二《明帝紀》，『十三』當作『十二』。

〔四〕『祀』，《隸釋》卷六作『紀』，原拓本亦作『紀』。

〔五〕按原碑拓本，則『白鹿』下無闕字。

〔六〕『木』，槐廬本作『本』。

〔七〕據《漢書・宣元六王傳》，『東平王思』當作『東平思王』。

〔八〕錢大昕《三史拾遺》卷五魯峻碑考證，與此略同。

平津讀碑記卷二

魏

公卿上尊號奏 黄初元年

右《公卿上尊號奏》，亦名《勸進碑》，在許州繁城鎮。碑首結銜四十六人。『自陛下即位，光昭文德』以下，刻於碑陰。據《魏志·文帝紀》注，延康元年十月丙午，漢帝使張音持節禪位。相國歆、太尉詡、御史大夫朗等，前已上表勸進。丁卯，令不受。己巳，魏王復上書辭。庚午，復册詔魏王，桓階等議定。辛未，魏王登壇受禪，改爲黄初元年。此表是最後所上，當在己巳夕間，庚午册詔之前。侍中劉廙表稱今月十七日己未，己巳是十月廿七日也。

受禪碑 黄初元年十月

右《受禪碑》，在許州繁城鎮。碑首云：『唯黄初元年冬十月辛未，皇帝受禪於漢氏。』辛未，十月廿九日也。《集古録》據此碑以訂《魏志》『十一月庚午王登壇受禪』之譌，其説極核。

裴松之注引《獻帝傳》亦云：『辛未，魏王登壇受禪。』與此碑合。碑云『納于大鹿』、『欽明文塞』、『上在璿機』、『烟于六宗』，皆用《今文尚書》。『常伯、常任，納言諸節』，『諸節』二字本今文《泰誓》。又云：『□唐典之明憲，遵大鹿之遺訓。』亦可爲《舜典》合於《堯典》一篇之證。

封宗聖侯孔羡碑　黄初元年

右《封宗聖侯孔羡碑》，在曲阜縣孔子廟。碑云：『黄初元年，大魏受命。追存二代三恪之禮，乘紹宣尼褒成之後。以魯縣百户，命孔子廿一世孫議郎孔羡爲宗聖侯，以奉孔子之祀。』《魏志》在黄初二年。蓋封孔羡爲宗聖侯在黄初元年十一月，後詔制三公，及令魯郡脩起舊廟，置百石吏卒在黄初二年正月。碑特連文書之。《後漢書·孔僖傳》：『初，平帝時，王莽秉政。乃封孔子後孔均爲褒成侯。及王莽敗，失國。建武十三年，世祖復封均子志爲褒成侯，世世相傳。至獻帝初，國絶。』此碑云：『大道衰廢，禮學滅絶卅餘年。皇上紹繼微絶。』獻帝即位初平元年，下距黄初二年共卅二年。其數正相合。

膠東令王君廟門碑　黄初五年

右《膠東令王君廟門碑》，在濟寧州學宫。《隸續》本有此斷碑，以他碑下段合讀爲一。後乃知其誤。其石久亡，乾隆四十年，李東琪始訪得其上段。碑皆述王氏先世，有云『葬于京師者五世』，碑末敘其人『年卌有一，卒當黄初五』，京師當謂洛陽。

廬江太守范式碑并陰 青龍三年

右《廬江太守范式碑》，在濟寧州學宫。碑僅存上段。式字巨卿，山陽金鄉人。見《後漢書·獨行傳》。傳云：『式後遷廬江太守，有威名。卒於官。』碑云：『遷廬江太守，竇疏氏之至順，以疾告辭。』式末嘗卒於官，是史誤。碑云：『常山相曁子汜孫而胤嗣罔繼。青龍二年，上計吏。翟循等刊銘樹墓。』傳云：『式一名汜。』亦誤也。碑陰有題名四列，《隸釋》誤爲《魯峻碑》陰。今又失其大半。

東武侯王基碑 景元二年四月

右《東武侯王基碑》，在洛陽縣。近年始出土。相傳下半段尚有未刻朱字，應手而滅。碑止得其中段。前三行行廿二字，後十六字俱下一格〔二〕，行廿一字。銘辭『我』下文尚未完。上下石理完好，方格界線具在，其爲未刻完碑無疑。基字伯輿，東萊曲城人。《魏志》有傳。以此碑證之，所歷官階及薨年追贈皆合。《後漢書·鄭玄傳》『門人東萊王基』。此碑『年七十二，景元二年四月辛丑薨』。玄卒於建安五年，基止十一歲，未必親受業於鄭君。故傳稱門人而不稱弟子，亦其證也。

蕩寇將軍李苞通閣道碑 景元四年十二月

右《蕩寇將軍李苞通閣道碑》，在褒城縣石門。苞通閣道在景元四年十二月。《魏志·三少帝紀》：『景元四年夏五月，詔使鄧艾、鍾會伐蜀。』《鍾會傳》：『會統十餘萬衆，分從斜谷、駱谷入。先命牙門將許儀在前治道，會在後行。而橋穿馬足陷，於是斬儀。』其時閣道之壞可知。十一月蜀平後，因有此役。前有潘宗伯、韓仲元泰始六年造橋閣題字。

吴

九真太守谷郎碑 鳳凰元年四月

右《九真太守谷朗碑》，在耒陽縣。碑云：『豫章府君之曾孫，公府君之孫。』公府君當是三公府之屬官，他碑未見此稱。朗弱冠歷右職，守陽安長。其『守陽安長』者，非授陽安長也。故升王府，除郎中、尚書令史、郡中正，遷長沙劉陽令，與調任之制異矣。遷部廣州督軍校尉。《吴志》：『黄武五年，分交州置廣州。俄復舊。永安七年，復置廣州。』此爲廣州督軍校尉，當在永安以後。碑云：『獨與弟居。』翁氏釋『居』作『展』，誤。

禪國山碑 天璽元年

右《禪國山碑》，在宜興縣張渚鎮北董山之巔。碑形圓而橢，土人稱爲『囤碑』，以其形似米囤也。碑敘孫皓即位以來郡國祥瑞千餘言。又于乙未年正月辛亥得玉璽，文曰『吴真□帝』，乃以次年丙申改元天璽。於是丞相沇等十四人請封禪國山，告祭刊石。《吴志》：『天璽元年，吴郡言臨平湖邊得石函，中有小石，青白色，長四寸，廣二寸餘，刻作「皇帝」字。於是改元大赦。』臨平湖邊所得小石即碑所云玉璽也。改元者，改天册爲天璽也。《志》又於『秋八月』後言：『吴興陽羨山有空石，長十餘丈，名曰石室。在所表爲天瑞。乃遣兼司徒董朝、兼太常周處至陽羨縣封禪國山。明年，改元大赦，以協石文。』改元者，改天璽爲天紀也。其實臨平湖得玉璽在天册元年正月，封禪國山在天璽元年八月後。故碑敘丞相沇等請封禪國山在改元天璽之後。《志》稱臨平湖得玉璽亦在天璽元年，此則史之誤也。當以碑爲正。

天發神讖碑 天璽元年八月

右《天發神讖碑》，在江寧府學尊經閣。嘉慶十一年燬于火。據山謙之《丹陽記》，此石晋、宋時已析爲三段。故又稱『三段碑』，亦名『紀功碑』。『上天帝言』以下，皆天發神讖文。『天璽元年桼月』以下，皆驗視文字始末。『蘭臺東觀令』以下，皆摹刻立石銜名。《吴志》是年言得石者三，獨不書此碑始末。蓋其時言符瑞者日至，史書之不勝書也。會稽陳治、九江費宇皆不見于史。

衡陽太守葛祚碑

右《衡陽太守葛祚碑》，在句容縣西五里。《寶刻叢編》引《諸道石刻録》有此碑。文云：『吴故衡陽郡太守葛府君之碑。』《搜神記》：『葛祚字亢先，丹陽句容人。吴時爲衡陽太守。郡境有大槎横水，能爲妖怪。祚將去官，乃大具斤斧之屬，將伐去之。』是祚自衡陽太守歸，卒於家。此是表墓之碑，而僅存其額。《吴志》：『太平二年，以長沙西部爲衡陽郡。』沛郡繆禕亦嘗爲是郡太守，見《薛瑩傳》。

晋

任城太守夫人孫氏碑　泰始八年十二月

右《任城太守夫人孫氏碑》，在新泰縣新甫山下。夫人濟南人，光禄大夫、建德亭侯孫邕仲女。碑云：『夫人在羊氏，任城太守。』不知羊氏爲何人。碑敘魏文帝以桓伯序寡妻妻其父，夫人謂父辭之。是時夫人年當及笄。下云夫人爲婦卌餘載，則夫人卒時當六十餘歲。魏文帝崩在黄初七年，至晋武帝受禪泰始元年已四十年。夫人之卒亦當在晋初。碑末云：『□□八年□月庚寅□，十二月甲申□。』『八年』上當是『泰始』二字，『庚寅』下當是『薨』字。十二月甲申是其嗣子立碑之日。錢辛楣少詹謂碑有『庚寅十二月甲申』，以干支求之，當是泰始六年。不知碑作八年字甚分明，『庚寅』上有『月』字，是紀日非紀年。錢氏説誤。

太公吕望表 太康十年三月

右《太公吕望表》，在汲縣太公廟。凡廿行，行卅字。有直行界綫。中段已有斷痕。碑云：『太康二年，縣之西偏有盗發冢，得竹策之書。書藏之年，當秦坑儒之前八十六歲。』荀勗《穆天子傳序》：『所得《紀年》，蓋魏成王子今王之冢。自今王二十一年至秦始皇燔之歲八十六年。』其《紀年》曰：『康王六年，齊太公望卒。』參考年數，蓋壽百一十餘歲。《史記·齊太公世家》亦云：『太公之卒百有餘年。』其所述皆與此碑同。

征東將軍軍司劉韜墓志

右《征東將軍軍司劉韜墓志》，在偃師縣武虚谷大令家。文云：『君諱韜，字泰伯。叔考處士君之元子也。』韜蓋爲人後者爲之子。叔考處士君是其所生父也。

驃騎將軍韓府君神道闕

右《驃騎將軍韓府君神道闕》，在洛陽縣。近年始出於古井中。文云：『□故散騎常侍驃騎將軍南陽堵陽韓府君墓神道。』兩旁字已半泐。第一字不可辨。《晋書·地理志》堵陽縣屬南陽國。魏赭陽屬建城郡。《訪碑録》列此碑于晋末，今從之。

前秦

廣武將軍□産碑并陰 建元四年十月

右《廣武將軍□産碑》，在宜君縣。碑已殘泐。前叙其先世，次叙其政績，末有官名彊界，似是紀功立界之碑。碑首：『維大秦建元四年，歲在丙辰。』秦苻堅以晋哀帝興寧三年改元建元，其四年當晋廢帝太和三年，歲當在戊辰，而碑云丙辰，是撰文人誤記。碑末有銘，不書『銘曰』，亦變例也。碑陰有『夫蒙頭』、『夫蒙彭□部』、『夫蒙獲部』、『夫蒙大毛部』、『夫蒙傷大部』、『夫蒙大祁部』、『夫蒙進部』、『夫蒙犂部』，當是所屬部落名。《新唐書·突厥傳》有『夫蒙靈詧』當即其遺種。《元和姓纂》：『夫蒙，今同蒲二州多此姓。』

梁

石井闌題字 天監十五年

右《石井闌題字》，在句容縣北。文云：『梁天監十五年，太歲丙申，皇帝愍商□之渴乏，乃詔茅山道士□□永若作亭及井十五口。』此乃其一也。以造井亭作功德，亦梁武佞佛之一證。

始興忠武王蕭憺碑并陰

右《始興忠武王蕭憺碑》，在上元縣黄城村。碑高一丈四尺餘，約三千餘字。碑左邊并上截俱殘泐。《金石萃編》僅辨十之三。此拓本視王氏所釋多百餘字。憺字僧達，太祖第十一子。天監元年封始興郡王，普通三年十一月薨，贈侍中、司徒、驃騎將軍。謚曰忠武。碑所述官階與《梁書》本傳同。銘辭『式雕玄永寄希仰』，『玄』下無殘泐痕，似書碑者脱一字。

安成康王蕭秀碑

右《安成康王蕭秀碑》，在上元縣黄城村。碑已全泐，僅存其額。文云：『梁故散騎常侍、司空安成康王之碑。』《梁書·安成康王秀傳》：『字彦達，太祖第七子。天監元年封安成郡王，十七年薨。贈侍中、司空，謚曰康。』此碑額書散騎常侍而不書侍中，與《始興忠武王碑》額異。

吴平忠侯蕭景神道闕

右《吴平忠侯蕭景神道闕》，在上元縣清風鄉。文云：『梁故侍中、中撫將軍、開府儀同三司吴平忠侯蕭公之神道。』此反手書在石闕上。《梁書·蕭景傳》：『字子昭，高祖從父弟。高祖踐阼，封吴平縣侯。普通四年卒。贈侍中、中撫軍、開府儀同三司，謚曰忠。』碑云『中撫將軍』，《傳》云『中撫軍』。錢辛楣少詹以爲《傳》脱一字。

後魏

孝文帝弔比干墓文并陰 太和十八年十一月

右《孝文帝弔比干墓文》，在汲縣比干廟。《魏書·高祖紀》：『太和十八年十一月，車駕幸鄴。甲申，經比干之墓，傷其忠而獲戾，親爲弔文，樹碑而刊之。』原碑久亡，此是宋元祐五年知衛州吴處厚取舊搨重刊本。碑多異文。『執垂益而談卡兮』，近時德州新出《高貞碑》云：『清暉發於載卡』，『卡』是『弄』字，此復借『弄』作『筭』。『聆廣莫之颾瑟兮』，『颾』即『飂』字。《匡謬正俗》：『翏，古文戮字。』『翏』即『戮』，故『飂』字從晟作『颾』。碑陰列諸王從臣八十二人，皆著其郡而不著其縣，亦他碑所僅見。

始平公造像記　太和廿二年

右《始平公造像記》，在洛陽縣老君祠。碑正書陽文凸起，漢碑唯《執金吾丞武榮碑》額有此。碑字皆用陽文，前此所未有也。碑云：『父使持節、光□大夫、洛州刺史始平公。』《魏書·地形志》洛州太宗置，太和十七年改爲司州。此碑立於太和廿二年，其爲洛州刺史當在十七年以前。又魏置始平郡真君年中，併入扶風郡在太和前二十餘年。此所封當是扶風郡之始平縣。惜碑不著其姓名。

楊大眼爲孝文皇帝造像記

右《楊大眼爲孝文皇帝造像記》，在洛陽縣伊闕。碑不書年月，結銜稱『輔國將軍、直閣將軍□□□□，梁州大中正』。《魏書·楊大眼傳》：『世宗初，裴叔業以壽春内附。大眼與奚康生等率衆先入，以功封安成縣開國子，食邑三百户。除直閤將軍。尋加輔國將軍、遊擊將軍，出爲征虜將軍、東荆州刺史。』《宣武紀》：『正始元年正月丙辰，東荆州刺史楊大眼大破羣蠻樊季安等。』大眼此記當在景明中。『梁州大中正』本傳亦不載。『彰王衢於三紛』，何超《晋書音義》『彰』與『静』同。

魏靈藏造像記

右《魏靈藏造像記》，在洛陽縣伊闕。碑亦不載年月。《訪碑録》云：『字體似《楊大眼記》，故附於後』。碑異字『邁』作『邁』，『亦』作『夊』，『兜』作『兠』，『罄』作『磬』，『葩』作『蘤』，『擊』作『擊』，諸家皆未舉。

孫秋生等二百人造像記 景明三年五月

右《孫秋生等二百人造像記》，在洛陽縣伊闕。碑上截爲《孫秋生等造像記》，下截爲維那程道起等題名。碑首稱『太和七年』，碑末題『景明三年，歲在壬午，五月戊子朔廿七日造訖。』其相距已二十年。《魏書·世宗紀》是年『閏四月丁巳，司空穆亮薨』。若以五月戊子朔推之，閏四月不得有丁巳日，知史誤也。

比丘法生造像記 景明四年十二月

右《比丘法生造像記》，在洛陽縣。文云：『魏景明四年十二月一日，比丘法生爲孝文皇帝并北海王母子造。』是時孝文帝薨五年矣。《魏書》：『北海王詳，獻文帝子。太和九年封。』母高太妃是時並存。《洛陽伽藍記》：『追聖寺，北海王所立也。』

石門銘 永平二年正月

右《石門銘》在褒成縣。文云：『此門蓋漢永平中所穿。皇魏正始元年，漢中獻地，褒斜始開。三年，假節、龍驤將軍、督梁秦諸軍事、梁秦二州刺史泰山羊祉表求自迴車已□，開創舊路。詔遣左校令賈三德共成其事。起四年十月十日，訖永平二年正月畢功。』《魏書·宣武紀》：『正始四年九月甲子，開斜谷舊道。』即其事。《魏書》羊祉在《酷吏傳》：『正始二年，王師伐蜀，以祉假節龍驤將軍、益州刺史，出劍閣而還。又以本將軍爲秦梁二州刺史。』《太平寰宇記》：『迴車戍在梁泉縣南一百六十六里。梁太清五年，西魏遣雍州刺史達奚武爲大都督，率衆七萬，由陳倉路取迴車戍，入斜谷關，出白馬道。』謂此也。諸葛孔明稱葛氏，亦見於此銘。

仩和寺造像記 永平四年十月

右《仩和寺造像記》，在洛陽縣。文云：『永平四年十月七日，仩和寺尼道僧略造彌勒像一區。』『仩』即企字。《洛陽伽藍記》無此寺，當在一千三百六十七所之列。

寧朔將軍司馬紹墓誌銘 永平四年十月

右《寧朔將軍司馬紹墓誌銘》，在孟縣某氏。紹字元興，寧朔將軍宜陽子道壽之子。《魏書》本傳：『道壽長子元興，襲父爵。』碑首結銜稱『魏故寧朔將軍、固州鎮將，鎮東將軍、漁陽太守，宜陽子』，唯宜陽子是襲父爵，餘並其所授官也。此碑年月干支之誤《孟縣志》已言之。《魏書·孝文紀》太和十七年七月有癸丑、戊午，若七月庚辰朔，不得有戊午日。此亦碑誤之一證。

安定王燮造像記　永平四年十月

右《安定王燮造像記》，在洛陽縣龍門。文云：『安定王仰爲亡祖親太妃、亡考太傅静王、亡妣蔣妃，敬造石窟一軀。』安定王燮《魏書》有傳。亡祖親太妃，景穆皇帝孟椒房也。椒房位尊，故不著其姓。其父安定静王名休，以太傅領大司馬。詔書皆稱大司馬，此稱太傅者，以三公銜尊，在大司馬上。

中書令鄭羲碑　永平四年

右《中書令鄭羲碑》，在掖縣寒同山。羲字幼驎，《魏書》有傳。以此碑考之，羲使宋，宋主客郎孔道均就邸設會。酒行樂作，均問：『樂其何如？』答曰：『哀楚有餘，而雅正不足。其細已甚矣，而能久乎？』均嘿然。移年而蕭氏滅〔二〕。又稱羲注諸經論，撰《話林》數卷，又作《孔顔誄》《靈巖頌》及諸賦詠詔策行於世。皆可補史之闕。本傳稱羲政以賄成，性又嗇吝。民有禮餉者，皆不與杯酒臠肉。西門受羊酒，東門酤賣之。太和十六年卒。詔曰：『羲雖宿有文業，而治闕廉清。稽古之效未光於朝策，昧貨之談已形於民聽。可贈以本官，加謚「文靈」。』此碑稱謚曰『文』。鄭述祖《天柱山銘》稱『文貞公』，皆諱之也。

鄭道昭論經書詩刻 永平四年

右《鄭道昭論經書詩刻》，在掖縣雲峯山。前題『魏中書侍郎、通直散騎常侍、國子祭酒、秘書監、司州大中正，出爲使持節、督光州諸軍事、平東將軍、光州刺史司州滎陽鄭道昭作』。結銜與《魏書》本傳歷官同。《地形志》光州治掖城，皇興四年，分青州置。以鄭述祖《天柱山銘》證之，道昭以永平三年爲光州刺史。此刻于永平四年，歲在辛卯，在到官後一年。

揚州長史司馬景和妻孟氏墓誌銘 延昌三年正月

右《揚州長史司馬景和妻孟氏墓誌銘》在孟縣。碑首題：『魏代揚州長史、南梁郡太守、宜陽子司馬景和妻。』不著其姓。以《司馬景和墓誌銘》考之，景和從龍驤府上佐，遷揚州車騎大將軍府長史，帶梁郡太守。《魏書·地形志》南梁郡屬譙州，梁郡屬揚州。梁郡揚州治，故景和爲揚州長史帶梁郡太守。此碑『夫人以延昌二年夏六月薨于壽春』，壽春亦屬揚州。碑首結銜作『南梁郡太守』似誤。

松滋公元萇温泉頌 金石萃編附在延昌末

右《松滋公元萇温泉頌》，在臨潼縣靈泉觀。碑前題：『魏使持節、散騎常侍、都督雝州諸軍事、安西將軍、雝州刺史、松滋公河南元萇振興温泉之頌。』《魏書·孝文紀》：太和十九年六月丙辰，詔遷洛之民，死葬河南，不得還北。於是代人南遷者，悉爲河南洛陽人。二十年正月丁卯，詔改姓爲元氏。此碑無年月，稱『河南元萇』，當在太和二十年後。萇爲高凉王孤之曾孫。高祖時襲封松滋侯，《魏書》有傳。碑云：『孤發軫咸池，分條紫漢』，當時之不避諱如此。

涇州刺史齊郡王祐造像記 熙平二年七月

右《涇州刺史齊郡王祐造像記》，在洛陽縣。祐爲齊郡王簡子，《魏書》有傳。諸碑結銜皆題『使持節、都督某州諸軍事』，或題『使持節、督某州諸軍事』，此碑稱『持節、督涇州諸軍事』，皆省文。碑異字『希』作『㣥』，『儀』作『儀』，『逸』作『逸』，『極』作『極』，『廣』作『廣』。『跡遠於塵闕』，《金石萃編》『塵闕』誤作『鹿開』。碑末年月釋亦不全。

洛州刺史刁遵墓誌銘 熙平二年十月

右《洛州刺史刁遵墓誌銘》，在南皮縣某氏。遵，刁雍子也，《魏書》有傳。碑所述歷官俱與傳同。遵有子十三人，碑云：『小子䂍等。』其時䂍兄楷、尚早卒，䂍爲驍騎將軍，後贈司空，謚曰『文獻』，《魏書》亦有傳。碑云：『姓氏之興，録於帝圖。』又云：『攸攸緜胄，帝僤之胤。驛代貞賢，自唐暨晋。』刁氏受姓，當在堯時。『帝圖』疑讖緯書名。碑『兖』作『兗』，『圖』作『啚』，『沔』作『沔』，『棣』作『棣』，『整』作『䂍』，『職』作『軄』，『旄』作『秏』，『罔』作『罓』，皆異文。

兖州刺史賈思伯碑并陰 神龜二年六月

右《兖州刺史賈思伯碑》，在兖州府學宫。思伯字士休，《魏書》有傳。此碑雖殘闕，以《魏書》本傳證之，官階皆相合。碑爲兖州故吏沈預民、徐貞思等所立，故自兖州刺史以後遷官皆不載。本傳思伯『孝昌元年卒』，碑立於神龜二年，其時思伯尚存。碑陰有宋元人題字。

濟青相涼朔恒六州刺史高植墓誌 神龜三年

右《濟青相涼朔恒六州刺史高植墓誌》，在德州田氏。碑殘泐，所存字無幾。第一行『魏故濟、青、相、涼、朔、恒六州刺史』，次行『君諱植，字子建，勃海蓨人也』，末行『大魏神龜』字尚可辨。植高肇子，《魏書》本傳：植自中書侍郎爲濟州刺史，歷青、相、朔、恒四州刺史，卒，贈安北將軍，冀州刺史。又云：植頻歷五州，皆清能著稱。此碑有涼無冀，與史異也。銘云：『彼蒼者天，喪此明公。』又云：『每見我君，終始許師。』碑非其子孫所作。

趙阿歡諸邑卅五人造像記　神龜三年六月

右《趙阿歡諸邑卅五人造像記》，在洛陽縣龍門。碑下截有邑師惠感等題名。《訪碑録·邑師惠感等造彌勒像記》即此。文云：『闕口趙阿歡、司馬解造彌勒像記。』云：『都綰闕口遊激校尉。』《太平寰宇記》：『《左氏傳》：「晋趙鞅納王使女，寬守闕塞。」杜預注：「洛陽西南伊闕口也。俗名龍門。」』又云：『造彌勒像一區』，《張相隊造像記》《僧資造像記》又作『�』，皆『區』字異文。

平州刺史司馬昞墓誌銘　正光元年七月

右《平州刺史司馬昞墓誌銘》，在孟縣某氏。昞字景和，寧朔將軍司馬元興之子。景和妻孟氏卒于延昌二年六月，景和卒于正光元年七月，在其後八年。景和授清河内史在延昌後。卒贈持節、左將軍、平州刺史，與《魏書》本傳同。

魯郡太守張猛龍清頌碑并陰　正光三年正月

右《魯郡太守張猛龍清頌碑》，在曲阜縣孔子廟。猛龍《魏書》無傳，以此碑考之，猛龍字神囧，南陽白水人。晋西平公軌八世孫。軌祖奂，魏明帝景初中西中郎將、使持節、平西將軍、涼州刺史。自軌以下晋爲涼官。其父生樂歸北魏。猛龍以延□中出身奉朝請。熙平之年，除魯郡太守。正光三年，吏民爲立此碑。辭曰：『何以㝵憘，風化移新』。唐《滎陽縣令盧正道清德碑》『公下㝵舄』。『㝵』即『皃』字之俗。『皃憘』猶『皃藻』。碑陰有魯、汶陽、鄒、陽平、弁、新陽縣令，皆魯郡屬縣。《魏書·地形志》魯郡領縣五，無弁，當是其後省也。

袁永等五十人造像記 正光三年八月

右《袁永等五十人造像記》，在高陵縣。『袁永』作『袁永』，皆俗體。《廣韻》引《世本》：『宋大夫東鄉爲賈執。《英賢傳》：今高密有東鄉姓。』此記有東鄉毛如、東鄉正洛、東鄉猛、東鄉�周。

營州刺史高貞碑 正光四年六月

右《營州刺史高貞碑》，在德州學宫。貞《魏書》無傳。碑云：『貞字羽真，勃海脩人也。祖左光禄大夫勃海敬公式誕文昭皇太后，是爲世宗武皇帝之外祖。考安東將軍、青州刺史莊公，即文昭皇太后之第二兄也。』《魏書·外戚傳》：高肇父颺，高祖納颺女，是爲文昭皇后，生世宗。颺卒景明初，贈左光禄大夫，賜爵渤海公，謚曰『敬』。肇長兄琨，琨弟偃，太和十年卒。

正始中，贈安東將軍、都督、青州刺史，謚曰『莊』。是貞爲高颺之孫，高偃之子。偃爲文昭皇后第二兄，《皇后傳》以偃爲文昭皇后弟者誤也。碑云：『君姊有神表淑問，拜爲皇后。』《偃傳》：景明四年，世宗納其女爲貴嬪。永平二年立爲皇后。即貞姊。貞弱冠以外戚除秘書郎，遷太子洗馬。延昌三年卒，贈驪驤將軍、營州刺史。謚曰『懿』。《魏書·道武紀》：天興元年，群臣言國家萬世相承，啟基雲代，應以爲號。帝下詔，宜仍先號以爲魏。此碑末稱『大代正光四年』，亦變例也。

滎陽太守元寧造像記　孝昌二年正月

右《滎陽太守元寧造像記》，在滎陽縣。文云：『滎陽太守元寧仰爲二聖敬造石像一堰。願主上万祚，臣僚盡忠，後宮皆潤。』二聖者，高太后、胡太后也。是年肅宗十七歲，尚未得嗣。故以後宮皆潤爲祝。『潤』即『孕』字之借。

馮翊王國典祠令李和之造像記　金石萃編永安元年

右《馮翊王國典祠令李和之造像記》，在甘泉縣秦氏。《魏書》：長孫稚封馮翊王，後降爲郡公。《孝莊本紀》武泰元年四月癸卯，長孫稚進爵爲王，尋改封馮翊王。《官氏志》有皇子典祠令，王國無典祠令。此可補志之闕。

懷令李超墓誌銘 武泰二年正月

右《懷令李超墓誌銘》，在偃師縣學宫。超字景昇，秦州隴西郡狄道縣都鄉華風里人。弱冠舉司州秀才，拜奉朝請，除恒農郡冠軍府録事參軍事，宰沁水縣，除名爲民。熙平二年，補荆州前將軍騎兵參軍事，復作懷令。正光五年八月十八日，卒于洛陽縣之永年里宅，時年六十一。《魏書·地形志》洛州，太和十七年改爲司州。時超年三十，即於是年舉秀才，亦不得稱弱冠。疑舉在其前，稱司州者從後追書之。碑『狄』作『狘』，『劾』作『刻』，『日』作『⊙』，『族』作『族』，『總』作『揔』，『條』作『脩』，『質』作『貭』，『鑾』作『鑾』，皆異文。

中岳嵩陽寺碑 天平二年四月

右《中岳嵩陽寺碑》，在登封縣嵩山會善寺。碑記生禪師與其徒倫豔造塔事。立於天平二年。生禪師與裴衍相善，衍《魏書》有傳，孝昌中北討葛榮見害，贈使持節、車騎大將軍、司空、相州刺史。此碑稱司空公，其時衍已死矣。碑多異字。《金石萃編》云：惟侊軌之『侊』、盠馥之『盠』不可識。『侊』即『係』字。『盠馥』之『盠』，諦視碑是『盄』字，王氏誤作『盠』。

南秦州刺史司馬昇墓誌銘　天平二年十一月

右《南秦州刺史司馬昇墓誌銘》，在孟縣某氏。昇字進宗，河内温縣孝敬里人。《魏書》無傳。《孟縣志》考爲司馬楚之之孫，與延宗、茂宗、慶宗爲兄弟行。其説頗核。昇以孝昌二年釋褐太尉府衛參軍，除懷縣令。以天平二年二月廿一日，春秋卌有一，薨于懷縣。贈使持節、冠軍將軍、都督南秦州諸軍事、南秦州刺史。以縣令而贈刺史，亦異數也。

比丘洪寶造像記　天平二年

右《比丘洪寶造像記》，在登封縣少林寺。文云：『務聖寺檀主張法壽，能于五蓋重羅之下契斷恩愛塵勞之繒綱。於熙平二年捨宅造寺。其息榮遷，刊石建像。』《授堂金石跋》作『張法舜』，誤。碑『靈』作『霊』，『勞』作『𫇘』，『罶』作『繒』，『塹』作『𡐤』，『規』作『𬰔』，『懿』作『𢣗』，『含』作『浛』，皆異文。

王方略等造須彌塔記　天平三年正月

右《王方略等造須彌塔記》，在偃師縣古聖寺。文云：『大魏天平三年，歲次丙辰正月癸卯朔。』《魏書·孝静紀》天平三年亦書『春正月癸卯朔』。碑有『教化主王方略、邑師法顥』，《訪碑録》作『法顯等造須彌塔記』。碑『丙』作『丙』，『卯』作『卬』，『區』作『塸』，『陛』作『陛』，『屬』作『屬』，皆異文。

齊州刺史高湛墓誌銘 元象二年十月

右《齊州刺史高湛墓誌銘》，在德州封氏。湛字子澄，勃海滌人也。祖冀州刺史勃海公，考侍中、尚書司徒公。以《魏書·外戚傳》考之，湛是高颺之孫、高肇之子。湛以元象元年正月廿四日，春秋卌三。肇死在延昌四年，湛年二十，未爲官。史書肇子有植無湛。湛以熙平間起家爲司空參軍，轉揚烈將軍、羽林監。天平之始，假驪驤將軍、行襄城郡事。尋除使持節、都督南荆州諸軍事、鎮軍將軍、南荆州刺史。復除大都督、行廣州事。卒後贈假節、督齊州諸軍事、輔國將軍、齊州刺史。碑云：『天平之始，襄城阻命。』又云：『於時僞賊陳慶率旅攻圍，孤城獨守，載離寒暑。』《孝静紀》：天平二年二月戊戌，蕭衍司州刺史陳慶之寇豫州，刺史堯雄擊走之。史作『陳慶之』，碑作『陳慶』，是省文。《魏書·地形志》無南荆州。《蠻傳》云：延興中，大陽蠻酋桓誕擁沔水以北、滍葉以南八餘萬落〔三〕，遣使内屬。高祖嘉之，拜誕征南將軍、東荆州刺史，治朗陵。太和十年，移居潁陽。永平初，東荆州表以太守桓叔興前後招慰大陽蠻歸附者一萬七百户，請置郡十六、縣五十。延昌元年，拜南荆州刺史，居安昌，隸於東荆。後六鎮秦隴，所在反叛，二荆蠻大擾動，寇盜至於襄城。蕭衍遣將圍廣陵，樊城諸蠻並爲前驅，連年攻討，散而復合。湛之爲南荆州刺史正在此時。

敬使君顯儁碑并陰 興和二年

右《敬使君顯儁碑》，在長葛縣陘山書院。碑立于興和二年，載顯儁爲潁州刺史，營造禪静寺。故碑前上題『禪静寺刹前銘』，下題『敬史君之碑』。顯儁《北齊書》有傳，其所書仕魏官階不及此碑之詳。碑書『大承相勃海王』，即齊獻武王高歡。與『天子』、『皇帝』、『今上』等字俱空一格。『除殘拯溺，非莫可』，『非』，下似脱『公』字。『宿裱輕肥』，『裱』即『表』字。碑陰有『默曹姚秦』，錢辛楣少詹云：『《隋書·百官志》有墨曹無默曹，借默爲墨也。』《魏書·崔巨倫傳》：除冀州鎮北府墨曹參軍。字亦作『墨』。又有『沙門統』、『沙門都維那』。《隋書·百官志》：齊循魏制，昭玄寺掌諸佛教，置大統一人，統一人，都維那三人。此碑陰『維那』亦沙門爲之。他碑亦有俗姓人稱『都維那』、『維那』者。

兖州刺史李仲琁脩孔子廟碑并陰 興和三年十二月

右《兖州刺史李仲琁脩孔子廟碑》，在曲阜縣孔子廟。仲琁《魏書》有傳。除兖州刺史、脩孔子廟，傳中亦言之。碑結銜稱『使持節、都督兖州諸軍事，車騎大將軍、當州大都督、兖州刺史』。《官氏志》無大都督，唯云：『永安已後，遠近多事。置京畿大都督。』此碑云『當州大都督』，《高湛碑》云『南荆州刺史、當州大都督』，《張保洛等造像記》云『東荆州刺史、當州大都督』，《敬使君碑》云『加拜潁州刺史、大都督潁州諸軍事』。永安已後所置大都督當不止于京畿矣。《晋書・石崇傳》：『嘗與王敦人太學，見顔回、原憲之象。』《洛陽伽藍記》：『國子學堂内有孔丘像，顔淵問仁、子路問政在側。』此碑云：『命工人脩造容像，雕素十子□列其側。』當時孔廟素像亦無定制。碑陰有『幢主』、『隊主』，亦見《隋書・百官志》。

張保洛等造像記 武定七年二月

右《張保洛等造像記》，不知所在。碑前題張保洛、劉襲、薛光熾三人，結銜皆稱東雍州。此當刻於東雍州。《魏書・地形志》東雍州，世祖置，太和中罷，天平初復。後周改爲絳州。張保洛《北齊書》有傳。碑結銜皆與傳同。傳唯不言東雍州鎮城。保洛本由齊神武起家，碑云：『敬造石碑像四佛四菩薩，仰願先王、婁太妃、大將軍、令公兄弟等，亡者昇天，現在眷屬，輔相魏朝，永隆不絶。』『先王』即齊神武，『婁太妃』即神武婁后，『大將軍』即文襄，『令公』即文宣。《魏書・孝静紀》：武定七年八月辛卯，齊文襄王薨。碑立于武定七年二月八日，是時文襄猶存。

武德于府君義橋石像碑 武定七年四月

右《武德于府君義橋石像碑》，在河内縣武德鎮。碑載：『宣威將軍、懷州長史、行武德郡事河南于子建，暨平皋令杜護宗，懷縣令李同賓，州縣令馬洛周，温縣令燕景裕、丞吕思哲等脩造武德義橋石像。七月六日經始此橋，廿四日便訖。』碑立於武定七年四月八日，脩橋當在其前。碑云：『皇朝遷鼎，卜食漳濱。遂方割四縣，在古州城置武德郡焉。』《魏書・地形志》武德郡，天平初分河内置，領縣四：平皋、温、懷、州，即碑所載四令。『遷鼎』謂天平元年遷鄴。《金石萃編》謂太和十七年遷洛者，誤也。

脩太公廟碑并陰 武定八年四月

右《脩太公廟碑》，在汲縣西北三十里太公廟前。列晋太康十年盧无忌《太公吕望表》，唯不載其銘。『太公姓吕名望』以後，爲汲郡太守穆子容山行之文。碑載：太公胤孫尚天寶等以盧忌置碑僻據山阜，崔瑗列石不枕康衢，遂更營此碑。《水經・清水注》：『汲郡城東門北側有太公廟。廟前有碑，令崔瑗立。』『城北三十里有太公泉，泉上又有太公廟。范陽盧无忌爲汲令，立碑于其上。』此碑末題『武定八年四月庚辰朔十二日辛卯建造』，酈氏所不及見也。碑陰有『故板授鉅鹿太守』、『故板授河北太守』等銜，《文選・陸士衡謝平原内史表》注：『凡王封拜謂之板官。』此板授疑亦出于諸王封拜。

僧演造像記 大統四年七月

右《僧演造像記》，在長安縣。有『殄難將軍郭穆』、『伏波將軍任歡』。《魏書·官氏志》伏波將軍第五品，殄難將軍從第七品。碑『質』作『質』，『減 』作『減』，『區』作『區』，『圖』作『啚』，『演』作『演』，『將』作『将』，『袁』作『袁』，皆異文。

曹續生造像記 大統五年二月

右《曹續生造像記》，在富平縣。文稱『威烈將軍、富平令、頻陽縣開國男曹續生』，又云：『現治富平令曹。』《魏書·地形志》富平屬北地郡。《金石萃編》以營丘郡天平四年所置富平當之，誤矣。

法顯造玉石像記 大統十七年

右《法顯造玉石像記》，在吴縣畢秋帆尚書家。文云：『大統十七年十二月五日，襄威將軍□小開戍主、始平縣佰副□□□七世父母、所生父母亡息。法顯造玉石像一區，願亡者速度八難。』『佰』即『伯』字。此記字畫不整，諸家皆誤釋。

强弩將軍趙振造像記

右《强弩將軍趙振造像記》，在洛陽縣。文云：『强弩將軍、掖庭令趙振仰爲七世父母上拷，敬造彌勒像一堪。』《魏書·官氏志》有掖庭監，無掖庭令，《唐六典》魏晋並有掖庭令，而非宦者。『堪』即『龕』字。

洛州鄉城老人造像記

右《洛州鄉城老人造像記》，在洛陽縣賓陽洞。文云：『今吉万歲卅四人等，□□敬造尊儀一龕。』碑額題『洛州鄉城老人佛碑』，末有年月一行。《中州金石記》謂碑有『大齊』字，諦視，大下字已全泐。《金石萃編》謂在太和十七年洛州未改司州以前，亦未敢信。今姑附於魏末。

校勘記

〔一〕『後十六字』，疑當作『後十六行』。

〔二〕『滅』下原碑文有『宋』字，當據補。

〔三〕『八餘萬落』，《魏書·蠻傳》作『八萬餘落』。

平津讀碑記卷三

北齊

風峪華嚴經刻石 天保二年

右《風峪華嚴經刻石》，在太原縣風洞。顧亭林《金石文字記》列于北齊天保二年。朱竹垞亦云有北齊天保字。此拓本無之。卷卌七之末有『佛弟子許智通、妻宋十娘、許五娘、□女許三娘』姓名。經首皆題『《大方廣佛花嚴經》』，與今釋藏本不同。

開府參軍崔頠墓誌銘 天保四年二月

右《開府參軍崔頠墓誌銘》，在益都縣。碑云：『頠，清河東武城人。尚書僕射貞烈公之孫，涇州使君第二子。』《魏書·崔亮傳》：遷左光禄大夫、尚書右僕射，卒，謚曰貞烈。亮有三子：士安、士和、士泰。士和以軍勳拜冠軍將軍、中散大夫、西道行臺元脩義左丞、行涇州事。頠即亮之孫、士和之子。頠官開府參軍，年廿六，武定六年七月七日卒於鄴都寢舍。天保四年二月廿九日歸窆本鄉齊城南五十里之神塋。《新唐書・宰相世系表》亮在清河青州房。亮曾祖輯，宋泰山太守，徙居青州。故此碑與亮傳俱稱清河東武城人。《魏書・地形志》東清河郡治盤陽城，亦屬青州。

張景暉造像記　天保五年七月

右《張景暉造像記》，在益都縣法慶寺。文云：『平昌縣人張景暉爲亡父母敬造彌勒佛一軀。』《魏書・地形志》平昌縣魏初屬平昌郡，延昌中屬高密郡。題名有『度妻曹』、『暈妻孫』，止著其姓，與《洛州鄉城老人造像碑》同。『暈』即『暉』字。

西門豹祠堂碑并陰　天保五年

古《西門豹祠堂碑》，在安陽縣城隍廟。《水經・濁漳水注》：漳水又東北逕西門豹祠堂前。東側有碑，隱起爲字。祠堂東頭石柱勒銘，曰趙建武中所脩也。趙明誠《金石録》有《僞趙建武六年西門豹祠殿基記》，此碑又在其後。《明一統志》：西門豹廟在府城北大夫村。北齊天保年建。碑刻尚存。今碑殘泐，年月不可辨矣。此本視《金石萃編》所釋多八十餘字。碑前敘西門豹治鄴事，次敘齊獻武、文襄時祠宇興廢，末敘清河王岳立碑始末。碑陰題名從事以上皆著其郡，門下督以下不書。『録事延陵仲□』，『延陵』是姓，非郡縣名。《元和姓纂》趙襄子謀臣有延陵正。又有『隊主西門万同』，當是其裔孫也。

陳使君造像記 天保六年七月

右《陳使君造像記》，在掖縣三里寺。文云：『大齊天保六季歲次乙亥玥七月己卯十五日癸巳，仰爲陳使君敬造越殿國像一軀。』後尚有題名未搨完。『七月己卯朔』作『朔七月己卯』，是書碑者誤乙。《北齊書·文宣紀》是年秋七月己卯，脱書朔字。魏、齊間刺史稱使君，陳使君未詳何人。

銅雀臺石峯門銘 天保九年

右《銅雀臺石峯門銘》，在安陽縣。文云：『大齊天保八年九年，造銅雀臺石峯之門，百代之後見此銘者當復知之。』『峯』從厽，《説文》：『厽，絫坺土爲牆壁。』『峯』疑即『壘』字之俗。銘後有將陳驥，軍副程顯承、婁晞，幢主孫悦，軍主董侯，幢主楊晏。《隋書·百官志》：齊制，將作寺，掌諸營建。大匠一人，丞四人。若有營作則立將、副將、長史、司馬、主簿、録事等各一人。又領軍主、副，幢主、副等。『陳驥』以下皆是將作姓名。

道朏造象記　天保十年七月

右《道朏造象記》。文云：『大齊天保十季七月十五日，比丘道朏敬造盧舍郍法界人中像一區。願盡虚空邊法界一切衆生成等正覺。』黄小松司馬得之，琢爲硯以贈武虚谷大令。

夫子廟碑　乾明元年

右《夫子廟碑》，在曲阜縣孔子廟。碑殘泐，僅存百四十餘字。是乾明元年兖州刺史鄭述祖所立。《山左金石志》論之詳矣。《北齊書·鄭述祖傳》：述祖釋褐司空行參軍，天保初累遷太子少師、儀同三司、兖州刺史，卒于州。此碑云：『職歷七屬。』《重登雲峯山記》、《天柱山銘》俱云：『歷瀛、趙、滄、冀、懷及兖、光行正七州刺史。』皆可補史之闕。乾明元年《孔廟碑》，北齊樊員外遜書。後來雜帖採此碑，乃作南齊樊退書，誤也。覃谿。

方道顯造像記　皇建元年十月

右《方道顯造像記》，在范縣義城寺。文云：『唯大齊皇建元年歲次庚辰十月己卯朔廿六日甲辰，□□清信士佛弟子方道顯敬造釋迦石像一區。上爲皇帝陛下七世父母，邊地衆生，有形之類，同其福善。』記左方字已泐，下方俱爲『邑子馬解秋』等題名。此記近始訪得之，諸家著録皆未載。

鄉老舉孝義雋敬碑 皇建元年十二月

右《鄉老舉孝義雋敬碑》，在泗水縣韓家澗。碑云：『雋敬字脩羅，前漢雋不疑之遺孫。九世祖朗遷官於魯，遂住洙源，幼傾乾蔭，唯母偏居，捨田立寺，救濟飢寒鄉老壹百餘人。刊石立樓，以彰孝義。』又云：『鑽土甍安，食菜勃海。』世但知雋不疑爲勃海人，不知其得姓先自長安，亦可補姓氏書之闕。『矆』即『覿』字。

陽阿故縣村造像記 河清二年五月

右《陽阿故縣村造像記》，在鳳臺縣。《魏書·地形志》陽阿縣屬高都郡，二漢屬上黨郡，晋罷，後復屬。此當是晋魏時之廢縣。碑異字『寅』作『寅』『嚴』作『嚴』『眷』作『眷』，錢氏未舉。

比丘明空等造像記 河清三年三月

右《比丘明空等造像記》，在益都縣李氏。文云：『長乖四生，永登一實。』《姜纂造像記》：『乖出六塵，遨遊慧體。』武虛谷大令釋『乖』爲『飛』，若以釋此碑則不可通矣。『乖』即『垂』字之别。

張噗裧等造像記并陰兩側 河清三年四月

右《張噗裧等造像記》，在登封縣。此碑諸家皆題『《在孫寺造像記》』。《金石萃編》引《説嵩》云：碑稱在孫寺，正面刻佛像，碑陰刻『大齊河清三年歲在甲申敬造』。文字剥落殆盡。諦視此碑記文，上截刻佛像，下截并兩側碑陰俱刻像主題名。唯碑陰佛像題字漫漶，餘俱可讀。『齊號河清三季歲次甲申四月己丑朔廿日戊申』十九字，在記文之末，不在碑陰記中，亦無『在孫寺』三字，《説嵩》所言當别是一碑。

鄭述祖重登雲峯山記 河清三年五月

右鄭述祖《重登雲峯山記》，在掖縣雲峯山東。述祖，道昭之子。道昭爲光州刺史，有《登雲峯山論經書詩》，永平四年刻于石。述祖爲光州刺史，重登雲峯山刻此《記》。文云：『吾自幼遊此，至今五十二年。』自永平四年下距五十二年，當河清元年。此記稱河清三年五月廿四日，是刻此記又在其到官後二年。

朱曇思等造塔記 河清四年三月

右《朱曇思等造塔記》，在博興縣。文云：『綿基細栁，白虎遊南』，『栁』是『柳』字，謂其地來脈綿遠如細柳。《魏志·管輅傳》：『白虎銜尸，朱雀悲哭。』皆形家言。『䆫』字未詳。

鄭述祖天柱山銘 天統元年五月

右鄭述祖《天柱山銘》，在平度州天柱山。碑末題：『天統元年歲次乙酉五月壬午朔十八日己亥刊。』是述祖爲光州刺史之四年也。碑云：『凡諸身歷瀛、趙、滄、冀、懷及兖、光七州刺史，北豫州大中正，三登常佰，再履納言。光禄大常，頻居其任。』《重登雲峯山記》亦云：『歷司徒長史，再履尚書，三爲侍中。滄、瀛、冀、趙、懷、兖行正得此七州刺史列銜。』《北齊書》本傳多失載。『七州』諸家作『十州』，誤。

姜纂造像記 天統元年九月

右《姜纂造像記》，在偃師縣董家村。前題：『大齊天統元年乙酉九月庚辰朔八日丁亥，界官姜纂爲亡息元略敬造石像壹軀。』界官猶言邑子。記文三百三十七字。別體字『仰』作『仰』，『遍』作『逼』，『衆』作『衆』，武氏未舉。

紀僧諮造像記 天統三年正月

右《紀僧諮造像記》，在益都縣鄉賢祠。碑題：『大齊天統三年歲次丁亥正月癸酉朔十二日甲申。』《北齊書·後主紀》天統三年二月壬寅朔，是正月小也。碑『區』作『軀』，『含』作『唅』，『靈』作『靁』，皆異文。

韓永義等造七佛寶堪記 天統三月三月

右《韓永義等造七佛寶堪記》，在偃師縣。年月後有邑主韓永義等題名，有官爵者四。『皇甫士通』結銜稱『洛州都、兼治中、奉朝請』，《西門豹祠堂碑陰》有『州都高□、州都元韶□』。《隋書·百官志》：齊制，司州置牧，屬官有州都。洛州本西魏司州，齊改爲洛州。此有州都者亦舊稱也。

朱道威等造丈八大像訟 天統三年五月

右《朱道威等造丈八大像訟》，在許州關帝廟。『訟』即『頌』字。文云：『大齊天統三年歲在丁亥。』『三』字微有泐痕，或釋作五年者，誤也。文可辨者二百二十六字，碑陰《金石萃編》拓本亦未完。

隴東王感孝頌 武平元年正月

右《隴東王感孝頌》，在肥城縣孝堂山。隴東王者，胡長仁也。《北齊書》本傳：長仁武成皇后之兄。累遷右僕射及尚書令。世祖崩，預參朝政，封隴東王。和士開嫉之，出爲齊州刺史。長仁怨憤，謀刺士開。事覺，賜死。以此碑證之，知長仁之爲齊州刺史在武平元年正月。《北史》本傳載天統五年從駕自并還鄴，因及士開之譖，及長仁到任，謀刺士開，士開與祖孝徵議遣使馳驛責長仁賜死事。《通鑑》遂以長仁刺齊州及賜死俱繫之天統五年四月。錢辛楣少詹考《隋書·五行志》武平四年四月，隴東王胡長仁謀遣刺客殺和士開事露，反爲士開所譖死。則長仁之死又在其後四年，以駁《通鑑》之誤。其實皆非也。《北齊書·後主紀》：武平二年秋七月庚午，太尉琅邪王儼矯詔殺録尚書事和士開於南臺。則長仁之死豈得至武平四年？長仁從駕自并還鄴在天統五年。其爲和士開所譖，及爲齊州刺史到任，謀遣刺士開，事覺死，在武平元年四月。《隋書·五行志》『武平四年』當是『元年』傳寫之譌。碑本云：『武平元年正月』，少詹釋作『四月』，亦誤。

董洪達造像記 武平元年正月

右《董洪達造像記》，在登封縣少林寺。碑題：『大齊武平元年歲次庚寅正月乙酉朔廿六日。』《北齊書·後主紀》是年亦書正月乙酉朔。題名有『忠正董始隆』、『忠正董祖鸞』。《隋書·百官志》有『州中正』、『郡中正』、『縣中正。』《在孫寺造像記》有『都邑忠正』。此單稱忠正，又當在其下。

朱岱林墓志 武平二年二月

右《朱岱林墓志》，在壽光縣田劉村。岱林字君山，樂陵濕沃人。碑云：『魏廣陵王俾侯南服，妙選英佐，徵爲國常侍。彭城王又以皇枝之貴作牧東秦，召爲主簿。』《魏書·廣陵王羽傳》：『高祖時，羽除使持節、都督青齊光南青四州諸軍事、征東大將軍、開府、青州刺史。』《彭城王勰傳》：『邵襲封，世宗時除使持節、假散騎常侍、平東將軍、青州刺史。』然則碑所云廣陵王即羽，彭城王即邵也。岱林以普泰之年爲三齊羣盜所殺，《前廢帝紀》：『普泰元年七月，鎮遠將軍清河崔祖螭聚青州七郡之衆十餘萬人園東陽。』東陽青州治。岱林之卒當即在此時。以武平二年二月六日葬，距其卒時已三十年矣。』

僧道略等造禪碑尊像記 武平二年五月

右《僧道略等造神碑尊像記》，在偃師縣。文云：『邑師比丘僧道略共邑義三百餘人，敬造神碑一所，尊像八堪。』記凡五百九十二字。『徑』作『徑』，『蹤』作『從』，『昏』作『惛』，『長』作

『茛』，『烈』作『烮』，皆異文。

皇太后造觀音石像記 武平二年十一月

右《皇太后造觀音石像記》，在臨漳縣三臺佛寺。文云：『皇太后以武平二年十一月十三日敬造觀世音石像一區，以此勝善仰資武成皇帝昇七寶之宫殿，皇帝處萬國之威雄。』皇太后者，武成胡皇后也。《北齊書·帝紀》：『天統四年十二月辛未，太上皇帝崩於鄴宫，謚曰武成皇帝。戊寅，上太上皇后尊號爲皇太后。』此記距武成薨已二年矣。胡太后，安定胡延女，齊亡入周，隋開皇中殂。

伏波將軍石永興等造像記 武平二年十一月

右《伏波將軍石永興等造像記》，在登封縣。字皆刻于佛像四旁。左一行云：『當陽像主伏波將軍、儀州司馬、廣武郡西面都督、南潁川郡城局參軍石永興。』《魏書·地形志》廣武郡屬北豫州，天平初分滎陽置南潁川郡，不言治所。《隋書·百官志》：齊制：上上州刺史置府，屬官有城局參軍。

馮翊王平等寺碑 武平二年

右《馮翊王平等寺碑》，在偃師縣義井舖北。《洛陽伽藍記》：『平等寺，廣平武穆捨宅所立。在青陽門外二里御道北，所謂孝敬里也。寺門外金像一軀，高二丈八尺。相好端嚴，常有神驗。』碑稱：『永平中造定光銅像一區，高二丈八尺。永熙季金塗訖功，像在寺外。遷鄴後城寺□毀。齊高祖觀兵故洛，遷像入寺。登給羽林長□守□。武定末，世宗廣施軍資，增給兵力。至河陽道大行臺馮翊王高潤脩復此寺。』皆可補《伽藍記》所不及。高潤，神武第十四子。《北齊書》本傳稱『河南道行臺』，此碑作『河陽道』。碑云『匠人單五郡之妙』，當即其所屬郡也。碑『宏』作『厷』，『拯』作『拯』，『塵』作『𪋻』，『鞠』作『菊』，『轂』作『轂』，皆異文。

邑義主一百人等造靈塔記 武平三年十二月

右《邑義主一百人等造靈塔記》，在滋陽縣湯氏。梵語塔爲『雀離』。《洛陽伽藍記》：『乾陀羅城東南七里有雀離浮圖。』此記顯『越於雀離』。《朱曇思造像記》：『爵璃昔住』，音義並同。

趙桃□婁造像記 武平三年十二月

右《趙桃□婁造像記》，在洛陽縣。《説文》：『㛗，古文妻。從肖女』。肖，古文『貴』字。《司馬景和妻墓誌銘》作『妻』，此作『婁』，皆『㛗』字之别。結銜稱『戎昭將軍、伊陽城騎兵參軍』，《魏書・地形志》伊陽郡屬北荆州。此稱『伊陽城』者，其時郡已廢也。騎兵參軍亦府屬官。

臨淮王南陽寺碑并陰 武平四年六月

右《臨淮王南陽寺碑》，在益都縣城北文昌祠。碑文一千六百餘字。碑上段已斷作數塊，以鐵束之。臨淮王者，婁定遠也。《北齊書》附見其父昭傳，稱定遠少歷顯職，外戚中偏，爲武成愛狎。别封臨淮郡王。武成大漸，與趙郡王等同受顧命，位司空。尋除瀛州刺史。此碑云：『使持節、都督青州諸軍事、驃騎大將軍、青州刺史、司空公，寧都縣開國公、高城縣開國公、昌國侯、臨淮王。』其勳階食封本傳多闕載。《和士開傳》稱定遠與趙郡王叡謀出士開爲兖州刺史，未行，士開納賄定遠，得留。復出定遠爲青州刺史，責叡以不臣之罪而殺之。《後主紀》：『天統五年二月，殺太尉趙郡王叡。三月，以婁定遠爲司空。』則定遠之出爲青州刺史當在天統五年二月以前。三月即召還爲司空。碑首題『大齊武平四年歲次癸巳六月乙未朔廿七日辛酉建』，是立碑年月非定遠在官之年月也。碑陰有『龍興之寺』四大字，相傳爲唐李邕書。

等慈寺造像記 武平五年十月

右《等慈寺造像記》，在汜水縣。碑止存上截十八行，行十二字。首行有『大齊武平五年歲次甲午十月』字，第四行『合』上空十一字，當是合邑人姓名，尚未刻也。碑『武』作『武』，『容』作『㝐』，『酸』作『酸』，『龕』作『龕』，『圖』作『啚』，『囊』作『囊』，『衝』作『衝』，皆異文。

都邑師道興造像記并治疾方 武平六年六月

右《都邑師道興造像記并治疾方》，在洛陽縣伊闕。《金石萃編》謂耀州石刻孫真人《千金方》，存字闕文與此悉同。頤煊嘗取明隆慶六年耀州所刻《千金寶要》石本并孫真人《千金方》刻本校之，與此方無一同者。不知少寇何以有此語。唯療霍亂用蝎方，療心痛用生油方，療上氣咳嗽用桑白皮吴茱萸方，療卒狂言鬼語用甑帶方，葛洪《肘後方》有之。此所刻疑即葛氏本也。

孟阿妃造像記 武平七年二月

右《孟阿妃造像記》，在偃師縣老君洞。碑首稱：『大齊武平七年歲次丁酉二月甲辰朔廿三日丙寅。』武平七年是丙申，非丁酉。《金石萃編》疑其誤。頤煊考《北齊書》本紀，武平七年十二月丁巳，改武平七年爲隆化元年。戊午，安德王延宗從衆議，即皇帝位，改隆化爲德昌元年。辛酉，延宗爲周師所虜。甲子，後主議禪位皇太子。隆化二年正月乙亥，幼主即皇帝位，改元爲承光元年。癸未，幼主東走。己丑，周師至紫陌橋。癸巳，燒城西門。己亥，渡河入濟州。其日，幼主禪位於任城王湝，爲周師所虜，而齊遂亡。自十二月丁巳至二月丙寅，相距止七十日，凡四易主，四改元。逃竄匆遽之際，號令未必及於民間。且齊正月已亡，其時民心未定，故歲次丁酉，仍以武平七年繫之，非誤也。《馬天祥等造像記》稱『武平九年二月廿八日』，亦同此意。

智超等造像記

右《智超等造像記》，不知所在。《金石萃編》附于魏末。諦視『年』上尚有『齊』字可辨，故改附于此。『丁卯』下空三字，丙戌空者當是『朔廿日』。

吴洛族造像記

右《吴洛族造像記》，在偃師縣壽聖寺。據《偃師金石遺文記》，此碑正面佛像，旁皆有字。此僅得其碑陰所刻。

北周

程悳等造七級浮圖記 武成二年四月

右《程悳等造七級浮圖記》，在長安縣圓通寺。文云：『維周武成二年四月八日□□，太原四部邑子□□他人等，仰爲先帝造七級浮啚。』下層爲都□主優婆塞皇甫景元等題名。《周書·明帝紀》：武成二年四月辛丑崩。是年正月癸丑朔，辛丑在四月八日後。所稱先帝當是孝閔帝。諸家釋作『武成三年』者，誤也。

王瓫生造象記 保定四年

右《王瓫生造象記》，在長安縣，淵如觀察移歸五松園。文云：『合門大小年一已上百歲已來。』後列祖父王憙，祖母張香香，父王魯，是母三人，瓫生息男三人、女二人。計其祖父母當及百歲，故云然。《魏書·高肇傳》有伊瓫生。《訪碑録》魏造像有高瓫生、黑瓫生。

少保豆盧恩碑 天和元年

右《少保豆盧恩碑》，在咸陽縣。恩字永恩，昌黎徒何人。《周書》附其兄豆盧寧傳。以字行。碑自『授利州刺史』以下俱殘缺。其餘官階俱與本傳同。唯傳云：『父長，武成初追贈柱國大將軍、少保、涪陵郡公。』碑作『保定二年詔贈』，不云少保。傳云：『大統八年除直寢、右親信都督。尋轉都督。』碑作『尋轉大都督』。傳云：『魏廢帝二年出爲成州刺史。』碑作『三年』，又云『尋加侍中』，知史誤也。傳云：『高祖勝以燕，皇始初歸魏，授長樂郡守，賜姓豆盧氏。或云避難改焉。』碑云：『自天市星妖，連津兵覆。尚書府君改姓豆盧氏。』傳云：『屢逢征討，皆有功，拜龍驤將軍、中散大夫。』碑云：『大統三年，有沙苑之戰。四年，有河橋之役。授龍襄將軍、中散大夫。』又：『保定元年秋，將兵破巴州獠。』傳亦不載。此皆可補史之闕。碑本庾信所撰，見《文苑英華》。刊本多譌字，當以此碑正之。

華嶽頌 天和二年十月

右《華嶽頌》，在華陰縣西嶽廟。碑云：『前代曾創祠宇，兼植栢樹。歷年兹多，榱棟崩褫，樹亦殘缺。太祖文皇帝以大統十年謁諸天子，命車騎大將軍、儀同三司、西兖州大中正、崋山郡太守、城陽縣開國公恒農楊子昕經始締構，别更列植青松二千餘根。』太祖文皇帝者，宇文泰也。時爲華州刺史。《周書·文帝紀》：『大統十年夏五月，太祖入朝。』即碑所謂『謁諸天子』也。楊子昕《周書》無傳。《魏書·地形志》華山郡屬華州。西兖州，孝昌三年置。碑敘太師太冢宰晋國公宇文護，太師與太祖皇帝等字俱空一格，與《敬使君碑》同。

宇文達造像記 天和五年六月

右《宇文達造像記》，在咸寧縣。前列宇文康結銜下云：『天和五年歲次庚□六月癸未朔十七日己亥，宇文達爲七世所生見在父母合家大小，造□□像一軀。』達似即康子。文云『見在父母』，後列母張女畢而不及父，以見于前也。

嚴迴達造像記 天和五年十月

右《嚴迴達造像記》，在長安縣。文云：『于時歲舝提格□□林鍾月令初旬，匠功告訖。』『舝』即『攝』字。『林鍾』爲六月。下文又云：『天和五年十月廿六日，造作功訖。』其造像非一時事。

費氏造像記 天和六年五月

右《費氏造像記》，在長安縣。後題：『邑主陽烈將軍費伯達。』『陽烈』即『揚烈』，《魏書·官氏志》：揚烈將軍，從第四品。周初據關内，官名未改魏號，其階當與之同。碑『微』作『嶶』，『夷』作『戾』，『願』作『顛』，『胥』作『渭』，『馗』作『旭』，皆異文。

隋

淮安定公趙芬碑 開皇五年

右《淮安定公趙芬碑》，在長安縣中兆村。碑僅存二殘石。芬字士茂，天水西人。《隋書》有傳。所載官階與碑少異。傳云『周太祖引爲相府鎧曹參軍，歷記室』，碑作『□書舍人、尚書兵部郎』。傳云『加開府儀同三司』，碑作『儀同三司，仍長史』。傳云『申國公李穆之討齊也，引爲行軍長史，封淮安縣男』，碑作『治夏官府司馬，封淮安縣開國子』。傳云『進爵郡公，以老病乞骸骨，歸于家』，碑作『聽以大將軍、淮安公歸第』。又稱『淮安定公』。皆可補史之闕。碑『開皇五年除□州刺史』，以傳校之，泐者當是『蒲』字。

兗州高平縣石裏村仲思那等造橋碑 開皇六年二月

右《兗州高平縣石裏村仲思那等造橋碑》，在鄒縣石裏村。《隋書・地理志》『任城縣』注云：舊置高平郡，隋開皇初廢。『徐城縣』注云：梁置高平郡。東魏又併梁東平、陽平、清河、歸義四郡爲高平縣。任城縣屬魯郡，舊兗州徐城縣屬下邳郡，後周改爲泗州。據此碑，開皇初高平縣屬兗州，不屬泗州。碑異字『衢』作『衢』，『厭』作『猒』，『焚』作『樊』，『樂』作『宷』，

『看』作『看』，『虚』作『虗』，『蔚』作『尉』，『來』作『来』，『繼』作『継』，『彦』作『㡯』，錢氏未舉。

王忻造像記 開皇六年七月

右《王忻造像記》，在長安縣。年月下稱：『前上士、州從事、國子助教、開國男，洞玄弟子王忻敬造。』上士爲周官，故稱前以别之。《隋書·百官志》：周制：王朝之臣，上士三命；公之上士再命；侯伯之上士一命。忻不知所爲何官。忻奉道教，故稱洞玄弟子。銘云：『奉資王矣。』『王』字空一格，亦不知何人。

車騎秘書郎張景畧墓銘 開皇十一年正月

右《車騎秘書郎張景畧墓銘》，在安陽縣。景畧，燕州上谷人，弱齡徵辟，起家爲魏帝内侍左右，遷秘書郎，加車騎大將軍。開皇十一年正月六日卒，春秋六十有八。祖驃騎大將軍、第一領民酋長文城公，又遷燕州諸軍事、燕州刺史。景畧似其祖，爲燕州刺史，遂爲燕州人。《魏書·地形志》：太和中，分恒州東部置燕州。孝昌中陷。《隋書·地理志》無燕州。碑云『燕州上谷人』，似尚沿舊稱。考濟安郡太守金鄉侯，魏齊間無濟安郡，不知何時所授。

□照禮造像記 開皇十一年正月

右《□照禮造像記》，在萊陽縣。初，頤園中丞家文云：『開皇十一年歲次辛亥正月甲申朔十五日戊戌，首民□照禮爲□□亡七世父母、所生父母、祖□起，妻夏侯、父□頎、母果僧妃，姊阿□、妻夏侯記，刻於佛坐。』『首民』疑即『民望』之類。

建安公構尼寺銘 開皇十一年六月

右《建安公構尼寺銘》，不知所在。文云：『我大隋膺千齡之會，處五運□□。皇帝乃詔州縣，各立僧尼二寺。使君建安公仰依明勅，乃於形勝之所崇構尼寺。』《隋書·高祖紀》不載此詔，唯釋法琳《辨正論·奉佛篇》載隋高祖文皇帝開皇三年詔曰：『朕欽崇聖教，念存神宇。其周朝所廢之寺，咸可脩復。京兆太守蘇威奉勅，於京城之内，選形勝之地，安置伽藍。』於是合京城内無論寬狹，有僧行處，皆許立寺。所述頗與此碑相同。

陳思王曹植廟碑 開皇十三年

右《陳思王曹植廟碑》，在東阿縣陳思王墓旁。《魏志·陳思王植傳》：『初，植登魚山，臨東阿，喟然有終焉之志。遂營爲墓。』碑述墓在魚山傍羊茂臺，至十一世孫曹永洛去齊朝。皇建二年，孝昭皇帝崇奉三恪，永洛等興復靈廟，饋嗣蒸嘗，四時受謁。隋開皇十三年立此碑。碑敘植封爵年月譌脱，錢辛楣少詹論之詳矣。唯稱傳建安十九年，太祖征孫權，使植留守鄴，戒之曰：『我昔爲頓丘令，年二十三，思此時所行無悔于今。汝年亦二十三矣。』《通鑑考異》引此文云：『植今年年二十三，則死時當年四十一矣。』本傳云『三十一』，誤也。今諦視此碑，『薨時年卌有壹』，『卌』字下半已泐，上半左直畫稍偏，微存『卌』形，足證隋以前本尚未誤。

張洪亮等造像記　開皇十五年四月

右《張洪亮等造像記》，在益都縣廣福寺。文云：『大隋開皇十五年歲次乙卯四月己丑朔八日丙申，維那張洪亮等敬造关光像一軀。』《隋書·高祖紀》是年四月己丑朔，大赦天下。『关』即『勝』字。

比丘尼脩梵石室誌銘　開皇十五年十月

右《比丘尼脩梵石室誌銘》，在益都縣李氏。脩梵俗姓張氏，清河東武城人。瀛州刺史烈之第三女。同縣崔居士南青使君之第五子，以德義故歸焉。未獲偕老，而君子先逝，遂出家入道。開皇十三年八月廿三日終于俗宅，春秋九十有一。張烈《魏書》有傳。《山左金石志》考『南青使君』爲崔僧淵第五子，名祖螭。頤煊以《魏書·崔僧淵傳》證之。傳云：『僧淵入國，坐兄弟徙于薄骨律鎮。太和初得還。』又云：『僧淵元妻房氏生二子，伯驎、伯驥。後薄房氏，更納平原杜氏。僧淵之徙也，與杜俱去，生四子：伯鳳、祖龍、祖螭、祖虬。得還之後，棄絶房氏，遂與杜氏及四子家於青州。』是太和初年，祖螭已生。祖螭與張僧皓同反，其死在普泰初。計其年已五十餘矣。脩梵開皇十三年卒，年九十一，普泰初止廿九歲，年齒既不相若。《祖螭傳》『刺史元羅板爲兼統軍』，《魏書·後廢帝紀》又稱『鎮遠將軍清河崔祖螭』，俱與碑稱『崔居士』不合。所謂『南青使君』或別有其人，疑未敢定也。

梁州使君陳茂碑 開皇十八年十一月

右《梁州使君陳茂碑》，不知所在。茂《隋書》有傳。以此碑校之，傳所載官階多闕。碑中段已全泐，上下亦剥落，僅存無幾。《集古録》載此碑：茂字延茂，又爲行軍元帥長孫覽司馬，又爲蜀王府長史、梁州刺史。《金石録》載此碑在開皇十八年十一月，當是其薨之年。今皆泐不可考矣。

青州舍利塔下銘 仁壽元年十月

右《青州舍利塔下銘》，在益都縣廣福寺。《隋書·高祖紀》：仁壽元年六月乙丑，頒舍利於諸州。王邵《舍利感應記》：『皇帝皇后於京師法界尼寺造連基浮圖。開皇十五年季秋之夜，有神光自基而上，右繞露盤，赫若冶鑪之燄。一旬内四如之。皇帝以仁壽元年六月十三日御仁壽宮，將於海内諸州選三十處，各起舍利塔。於是親以七寶箱奉三十舍利，自内而出，以瑠璃盛金瓶，置舍利於其内，薰陸香爲泥，塗其蓋而印之。三十州同刻。十月十五日正午，入於銅函石函，一時起塔。』此銘云：『維大隋仁壽元年歲辛酉十月辛亥朔十五日乙丑，皇帝普爲一切法界，幽顯生靈，謹於青州逢山縣勝福寺奉安舍利，敬造靈塔。』即其奉勑之日也。

鄧州舍利塔下銘　仁壽二年四月

右《鄧州舍利塔下銘》，在河南布政司庫。銘云：『以仁壽二年四月戊申朔八日乙卯，謹於鄧州大興國寺奉安舍利，崇建神塔。』王邵《舍利感應記》：『仁壽二年正月二十三日，復出舍利，分布五十一州，建立靈塔。期用四月八日午時，合國化内，同下舍利，封入石函。』鄧州蓋其一。《辨正論》：『隋高祖以後魏大統七年六月癸丑生於同州般若尼寺。開皇四年以般若故基造大興國寺。又許僧始龍潛之日所經行處四十五州皆造大興國寺。』此鄧州所以有大興國寺也。

李世民造像記　大業元年十一月

右《李世民造像記》，在滎陽縣南寺。文云：『鄭州刺史男李世民遇染時患。比聞大海寺有雙王像，治病有驗。故就寺禮拜，其患乃除。□於此寺願造石彌勒像一鋪。』《新唐書·高祖紀》：『大業初，爲滎陽太守。』即鄭州刺史。太宗時年八歲，鄭州刺史下不著姓名，他碑所未有。《寶刻業編》鄭州有張仲方《大海寺王像碑》。

陳叔毅脩孔子廟碑 大業七年七月

右《陳叔毅脩孔子廟碑》，在曲阜縣孔子廟。《魯相韓勑造孔廟禮器碑》稱『韓明府名勑』，《北海相景君銘》稱『伏惟明府，受質自天』。漢唯太守稱府君，亦稱明府。此碑叔毅除曲阜縣令，亦稱『陳明府』，異乎前之稱矣。末書：『濟州秀才、前汝南郡主簿仲孝俊作文。』《新唐書·杜正倫傳》：『隋重舉秀才，天下不十人，而正倫一門三秀才。』孝俊亦當在十人之列。

左屯衛大將軍姚辯墓誌銘 大業七年十月

右《左屯衛大將軍姚辯墓誌銘》，原石久亡。此是後人重刊本。字多删落，往往不能句讀。辯字思辯，武威人，《隋書》無傳，然紀傳中頗見其人。帝紀：『開皇十六年五月丁巳，以蔡陽縣公姚辯爲靈州總管。』『仁壽三年二月戊子，以大將軍蔡陽郡公姚辯爲左武侯大將軍。』『大業三年三月壬子，以大將軍姚辯爲左屯衛將軍。』『七年三月丁亥，右光禄大夫，左屯衛大將軍姚辯卒。』碑作：『大業二年授左武侯大將軍，進爵蔡陽郡開國公，食邑一千五百户。四年授右光禄大夫，左屯衛大將軍。』餘俱與史同。《突厥傳》：『開皇十九年，遣大將軍姚辯出河州以擊都藍。師未出塞而都藍爲其麾下所殺。』碑是年『授環州道行軍總管』，擊都藍，師未出塞，故不書。《金石萃編》僅引《煬帝紀》『大業七年卒』一條，謂前此竟無一語及者，此偶失檢之過。

李靖上西嶽文

右《李靖上西嶽文》，在藤縣。碑額題『唐相衛國李公上西嶽真蹟』，末題『紹興丙寅秋七月，右朝請郎、知軍州事施□重立此文』。宋崇寧三年刻于潞州，明成化壬辰又刻于西嶽廟中，與此刻而三。

青州默曹殘碑

右《青州默曹殘碑》，在益都縣。《隋書·百官志》：齊制：三公府有墨曹行參軍。上上州刺史置府屬官有墨曹行參軍。此碑云『青州默曹』，青州爲上上州也。

平津讀碑記卷四

唐

秦王告少林寺主教 武德四年四月

右《秦王告少林寺主教》，在登封縣少林寺。一刻在裴漼《嵩嶽少林寺碑》之上，一刻在《少林寺柏谷塢莊碑》之前。末題『四月卅日』，顧亭林以碑首結銜證之，知是武德四年。《新唐書·高祖本紀》：『武德四年四月壬寅，齊王元吉及王世充戰于東都，敗績，行軍總管盧君諤死之。』此告當在元吉敗後，竇建德未擒之前。

觀音寺碣 武德五年

右《觀音寺碣》，在汜水縣王留村。文云：『王世充竇建德爲讐大邦，我秦王赫然斯怒罪人，乃得班師凱還，駐蹕廣武。』《舊唐書·高祖本紀》：『武德四年五月己未，秦王大破竇建德之衆於武牢，擒建德，河北悉平。丙寅，王世充奉東都降，河南平。秋七月甲子，凱旋，獻俘于太廟。』《太宗本紀》作『六月凱旋』，蓋獻俘在七月，其凱旋駐蹕廣武則當在六月也。

孔子廟堂碑 武德九年十二月

右《孔子廟堂碑》，在西安府學宫。碑已裂爲三段，又多剥落，不能全讀。碑後王彦超結銜稱『兼中書令』，則其刻已在宋初。此碑唐刻本有『大周孔子廟堂之碑』題額，末有『長安三年太歲癸卯金四月壬辰水朔八日己亥木』書，并鍾紹京等題字。彦超再建本皆無之，唯碑前尚存相王旦銜名。

又

右《孔子廟堂碑》，在城武縣。碑前亦有相王旦銜名。碑後無刊碑年月。翁覃谿閣學以爲亦宋時所刻。碑尚完好，唯下方稍殘泐。『夫子膺□□之精，大唐運膺九五，皇帝欽明睿哲。皇上以幾覽餘暇』，西安本『夫子』、『大唐』、『皇帝』字空一格，此本皆跳行書。

左光禄大夫皇甫誕碑

右《左光録大夫皇甫誕碑》，在西安府學宫。誕《隋書》有傳，以仁壽四年九月死漢王諒之難。碑稱『子民部尚書、上柱國、滑國公無逸』，又于志寧結銜稱『太子左庶子』，以兩《唐書》考之，碑當立於貞觀初年。誕贈弘義郡公，《隋書·地理志》無此郡。

鄭州等慈寺碑 《金石録》貞觀三年

右《鄭州等慈寺碑》，在汜水縣等慈寺。碑不題年月。《舊唐書》本紀：貞觀三年十二月癸丑，詔建義已來交兵之處，爲義士勇夫殞身戎陣者，各立一寺。命虞世南、李伯藥、褚亮、顔師古岑文本、許敬宗、朱子奢等爲之碑銘，以紀功業。《元和郡縣志》：『等慈寺在汜水縣東七里。王師既破竇建德，有詔于戰所起寺立碑紀功焉。令顔師古爲其碑文。』《唐會要》亦云：『破竇建德于汜水，立等慈寺。秘書監顔師古爲碑銘。並貞觀四年五月建造畢。』碑末始銜稱：『通議大夫、行秘書少監、輕車都尉、琅邪縣開國子。』《舊唐書·師古傳》：『太宗踐阼，擢拜中書侍郎，封琅邪縣男。』『貞觀七年拜秘書少監，十一年進爵爲子。』以碑結銜證之，知史誤也。

豳州昭仁寺碑 貞觀四年十月

右《豳州昭仁寺碑》，在長武縣。碑與《鄭州等慈寺碑》同時勑建。《元和郡縣志》：『昭仁寺在宜禄縣西十步淺水原上。王師討平薛仁杲，詔于此置寺。碑諫議大夫朱子奢之詞也。』即此。《舊唐書·高祖本紀》：『武德元年六月，薛舉寇涇州。八月壬午，薛舉死，其子仁杲復稱帝。命秦王爲元帥以討之。十一月己酉，秦王大破薛仁杲於淺水原，降之，隴右平。』碑云：

『于時攝提在歲，黄鍾紀月』，又云『仍於戰地，爰搆神居』，碑所言皆與史合。

臨淄定公房彦謙碑 貞觀五年三月

右《臨淄定公房彦謙碑》，在章丘縣趙山。彦謙《隋書》有傳，唐宰相玄齡父也。碑云：『七世祖諶隨慕容氏南度，寓於齊土。宋元嘉中以齊郡之西部置東冀州東清河郡繹幕縣，仍爲此郡縣人。至於蔺侯，又於東廣川郡別立武强縣，令子孫居之。』《魏書·地形志》齊州治歷城，劉義隆置冀州，所領有清河郡、廣川郡。碑稱『東冀州』、『東廣川郡』者，皆後人追加之，以別於信都之冀州廣川郡也。碑稱彦謙遷鄀州司馬，尋以州廢解任。傳作：『彦謙知王綱不振，遂去官，隱居不仕。』傳不及碑之核矣。

九成宫醴泉銘 貞觀六年四月

右《九成宫醴泉銘》，在麟遊縣。碑後題：『兼太子率更令、勃海男臣歐陽詢奉勑書。』《舊唐書·歐陽詢傳》：『貞觀初官至太子率更令、弘文館學士，封勃海縣男。』碑不書弘文館學士者，《職官志》：弘文館學士無員數，自武德已來皆妙選賢良爲學士。故事，五品已上稱學士，六品已上稱直學士，不在階中。故唐初結銜皆不書。《虞世南傳》：『太宗昇春宫，遷太子中舍人。及即位，轉著作郎，兼弘文館學士。』《孔子廟堂碑》結銜稱『太子中舍人、行著作郎』，不稱弘文館學士。《朱子奢傳》:『累遷諫議大夫、弘文館學士。』《豳州昭仁寺碑》結銜稱『守諫議大夫、騎都尉』,不稱弘文館學士。皆其證。

尚書右僕射虞恭公温彦博碑 貞觀十一年十月

右《尚書右僕射虞恭公温彦博碑》,在醴泉縣昭陵。彦博《舊唐書》附其兄大雅傳。碑雖殘泐,其稱『通事舍人,徵爲中書舍人,以公爲行軍司馬,拜太子右庶子,進爵□虞國公,□□於昭陵之側』,皆與傳合。傳云『尋檢校吏部侍郎』,碑作『撿挍吏部郎中,尋□爲□□侍郎』,泐者當是『吏部』字。傳不言郎中者,省文也。碑『□政出奔高麗尋□爲□□侍郎,此二字愚以舊拓全本審視,非吏部也。乃是『中書侍郎』。又□政出奔高麗,『政』上是『斛斯』二字。覃谿。既而乘輚南反,詔公銜命蕃境,申明臣節,陳之以逆順,□之以禍福。又以公爲東北道招慰大使』。傳不載其事,唯云:『隋亂,幽州總管羅藝引爲司馬。及歸國後,高麗遣使貢方物,高祖欲令不稱臣,彦博不可。』碑亦不載此事。疑史誤也。《新唐書·宰相世系表》:『温裕,後魏太中大夫,生君攸。君攸除泗州司馬。』碑『祖裕,魏太中大夫』,『考君悠』三字尚可辨。

益州司馬裴鏡民碑 貞觀十一年十月

右《益州司馬裴鏡民碑》,在聞喜縣。鏡民以開皇十六年三月討西南夷死難,《隋書》無傳。唯《高構傳》云：『弘農劉士龍、清河房山基爲考功，河東裴鏡民爲兵部，並稱明幹。』碑稱：『開皇受禪，其日除尚書左外兵郎，尋改爲兵部侍郎。』又云：『行臺民部尚書陳茂情恃惟舊，志多慢下，雖處斷乖方，無敢違異。君誾誾抗直，未嘗順旨。』《隋書·陳茂傳》不載茂爲民部尚書，亦史之闕。

睦州刺史張琮碑 貞觀十三年二月

右《睦州刺史張琮碑》，在咸陽縣雙照村。琮字文瑾，武威姑臧人。釋褐隨奮武尉，煬帝征遼有功，授朝散大夫。尋除新鄭令，遷潁川郡丞。歸唐後除驃騎將軍，尋改授左衛中郎將。從討劉武周，授左三總管。還除左衛長史。以討王世充劉黑闥功授上柱國，封南安縣開國侯，食邑七百户。貞觀元年，授太子左衛率。四年授雲麾將軍。十年授銀青光禄大夫、行睦州刺史。十一年薨，謚曰懿。新舊兩《唐書》俱不爲立傳，何也？碑又稱其曾祖誼，魏驃騎將軍、涼州刺史、黄門侍郎、散騎常侍、武威郡公。祖暠，周驃騎將軍、鄜城郡太守，死王事，贈上柱國、瀛州總管、河北莊公。父辯，隨上柱國、使持節、秦州諸軍事、秦州總管、潭州總管、左武衛大將軍、河北郡開國公。祖母李，景皇帝之女，贈信都郡大長公主。母竇，隨文帝之甥。夫人，長孫文德皇后之姊。俱不見于史。

左屯衛將軍姜行本紀功碑 貞觀十四年閏六月

右《左屯衛將軍姜行本紀功碑》，在哈密城北天山麓。碑紀侯君集等討高昌麴文泰，師行經此，勒石紀功。碑稱侯君集爲『交河道行軍大總管』，薛萬均、姜行本爲『副總管』。碑額單題『大唐左屯衛將軍姜行本勒石□□文』。《舊唐書·姜行本傳》：『高昌之役，以行本爲行軍副總管，率衆先出伊州。未至柳谷百餘里，依山造攻具。其處有班超《紀功碑》，行本磨去其文，更刻頌陳國威德而去。遂與侯君集進平高昌。』其時，行本先出伊州，以貞觀十四年五月十日師次伊吾時羅漫山。碑立於六月廿五日，攻具造成。故碑云：『未盈旬月刻成，奇功也。』交河道行軍總管薩孤吴仁、牛進達領軍後到過此，故復題名于碑側。《元和郡縣志》：『天山一名時羅漫山，在伊州北一百二十里。』

伊闕佛龕碑 貞觀十五年十一月

右《伊闕佛龕碑》，在洛陽縣伊闕。《集古録》作《三龕記》。貞觀十五年，魏王泰爲長孫皇后造。兼中書侍郎岑文本撰，起居郎褚遂良書。今舊拓本碑末尚有『十五年歲次辛丑十一月』字可辨。時長孫皇后薨已五年矣。

楊州都督褒國公段志玄碑 貞觀十六年

右《楊州都督褒國公段志玄碑》，在醴泉縣昭陵。碑下截已殘泐。碑所載官階與兩《唐書》本傳少有異同。碑云：『上又追懷功烈，詔司存圖形於戢武閣。』《金石録》謂唐史及諸書功臣圖形皆云『凌烟閣』，河間元王與此碑皆云『圖形戢武』，意凌煙先名戢武，後改之耳。考《舊唐書·太宗本紀》：『貞觀十七年正月戊申，詔圖畫司徒趙國公無忌等勳臣二十四人於凌煙閣。』河間元王孝恭以貞觀十四年薨，志玄以貞觀十六年薨，其時本圖形在戢武閣。迨十七年改畫凌煙而戢武之制遂廢。《玉海》引《實録》：『太宗與公卿謁太上皇於戢武殿，置酒爲歡。乙夜方散。明日復置酒於凌煙閣。』戢武閣其即戢武殿歟？

晋祠銘 貞觀二十年正月

右《晋祠銘》，在太原府西南四十里。《元和郡縣志》：『晋祠一名王祠，周唐叔虞祠也。』《晋祠銘》在乾陽門街。貞觀二十年，太宗幸并州所置。御製并書。』《册府元龜》亦云：『太宗貞觀二十年正月幸晋祠，樹碑製文，親書之于石。』今碑有太宗飛白書『貞觀廿年正月廿六日』九字題額。《舊唐書·太宗本紀》：貞觀十九年十二月戊申，幸并州。二十年正月，上在并州。三月己巳，車駕至京師。碑正其在并州時所作。《金石萃編》以碑首題『貞觀二十一年七月』，蓋未見此額，沿朱竹垞題跋之誤。

洛州思順坊老幼等造像記 貞觀二十二年四月

右《洛州思順坊老幼等造像記》，在洛陽縣伊闕。文云：『遂於兹嶺，敬造彌勒像龕一所。地聳雙闕，壁映千尋。前汧清流，卻依重岫。』《水經·伊水注》：『昔大禹疏以通水，兩山相對，望之若闕。伊水歷其間北流，故謂之伊闕。東巖西嶺，並鐫石開軒。』此碑又當在伊闕之西矣。碑字『斲』作『斵』，『俟』作『俟』，『彼』作『彼』，『鑿』作『鑿』，『微』作『微』，『豁』作『豁』，『徒』作『徒』，尚沿六朝之舊。

太尉梁文昭公房玄齡碑

右《太尉梁文昭公房玄齡碑》，在醴泉縣昭陵。碑殘泐，所存字無幾。《金石録》云其後題『修國史河南公』，而名姓殘闕。今此六字亦不可見矣。《舊唐書》本傳：『房喬字玄齡。』《新唐書》：『房玄齡字喬。』碑與《新唐書》同。新唐書：『擢子遺愛爲右衛中郎將，遺則朝散大夫。』碑亦云『遺則爲朝散大夫』。《舊唐書》作『中散大夫』，誤也。兩《唐書》又云：『子遺直嗣。次遺愛，尚高陽公主。』是玄齡長子遺直，次遺愛，次遺則。碑亦云『第三子遺則』。《宰相世系表》作『長遺直，次遺則，次遺愛』，兩《唐書》不誤，又《表》誤也。

洛陽鄉望王師德等造像記 永徽元年

右《洛陽鄉望王師德等造像記》，在洛陽縣龍門。文云：『今有洛陽鄉望父老等卅人。』碑前列像主王師德等止廿四人。『鄉望』疑即民望之類。碑『演』作『演』，『塹』作『塹』，『檀』作『檀』，『從容』作『蓯蓉』，皆異文。

三藏聖教序并記 永徽四年十月

右《三藏聖教序并記》，在長安縣慈恩寺。《序》太宗製，《記》高宗製。皆褚遂良書。刻于永徽四年。《序》題『十月十五日』，結銜稱『中書令』，《記》題『十二月十日』，結銜稱『尚書右僕射、上柱國、河南郡開國公。』《舊唐書·高宗本紀》：『永徽四年九月甲戌，吏部尚書、河南郡公褚遂良爲尚書右僕射，依舊知政事。』史不書爲中書令者，或暫帶也。

萬年宮銘并陰 永徽五年五月

右《萬年宮銘》，在麟遊縣。《舊唐書·高宗本紀》：永徽二年九月癸巳，改九成宮爲萬年宮。五年三月戊午，幸萬年宮。《唐會要》：『上謂太尉無忌曰：「此宮非直涼冷，且去京不遠，朕離此十年，屋宇無多損壞。昨者不易一椽一瓦便已可安。」乃親製《萬年宮銘并序》七百餘字。羣臣請刻石于永光門，詔從之。』是此宫新脩成，高宗初幸，因有此銘。碑陰題：『奉勑中書門下及見從三品以上并學士，並聽自書官名於碑陰。』學士不及三品，故特言之。《薛仁貴傳》：『永徽五年，高宗幸萬年宫甲夜山。水猥至，仁貴登門桄叫呼以警宫。』内碑陰有『左領軍將軍臣□仁□』《金石萃編》謂即薛仁貴。諦視『仁』上字有金旁，可辨非仁貴明矣。仁貴時爲右領軍郎將，正五品，例不得書。

化度寺海禪師方墳記 顯慶二年四月

右《化度寺海禪師方墳記》，在長安縣。《長安志》：『化度寺本真寂寺，隋尚書左僕射高熲宅。開皇三年，熲捨宅奏立爲寺。武德二年，改化度寺，在義寧坊南門之東。』

心經并瘞琴銘 顯慶二年八月

右《心經并瘞琴銘》，不知所在。《心經》後題『顯慶二年八月一日，莊寧爲夫資福書』。《瘞琴銘》不署年月，題『顧升撰書』，是其妻亡後所作。

三藏聖教序并記 顯慶二年十二月

右《三藏聖教序并記》，在偃師縣學宫。《序記》俱同褚本。前題：『門下録事王行滿書。』

褚本『細之則攝於豪釐』，此本『豪』作『毫』。『雲露方得泫其花』本此『花』作『華』。『則濁類不能霑』此本『霑』作『沾』。

禮部尚書張胤碑 顯慶三年正月

右《禮部尚書張胤碑》，在醴泉縣昭陵。兩《唐書·儒學傳》俱作『張後胤』。《新唐書》後胤字嗣宗。此碑前已殘泐，惟後云『故金紫光禄大夫張胤』字可辨。碑云：『第二子濟子謙』，以《宰相世系表》證之，當云第二子濟、第三子謙。書碑者脱『第三』二字。《世系表》後胤十一子，碑可見者七人。長子震，左衛零池府折衛都尉。第五子律師，《表》云『王府諮議參軍』，碑作『泗州司馬』。第六子小師，《表》云『朱陽令』，碑云『早夭』，不言官。第七子統師，《表》云『金部郎中』，碑作『太常丞』，亦可補史之闕。

司徒衛景武公李靖碑 顯慶三年五月

右《司徒衛景武公李靖碑》，在醴泉縣昭陵。碑下截已殘泐。靖薨後，詔贈司徒、使持節、都督并汾箕嵐四州諸軍事、并州刺史。碑前題『贈司徒并州都督』。《舊唐書》本傳亦云『册贈司徒、并州都督』當時結銜使持節都督數州者，止稱其當州都督，餘州可以不書。

王居士磚塔銘 顯慶三年十月

右《王居士磚塔銘》，在西安府百塔寺。《雍州金石記》：「碑裂而爲七。」此僅得其五。「風吟邃潤」，以文義求之，「潤」當作「澗」。

司徒鄂國公尉遲恭碑 顯慶四年三月

右《司徒鄂國公尉遲恭碑》，在醴泉縣昭陵。碑上截已全泐，下截亦所存無幾。《文苑英華》有此文，以碑證之，知今刊本多譌舛。碑「曾祖本真」，刊本「真」作「貞」。「屬想傾羲」刊本「想」作「相」。「浮雲寫陣」刊本「寫」作「雁」。「導彼前茅」，刊本「茅」作「矛」。「譽光百辟」，刊本「譽」作「舉」。「催堅屻鋭」，刊本「摧」作「推」。「風駈嘯雨」，刊本「駈」作「謳」。以影宋寫本《文苑英華》校之，俱與碑同。此書之所以貴善本也。唯「雄姿孤嶷」，影宋本「孤」亦作「岐」。「陋南巢之吠犬」，影宋本「南巢」亦作「張角」。「帝曰介諧」影宋本作「僉授」。「襄都鄧淅唐五州都督」影宋本亦作「均」，知其誤久矣。

紀功頌 顯慶四年八月

右《紀功頌》，在汜水縣等慈寺。高宗御製御書。顏師古《等慈寺碑》紀平王世充，此則記平竇建德也。碑云：『近以五載巡初，省方伊洛，九冬狩晚，講戎許鄭。』《舊唐書·高宗本紀》：『顯慶二年正月庚寅，幸洛陽。十月戊戌，親講武於許鄭之郊。』此碑立於顯慶四年八月十五日，又在其後二年。

蘭陵長公主碑　顯慶四年十月

右《蘭陵長公主碑》，在醴泉縣昭陵。《新唐書·蘭陵公主傳》：『太宗第十二女〔一〕。』碑作：『太宗第十九女。』傳云：『下嫁竇懷悊，太穆皇后之族子。』碑作『太穆皇后之孫，銀青光禄大夫、少府監、上柱國德素之子』。以《宰相世系表》證之，德素爲太穆皇后之孫，懷悊爲曾孫也。《世系表》『懷悊，武威郡都督』，碑作『慶州刺史』。《公主傳》南監本作『虎州都督』，『虎』即『慶』字之譌。

岱岳觀題名碑

右《岱岳觀題名碑》，在泰安縣泰山老君堂内。碑記投龍設醮造像諸人題名，自顯慶至貞元凡三十餘段。碑本兩石，東合爲一。四面有字，俗又爲『鴛鴦碑』。《新唐書·地理志》：『乾封縣本博城縣，乾封元年更名乾封。總章元年又曰博城。神龍元年復曰乾封。』故碑自萬歲通天二年至長安四年題名皆稱博城縣，景龍二年以後皆稱乾封縣。碑側馬友鹿詩，作於久視二年。公孫杲詩作於長安元年。故皆稱博城縣也。

左監門將軍許洛仁碑 龍朔二年十一月

右《左監門將軍許洛仁碑》，在醴泉縣昭陵。《舊唐書》洛仁附在其兄《許世緒傳》，云『并州人』，碑云『洛仁字子濟，博陵安喜人』。又敘其祖以前云『即安樂土，權居晉陽』，是其先世已從博陵遷并州也。《元和姓纂》：『北齊武川鎮將武彪生康，康生緒。』《洛仁碑》云：『祖彪，齊儀同三司、善元郡守、武川鎮將，襲爵寧□縣公。』康名與官爵已泐，尚有『□□都督、□州刺史、江夏縣開國公』可辨，亦視《姓纂》爲詳。

道因法師碑 龍朔三年十月

右《道因法師碑》，在西安府學宫。碑稱：『道因追赴京邑，止大慈恩寺，與玄奘法師證釋梵本。』《續高僧傳》：『玄奘以貞觀十九年正月二十四日返迹京師，遂召沙門慧明、靈明等以爲證義，沙門行友玄賾等以爲綴輯，沙門智證、辨機等以爲録文，沙門玄模以證梵語，沙門玄應以定字譌。其年五月，創開翻譯。』道因之證釋梵本即在此時。碑前題『大唐故翻經大德』，《一切經音義》玄應撰銜亦題『唐大慈恩寺翻經沙門』。當時以翻經爲榮，故皆入于結銜。

騎都尉李文墓誌銘 麟德元年二月

右《騎都尉李文墓誌銘》，在大荔縣金塔寺。文云：『鈎深索隱，懔風格以繩違。賾要探機，肅霜毫糺繆。』『毫』下當脱一字。『闖門從訓，斷織流慈』，《説文》：『闖，闢門也。』《國語》曰：『闖門而與之。』『言長著雪竹』，『著』即『嗟』字。

燕國定公于志寧碑 乾封元年十一月

右《燕國定公于志寧碑》，在三原縣三家店。《舊唐書・于志寧傳》：『永徽元年加光禄大夫，進封燕國公。二年，監修國史，拜尚書左僕射、同中書門下三品。三年，以本官兼太子少師。』《金石録》云：『以碑考之，其初拜僕射也，未嘗領中書門下三品。』長孫無忌《唐律疏議序》進于永徽四年十一月十九日。于志寧結銜稱『尚書左僕射、兼太子少師、監修國史、上柱國、燕國公』，是亦未領中書門下三品，與碑正同。碑又云：『監撰《新禮類文》。』《新唐書・藝文志》、《大唐儀禮》一百卷，撰人有于志寧。『新禮類文』當是其初名。

紀國先妃陸氏碑 乾封元年十二月

右《紀國先妃陸氏碑》，在醴泉縣昭陵。太宗第十子紀王慎之妃也。碑稱妃河南洛陽人。

《元和姓纂》：『河南洛陽陸氏出自代北，爲郡長大人，號步六孤氏，後魏孝文遷洛，改爲陸氏。』碑云：『祖立素，益州大都督府長史、太子□庶子。父爽，尚書庫部、兵部二曹郎中。』《姓纂》：『陸融，隋洛州刺史，生立素，右庶子。立素生爽，兵部郎中。』碑立素上稱『使持節、□州諸軍事、洛州刺史、上柱國、定陵懷公』名泐者，即『融』也，爲妃之曾祖。《金石萃編》以爲『陸騰』者誤，騰是融之祖也。

敬善寺石像銘

右《敬善寺石像銘》，在洛陽縣。文云：『紀國太妃韋氏。』《新唐書·太宗諸子傳》：韋妃生慎。太妃即紀王慎之母。銘文李孝倫撰，結銜稱『宣德郎、守記室參軍事』，《舊唐書·職官志》：親王府記室參軍事二人，從六品，上掌表啟書疏。孝倫當即紀王府官。

隋桂州總管武康郡公令孤熙碑 乾封二年五月

右《隋桂州總管武康郡公令孤熙碑》，在耀州。熙《隋書》有傳，令孤德棻父也。碑即德棻所撰。碑敘熙開皇十二年判禮部、度支、兵部、刑部、工部尚書及秘書監。又以云高祖鑒觀四方，求人之□。高祖者唐高祖也。故與下文大唐貞觀俱跳行書。《舊唐書·高祖本紀》：『隋受禪補千牛備身。』文帝獨孤皇后即高祖從母也，由是特見親愛，其時與熙或有舊交，惜碑泐不能考耳。

左武衛大將軍李孝同碑 咸亨元年五月

右《左武衛大將軍李孝同碑》，在三原縣三家店。孝同，淮安靖王神通第三子。《舊唐書》孝同附見其父神通傳。唯云武德五年封淄川王，太宗即位，降爵爲公。據碑，『太宗御極，授左千牛備身，拜遊擊將軍，授右衛交川府右果毅都尉，除右衛親衛府左郎將，遷中郎將。高宗加寧遠將軍、左千牛中郎將，兼檢校左衛將軍，拜右驍衛將軍。顯慶二年，授使持節、普州諸軍事、普州刺史，尋授播州刺史，加明威將軍，仍統右羽林軍事，□莊武將軍。乾封三年，遷右衛將軍。總章二年十一月□五日薨。贈左武衛大將軍、使持節、都督代忻朔蔚四州諸軍事、代州刺史』。史皆不書。碑稱祖寧州刺史、趙興郡守、海州刺史鄭孝王。《隋書·地理志》：北地郡，後魏置豳州，西魏改爲寧州，大業初復曰豳州。定安縣舊置趙興郡，開皇初廢。鄭孝王爲寧州趙興郡守，當在開皇前。

李訓等造大道天尊像記并釋文 咸亨元年

右《李訓等造大道天尊像記》，在絳州龍興宮。即世所稱《碧落碑》也。有咸通十一年鄭承規釋文。『摻鴻寶之靈術』，『摻』即『操』字，鄭誤釋爲『參』。『莽駕斯留』，『莽』即『奔』，字見石鼓文，鄭誤釋爲『欸』。諸家皆未及。

内侍汶江縣侯張阿難碑 咸亨元年九月

右《内侍汶江縣侯張阿難碑》，在醴泉縣北二十里馬旂寨。碑稱阿難自隨歸唐，從征有功，爲謁者監，尋轉□給事，俄遷内侍、汶江縣開國縣侯，□□監門將軍、兼檢校□□、銀青光禄大夫。《新唐書·宦者列傳序》：『太宗詔：内侍省不置三品官，以内侍爲之長，階第四，不任以事。』阿難所授尚是初制也。太宗稱文皇帝，此碑作文帝。

少林寺金剛經 咸亨三年十月

右《少林寺金剛經》，在登封縣，王知敬書。結銜稱『守冀王友』，《舊唐書·高宗本紀》：總章二年十一月丁亥，徙封豫王旭輪爲冀王。一名輪。上元三年正月戊戌，徙爲相王。後改名旦，即睿宗也。《職官志》親王友從第五品。下末題『大唐咸亨三年□次壬申十月戊午朔三日庚申』，《高宗本紀》是年十一月戊子朔。碑書十月戊午朔，亦與史合。

三藏聖教序記并心經 咸亨三年十二月

右《三藏聖教序記并心經》，在西安府學宫。是弘福寺沙門懷仁集王羲之書，褚遂良、王行滿兩本唯有序記，此復有答勑及教并所譯《心經》、于志寧等五人奉勑潤色銜名。《心經》前題『貞觀廿二年八月三日，内出《般若波羅蜜多心經》，沙門玄奘奉詔譯』，末説呪曰『揭諦揭諦般羅揭諦般羅僧揭諦菩提莎婆呵』。當時大慈恩寺沙門玄應亦同奉詔翻經，其所撰《一切經音義》第二十一卷有《般若波羅蜜多心經》，『揭諦』作『揭帝』，『莎婆呵』作『莎呵』，與此本不同。

中書令馬周碑　上元元年十月

右《中書令馬周碑》，在醴泉縣昭陵。『貞觀六年』上有『下省修起居注』六字，《舊唐書》本傳：貞觀五年，太宗令百寮上書言得失，周爲中郎將常何陳便宜，令直門下省。不言脩起居注者，史闕文也。傳『十八年，遷中書令，依舊兼太子右庶子』，碑作『左庶子』。傳『卒，贈幽州都督。高宗即位，追贈尚書右僕射、高唐縣公』。《舊唐書·職官志》尚書右僕射、開國縣公皆從二品，中書令正第三品。碑高唐縣開國公則太宗時贈也。碑額題『故中書令』。舊班在左相上，開元令移在下。立碑時中書令尚在左相之上。

孝敬皇帝叡德紀　上元二年八月

右《孝敬皇帝叡德紀》，在偃師縣。高宗第五子太子弘也，則天皇后所生。碑以上元二年八月十九日遷窆於景山之原。《太平寰宇記》：『景山在緱氏縣東北。』曹子建《洛神賦》云『經通谷，陵景山』，即此。

薛國貞公阿史那忠碑 上元二年十月

右《薛國貞公阿史那忠碑》，在醴泉縣昭陵。《舊唐書》本傳：忠以擒頡利功拜右屯衛將軍。貞觀九年遷右衛大將軍。碑作『廿年遷右武衛大將軍』。傳永徽初封薛國公，碑作『貞觀五年詔□□□公食邑』，而永徽下不言。碑又稱『顯慶五年詔爲使持節、長□道行軍大總管。總章初詔公爲青海道行軍大總管。尋又詔爲西域安撫大使、兼行軍大總管』。又稱其父蘇爲『元王』，傳皆不載。

棲霞寺明徵君碑 上元三年四月

右《棲霞寺明徵君碑》，在上元縣。明徵君者，南齊處士僧紹也。隱於攝山，其子仲璋捨宅爲寺，高宗朝，其裔孫崇儼以方伎入閣〔二〕，供奉高宗，因親製此碑。碑稱『新舊翻譯一切經一藏。』《房山石浮屠記》後云：『開元十八年，金仙長公主爲奏聖上，賜大唐新舊譯經四千餘卷。』今釋藏有大唐沙門玄應《一切經音義》二十五卷。

周豫州刺史杜□墓誌 儀鳳二年五月

右《周豫州刺史杜□墓誌》，在寶雞縣。君諱字俱空未刻。誌云：『遇周社之傾覆，會鼎祚之流移。鹿散中原，梟鳴宗社。高班厚衮，屬喪亂而傾淪；墨綬金章，偶崩離而失主。』則其人當卒在周亡以後。誌稱公『天統二季終于私第』，天統是北齊年號，周静帝未嘗改元天統，所未詳也。

太尉英貞武公李勣碑 儀鳳二年十月

右《太尉英貞武公李勣碑》，在醴泉縣。碑爲高宗御製御書。《舊唐書》本傳：『詔授黎陽總管、上柱國、萊國公。』碑作『黎州總管』。《元和郡縣志》：『大業二年省黎州。皇朝武德二年重置黎州。貞觀十七年黎州廢。』勣降唐在武德二年閏二月，傳作黎陽，誤也。傳貞觀十八年太宗將親征高麗，『授遼東道行軍大總管』，碑作『十九年』。

彭陽憲公令孤德棻碑

右《彭陽憲公令孤德棻碑》，在耀州。兩《唐書》本傳，德棻俱不言字，碑云『公諱德棻，字季馨』。碑又稱『太宗以業定功成，時康歲稔，廹從羣議，將事升中下云：其禮□□天□以爲故事』。《舊唐書·禮儀志》：貞觀六年，平突厥，年穀屢登，羣臣上言請封泰山。十一年始議其禮。太宗勑秘書少監顔師古、諫議大夫朱子奢與四方名儒博物之士參議得失。是德棻亦預其議也。兩《唐書》本傳俱不載。

棲霞寺講堂佛鍾經碑 儀鳳四年四月

右《棲霞寺講堂佛鍾經碑》，在魚臺縣。《爾雅·釋獸》：『豹文鼮鼠。』郭璞注：『漢武帝得此鼠，孝廉郎終軍知之，賜絹百匹。』《漢書·終軍傳》無辨豹鼠事，諸書皆言竇攸。此碑云：『敏悉終鼮。』亦沿用郭璞之説。

散騎常侍褚亮碑

右《散騎常侍褚亮碑》，在醴泉縣西峪村。亮卒于貞觀廿一年十月。碑稱太宗爲之廢朝，則立碑在高宗時也。《新唐書·世系表》：『亮祖象，太子舍人。』《舊唐書》本傳：『祖蒙，太子中舍人。』碑亦作蒙，與《舊唐書》同。傳云：『貞觀元年爲弘文館學士。九年進授員外郎、散騎常侍，封陽翟縣男。』碑封陽翟縣男在貞觀元年，亦可正史之誤。

天后御製詩書碑　永淳二年九月

右《天后御製詩書碑》，在登封縣少林寺。詩序云：『從駕幸少林寺，觀先妃營建之所。』先妃謂其母楊。《舊唐書·高宗本紀》：『永淳二年正月甲午朔，幸奉天宫。夏四月己巳，還東都。』書云：『暑候將闌，炎序彌溽。』是還東都後始致書與寺僧也。

乾陵述聖紀　文明元年八月

右《乾陵述聖紀》，在乾州。《金石録》以爲武后撰，中宗書。今碑殘泐，『述聖紀』下『太后御撰』四字尚可辨。《舊唐書·高宗本紀》：『羣臣上謚曰「天皇大帝」，廟號「高宗」。』此碑稱『高宗大帝』，亦省文。

奉仙觀老君像碑

右《奉仙觀老君像碑》，在濟源縣。文云：『洛州濟源縣宗姓、前河陽縣令李儒意等二百五十人，爲高宗天皇大帝於奉仙觀敬造老君像一座。』《新唐書·世系表》無洛州房，蓋同姓而非支屬也。末題『朝散郎、上騎都尉瀘水沮渠智烈書』，《舊唐書·職官志》：上騎都尉，正第五品上。

王玄宗臨終口授銘 垂拱二年四月

右《王玄宗臨終口授銘》，在登封縣老君洞。《新唐書·王紹宗傳》：『兄玄宗，隱嵩山，號太和先生。傳黄老術。』銘文即紹宗撰書。玄宗行第六，紹宗行第七。文云：『此時沛國桓先生道彦亦在吾兄之側。』《岱嶽觀題名碑》有『壂曆元季大弘道觀主桓道彦奉勑設金籙寶齋』題名。

青州寧義寺經藏碑 垂拱三年

右《青州寧義寺經藏碑》，在壽光縣。碑云：『貞觀初，太夫人遽隨風燭。則通人故屯田郎中韋山甫製其碑。』《新唐書·宰相世系表》：韋氏逍遥公房，德運子山甫，屯田郎中。

木𡾰魏夫人祠碑 垂拱四年正月

右《木𡾰魏夫人祠碑》，在河内縣。碑述『夫人爲劇陽侯晋任城魏陽元之女，年二十四適南劉幼彦。幼彦爲脩武令，夫人常齋于别室。夜有四真人降，告夫人應爲紫虚元君上真司命，名山之號封南嶽夫人』。宋陳田夫《南嶽總勝集》引《魏夫人内傳》與此碑畧同，云：『夫人諱華存，字賢安，即晋武帝左僕射魏舒女，適與太保公掾南陽劉乂字幼彦。』碑『適南』下脱

『陽』字。

美原神泉詩 垂拱四年四月

右《美原神泉詩》，在富平縣。碑正面刻美原縣尉韋元旦《夏日游神泉詩并序》，又有主簿賈言淑詩一首。序云『時則垂拱元夏』，則其游當在垂拱元年。碑陰刻徐彦伯、尹元凱、温翁念、李鵬四人詩，皆垂拱四年作。

朝議大夫雷府君墓誌 永昌元年

右《朝議大夫雷府君墓誌》，在長安縣。文已漫漶，僅百餘字可辨。知其卒在永昌元年，春秋六十有五。夫人卒在總章二年十□□三囚，餘俱不能審。碑額題『大唐故朝諠大夫雷府君墓誌』，『諠』即『誼』字。《舊唐書·職官志》：朝議大夫，正第五品下。《訪碑録》作『朝請』，非也。

右虞候副率乙速孤神慶碑 載初元年二月

右《右虞候副率乙速孤神慶碑》，在醴泉縣叱干村。碑約三千餘字，此舊拓本，不可辨者止六十餘字。《元和姓纂》：『乙速孤氏，代人，隨魏南徙河南。後魏儀同乙速孤明，生臺，梁郡太守。生貴，北齊和仁公、隋左庶子。貴生安晟，安晟生神慶。』碑『五代祖顯，後魏拜驃騎大將軍，賜姓爲乙速孤氏。曾祖貴，齊右衛大將軍、儀同三司、使持節、都督岐州諸軍事、岐州刺史，周上開府儀同三司、昌附大夫，隨河州諸軍事、河州刺史，河州總管、太子右庶子、和仁郡開國公。祖安，齊前鋒都督，周右武候右六府驃騎將軍、開府儀同三司、使持節、葨州諸軍事、葨州刺史，隨益州都督，襲封和仁郡開國公。父晟，皇朝上開府、右武候右廿府左車騎將軍，轉驃騎將軍』。《姓纂》既誤以貴和仁郡公爲北齊所授，又合安、晟爲一人，并不載其官爵。此《集古録》所以譏其闕謬也。

邛州刺史狄知遜碑 載初元年正月

右《邛州刺史狄知遜碑》，在洛陽縣。碑下截殘泐，文云『嫡子故□書令、尚書右僕射，贈司空梁國文惠公碑』，前題『邛州刺史狄公知』，爲狄仁傑父知遜碑也。《新唐書·宰相世系表》：『知遜，越州刺史。』碑作『爲越州剡縣令』，未嘗爲越州刺史。表：孝緒三子，知儉、知本、知遜。碑云第五子。皆可正史之誤。

王寶詮等造小石橋碑 證聖元年八月

右《王寶詮等造小石橋碑》，在滕縣。碑云：『檢玉云亭，鏘金岱岳。二月南巡，龍輿戒此。』《舊唐書·高宗本紀》：麟德三年正月戊辰朔，車駕至泰山，頓。改麟德三年爲乾封元年。

甲午，次曲阜縣，幸孔子廟。二月己未，次亳州，幸老君廟。此碑云『二月南巡』，當日幸孔廟後，往亳州經此橋也。

封祀壇碑 萬歲登封元年十一月

右《封祀壇碑》，在登封縣萬羊岡。《舊唐書·則天皇后本紀》：『證聖元年，加尊號天冊金輪聖神皇帝。』《新唐書》本紀作『天冊金輪大聖皇帝』。碑稱『天冊金輪璽神聖皇帝』，足正《新唐書》之誤。

珍州榮德縣丞梁師亮墓誌銘 萬歲通天二年三月

右《珍州榮德縣丞梁師亮墓誌銘》，在長安縣百塔寺。《太平寰宇記》『西高州』下云：『唐貞觀十七年置珍州，領縣四。夜郎縣，武德二年置。麗皋、榮德、樂源三縣，皆貞觀十六年開山洞，分夜郎之地置。』榮德縣尋廢，故《兩唐書·地理志》皆不載。《元和郡縣志》不知貞觀十六年開山洞所置有榮德縣，而以夜郎當三縣之數。錢辛楣少詹又疑溱州榮懿即榮德之譌，皆非是。

馮善廓造浮圖銘 萬歲通天二年四月

右《馮善廓造浮圖銘》，在長葛縣。文云：『況□雞鳴遠冑，郎署遥基』，《史記·孟嘗君列傳》：『客之居下坐者有能爲雞鳴，而雞盡鳴。』非馮驩也。文似誤用。

校勘記

〔一〕『第十二女』，原作『女第十二』，今據《新唐書》乙正。

〔二〕『崇儼』，原作『宗儼』，據《舊唐書》卷一九一《方伎傳》改。

平津讀碑記卷五

唐

河東州刺史王仁求碑 聖曆二年正月

右《河東州刺史王仁求碑》，在安寧州。王述庵少寇爲雲南方伯時始訪得之。碑稱仁求安寧郡人。《舊唐書·地理志》：安寧縣屬昆州。不言置郡者，史闕文也。碑爲成都閭丘均文，即杜詩所稱『世傳閭丘筆，峻極逾崑崙』者也。《舊唐書·陳子昂傳》云：『子昂卒後，益州成都人閭丘均亦以文章著稱。景龍中，爲安樂公主所薦，起家拜太常博士。公主被誅，均坐貶爲循州司倉。』此碑立於聖曆元年，其時尚未授官，故無結銜。

中嶽體玄先生潘尊師碣 聖曆二年二月

右《中嶽體玄先生潘尊師碣》，在登封縣。尊師名師正，兩《唐書》有傳。碣云：『調露元年，月惟孟冬，天子乃卬運堯心，夙整軒御。會師於嵩陽觀。』《舊唐書·高宗本紀》：幸嵩陽觀，又幸逍遥谷，道士潘師正所居，在調露二年二月。碣又云：『永淳元年正月乙未，崇朝風霽，乙夜雲滅。忽而有聞若萬籟聚，徐而聽之，則五音酥。尋而高宗厭世。後年季夏，師曰：「吾其蜕矣。」』則師正之卒當在嗣聖元年高宗崩後。故天后詔曰：『去年冬晚，軒皇之駕不追；今歲秋初，廣成之居又寂。』《舊唐書》本傳『師正以永淳元年卒，高宗及天后追思不已』者，誤也。

昇仙太子碑并陰 聖曆二年六月

右《昇仙太子碑》，在偃師縣緱山仙君廟。昇仙太子者，王子晋也。武后祀中嶽，因爲立廟，碑即武后御製御書。碑陰有武后遊仙篇并諸臣題名，有『採石官、朝議郎、行洛州來庭縣尉恖□晙，洛州永昌縣恖朱羅門刻御字』。《新唐書・地理志》：垂拱四年析河南洛陽置永昌縣，長安二年省。天授三年析洛陽永昌置來庭縣，長安二年省。此碑立於聖曆二年，時二縣尚未廢。

明堂令于大猷碑 聖曆三年十一月

右《明堂令于大猷碑》，在三原縣北三家店。大猷，志寧之孫，立政之子。碑稱聖曆元年除使持節、隨州諸軍事、隨州刺史。聖曆二年制除□州明堂縣令。《舊唐書・地理志》：隋州爲上州。《職官志》：上州刺史從三品。京縣令正五品上。大猷以刺史除縣令，本降官。碑不言者，或有所諱也。

武后夏日游石淙詩序　久視元年五月

右《武后夏日游石淙詩序》，在登封縣石淙山北厓。《舊唐書》本紀：『聖曆三年正月，造三陽宫於嵩山。四月戊申，幸三陽宫。五月癸丑，改元爲久視。』癸丑爲五月五日。此游石淙在五月十九日。故碑末題久視元年。序云：『石淙者，即平樂澗。』《水經注》：『平洛溪水發玉女臺下平洛澗，世謂之平洛水。』吕忱所謂勺水出陽城山，蓋斯水也。『樂』、『洛』古字通用。

秋日宴石淙序　久視元年

右《秋日宴石淙序》，在登封縣石淙山南崖。《金石録》有《周石淙詩》，題『諸公撰，薛曜正書』，即前碑。又有《周宴石淙序》，題『張易之撰，薛曜正書』，即此碑。今碑前尚有『奉宸令』三字可辨，與前詩張易之結銜正同。《舊唐書》本紀：『聖曆三年七月，至自三陽宫。』此尚在扈從未還之時。

大雲寺聖祚碑　大足元年五月

右《大雲寺聖祚碑》，在河内縣。文云：『前刺史臨□郡王諱嗣宗、河内郡□諱懿宗。四河吏人歌馮君之繼踵，潁川士女喜□公之重□。』《新唐書・宰相世系表》：武士逸生志元，志元生懿宗、河間王嗣宗、蒲州刺史菅公。據此碑，懿宗、嗣宗又嘗爲懷州刺史。碑題『太子中舍人、上柱國武威賈膺福撰』，膺福與父敦實《新唐書》俱附見《賈敦頤傳》，稱敦實爲懷州刺史。故碑云：『先君敦實，早膺朝寄，出牧兹邦。昔因定省，屢入官舍。近從休告，言踐舊遊。』又云：『吾昆伯□材標幹蠱，恭承□涣。□□作宰，下車伊始，風化大行。』《元和姓纂》：敦實生承恩、伯業、伯起、伯饒、伯招、伯卿、膺福、通理。碑伯下字泐，未知是膺福第幾兄。

順陵殘碑　長安二年正月

右《順陵殘碑》，在咸陽縣。是武后追尊其母楊氏之碑。睿宗爲相王，奉勑書。明萬曆乙卯地震，碑仆，縣令又取其石以脩河。近河岸崩，始得三石，此僅有其一。凡一百三十六字。『埊』『〇』『匜』皆武后制字。

漢忠烈紀信墓碑并陰 長安二年七月

右《漢忠烈紀信墓碑》，在滎陽縣。《魏書·地形志》：滎陽郡滎陽縣有紀信冢。《舊唐書·高宗本紀》：『麟德二年十一月丙子，次於原武，以少牢祭漢將紀信墓，贈驃騎大將軍。』長安二年七月，滎陽縣令會稽孔祖舜立此碑，范陽盧藏用篹文并書。《舊書·盧藏用傳》：『隱居終南山，長安中，徵拜左拾遺。』此不稱結銜，尚未徵拜也。碑陰記刻碑始末，并丞尉以下題名。

王璿造像記 長安三年八月

右《王璿造像記》，在長安縣華塔寺。結銜稱『金紫光禄大夫、行殿中監、兼撿挍奉宸令瑯耶縣開國子王璿』。錢辛楣少詹以爲與《新唐書·宰相表》『長壽元年自營繕大匠遷夏官尚書、同鳳閣鸞臺平章事王璿』爲一人。《長安志》：『夏官尚書王璿宅在永樂坊東門之南。』

高延貴造像記 長安三年七月

右《高延貴造像記》，在長安縣華塔寺。文云：『金連菡萏，如生功德之池；寶樹扶疎，即蔭經行之埊。』《説文》：『夫容，華未發爲菡藺，已發爲夫容。』此以『菡萏』對『扶疎』，亦文之通古義者。

韋均造像記 長安三年九月

右《韋均造像記》，在長安縣華塔寺。結銜稱『行雍州富平縣丞韋均』。《新唐書·地理志》：『京兆府，本雍州，開元元年爲府。』此尚在未改府以前。『六塵不定』《金石萃編》釋『定』作『染』，誤。

蕭元眘造像記 長安三年九月

右《蕭元眘造像記》，在長安縣華塔寺。結銜稱『前揚州大都督府揚子縣令蘭陵蕭元眘』。《舊唐書·地理志》：『揚州大都督府揚子縣，永淳元年分江都縣置。』時無蘭陵縣，所置蓋其舊望。

李承嗣造像記 長安三年九月

右《李承嗣造像記》，在長安縣華塔寺。文云：『爰雕爰斵。』『斵』即『斲』字。

姚元之造像記 長安三年九月

右《姚元之造像記》，在長安縣華塔寺。《舊唐書·姚崇傳》：『本名元崇，突厥叱利元崇搆逆，則天不欲元崇與之同名，乃改名爲元之。俄遷鳳閣侍郎。』不云『兼相王府長史』。此記結銜稱『銀青光禄大夫、行鳳閣侍郎、兼檢校相王府長史』，與《新唐書》同。

僧德感造像記 長安三年九月

右《僧德感造像記》，在長安縣華塔寺。僧結銜稱『檢校造七寶臺，清禪寺主，昌平縣開國公』。《長安志》：『清禪寺在興寧坊南門之東。七寶臺在大雲寺中。寺在懷遠坊東南隅。』

梁義深等造像題名

右《梁義深等造像題名》，在長安縣華塔寺。李善才、林招隱結銜稱『借紫金魚袋』，趙元志稱『借緋』。《唐會要》：『舊制：凡授都督、刺史皆未及五品者，並聽著緋佩魚，離任則停之。若在軍賞緋紫魚袋者，在軍則服之，不在軍不在服限。』又：『開元四年，詔軍將在陣賞借緋紫。本是從戎之服，一得之後，遂別造長袍，遞相傚傚。』然則品卑而服限，得服緋紫魚袋，則謂之賞，或謂之賜。若改任應停緋紫魚袋而未停者，則謂之借歟。

衛州共城縣百門陂碑并陰兩側 長安四年九月

右《衛州共城縣百門陂碑》，在輝縣。碑云：『百門陂，案《水經》，出自汲郡共山下泉流百道，故謂百門。會同於淇，合流於海。』今本《水經注》無此文，唯云：『百門陂，方五百步，在共縣故城西，其水三川南合，謂之清川。』與碑所引不同。碑爲共城縣令曹懷節禱雨有應而作。前成均進士辛怡諫文，《新唐書·宰相世系表》：辛怡諫壽州刺史。《元和姓纂》作『職方員外郎、壽州刺史』，皆是其後所歷官。碑陰贈詩題名有南嶽齋郎趙不爲，《唐會要》：神龍二年才膺管樂科趙不爲及第。又有七司佐坊正、村正、寄庄諸稱，皆他碑所未見。

姚元景光宅寺造像銘 長安四年九月

右《姚元景光宅寺造像銘》，在長安縣。元景，宰相姚崇兄也。文云：『俾我潘輿盡敬，將法輪而恒轉；姜被承歡，曳天衣而下拂。』《舊唐書·姚崇傳》：『長安四年，元之以母老，表請解職侍養，言甚哀切。則天難違其意，拜相王府長史，罷知政事。俾獲其養。』《新唐書·宰相表》，元崇罷爲相王府長史在長安四年六月辛酉。此銘立於四年九月十八日，正元崇罷知政事養親時所造。

王三娘墳記 神龍二年二月

右《王三娘墳記》，在長安縣。文云：『曹氏故妻王三娘，長安人也。少脩真媛，苦空閑悟。觀身地篋，五蘊防非。調善誠心，從遊自遣。』似嘗棄家爲尼，故稱曹氏故妻而不著其夫之名。

儀鳳二年八月五日捨化息智度。至神龍二年二月八日建墳，其相距已三十年矣。

竇門姜造像記　神龍二年七月

右《竇門姜造像記》，不知所在。文云：『清信女竇門姜爲妾夫鉅野將軍李□苟造石像一區。』門姜當是其名，李則其夫之姓也。又云：『脱若有人，毀壞之者，□銘自□。』如今之呪語，亦奇。

滎陽縣令盧正道清德碑　神龍三年五月

右《滎陽縣令盧正道清德碑》，在滎陽縣。正道兩《唐書》無傳。曾祖昌衡，祖寶素，考安壽俱見《新唐書・宰相世系表》。正道爲安壽第四子。神龍元年爲洛州新安縣令，改滎陽縣令、河南道巡察使、衛州司馬。路敬潛以政術尤異，奏聞丞馬據、主簿解伯宗等爲立此碑。前中書舍人内供奉劉穆之篹文。《元和姓纂》：劉穆之邢州沙河人，駕部郎中。

賜盧正道勑　景龍元年十月

右《賜盧正道勑》，在滎陽縣。即刻在前碑之陰。路敬潛以正道政術尤異奏聞，因有此勑。前碑云：『韓稜之飛章已奏，徵人有期；焦貢之行雨載馳，願留難遂。』馬據等因爲立碑。此勅云：『今贈鄉禄秩以褒善政，勉勗終始，無替嘉聲。』是僅下詔褒美，未嘗遷官。

勿部將軍功德記 景龍元年十月

右《勿部將軍功德記》，在太原府天龍寺。題郭謙光文及書。《寶刻類編》郭謙光所書六碑，不載此記，稱國子監丞、太學助教。此記無結銜，當是其後所歷官。文云『勿部珣本枝東海，世食舊德，相虞不臘之奇族。行太上懷邦，由余載格』，珣之自東海歸唐當在高宗時。《文苑英華・蘇頲命姚崇等北伐制》有右金吾衛大將軍勿部珣。

老子道德經 景龍二年正月

右《老子道德經》，在易州龍興觀。陸德明《老子音義》據王輔嗣注本稱『老子道經音義』、『德經音義』，此本亦分《道經》《德經》爲二卷，兩面刻之。今世所行王輔嗣注本每經俱有分章，此本雖不記章數，然每章皆空一格以别之。其中亦有與今王本不同者。如今王本『道沖而用之』至『象帝之先』爲三章，『天地不仁』至『不如守中』爲四章，『谷神不死』至『用之不勤』爲六章，此本皆并爲一。『故有之以爲利無之以爲用』，今王本屬十一章，此本無『故』字，二句屬下章之首。『重爲輕根静爲躁君』，今王本爲二十七章，此本屬上章之末。陸德明《老子音義》已爲後人改變其分章，惜不得與此本一證之。

比丘尼法琬法師碑 景龍三年五月

右《比丘尼法琬法師碑》，在西安府學宫。碑云：『法師即隨故吴國公尉綱之外孫。』《元和姓纂》：北方尉遲部，如中華諸侯也。魏孝文改爲尉氏。尉托奇枝六代孫侯兜生綱，後周大司空、吴國公。《周書》作尉遲綱，是改從其本姓。

鄧村造塔記 景龍三年五月

右《鄧村造塔記》，在益都縣福勝院。文云：『景龍三年，歲次己酉五月丁巳朔二十三日己卯。』《舊唐書·中宗本紀》是年秋七月乙卯朔，六月五月俱小，故五月丁巳朔也。文與史合。

司空許國公蘇瓌碑 景雲元年十一月

右《司空許國公蘇瓌碑》，在武功縣。碑敘先世漢平陵侯□建，子侍中嘉。《漢書·蘇建傳》：建以校尉從大將軍青擊匈奴，封平陵侯。有三子：嘉爲奉車都尉。《新唐書·宰相世系表》亦同。《金石萃編》釋作『漢平陵侯子建安侍中嘉』，云嘉《後漢書》無傳，是以嘉爲建安時人者，誤也。《文苑英華》有此文，與碑多異同。碑『公有子七人』，又『長子頲，官修文館學士、太常少卿，□掌綸誥』，刊本皆無之，錢氏亦未舉。

長安縣丞蕭思亮墓誌銘 景雲二年二月

右《長安縣丞蕭思亮墓誌銘》，在長安縣。碑稱：『君諱思亮，字孔明，蘭陵人也。』《新唐書・地理志》：沂州蘭陵縣，貞觀元年廢。常州唐不置蘭陵縣。此稱蘭陵人者，尚是其舊貫也。又稱思亮『解褐補益州金堂縣尉』。《舊唐書・地理志》：金堂縣咸亨二年置，屬益州。垂拱二年屬漢州。思亮補益州金堂縣尉，在垂拱以前。

王璬造石浮屠銘 景雲二年四月

右《王璬造石浮屠銘》，在房山縣。文云：『唐中興七年，歲次辛亥。』此以中宗復位爲中興元年，故以景雲二年辛亥爲唐中興之七年。

孝子郭思訓墓誌銘 景雲二年十二月

右《孝子郭思訓墓誌銘》，在洛陽縣史家灣。思訓應吏職清白舉及第，轉滄州樂陵縣丞。應孝悌廉讓舉及第，授大理司直。又嘗除温王府兵曹參軍。《舊唐書》高宗四男殤皇帝重茂，神龍初進封温王。《閻朝隱傳》：『中孝悌廉讓科。』

田義起石浮圖頌 太極元年四月

右《田義起石浮圖頌》，在房山縣。碑用『孝乎惟孝』，與《楊珣碑》同，亦《論語》古讀之一證。

亳州録事參軍馮本紀孝碑 先天元年十一月

右《亳州録事參軍馮本紀孝碑》，在高陵縣。碑閻朝隱撰，嫡子敦直書。敦直結銜稱『銀青光禄大夫、留直昭文館、上柱國、長樂縣開國男。』《元和姓纂》有馮敦直，稱爲『銀青光禄大夫、直昭文館紹烈之子。』其祖父之名俱不與碑同。碑『筋宍備存』，『宍』即『肉』字。

涼國公契苾明碑 先天元年十二月

右《涼國公契苾明碑》，在咸陽縣。明字若水，契苾何力子。《新唐書》有傳。碑稱明麟德年中授左武衛大將軍、賀蘭州都督。又武后時授朔方道總管、兼涼甘肅瓜沙五州經略使，傳皆不載。《舊唐書·契苾何力傳》：謚曰烈。碑作『謚曰毅』，與《新唐書》同。碑云：『夫人唐膠西公孝義之長女也。』孝義，淮安靖王神通第八子。

僧九定等造像記 先天二年九月

右《僧九定等造像記》，舊在兖州府興隆寺。今在上元縣孫忠愍祠中。刻佛像五軀，四周題字。『皇帝』『皇后』字皆不空格。有『大匠趙守忠』，又有『浮啚匠蘇則』，而記中不言建立浮啚，非九定等所造。

薛義令等造像記 先天二年十二月

右《薛義令等造像記》，在偃師縣。文云：『洛州緱氏縣景山鄉。』《舊唐書·孝敬皇帝傳》：『葬於緱氏縣景山之恭陵。』即此鄉。

周公祠碑 開元二年十二月

右《周公祠碑》，在偃師縣學宫。《舊唐書·高宗本紀》：『開元二年正月，關中自去秋至於是月不雨，人多饑乏，遣使賑給。名山大川，並令祈祭。』碑云：『以癸丑秋末迄於甲寅夏首，西郊不雨，南畝亢陽。』是時東都亦旱。碑又云『九重以握珪沈璧，屢□□華』，即本紀所謂『名山大川，並令祈祭』也。碑有佐官司録柳齊物、朝請大夫行令博陽縣開國男彭城劉體微。《元和姓纂》：『柳齊物，睦州刺史。』『劉體微，諫議大夫，衛尉卿。』

馮十一娘墓誌 開元三年四月

右《馮十一娘墓誌》，在寶雞縣縣丞署。十一娘字心，河間人。年十九適馮貞祐，春秋廿終。誌爲其父孟友直所作，故誌前題『將作監主簿孟友直女墓誌』。碑額題『唐故馮氏婦墓誌之銘』，亦例之創者。

巂州都督姚懿碑 開元三年十月

右《巂州都督姚懿碑》，在陜州。懿，姚崇父也。碑云：『父祥，隋懷州長史，檢校函谷關都尉之季子。』《新唐書·宰相世系表》祥子止懿一人。碑云：『公初娶張氏、李氏，並早殂歿。後娶劉氏，累封彭城郡夫人，今紫微令崇、故宗正少卿景之母也。』《世系表》：懿子三人，元景、元之、元素。元素非劉所生，故碑不書。碑稱二子少孤，《新唐書·姚崇傳》：崇開元九年卒，年七十二。懿卒於龍朔二年，其時崇年十三。崇母劉以神龍三年正月八日終。是時崇罷相，出爲亳州刺史，歷宋、常、越、許四州。兩《唐書》俱不言丁母憂，亦闕文。碑題『朝請大夫、秘書丞、兼昭□□學士、上柱國胡皓撰』。《元和姓纂》：秘書少監胡皓，洛陽人。

齊州醴泉寺誌公碑 開元三年十月

右《齊州醴泉寺誌公碑》，在鄒平縣。碑額題『大唐齊州章丘縣常白山醴泉寺誌公之碑』。《元和郡縣志》：『長白山在章丘縣東南三十里。』《太平寰宇記》引《述征記》亦作『長白山』，此碑獨作『常白山』爲異。碑述『誌公俗姓朱氏，金城人，宋太始初漸彰異跡，以天監十三年歲次甲午十二月八日□奄然示終。故陸倕製銘於家内，王筠勒碑於寺陰』。今《陸倕集》中有《誌法師墓誌銘》，所述亦與碑同。

净域寺法藏禪師塔銘 開元四年五月

右《净域寺法藏禪師塔銘》，在長安縣。碑云：『隨信行禪師撰《三階集録》數十餘卷。』《續高僧傳》有信行禪師，開皇之末被召入京，僕射高熲邀延住真寂寺，撰《對根起行三階集録》四十餘卷。

光禄少卿姚彝碑 開元五年四月

右《光禄少卿姚彝碑》，在洛陽縣許家營。姚彝，崇長子，終於開元四年八月廿六日。是時崇尚存。趙氏《金石録》有此碑，云撰人姓名缺，徐嶠之正書。《寶刻類編》以爲崔沔撰。今諦視拓本題前，題『朝議郎、檢校秘書少監博陵崔□撰』，惟『沔』字泐，『正議大夫、行將作少監□□□書』，以《姚懿碑》結銜證之，是徐嶠之也。

贈歙州刺史葉慧明碑　開元五年七月

右《贈歙州刺史葉慧明碑》，在麗水縣沖真觀。慧明，道士葉法善父也。《舊唐書·葉法善傳》稱其自曾祖三代爲道士。先天二年贈其父爲歙州刺史。碑稱：『國家有事天地，將旅海岱，嘗致禮加璧。』《岱岳觀題名碑》有『儀鳳二年三月二日大洞三景法師葉法善於此東岳修齋』題名，即其事。《葉慧明碑》李邕撰，韓擇木書，石久泐。其撰書系銜皆半泐，是以有誤爲李邕書者。覃谿。

宗聖觀尹尊師碑　開元五年十月

右《宗聖觀尹尊師碑》，在盩厔縣樓觀。碑稱高宗以晉府舊宅爲太宗造昊天觀，以尊師爲觀主。《長安志》：『昊天觀在保寧坊，盡一坊之地。貞觀初爲晉王宅，顯慶元年爲太宗追福，立爲觀。』所述正與碑同。又稱儀鳳四年，上在東都，先請尊師於老君廟脩功德，見老君乘白馬來降於壇所。《舊唐書》本紀：儀鳳四年正月己酉，幸東都。六月辛亥，改儀鳳四年爲調露元年。老君來降事當在六月以前。

幽栖寺尼正覺浮啚銘 開元六年七月

右《幽栖寺尼正覺浮啚銘》，在汜水縣。碑『槃』作『槃』，『佛』作『仏』，『鼓』作『皷』，『危』作『㞼』，『兕』作『兔』，『藤』作『藤』，『茸』作『茸』，皆異文。《中州金石記》釋『嶺』作『顧』，非。

移置唐興寺碑 開元六年九月

右《移置唐興寺碑》，在聞喜縣。碑稱『時縣令朝議大夫東海于公名光庭，即銀青光禄大夫、瀛州刺史、東海郡公士俊之孫，金紫光禄大夫、中書侍郎、同中書門下三品東海憲公之第五子』。《新唐書・宰相世系表》不載東海憲公支系，惟《宰相表》神龍二年正月戊戌以中書侍郎于惟謙同中書門下三品。《元和姓纂》：唐延州刺史子俊生惟謙，兵部侍郎平章事，生光宰、光弼、光嗣。『子俊』即『士俊』之譌。東海憲公即惟謙矣。惟謙五子，《姓纂》止載其三，故無光庭名。

萊州刺史唐貞休德政碑 開元七年七月

右《萊州刺史唐貞休德政碑》在萊州府治。碑下截并前數行俱殘泐。惟額題『大唐萊州刺史唐府君德政碑』，又碑稱制曰『洛陽縣令唐貞休』，字可辨。貞休《新唐書·宰相世系表》作鄜州刺史，以碑證之當在爲萊州刺史以後。曾祖陵，平壽公，謚曰『達』，《世系表》：陵字子虞，儀同三司，襲平壽達公。碑『曾祖』上有開國公，食邑五百户，謚曰『忠武』，即其高祖永也。《世系表》：陵子防，工部員外郎。防子君侯，貞儀、貞休。碑防名已泐，稱尚書虞部員外郎，出爲簡州長史。公則簡州長史之第二子。表作第三子者，誤也。

贈太尉祁國公王仁皎碑 開元七年十一月

右《贈太尉祁國公王仁皎碑》，在大荔縣。仁皎爲玄宗廢王后之父。《新唐書·王仁皎傳》：封祁國公。碑作『祁國公』。碑已殘泐，《文苑英華》有此文。『司徒衛漢』，碑作『衍漢』。『纘戎烈考』，碑作『前烈』。『懷柔畏滿』，碑作『懷榮』。『開元七年四月戊申薨於京師』，碑作『開元七年歲次己未四月□未朔廿日戊寅薨於京師』。皆可正刊本之誤。碑稱仁皎授甘泉府果毅。《新唐書·地理志》：甘泉府屬河中府。

脩孔子廟碑 開元七年十月

右《脩孔子廟碑》，在曲阜縣孔子廟。江夏李邕文，范陽張庭珪書。《唐文粹》有此文。字句多譌脱。碑『兖州牧京兆韋君元珪字闕五字王國周親』，《舊唐書·韋堅傳》：『父元珪，先天中銀青光禄大夫，開元初兖州刺史。』堅姊爲贈惠宣太子妃。妹又爲皇太子妃，故碑云『王國周親』。《山左金石志》釋作『元珪字王國』，非。

雲麾將軍李思訓碑 開元八年六月

右《雲麾將軍李思訓碑》，在蒲城縣。《舊唐書》思訓附在《長平王叔良傳》。稱高宗時累轉江都令，屬則天革命，宗室多見搆陷，思訓遂棄官潛匿。即碑所云『□詬俟時，變名求活』也。傳又稱『中宗初復宗社，以思訓舊齒，驟遷宗正卿，封隴西郡王，實封二百户』。碑作『加隴西郡開國公，食邑二千户』。傳『歷益州長史』，碑作『出爲岐州刺史』。傳『左羽林大將軍』，碑作『右羽林』。又碑『其父孝斌，華陽縣開國公，贈寧州刺史』。思訓前後爲常州司倉參軍、太常寺丞、太府員外少卿、左屯衛將軍，遷侍中，復换散騎常侍，傳皆不載。

華嶽精享昭應碑 開元八年

右《華嶽精享昭應碑》，在華陰縣西嶽廟。其文即刻北周天和二年《華嶽頌》之陰。碑有『長史河東薛縉』，《新唐書·宰相世系表》：薛縉，廬、和二州刺史。碑『用』作『甪』，『賚』作『賝』，『罔』作『罒』，皆異文。

本願寺造舍利塔碑 開元九年二月

右《本願寺造舍利塔碑》，在獲鹿縣。碑記鹿泉信士畢瑜造舍利塔，并合寺諸釋及麴客良等建釋迦石像。開元八年繕理畢，越九年作噩歲春仲望，乃與前塔合而爲頌。則當開元九年辛酉歲也。《元和郡縣志》：獲鹿縣，隋開皇十六年置鹿泉縣，以鹿泉在縣南因爲名。

北岳府君碑并陰兩側 開元九年三月

右《北岳府君碑》，在曲陽縣北岳廟。《元和郡縣志》：『恒陽縣屬定州。恒山爲北嶽，恒嶽觀在縣南百餘步。』《新唐書·地理志》：元和十五年，更恒陽縣爲曲陽縣。故碑陰結銜元和十一年以前稱恒陽縣，大和五年以後皆稱曲陽縣。《地理志》：景雲二年以瀛州之鄚、任丘、文安、清苑、唐興，幽州之歸義置莫州。碑稱先天二年，有瀛州清菀縣人，尚是沿其舊名。

鎮軍大將軍吴文碑 開元九年十月

右《鎮軍大將軍吴文碑》，在西安府學宫。碑爲□大雅集王義之書，已失其上半，故俗稱爲『半截碑』。此碑『公諱文』上是『吴』字。蓋其上文泐失，其句尾『吴』字形與『吴』近，顧亭林不考，乃誤爲『吴文碑』。覃谿。碑稱文祖内給事，父内常侍，子一爲内常侍，一爲内僕局丞，一爲掖庭局丞。

文以秩授文林郎，適舉從班。蓋已四世爲内官矣。文轉右監門衛大將軍。神龍三年，又舉鎮軍大將軍，行右監門衛。《舊唐書·職官志》：左右監門衛大將軍各一員，正三品。史傳所載皆以武臣爲之。觀此碑内侍省亦得兼此官也。

孝子常熟縣令郭思謨墓誌銘 開元九年十一月

右《孝子常熟縣令郭思謨墓誌銘》，在洛陽縣董氏。思謨即前大理司直思訓同産弟。兄弟俱以孝子著名，誌稱太夫人有疾，憶菴蘿菓，屬鷩發之辰，兄弟仰天而歎，庭樹爲之犯雪霜華而實，公取以充養，且獻之北闕，天后命史臣褒贊，特加旌表。此孝子之所由名也。而思訓墓誌不言，誌又稱思謨應廉讓，舉擢武功尉。《思訓墓誌》亦稱應孝悌廉讓舉及第，勑授大理司直。是兄弟又嘗同舉廉讓科。

大盧舍那像龕記 開元十年十二月

右《大盧舍那像龕記》，在洛陽縣龍門。碑記佛身通光座高八十五尺，二菩薩七十尺，迦葉、阿難、金剛神王各高五十尺。以咸亨三年勑大使司農寺卿韋機，副使東面監、上柱國樊元則等，至上元二年乙亥十二月卅日畢功。《舊唐書·韋機傳》：上元中遷司農卿、檢校園苑，造上陽宫，并移中橋，從立德坊曲徙於長夏門街。時人稱其省功便事，機之奉勑造像亦當在此時。

少林寺柏谷塢莊碑 開元十一年十一月

右《少林寺柏谷塢莊碑》，在登封縣少林寺。前刻秦王賜少林寺主教，次刻武德八年少林寺賜地肆拾畝，水碾壹具，教并牒碑前題開元神武皇帝御書額。武德八年牒稱陝東道大行臺尚書省。《舊唐書·高祖本紀》：武德四年十月，加秦王天策上將，領司徒、陝東道大行臺尚書令。至九年六月，太宗立爲皇太子，而陝東道大行臺始廢。

御史臺精舍碑并陰 開元十一年

右《御史臺精舍碑》，在西安府學宫。碑云：『左臺精舍者，諸御史導羣愚之所作也。』《舊唐書·職官志》：御史臺，光宅元年分臺爲左右肅政臺，左臺專知京百司，右臺按察諸州。神龍復爲左右御史臺，延和年廢右臺。碑立於開元十一年，其時右臺已廢，故專稱左臺者，即御史臺也。《職官志》：御史臺大夫一員，正三品。中丞二員，正四品。侍御史四員，從六品下。殿中侍御史六員，從七品下。監察御史十員，正八品上。碑陰有侍御史、殿中侍御史、監察御史題名。而御史大夫、御史中丞以官尊不與。侍御史、監察御史題名俱有洪子輿，《元和姓纂》有洪子輿，起居舍人，生經綸。『子興』，即『子輿』之譌歟。

閑居寺元珪禪師塔記 開元十一年七月

右《閑居寺元珪禪師塔記》，在登封縣嵩高。中有閑居寺，見《洛陽伽藍記》。《寳刻類編》有《嵩山閑居寺珪禪師碑》，宋儋撰，題『開元二十二年四月』，又是一碑。

内侍高福墓誌 開元十二年正月

右《内侍高福墓誌》，在畢尚書靈巖山館。福字延福，《新唐書·高力士傳》：『力士，馮盎曾孫中人高延福養爲子，故冒其姓。』延福以開元十一年十二月廿五日終於來庭里之私第，春秋六十有三。則當生於龍朔元年。碑云『出入四代』，其解褐拜文林郎，守奚官丞，當在高宗時。

香積寺净業法師塔銘 開元十二年六月

右《香積寺净業法師塔銘》，在長安縣香積寺。題『正字畢彦雄撰』。《元和姓纂》：『畢彦雄，太原人。』狀稱畢諶之後。

虢國公楊花臺銘 開元十二年十月

右《虢國公楊花臺銘》，在西安府花塔寺。分二石書之。前石書序至『銘曰』而止，後石銘前又重題『楊將軍新莊像銘』，亦變例也。《舊唐書・楊思勗傳》：開元十二年五谿首領覃行璋作亂，思勗授詔，率兵討之。生擒行璋，斬其黨三萬餘級。以軍功累加輔國大將軍。後從東封，又加驃騎大將軍，封虢國公。《玄宗本紀》，東封在開元十三年十月。此銘作於開元十二年十月，已稱虢國公，非從東封所封可知。又本紀：開元十二年十一月，五谿首領覃行璋反，遣鎮軍大將軍、兼内侍楊思勗討平之。此銘在十月，稱輔國大將軍，其加封亦當在覃行璋未擒之前。

涼國長公主碑 開元十二年十一月

右《涼國長公主碑》，在蒲城縣。公主，睿宗第六女。初封仙源，下嫁薛稷子伯陽。後封涼國，改嫁温彦博曾孫曦。碑稱開元十二載八月辛丑，薨於京永嘉里。《長安志》：『涼國公主宅在永嘉坊西北隅。』此坊隋末有方士云貴氣特盛，自武德、貞觀之後公卿王主居之多於衆坊。

賜益州長史張敬忠勅 開元十二年閏十二月

右《賜益州長史張敬忠勅》，在灌縣青城山。《新唐書·張敬忠傳》：開元七年，拜平盧節度使。此勅在開元十二年閏十二月，稱益州長史，是其所兼官也。勅前褒美其政績，賜衣一副。後云蜀州清城先有常道觀，所置元在青成山中，聞有飛赴寺僧，奪以爲寺。州既在卿節度檢校，勿令相侵。《名勝志》稱青城山有異僧出入井中，赴供長安，頃刻復返。廣明中，賜名飛赴寺。觀此勅，開元中已有飛赴寺矣。《方輿勝覽》：常道觀，隋時建，有唐明皇御書碑。即此勅。《寶刻類編》作『賜張敬忠手詔』，題『開元十八年』者，誤也。

石佛堂記 開元十二年

右《石佛堂記》，在臨城縣。碑殘泐不能句讀。唯稱『開業寺者，□□五年天水公、衛尉卿、冀州刺史觀其湮滅數百餘年，至後魏延昌起葺寺觀，初名偃角，復易名隱角。後徹寺主及道俗爲國敬造浄土石仏堂臺。徹寺主諱徹，俗姓郭。□祖諱貴，齊岐州刺史贈輔國大將軍。父諱□，紀土府帳内親軍，授綏戎副尉』，字尚可辨。

右武衛大將軍乙速孤行儼碑 開元十三年二月

右《右武衛大將軍乙速孤行儼碑》，在醴泉縣叱干村。行儼，神慶子。《元和姓纂》：神慶生行儼、行均、行方。行儼唐廣州都督、右武侯大將軍。行均岐陽折衝，生令從，萬年令。碑云公素無息胤，命昆弟之子令從爲子。令從，行均子。

鄎國長公主碑 開元十三年四月

右《鄎國長公主碑》，在蒲城縣。《新唐書》本傳：鄎國公主睿宗第八女。碑云第七女。《新唐書》：睿宗第三女荊山公主下嫁薛伯陽。兩《唐書·薛稷傳》俱云子伯陽尚仙源公主，不云又尚荊山，且荊山爲鄎國初封邑號，不應相同。疑即鄎國初嫁薛儆，而史誤以爲第三女下嫁伯陽也。《長安志》：鄎國公主宅在安業坊横街之地。碑『進封鄎國長公主，食邑一千四百户』，《文苑英華》刊本作『一千二百』，影宋本作『一千四百户』，與碑同。

紀泰山銘 開元十四年九月

右《紀泰山銘》，在泰安縣泰山頂大觀峯。王弇州稱其下三尺許爲搨工人惡寒篝火焚蝕，遂闕百餘字。今拓本下截字俱完好。《山左金石志》謂明葉彬補刻，惜不得舊拓本校之。

谼谷寺造塔記 開元十四年十月

右《谼谷寺造塔記》，在林縣。碑云：『相州門徒一百人等，於谼谷寺東形勝之所建塔供養，仰答師恩。』《名勝志》：『拱翠峯下有僧院，曰寶嚴院。古名谼谷寺。嘉祐八年改。』又云：『谼谷南有傘蓋山。』《金門寺碑》云：『山臨傘蓋，峯瞰香爐。金門連聖者之居，寶刹接神人之宅』。其得名舊矣。

銀青光禄大夫陳憲墓誌銘 開元十四年十一月

右《銀青光禄大夫陳憲墓誌銘》，在偃師縣學宫。憲年卅鄉貢進士，對策上第。以開元十三年九月廿五日薨，春秋七十八。則年卅當儀鳳二年也。拜右臺殿□侍御史，崔湜《御史臺精舍碑》皆記左臺，故殿中侍御史無憲名。

端州石室記 開元十五年正月

右《端州石室記》，在肇慶府北七星巖。《太平寰宇記》：『《南越志》云：高要有石室，自生風煙。南北二門，狀如人巧。意者以爲神仙之下都，因名爲嵩臺。北海李邕有記，鐫石存焉。』即此碑。《元和郡縣志》：石室山在端州高要縣北五里。

雲居寺石浮圖銘 開元十五年二月

右《雲居寺石浮圖銘》，在易州。太原王大悦撰。碑稱鄭氏字玄泰，今范陽人。《新唐書・地理志》無范陽縣。《元和郡縣志》：范陽故城，秦范陽縣也。在易州易縣東南六十二里，以在范水之陽，故名。

道安禪師碑 開元十五年十月

右《道安禪師碑》，在登封縣嵩山會善寺。《寶刻類編》稱此碑宋儋撰并行書，李鎬題額。今姓名俱殘泐不可辨。

嵩岳少林寺碑 開元十六年七月

右《嵩岳少林寺碑》，在登封縣少林寺鐘樓下。碑前題『銀青光禄大夫、守吏部尚書、上柱國，正平縣開國子裴漼文并書』。兩《唐書》本傳稱漼早與張説特相友善。時説在相位，數稱薦之，漼又善於敷奏，上亦嘉重焉。由是擢拜吏部尚書。卒，謚曰懿。俱不言正平縣開國子。唯《新唐書・宰相世系表》稱『正平懿公』，與碑同。

開元寺陁羅尼經幢 開元十六年十一月

右《開元寺陁羅尼經幢》，在隴州。前書『佛説六門陁羅尼經幢』，後書《佛頂尊勝陁羅尼經》，以《一切經音義》所釋《六門陁羅尼經》校之，字句皆同。末題『大唐開元十六年，歲次戊辰十一月甲午朔八日乙丑』，《舊唐書·玄宗本紀》，是年十一月癸巳朔，若依碑作甲午朔，八日亦當爲辛丑。今作乙丑，知書者誤也。

敬節法師塔銘 開元十七年七月

右《敬節法師塔銘》，在咸寧縣杜永村。碑稱：『法師俗姓盧，諱敬節，范陽人。以開元十七年七月十五日終於私房，春秋七十有五。窆於神和原。』《隆闡法師碑》亦云『遂於鳳城南神和原崇靈塔』也。神和原亦當時僧衆攢葬之所。

興聖寺尼法澄塔銘 開元十七年十一月

右《興聖寺尼法澄塔銘》，在咸寧縣城外馬頭寺。碑稱法師諱法澄，字无所得。俗姓孫氏，樂安人。祖榮，涪州刺史。父同，同州馮翊縣令。法師託事蔣王，求爲離俗。遂於上元二年出家。蔣王者，太宗第七子蔣王惲也。又云：如意之歲，淫刑肆逞，誣及法師。將扶汝南，謀其義舉，坐入宫掖。兩《唐書·武后本紀》如意年俱不載此事。且其時諸王無封汝南者，未知所指爲何人。碑爲宗正卿、上柱國、嗣彭王志暕撰。兩《唐書》志暕俱附見《彭王元則傳》。神龍中初封嗣彭王。開元中宗正卿。

平津讀碑記卷六

唐

麓山寺碑 開元十八年九月

右《麓山寺碑》，在長沙府嶽麓書院。碑爲李邕撰書。諸家皆稱爲『嶽麓寺碑』，已缺三塊，文不能全。讀碑，稱隨侍中、鎮南、晋安王、樂陽王並佛性森然。《金石萃編》云：『《隋書》諸王傳無晋安、樂陽二王，惟《陳書》有世祖第六子伯恭，立爲晋安王。而樂陽無考。頤煊案：《陳書》：高祖第十六子叔慎封岳陽王，禎明元年出爲湘州刺史。當即其人。以『樂』作『岳』，蓋史之誤。

佛頂尊勝陁羅尼經幢 開元十九十一月

右《佛頂尊勝陁羅尼經幢》，在鞏縣净土寺。有『開元十九年左率府長史王元明建立。大中八年僧太初再立。乾祐年穆暹重立』題字。前有《陁羅尼經序》，稱此經永淳二年至西京，大帝遂將其本入内，請日照三藏法師及勅司賓寺典令杜行顗等共譯此經。此在玄奘梵本後，故沙門玄應撰《一切經音義》不載此經。以别刻經幢證之，『典令』當作『典客令』。

青州雲門山功德銘 開元十九年

右《青州雲門山功德銘》，在益都縣。前題『承議郎、行益都縣令唐道周』。文云：『六代祖後魏使持節、青州諸軍事、青州刺史諱輪，作牧慈仁，道被東夏。逮從祖諱季卿，剖苻□□，大庇□人。暨紉□□貞休□□是邦，纂□丕烈。』貞休爲萊州刺史，已見前《德政碑》。《新唐書·宰相世系表》：輪字文轉，青州刺史。《北史》作倫，附見其子永傳。以《貞休德政碑》推之，輪爲貞休四世祖，則貞休亦道周之從祖也。

代國長公主碑 開元二十二年十二月

右《代國長公主碑》，在蒲城縣。碑稱公主睿宗第四女。《新唐書》傳作第五女。以傳重出荆山公主，本不在數中也。公主母曰肅明皇后劉氏。《新唐書》睿宗六子，肅明皇后生。憲昭成皇后生玄宗皇帝。碑云：『聖上愛切同生。』是同父，非同母也。碑又稱則天太后御明堂宴，聖上年六歲，爲楚王舞，長命□□年十一爲皇孫，作《安公子》。岐王年五歲，爲衛王弄《蘭陵王》，兼爲行王詞曰：衛王入場，咒願神聖神皇萬歲，孫子成行。《安公子》曲名，《蘭陵王》舞名，俱見《教坊記》。《宋文鑑》有《小兒勾隊》《小兒致語》，當即其遺制。然玄宗六歲即諳歌舞，他日廣設梨園，荒淫無度，卒致禄山之亂，其禍有自來矣。

北嶽廹廟碑并陰 開元二十三年閏十一月

右《北嶽廹廟碑》，在曲陽縣北嶽廟。『廹』即『神』字。碑稱：『使持節、刺史段公字崇簡。』《新唐書·地理志》：曲陽縣屬定州，則刺史者定州之刺史也。碑陰又稱段公諱愔字崇簡，五代祖榮字子茂，四代祖龍字孝先，曾王父濟字德堪。段榮、段韶、段濟《北史》《北齊書》皆有傳。其歷官與碑所述畧同。王父乾字寶元，唐刑部郎中，遷給事中、刑部侍郎、尚書左右丞、洛州刺史。烈考嗣皇，韓王府功曹、潤州司士、滄州東光縣令。《元和姓纂》：段榮，後魏定秦二州刺史。生孝先名韶，北齊大宰、左丞相、平原忠武王。寶元尚書左丞、刑部侍郎、大理少卿。生嗣基，東光令。嗣基生崇簡，右衛將軍，鄭州刺史。嗣基即嗣皇，崇簡即愔，唯韶下脱濟一代。又寶元作『寶積、元』，皆今本《姓纂》傳寫之譌。

元氏令龐履温碑 開元二十四年二月

右《元氏令龐履温碑》，在元氏縣西寺。碑稱君姓龐氏，名履温，字若水，南安人。曾祖卿惲，左武侯大將軍，封□國公，食實封四百户，贈幽平燕易嬀檀等六州諸軍事、幽州刺史，謚曰肅。祖同福，并州大都督府司馬、饒州刺史、左衛將軍、安北都護。考□訓，通事舍人、鄭州司馬、贊善大夫、率更令、將作少監。《舊唐書》龐卿惲附在《劉文静傳》：從太宗討隱太子有功，累拜右驍衛將軍，封邾國公。尋卒，追封濮國公。子同善，官至右金吾大將軍。而不言同福。《元和姓纂》卿惲謚作仲惲，唐左武侯大將軍，濮國肅公。生同善、同福。同福饒州刺史，生承訓。皆與碑合。

慈州刺史鄭曾碑 開元二十四年六月

右《慈州刺史鄭曾碑》，在滎澤縣。《新唐書·宰相世系表》鄭曾三子。長裕，許州刺史。景復，殿中侍御史。景融。碑稱長曰長裕，國子司業。次子□□，歷□部郎中，中書舍人，鴻臚□、太常□少卿，□□□侍郎。曾似止有二子。又次子下泐者，諦視似少字，名亦與表不同。

華嶽李憺題名 開元二十四年六月

右《華嶽李憺題名》，在華陰縣。《唐會要》稱先天二年詔：往者計户充兵，使二十一入募，六十出軍，既憚劬勞，咸欲逃匿。自今已後，羽林飛騎先於衛士中簡擇。李憺結銜稱『簡募飛騎使』，即其官。

大智禪師碑 開元二十四年九月

右《大智禪師碑》，在西安府學宫。禪師見《舊唐書·方伎傳》，稱開元十一年從駕往東都。碑作『十三年，皇帝東巡河洛，特令赴都』。《玄宗本紀》開元十一年北都巡狩，未嘗至東都。十三年二月戊午，幸龍門。十月，東封泰山，發自東都。禪師從駕當在此時。《方伎傳》『十一年』是『十三年』之譌。又碑稱『太僕卿濮陽杜昱』，《新唐書·宰相世系表》濮陽杜氏有杜昱，給事中。

齊州神寶寺碑 開元二十四年十月

右《齊州神寶寺碑》，在長清縣神寶寺。碑云刺史盧諱全義，《新唐書·宰相世系表》有盧全義，臨汝太守。未知即此人否。有山茌縣□令，《新唐書·地理志》長清縣貞觀十七年屬齊州，武德二年析置山茌縣。其時神寶寺屬山茌不屬長清。碑側刻《佛説蜜多心經》一卷。

贈太師忠獻公裴光庭碑并陰 開元二十四年十一月

右《贈太師忠獻公裴光庭碑》，在聞喜縣。據《集古録目》，碑爲中書令、集賢院學士張九齡奉勅撰。玄宗御書，侍中裴耀卿題。御書字今碑前題『金紫光禄大夫、侍中、弘文館學士、上柱國、□山縣開國男臣裴耀卿』字尚可辨。《文苑英華》有此碑，《新唐書》本傳：『武后召入宮爲御正，累遷太常丞。』《舊唐書》亦同。碑題云『弘文館學生，神龍中明經擢第，授家令寺丞，轉太常丞』，與史異。碑云薨於京師平康里之私第。《長安志》：侍中裴光庭宅在平康坊南門之西。

臨高寺碑 開元二十五年四月

右《臨高寺碑》，在閿鄉縣。《尚書大傳》『胥』作『睊』，《石壁寺鐵彌勒像頌》借『葺』作『葺』，此碑復借『葺』作『葺』，其誤甚矣。『霆』即『霆』字。《中州金石記》釋『砰』作『碎』，亦誤。

景賢大師塔記 開元二十五年八月

右《景賢大師塔記》，在登封縣嵩山會善寺。碑『囧然照洗』，『囧』即『淵』字。北魏《張猛龍碑》：『猛龍字神囧』字亦如此作。

廣化寺無畏不空法師塔記 開元二十五年八月

右《廣化寺無畏不空法師塔記》，在咸陽縣。無畏、不空本二人，此記合作一人。又引《資治通鑑》稱貞觀爲真觀，是避宋仁宗諱。其爲後人僞撰。錢辛楣少詹論之最詳。

周太師蜀國公尉遲迥廟碑 開元二十六年正月

右《周太師蜀國公尉遲迥廟碑》，在彰德府城北門内。歐陽棐《集古録目》云：『前華州鄭縣尉閻伯璵撰序。』《廣川書跋》以爲成伯璵。今諦視此碑，結銜下『閻伯』二字尚可辨。『璵』字亦半存。《廣川》之言非矣。《元和姓纂》：廣平閻氏本常山人，懿道生伯璵，刑部侍郎。

開元寺貞禪師塔銘 開元二十六年七月

右《開元寺貞禪師塔銘》，在汝州。其書『和尚』作『和上』，與《比丘尼惠源誌銘》、《石壁寺鐵彌勒像頌》同。

玄宗御注道德經 開元二十六年十月

右《玄宗御注道德經》，在易州。《封氏聞見記》：『開元二十一年，明皇親注老子《道德經》，令學者習之。』當時所刻不止一本。《集古録》、《金石録》所載懷州本，明歸震川所跋邢州本今皆不可見。唯此易州本存矣。經後有『易州刺史田仁畹、别駕周憲、長史鄭景宣、司馬杜欽賢等建立』銜名，以《田公德政碑》考之，開元二十四年除易州刺史，此在其到任後二年。

易州鐵像頌 開元二十七年五月

右《易州鐵像頌》，在易州。碑末云：『置縣三，五廻、樓亭、板城。』《舊唐書·地理志》：『開元二十三年，分置五廻、樓亭、板城三縣。』《唐會要》：五廻縣，開元二十三年三月十六日置。《地理志》以爲即刺史盧暉所奏樓亭、板城二縣。天寶後廢。《水經注》：淶水又逕樓亭北，左屬白澗溪水，縣常以此得名。

易州刺史田琬德政碑 開元二十八年十月

右《易州刺史田琬德政碑》，在保定府蓮池書院。易州《御注道德經》後諸臣銜名稱『田仁琬』，此碑稱公名琬字正勤，疑是其後改名。陸德明《經典釋文序録》稱《齊詩》久亡，《魯詩》不過江東，《韓詩》雖在，人無傳者。《隋書·經籍志》亦云：《齊詩》魏代已亡，《魯詩》亡於西晉，《韓詩》雖存，無傳之者。此碑云：『公弱冠遊太學，尋師授《韓詩》、《曲禮》。』其時《韓詩》尚有傳人。《毛詩·雲漢篇》『如惔如焚』此碑作『如炎如焚』其即《韓詩》歟？

莒國公唐儉碑

右《莒國公唐儉碑》，在醴泉縣昭陵。碑載儉歷官俱與兩《唐書》本傳相同。唯檢校黄門侍郎，封莒國公，兩傳在使突厥前，碑則在使突厥還後。又爲天策府長史後，碑以公爲幽州道安撫使，兩傳皆不載。碑下截失搨十五字。兩傳儉卒年七十八，《金石萃編》拓本作春秋六十有八。惜不得一校證之。碑三十八行，行八十四字。久無全拓本矣。當與錢辛楣所藏拓本對之，敝篋所存尚較多百數十字。其廿六行末云『春秋七十有八』。《金石萃編》不足據。覃谿。

石壁寺鐵彌勒像頌 開元二十九年六月

右《石壁寺鐵彌勒像頌》，在交城縣永寧寺。碑云：『石壁谷隨隸西壽陽縣，唐改壽陽爲文水。先朝分置交城，而立寺焉。』其云先朝者，謂隋也。《舊唐書·地理志》：交城，隋分晋陽縣置，取縣西北古交城爲名。《元和郡縣志》亦云：開皇十六年，分晋陽縣置交城縣。據碑，交城縣由壽陽縣分置。《地理志·郡縣志》『晋陽』皆『壽陽』之譌。當以碑爲正。

夢見真容碑 開元二十九年六月

右《夢見真容碑》，在易州。前刻『開元廿九年閏四月廿一日勑旨』，後刻『博州刺史李成裕真容應見記』，題『武功蘇靈芝書』。《唐大詔令集》有《玄元皇帝臨降勑》，稱玄宗以夢見老子真容，令所司即寫真容，分使送諸道採訪使，令當道州轉送開元觀安置。故諸州皆有《夢見真容碑》，此其一也。

金仙長公主碑

右《金仙長公主碑》，在蒲城縣橋陵。睿宗第八女。《新唐書》本傳：太極元年與玉真公主皆爲道士，築觀京師。《長安志》以爲景雲元年，據碑，金仙度爲女道士在丙午之歲，神龍二年。錢辛楣少詹謂《唐書·百官志》皇姑爲大長公主，姊爲長公主，女爲公主，獨不及皇妹。諸碑刻代國、鄎國、涼國、金仙俱號長公主，未必皆爲明皇之姊。頤煊考《代國碑》云：『睿宗皇帝之第四女，今上之仲妹。』又云：『則天太后御明堂宴，聖上年六歲，公主年四歲。』睿宗諸女代國第四，涼國第五，鄎國第七，金仙第八。則自代國以下皆明皇之妹。其得封長公主者，明姊妹同也。然《金仙碑》第言春秋四十四，其薨年已泐。以諸碑考之，代國開元廿二年薨，年四十八。涼國開元十二年薨，年三十八。鄎國開元十三年薨，年三十七。則涼國與代國同歲，鄎國少代國二歲。金仙亦當相去不遠。則其薨時春秋四十四，亦當在開元廿一年以後數年之間。

内侍省功德碑

右《内侍省功德碑》，在洛陽縣龍門山。碑爲内侍高力士等一百□□爲大唐開元神武皇帝造像而作。《舊唐書·職官志》：内侍省，内侍從四品上。内常侍正五品下。内給事從五品下。内謁者監正六品下。掖庭局令從七品下。宫闈局給使無官品。碑題名前後皆依官品書之。

虢國公造像記

右《虢國公造像記》，在洛陽縣龍門山。虢國公爲宦者楊思勗，已見前《楊花臺銘》。此碑虢國公下尚有『勗』字下半可辨。碑末題『開元□□□□四月廿三日』，又有『□□郎□□□騎都尉、直集賢院張□□□』，未詳何人。

佛頂尊勝陀羅尼經幢

右《佛頂尊勝陀羅尼經幢》，不知所在。第一面上有『上爲開元神武皇帝』八字，不題年月。『經序』稱：『司賓寺典客令杜行顗』《舊唐書·職官志》：鴻臚寺，光宅曰司賓。《唐會要》：延載元年勅天下僧尼隸祠部，不須屬司賓。司賓寺即鴻臚寺舊名。

雲麾將軍李秀殘碑 天寶元年正月

右《雲麾將軍李秀殘碑》，在順天府文丞相祠。碑爲李邕撰書。見趙氏《金石録》。舊在良鄉縣學，後徙置宛平縣署，又移置今所。僅二斷石，存姓名年月俱不可考矣。

鄂州刺史盧正道碑 天寶元年二月

右《鄂州刺史盧正道碑》，在洛陽縣許家營。正道爲洛州滎陽縣令。識法師等爲立清德碑，已見前。此則神道碑也。碑稱正道除洛州新安宰，以犯諱，更滎陽。唐律文：諸府號官稱犯祖父名而冒榮居之，徒一年。正道父諱安壽，故更滎陽。正道子，碑可辨者有叔子徹，太原府士曹參軍。季子曉，□州司馬。《新唐書·宰相世系表》不載。

告華嶽府君文 天寶元年四月

右《告華嶽府君文》，在華陰縣西嶽廟。右補闕韓賞撰，諸王侍書、榮王府司馬韓擇木書。《元和姓纂》：京兆尹朝宗生賞，給事中。稱昌黎，潛後代居雲陽。又有廣陵，禮部員外韓擇木。狀云本潁川人。然則賞與擇木同姓而不同系者也。

兖公之頌 天寶元年四月

右《兖公之頌》，在曲阜縣孔子廟。碑云『服膺蟻術』，《禮記·學記篇》：『蛾子時術之。』陸德明《釋文》云：『蛾或作蟻。』此作『蟻術』，尚是六朝舊本。又云『刻鶴見嗤』，『刻鶴』即『刻鵠』，古『鵠』、『鶴』二字多通用。

吏部南曹石幢 天寶元年九月

右《吏部南曹石幢》，在鄠縣草堂寺。題『秘書省正字左光胤撰序，醴泉縣丞尹匡祚撰頌』。其稱濮陽摯宗、太原王彦昇等，皆天官曹之令史也。後刻《佛頂尊勝陁羅尼經》，又有梁貞明二年張虔斌重建題字。

靈都觀張尊師碑 天寶二年六月

右《靈都觀張尊師碑》，在濟源縣。碑稱尊師諱探玄，字體微，正一真人道陵師君之胄。開元初補西京景龍觀大德。《長安志》：景龍觀本長寧公主第，在崇仁坊西南隅。天寶十三載始改爲玄真觀。

慶唐觀金籙齋頌 天寶二年十月

右《慶唐觀金籙齋頌》，在浮山縣龍角山。《元和郡縣志》：老君祠在神山縣東南二十里。武德三年見神於羊角山下語曲沃縣人吉善行曰：『報大唐天子，得聖治一千年。』其年，勑遣通事舍人柳憲立祠。因改縣爲神山。即此觀也。《文苑英華》有此文，以碑考之，刊本固多譌舛。然『粤若聖祖』碑作『祖聖』，『乃今昇平永配』，碑作『配永』，『非夫至道』碑作『至至』，『至教遂興』碑作『至孝』，『以奉至尊』碑重出『至尊』二字，當由俗工重刻，故有此譌。太守裴眺、篹碑人崔明允俱見《新唐書·宰相世系表》。

實際寺隆闡法師碑 天寶二年十二月

右《實際寺隆闡法師碑》，在西安府學宫。碑稱法師諱懷惲，俗姓張，南陽人。以大足元年十月廿二日卒。神龍元年《贈隆闡法師勑》云：『雖已歸寂滅，無待於褒揚；然寵洽友于，無忘於縟禮。』似尚有兄弟官於朝。惜碑不書。

嵩陽觀紀聖德感應頌 天寶三載二月

右《嵩陽觀紀聖德感應頌》，在登封縣嵩陽書院。裴迥結銜稱『守河南尹、河南水陸運使』。《唐會要》：開元二年閏二月，陝郡刺史李傑除河南少尹，充水陸運使。至三年九月畢構爲河南尹，不帶水陸運使。天寶三載十一月，李齊物爲河南尹，又帶水陸運使。至元和六年十月始停。

騎都尉薛良佐塔銘 天寶三載閏二月

右《騎都尉薛良佐塔銘》，在長安縣。碑爲再從兄鈞撰，弟良史書。碑稱曾祖待聘，皇右千牛、通事舍人。《新唐書·宰相世系表》有薛待聘而不言其歷官，又有曾孫良史，杞王傅，而無良佐。鈞亦見《宰相世系表》。

石臺孝經 天寶四載九月

右《石臺孝經》，在西安府學宫。經後有國子祭酒李齊古上表，玄宗批答，右相李林甫等銜名。林甫以左僕射不書姓。表云：『謹打石臺《孝經》，本分爲上下兩卷。謹於光順門奏獻兩本以聞。』《玉海》引《實録》：『高宗龍朔三年十月辛巳，詔皇太子五日一至光順門。監諸司奏事。』光順門在紫宸殿右。

琵琶泓詩 天寶五載五月

右《琵琶泓詩》，在鳳臺縣。詩序字皆左行，末題『天寶五載夏五月廿一日，朝請大夫、守高平郡别駕權澈詞』。獨孤及有《高平别駕權紉明碑》，稱澈殁於天寶六載秋八月。蓋澈作是詩後次年即殁於其任。澈殁春秋六十四，故詩有『咨予白髮年，始佐丹水曲』之句。

净藏禪師塔銘 天寶五載十月

右《净藏禪師塔銘》，在登封縣會善寺。碑稱『遂往韶郡，詣能和上』，即弘忍弟子南宗慧能，禪家所謂六祖也。《舊唐書·方伎傳》：達摩傳慧可，慧可傳璨，璨傳道信，道信傳弘忍。碑云『可粲信忍，宗旨密傳』，謂此。

逸人竇居士神道碑　天寶六載二月

右《逸人竇居士神道碑》，在三原縣。居士季子元禮，黎園教坊使、行内侍省内侍。《新唐書·百官志》：武德後置内教坊於禁中。開元二年，又置内教坊於蓬萊宮側。京都至左右教坊，掌俳優雜伎。自是不隸太常，以中官爲教坊使。

青帝觀朝請大夫□□造像記　天寶六載四月

右《青帝觀朝請大夫□□造像記》，在泰安縣泰山。上碑殘泐，所存字無幾。前題『□朝請大夫、行内謁者監□□』，後題『天寶六秊歲次丁亥四月景午朔□□』，又有『敬造太山』等字可辨。其改『載』作『秊』，未審何義。

遊濟瀆記

右《遊濟瀆記》，在濟源縣。文云：『軹縣西北數十里，濟水出焉。』《元和郡縣志》：開皇十六年分軹縣，置濟源縣。濟水在濟源縣西北三里。《新唐書·地理志》：貞觀元年省懷州之軹縣入焉。天寶時軹縣已廢，此記所稱，尚是舊軹縣城。

宴濟瀆序 天寶六載十二月

右《宴濟瀆序》，在濟源縣。即刻在前記之陽。前記題『吏部侍郎達奚珣文』，此序題『吏部侍郎達奚珣詞』，『文』、『詞』一也。前記不言同遊之人，此記有新安主簿高侯、濟源宰寇公。《毛詩》『不遠伊邇』，此序『邇』作『爾』。

北嶽恒山封安天王銘并陰 天寶七載五月

右《北嶽恒山封安天王銘》，在曲陽縣北嶽廟。恒山在恒陽縣，屬定州。天寶元年改定州爲博陵郡。故此碑稱『博陵郡北嶽恒山』。《新唐書·地理志》博陵郡屬河北道。《安禄山傳》：天寶三年代裴寬爲范陽節度、河北採訪使。故碑前列安禄山銜名與《北嶽廟碑》列張守珪銜名其例正同。《唐六典》：『諸軍各置使一人，其横海、高陽、唐興、恒陽、北平五軍皆本州刺史爲使。』博陵郡有北平軍，故此碑賈日循以博陵郡太守帶北平軍使，《廟碑》段愔以定州刺史帶北平軍使，皆其本職。《新唐書·地理志》：博陵郡領縣十，《舊唐書》作領縣十一。碑陰列博陵郡屬縣令，亦止十縣，而無安險縣，與《元和郡縣志》同。是《舊唐書》誤也。

吏部常選潘智昭墓誌銘 天寶七載七月

右《吏部常選潘智昭墓誌銘》，在長安縣。碑稱『曉陰陽義，通挈壺術，事瞿曇監，侍一行師』。《新唐書·藝文志》：《大唐開元占經》百二十卷，瞿曇悉達集。又《曆志》：《九執曆》出於西域，開元六年詔太史監瞿曇悉達譯之。此稱瞿曇監者即其人。

東平太守章仇玄素碑 天寶七載十月

右《東平太守章仇玄素碑》，在濟寧州耿務村。碑已裂爲三，又字俱磨滅。可辨者僅廿餘字。國初葉林宗《金石文隨録》載此碑尚可讀。玄素爲劒南節度使章仇兼瓊之父。祖孝方，博陵郡録事參軍。曾祖□政，萊州□□。高祖夔，魏郡太守。俱見於此碑。宋鄧名世《古今姓氏書》：天寶劒南東川節度使、户部尚書章仇兼瓊代居兖州，生湛。可補此碑之闕。

丁思禮造像記 天寶八載七月

右《丁思禮造像記》，在沛縣崇勝寺。碑上截《心經》，中截造像記。稱丁思禮碩德純孝，諒直彰仁。妻朱氏芳蘭佳秀，智炬恒暉。往因東邁，路過灰溝，見古碑隳壞彌極，遂發願言，敬鐫阿彌陁佛一鋪，《密多心經》一卷。《金石萃編》以爲大曆八年立，非也。下截有『治平二年』、『崇寧元年』題字。

少林寺靈運禪師塔銘 天寶九載四月

右《少林寺靈運禪師塔銘》，在登封縣少林寺。題『宣德郎、試大理評事崔琪撰』。《新唐書·宰相世系表》：崔琪字庭秀。不言所歷之官。又其時稍後，當別是一人。

尊勝陁羅尼經幢 天寶九載八月

右《尊勝陁羅尼經幢》，在登封縣永泰寺。東西兩幢。東幢末題『大唐天寶九載歲次庚寅八月丁巳朔廿九日乙酉建，弘農楊慎行書』，又有『施主張超』等題字。西幢後半已磨滅。《金石考》謂嵩山隱士高岑書。

古井記 天寶九載十月

右《古井記》，在費縣。文云：『天寶九載冬十月，尉趙光乘撿挍造。因勒銘云：費城之井，昭然道周。土缶舊得，石幹今修。徵大易之不改，垂一善於千秋。』後有紹聖四年逢完題字。《史記·孔子世家》：『季桓子穿井，得土缶若羊。』王肅《家語》云：『桓子穿井於費，得物如土缶。』費城因有此井。近年始訪得之。

靈都觀劉尊師碑　天寶十一載二月

右《靈都觀劉尊師碑》，在濟源縣。碑前已殘泐，末題『檢校覆鐫字姪劉玄覺』，則知尊師姓劉。碑稱：『奉玉真公主教，請詣中岳興唐觀校定經籙。』又云：『至天寶六載，玉真公主已捨館陶之封，卜居平陽之洞。遂於仙人臺下建立山居。』前《靈都觀張尊師碑》亦云：『清虛洞宮，古老相傳曰仙人臺。玉真公主於臺下構舘。皇帝題曰「平陽洞府小有仙臺」，又於山門別置金榜，爲靈都觀。』《唐會要》唯稱玉真公主入道京城，置觀在輔興坊，寗悌、魏知古皆諫。而不言靈都觀。得此兩碑足補史家之闕。

中岳永泰寺碑　天寶十一載閏三月

右《中岳永泰寺碑》，在登封縣永泰寺。碑稱『寺創自後魏正光二載，孝明帝之賢妹出俗爲尼，勅置爲明練寺。後寺廢。神龍二載，嵩岳寺僧道瑩奏爲永泰公主於前件故伽藍置寺一所。請以「永泰」爲名』。《新唐書·諸公主傳》：永泰公主，中宗第六女，以郡主下嫁武延基。大足中忤張易之，爲武后所殺。帝追贈，以禮改葬。寺僧因有此請，即碑所謂『二聖痛金娥之殞，兆人興玉碎之悲』。《金石萃編》以永泰公主爲孝明之妹，誤矣。

千福寺多寶塔感應碑 天寶十一載四月

右《千福寺多寶塔感應碑》，在西安府學宫。《長安志》：『千福寺在安定坊東南隅，本章懷太子宅。咸亨四年捨宅立爲寺。』而不言有多寶佛塔，蓋其亡久矣。碑稱許王瓘，《新唐書·高宗諸子傳》：『許王素節，載初中爲武承嗣所誣，追逮至龍門驛被縊。中宗復位，追故封。又詔瓘嗣王，實封户四百。開元初，瓘爲衛尉卿，以抑上金子不得封，貶鄂州别駕。』此稱『許王瓘』，尚是其未貶以前事。

夫子廟堂記 天寶十一載四月

右《夫子廟堂記》，在山西□縣。前題『駕部郎中程浩撰，朝議郎、判尚書武部員外郎琅邪顔真卿書，朝散大夫、檢校尚書都官郎中東海徐浩篆額』，末題『天寶十一載歲次壬辰四月乙丑朔廿二日丙戌建』。《唐會要》：『天寶十一載二月二十八日，改兵部曰武部，駕部曰司駕。』程浩撰此記當在二月二十八日以前。魯公書又當在二十八日以後。此記本刻在扶風縣。《文苑英華》《唐文粹》載浩此記俱題作《鳳翔府扶風縣文宣王新廟記》。後人愛魯公之書，删去『扶風古縣也』以下一段，所在重刻，其見於世者有湖州、華州諸石。《文苑英華》《唐文粹》末題『大曆二年某月記』，當是後人重刻年月，編書者誤以爲撰碑年月，連屬於下耳。

夫子廟堂記殘碑

右《夫子廟堂記殘碑》，在華州。自『覆載日月』起至『以親家國』止，僅存七十一字。前有『員外郎琅邪顔真卿書，都官郎中徐浩字』，與山西本同。或指爲扶風原石，非也。碑末有『少華探花王氏家藏』八字。

雲門山投龍璧詩 天寶十一載十一月

右《雲門山投龍璧詩》，在益都縣。碑首殘泐。《山左金石志》據《全唐詩》所載『辜月』上有『有唐天寶玄默歲』七字定爲天寶十一載所刻。《詩序》爲北海郡太守趙居貞作。居貞《新唐書》附見《趙冬曦傳》，稱居貞擢進士第，吴郡採訪使。《元和姓纂》：居貞比部員外郎。皆不言爲北海太守，亦闕文。

依智□造像記 天寶十二載二月

右《依智□造像記》，在益都縣雲門山。又有一行題云：『故人依六妻宫清讓敬造無量壽像一軀。』《姓氏急就篇》：《國語》黄帝十二子有依姓。

玉真公主靈壇祥應記 天寶十二載五月

右《玉真公主靈壇祥應記》，在濟源縣。碑稱『公主年十二歲，當景雲之初，始受□道於括蒼羅浮真人越國葉公。』不載羅浮真人之號。《新唐書·玉真公主傳》：『薨寶應時。』則公主當生於聖曆二年，其薨時年六十四。《舊唐書·葉法善傳》：『先天二年，拜鴻臚卿，封越國公。』

贈武部尚書楊珣碑 天寶十二載八月

右《贈武部尚書楊珣碑》，在扶風縣法門寺。珣爲楊國忠父，故此碑玄宗御製御書。肅宗爲皇太子，奉勅題額。《金石録》云：『《唐史·宰相世系表》，楊珣爲友諒子。今碑乃云志謙子，疑史誤。』案：表令本生友諒、志謙。志謙生玄琰，玄琰生女爲貴妃。貴妃於國忠爲同曾祖兄弟。若以珣爲志謙子，則貴妃於國忠爲同祖兄弟矣。疑當時國忠冒榮，稱與貴妃同祖，故以珣爲志謙子若承嗣者。碑未必實，史未必誤也。《舊唐書·楊國忠傳》，則天朝幸臣張易之即國忠之舅。碑云珣夫人張氏，希臧之次女。希臧，易之父。亦與史合。

王玄素造像記

右《王玄素造像記》，在益都縣雲門山前。題『性千秋供養性哥悟供養』。《古今姓氏書》：《姓苑》有性氏。

柘城令李仲華德政碑　天寶十三載五月

右《柘城令李仲華德政碑》，在柘城縣。碑稱仲華太翁雲將，皇給事中、常州刺史，與房玄齡等十八學士曳裾秦邸。王父玄道，皇尚書右丞、隴州刺史。昭考絳，皇職方郎中、滑州刺史。碑敘太翁於王父之前，是以太翁爲曾祖也。《舊唐書》十八學士見《褚亮傳》，有李玄道而無李雲將。李玄道亦附《褚亮傳》後。稱玄道爲常州刺史，貞觀三年表請致仕。子雲將知名，官至尚書左丞。《新唐書·宰相世系表》：玄道子雲將，雲將子絳。是玄道爲仲華曾祖。雲將爲仲華之祖。碑誤乙。

東方朔畫贊　天寶十三載十二月

右《東方朔畫贊》，在陵縣署中。陵縣舊德州治。碑云：魏建安中，分厭次爲樂陵郡。樂陵置郡，《後漢書·獻帝紀》《三國志·武帝紀》《續漢書·郡國志》皆不載。唯《三國志·費詩傳》：『王冲懼罪降魏，魏以爲樂陵太守。』是樂陵置郡之證。《集古録》云：『贊在《文選》中。』今較《選》本，二字不同。《選》本曰『棄俗登仙』，而此云『棄世』。《選》本曰『神交造化』，而此云『神友』。以今《選》本校之，『遊方之外者也』，《選》本『也』作『已』。『忽恍不可備論』，

《選》本『忽』作『惚』。『處儉囚憂』，《選》本『儉』作『淪』，又作『倫』。此又歐陽氏所未及見也。

少林寺神王師子記　天寶十四載八月

右《少林寺神王師子記》，在登封縣少林寺。僧義將前後兩狀末皆云：『謹詣光政門，奉狀以聞。』《唐六典》：『東都皇宮在皇城之北，南面三門，中曰應天，左曰興教，右曰光政。』前勑久視元年九月十三日，後勑久視元年九月廿九日。《舊唐書·武后本紀》是年七月至自三陽，據此碑九月尚在東都，史不書者，闕文也。

遊擊將軍張希古墓誌銘　天寶十五載四月

右《遊擊將軍張希古墓誌銘》，在吴縣畢秋帆尚書家。結銜稱『守左衛馬邑郡尚德府折衝都尉』。《新唐書·地理志》：朔州馬邑郡不載尚德府。《王方翼傳》：『方翼坐事，下遷朔州尚德府果毅』，可與此碑相證。

平津讀碑記卷七

唐

憫忠寺寶塔頌 至德二載

右《憫忠寺寶塔頌》，在京師憫忠寺。《舊唐書·史思明傳》稱思明來降，肅宗大悦，封歸義王、范陽長史、御史大夫。《肅宗本紀》思明之降在至德二載十二月己丑。此頌建於至德二載十一月十五日，已稱御史大夫史思明，則御史大夫當亦安禄山僞授所有。《肅宗本紀》：至德三載正月戊寅，上皇御宣政殿，册皇帝尊號曰『光天文武大聖孝感皇帝』。此頌已稱『大唐光天大聖孝感皇帝』。《史思明傳》亦云未降之前，耿仁智謂思明曰『今聞孝感皇帝聰明勇智』。《本紀》以爲三載上尊號者，疑史誤。顧亭林以爲思明誅後重刻，非也。

縉雲縣城隍廟記 乾元二年七月

右《縉雲縣城隍廟記》，在縉雲縣。李陽冰篆書乾元二年，陽冰爲縉雲縣令，禱雨有應，因遷廟於西山之巔，撰此碑。石久斷裂，宋宣和五年十月縣令吴延年得紙本重刻此碑。有題字記其旁。

華嶽丘據題名 寶應二年六月

右《華嶽丘據題名》，在華陰縣。文云：『陳鄭澤潞等州節度行軍司馬、殿中侍御史丘據再隨使主赴上都朝謁，往來皆虔拜神祠。時寶應二年六月八日記。』《舊唐書》本紀：『寶應二年六月癸酉朔。癸未，以陳鄭澤潞節度使李抱玉檢校司空，封武威郡王。』據所謂使主者即李抱玉也。李抱玉以六月八日過華陰嶽廟，十一日癸未至京，拜檢校司空。亦與史合。

贈工部尚書臧懷恪碑 廣德元年十月

右《贈工部尚書臧懷恪碑》，在三原縣。碑爲顔魯公撰書。《魯公文集》中載此碑。『父德』集本作『父善德』。《文苑英華》載李邕《臧懷亮碑》，懷亮爲懷恪第二兄。亦云『考德』，與碑同。集本與《紇宗碑》《臧希晏碑》俱作『善德』者，疑從後改也。子崇仁府折衝希崇。《新唐書・地理志》無崇仁府。《臧懷亮碑》又有鴻州長道府，懷州南陽府、景福府，雍州通樂府，史皆不書。

顔魯公與郭僕射書

右《顔魯公與郭僕射書》，在西安府學宫。即所謂《争坐位帖》也。觀前書，知唐時班次，宰相御史大夫兩省五品以上供奉官自爲一行，十二衛大將軍次之。三師三公令僕少師保傅尚書左右丞侍郎自爲一行，九卿三監對之。其勳官使職皆以本官入班。自李輔國倚承恩澤，徑居左右僕射及三公之上，魚朝恩復踵行之，而舊班始亂。《後書》言僕射不當擠排尚書，使居下坐。隋以前尚書僕射並是二品，故舊班三師三公尚書令左右僕射三少尚書左右丞侍郎爲一行。長安以前尚書左右僕射並是宰相，景雲以後始空除。左右僕射亦有帶平章事者，在侍中中書令之間。故列曹尚書皆不敢抗禮。亦其勢然也。

贈太保郭敬之家廟碑并陰 廣德二年十一月

右《贈太保郭敬之家廟碑》，在陝西布政司署中。敬之，汾陽王郭子儀父。《元和姓纂》：『郭榮生福善，榮弟弘道生敬君、廣慶，廣慶生昶。汾陽王子儀，云榮叔父進之後。進曾孫通生敬之。』碑則『履球生昶，昶生通，通生敬之』，與《姓纂》少異。通爲進曾孫，則履球即進子。《新唐書・宰相世系表》進下空一格者，誤也。碑陰『城皇府』，《地理志》作『成皇』。

左武衛大將軍白道生碑 永泰元年三月

右《左武衛大將軍白道生碑》，在咸寧縣。道生，南陽郡王白元光父。碑稱道生爲寧朔州刺史兼部落主，捍邊卅餘載，終于左衛大將軍，春秋六十。不書其卒之年。《文苑英華》有此碑。其子元光歷官碑字多泐，以《英華》校之，知爲朔方先鋒使、同節度副使、開府儀同三司、試太子詹事、左武衛大將軍、上柱國、南陽郡王。其爲同節慶副使、開府儀同三司、左武衛大將軍、上柱國。《新唐書·白元光傳》皆不書。

怡亭銘 永泰元年五月

右《怡亭銘》，在武昌縣北觀音巖水中。銘序李陽冰篆，銘以下并年月李莒八分。李華集中有《與弟莒書》一首，史稱李華趙郡贊皇人，此題隴西李莒，其郡望也。

陽華巖銘 永泰二年五月

右《陽華巖銘》，在祁陽縣。元結撰。瞿令問依石經三體書之。結集中有此，文字多譌舛，當以碑爲正。古文以『□』爲『清』，以『□』爲『暉』，以『□』爲『尤』，以『□』爲『節』，以『□』爲『將』，以『□』爲『官』，俱見于《汗簡》。以『□』爲『戲』，從邑，非『戲』字。

成德軍節度使李寶臣碑　永泰二年七月

右《成德軍節度使李寶臣碑》，在正定府舊察院署。碑稱『壬寅歲，寶應皇帝嗣位，我亞相張公忠志即李寶臣率東諸侯復命，授恒州刺史』。不稱寶應年號，其下稱『公牧恒元年』，又有『惟二年』、『惟三年』、『□四年』、『惟五年』、『惟六年』、『惟七年』、『惟八年』，皆自以方鎮紀年，不用廣德、永泰年號，大書刻石，當日之跋扈可知矣。

㟢臺銘　大曆二年六月

右《㟢臺銘》，在祁陽縣。不題篆書人名，審其筆跡，與《陽華巖銘》篆法相同。當亦瞿令問所書。文云：『左屬回鮮。』《爾雅》：『小山別，大山鮮。』《釋文》引李巡云：『大山少，故曰鮮。』《毛詩·公劉傳》：『巘，小山，別於大山也。』古『與』、『巘』字通用。

會善寺戒壇牒　大曆二年十一月

右《會善寺戒壇牒》，在登封縣會善寺。前《僧義𡋯乞還神王師子狀》上於東都，故末稱『謹詣光政門奉狀陳請以聞』。此則上於京師，故末稱『謹詣右銀臺門奉表陳謝以聞』。《唐六典》：『紫宸殿之東曰左銀臺門，西曰右銀臺門。』元稹詩『當年出入右銀臺，每怪春風例早迴』，李商隱詩『右銀臺路雪三尺，鳳詔裁成當直歸』皆謂此。《金石萃編》以東内苑北之銀臺門當之，非也。

李氏三墳記 大曆二年

右《李氏三墳記》，在西安府學宫。碑爲李季卿述葬其兄曜卿、叔卿、春卿三墳，李陽冰篆書。叔卿之『叔』，春卿之『春』，碑字已泐。《金石録》《寶刻叢編》有之。『訊之逢占』，《穆天子傳》：『天子獵于苹澤，其卦遇《訟》，逢公占之。』《漢書·東方朔傳贊》：『朔之詼諧，逢占射覆。』『逢占』二字本此。

李氏栖先塋記 大曆二年

右《李氏栖先塋記》，在西安府學宫。題嗣子季卿述，從子陽冰書。『子季卿』三字已泐，亦《寶刻叢編》有之。此碑爲宋大中祥符中重開，故字體不及《三墳記》。《金石萃編》拓本『迺□卜郚城左□□右』，諦視『卜』上是『虔』字，『左』下是『時』字。

謙卦碑

右《謙卦碑》，在蕪湖縣。李陽冰篆書。字重見者皆以別體書之。『謙謙君子』，上『謙』字

『勞謙君子』『君』字，《汗簡》云：『見《尚書》「謙尊而光。」』『而』字《汗簡》云出《王庶子碑》。《汗簡》云：『孫强集字。』此皆與之同，以此知少温之不妄作。

義琬禪師墓誌銘 大曆三年二月

右《義琬禪師墓誌銘》，在洛陽縣乾元寺。誌稱禪師諱義琬，字思靖，俗姓張氏。中書令汾陽郡王郭公表請賜大演禪師。又云：『請号焚葬，借威儀所由檢校。』《靈都觀張尊師碑》云：『詔爲道門威儀使。』《劉尊師碑》亦云：『道門威儀使。』釋道俱有『威儀使』。兩《唐書·職官志、百官志》俱不載。誌前題『唐故張禪師』，禪師稱姓亦始見于此碑。

浯溪銘

右《浯溪銘》，在祁陽縣。銘後有釋文并權克謹等題名。《次山集》中有此文。『淵回傍山』，集本作『淵洄巉巉』。『多石』，集本作『雙石』。『臨淵斷崖』，集本作『斷岸』。『隔溪絶壁』，集本作『夾溪』。『將老於兹』，集本作『兹地』。釋文惟『斷崖』作『斷岑』，餘俱與集本同。

㾏廎銘 大曆三年閏六月

右《㾏廎銘》，在祁陽縣。《次山集》中無此文，錢辛楣少詹謂碑書『厭』爲『㕽』，蓋取省文。

但『厭』當從甘，此卻從白，未合六書之旨。諦視此碑，『冒』字七見，皆從甘。少詹之言蓋失之。或釋『謂此可信』作『謉此可佢』，亦非。

大證禪師碑 大曆四年三月

右《大證禪師碑》，在登封縣嵩嶽寺。碑爲齊國公王縉撰，結銜稱『門下侍郎，平章事，太清、太微宫使，崇玄、弘文館大學士』。《唐會要》：『天寶元年九月，勅玄元宫在京者改爲太清宫，在東都者改爲太微宫。二年三月，勅兩京玄元宫宜委崇玄館大學士都檢校。』《新唐書・宰相表》，興元元年李勉加太清宫使，盧翰加太微宫使。並宰相之職，與此碑結銜合。

同州西河縣丞趙叡冲碑 大曆四年五月

右《同州西河縣丞趙叡冲碑》，在虞鄉縣。碑稱叡冲爲隋員外郎、散騎常侍、平東將軍、渭源公顯和之玄孫，開府儀同三司、博州刺史世立之曾孫，皇朝監察御史君煦之孫，虢王府法曹參軍徵之子。叡冲天后時應明堂大禮科，授陝州陝縣尉，終同州西河丞。二子良器、良弼。良器中書舍人，良弼陝華等七州刺史、御史中丞、浙東嶺南兩道節度使、太子賓客。孫密、邕、薰、復、縱、衮，等咸擅才業，宦成三署。兩《唐書》皆無傳。《元和姓纂》：唐監察御史趙君煦，曾孫良器、良弼。良器中書舍人，生密、邕、薰、復、縱、衮。密檢校户部員外郎、都水使者、河南少尹。復中書舍人。縱户部侍郎。《姓纂》『中書舍人』上脱『良器』二字，又寫『邕』爲『邑』，『薰』爲『董』，皆字之譌。

福興寺碑 大曆五年六月

右《福興寺碑》，在上元縣銅井村。此碑始見於《復齋碑録》，前題『尚書金部郎中、兼侍御史、上柱國潁川許登撰』。近人釋本『登』字皆泐，此諦視之尚可辨。碑云：『我天寶之末，乾柱寢折。有生逆節，乘釁江淮。乾元中暴兵至於金陵。』此當指劉展。《舊唐書·肅宗本紀》：乾元三年十一月乙丑，宋州刺史劉展赴鎮揚州。揚州長史鄧景山以兵拒之，爲展所敗。展進陷楊潤昇等州。但是年閏四月己卯改乾元爲上元，而碑猶稱乾元中，疑誤也。

華嶽蘇敦等題名 大曆五年

右《華嶽蘇敦等題名》，在華陰縣。前題『洛州司馬蘇敦，弟華陰縣令發，弟咸陽縣主簿歙，弟前華原縣丞徹，弟太常主簿敞，弟吏部常選皦，弟少府監主簿教，弟儼時年十二』。後題『大曆中發任華陰縣令，時禮部尚書河東裴公出牧鄱陽，敦與發、徹同送至此。拜謁金天，便過東驛』。末題『五年夏六月五日』。《新唐書·宰相世系表》，蘇頲八世孫敦、發、教、徹、瓛、政、儼，『瓛』即『皦』，『政』即『敞』，又不書『歙』，前後失次，不書官爵，當以此碑正之。《舊唐書·

代宗本紀》：『大曆五年五月庚辰，貶禮部尚書裴士淹爲處州刺史、户部侍郎。第五琦爲饒州刺史。』此所稱河東裴公即士淹。當貶饒州而云處州者，疑史誤或後所改命也。

龔丘縣令庾賁德政頌 大曆五年九月

右《龔丘縣令庾賁德政頌》，在寧陽縣。李陽冰篆書。『大曆五年九月三日建此木爲金，貞元三年龔丘縣令宋佑之重刻。』趙明誠《金石録》：《庾公德政碑》有陰，重摹時已佚之矣。

左金吾衛將軍臧希晏碑 大曆五年十月

右《左金吾衛將軍臧希晏碑》，在三原縣。希晏爲懷恪第六子。碑前題『張孚撰，韓秀弼書』，結銜俱可辨。《元和姓纂》：禮部員外郎韓擇木生秀榮、秀實、秀弼，秀弼國子司業，秀實太子中允。《墨池編》載秀弼八分六碑。鄭樵《金石略》載秀實八分二碑。《寶刻類編》載秀榮八分五碑。秀弼爲擇木之子，其兄弟以八分擅名也宜哉。

大唐中興頌 大曆六年六月

右《大唐中興頌》，在祁陽縣浯溪石崖。《唐文粹》載此頌，以今拓本校之，『爲惛爲妖』，《文粹》刊本『惛』作『昏』。『千麾万旗』，刊本『万』作『萬』。『復復指期』，刊本『復復』作『復服』。『蠲除祅災』，刊本『祅』作『妖』。『凶徒迸儔』，刊本『迸』作『逆』。『復復』見《漢書》，《金石文字記》已言之。《禮記・大學篇》『迸諸四夷』，《釋文》引皇注：『迸猶屏也。』《文選》注引字書：『迸，散也。』刊本作『逆儔』，誤。

觀身經銘碑　大曆六年十月

右《觀身經銘碑》，在富平縣美原鎮。前刻『清浄智慧觀身經銘』，題『三皇内景弟子永仙觀主兼檢校奉先□□威儀田名德集晋右軍王義之書』，後刻『大唐京兆府美原縣永仙觀』，碑文題『朝散大夫、兼丹州别駕、上柱國蘭陵蕭森字從政撰，并摸集王右軍書《永仙觀碑》』，即頌田名德尊師而作』。碑稱『天寶二年時縣令河東柳升』，《新唐書・宰相世系表》：柳升，長安令，柳洽之孫。

尚書右丞相文貞公宋璟碑　大曆七年九月

右《尚書右丞相文貞公宋璟碑》，在沙河縣。碑爲顔魯公撰書。碑載璟轉廣州都督，充按察、經略、討擊使。燕國公張説嘗爲碑頌，見《説集》中。題作『嶺南按察、五府經略使』，與《舊唐書・宋璟傳》同。碑側亦魯公撰書，記璟遺事并立碑始末，稱開元末，安西都護趙含章冒于貨賄，多以金帛賂朝廷之士，其後節度范陽。《元和姓纂》：范陽節度使趙含章，醴泉人。

八關齋會報德記 大曆七年

右《八關齋會報德記》，在歸德府南門亭内。記本宋州刺史徐向爲河南節度使田神功寢疾祈禳報德而作。《新唐書·田神功傳》亦載其事。徐向字文伯，衢江陳潁鄭宋六州刺史。見《辛相世系表》。

容州都督元結碑 大曆七年十一月

右《容州都督元結碑》，在魯山縣學宫。碑稱結嘗著《説楚賦》三篇。肅宗欲幸河東，獻時議三篇。家於武昌之樊口，著《自釋》以見意。今皆存集中。《猗玗子》三篇，《浪説》七篇，《漫記》十篇，集中無之。

錢塘縣丞殷府君夫人顔氏碑

右《錢塘縣丞殷府君夫人顔氏碑》，在河南府玉虚觀。碑稱夫人爲秦王記室思魯之曾孫曹王侍讀昭甫之女，秘書監元孫、太子少保惟貞之姊。以令狐峘所撰《顔魯公神道碑》考之，魯公考惟貞，祖昭甫，夫人爲魯公之姑。故碑前魯公結銜稱『第十三姪男』。殷府君名已泐。魯公先妣太夫人殷氏爲吴縣令子敬之女，秘書省學士踐猷之妹，未知殷府君爲何人。

黄石公祠記并陰 大曆八年七月

右《黄石公祠記》，在東阿縣穀城山。碑敘『天寶歲夏，六月旱甚，太守河東裴公禱雨於祠，有應。布衣趙郡李卓爲撰此記』。碑陰稱『玄宗季秊，濟陽廢而東平兼領之』。所稱河東裴公，即故郡守，名序。所題『趙郡李卓』即今臺長栖筠。然則裴序所官尚是濟陽太守，在天寶十三載以前。《舊唐書·玄宗本紀》：天寶六載自五月不雨，至秋七月庚寅始雨。濟陽之旱亦當在此歲。栖筠以大曆十一年二月辛亥卒，本傳年五十八。天寶六載年二十九。

華嶽元澄等題名 大曆八年十二月

右《華嶽元澄等題名》，在華陰縣。題稱『尚書虞部員外郎、兼殿中侍御史元澄』。《元和姓纂》：元澄，遂州刺史。

文宣王廟新門記并陰 大曆八年十二月

右《文宣王廟新門記》，在曲阜縣孔子廟。題『前義王府倉曹參軍裴平下丹篆額』，《黄石公祠記》亦裴平書題。前試義王府倉曹參軍，此無『試』字。《舊唐書》：義王玭，玄宗第二十四子，初名漼，開元十三年三月封爲義王。碑陰有『兖海沂密等州節度觀察使、兼御史大夫鄭漢璋咸通九年八月廿九日』題字。《新唐書·方鎮表》：元和十四年置沂海觀察使，領沂海兖密四州，治沂州。長慶元年升沂海觀察使爲節度使，徙治兖州。碑所題與表合。

干禄字書　大曆九年正月

右《干禄字書》，在潼川府。顔元孫結銜稱『滁沂豪三州刺史』，與《顔氏家廟碑》同。《舊唐書》元孫附見其子《杲卿傳》，稱歷亳州刺史卒。『亳州』即『豪州』之譌，亦『豪』字不從水之一證。

趙州刺史何公德政碑　大曆九月七月

右《趙州刺史何公德政碑》，在趙州。碑云：『惟六祀大鴻臚何公再踐諸侯，奉若神明，尹兹趙人。』又云：『恒之伯受鉞統牧，實旌異政。俾幕賓膳部員外郎、兼侍御史王公載楊休烈，垂裕長世。』是時恒伯爲李寶臣。寶臣自以牧恒紀年，不用天子年號。故稱『惟六祀』，與前《李寶臣碑》正同。碑字完好而不書何公之名，亦撰碑者之失。

贈兵部尚書清源公王忠嗣碑　大曆十年四月

右《贈兵部尚書清源公王忠嗣碑》，在渭南縣鄉賢祠。忠嗣兩《唐書》有傳。碑云：『杜希望之輯鹽泉也，戎侵宇下，三師受擒。公獨潰堅圍，護經時之板築。』《舊唐書·吐蕃傳》：『杜希望爲隴右節度使，王昊爲益州長史、劍南節度使，分道經略，以討吐蕃。開元二十六年四月，杜希望率衆攻吐蕃新城，拔之。七月，又奪吐蕃河橋於河左，築鹽泉城，因於鹽泉城置鎮西軍。王昊又於安戎城左右築兩城。九月，吐蕃大下，官軍大敗。兩城並爲賊所陷。將士已下數萬人及軍糧資仗並没于賊。』碑所述即其事。

真化寺尼如願律師墓志銘 大曆十年七月

右《真化寺尼如願律師墓志銘》，在咸陽縣。碑稱『弟子長樂公主』，公主爲肅宗長女，始封長樂，徙封宿國。下嫁豆盧湛。碑寫『葛覃』爲『葛蕈』，陸德明《釋文》：『葛覃，本亦作蕈。』

右僕射裴遵慶碑 大曆十一年二月

右《右僕射裴遵慶碑》，在洛陽縣。《金石録》云：『史云遵慶薨時年九十餘。碑云年八十五。』今碑無『年八十五』字，上下亦無泐痕，不知趙氏何以有此言。《新唐書·宰相世系表》：遵慶父蜷字翁喜，杭州刺史、河東縣男。祖義弘，中書舍人。碑稱『大父□中書舍人義弘，府君考贈司空□。』□即蜷也。子會，太子中舍人，亦見碑中。

妬神頌 大曆十一年五月

右《妬神頌》，在平定州。《魏書·地形志》：『石艾縣有妬女泉及祠。』即此。頌題『判官、遊擊將軍、守左清道率府率、賜紫金魚袋、上柱國李諲撰。』《新唐書·宰相世系表》：『李諲，鄆州司功參軍。』

慈州刺史王履清碑 大曆十二年二月

右《慈州刺史王履清碑》，在高陵縣。碑稱『汾陽王以吉昌濁河上流，邊郡善地，戎州夷落易動難安』。《新唐書·地理志》：吉昌縣屬慈州。此即言其爲慈州刺史事。惜下殘缺，不可考。

内侍監高力士碑 大曆十二年五月

右《内侍監高力士碑》，在蒲城縣。碑僅存上截，稱『夫人吕氏』，《舊唐書·高力士傳》：『開元初，瀛州吕玄悟作吏京師，女有姿色，力士娶之爲婦。擢玄悟爲少卿、刺史。』《元和姓纂》：玄悟，陳王傅、光禄卿。生同正，鄆鄜州刺史。同正生逖、造、崇訓，女適將軍高力士。則吕氏是同正之女，玄悟之孫女也。未知孰是。

玄靖先生李含光碑 大曆十二年五月

右《玄靖先生李含光碑》，在句容縣茅山。石已碎裂，此尚是舊拓本。碑稱先生姓李氏，本姓弘，以孝敬皇帝廟諱改焉。《元和姓纂》：監察御史洪察，本姓弘氏，避孝敬諱改姓洪氏。當時避諱改姓，亦無定字。碑稱『嘗以本草之書精明藥物，著《音義》兩卷。又以《老》《莊》《周易》爲索静之書，著《學記》、《義略》各三篇』。俱見《新唐書·藝文志》。

贈楊州大都督段行琛碑 大曆十四年閏五月

右《贈楊州大都督段行琛碑》，在汧陽縣。行琛，太尉段秀實之父。《舊唐書·段秀實傳》：行琛，洮州司馬。碑云：『既齒鄉試，高標甲科。簡脩獨耀於錦衣，從事仍屈於黄綬。』不言所授之官，亦敘事之疎。

華嶽趙宗儒等題名

右《華嶽趙宗儒等題名》，在華陰縣。《舊唐書·趙宗儒傳》：『宗儒舉進士，初授弘文館校書郎。』此題『弘文館校書郎』，正其舉進士初也。李益，宰相揆族子，兩《唐書》本傳俱不言爲鄭縣主簿，唯《全唐詩小傳》言：『大曆四年登進士第，授鄭縣尉。久不調，即與李賀齊名者也。』又有『義陽府左果毅丁希□』，義陽府《新唐書・地理志》不載。

大岯山銘 建中元年四月

右《大岯山銘》，在濬縣。末題『唐建中元年四月廿六日，勅魏博成德幽州等道黜陟使、諫議大夫洪經綸題』。《舊唐書》洪經綸有傳，稱『建中初，爲黜陟使』。與碑合也。《元和姓纂》：『監察御史洪察，常州人，本姓弘氏，避孝敬諱改姓洪氏。生子興，起居舍人。生經綸，諫議大夫。』

贈太子少保顔惟貞廟碑并陰 建中元年七月

右《贈太子少保顔惟貞廟碑》，在西安府學宫。四面刻字，俗稱爲『四面碑』。魯公爲惟貞第七子，碑作『第六』。或魯公有姊，男女不異長也。碑『勤禮贈虢州刺史，生昭甫』，注云『本名顯甫』。《元和姓纂》作『勤禮生顯甫』，與注同。碑述其祖父輩從甚詳。《關中金石記》據之以作《魯公世系》，以《元和姓纂》證之，尚多闕佚。碑陰稱『高祖妣殷夫人居十字街西北壁第一宅。秘書監君、禮部侍郎侍焉』。秘書監君，顔師古也。《長安志》：『秘書監顔師古宅在敦化坊西門之北。時人呼爲吴兒坊。』

景教流行中國碑 建中二年正月

右《景教流行中國碑》，在西安府崇聖寺。碑稱：『大秦國有上德曰阿羅本，貞觀九祀至於長安。貞觀十有二年，詔曰：「道無常名，聖無常體。隨方設教，密濟羣生。大秦國大德阿羅本遠將經像來獻上京，詳其教旨，玄妙無爲；觀其元宗，生成立要。詞無繁説，理有忘筌。濟物利人，宜行天下。所司即於京義寧坊造大秦寺一所，度僧廿一人。」』《唐會要》載此詔略同，唯作『波斯僧阿羅本』。波斯即大秦國本號。《長安志》作『阿羅斯』，誤。

大辨正三藏和尚不空碑 建中二年十一月

右《大辨正三藏和尚不空碑》，在西安府學宫。《權文公集》有《唐大興善寺大辨正三藏和尚影堂碣銘》，與此碑可互證。碑『就臥内加開府儀同三司、肅國公』，《影堂碣》作『蕭國公』。碑『大曆□□夏六月癸未滅度於京師大興善寺』，《影堂碣》作『大曆九年夏六月既望』。碑『和尚諱不空，西域人』，《影堂碣》作『師子國人』。碑亦見《唐文粹》。

吴嶽祠堂記 興元元年十月

右《吴嶽祠堂記》，在隴州西鎮吴山廟。『鳳翔副元師西平郡王李晟以興元元年十月十一日有事于吴嶽祠，掌書記于公異爲撰此記。將仕郎、行太子正字冷朝陽書。』《元和姓纂》：『貞元兼監察御史冷朝陽，吴人。』李嘉祐有《送冷朝陽及第歸江寧詩》。

魏文侯師段干木廟銘 貞元元年八月

右《魏文侯師段干木廟銘》，在芮城縣。《水經注》：河水自河北城南，東逕芮城，二城之中有段干木冢。後人因建廟于其地。范陽盧士牟撰此銘。《新唐書・宰相世系表》：『盧士牟，和州刺史。』碑『剛』作『剄』，『偃』作『偍』，『避』作『遊』，皆異文。

大伾山銘 貞元二年五月

右《大伾山銘》，在濬縣。貞元二年五月，汴宋節度使劉玄佐討李希烈凱還，屯兵大伾。判官相州司户參軍李沛爲撰此銘。玄佐本名洽，《新唐書・德宗本紀》：『興元元年正月戊戌，劉洽爲汴滑宋亳都統副使。』《舊唐書》本紀：『十月甲午，以李澄爲汴滑節度使。十一月癸卯，宋亳節度使劉洽破李希烈之衆於陳州。』此碑又改爲『汴宋節度使』，史不載。

華陽三洞景昭法師碑 貞元三年正月

右《華陽三洞景昭法師碑》，在句容縣茅山。凡釋氏題銜稱名而不著姓，道家則兼姓稱之。

《張禪師義琬墓誌》以釋氏而稱姓，此碑又單稱『景昭法師』，皆變例也。碑爲陸長源撰，竇泉書。竇泉撰《述書賦》。陸長源結銜稱『檢校國子司業、吴縣開國男』。兩《唐書》本傳皆不載。

姜嫄公劉廟碑 貞元九年四月

右《姜嫄公劉廟碑》，在邠州城南。碑引《尚書》『臯陶』作『咎繇』。《毛詩》『于豳斯館』，『豳』作『邠』。《論語》『丘之禱久矣』，無『之』字。

鴻臚少卿張敬詵墓誌銘 貞元十年九月

右《鴻臚少卿張敬詵墓誌銘》，在洛陽縣。誌稱『東都副留守河南尹裴公諝命公爲押衙』。《唐會要》：『中書門下奏准諸道節度使下，都押衙、都虞候，約五年以上方得改轉，押衙兵馬使，七年以上方得改轉。』《新唐書・百官志》：『節度使衙推一人。』其即押衙歟？碑『儒』作『儒』，『匡』作『㠥』，『鯁』作『梗』，『灑』作『洒』，『兩』作『雨』，『哭』作『哭』，皆異文。

嵩山會善寺戒壇記 貞元十一年七月

右《嵩山會善寺戒壇記》，在登封縣。題『汝州刺史兼御史中丞陸長源撰，河南陸郢書』。末題『時貞元十一祀，龍集乙亥，大火西流之月，刻在大曆二年。戒壇勅牒』。碑陰《金石録》

《墨池編》《寶刻類編》俱有此碑。

河東鹽池靈慶公神祠碑并陰 貞元十三年八月

右《河東鹽池靈慶公神祠碑》，在安邑縣。《新唐書·地理志》：『解縣有鹽池。安邑縣有鹽池，與解爲兩池。大曆二年，生乳鹽，賜名寶應慶靈池。皆屬河中府。』此神祠碑雖在安邑，其實爲兩池官吏及畦户等所建。碑陰又刻《靈慶公神堂記》。以碑後列銜考之，兩池官吏有户部判度支，專知度支河中院，有專知解縣池、專知安邑池。河中院有巡官、都巡檢官、勘會官、檢閲官、監官、場官。而場名則有方集、常滿、鹽北、青鼻、分雲、紫泉、下封、資國，皆可補史之闕。

濟瀆廟北海壇祭器雜物銘并陰 貞元十三年

右《濟瀆廟北海壇祭器雜物銘》，在濟源縣。碑稱『有唐六葉，封兹瀆爲清源公，建祠於泉之初源。置瀆令一人，齋郎六人。其北海封爲廣澤王，立壇附於水瀆。』《唐會要》：『天寶六載正月十二日，濟瀆封爲清源公。十載正月二十三日，封北海爲廣澤王。』《新唐書·百官志》：『五嶽四瀆令各一人，祝史三人，齋郎各十三人。』與此碑人數不同者，當由此後改制。碑陰載『祭器雜物副壇席』，『席』即『席』字。『五幅幔』，『幔』即『幔』字。『倚子』，今俗作『椅』。『疊子』，今俗作『碟』。餘如『幣』作『幣』，『枚』作『牧』，『架』作『㮥』，『帳』作『悵』，『薫』作『勳』，皆異文。

監察御史王仲堪墓誌銘 貞元十三年

右《監察御史王仲堪墓誌銘》，在京師廣渠門内。碑稱『仲堪授幽州大都督府户曹參軍，以能轉兵曹參軍』。《新唐書・百官志》：大都督府列曹參軍事皆正七品下。户曹第三，兵曹第五。此由户曹轉兵曹，蓋事有繁簡也。碑又稱『奏充節度行軍參謀』，《百官志》：『節度行軍參謀，關豫軍中機密。開元十二年罷行軍參謀，尋復置。』

同州澄城令鄭楚相碑 貞元十四年正月

右《同州澄城令鄭楚相碑》，在澄城縣。碑稱『楚相宰是邑，百姓孫士良等請命朝省，詔俞銘紀功德於其理所之南門』。碑爲衛尉卿鄭雲逵書，兩《唐書・鄭雲逵傳》不載爲衛尉卿。《新唐書・百官志》：『衛尉寺卿一人，從三品。』《金石萃編》以爲《唐書・百官志》無衛尉卿，以雲逵署銜用古官名，非也。

彭王傅會稽郡公徐浩碑 貞元十五年十一月

右《彭王傅會稽郡公徐浩碑》，在偃師縣學宫。碑稱浩爲銀□□禄大夫、洺州刺史，贈左散騎常侍嶠之之子。《法書要録》載徐浩《古蹟記》：『臣先考故洺州刺史、贈左常侍嶠之。』《舊唐書·徐浩傳》作『洛州刺史』者，誤也。碑又稱：『洎貞元十五年，嗣子□罷宰王幾之新安，璲爲□府法曹參軍掾，璀、玫舉進士未第，伯仲之存四人。現常以家傳遺文，俛敘其志。』嗣子名泐者，即現也。碑爲現書，結銜稱『次子朝議大夫、河南府新安縣令□□縣開國□』，字尚可辨。《元和姓纂》：洛州刺史徐嶠之居會稽，生浩，東海郡公。生璹、現、玫，現泌州刺史。碑不言璹者，其時已卒也。

軒轅皇帝鑄鼎原銘并陰 貞元十七年正月

右《軒轅皇帝鑄鼎原銘》，在閿鄉縣。題『虢州刺史王顔撰，華州刺史袁滋籀書』。諦視其碑，悉是小篆，不知何以謂之籀。據《廣川書跋》，此碑是韋諷所書，今題識已摩滅不可辨矣。碑陰刻《王顔進玉石佩表》。

追樹晋司空河東太守王卓碑 貞元十七年

右《追樹晋司空河東太守王卓碑》，在臨晋縣，碑爲虢州刺史王顔撰。自稱卓爲十八代祖，太原王氏始自四十一代祖周平王孫赤，與《新唐書・宰相世系表》太原王氏不合。《世系表》亦無王卓支系，當是太原別支。

千福寺楚金禪師碑 貞元二十一年七月

右《千福寺楚金禪師碑》，在西安府。刻於《多寶塔感應碑》陰。碑稱楚金以乾元二年七月七日子時卒。貞元十三年四月十三日左衛功德使開國邠國公竇文場奏乞賜謚大圓禪師。《新唐書・百官志》：貞元四年，崇玄館罷大學士，後復置左右街大功德使，總僧尼之籍。亦以内官爲之。

押衙張詵夫人樊氏墓誌銘 永貞元年十月

右《押衙張詵夫人樊氏墓誌銘》，在洛陽縣。與前鴻臚少卿張敬詵爲一人，而所叙祖父名位并里貫、薨日俱不同。樊氏之卒在敬詵卒後十年，門祚衰落，沙門撰碑又未暇深考，故兩誌多舛錯。前誌稱『窆於瀍澗之陽，邙山之新塋』，此誌『合葬於平樂鄉朱陽原』，蓋窆後改葬。前誌三女歸王氏，此誌三女適天水趙詡，亦改適也。

劒南西川節度使韋臯紀功碑并陰 元和三年四月

右《劒南西川節度使韋臯紀功碑》，在簡州。碑字多殘泐，不能完讀。《寶刻類編》有《韋臯紀功碑》，德宗製，皇太子誦書。一在彭州，貞元二十年十一月十日立。一在簡州，貞元二十年十二月立。此即簡州碑也。碑陰結銜上有『貞元二十年十一月二十日』，不知《寶刻類編》何以云『十二月立碑』。末有『元和三年四月廿五日勒□』一行，《寶刻類編》亦不言。

孟再榮造像記 元和三年七月

右《孟再榮造像記》，在西安府。結銜稱『大盈庫染坊等使』。《舊唐書·食貨志》：『王鉷每歲進錢百億，寶貨稱是。云非正額租庸，便入百寶大盈庫，以供人主宴私賞賜之用。』《唐六典》：『織染坊舊隸少府監，後別置織染署令一人，正八品上。』《穆宗本紀》有染坊使田晟。

左拾遺竇叔向碑 元和三年十月

右《左拾遺竇叔向碑》，在偃師縣。碑稱高祖善衡，《新唐書·宰相世系表》作曾祖善衡。碑稱考胤同昌郡司馬。《舊唐書·竇羣傳》祖亶，同昌郡司馬。皆與史不合。《世系表》叔向子常、牟、羣、庠、鞏皆見於碑。常、牟夫人袁氏生，羣、庠、鞏繼室臨汝太君生。碑題『第十一姪朝議郎、尚書□□員外郎易直書』。《元和姓纂》：叔向從父弟彧生易直，兵部郎中、御史中丞。

龍泉記 元和三年

右《龍泉記》，在芮城縣。鄉貢進士張鑄述，河東裴少微書。末題『順宗傳位之明年，涼風至旬有五日記。河東裴勣書額』。下又題『元和戊子歲月在高蓁十八日書』。則張鑄撰此記在元和元年，裴少微書此記又在元和三年。

蜀丞相諸葛武侯祠堂碑 元和四年二月

右《蜀丞相諸葛武侯祠堂碑》，在城都府。碑爲裴度撰，柳公綽書。是時同在武元衡幕僚。裴結銜稱『掌書記、侍御史』，柳結銜稱『成都少尹、侍御史』。此侍御史皆兼銜。《唐會要》謂之『憲官』，故本傳皆删而不書。

保唐寺毘沙門天王燈幢贊 元和七年五月

右《保唐寺毘沙門天王燈幢贊》，在咸寧縣。《長安志》：菩提寺在平康坊南門之東。大中六年改爲保唐寺。大慈恩寺注又云：會昌六年菩提寺改爲保唐寺。據此幢，元和七年已有保唐寺之名矣。

内侍李輔光墓誌銘 元和九年四月

右《内侍李輔光墓誌銘》，在咸陽縣。誌稱『元和初，皇帝踐祚，遷内常侍。明年，銀夏裨將楊惠琳、西蜀副帥劉闢或以長帥薨殁，皆恃塞怙險。初有邀君之心，終成悖亂之跡』。《舊唐書》本紀楊惠琳、劉闢之誅皆在元和元年。誌所云明年，謂憲宗踐祚之明年也。誌又稱輔光爲印納使，其太僕寺之官歟。

心經幢 元和十二年二月

右《心經幢》，在長安縣。前列《心經》，後有僧惟深等題名。又有覺悟寺講《四分舊疏教授律》大德常政。《一切經音義》有《四分律》六十卷。

龍城石刻 元和十二年

右《龍城石刻》，在馬平縣柳侯祠。文云『□城柳神□守驅厲鬼，出匕首，福四民，制九醜』。『醜』上『九』字諦視甚明，《金石萃編》釋作『元醜』，誤。

佛本行集經幢 元和十四年四月

右《佛本行集經幢》，在直隸某縣。僅存三殘石。上題『《佛本行集經》卷三十一，幽州盧龍兩節度使劉相公敬造』。劉相公者，劉總也。《舊唐書》本紀：元和十一年十月丙寅，幽州節度使劉總加平章事。故稱『相公』。《新唐書·方鎮表》：寶應元年范陽節度使復爲幽州節度使，及平盧陷，又兼盧龍節度使。

竇鞏題名殘碑

右《竇鞏題名殘碑》，在青州府城。碑字八行，唯竇鞏、韋曾、齊孝弘、薛華士、源方回姓名可辨，其結銜已殘缺。碑字左行，其第一行有『州觀察處置押新羅渤海兩蕃等使』。《山左金石志》據《憲宗紀》『元和十四年三月己丑，以義成軍節度使薛平爲青州刺史，充平盧軍節度、淄青齊登萊等州觀察等使』，即其人。《舊唐書·薛平傳》：『及平李師道，朝廷以東平十二州析爲三道，以淄青齊登萊五州爲平盧軍，以平爲節度觀察等使，乃押〔二〕新羅渤海兩蕃使。』與此碑結銜正同。《新唐書·宰相世系表》：『平，韓國公。』此碑第二行有『青州刺史、御史大夫、上柱國、韓國』，亦平結銜。第三行『無』字上當有『薛平』姓名。

南海神廣利王廟碑 元和十五年十月

右《南海神廣利王廟碑》，在南海縣。碑題『使持節、袁州諸軍事、守袁州刺史韓愈撰』。碑建於元和十五年十月一日。《舊唐書·本紀》：『元和十四年十月丙寅，以韓愈朝散大夫，守國子祭酒。』是年九月庚子朔辛酉爲二十二日。此碑十月一日尚題守袁州刺史，其時祭酒之命尚未到袁也。

校勘記

〔一〕『乃押』，據《舊唐書·薛平傳》，『乃』當作『仍』。

平津讀碑記卷八

唐

忠武軍監軍使朱孝誠碑 長慶元年二月

右《忠武軍監軍使朱孝誠碑》，在三原縣。碑稱『先皇深憂漠北，慮啟邊患。公密陳嘉謨，請城天德。許詔既下，仰辦於公。量財揆日，功先板築』。《元和郡縣志》：『天德軍本大安軍，在大同川西。乾元後改爲天德軍，權居永清柵。又移在西受降城，自後頻爲河水所侵。元和八年，防御使周懷義表請修築，李吉甫以西城費用至廣，功難施行，請修天德舊城，以安軍鎮。』孝誠陳請又在元和修築之前。

吐蕃會盟碑 長慶元年

右《吐蕃會盟碑》，在喇薩。刻于石柱上。《舊唐書·吐蕃傳》：長慶元年九月，吐蕃遣使請盟。乃命大理卿、兼御史大夫劉元鼎充西蕃盟會使，十月十日，與吐蕃使盟。宰臣及右僕射、六曹尚書、中執法、太常卿、司農卿、京兆尹、金吾大將軍皆預焉。仍勅元鼎到彼，令宰相已下各於盟文後自書名。二年二月，遣使來請定界。六月，劉元鼎自吐蕃使迴，奏云去四月二十四日到吐蕃牙帳，以五月六日會盟訖。此即五月六日所盟文也。文後本有諸臣題名，此拓本失之。《大清一統志》載有此碑，釋文與此多不同。

郃國公梁守謙功德銘 長慶二年十二月

右《郃國公梁守謙功德銘》，在西安府學宫。碑爲翰林待詔楊承和撰書，陸邳題額。時守謙爲右街功德使，承和爲右街功德副使。皆以内侍充此官。副使之名不見於《新唐書·百官志》。《元和姓纂》：邳，陸綜子。

修浯溪記 寶曆元年五月

右《修浯溪記》，在祁陽縣。《元結集》有《浯溪銘序》，云：『浯溪在湘水之南，北滙于湘。愛其勝異，遂家溪畔。』結卒後五十年，季子友讓以元和十三年春爲道州長史，復修浯溪。江州司馬韋詞爲撰此記。後有寶曆元年五月廿三日元友讓題，距韋詞作記時又八年矣。韋詞字踐之，官至湖南觀察使。見《新唐書·宰相世系表》。

佛頂尊勝陁羅尼經幢 寶曆二年三月

右《佛頂尊勝陁羅尼經幢》，在濟寧州城内普照寺。幢六面刻字，第一面有『大唐寶曆二年歲在丙午三月戊辰十五日壬午，發心主□□□公孫超、弟寬□於幢上鐫《佛頂尊勝陁□□□》』字，餘俱磨泐不可辨。

太尉西平郡王李晟碑 大和三年二月

右《太尉西平郡王李晟碑》，在高陵縣祠中。晟以貞元九年八月四日薨，至大和元年秋七月，其子聽上言文宗，特令裴度撰此碑，柳公權書。近爲庸妄人補刻。以《金薤琳琅》所釋證之，曾祖嵩贈澤州刺史，今碑『澤』作『洮』。『具以狀聞』，碑『狀』下有『以』字。『立成師法』，碑『師』下有『之』字，『法』下有『致』字。『故迤延于後』，碑『延』作『涎』。裴度結銜『守司空』，碑『守』作『爵』。此皆補刻之譌。《唐文粹》載此碑，曾祖嵩無『贈洮州刺史』五字。『學不爲人』，『人』作『己』。『與所從十數』，『數』下有『騎』字。『都知兵馬使』下無『四面都遊奕使』六字。『乘墉壑如通道哲梟獍以清宫』，『如』作『而』，『道』上有『軌』字，『哲』作『磔』，『宫』下有『禁』字。異同甚多，此又刊本妄改，其譌舛更不足言矣。

嵩高靈勝寄王侍郎詩 大和三年六月

右《嵩高靈勝寄王侍郎詩》，在登封縣中嶽廟。河南尹王侍郎准制守衛尉少卿尉遲汾狀，《嵩高靈勝三十韻寄之》。詩有細注，此體仿於謝靈運《山居賦》、張淵《天象賦》，汾復踵爲之。

東郡懷古詩 大和四年六月

右《東郡懷古詩》，在滑縣。李德裕爲義成軍節度使，懷王京兆、陽給事而作也。王京兆爲漢東郡太守王尊，陽給事爲宋濮陽太守陽瓚。兩《唐書》本傳德裕以大和三年九月出爲鄭滑節度使。此詩作於大和四年六月一日，在到任後一年。

右内率府兵曹鄭準墓誌銘 大和四年八月

右《右内率府兵曹鄭準墓誌銘》，在宜興縣。曾祖璿、祖溥、父華俱見《新唐書·宰相世系表》，唯不及準。《世系表》華，太常博士，誌作駕部郎中、吉州刺史。準即吉州之少子，有子曰宗儒、宗韞、宗慶、宗遜，皆可補表之闕。

洋王府長史吴達墓誌銘 大和四年十月

右《洋王府長史吴達墓誌銘》，在長安縣。《誌》云：『歷階奉義郎累試洋王府長史』，《舊唐書》憲宗第五子忻，貞元二十一年封爲高密郡王。元和元年進封洋王。達之累試長史，當在元和元年以後。

佛頂尊勝陁羅尼經幢 大和六年四月

右《佛頂尊勝羅尼經幢》，在長安縣百塔寺。經後有銘，題『内供奉僧叡川文，白閣無可書』。『無可』，賈島弟《寂照和上碑》題『少華山樹谷無可』。《杜詩》『顛倒白閣影』，白閣，峰名，與終南山近。皆其所居地名。

甄叔大師塔銘 大和六年四月

右《甄叔大師塔銘》，在萍鄉縣。甄叔住楊岐山，卒于元和庚子正月十三日。錢辛楣少詹作『元和庚寅』，《金石萃編》作『元和庚午』，皆誤。《輿地紀勝》：『楊岐山在萍鄉縣北七十里』。

龍泉記 大和六年七月

右《龍泉記》，在芮城縣。大和六年夏，陝虢羣牧使袁孝和禱雨龍泉有應，芮城縣令鄭澤爲撰此記。文云：『大和五年秋六年春歷四甲子無雨，雖有風雪，亦不及農用。』《舊唐書》本紀：大和五年，是冬，京師大雨雪。六年春正月乙未朔，以久雪廢元會。壬子，詔：『自去冬已來踰月雨雪，寒風尤甚。』陝虢去京非遠，其雨澤不同如此。

硤石寺造上方閣記 大和七年六月

右《硤石寺造上方閣記》，在鳳臺縣。《訪碑録》作《青蓮寺碑》。《太平寰宇記》硤石山在晋城縣東南三十里，上有青蓮寺，西有擲筆臺，即遠大師置《涅槃疏》藏之所。與記所言合。

寂照和上碑 大和七年十二月

右《寂照和上碑》，在咸陽縣。碑稱寂照族龐氏，京兆與平人。父詮，灌鍾府折衝，鎮于咸陽馬跑泉。《新唐書·地理志》無灌鍾府之名。碑又稱『貞元十年春，將□于清涼山。清涼山㬇殊大士是司鱗長，遊之不誠必有疾雷烈風』。後之修《五臺山志》者未之及。

劉夫人辛氏墓誌銘　大和九年十月

右《劉夫人辛氏墓誌銘》，在益都縣。誌稱『夫人辛氏，隴西郡人，娉于彭城劉公，公不幸早薨』，而不著其名。碑前題『唐故平盧軍節度押衙、兼左廂兵馬使』，其長子亦稱『平盧節度衙前虞候』。《新唐書・方鎮表》：『大和二年，淄青平盧節度增領棣州。』《舊唐書》本紀：『大和五年十一月己未，以王承元檢校司空青州刺史，充平盧軍節度使。』此時平盧已不兼淄青。誌立於大和九年，又在其後。

劒南東川節度使馮宿碑　開成二年五月

右《劒南東川節度使馮宿碑》，在長安縣。《新唐書・馮宿傳》：『婺州東陽人。』碑云：『冀州長樂人。』而下文又云：『乞歸江左，以奉色養。』《元和姓纂》：『馮宿，長樂人，後徙東陽。』碑所著特其舊望爾。碑稱宿父諱子華，宿遷華州刺史，以州名犯先公諱，固讓不拜。子華之華讀平聲，華州之華請去聲，字同音異。《晉書・王舒傳》：『舒父會。王導欲出舒爲會稽内史，舒辭以父名。朝議以字同音異，於禮無嫌。』故宿亦固讓而後不拜也。

國子學石經 開成二年

右《國子學石經》，在西安府學宫。《周易》九卷，《尚書》十三卷，《毛詩》廿卷，《周禮》十一卷，《儀禮》十七卷，《禮記》廿卷，《春秋左氏傳》卅卷，《春秋公羊傳》十二卷，《春秋穀梁傳》十二卷，《孝經》一卷，《論語》十卷，《爾雅》三卷，凡十二經。每經刻經文而不及注，每經下必題某注，兼及序文者以證。如《易》是王弼本，《書》是孔安國本也。《封氏聞見記》：『天寶中，予在太學，與博士諸生共論經籍失。正爲欲建議請立大唐石經。遷延未發，而蕃寇海内，文儒道消。至今四十六年，兵革未息。嗚呼！石經之事，亦俟河之清也。』又李陽冰《上李大夫書》：『願刻石作篆，備書六經於明堂，爲不刊之典，號曰「大唐石經」。使百代之後，無所損益。』此經刻成，二君已不及見矣。

五經文字

右《五經文字》三卷，國子司業張參撰。參成書在大曆十一年，開成二年與《九經字樣》附刻在國子學石經之後。末有『乾符三年孫《毛詩》博士自牧以家本重校勘定』題字。《五經文字》本先書於壁，自牧得其舊本，校勘石本之譌，故記于後。非至乾符中始刻於石也。參《序例》云：『蔡伯喈以滅學之後，經義分散，乃請刊定五經，備體刻石，立於大學之門外。』是以三字石經爲邕所書。

九經字樣

右《九經字樣》一卷，題『覆定石經字體官、朝議郎、權知沔王友、翰林待詔、上柱國、賜緋魚袋臣唐玄度撰』。前有『開成二年八月十二日，中書門下牒國子監奏玄度狀，准。大和柒年拾貳月伍日勅：覆定《九經字體》者，令所詳覆，多依司業張參《五經文字》爲准。今與校勘官同商較是非，取其適中，纂録爲《新加九經字樣》壹卷』。據《舊唐書·鄭覃傳》《文宗本紀》，石刻九經創始於大和四年，至開成二年冬刊成。玄度以大和七年即奉詔覆定九經字體，開成二年八月奏上之。故石經後題銜即稱『覆定字體官』。

樊忠義功德碑 開成三年三月

右《樊忠義功德碑》，在魚臺縣池頭集。碑稱考諱元信，曾任武寧軍討擊副使。《唐會要》：徐州節度使，貞元二十一年三月名其軍曰武寧，至咸通四年四月降爲支郡，隸兖州。

大泉寺新三門記 開成三年十一月

右《大泉寺新三門記》，在句容縣城内。記稱初寺每有僧俗大會，五千餘衆，號曰龍華。

《荆楚歲時記》：『四月八日，諸寺各設齋，以五香水浴佛，作龍華會，以爲彌勒下生之徵。』唐人重此會，故題詠中屢及之。

義陽郡王苻璘碑 金石萃編附在開成三年

右《義陽郡王苻璘碑》，在富平縣學宫。《新唐書》苻璘附見其父令奇傳，即據此碑爲文。碑之泐字尚可據傳補之。《新唐書·田悦傳》：『悦以苻璘、康愔爲爪牙。』璘之降也，未必出於本心。而《新唐書》列於《忠義傳》，亦幸矣哉。璘入覲，賜靖恭里第一所。《長安志》：『輔國大將軍苻璘宅在靖恭坊街南之西北隅。』

鄭弘禮妻李氏夫人墓誌 開成四年四月

右《鄭弘禮妻李氏夫人墓誌》，在孟縣。誌『鄭弘禮，河南府河陽縣太平鄉臨泉村人』。又云『殯于河南府河陽縣太平鄉西沼村』。《李元淳墓誌》云：『葬河陽太平鄉高端岡。』《張建封墓誌》云：『葬河陽太平鄉虢村。』此鄉名之可考證者。

大遍覺法師玄奘塔銘 開成四年五月

右《大遍覺法師玄奘塔銘》，在西安府。碑爲劉軻撰。《摭言》稱劉軻少爲僧，止于豫章高安縣南果園。復求黄老之術，隱於廬山。既而進士登第，與韓柳齊名。兩《唐書》不爲軻立傳。據此碑結銜，稱『檢校尚書屯田郎中、使持節、洺州諸軍事、守洺州刺史』。《新唐書·藝文志》：劉軻《春秋三傳指要》十五卷。

慈恩寺基公塔銘 開成四年五月

右《慈恩寺基公塔銘》，在咸寧縣。碑爲李弘慶撰。《新唐書·宰相世系表》：『李弘慶，金州刺史。』與碑結銜同。碑引吏部李侍郎乂，兩《唐書·李乂傳》稱乂以文章自名，弟兄同爲一集，號《李氏花萼集》。

馬恒郝氏二夫人墓誌銘 開成六年九月

右《馬恒郝氏二夫人墓誌銘》，在館陶縣。館陶本唐永濟縣，《訪碑録》以爲山西永濟，非也。碑前題『唐貝州永濟縣故馬公郝氏二夫人墓誌銘』。碑額單題『墓誌』二字。又享年『卌』下有『十』字，皆庸俗人所書。

重修大像寺記 會昌元年五月

右《重修大像寺記》，在隴州。碑稱『大和乙卯歲，潁川郡陳公爲左神策將軍，擁二州之地』。乙卯爲大和九年。《舊唐書》本紀，是年九月丁卯，以工部尚書鄭注檢校右僕射，充鳳翔隴右節度使。十一月壬戌，中尉仇士良誅鄭注。丁卯，以左神策大將軍陳君奕爲鳳翔節度使。碑云：『以其誅暴息亂，宸衷親付之右地。』是甘露之禍，君奕與謀，亦士良之黨也。

佛頂尊勝陁羅尼經幢 會昌元年六月

右《佛頂尊勝陁羅尼經幢》，在紹興府蕺山書院。嘉泰《會稽志》以爲奚獎書，今名已殘泐。有『前昭義軍節度要籍』字可辨。《新唐書·方鎮表》：『大曆元年，相衛六州節度賜號昭義軍節度使。中和二年，節度使孟方立徙昭義軍於邢州而兼領潞州。自是五州有二昭義節度。』此幢立於會昌元年，尚在未徙之前。《新唐書·百官志》：『節度府院法直官、要籍、逐要親事，各一人。』《朱滔傳》：『改驅使要籍曰承令。』此要籍亦官名。

大達法師玄秘塔碑 會昌元年十二月

右《大達法師玄秘塔碑》，在西安府學宫。裴休撰，柳公權書。休結銜錢辛楣少詹以爲『山南西道都團練觀察處置等使』，《唐書·方鎮表》：『建中元年升山南西道觀察使爲節度使。』嗣後無降爲團練使事，疑史有脱誤。《金石萃編》以爲『南』上字已泐，是『江』字下半，非『山』字，諦視之良然。《方鎮表》：貞元元年廢江南西道節度使，復置都團練觀察使。至咸通六年，升江南西道團練觀察使爲鎮南軍節度使。此碑立於會昌元年，其結銜題『江南西道都團練觀察處置等使』，正與史合。

佛頂尊勝陁羅尼經幢 會昌三年十月

右《佛頂尊勝羅尼經幢》，在湖州府天寧寺。幢本會昌三年十月九日潁川陳榮建，僧令洪書。末又有小字題云：『會昌三年九月十日樹。至會昌五年六月十七日准敕廢。至大中元年十一月廿八日重建。』又有『湖州刺史令狐綯、押衙陳敭、衙前虞候吴允中』等題名。《舊唐書·令狐綯傳》：『會昌五年，出爲湖州刺史。大中二年，召拜考功郎中。』是時綯尚爲湖州刺史。《新唐書·百官志》：『刺史領使則置副使、推官、衙官、州衙推、軍衙推。』綯爲湖州刺史，未領節度，亦有押衙、衙前虞候，史未詳也。

疊綵山記 會昌四年七月

右《疊綵山記》，在臨桂縣。又有《四望山記》，即疊綵山之支峰。《粤西金石略》以爲俱元晦撰。未知何據。碑『蒧』作『藏』，亦異文。

尹府君朱氏夫人墓誌銘 會昌四年十一月

右《尹府君朱氏夫人墓誌銘》，在孟縣。誌以『子婦』爲『新婦』，又稱『長女十四娘，夫張氏；十五娘，歸闞氏』。吴自牧《夢粱録》：『議親第幾位娘子。』黄魯直《求親啟》：『賢第幾小娘、賢第十九娘子。』唐宋俗稱皆如此。碑『駟』作『駟』，『終』作『𣧩』，『匹』作『疋』，皆俗字。

七種經咒真言幢 大中二年八月

右《七種經咒真言幢》，在湖州府天寧寺。末題『太中大夫、使持節、湖州諸軍事、守湖州刺史、上柱國蘇特。』特，蘇冕之子，蘇滌之兄。《元和姓纂》作『持』，又不載其歷官，皆闕佚。

周公祠潤德泉記 大中二年十月

右《周公祠潤德泉記》，在岐山縣。前列鳳翔府岐山縣鎮檢驗得泉狀，次鳳翔觀察使崔珙奏，次中書門下并賜名勅，次批答崔珙手詔，次崔珙謝表。可見唐時奏牘之式。崔珙前奏以大中二年十一月廿日上，十二月八日勅賜名潤德泉。末行年月銜名，是前奏所具，刻石時移列于後。

贈工部尚書張仁憲碑 大中二年

右《贈工部尚書張仁憲碑》，在文安縣。《集古録目》有此碑。幽州節度使掌書記李儉撰，幽州節度參軍蔡陵八分書。今名尚可辨。仁憲貞元初授太子中允，以孫仲武爲盧龍節度使，贈工部尚書。祖佐明，幽州游徼府右果毅都尉。《新唐書·地理志》幽州下不載游徼府之名。仲武子直方爲國子祭酒、兼御史中丞。兩《唐書》本傳亦不載。

華嶽李貽孫題名 大中三年十二月

右《華嶽李貽孫題名》，在華陰縣。貽孫以大中三年十二月八日奉制祈雪。結銜稱『左諫議大夫、充弘文館學士、判館事』。《寶刻類編》有大中四年《秘書監陳商誌》，李貽孫撰。結銜與此正同。其時尚未遷官。華嶽又有大中五年七月廿七日李貽孫題名，結銜稱『福建都團練觀察處置等使』，疑貽孫之改官赴任即在此時。

華嶽于德晦等題名 大中六年三月

右《華嶽于德晦等題名》，在華陰縣。德晦爲同州刺史，見《新唐書·宰相世系表》。又有『□州鎮國軍判官』題名。《地理志》華州有鎮國軍。『州』上泐者當是『華』字。

吏部尚書高元裕碑 大中六年十一月

右《吏部尚書高元裕碑》，在洛陽縣。《寶刻類編》有此碑，稱蕭鄴撰，柳公權書。今『蕭』下『鄴』字已泐。『柳公權』字尚可辨。碑述曾祖迴上有『皇朝蒲州長史，撰《小史》行於代』，《新唐書·藝文志》：《高氏小史》一百二十卷，高峻初六十卷，其子迥復釐益之。是峻爲元裕之高祖也。蕭鄴結銜稱『彭城縣開國男，食邑三百户』，《新唐書》本傳不載。

相國魏謩先廟碑 大中六年十一月

右《相國魏謩先廟碑》，在長安縣。碑斷裂，僅存五石。《寶刻類編》有此碑。碑前題銜上半已泐，下半有『判户部事、上柱國、賜紫金魚袋魏公先廟銘』字可辨。《舊唐書·魏謩傳》：『大中二年遷御史中丞。謝日面賜金紫之服，兼户部侍郎、判本司事。尋以本官同平章事，判使如故。』與碑題銜正合。碑云：『鄭國文貞公魏氏在貞觀立家廟于長安昌樂里。』《長安志》：『昌樂坊有太子太師鄭國公魏徵家廟。大中中，來孫謩爲相，再新舊廟，以元成爲封祖。』即此。

盧鄯幼女姚婆墓誌 大中七年七月

右《盧鄯幼女姚婆墓誌》，在滎澤縣。《玉篇》：『婆，母也。』女而曰婆，亦猶稱女爲娘，皆頌禱之祠。

圭峯定慧禪師碑　大中九年十月

右《圭峯定慧禪師碑》，在鄠縣。碑云：『大和二年慶成節，徵入内殿，問法要。賜紫方袍。』《玉海》引實録：『文宗大和七年八月，中書門下奏請以十月十日爲慶成節。群臣詣延英門奉觴上壽。』此碑大和二年已稱慶成節，是從後追書之。

襄州别駕韓昶自爲墓誌銘　大中九年十一月

右《襄州别駕韓昶自爲墓誌銘》，在孟縣。昶爲韓文公愈子，小名曰符誌。稱『大中九年六月八日終，年五十七』。又云『年至二十五及第』，釋褐則當長慶三年。《韓文考異》樊注引愈《墓誌》及《登科記》：『公子曰昶，登進士第在長慶四年。』與此誌差一年。昶有男五人，曰緯，曰綰，曰緄，曰綺，曰統。《新唐書·宰相世系表》止載其二，曰綰，曰衮。『緄』即『衮』字。

劉公夫人霍氏墓誌銘　大中十年正月

右《劉公夫人霍氏墓誌銘》，在孟縣。誌稱『行内侍省内侍伯致仕，彭城郡開國公劉夫人霍氏』，而不著劉公之名。子三人，曰復禮，威遠軍監軍使。威遠軍在劍南道榮州，見《新唐書·地理志》。

鄭遇夫人崔氏墓誌銘 大中十二年二月

右《鄭遇夫人崔氏墓誌銘》，在濬縣。又有一碑，文字悉同。惟改『鄭遇』作『鄭恒』，亦在濬縣。夫人崔氏，顧亭林謂即今世所傳崔鶯鶯者也。今以兩碑相校，『長膺瓌奇之名』，鄭恒本『瓌』作『環』。『爲友朋宗』，鄭恒本『爲』作『成』。『雖上士，神不優德』，鄭恒本『士』作『出』。『其歸一也』鄭恒本『也』作『旨』。『終於淇隩之私第』，鄭恒本『隩』作『澳』。『次曰瓘』，鄭恒本作『璩』。《中州金石記》謂恐後人得《鄭遇碑》改爲鄭恒以衒世。然唐人書碑，『世』字皆闕筆，碑稱『高祖世斌』，又『葢世一霜』，兩本皆不闕筆。又『子長曰瑱，攝汲縣丞、知縣事』，唐時縣令無此結銜。鄭恒本固謬，鄭遇本亦未可信。

郎官石柱題名 大中十二年十一月

右《郎官石柱題名》，在西安府學宫。有兩《唐書》無傳其人尚可考者：吏部郎中韋憬，金部郎中牛方裕，員外郎趙金轂，司封員外郎封亮見《元和姓纂》。吏部員外郎王定，倉部員外郎權自迥見《權文公集》，其題銜皆同。

佛頂尊勝陁羅尼經幢 咸通四年八月

右《佛頂尊勝陁羅尼經幢》，在龍溪縣。碑首題『漳州稗□魚南界遊奕將王剬』。《西平郡平李晟碑》有四面都遊奕使。

佛頂尊勝陁羅尼經幢 咸通六年八月

右《佛頂尊勝陁羅尼經幢》，在許州。碑云：『塑和尚真身儀一軀。』古『塑像』之『塑』，魏《李仲璇修孔子廟碑》、唐《青蓮寺碑》皆作『素』，又或作『塐』。以『素』作『塑』始見于此幢。

太原處士王仲建墓誌銘 咸通六年十月

右《太原處士王仲建墓誌銘》，在盂縣。誌以王氏始于太子晉，晉生龜，襲封于太原。廿四代祖褒仕晉爲大將軍。銘云：『元偉孝悌，仕晉文帝。』《晉書·孝友傳》：『王裒字偉元。』以『裒』作『褒』，『偉元』作『元偉』，當由撰碑人誤記。碑『姬』作『姫』，『洽』作『洽』，『禀』作『禀』，『隱』作『隠』，『饋』作『饋』，『哭』作『哭』，皆異文。

蒲臺尉過訥墓誌銘 咸通六年十一月

右《蒲臺尉過訥墓誌銘》，在益都縣。碑石甚小，今僅存下截。題『鄉貢五經京兆杜去疾述』。《新唐書·選舉志》：『由學徒者曰生徒。由州縣者曰鄉貢。鄉貢有明經進士，而明經又有五經、三經、二經之別。』誌稱訥以大中十二年明經擢第，當守選時，潛修拔萃。拔萃當時以爲制科人以爲榮，故訥由明經重試此科也。

佛頂尊勝陀羅尼經幢 咸通七年四月

右《佛頂尊勝陀羅尼經幢》，在青州府司獄署。外幢上截已斷。以別幢證之，每行約缺十五六字。經後有造幢功德主張珂等題名。其稱外姑蘇氏者當即其妻母也。

徐州功曹參軍劉仕俌墓誌銘 咸通八年正月

右《徐州功曹參軍劉仕俌墓誌銘》，在長安縣。誌稱『父皇諱英閏特進』，當作『父諱英，閏皇特進』，書碑者誤乙。公終於輔興里。《長安志》：『輔興坊在朱雀街第三街西，修德坊之南。』

尊勝陀羅尼經幢

右《尊勝陀羅尼經幢》，在西安府。幢上下俱殘缺，後有『歲次丁亥十二月己巳朔廿八日建，吏部常選司馬霜蓖』文字。《金石萃編》以『丁亥』爲天寶六載。考《舊唐書·玄宗本紀》：是載十二月有丙辰、壬戌，不得有己巳朔。元和三年丁亥正月癸未朔，二年十二月亦不得爲己巳朔。唯咸通八年丁亥正月壬寅朔，則十二月己巳朔庶或近之。

新脩文宣王廟記 咸通十一年九月

右《新脩文宣王廟記》，在曲阜縣孔子廟。咸通十一年孔子三十九代孫孔温裕爲鄆曹濮等州觀察使，奏脩文宣王廟，賈防爲撰此記。後列温裕奏并中書門下牒。《新唐書·方鎮表》：元和十四年置鄆曹濮節度使，治鄆州。十五年賜鄆曹濮節度使號天平軍。』唐制章奏非軍旅之事不稱節度，故此碑結銜止稱鄆曹濮等州觀察使，不稱天平節度。唐碑如此類甚多。賈防結銜稱『攝鄆曹濮等州管驛巡官』。《百官志》：『節度使管驛巡官，四人。』

陁羅尼真言幢 咸通十二年正月

右《陁羅尼真言幢》，在咸寧縣卧龍寺。前刻《千手千眼觀世音大悲心陁羅尼》、次《無量壽根本如來陁羅尼》、次《阿彌陁心真言》。其曰『陁羅尼』、曰『真言』，皆呪語也。末有王元誌等題名。

贈兵部尚書韓國昌碑 咸通十三年三月

右《贈兵部尚書韓國昌碑》，在莘縣。碑殘泐不甚可辨。《舊唐書》國昌附在其子《韓允忠傳》，稱國昌歷本州右職，會昌中從何弘敬破劉稹，以功爲貝州刺史、兼御史中丞。碑大畧如史所言。國昌有子三人，長曰君雄，即允忠；仲曰靖；季曰楚，史皆不載。碑立於咸通十三年三月廿八日，至咸通十五年七月十五日，恩制考改贈兵部尚書，妣改贈涼國太夫人，并其祖、祖妣贈銜，即附刊于碑末，亦一例也。

左拾遺孔紓墓誌銘 咸通十五年三月

右《左拾遺孔紓墓誌銘》，在滎澤縣。誌稱『拾遺始及第，多不伏拘束。往往闕試不悉集貢曹』。『闕試』見《唐摭言》。武虛谷大令釋『闕』作『閱』，誤也。誌又稱令許昌太傅、相國襄陽公爲河中尹，奏署觀察判官。襄陽公者，杜審權也。以咸通十一年爲河中尹。

贈太尉魏博節度使韓允忠碑 乾符二年二月

右《贈太尉魏博節度使韓允忠碑》，在莘縣。允忠爲國昌子。前碑稱『公諱國昌』，此碑稱『考昌』，所未詳也。碑云：『遂命門吏紇干濬列石爲碑，以示來裔。』則此碑爲濬所撰。濬爲節度判官，碑前結銜猶可辨。

佛頂尊勝陁羅尼經幢 乾符二年十月

右《佛頂尊勝陁羅尼經幢》，在滎陽縣。碑爲劉幼昇等建。經後有記并贊，題『鄉貢進士鄭昌嗣撰』。『經幢并座高叁拾尺，用功價見錢捌拾貫文，米麵共伍拾碩，茶貳拾斤，監貳拾斤，』亦可見唐時工價如此。

瑯琊王夫人墓幢 乾符三年二月

右《瑯琊王夫人墓幢》，在西安府金聖寺。夫人爲玉册官内供奉强瓊之妻。錢辛楣少詹謂强氏見於史者，唯宋强至及其子淵明。考《新唐書》有强循附在《姜師度傳》，强蒙附在《啖助傳》，蓋不始於至矣。墓銘刻在石幢後，刻《佛頂尊勝陁羅尼呪》，亦例之創者。

趙琮墓誌銘

右《趙琮墓誌銘》，在益都縣李氏。誌稱『别業易州來水縣』，兩《唐書·地理》、《元和郡縣志》皆作『淶水』，此作『來』字是從俗省，非縣改名。

謁昇仙太子廟詩 乾符四年閏二月

右《謁昇仙太子廟詩》，在偃師縣仙君觀。詩爲鄭畋作。詩後有記云：『余大中八年爲前渭南縣尉，閒居伊洛，常好娱遊。春夏之交，獨登嵩、少。路由緱嶺，謁昇仙太子廟。』畋爲渭南尉時，而云『閒居伊洛』，或有勾當公事在東都也。《新唐書·鄭畋傳》：『畋以書判拔萃，擢渭南尉。』宣宗時白敏中、令狐綯相繼當國，皆怨李德裕，其賓客皆廢斥，故畋不調幾十年。

佛頂尊勝陁羅尼經幢 乾符五年八月

右《佛頂尊勝陁羅尼經幢》，在許州。經後有序、讚。進士邢筠撰序云：『在軍者爵禄咸臻。』《新唐書·地理志》陳州有忠武軍。貞元元年置於許州。

上谷成君信墓誌銘　乾符五年十一月

右《上谷成君信墓誌銘》，在益都縣。誌稱公諱君信，字匡時。其先本周成伯之後，不言某縣人。碑前題『上谷成公』，或君信本上谷郡人，而從軍於青州歟？一女適隴西牛從寔，寔爲節度要籍、支計斛斗司。要籍已見奚獎所書《陁羅尼幢》，支計斛斗司史不書。

佛頂尊勝陁羅尼及諸真言幢　乾符六年二月

右《佛頂尊勝陁羅尼及諸真言幢》，在咸寧縣牛頭寺。幢末有中書省鐫玉册一行，當是刻字人題銜。《瑯琊王夫人墓銘》有玉册官内供奉，《重脩法門寺塔廟記》有玉册官孫福鐫字，得此可互證。

河東節度使李克用題名　中和五年二月

右《河東節度使李克用題名》，在曲陽縣北嶽廟。文略云：李克用以幽鎮侵擾中山，領蕃漢步騎五十萬衆，親來救援。至三月十七日，以幽州請就和斷，遂卻班師。《新唐書・沙陀傳》：光啟元年即中和五年，幽州李可舉、鎮州王景崇言易定故燕趙境，請分取之。於是可舉攻易州，下之。景崇攻無極。易定節度使王處存請救於克用。克用自將救無極，敗鎮人，攻馬頭，固新城，鎮兵走。處存復處易州〔二〕。』克用之救援中山即此。史不言幽州請就和斷者，畧也。當以此題名爲正。

佛頂尊勝陁羅尼幢 光啟四年四月

右《佛頂尊勝陁羅尼幢》，在益都縣舊城隍廟。幢止存上截，每行約八九字，有『文耆建幢於龍興寺』字可辨。

萬壽寺記 景福元年八月

右《萬壽寺記》，在岐州寺。本梁太尉吴王蕭岑宅，隋開皇四年立爲延興寺。神龍中，中宗爲永泰公主追福，改爲永泰寺。大中六年又改爲萬壽寺。《漢舊儀》：『長安城中經緯各長三十二里十八步。』此作『長安城方三十里』，亦少異。

憫忠寺重脩舍利塔記 景福元年十一月

右《憫忠寺重脩舍利塔記》，在京師憫忠寺。《記》云：『隴西令公大王』，朱竹垞以爲李匡威，錢辛楣少詹以爲李可舉。然記於中和二年不朞年稱『隴西令公大王』，固是李可舉，其於『景福壬子年請發封壤，上許之』者，則李匡威也。記特未明析言之爾。

清河郡張夫人墓誌銘 景福元年十二月

右《清河郡張夫人墓誌銘》，在益都縣。題『夫樂安郡孫珣撰』，夫爲妻誌墓，又各舉其郡望，爲他碑所未見。銘云：『澠水爲鄰兮，雲門是鄉。』《左氏·昭十二年》傳『有酒如澠』，杜預注：『澠水出齊國臨淄縣北，入時水。』《水經注》作『繩水』，古字通用。

佛頂尊勝陁羅尼經幢 景福二年八月

右《佛頂尊勝陁羅尼經幢》，在文登縣。經後有記，述其師皈敬已歸大寂，門人全意等爲建此幢。末有『守登州文登縣令徐肇、登州軍事押衙宋裕』等題名。其稱『勾司』、『衙司』、『差科司』、『司功司』、『司士司』、『司户司』、『司法司』諸名，多不見於史。

威武軍節度使王審知德政碑 天祐三年閏十二月

右《威武軍節度使王審知德政碑》，在閩縣。審知，唐以前事《新唐書》附見其兄《王潮傳》。載審知歷官與碑畧同。唯不言『檢校司空、司徒、太保』耳。碑皆稱『檢校』，碑前題又作『揀挍』，未詳其義。

重修法門寺塔廟記 天祐十九年二月

右《重修法門寺塔廟記》，在扶風縣。記稱秦王者，李茂貞也。末題『天祐十九年，歲次壬午』，而記中自庚辰以前俱稱『天復』，何以又改稱『天祐』，歐薛兩《史》無明文可證。錢辛楣少詹之論庶爲近之。此歲距唐亡已十六年矣。

尒朱逵墓碣

右《尒朱逵墓碣》，在郃陽縣廣平。程彦矩撰。稱其父弁歷金吾、引駕仗、押衙、銀青光禄大夫、檢校太子賓客，逵亦以懷州軍事押衙，後改授山南東道節度散兵馬使、銀青光禄大夫、檢校太子賓客、兼監察御史。碑年月已泐，以官銜證之，逵當爲唐末人。

後梁

匡國軍節度使馮行襲碑

右《匡國軍節度使馮行襲碑》，在許州。碑殘泐，所存無幾。《中州金石記》考爲『匡國軍節度使馮行襲德政碑』。梁太祖詔翰林學士杜曉撰者，即此碑。今諦視碑首，有『匡國軍□度陳許汝□□州』，又稱『命氏雖系出長樂，□家遷武當』，與《舊五代史》稱行襲爲武當人合。

崇福侯廟記 開平二年

右《崇福侯廟記》，在紹興府卧龍山。記爲吴越王錢鏐撰。《新五代史》稱梁太祖即位，封鏐吴越王、兼淮南節度使。《舊五代史》止言乾寧四年，鏐乃兼鎮海鎮東兩藩節制。梁祖革命，以鏐爲尚父、吴越國王。此記作於開平二年，結銜稱『淮南鎮海鎮東等軍節度使』。梁祖敕亦云：『況錢鏐任隆三鎮，功顯十臣。』與《新史》同，而《舊史》不書『兼淮南節度』者，闕文也。

昭義軍節度使葛從周碑 貞明二年十一月

右《昭義軍節度使葛從周碑》，在偃師縣。碑敘從周戰功歷官不及《舊五代史》之詳。《舊史》或采自家傳，碑則薛廷珪奉勑撰，削煩就簡，其體例宜然也。碑稱時溥統全師碭山下寨，康村接戰，全軍□□。《舊史》作敗時溥於吴康。吴康其即康村歟。

後唐

振武節度使李存進碑 同光二年十一月

右《振武節度使李存進碑》，在太原府。《新五代史·李存進傳》載其歷官本末甚畧，《舊五代史》傳稍詳，亦有與碑異者。傳稱天復三年授石州刺史，碑作『天祐三年權知石州軍州。至莊宗嗣位，始檢校司空、使持節、石州諸軍州，守石州刺史』。傳稱破汴軍于栢鄉，論功授郃州刺史，轉檢校司徒。碑作『九年正月，奉命再知汾州軍州事。四月，制加光禄大夫、檢校司徒』，則舊史作郃州者，誤也。碑云存進字光嗣，兩史俱不載。

重修定晋禪院千佛邑碑 天成四年九月

右《重修定晋禪院千佛邑碑》，在武安縣。碑後列銜有『竭忠建策興復功臣、安國軍節度使、邢洺磁等州觀察處置使、金紫光禄大夫、檢校司徒、使持節、邢州諸軍事、守邢州刺史、兼御史大夫、上柱國』，題銜以下闕不可考。《舊五代史·明宗紀》：『天成三年三月丁巳，以前北京副留守李從温爲邢州節度使。長興元年四月癸丑，以前邢州節度使、檢校司徒李從温爲左武衛上將軍。』此碑立於天成四年，則所謂『邢州刺史』即李從温。本傳云：李從温字德基，代州崞縣人。後唐明宗之猶子也。明宗即位，授安國軍節度使，檢校司徒。故碑云：『金枝黄鉞，掌鉅鎚之山河；帝子親王，秉邢臺之旌節。』《金石萃編》以邢州刺史爲符存審，非是。

佛頂尊勝陁羅尼經幢 長興三年八月

右《佛頂尊勝陁羅尼經幢》，在鞏縣石窟寺。《舊五代史・莊宗本紀》：『同光元年十一月甲子，車駕發汴州。十二月庚午朔，車駕至西京。』《新五代史》作『甲子如洛京』。《通鑑考異》云：『諸書但謂之洛京，未嘗詔改西京爲洛京。至同光三年始詔依舊以洛京爲東都。』此幢立于長興三年，稱洛京河南府，在同光詔改之後。

佛頂尊勝陀羅尼經幢 應順元年正月

右《佛頂尊勝陀羅尼經幢》，在濟源縣龍潭寺。凡二幢，前幢後有『御史臺表奏官、新授將仕郎、守普州安居縣主簿』題名，《舊五代史・地理志》《新五代史・職方考》俱無普州安居縣。前幢題『正月壬申朔廿一日壬辰建』，後幢題『閏正月壬寅朔乙巳四月建』。正月置閏，亦近曆所少。

張行久造像記 清泰元年五月

右《張行久造像記》，在益都縣大尹村三官廟。行久結銜稱『平盧軍節度同經畧副使』。時爲平盧軍節度使《山左金石志》考爲房知温。碑寫『菩薩』作『蓓薩』，亦異文。

後晋

贈太傅羅周敬墓誌銘 天福二年十月

右《贈太傅羅周敬墓誌銘》，在洛陽縣。周敬爲梁天雄軍節度使羅紹威子。碑稱『紹威四子，長廷規，次周翰，次周敬，次周胤。周翰義成軍節度使，甲戌七月薨，遂命公權知滑州軍州事。』滑州即義成軍。《舊五代史·羅紹威傳》：『紹威子周翰繼爲魏博節度使。』《通鑑考異》引《梁功臣傳》云：『周翰起復雲麾將軍，充天雄軍節度留後。尋檢校司徒，正授魏博節度使。』魏博即天雄軍。天雄義成本同爲羅氏所有，故碑稱『命公權知滑州軍事。十一月，授宣義軍節度使』。《舊史》云：命爲兩使留後，尋正授旄鉞。蓋并天雄義成爲一軍也。

聖字山崆峒巖記 天福五年七月

右《聖字山崆峒巖記》，在鳳臺縣。記稱僧善閑，崆峒人也。崆峒是鄉鎮，以巖而得名。又稱『城皇信衆』，『皇』通作『隍』。『城隍』猶今言城内。碑異文：『葺』作『葺』，『寘』作『寘』，『朽』作『朽』，『袁』作『袁』，錢氏未舉。

佛頂尊勝陁羅尼幢 天福六年七月

右《佛頂尊勝陁羅尼幢》，在益都縣西門内。呪後有記，稱『廟臨澠水』，又有『東西兩廟』、『勑贈將軍』等字可辨。其云：『廟主大王』者，即平盧軍節度使也。題名結銜有『散都頭』、『押衙』、『副知客』、『衙前樂營使』、『弓箭第四都十將』、『都壕寨使』、『牽攏軍使』等名，皆不見於史。唐末官制之濫，押衙得虛兼銀青光禄大夫、太子賓客等銜。至此幢『都虞候』稱『忠勇□衛功臣』，『散都頭』稱『□□□□功臣』，其濫更甚矣。又有『新婦』、『新孃』、『女弟子』諸稱，亦惟唐末碑有之。

後周

雲門山功德記 廣順三年十月

右《雲門山功德記》，在益都縣。記後有吴越國前攝金吾衛引駕長史彭仁福等四人題名。記云：『清信弟子彭仁福，本貫浙江，寓居海岱。因安賜履，未返三吴。』前幢亦有『吴越鎮海軍討擊使顧承威』，皆以吴越國人而流寓於青齊者。

佛頂尊勝陁羅尼經幢 廣順三年十二月

右《佛頂尊勝陁羅尼經幢》，在修武縣。《記》云：『羅漢邑衆壹拾陸人維那田景儒。』羅漢邑當是鄉鎮之名。

衛州刺史郭進屏盜碑 顯德二年五月

右《衛州刺史郭進屏盜碑》，在汲縣。郭進，《宋史》有傳，亦見《東都事畧》，稱其爲登州衛州刺史，翦除羣盜。爲洺州團練使，有善政。吏民皆請立碑，詔近臣撰文賜之。此則其一也。

濟州刺史任漢權屏盜碑 顯德二年閏九月

右《濟州刺史任漢權屏盜碑》，在鉅野縣。碑稱『皇朝建濟州於鉅野縣』。《舊五代史·地理志》〔二〕：『周廣順二年九月，以鄆州鉅野升爲濟州，其地望爲上。割兗州任城、中都，單州金鄉等縣隸之。至其年十二月，又割鄆州鄆城縣隸之，中都縣卻歸鄆州。』故碑又云：『濟，新造之郡也。』漢權以顯德元年十月牧濟。二年閏九月，郡將官吏詣闕上請，詔左拾遺李昉撰此碑。在到任後一年。

龍泉禪院記 顯德三年九月

右《龍泉禪院記》，在陽城縣。前記爲澤州司法參軍徐綸，述乾寧元年建院勅額之由。末題『大周開基之二載，歲直壬子』，蓋廣運二年也。記後有鄉貢進士王獻可後序，述大周承祧之二祀，凡曰梵宇悉去無名，是院以有乾寧賜額得存。《舊五代史》：『顯德二年五月甲戌，詔諸道縣鎮村坊應有勅額寺院，一切仍舊，其無勅額者並仰停廢。』碑所述與史合。

中書侍郎景範碑 顯德三年十二月

右《中書侍郎景範碑》，在鄒平縣。土人譌爲『晉景延廣』，顧亭林作記辨之。景範，《舊五代史》有傳。碑稱『長山之下，淄濬爲州。地勝氣清，□公故里』，本傳亦云景範淄州長山人。今則割入鄒平縣矣。

大岯山寺准勑不停廢記 顯德六年七月

右《大岯山寺准勑不停廢記》，在濬縣。記末題『大周顯德五年歲次戊午』，『大周顯德六年歲次己未七月末日寅時建』。稱大周顯德五年是其作記之年，稱顯德六年是其立碑之日。記後題『前黎陽發運使、銀青光禄大夫、檢校工部尚書、兼御史大夫、上柱國孫郃』。郃，奉化人，天祐間左拾遺。有《卜世論》、《春秋無賢臣論》，見《唐文粹》。

南唐

茅山紫陽觀碑

右《茅山紫陽觀碑》，在句容縣。碑已殘毀，僅存片石四十餘字。此舊拓本止缺十七字，洵可寶也。碑末題『己未歲十二月一日建』。己未爲周顯德六年。史稱南唐去帝號，奉周正朔。以此碑證之，時止去帝號而已。碑爲徐鉉奉制撰，《騎省集》中有此文。碑『則格天光表』，集『表』作『被』。『式嚴觀律之場』，集『律』作『物』。『由是靈符綵集』，集『綵』作『總』。『承積德之基』，集『積』作『績』。皆當以碑爲正。

本業寺記

右《本業寺記》，在上元縣。僧契撫撰。東山任德筠書記。稱『保大五年蒙先元宗皇帝御批，奉功德使齊王承省司給牒重賜開基』，元宗皇帝者，南唐嗣主璟，齊王者，烈祖第四子景達，元宗之母弟也。末題『時唐乾德五年，歲次丁卯七月十九日建』。乾德爲宋太祖即位之八年，時李煜奉宋年號而自題其國曰『唐』。

北漢

天龍寺千佛樓碑 廣運二年八月

右《天龍寺千佛樓碑》，在太原縣。《新五代史·劉旻傳》『契丹册尊旻爲大漢神武皇帝』，《舊五代史》作『契丹僞册爲英武皇帝』，此碑『英武皇帝』凡三見，是《新史》誤也。碑稱承鈞爲睿宗皇帝，亦《新史》所不載。

校勘記

〔一〕『處易州』，《新唐書》作『取易州』。

〔二〕『舊五代史地理志』，按《舊五代史》無《地理志》，當作《郡縣志》。

平津讀碑記續記

余近年搜藏碑刻，頗有出於前編所未見者。今並作《續記》附於後。嘉慶廿一年三月十七日，臨海洪頤煊識於羊城官舍。

周

比干墓題字

右《比干墓題字》，在汲縣比干墓上。相傳以爲孔子書。據《水經注》：『朝歌縣牧野有殷大夫比干冢，前有石銘題隸云：殷大夫比干之墓。』今本作『殷比干墓』四隸字。『墓』字下半已泐，又是後人摹刻。《隸續》所載即是此本。

北齊

文殊般若經碑

右《文殊般若經碑》，在寧陽縣水牛山。書作十行，行三十字，前後俱無年月。碑額作『文殊般若』四字。《寰宇訪碑録》繫於北齊末，今從之。

隋

觀世音普門品經 開皇十三年二月

右《觀世音普門品經》，在曲陽縣。碑作大隸字，末題『大隋開皇十三年二月八日刊』，上有『行唐邑龕』四字。

安喜公李使君碑 開皇十七年二月

右《安喜公李使君碑》，在乾州馬嵬堡北五里。碑字多殘泐，此拓本視《金石萃編》本多辨十餘字。《石墨鐫華》云：『使君涼武昭王之後。祖景超，員外散騎侍郎。父通逸，使持節、東南道都督，狄道縣開國子。季父炎之，出牧荆郡。』今拓本『祖景超』、『父□逸』、『季父炎之』字猶可辨。炎之《魏書》有傳。《新唐書·宰相世系表》：『李氏武陽房，出自興聖皇帝第七子豫。』興聖皇帝即涼武昭王也。《表》豫止有孫炎之，字□珍，後魏兼侍中、文簡公。則使君當爲涼武昭王曾孫，與唐爲同宗。惜《表》不詳其名。

太僕卿元□墓誌銘 大業十一年八月

右《太僕卿元□墓誌銘》，近時新出土。劉吉甫以拓本贈余。據誌：『君諱□，字□智，河南洛陽人。魏昭成皇帝之後。』其名字已泐。又云：『六世祖遵，假節侍中，撫軍大將軍，尚書左僕射，冀青兖豫徐州諸軍事，冀州牧，常山王。高祖素，假節、征西大將軍、内都大官，常山康王。曾祖忠，使持節、鎮西大將軍、相太二州刺史，侍中、尚書左僕射，城陽宣王。祖昺，使持節、散騎常侍、都督徐州諸軍事、平東將軍、徐州刺史、宗正卿。父最，使持節、侍中、驃騎大將軍、開府儀同三司、尚書左僕射、華敷南秦并幽晋六州諸軍事、六州刺史、司徒公，樂平慎王。』以《魏書》昭成子孫列傳攷之，其系次官階皆相合。忠『城陽宣王』，傳作『城陽公』。『昺』，傳作『壽興』，當是其字因避諱而改稱，唯不言爲宗正卿。誌稱君周保定四年詔擢爲左給事中士。建德五年遷爲司御上士。宣政元年封建寧縣男。大象二年進爵爲子，尋遷少駕部下大夫。開皇元年出爲益州武康郡太守，又進爵爲伯，轉爲儀同三司。九年授使持節、扶州諸軍事、扶州刺史。十六年改授渝州諸軍事、渝州刺史，更授夷陵太守，入爲太僕卿。叙其官階最詳。《元和姓纂》：壽興少子勗，司徒、樂平王，生亶。亶生文豪，太僕少卿。『勗』即『最』字之譌。亶不言爲太僕卿，未知即其人否。

海陵郡公賀若誼碑

右《海陵郡公賀若誼碑》，在興平縣學宫。碑字多泐。賀若本雙姓，故碑額題作『賀若使君碑』。祖伏連，襲爵安富公，雲州刺史。父統，右衛將軍、散騎常侍。《元和姓纂》『賀若』作『賀蘭』，又稱遠祖達羅，安樂王。達羅統生敦，周金州總管，武都公。誼，隋靈州刺史、海陵公。《隋書》賀若誼有傳，《北史》誼附在《賀若敦傳》。又賀若弼，據《姓纂》：敦生弼，隋揚州總管，宋公。《金石萃編》以弼爲誼之兄，誤也。

唐

宗聖觀記 武德九年二月

右《宗聖觀記》，在盩厔縣南。《史記·周本紀》：『麋鹿在牧，蜚鴻滿野。』《周書·度邑解》作：『夷羊在牧，飛鴻滿野。』此碑稱：『夷羊在牧，飛蛩滿野。』蓋本于《周書》。《淮南·

本經訓》作『飛蛩滿野』，高誘註：『蛩蟻，蠓之屬，一曰蝗也。』皆同聲假借字。

蜀王師蓋文達碑　貞觀十八年

右《蜀王師蓋文達碑》，在衡水縣。文達兩《唐書》俱在《儒學傳》。蜀王，太宗第六子愔。《舊唐書·文達傳》：『貞觀十三年，除國子司業，俄拜蜀王師。以王有罪坐免。』碑云：『十二年詔授國子司業。十三年詔授兼蜀王師。十六年丁母憂。於是逍遥誓誥，每服止足之言。退居丘壑，有終焉之心。』不言其因蜀王免官，或碑諱言之。碑：『文達字藝成，大業三年授同安博士。九年除國子助教。』兩《唐書》本傳俱不言。

贈比干太師詔并祭文　貞觀十九年二月

右《贈比干太師詔并祭文》，在汲縣。《新唐書·太宗本紀》：『貞觀十九年二月庚戌，如洛陽宫以伐高麗。丁巳，贈比干太師謚忠烈。』《舊唐書》本紀作：『贈殷比干爲太師，謚曰忠烈。命所司封墓葺祠堂，春秋祠以少牢。上自爲文以祭之』。碑詔下日字已泐，祭文作『二月廿日戊午』，是丁巳下詔贈比干太師，命所司封墓葺祠，次日始爲文以致祭比干也。碑原石久佚，此爲元延祐五年重刊本。《金石萃編》所收僅有祭文，此拓本尚完。

曲阜憲公孔穎達碑 貞觀二十二年

右《曲阜憲公孔穎達碑》，在醴泉縣。碑已殘泐，可辨字無幾。以《新唐書》本傳攷之，官階俱與碑合。唯碑稱「貞觀四年，加員外散騎常侍，□太子中允」，本傳不載。「奉勑□撰《五經義疏》」，本傳作「義訓」。

晉州刺史殘碑

右《晉州刺史殘碑》，在醴泉縣。碑字摩滅，不甚可辨。第六行有「河東郡」三字，第七行有「金積」二字，第九行有「浴德」二字，第十行有「河仰絳紗而摩」六字，第十六行有「授晉州總管」五字，第廿行有「河東柳氏隨」五字。《關中金石記》以爲即《裴藝碑》，褚遂良書。

石鼓尊勝經幢

右《石鼓尊勝經幢》，在醴泉縣。前後俱漫滅。「耶」字注「余何反」，「縛」字注「父何反」，此亦未改反作切之一證。

汾陰獻公薛收碑　永徽六年八月

右《汾陰獻公薛收碑》，在醴泉縣。碑殘泐，存字無幾。收，薛道衡子。《新唐書》本傳：『以父不得死於隋，不肯仕，郡舉秀才不應。』碑云：『舉以孝廉□而不就。』似即指其事。唯作『孝廉』，與史異耳。

處士張興墓誌銘　龍朔元年十月

右《處士張興墓誌銘》，諸家皆未著録。據碑：『君諱興，字文起，南陽西鄂人。曾祖瓘，魏冀州信都縣令。祖戾，周太僕寺主簿，轉授瀛州河間縣令。父才，隋揚州江都縣丞。處士以貞觀廿二年七月廿七日卒，春秋六十有二。夫人趙氏卒於永徽四年，春秋六十。以龍朔元年歲次辛酉十月癸亥朔廿三日乙酉，合葬故郡城西八里。』《舊唐書·地理志》：『隋南陽郡，武德二年改爲鄧州。天寶元年改爲南陽郡。』又所領無西鄂縣，惟『向城』下云：『漢西鄂縣，地屬鄧州。後魏於古向城置縣，乃改立。』誌稱『南陽西鄂人』，是舉其舊望也。『戾』即『虔』字闕筆。

同州聖教序　龍朔三年六月

右《同州聖教序廳》，在同州。末題：『龍朔三年歲次癸亥六月癸未朔廿三日乙巳建，大唐褚遂良書。在同州倅廳。』《舊唐書·褚遂良傳》：『永徽元年，出爲同州刺史。三年，徵拜吏部尚書，同中書門下三品。顯慶二年，貶愛州刺史。明年卒官。』此碑立於龍朔三年，時遂良殁已六年。龍朔三年是其建碑年月，非書碑年月也。

贈泰師孔宣公碑并陰 乾封元年

右《贈泰師孔宣公碑》，在曲阜縣孔子廟。碑稱『兖州都督霍王元軌』，元軌爲高祖第十四子，兩《唐書》俱不言其爲兖州都督。以碑攷之，當在加位司徒、出爲襄州刺史以前。碑陰武德九年詔一、乾封元年詔一、太子弘表一、乾封祭文一。末題：『儀鳳二年七月訖功。』祭文有『司稼正卿扶餘隆』。《元和姓纂》：『百濟國王夫餘寬，生璋，號帶方郡王。生義慈，大唐拜帶方郡王、金紫光禄大夫，貞觀入朝。生隆，熊州都督。』《姓纂》以『扶』作『夫』，當以碑爲正。

鄭惠王造石塔記 咸亨四年十月

右《鄭惠王造石塔記》，在長子縣。鄭惠王者，高祖第十三子元懿也。碑王諱字下俱闕書。《新唐書》本傳：王有十子。碑後列十子，唯第五王子樂陵公闕其名。以《宗室世系表》證之，樂陵公名球。《表》脱第六王子武安公琨。碑『嗣鄭王郢州刺史璥』，《表》作『遂州刺史璜』。又，吕國公琛，《表》闕『琛』字。樂平公珪，《表》作『樂安』。皆當以碑爲正。

龍龕巖道場銘 聖曆二年正月

右《龍龕巖道場銘》，在羅定州龍龕巖。翁覃谿閣學《粵東金石略》：『龍龕巖有唐張柬之石刻，余五按瀧江，屢訪而不能得。』歲乙亥，頤煊署羅定，州判區之藩茂才搨贈，乃是此銘。銘前題『冠軍大將軍、行左豹韜衛將軍、上柱國、潁川郡開國公陳集原撰』，約一千四百餘字。銘內並無『張柬之』字，豈閣學傳聞之譌，抑尚有張刻而茂才失搨邪？按銘：『龍龕巖因龍蛻得名。武德四年，永寧縣令陳普光因立道場。上元年，男叔瓊造立，當陽連塈尊像。善勞縣令叔珪更於道場之南造釋迦尊像，因勒此銘。』銘後題：『大檀越主孫登仕郎、守賓州録事參軍、上騎都尉叀感勸，轡主從孫前檢梧州孟陵縣令靈托，都檢主從孫前擔陵州烏律縣令羅積。』皆陳氏子姓。《新唐書·地理志》：『瀧州建水縣，武德五年曰永寧。天寶元年更名。』即今羅定州地。『梧州孟陵縣，貞觀八年更名。』善勞縣，屬黨州。賓州，貞觀五年置。皆屬嶺南道。唯『擔陵州烏律縣』，《地理志》不載，無攷。

蒲州虞鄉縣令劉行忠碑 開元三年正月

右《蒲州虞鄉縣令劉行忠碑》，在永濟縣。碑稱：『行忠樹幡竿於栢梯山寺之西南岑寺，都維那法秦上人爲予傳之。』《元和郡縣志》：『壇道山一名百梯山，在虞鄉縣西南十二里。山高萬仞，躋攀者百梯方可升降，故曰百梯。』據此碑作『栢梯』則其說非矣。碑不題撰人姓名。又第一行上題『唐蒲州虞鄉縣令劉君幡竿銘并序』，下題『朝議郎行虞鄉縣令劉行忠碑』，亦變例。

處士胡佺墓誌 開元三年十月

右《處士胡佺墓誌》，在介休縣。祖買，隋孝廉。父端，不仕。處士字尚真，安定人。卒時春秋七十，以開元三年歲次乙卯十月廿五日癸酉，遷窆于介休縣東廿四平原。書法絶工，不題書人名氏。

有道先生葉國重碑 開元五年二月

右《有道先生葉國重碑》，李邕書。原石久佚，此爲後人重刻本。又别見一本，字體麄拙不足觀。國重爲葉法善之祖。《新唐書・葉法善傳》云：『開元八年卒，或言生隨大業丙子。』此碑立于開元五年，時法善已百二歲。故碑云『雖暮景急節，而純孝孔彰。是獻封章，願拜墳墓』者，此也。

李文安石浮圖銘 開元十年四月

右《李文安石浮圖銘》，在房山縣雲居寺。文安結銜稱『易州新安府折衝』，《新唐書·地理志》易州有新安府。末題『易州前遂城縣書助教梁高望書』。《新唐書·百官志》：『書學助教一人，掌教八品以下及庶人子爲生者。』

玉泉寺大通禪師碑

右《玉泉寺大通禪師碑》，在當陽縣。禪師諱神秀，姓李氏。《舊唐書》有傳，稱神秀以『神龍二年卒，有詔賜謚曰大通禪師。岐王範、張說、及徵士盧鴻一皆爲其碑文』。此碑即說所撰也。碑後半已殘泐，前半完好，大略如傳所言。

娑羅樹碑 開元十一年十月

右《娑羅樹碑》，在淮安府治。題『海州刺史李邕文并書』。原石久佚，此爲明人重刻本，前後無題識。錢辛楣少詹云：『明隆慶壬申，沔陽陳文燭知淮安府，得舊搨本，重刻于郡齋。陳所得者，裝界之本，即用横石刻之。故行款皆失其舊。』此本正與之同。據《金石萃編》，陳文燭本有跋，此搨本失之。

少林寺賜田勅 開元十一年十二月

右《少林寺賜田勅》，在登封縣。刻在裴漼《少林寺碑》陰。《金石萃編》所收牒後有『開元十一年十二月廿一日』并趙冬曦、徐堅、張説三人銜名。此拓本失之。牒稱少林寺僧曇宗、志操、惠瑒等翻城歸國賜田始末。其稱『僞轘州司馬趙孝宰、僞羅州縣令劉翁重』，皆王世充所授。裴漼《少林寺碑》云：『寺西北五十里有柏谷墅，在齊爲郡。王充僭號，署曰轘州。』『轘』即『轘』字。

伯夷叔齊碑 開元十三年正月

右《伯夷叔齊碑》，在蒲城縣首陽山上。碑爲邑宰太原王公所建，梁昇卿撰文及書。銘末有『黄鉞不降志』五字，當是碑中脱文，故附於末。

延州膚施縣令于士恭墓誌銘 開元十五年七月

右《延州膚施縣令于士恭墓誌銘》，在咸寧縣。諸家皆未著録。士恭爲于志寧姪孫。以《新唐書·宰相相系表》考之，《表》稱：『謹從西魏孝武帝入關，遂爲京兆長安人。』碑作：『五代祖謹仕魏，遂居河南，今即河南人也。』《表》：『宣道，隋上儀同、威安獻公。』碑作『隋左衛率，皇涼甘肅瓜沙五州諸軍使、涼州刺史、成安子。』《表》『威安』是『成安』之譌。祖永寧增建平公，《表》亦不載。永寧子，《表》有『遂古』而無『元祚』。元祚任益州九隴縣令，襲建平爵，尚德靜縣主。士恭即主之次子。當以碑補之。

北嶽恒山祠碑 開元十五年八月

右《北嶽恒山祠碑》，在曲陽縣。《舊唐書·張嘉貞傳》：『嘉貞爲工部尚書、定州刺史、知北平軍事。至州，於恒嶽廟中立頌，嘉貞自爲其文，乃書於石。其碑用白石爲之，素質黑文，甚爲奇麗。』即此碑。碑云：『景寅歲，乃命菲才，謬兼軍郡。』嘉貞於開元十三年左轉台州刺史，十四年遷定州刺史。史不言其年者，略也。碑結銜稍泐，『兼定州刺史』字猶可辨。

山嶺石浮屠後記 開元二十八年

右《山嶺石浮屠後記》，在房山縣雲居寺。《新唐書·地理志》：『幽州范陽郡，大都督府。』范陽縣屬涿州。記云：『幽府范阳縣。』時縣屬幽州，變州稱府，亦一例。

祠部員外郎裴積墓誌銘 開元二十九年二月

右《祠部員外郎裴積墓誌銘》，在長安縣。『積字道安』，其『積』字已磨滅。《金石萃編》拓本猶能辨之。稹爲裴光庭子。《新唐書·宰相世系表》：『稹，司勳員外郎，襲正平縣子。』而碑不言。碑云：『嗣子倩』，《表》：『倩字容卿，度支郎中，正平縣男，謚節。』亦可補碑之闕。

般若心經碑 天寶元年四月

右《般若心經碑》，不知所在。末題：『天寶元年四月八日，河北道宣慰使、朝散大夫、守内侍陳令望造。』額題：『潁川陳公蜜多心經碑。』碑凡十五行。《新唐書·地理志》河北道有採訪使而無宣慰使，此因事立名，以内官爲之。

金剛經殘石幢 天寶七載三月

右《金剛經殘石幢》，在西安府城南李家村。幢止存二斷石。上截四面，下截四面。《金石萃編》所收本下截八面，有『寶曆元年，并佛弟子太原王□□』等題字。此拓本無之。經前有序，題曰：『蔣圖撰，清河張賁書序。』

靈泉寺玄林禪師碑 天寶八載二月

右《靈泉寺玄林禪師碑》，諸家皆未著録。碑題『監察御史陸長源撰』，書法似李北海而不題書人名氏。碑稱：『禪師諱玄林，堯城人也。俗姓路氏。捕虜將軍端，見《僞後燕録》；豫州刺史永，出《晋中興書》。』《元和姓纂》石趙有揚州刺史路永，當即其人。禪師以天寶五載十二月十日不疾而化，春秋九十餘，僧臘七十一。《新唐書》堯城縣屬相州。陸長源，兩《唐書》皆有傳。

雲麾將軍劉感墓誌銘 天寶十二載十月

右《雲麾將軍劉感墓誌銘》，在咸寧縣。誌稱『父贈南磎郡司馬』，《新唐書·地理志》作『南溪郡』。『解褐行興州大桃戍主』，《地理志》興州下不載大桃戍。餘寧州鼓池府、陝州曹陽府、同州襄城府，俱見於《地理志》。

内常侍孫志廉墓誌銘 天寶十三載六月

右《内常侍孫志廉墓誌銘》，今在吴縣靈巖山館。誌云：『終於咸寧縣來庭里之私第。』《内侍高福墓誌》：『終於來庭里之私第。』《内侍劉遵禮墓誌》：『薨於來庭里私第。』蓋當時内官皆聚居於此里。誌題：『朝議郎、行陝郡平陸縣尉申堂搆撰。』《元和姓纂》：『丹陽申氏，狀稱申不害之後。陳有南徐州申禺。禺八代孫堂構，唐虞部員外郎。』

臨淮王李光弼神道碑 廣德二年十一月

右《臨淮王李光弼神道碑》，在富平縣。顔真卿撰，張少悌書。碑字多殘泐，以《魯公集》所載碑文補之尚可讀。《新唐書・宰相世系表》：『光弼本柳城李氏，世爲契丹酋長。後徙京兆萬年。』故本傳稱光弼『營州柳城人』，碑作『京兆萬年人』。《世系表》光弼曾祖令節、祖重扶、父楷洛，其歷官俱與碑同。碑『重扶』作『重英』，『重』字稍泐，『英』字甚明。又《表》光弼爲楷洛第三子，碑作『第四子』，是『表』誤。

永仙觀田尊師德行頌

右《永仙觀田尊師德行頌》，在富平縣美原鎮。碑首行已殘缺，下題『内供奉□光書并題額』，今額尚完好，碑字多漫漶。碑稱：『天寶二載五月廿三日，從人之願，欝起仙宫。玄宗至道大聖大明孝皇帝賜額曰永仙觀。』後又有：『中書令汾陽王子儀，□章事、兵部尚書李□□，中書侍郎元公載，黄門侍郎王公縉。』以《新唐書・宰相表》證之，碑當立于廣德二年。李下名闕者，李峴也。

光禄卿王訓墓誌銘 大曆二年八月

右《光禄卿王訓墓誌銘》，在咸寧縣。訓爲王同皎之孫。兩《唐書·王同皎傳》：同皎子繇，尚永穆公主，生子潛。而不及訓。碑稱訓永穆大長公主之中子，是訓爲繇次子也。《新唐書》同皎尚中宗第三女安定公主，碑作『定安長公主』。《安樂公主傳》中亦作『定安』，是作『安定』者誤也。永穆公主，玄宗長女。碑稱訓『尚博平郡主』，後稱公主。郡主疑是其先封，史不詳其人。

新建文宣王廟碑 貞元五年二月

右《新建文宣王廟碑》，在涿州廟。爲『貞元五年幽州范陽縣令宋□□』所建。碑前題：『皇唐幽州盧龍節度觀察等使、工部尚書、御史大夫、幽州□都督、□□□□□□□□劉公新置文宣廟碑。』《新唐書·藩鎮盧龍列傳》：『朱滔貞元元年死。劉怦乃總軍事。俄詔爲節度副大使、彭城郡公。居鎮纔三月，死。子濟嗣節度，累遷檢校尚書。』此所稱『劉公』者，乃濟也。碑爲『韋稔撰，張濬書』。稔結銜稱『幽州觀察判官、檢校尚書、主客員外□、兼侍御史稔』。『魏人』見《朱滔傳》。

劍州長史李廣業碑 貞元二十年十一月

右《劍州長史李廣業碑》，在三原縣。碑稱：『公之玄孫錡，今任浙江西道都團練觀察處置及諸口鹽鐵轉運等使、銀青光禄大夫、檢校禮部尚書、使持節潤州諸軍事、潤州刺史、兼御史大夫。』《新唐書·李錡傳》大略如碑所言，唯不載銀青光禄大夫、檢校禮部尚書、兼御史大夫。錡叛在此碑後四年。

蜀丞相諸葛武侯祠堂碑陰 元和四年二月

右《蜀丞相諸葛武侯祠堂碑陰》，在成都府。碑陰分四截。第一截題記已摩泐，所存字無幾。其摩泐處刻明景泰壬申黄溥李賢詩三首。第二截、第三截前爲武元衡銜名，自『裴堪』以下皆其幕官題銜者，共二十八人。後復有宋元符庚辰西洛馬中等題字。《新唐書·武元衡傳》：『元和二年詔元衡檢校吏部尚書、兼門下侍郎、同平章事，爲劍南西川節度使，開府極一時選。』其見於題名者，柳公綽、裴度、盧士玫、楊嗣復、宇文藉，兩《唐書》有傳。裴堪、崔備、韋同訓、裴儉、渾鉅，俱見《宰相世系表》。李虚中，見韓昌黎所撰墓誌銘。晁氏《郡齋讀書志》有李虚中《命書》三卷。楊嗣復，時爲節度推官。大和九年，嗣復爲劍南西川節度使，因題記於第四截。又作詩一首，和詩『楊汝』下字泐者當是『士』字。《新唐書·楊汝士傳》：『開成初，繇兵部侍郎爲東川節度使。時嗣復鎮西川，乃族昆弟。對擁旄節，世榮其門。』碑題銜正與傳同。

鴈門郡解進墓誌銘 元和五年十一月

右《鴈門郡解進墓誌銘》，在孟縣。誌稱：『疾終於河南府河陽縣太平鄉樹樓村之私第。』太平鄉見《鄭弘禮妻李氏夫人墓誌》。碑『修』作『脩』、『孀』作『霜』、『切』作『刅』，皆異文。

智者大師修禪道場碑 元和六年十月

右《智者大師修禪道場碑》，在天台縣國清寺。碑云：『自上元寶應之際，此邦寇擾。』《新唐書·本紀》：『乾元元年八月辛未，台州人袁鼂反。廣德二年十一月癸丑，袁鼂伏誅。』《李光弼傳》：『浙東賊袁晁反台州，建元寶勝，以建丑爲正月，殘剽州縣。光弼遣麾下破其衆於衢州。廣德元年，遂禽晁，浙東平。』碑所稱『寇擾』，即其事。碑云：『當是時，得大師之門者千數。得深者三十有二人。纂其言施行於後世者曰章安大師，諱灌頂。』《新唐書·藝文志》：『僧灌頂《私記天台智者詞旨》一卷，又《義記》一卷。字法雲，姓吴氏，章安人。』

尊勝陁羅尼經幢 元和八年八月

右《尊勝陁羅尼經幢》，在西安府學宫。末題：『大唐元和八年癸巳之歲八月辛卯朔五日乙未，女弟子郇羅延建尊勝碑。打本散施，同願受持。』《石臺孝經表》：『謹打《石臺孝經》本，分爲上下兩卷。』『打本』即搨本。

七星巖李紳題名 寶曆元年二月

右《七星巖李紳題名》，在高要縣。文云：『李紳長慶四年二月，自户部侍郎貶官至此。寶曆元年二月十四日，將家累遊。』《舊唐書·敬宗本紀》：『長慶四年二月癸未，貶户部侍郎李紳爲端州司馬。』是其時所題。《晋書·戴洋傳》：『初，混欲迎其家累。』《北齊書·祖珽傳》：『倩珽作書，屬家累事。』稱家人爲『家累』亦始見於六朝時。

真空寺修石幢記 太和六年八月

右《真空寺修石幢記》，在長安縣。題：『將仕郎、試左金吾衛兵曹參軍張模述并書』。末有沙子施主王叔渡題字，凡七行。

阿育王寺常住田碑 太和七年十二月

右《阿育王寺常住田碑》，在鄞縣。碑爲萬齊融撰，趙州刺史徐嶠□書。後爲寇盜隳壞。大和七年，明州刺史于季友得舊文，復屬順陽處士范的書此碑。季友記其後，并附與范的倡和詩二首。季友尚憲宗永昌公主，拜駙馬都尉。兩《唐書》俱附見其父于頔傳。《宰相世系表》：『季友，絳、宋等州刺史。』不言明州。碑引《詩》：『倬彼甫田。』『甫』作『碩』。『願賀金錢』，『賀』即『捐』字。

楚州兵曹參軍劉崟墓誌銘 太和八年十一月

右《楚州兵曹參軍劉崟墓誌銘》，在咸寧縣。諸家皆未著録。碑稱崟：『解褐授洵陽縣丞。次任寧國縣丞。三任楚州兵曹。以太和八年七月一日逝懷德私第，享年六十有二。子歡郎少孤，長婿楊氏以太和八年十一月廿六日葬于長安縣□□鄉。』碑題『進士景琰撰』。『墓』作『慕』，他碑未有。

碧落文碑陰 開成二年十一月

右《碧落文碑陰》，在絳州龍興宫。《碧落文》爲李譔書，碑陰記其始末。前題『黄公記』，末題『開□二年十一月廿五日〔二〕，絳□長史李漢記』。《新唐書・宗室世系表》：譔封黄國公。碑『國』作『縣』，字雖泐，下半尚可辨。《舊唐書・李漢傳》：『太和九年六月，李宗閔得罪罷相。漢坐其黨，出爲邠州刺史。宗閔再貶，漢亦改邠州司馬。仍三二十年不得録用。』其爲絳州長史，史不言。『開』下泐者，當是『成』字。

陁羅尼經幢 大中三年正月

右《陁羅尼經幢》，在西安府學宫。經後有記，題：『京兆府興平縣，縣東北隅陁羅尼幢記。處士王鉉撰。縣人于惟則奉爲文武百辟當縣宰寮及□界有情敬造。』末題：『大中三年己巳歲正月丙辰朔一日建。』諸家皆釋作二年，誤。

勑内莊宅使牒 大中五年正月

右《勑内莊宅使牒》，在西安府學宫。刻於大達法師《玄秘塔碑》陰。碑前列『勑内莊宅使牒』。首載萬年縣滻川鄉陳村安國寺金經□壹所計估價錢。次列舍間雜樹地畝數目、莊居四至，如今之市券。後列『使兼鴻臚禮賓等使、特進、知□□田紹宗，副使、内府局令、賜緋□□劉行村，判官、内僕局承彭□』等銜名。後列僧正言出錢創造堂内并彩畫兩壁等事。當時内莊宅使以内侍爲之，劉遵禮亦嘗爲此使。

杜順和尚行記 大中六年

右《杜順和尚行記》，在西安府開佛寺。《集古録》有此碑。記云：『負來婦人有一子求之。』《尚書》：『日月逾邁，若弗云來。』孔沖遠《正義》云：『負即云也。』《尚書》本作『員來。』

《説文》員，籀文作『鼎』。《漢書・匡衡傳》：『無説《詩》，匡鼎來。』『鼎來』即『員來』，與此碑可相證。碑後有鐫玉册官邵建初刻字。《圭峰定慧禪師碑》、《劉遵禮墓誌銘》，皆邵建初刻。

雲居寺主律大德碑 咸通八年十一月

右《雲居寺主律大德碑》，在房山縣。碑稱：『大德姓史氏，涿郡范陽人。元和中，廉察使、相國彭城劉公慕其高節，亟請臨壇。』又云：『暨太和有□祀，方伯司徒史公之領戎也。常目重山，聆風仰德。』《新唐書・本紀》：『元和五年七月乙卯，幽州盧龍軍節度使劉濟卒。其子總自稱留後。』此所稱『劉公』，未知是濟是總。又『太和八年十月辛巳，幽州盧龍軍大將史元忠逐其節度使楊志誠，自稱權句當節度兵馬』。碑所稱『史公』即其人。碑題『瀔江栖夷子何籌撰』，以號人結銜，亦唐末有此。

内侍左監門衛大將軍劉遵禮墓誌銘 咸通九年十一月

右《内侍左監門衛大將軍劉遵禮墓誌銘》，在長安縣。文云：『院使親承顧問，莫厚於宣徽。』遵禮以會昌六年六月改充宣徽北院使，大中五年改充宣徽南院使。宣徽院，《新唐書・百官志》不載。《玉海》引《實録》云：『貞元中，選樂工三十餘人，號宣徽院。寶曆中，以毬工籍宣徽院。宣宗時，嚴季實爲北院副使。天祐二年，宣徽南院北院並停。』而五代時並置此官。

宣徽院爲樂工所在，故院使以内侍爲之。

某君墓誌銘 咸通十一年十二月

右《某君墓誌銘》，在蕭山縣。余同年汪厚叔選部以搨本見贈。碑前半已殘泐，姓名不可攷。稱：『王父諱旭皇，任蘄□□□□。府君諱肴皇，任左武衛率府長史。君實府君第四子也。□而好學，長而能文，尤攻於體物。舉進士，亟敗於垂成。以□通十年歲次乙丑四月戊子朔廿二日己酉終于家。』銘云：『嗚呼公都，碩學鴻儒。』『公都』當是其字。碑不題撰人姓名，誌云：『庠嘗射策春闈，竊在下風。』未知是何姓。

碧落文碑側 咸通十□年十月

右《碧落文碑側》。末題：『咸通十□年十月二日，弘農楊損記。』楊嗣復子，《新唐書》本傳：『路巖爲相，使損按獄黔中，踰年還。三遷絳州刺史。』題記正其時所作。此碑陰碑側近時著録家皆未見，《集古録》、《金石録》有之。

處士戚高墓誌 中和三年十月

右《處士戚高墓誌》，在諸暨縣，近時始出土。汪厚叔選部所贈誌。撰人題『布衣趙玭』。

稱：『處士諱高，字崇景。其先北海郡人，遷爲越州諸暨靈泉之里人也。以中和三年歲次癸卯九月甲子朔十九日壬午之辰終於後流私第。冬十月甲午朔廿七日庚申，將窆于石解皇父之塋右壬首之墳。』原誌稱處士『芳壽不或之歲未昇，壯室之年有五』，處士卒時年卌五。

内樞密使吴承泌墓誌 乾寧二年十一月

右《内樞密使吴承泌墓誌》，在咸陽縣。誌爲『裴廷裕撰，閻湘書』。廷裕結銜稱『翰林學士、守尚書司封郎中』。《新唐書·宰相世系表》：『廷裕字膺餘。』不言歷官，可據此誌以補其闕。《金石萃編》所收本字多漫滅，又裝褫前後失次。此拓本尚完善。誌云：『乾符末，先皇帝命以本官充解縣□鹽催勘副使，以功賜緋魚袋，充解縣催勘使。屬闕河失守，盗賊驚奔。銅池既□於九衢，金根去狩於三蜀。』此即指廣明元年黄巢陷京師，僖宗幸蜀事。

台州刺史杜雄墓誌銘 乾寧四年十一月

右《台州刺史杜雄墓誌銘》，在臨海縣南二十里蔡王廟。碑已殘泐。宋王象之《輿地碑目》：『唐文德二年，《台州刺史杜雄廟碑》，碑陰有《蔡大王廟記》。』即此碑。以《嘉定赤城志》攷之，碑當立于乾寧四年十一月。乾隆癸丑秋，余始訪得此碑。别有考，見《筠軒文鈔》。唐昭宗升台州爲德化軍，兩《唐書·地理志》不載，唯見於此碑。今碑前題：『門吏德化軍巡官、前嶺南西道觀察支使、試秘書省正字魯洵撰。』字完好可辨。

五代

高麗國原州忠湛大師碑 天福五年七月

右《高麗國原州忠湛大師碑》，余癸酉在都，從翁覃谿閣學假得裝本録之。末有歲戊午三韓洪良浩墨蹟題跋，稱：『《原州靈鳳山半折碑》，即高麗太祖製詞，崔光胤集唐文皇書者也。萬曆壬辰之亂，倭奴車載以東到竹嶺，碑斷爲二，乃挈其半而去。亂定，關東守臣曳還于原州。遂稱半折碑。』今碑前尚有『高麗國原州』及『臣崔光胤奉教集太宗文皇字』可辨。鄭麟趾《高麗史·太祖世家》：『二十三年秋七月，王師忠湛死，建塔于原州靈鳳山興法寺，親製碑文。』所言與良浩跋合。碑稱：『大師法諱忠湛，俗姓金氏，以咸通十年正月廿一日誕生。』又云：『五年七月十八日詰旦，顔皃如常，寂然離俗。年七十有二。』以長曆攷之，是晋天福五年，當高麗太祖之二十三年。《高麗史·崔彦撝傳》：『子光胤，嘗以賓貢進士。游學入晋，爲契丹所虜，以才見用。』新舊《五代史》皆無傳。

建雄軍節度使相里金碑 天福一年十月

右《建雄軍節度使相里金碑》，在汾陽縣。《新五代史》有《相里金傳》。以碑攷之，傳『金字奉金，并州人。』碑作：『字國寶，汾州西縣人。』傳：『事晋王，爲五院軍隊長。梁晋戰柏鄉、胡柳，皆有功而還。遷黄甲指揮使。』碑作：『後□莊宗皇帝上黨解圍，柏鄉得儁，擢公自副兵馬使充匡衛指揮使。後於胡柳陂獻捷，德勝寨成功，轉右帳前指揮使。』傳：『卒贈太師。』碑作：『贈太子太師。』又碑所載金官勳甚詳：『應順元年二月，改保義軍節度、陝虢等州觀察處置等使、加金紫光禄大夫、檢校司徒、陝州大都督府長史、上柱國、西河縣開國男，食邑□百户。天福元年，改授建雄軍節度使、晋隰等州觀察處置等使、加光禄大夫、檢校太傅、使持節晋州諸軍事、行晋州刺史、西河郡開國侯，食邑一千户。三年四月，加檢校太尉，食邑一千三百户。』傳皆不載。碑述相里氏得姓之由，與《元和姓纂》同。《訪碑録》以此碑爲李相撰，諦視『李』下，當是『穀』字。

父母恩重經 乾祐三年

右《父母恩重經》，在寧陽縣。首行題：『大漢國兖州龔丘縣萬歲鄉剛城村孤子孟知進□□願爲□三代先亡及父母造□石一所，及妻李氏同意發願□。』碑額題『乾祐三年

□□□□□□□孤子孟進□疏記』，省『知』字。《太平寰宇記》：『故剛城，漢爲剛縣。廢城在今龔丘縣東北。』村當以此得名。

新羅國石南山國師碑銘後記 顯德元年七月

右《新羅國石南山國師碑銘後記》，余從翁覃谿閣學假得裝本録之。據記，大師于唐新羅國景明王之天祐年中化緣畢已。門生金長老允正修録，門人崔大相仁渷撰。碑後門下法孫釋純自復述此記，末題：『顯德元年，歲在甲寅七月十五日立。』據《高麗史》，新羅景王魏膺以天成二年爲甄萱所弑，立王表弟金傅爲王。清泰二年，新羅王金傅降于高麗。除新羅國爲慶州。顯德元年當高麗光宗之五年。記稱：『仁渷者，辰韓茂族人，所謂「一代三崔，金牓題廻」。曰崔致遠、曰崔仁渷、曰崔承祐。』可爲崔氏增一佳話。

崇化寺西塔基記 顯德五年七月

右《崇化寺西塔基記》，在蕭山縣。文云：『吴越王長舅吴延福載興塼塔二所，香泥木石，爲此鎡基。厚二丈餘，其固若山。他日製爲請，無疑也。唐下元戊午年七月二十八日，勾當并結，塔僧契莊勸緣僧延祝。』稱『唐下元』者，以遯甲之術冠之，蓋亦嫌用中朝年號。實周顯德五年。其所稱『吴越王』者，是錢俶也。

栖巖寺舍利塔殿記 顯德六年九月

右《栖巖寺舍利塔殿記》，在蒲城縣。題：『節度掌書記、將仕郎、試大理司直李瑩撰，張靄書。』記云：『丙辰秋八月，詔令府主太尉移北庭節度，鎮於蒲。』末行題：『輸忠保節功臣、河中護國軍節度、管内觀察處置等使、光禄大夫、檢校太尉、行河中尹、兼御史大夫、上柱國，清河郡開國侯，食邑一千户張鐸建。』《舊五代史》本紀：『顯德元年，涇州張鐸加檢校太尉。顯德三年八月壬戌，張鐸移鎮河中。顯德六年八月，河中節度使、檢校太尉張鐸並加階爵。』此即其人。兩《五代史》無鐸傳。

尋陽公主墓誌銘 乾貞三年三月

右《尋陽公主墓誌銘》，在江都縣。公主爲吴楊行密之女。碑前題有：『吴太僕卿、檢校尚書左僕射、舒州刺史、彭城劉公夫人，故建陽長公主。』誌中不載劉公之名。公主長子曰匡祚，受鎮南軍節度討擊使、撫州軍事押衙、銀青光禄大夫、檢校國子祭酒、兼侍御史、上柱國。次曰匡業，試秘書省校書郎。俱不見於史。

雲門山匡聖大師碑 大寶七年四月

右《雲門山匡聖大師碑》，在乳源縣。『大師諱文偃，姓張氏。吴越蘇州嘉興人。』《新唐書・地理志》嘉興縣屬蘇州。吴越時沿用其舊。碑稱『高祖天皇大帝』者，是劉龑。稱『中宗文武光聖明孝皇帝』者，是劉晟也。

吴越造塔殘記

右《吴越造塔殘記》，在錢唐縣。記僅存石一塊，趙寬夫茂才得於西湖寶叔塔土中，定爲吴延爽所作。文云：『爽爲覩此山，上承角亢。』《咸淳臨安志》：『吴越王錢氏號此山爲壽星寶石山。角亢，壽星之次。山之得名以此。』又云：『第一級圖，八會功德像。』《吴越備史》：『武肅王建八會亭，以平吴定越，講武計議凡八會於此。』此其像之所由名。

校勘記

〔一〕開□二年十一月廿五日　『日』原作『月』，據《八瓊室金石補正》卷七十三録此碑文及引《平津讀碑記》之文改。

平津讀碑記再續

夏

峋嶁山銘

右《峋嶁山銘》，在衡山縣。宋嘉定中何致子一自言親至碑所，模刻其文於嶽麓書院。厥後楊用修、楊時喬、潘鑑輩遞相摹刻。此本則康熙中毛會建刻於西安，有跋在碑後。此碑非籀非篆，當是宋人附會韓愈《峋嶁山》、劉禹錫《寄吕衡州》諸詩所撰，本不足存，姑以其相沿既久録之。

漢

萊子侯碣 王莽天鳳三年二月

右《萊子侯碣》，在鄒縣。近時新出土，孔荃溪儀部以拓本贈余。文云：『始建國天鳳三年二月十三日，美子侯爲支人爲封，使偣子食等用百余人，後子孫毋壞敗。』『來』字漢碑多作『来』。《李翊碑》『太守東莱』，此作『美』，又其變體。『偣』字，諸家多釋作『皆』，字書無此字，諦視上一點是泐痕，字當作『偖』，疑是『儲』字之省。『敗』即『敗』字。據此碣，王莽廢孺子嬰，自立爲皇帝，更漢曰新，稱始建國元年，以虚示不改元之義。故至天鳳改元猶以始建國冠之。《隸釋》載韓玉汝家有一銅科，其銘云：『新始建國天鳳上戊六年。』紹興中，郭浩知金舟，得一鉦，其銘云：『新始建國地皇上戊二年。』其紀號正與此碣相同。

昆弟造冢刻石 建初元年

右《昆弟造冢刻石》，在會稽縣。近吴荷屋方伯始訪得之。文云：『昆弟六人共買山地。建初元年迠此冢，地直三萬錢。』上有『大吉』二字，俱摩厓。隸書『迠』即『造』字，省口。『冢』作『冡』，即篆變爲隸之始。漢人造作，必紀其所直之數。如《武氏石闕銘》『造此石闕，直錢十五萬』。作師子，直四萬』，皆其風俗然也。

西嶽華山廟碑 延熹八年四月

右《西嶽華山廟碑》，在華陰縣西嶽廟。嘉靖三十四年地震，碑毁。今海内所傳拓本止有三本：一、王無異本，是明萬曆中華陰東肇商雲駒兄弟所藏，後贈郭宗昌允伯，國初時歸王宏撰，『無異』今歸朱笥河學士。余癸酉在京師，學士嗣君少白刺史曾以示余。一、商丘宋牧仲本，是顧南原所從雙鉤者，今歸成邸。一、天一閣本，是全謝山《鮚埼亭集》所載豐氏萬卷樓本，今歸阮尚書北湖祠塾，即此本是也。此本碑文完整未翦，篆額左右有李德裕、崔知白、李商卿、張嗣慶、崔瑨、王式、裴諝等題名，下有宋元豐中王子文題字。尚書有重摹本，首四行闕處補刻歐陽文忠墨蹟、《集古録》跋尾。

車騎將軍馮緄碑 永康元年十二月

右《車騎將軍馮緄碑》，在渠縣。原石久毁，此是宋人得舊拓本重刊。碑後有崇寧三年三月初五日歷下張稾後序，并刊碑人銜名。馮緄，《後漢書》有傳，其遷除先後事迹舛錯與碑異者，《隸釋》、《金石録》已舉其失。《隸釋》『遭直荒亂』，今碑作『逼直』。『坐正法作左校』，碑作『任左校』。『既來歸葬』，碑作『遷葬』。『有桓桓烈缺之姿』，碑作『烈烈』。『治《春秋》嚴、《韓詩》倉氏』，碑作『食氏』。《漢書·儒林傳》：『趙子，河内人也。事燕韓生，授同郡蔡誼。誼授同郡食子公與王吉。食生爲博士，由是《韓詩》有王、食、長孫之學。』今本《隸釋》改作『倉氏』者，誤也。此碑諸家俱未見，阮賜卿公子以所藏拓本示，余始得録之。

熹平石經殘字 熹平四年三月

右《熹平石經殘字》六種，皆近人重摹本。《尚書》：《般庚》一段、《洪範》一段、《君奭》一段。《詩》：《魏風》一段、《唐風》一段。《儀禮》：《大射儀》一段、《聘禮》一段。《公羊》：《隱四年傳》一段。《論語》：《爲政》一段、《微子》一段、《堯曰》二段、篇末一段。諸家所摹，雖多寡不同，皆不出於此數。余所見最舊者，則有孫退谷研山齋所藏宋越州石氏《博古堂帖》摹本，《尚書》：《般庚》一段。《論語》：《爲政》一段、《堯曰》一段。《般庚》末有『凶德綏績』四字，爲諸本所無。研山齋本近歸孫淵如觀察，當時有人持此帖來售，尚有《吉日癸巳》、《集漢隸千文》二種，皆《博古堂帖》中所有，此尤出於越州石氏本確證。阮尚書所藏石經《尚書》一段、《論語》二段亦是。此本某上舍稱爲『蓬萊閣所刻』，則謬也。

小黄門譙敏碑 中平四年七月

右《小黄門譙敏碑》裝本，余得於粤東舊家。《隸釋》有此碑，闕二字。《兩漢金石記》據黄小松司馬所藏重刻本，謂『諦審優遊』下似是『氏』字，『喪亡』上似是『乃』字。此本『優遊』下是『𡰥』字，『喪亡』上是『其』字。碑末題『中平四年七月十八日癸卯造』，翁氏謂是年七月丙戌朔，癸卯是十八日無疑，據重刻本以訂今本《隸釋》『廿八日』之譌。此本亦作『十八日』。惟顧南原《隸辨》本於『婁機』字原其所摹，《譙敏碑》二十四字必是宋時搨本。如『真』、『權』、『嗟』、『深』、『冗』、『韞』、『隩』、『僟』等字，皆與此本筆畫少異。此碑《隸釋》本闕二字，此本不闕且極分明，豈此本能在《隸釋》本前邪？或云是近人僞造，今姑存之。

仙人唐公房碑陰

右《仙人唐公房碑陰》。《兩漢金石記》：『額暈三重，内有八分書數行，隱隱略辨「公房」二字。又其右下露二「山」字，餘皆泐不可見。』此拓本諦視額暈旁尚有『元』字、『從』、『國』字、『司謁』字。題名第二行有『處士南鄉祝□』字、『子華』字可辨。

大風歌碑

右《大風歌碑》，在沛縣。首題：『漢高祖皇帝。』歌詞與《史記》、《漢書》同。相傳爲漢曹喜書，歐、趙俱未著録。元大德間摹刻於石。今依《金石萃編》附於漢末。

梁

瘞鶴銘 天監十三年

右《瘞鶴銘》，在丹徒縣焦山麓江中。康熙甲午，陳太守鵬年募工挽曳出水，置觀音菴。此拓本止七十九字，尚是未出水以前所拓。又有一本筆畫稍縱，與張力臣《圖辨》本字數相同，是後人重摹，不足存。

後魏

凝禪寺造三級浮圖碑 元象二年二月

右《凝禪寺造三級浮圖碑》，在元氏縣。陸劭文孝廉以拓本見遺。碑上截記：『趙居士名融，字珇和，元氏人。遠祖□，漢司徒公、征東將軍、都督内外諸軍事、冀州刺史、趙郡公。居士融即共長兄浮陽太守文□、元氏令文□、邯鄲令詠奴、元氏令靈和、房子令靈宣、長兼參軍□□兄弟等造三級浮圖凝禪寺始末。』《魏書·官氏志》：都督内外諸軍事從第一品，四征將軍第二品。二大、二公、司空、皇子第一品，將軍第二品。將軍、蕃王俱有長兼行參軍，在第八品以下，此不知所授在何品也。下截載人名，其結銜稱『博陵太守』、『華陽太守』、『鄉郡太守』、『襄城太守』，俱見《地形志》。『安戲令』即『安喜』，『深翟令』即『深澤』，是俗書，非改名也。

北齊

劉碑造像　天保八年

右《劉碑造像》，在洛陽縣。《説嵩》稱《豫州劉刺史碑》，北齊天保八年丁丑直刻，劃佛像，文列上方，刺史名碑，無佛處鐫諸人姓名。此拓本止有上層，共立碑年月并刺史結銜諸人題名當在下層，搨者失之。

比丘尼圓照等造像　武平六年五月

右《比丘尼圓照等造像》，在慶雲縣。文云：『大齊武平六年歲次乙未，五月甲寅朔廿六日己卯，佛弟子比丘尼圓照、圓光姊妹二人爲亡妣、亡兄朱同敬造雙彌勒立石象一軀。』云云。記後頌云：『峨峨玉象，妙鎊幼玄。』石亦可稱爲玉也。

許始等造像

右《許始等造像》，在藺山縣。碑額大穿孔旁有佛像四。下層題名第五行有『北龕大像主兩菩薩并光明主，許始妻，成公夒妃、息洪進妻，諸葛居家眷屬』，又有『大都維那許氏，大中正王萇、法義、許洪進』等字，餘多摩滅不可辨。

韋子深等造像

右《韋子深等造像》，在鄒縣。殘石題名分爲三列。第一列有『韋子深、像主韋太陽』等字。《訪碑録》稱韋子深等造像四面碑，此僅有其一面。

隋

畢子義等造像 開皇六年四月

右《畢子義等造像》，不知所在。碑文摩滅，上截有『隋開皇六年歲在丙午四□，敬造碑像一□』可辨。下截邑子題名有『畢子義、畢明論』等字。或云即《訪碑録》《石佛寺造像記》。有碑陰、碑側，此拓本失之。

龍藏寺碑 開皇六年二月

右《龍藏寺碑》，在正定府城龍興寺。碑云：『太師、上柱國大威公之世子，使持節、□武衛將□□、開府儀同三司、恒州諸軍事、恒州刺史、鄂國公金城王孝僊』，錢辛楣少詹攷定爲王傑之子。《周書・王傑傳》：『金城直城人，宣帝即位，拜上柱國，追封鄂國公，謚曰威。子孝仙，大象末位至開府儀同、大將軍。』《周書》傳末亦有載及隋官，此不言開皇六年爲恒州刺史者，略也。『仙』字古作『僊』，『僊』又『僊』之變體。

周驃騎將軍鞏賓墓誌銘 開皇十五年十月

右《周驃騎將軍鞏賓墓誌銘》，在武功縣。賓字客卿，張掖永平人。《隋書・地理志》：『張掖郡張掖縣，舊曰永平，後周置張掖郡。開皇初郡廢，十七年，縣改爲酒泉。大業初改爲張掖。』誌稱：『曾祖澄，後涼召拜中書侍郎、建威將軍、玉門太守。屬涼王無諱擁户北遷，乃與燉煌公李保立義歸誠，魏太武皇帝深加禮辟，授使持節、大鴻臚、散騎常侍、高昌張掖二郡太守，封永平侯，贈涼州刺史。』《魏書・李寶傳》：『世祖遣將討沮渠無諱於敦煌，遣弟懷達奉表歸誠。世祖嘉其忠欵，遣使授寶使持節、侍中、都督西垂諸軍事、鎮西大將軍、開府儀同三司、領護西戎校尉、沙州牧、敦煌公。』所言與誌合，而澄名不見於史。

李鍾葵造像 開皇十六年四月

右《李鍾葵造像》。文云：『大隋開皇十六年歲次丙辰，四月癸未朔八日庚寅，青信仕佛弟子李鍾葵、妻馬怜爲亡女葙妃敬造觀世音石像一軀，願亡者生天，現存受福。』六朝人多以鍾葵爲名及字，見顧氏《日知録》，此『李鍾葵』又是一證。

鳳泉寺舍利塔下銘 仁壽元年十月

右《鳳泉寺舍利塔下銘》，在扶風縣。文云：『維大隋仁壽元年歲次辛酉，十月辛亥朔十五日乙丑，皇帝普爲一切法界幽顯生靈，謹於岐州岐山縣鳳泉寺奉安舍利，敬造靈塔。太祖武元皇帝、明皇太后、皇帝、皇后、皇太子、諸王子孫等，并内外羣官，爰及民庶□道、三塗人、非人等，生生世世，值佛聞法，永離苦因，同□妙果。』此與《青州舍利塔下銘》年月日并同，當是同時頒造，爲三十州之一。銘文亦同，唯青州『舍利塔下銘』五字在前，此在銘後，又無書人并勅使人銜名爲異耳。此余同邑宋确山孝廉宰扶風，以拓本見遺。确山好古多聞，旋即下世，録之不勝三歎。

太僕卿夫人姬氏墓誌 大業十一年八月

右《太僕卿夫人姬氏墓誌》，在大興縣。夫人與太僕卿元君以大業十一年八月廿四日，同時合葬於大興縣某鄉某里。《元君墓誌》已著録。夫人姓姬，曾祖懿，魏使持節、驃騎大將軍、東郡□公。祖亮，魏使持節、大將軍、開府儀同三司、燕州諸軍事、燕州刺史、東郡敬公。父肇，周使持節、侍中、驃騎大將軍、開府儀同三司、光禄大夫、東秦州諸軍事、東秦州刺史，勳晋絳建四州諸軍事、勳州總管、神水郡開國公。《魏書》唯姬澹附見《衛操傳》，餘姬氏俱不見於史。《隋書·地理志》：『絳郡稷山縣，有後周勳州，置總管，後改曰絳州。長平郡，舊曰建州，開皇初改爲澤州。又延安郡臨真縣，有西魏神水郡，後周郡廢。』

唐

化度寺邕禪師舍利塔銘 貞觀五年十一月

右《化度寺邕禪師舍利塔銘》在長安縣。宋景濂《潛溪集》：『歐陽信本書在唐許爲妙品，而行於南北者惟《僧邕塔銘》而已。銘文多所翻刻，南本失于瘦，北本失于肥。』此本不知何時重摹，文字删脱，不可句讀。

濮州濮陽縣令于孝顯碑 貞觀十四年十一月

右《濮州濮陽縣令于孝顯碑》，在三原縣。碑稱：『孝顯字屖，河陰河南人。曾祖提，魏孝文授以征北將軍、隴西太守。周加使持節、太傅、柱國大將軍、建平郡開國公。祖瑾，周太師、三老、尚書右僕射、柱國、燕國公，謚曰文。父禮，周使持節、大候正、大將軍、趙州刺史、安平郡開國公。』以《周書·于謹傳》考之，傳『于謹』，碑作『瑾』。傳『河南洛陽人』，碑作『河陰河南人』。傳提『贈太保』，碑作『太傅』。餘俱與傳同。孝顯以隋開皇十三年起家，授右親衛，俄而告歸。義寧元年入唐，補左武候録事參軍，又授元帥府鎧曹參軍、騎都尉。武德四年，授雍州録事參軍。貞觀元年，授朝議郎，行濮州濮陽縣令。十年四月四日，卒於濮陽官舍，春秋六十四。燕國公九子，《新唐書·宰相世系表》止載三子而不及禮，故無孝顯名。

孟法師碑 貞觀十六年五月

右《孟法師碑》。《金石録》云：『岑文本撰，褚遂良正書。』此近人重摹本。有王弇州跋，稱：『首脱「唐京師」至「德觀主」八字，尾脱年月銜名三十三字。碑叙脱百餘字，詞脱二十七字。』《庚子銷夏記》：『褚遂良《孟法師碑》，舊石完好，斷落僅二三字，傳世極少，人鮮見者。余得之故太保吴國華家。』當別是一本。碑稱：『法師俗姓孟氏，諱静素，江夏安陸人。隨高祖徵赴京師，居至德觀。以貞觀十二年七月十二日遺形而化，春秋九十有七。』

晉祠碑陰　貞觀二十年正月

右《晉祠碑陰》，在太原府。《晉祠銘》已見前。此碑陰長孫無忌以下七人皆是其從行諸臣。以《新唐書·宰相表》證之，長孫無忌、蕭瑀、李勣、張亮、馬周結銜俱同。楊師道『十九年十一月丁亥，貶爲工部尚書』，此稱『太常卿』，當是其十一月後再貶也。《表》『二十年三月丁丑，亮誅』，『四月甲子，瑀罷太子太保』，皆在三月己巳車駕還京之後。

桂州善興寺舍利塔銘　顯慶四年四月

右《桂州善興寺舍利塔銘》，在臨桂縣李郎中秉綬家。文云：『維大唐顯慶二年歲次丁巳，十一月乙酉朔十三日丁酉，於桂州城南善興寺開發建立此妙塔七級，聳高十丈。至顯慶四年歲次己未，四月丁未朔八日甲寅，葬佛舍利貳拾粒，東去大江三十餘步。舍利鎮寺，普共法界，一切含識，永充供養。故立銘記。』《元和郡縣志》：『桂江一名灕水，經縣東，去縣十步。楊僕平兩越，出零陵，下灕水，即謂此也。』

衛尉少卿息豆盧遜墓誌銘 顯慶四年八月

右《衛尉少卿息豆盧遜墓誌銘》，在長安縣。誌稱遜『太祖武皇帝之外孫、太宗文皇帝之甥。曾祖通，洪州總管、沃野公，謚曰安』。其祖父名泐。通見《隋書·豆盧勣傳》。《新唐書·公主傳》：『高祖女長沙公主，始封萬春，下嫁豆盧寬子懷讓。』《宰相世系表》：『通子寬，禮部尚書、芮定公。』寬子懷讓，《表》不言爲駙馬都尉、衛尉、少卿者，略也。遜爲懷讓第三子，『卒時春秋一十有七』，未授官，因以其父官繫之。

雷大岑造像 龍朔元年七月

右《雷大岑造像》，在長安縣。前半節録《大唐三藏聖教序》。十四行，行十字，字句多删落。後半記造像字多泐不可辨。末題：『龍朔元年歲次辛酉，七月甲子朔廿三日丙辰成，佛弟子雷大岑。』皆界行正書。

襄邑縣君宋氏夫人墓誌 龍朔

右《襄邑縣君宋氏夫人墓誌》，在長安縣。結銜稱：『大唐故冠軍大將軍、代州都督、上柱國許洛仁妻襄邑縣君宋氏夫人墓誌。』《洛仁碑》已見前，碑額題『大唐故□□大將軍、代州都督許公之碑』，與此誌結銜正同。洛仁『以龍朔二年薨，春秋八十有五。夫人卒年春秋九十有九』。洛仁『陪葬昭陵，夫人窆於龍首原』。誌不詳其薨年，今姑附於龍朔之後。『墓誌』作『墓銡』，他碑未見。

菩提樹髮塔記 儀鳳元年四月

右《菩提樹髮塔記》，在南海縣光孝寺。記稱：『梁天鑒元年，有梵僧航海而至自西竺，持來菩提樹一株，植於戒壇前。今能禪師與宗法師説無上道，爲師祝髮於菩提樹下。法才建茲浮圖。』末題：『儀鳳元年歲次丙子，吾佛生日。』原石久毀，此明萬曆壬子重摹本。

上護軍麗德威墓誌銘 垂拱三年十一月

右《上護軍麗德威墓誌銘》，在咸陽縣。德威『字二哥，南安人。往以三韓未附，鯷壑驚波；九種猶迷，鼇津駭浪。公荷霜戈而奮武，揮星劍以臨戎。勇若鱄諸，捷如慶忌。遂授公勳官上護軍，酬勞効也』。顯慶、龍朔間，高麗用兵，德威當與其役。

宣州刺史陶府君德政碑 永昌元年二月

右《宣州刺史陶府君德政碑》，在當塗縣。何夢華上舍以拓本見示。碑前數行，字多摩滅。

上有『宣州刺史陶府君德政之碑』篆額十一字。錢辛楣少詹云以《寶刻類編》證之，知府君名大舉，撰文者僧靈廓，書之者陶德甄也。諦視碑前，尚有『祖諱昱，梁衡山郡太守。父諱瓚，梁著作，隨西河司功，皇朝滄州清池縣令、介州司馬、上柱國、丹陽縣開國公』字可辨。大舉自總章元年至垂拱四年，歷廓、渭、洮、鄯、許、秦、始、梁、恒、宣、相、□十二州刺史，加銀青光禄大夫，丹陽縣開國侯，皆有詔褒獎，可謂善於其職矣。以弘道元年授使持節、宣州諸軍事、守宣州刺史。至垂拱四年，轉授相州刺史，在宣州凡五年。碑爲道士陶□，僧道元、曇紿，周元胤、陶紹真等所立，在永昌元年二月十三日，其距去宣州任時止二年。趙明誠《金石録》有《唐恒州刺史陶雲德政碑》，稱『永淳三年』。此碑授恒州刺史在調露元年，弘道元年轉宣州，永淳三年正其在恒州時。《寶刻叢編》引《集古録目》云：『雲字□舉，河南伊闕人。』然則《類編》所稱『名大舉』者，是其字也。

普樂寺殘碑 天授二年

右《普樂寺殘碑》，不知所在。劉吉甫農部所贈。碑止存首七行，上半有『普樂寺者，天授二年大唐』等字。『大唐』二字跳格書，知是唐碑。

處士程元景墓誌銘 長壽三年正月

右《處士程元景墓誌銘》，在長安縣。『元景字師朗，京兆長安人。祖恭，隋朝議郎，行涇州平梁縣令。父敬逸，唐大丞相府朝散大夫。』《隋書·地理志》：『安定郡，舊置涇州。』無平梁縣。疑即原州之平涼，時屬涇州也。『元景隱憂不仕，以長壽三年歲次甲午𠙺𠥱景戌朔九日甲午，遘疾終於□賢里。』是年五月甲午改元延載，此在正月，故稱長壽三年。

夫人袁氏墓碣 聖曆三年正月

右《夫人袁氏墓碣》，在長安縣。文云：『夫𤯔袁氏，洛州永昌縣𤯔。曾祖君𠙺，梁秘書監、太子詹事。祖□，隨秘書監，贈上柱圀、陽夏縣開□公。父大業，唐海州朐山縣□。以𨲢曆二𠡦十𠥱四𡆠，□疾終於乾封縣太平里第。以𨲢曆三𠡦𠙺𠥱十五𡆠，權殯於長安縣龍首鄉龍首原。』《新唐書·地理志》：『河南府，本洛州。垂拱四年，析河南洛陽置永昌縣。長安二年，省京兆府長安縣。總章元年，析置乾封縣。長安二年，省海州朐山縣。』文作『朐山』，蓋俗字。

薛剛墓誌銘 久視元年五月

右《薛剛墓誌銘》，在長安縣。剛及祖、父俱未仕。夫人戴氏。剛終于龍首里第。葬于長安龍首原。夫人終于懷遠里第。其卒葬年月俱空格。誌是其久視元年遷墳合葬時所書。首行下題『舟元』一詞。額題『大周薛府君墓誌之銘』九字。

巢縣令息尚直墓碣 長安三年

右《巢縣令息尚直墓碣》，在長安縣。碣稱：『直字仁爽，清河郡人。吕望之後，以調露元年八月逝於鄠縣修德里，遷柩於終南山雲居寺禪師林所起塼墳焉。』末題：『長安三年歲次癸卯，庚申朔戊辰日，外孫弘福寺僧定持建。』《新唐書·地理志》巢縣屬廬州，此作『蘆州』，是俗字。

金州西城縣令息梁嘉運墓誌 景龍三年十月

右《金州西城縣令息梁嘉運墓誌》，在襄陽縣。誌稱：『嘉運字子，安定人也』，『子』下似脱一字。或讀爲字『子安』者，非，《地理志》無定縣也。嘉運至『總章三年歲次庚午，三月乙亥朔廿一日乙酉，遘疾終于襄陽縣之私第』。《新唐書·高宗本紀》：咸亨元年三月甲戌，大赦改元。此三月廿一日當稱咸亨元年，不當稱總章三年。三月朔爲乙亥，則甲戌當是二月。皆與史不合。

女子唐端墓碣 開元十二年六月

右《女子唐端墓碣》，在咸寧縣。端爲殿中少監唐昭之女，卒時春秋十有六。《新唐書·百官志》：『殿中少監，從四品上。』《宰相世系表》：唐儉曾孫昭，河南尹。不言爲殿中少監。

寧州豐義縣令鄭温球墓誌銘 開元十五年七月

右《寧州豐義縣令鄭温球墓誌銘》，在鄠縣。誌稱：温球『解褐虢州玉城縣丞，轉蒲州汾陰尉，調補寧州豐義縣令』。《新唐書·地理志》：『寧州彭原縣，武德元年以縣置彭州。二年析置豐義縣。貞觀元年州廢，以彭原、豐義來屬。開元八年，以豐義隸涇州，尋復還屬，唐末省。』温球卒於開元十四年，時已還屬寧州。

秦望山法華寺碑 開元二十三年十二月

右《秦望山法華寺碑》，在山陰縣秦望山天衣寺。碑前題：『栝州刺史李邕撰并書。』碑云：『頃者，豪州刺史、前此邦别乘太原王公名弼，夫人武氏，起普賢臺一級，寫《法華經》千部。即普賢臺立法華社，有上座正覺寺主道解等相與言於王公曰：「願言刻石，是用齊山。」朝散大夫、前侍御史、今都府户曹袁公名楚客，負兼濟之雄才，託演成之雅意。顧慙作者，徒使懵然。』

則撰此碑者爲袁楚客，非邕也。《金石録》此碑作開元二十三年十二月，此本作十三年二月，是重摹之譌。

多寶塔銘 開元二十九年閏四月

右《多寶塔銘》，不知所在。劉吉甫農部以搨本贈余。文略云：『爰有郭楚貞昆弟眷等、太夫人李氏，自開元七年受持《法華經》第八、《金剛觀經》、《尊勝》、《藥師》等經，每日夜持誦一遍。又捨緣身裙帔等數十事，造多寶塔一所。』云云。後有建立年月，前有『多寶塔銘并序』六字。

隴西縣君牛氏像龕銘 開元

右《隴西縣君牛氏像龕銘》，在洛陽縣龍門。《金石録》：『唐《龍門西龕像銘》，禮部員外郎張九齡撰。』今世所有《曲江集》無此文，惜殘缺不完也。今銘前『禮部員外郎張九齡』文字尚可辨。《新唐書·張九齡傳》：『玄宗即位未郊見，九齡建言。俄遷左補闕，改司勳員外郎。』《九齡神道碑》作：『禮部、司勳二員外郎。』則此銘當作於開元初年。《金石萃編》附開元二十三年後，誤也。碑云：『天水趙氏之七子者，有罔極之□。』又云：『即夫人烈考也，始□□□趙□。』又云：『曰頤貞、曰彙貞。』案《元和姓纂》，中山趙氏稱：『本自天水徙曲陽。不器生夏日、和璧、冬曦、安貞、居貞、彙貞、頤貞兄弟七人，舉進士。』《新唐書·趙冬曦傳》：『冬曦遷中書舍人，以國子監祭酒卒。兄夏日，弟和璧、安貞、居貞、頤貞、彙貞皆擢進士第。安貞給事中。居貞吴郡採訪使。頤貞安西都護。』則牛夫人者，實趙冬曦之母、不器之配也。碑末云：『初，府君之没也，長子未冠，少男未髫。趙氏家世□□。』又云：『□□在堂，已六子從政。』所言皆與史合。此碑宋時已殘泐，其姓氏余始攷得之。

尊勝陁羅尼神咒 天寶七載五月

右《尊勝陁羅尼神咒》，在長安縣崇聖寺。前神咒正書，題『天寶七載五月十五日建』，後有『内侍主尚客姚承□、李孝忠、楊敬順、張如意』等銜名，末題『集賢院待制張少悌書』。張如意結銜稱『寧遠將軍、行左驍衛平陽郡冀城府右果毅都尉』，冀城府見《唐書·地理志》。

逍遥樓三大字 大曆五年正月

右《逍遥樓三大字》，在臨桂縣旁。題：『大曆五年正月一日顔真卿書。』案，《顔魯公文集》載公《行狀》：『大曆三年，遷撫州刺史。七年九月，拜湖州刺史。』生平未嘗至桂州，此三字不知何時何人所摹，其詳不可考矣。

麻姑山仙壇記 大曆六年四月

右《麻姑山仙壇記》，在南城縣。顔魯公書小字本。記稱：『開元中，道士鄧紫陽於此習道。蒙召，入大同殿修功德。』魯公《玄靖先生碑》：『玄宗欲受三洞真經於大同殿，潔修其事。』正與此同。記云：『自麻姑發迹於茲嶺，南真遺壇於龜源，花姑表異於井山。今女道士黎瓊仙，年八十而容色益少。曾妙行夢瓊仙，而飡花絶粒。』魯公文集中有《南嶽魏夫人仙壇碑》、《華姑仙壇碑》，皆紀其事。

無憂王寺大聖真身塔銘 大曆十三年四月

右《無憂王寺大聖真身塔銘》，在扶風縣。碑云：『在少尹時，則有若檢校刑部員外郎、兼侍御史張公增，少尹、檢校司勳員外郎、兼侍御史丘公鴻漸，贈楊州大都督段行琛。』碑是張增書，結銜稱『朝請郎、檢校尚書刑部員外郎、兼鳳翔少尹、侍御史』，與此碑同。《元和姓纂》：『左司郎中丘鴻漸，貝州人。』

浯溪詩

右《浯溪詩》，在祁陽縣。詩云：『次山有文章，可惋只在碎。然長於指敘，約潔多餘態。

心語適相應，出句多分外。於諸作者間，拔戟成一隊。中行雖富劇，粹美君可蓋。子昂感遇佳，未若君雅裁。退之全而神，上與千年樹。李杜才海翻，高下非可槩。文於一氣間，爲物莫與大。先王路不荒，豈不仰吾輩。石屏立衙衙，溪口啼素瀨。我思何人知，徙倚如有賴。』末題『侍御史内供奉皇甫湜』。《容齋隨筆》載此詩，『啼』作『揚』，『賴』作『待』。陸放翁《跋皇甫先生文集》云：『右一詩在浯溪中《中興頌》旁。《持正集》中無詩，詩見於世者，此一篇耳。然自是傑作。近時有《容齋隨筆》亦載此詩，乃云：『風格殊無可采。』人之所見，恐不應如此，或是傳寫誤爾。

左武衛中郎將石�墓誌銘

右《左武衛中郎將石暎墓誌銘》，在長安縣。誌稱：『暎字先進，其先樂安人，後世家於京兆，今則京兆人。』祖名闕，『考守珍皆公侯繼業，鍾鼎傳門』。不書其官職。『暎以方事之殷，爟火不息。率先義勇，累遷至左武衛中郎將。以歲次□□十一月十四日，遘疾終於私第。歲次甲子四月庚午，葬於長安龍首原。』皆不書其年號，不知爲何時人，今姑附於大曆之後。『不忮不求』，『求』作『怺』，亦僅見。

舜廟碑　建中元年

右《舜廟碑》，在臨桂縣。韓雲卿撰，韓秀實書，李陽冰篆額。碑高三丈餘，李工部秉綬搨以贈予。碑字多殘毁，尚有『大曆十一年皇族隴西縣男兼御史中丞昌□□□□地虔祇統命肅龔神寺』等字可辨。《寶刻叢編》：『静江府有《平蠻頌》。稱大曆十一年，賊帥潘長安僞稱南安王，誘脅夷蠻，連跨州邑。天子命隴西縣男昌巙持節招討，禽獲元惡。』與此碑合。則此碑『昌』下闕者是『巙』字也。《新唐書·宗室世系表》：『荆南節度使、檢校工部尚書昌巙。』不言桂管者，略也。《平蠻頌》亦韓雲卿撰，韓秀實書，李陽冰篆額，大曆十二年立。屢求不得，俟更訪之。

獨秀山新開石室記　建中元年八月

右《獨秀山新開石室記》，在臨桂縣。諸家皆未著録。前題：『監察御史裏行鄭叔齊。』略云：『城之西北，維有山曰獨秀。大曆中，御史中丞隴西公保鄣南服，三年政成。迺考宣尼廟於山下，得兹穴焉。』『隴西公』者，李昌巙也。結銜與《舜廟碑》同。

涇王妃韋氏墓誌銘 建中三年二月

右《涇王妃韋氏墓誌銘》，在咸陽縣。誌稱：『妃姓韋氏，京兆長安人。祖湜，皇朝中散大夫、潁王府司馬、贈光禄卿。父昭訓，皇朝中散大夫、太子僕、贈衛尉卿。』《新唐書・宰相世系表》：『湜，齊州刺史。昭訓，太子僕。』與此同。誌載妃行蹟甚略，稱：『位則千乘小君，行則一人猶母。雖貴無壽，享年四十八。以建中二年十二月己酉薨於寢。』《新唐書》：『涇王侹，肅宗子，張美人生。始王東陽，進王涇。興元元年薨。』是妃薨後三年王亦薨矣。

秘書省著作郎韋端玄堂誌 貞元六年

右《秘書省著作郎韋端玄堂誌》，在長安縣。誌稱：『公諱端，字正禮。五代祖孝寬，後周大司空、鄖襄公。高祖津，隋民部尚書。曾祖琬，皇成州刺史、贈禮部尚書。祖季弼，太僕寺主簿。烈考廉，尚書庫部郎中。端即郎中第二子。』皆與《新唐書・宰相世系表》合。端歷率更寺主簿、下邽縣主簿、下邽陽翟二縣丞、國子監主簿，凡五仕。『以子縝爲工部郎中，拜朝散大夫、秘書省著作郎，致仕。子五人：縝，工部郎中。系，陽翟縣尉。練，鄉貢進士。紓，兼殿中侍御史。絢，前太廟齋郎。』《表》端子止縝、紓二人而不及系、練、絢，皆可補史之闕。誌即第四子紓撰書。墓誌稱『玄堂誌』，亦變例。

清河張夫人墓誌銘 貞元八年五月

右《清河張夫人墓誌銘》，在長安縣。誌稱夫人號威德，嫡於閻氏。『貞元八年二月廿八日終於京長安縣義寧里之私第，春秋六十有九。嗣子庭萼，右龍武軍宿衛。次子庭珍，右羽林軍宿衛。邠州節使、尚書張獻甫奏赴行營，遂忠於國，孝不並行。』當是歿於陣也。《新唐書》張獻甫附見《張守珪傳》：『檢校工部尚書。貞元四年，代韓游瓌領邠寧節度使。』

宣州司功參軍魏邈墓誌銘 元和十年四月

右《宣州司功參軍魏邈墓誌銘》，在咸寧縣。誌爲其子匡贊所撰兼書。邈以『貞元初射策不第，爲河陽節度使所辟。隨逐戎幕，奏授懷州參軍。復爲果州司户參軍。元和四年四月，相府裴公知其善，補待制官，拜婺州司功參軍，轉宣州司功參軍。以其年十月十三日終於宣州宣城縣之公館』。《新唐書·宰相表》：『元和三年九月丙申，户部侍郎裴垍守中書侍郎，同中書門下平章事。五年十一月庚申，垍罷爲兵部尚書。』所謂『相府裴公』者，當是垍也。

湞陽果業寺開東嶺洞谷銘 元和十一年十二月

右《湞陽果業寺開東嶺洞谷銘》，在英德縣。前題『河南元傑□長夫撰』。《元和郡縣志》

湞陽縣屬廣州，果業寺即今南山聖壽寺。文稱：『元和丙申歲秋八月，余以膠鬲之困，寓居精舍。再從兄昭肅時假茲邑政，便於人務，亦多暇。與當寺僧智捷日探道源。』云云。王象之《輿地紀勝》、陳思《寶刻叢編》並載此銘。

龍花寺大德韋和尚墓誌銘 元和十三年七月

右《龍花寺大德韋和尚墓誌銘》，在長安縣。誌題『從父弟鄉貢進士同翊撰』。誌稱：『大德姓韋氏，法號契義。曾王父諱安石，皇尚書左僕射、中書令。大父諱斌，皇中書舍人、臨汝郡太守。烈考諱衮，皇司門郎中、眉州刺史。』《新唐書》安石、斌俱有傳。《宰相世系表》：『斌，臨安太守。衮，駕部員外郎。』同翊爲斌孫逢之子，字啟之。皆與誌合。『臨汝』作『臨安』是《表》傳刻之譌，斌本傳亦作『臨汝』。

龍花寺尊勝陁羅尼經幢 元和十三年七月

右《龍花寺尊勝陁羅尼經幢》，在長安縣。末有記，稱：『比丘尼大德諱契義，俗姓韋氏。常修當時彌勒閣并閣下大像。』云云。題『從祖弟朝議郎、守都水使者、上柱國同元撰』。《宰相世系表》：『安石子陟，吏部尚書、郇國公。陟子允，吏部員外郎。允子同元。』與同翊爲從祖兄弟。據記，大德契義是比丘尼，而前誌稱『韋和尚』，是亦奇也。

宮闈令西門珍墓誌銘 元和十三年七月

右《宮闈令西門珍墓誌銘》，在長安縣。『珍父進，朝議郎、行内給事，賜緋魚袋。』《新唐書·宦者列傳》有西門季玄、西門匡範、西門重遂，内官葢其族世職也。誌稱：『建中四年，涇源叛卒晝入犯門，鑾輿西巡，以避封豕。時懷光不臣，潛與泚合。翠華於是更幸梁洋。』《德宗紀》幸梁州在興元元年二月丁卯。誌又云：『貞元元年，改充豪壽觀察監軍判官。尋除張建封爲徐泗節度，詔公獨監送，上職名如故。』《方鎮表》：『貞元四年，置徐泗濠三州節度使，治徐州。』是時豪壽并於徐泗，以張建封領之。故珍仍監其軍。又云：『元和元年，改充十王宅使。』《玄宗諸子傳》〔二〕：『開元後，皇子幼，多居禁内。既長，詔附苑城爲大宫，分院而處，號十王宅。所謂慶、忠、棣、鄂、榮、光、儀、潁、永、延、盛、濟等王，以十舉全數也。中人押之。』誌當撰於元和元年預營宅兆之時，故七年以後遷官并卒葬年月書於銘詞之後，亦是一例。

太子洗馬崔載墓誌銘 元和十四年十一月

右《太子洗馬崔載墓誌銘》，在大興縣。葉東卿學録所贈。誌題『承務郎試蜀王府參軍成表微撰』。載王父廉皇，『易州修政府折衝』。《新唐書·地理志》易州府九，有修武而無修政，疑『武』即『政』譌。『列考季試，恒王府司馬。』恒王瑱，玄宗子，從帝幸蜀。代宗時薨。載伯仲五人皆美鬚鬣，麗容貌。各身長六尺二寸。名位不甚顯，俱不見於史。

鳳州司倉參軍夫人孫氏墓誌銘 元和十五年十一月

右《鳳州司倉參軍夫人孫氏墓誌銘》，在長安縣。誌稱：『夫人字静堅，建業人。及笄年適於司馬司倉宗。』『司馬宗』者，其夫姓名。『司倉』者，其官名也。『元和十五年五月十六日終於長安頒政甲第。』誌前題『前翼王府參軍賈中立撰』。翼王綽，順宗子，咸通三年薨。

中書令張九齡碑 長慶三年七月

右《中書令張九齡碑》，在曲江縣張文獻墓前。《寶刻叢編》：『唐廣州刺史、嶺南節度使徐浩撰并書，長慶三年刻石。』此則宋天聖八年知韶州刁湜重刻本也。文多剥泐。《新唐書·宰相世系表》：『九齡孫藏器，長水丞。』碑作：『孫藏器，河南府壽安尉。』碑云：『侍御史抗以兄拯早世，姪藏器幼孤□□。』抗即九齡弟九臯子也。唐碑書『虎』字皆缺筆或改字，碑云『三虎爲榮』，當是宋重刻時所改。

遊石室新記 寶曆元年九月

右《遊石室新記》，在高要縣。文左行。略云：『高要縣北十五里有石室。東西倚山之陽，西通於上武林，東抵於零羊峽。寶曆元年秋九月二十日，攝經略巡官、試大理評事，權知軍州務事，賜緋魚袋博陵崔公，領寮屬及將吏遊於茲室。化清時守司馬，得陪盛遊，輒敘鄙詞，紀乎前事。』云云。後有崔獻直、王化清等銜名。《元和郡縣志》：『開元二十一年，又於邊境置節度經略使。』廣州爲嶺南五府經略使理所。權知端州軍事而稱攝經略巡官者，其帶銜也。《郡縣志》：『零羊峽在高要縣東水行三十里。』

大悲陁羅尼幢 寶曆二年十二月

右《大悲羅尼幢》，在南海縣光孝寺。文左行。末題：『同經略副使、前守辰州都督府毉博士盧江郡何宥則敬爲亡兄節度隨軍、文林郎、守康州司馬宥卿造此大悲陁羅幢。』《新唐書·地理志》辰州都督府屬黔中採訪使，康州屬嶺南採訪使。

李渤留別南溪詩 太和二年十一月

右《李渤留別南溪詩》，在臨桂縣。李渤，《新唐書》有傳。《寶刻叢編》有《新開隱山六洞記》，引《集古録目》云：『李渤遊于州之南山，其溪谷潭洞皆人所未嘗至者，遂名之曰隱山。搆亭榭於其上。』即此所謂南溪也。碑末題『太和二年十一月十三日』，有『大宋紹興二十年季夏，張仲宗、鄧宏重命工刊整字』。『太和』當作『大和』，今作『太』是重刊之譌。

内供奉習空和上塔銘 太和七年八月

右《内供奉習空和上塔銘》，在長安縣。誌稱：『法師諱習空，姓任氏。年八歲，心已嚮佛。授經惠雲，卒學景鸞。朝廷詔法師與天竺三藏譯《□波羅蜜經》。以貞元十年正月十五日卒於興唐寺。』銘爲『大和七年八月五日比丘智亮等』所建。誌前題：『正議大夫、守秘書監、上柱國、琅琊縣開國公，食邑一千五百户，賜紫金魚袋王申伯撰。』《新唐書·宰相世系表》琅琊王氏有申伯，不著其官，可據誌補之。《玉篇》：『習俗辯字』。

上柱國趙公夫人夏侯氏墓誌銘 開成五年十一月

右《上柱國趙公夫人夏侯氏墓誌銘》，在襄陽縣。誌稱：『夫人之先譙郡人，後移貫深州樂壽縣。曾祖諱載，滄州長史。祖諱璀，試太子詹事、滄景節度都押衙。考諱蕚，試太常卿、充冀州南宫鎮遏兵馬使。』《新唐書·百官志》：『上鎮中鎮下鎮各有將一人，鎮副二人。每鎮又有使一人，副使一人。』此稱『鎮遏兵馬使』，其即鎮使歟？夫人以『開成五年六月廿六日遘疾終於襄陽縣明義里之私第』，襄陽爲襄州望縣。誌前結銜稱『唐山南東道節度總管』，襄州即山南東道節度治所也。

内府局丞王守琦墓誌銘 大中四年正月

右《内府局丞王守琦墓誌銘》，在長安縣。陸劭文孝廉所贈。守琦父意通，充内酒坊使。守琦貞元十二年入仕，大中三年退居私第。因寢疾，崩於歲十二月十五日。誌題『將仕郎試右監門率府録事參軍劉景夫述』。『穹』作『穹』、『謝』作『榭』、『後』作『伋』、『嗣』作『嗣』、『怨』作『怨』、『班』作『班』，皆異文。

榮王府長史程修己墓誌銘 咸通四年四月

右《榮王府長史程修己墓誌銘》，在長安縣。修己字景立，以善畫得名。朱景玄《唐朝名畫録》有程修己，與誌所載少異。《名畫録》稱：『修己冀州人，祖大曆中仕越州醫博士。父伯儀，少有文學，畫《東封圖》，爲時所寶。』誌稱：『祖鳳，婺州文學。父儀，蘇州醫博士。』不言其善畫。誌稱：『修己幼通《左氏春秋》，舉孝廉。來京師，游公卿名人間。大和中，陳丞相言於昭獻，授浮梁尉，賜緋魚袋，直集賢殿。累遷至太子中舍。凡七爲王府長史。』陳丞相名夷行，『昭獻』，文宗尊號。《新唐書・百官志》：『開元十三年，改麗正修書院爲集賢殿書院。其後又置畫直。至十九年，以書直、畫直、搨書有官者爲直院。』故誌前結銜稱『唐故集賢直院官』。誌又稱：『上又令作竹障數十幅，因自爲詩，命翰林學士等和之，盛傳於世。又畫《毛詩疏圖》，藏於内府。』《名畫録》皆詳載其事。

龍興觀道德經 景福二年七月

右《龍興觀道德經》，在易州。文甚摩滅。末題『唐景福二祀歲次癸丑，□□□中元日』。又有『易定節度、及銀青光禄大夫、檢校右散騎常侍、御史大夫、上柱國王』等字可辨。錢辛楣少詹以爲王處存爲節度日所刻。李克用《中和五年題名》稱『易定節度、檢校司空王處存』，結銜與此正同。《元和郡縣志》：『易定節度使管州二：定州、易州。』《方鎮表》：『建中三年置義武軍。』不言領易定者，當是史脱文也。

五代

少林寺主法華鈞大德塔銘 同光四年三月

右《少林寺主法華鈞大德塔銘》，在登封縣。文稱：『大德法諱行鈞，俗姓閻氏，鄭州陽武人。始依會善寺西法院素禪師爲和尚。卜居石城山。廣明庚子歲，住少林寺。葺修大殿，首尾三載。而遇釋門澄汰，遂從毁廢。』此在會昌勅廢之後。《憫忠寺重修舍利塔記》：『中和□年歲在壬寅，燕□淘汰空侶。』事與此近。

尊勝陁羅尼幢 乾和三年三月

右《尊勝陁羅尼幢》，在博羅縣寶積寺。字畫磨滅，不甚可辨。末有『乾和三年太歲乙巳三月八日丙寅，□□亡考陳十八郎敬贖造加□佛頂尊□陁羅尼幢一座，追薦幽途胡誤物，並乞自身□□□□□長於羅浮□□□禪院，供養設齋慶讚訖』等字。

敕留啟母少姨廟記 顯德五年七月

右《敕留啟母少姨廟記》，在偃師縣。《舊五代史·周世宗紀》：『顯德二年四月，詔諸道州府縣鎮村坊，應有敕額寺院，一切仍舊。其無敕額者，並抑停廢。』啟母少姨廟在緱氏縣唐興鄉皇甫村，祔以濟瀆祠宇一所。邑令劉煥上請，因以得留。鄉貢進士許中孚撰此記。楊炯《少室山少姨廟碑》云：『少姨廟者，則《漢書·地理志》嵩高少室之廟。其神爲婦人像者，則故老相傳云啟母塗山之妹也。』

校勘記

〔一〕玄宗諸子傳 『玄』原作『十一』，今據《新唐書》卷八十《玄宗諸子傳》改。

平津讀碑記三續卷上

秦　漢

泰山刻石

右《泰山刻石》。宋大觀中劉跂親至山頂，拓得二百二十三字，爲《泰山篆譜》。明北平許□僅得廿九字。乾隆初年燬於火。近蔣伯生大令宰泰安，於廢池中剔得殘石二片，僅存十字。以一本贈予。今《絳帖》中有劉譜摹本，其闕處予以《史記》原文補之，字數恰合。因命兒子瞻墉依廿九字重摹足本刻置家塾，亦快事也。

嶧山刻石

右《嶧山刻石》，在紹興府學。元至正閒，東平申屠駉既刻《會稽碑》，即以《嶧山碑》刻於碑陰。《會稽碑》康熙閒爲石工磨去重刻他文，而《嶧山碑》尚存。此碑從鄭文寶本翻摹，故筆法與長安本無異。唯行數不同，字形略小一二分。《楊東里續集》陳思孝論嶧山翻本次第，長安第一，紹興第二。其爲時推重如此。

揚董造匊刻石 地節元年正月

右《揚董造匊刻石》，近時新出於四川巴縣。文云：『地節元年正月，巴州民揚董賈山，直錢千百，作叢匊，子孫永保其多福。』造匊刻石蓋漢時風尚如此。《隸續》有《真道匊地碑》，《寶刻叢編》云在萬州，即漢巴郡地。《漢書·地理志》有巴郡，此稱『巴州民』，亦土俗之通稱爾。

魏

孫二娘王五娘等題名 黄初元年三月

右《孫二娘王五娘等題名》，諸家皆未著録。余得汪氏所藏書裝本録之。其文一云：『黄初元年三月十九日，孫二娘、李三娘、李十三娘、陳九娘、衛十五娘、衛十娘、吴□娘爲□母造。』一云：『黄初元年三月廿六日，王五娘、張十二娘、馮九娘、馮六娘、李十三娘、朱五娘、馬十二娘爲父造。』隸書，皆有界畫。末行字閒有至正十八年題字。《魏志》：文帝嗣位，改建安二十五年爲延康元年。冬十一月庚午受禪，改延康爲黄初。此始事在三月，刻石在十一月以後，故稱黄初元年。

郃陽殘碑　黄初五年

右《郃陽殘碑》，在郃陽縣康氏。余近得三石，其字皆隸書。一石三行十三字。次行有『黄初五』三字，衆因定爲魏碑。一石四行亦十三字，首行有『稚弟故』三字，諦視其筆法界畫，與上石同，二石當合爲一碑。又一石二行，止『我君□授遐年美』七字，無界畫，筆法亦異，當别是一碑。

吴

禹陵窆石遺字

右《禹陵窆石遺字》，在會稽縣禹陵廟中。《嘉泰會稽志》：禹廟窆石遺字。王順伯《復齋金石録》定爲漢刻。《寰宇訪碑録》、《兩浙金石志》皆據《太平寰宇記》『會稽縣』引《輿地記》云：『禹廟側有石船，長一丈，云禹所乘也，孫皓刻其背以述功焉。後人以皓無功可記，乃覆船刻它字。其船中折。』以此爲三國孫氏所刻。原石止存三行，僅辨九字。

宋

寧州刺史爨龍顔碑 大明二年九月

右《寧州刺史爨龍顔碑》，在雲南陸涼州。阮賜卿公子搨以見贈。賜卿有跋極詳，在《小琅嬛叢記》。碑稱：『君諱龍顔，字仕德，建寧同樂人。迺祖肅，魏尚書僕射、河南尹。』《宋書·州郡志》：建寧太守，漢益州郡、滇王國。同樂令，晋武帝立，屬建寧。《元和姓纂》：『後漢河南尹爨肅，見謝承《後漢書》。』《蜀志》：『交阯刺史爨琛，建寧大姓也。』皆與碑合。碑稱祖『晋寧建寧二郡太守、龍驤將軍、寧州刺史』，考『龍驤、輔國將軍，八郡監軍，晋寧建寧二郡太守。追謚寧州刺史，邛都縣矦』，皆不言其名。《州郡志》：寧州刺史，晋武帝太始七年立。建寧晋寧二郡皆屬寧州。碑稱：『龍顔舉義熙十年秀才，除郎中。相征西鎮，遷南蠻府行參軍，試守建寧太守。歸闕，除散騎侍郎、龍驤將軍，試守晋寧太守。遷護鎮蠻校尉、寧州刺史、邛都縣矦。享年六十一。歲在丙戌十二月上旬薨。』丙戌是宋元嘉二十三年。《宋書·文帝紀》：『元嘉十八年十二月，晋寧太守爨松子反叛。寧州刺史徐循討平之。』松子當是其族屬。碑稱：『歲在壬申，百六遘釁，州土擾亂。東西二境，凶豎狼暴。君收合精鋭，身伉矢石。肅清邊嵎。』事當在元嘉九年。或碑據起事之日，史稱討平之年，故前後不同。龍顔所授寧州刺史、建寧晋寧二郡太守，皆當是其土官。故爨氏祖父世襲爲之。

南齊

妙相寺造像題字 永明六年

右《妙相寺造像題字》，在會稽縣妙相寺。文云：『齊永明六年，太歲戊辰，於吴郡敬造維衛尊佛。』《元和郡縣志》：『後漢順帝時，分浙江以西爲吴郡，以東爲會稽郡。』《南齊書·州郡志》會稽郡吴郡未嘗改併。此在會稽，不得言吴郡。《嘉泰會稽志》妙相寺下云：『晋天福中，僧行欽於廢寺前水中得石佛。高財二尺餘，背有銘云云，凡十八字。會稽未嘗號吴郡，此石佛既得之水中，又一人可負之而趨，安知非吴郡所造而遷徙在會稽耶？』斯言蓋得之。

梁

瘞鶴銘

右《瘞鶴銘》明人重摹本，下截後人已剗去，刻詩其上，在瘞鶴銘原石故址西百餘步。諸家皆未著録。其字視原石稍板重。第一行『瘞鶴銘并序』五字，第二行『華陽』二字，第三行『鶴壽不知其紀』六字，第四行『未遂吾翔寥』五字，第五行『山之下仙家無』六字，第六行『相此胎禽浮丘』六字，第七行『唯髣髴事亦微』六字，第八行『洪流前固重扃』六字，第九行『真侶瘗尓』四字，凡四十六字。近人有以此本合真本裝潢，稱未出水以前舊本者，不可不辨。

後魏

鎮遠將軍鄭道忠墓誌銘 正光三年十二月

右《鎮遠將軍鄭道忠墓誌銘》，諸家皆未著録。誌稱：『君諱道忠，字周子，滎陽開封人。魏將作大匠渾之十世孫。』渾，《三國志》有傳。誌稱：『祖以清静爲治，化洽枌榆。考以德禮鑄民，慶留海曲。』皆不言其名。《後魏書・鄭羲傳》：『羲，滎陽開封人。魏將作大匠渾之八世孫。』羲五兄，長白驎，次小白，次洞林，次叔夜，次連山。叔夜子伯夏，司徒諮議、東萊太守，卒贈青州刺史。子忠，字周子，右軍將軍、鎮遠將軍，卒贈平東將軍、徐州刺史。誌作『道忠』。祖叔夜未授官，故云『化洽枌榆』。考伯夏東萊太守，故云『慶留海曲』，皆與史合。誌稱『君始爲高陽王國常侍，轉衛尉丞，加明威將軍，徙步兵校尉，遷鎮遠將軍、後軍將軍。以正光三年十月十七日卒於洛陽之安豐里宅。十二月廿六日窆於滎陽山巏石澗北。』不言所贈之官，當在其既葬以後。

法義一百餘人造像記 孝昌三年七月

右《法義一百餘人造像記》，在歷城縣千佛山。文云：『法義兄弟一百餘人，各捨家財，於歷山之陰敬造石窟，彫刊靈像。』《元和郡縣志》：『齊州歷城縣，古歷下城，對歷山之下。』《太平寰宇記》：『歷山在縣南五里。』

王僧啟造像記 建義元年五月

右《王僧啟造像記》，在歷城縣千佛山。文云：『維大魏建義元年五月□日，清信士□弟子雍州長安人王僧啟，敬造尊像一軀。』《魏書・莊帝紀》：『武泰元年四月戊戌即帝位。辛丑，改武泰爲建義元年。九月乙亥，改爲永安元年。』

張僧安造像記 天平四年閏九月

右《張僧安造像記》。文云：『大魏天平四年歲次丁巳，閏九月癸亥朔十九日，辛樂縣人張僧安敬造石像一軀。』《魏書・孝静紀》：天平四年九月閏月乙丑。與此合。『辛樂』即『新樂』，《地形志》屬樂陵郡。

魏郡丞姚敬遵造像記 元象二年三月

右《魏郡丞姚敬遵造像記》，在歷城縣。前稱：『大魏元象二年歲次己未，三月廿六日，假伏波將軍魏郡丞姚敬遵敬造彌勒像一軀。』是年十一月改元興和，此在未改元以前，故稱『元象二年』。《官氏志》：郡丞，第六品。伏波將軍，第五品階。

清信女趙勝習造像記 興和二年九月

右《清信女趙勝習造像記》，在歷城縣千佛山。文云：『興和二年九月十七日，清信女趙勝習十二人敬造彌勒石像三軀。』

邑義九十人造像記 武定元年□月

右《邑義九十人造像記》，在河内縣。碑中層刻造像記，末有『大魏武定元年歲次癸亥』字可辨。上層刻畫佛經故事，兩旁并下層俱刻佛像。每旁俱有邑子某侍佛題名。『假』作『㑲』、『標』作『摽』、『宋』作『宋』、『微』作『㣲』、『海』作『海』、『靈』作『霻』、『休』作『㤼』，皆異文。

邑主造石像碑 武定六年九月

右《邑主造石像碑》，在偃師縣。『邑主』下皆空八字，蓋留以刻其名也。碑『夷』作『𡗝』、『靈』作『噐』、『哉』作『𢦏』、『算』作『筭』、『鼓』作『皷』，皆異文。『磬茲愳果，庶免鼎鑊』，『愳』字未詳。

北齊

薛匡生造像記 武平元年

右《薛匡生造像記》，在濟寧州鐵塔寺。記僅高寸餘。文云：『武平元年，薛匡生爲□□亡兄薛仕儁亡女佛暉，願造□□。』薛字皆作『薛』，與《字原》、《平輿令薛君碑》同。

邑義三百人造像記 武平二年七月

右《邑義三百人造像記》，在河内縣。文云：『有永顯寺法師，以武平二年歲次辛卯七月中，師邑義三百人在太行山大窮谷上寺之中，敬造石□像一軀。』《元和郡縣志》：『太行山在河内縣北二十五里。』『師』古『率』字，通用。

楊安都五十人造像記 武平七年四月

右《楊安都五十人造像記》，在偃師縣。上層刻造像記，文末題『武平七年歲次丙申四月十五日建』。下層刻『都邑主楊安都』等題名。文云：『昔波斯慕聖，以鉒靈容。』《玉篇》：『鉒，器也。』此借作『鑄』字。

隋

諸葛子恒一百人等造像碑 開皇十三年四月

右《諸葛子恒一百人等造像碑》，在沂州府城。《隋書·高祖紀》：『開皇八年十月，命晋王廣[一]、秦王俊、清河公楊素並爲行軍元帥，以伐陳。九年正月景子，入建鄴，獲陳主叔寶。』碑稱：『皇帝遣行軍元帥晋□問罪弔民，以開皇九年正月□□軍次於江左。』皆與史合。碑多異文，『敢𠅘万乘之師[二]』，『抗』作『𠅘』。『獻曹制之説』，《左氏傳》作『曹劌』，《公羊傳》作『曹昧』。『奮狘彌之武』，『奮』即奮字，『狘彌』即《左氏傳》『提彌明』，《公羊傳》作『祁彌』，《史記·趙世家》作『示眯』，皆同聲假借字。『歌《狘杜》而勞其□』，《顔氏家訓·書證篇》：『《詩》云：「有杕之杜。」江南本並木旁施大，而河北本皆爲夷狄之狄。』此又作『狘』，與河北本

『矢』作『笶』，『崇』作『宋』，皆異文。異。餘如『疊』作『壘』，『旅』作『挔』，『置』作『罝』，『聖』作『垩』，『葦』作『葦』，『鹽』作『臨』，

唐高祖造像記 大業二年正月

右《唐高祖造像記》，在鄠縣草堂寺。文云：『鄭州刺史李淵爲男世民因患先於此寺求仏，蒙仏恩力其患得損。今爲男敬造石碑像一鋪。』云云。末題『大業二年正月』。《金石萃編》載有二碑，一即此碑，題作《唐高祖爲子祈疾疏》。一碑云：『鄭州刺史男李世民遇染時患，比聞大海寺有雙王像，治病有驗。故就寺禮拜，其患乃除。□於此寺願造石彌勒像一鋪。』云云。末題『大業元年□□□』。《舊唐書·張仲方傳》：『滎陽大海佛寺有高祖爲隋鄭州刺史日爲太宗疾祈福於此寺造石像一軀，凡刊勒十六字以誌之。』不言有碑。《寶刻叢編》鄭州下引《訪碑録》云：『《隋鄭州刺史李淵造石像記》，大業二年三月造。』又引《金石録》云：『《唐高祖造像記》，大業二年三月。』未知是一碑？抑是二碑？今《鄠縣草堂寺造像記》又題『大業二年正月』，宋人皆未見著録。大約高祖諸造像記多是後代寺僧爲之，故所載年月舛錯不同。

唐

唐太宗書屏風碑

右《唐太宗書屏風碑》，在餘杭縣治。末有淳熙九年十一祝寬夫跋，稱：『《唐會要》：「正觀十四年四月二十二日，上爲真草書屏風以示羣臣。」真書者不復見，而草書僅存止此。嘉泰甲子十月王允初刻石於餘杭縣，延祐丙辰春縣尹王昌復遷立於縣廳。』

幽州都督牛秀碑 年月泐

右《幽州都督牛秀碑》，在醴泉縣。碑殘泐，唯上截前七八行存。碑首結銜稱『大唐故左驍衛大將軍、幽州都督、上柱國、琅琊郡開國公牛公碑銘』。『公諱秀，字進達，其先隴西狄道人也。因官而遷于濮。曾祖定，後魏韓□□。父漢，隋濮州主簿，洺州清漳縣令。』餘俱不可辨。《長安志》昭陵陪葬功臣有武衛大將軍牛進達，兩《唐書》無傳。《新唐書·西域高昌傳》：『乃拜侯君集爲交河道大總管、左屯衛大將軍。薛萬均、薩孤吴仁副之。契苾何力爲葱山道副大總管。武衛將軍牛進達爲行軍總管。率突厥契苾騎數萬討之。』《姜行本紀功碑》左側有『交河道行軍總管、左武衛將軍、上柱國、□□縣開國公牛進達領兵十五萬』題名，蓋秀本以字行也。

中文獻公高士廉塋兆記 高宗初

右《申文獻公高士廉塋兆記》，在醴泉縣昭陵。碑前題『高陽縣開國公許敬宗撰，□□府録事參軍趙模書』。模即貞觀中太宗命臨《蘭亭序》者。碑云：『以貞觀廿一年正□五日薨於正寢，即以其年二月廿□□□□於九嵕山之南趾，墓而不墳。』又云『配享太宗廟庭』，蓋葬時其家未嘗立碑。此碑當立於太宗薨後，高宗即位初年。《舊唐書·高士廉傳》：『子履行，尚太宗女東陽公主。遭父艱，居喪以孝聞。太宗手詔敦喻曰：「古人立孝，毁不滅身。聞卿絶粒，殊乖大體。幸抑摧裂之情，割傷生之累。」』碑末稱：『遽迫晏駕之□小履□面承恩旨，淪肌刻骨。』正與史同。

金城村造石碑像記 麟德元年九月

右《金城村造石碑像記》，在河内縣。文云：『以麟德□□歲次甲子去九月辛丑朔廿日庚申，合村等云云。敬造石碑像一區，金城之所置也。』文廿六行，行十七字。

清河公主碑 麟德元年十月

右《清河公主碑》，在醴泉縣。碑上截已斷闕，前後年月俱摩泐。《金石録》：『《清河公主碑》，李儼撰，暢整正書。麟德元年十月。』今碑前題『□州長安縣品子暢整書』，字猶可辨。唐制：凡國子學生，皆以有官品者之子若孫爲之。《百官志》：『方其盛時，著於令者，納課品子萬人。』即其證。《新唐書·公主列傳》：『太宗女清河公主，名敬，字德賢。下嫁程懷亮。薨麟德時，陪葬昭陵。懷亮，知節子也。終寧遠將軍。』《金石録》：『碑云下嫁程知節之子處亮，《知節碑》及《唐史·知節列傳》、《元和姓纂》所載皆同，惟《公主列傳》作「懷亮」，非是。』今碑處亮之名已闕。其稱『瀛州刺史婁之孫』，『岐州刺史』下稱『封東阿縣開國公，食邑一千户』，兩《唐書·知節列傳》皆不載。此碑近時收藏家皆未著録。《雍州金石記·清河公主碑》僅存形似。余藏本所存五百餘字，皆清晰。蓋舊時拓本，洵可寶也。

功曹參軍梁夫人成氏墓誌 麟德元年十二年

右《功曹參軍梁夫人成氏墓誌》，在長安縣。誌稱：『曾祖瓌，隨任濟州東阿縣長。祖貴，唐任幽州永壽縣令。』而不稱父。『夫人以麟德元年十二月三日卒於隆政里第，即以其月十一日殯於終南山楩梓谷之阿。』《長安志》：『布政坊本名隆政，避明皇名改。』《王居士塼塔銘》：

『起靈塔於終南山楩梓谷。』《長安志》：『楩梓谷水出南山。南山一名終南山，在縣南七十里。』

張開彊造像記　乾封二年九月

右《張開彊造像記》，在偃師縣。凡二石。其一稱：『大唐乾封二年九月三日，佛弟子張開彊、尹氏女爲父母敬造阿彌陁像一區。』其一稱：『佛弟子張開彊供養妻蘇，供養女苟兒，男智達，男智興，女夫尹仁則。』俱刻在佛座下。

張對墓志　乾封三年正月

右《張對墓志》。稱：『對字懷玉，南陽白水人。祖貴，朝散大夫。父素身，有勳官。君殞以乾封三年歲次戊辰正月十七日辛丑，春秋一十有七。』『私』作『和』、『粤』作『粤』，皆異文。

道安禪師塔記　總章三年二月

右《道安禪師塔記》，在西安府百塔寺。記稱：『禪師姓張，以總章元年十月七日遷形於趙景公寺禪院。以三年二月十五日起塔於終南山鷄鳴塠信行禪師塔後。』《長安志》：『常樂坊西南隅趙景公寺，隋開皇三年獨孤皇后爲父趙景武公獨孤信所立。興教院在長安縣南六十里楩梓谷□，本百塔信行禪師塔院。』

李義豊造像記 咸亨元年十二月

右《李義豊造像記》，在偃師縣。文云：『咸亨元年十二月廿二日，佛弟子李義豊爲皇帝陛下，法界衆生，合家大小，先祖墳靈，亡父亡叔，見存母敬造彌勒一區。』《説文》：『豐字，經典相承作豊。』

韓寶才墓誌 咸亨四年十二月

右《韓寶才墓誌》，在長安縣。誌稱：『以咸亨四年歲次己酉十月朔廿九日卒於京城懷德之第。以其年十二月九日殯於京城西布政之原小嚴村之左。』《長安志》：『懷德坊在皇城西第三街。布政坊在皇城西第一街。』誌『唐』作『庴』，異文。

阿彌陁像文 上元二年十二月

右《阿彌陁像文》。末題『大唐上元二年十二月八日刊記』。唐有兩上元，文稱『奉爲天皇、天后』，則高宗時立也。

李万通造像記 儀鳳三年七月

右《李万通造像記》，在河内縣。文云：『大唐儀鳳三年歲在戊寅七月乙卯朔。』『戊寅』作『戉寅』，『卯』作『夘』，皆俗字。又云：『上爲天皇、天后。』《新唐書·高宗紀》：『上元元年八月壬辰，皇帝稱天皇，皇后稱天后。』其時高宗尚存。

王留墓誌銘 儀鳳四年五月

右《王留墓誌銘》，首行題：『王君諱留，字留生。』墓誌銘次行稱：『君諱留生，太原喬之裔也。』蓋唐人小墓誌多鄉里俗儒所爲，題稱無一例也。『去咸亨五年正月廿五日卒於里第。權窆於劉村西。以地多磐石，下涌清泉，改墳於伊楊村西一里，與夫人張氏合葬。』

順陵殘碑 長安二年正月

右《順陵殘碑》，在咸陽縣。前僅得其一石，茲復得二石。《長安志》：『順陵在咸陽縣東北卅里。唐武后追尊其母曰孝明皇后，號曰順陵。』《金石録》：『《周孝明皇后碑》，武三思撰，相王旦書。長安二年六月。』即此碑。《金石文字記》作正月。碑尚存『孝明』二字。

杜夫人墓誌 長安三年十月

右《杜夫人墓誌》，在長安縣。誌稱：『曾祖勣，左監門將軍[三]。善寶，唐□州□縣令。父嘉猷，唐務州參軍。』『善寶』上脱『祖』字。『務州』當是『婺州』之譌。誌前題銜稱：『故司稼寺卿，上柱國，□□□杜夫𡷫。』誌中不稱其夫名氏，竟不知爲何人。《舊唐書・職官志》：『司農寺卿，從三品。龍朔二年改爲司稼，咸亨復。』此題『司稼寺卿』，其歷官當在咸亨以前。

千佛像碑并陰兩側 無年月

右《千佛像碑》，在扶風縣法門寺。碑正面刻千佛像，碑陰刻《涅槃經》。碑側『南無師子仏一心敬禮者，卻六十万刼生死重罪。南無師子仏一心敬禮者，卻三萬六百刼生死之罪』，似是明人功過格之所自始。碑無年月題記，今依《關中金石志》附於武后之末。

思遠禪師殘誌 無年月

右《思遠禪師殘誌》，首行有『大周廣慈禪院』六字，次行有『節度常』三字，當是撰書人結銜。

恒州司馬殘墓誌 景龍三年七月

右《恒州司馬殘墓誌》。上截已斷，姓名不可考。『貞觀年授杭州録事參軍。□隆二年除恒州司馬。□□□□六月七日卒，春秋六十五。夫人華陰郡君楊氏，□歲通天二年正月五日，春秋二十六卒。以景龍三年七月十九日合葬於長安縣西龍首原。』末行題：『陝縣尉河東柳紹先撰，荆府法曹隴西李爲仁書。』誌稱：『□□□□讓帝，平恩貴戚，敞丹第而封侯。奕葉承家，淪瀾浸遠。』司馬當是許姓。

行兖州都督獨孤仁政碑 景雲二年二月

右《行兖州都督獨孤仁政碑》，在孟縣。仁政，兩《唐書》無傳。碑稱：『高祖永業，齊行臺左僕射、彭城郡公、兼吏部尚書，周大司寇。曾祖子佳，周武安郡公、滙州刺史。祖義恭，隋富平縣令，唐婺州刺史、高平縣開國侯。父士殰，坊州鄜城縣令。』《新唐書・宰相世系表》：永業生子佳，子佳生義恭，士殰以下皆不書。碑稱『仁政解褐思州司倉參軍，改授宣州溧陽縣丞，轉朝議郎、上護軍、行兖州都督，方與縣令。以景龍二年三月廿九日卒於河内郡之私第，春秋七十有七。以景雲二年歲次辛亥二月景子朔廿七日壬寅，遷窆于洛州河陽西北韓城鄉龍臺里之平原。』碑敘高祖永業以下結銜甚詳，皆可補史《表》之闕。

將軍柱國史公石像銘 延和元年十月

右《將軍柱國史公石像銘》。此造像銘，而文内不言史公名。《金石萃編》年月後有『夫人襄邑縣□□氏建』一行，此拓本失之。

少林寺戒壇銘 開元三年五月

右《少林寺戒壇銘》，在登封縣。趙明誠《金石録》：『《唐少林寺戒壇銘》，三藏法師義浄撰，張傑八分書。開元三年正月。』明都穆《金薤琳琅》載《少林寺戒壇銘》與趙氏本同。末題『南館學生張傑書』。此本銘與年月同，題作『括州刺史李邕書』。以兩《唐書·李邕傳》考之，開元三年邕貶括州司馬。二十三年起爲括州刺史。結銜與史不合，當是後人僞造，姑以相承既久録之。

協律郎裴公妻賀蘭氏墓誌銘 開元四年十二月

右《協律郎裴公妻賀蘭氏墓誌銘》，在長安縣。誌稱：『綿聯沈痾，三浹其歲。洎大漸，移寢於濟法寺之方丈，蓋攘衰也。』《長安志》：『濟法寺在布政坊。』『攘』古通作『禳』字，『攘衰』是禳除其衰惡之氣，蓋當時禮文如是。『殯於鵶鳴堆，實陪信行禪師之塔〔四〕。』信行禪師塔院見上《道安禪師塔銘》。

兖州都督于知微碑 開元七年六月

右《兖州都督于知微碑》，在三原縣。碑稱：『祖志寧，蒲岐華三州刺史。』《于志寧碑》作：『滎州刺史，遷岐州刺史，除華州。』兩《唐書》本傳俱作『滎州』，與此碑異。碑云：『以開元二年十一月十八日，遷祔于京兆府三原縣萬壽鄉長拘原舊塋，禮也。』《長安志》：『三原縣，萬壽鄉在縣北。』《于志寧碑》：『葬于萬壽鄉清池里。』《于大猷碑》：『夫人李氏，合葬于萬壽鄉長拘之先塋。』俱與碑同。

賢力毗伽公主阿那氏墓誌 開元十一年十月

右《賢力毗伽公主阿那氏墓誌》，在長安縣。誌稱：『漠北大國有三十姓，可汗愛女建册賢力毗伽公主，入漢封雲中郡夫人。父默啜大可汗，國家喪亂，蕃落分崩。委命南奔，歸誠北闕。家埠犯法，身入宫闈。天恩載被，禮秦晉於家兄。家兄即三十姓天上得毘伽煞可汗也。特許歸親兄右賢王墨特勤私第。以大唐開元十一年六月十一日，薨於右賢王京師懷德坊之第。』懷德坊右賢王宅，《長安志》不載。誌前題：『駙馬都尉、故特進、兼左衛大將軍、雲中郡開國公踏没施達干阿史德覓覓。』

益州長史張敬忠奏狀 開元十三年正月

右《益州長史張敬忠奏狀》，在灌縣青城山。前開元十二年閏十二月敕稱：『蜀州清城先有常道觀，所置元在青城山中。聞有飛赴寺僧奪以爲寺。州既在卿節度檢校，勿令相侵。』此乃其准敕處置訖之奏狀也。碑末題：『開元十三年正月十七日，左散騎常侍[五]、益州大都督府長史、劍南道節度大使、攝御史中丞、本道採訪經略大使、上柱國張敬忠上表。』碑爲常道觀主甘榮書。

行次成皋詩 開元十三年二月

右《行次成皋詩》，在汜水縣。文首題『五言』二字，次空格，題『行次成皋，途經先聖擒建德之所，緬思功業，感而賦詩』，下有『御製』二字。跳行有：『隨政昏虐，羣雄日多争。先聖按劍起，叱吒風雲成。飲馬河濟竭，作氣嵩華驚。克敵睿圖就，擒俘帝道亨。徒慙嗣寶曆，恭承天下平。幸過翦勍地，感慕神且英。開元十三年十月十二日，東封□前常州□□縣尉史敘書。』《新唐書・高祖本紀》：『武德四年五月壬戌，秦王世民敗竇建德於虎牢，執之。』《元和郡縣志》：『開皇十八年，改成皋爲汜水縣。等慈寺在縣東七里，王師既破建德，有詔於戰所起寺立碑。』《玄宗本紀》：『開元十三年十月辛酉，如兖州。庚午，次濮州。十一月庚寅，封于泰山。』十月十三日在東封前題也。《寶刻叢編》作《唐明皇過汜水詩》，《金石録》作艾敘書，是傳寫之譌。

思恒律師誌文　開元十四年十二月

右《思恒律師誌文》，在咸寧縣。誌稱：『律師俗姓顧氏。祖元，隨門下、上儀同三司、蓨蕪郡開國公。』《隋書·地理志》無蓨蕪郡，唯『漁陽郡無終縣，後周廢徐無縣入焉』，郡或暫時所置，故《志》不書。『徐無』作『蓨蕪』，是俗字。誌又稱：『初，和帝代召入内道場。』《新唐書·中宗本紀》：『景龍四年六月壬午崩。謚曰孝和皇帝。』

尊勝陁羅尼經碑　開元十八年正月

右《尊勝陁羅尼經碑》，在河内縣。碑書《佛頂尊勝陁羅尼經》一卷，末有篆書年月一行。『月』字『日』字皆繪作日月之形，爲他碑所未見。

比丘尼堅行禪師塔銘　開元二十一年閏三月

右《比丘尼堅行禪師塔銘》，在長安縣。前題：『大唐宣化寺故比丘尼。』《長安志》：『宣化尼寺在永平坊，隋開皇五年立。』文云：『豈荼晨霜易晞。』『荼』即『圖』假借字。

安國寺惠隱禪師塔銘 開元二十六年二月

右《安國寺惠隱禪師塔銘》，在洛陽縣。碑稱禪師：『俗姓榮，京兆人。其家第四女。』蓋尼僧也。『曾祖權，隨金紫光禄大夫、散騎常侍、兵部尚書、東阿郡開國公。祖建緒，銀青光禄大夫、使持節息始洪諸軍事、三州刺史、東阿郡開國公。父懷節，夷州綏陽縣令。』《隋書·榮毗傳》稱：『父權，魏兵部尚書。』不言東阿郡開國公。毗兄建緒，『仕周爲載師下大夫、儀同三司。與高祖有舊。及爲丞相，加位開府，拜息州刺史。開皇初，歷始洪二州刺史』。皆與碑合。碑敘祖下稱：『叔祖思九，黄門侍郎。』父下稱：『外祖韋氏，字孝基。皇中書舍人逍遥公之孫。』爲他碑所未見。

了緣和尚靈塔銘 開元二十六年七月

右《了緣和尚靈塔銘》，在鄞縣。題『授鄮縣令王叔通撰并書』。文云：『開元廿六年歲戊寅七月既望，了緣禪師圓寂。師蔣姓，嘗游于吴會間。乙卯遇於余昆陵。年四十渡江而東，見鄮雖濱海而山川頗幽邃，遂結茆以終老焉。余來鄮甫三月而遽得其耗。』《元和郡縣志》：『開元二十六年，採訪使齊澣奏分越州之鄮縣置明州。』鄮縣本漢舊縣。

大智禪師碑陰記 開元二十九年五月

右《大智禪師碑陰記》，在西安府學。《大智禪師碑》立於開元廿四年九月，此題記在其後五年。史惟則結銜，前碑稱『右羽林軍録事參軍』，此稱『通直郎、行河南府伊闕縣尉』。記前題：『河南少尹陽伯成撰。』《寶刻叢編》有《唐萬回神迹碑陰記》，題：『陽伯成撰并贊，史惟則八分書。』

元璟造五級石浮圖銘 開元

右《元璟造五級石浮圖銘》，在濟源縣。碑字多殘泐。碑首有『□浮圖銘并序』五字，下有『廬江□泌撰』可辨。次行稱『元憬其先隴西郡人也』，其姓已闕。又有『家聲載在史傳』。曾祖諱字敘述甚詳。後刻佛經，末有李元福、趙子琦等題名。右有『奉爲開元神武聖文皇帝』及『代先亡造石浮圖』五級横額七大字。《新唐書·玄宗本紀》：開元二十七年，羣臣上尊號曰開元聖文神武皇帝。天寶元年，上尊號『開元』下加『天寶』二字。此碑當是開元時立。

古文老子道德經

右《古文老子道德經》，不知所在。碑前後拓本俱闕，僅自『道法自然』『自然』二字起，至

『陸行不遇兕虎，入軍』三字止，凡三十行，行五十五字。《德經》亦不標題，每章俱空一格。審其筆法，俱與郭忠恕《汗簡》古文相同。《舊唐書·司馬承禎傳》：『開元十五年又召至都。玄宗令以三禮寫《老子經》，因刊正文句。』《汗簡》引有《古老子》，此或其是歟？因附於開元之末。

玄元靈應頌 天寶元年七月

右《玄元靈應頌》，在盩厔縣樓觀。觀舊名宗聖觀。玄元靈應見夢真容碑事在開元廿九年。碑末題：『朝散大夫、守倉部郎中、上柱國戴璇撰序。朝散大夫、守户部郎中劉同昇撰頌。開府儀同三司、尚書右僕射曾孫戴伋書序。』文中止稱『户部郎中沛國劉同升』而不及璇。《元和姓纂》有唐司勳員外郎戴琁，同州刺史劉同昇，洛陽人，稱『本自沛國徙焉』。

内侍張元忠夫人令狐氏墓誌銘 天寶十二載十二月

右《内侍張元忠夫人令狐氏墓誌銘》，在長安縣。誌稱：『天寶十二載十有月四日，夫人卒於京兆府殖業里之私第。夫張公元忠任太中大夫，賜邑爲鴈門郡君，進銀青光禄大夫。天寶九載五月十三日卒於河南府里。今載二月四日遷殯於京兆府長安縣龍首鄉之原。』殖業里不見於《長安志》。

優婆姨叚常省塔銘 天寶十二載

右《優婆姨叚常省塔銘》。稱：『女劉三娘建。』尼僧稱優婆尼，此稱『優婆姨』，他碑所少。

東方朔畫贊碑陰記 天寶十三載十二月

右《東方朔畫贊碑陰記》，在陵縣。文云：『真卿去歲拜此郡，屬殿中侍御史平公洌，監察御史閻公寬、李公史魚，胄曹宋公謇，咸以河北採訪使、東平王判官巡按狎至。真卿候于境上。』東平王即安禄山，平洌、李史魚，俱見《禄山傳》。

雲麾將軍張安生墓誌銘 天寶十四載二月

右《雲麾將軍張安生墓誌銘》，在長安縣。誌稱：『景雲中，屬韋氏竊權，羣凶暴溢，擾我黔庶，殘我王室。公乃叶忠謀，爲佐弼。再清京兆之天，重捧長安之日。遂解褐授果毅。二遷折衝，一拜郎將，再轉中郎，畢於龍武將軍。』銘曰：『臨難不懼兮忠臣節，奉我明后誅暴孽。鶺鴒貴兮雁行列，花蕚忽凋兮一枝缺。』公當有兄弟著聲於朝列也。

校勘記

〔一〕命晋王廣　『廣』字原刻本缺，據《隋書・高祖紀》補。

〔二〕敢豣万乘之師　『乘』字原訛作『乖』，據故宫博物院藏《清拓隋義主都督諸葛子恒合一百人平吴越主陳叔寳紀功碑》改。

〔三〕左監門將軍　『左』，原訛作『在』，據《全唐文》卷九九四《司稼寺卿上柱國□□□杜夫人墓誌銘》改。

〔四〕殯於鵶鳴埠實陪信行禪師之塔　『鵶鳴埠』，上《道安禪師塔記》作『鷄鳴埠』。

〔五〕左散騎常侍　『常』原訛作『尚』，據《張敬忠上表》碑文改。

平津讀碑記三續卷下

唐

謁金天王神祠題記 乾元元年十月

右《謁金天王神祠題記》，在華陰縣。文云：『皇唐乾元元年歲次戊戌冬十月戊申，真卿自蒲州刺史蒙恩除饒州刺史十有三日，辛亥，大理評事、攝監察御史穆寧，評事張澹，華陰令劉暠、主簿鄭鎮次於華陰，與監察御史王延昌同謁金天王之神祠。』《舊唐書·顔真卿傳》：『爲宰相所忌，出爲同州刺史，轉蒲州刺史。爲御史唐旻所搆，貶饒州刺史。』不載其年。據此記，自蒲州貶饒州在乾元元年十月。《穆寧傳》：『初，寧佐採訪使，巡按常過平原，與太守顔真卿密揣禄山必叛。真卿唱義，舉郡兵，奏署大理評事、河北採訪支使。真卿棄郡，夜渡河，見肅宗於鳳翔。發驛召寧，將以右職待也。會真卿以抗直失旨，事遂止。』此稱大理評事，猶是前所授官也。殷亮撰《真卿行狀》稱〔一〕：『玄宗以公爲户部侍郎，依前平原太守。又詔公爲河北採訪處置使。公又以前咸陽尉王延昌爲判官，張澹爲支使。』令狐峘撰《真卿神道碑》：『公加河北採訪招討使。前殿中侍御史沈震、鹽山尉穆寧、武邑尉李詵、清河主簿張澹、清池尉賈載，各抒器能，參贊戎務。』此記同謁之穆寧、張澹、王延昌三人皆其舊時僚屬也。

張惟一等祈雨記 乾元二年二月

右《張惟一等祈雨記》，在華陰縣。文稱：『乾元元年，自十月不雨，至於明年春。』兩《唐書·本紀》及《五行志》俱不載。張惟一見《新唐書·宰相世系表》，『華州刺史』，與此合。

華嶽第五琦題名 大曆五年六月

右《華嶽第五琦題名》，在華陰縣。文云：『前相國京兆第五公，自户部侍郎出牧栝州。子翬關内河東副元師判官、禮部郎中、兼侍御史虞當自中都濟河，於華陰拜見，從謁靈祠，因紀貞石。時大唐大曆五年六月四日。』《新唐書·第五琦傳》：『以乾元二年進同中書門下平章事，貶忠州長史。寶應初，起復以户部侍郎兼京兆尹，坐與魚朝恩善，貶栝州刺史。』題名爲其壻虞當所書，故稱『第五公』。《元和郡縣志》：『高祖置河東郡。開元元年改爲河中府，置中都。』

華嶽盧綸等題名 大曆六年二月

右《華嶽盧綸等題名》，在華陰縣。盧綸名在大曆十才子之列。結銜稱：『將仕郎、守閿鄉縣尉。』《新唐書·盧綸傳》：『大曆初，數舉進士，不入第。元載取綸文以進，補閿鄉尉。』《地理志》閿鄉縣屬虢州弘農郡。

盧朝徹謁嶽廟文 大曆九年三月

右《盧朝徹謁嶽廟文》，在華陰縣。文云『撰擇元辰』，『撰擇』即選擇。『吉蠲饎饎』，今《詩》作『饎饎』，《釋文》：『饎又作饙。』《説文》引亦作『饙』，皆古義之僅存者。

恒王府典軍王景秀墓誌銘 大曆十一年八月

右《恒王府典軍王景秀墓誌銘》，在大興縣。《新唐書》：『玄宗子恒王瑱好方士，常服道服。從帝幸蜀，還。代宗時薨。』『夫人鉅鏕魏氏』，『鉅鹿』本作『鉅鏕』，詳見前《豫州從事尹宙碑》，得此又多一證。

黄帝祠宇四字 無年月

右《黄帝祠宇四字》，在縉雲縣黄帝祠宇。四大篆字分作二行，行二字。碑首有『李陽冰』三小篆字，『丹陽葛蒙勒石』六正字。《寶刻叢編》引《復齋碑録》稱：『《仙都山黄帝祠堂碑》，唐袁鷟撰，雲遊子正書。篆額咸通八年立，此四字李陽冰所篆。』當是别爲一碑。王象之《輿地・碑目》:『《黃帝祠宇篆額》,唐李陽冰篆,在仙都山。』即此。

隴右節度使李元諒功德頌 貞元五年十月

右《隴右節度使李元諒功德頌》,在華州。《舊唐書・李元諒傳》:『本駱元光,姓安氏,其先安息人也。少爲宦官駱奉先所養,冒姓駱氏。以功加御史中丞,遷華州刺史、兼御史大夫、潼關防禦、鎮國軍節度使。尋加檢校工部尚書。興元元年五月,詔元諒與副元帥李晟進收京邑。貞元三年,詔元諒將本軍從渾瑊與吐蕃會盟於平涼。帝念其勳勞,賜姓李氏,改名元諒。四年春,加隴右節度支度營田觀察、臨洮軍使[二],移鎮良原。貞元五年十一月,卒於良原。』今本作『貞元元年』,是傳刻譌也。頌以貞元五年十月十五日建,在其未卒前一月,故《新唐書》本傳稱『贈司空,謚曰莊威』,碑皆不之及。碑結銜稱『武康郡王』,兩《唐書》本傳亦不載。

下邽縣丞韋公王夫人墓誌銘 貞元六年二月

右《下邽縣丞韋公王夫人墓誌銘》,在長安縣。韋公名端,已見前《玄堂誌》。『夫人以大曆十二年三月廿五日終于長安親仁里之私第。四月遷殯萬年縣加川鄉西原。貞元六年二月廿三日返葬洪固鄉韋之舊壃。』《玄堂誌》稱:『端以元和十四年三月廿三日棄背於長安新昌里私第。貞元六年以五月一日祔於萬年縣洪固鄉畢原先太夫人太原王氏之塋。』是後於此誌纔三月。《長安志》：『親仁坊在朱雀街東第三街。新昌坊在朱雀街東第五街。洪固鄉在萬年縣南一十五里。』

贈工部尚書張維岳神道碑 貞元八年三月

右《贈工部尚書張維岳神道碑》，在高陵縣。碑前稱：『大曆乙卯歲夏四月，有星犯於北落。秋九月癸巳，大將軍維岳薨於位。冕旒悼惜，贈工部尚書。』又稱世系：『隨齊州刺史政之曾孫。皇太子家令元濟之孫。豐王府司馬、贈靈州大都督履仁之子。』兩《唐書》有張維岳附其父李寶臣傳：『寶臣死，軍中推爲留後，求襲父位，爲王武俊所殺。』此當别是一人。碑稱：『安羯稱亂，汾陽王郭公子儀偉其材略，引爲步將。清渠之戰，特拜左衛將軍，遷右衛大將軍。乾元中，汾陽蕩咸洛，加通義大夫、太僕卿，封南陽縣男。僕固懷恩之授鉞也，亦仗公以心腹。今聖踐極，進封南陽郡公，累加漢東郡王，充朔方都知兵馬使。公以三軍無帥，審於避嫌，驛歸闕下，拜左羽林將軍、知軍事，改封文安郡王，遷本軍大將軍。錫以金券，仍畫像於淩煙閣。』《新唐書·僕固懷恩傳》：『懷恩頓軍汾州，使裨將李光逸守祁，李懷光拒晋州，張惟岳據沁州』。《舊唐書·僕固懷恩傳》：『尚書右丞顔真卿曰：「懷恩將士皆子儀部曲，恩信結其心，何不以子儀代之，喻以逆順禍福，必相率而歸子儀。」至河中，僕固瑒已爲朔方兵馬使張惟岳等四人斬其首，獻于闕下。』所言皆與碑合。碑不言僕固瑒事，蓋諱之也。

東陵聖母帖 貞元九年四月

右《東陵聖母帖》，不著撰書人姓名，相傳以爲僧懷素書。《太平寰宇記》：『江都縣東陵聖母廟，在縣南三十里。』《神仙傳》云：『東陵聖母，海陵人。適杜氏，師劉綱學仙術。成道，夫不之信，告官，具以囹圄。頃之，聖母從獄窗中飛出，衆人望見之，轉高入雲中。於是立廟，遠近敬信，每表靈驗。』此必廟中記文。元祐戊辰摹於帖。後有『左拾遺裴休等大和四年十月十二日同登』題名，不知何以附在此。

華嶽裴潾等題名 貞元九年七月

右《華嶽裴潾等題名》，在華陰縣。裴潾，兩《唐書》有傳。『前萬年縣尉裴堪。』《世系表》：『裴堪，江西觀察使。』與此結銜不同。

涿州司馬劉建墓誌銘 貞元十四年十二月

右《涿州司馬劉建墓誌銘》，在大興縣。誌稱：『府君諱建，字建，燕人也。故順化州刺史、兼侍御史諱瓌，即其先人。府君伯季六人，房居第二。元兄諱逸。次弟諱迅，行幽府司户參軍，再歷檀州司馬。次諱□，歷職轅門，駈雞五邑。次諱□，二宰大邑，終於涿郡歸義縣。季諱遘，守檀州司法參軍。』皆具載於誌中。《新唐書·地理志》順化郡屬慶州。

畢遊江墓誌銘 貞元十九年七月

右《畢遊江墓誌銘》近時出於太原白雀寺。劉吉甫太守所贈。誌稱：『遊江，平陽王彦之後，世居太原，豪族第一。』史傳無平陽王畢彦。《元和姓纂》太原畢氏狀稱『畢諶之後』，亦與此異。遊江以『貞元十九年六月十四日壽終於恒府敬愛坊之私第。七月一日歸葬於府城西北七里冰河鄉之原』。

河南少尹裴復墓誌銘 元和三年四月

右《河南少尹裴復墓誌銘》。《新唐書·宰相世系表》：『裴氏元簡，尉氏尉。曠，御史中丞。虬，諫議大夫。復字茂紹，河南少尹。』皆與誌合。誌稱：『公舉賢良，三遷至侍御史。歷殿中侍御史。累遷刑部郎中，改河南少尹。』誌『侍』作『待』、『歷』作『曆』、『刑』作『形』，皆譌字，何也？《怡亭銘》裴虬撰，已見前。《太平廣記》載『蘇州戴顒宅，天寶末河東裴虬常旅寄，暴亡，久之方痦』一段。

濟源枋口開渠修蘭若記 元和六年十一月

若《濟源枋口開渠修蘭若記》，在濟源縣。碑首行已摩滅。記每段有注，曰枋口記、曰開渠記、曰蘭若記。其稱：『沁水出沁州沁□山。初出，泉涌□堪賞翫。屆兹枋口，實曰巨河，水像枋形，俗謂之枋口。』《水經·沁水注》：『沁水又南出山，過沁水縣北，南出石門，世謂之沁口石門。是魏野王典農中郎將司馬孚之所造。夾岸累石，結以爲門，用代木門枋。故石門舊有枋口之稱。』所言皆與記合。又稱：『有釋子堅公者，懷濟物之心，有開河之志。分流一派，溉數百萬頃之田。荷鍤興雲，鈌渠成雨。黄埿五斗，秔稻一石。由是河内之人，無饑年之慮。』《新唐書·地理志》：『濟源縣，有枋口堰，大和五年節度使温造浚古渠，溉濟源、河内、温、武陟田五千頃。』在此修渠之後。蘭若在枋口内灣天成山。末云：『元和四年赤奮歲朔□，□年單閼歲冬十一月記。』是元和六年也。下有『濟源縣令李朝陽』等銜名。

殿中監石神福墓誌銘 元和八年二月

右《殿中監石神福墓誌銘》，在石邑縣。誌前結銜稱：『故成德軍節度、下左金吾衛大將軍、試殿中監。』『府君諱神福，字忠良，金谷郡人也。父何羅燭，試雲麾將軍、蔚州大總管。公生於雄武，長在蔚州。安史作亂，漂泊恒陽。尊父卑丘，哀榮葬畢。』蓋神福本胡人而寄居在恒陽也。《新唐書·地理志》薊州有雄武軍。金谷郡不見於史志，當是邊郡所暫置者。

徐偃王廟碑 元和九年十二月

右《徐偃王廟碑》，在衢州。碑僅存上截，每行十三字。《寶刻叢編》有此碑，稱：『唐韓愈撰，元錫書。』東雅堂《韓昌黎集注》引石刻，稱：『朝議郎、守尚書考功郎中、知制誥昌黎韓愈撰，福州刺史元錫書，元和十年十二月九日立。』今碑前結銜唯『朝議郎守尚書』六字存，以下俱闕。《寶刻叢編》亦作『元和十年十二月立』，今碑末稱『元和九年十二月』，是後人重摹之譌。

十哲贊 元和十年十二月

右《十哲贊》，在紹興府學。十哲：顏回子淵、閔損子騫、言偃子游、端木賜子貢、冉予子我、冉雍仲弓、冉求子有、仲由子路、冉耕伯牛、曾參子輿、卜商子夏。《唐六典》：『國子監凡釋奠於先聖孔宣父，以先師顏回配，七十二弟子及先儒二十二賢從祀焉。舊令：唯祀十哲及二十二賢。開元八年，勅列曾參於十哲之次。』故額題《十哲贊》而碑有十一人也。《寶刻叢編》此碑題作《孔子弟子贊》，唐明皇、源乾曜、盧從愿、李抗、元行沖、張嘉貞、宋璟、陸餘慶、姚元崇、蘇頲、裴灌撰，正書，無名氏篆額。元和十年十二月刺史孟簡立。《訪碑録》題作《元和十哲贊》，非也。

元固等題名 元和十二年四月

右《元固等題名》，在英德縣南山。文云：『守殿中侍御史元固，自龍川祏命西上，過此巖。』『元和十二年四月一日題。後有元冀、元昭肅、元傑、釋智捷四人題名。元傑、元昭肅、智捷，見《開東嶺洞谷銘》。

安定郡王李光進碑 元和十五年

右《安定郡王李光進碑》，在榆次縣。令狐楚撰，嗣子季元書。碑無建立年月，據碑：『光進以元和十年六月辛未卒於鎮。十一年二月還葬太原府東四十里孝敬原。十三年春，弟光顔平淮西，入朝請於天子，得立碑於墓。』錢辛楣少詹以令狐楚結銜攷之，知碑當立於元和十五年也。碑稱：『禮部尚書、隴西公説待以心膂，奏兼殿中侍御史。工部尚書滎陽公儋仗爲爪牙，表兼御史中丞。』《新唐書·宗室世系表》：『河東節度使説，字巖甫。』《宰相世系表》：『鄭儋，檢校工部尚書、河東節度使。』皆與碑合。

贈太保李良臣碑 長慶二年

右《贈太保李良臣碑》，在榆次縣。良臣即李光進、光顔之父也。『其先河曲諸部，姓阿跌氏。貞觀中内屬，以其地爲雞田州，世襲刺史，隸朔方軍。元和四年，光進檢校工部尚書，爲振武軍節度使，賜姓以光寵之。』《宰相世系表》稱爲『雞田李氏』。『良臣以寶應二年七月廿三日薨於河中□所。以貞元十一年八月葬於太原府城東卌里孝敬原。』碑立於汴宋平後，當在長慶二年。《新唐書·李光顔傳》不言賜姓事。碑云：『憲宗章武皇帝以僕射司徒□在第一，賜姓李氏，屬籍于宗正。』可與李光進傳互相證。

泉州刺史烏重儒題名 寶曆二年六月

右《泉州刺史烏重儒題名》，在錢唐縣龍泓洞。文云：『泉州刺史烏重儒，寶曆二年六月十八日赴任過游此寺。』《新唐書·宰相世系表》烏氏有重胤、重元而無重儒，當是其疏遠也。

登封縣令崔蕃墓誌銘 大和七年十一月

右《登封縣令崔蕃墓誌銘》，在長安縣。誌稱：『公諱蕃，字師陳，魏郡博陵人。大王父玄隱，皇朝比部員外郎。王父誧，華州司法參軍。父澣，少府監，贈散騎常侍。公即右貂之仲子也。以門蔭補□文館學生，試經高第，授華州參軍。次授鄭縣主簿，調鄭縣尉。辭疾就選，授左金吾衛録事參軍。爲樓煩陳公所辟，署監□□判官。奏大理評事，轉大理司直、兼殿中侍御史。後使郭公邀留，殿中侍御史遷監牧副使，除河南倉曹參軍。秩滿，調集天官，除登封縣令。大和癸丑歲閏七月三日啟手足焉。』《新唐書·宰相世系表》博陵崔氏三房，其祖父皆不見於史。《百官志》：『散騎常侍皆金蟬珥貂。左散騎與侍中爲左貂，右散騎與中書令爲右貂。』殿中侍御史爲七品清官，其除河南倉曹參軍、登封縣令，皆降秩也。

同州司兵參軍杜行方墓誌銘 大和七年十一月

右《同州司兵參軍杜行方墓誌銘》，在長安縣。誌稱：『曾祖元志，杭州刺史。王父參謨，陝州司倉，贈禮部郎中。烈考倫，歷宸闈郎署而後出分符竹。』不言所歷之官，唯稱：『公即澧州之長子。』《新唐書·世系表》：『杜氏：元志，考功郎中、杭州刺史。參謨，陝州司倉參軍。倫，水部郎中、澧州刺史。』俱與誌合。誌前題：『姨弟尚書吏部侍郎鄭澣撰。』《世系表》：『澣，興元節度使。』《新唐書》有傳。

修龍宮寺碑 大和九年四月

右《修龍宮寺碑》，在嵊縣。碑稱：『龍宮在剡靈芝鄉嵊亭里。』《嘉泰會稽志》、高似孫《剡録》皆有靈芝鄉而無嵊亭里。碑爲浙東觀察使李紳撰，稱：『貞元十八載，余以進士，客於江浙。時適天台，與修真會遇於剡之陽。師顧謂余曰：「後當領鎮此道，幸願建□龍宫，以資福履」。大和癸丑歲，余自分命洛陽，承詔以檢校左騎省廉察於茲。歲逾再□而修真已爲異物。龍宫棟宇，將盡命告墳塔。』云云《新唐書・李紳傳》：『以太子賓客分司東郡。大和中，李德裕當國，擢紳浙東觀察使。』所言皆與碑合。《天台集》有李紳《龍宫寺詩序》云：『貞元十六年，余以布衣東遊天台，有僧修真爲余言：「異日爲修此寺。」』文與此少異。《李紳傳》：『元和初，擢進士第。』貞元十八載不得稱進士，當以詩序之言爲正，詳見余所撰《台州札記》。

龍興寺陁羅尼經幢　開成二年正月

右《龍興寺陁羅尼經幢》，在仁和縣。幢前題『開成二年正月一日建，處士胡季良書』，後又有『大中五年八月廿四日』，『梁乾化五年五月八日』及宋明人重修題記。《宣和書譜》：『胡季良不見於史册，惟工行草，追慕古人而得其筆意。』

岳林寺造像記　開成三年七月

右《岳林寺造像記》，在奉化縣岳林寺大殿佛像下。文十五行，行三字。『雕刻塑浄。』《玉篇》無『塑』字，古作『塐』。《廣韻》：『塑，像也。』出《周公夢書》。

□岳道士邢□等題名 開成五年六月

右《□岳道士邢□等題名》，在錢唐縣吴山青衣洞。文云：『大唐開成五年六月十八日，□□□□岳道士邢□、錢唐縣令錢華記，道士諸□鑒元書。』凡七行，八分書。《癸辛雜識》載此題名，『五年』譌作『元年』，『岳』上有『南』字，『邢』下作『令聞』二字，每行五字。『邢』下不得有『聞』字。『邢』下非『令』字甚明，或作『全』、或作『仝』，疑不能明也。

河東節度使李光顔碑 開成五年八月

右《河東節度使李光顔碑》，在榆次縣。光顔爲光進之第。李程撰此碑，其文不及史傳之詳，以其事已見於裴度所撰墓誌也。碑云：『鄆人不龔，命□討叛，遂有義成之拜。公以所統者許師，所處者東郡，疏陳利害，遂復其舊焉。連下諸城而齊寇殲殄。』《新唐書·李光顔傳》：『帝討李師道，徙義成節度使，許以忠武兵自隨。不三旬，再敗賊濮陽，拔斗門，斬數千級。上言許鄭兵合不可用，遂復鎮忠武。』傳所言與碑合。《方鎮表》：『貞元元年，永平軍節度更號義成軍，增領許州。三年，置陳許節度使。十年，賜號忠武軍。』其云『齊寇殲殄』者，即指李師道也。

佛頂尊勝陁羅尼咒幢 會昌二年九月

右《佛頂尊勝羅尼咒幢》，在吴縣洞庭包山幢。前題『佛頂尊勝羅尼』。幢所書是咒，《金石萃編》『尼』下添『經』字，非是。幢末小字：『唐會昌二年壬戌九月八日，寺僧文鑒等同建，沙門契元書。』

趙公夫人河内張氏墓誌銘 會昌三年五月

右《趙公夫人河内張氏墓誌銘》，在長安縣。誌云：『會昌三年歲次癸亥正月廿四日，終於長安延壽坊之私第。四男成長，二子聘室，二女有家。長女幼適河内□□，任定遠將軍，前光王府典軍。次女早適樂繁，任濠州□□縣尉。以其年五月廿六日窆於京兆府長安縣小嚴村之原。』《新唐書·諸子列傳》：『玄宗子光王琚，開元十三年封。』《百官志》：『親王府典軍二人，正五品上。』《長安志》：『延壽坊在朱雀第三街之南。』小嚴村亦見《韓寶才墓誌》，《長安志》不載。

處士包公夫人墓誌銘 會昌三年十二月

右《處士包公夫人墓誌銘》，在錢唐縣。誌稱夫人姓張。包君前娶『義陽朱夫人』，《唐志》

無義陽縣，當是其所舉郡望也。『奄終錢唐縣方興鄉之私第，葬於履泰鄉之高原。』皆可補地志之闕。

宣功參軍魏邈夫人趙氏墓誌銘 會昌五年十一月

右《宣功參軍魏邈夫人趙氏墓誌銘》。《魏邈墓誌銘》已見前。此乃與夫人趙氏合葬誌也。前誌稱：『轉宣州司功參軍，今年復有詔令之本任。以其年十月十三日終於宣州宣城縣之公館。以明年歲次乙未四月八日己酉葬於京兆府萬年縣之畢原。』此誌稱：『以元和九年十三日不禄於任。十年四月窆於萬年縣洪固鄉北韋村北原。』元和十年是歲次乙未，當是其後所改葬也。夫人趙氏以會昌五年十一月祔葬，相距已卅一年。

明州蓬萊觀碑 大中二年六月

右《明州蓬萊觀碑》，在象山縣。馮雲伯教授拓贈。碑云：『肅皇在上，汝南袁仲宣守臨□□，神龍之初，縣肇名栁城，詔屬於台。廣德二年，爰移於明。台守仲宣得□□□□已七十年。』《舊唐書·地理志》象山縣屬台州。《新唐書·地理志》：『明州象山縣，本隸台州，神龍元年析寧及鄮置。廣德二年來屬。』皆與碑合。《赤城志》郡守題名袁光孚，『天寶十四載盡廣德二年』。此稱袁仲宣者，當是其字。又稱：『今上登御之元年，刺史隴西李公敬方。』《天台集》有李敬方《喜晴詩》，自注：『時左遷台州刺史。』當在其後。

五大夫市新橋記 大中四年七月

右《五大夫市新橋記》，在會稽縣。記本刻在幢上，凡六面，字多摩泐。《寶刻叢編》：『《五大夫市新橋記》，周援書，會昌三年月屬無射二十有九日建在會稽虞江之東。』《嘉泰會稽志》作『余球述，周授行書，石不存』。此拓本題『匡廬山野人余球述，汝南周援書』。《會稽志》作周授，誤也。記末年月已泐。後有跋云：『□子建此幢，至五年□月奉勅□寺，其幢隨例。大中即位元年，佛法□□。四年庚午歲秋七月九□，□溧水尉劉皋與當闤□□同慕緣而再建，置於□□。』《會稽志》稱『石不存』，僅知原石之毁，而不知大中四年之重建也。

岳林寺塔記 大中五年

右《岳林寺塔記》，在奉化縣岳林寺東塔内。文凡八行。前題『僧君長述并書』。末云：『時大中五載，再剏□□殿，□□焉，闕者唯塔，傅氏發言。』云云。此大中五年，是言其剏殿之日，非建此塔之年。記又稱：『兹寺二塔，皆女弟子傅氏二娘之建。』此東塔亦當與西塔同時並建在大中十年。

賜白雲先生書詩并禁勅碑 大中八年四月

右《賜白雲先生書詩并禁勅碑》，在濟源縣王屋山。白雲先生者，司馬子微也。碑額題：『睿宗大聖皇帝、開元神武皇帝賜白雲先生書詩并禁山勅碑。』《寶刻叢編》有此碑，引《集古録目》云：『唐賜白雲先生勅三：玄宗勅并《送别詩》各一、陽臺宫畫壁奏狀并答勅、乾元年年禁山廟採樵勅三。大中八年王屋主簿韓抗書以刻石。』碑字多摩滅，大略如《録目》所言。末『大中八年四月』字猶可辨。

岳林寺塔銘 大中十年正月

右《岳林寺塔銘》，在奉化縣岳林寺西塔佛像下。文凡二十五行，多剥蝕不可辨。銘詞後刻捨錢姓名，文云：『前睦州清溪縣尉張□捨□文。』《元和郡縣志》：『睦州清溪縣，黄武元年分歙縣東鄉置。』《元豐九域志》作『青溪』。《兩浙金石志》誤連下條，釋作『明州』，非是。

法隆寺羅尼經幢 大中十一年十一月

右《法隆寺羅尼經幢》，在金華縣南法隆寺，俗稱金錢寺。幢高四尺餘，凡八面。末題『大中十一年十一月十五日樹。刺史李蟦、録事參軍衛約、金華縣令余師周，于知仁書』等銜名。

華岳廟有『咸通元年十二月廿九日左諫議大夫賜緋魚袋李蠙』祈雪題名。

候官縣丞湯華墓誌銘 大中十二年十一月

右《候官縣丞湯華墓誌銘》，在鄞縣。誌稱：『君釋褐衡州參軍，再調授福州候官丞。秩滿寓居南方。以大中十一年六月五日，終於嶺中連江邑之客第。以大中十二年十一月廿八日，歸葬於明州鄮縣龍山鄉江上里庚向之原。』古人以干支紀方位。《漢書·禮樂志》：『武帝祠大乙於甘泉，就乾位也。』《五經異義》引淳于登説：『明堂在國之陽，丙巳之地。』《水經·河水注》引《十洲記》：『崑崙山在西海之戌地，北海之亥地。』然用以紀向，或即今堪輿家羅經之術。《新唐書·地理志》連江縣屬福州。『嶺中』當指其毗連之嶺，《兩浙金石志》以『嶺中』即嶺南，非是。

安隱寺陁羅尼經幢 大中十四年正月

右《安隱寺陁羅尼經幢》，在仁和縣臨平鎮。幢凡八面。唯下層第一面刻唐大中建幢年月人名，餘七面本刻捨錢人題名，後磨去，刻宋天禧紹興重修題記。幢首行『唐大中□□□□□庚辰□月廿七日建』字尚可辨。據天禧題記稱：『此幢始自鉅唐大中十四年歲次庚辰正月二十七日。』《新唐書·本紀》，懿宗以大中十三年八月即位，至次年十一月改元咸通。故此正月稱『大中十四年』。

福田寺三門記 咸通三年九月

右《福田寺三門記》，在雩都縣。同邑宋心芝廣文以拓本見示。碑前題『唐虔州雩都縣福田土三門記』。王象之《輿地碑目》：『贛州有福田院，碑在雩都縣。唐咸通中進士楊知新重修寺記與此碑題少異。』《元和郡縣志》：『虔州，武德五年置。雩都縣，屬虔州。』《元豐九域志》、歐陽忞《輿地廣記》皆同。《宋史·地理志》：『紹興二十二年改虔州爲贛州，雩都縣屬焉。』

幽州押衙王公夫人張氏墓誌銘 咸通四年七月

右《幽州押衙王公夫人張氏墓誌銘》，在大興縣。劉吉甫太守所贈。誌稱：『夫人姓自軒轅之弟子揮，始造安，實張羅網，世掌中其職，遂爲氏焉。』《元和姓纂》：『黄帝第五子青陽生揮，爲弓正。觀弧星始制弓矢，因姓張氏。』與此少異。『夫人有子四人。長曰弘泰，見任雄武軍平地栅巡檢烽鋪大將、游擊將軍、試左驍衛將軍。文武全材，君親選寄，弓開落雁，詞逸横科。』《合祔誌》稱：『長曰弘太，攝薊州三河縣丞。』是舉其文職，此乃舉其武職也。《新唐書·地理志》：『薊州，有雄武軍。』誌即弘泰所書。

加句佛頂陁羅尼經幢 咸通十年五月

右《加句佛頂陁羅尼經幢》，在鄞縣阿育王寺。經咒後有題識云：『《佛頂尊勝羅尼經》，開元廿六年冬，有張繹長史抄録一本。長慶元年四月，奉天縣尉馬勛秩滿，移歸蒲坂，寺僧義茝蓄此本歸。勘波利本，方知文句脱略。便依修行新本，以傳同志。』云云。末有『刺史柳、縣令裴、下莊鎮使押衙程稔、鎮副使衙前總管何郊』等題名。《新唐書·百官志》：『每鎮又有使一人、副使一人。凡軍鎮五百人有押官一人，千人有子總管一人。』

幽州押衙王晟夫人張氏合祔墓誌銘 咸通十一年八月

右《幽州押衙王晟夫人張氏合祔墓誌銘》。《夫人張氏墓誌》已見上。誌稱『公諱公晟，字嗣復』。誌前結銜稱『故幽州隨使節度押衙、正議大夫、檢校國子祭酒、兼侍御史、上柱國』。『以咸通十一年庚寅歲夏六月二日，屬纊於薊縣軍都坊之私第。以八月四日成事於幽都縣保大鄉樊村里之高原。夫人張氏祔焉。子四人。長曰弘太，其時已殁。次曰弘雅，補充節度駈使官。次曰弘楚，補充節度衙前散虞候。』皆前誌所未及。

佛頂陁羅尼經幢 咸通十三年五月

右《佛頂陁羅尼經幢》，不知所在。上截《陁羅尼經》已摩滅。下截有『任期信、張福智、陳永泰』等題名。末題：『此幢本在□□寺，自武宗毁廢，委之榛蕪，會此□□移來建立。時咸通十三年五月二十三日，縣令曹裕□。』下尚有缺字。

戒珠寺陁羅尼經幢 咸通十三年八月

右《戒珠寺陁羅尼經幢》，在紹興府戒珠寺，今移蕺山書院。幢凡六面，字多殘泐。幢末年月題識俱摩滅，唯有『先考故江陵府江陵縣』等字可辨。《嘉泰會稽志》：『王銆書《尊勝經》，咸通十三年八月，閩人鉥造，在戒珠寺。』《金石萃編》以爲即此幢。

浄土寺毘沙門天王碑 中和二年正月

右《浄土寺毘沙門天王碑》，在鞏縣。碑字多殘泐。碑稱：『時經亂離，此寺獨無纖芥之患。北方有神曰毘沙門，得度于闐，身乃國王，神功莫測。右執金槍，左持寶塔。寺僧敬塑其像於三門之左。』《太白陰經》有《祭沙門毘天王文》，序云：『毘沙門神本西域法，佛説四天王，則北方天王也。于闐城有廟，身披金甲，右手持戟，左手擎塔。衹從羣神，殊形異狀。軍出而祭之。至今州府多立天王廟焉。』所言正與碑合。

福建觀察使陳巖墓誌銘 景福二年八月

右《福建觀察使陳巖墓誌銘》在閩縣。馮雲伯太史曾修《福建通志》，以拓本贈予。《新唐書·王潮傳》：『初，黄巢將竊有福州，王師不能下。建人陳巖率衆拔之。又逐觀察使鄭鎰，自領州，詔即授刺史。久之，巖卒，其壻范暉擁兵自稱留後，潮攻福州，彌年不下。』《通鑑綱目》：『中和四年十二月，以陳巖爲福建觀察使。初，黄巢轉掠福建，建州人陳巖聚衆數千保鄉里，號九龍軍。觀察使鄭鎰表以自代。』誌字多摩滅，其稱鎰：『夙慕英風，累資日畫。請爲都團練副使，仍刺福建。』又：『三發疏章，請代□□，滎陽公尋告疾北歸。』足訂《新唐書》逐鄭鎰之誤。誌稱府君『以大順三年正月二十九日薨』，《通鑑綱目》巖卒在大順二年十二月，亦誤。『有子六人。長曰延晦，太子司議。次延美，守閩縣尉。』《台州刺史杜雄墓誌銘》：『女四人，次許嫁陳氏，即閩帥司空公第二子。』即延美也。誌題：『前鄉貢進士黄璞撰，安定胡兆祉書。』

杜鵑花倡和詩 乾寧元年三月

右《杜鵑花倡和詩》，在臨桂縣。何夢華上舍所贈。碑字摩滅不可辨。《寶刻叢編》有此碑，云：『《杜鵑花詩》二首，唐張濬及嶺南節度使劉崇龜唱和詩。前監察御史張巖書，乾寧元年刻。』諦視之，大略如所言。所云『廣州僕射劉公』者，即崇龜也。《舊唐書·劉崇龜傳》：『大順中，遷左散騎常侍，改户部侍郎、檢校户部尚書。出爲廣州刺史、清海軍節度、嶺南東道觀察處置等使，卒。』《張濬傳》：『大順元年十月，濬軍潰敗。檢校户部尚書、武昌軍節度觀察等使。尋貶連州刺史。』《新唐書》：『三貶繡州司户參軍。』正與崇龜同時。

梁府君墓誌銘 天祐十年十月

右《梁府君墓誌銘》，在易州。誌稱：『曾祖諱希幹，皇祖諱甫平，皇考諱重立。』皇考即府君，誌當是其子所作而不書撰名，蓋俚儒所爲也。『嗣子三人。孟曰思景，高陽軍押衙，充孔目官。』《新唐書·地理志》易州有高陽軍。

王夫人殘墓誌 無年月

右《王夫人殘墓誌》，在吴縣。《太平寰宇記》：『虎丘山在吴縣西北九里。』誌云：『西北七里武丘山。』是避唐諱所改。誌蓋唐人作也。『長子珣』，或以爲晋司徒王珣之母，則謬矣。

長明燈幢 無年月

右《長明燈幢》。幢高一尺三寸，而僅得其三面。前有『長明燈臺』四字。

後梁

明州押衙王彦回墓誌銘　乾化五年閏二月

右《明州押衙王彦回墓誌銘》，在鎮海縣。誌稱：『府君諱彦回，字仲顔。』其曾祖、祖父曁彦回，皆無官職。唯誌前結銜稱：『梁故明州軍事押衙、充勾押官、銀青光禄大夫、檢校太子賓客、兼殿中侍御史王府君。』《新唐書·百官志》，州刺史有録事參軍事、諸曹參軍事。『領使則置副使、推官、衙官、州衙推、軍衙推。』押衙即衙推。《容齋續筆》稱：『唐自肅、代以後，賞人以官爵，久而浸濫。下至州吏部胥、軍班校伍，一命便帶銀青光禄大夫。』此稱『檢校太子賓客、兼殿中侍御史』是虚銜，非實職。其稱『軍事押衙』，即軍衙推也。

後唐

化度禪院陁羅尼經幢　長興四年三月

右《化度禪院陁羅尼經幢》，在蕭山縣西興鎮。《吴越備史》：『乾化二年八月，城西陵。』《嘉泰會稽志》：『西陵城在蕭山縣西十二里。初，武肅王既都錢唐，僭名西都。以爲西陵非吉語，遂改名西興。』幢末有文穆王錢元瓘記。武肅王以長興三年三月二十八日薨，其年文穆尚未終制。《吴越備史》：『長興四年三月，勅遣引進使楊彦珣授王起復。』故此幢末結銜有『起復』二字。

後晋

高明寺陁羅尼幢 天福二年七月

右《高明寺陁羅尼幢》，在天台縣。末題：『清信弟子孫紹榮，因小男楊三疾患，遂捨浄財，奉爲亡考十五郎□造陁羅尼幢□□。據捨入天台幽溪禪院，永充供養。時天福二年歲次丁酉七月辛亥朔十五日乙丑記。』幽溪禪院即今高明寺。《兩浙金石志》載此幢。道光壬辰九月，余游天台山，親至高明寺訪此幢，其石已毁，兹從舊拓本録之。

瑞像保安禪院記 大福九年七月

右《瑞像保安禪院記》，在錢唐縣石屋洞。碑字多殘泐。記稱：『長老勝公禪德□□檀越□，願發菩提，捨浄財伍伯阡□□□。不踰年而□□□工畢，聞於吴越國王殿下，賜院額名「石屋瑞像保安禪院」。』云云。末題『大晋天福九年七月辛未朔十七日丁亥記』。據《五代史》，晋天福止八年。《出帝紀》：『開運元年秋七月辛未朔，大赦改元。』此稱『天福九年』，時赦書尚未到也。西湖石屋洞造像題名最多，自晋天福至宋乾德，《兩浙金石志》載四十四種。近六舟上人又搜得至百餘種。其拓本全册歸於予，因繁細碎，不能悉載，附記於此。

南漢

邵廷琄造石塔記 大寶五年

右《邵廷琄造石塔記》，在東莞縣資福寺。塔五層四面，龕室裝嚴。佛像鐫造《佛頂尊勝陁羅尼經》，蓋因羣象踏食百姓田禾，累奉勅下差人採捕駈括，入欄烹宰。當時作此石塔以鎮之。『大寶』下年月已泐，『邵廷琄』銜名亦殘闕。《廣州先賢傳》稱是大寶七年，《粤東金石略》作大寶五年。今諦視『大寶』下『五』字尚可辨。

吴越

開慈雲嶺記 題甲申歲

右《開慈雲嶺記》，在錢唐縣慈雲嶺石壁。篆書。《寶刻叢編》有此記，蓋興建龍山在梁貞明五年，開嶺建西關城宇在唐同光二年。《吴越備史》皆不載。末題『甲申歲六月十五日，吴越國王記』。海會寺有吴越經幢，題『時寶大元年歲次甲申五月一日』，則此甲申歲是寶大元年，當唐同光之二年也。

風山靈德王廟碑 寶正六年七月

右《風山靈德王廟碑》，在武康縣。碑云：『丙戌年春，寡人以玉册疊膺於典禮，清宫未展於嚴煙。遂輟萬機，暫歸錦里。尋屬節當炎暑，猶未卻迴都城。』《吴越備史》：『丙戌夏四月戊寅，王不康，如衣錦軍，命文穆王監國。秋七月庚寅，王至自衣錦軍。』所言皆與碑合。武肅王以甲申歲改元寶大，丙戌歲改元寶正。辛卯歲是寶正六年。碑中『寶正』及『都城』『寡人』等字，皆錢俶納土後所鑱。

天竺寺陁羅尼經幢 乙未歲十二月

有《天竺寺陁羅尼經幢》，在錢唐縣。幢凡二所，經文及記年月皆同。文稱：『佛弟子吴寶容、吴鐔雙驥標奇，二龍並舉。遍慕信人，獲錢三十萬。購之貞石，命彼良工。』『慕』即『募』字。前題：『光文大德賜紫沙門彙征撰。』《寶刻叢編》：《台州碑目》有《漢重修法空大師塔亭碑》，臣彙征奉制撰。記末題『乙未歲』，是文穆王元瓘嗣位之三年，當後唐廢帝清泰之二年也。

校勘記

〔一〕殷亮撰真卿行狀稱　『殷』原訛作『因』，據《顔魯公行狀》改。

〔二〕加隴右節度支度營田觀察臨洮軍使　『支度』原作『支使』，『臨洮』原作『洮臨』，據《舊唐書》卷一四四《李元諒傳》改。

浙江文叢

洪頤煊集

〔第四册〕

讀書叢録（上）

〔清〕洪頤煊 著
王建
林辰達
馮先思 點校

浙江古籍出版社

讀書叢録

王建 点校

目録

讀書叢録卷二 周書 毛詩

讀書叢録卷三 周禮 儀禮

讀書叢録卷四　禮記　大戴禮

讀書叢録卷五　春秋左氏傳

讀書叢録卷六 國語 公羊傳 穀梁傳

讀書叢録卷七 論語 孝經 孟子

讀書叢録卷八　爾雅　經總類

讀書叢録卷九 方言 説文

讀書叢録卷十　小爾雅　釋名　廣雅　字林

讀書叢録卷十一 玉篇 文選注 一切經音義

讀書叢録卷十二 五經文字 九經字樣 廣韻 漢簡 鐘鼎款識 續鐘鼎款識

讀書叢録卷十三　老子　晏子春秋　孫子

墨子　鄧析子

讀書叢録卷十四　列子　莊子　公孫龍子

慎子　鶡冠子　韓非子

讀書叢録卷十五　荀子　吕氏春秋　賈

誼新書

讀書叢録卷十六 淮南子 鹽鐵論 法言

白虎通

讀書叢録卷十七　史記

讀書叢録卷十八　史記

讀書叢録卷十九　漢書

讀書叢録卷二十 漢書

讀書叢録卷二十一 漢書

讀書叢録卷二十二 後漢書

讀書叢録卷二十三　後漢書

讀書叢録卷二十四 宋元刊本

讀書叢録序

余受性椎魯，寡所嗜慕。少年讀書里中藏書之家，借覽無虚日。及壯，遨遊吴越，來往燕齊，蹋通德之門，窺禮堂之奧，左右采獲，漸成撰述。五十以後，始抵粤東，一官匏繫，非吾所好，趨走之暇，閉門卻掃。於是重取經史百家，朝夕稽證其異同，辨其得失。以聲音文字通其原，以轉寫譌舛窮其變，勿敢嚮壁虚造，勿敢勦襲陳言。淺見眇聞，聊以自適，後之覽者，其或諒斯。

道光元年十二月廿一日，臨海洪頤煊識。

讀書叢録卷一　易　尚書

王弼易注

《隋書・經籍志》：『《周易》十卷，魏尚書郎王弼注六十四卦六卷，韓康伯注《繫辭》以下三卷，王弼又撰《易畧例》一卷。』《釋文・序録》亦云王輔嗣止注大經，講者相承，用韓注以下續之。

頤煊案：《南齊書・陸澄傳》：『時國學置鄭、王《易》，澄謂尚書令王儉曰：「弼於注經中已舉《繫辭》，故不復别注，今若專取弼《易》，則《繫》、《説》無注。」』是其時尚未以韓注續也。

經分上下篇

《易緯乾鑿度》：『陽道純而奇，故上篇三十所以象陽；陰道不純而偶，故下篇三十四所以法陰。』

頤煊案：陽象天道，故以《乾》《坤》天地爲始，以《坎》《離》日月爲用；陰法人事，故以《咸》《恒》男女爲始，以《既、未濟》水火爲用。天道有屯亨，故以《泰》《否》居中；人事有得失，故以《損》《益》居中。

文王作爻辭

《釋文序録》：『宓犧氏始畫八卦，因而重之爲六十四。文王拘於羑里，作卦辭。周公作爻辭。』

頤煊案：《三國志·管輅傳》：『上追文王六爻之旨，下思尼父《彖》《象》之義。』此以爻辭亦文王作。

即鹿

《屯》六三：『即鹿无虞。』《釋文》：『王肅作麓，云山足。』

頤煊案：《風俗通·山澤篇》：『「麓，山足也」，《詩》云「瞻彼旱麓」〔一〕，《易》稱「即麓无虞」。〔二〕』虞翻曰：『艮爲山，山足稱麓。』〔三〕本皆作『麓』。

童蒙來求我

《蒙》彖：『匪我求童蒙，童蒙求我。』《釋文》：『一本作來求我。』惠氏棟《周易古義》引《吕氏春秋·勸學篇》高誘注：『《易》曰：「匪我求童蒙，童蒙來求我。」』以證經文本有『來』字，王氏引之《經義述聞》又據王弼注、蔡邕《處士圈叔則碑》謂漢魏時經文皆有『來』字[四]。

頤煊案：《華嚴經音義》：『《易》稱《蒙卦》者，謂童蒙來求我，非我求童蒙。』『求』上亦當有『來』字。

貞丈人

《師》：『貞丈人吉。』《釋文》：『「貞丈人」絶句。』

頤煊案：《説文》：『貞，卜問也。』《周禮・天府》鄭注：『鄭司農云「貞，問也」，《易》曰「師貞丈人吉」，問于丈人。』《大卜》鄭注：『貞之爲問，問於正者必先正之，乃從問焉[五]，《易》曰「師貞丈人吉」。』『貞』又通作『偵』，《禮記・緇衣》：『《易》曰恒其德偵。』鄭注：『偵，問也。』

輿尸

六三：『師或輿尸。』王注：『以陰處陽，以柔乘剛，進則无應，退无所守，以此用師，宜獲輿尸之凶。』

頤煊案：《周禮・夏官・輿司馬》鄭注：『輿，衆也。』《左氏・成二年》傳『無令輿師淹於君地』，杜預注：『輿，衆也。』《爾雅・釋詁》：『尸，主也。』謂或以衆人主師則无功，故凶。

尚德載

《小畜》上九：『尚德載。』阮尚書校勘記：『古本「載」上有「積」字。』

頤煊案：王注『體巽處上，剛不敢犯，尚德者也，爲陰之長，能畜剛健，德積載者也』，注本有『積』字。虞翻曰：『坎雲復天，坎爲車，積載在坎上，故上得積載。』亦當有『積』字。

匪其彭

《大有》九四：『匪其彭。』《釋文》：『子夏作旁。』

頤煊案：王注『旁謂三也』，王弼本亦作『旁』。《釋名・釋兵篇》：『彭排，彭，旁也，在旁排敵攻禦也。』邢昺《爾雅疏》：『今謂之旁牌。』《墨子・備城門篇》：『若彭有水濁非常者，必穴土也。』『彭』即『旁』字。

朋盍簪

《豫》九四：『朋盍簪。』《釋文》：『徐側林反，《子夏傳》同，疾也，鄭云速也。』惠氏《周易古義》：『子夏、鄭玄、張揖、王弼皆訓簪爲疾，或云速，明非簪字。』

頤煊案：《釋名・釋首飾篇》：『簪，兓也，以兓連冠於髮也。』《説文》『簪』作『先』，『兓，朁暜，鋭意也』，皆與疾速義相近。

貫　魚

《剥》六五：『貫魚以宫人寵。』王注：『貫魚謂此衆陰也，駢頭相次似衆陰也。』

頤煊案：《考工記・梓人》鄭注：『連行，魚屬。』賈疏：『魚唯唯行相隨，故謂之連。』即此貫字之義。

口　實

《頤》：『自求口實。』山井鼎《周易考文》作：『自求口食。』

頤煊案：鄭注：『坤載養物，而人所食之物存焉，觀其求可食之物，則貪廉之情可别也。』鄭本作『食』。

朶　頤

初九：『觀我朶頤。』王注：『朶頤者，嚼也。』《正義》：『朶是動義，如手之捉物謂之朶也。』

頤煊案：朶頤即染頤。《説文》：『染从水，杂聲。』徐鍇曰：『《説文》無杂字。』『杂』爲『朶』字之譌，『朶』即『染』字之省。《釋文》：『朶，京作揣。』『揣』當是『擩』字之譌。《儀禮・

公食大夫禮》：『以辯擩於醢。』鄭注：『擩猶染也。』即其證。

士夫

《大過》九五：『老婦得其士夫。』

頤煊案：《荀子·非相篇》：『婦人莫不願得以爲夫，處女莫不願得以爲士。』楊倞注：『士者，未取妻之稱，《易》曰：「老婦得其士夫。」』

麗乎土

《離》彖：『百穀草木麗乎土。』《釋文》：『王肅本作地。』

頤煊案：《初學記》卷二、《一切經音義》卷六引《易》皆作『麗於地』。《説文》『𪊟』字注引《易》曰：『百穀草木𪊟於土。』宋本《説文》作『𪊟於地』，皆同王肅本。

咸其輔頰舌

《咸》上六：『咸其輔頰舌。』《釋文》：『孟作俠。』

頤煊案：《説文》：『酺，頰也。』《廣雅》：『輔謂之頰。』『輔』、『頰』同物，不應連名，當從孟喜作『俠』。《淮南·説山訓》高誘注：『俠，輕也。』『俠舌』謂輕言，與下『滕口説』義正相應。

肥遯

《遯》上九：『肥遯无不利。』

頤煊案：《後漢書·張衡傳》『利飛遁以保名』，李賢注：『《淮南九師道訓》曰：「遁而能飛，吉孰大焉。」』王注：『憂患不能累，矰繳不能及，是以肥遯无不利。』字亦當作『飛』。

不詳也

《大壯》上六《象》：『不能退，不能遂，不詳也。』《釋文》：『詳，審也。鄭、王肅作祥，善也。』

頤煊案：《正義》：『祥者，善也，進退不定，非爲善也，故云不祥也。』《正義》本作『祥』，虞翻曰：『乾善爲祥，不得三應，故不祥也〔六〕。』本亦作『祥』。

箕子之明夷

《明夷》六五：『箕子之明夷。』《釋文》：『蜀才箕作其。』

頤煊案：王注：『最近於晦，與難爲比，險莫如茲，而在斯中，猶闇不能没，明不可息。』注亦以『箕』爲『其』，讀『子』爲『茲』。《正義》：『箕子之明夷者，六五最比闇君，似箕子之近殷紂。』非注義。

若濡有愠

《夬》九三：『獨行，遇雨若濡，有愠无咎。』王注：『若不與衆陽爲羣而獨行殊志，應於小人則受其困焉，遇雨若濡，有恨而無所咎也。』

頤煊案：『愠』當作『緼』。《禮記·玉藻》『緼爲袍』，鄭注：『緼謂今纊及舊絮也。』言遇雨若濡，有緼絮可以禦濕，故无咎。《既濟》『繻有衣袽』，王注：『繻宜曰濡，衣袽所以塞舟漏也。』袽以塞舟漏，緼以禦雨，其義同也。

金柅

《姤》初六：『繫于金柅。』《釋文》：『《説文》作檷，云絡絲趺也，讀若昵。王肅作抳，從手。』

頤煊案：《説文》：『杘，籰柄也。』重文作『柅』。《方言》『籰，榬也』，郭璞注：『所以絡絲。』檷、柅本一物，《正義》云：『王肅之徒皆爲織績之器，婦人所用。』字亦當作『柅』。《釋文》云『從手作抳』者，譌也。《太平御覽》卷八百二十五引《易》作『抳』，即陸德明所見王肅本。

以杞包瓜

九五：『以杞包瓜。』《正義》：『子夏傳作：「杞匏瓜。」薛虞記云：「杞性柔刃，宜屈橈似匏瓜。」』

頤煊案：王注：『包瓜爲物繫而不食者也。』《正義》：『匏瓜爲物繫而不食。』則注疏本皆作『以杞匏瓜』。

其形渥

《鼎》九四：『其形渥。』

頤煊案：《周禮・司烜氏》鄭注：『屋讀如其刑剭之剭。』《漢書・敘傳》『底剭鼎臣』，服虔曰：『《周禮》有屋誅，誅大臣於屋下，不露也。《易》曰：「鼎折足，其形渥，凶。」』字當從鄭本作『其刑剭』。虞翻曰：『渥，大刑也。〔七〕』亦當與服、鄭本同。

女歸吉也

《漸》彖：『女歸吉也。』《釋文》：『王肅本作「女歸吉，利貞」。』

頤煊案：下文『進得位，往有功也』，是釋『利』字。『進以正，可以正邦也』，是釋『貞』字。

『其位，剛得中也，止而巽，動不窮也』，是申釋『進得位』二句之義。據文義當有『利貞』二字。

自藏也

《豐》上六象：『自藏也。』《釋文》：『衆家作戕，馬、王肅云殘也。』

頤煊案：《淮南・説林訓》『高鳥盡而良弓藏』，高誘注：『藏猶殘也。』

用拯馬壯吉

《涣》初六：『用拯馬壯吉。』山井鼎《考文》：『古本「吉」下有「悔亡」二字。』

頤煊案：虞翻曰：『坎爲馬，初失正〔八〕，動體《大壯》得位，故「拯馬壯吉」，悔亡之矣。』虞本『吉』下有『悔亡』二字。

鬼方

《既濟》九三：『高宗伐鬼方。』惠氏《周易古義》：『商時鬼方，周時荆楚之地。』引《汲郡古文》武丁三十二年『伐鬼方，次于荆』，三十四年『王師克鬼方，氐羌來賓』爲證。

頤煊案：鬼方不止荆楚之地，當連西戎言之。《後漢書・章帝紀》：『克伐鬼方，開通西域。』《西羌傳》：『武丁征西戎、鬼方，三年乃克，故其詩曰：「自彼氐羌，莫敢不來王。」』《文選・趙充國頌》李善注：『鬼方，於漢則先零戎也。』

幽 明

《繫辭上》：『是故知幽明之故，原始反終，故知死生之説。』韓注：『幽明者，有形无形之象。』

頤煊案：《淮南・原道訓》：『幽兮冥兮，應無形兮。』《漢書・楚元王傳》『則幽冥而莫知其原』，師古曰：『幽冥猶暗昧也。』『幽明』即『幽冥』，本亦作『窈冥』。《老子・道經》：『窈兮冥兮，其中有精。』《莊子・在宥篇》：『至道之精，窈窈冥冥。』《素問・示從容論〔九〕》：『吾問子窈冥。』王砅注：『窈冥謂不可見者。』『窈』本又作『杳』，皆同聲通用字。

旁行而不流

『旁行而不流。』

頤煊案：此五字當在『與天地相似』句下。『與天地相似，旁行而不流，故不違；知周乎萬物而道濟天下，故不過；樂天知命，故不憂；安土敦乎仁，故能愛』，文義皆相對。旁，並也。《史記》『旁河』、『旁海』，字皆作『並』。『旁行而不流』，《禮記・中庸》所謂『道並行而不相悖也』。

故君子之道鮮矣

『故君子之道鮮矣。』《釋文》:『鮮,師説云盡也。』

頤煊案:《詩・瓠葉》『有兔斯首』,鄭箋:『斯,白也。今俗語斯白之字作鮮,齊魯之間聲近斯。』《爾雅・釋詁》『鮮,善也』,《釋文》:『本或作尟,沈云古斯字。』《詩・皇矣》『王赫斯怒』,鄭箋:『斯,盡也。』故師説從之。

莫大乎蓍龜

『莫大乎蓍龜。』《釋文》:『莫善,本亦作莫大。』盧氏文弨《考證》〔一〇〕:『《漢書・藝文志》、《白虎通・蓍龜篇》、何休《公羊注》、賈氏《儀禮疏》皆作「莫善」。』

頤煊案:虞翻曰『離爲龜』,『乾爲蓍』,月生震初,『故成天下之亹亹者,莫善蓍龜也』,本亦作『善』。

何以守位曰仁

《繫辭下》:『何以守位曰仁。』《釋文》曰:『人,王肅、卞伯玉、桓玄、明僧紹作仁。』

頤煊案:《漢書・食貨志》《後漢書・蔡邕傳》引皆作『仁』。《文選・張平子東京賦》『守位以仁』，薛綜作『人』。《禮記・禮運》鄭注『何以守位曰仁』，《釋文》：『本亦作人。』

蒼筤

《説卦》：『震爲蒼筤竹。』《釋文》：『筤或作琅，通。』

頤煊案：《藝文類聚》卷八十九、《初學記》卷十引《易》曰『震爲蒼琅竹』，蒼琅言其竹色之青似琅玕。《漢書・五行志》『木門倉琅根』，師古曰：『銅色青，故曰倉琅。』《説文》無『筤』字。

爲白

『巽爲白。』《正義》：『爲白，取其風吹去塵故絜白也。』

頤煊案：白即帛字。《賁》六五『束帛戔戔』，虞翻曰『巽，爲帛，爲繩』，是《虞氏易》作『爲帛』也。《詩・六月》『白旆央央』，孫炎《爾雅注》作『帛旆央央』。《禮記・玉藻》『大帛不緌』，鄭注：『帛當爲白，聲之誤也。』『白』、『帛』古字通用。

百兩篇尚書

《漢書・儒林傳》：『世所傳《百兩篇》者，出東萊張霸，分析合二十九篇以爲數十，又采《左氏傳》《書序》爲作首尾，凡百二篇。篇或數簡，文意淺陋。』

頤煊案：《論衡·感類篇》：『伊尹死時，天何以不爲雷雨？應曰：以《百兩篇》曰：「伊尹死，大霧三日。」』《正義》引《尚書緯》：『孔子求書，得黄帝玄孫帝魁之書，定可爲世法者百二十篇，以百二篇爲《尚書》，十八篇爲《中候》。』其説皆本於張霸。

古文官書

《隋書·經籍志》：『《古文官書》一卷，後漢衛敬仲撰。』《史記·儒林列傳》正義、《漢書·儒林傳》師古注俱引作『衛宏詔定《古文尚書》』。

頤煊案：衛宏從杜林學，林前於西州得《漆書古文尚書》一卷。韓愈《科斗書後》云：『李服之者，陽冰子，授予以其家科斗書《孝經》、衛宏《官書》兩部合一卷。』《官書》即《漆書》，以其詔定，故亦稱《官書》，《新唐書·藝文志》作『衛宏《古文字書》』者，誤也。《説文》㪞字注引衛宏説，《史記·五帝本紀》集解引衛宏云『摯立九年而唐侯德盛，因禪位焉』，皆《古文尚書》説。

尚書逸篇

《禮記·坊記》正義：『鄭不見《古文尚書》，漢時別有《尚書逸篇》「四月太子發，上祭于畢」以下三篇之事。』

頣煊案：此《今文·泰誓》之辭。《泰誓》後得，故《正義》以爲逸篇。《隋書·經籍志》有《尚書逸篇》二卷。《太平御覽》卷七十引《尚書逸篇》：『堯子丹朱不肖，舜使居丹淵，故曰丹朱。』卷五百三十一引《尚書逸篇》：『嗚呼，七世之廟可以觀德。』卷五百三十二引《尚書逸篇》：『太社唯松，東社唯栢，南社唯梓，西社唯栗，北社唯槐，天子社廣五丈，諸侯半之。』皆是。

曰若稽古

《堯典》：『曰若稽古帝堯。』惠氏棟《尚書古義》：『鄭康成曰「稽，同也〔一二〕。古，天也」，言能順天而行，與之同功。孔安國曰「若，順。稽，考也。能順考古道而行之者帝堯」，此説本賈侍中。』引高貴鄉公幸太學，命講《尚書》鄭玄、王肅二義。

頣煊案：《史記·三王世家》『朕承祖考維稽古』，褚先生解曰：『維者，度也，念也。稽者，當也，當順古之道也。』此即賈、馬及王肅所本。《周書·周祝解》：『天爲古。』虞氏《易》『天爲古。』《詩·玄鳥》『古帝命武湯』，鄭箋：『古帝，天也。』《後漢書·李固傳》：『臣聞君不稽古，無以承天。』皆同鄭説。

放勳欽明

『曰放勳，欽明文思，安安。』傳：『言堯放上世之功化，而以敬明文思之四德安天下之當安者。』

頤煊案：傳以『欽明文思』爲四德，本於馬融注，見《釋文》。《後漢書·馮衍傳》李賢注：『《尚書考靈燿》曰：「放勛欽明，文思晏晏。」』《文選·魯靈光殿賦》張載注：『《尚書》曰：「放勳欽明。」』四字皆作一句。

嵎　夷

『宅嵎夷。』《釋文》：『馬云：嵎，海隅也。夷，萊夷也。』

頤煊案：《説文》『土部』：『堣夷，在冀州陽谷，立春日，日值之而出。《尚書》曰：「宅堣夷。」』此古文説也。『山部』：『崵山在遼西，一曰嵎鐵，崵谷也。』此今文説也。《史記·夏本紀》索隱：『《今文尚書》及《帝命驗》並作「禺銕」。』銕，古鐵字，遼西地，《禹貢》時屬冀州，《周禮·職方》屬幽州，馬融注以青州嵎夷當之，非是。

南　交

『宅南交』，傳：『南交言夏與春交，舉一隅以見之。』《正義》：『經冬言幽都，夏當云明都，鄭云夏不言「曰明都」三字，摩滅也。』

頤煊案：宅嵎夷曰暘谷，是一地二名。宅西、宅朔方，統言之必實舉其地所在曰昧谷、曰幽都。宅南交謂居南方交阯之地，文義已著，不必有『曰明都』三字。

舜典

《舜典》。王氏鳴盛《尚書後案》：『孔壁所得古文本有此篇，後其篇亡佚，撰僞古文者因割《堯典》「慎徽」以下爲《舜典》。當時馬鄭傳《古文尚書》，二《典》皆合爲一篇，名《堯典》，不名《舜典》。』歷引羣書以證之。

頤煊案：《周禮·春官》『序官』注：『鄭司農云：《堯典》曰：「帝曰：咨，四岳，有能典朕三禮？僉曰：伯夷。」』《詩·時邁》鄭箋：『《書》曰：「歲二月，東巡守，至於岱宗，柴，望秩於山川，徧於羣神。」』《正義》：『「《書》曰」以下，《堯典》文。』《公羊·文十四年》疏引《堯典》曰〔一三〕：『在璿璣玉衡。』《太平御覽》卷八百四引此句亦作『堯典』。亦皆馬、鄭、王本二《典》合爲一篇之證。

金作贖刑

『金作贖刑』，《正義》：『古贖罪皆用銅，漢始改用黄金，少其斤兩，令與銅相敵，故鄭玄《駁異義》言：「贖死罪千鍰，鍰六兩大半兩，爲四百一十六斤十兩大半兩銅，與今贖死罪金三斤爲價相依附。」』

頤煊案：《漢書·律曆志》：『二十四銖爲兩，十六兩爲斤。』千鍰通分之爲六千六百六十六兩大半兩，再分之爲十六萬銖。以漢錢法五銖除之，爲錢三萬二千。漢黄金一斤直錢萬，三斤直錢三萬，以二千爲工耗，故云『千鍰爲銅四百一十六斤十兩大半兩』，與金三斤價相敵。

食哉惟時

『咨十有二牧，曰：「食哉，惟時柔遠能邇。惇德允元，而難任人，蠻夷率服。」』《史記·五帝本紀》作：『命十二牧論帝德行，厚德，遠佞人，則蠻夷率服。』

頤煊案：《爾雅·釋詁》：『食，僞也。』『僞』古通作『爲』字，『爲哉』猶言『勉哉』。時，是也，『惟是柔遠能邇』是『論帝德行』，『惇德允元而難任人』是『厚德，遠佞人』，與太史公所采古文合。

朕虞

『汝作朕虞』，《正義》：『鄭玄云：言「朕虞」，重鳥獸草木。』《漢書》王莽自稱爲予，立予虞之官，則莽謂此官名爲朕虞。

頤煊案：《史記·五帝本紀》『於是以益爲朕虞』，是以朕虞爲官名。《後漢書·明帝紀》：永平三年秋八月戊辰，改大樂爲大予樂。亦同此義。

鮮食

《益稷》：『暨益奏庶鮮食。』又云：『暨稷播奏庶艱食。鮮食。』

頤煊案：《史記·夏本紀》一云：『令益予衆庶稻，可種卑濕。命后稷予衆庶難得之食。食少，調有餘相給[一三]，以均諸侯。』一云：『與益予衆庶稻鮮食。與稷予衆庶難得之食。食少，調有餘補不足徙居。』太史公以艱食爲稻食，故兩引皆出稻字，上文既言稻食，下文不必重言，故以鮮食爲食少，屬下句讀，皆古文尚書説。

赤埴墳

《禹貢》『厥土赤埴墳』，《釋文》：『埴，市力反[一四]，鄭作戠。徐、鄭、王皆讀曰熾。』

頤煊案：《太平御覽》卷三十七引《尚書》曰『徐州土戠墳』，謝沈注：『戠音志。』謝所注即鄭本，戠當與膱字通用。《儀禮·鄉射禮》鄭注：『古文膱爲胾，今文或作植。』《説文》『埴，黏土也』，義亦與膱相近。

江沱潛漢

『浮于江沱潛漢』，《釋文》：『江、沱、潛、漢，四水名，本或作「潛于漢」，非。』《正義》：『浮此四水乃得至洛，本或潛下有于，誤耳。』

頤煊案：《史記・夏本紀》作：『浮于江、沱、涔，于漢。』《爾雅・釋水》『漢爲潛』，亦當有『于』字。

二百里蔡

『二百里蔡』，傳：『蔡，法也。』《正義》：『蔡之爲法，無正訓也。』

頤煊案：此與下文『二百里流』對言之，皆謂流放之地。《左氏・昭元年》傳『周公殺管叔而蔡蔡叔』，杜預注：『蔡，放也。』《説文》作『㮣』，注：『𥻦，㮣散之也。』散亦是放義。鄭注『蔡之言殺』，『殺』即『㮣』字。

輔予一人

《湯誓》：『爾尚輔予一人。』《史記・殷本紀》作：『爾尚及予一人。』

頤煊案：《爾雅・釋詁》『及，與也』，《公羊・隱元年》傳『及者何？與也』，《左氏・宣七年》傳『凡師出與謀曰及』，皆與輔義相近。

其如台

《盤庚上》：「卜稽曰：『其如台。』」傳：「則當卜稽於龜以從曰：『其如我所行。』」

頤煊案：此「台」字不訓爲我，「其如台」者猶言其奈何也。《湯誓》：「今汝其曰：『夏罪，其如台。』」《史記・殷本紀》作：「女其曰：『有罪，其奈何。』」《高宗肜日》：「乃曰：『其如台。』」《殷本紀》作：「乃曰：『其奈何。』」《西伯戡黎》：「今王其如台。」《殷本紀》作：「今王其奈何。」皆其證。

罔有逸言

「罔有逸言，民用丕變」，傳：「無有逸豫之言，民用大變從化。」

頤煊案：「罔有逸言」謂無有失言。《說文》：「逸，失也。」《廣雅・釋詁》：「逸，失也。」「逸」通作「佚」，下文「惟予一人有佚罰」，傳：「佚，失也。」

不　浮

《盤庚中》「鮮以不浮於天時」，傳：「浮，行也，少以不行於天時者，言皆行天時。」

頤煊案：《禮記・聘義》「孚尹旁達」，鄭注：「孚讀爲浮。」此「浮」當讀爲「孚」。孚，信也，言君無不承安民而恤之，民亦安君之政，相與憂，少以不信於天時，故無凶災。

泰誓三篇

《泰誓》。

頤煊案：《今文·泰誓》三篇，太史公采以入《史記》。《周本紀》『九年武王上祭于畢』至『乃還師歸』是上篇之辭。『居二年聞紂昏亂』至『孳孳無怠』是中篇之辭。『武王乃作《太誓》告於衆庶』至『不可再不可三』是下篇之辭。然則《泰誓》上篇爲觀兵時事，中篇爲伐紂以告諸侯，下篇以告衆庶。《齊太公世家》『師尚父左杖黄鉞』至『與太公作《太誓》』，亦上篇文也。《左氏·襄三十一年》傳杜預注：『今《尚書·大誓》亦無此文。』《正義》：『今《尚書·大誓》謂漢魏諸儒馬融、鄭玄、王肅等所注者也。』是馬、鄭、王所注《古文尚書》本有《泰誓》三篇，其書至唐猶存，故《泰誓》正義云：『上篇觀兵時事，中下二篇亦伐紂時事。』《藝文類聚》卷十六引《泰誓》作『《尚書》曰』，即是馬、鄭、王本。至宋以後，馬、鄭、王《尚書注》亡，此《泰誓》三篇亦從而亡矣。

陰隲

《洪範》『惟天陰隲下民』，傳：『隲，定也，天不言而默定下民。』

頤煊案：《吕氏春秋·君守篇》『《鴻範》曰「惟天陰隲下民」，陰之者所以發之也』，高誘

注：『陰陽升陟也，言天覆生下民，王者助天舉發〔一五〕，明之以仁義也。』《爾雅·釋詁》：『隲，陞也。』此正高注所本。『陰隲』又通作『陰德』。《史記·田完世家》：『行陰德於民。』《淮南·人間訓》：『夫有陰德者必有陽報。』《新序·雜事篇》：『吾聞有陰德者，天報以福。』《説文》：『德，升也。』其音義並同。

一五行

『一五行。』蔡邕石經『五行』上無『一』、『二』次第等字。

頤煊案：《史記·宋微子世家》引亦無之。《周禮·大宰》鄭注引『五福，一曰壽』，無『九』字。《漢書·食貨志》引『八政，一曰食』，無『三』字。《谷永傳》引『皇極，皇建其有極』，無『五』字。《説文》『卜部』引『卟疑』，無『七』字。《後漢書》李賢注、《文選》李善注、《初學記》、《藝文類聚》、《太平御覽》引皆無一、二次第等字。

戚我先王

《金縢》『未可以戚我先王』，傳：『戚，近也，周公言未可以死近我先王，相順之辭。』《正義》：『死則神與先王相近，故言近先王。』

頤煊案：此説非也。周公嫌穆卜禮畧，故云未可以近我先王，因爲三壇同墠，乃告太王、王季、文王，是慎重其禮也。

自以爲功

『公乃自以爲功。』

頤煊案：『功』通作『攻』字。《周禮·大祝》：『掌六祈以同鬼神示，五曰攻，六曰説。』鄭注：『攻、説則以辭責之。』攻即下文册祝之辭，下『乃得周公所自以爲功代武王之説』，即得此册祝之辭。《史記·魯周公世家》作『乃自以爲質』，質亦辭也。

大誥譌字

《大誥》：『予不敢閉于天降威，用寧王，遺我大寶龜。』

頤煊案：《漢書·翟義傳》作：『予豈敢自比於前人乎？天降威明，用寧帝室，遺我居攝寶龜。』『閉』當作『比』〔一六〕，『于』當作『乎』，『寧王』上屬『用』字讀。又云曰：『予復反鄙我周邦。』傳作：『是天反復右我漢國也。』『鄙』古通作『否』字，『否』、『右』字形相近，東晉本改作『鄙』。

歷人

《梓材》『肆往，姦宄、殺人，歷人宥』，傳：『又當詳察姦宄之人及殺人賊，所過歷之人，有所寬宥。』

頤煊案：《爾雅·釋言》：『辟，歷也。』《大戴禮·子張問入官篇》：『歷者，獄之所由生也。』歷人亦謂犯法之人。

讎民

《召誥》『予小臣敢以王之讎民、百君子』，傳：『敢以王之匹民、百君子，治民者非一人〔一七〕，言民在下自上匹之。』

頤煊案：《釋文》：『讎字或作酬。』古通作『疇』字。『疇民』謂同等之民，即所謂『齊民』。

旁作穆穆

《洛誥》『旁作穆穆，迓衡』，傳：『四方旁來爲敬敬之道，以迎太平之政。』

頤煊案：『旁』當作『方』。《儀禮·士喪禮》『牢中旁寸』，鄭注：『今文旁爲方。』《堯典》：『方鳩僝工。』《說文》引作『旁逑』，古字『旁』、『方』通用。『方作穆穆，迓衡』，言公方爲穆穆之敬，以迎太平，與《益稷》『方施象刑，惟明』文義相類。《新序·節士篇》引作『旁施象刑，維明』，傳皆訓爲四方，非是。

卑服

《無逸》『文王卑服，即康功、田功』，傳：『文王節儉，卑其衣服，以就其安人之功，以就田功。』

頤煊案：『卑服』謂文王卑處西土，在藩服之時。

訓德

《立政》『謀面用丕訓德』，傳：『謀所面見之事，無疑則能用大順德。』

頤煊案：訓德即俊德。《堯典》『克明俊德』，《史記·五帝本紀》作『能明馴德』，集解：『徐廣曰：馴，古訓字。』索隱：『《史記》馴字，徐廣皆讀曰訓。訓，順也。』

鄭不見周官篇

《周官》。

頤煊案：鄭注《古文尚書》無此篇。《周禮·小宰》鄭注：『前此者，成王作《周官》，其志有述天授位之義，故周公設官分職以法之。』《掌次》鄭注：『王之孤三人，副三公論道者。』《鄭志》：『趙商問：成王《周官》立太師、太傅、太保，兹惟三公。』是《周官》散文之見於他書者，非此篇文。

率循大卞

《顧命》『率循大卞』，傳：『率羣臣循大法。』《正義》：『卞之爲法，無正訓。』

頣煊案：山井鼎《考文》作：『帥修大辨。』『帥』，古『率』字，『修』、『循』字相似。《説文》：『采，辨别也，讀若辨。』又云：『采，古文辨。〔一八〕』辨有法義，是東晋本作『率循大采』，正義本譌作『卞』。

無蓋

《吕刑》『鰥寡無蓋』，傳：『鰥寡得所無有掩蓋。』

頣煊案：『無蓋』猶言無害也。《爾雅·釋言》：『蓋，裂也。』《釋文》：『舍人本作害。』『蓋』、『害』古同聲通用字。

商　賚

《費誓》「我商賚爾」，傳：「我則商度汝功賜與汝。」

頤煊案：「商」當是「賞」字之譌。《甘誓》：「用命，賞于祖。」「商」，《説文》作「賫」，與「賞」字形相近，東晉本改作「商」。

校勘記

〔一〕《風俗通》原文作「《傳》曰『麓者，山足也』，《詩》云『瞻彼旱麓』」，則「麓山足也」一句乃《詩·大雅·旱麓》毛傳之文。

〔二〕即麓無虞　「麓」，《風俗通》引作「鹿」。

〔三〕虞翻曰艮爲山山足稱麓　此引李氏《周易集解》，通行本《集解》「麓」作「鹿」。李富孫《易經異文釋》：「案《集解》舊本作麓。」宋翔鳳《周易考異》引《集解》亦作「麓」。

〔四〕蔡邕處士圈叔則碑謂漢魏時經文皆有來字　「處士圈叔則碑」，蔡集原題作《處士圈叔則銘》，《藝文類聚》卷三十七引作《處士圈典碑》。

〔五〕乃從問焉　「從」，原譌作「後」，據《周禮》鄭注改。

〔六〕虞翻曰乾善爲祥不得三應故不祥也　二「祥」字，《集解》作「詳」。

〔七〕大刑也　「刑」，原譌作「形」，據《周易集解》改。

〔八〕初失正　『正』上原衍『位』字，據《周易集解》删。

〔九〕示從容論　『從』上原脱『示』字，據《素問》補。

〔一〇〕盧氏文弨考證　『考』，原譌作『疏』，據盧文弨《經典釋文考證》改。

〔一一〕稽同也　『也』字原缺，據《尚書古義》補。

〔一二〕公羊文十四年疏引堯典曰　『文』字原無，今據《公羊疏》補。

〔一三〕調有餘相給　『相給』二字原無，據《史記》補。

〔一四〕市力反　『市』字原誤作『甫』，據《釋文》改。

〔一五〕王者助天舉發　『王者』二字原無，據《吕氏春秋》補。

〔一六〕閉當作比　『比』原作『毖』，據《漢書》改。

〔一七〕治民者非一人　『人』字原脱，據《尚書傳》補。

〔一八〕采古文辨　《説文》作：『乎，古文采。』

讀書叢録卷二 周書 毛詩

力政

《周書·度訓解》：「力争則力政，力政則無讓。」

頤煊案：「政」讀爲「征」。《周禮·均人》「掌均地政」，鄭注：「政讀爲征。」《閭胥》「凡春秋祭祀、役政、喪紀之數」，鄭注：「杜子春讀政爲征。」《史記·天官書》「天子微，諸侯力政」，集解：「徐廣曰：一作征。」

衆非和不衆

「衆非和不衆」，孔晁注：「和之以懷衆。」

頤煊案：「不衆」二字，文義不相承。以上下文例之，「衆」當作「聚」言，衆非和則不能聚也，因字形相近而譌，依注義亦當作「聚」字。

終之以古

《常訓解》「始之以古，終之以古」，孔注：「言政必敬始慎終。」

頤煊案：當作『始之以古，終之以今』，故下文云『行古志今，政之至也，政維今，法維古』，皆今古對言之。

樹惠不癒〔二〕

《文酌解》『樹惠不癒』，孔注：『癒，巔也，以爲已巔也。』

頤煊案：『癒』當是『瘱』字之譌。《方言》：『瘱，審也。』郭璞注：『瘞埋，又翳。』《左氏・僖二年》傳：『入自顛軨。』《水經・河水注》引作『巔軨』，《穆天子傳》郭璞注引作『窴軨』。《説文》：『窴，塞也。』『樹惠不瘱』謂無所翳塞。

旁隧外權

《大明武解》：『旁隧外權。』

頤煊案：隧即攻城穴土之法，權謂烽火。《史記・封禪書》：『通權火。』集解：『張晏曰：權火，烽火也，狀如井挈皋也，其法類稱，故謂之權。』

宗讒

《程典解》『商王用宗讒，震怒無疆』，孔注：『宗，衆。疆，境也。』

頤煊案：『宗』是『崇』字之譌，《史記・殷本紀》：『九侯女不憙淫，紂怒殺之而醢九侯。鄂侯争之彊，并脯鄂侯。西伯昌聞之，竊歎。崇侯虎知之，以告紂，紂囚西伯羑里。』此即指其事，所謂『震怒無彊』也，孔注誤。

枳

《小開解》：『德枳維大人，大人枳維公，公枳維卿，卿枳維大夫，大夫枳維士。』

頤煊案：『枳』即『枝』字。《爾雅・釋地》『中有枳首蛇焉』，《釋文》引孫炎云：『蛇有枝首。』『枳』、『枝』古字通用。『德枳維大人，大人枳維公』，言大人爲德之枝，公爲大人之枝。《詩・文王》『本枝百世』，《蕩》『枝葉未有害，本實先撥』，正是此義。《後漢書・馮衍傳》李賢注引此數句云：『言上下相維，遞爲藩蔽也。』義亦作『枝』。

移潔干清

《寶典解》『移潔干清』，孔注：『實少而名多曰移也。』

頤煊案：『移』即『侈』字。《考工記・梟氏》『侈弇之所由興』，鄭注：『故書侈作移。』《儀禮・少牢饋食禮》『主婦侈袂』，《周禮・追師》鄭注引作『移袂』。『移』、『侈』古字通用。

三 巫

《克殷解》『乃命南宫百達、史佚遷九鼎三巫』，孔注：『三巫，地名。』

頤煊案：『三巫』若是地名，『九鼎』下當有『于』字。《史記・周本紀》作：『命南宫括、史佚展九鼎保玉。』『保』通作『宝』，『巫』與『玉』字形相近，『三巫』疑即『宝玉』之譌。

合 詳

《文政解》『合詳毁成』，孔注：『合詳，無德而信也。』

頤煊案：詳，審也，事審則當斷之於心，合衆審以爲審，則反致疑以敗成。即《詩》所謂：『如彼築室于道謀，是用不潰于成。』孔注非。

赤宜未定

《度邑解》：『四方赤宜未定我于西土。』《史記・周本紀》作：『日夜勞來我西土。』集解：『徐廣曰：一云冒來。』

頤煊案：『日夜』、『四方』字形相近，『赤』是『亦』字之譌，『勞來』當依集解作『冒來』，『宜未』即『冒來』之譌。

居陽無固

『自洛汭延于伊汭，居陽無固。』《史記·周本紀》作：『居易無固。』

頤煊案：集解：『徐廣曰：夏居河南，初居陽城，後居陽翟。』字本作『陽』。索隱言：『自洛汭及伊汭，其地平易無險固。』字譌作『易』。《尚書·禹貢》『涇屬渭汭』，傳：『水北曰汭。』《穀梁·僖二十八年》傳：『水北爲陽。』『居陽』即指二汭而言。『陽』古文作『昜』，與『易』相近，因譌。

驕用逐禽

《皇門解》：『譬若畋犬，驕用逐禽，其猶不克有獲。』孔注：『驕謂不習也，言是人之無得，猶驕犬逐禽不能獲。』

頤煊案：驕是畋犬之名。《詩·駟驖》『載獫歇驕』，《毛傳》：『獫、歇驕，田犬也。長喙曰獫，短喙曰歇驕。』言用驕犬以逐禽，其尚不能有獲，喻用賢臣尚不能利於家國，況是讒賊媢嫉之人。

陰 羽

《王會解》『墠上張赤帟、陰羽』，孔注：『陰，鶴也，以羽飾帳也。』

頤煊案：『陰』讀爲『翳』。《山海經·海外西經》『夏后啓左手操翳』，郭璞注：『翳，羽葆幢也。』《爾雅·釋言》：『纛，翳也。』翳羽謂以羽爲竿首，如羽葆幢之屬。『陰』、『翳』聲義皆相近。

納

『於越納。』

頤煊案：《説文》：『鰨，魚，似鼈無甲，有尾無足，口在腹下，从魚，納聲。』

蜀人以文翰

『蜀人以文翰，文翰者，若臯雞。』

頤煊案：《説文》引《逸周書》作：『文翰若翬雉。』《爾雅·釋鳥》『雉類』：『伊洛而南，素質五彩皆備成章曰翬。』『翬雉』與『文翰』義合。郭璞《爾雅注》引《逸周書》作『文翰若彩雞』，其本已失，今又作『臯雞』。孔注：『臯雞似鳧，冀州謂之澤特。』孔本似作『澤雉』，後譌作『臯雞』，『皋』、『澤』古字通用，見《左傳釋文》。

質沙

《史記解》：『昔者質沙三卿，朝而無禮，君怒而久拘之，譁而弗加，諸卿謀變，質沙以亡。』

頤煊案：質沙即夙沙。『夙』《説文》作『𡖍』。《穆天子傳》『玲瓆』，郭璞注：音鈴瓆。『質』古文作『𧴪』，與夙古文𡖍字形相近。

反而復之

《太子晉解》『若能幪予，反而復之』，孔注：『幪，覆也。度謀還與否也。』

頤煊案：依注義，反當是度字之譌，上文言『請歸聲就、復與田』，故云『謀還與否也』。『度，謀』，《爾雅·釋詁》文。

毛詩

《毛詩正義》：『毛字漢世加之，《六藝論》云：河間獻王好學，其博士毛公善説《詩》，獻王號之曰《毛詩》，是獻王始加毛也。』

頤煊案：《史記》、《漢書》引《詩》皆稱『《詩》曰』，不稱『毛詩』。《説文自序》：『其偁《詩》

毛氏。』注中引《詩》亦皆稱『《詩》曰』，無『毛』字。唯《漢書·藝文志》：『《毛詩》二十九卷，《毛詩故訓傳》三十卷。』此即河間獻王所加之本。

我姑酌彼金罍

《卷耳》『我姑酌彼金罍』，《毛傳》：『姑，且也。』《釋文》：『姑如字，《説文》作夃，音同，云秦以市買多得爲夃。』

頤煊案：依《説文》『姑』當作『沽』，與《論語·鄉黨》『沽酒』同義。《史記·律書》『姑洗』，《左氏·定四年》傳、《史記正義》引《白虎通》皆作『沽洗』，『沽』、『姑』古字通用。

維鳩方之

《鵲巢》『維鳩方之』，《毛傳》：『方，有之也。』

頤煊案：方，並也。《荀子·致士篇》『莫不明通方起』，楊倞注：『方起，並起。』《淮南·氾論訓》『乃爲窬木方版』，高誘注：『方，並也。』《爾雅·釋水》『大夫方舟』，李巡曰：『併兩船曰方舟。』併亦並也。

蔽芾

《甘棠》『蔽芾甘棠』，《毛傳》『蔽芾，小貌。』

頤煊案：《爾雅·釋言》：『芾，小也。』傳以蔽芾爲小貌，雖本於《爾雅》，但與《詩》義不合。《詩》以芾釋蔽，言其樹蔭之大，故可以止於其下以聽訟。《張遷碑》：『沛棠樹。』沛，大也。《韓詩》作：『蔽茀甘棠。』《生民》：『茀厥豐草。』茀亦是大義。《小雅》：『蔽芾其樗。』樗，大木也。鄭箋：『樗之蔽芾始生。』殆亦狃於《雅》訓而失之。

裯

《小星》『抱衾與裯』，《毛傳》：『裯，襌被也。』鄭箋：『裯，牀帳也。』《正義》：『鄭既以衾爲被，不宜復云襌被也。漢世名帳爲裯，蓋因於古，故以爲牀帳。』

頤煊案：《爾雅·釋訓》『幬謂之帳』，郭璞注：『今江東亦謂帳爲幬。』『裯』、『幬』同聲字，故鄭據以易傳。邢昺《爾雅疏》引鄭箋云：『幬，牀帳也。』《文選·神女賦》李善注引《毛詩箋》曰：『幬，牀帳也。』後人據箋以改字，如此類甚多。

願言則嚏

《終風》『願言則嚏』，《毛傳》：『嚏，跲也。』鄭箋：『嚏讀當爲不敢嚏咳之嚏。』

頤煊案：經文本作『疐』，故毛訓爲『跲』，鄭作『嚏』者，改其義未改其字。《釋文》：『疐，本又作疐。』可證也。今本作『嚏』，是後人據鄭箋改之。《釋文》：『劫也，本又作跲。崔云毛訓疐爲劫，今俗人云欠欠劫劫是也，不作劫字。』《正義》：『王肅云：願以母道往加之，則嚏劫不能行。跲與劫音義同。』則作『劫』者，王肅本也。崔靈恩《集注》本作『疐，劫也。』《釋文》本從之。『疐』『疐』、『劫』『劫』，皆因字形相近而譌。

契闊

《擊鼓》『死生契闊，與子成説』，《毛傳》：『契闊，勤苦也。』

頤煊案：契，刻也，讀如契臂爲盟之契。闊，遠也，言以死生相約爲久遠之辭。《釋文》：『《韓詩》云：約束也。』亦是此義。

北門

《北門》『出自北門』，《毛傳》：『北門，背明鄉陰。』鄭箋云：『喻已仕於闇君，猶行而出北門。』

頤煊案：北門，紂城北門。《詩譜》：『自紂城而北謂之邶。』邶在紂城以北，故仕邶者必出自北門。

中冓

《牆有茨》『中冓之言』，《毛傳》『中冓，内冓也。』

頤煊案：《韓非子·内儲説》：『燕人李季好遠出，其妻私有通於士，季突至，士在内中。』《漢書·淮南王傳》：『王陽怒太子，閉使與妃同内，終不近妃。』《霍光傳》：『皆拜卧内。』即卧室也。《易·繫辭》『男女構精』，《正義》：『構，合也，言男女陰陽相感，任其自然得一之性，故合其精則萬物化生也。』《草蟲》『亦既覯止』，鄭箋：『既覯，謂已昏也。』引《易》曰『男女覯精』爲證。並字異而義同。

不屑髢也

《君子偕老》『不屑髢也』，《毛傳》：『屑，絜也。』

頤煊案：《周禮·挈壺氏》鄭注：『挈讀如絜髮之絜。』絜與結同義，鄭箋：『不絜者，不用髮爲善。』言婦人髮美，不用結他髮以爲髻。《一切經音義》卷十三引《字林》：『髻，絜髮也。』鄭箋『善』當即『髻』字之譌，《正義》言其髮美長不用髲而自絜美也，失之。

泮坡也

《泯》『隰則有泮』，《毛傳》：『泮，坡也。』《釋文》：『坡本或作陂，《澤陂》詩傳云「障也」。本或作破字，未詳，觀王述意似作破。』

頣煊案：當作：『泮，破也。』《匏有苦葉》『迨冰未泮』，《毛傳》：『泮，散也。』破、散義相近。淇則有岸以爲之防，隰則有破散之時，言變易無常。若是『坡』字，與厓岸同義，箋不必云『泮讀爲畔』矣。

大叔于田

『大叔于田』，《釋文》：『叔于田，本或作大叔于田者，誤。』

頣煊案：此詩三章，凡十言『叔』，不應此一句獨言『大叔』。《毛傳》：『叔之從公田也。』足證毛本無『大』字。序欲以别於上篇，故加『大』字，後人據序以增經，非也。

抑

『抑磬控忌，抑縱送忌』，《正義》：『抑者此叔能磬騁馬矣，又能控止馬矣。抑者此叔能縱矢以射禽矣，又能縱送以逐禽矣。』

頤煊案：抑者，美也。《猗嗟》『抑若揚兮』，《毛傳》：『抑，美色。』《國語·楚語》『於是乎作懿戒』，韋昭注：『懿讀曰抑。』《爾雅·釋詁》：『懿，美也。』下章『抑釋掤忌，抑鬯弓忌』義同。

零露漙兮

《野有蔓草》『零露漙兮』，《釋文》：『漙，本亦作團。』

頤煊案：《匡謬正俗》：『《詩》古本有水旁作專者，亦有單作專者，後人輒改之爲團字，讀爲團圓之團。』山井鼎《考文》本、《藝文類聚》卷八十一、《文選·江淹雜體詩》李善注引《詩》皆作『團』。

維莠驕驕

《甫田》：『維莠驕驕。』

頤煊案：下章『維莠桀桀』，《毛傳》：『桀桀猶驕驕也。』傳、箋俱不釋驕驕之義。揚子《法言·脩身篇》：『田甫田者莠喬喬。』《爾雅·釋詁》：『喬，高也。』《文選·射雉賦》『何調翰之喬桀』，義即本此。

舞則選兮

《猗嗟》『舞則選兮』，《毛傳》：『選，齊。』鄭箋：『選者謂於倫等最上。』

頤煊案：『選』讀如選懦之選，謂柔弱也，舞取柔弱。《爾雅・釋訓》：『婆娑，舞也。』郭璞注：『舞者之容。』《賓之初筵》『屢舞僊僊』、『屢舞傲傲』、『屢舞瑳瑳』，皆取柔弱爲容。

弗曳弗婁

《山有樞》『子有衣裳，弗曳弗婁』，《毛傳》：『婁亦曳也。』《正義》：『曳者，衣裳在身，行必曳之。婁與曳連則同爲一事。』

頤煊案：《公羊・昭二十五年》傳『牛馬維婁』，何休注：『繫馬曰維，繫牛曰婁。』則婁者繫也。《釋文》：『婁，馬云牽也。』《玉篇・手部》引詩作『弗曳弗摟』。《孟子・告子下》『踰東家牆而摟其處子』，趙岐注：『摟，牽也。』

奉時辰牡

《駟鐵》『奉時辰牡』，《毛傳》：『時，是。辰，時也。冬獻狼，夏獻麇，春秋獻鹿豕羣獸。』

頤煊案：『辰』當是『麎』字之省。《吉日》『其祁孔有』，鄭箋：『祁當作麎。麎，麇牝也〔二〕。

中原之野甚有之。』《爾雅·釋獸》：『麎：牡麔，牝麎。』此不言牝而言牡者，是通言其類也。《吉日》《毛傳》：『祁，大也。』與此下文『辰牡孔碩』義正相合。

夏屋渠渠

《權輿》『於我乎夏屋渠渠』，鄭箋：『渠渠，猶勤勤也。』

頤煊案：《正義》：『崔駰《七依》説宫室之美云「夏屋渠渠」。』《荀子·脩身篇》『有法而無志，其義則渠渠然』，楊倞注：『渠讀爲遽。』《文選·魯靈光殿賦》『揭蘧蘧而騰凑』，李善注：『蘧蘧，高也。』『蘧蘧』即『渠渠』也。

可以樂飢

《衡門》『泌之洋洋，可以樂飢』，《釋文》：『樂本又作𤻲。沈云：舊本皆作樂字，晚詩本有作疒下樂。』臧氏鏞堂曰：『鄭作𤻲飢，不云樂當爲𤻲，是經本作𤻲也。《正義》引王肅、孫毓皆云可以樂道忘飢，是傳中樂道忘飢之言非毛氏本文，乃肅所私撰。』

頤煊案：經本作『樂』，晚詩本作『𤻲』，是後人據鄭箋改也。《隸釋·繁陽令楊君碑》：『偓伲樂志。』蔡邕《焦君贊》：『衡門之下，栖遲偃息。泌之洋洋，樂以忘食。』義皆本於此詩，臧説非是。

歌以訊之

《墓門》『歌以訊之』，《釋文》：『訊又作誶。』

頤煊案：《説文》『訊，問也，从卂言聲』，『誶，讓也，从言卒聲』，音義本别，今經典常相亂者。《淳化帖》東晋康帝書『陸女郎問訊』，草書作誶，與誶字形相似，因譌。

于貉

《七月》『一之日于貉，取彼狐狸，爲公子裘』，《毛傳》：『于貉，謂取狐狸皮也。』鄭箋：『于貉，往搏貉以自爲裘也，狐狸以共尊者。』

頤煊案：傳意不以『于貉』爲狐貉之貉，與箋異義。《皇矣》『貉其德音』，《釋文》：『貉本又作貊。』『貊』古通作『陌』字，言往陌取彼狐狸皮以爲公子裘也。

予手拮据

《鴟鴞》『予手拮据』，《毛傳》：『拮据，撠挶也。』《正義》：『《説文》云「撠持」，撠挶謂以手爪挶持草。』

頤煊案：今本《説文》無『撠』字。『挶』字注『𢧵持也』，『据』字注『𢧵挶也』。『𢧵』聲近

『拮』，『揭』聲近『据』，通之。則可單言『榦』，《左氏·哀二十五年》傳『褚師出，公戟其手』，杜預注：『抵徒手屈肘如戟形。』《斯干》『如矢斯棘』，鄭箋：『棘，戟也，如人挾弓矢戟其肘是也。』亦可單言『据』，《史記·吕后本紀》：『見物如蒼犬據高后掖。』據即据也。《漢書·五行志》據作『撠』，師古曰：『撠謂揭持之。』其義同也。

駪駪征夫

《皇皇者華》『駪駪征夫』，《毛傳》：『駪駪，衆多之貌。』

頤煊案：《楚辭·招魂》『往來侁侁』，王逸注：『侁侁，行聲也。《詩》云：侁侁征夫。』《廣韻》『十九臻』〔三〕注引《詩》亦作『侁侁』。《説文》：『侁，行貌。』

常棣移

《常棣》『常棣之華』，《毛傳》：『常棣，棣也。』《釋文》云：『本或作常棣移。』

頤煊案：王應麟《詩考》引《韓詩序》：『夫移，燕兄弟，閔管蔡之失道。』《藝文類聚》卷八十三引《詩》云：『夫移之華，萼不煒煒。』則作『常棣移』是。

鄂不

『鄂不韡韡』，《毛傳》：『鄂猶鄂鄂然，言外發也。韡韡，光明也。』鄭箋：『不當作拊。拊，鄂足也。』《正義》：『王述之曰：不韡韡言韡韡也。』

頤煊案：《説文》：『芣，華盛，从艸，不聲。』即此『不』字。

烝也無戎

『烝也無戎』，《毛傳》：『烝，填也。』《釋文》：『烝，之承反。填依字音田，與寘同，又依古聲音塵。塵，久也，故箋申之云：古聲填、寘、塵同〔四〕。』

頤煊案：《爾雅·釋詁》：『烝，衆也。』言良朋雖衆，無相助己者。

坎坎

《伐木》『坎坎鼓我』，鄭箋：『爲我擊鼓坎坎然。』

頤煊案：《説文》引《詩》作：『竷竷鼓我。』段氏玉裁《説文》本『竷』从夂，从章，夅聲。孫愐：『夅，下江切。』《靈臺》『鼉鼓逢逢』，《吕氏春秋·季夏紀》高誘注、《一切經音義》卷六引《詩》皆作『鼉鼓韸韸』，韸即竷字之省。《邶風》『擊鼓其鏜』，《毛傳》：『鏜然，擊鼓聲也。』《正義》：『《司馬法》曰：鼙鼓不過閶。』鏜、閶皆與夅聲相近。

樂　只

《南山有臺》『樂只君子』，鄭箋：『只之言是也。』

頤煊案：《左氏・襄十一年》傳引詩曰『樂旨君子，殿天子之邦』，杜預注：謂諸侯有樂美之德。《二十四年》傳引《詩》云『樂旨君子，邦家之基』，杜注：言君子樂美其道。《説文》：『旨，美也。』

遐　不

『遐不眉壽』，鄭箋：『遐，遠也。遠不眉壽者，言其近眉壽也。』

頤煊案：《棫樸》『遐不作人』，《毛傳》：『遐，遠也，遠不作人也。』『遐不』猶言不遐。《下武》：『不遐有佐。』《思齊》：『烈假不遐。』『遐』又通作『瑕』。《泉水》『不瑕有害』、《狼跋》『德音不瑕』，其音義並同。

助我舉柴

《車攻》『助我舉柴』，《毛傳》：『柴，積也。』鄭箋：『舉積禽也。』

頤煊案：《説文》云：『掌，積也，从手此聲。《詩》曰：「助我舉掌。」』《文選·西京賦》『收禽舉胔』，薛綜注：『胔，死禽獸將腐之名也。』李善注：『胔，聚肉名，不論腐敗也。』聚肉即積也，《漢書·婁敬傳》師古曰：『胔讀曰瘠，《易·説卦》「乾爲瘠馬」，《釋文》：「京、荀作柴。」』『柴』、『胔』字義通也。

夜未艾

《庭燎》『夜未艾』，《毛傳》：『艾，久也。』鄭箋：『芟末曰艾，以言夜先雞鳴時。』

頤煊案：《左氏·昭元年》傳『國未艾也』，杜預注：『艾，絶也。』絶亦盡也。『夜未艾』謂夜漏未盡時。

維周之氐

《節南山》『維周之氐』，鄭箋：『氐當作桎鎋之桎。』《釋文》：『桎，之實反，又丁履反，礙也。本有作手旁至者，誤也。』阮尚書校勘記：『段玉裁云：當是扺字誤，挃是也。別體字扺作扻，與桎字形近。』

頤煊案：『桎』當是『痓』字之譌。《説文》：『痓，礙止也。从广，至聲。』『痓』、『底』字形相近，與《釋文》義合，即今俗窒礙字。

填　寡

《小宛》「哀我填寡」，《毛傳》：「填，盡。」《釋文》：「《韓詩》作疹。」

頤煊案：「填」是「瘨」之借字。《雲漢》「胡寧瘨我以旱」，鄭箋：「瘨，病也。」《釋文》：「《韓詩》作疹。」「疹」通作「殄」，《周禮·稻人》「夏以水殄草」，鄭注：「殄，病也。」

蛇蛇碩言

《巧言》「蛇蛇碩言，出自口矣」，《毛傳》：「蛇蛇，淺意也。」《正義》：「蛇蛇然，淺意之大言。」

頤煊案：蛇蛇，美也。《爾雅·釋訓》：「委委佗佗，美也。」《太平御覽》卷六百九十引《詩》作「委委蛇蛇」，古字通用。蛇蛇大言，猶《莊子·齊物論》「大言炎炎」，簡文注：「炎炎，美盛貌。」蓋反譏之之辭。

既往既來

《大東》「既往既來，使我心疚」，鄭箋：「言譚人自虚竭餫送而往，周人則空盡受之，曾無反幣復禮之惠，是使我心傷病也。」

頤煊案：『既來』當作『既求』，謂我以禮往求纙於彼，而彼不我恤，是使我心疚也。『求』、『疚』韻合，『來』、『求』字形相近。

廢大也

《四月》『廢爲殘賊』，《毛傳》：『廢，忕也。』《釋文》：『又一本作廢，大也。此是王肅義。』《正義》定本廢訓爲大。

頤煊案：當從定本作『廢，大也』。《毛傳》本於《爾雅》，《爾雅·釋詁》：『廢，大也。』《列子·揚朱篇》『廢虐之主』，張湛注：『廢，大也。』《列女傳》引《詩》『廢爲殘賊，言忕於惡』，是三家詩義。鄭箋『言大於惡』，宋本可證，俗本改作『忕於惡』，非是。

伊寡婦之利

《大田》『伊寡婦之利』，鄭箋：『聽矜寡取之以爲利。』

頤煊案：寡婦猶言小民，兄曰寡兄，妻曰寡妻，國君曰寡人，皆寡小之辭。不言民言婦者，承上文『以其婦子，饁彼南畝』而言，言婦而子在其中。

室人八又

《賓之初筵》『室人八又』，鄭箋：『又，復也。賓手挹酒，室人復酌爲加爵。』

頤煊案：此與下文『矧敢多又』，『又』即『侑』字，勸也。《儀禮・有司徹》『乃議侑於賓』，鄭注：『古文侑皆作宥。』《禮記・王制》『王三又』，鄭注：『又當作宥。』『又』、『侑』、『宥』，古字通用。

維師尚父

《大明》『維師尚父』，《毛傳》：『師，大師也。尚父，可尚可父。』《史記・齊太公世家》集解：『駰案：《劉向别録》曰：師之、尚之、父之，故曰師尚父。父亦男子之美號也。』

頤煊案：《齊世家》『太公望呂尚』，譙周曰：『姓姜名牙，尚當是太公之字。』《宣和博古圖・周淮父卣銘》：『穆從師淮父。』又云：『對揚師淮父休。』『淮』亦是字。

廼宣廼畝

《綿》『廼宣廼畝』，鄭箋：『時耕曰宣。』

頤煊案：此節是初定其疆界，尚未及耕。『宣』謂宣通其溝防，重水利也。『畝』謂定其一夫受田之制。

不長夏以革

《皇矣》『不長夏以革』，《毛傳》：『革，更也，不以長大有所更。』鄭箋：『夏，諸夏也，不長諸夏以變更王法。』

頤煊案：《禮記·鄉飲酒義》：『夏之言假也。』《釋名·釋天篇》：『夏，假也，寬假萬物使生長也。』《尚書大傳》：『夏者，假也，革，亟也。』『不長夏以革』，謂非明德之君，不長假以天命，而亟更之。

徒歌曰咢

《行葦》『或歌或咢』，《釋文》：『毛云：徒歌曰咢。《爾雅》云：「徒擊鼓謂之咢，徒歌謂之謡。」』

頤煊案：毛公釋《詩》亦不盡依《爾雅》。『徒歌曰咢』，毛或别有所受，今本傳作『徒擊鼓曰咢』，是《正義》從王肅本改。

何以舟之

《公劉》『何以舟之，維玉及瑶，鞞琫容刀』，《毛傳》：『舟，帶也。』鄭箋：『民亦愛公劉之如是，故進玉瑶容刀之佩。』

頤煊案：《周禮・司尊彝》『皆有舟』，鄭注：『鄭司農云：舟，尊下臺，若今時承槃。』『何以舟之』，謂何以奉槃進之，故鄭箋即訓舟爲進也。

炰烋

《蕩》『女炰烋于中國』，《毛傳》：『炰烋猶彭亨也。』鄭箋：『炰烋，自矜氣健之貌。』

頤煊案：《易・大有》《釋文》引干注：『彭亨，驕滿貌。』《文選・魏都賦》『咆烋雲撤』，劉淵林注：『咆烋猶咆哮也，自矜健之貌。《詩》云：咆烋於中國。』『炰』作『咆』，與《毛詩》異。

倉兄填兮

《桑柔》『倉兄填兮』，《毛傳》：『倉，喪也。兄，滋也。填，久也。』鄭箋：『喪亡之道滋久長。』《正義》：『倉之爲喪，其義未聞。』

頤煊案：《釋文》：『兄，本亦作況，倉兄猶言倉皇也。』《尚書・無逸》『則皇自敬德』，《正義》：『王肅本皇作況。』『無皇曰』，《漢石經》『皇』作『兄』，古字本通用。『填』當作『瘨』，病也。言匆遽而至於病，所以不絶心憂也。

來旬

《江漢》『來旬來宣』，鄭箋：『旬當作營。』《正義》：『旬之與營字相類。』

頤煊案：《正月》『憂心惸惸』，《釋文》：『惸本又作煢。』《周禮·均人》鄭注：『旬讀如畇畇原隰之畇。』是皆其字相類之證。

彼徂矣

《天作》『彼徂矣岐，有夷之行』。《後漢書·西南夷傳》引《韓詩》作：『彼徂者岐，有夷之行。』

頤煊案：鄭箋：『後之往者，又以岐邦之君，有佼易之道。』《正義》：『徂謂新往者。』《正義》釋『彼作矣』爲『作矣』，『彼徂矣』爲『往者』，箋、疏本皆當作『者』字。

不吴

《絲衣》『不吴不敖』，《釋文》：『吴，舊如字，《説文》作吳，吳，大言也。何承天云：吴字誤，當作吴，从口下大，故魚之大口者名吴，胡化反。」

頤煊案：《史記・封禪書》引此詩作『吴』，《孝武本紀》引此詩作『虞』，『虞』、『吴』古字通用。《説文》：『吴，一曰大言也，从矢、口。』在『矢部』，『大部』無『吴』字。《一切經音義》卷十一：『鋘，此古文奇字鏵。』『吴』字不必作『吴』而有『華』音，故《毛傳》即以『譁』訓之。

龍和也

《酌》『我龍受之』，《毛傳》：『龍，和也。』鄭箋：『龍，寵也。』《正義》：『龍之爲和，其訓未聞。寵字以龍爲聲，故龍爲寵也。』

頤煊案：《説文》『龔』从共，龍聲。『龔』古通作『恭』字，恭有和義，故《毛傳》以龍爲和也。

駉駉牡馬

『駉駉牡馬』，《釋文》：『牡，本或作牧。』

頤煊案：《正義》本作『牧馬』。《顔氏家訓・書證篇》：『《詩》云「駉駉牡馬」，江南書皆作牝牡之牡，河北本悉爲放牧之牧。』《藝文類聚》卷九十三、《太平御覽》卷九百五十八、《文選・李陵荅蘇武書》李善注引作『牧』，皆河北本。

白馬黑鬣曰駱

「有驒有駱」，《毛傳》：「白馬黑鬣曰駱。」《釋文》：「《韓詩》及《字林》云白馬黑髦也。」《正義》：「定本、《集注》髦字皆作鬣。」

頤煊案：《淮南·時則訓》「乗白駱」，高誘注：「白馬黑毛曰駱。」「毛」即「髦」字。《釋文》引樊孫《爾雅》並作「白馬黑髦鬣尾也」，亦當作「髦」字。

歲其有

《有駜》「自今以始，歲其有，君子有穀，詒孫子」，《釋文》：「歲其有，本或作歲其有矣，又作歲其有年者矣，皆衍字也。」阮尚書校勘記：「《正義》本未有明文。」

頤煊案：《毛傳》「歲其有豐年也」，此以「豐年」釋「年」字。《正義》：「《春秋》書有年者，謂五穀大熟豐有之年，故知其有年謂從今以去當有豐年也。定本、《集注》皆云：「歲其有年。」」《正義》本有「年」字。

居常與許

《閟宫》「居常與許」，《毛傳》：「常、許，魯南鄙、西鄙。」

頤煊案：《管子·小匡篇》：『桓公曰：「吾欲南伐，何主？」管子對曰：「以魯爲主，反其侵地常潛。」』《國語·魯語》作『棠潛』。《左氏·隱五年》『公觀魚於棠』，『棠』即『常』也。常在魯南，故《毛傳》訓爲南鄙。

景員維河

《玄鳥》『景員維河』，鄭箋：『河之言何也。』

頤煊案：《隸釋·逢盛碑》：『無可奈河。』《吴仲山碑》：『彌尒摠痛奈𡗗。』《隋龍藏寺碑》以『何人』爲『河人』。『河』、『何』古字本通用。

校勘記

〔一〕樹惠不瘱　『瘱』字原作『㾙』，今據《逸周書》改，下同。

〔二〕麎麋牝也　『麋牝』二字原乙，今據《吉日》鄭箋乙正。

〔三〕廣韻十九臻　『十』字原缺，據《廣韻》及韻部補。

〔四〕古聲填寘塵同　『寘』字原脱，今據《釋文》補。

讀書叢録卷三 周禮 儀禮

説文引周禮

《説文》『禘』字注：『《周禮》曰：五歲一禘。』『祫』字注：『《周禮》曰：三歲一祫。』

頤煊案：今《周禮》無此文，《後漢書·張純傳》引《禮》：『三年一祫，五年一禘。』無『周』字。

腊人

《天官·序官·腊人》鄭注：『腊之言夕也。』疏：『乾曰腊。朝曝，於夕乃乾，故云腊之言夕。或作久字，久乃乾成，義亦通也。』

頤煊案：『夕』當作『久』。《説文》：『昔，乾肉也。从殘肉。日以晞之，與俎同意。』籒文作『腊』。《詩·墓門》『誰昔然矣』，《毛傳》：『昔，久也。』《禮記·郊特牲》鄭注：『爲其味厚腊毒也。』《釋文》：『《隱義》云：「腊，久也。」』

禮賓

大宰之職，『以八統詔王馭萬民』，『八曰禮賓』，鄭注：『禮賓，賓客諸侯所以示民親仁善鄰。』

頤煊案：賓客諸侯非所以馭萬民，鄉大夫之職，『三年則大比，考其德行道藝而興賢者、能者，鄉老及鄉大夫帥其吏與其衆寡以禮禮賓之』，即此所謂禮賓也。

臣妾

『以九職任萬民』，『八曰臣妾聚斂疏材』，鄭注：『臣妾，男女貧賤之稱。晋惠公卜懷公之生曰，將生一男一女，男爲人臣，女爲人妾。』

頤煊案：《説文》：『僕，給事者，古文作蹼。』臣即『蹼』字之省。《尚書·費誓》『臣妾逋逃』，《孝經》『不敢失於臣妾』，《漢書·刑法志》『隸臣妾一歲免爲庶人』，凡臣妾對言者，古皆通作『僕』字。

羊泠毛而毳

《内饔》『羊泠毛而毳羶』，鄭注：『泠毛，毛長總結也。』疏：『泠毛謂毛長也，而毳謂毛別聚結者。」

頤煊案：『泠』與『零』同，『泠毛』謂毛零落而又毴結。《禮記・内則》正義：『泠謂毛本稀泠，毴謂毛頭毴結。』斯得之矣。

膴胖之事

《腊人》『掌乾肉，凡田獸之脯腊膴胖之事』，阮尚書校勘記：『「膴胖之事」四字疑衍文，下經「薦脯膴胖」，膴字、胖字始有注，若於此先言膴胖，二鄭、杜氏、康成當於此下注矣。』

頤煊案：『凡田獸之脯腊膴胖之事』十字當作一句讀，下乃言其用膴胖。《内饔》已注，此復重言，亦不能以先後定之。疏標起止『腊人至之事』，又引趙商問於此節之末，賈疏本當有此四字。

箈　菹

《醢人》『箈菹鴈醢』，鄭注：『鄭司農云：箈，水中魚衣。玄謂箈，箭萌。』

頤煊案：《詩・采菽》正義引此作『落菹』。《説文》『落，水衣，从艸、治聲』，『箈，竹萌也，从竹、怠聲』，二字不同。《爾雅・釋艸》『箈，箭萌』，郭璞注：『《周禮》曰：箈菹雁醢。』是司農本作『落』，鄭本作『箈』，今並譌作『箈』字，不可通矣。

苦鹽

《鹽人》『祭祀共其苦鹽』，鄭注：『杜子春讀苦爲鹽，謂出鹽直用，不湅治。』疏：『苦當爲盬，盬謂出於鹽池，今之顆鹽是也。』

頤煊案：《爾雅·釋言》：『滷，苦也。』《淮南·墬形訓》：『鍊苦生醎。』則杜説是。

羽物

《司裘》『王乃行羽物』，鄭注：『鄭司農云：行羽物，以羽物飛鳥賜羣吏。玄謂此羽物小鳥鶉雀之屬，鷹所擊者。中秋鳩化爲鷹，中春鷹化爲鳩，順其始殺與其將止而大班羽物。』

頤煊案：如注所言，非《司裘》所掌。《羽人》：『掌以時徵羽翮之政於山澤之農，以當邦賦之政令。』此羽物亦言王后車飾及旌旗之屬，與射侯爲一例，皆《司裘》掌之，與《羅氏》『行羽物』别。

廞裘

『大喪廞裘』，鄭注：『故書廞爲淫。鄭司農云：淫裘，陳裘也。玄謂廞，興也。』疏：『此《周禮》一部之内稱廞者衆多，故書皆爲淫，先鄭皆爲陳，後鄭皆破從興。』

頤煊案：《説文》『廞，陳輿服於庭也』，與先鄭同。

潛服

《閽人》『潛服賊器不入宫』，鄭注：『潛服若衷甲者。』

頤煊案：潛服，深衣之屬。《禮記·玉藻》：『非列采不入公門，振絺綌不入公門，表裘不入公門，襲裘不入公門。』即其禁。

貔

《地官》大司徒之職：『其動物宜羸物。』鄭注：『羸物，虎豹貔貐之屬。』疏：『《爾雅》及諸經不見有貐。《曲禮》云：「載貔貅。」此鄭云貔貐，貐即貅也。』

頤煊案：《史記·周本紀》『如豺如離』，集解：『徐廣曰：此訓與螭同。』《説文》作『离』，注云：『歐陽喬説：「离，猛獸也。」』《文選·西都賦》李善注引《歐陽尚書》説：『螭，猛獸也。』即『貐』字。疏以『貅』當之，非是。

步廣

《保氏》『六曰九數』，鄭注：『鄭司農云：「九數，方田、粟米、差分、少廣、商功、均輸、方程、嬴不足、旁要。」』

頤煊案：『少廣』當作『步廣』。《史記・衛青列傳》『後子夫男步廣』，集解：『徐廣曰：步一作少。』《後漢書・鄭玄傳》李賢注引《九章算術》作『步廣』，字尚不誤。

奔者不禁

《媒氏》『中春之月，令會男女，於是時也，奔者不禁』，鄭注：『重天時，權許之也。』疏：『此月既是娶女之月，若有父母不娶不嫁之者，自相奔就亦不禁之。』

頤煊案：《禮記・内則》『聘則爲妻，奔則爲妾』，鄭注：『奔或爲衒。』《説文》：『衒，行且賣也。』重文作『衒』。奔者不禁，亦謂賣者不禁，疏義失之。

價

《司市》：『以量度成賈而徵價。』鄭注：『價，買也。』疏：『此字所訓不定。案下文所云「貰價者」，鄭注：貰賣之。』

頤煊案：《説文》『賣，衒也』，即此『價』字。《玉篇》『賣』或作『粥』。《禮記・曲禮》『不粥祭器』，鄭注：『粥，賣也。』《淮南・説山訓》『郢人有粥其母』，高誘注：『粥，買也。』皆兼二字訓之。

辟布

『凡萬民之期於市者：辟布者、量度者、刑戮者，各於其地之敘』，鄭注：『故書辟爲辭。鄭司農云：「辭布，辭訟泉物者也。」玄謂辟布，市之羣吏考實諸泉入及有遺忘。』

頤煊案：『辟布』謂司空所頒市物之法度。鄉師之職：『既役，則受州里之要，以考司空之辟。』鄭注『辟，功作章程』是也。宰夫之職：『凡失財用物辟名者，以官刑詔冢宰而誅之。』鄭注：『辟名，詐爲書以空作見，文書與實不相應也。』皆與此『辟布』同義。

膳府

《廛人》『凡珍異之有滯者，斂而入於膳府』，鄭注：『爲買之入膳夫之府，所以紓民事而官不失實。』

頤煊案：膳夫不得稱『膳府』，『膳府』當是『泉府』之譌。《泉府》：『掌以市之征布斂市之不售、貨之滯於民用者，以其賈買之。物楬而書之，以待不時而買者。買者各從其抵，都鄙從其主，國人、郊人從其有司，然後予之。』《司市》『以泉府同貨而斂賒』，即其職也。

飾行

《胥師》「察其詐僞飾行儥慝者而誅罰之」，鄭注：「鄭司農云：儥，賣也。慝，惡也。謂行且賣、姦僞惡物者。玄謂飾行儥慝，謂使人行賣惡物於市、巧飾之令欺誑買者。」

頤煊案：經文「行」當是「衒」字之譌。先鄭以「衒」爲行且賣，與《説文》義同。後鄭以「衒」爲炫耀，故云「巧飾之令欺誑買者」。疏謂先鄭行爲行步之行，不爲行濫之行，故後鄭不從，非是。

屬遊

《司虣》「以屬遊飲食於市者」，鄭注：「鄭司農云：以屬遊飲食，羣飲食者。」

頤煊案：《管子·立政篇》：「圈屬羣徒不順於常者，閭有司見之，復無時。」「屬遊」與「圈屬」義同。

十摶爲縳

《羽人》「凡受羽：十羽爲審，百羽爲摶，十摶爲縳」，鄭注：「《爾雅》曰：一羽謂之箴，十羽謂之縳，百羽謂之緷。其名音相近。」

頤煊案：《穆天子傳》郭璞注：『十羽爲箴，百羽爲縛，十縛爲緷，見《周官》。』《廣韻》注引《周禮》：『百羽爲摶，十摶爲緷。』是『箴』、『審』同聲字，『摶』當作『縛』，『縛』當作『緷』。《釋文》：『縛，劉音古本反。』劉昌宗本字作『緷』。

文昌司命

《春官》大宗伯之職：『以槱燎祀司中、司命。』鄭注：『鄭司農云：司中，三能三階也〔一〕。司命，文昌宮星。玄謂司中司命，文昌第五第四星。』

頤煊案：《禮記·祭法》『王爲羣姓立七祀』，『一曰司命』，鄭注『此非大神所祈報大事者也，小神居人之間，司察小過，作譴告者爾』，『司命主督察三命』，『今時民家或春秋祠司命』。《風俗通·祀典篇》：『司命，文昌也。今民間祀司命，刻木長尺二寸爲人像，皆祠以腊，率以春秋之月。』此即今世所祀文昌像。文昌，星名，後刻木祀之，本在七祀之列，故祀典至今不廢。

圍敗

『以禬禮哀圍敗』，鄭注：『同盟者合會財貨以更其所喪。《春秋·襄三十年》冬「會於澶淵，宋裁故」，是其類。』疏：『此經本不定，若馬融以爲國敗，正本多作圍敗。』

頤煊案：《小行人》『若國師役，則令槁禬之』，字當作『國敗』，鄭注不釋『圍』字，亦當作

『國敗』。

貞

《天府》『季冬陳玉，以貞來歲之媺惡』，鄭注：『問事之正曰貞。』

頤煊案：《大卜》『凡國大貞』，鄭注：『貞之爲問，問於正者，必先正之，乃從問焉。』《說文》：『貞，卜問也。』《左氏·哀十七年》傳『衛侯貞卜』，謂問於卜。貞即是問，故鄭司農注皆云『貞，問也』，不訓爲正，鄭注失之。

先王之葬居中

《家人》『先王之葬居中，以昭穆爲左右』，鄭注：『先王造塋者。』疏云：『先王造塋者，但王者之都有遷徙之法，若文王居豐、武王居鎬、平王居於洛邑，所都而葬，即是造塋者也。』

頤煊案：『先』當是『凡』字之譌，與下文『凡諸侯』對言之。

順豐年

《大祝》『掌六祝之辭』，『一曰順祝』，鄭注：『鄭司農曰〔二〕：「順祝，順豐年也。」』

頤煊案：蔡邕《獨斷》：『大祝掌六祝之辭，順祝，願豐年也。』《小祝》『順豐年』，鄭注『順豐年而順爲之祝辭』當作『願豐年而順爲之祝辭』。經注三『願』字皆作『順』，涉經文『順祝』而譌。

一曰祠

『作六辭以通上下、親疏、遠近，一曰祠』，鄭注：『鄭司農云：祠當爲辭，謂辭令也。』

頤煊案：既云作六辭，則六者皆是辭，不必復言辭令。《大宗伯》：『以祠春享先王。』《爾雅·釋天》：『春祭曰祠。』《公羊·莊八年》：『甲午祠兵。』《五經異義》：『《公羊》説：祠者，祠五兵，矛、戟、劒、楯、弓鼓，及祠蚩尤之造兵者。』祠是祭祀之名。

凡數從政者

《御史》『凡數從政者』，鄭注：『自公卿以下至胥徒，凡數及其見在空缺者。鄭司農讀言掌贊書數，書數者，經禮三百，曲禮三千，法度皆在。玄以爲不辭，故改之。』《釋文》『凡數』作『數凡』。

頤煊案：司農『數』字屬上句讀，作『掌贊書數』，『凡』字不得在『數』上。鄭改其讀，未改其字。『數凡』謂計其總從政者，若作『凡數』，則義不可通矣。今本由後人誤乙。

環人

《夏官・環人》『掌致師』，鄭注：『致師者，致其必戰之志。』

頤煊案：《序官》鄭注『環猶卻也，以勇力卻敵』，『環』通作『擐』，《左氏・成二年》傳『擐甲執兵』，杜注：『擐，貫也。』下文『環四方之故』亦謂其威武禦敵，與《秋官・環人》義別。

聚檯

《挈壺氏》『凡軍事縣壺以序聚檯』，鄭注：『鄭司農云：以序聚檯，以次更聚擊檯備守也。』

頤煊案：《說文》：『掫，夜戒守，有所擊。从手，取聲。《春秋傳》曰：「賓將掫。」』《鏄師》、《掌固》杜子春注皆作『賓將趨』〔三〕。《左氏・襄二十五年》傳『陪臣干掫』，《釋文》：『服本作諏。』《史記・齊太公世家》作『陪臣爭趣』。『聚』、『諏』、『趣』、『趨』，皆即掫之假借字。

薄借綦

《弁師》『玉瑧』，鄭注：『瑧讀如薄借綦之綦。』疏：『薄借之語未聞。』

頤煊案：《禮記・內則》鄭注：『綦，屨繫也。』《說文》『綦』重文『綥』，『一曰不借綥』。《釋名・釋衣服》：『齊人謂艸屨曰扉，或曰不借。』不借即薄借也。

授旅賁殳

《司戈盾》『祭祀，授旅賁殳故士戈盾』，鄭注：『殳如杖，長尋有四尺。』

頤煊案：《旅賁氏》：『掌執戈盾，夾王車而趨，凡祭祀、會同、賓客，則服而趨。』並未言殳。下文『軍旅、會同，授旅賁及虎士戈盾』，此『殳』當是『及』字之譌。

官中

《秋官》士師之職：『掌官中之政令。』鄭注：『大司寇之官府中也。』王氏引之《經義述聞》：『偏考五官，無謂官府爲官中者。「官」當爲「宫」字之譌也。』

頤煊案：『官中』即下文所謂『獄訟之辭』。《小司寇》『以三刺斷庶民獄訟之中』，鄭注：『中謂罪正所定。』《鄉士》《遂士》《縣士》《方士》皆云『獄訟成，士師受中』，鄭注：『受中謂受獄訟之成也。』即此所謂官中也。《小司寇》：『歲終則令羣士計獄弊訟，以登中於天府。』《天府》：『凡官府、鄉州及都鄙之治中，受而藏之，以詔王察羣吏之治。』皆是。

槍雷椎椁

《職金》『凡國有大故而用金石，則掌其令』，鄭注：『用金石者，作槍、雷、椎、椁之屬。』

頤煊案：『雷』作『礌』，『椎』作『磓』，『槍』作『鎗』，『椁』作『錞』，皆金石所用。《禮記·曲禮》『進戈矛者，前其鐓』，《釋文》：『本又作錞。』《説文》：『鐓，矛戟柲下銅鐏也。』段氏玉裁《漢讀考》『椁』作『椁』，云：『《説文》作朾，橦也，从木，丁聲。《通俗文》：「撞出曰朾。」』非金石所施。

以攻説禬之

《庶氏》『掌除毒蠱以攻説禬之』，鄭注：『攻説，祈名，祈其神求去之也。鄭司農云：禬，除也。玄謂此禬讀如潰癕之潰。』

頤煊案：『以攻説禬之』，猶言或攻之、或説之、或禬之，三者皆祈名。《大祝》『掌六祈以同鬼神示』，三曰禬、五曰攻、六曰説。《詛祝》『掌盟、詛、類、造、攻、説、禬、禜之祝號』，鄭謂此與『以禬禮哀圍敗』禬字義别，故云『此禬讀如潰癕之潰』。

使則介之

《行夫》『居於其國則掌行人之勞辱事焉，使則介之』，鄭注：『使謂大、小行人也。故書曰夷使，鄭司農云：夷使，使於四夷則行夫主爲之介。玄謂夷發聲。』

頤煊案：今本『使』上脱『夷』字。『故書曰夷使』五字是後人增加，非鄭注本文。《釋文》：

『焉，劉音夷。』劉昌宗本已脱『夷』字，因以『焉』當『夷』，非是。見王氏《經義述聞》。

妢胡之笴

《考工記》『妢胡之笴』，鄭注：『妢胡，胡子之國在楚旁。杜子春云：妢讀爲焚咸丘之焚，書或爲邠。』

頤煊案：《籥章》『掌土鼓豳籥』，鄭注：『鄭司農云：豳籥，豳國之地竹。』『豳』通作『邠』，邠地産竹，可以爲籥，亦可以爲笴，義亦得通。

不藃

《輪人》『則轂雖敝不藃』，鄭注：『鄭司農云：藃當作秏。玄謂藃，藃暴陰柔，後必橈減，幬革暴起。』

頤煊案：先鄭謂藃當作秏。《爾雅・釋詁》：『毗、劉，暴樂也。』《詩・桑柔》『捋采其劉』，《毛傳》：『劉，爆爍而希也。』此即秏字之義。後鄭謂藃爲藃暴者，藃暴當作槁暴。《晏子春秋・雜上篇》：『今夫車輪，山之直木也，良匠揉之，其圓中規，雖有槁暴，不復嬴矣。』《荀子・勸學篇》：『雖有槁暴，不復挺者，輮使之然也。』即其義矣。

萬之以眡其匡也

『是故規之以眡其圜也，萬之以眡其匡也』，鄭注：『等爲萬蔞以運輪上，輪中萬蔞，則不匡刺也。故書萬作禹。鄭司農云：讀爲萬，書或作矩。』

頤煊案：此篇終統論輪制，萬與規對，『萬』即『矩』字，匡與圜對，『匡』讀爲『方』。《輿人》『圜者中規，方者中矩』，亦同此義。

利　準

《輈人》『輈注則利準，利準則久，和則安』，鄭注：『故書準作水。鄭司農云：注則利水謂轅脊雨注令水去利也。玄謂利水重讀似非也。注則利謂輈之柔者，形如注星則利也。準則久謂輈之在輿下者，平如準則能久也。』惠氏士奇云：『依注利準二字衍。按注云「利水重讀似非也」，則司農於經文兩遍讀之耳。必不增經，可知注中鄭司農云下當有「利水重讀」四字，故後鄭辨之云「利水重讀似非」。』

頤煊案：鄭注『玄謂利水重讀似非也』，經文明重『利準』二字，『利水重讀』四字是釋經文，非駁司農注，惠氏説誤。

杼首

『玉人之事』，『大圭長三尺，杼上終葵首』，鄭注：『終葵，椎也。爲椎於其杼上，明無所屈也。杼，閷也。』

頤煊案：《文選·魏都賦》『巷無杼首』，劉淵林注：『《方言》：「《燕記》曰：豐人杼首。杼首，長首也。」』

瘚疾險中

《弓人》『瘚疾險中』，鄭注：『牛有久病則角裏傷。』疏：『險，傷也。』

頤煊案：『險』當作『儉』，古字通用。儉謂瘦省也。

淹中禮古經

《漢書·藝文志》『《禮》古經五十六卷』，『《禮》古經者出於魯淹中及孔氏學』。

頤煊案：蘇林曰：『淹中，里名。』《皇覽》曰：『奄里伯公冢在魯城内祥舍中。』孔氏學者，孔子壁中書也。淹中所得《禮》古經不與孔壁同時，故《志》分别言之。《後漢書·儒林傳》：『孔安國所獻《禮》古經五十六篇。』鄭君《六藝論》『後得孔子壁中、河間獻王古文《禮》五十六篇，《記》百三十一篇。』皆不言淹中所得。或曰河間獻王古文《禮》即淹中本。

禮經十七篇

《藝文志》：『《禮》古經五十六卷，經七十篇。』又云：『七十篇文相似，多三十九篇。』

頤煊案：稱『古經』者，淹中及孔壁所得。其稱『經』者，即高堂生所傳《士禮》十七篇，古經十七篇與高堂生《禮》同，益以所多三十九篇，爲五十六篇。《六藝論》本於《藝文志》，亦云其十七篇與高堂生同而字多異。今本《漢書》作『七十篇』，是傳寫者誤乙。

質明

《士冠禮》：『宰告曰：質明行事。』鄭注：『質，正也。宰告曰：旦日正明行冠事。』

頤煊案：《士昏禮》『質明贊見婦於舅姑』，鄭注：『質，平也。』《史記·曆書》『雞三號卒明』，集解：『徐廣曰：卒一作平。』正義：『自平明寅至雞鳴丑凡十二辰。』平明即平旦也。

袗玄

『兄弟畢袗玄』，鄭注：『袗，同也。古文袗爲均。』

頤煊案：《説文》：『袗，玄服，从衣，㐱聲。』此即今文義也。鄭注『袗，同也』，字雖從今文作『袗』，注仍依古文『均』字訓之。後人不知『均』、『袗』爲同聲假借字，别作『袀』字。《淮南·齊俗訓》：『尸祝袀袨。』『袀袨』即『袗玄』二字之俗，《説文》皆不載。

攝酒

『再醮，攝酒，其他皆如初』，鄭注：『攝猶整也，整酒謂撓之。』疏：『案《有司徹》云「司宫攝酒」，注云：「更洗益整頓之。」不可云洗，亦當爲撓，謂更撓攪添益整頓示新也。』

頤煊案：『撓』當作『洗』。再醮如初儀，始醮云卒洗升酌，再醮，酒因於前，其亦當洗酌以示敬，故鄭云『整酒謂洗之』。《有司徹》亦唯徹室中之饋，因前正祭之酒，故鄭注『更洗益整頓之』，其義正同。

緇袘

《士昏禮》『主人爵弁，纁裳，緇袘』，鄭注：『袘謂緣，袘之言施。以緇緣裳，象陽氣下施。』

頤煊案：《廣雅·釋器》：『袘，袖也。』《史記·司馬相如列傳》『揚袘卹削』，集解：『徐廣曰：袘，衣褎也。』袘通作袉。《説文》：『袉，裾也。』《淮南·齊俗訓》『裾衣博帶』，高誘注：『裾，褎也。』

纁　袡

『女次純衣，纁袡』，鄭注：『袡亦緣也，袡之言任也。以纁緣其衣，象陰氣上任也。凡婦人不常施袡之衣，盛昏禮爲此服。《喪大記》曰：復衣不以袡，明非常。』

頤煊案：《方言》：『蔽厀，齊魯之郊謂之袡。』《禮記·雜記上》『纁袡』，《釋文》：『王肅云婦人蔽膝也。』《周禮·内司服》：『王后褘衣。』《說文》：『褘，蔽厀也。』故袡亦爲婦人之上服。

走　見

《士相見禮》『請吾子之就家也，某將走見』，鄭注：『走猶往也。』又『某也固辭，不得命，將走見』，鄭注：『走猶出也。』疏：『走猶出也者，亦猶上之走往，彼據向賓家，故走爲往。此據出門，故云「走，出也」。』

頤煊案：『走見』文同，不應其注互異。趨、走同義。《說文》：『走，趨也。』『走見』猶趨見也。

下

『始見於君，執摯至下，容彌蹙』，鄭注：『下謂君所也。』疏：『不言所而言下者，凡臣視祫已下，故不言所言下也。』

頤煊案：下謂堂下。《禮記·禮運》：『澄酒在下。』《禮器》：『樂交應乎下。』《論語·子罕》：『拜下。』凡言下者，皆謂堂下。

衆皆若是

『凡與大人言，始視面，中視抱，卒視面，毋改，衆皆若是』，鄭注：『衆謂諸卿大夫同在此者。皆若是，其視之儀無異也。今文衆爲終。』

頤煊案：『衆』、『終』古字通用，此義當從今文作『終』。始視、中視、卒視，是舉其言之一節，終則舉其燕見始末而言。

疑立

《鄉飲酒》『禮賓西階上，疑立』，鄭注：『疑讀爲疑然從於趙盾之疑。疑，正立自定之貌。』

頤煊案：『疑』讀爲『擬』，謂其面度向主人也。《士相見禮》：『凡燕見於君，必辯君之南面，若不得則正方不疑君。』不疑君謂不向君也。

盥洗

『執觶興，盥洗，北面』，鄭注：『洗觶奠之，示絜敬。』疏：『執觶興洗北面者，案《鄉射》《大射禮》皆直云「取觶洗，南面，反奠於其所」，不云盥，此俗本有盥者誤。』

頤煊案：《禮記・鄉飲酒義》『盥洗揚觶，所以致絜也』，孔疏：『盥洗揚觶者，謂主人將獻賓，以水盥手而洗爵。揚觶謂既獻之後舉觶酬賓之時，亦盥洗也。』孔氏本有『盥』字。

遵者

『遵者降席，席東南面』，鄭注：『遵者謂此鄉之人仕至大夫者也，今來助主人樂賓，主人所榮而遵法者也，因以爲名。』

頤煊案：遵者即尊者，《穀梁・成五年》傳：『伯尊由忠問焉。』《太平御覽》卷六百四十九引作『伯遵』。《後漢書・光武帝紀》『擊更始郾王尹遵』，李賢注：『遵或作尊。』古字通用。

二指之間

《鄉射禮》『凡挾矢於二指之間橫之』，鄭注：『二指謂左右手之第二指，此以食指將指挾之。』疏：『以左擘指拓弓，右擘指鈎弦，故知挾矢以第二第三指間。第二指爲食指，《左傳》云

「子公之食指動」是也。第三指爲將指，《左傳》云「吴王闔閭傷於將指」是也。』

頤煊案：《特牲饋食禮》『挂於季指』，鄭注：『季，小也。』《孟子・告子上》『今有無名之指』，趙岐注：『無名之指，手之第四指也。』凡手第一指曰擘指，第二指曰食指，第三指曰將指，第四指曰無名指，第五指曰季指也。

苟敬

《燕禮記》『賓爲苟敬』，鄭注：『苟，且也，假也。』《聘禮記》『燕則上介爲賓，賓爲苟敬』，鄭注：『苟敬者，主人所以小敬也。』

頤煊案：且敬、小敬皆不足以言《禮》。《説文》：『茍，自急敕也。』孫愐音力已切，此經兩苟字讀當如之。自急敕以爲敬，殺其禮，非殺其敬也。

豐字

《大射儀》『膳尊兩甒在南，有豐』，鄭注：『豐以承尊也。説者以爲若井鹿盧，其爲字從豆，𧯛聲。』疏：『其爲字從豆𧯛聲者，此謂上聲下形之字，年和穀豆多有，故從豆爲形也。豐者，承尊之器，象形也。是以豐年之字𧯛下著豆，今諸經皆以承尊爵之豐不用本字之𧯛而用豐年之豐，故鄭還依豐字解之。』

頤煊案：《説文》：『豊，行禮之器也，从豆，象形，讀與禮同。』『豐，豆之豐滿者也，从豆，象形，一曰《鄉飲酒》有豐侯者。』賈疏正據《説文》爲義，當云：『豊者，承尊之器，象形也。是以豐年之字曲下著豆〔四〕，今諸經皆以承尊爵之曲不用本字之而用豐年之豐。』今疏中『豐』字皆作『豐』者，傳寫譌也。《説文》無『曲』字，豐从豆象形，不從曲得聲，與鄭異義。

竹簋方

《聘禮》『勞以二竹簋方』，鄭注：『竹簋方者，器名也。以竹爲之，狀如簋而方，如今寒具筥。筥者圜，此方耳。』《釋文》作『簠』，云：『本或作簋，外圓内方曰簠，内圓外方曰簋。』

頤煊案：《説文》：『簋，黍稷方器也。』『簠，黍稷圜器也。』注云『狀如簋而方』，經當作『簋』字。《詩·伐木》『陳饋八簋』，《毛傳》：『圓曰簋。』《周禮·舍人》『凡祭祀共簠簋』，鄭注：『方曰簠，圓曰簋。』故此疏云：『凡簋皆用木而圓，此則用竹而方，故曰如簋而方。』《考工記·玉人》疏：『簋法圓，今此竹簋方爲之者，此或棗栗，與黍稷異也。』明經文作『簋』字。

飧　飪

『宰夫朝服設飧，飪一牢。』

頤煊案：《公羊·成二年》傳何休注引《聘禮》作：『宰夫朝服致飧腍。』《聘禮記》『唯羹飪』，鄭注：『古文飪作脸。』此引作『致飧脸』者，亦古文。注不言者，畧也。

匹馬卓上

《覲禮》『匹馬卓上，九馬隨之』，鄭注：『卓讀如卓王孫之卓，卓猶的也，以素的一馬以爲上，書其國名，後當識其何産也。』

頣煊案：《釋名・釋首飾》：『以丹注面曰的[五]。的，灼也。此本天子、諸侯、羣妾當以次進御，其有月事者止而不御，重以口説，故注此丹於面灼然爲識。』書馬之法亦猶是也，故鄭注訓『卓』爲『的』。

竹簩蓋

《既夕》『燕器杖笠翣』，鄭注：『笠，竹簩蓋也。』疏：『簩，竹之青皮。』王氏引之《經義述聞》：『《説文》《玉篇》《廣韻》俱無簩字，簩蓋荂字之譌。郭璞《爾雅》注「荂音敷」，荂之言皮膚也，故賈疏以爲竹青皮。錢氏曉徵《荅問》謂當作篘，案篘與簩字不相似，若本是篘字，無緣誤爲也。』

頣煊案：《爾雅・釋草》『華，荂也』，『荂，榮也』。《説文》以荂爲華字或體，不可謂竹青皮。《説文》『笨，析竹笢也』，『笢，竹膚也』。《爾雅》『蒤，委葉』，《釋文》：『本作荼。』此『笨』

字或作簝，因譌而爲『篣』，其形聲皆相近。

見

『藏器於旁，加見』，鄭注：『見，棺飾也。更謂之見者，加此則棺柩不復見矣。』疏：『見棺飾也者，飾則帷荒，以其與棺爲飾，是以《喪大記》云：「飾棺：君龍帷黼荒，大夫畫帷畫荒〔六〕，士布帷布荒。」注云：「飾棺者，以華道路及壙中，不欲衆惡其心也。」此柩入壙還以帷荒加於柩，故鄭注云及壙中也。』

頤煊案：『見』當即『荒』字之譌，字形相近。

長占

《特牲饋食禮》『筮者還，東面，長占』，鄭注：『長占以其屬之長幼旅占之。』

頤煊案：《士冠禮》『筮人還，東面，旅占』，《士喪禮》『命筮者受視，反之東面，旅占』，經無言『長占』者。『旅』古文作『𣃘』，『長』古文作『兂』，字形相近，『長占』即『旅占』之譌。

養有以也

『祝曰：養，有以也。』鄭注：『以謂如何其久也，「必有以也」之以。』《釋文》：『以依注音似，或如字。』

頤煊案：疏：『已上皆爲「以」，爲「似」者誤也。』疏意『以』讀爲『似』，改其音未改其字。『已上皆爲以』謂注中自此已上凡五『以』字皆當爲『以』，或改作『似』字者，誤也。

被錫衣

《少牢饋食禮》『主婦被錫衣移袂』，鄭注：『被錫讀爲髲鬄，古者或剔賤者刑者之髮，以被婦人之紒爲飾，因名髲鬄焉。此《周禮》所謂「次」也。』

頤煊案：《詩・采蘩》『被之僮僮』，『被之祁祁』，《毛傳》：『被，首飾也。』皆單言之，髲鬄即被。《大射儀》『冪用錫』，鄭注：『錫，布也。』《周禮・司服》『王爲三公六卿錫衰』，鄭司農云：『錫，麻之滑易者。』《列子・周穆王篇》：『衣阿錫。』《史記・司馬相如列傳》：『被阿錫。』錫衣，衣之細滑者，即是不專麻布，與《特牲饋食》『主婦纚笄宵衣』爲一例。鄭注以髲釋被，以鬄釋錫，謂大夫妻尊亦衣綃衣而侈其袂者，失之。

校勘記

〔一〕三能三階也　『能』原誤作『台』，今據《周禮・春官・大宗伯》注改。

〔二〕鄭司農曰　四字原脱，今據《周禮・春官・大祝》注補。

〔三〕鏄師掌固杜子春注皆作賓將趨　《鏄師》杜子春注引《春秋傳》作『賓將趨』，而《掌固》所引則作『趣』，不作『趨』，諸本同。此或轉引惠棟《周禮古義》而致誤。《古義》引《鏄師》、《掌固》皆作『趨』。

〔四〕是以豐年之字𧯷下著豆　『𧯷』原作『豐』，今據文意改，下同。

〔五〕以丹注面曰的　『的』爲『旳』之俗字。畢沅《釋名疏證》作『旳』，云：『今本作勺，《北堂書鈔》、《御覽》皆引作「旳」。』下『的』字同。

〔六〕大夫畫帷畫荒　『畫帷』二字原脱，今據《即夕》疏補。

讀書叢録卷四 禮記 大戴禮

禮記

《漢書·河間獻王傳》：『所得《周官》《尚書》《禮》《禮記》，其稱《禮》即《禮經》，今之《儀禮》是也。《禮記》即《大》《小戴記》。』《梅福傳》『《禮記》「孔子曰丘殷人也」』，《小戴記》之文。《後漢書·桓郁傳》『《禮記》曰「天下之命懸於天子，天子之善成乎所習」』云云，《大戴記》之文。

負劒辟咡

《曲禮》『上負劒，辟咡詔之』，鄭注：『負謂置之於背，劒謂挾之於旁。辟咡詔之謂傾頭與語。』

頤煊案：傾頭與語，劒礙於旁，故必負劒然後與語。《史記·刺客列傳》：『王負劒。』負劒遂拔，明無事不負劒也。《正義》：『負謂致兒背上，劒謂挾於脇下，如帶劒也。』非是。

毋踖席

『毋踖席』，《正義》：『踖猶躐也。席既地鋪，當有上下。將就坐，當從下而升當己位上。不發初從上，從上爲躐席也。《玉藻》云升席：「升席不由前爲躐席也。」』

頤煊案：今《玉藻》作：『登席不由前爲躐席。』古『巤』、『葛』同聲，故從『巤』之字多從『葛』。『躐』或作『蹫』，亦古今字。《説文》：『踖，一曰踧踖。』非躐義。『踖』疑即『蹫』字之譌。

授坐不立

『授立不跪，授坐不立』，《釋文》：『授坐，本又作俛仰。』

頤煊案：鄭注：『爲煩尊者俛仰受之〔一〕。』《正義》：『若尊者形短〔二〕，雖卑者得跪以授之。故《少儀》云「受立、授立，不坐。性之直者，則有之也」，注云「尊者短則跪，不敢以長臨之」是也。』注疏並不釋授坐二字之義，當從《釋文》本作『授立不跪，俛仰不立』爲是。《少儀》『性之直者』當作『生之直者』，古字『性』、『生』通用。

汙手

『共飯不澤手』，鄭注：『爲汙手不絜也。』《釋文》：『汙，下半反，本或作汙。』

頤煊案：《正義》：『絜，净也。若澤手，手必汙生則不絜净。一本「汙生不圭」，圭，絜也，言手澤汙飯也。』《正義》所見兩本與《釋文》同。鄭注：『澤謂捼莎也。』《詩・葛覃》『薄汙我私』，《毛傳》：『汙，煩也。』鄭箋：『煩，煩撋之。』《釋文》：『阮孝緒《字畧》云：煩撋猶捼莎也。』鄭注當作『汙』字。

玄武四象

『行前朱鳥而後玄武，左青龍而右白虎。』

頤煊案：《考工記・輈人》：『龍旗九斿以象大火，鳥旗七斿以象鶉火，熊旗六斿以象伐，龜蛇四斿以象營室。』龍即青龍，鳥即朱鳥，熊虎爲旗，故西方亦作白虎。漢碑畫玄武皆作龜蛇象，其命名之義不可曉。《正義》：『玄武，龜也。龜有甲能禦侮用也。』而不及蛇。《後漢書・馮衍傳》李賢注：『位在北方故曰玄，身有鱗甲故曰武。』皆臆説。

衈勿

『國中以策彗卹勿驅〔三〕』，鄭注：『衈勿，搔摩也。』

頤煊案：衈勿即密勿。《漢書·劉向傳》『密勿從事』，《詩·十月之交》作『黽勉從事』，《爾雅·釋詁》『蠠没，勉也』，皆同聲通用字。此與下『塵不出軌』對言之，言國中但以策彗微勉，不令塵揚。《正義》：『衈勿者，以策微近馬體，不欲令疾也〔四〕。』得其義矣。

男女相荅拜也

《曲禮下》『男女相荅拜也』，《釋文》：『相荅拜，一本作不相荅拜。皇云：後人加「不」字耳。』《正義》：『俗本云「男女不相荅拜」，禮男女拜悉相荅拜，則有「不」字爲非。』

頤煊案：『禮男女拜悉相荅拜』者，是言其親。此汎言男女，當是其疏遠者，故鄭注『嫌遠別不相荅拜以明之』，據鄭注當有『不』字。

食力

『問大夫之富，曰有宰食力』，鄭注：『食力謂民之賦税。』

頤煊案：『力』當作『仂』。《王制》『祭用數之仂』，『喪用三年之仂』，皆謂有餘。

國君綏視

『國君綏視』，鄭注：『綏讀爲妥，妥視謂上於祫。』

頤煊案：視上於祫不可謂妥，綏當爲緌。《周禮・夏采》鄭注：『《士冠禮》及《玉藻》「冠緌」之字故書亦多作「綏」者。』冠緌結於項，謂在衿之上、面之下也。

華而睆

《檀弓上》『華而睆，大夫之簀與』，鄭注：『説者以睆爲刮節目，字或爲刮。』《釋文》：『孫炎云：睆，漆也。』

頤煊案：《考工記》『刮摩之工』，鄭注：『故書刮作捖。鄭司農云：捖讀爲刮。』故鄭注以睆爲刮節目。《説文》『垸，以漆和灰而髤也』，此即孫炎所本。

畏

「死而不弔者三：畏」，鄭注：『人或時以非罪攻己，不能有以説之死之者，「孔子畏於匡」。』

頤煊案：《白虎通・喪服篇》：『畏者，兵死也。』《通典》引盧植注：『畏，兵刃所傷。』《周禮·家人》『凡死於兵者不入兆域』，鄭注：『戰敗無勇，投諸塋外以罰之。』畏謂畏怯戰敗而死，故不弔。

正丘首

『狐死正丘首』，鄭注：『正丘首，正首丘也。』《正義》：『所以正首而嚮丘者，丘是狐窟根本之處，雖狼狽而死，意猶嚮此丘。』

頤煊案：『丘首』當作『北首』。下文『葬於北方，北首，三代之達禮也，之幽之故也』，《禮運》：『故死者北首，生者南鄉，皆從其初。』狐死亦北首，記引之以證不忘其本。『丘』古文『北』，與『北』字形相近，因譌作『丘首』。

爵弁緇衣

『天子之哭諸侯也，爵弁經紂衣』，鄭注：『天子至尊，不見尸柩不弔服，麻不加於采。此言「經」衍字也。』

頤煊案：《白虎通·崩薨篇》：『《禮·檀弓》曰：「天子哭諸侯，爵弁純衣。」』無『經』字。

儼然

《檀弓下》：『雖吾子儼然在憂服之中。』

頤煊案：《詩·澤陂》『碩大且儼』，《説文》引作『碩大且㜝』。『儼』即讀如諒闇之『闇』，儼然謂在諒闇中也。《雜記》疏：『哀皆居堊室不廬。廬，嚴者也。』『嚴』、『儼』古字通用。

裘氏

『與之邑裘氏。』

頤煊案：《莊子·列御寇篇》『鄭人緩也，呻吟裘氏之地』，《水經·渠水注》：『沙水又東南逕陳留縣裘氏鄉裘氏亭西〔五〕。《陳留風俗傳》曰：陳留縣裘氏鄉有澹臺子羽冢。』

馘或爲國

《王制》『以訊馘告』，鄭注：『馘或爲國。』

頤煊案：《周禮·蟈氏》鄭注：『鄭司農云：蟈讀爲蜮。』《説文》『蜮』重文作『蟈』。《隸釋·斥彰長田君碑》『討畔夷國』，即『馘』字之省。

昆蟲

『昆蟲未蟄』，鄭注：『昆，明也。明蟲者得陽而生，得陰而藏。』

頤煊案：《大戴禮·夏小正》『昆小蟲，昆者，衆也』，衆蟲何以謂之昆蟲？《説文》：『周人謂兄曰翼，从弟、从眔。』與『衆』字形相近，因譌作『昆』。

今月令

《月令》『鴻雁來』，鄭注：『今《月令》「鴻」皆爲「候」。』《正義》：『今《月令》者，《月令》出有先後，入《禮記》者爲古，不入《禮記》者爲今，則《吕氏春秋》是也。』

頤煊案：《説文》引《明堂月令》、蔡邕《月令章句》與此注『今《月令》』皆後漢單行本，非《吕氏春秋》。

九門

『毋出九門』，鄭注：『天子九門者，路門也，應門也，雉門也，庫門也，臯門也，城門也，近郊門也，關門也。』

頤煊案：下文『九門磔攘』注不言者，明與此同也。《風俗通·祀典篇》：『《月令》「九門磔禳以畢春氣」，蓋天子之城十有二門，東方三門，生氣之門也，不欲使死物見於生門。』《呂氏春秋・季春紀》高誘注：『九門，三方九門也。』即本《風俗通》，皆與鄭異義。

累牛騰馬

『乃合累牛騰馬遊牝于牧』，鄭注：『「累」、「騰」皆乘匹之名，是月所合牛馬，謂繫在廄者，其牝欲遊則就牧之牡而合之。』

頤煊案：《易・大壯》『羸其角』，《釋文》：『蜀才作累。』《姤》『羸豕孚蹢躅』，《釋文》：『陸云羸讀爲累。』《廣雅・釋言》：『羸，瘠也。』累牛謂病牛。《説文》：『一曰騰，犗馬也。』『乃合累牛騰馬』謂繫其病者、犗者於廄，餘則皆遊牝於牧，即《周禮・牧師》所謂『中春通淫』也。鄭注以『累』、『騰』皆乘匹之名，失之。

遠之於成均

《文王世子》『謂之郊人遠之』，鄭注：『遠之者，不曰俊選。曰郊人，賤技藝。』

頤煊案：『遠之』當作『達之』，屬下『於成均』爲句，言『達之於成均以及取爵於上尊也』，義亦得通。

櫓　巢

《禮運》『夏則居橧巢』，山井鼎《考文》：『古本橧作櫓。』

頤煊案：《太平御覽》卷五十五引《禮記》作『櫓』，《家語·問禮篇》亦作『櫓』。《釋名·釋兵》：『櫓，露也，露上無屋覆也。』《左氏·成十六年》傳『楚子登巢車以望晉軍』，杜注：『巢車，車上加櫓。』《正義》引《説文》云：『轈，兵高車加巢以望敵也。櫓，澤中守草樓也。巢與櫓皆樓之別名。』今本作『橧』，傳寫之譌。

不獝

『鳳以爲畜，故鳥不獝』，鄭注：『獝、狘，飛走之貌也。』錢氏大昕《荅問》：『獝爲鳥飛，不應從犬旁。《釋文》「獝本作矞」，《周禮·大司樂》注引此文亦作「矞」，俗本從犬者誤也。《説文》『走部』有趫字，訓狂走，即烏不矞之「矞」。張衡《東京賦》「捎魑魅，斮獝狂」，薛綜注：「獝狂，惡厲之鬼名。」《埤蒼》云：「獝，無頭鬼也。」矞本有狂義，因矞狂連文，并矞字亦加犬旁，猶展轉之「展」作「輾」，鈇質之「質」作「鑕」也。』

頤煊案：『獝』本作『鷸』，《詩·晨風》『鴥彼晨風』，《毛傳》：『鴥，疾飛也。』《韓詩》作『鷸彼晨風』，『矞』即『鷸』字之省。後人誤加犬旁作『獝』字。

筠

《禮器》『如竹箭之有筠也』，《正義》：『筠是竹外青皮。《顧命》云：「敷重筍席」，鄭云：「筍，析竹青皮也。《禮記》曰：如竹箭之有筠。」鄭引《禮記》之筠以爲青皮，是知呼竹爲筠。』

頤煊案：《聘義》『孚尹旁達』，鄭注：『尹讀如竹箭之筠。』是鄭以筠竹外青皮。『筍』、『尹』皆『筠』之借字，《漢書・高帝紀》『以竹皮爲冠』，韋昭曰：『竹皮，竹筠也。』《説文》無『筠』字，《説文》：『笢，竹膚也。从竹，民聲。』『笨，析竹笢也』，是析竹皮黄者爲『笨』，皮青者爲『笢』。『笢』即『筠』字。

燔柴於奥

『燔柴於奥，夫奥者，老婦之祭也』，鄭注：『奥當爲爨字之誤也，或作竈。』

頤煊案：《儀禮・特牲饋食禮》鄭注：『《禮器》曰：「燔燎於爨，夫爨者，老婦之祭。」』《風俗通・祀典篇》：『《禮器記》曰：「燔柴於竈，竈者，老婦之祭。」』是鄭注所本。

往德也

《郊特牲》『束帛加璧，往德也』，《正義》：『南本及定本皆作往德，北本爲任德。』

頤煊案：當作『任德』。《禮器》：『束帛加璧，尊德也。』任德與尊德義近。

婦盥饋

『厥明，婦盥饋，舅姑卒食，婦餕餘，私之也』，《釋文》：『一本無「婦盥饋」三字。』

頤煊案：《正義》：『厥，其也，其明謂共牢之明日也。舅姑卒食，謂明日婦見舅姑訖，婦乃盥饋特豚，舅姑食特豚之禮竟也。』《正義》本無『婦盥饋』三字。

古佩遰

《内則》『右佩玦、捍、管、遰』，鄭注：『遰，刀鞞也。』

頤煊案：『遰』無刀鞞之名，『遰』當作『搋』，通作『揥』字。《詩・葛屨》『佩其象揥』，《毛傳》：『象揥，所以爲飾。』《君子偕老》『象之揥也』，《毛傳》：『揥所以摘髮也。』

免　薨〔六〕

『堇、荁、枌、榆、免、薨、滫、瀡以滑之』，鄭注：『免，新生者。薨，乾也。』《正義》：『按《庖人》云「共鱻薨之物」，鱻、薨相對。此經以「免」對「薨」，薨即是乾，故知免爲新生。此免薨於《周禮》據肉爲言，熊氏、皇氏皆云文承「堇荁枌榆」之下，據堇荁等爲免薨，義或爲然。』

頤煊案：《儀禮·士虞禮記》『夏用葵，冬用荁』，鄭注：『夏秋用生葵〔七〕，冬春用乾荁。』《爾雅·釋草》『莃，菟葵』，郭璞注：『頗似葵而小。葉狀如藜，有毛。汋啖之滑。』免即葵也，鄭注以免爲葵之新生者。蘬即乾葵也。

不涉不撅

『不涉不撅』，鄭注：『撅，揭衣也。』《正義》：『言於尊所，不因涉水，不敢揭衣。』

頤煊案：《曲禮》『拾級聚足』，鄭注：『拾當爲涉，聲之誤也。』《周書·嘗麥解》：『王涉階。』『不涉不撅』謂不涉階則不揭衣，《正義》失之。

連用湯

《玉藻》『連用湯』，鄭注：『連猶釋也。』

頤煊案：『連』讀如『爛』。《淮南·天文訓》『至於連石』，高誘注：『連讀腐爛之爛。』故《正義》云：『言釋去足垢而用湯爛也。』

手足毋移

『疾趨則欲發，而手足毋移』，鄭注：『移之言靡匜也，毋移欲其直且正。』《正義》：『移謂靡匜摇動也。』

頤煊案：『移』古通作『侈』字。侈，張也。

綴兆

《樂記》『綴兆舒疾』，鄭注：『綴謂酇舞者之位也。兆，其外營域也。』《正義》：『酇謂酇聚。』

頤煊案：《説文》：『酇，聚也。』又：『儹，最也。』『最』古通作『聚』字，《漢書·叔孫通傳》『爲綿蕞野外』，應劭曰：『立竹及茅索營之，習禮儀其中也。』『蕞』即『最』字。

肉好

『寬裕、肉好、順成、和動之音作，而民慈愛』，鄭注：『肉，肥也。』《正義》：『肉謂厚重者也。』

頤煊案：《爾雅·釋器》：『肉倍好謂之璧，好倍肉謂之瑗，肉好若一謂之環。』肉好謂音之大小得其中。

石聲磬

『石聲磬』，鄭注：『磬當爲罄字之誤也。』《正義》：『其字下著石，樂器之磬。其下著缶是罄然之罄。今經云石聲磬，恐是樂器，故讀爲罄，取聲音罄罄然。』

頤煊案：《史記·樂書》作『石聲硜』，《説文》『磬』籀文作『硜』，《論語》『硜硜然小人哉』，亦謂磬聲。『磬』即『硜』字。

公羊賈

《雜記下》：『鑿巾以飯，公羊賈爲之也。』

頤煊案：『公羊賈』疑即《論語》『公明賈』，『明』古讀如『芒』，與『羊』聲相近。《春秋》家『公羊高』亦即《孟子》所謂『公明高』也。

鷖彌

『中路嬰兒失其母焉，何常聲之有』，鄭注：『嬰猶鷖彌也，言其若小兒亡母啼號，安得常聲乎？所謂「哭不偯」。』

頤煊案：《釋名·釋長幼》：『人始生曰嬰兒，或曰嫛婗。嫛，是人也，婗，其啼聲也。』『鷖彌』、『嫛婗』皆即『倪』字雙聲。

其名者成

『凡宗廟之器，其名者成，則釁之以豭豚』，鄭注：『宗廟名器謂尊彝之屬。』

頤煊案：『名』即『銘』字。《周禮・小祝》『置銘』，鄭注：『銘，今書或作名。』《儀禮・既夕》『取銘置於重』，鄭注：『今文銘皆作名。』《祭統》：『銘者，自名也，自名以稱揚其先祖之美而明著之後世者也。』故尊彝之屬有銘者成，則皆釁之。

一溢米

《喪大記》『朝一溢米，莫一溢米』，鄭注：『二十兩曰溢。於粟米之法，一溢爲米一升二十四分升之一。』

頤煊案：《後漢書・南蠻傳》『計人稟五升』，李賢注：『古升小，故云五升。』《三國志》裴松之注引《魏氏春秋》：『諸葛公所噉食不過數升。司馬宣王曰：「亮將死矣。」』故朝升米、暮升米爲最少之數。

煇

《祭統》『夫祭有畀煇胞翟閽者，惠下之道也』，鄭注：『煇，《周禮》作「韗」，謂韗磔皮革之官。』

頤煊案：《考工記》：『韗人爲皋陶。』祭時不聞有此官。下文『煇者，甲吏之賤者也』，疑執燭兵士之屬。

興　舊

『興舊耆欲，作率慶士』，鄭注：『言文叔能興行先祖之舊德，起而循其善事。』

頤煊案：『舊』當爲『觀』字之譌，《說文》『觀』古文作『舊』，與『舊』字形相近。『興觀耆欲』謂能省視其嗜欲，以作率其卿士。『慶』，古『卿』字。

夫婦之道苦

《經解》『故昏姻之禮廢，則夫婦之道苦，而淫辟之罪多矣』，鄭注：『苦謂不至不荅之屬。』

頤煊案：《爾雅·釋詁》：『苦，息也。』夫婦之道止息，謂無以別嫌明微，故淫辟之罪多。

愾　乎

《哀公問》『君行此三者，則愾乎天下矣』，鄭注：『愾猶至也。』

頤煊案：『愾』當作『忔』，與『迄』字通用。《爾雅·釋詁》：『迄，至也。』《詩·生民》『以迄於今』，《毛傳》：『迄，至也。』鄭本作：『則忔乎天下矣。』故注：『忔猶至也。』《家語·大婚篇》作『愾』，王肅注：『愾，滿也。』《説文》：『愾，太息也。』『滿』當即『懑』字之省。

下天上施

《坊記上》『酌民言則下天上施』，鄭注：『酌猶取也，取衆民之言以爲政教則得民心，得民心則恩澤所加，民受之如天矣，言其尊。』

頤煊案：『天』當爲『先』。《緇衣》『惟尹躬天見於西邑夏』，鄭注：『天當爲先。』《玉篇》『兂』，古文『天』字，與『先』形相近，謂上取民言則下先施於上，故下文云『故君子信讓以涖百姓，則民之報禮重』，即所謂『下先上施』也。

卷　石

《中庸》『一卷石之多』，鄭注：『卷猶區也。』

頤煊案：『卷』讀如『圈聚之圈』，省作『卷』，故鄭注『猶區也』。《詩》『有卷者阿』，《毛傳》：『卷，曲也。』亦是此義。或讀作拳者，失之。

歸　乎

《表記》：『子言之：歸乎？君子隱而顯。』《正義》：『於時孔子身在他國，不被任用，故稱歸乎。』

頤煊案：『歸』當通作『巋』字，巋乎屬君子句讀。《莊子·天下篇》『巋然而有餘』，郭象注：『巋然獨立自足之貌。』『巋乎君子』猶言『巍乎君子』，是美其德獨立之辭。

必見其敝

《緇衣》『苟有車必見其軾，苟有衣必見其敝』，鄭注：『敝，敗衣也，衣或在内，新時不見。』王氏引之《經義述聞》：『此言行之必成，而以衣之必敗爲喻則爲不倫，且與引《詩》之意不合。』

頤煊案：『敝』古通作『蔽』字，謂蔽膝也。蔽膝謂之韍，亦作紼。《玉藻》『一命緼韍、黝衡』，鄭注：『韍之言亦蔽也。』《白虎通·紼冕篇》：『紼者，蔽也。』軾，車前横木，蔽膝亦在衣前，其義一也。

苄蒻不納

《間傳》『苄蒻不納』，鄭注：『苄，今之蒲苹也。』

頤煊案：《説文》：『苄，地黄也。《禮》曰：「鈃毛：牛藿、羊苄、豕薇。」』今《公食大夫禮》作『羊苦』，鄭注：『苦，苦菜也。』並不爲蒲苹，『苄』當是『苹』字之譌。『苹』、『萍』古字通用，故鄭注『苹，今之蒲萍也』。《説文》：『蒻，蒲子，可以爲平席。』《釋名·釋牀帳》：『蒲平，以蒲作之，其體平也。』故《正義》云『蒲平爲席也』。

楷適

《儒行》『適弗逢世』，《正義》：『適，之也，謂已之生於澆薄之時，不逢明世也。』

頤煊案：『適』當屬上句讀，『後世以爲楷適』。《吕氏春秋·下賢篇》『帝也者，天下之適也』，高誘注：『適，主也。』

厭然

《大學》『見君子而后厭然』，鄭注：『厭讀爲黶，閉藏貌也。』《正義》：『見君子而後乃厭然，閉藏其不善之事，宣著所行善事也。』

頤煊案：如《正義》，『閉藏』是釋下文『揜』字，非釋『厭然』。《周禮・天官・序官》鄭注：『奄，精氣閉藏者。』厭與奄同，故其貌如之。

僎

《鄉飲酒義》『介僎象陰陽也』，鄭注：『古文《禮》僎皆作遵。』

頤煊案：『僎』、『遵』字形不相近，『僎』當作『俊』。古從『尊』、從『夋』字多通用。《字林》『踆，古蹲字』，《方言》『遵，俊也』，疑即本於《禮經》。《少儀》『僎爵』鄭注：『僎或爲馴』，『馴』亦與『俊』字通用，因『俊』後轉作『僎』。

縝密以栗

《聘義》『縝密以栗』，鄭注：『栗，堅貌。』

頤煊案：《山海經・西山經》『瑾瑜之玉爲良，堅粟精密』，郭璞注：『説玉理也，《禮記》曰「瑱密似粟」』，玉有粟文，所謂穀璧也。』義亦得通。

大戴稱逸禮

《後漢書・輿服志》補注引《逸禮・王度記》曰：『天子駕六馬，諸侯駕四，大夫三，士二，庶人一。』《通典》卷五十九：『太古男子五十而娶，女二十五而嫁；中古男子三十而娶，女二十而嫁。《逸禮·本命篇》云。』此皆《大戴禮》文，《大戴》不立學官，故稱《逸禮》。《太平御覽》卷五百三十七引《禮記逸禮》，卷五百四十引《大戴禮逸禮》，《逸禮》即《大戴禮》，非篇名。

謚法篇

《隋書·經籍志》『《大戴禮記》十三篇』，注云：『梁有《謚法》三卷，後漢安南太守劉熙注，亡。』

頤煊案：《大戴禮》本有《謚法篇》，見《白虎通》。《北堂書鈔》卷九十三引《大戴禮·謚法》，其時尚未亡。《太平御覽》卷五百六十二引《大戴禮》曰『周公旦、太師望相嗣王，作《謚法》』一段，與《周書·謚法篇》同。

劉熙謚法注

《玉海》引沈約《謚法序》云：『劉熙注《謚法》，唯有七十六名。』又云：『劉熙注解，時或有所發明。』

頤煊案：宋蘇洵《謚法解》多引劉熙注。《一切經音義》卷二十引《謚法》曰：『賤而得幸曰嬖。《釋名》云：「嬖，卑賤婢妾，媚以色事人得幸者也。」』今《釋名》無此文，是劉熙《謚法注》。

《文選·景福殿賦》李善注引劉熙《孟子注》：『獻猶軒軒在物上之稱也。』亦是《謚法注》，皆後人誤改。

發齊

《禮三本》『大昏之未發齊也』，孔氏廣森《補注》：『發，始也。昏禮將親迎，必先齊，音齋。』

頤煊案：《史記·禮書》『發』作『廢』。『廢』、『發』古字通用。『齊』當作『嚌』，《儀禮·士昏禮》『皆振祭嚌肝』，宋張淳《儀禮識誤》引《釋文》『嚌』作『齊』，云從口者後人加之。『未廢嚌』謂合巹卒食以前。

哭不文

『三年之哭，不文也。』

頤煊案：《史記·禮書》作『不反』，『文』、『反』皆當爲『偯』字之譌。《孝經·喪親章》『孝子之喪親也，哭不偯』，唐明皇注：『氣竭而息，聲不委曲。』《禮記·間傳》『大功之喪，三曲而偯』，鄭注：『三曲，一舉聲而三折也。』楊倞《荀子注》：『不文謂無曲折也』，亦當作『偯』字。

有司參夙興

《保傳》『有司參，夙興，端冕，見之南郊』，盧辯注：『參職謂三月朝也。』孔氏廣森《音義》：『參夙興，《漢書》《新書》並作「齊肅」，《通解》云「參」乃「齊」字之誤，而注文「職」字亦誤。』

頤煊案：《禮記·内則》：『國君世子生，三月之末，擇日，妻以子見於父，男女夙興沐浴。』古『三』字作『參』，盧本當作『參』字，據注，『參』下當有脱字。

達其不及

『太傅罰其不則，而達其不及。』

頤煊案：『達』當讀作『撻』，《禮記·文王世子》：『成王有過，則撻伯禽，所以示成王世子之道也。』下文『則有司過之史』，盧注：『太子齒於學，有榎楚之威。』亦謂撻也。

宴瞻其學

『天子宴瞻其學』，賈誼《新書》作『天子燕辟廢其學』。

頤煊案：『瞻』當從耳作『聸』，『宴聸』即燕耽，與『燕辟』義近，下脱『廢』字。《後漢書·百官志》補注引賈生作『燕業反其學』，『業』、『辟』字形相近，『反』即『廢』字之譌。

已諾

「應羣臣左右，不知已諾之正」，孔氏《補注》：「已諾猶然諾也。」

頤煊案：《文王官人篇》：「已諾無斷。」已，止也。諾，許也。謂止其所當止，許其所當許，斯爲正也。《淮南・説林訓》：「諾之與已，相去千里。」

往者不慎

《曾子立事》「來者不豫，往者不慎也」，盧注：「慎故於物，來者不猶豫，往者無所慎。」

頤煊案：「慎」當作「悔」。《禮記・儒行》：「往者不悔，來者不豫。」盧注本云：「慎故於物，來者不猶豫，往者無所悔。」若作「慎」字，注中下「慎」字義不可通。經、注兩「慎」字皆涉注中上「慎」字而譌。

及親

《曾子制言》：「上殺六畜，不當及親，吾信之矣。使民不時，失國，吾信之矣。」

頤煊案：「及親」當作「失親」。《禮記・玉藻》：「君無故不殺牛，大夫無故不殺羊，士無故不殺犬、豕。」殺六畜不當其禮則失親愛之心，「失親」、「失國」對言之。

机銘

《武王踐阼》：『於机爲銘焉。机之銘曰：皇皇惟敬，口生呞，口戕口。』

頤煊案：『机』當爲『杋』字之譌。《説文》：『杋，亦古文簋。』盛黍稷器，故銘辭從口取義。

擾阻

『户之銘曰：擾阻以泥之，若風將至，必先摇摇。』孔氏《補注》：『泥之似謂墐户也。擾阻未詳。』

頤煊案：『擾』當爲『獿』字之譌。服虔《漢書音義》：『獿，古之善塗塈者也。』《爾雅·釋詁》：『阻，難也。』謂泥塗不善，風至必敗也。

明不可弊

《子張問入官》『所見邇，故明不可弊也』，孔氏《補注》：『所不見者，無强爲明，則明之用不窮也。』

頤煊案：『弊』即『蔽』字。《左氏·襄二十七年》『以誣道蔽諸侯』，《釋文》：『蔽本作弊。』《莊子·逍遥游篇》『孰弊弊焉』，《釋文》：『弊，司馬本作蔽。』古字通用。

陽當作傷

《文王官人》：『喜氣内畜，雖欲隱之，陽喜必見。怒氣内畜，雖欲隱之，陽怒必見。欲氣内畜，雖欲隱之，陽欲必見。懼氣内畜，雖欲隱之，陽懼必見。憂悲之氣内畜，雖欲隱之，陽憂必見。』

頤煊案：五『陽』字皆當作『傷』。《詩·澤陂》『傷如之何』，《爾雅·釋詁》郭璞注引作：『陽如之何。』『陽』、『傷』古字通用，謂氣雖内畜，若有所傷感，則必見於外也。

推前惡忠

『推前惡，忠府知物焉』，盧注：『謂有詢義之攻其所不知者，則推援於人而恃以爲忠府〔八〕，而形貌又如曉然也。』

頤煊案：府，聚也。『物』是『惣』字之譌，古『總』字。謂推前惡於人，則自以爲忠聚智總。與下句『首成功，少所不足』，謂先人成功，又鄙薄其所不足，文義相對。《周書·官人篇》『前總唱功』，即隱括此二句之義。

遠於年

《公冠》「祝雍曰：使王近於民，遠於年」，孔氏《音義》：「年，《説苑》作佞。《後漢志》注引此文云：近於民，遠於年，遠於佞。」

頤煊案：「佞」讀如「年」。《左氏·襄三十年》經：「天王殺其佞夫。」《公羊》作「年夫」。劉昭《補注》所引「遠於年」即「遠於佞」，同聲假借字。「遠於年」下重出「遠於佞」三字，是後人妄加。

徹　昀

《易本命》「三月而徹昀，然後能有見」，盧注：「昀，精轉視貌。徹或爲微也。」

頤煊案：「昀」即「眴」字。《説文》作「矎」，云：「皃初生瞥者，从目，瞏聲。」「瞥，一曰財見也。」「纔見」與「微」字義近，「眴」、「矎」同聲字。

校勘記

〔一〕爲煩尊者俛仰受之　「俛」原誤作「俯」，據《曲禮》鄭注改。

〔二〕若尊者形短　「若」字上原衍「俯俛」二字。《禮記正義》：「授立不跪者，謂尊者立之時，卑者以物授尊者，不得跪煩尊者俯俛。若尊者形短，雖卑者得跪以授之。』『俯俛』二字當屬上讀，今删。

〔三〕國中以策彗卹勿驅　『驅』字原脱，下『塵不出軌』前原衍『驅』字。《曲禮》原文『國中以策彗卹勿驅，塵不出軌』，『驅』字屬上讀，今改正。

〔四〕不欲令疾也　『欲令』二字原倒，據《曲禮正義》乙正。

〔五〕沙水又東南逕陳留縣裘氏鄉裘氏亭西　『南』字原脱，據《水經·渠水注》補。

〔六〕免薨　『免』字原誤作『兔』，據《内則》注疏改，下同。

〔七〕夏秋用生葵　『秋』字原脱，據《士虞禮》鄭注補。

〔八〕則推援於人而恃以爲忠府　『恃』原譌作『待』，據《大戴禮記》改。

讀書叢録卷五　春秋左氏傳

春秋經傳别行

《漢書·藝文志》『《春秋古經》十二篇』，此《左氏》之經也。『《經》十一卷』，注云『《公羊》、《穀梁》』，此《公》、《穀》二傳之經也。《春秋》經、傳别行，賈逵解《左氏》經、傳並釋。服虔有傳無經。《南齊書·陸澄傳》：『時國學置杜、服《春秋》，澄謂尚書令王儉曰：泰元取服虔而兼取賈逵經，服傳無經，雖在注中，而傳又有無經者故也。今留服而去賈，則經有所闕。』此亦服傳無經之證。

左氏

《漢書·劉歆傳》：『《春秋左氏》，丘明所修。』《後漢書·范升傳》：『《左氏》不祖孔氏而出於丘明。』孔沖遠《正義》：『以其姓左，故號爲《左氏傳》。』《元和姓纂》：『左氏，齊公族有左、右公子，因以爲氏。魯有左丘明。』此皆以左爲氏，丘明爲名。《史記·太史公自序》：『左丘失明，厥有《國語》。』《公羊疏》、《太平御覽》卷六百一引《史記》『左丘』下有『明』字。《漢書・司馬遷傳》亦作『左丘明無目』，後人據此因以左丘爲左氏之姓，非也。

春秋鄒夾

《漢書・藝文志》『《春秋》家』：『《鄒氏傳》十一卷，《夾氏傳》十一卷，《鄒氏》無師，《夾氏》有録無書。』

頤煊案：《王吉傳》：『初，吉兼通五經，能爲《騶氏春秋》。』《後漢書・范升傳》：『《春秋》之家又有騶、夾，如令《左氏》得置博士，騶、夾、五經奇異並復求立，各有所執，乖戾分争，從之則失道，不從則失人。』騶、夾之學其時尚有傳者。

衛氏難杜

《左氏正義》引衛氏難杜，又引秦氏釋。

頤煊案：《魏書・賈思同傳》云：『思同之爲侍講也，國子博士遼西衛冀隆爲服氏之學，上書難杜氏《春秋》六十三事，思同復駁冀隆乖錯十一條。互相是非，積成十卷，詔下國學，集諸儒考之，未竟而思同卒。後魏郡姚文安、樂陵秦道静復述思同意，冀隆亦尋物故，浮陽劉休和又持冀隆説，至今未能裁正焉。』

食舍肉

《隱元年》傳『公賜之食，食舍肉』，杜預注：『食而不啜羹。』《正義》：『《禮·公食大夫》及《曲禮》所記大夫、士與客燕食，皆有牲體殽胾，非徒設羹而已。』

頤煊案：《爾雅·釋器》：『肉謂之羹。』《儀禮·鄉飲酒禮》『羹定』，鄭注：『肉謂之羹。』故下文云『未嘗君之羹，請以遺之』，羹即肉也。

憾而能眕

《三年》傳『降而不憾，憾而能眕者，鮮矣』，杜注：『恨則思亂，不能自安自重。』《正義》：『《釋言》云：「眕，重也。」』

頤煊案：注據《爾雅》以釋『眕』字，必增加『自安』二字，方與『自重』相連，其説甚迂。《説文》：『眕，目有所恨而止也。』義勝於杜。

芟　夷

《六年》傳『芟夷蕴崇之』，杜注：『芟，刈也。夷，殺也。』

頤煊案：『夷』通作『薙』字。《禮記·月令》『燒薙行水』，鄭注：『薙謂迫地芟草也。』《周禮・薙氏》鄭注：『薙讀如鬀小兒頭之鬀，書或作夷，此皆翦草也，字從類耳。』

以字爲氏

《八年》傳：『諸侯以字爲謚，因以爲族。』《史記・五帝本紀》集解、《駮五經異義》引作『諸侯以字爲氏』。

頤煊案：《正義》：『服虔云：公之母弟則以長幼爲氏，貴適統，伯仲叔季是也。庶公子則以配字爲氏，尊公族，展氏、臧氏是也。』服虔本當作『以字爲氏』。

大雨霖

《九年》傳：『春，王三月，癸酉，大雨霖以震。庚辰，大雨雪亦如之。凡雨自三日以往爲霖。』杜注：『此解經書霖也，而經無「霖」字，經誤。』《正義》：『經當如傳言「大雨霖以震」，不當云「大雨震電」。是經脱「霖以」二字而妄加「電」也。』

頤煊案：『凡雨自三日以往爲霖』是釋『大雨』，非釋經書霖，後人於傳『大雨』下妄加『霖』字。《漢書・五行志》：『隱公九年三月癸酉大雨震電，庚辰大雨雪，劉歆以爲三月癸酉於曆數春分後一日，始震電之時也，當雨而不當大雨。大雨，常雨之罰也。於始震電八日之間而大雨雪，常寒之罰也。』亦無『霖』字。

衷戎師

『祝聃逐之衷戎師』，杜注：『戎前後及中三處受敵，故曰衷戎師。』《正義》：『衷戎師者，謂戎師在三伏之中。』

頤煊案：《昭十六年》傳『發命之不衷』，杜注：『衷，當也。』《桓七年》傳：『不當王，非敵也。』謂祝聃逐之以當戎師前後夾擊之，故盡殪。杜注非是。

不　庭

《十年》傳『以王命討不庭』，杜注：『下之事上，皆成禮於庭中。』

頤煊案：《爾雅·釋詁》：『庭，直也。』《國語·周語》『以待不庭不虞之患』，韋昭注：『庭，直也。』不庭謂不直之人。《成十二年》傳『謀其不協而討不庭』，杜注：『討背叛不來在王庭者。』非是。

嘉　栗

《桓六年》傳『嘉栗旨酒』，杜注：『嘉，善也。栗，謹敬也。』《正義》：『劉炫以栗爲穗貌而規杜過。』

頤煊案：《考工記》『萏栗不迆』，鄭注：『栗讀爲裂繻之裂。』裂與烈同，嘉栗謂酒之芬芳揚烈，即下文『所謂馨香，無讒慝也』，杜、劉注皆失之。

尸

《十五年》傳『尸諸周氏之汪』，杜注：『殺而暴其尸以示戮也。』

頤煊案：《爾雅・釋詁》：『尸，陳也。』《淮南・俶真訓》高誘注：『汪讀傳「矢諸周氏之汪」同。』矢亦陳也。

始判

《莊三年》傳『紀於是乎始判』，杜注：『判，分也，言分爲附庸始於此。』

頤煊案：『判』，古通作『叛』字。《桓六年》：『冬，紀侯來朝，請王命以求成于齊，公告不能。』《莊元年》：『齊師遷紀郱、鄑、郚〔一〕。』魯又不能救。此年秋『紀季以酅入于齊』，紀於是始叛魯也。

人立而啼

《八年》傳：『豕人立而啼。』

頤煊案：《管子・大匡篇》作：『豕人立而謕。』《荀子・禮論篇》：『哭泣謕號。』《淮南・精神訓》："病疵瘕者，跧跼而諦。"《春秋繁露·執贄篇》："羊殺之不諦。""啼"皆作"諦"。

又何間焉

《十年》傳"肉食者謀之，又何間焉"，杜注："間猶與也。"

頤煊案：《爾雅·釋言》："間，俔也。"《説文》："俔，一曰聞見。"是"俔"與"見"同也。《禮記·曲禮》："侍坐於君子，若有告者曰少間，願有復也。"《昭四年》傳："寡人願結驩於二三君〔二〕，使舉請間。""間"即請見之辭。

因重固

《閔元年》傳"因重固"，杜注："能重能固則當就成之。"《正義》："服虔云重不可動，因其不可動而堅固之。"

頤煊案：此與上"親有禮"句對言之，謂因國之重臣不可動者而安固之。《襄十四年》傳："史佚有言曰：'因重而撫之。'"此即服注所本。

偏　衣

《二年》傳"公衣之偏衣"，杜注："偏衣，左右異色，其半似公服。"

頤煊案：《禮記・玉藻》：『衣正色，裳間色。』偏衣謂間色不正之衣，故下文『服其身則衣之純』，純謂正色。『衣之尨服』，尨雜即間色也。《後漢書・光武紀》：『服婦人衣，諸于繡䪜。』『諸于』，《漢書・賈誼傳》作『偏諸』，或即此制。

其愛之也

《僖五年》傳『且虞能親於桓、莊乎，其愛之也』，《正義》：『服虔「其」作「甚」，注云愛之甚，當謂愛桓、莊之族甚也。愛之若甚，何以誅之？且文勢不順，又改字失真，繆之甚也。』

頤煊案：《二十四年》傳『行者甚衆，豈惟刑臣』，《釋文》：『一本「甚」作「其」。』又『國君而讎匹夫，懼者甚衆矣』，《釋文》：『甚衆，本或作其衆。』因字形相近而亂。

南河

《二十八年》傳『還自南河濟』，杜注：『從汲郡南渡，出衛南而東。』

頤煊案：《史記・衛康叔世家》『成公三年，晉欲假道於衛救宋成公，不許。晉更從南河渡』，集解：『服虔曰：南河，濟南之東，南流河也。』《水經・河水注》：『河水於是有棘津之名，亦謂之石濟津，故南津也。《春秋・僖公二十八年》：「晉將伐曹，曹在衛東，假道於衛，衛人不許，還自南河濟。」即此也[三]。』仿宋刊注疏本作『還自河南濟』，非是。

三　百

『距躍三百，曲踊三百』，杜注：『距躍，超越也。曲踊，跳踊也。百猶勵也。』

頤煊案：距躍，直越向前也。曲踊，回身聳跳也。百與同，《説文》：『拍，拊也。』謂合手拍拊如鼓譟之狀。距躍、曲踊者，其足勢。三拍者，其手勢也。《韓非子·八説篇》：『登降周旋，不逮日中奏百。』其義正同。

以覺報宴

《文四年》傳『以覺報宴』，杜注：『覺，明也，謂諸侯有四夷之功，王賜之弓矢，又爲歌《彤弓》，以明報功宴樂。』《正義》：『覺者，悟知之意，故爲明也，使諸侯明己心也。』

頤煊案：覺者，大也。《孝經》『有覺德行』，鄭注：『覺，大也。』《詩·斯干》『有覺其楹』，《毛傳》：『有覺，言高大也。』『以覺報宴』，謂諸侯有四夷之功，王大報宴以酬其功，下文云『其敢干大禮以自取戾』。

難必抒矣

《六年》傳『有此四德者，難必抒矣』，杜注：『抒，除也。』《正義》：『服虔作紓，紓，緩也。』

頤煊案：服虔本作『紓』，是也。《成二年》傳『我亦得地而紓於難』，《三年》傳『二國圖其社稷而求紓其民』，《十六年》傳『我僞逃楚可以紓憂』，《襄八年》傳『姑從楚以紓吾民』，字皆作『紓』。

鹿死不擇音

《十七年》傳『鹿死不擇音』，杜注：『音，所茠蔭之處，古字聲同，皆相假借。』《正義》：『服虔云：鹿得美草，呦呦相呼，至於困迫將死，不暇復擇善音，急之至也。』

頤煊案：《後漢書・皇甫規傳》：『《傳》稱「鹿死不擇音」，謹冒昧畧上。』《莊子・人間世》：『獸死不擇音，氣息茀然。』皆同服說。

遂扶以下

《宣二年》傳『遂扶以下』，《正義》：『服虔本扶作跣，杜本作扶。』《釋文》：『今杜注本往往有跣者。』

頤煊案：《太平御覽》卷三百二引作『遂跣以下』。

兩馬掉鞅

《十二年》傳『兩馬掉鞅而還』，杜注：『兩，飾也。掉，正也。』《正義》：『兩飾，掉正，皆無明訓。服虔亦云是相傳爲然也。』

頤煊案：《周禮·環人注》引作『柄馬』。柄通作枊，《三國志·蜀先主傳》：『縛督郵，解綬繫其頸，著馬枊。』《説文》：『枊，馬柱。掉，摇也。』謂繫其馬於柱，摇動其鞅而還。

屈蕩尸之

『屈蕩尸之』，惠氏棟云：『淳熙九經及長平游御史本、巾箱本俱作「户」字。』

頤煊案：《漢書·王嘉傳》師古注、《文選·宦者傳論》李善注引《左傳》皆作『屈蕩户之』。《小爾雅·廣詁》：『户，止也。』户通作扈，《昭十七年》傳：『九扈爲九農正，扈氏無淫者也。』杜注：『扈，止也。』

欒京廬

《十七年》傳『使欒京廬待命于齊』，杜注：『欒京廬，郤克之介。』

頤煊案：《國語·齊語》『衛人出廬於曹』，韋昭注：『廬，寄也。』《釋名·釋宫室》：『寄止曰廬。』《周禮·野廬氏》鄭注：『廬，賓客行道所舍。』謂獻子先歸，使欒京寄止客舍，以待命于齊。

桀石

《成二年》傳『齊高固入晉師，桀石以投人』，杜注：『桀，擔也。』

頣煊案：《廣雅・釋詁》：『擔，舉也。』《史記・王翦列傳》：『方投石超距。』《漢書・甘延壽傳》『投石拔距，絶於等倫』，張晏曰：『《范蠡兵法》：「飛石重十二斤，爲機發，行二百步。」延壽有力，能以手投之。』高固亦手舉石以投人，故以爲勇。『桀』古通作『揭』字，其音義並同。

畏君之震

『畏君之震，師徒橈敗』，杜注：『震，動。』

頣煊案：震，威也。《國語・晉語》『車有震武也』，韋昭注：『震，威也。』《十三年》傳：『寡君不敢顧昏姻，畏君之威而受命於吏。』即其證。

視流

《六年》傳『視流而行速』，杜注：『視流，不端諦。』

頣煊案：《八年》傳『從善如流』，杜注：『如流喻速。』《十五年》傳『視速而言疾』，《襄三十年》傳『視躁而足高』。『視流』與『視速』、『視躁』同義。

伏劒

《襄三年》傳『魏絳至，授僕人書，將伏劒』，《正義》：『謂仰劒刃，身伏其上而取死也。』

頤煊案：伏劒即負劒。右手拔劒有似於負，故曰負劒。聲轉曰伏劒，《史記·刺客列傳》：「「王負劒」。負劒遂拔。』《墨子·節葬下篇》：『譬猶負劒而求其壽也。』書傳中言伏劒而死者，皆謂拔劒以自刎。

署

《四年》傳『匠慶請木，季孫曰署』，杜注：『不以道取爲署。』

頤煊案：署謂簡署其禮，匠慶不聽，而用其已樹蒲圃之六檟，季孫不能止，故君子曰：『多行無禮，必自及也。』

弃位而姣

《九年》傳『弃位而姣，不可謂貞』，杜注：『姣，淫之別名。』《正義》：『服虔讀姣爲放效之效，言效小人爲淫。』

頤煊案：《説文》：『姣，好也。』《方言》：『娥、𡣍，好也，或謂之姣。』言弃位而徒姣好其貌，不可謂貞。

門者

《十年》傳『縣門發，聊人紇抉之以出門者』，《正義》：『服虔云：抉，擫也，謂以木擫抉縣門，使舉令下，容人出也。門者下屬爲句。』

頤煊案：《水經·沭水注》引《傳》云『縣門發，鄹人紇抉之以出』，與服讀同。

請於孫子

《十四年》傳『使子行於孫子』，阮尚書校勘記：『石經「子行」二字改刊，此行只九字，初刻尚有一字。山井鼎云：足利本後人記云「子行」下異本有「請」字，然則石經刊去之字即「請」字也。』

頤煊案：杜注：『使，往請也。』『子行』下當有『請』字。

傳食

《十九年》傳『聞師將傳食』，杜注：『因其會食。』

頤煊案：《墨子·號令篇》：『鋪食皆於署，不得外食。』『傳食』即『鋪食』，義與『餔』同，皆聲相近。

瘠則甚矣

《二十一年》傳『楚子使醫視之，復曰：瘠則甚矣，而血氣未動。』杜注：『瘠，瘦也。』

頤煊案：上文『方暑，闕地下冰而牀焉，重繭衣裘，鮮食而寢』，並不言瘦。《公羊·莊二十年》傳：『大瘠者何？痢也。』何休注：『瘠，病也，齊人語。』杜注失之。

閔子騫

《二十三年》傳：『閔子馬見之曰：子無然。禍福無門，唯人所召。』

頤煊案：《後漢書·楊秉傳》引『禍福』二句，李賢注：『《左傳》閔子騫之辭。』影宋本《北堂書鈔》卷三十六、《文選·檄吴將校部曲》李善注引亦作『閔子騫』。《褚淵碑文》注引閔子騫曰：『敬恭朝夕，恪居官次。』《白帖》卷八十七引閔子騫曰：『夫學殖也，不學將落。』今本皆作『閔子馬』。

踞轉

《二十四年》傳『皆踞轉而鼓琴』，杜注：『轉，衣裝。』

頤煊案：《昭三十一年》傳〔四〕：『趙簡子夢童子羸而轉以歌。』《淮南·脩務訓》：『故秦楚燕魏之謌也，異轉而皆樂。』《氾論訓》：『譬猶不知音者之歌也，濁之則鬱而無轉。』『踞轉而鼓琴』，謂箕倨自歌以鼓琴也。

有如此盟

《二十五年》傳：『曰：「所不與崔、慶者。」晏子仰天歎曰：「嬰所不唯忠於君利社稷者是與，有如上帝。」乃歃。』杜注：『盟書云：「所不與崔、慶者，有如上帝。」讀書未終，晏子抄荅，易其辭，因自歃。』《釋文》曰：『所不與崔、慶者，本或此下有「有如此盟」四字者，後人妄加。』

頤煊案：《淮南・精神訓》高誘注『不唯崔、慶是從者，如此盟』，『有如此盟』四字非後人妄加。唐石經『所不與崔、慶者』下有『有如上帝』四字，是後人依杜注增之。《史記・齊太公世家》作：『乃與國人盟曰：不與崔、慶者死。』《晏子春秋・内篇》：『不與崔、慶而與公室者，受其不祥。』皆異文。

當御

《二十六年》傳『朱也當御』，杜注：『御，進也，言次當行。』《正義》：『言當進侍君，受君命也。』

頤煊案：御與迓同。《詩・鵲巢》『百兩御之』，《甫田》『以御田祖』，鄭箋皆云：『御，迎也。」《公羊·成二年》傳「使跛者迓跛者，使眇者迓眇者」，《穀梁》傳「迓」作「御」，何休注：「迓，迎也。」

如税服終身

《二十七年》傳「公喪之如税服終身」，杜注：「税即繐也。喪服繐縗裳縷細而希，非五服之常，本無月數。痛愍子鮮，故特爲此服。此服無月數而獻公尋薨〔五〕，故言終身。」

頤煊案：「喪」讀去聲。《二十八年》傳：「陳須無以公歸，税服而如内宫。」「税」即「脱」字，獻公喪子鮮如脱服，「終身」言其心戰慄常不忘也。

衹見疏也

《二十九年》傳「衹見疏也」，《正義》：「多見疏，猶論語「多見其不知量也」。服虔本作「衹」，晉宋杜本皆作「多」。」

頤煊案：據此《正義》本作「多」，今本作「衹」是後人從服本改。《昭十三年》傳「衹取辱焉」，《二十六年》傳「衹取誣焉」，《定四年》傳「衹取勤焉」，《哀十四年》傳「衹取死焉」，字皆作「衹」，與服本同。

與子上盟

《三十年》傳〔六〕：『與子上盟，用兩珪質于河。』

頤煊案：《釋文》：『「與子上用兩珪質于河。」一本作「與子上」絶句，「用兩珪質于河」別爲一句。』是陸氏本無『盟』字。杜注：『子上，駟帶也。沈珪於河，爲信也。』亦不當有『盟』字。

以贏諸侯

《三十一年》傳『我實不德，而以隸人之垣以贏諸侯』，杜注：『贏，受也。』《正義》：『賈、服、王、杜皆讀爲盈，盈是滿也，故皆訓爲受。』

頤煊案：贏，露也。謂以隸人之垣露處諸侯，即上文所謂暴露也。《昭元年》傳『勿使有所壅閉湫底，以露其體』，杜注：『露，贏也。』二訓本互通。

蔡蔡叔

《昭元年》傳『周公殺管叔而蔡蔡叔』，《正義》：『《説文》云：「𥻆，散之也。從米，殺聲。」隸書改作，已失本體。𥻆字不復可識，寫者全類蔡字，至有重爲一蔡字，重點以讀之者。』

頤煊案：《正義》所見有兩本，一本重爲一蔡字，重點以讀之者。張參《五經文字》：『𥻆，《春秋》多借蔡字爲之。』今本是也。一本寫者全類蔡字，其本無考。《史記·司馬相如列傳》『噏呷萃蔡』，索隱：『郭璞云：萃蔡猶璀璨也。』《索隱》單行本蔡作䅘，與𥻦相近。唯《後漢書·樊儵傳》李賢注引『《左傳》曰：「周公殺管叔而𥻦蔡叔。」杜預注曰：「𥻦，放也。」』字尚不誤。

其相胡公

《三年》傳『其相胡公大姬，已在齊矣』，《正義》：『服虔云：相，隨也。今定本相作祖。』頤煊案：杜注『言陳氏雖爲人臣，然將有國，其先祖鬼神已與胡公共在齊』，杜注本當作『祖』。

黄能

《七年》傳『今夢黄熊入于寢門』，《正義》：『諸本皆作熊字。梁王云鮌之所化，是能鼈也，若是熊獸，何以能入羽淵。』

頤煊案：《釋文》、唐石經皆作『能』字。《爾雅·釋魚》：『鼈三足，能。』《説文》：『能，熊屬，足似鹿。』『能』是本字，故或釋爲鼈，或釋爲熊。諸本徑改作『熊』字，非是。

莫保其性

《八年》傳『怨讟並作，莫保其性』，杜注：『性，命也，民不敢自保其性命。』

頣煊案：《孟子》：『生之謂性。』《白虎通·情性篇》：『性者，生也。』《周禮·大司徒》『辨五土之物生』，鄭注：『杜子春讀生爲性。』『莫保其性』即『莫保其生』。《十九年》傳『民樂其性而無寇讎』，亦謂民樂其生。

斬焉

《十年》傳『孤斬焉在衰絰之中』，杜注：『既葬，未卒哭，故猶服斬衰。』

頣煊案：《禮記·雜記》『縣子曰三年之喪如斬，期之喪如剡』，鄭注：『言其痛之惻怛有淺深也。』『斬焉』謂其痛之深也。

交鬭

《十六年》傳：『若屬有讒人交鬭其間。』

頣煊案：《國語·晉語》『逐之恐搆諸侯』，韋昭注：『搆，交搆也。』《後漢書·何進傳》：『交搆已成。』『交鬭』猶『交搆』也，其聲相近。

阿下執事

《二十年》傳『寡君命下臣於朝，曰：阿下執事。臣不敢貳』，杜注：『阿，比也，命己使比衛臣下。』

頤煊案：《吕氏春秋・高義篇》『阿有罪』，高誘注：『阿，私也。』《貴公篇》『不阿一人』，高誘注：『阿亦私也。』私下執事謂寡君命臣私布於下執事，是以不敢貳。

大者不𢴿

《二十一年》傳『小者不窕，大者不槬』，杜注：『槬，横大。』

頤煊案：字書無『槬』字。《漢書・五行志》引作『𢴿』，《易・繫辭》『刳木爲舟』，王弼注：『舟必用大木刳鑿其中。』《釋文》：『挎，本又作刳。』『挎』即『𢴿』字之省。

介　雞

《二十五年》傳〔七〕『季氏介其雞』，《釋文》：『介又作芥。』

頤煊案：《吕氏春秋・察微篇》『季氏介其雞』，高誘注：『介，甲也。』字當作『介』。杜注：『擣芥子播其羽也。』字當作『芥』。《藝文類聚》卷九十一、《太平御覽》卷九百十八引《左傳》

皆作『芥』，是杜氏本。

縳一如瑱

《二十六年》傳『以幣錦二兩，縳一如瑱』，杜注：『瑱，充耳。縳，卷也。急卷使如充耳，易懷藏。』

頤煊案：瑱爲冕玉，所以塞耳，其小可知。幣錦二匹，急卷使如充耳，此擬不相倫類。《聘禮》『賄用束紡』，鄭注：『紡，紡絲爲之，今之縳也。』《周禮·内司服》鄭注：『六服皆袍制，以白縳爲裏。』《釋文》：『縳，《聲類》以爲今作絹字。』『如』當爲『加』字之譌。此言以幣錦二兩縳一兩，加瑱以貨之，縳一不言兩者，省文也。

憖

《二十八年》傳『憖使吾君聞勝與臧之死也以爲快』，杜注：『憖，發語之音。』

頤煊案：憖，願也，願使吾君聞之以爲快。《國語·晉語》『敢歸諸下執政以憖御人』，韋昭注：『憖，願也。』《楚語》『吾憖寘之於耳』，韋注：『憖，願也。』

螯賊

《三十二年》傳『螯賊遠屏』，杜注：『螯賊謂災害。』《正義》：『螯賊，食苗之蟲。《釋蟲》云：食根蟊，食節賊。故以蟊賊喻災害也。』

頤煊案：蟊賊喻人，非喻災害。《詩·瞻卬》『蟊賊蟊疾，靡有夷届』，《召旻》『天降罪罟，蟊賊内訌』，《成十三年》傳『帥我蟊賊，以來蕩摇我邊疆』，皆謂賊害之人。

路國

《定五年》傳『子西爲王輿服以保路國于脾洩』，杜注：『立脾洩以保安道路人。』

頤煊案：『路』字當屬下句讀。『路國于脾洩』猶言露處於脾洩也。《管子·四時篇》『國家乃路尹』，知章注：『路謂失其常居也。』《周書·皇門解》『自露厥家』，『露』與『路』同。

問高厚焉

『子西問高厚焉，弗知，子西曰：不能如辭』，《正義》：『本或有小大者，涉下文而誤耳。』

頤煊案：下文《正義》引張奂《古今人論》云：『子西問城之高厚小大而弗知也，子西怒曰：不能則如辭，能之而不知，又何知乎。』高厚下有『小大』二字，唐石經旁注有『小大』二字。

不可食已

《哀元年》傳『後雖悔之,不可食已』,杜注:『食,消也。已,止也。』《正義》:『言悔恨之深結於心腹,不可如食之消止。』

頤煊案:《爾雅·釋詁》:『食,僞也。』『僞』古通作『爲』字。言後雖悔恨,不可爲已,已是絶决之辭。

彤鏤

『器不彤鏤』,杜注:『彤,丹也。鏤,刻也。』惠氏棟云:『彤,古彫字。』

頤煊案:《説文》:『丹,巴越之赤石也,象采丹井。、象丹形。彤,亦古文丹。』『彤』、『彤』形相近,故經典『彤』譌作『彤』。杜注:『彤,丹也。』《國語·周語》『器無彤鏤』,韋昭注:『彤,丹也。』《楚語》『不聞其以土木之崇高彤鏤爲美』,韋注:『彤謂丹楹。』『彤』即古文『丹』字。

望視

《十四年》傳『有陳豹者,長而上僂望視』,杜注:『目望陽。』

頤煊案:《史記·孔子世家》:『眼如望羊。』《釋名·釋姿容》:『望羊,羊陽也,言陽氣在上，舉頭高似若望之然也。』『羊』、『陽』古字通用。

旻　天

《十六年》傳『旻天不弔，不憖遺一老』。

頤煊案：《説文》：『《春秋傳》曰：旻天不憖。』《爾雅·釋天》：『夏爲昊天。』孔子以哀十六年夏四月己丑卒，義當作『昊天』。《後漢書·東平憲王傳》李賢注、《文選·陳太丘碑文》李善注引《左傳》皆作『昊天』。范甯《穀梁傳序》『昊天不弔』，疏：『《哀十六年左氏》文。』

校勘記

〔一〕齊師遷紀郱鄑郚　『郚』字原譌作『部』，據《左傳·莊公元年》改。

〔二〕寡人願結驩於二三君　『人』字原譌作『君』，據《左傳·昭公四年》改。

〔三〕還自南河濟即此也　原作『還自南河即此濟也』，據《水經注·河水五》乙正。

〔四〕昭三十一年傳　『三十一年』，原誤引作『三十年』，今改正。

〔五〕此服無月數而獻公尋薨　『此服』二字原脱，『數』字原譌作『終』，據《左傳·襄公二十七年》改正。

〔六〕三十年傳　『傳』字原無，依例補。

〔七〕二十五年傳　『傳』字原無，依例補。

讀書叢録卷六 國語 公羊傳 穀梁傳

春秋外傳

《國語》稱《春秋外傳》，宋庠謂始於韋昭，非也。《隋書·經籍志》：『《春秋外傳國語》二十卷，賈逵注。』《漢書·韋玄成傳》引《春秋外傳》曰：『日祭、月祀、時享、歲貢、終王。』皆在韋昭前。

稷爲天官

《周語》『是故稷爲大官』，韋昭注：『民之大事在農，故稷之職爲大官也。』

頤煊案：《尚書·舜典》正義引《國語》曰：『稷爲天官。』賈公彦《周禮疏序》：『初堯時天官爲稷。』又云：『但堯初天官爲稷，至堯試舜天官之任，謂之百揆。舜即真之後，命禹爲之，即天官也。』賈氏之説本於鄭康成，所見《國語》當作『稷爲天官』，今本作『大官』，是淺人依韋注『民之大事』句改之。

艾

『樹於有禮，艾人必豐』，韋注：『艾，報也。』《鄭語》『樹於有禮，必有艾』，韋注：『艾，報也。』

頤煊案：艾無報訓。艾與樹對言之，艾當作刈。《離騷》『願竢時乎吾將刈』，王逸注：『刈，穫也。』言樹於有禮，其穫人必多也。

腊毒

『厚味實腊毒』，韋注：『厚味，喻重禄也。腊，亟也，讀若廟。昔酒焉，味厚者，其毒亟也。』

頤煊案：《鄭語》『毒之酋腊者，其殺也滋速』，韋注：『精熟曰酋。腊，極也。』『極』、『亟』古字通用。《文選·七命》李善引賈逵《國語》注：『腊，久也。』久亦與極同義。《禮記·郊特牲》鄭注：『爲其味厚，腊，毒也。』《釋文》引《隱義》云：『腊，久也。』久酒有毒，義即本於賈逵。

越哉

《魯語》：『海鳥曰爰居，止於魯東門之外三日。臧文仲使國人祭之，展禽曰：「越哉，臧孫之爲政也。」』韋注：『越，迂也，言其迂濶不知政要也。』

頤煊案：越，過也，謂過於禮，故下文文仲聞柳下季之言，曰：『信吾過也。』

無洵涕

『無洵涕』，韋注：『無聲涕出爲洵涕也。』

頤煊案：洵即泫字。《禮記·檀弓》：『孔子泫然流涕。』《一切經音義》卷十一：『眩，古文迿、眴二形。』《文選·劇秦美新》『臣嘗有顛眴疾』，李善注：『眴與眩古字通。』『洵』、『泫』偏旁本通用。

被羽

《晉語》『被羽先升，遂克之』，韋注：『羽，鳥羽，繫於背，若今軍將負眊矣。』

頤煊案：羽，旌旗之屬。《周禮·司常》：『全羽爲旞，析羽爲旌。』單言之亦可稱爲羽，《孟子》『見羽旄之美』，亦謂旌旗也。《後漢書·賈復傳》『被羽先登』，李賢注：『被猶負也。析羽爲旌旗，將軍所執。』『被羽先升』謂負旗先登，如《左氏·隱十一年》傳『潁考叔取鄭伯之旗蝥弧以先登』是也。韋注謂『以鳥羽繫於背』，失之。

觀狀

『文公誅觀狀以伐鄭』，韋注：『賈侍中云：鄭復効曹觀公骿脅之狀，故伐之。唐尚書云：誅曹觀狀之罪，還而伐鄭。昭省《内、外傳》鄭無觀狀之事，而叔詹云天禍鄭國，淫於觀狀，謂淫放於曹，不禮公子，與觀狀之罪同耳。』

頤煊案：文公返國伐曹伐鄭，皆名其師曰觀狀，謂觀其前日所過之功狀。《左氏·僖二十八年》傳：『三月丙午入曹，數之，以其不用僖負羈，而乘軒者三百人也，且曰獻狀。』『獻狀』即『觀狀』，『觀』、『獻』聲相近。

應且增

『若以君官從子之私，懼子之應且增也』，韋注：『外應受我内增其非。』

頤煊案：『增』當作『憎』。《周語》『其叔父實應且憎』，韋注：『憎，惡也。』《左氏·成十三年》傳『君有二心於狄，曰：「晋將伐女。」狄應且憎』，杜注：『言狄雖應荅秦，而心實憎秦無信。』字皆作『憎』。

訓及諸夏

《楚語》『撫征南海，訓及諸夏』，韋注：『訓，教也，教及諸夏謂主盟會、班號令也。』

頤煊案：《史記·五帝本紀》『能馴明德』，集解：『徐廣曰：馴，古訓字。』《周禮·地官·序官》注：『訓讀爲馴。』馴，服也，謂服及諸夏。

譁釦

《吴語》『三軍皆譁釦以振旅，其聲動天地』，韋注：『譁釦，讙呼。』

頤煊案：《説文》『釦，金飾器口』，非字義。『釦』當是『吅』字之譌，《説文》：『吅，驚嘑也。从二口，讀若讙。』與韋注義近。

接龢

『明日還軍接龢』，韋注：『上下皆龢。』

頤煊案：『龢』，古『和』字。《周禮·大司馬》『以旌爲左右和之門』，鄭注：『軍門曰和。』《孫子·軍争篇》『交和而舍』，注：『兩軍相對爲交和。』交和即接和。

漢初公羊學

漢初《春秋》止《公羊》列於學官。《史記·太史公自序》：『《春秋》文成數萬，其指數千。』《後漢書·鍾離意傳》李賢注引《意別傳》：『意於孔子教授堂下得素書云：後世脩吾書董仲舒。』皆《公羊》家言。

公羊疏

《公羊疏》不著撰人名氏，或云徐彥，不知何時人。宋董逌謂當在貞元、長慶之後。

頤煊案：《疏》中引《爾雅》孫炎注、郭璞《音義》、《書序》、《長義》、《孝經疏》之類，皆唐以前本。疏『司空掾』云：『若今之三府掾。』三府掾亦六朝時有之，至唐以後則無此稱矣，此《疏》爲梁、齊間舊帙無疑。

何以名

《隱元年》傳『何以名，字也』，唐石經『名』上有『不』字。

頤煊案：何休注：『据齊侯以禄父爲名。』疏云：『是言齊侯以禄父爲名，故疑邾婁君亦以儀父爲名。』注疏本皆無『不』字。

如勿與

『如勿與而已矣』，何注：『如即不如，齊人語也。』

頣煊案：《桓十四年》傳『不如勿嘗而已矣』，《文十六年》傳『不如勿居而已矣』，句法與此相同，此『如』上當脱『不』字。

分郟

《五年》傳『自陜而東者周公主之，自陜而西者召公主之』，何注：『陜者，蓋今弘農陜縣是也。』《釋文》：『一云當作郟，王城郟鄏。』

頣煊案：《隸釋》『唐扶頌分郟之治』，『郟』即『陜』字。《史記・游俠列傳》『陜寒孺』，集解：『徐廣曰：「陜」疑當作「郟」字。《南越傳》曰：郟壯士韓千秋。』『陜』、『郟』古字通用。

縣輿

《桓五年》何注：『禮：七十縣車致仕。』疏：『《淮南子》曰：至於悲泉，爰止其女，爰息其馬，是謂縣輿。舊説云：日在縣輿，一日之暮，人年七十，亦一世之暮，而致其政事於君，故曰縣輿。亦有作車字者。』

頤煊案：《隸釋・侯成碑》『縣輿養神』，與疏本同。

化我也

《六年》傳『化我也』，何注：『行過無禮謂之化，齊人語也。』

頤煊案：『化我』即上文『過我』。過、化同聲，因口授，其字異耳。《哀六年》傳：『陳乞曰：常之毋有魚菽之祭，願諸大夫之化我也。』不得謂『無禮』，『無禮』二字是注者增成之。《穀梁傳》作『畫我』，其音義並同。

鄭國處於留

《十一年》傳『古者鄭國處於留』，惠氏棟《公羊古義》云：『《左傳》「侵宋呂、留」，後漢彭城有留縣，張良所封。』

頤煊案：《漢書・地理志》：『陳留郡，陳留。孟康曰：留，鄭邑也，後爲陳所并，故曰陳留。』鄭康成《發墨守》『留乃在陳宋之東』，非是。

其餘從同同

《莊四年》傳『其餘從同同』，何注：『凡二同，故言同同。』疏：『考諸古本，傳及此注「同」

字之下皆無重語，有者衍文，且理亦宜然。』

頤煊案：注：『其餘輕者從義與重者同，不復譏，都與無讎同文論之，所以省文，達其異義矣。』疏：『輕者不譏，見與重者同，一同也。都與無讎同文論之，一同也。故曰凡二同矣。』傳及此注皆當作『同同』，古本非是。

操之已蹙

《三十年》傳『子司馬子曰：蓋以操之爲已蹙矣』，何注：『操，迫也。』

頤煊案：《詩・江漢》正義引《公羊》作：『蓋以躁之爲已蹙矣。』何休云：『躁，迫也。』《兔爰》鄭箋：『有所躁蹙也。』義亦本於《公羊》。正義：『「躁」，定本作「操」。』是後人所改。

諾　已

《僖元年》傳『慶父聞之曰：嘻，此奚斯之聲也，諾已。曰：吾不得入矣』，何注：『諾已皆自畢語。』疏：『猶似今人云休，一生罷去已，自畢竟之辭。』

頤煊案：《淮南・説林訓》：『諾之與已，相去千里。』『諾已』謂奚斯所許，已止不成，故重言曰：『吾不得入矣。』

酌之

《八年》傳『蓋酌之也』，何注：『酌，挹也，時鄭伯欲與楚，不肯自來盟。處其國，遣使挹取其血而請與之約束，無汲汲慕中國之心，故抑之，使若叩頭乞盟者也。』

頤煊案：《周禮·士師》『掌士之八成，一曰邦汋』，鄭司農注：『汋讀如酌酒尊中之酌。國汋者，斟汋盜取國家密事，若今刺探尚書事。』謂鄭探知之而請盟也。『汋』、『酌』古今字。

踊

《十年》傳『踊爲文公諱也』，何注：『踊，豫也，齊人語。若關西言渾矣。』

頤煊案：『踊』當是『通』字之譌。傳中『通可以已也』，文凡三見。《昭三十一年》傳：『通，濫也。曷爲通濫？賢者子孫宜有地也。』義與此傳畧同。『關西言渾』，亦與『通』義相近。

磌然

《十六年》傳『聞其磌然』，《穀梁》疏：『磌字，《説文》、《玉篇》、《字林》等無其字，學士多讀爲砰，據《公羊》古本並爲「磌」字，張揖讀爲磌，是石聲之類，不知出何書也。』

頤煊案：疏引張揖，是《廣雅》之文。《廣雅·釋詁》：「砰，聲也。」是亦讀爲砰也。《廣雅·釋室》：「磌，礩也。」《文選·西都賦》「雕玉瑱以居楹」，李善注：「『瑱』與『磌』通。」非此義。

是　月

「是月者何？僅逮是月也」，何注：「是月邊也，魯人語也，在正月之幾盡，故曰劣及是月也。」

頤煊案：《鶡冠子·王鈇篇》「家里用提」，陸佃注云：「提，零日也。《公羊傳》曰：『提月者，僅逮此月。』晦日也。」《初學記》卷四、《歲華紀麗》注引《公羊》皆作「提月」。「提」當通作「抵」字，故傳以爲僅逮此月也。

於此焉變

《文二年》傳「以爲有人心焉者，則宜於此焉變矣」，何注：「變者，變慟哭泣也，有人心念親者，聞有欲爲己圖婚，則當變慟哭泣矣。」

頤煊案：「變」讀爲「辨」，言聞有欲爲己圖婚，則當辨其義之可否。《宣十五年》傳：「上變古易常，應是而有天災，其諸則宜於此焉變矣。」亦謂當辨其災應之所由來。「辨」、「變」古字通用。

以目通指曰瞬

《七年》傳『眣晋大夫使與公盟也』，何休注：『以目通指曰眣。』《成二年》傳：郤克眣魯衛之使，使以其辭而爲之請。』《釋文》：『眣音舜，又作眣，丑乙反，又大結反。』

頤煊案：《玉篇》『眣』同『瞬』。《五經文字》：『眣音舜，見《春秋傳》。』《説文》無『眣』字，『眣，目不從正也』，與經注義不合。『眣』當是『旻』字之譌。《説文》：『旻，舉目使人也，从攴、目，火劣切。』『旻』作『眓』，與『眣』字相近而譌。

圈

《十一年》『楚子伐圈』，《釋文》：『二傳作「麇」。』

頤煊案：《説文》：『麇，从鹿，囷省聲，籀文不省作麏。』傳寫者省鹿作『囷』，通作『圈』。《昭元年》『楚子卷卒』，《釋文》：『《左氏》作麇。』『卷』又『圈』字之省。

竫　言

《十二年》傳『惟諓諓善竫言』，何注：『竫猶撰也。』

頤煊案：『竫』古通作『靖』字。《爾雅・釋詁》：『靖，治也。』治與撰義相近。《尚書・秦誓》：『惟截截善諞言。』《説文》：『諞，便巧言也，从言，扁聲。《周書》曰：戩戩善諞言。』又引《周書》『戔戔巧言』，皆非《公羊》義。《釋文》：『竫，撰也，本或作諞。』是後人依《尚書》改之。

六指

《十四年》傳『子以其指則接菑也四，矍且也六』，孔氏廣森《通義》：『凡以手計數者，屈四指伸小指則爲四，偏屈五指還伸小指則爲六。』

頤煊案：疏：『以其手指相似，則接菑猶人之四指，矍且猶人之六指。』右手將指連左手言之則爲第六指，離左手言之則爲第一指，故下文云『矍且也長』。

躇階

《宣六年》傳『躇階而走』，何注：『躇猶超遽，不暇以次。』《釋文》：『躇與踱同，一本作辵。』

頤煊案：依何注，『躇』當作『辵』。《儀禮・公食大夫禮》鄭注：『不拾級而下曰辵。』《燕禮記疏》：『越階謂左右足越三等，若《公羊傳》云「趙盾避靈公，躇階而走」是也。』《説文》無『躇』字：『辵，乍行乍止也，讀若《春秋公羊傳》曰：辵階而走。』與躇字義同。《廣雅・釋訓》：

『躊躇，猶豫也。』猶豫即《説文》所謂『乍行乍止』，《釋文》所謂『踱』也。『辵』、『躇』音同而義異。

周　狗

『靈公有周狗謂之獒』，何注：『周狗，可以比周之狗，所指如意。』

頤煊案：《爾雅·釋畜》郭璞注：『《公羊傳》曰：「靈公有害狗謂之獒。」』『周』、『害』字形相近。《説文》：『猗，犗犬也。』『害』疑即『犗』字之省。

交　易

《十二年》傳『君之不令臣交易爲言』，何注：『交易猶往來也，言君之不善臣數往來爲惡言。』

頤煊案：交通作狡，狡，猾也。易，輕也。言不善臣數爲狡猾輕慢之言。《説文》：『傷，輕也。一曰交傷。』義即本此。

東西其畝

《成二年》傳『使耕者東畝』，《後漢書·孔融傳》李賢注引《公羊傳》此與下文皆作『使耕者東西其畝』。

頤煊案：何注『使耕者東西如晉地』，疏引舊云：『使齊東西其畝，往來於晉地易。』注及舊本皆當作『東西其畝』。疏云『蓋晉地谷川宜東畝者多』，疏本已脱『西其』二字。

用然後郊

《十七年》傳『或曰用然後郊』，孔氏《通義》：『或，意未明。舊説以爲用事于頖宮然後郊，要本非傳所取，闕疑殆焉。』

頤煊案：『用』當作『卜』。《説文》：『用，从卜，从中。』字形相近，又涉上文而譌爲『用』字。《僖三十一年》傳『卜郊非禮也』，何注：『天子不卜郊。』疏：『欲道天子之郊以其常事，故不須卜。魯郊非禮，是以卜之。』用郊者，不卜郊也，故傳以爲不宜用。『或曰卜，然後郊』，是據魯禮以正之也。

髠原

《襄七年》傳『鄭伯髠原如會』，疏：『正本作「頑」字，亦有一本作「原」字，非也。』《釋文》：『髠原，《左氏》作髠頑。』

頤煊案：《史記·鄭世家》索隱引《左傳》作『髠原』，是《左氏》作『髠原』，此《傳》作『髠頏』，故疏云：『一本作「原」字，非也。』今本是後人據《釋文》本改之。

公子喜

《十九年》『鄭殺其大夫公子喜』，《釋文》：『喜，二《傳》作嘉。』

頤煊案：《禮記·祭義》：『父母愛之喜而勿忘。』唐石經『喜』作『嘉』。『喜』即『嘉』字之省。古人名字相配，嘉字子孔，宋有孔父嘉，則作『嘉』字爲是。

因諸

《昭二十一年》傳『若曰因諸者然』，何注：『因諸者，齊故刑人之地。公羊子齊人，故以齊喻也。』疏：『舊説云：即《博物志》云「周曰囹圄、齊曰因諸」是也。』

頤煊案：『因』聲近『囹』，『諸』聲近『圄』，皆即《周禮》『圜土』之轉聲。

菑

《二十五年》傳『以人爲菑』，何注：『菑，周埒垣也，所以分别内外，衛威儀也。今大學辟雍作側字。』

頤煊案：《考工記·輪人》注：『鄭司農云：「菑讀如雜厠之厠。」』《漢書·張耳傳》：『貫高等迺壁人柏人，要之置厠。』『側』即『厠』字。

蒲社

《哀四年》『蒲社災』，《釋文》：『《左氏》作亳社。』

頤煊案：『蒲』是『薄』字之省，『薄』、『亳』古字通用。《尚書序》『成王既踐奄，將遷其君於蒲姑』，《釋文》：『蒲，馬本作薄。』疏云：『賈氏曰：《公羊》曰薄社。』所見本『薄』字尚不省。

色然

《六年》傳『皆色然而駭』，何注：『色然，驚駭貌。』《釋文》：『色本又作垝，居委反，又或作危。』

頤煊案：《一切經音義》卷九引《公羊》作『歃然而駭』。《埤蒼》：『歃，恐懼也。』《通俗文》：『小怖曰歃。』《説文》：『歃，悲意。』『色』、『歃』同聲假借字。本作『垝』、『危』者，又因『色』字而譌。

受經子夏

《穀梁傳序》疏：『穀梁子名俶，字元始，魯人。一名赤。受經於子夏，爲經作傳，故曰《穀梁傳》。傳孫卿。』

頤煊案：《隱五年》傳引《尸子》曰：『尸佼爲商鞅之師，鞅既誅，佼逃於蜀。』穀梁當在其後，其云『受經於子夏』，非親受業於子夏之門，故得以傳孫卿。

挈

《隱四年》傳『祝吁之挈，失嫌也』，范甯注：『不書氏族，提挈其名而道之也。』疏：『徐邈以挈爲舉，即是提挈之稱。』

頤煊案：《方言》：『挈，特也。』謂特書其名，餘凡言『挈』者其義同也。

始厲樂矣

《五年》傳『初獻六羽，始厲樂矣』，惠氏棟《穀梁古義》：『《釋詁》云：厲，作也。郭氏引此傳以證之。』

頤煊案：『厲』通作『萬』字。《説文》：『蠇，从虫，萬聲。』《字林》作『蠣』。『糲，从米，萬聲。』《聲類》作『糲』。『厲』、『萬』古字通。萬，舞也，始萬樂，即『初獻六羽』，故《左氏傳》云：『將萬焉，公問羽數於衆仲。』『萬』、『獻』亦同聲字。

所俠也

《九年》傳『俠卒。俠者，所俠也』，范注：『俠，名也。所，其氏。』疏：『徐邈引尹更始云：所者，俠之氏。今范亦云所其氏，則所者是俠之氏族，但未備爵命，故署名耳。麋信以謂所非氏，所謂斥也。』

頤煊案：所猶許也。《詩》『伐木許許』，《説文》引《詩》作『伐木所所』。此『俠卒』與《八年》『無侅卒』爲一例，上傳云：『無侅之名，未有聞焉。或曰隱不爵大夫也，或説曰故貶之也。』此不稱貶，明許之也。

冀州

《桓五年》傳『鄭同姓之國也，在乎冀州』，范注：『鄭，姬姓之國，冀州則近京師。』

頤煊案：《周書·嘗麥解》：『相在大國，有殷之□，是威厥邑，無類于冀州。』《淮南·墬形訓》『正中冀州曰中土』，高誘注：『冀，大也，四方之主，故曰中土。』又云『少室、太室在冀州』，注：『少室、太室在陽城，嵩高山之别名。』陽城與鄭相近。

則是故命也

《九年》傳『則是故命也』，唐石經『故』作『放』。

頤煊案：《太平御覽》卷一百四十七引《穀梁傳》作『放』，麋信注：『放，違也。言世子違命而止。』

天子丹

《莊二十三年》傳：『禮：天子諸侯黝堊，大夫倉，士黈。』

頤煊案：《太平御覽》卷一百八十七引《穀梁傳》作：『天子丹，諸侯黝堊。』傳意言魯僭用天子之禮，故下云『丹楹，非禮也』，若天子諸侯同黝堊，傳何用述此禮。《御覽》所引本是。

脣亡

《僖二年》傳：『語曰：脣亡則齒寒。』

頤煊案：《左氏》《公羊》俱同。《戰國策·趙策》云『脣揭而齒寒』，高誘注：『揭猶反也。』《呂氏春秋·權勳篇》、《淮南·說林訓》皆作『脣竭而齒寒』，高誘注：『竭，亡也。』

勤雨也

《二年》：『冬十月，不雨。不雨者，勤雨也。』《三年》：『春王正月，不雨。不雨者，勤雨也。』

頣煊案：『勤』古文作『廑』。《説文》：『廑，劣少也。』勤雨者，少雨也。少雨不爲災，故不言旱，至夏四月不雨則旱矣。故下文『閔雨』、『喜雨』俱言『有志乎民』，而勤雨不言。

沙鹿

《十四年》『秋八月辛卯，沙鹿崩。林屬於山爲鹿』，疏：『《公羊》以沙鹿爲河上之邑，杜預注《左氏》以爲山名，此傳以鹿爲山足，是三《傳》説異也。』

頣煊案：『鹿』本作『麓』。《説文》：『麓，守山林吏也。一曰林屬於山爲麓。《春秋傳》曰「沙麓崩」。』《風俗通·山澤篇》：『麓，林屬於山者也。《春秋》「沙麓崩」，傳曰：「麓者，山足。」』皆《穀梁》説。

佚宕

《文十一年》傳『弟兄三人，佚宕中國』，《釋文》：『宕，本又作害。』

頤煊案：下文既云『瓦石不能害』，此不應復云『佚害』。『宕』與『蕩』同，猶翱翔也。《太平御覽》卷三百七十七引《穀梁傳》『迭害中國』，注：『迭猶更也。』

晉郤克跛

《成二年》傳『晉郤克眇，衛孫良夫跛』，疏：『郤克眇，《左氏》以爲跛，今云眇者，《公羊》無説，未知二傳孰是。范明年注云郤克跛者，意從《左氏》故也。或以爲誤，跛當作眇。』

頤煊案：《左氏正義》：『沈氏引《穀梁傳》：「晉郤克跛，衛孫良夫眇。」』《藝文類聚》卷十九、《太平御覽》卷七百三十八引亦作『晉郤克跛，衛孫良夫眇』，定本作『晉郤克眇，衛孫良夫跛』，非是。

伯尊由忠問焉

《五年》傳『伯尊由忠問焉』，范注：『用忠誠之心問之。』

頤煊案：《太平御覽》卷六百四十九引《穀梁傳》『伯遵由悉問焉』，注：『悉至疑，欲重問之也。』與范氏本異。『尊』、『遵』古字通用。

善字雙聲

《襄五年》：『會吴于善稻，吴謂善伊，謂稻緩。』

頤煊案：『伊緩』乃吴語『善』字雙聲。子張姓申，《史記》云姓『顓孫』，吴子名乘，《左氏》云名『壽夢』，皆雙聲字。

軋辭也

《十九年》傳『取邾田自漷水，軋辭也』，范注：『軋，委曲隨漷水，言取邾田之多。』

頤煊案：《通俗文》：『車轢曰軋。』『軋辭』者，言取邾田之多，近於陵轢奪取之辭。

流旁握

《昭八年》傳『流旁握』，疏：『或以爲流旁握者，謂建斿表門之旒旁，去車之兩軸，各一握也。古字同通，故傳作流。』

頤煊案：《説文》『瑬，垂玉也，冕飾。从玉，流聲。』《公羊·襄十四年》何休注：『君若贅流然。』今經典相承作『旒』，是通用之證。

或曰增之也

《二十五年》傳『鸛鵒穴者而曰巢，或曰增之也』，范注：『如增言巢爾，其實不巢也。』

頤煊案：《禮記・禮運》『昔者先王未有宫室，冬則居營窟，夏則居橧巢』，鄭注：『暑則聚薪柴居其上。』《釋文》：『橧，本又作增。』『或曰增之』者，謂鸛鵒穴處而聚薪柴於其上也。

上公

《定元年》傳『古之神人有應上公者，通乎陰陽』，疏：『帝，天也，而曰上公。』

頤煊案：《説文》：『《甘氏星經》曰：太白上公，妻曰女媊。』《漢書・地理志》：『右扶風陳倉有上公明星祠。』

該郊之變

《哀元年》傳『此該之變而道之也』，唐石經『該』下有『郊』字。

頤煊案：范注《春秋》書郊終於此，故於此備説郊之變。下文『而曰我一該郊之變而道之』，又云『此乃所以該郊』，『該』下當有『郊』字。

讀書叢録卷七 論語 孝經 孟子

齊論多二篇

何晏《論語序》：『《齊論》有《問王》《知道》，多於《魯論》二篇。《古論》亦無此二篇。』

頤煊案：王應麟《困學紀聞》謂《問王》是《問玉》之譌。《説文》引《論語》，《自敘》稱古文。『玉部』『瑮』字注引《逸論語》曰：『玉粲之璱兮，其瑮猛也。』『瑩』字注引《逸論語》曰：『如玉之瑩。』以其不在《古論》篇中，故稱爲《逸》，是亦《古論》無此二篇之證。

兩子張

《序》又云：『《古論》分《堯曰》下章「子張問」以爲一篇，有兩《子張》，凡二十一篇。』

頤煊案：《漢書・藝文志》『《論語》，古二十一篇，有兩《子張》』，如淳曰：『分《堯曰》篇後「子張問何如可以從政」已下爲篇，名曰《從政》。』其篇名不與班《志》同者，當是俗間改本。《堯曰》二章不知命章，《釋文》：『《魯語》無此章。』據何晏《序》，《古論》亦當無此章。

有朋自遠方來

《學而》『有朋自遠方來』，《釋文》：『有，或作友，非。』阮尚書校勘記：『《白虎通·辟雍篇》引：「朋友自遠方來。」又鄭氏康成注此云：「同門曰朋，同志曰友。」是舊本皆作「友」字。』

頤煊案：《文選·陸機挽歌》『友朋自遠方』，李善注引《論語》爲證，『有』亦當作『友』。

其　諸

『其諸異乎人之求之與。』

頤煊案：《公羊·桓六年》傳：『其諸以病桓與。』《閔元年》傳：『其諸吾仲孫與。』《僖二十四年》傳：『其諸此之謂與。』《宣五年》傳：『其諸爲其雙雙而俱至者與。』《十五年》傳：『其諸則宜於此焉變矣。』『其諸』是齊魯間語。

未若貧而樂

『未若貧而樂。』

頤煊案：皇侃本、山井鼎《考文》、《史記·仲尼弟子列傳》、《文選·幽憤詩》李善注引『樂』下皆有『道』字。集解：『鄭曰：樂謂志於道。《魯論》「樂」下無「道」字。孔曰：能貧而樂道。』又曰：『往告之以貧而樂道。《古論》「樂」下有「道」字。』

三十而立

《爲政》：『三十而立。』

頤煊案：《漢書·藝文志》：『古之學者耕且養，三年而通一藝，存其大體，玩經文而已。是故用日少而畜德多，三十而五經立也。』《三國志·孫皎傳》：『孔子言三十而立，非但謂五經也。』皇侃《論語義疏》：『古人三年明一經，從十五至三十，是又十五年，故通五經之業，所以成立。』皆漢魏《論語》家説。

繪事後素

《八佾》『繪事後素』，《釋文》：『繪，本又作繢。』

頤煊案：《古論》作『繪』，《説文》：『繪，會五采繡也。《論語》曰：「繪事後素。」从糸，會聲。』《魯論》作『繢』，集解：『鄭曰：繪畫，文也。凡畫繪，先布衆色，然後以素分布其間以成其文。』字當作『繢』。《考工記》『凡畫繢之事後素功』，鄭注：『素，白采也，後布之，爲其易漬汙也。不言繡，繡以絲也。鄭司農説以《論語》曰：繢事後素。』即其證。

示諸斯

『其如示諸斯乎，指其掌』，集解：『包曰：孔子謂或人言知禘禮之説者，於天下之事如指示掌中之物，言其易了。』

頤煊案：《禮記·中庸》『治國其如示諸掌乎』，鄭注：『「示」讀如寘諸河干之寘。寘，置也。物而在掌中，易爲知力者也。』包注『指示』二字連文，義不可通，當從鄭注爲正。

鄹人之子

『或曰：孰謂鄹人之子知禮乎』，邢昺疏：『古謂大夫守邑者，以邑冠之，呼爲某人。孔子父，鄹邑大夫，《左傳》稱鄹人紇，故此謂孔子爲鄹人之子也。《左傳·成二年》云「新築人仲叔于奚」，杜注云「于奚守新築大夫」，即此類也。』

頤煊案：《左氏·文十五年》傳『卞人以告』，杜預注：『卞人，魯卞邑大夫。』《昭九年》傳『周甘人與晉閻嘉争閻田』，杜預注：『甘人，甘大夫襄也。』《二十一年》傳『厨人濮曰』，杜預注：『濮，宋厨邑大夫。』皆是。

擇不處仁

《里仁》：『擇不處仁。』《困學紀聞》載張衡《思玄賦》注引《論語》『宅不處仁』，謂古文本作『宅』。

頤煊案：集解：『鄭曰：求居而不處仁者之里，則不得爲有知。』『擇』不訓求，鄭當從古文作『宅』。

參乎

『子曰參乎』，《釋文》：『參，所金反。』《九經字様》：『曑、曑：上《説文》，下隷省。與參字不同，參音驂，從厽，今經典相承通用參。』

頤煊案：《説文》『森』字注：『从林，从木，讀若曾參之參。』則讀作『驂』音者非。

申棖

《公治長》『或對曰申棖』，邢疏：『鄭云：蓋弟子申續。《史記》云中棠，字周。《家語》云申續字周。』

頤煊案：『棠』、『棖』聲相近，《爾雅・釋詁》：『賡，續也。』《説文》：『續，古文作賡。』故

『申棠』又譌作『申續』，皆是一人。

足　恭

『巧言令色足恭』，集解：『孔曰：足恭，便僻貌。』邢疏：『便僻其足以爲恭，謂前却俯仰以足爲恭也。一曰：足，將樹切，成也。謂巧言令色以成其恭。』

頤煊案：《大戴禮·曾子立事篇》：『足恭而口聖。』足與口對言之，當以前説爲正。《漢書·趙敬肅王傳》『彭祖爲人巧佞卑諂足共』，師古曰：『共讀曰恭，足恭謂便辟也。』亦從前説。

申申夭夭

《述而》『子之燕居申申如也，夭夭如也』，集解：『馬曰：申申、夭夭，和舒之貌。』

頤煊案：『申』古通作『伸』字。《儀禮·士相見禮》『君子欠伸』，鄭注：『志倦則欠，體倦則伸。』《説文》：『夭，屈也。』言燕居之時其容體可以屈伸如意。

吾不復夢見周公

『久矣吾不復夢見周公』，《釋文》：『本或無復字，非。』臧氏琳《經義雜記》：『據陸氏所見本，知經無「復」字，乃後人援注所增，以經云「久矣吾不夢見」，先時曾夢見，故注云「不復夢見」，「復」字正釋「久矣」字。陸氏反以無復字爲非，不審之至。』

頤煊案：《文選·劉琨重贈盧諶詩》：『吾衰久矣夫，何其不夢周。』劉所見本亦當無『復』字。

舉一隅

『舉一隅』，皇侃本、《孟蜀石經》、《文選·西京賦》李善注引『隅』下俱有『而示之』三字。

頤煊案：集解：『鄭曰：説則舉一隅以語之。』鄭本亦當有『而示之』三字。

葸

《泰伯》『慎而無禮則葸』。

頤煊案：《説文》無『葸』字。《方言》：『慎，憂也。』又云：『慎，思也。』凡思之貌亦曰慎。『葸』即『思』字。《文選·魏都賦》『誰勁捷而無猥』，李善注：『《論語》曰：「慎而無禮則葸。」』『猥』與『葸』同。

空空如也

《子罕》『有鄙夫問於我，空空如也』，皇侃疏：『空空，無識也。』《釋文》：『鄭或作悾悾。』

頤煊案：上篇『悾悾而不信』，包注：『悾悾，慤也。』《吕氏春秋・下賢篇》『空空乎其不爲巧故也』，高誘注：『空空，慤也。』《大戴禮・王言篇》：『工璞、商慤、女憧、婦空空。』空空亦慤也，皆與悾悾字通用。

恂恂如也

《鄉黨》：『恂恂如也。』

頤煊案：《史記・孔子世家》『其於鄉黨恂恂，似不能言者』，索隱：『有本作逡逡。』《隸釋・祝睦後碑》『鄉黨逡逡，朝廷便便』，與《索隱》所見本同。《劉脩碑》：『其於鄉黨遜遜如也。』《史記・李將軍列傳》『李將軍悛悛如鄙人』，《漢書》作『恂恂』。並字異而義同。

居不容

『居不容』，唐石經『容』作『客』。《釋文》：『客，本或作容。』

頤煊案：集解：『孔曰：爲室家之敬難久。』《大戴禮・衛將軍文子篇》：『在貧如客。』《説文》：『窓，敬也。』皆謂『客』爲敬，則作『居不客』本是。

若由也不得其死然

《先進》『若由也，不得其死然』，皇侃本『若』上有『曰』字。

頤煊案：《漢書・敘傳》小顔注引《論語》作『子樂曰若由也不得其死然』，與皇侃本同。此句本别爲一章，『曰』上當脱『子』字。《文選・幽通賦》、崔子玉《座右銘》李善注引皆作『子曰若由也不得其死然』，或謂『樂』即『曰』字之譌，非也。

屢空

『回也其庶乎屢空。』

頤煊案：《史記・伯夷列傳》『回也屢空，糟糠不厭』，《後漢書・賈逵傳》『此子無人事於外，屢空則從孤竹之子於首陽矣』，焦贛《易林》『衡門屢空，使士失意』〔二〕，皆作空乏之空。《漢書・鮑宣傳》：『唐尊衣敝履空。』《北堂書鈔》卷三十八《會稽典録》：『徐弘爲右扶風都尉，衣弊屨空。』空，穿也。『屨』、『屢』古字通用。

使子羔爲費宰

『子路使子羔爲費宰。』

頤煊案：《史記·仲尼弟子列傳》『費』下有『郈』字。《論衡·藝增篇》：『子路使子羔爲郈宰。』《左氏·定十二年》傳：『仲由爲季氏宰，將墮三都，於是叔孫氏墮郈，季氏墮費。』子路之使子羔，當在此時。或費、或郈，擇一使之，故《史記》並書之。

吾得而食諸

《顔淵》『吾得而食諸』，山井鼎《考文》：『古本「吾」下有「豈」字。』

頤煊案：皇侃本、《史記·孔子世家》、《漢書·武五子傳》小顔注引皆『吾』下有『豈』字。《釋文》出『吾焉得而食諸』，云：『本亦作焉得而食諸。』《釋文》正文『焉』字當是『豈』字之譌。

直躬

《子路》『吾黨有直躬者』，《釋文》：『鄭本作弓，云直人名弓。』

頤煊案：《呂氏春秋·當務篇》：『異哉直躬之爲信也。』《淮南·氾論訓》『直躬其父攘羊而子證之』，高誘注：『直躬，楚葉縣人也。』誘，盧植門人，植與鄭同師馬融，故誘亦以直人名躬，與鄭注同。《廣韻》：『直，又姓，楚人直弓之後。』非是。

溝瀆

《憲問》：『自經於溝瀆。』

頤煊案：《史記·齊太公世家》『遂殺子糾於笙瀆』，集解：『賈逵曰：魯地句瀆也。』索隱：『按鄒誕生本作「莘瀆」，「莘」、「笙」聲相近。《論語》作「溝瀆」。』《左氏·襄二十一年》傳：『執公子買於句瀆之丘。』『句瀆』即『溝瀆』也。

其言之不怍

『其言之不怍。』

頤煊案：《大戴禮·曾子立事篇》盧辯注引《論語》曰：『其言之不作。』『作』當通作『怎』字。《荀子·儒效篇》：『無所疑怎。』楊倞注：『怎與怍同。』

好行小慧

《衛靈公》『好行小慧』，《釋文》：『魯讀慧爲惠，今從古。』

頤煊案：《文選·陳孔璋檄吴將校部曲》『説誘甘言，懷寶小惠』，李善注：『《論語》曰：「好行小惠。」』從魯讀。皇侃本『慧』作『惠』，是假借字。

友便辟

『季氏友便辟』，惠氏棟《論語古義》：『馬、鄭皆讀辟爲譬，謂巧爲譬諭，以求容媚。徐彦曰：今世間有一《論語》音便辟爲便僻者，非鄭氏之意，通人所不取矣。』

頤煊案：《家語・入官篇》『邇臣便僻者，羣僕之倫也』，王肅注：『「僻」宜爲「辟」。』《公冶長》『巧言令色足恭』，孔注：『足恭，便僻貌。』當是《古論》作『僻』字。

巧言章

《陽貨》：『子曰：巧言令色，鮮矣仁。』山井鼎《考文》：『古本、足利本無此章。』

頤煊案：唐石經此章先無而後添注。蔡邕石經《陽貨篇》末題云凡廿六章，今集解本此章在内共廿四章，似蔡邕石經僅分『子曰唯上知與下愚不移』，『子謂伯魚曰女爲《周南》《召南》矣乎』各自爲一章，故云廿六。《太平御覽》卷三百八十八引《論語・陽貨》『曰巧言令色鮮矣仁』，是漢魏舊本皆有此章，後人删之，非也。

滔滔者

《微子》：『滔滔者天下皆是也。』

頤煊案：『滔滔』當作『慆慆』，《魯論》作『慆慆』，《古論》作『悠悠』。《文選·幽通賦》：『溺招路以從己兮，謂孔氏猶未可。安慆慆而不葩兮，卒隕身乎世禍。』曹大家注：『慆慆，亂貌。』《漢書敘傳》小顔注引《論語》『慆慆者天下皆是也』，《釋文》：『滔滔，鄭本作悠悠。』《史記·孔子世家》亦作『悠悠』，集解：『孔安國曰：悠悠者，周流之貌也。』孔、鄭皆從古文。《文選·養生論》『夫悠悠者既以未效不求』，李善注引《論語》爲證。字當作『悠悠』，今本作『滔滔』者，是後人改。

植其杖而芸

『植其杖而芸』，《釋文》：『芸音云，多作耘字，芸香草也。』

頤煊案：蔡邕石經、《文選·應休璉與從弟書》李善注、《太平御覽》卷七百十引《論語》皆作『耘』。耘，《説文》作『䰟』，或作『秐』，『芸』即『秐』字之省。

孝經分章

《孝經正義》：『諸家疏並無章名，而《援神契》自天子至庶人五章，唯皇侃標其目而冠於章首。』

頤煊案：《漢書·匡衡傳》：『《大雅》曰：「無念爾祖，聿修厥德。」孔子著之《孝經》首章。』

《抱朴子·仁明篇》：『唐堯以欽明冠典，仲尼以明義首篇。』此亦《孝經》有章名之證。

仲尼居

《開宗明義章》：『仲尼閒居。』

頤煊案：《釋文》據鄭康成本作『仲尼居』，《説文》據《古文孝經》引作『仲尼凥』。《三國志·張昭傳》：『孫權問衛尉嚴畯：「寧念小時所闇書不？」畯因誦《孝經》「仲尼居」。』《南齊書·文惠太子傳》引《孝經》『仲尼居』。《顔氏家訓·書證篇》：『「仲尼居」三字之中，兩字非體，《三蒼》「尼」旁益「丘」，《説文》「居」下施几。』皆無『閒』字。

孝無終始

《庶人章》『故自天子至於庶人，孝無終始而患不及者，未之有也』，《正義》：『鄭曰諸家皆以爲患及身，今注以爲自患不及，將有説乎？ 荅曰：經傳之稱患者多矣，皆是憂惡之辭，惟《蒼頡篇》謂患爲禍，孔、鄭、韋、王之學引之以釋此經。』

頤煊案：《禮記·大學》：『物有本末，事有終始。』《祭義》：『終始相巡以致天下之和。』『孝無終始』者，非孝也，故禍患及之，此戒之之辭。

孟子七篇

《史記·孟軻列傳》：『退而與萬章之徒序《詩》《書》，述仲尼之意，作《孟子》七篇。』

頤煊案：《風俗通·窮通篇》：『退與萬章之徒序《詩》《書》、仲尼之意，作書中外十一篇。』太史公所見《孟子》止七篇，外四篇是後人所益。

受業子思

《孟軻列傳》『受業子思之門人』，索隱：『王劭以「人」爲衍字。』

頤煊案：《漢書·藝文志》：『孟子名軻，子思弟子。』《風俗通·窮通篇》：『孟軻受業於子思。』《列女傳·母儀篇》：『孟子師事子思，遂成天下之名。』《淮南·氾論訓》高誘注：『孟子受業於子思之門。』《詩正義》引《譜》云：『孟仲子者，子思弟子，蓋與孟軻共事子思，後學於孟軻。』皆不以孟子受業子思之門人。

孟子注

《隋書·經籍志》：『《孟子》七卷，鄭玄注。』

頤煊案：《史記·五帝本紀》『堯知子丹朱之不肖』，索隱：『鄭玄云：肖，似也。不似言不如人也。』疑即《孟子注》。又《燕世家》『王因收印而效之子之』，索隱：『鄭玄云：效，呈也，以印呈與子之。』《平原君列傳》：『毛遂曰：使遂蚤得處囊中，乃穎脱而出。』索隱：『鄭玄云：穎，環也。』『平原君竟與毛遂偕，十九人相與目笑之而未發也』，索隱：『鄭玄云：皆目視而輕笑之，未能即廢弃之也。』又《趙世家》『王夢見處女鼓琴而歌』一段，《集解》兩引綦母邃曰。綦母邃亦注《孟子》，豈皆《孟子》逸篇文邪？

塗有餓莩

《梁惠王上》『塗有餓莩』，趙岐注：『餓死者曰莩。《詩》曰：「莩有梅。」莩，零落也。』

頤煊案：《漢書・食貨志》引《孟子》作『野有餓萲』，依《説文》字當作『受』。《爾雅・釋詁》『徂落，死也』，注以『餓死』爲『零落』，其義一也。

制梃

『可使制梃以撻秦楚之堅甲利兵矣』，趙注：『制，作也。』

頤煊案：『制』古通作『折』字。《論語・顔淵》『片言可以折獄者』，鄭注：『魯讀「折」爲制。折，斷也。』斷梃言其易。《後漢書・鄧禹傳》：『帝敕曰：赤眉東來，吾折捶笞之。』亦其證。

疾視

《梁惠王下》：『夫撫劍疾視曰：彼惡敢當我哉？』趙注：『疾視，惡視也。撫劍瞋目曰：人安敢當我哉？』

頤煊案：下文『則疾視其長上之死而不救』，疾視不爲瞋目，『疾視』當是『仄視』之譌。《漢書·賈誼傳》『令天下仄目而視』，師古曰：『仄，古側字。』

拯所也

『民以爲將拯己於水火之中也』，趙注：『拯，所也。』宋本『所』作『濟』，毛本『所』作『捄』。

頤煊案：『所』當是『抍』字之譌。《説文》：『抍，上舉也。从手，升聲。《易》曰：抍馬壯吉。』今《周易》作『拯馬』。『抍』、『所』字形相近。

吾不惴焉

《公孫丑上》『吾不惴焉』，趙注：『惴，懼也。』《音義》：『丁本作遄。』

頤煊案：丁本作『遄』，是也。此言自省而不直，雖褐寬博之人，吾不敢輕往以敵之。若自省而直，雖千萬人吾往矣，文義相對。《易·損卦》：『巳事遄往。』則『遄』亦『往』也。

壹

『志壹則動氣，氣壹則動志也』，趙注：『孟子言壹者，志氣閉而爲壹也。』

頤煊案：《説文》『壹』作『壹』，从吉，从壺。壺不得泄也，是閉塞之義。

汙

『汙不至阿其所好』，趙注：『汙，下也，言三人雖小汙不平，亦不至阿其所好以非其事，阿私所愛而空譽之。』

頤煊案：『汙』通作『于』。《禮記·文王世子》『况于其身以善其君乎』，鄭注：『于讀爲迂。』迂猶廣也，大也，經典凡從于之字多訓爲大。此言三子言雖大而非阿其所好，下文所陳是大之之辭。

阨窮而不憫

『阨窮而不憫』，趙注：『憫，懣也。』

頤煊案：『憫』當作『悶』。《廣雅·釋詁》：『悶，懣也。』《説文》：『悶，懣也。』『憫』即『悶』字之俗。《易·乾卦》：『遯世无悶。』不見是而无悶，義正與此相同。

宿於晝

《公孫丑下》『孟子去齊，宿於晝』，趙注：『晝，齊西南近邑也。』

頣煊案：《水經・淄水注》：『孟子去齊，三宿而後出澅。澅水出時水東，去臨淄十八里，所謂澅中也。』《史記・田單列傳》：『燕之初入齊，聞晝邑人王蠋賢。』集解：『劉熙曰：齊西南近邑。晝音獲。』是劉熙《孟子注》本作『宿於晝』，趙注與劉注同字，亦當作『晝』。今本作『晝』，是傳寫之譌。

悻悻然

『悻悻然見於其面』，《音義》：『字或作悻悻然。』

頣煊案：《説文》無『悻』字。《説文》：『悻，恨也。』趙注：『《論》曰：悻悻然小人哉。』即《論語》『硜硜然小人哉』。趙所見本或作『悻悻然』，故引以爲證。

蠅蚋姑嘬之

《滕文公上》『蠅蚋姑嘬之』，趙注：『嘬，相共食之也。』

頣煊案：《左氏・僖二十八年》傳『楚子伏己而盬其腦』，杜預注：『盬，唼也。』『盬』與

『姑』古字通用。《禮記·内則》『姑與之而姑使之』，鄭注：『姑猶且也。』《方言》『盬，且也』，郭璞注：『盬猶䀹也。』義亦相同。

憮然

『夷子憮然爲間曰』，趙注：『憮然猶悵然也。』

頤煊案：《文選·東京賦》『憮然有間』，薛綜注：『愕然有頃。』《論語·微子》『夫子憮然曰』，皇侃疏：『憮然猶驚愕也。』

范氏

《滕文公下》『吾爲之範我馳驅』，《音義》：『範我或作范氏。』

頤煊案：《文選·東都賦》『范氏施御』，李善注：『《孟子》曰：吾爲之範我馳驅。』宋本《文選》注引《孟子》亦作『范氏』。趙注：『範，法也。』本作『範我』。古字從竹從艸多通用，『范』即『範』字，『氏』即『我』字之譌。

洚水

『《書》曰：「洚水警余。」洚水者，洪水也。』

頤煊案：此與《告子下》兩稱『洚水者，洪水也』，皆釋《書》『洚水』爲大水。『洚』讀如『洪』。今《尚書·大禹謨》作『降水儆予』，傳：『水性流下，故曰降水。』其音義並失矣。

遷於負夏

《離婁下》：『遷於負夏。』

頤煊案：『遷』讀如『懋遷有無』之『遷』。《史記·舜本紀》『就時於負夏』，索隱：『就時猶逐時，若言乘時射利也。』即此所謂遷徙物貨於負夏之地以相貿易。《正義》以爲『遷居』，失之。

微　也

『子思，臣也，微也』，趙注：『微，少也。』《正義》：『其勢則微小也，當赴君之難，不可去也。』

頤煊案：『微』當訓『職』。《説文》：『職，記微也。』與此『微』字義正相同。《説文》：『微，幟也。』《左氏傳》杜預注作『徽，識也』，皆同聲假借字。

施施從外來

『施施從外來』，趙注：『施施猶扁扁，喜悦之貌。』

頤煊案：上文『施從良人之所之』，趙注：『邪施而行。』《詩·北風》『其虚其邪』，《爾雅·釋訓》作『其虚其徐』。『施施』即徐徐也。《丘中有麻》『將其來施施』，《毛傳》：『施施，難進之貌。』鄭箋：『施施，舒行。』皆是徐義。

九男

《萬章上》：『帝使其子九男。』

頤煊案：《吕氏春秋·去私篇》『堯有十子，不與其子而授舜』，高誘注：『《孟子》曰：堯使九男二女事舜。』此云十子，殆丹朱爲胤子，不在數中。

謨蓋

『謨蓋都君咸我績』，趙注：『謨，謀。蓋，覆也。』

頤煊案：《爾雅·釋言》：『蓋，割裂也。』《釋文》：『蓋，舍人本作害。』《禮記·緇衣》鄭注：『割之言蓋也。』割字從害，『謨蓋』猶言謀害也，趙注失之。

鬱 陶

『鬱陶思君爾，忸怩』，趙注：『我鬱陶思君，故來。爾，辭也。忸怩而慙，是其情也。』《正義》：『我氣閉積思意君，故來。』

頤煊案：《爾雅·釋詁》：『鬱陶，喜也。』《禮記·檀弓》『人喜則斯陶』，鄭注：『陶，鬱陶也。』《樂緯稽耀嘉》：『武王克殷之後，民乃大安，家給户足，酌酒鬱搖。』『鬱搖』即『鬱陶』，皆喜之之辭。

接淅而行

《萬章下》：『接淅而行。』

頤煊案：《説文》：『滰，浚乾漬米也。从水，竟聲。《孟子》曰：夫子去齊，滰淅而行。』《荀子·仲尼篇》『可炊而傹也』，『傹』即『滰』字。『滰』、『接』因字形相近而譌。

先 簿

『孔子先簿正祭器』，《音義》：『丁，步故切，本多作薄，誤。』

頤煊案：《隸釋·夏承碑》『爲主薄督郵』，《韓勑碑》陰『主薄魯薛陶』，《武榮碑》『郡曹史主薄』，古『簿』字皆作『薄』。

生之謂性

《告子上》：『生之謂性。』

頤煊案：《禮記・樂記》『則性命不同矣』，鄭注：『性之言生也。』《論語・公冶長》『夫子之言性與天道』，何晏注：『性者，人所受以生者也。』皇侃疏：『性，生也。』《白虎通・情性篇》：『性者，生也。』《莊子・庚桑楚》：『性者，生之質也。』《荀子・正名篇》：『生之所以然者謂之性。』漢儒言性皆同此説。

知生於憂患

《告子下》『然後知生於憂患』，趙注：『故知能生於憂患。』《音義》云：『丁依注音智，注同，陸如字。』

頤煊案：《荀子・榮辱篇》楊倞注引《孟子》曰『智生於憂患』，與上文『增益其所不能』，皆後人依注義改之。

盎於背

《盡心上》『睟然見於面，盎於背』，趙注：『盎視其背而可知。』鈕氏樹玉《説文新附考》：『盎與見對，是盎義近映。』

頤煊案：《詩・北山》『或王事鞅掌』，鄭箋：『鞅猶何也。』『盎於背』猶言如負何於背也。

拔一毛

『楊子取爲我，拔一毛而利天下，不爲也。』

頤煊案：《列子・楊朱篇》：『禽子問楊朱曰：「去子體之一毛以濟一世，汝爲之乎？」』《吕氏春秋・不二篇》高誘注：『《孟子》曰：陽子拔體一毛以利天下，弗爲也。』《明理篇》高誘注：『䏶，脚也，音楊子愛骭一毛之骭。』『拔』下當有『體』字，『骭』即『體』字之别。《淮南・俶真訓》『雖以天下之大易骭之一毛，無所槩於志也』，《韓非子・顯學篇》『不以天下大利易其脛一毛』，義亦當有體字。

校勘記

〔一〕使士失意　『失』字原譌作『使』，據《易林》原文改。

讀書叢録卷八 爾雅 經總類

爾雅舍人注

《釋文·序録》:『《爾雅》有犍爲文學注三卷,一云犍爲郡文學卒史臣舍人,漢武帝時待詔。』

頤煊案:《文選·羽獵賦》李善注引作『郭舍人』。《西京雜記》:『郭威字文偉,茂陵人,好讀書,以謂《爾雅》周公所制而有張仲孝友,張仲宣王時人,非周公之制明矣。』疑即此人。

孫炎爾雅疏

《宋史·藝文志》:『孫炎《爾雅疏》十卷。』邢昺《爾雅疏序》:『其爲注者,則有犍爲文學、劉歆、樊光、李巡、孫炎,雖各名家,猶未詳備,惟郭景純最爲稱首。其爲《義疏》者,則俗間有孫炎、高璉,皆淺近俗儒,不經師匠。』

頤煊案:此作疏之孫炎與作注之魏孫炎叔然别是一人,陸佃《埤雅》屢引孫炎《爾雅正義》,即俗間所行《義疏》本。

艐至也

《釋詁》：『艐，至也。』《釋文》：『艐，郭音屆。孫云古屆字。』

頤煊案：《詩·節南山》正義引《釋詁》：『屆，至也。』張參《五經文字》：『艐，《爾雅》或作屆，音戒，至也。』郭璞注引《方言》『宋曰屆』，可證郭本作『屆』。

綝善也

『綝，善也』，郭注：『未詳。』

頤煊案：《禮記·曲禮上》『急繕其怒』，鄭注：『繕讀曰勁。』《周禮·夏官·繕人》鄭注：『繕之言勁也，善也。』『綝』、『勁』聲近。《説文》：『綝，止也，从糸，林聲，讀若郴。』《方言》：『自關而西，秦晉之間凡物之壯大者而愛偉之謂之夏，周鄭之間謂之假，郴，齊語也。』義亦與善相近。

漠謀也

『漠，謀也』，邵氏晉涵《正義》：『《詩》疏引舍人云：漠，心之謀也。』

頤煊案：《詩·巧言》『聖人莫之』，《毛傳》：『莫，謀也。』《釋文》：『莫，本又作漠。』

順陳也

『順，陳也』，郭注：『未詳。』

頤煊案：《儀禮・士冠禮》『洗有篚在西，南順』，鄭注：『篚亦以盛勺、觶，陳於洗西。』《特牲饋食禮》『及兩鉶芼設于豆南，南陳』，『南陳』即『南順』也。《鄉飲酒禮》『篚在洗西，南肆』，『肆』亦『陳』也。

尸宷也

『尸，宷也』，郭注：『謂宷地。』『宷，官也』，郭注：『官地爲宷。』

頤煊案：『宷』與『尸』義不相近，『宷』當爲『宰』字之譌。《周禮・序官》『乃立天官冢宰』，鄭注：『宰，主也。』《公羊・隱元年》傳：『宰者何？官也。』

神重也

『神，重也』，郭注：『神所未詳。』

頤煊案：《説文》：『伸，神也。』《詩・大明》『大任有身』，《毛傳》：『身，重也。』鄭箋：『重，謂懷孕也。』是以神爲重也。

滕徵虚也

『滕、徵，虚也』，郭注：『滕、徵未詳。』

頤煊案：《説文》：『滕，水超涌也。』水超涌則其下空虚。『滕』與『騰』通，《文選・思玄賦》『徵澳沕而爲清』，舊注：『徵，騰也。』『徵』即『徵』字。

疷病也

『疷，病也』，《釋文》：『疷，祈支反，或丁禮反。本作疲，字書云：疲，病也。《聲類》猶以爲疷字。』

頤煊案：《詩・無將大車》『祇自疷兮』，《毛傳》：『疷，病也。』《白華》『俾我疷兮』，《毛傳》：『疷，病也。』《正義》不引《釋詁》文爲證，疑所見《爾雅》本亦作『疲』。

倫勞也

『倫，勞也』，郭注：『倫理事務以相約敕亦爲勞。』

頤煊案：《説文》：『侖，思也。』《玉篇》：『倫，思也。』通作『惀』。《説文》：『惀，欲知之皃。』欲知是思勞也。《儀禮・既夕記》『倫如朝服』，鄭注：『古文倫爲輪。』《易・説卦》『爲弓輪』，《釋文》：『輪，本作倫。』『倫』、『輪』古字通用，輪轉則勞故，倫亦爲勞也。

篲勤也

『篲，勤也』，郭注：『未詳。』

頤煊案：《説文》：『彗，埽竹也。』重文作『篲』。《左氏·昭十七年》傳：『彗所以除舊更新也。』《史記·高祖本紀》『太公擁篲』，集解：『李奇曰：如今卒持帚者也。』《孟軻列傳》『昭王擁彗先驅』，索隱：『彗，帚也，言爲之埽地。』埽除亦勤勞之事，故篲爲勤也。

治故也

『治，故也』，郭注：『未詳。』

頤煊案：《尚書·盤庚》序『將治亳殷』，《正義》引束晳説孔子壁中《尚書》作『將始宅殷』。《荀子·正論篇》『治古無肉刑而有象刑』，『治古』猶言始古也，『古』即『故』也。楊倞注：『治古，古之治世也。』失之。

食僞也

『食，僞也。』

頤煊案：『僞』、『爲』古字通用。『食』字亦兼有二義。《左氏·僖二十八年》傳『背惠食言』，《成十六年》傳『瀆齊盟而食話言』，是以『食』爲『僞』也。《哀元年》傳『後雖悔之，不可食已』，是以『食』爲『爲』也。

行言也

『行，言也』，郭注：『今江東通謂語爲行。』

頤煊案：《左氏·哀元年》傳『因吴太宰以行成』，服虔注：『行成，求成也。』《管子·山權數篇》：『行者，道民之利害也。』是皆行爲言也。

徽止也

『徽，止也』，郭注：『未詳。』

頤煊案：《文選·陸士衡挽歌詩》『悲風徽行軌』，李善注：『《爾雅》曰：徽，止也。』

廢止也

『廢，止也。』《釋文》、《唐石經》『廢』作『厎』，邵氏《正義》從宋本亦作『厎』。

頤煊案：郭注：『戾，底，義見《詩傳》。』釋上文『底』字。『《國語》曰：戾久將底。』釋此

『底』字。傳寫者誤『底』作『底』，後人不知『底』、『底』義別，而以『底』、『底』爲重出，因改一作『廢』字，誤矣。

衛嘉也

『衛，嘉也』，郭注：『未詳。』邵氏《正義》：『衛通作偉，《莊子·大宗師》云：偉哉造物。』《釋文》引向秀云：『偉，美也。』錢氏大昕《荅問》：『衛通爲禕，禕與嘉同訓美，故禕亦有嘉義。』

頤煊案：《一切經音義》卷十：『躛，古文作躗。』《説文》：『躗，衛也。』故『衛』與『躛』同訓爲嘉。

苦息也

『苦，息也』，邵氏《正義》：『苦訓爲息，於經籍無考。』王氏引之《經義述聞》：『「苦」讀與靡盬之「盬」同。《周官·鹽人》「共其苦鹽」，杜子春讀苦爲盬。王事靡盬者，王事靡有止息也。』

頤煊案：『敂，息也』，《釋文》：『孫本作快。』《方言》：『苦，快也，宋鄭周洛韓魏之間曰苦，自關而西曰快。』是『苦』、『快』同爲息也。

艾相也

『艾，相也』，郭注：『未詳。』邵氏《正義》：『《方言》：裔、歷，相也。裔、艾，聲之轉也。』

頤煊案：《小爾雅·廣詁》：『相，治也。』《左氏·昭九年》傳『而楚所相也』，杜預注：『相，治也。』下文『乂，治也』，古通作艾字，艾與相同訓治，是以艾又爲相也。

神治也

『神，治也』，郭注：『未詳。』

頤煊案：《禮記·月令》『毋發令而待以妨神農之事也』，《孟子·滕文公上》『有爲神農之言者許行』，『神農』皆謂治農。

允佞也

『允，佞也』，郭注：『允，信者，佞人似信。』

頤煊案：『允』當是『兊』字之譌。『兊』古通作『説』字，以言悦人者即是佞也。《荀子·脩身篇》『饒樂之事則佞兊而不曲』，即其證。

肇敏也

《釋言》『肇，敏也』，郭注：『《書》曰：肇牽車牛。』

頤煊案：《詩·江漢》『肇敏戎功』，《毛傳》：『肇，謀。敏，疾。』鄭箋：『今謀女之事，乃有敏德。』是以肇爲敏也。『肇』又通作『寏』，下文『寏，肆也』，《大戴禮·夏小正》『狸子肇肆』。肆亦疾也，與敏同義。

冥幼也

『冥，幼也』，郭注：『幼稺者冥昧。』

頤煊案：《詩·斯干》『噦噦其冥』，《毛傳》：『冥，幼也。』《釋文》：『幼，本或作窈。』《正義》：『《爾雅》亦或作窈。孫炎曰：冥，深闇之窈。』與郭本異。《説文》：『冥，幽也。』《文選·思玄賦》、《歎逝賦》李善注引《説文》：『冥，窈也。』《老子》『窈兮冥兮』，《莊子·在宥篇》『至道之精，窈窈冥冥』，《素問·從容論》『吾問子窈冥』，皆義本於《爾雅》。

逜寤也

『逜，寤也』，郭注：『相干寤。』

頤煊案：《釋文》：『孫本迕字作午。』郭注『干』當是『午』字之譌。《禮記・哀公問》『午其衆以伐有道』，《釋文》引王肅本作『迕』。《荀子・富國篇》『午其軍』，楊倞注：『午讀爲迕。』

檢同也

『檢，同也。』

頤煊案：《孟子・梁惠王上》『狗彘食人食而不知檢』，《漢書・食貨志》引《孟子》作『而不知斂』。《隸釋・任伯嗣碑》『姦軌檢手』，『檢』即『斂』字。《考工記・梟氏》『侈弇之所由興』，弇謂鍾口狹，狹即斂也，故『檢』、『弇』皆訓爲同。

廩廯也

『廩，廯也』，《釋文》：『孫炎云：廯，藏穀鮮絜也。舍人云：廩，少鮮也。』

頤煊案：孫炎以鮮爲絜，舍人以鮮爲少，本皆作『廩，鮮也』。郭意同於孫炎、舍人，故注云：『或説云即倉廩，所未詳。』引其義未改其字，本亦當作『鮮』。《公羊・文十三年》傳『羣公廩』，疏：『廩者，希少之名。』《詩・采薇》正義引鄭《易》注『嫌讀如「羣公溓」之溓』，『溓』亦是希少之義，皆與舍人注合。

慔慔勉也

《釋訓》:『慔慔,勉也。』

頤煊案:《釋訓》一篇專爲釋《詩》而作,其間有不在今《詩》者,蓋三家傳本有異同也。『慔慔』當爲《楚茨》『君婦莫莫』之異文。『莫』與『勿』字同義。《禮記·禮器》『勿勿乎其欲其饗之也』,鄭注:『勿勿猶勉勉也。』故『莫莫』亦爲勉也。

地謂之黝

《釋宫》『地謂之黝』,郭注:『黑飾地也。』

頤煊案:『黝』當作『坳』。《莊子·逍遥遊篇》『覆杯水於坳堂之上』,《釋文》:『崔云:堂道謂之坳。司馬云:塗地令平。』《説文》:『坳,地不平也。从土,幼聲。』地不平謂塗之令平,皆義本於《爾雅》。『黝』、『坳』同聲字。

陜而修曲曰樓

『陜而修曲曰樓』,郭注:『修,長也。』

頤煊案:此非重屋之樓。《説文》:『廔,屋麗廔也。』《淮南·原道訓》:『運枯形于連嶁列垺之門。』『麗廔』、『連嶁』皆即屋之修長者。

㲋罟謂之罬

《釋器》『㲋罟謂之罬』，《釋文》：『罬，本或作罠。』

頤煊案：《文選·張景陽七命》『張修罠』，李善注：『《爾雅》曰：㲋罟謂之罬。』『罬』或作『罠』，《説文》『罠，釣也』，義與《爾雅》合。《説文》無『罬』字。

絇謂之救

『絇謂之救』，郭注：『救絲以爲絇，或曰亦罥名。』邵氏《正義》：『郭引或説以絇爲罥，未詳。』

頤煊案：『救』通作『絿』，《説文》：『絿，急也。』郭注『救絲』即急絲也。『救』又通作『捄』，《詩·大東》『有捄天畢』，《毛傳》：『捄，畢貌，畢所以掩兔。』故或説以絇爲罥也。

衣眥謂之襟

『衣眥謂之襟』，郭注：『交領。』

頤煊案：『眥』當是『前』字之譌。『前』，《説文》作『歬』，與『眥』字形相近。《釋名·釋衣服》:『襟,禁也,交於前所以禁禦風寒也。』《公羊·哀十四年》傳『反袂拭面,涕沾袍』,何注:『袍,衣前襟也。』疏:『袍亦有作衿字者。』『衿』與『襟』同,皆是衣前之證。

婦人之禕

『婦人之禕謂之縭。縭,緌也』,郭注:『即今之香纓也,禕邪交落帶繫于體,因名爲禕。緌,繫也。』

頤煊案:《後漢書·張衡傳》李賢注,《文選·思玄賦》、《琴賦》李善注引《爾雅》皆作『婦人之徽謂之縭』,『三糾繩曰徽,字異而音義並同。

康謂之蠱

『康謂之蠱』,郭注:『米皮。』

頤煊案:《説文》:『穅,穀皮也。』『康』即『穅』字之省。『蠱』與『盬』通,《詩·四牡》毛傳:『盬,不堅固也。』《左氏·昭元年》傳:『穀之飛亦爲蠱。』皆義本《爾雅》。杜預注:『穀久積則變飛蟲,名曰蠱。』《論衡·商蟲篇》:『穀蟲曰蠱。』望文生義,失雅訓矣。

滅謂之點

『滅謂之點』，郭注：『以筆滅字爲點。』

頤煊案：《禮記·曲禮上》『毋不敬』，《釋文》：『毋字與父母字不同，俗本多亂，讀者皆朱點毋字以作無音。』《史記·梁孝王世家》『李太后亦私與食官長及郎中尹霸等士通亂』，正義：『張先生舊本有「士」字，先生疑是衍文，又不敢除，故以朱大點其字中心。』

璧大六寸謂之宣

『璧大六寸謂之宣』，郭注：『《漢書》所云瑄玉是也。』

頤煊案：《説文》無『瑄』字，『玉部』『珣』字注：『醫無閭之珣玗琪，《周書》所謂夷玉也。从玉，旬聲。一曰玉器，讀若宣。』『勹部』『旬』，古文旬，《汗簡》引石經『旬』作『宣』，字形本相近。《爾雅》『宣璧』，《説文》『珣玉』，《漢書·郊祀志》『瑄玉』，《詛楚文》『宣璧』，皆是一字。

繸綬也

『繸，綬也』，郭注：『即佩玉之組，所以連繫瑞玉者，因通謂之繸。』

頤煊案：『繸』本作『䍁』。《説文》：『䍁，綬維也。』《後漢·輿服志》：『䍁者，古佩璲也。』

佩綬相迎受故曰縌。《釋草》『虉，綬』，郭注：『小草有雜色似綬。』『虉』、『縌』同聲字，當作『縌』爲是。

革中絶謂之辨

『革中絶謂之辨』，郭注：『中斷皮也。』『革中辨謂之韏』，郭注：『復分平也。』

頤煊案：『辨』當作『辯』。《説文》：『辯，憂也。一曰急也。』謂皮中斷者謂之急，皮中急者謂之韏。《説文》：『襞，韏衣也。』韏如襞積，則如今之言縐紋矣。《説文》韏字承轉『軶，裹也』下，此亦當指軶裹而言。《玉篇》引《爾雅》作『革中絶謂之辨』，郭注『分平』當是『分半』之譌。

徒鼓鐘謂之脩

《釋樂》『徒鼓鐘謂之脩』，郭注：『未見義所出。』

頤煊案：《考工記·梟氏》：『鐘大而短則其聲疾而短聞，鐘小而長則其聲舒而遠聞。』脩亦取遠聞爲義。

四　時

《釋天》：『四時。』

頤煊案：《論衡·是應篇》：『《爾雅》『釋四時章』曰：春爲發生，夏爲長嬴，秋爲收成，冬爲安寧，四氣和爲景星。』今本《爾雅》『冬爲上天』已上爲『四時章』，『甘雨時降，萬物以嘉，謂之醴泉』已上爲『祥章』。《論衡》所引五句在『祥章』中。

疾雷爲霆霓

『疾雷爲霆霓』，郭注：『雷之急擊者謂霹靂。』

頤煊案：『霓』非疾雷，『霓』當是『電』字之譌。《說文》『霆，雷餘聲也』，『電，陰陽激燿也』，皆疾雷時所有。邵氏《正義》據《初學記》改作『疾雷謂之霆』，臧氏琳《經義雜記》據《北堂書鈔》《事類賦注》謂當作『疾雷爲霆』。余嘗見影宋本《北堂書鈔》、元刻《初學記》、《事類賦注》引《爾雅》皆作『疾雷爲霆霓』，足證近刻皆俗人所改，不足爲據。

郊外謂之牧

《釋地》『郊外謂之牧』，《釋文》：『李本牧作田，釋云田暾也。謂陳列種穀之處。』

頤煊案：『田』即《周禮》『四丘爲甸』之甸。《周禮·稍人》鄭注：『甸讀與「維禹暾」之之暾同，今《詩》作「維禹甸之」。』《甸祝》鄭注：『甸之爲言田也。』《小宗伯》鄭注：『甸讀爲田。』『田』即『甸』字之省。

畢堂牆

《釋丘》『畢，堂牆』，郭注：『今終南山道名畢，其邊若堂室之牆。』《詩·終南》正義引此注云：『其邊若堂之牆。』

頤煊案：邢疏：『其邊之厓如堂室之牆，言平正也。』《釋山》『山如堂者密』，郭注：『形如堂室者。』『堂』下皆有『室』字。

重厓岸

『重厓岸』，郭注：『兩厓累者爲岸。』

頤煊案：上文已釋『望厓洒而高岸』，此不必復釋『岸』，『岸』當作『屵』。《説文》：『屵，岸上見也。从厂，从之省，讀若躍。』岸上見岸，即是重厓。『屵』作『岸』，字形相近，并涉下文『岸上滸』字相連而譌。

小山別大山鮮

《釋山》『小山別，大山鮮』，《釋文》：『鮮，息淺反。李云：大山少故曰鮮。』

頤煊案：《文選·吴都賦》、《長笛賦》李善注俱引《爾雅》曰：『小山別，大山曰嶰。』嶰，古買切。《吕氏春秋·古樂篇》:『伶倫取竹於嶰谿之谷。』『嶰』當作『解』,與『鮮』字形相近。

霍山爲南嶽

『霍山爲南嶽』,郭注:『在衡陽湘南縣南,今在廬江灊縣西,即天柱山,灊水所出也。』

頤煊案:《風俗通·祀典篇》:『衡山一名霍山。』《左氏·襄三年》傳『楚子重伐吴,克鳩兹,至于衡山』,即廬江灊縣之霍山。杜預注:『衡山在吴興烏程縣南。』失之,餘詳見《筠軒文鈔》第四卷。

汧出不流

《釋水》『汧出不流』,郭注:『水泉潛出,便自停成汙池。』

頤煊案:『汧』當是『汙』字之譌。《左氏·隱三年》傳『潢汙行潦之水』,服虔注:『水不流謂之汙。』《説文》『洿,濁水不流也』,《一切經音義》卷八引《三蒼》『停水曰洿』,字皆通用。

薜山蘄

《釋草》『薜,山蘄』,《釋文》:『蘄,古芹字。』

頤煊案:《玉篇》:『薜,山芹也。』下文『蘄茝,蘪蕪』,《文選·吴都賦》李善注引《爾雅》作

『芹茝』，皆是。

茵芝

『茵，芝。』

頤煊案：《説文》無『茵』字。《莊子・逍遥遊》『朝菌不知晦朔』，《釋文》：『司馬云：菌，大芝也。』《文選・思玄賦》『咀石菌之流英』，李善注：『菌，芝也。』『茵』當是『菌』字之譌。

其葉蕸

『其葉蕸』，《釋文》：『字又作葭，衆家並無此句。』

頤煊案：《藝文類聚》卷八十二引《爾雅》作『其葉葭』，與《釋文》所見本同。《初學記》卷二十七引作『其葉荷』。《説文》『艸部』『菡』、『蕳』、『蓮』、『茄』、『荷』、『蔤』、『藕』七字連屬，『荷』字注：『芙蕖葉。』是《説文》所見《爾雅》本亦有此句，字作『荷』，與《初學記》本同。

楓欇欇

《釋木》：『楓，欇欇。』

頤煊案：《文選・南都賦》李善注引《爾雅》：『楓聶。』《説文》：『楓，一名欇。』《文選・上林賦》張揖注:『楓,欇也。』皆不重欇字。

女桑桋桑

『女桑,桋桑』,郭注:『今俗呼桑樹小而條長者爲女桑樹。』

頤煊案:《詩·七月》『猗彼女桑』,《毛傳》:『女桑,荑桑也。』『荑』古通作『稚』字。『桋桑』即『稚桑』也。《詩正義》引《集注》及定本皆云:『女桑,柔桑。』取《周易》『枯楊生荑』之義。『荑』是葉之新生者,與『稚桑』同義。

蛄䗐

《釋蟲》『蛄䗐,强蛘』,郭注:『今米穀中蠹小黑蟲是也,建平人呼爲蛘子。』

頤煊案:『蛄』當作『蛅』。下文『蟔,蛅斯』,『蛅斯』即『蛅䗐』,因其色黑故又名爲『蟔』。《説文》『蛅斯,墨也。从虫,占聲』,即其證。或改『蛅䗐』爲『姑䗐』,非是。

鱧　鯇

《釋魚》『鱧,鯇』,《釋文》:『鱧音禮,字又作鱶。』

頤煊案:《説文》『鱶,鮦』,『鮦,一曰鱶』。《詩·魚麗》毛傳:『鱧,鮦也。』《説文》以『鱣』

釋『鯉』，『鮎』釋『鰋』，不應於『鱧』獨違雅訓。疑《毛傳》、《説文》所見《爾雅》『鮀』皆作『鮦』，與郭氏本異。

蚼　蚅

『蚼蚅』，郭注：『未詳。』邵氏《正義》闕。

頤煊案：『蚼』是『蛃』字之譌，當屬下『鼁䵷，蟾諸』句讀。《説文》：『蛃鼁，詹諸。』《玉篇》：『蛃，蟾蠩也。』皆其證。

巂　周

《釋鳥》『巂周，燕燕鳦』，郭讀法以『巂周』句，『燕燕鳦』句。注引《詩》云『燕燕于飛』爲證。

頤煊案：《詩正義》引舍人云：『巂周名燕，燕又名鳦。』孫炎云：『别三名也。』《説文》巂字注：『周燕也。』《吕氏春秋·本味篇》：『雋觾之翠。』『燕』字皆屬上句讀。

犑　牛

《釋畜》『犑牛』，郭注：『未詳。』邵氏《正義》闕。

頤煊案：『犑』當作『犑』，《説文》：『犉，牛羊無子也。从牛，壽聲。讀若糗糧之糗。』即此『牛』。

河内女子得書

《論衡·正説篇》：『孝宣皇帝之時，河内女子發老屋，得逸《易》《禮》《尚書》各一篇，奏之。宣帝下示博士，然後《易》《禮》《尚書》各益一篇。』

頤煊案：《尚書正義》引王充《論衡》、後漢史建安十四年黄門侍郎房宏等説云：『宣帝本始元年，河内女子有壞老子屋，得古文《泰誓》三篇。』《隋書·經籍志》：『秦焚書，《周易》獨以卜筮得存，惟失《説卦》三篇，後河内女子得之。』是《易》益《説卦》，《尚書》益《泰誓》，皆三篇合爲一篇。唐玄度《十體書》云：『河内女子壞老君屋，得古文二篇，乃《書》之《泰誓》《顧命》也。』《尚書》視《論衡》所説多一篇，未知何據。

駁五經異義

《隋書·經籍志》：『《五經異義》十卷，後漢太尉祭酒許慎撰。』不記鄭《駁》，至《新唐書·藝文志》始以鄭《駁》附於許書。

頤煊案：《檀弓》正義：『《異義》許慎謹案：「《左氏》説與《禮》同。」鄭氏不駁，則是從左氏之説。』《王制》正義：『許慎謹案：「禮，臣疾，君親問，天子有下聘之義。」從《周禮》説。鄭無駁，與許慎同也。』《郊特牲》『諸侯不敢祖天子』，《正義》：『鄭氏無駁，與許慎同。』《五經異義》鄭亦非逐條駁之。

鄭注經音切

漢人注經止爲譬況，魏孫炎創反切，至宋晋以後音學始盛。《後魏書·劉芳傳》：『撰鄭玄所注《周官》《儀禮》音、干寶所注《周官》音、王肅所注《尚書》音、何休所注《公羊》音、韋昭所注《國語》音。』《隋書·經籍志》、《釋文·序録》載鄭注諸經俱有音切，是後通鄭學者所釋，非鄭自注。

五經正義用舊疏

《尚書·舜典》正義：『鞭刑，大隋造律，方使廢之。』《吕刑》正義：『大隋開皇之初，始除男子宫刑。』《正義》上於唐永徽四年，不應稱大隋。《新唐書·地理志》〔二〕：『義寧元年置鉅鹿郡，武德元年曰廉州，貞觀元年州廢。』《左氏·昭十二年》正義：『昔陽今屬廉州。』《正義》上時，廉州已廢，此皆承用舊疏之證。

漢石經殘碑

《後漢書·蔡邕傳》李賢注：『《洛陽記》曰：太學在洛城南開陽門外，有石經四部，碑凡四十六枚。西行《尚書》《周易》《公羊傳》，十六碑存，十二碑毁。南行《禮記》十五碑悉崩壞，《論語》三碑，二碑毁。』

頤煊案：西行二十八碑，南行十八碑，共四十六枚。《洛陽伽藍記》《水經·穀水注》俱作『碑四十八枚』，『八』即『六』字之譌。《太平御覽》卷五百八十九引《西征記》曰：『太學堂前石碑四十枚，亦表裏隸書《尚書》、《周易》、《公羊傳》、《禮記》四部。』『四十』下當脱『六』字。又不記《論語》，皆傳寫者譌也。《西征記》又云：『又太學讚碑一所，漢建武中立，時草創未備，永建六年詔下三府繕治。有魏文《典論》六碑，今四存二敗。』《北史·齊本紀》天保元年八月詔：『往者文襄皇帝所運蔡邕《石經》五十二枚，移置國學。』當兼《典論》六碑而言。

魏三字石經

魏三字石經止《尚書》《春秋左氏傳》兩種。《隋書·經籍志》《三字石經尚書》九卷、《三字石經尚書》五卷、《三字石經春秋》三卷。《太平御覽》引《西征記》曰：『國子堂前有列碑，南北行，三十五枚。刻之表裏書《春秋》《尚書》二部，大篆、隸、科斗三種字。碑長八尺，今有十八枚存，餘皆崩。』《洛陽伽藍記》：『開陽門外有漢國子學堂，堂前有三種字石經二十五碑，表裏刻之，寫《春秋》《尚書》二部，作篆、科斗、隸三種字，猶有十八碑，餘皆殘毁。』《隸續》載洛陽蘇望所刻《魏三體石經》殘字亦止《尚書》《左氏傳》二種。

石經拓本

《唐六典》：『書學博士以石經、《説文》、《字林》爲耑業。石經三體書限三年。』

頤煊案：唐人以三字石經爲蔡邕書，故張參《五經文字·序例》云：『蔡伯喈以滅學之後，經義分散，乃請刊定五經備體，刻石立于太學之門外，謂之石經。』其所指即三字石經。《封氏聞見記》論石經云：『隋開皇六年，自鄴載入長安。隋亂，造立之司用爲柱礎。其相承傳拓之本猶存秘府。』此雖指齊文襄所運之漢石經，其實魏三字石經至唐亦未必存。凡唐用取士及《五經文字》、郭忠恕《汗簡》所載，皆石經之拓本也。

唐石經

《封氏聞見記》：『天寶中，予在太學，與博士諸生共論經籍失正，爲欲建議請立大唐石經。遷延未發，而蕃寇海内，文儒道消，至今四十六年，兵革未息。嗚呼！石經之事亦俟河之清也。』又李陽冰《上李大夫書》云：『願刻石作篆，備書六經於明堂，爲不刊之典，號曰「大唐石經」，使百代之後無所損益。』開成之立石經，二君已不及見，其論實自二君發之。

緯稱秘書

《禮記·檀弓》正義引鄭《志》張逸問：『《禮》注曰《書説》，何書也？』〔二〕答曰：《尚書緯》也，當爲注時在文網中，嫌引秘書，故諸所牽引圖讖皆爲之《説》云。』《説文》『易』字注引秘書説『眡』字注：『秘書瞋从戌。』即《易緯》之文。

西域字母

《隋書·經籍志》：『自後漢佛法行於中國，又得西域胡書，能以十四字貫一切音，文省而義廣，謂之婆羅門書。』《華嚴經》有四十二字母，《般若經》有四十一字母，《一切經音義》釋《大般涅槃經》云：『凡有四十七字爲一切字本，其十四字如言，三十三字如是，合之以成諸字。』其法亦起於佛書云。

佛　書

《一切經音義》卷六『塔』字：『諸書所無，唯葛洪《字苑》云：塔，佛堂也。』《華嚴經音義》卷下引葛洪《字苑》云：『梵净行亦字書所無。』《山海經·海内經》『鳥氏』郭璞注：『今佛書中有此人，即烏夷也。』此皆佛書引用之始。西域以音，中國以字，自佛書入中國，翻譯者隨意創造，而俗字始多矣。

校勘記

〔一〕新唐書地理志　『地理志』，原誤作『藝文志』，今改正。

〔二〕何書也　『書』原誤作『時』，今據《禮記正義》改正。

讀書叢録卷九 方言 説文

方言

揚雄《方言》十三卷，《漢書·藝文志》及雄本傳俱不載。《説文解字》與《方言》同者甚多，皆不稱揚雄。至應劭《風俗通序》始有《方言》之稱，末附雄及劉歆二書。李善《文選注》引俱作《方言》，亦猶引高誘《淮南序》稱《淮南子》，蓋唐人引書之例本如此也。

蟬出也

卷一：『蟬，出也。』戴氏震《疏證》：『蟬、出，語之轉，故蟬又爲出。』
頤煊案：《説文》『出，進也』，與上文『蟬，續也』義相近，故『蟬』又爲『出』。

雙也

卷二：『顙、鑠、盱、揚、䁑，雙也。』郭璞注：『此本論雙耦，因廣其訓，復言目耳。』
頤煊案：『顙』、『鑠』、『盱』、『揚』、『䁑』五字皆是目訓，非雙訓，注義甚迂。『雙』疑『矆』

字之譌。《説文》：『矆，大視也。』顤通作瞻，《説文》『瞻，目旁薄緻宀宀也。』『鑠』言其目光灼爍。《後漢書·馬援傳》『矍鑠哉是翁也』，李賢注：『《東觀記》作矆。』『矆鑠』連文，明其義同也。《文選·魏都賦》『乃盱衡而誥』，劉淵林注：『盱，舉眉大視也。』《説文》：『揚，飛舉也。』凡言揚眉、揚目，皆是大視貌。《玉篇》：『䁑，大視也。』皆與『矆』字義近，注不得其解而曲爲之辭。

散殺也

卷三：『散，殺也。』

頤煊案：《説文》『𣥌』字注：『𣥌𣥌，散之也。从米，殺聲。』『𣥌』省作『殺』，故『散』亦爲『殺』也。

袓飾

卷四：『袓飾謂之直領。』郭注：『婦人初嫁所著上衣。』

頤煊案：『袓』即『襢』字，《禮記·喪大記》『世婦以襢衣』，《正義》：『世婦，大夫妻也，其上服唯襢衣。』故婦人初嫁服之。

褒明

『褒明謂之袍』，郭注：『《廣雅》云：褒明，長襦也。』

頤煊案：《爾雅・釋言》：『袍，襺也。』《禮記・玉藻》：『纊爲襺，緼爲袍。』《釋名・釋衣服》：『袍，苞也，苞，内衣也。』『襺』通作『繭』字，『褒明』疑『褒繭』之譌。《爾雅・釋訓》『萌萌，在也』，《玉篇》引《爾雅》作『繭繭』，『萌』、『繭』亦因字形相近而譌。

膊兄也

卷十：『膊，兄也。』戴氏《疏證》無注。

頤煊案：《周禮・醢人》鄭注：『膊謂脅也。』《説文》『兆部』云：『癰，蔽也，从人，象左右皆蔽形，讀若瞽。』『兆部』在『皃部』下，皃象人面，則兆象人脅矣。《廣韻》『十姥』作兄，此作兄，皆傳寫之譌。

食閻

『食閻，慫慂，勸也。南楚凡已不欲喜而旁人説之，不欲怒而旁人怒之，謂之食閻，或謂之慫慂。』

頤煊案：《爾雅・釋詁》：『食，僞也。』『閣』與『豔』字通。『食閣』謂僞爲豔羡之詞。

蝬

卷十一：『蟬大而黑者謂之蝬。』

頤煊案：《爾雅・釋蟲》：『蜺，馬蝬。』《玉篇》：『蝬，仕板切，馬蝬也。』皆不名爲蟬。唯《玉篇》：『鐩，昨仙切，《方言》云鳴蟬也。』今無此文。『蝬』疑即『鐩』字之譌。

脾止也

卷十二：『脾，止也。』戴氏《疏證》：『脾之爲止，不見於書傳。』

頤煊案：《儀禮・少牢饋食禮》『髀不升』，鄭注：『古文髀皆作脾。』《釋名・釋形體》：『髀，卑也，在下稱也。』體與趾連，故脾亦有止義。《說文》：『脾，土藏也。』土亦有止義。

濷將威也

『濷將，威也。』戴氏《疏證》：『濷，今通作溱。』

頤煊案：『濷』當是『摔』字之譌。『摔』，古『拜』字。『將』，說文作『牂，扶也』，故皆爲威容。

嫣娗僗也

『嫣、娗，僗也。』戴氏本『僗』改作『傷』。

頤煊案：字當作『僗』。卷十：『眠娗，欺謾之語也。』『僗』即『謾』字。卷二：『蹶，獪也。楚鄭曰蔿，或曰婚。』『蔿』即『嫣』字。

瘛解也

『瘛，解也。』

頤煊案：『瘛』通作『恝』。《孟子・萬章上》『夫公明高以孝子之心，爲不若是恝』，趙岐注：『恝，無愁之貌。』『無愁』即『解』也。

荼借也

『荼，借也。』郭注：『荼，猶徒也。』

頤煊案：『徒』無借義。『荼』通作『賒』字。《周禮・泉府》『凡賒者』，鄭司農注：『賒，貰也。』《漢書・高帝紀》『常從王媼武負貰酒』，師古曰：『貰，賒也。』皆是借貸之名。

鑈正也

『鑈，正也。』

頤煊案：『正』當作『止』。《易·姤》『繫于金柅』，《釋文》：『《廣雅》云：止也。子夏作鑈。蜀才作尼。止也。』《廣韻》『鑈』亦作『籋』。《説文》：『籋，箝也。』箝以止物，亦義當作止。

鼃始也

『鼃，始也。』郭注：『音蛙。』

頤煊案：《説文》：『鼃，蝦蟆也。从黽，圭聲。』《淮南·説林訓》『鼓造辟兵，壽盡五月之望』，高誘注：『鼓造一曰蝦蟆。』《廣雅·釋詁》：『造，始也。』故『鼃』亦爲『始』也。或云『鼃』當作『竜』，《説文》：『竜，詹諸也。从黽，从先，先亦聲。』『竜』、『造』同聲字，『鼃』、『竜』亦聲之轉。

劙解也

卷十三：『劙，解也。』

頤煊案：《左氏·宣十七年》傳『庶有豸乎』，杜預注：『豸，解也。』《正義》：『《方言》文。』

今《方言》無『豸』字，疑即此『劙』字之譌。

蟬毒也

『蟬，毒也』，戴氏《疏證》：『蟬即慘，聲之轉。』

頤煊案：『蟬』通作『單』字，《爾雅·釋天》『太歲在卯曰單閼』，《史記·賈生列傳》索隱引孫炎本作『蟬閼』。《詩·天保》『俾爾單厚』，《毛傳》：『單，厚也。』《説文》：『毒，厚也。』故『蟬』亦爲『毒』也。

還積也

『還，積也』，戴氏《疏證》：『此義别無可考。』

頤煊案：『還』當是『遝』字之譌。《説文》：『遝，迨也。』『迨，遝也。』『遝』、『迨』皆有積義。《漢書·楚元王傳》『雜遝衆賢』，師古曰：『雜遝，聚積之貌。』

鼻始也

『鼻，始也，嘼之初生謂之鼻，人之初生謂之首。』

頤煊案：『首』當作『自』。《説文》『皇』字注：『自，始也。自讀若鼻。今俗以始生子爲鼻子。』『自部』：『自，鼻也。』據此當作『人之初生謂之自』，與《説文》義合。

恌理也

『恌，理也』，郭注：『謂情理也。』戴氏《疏證》：『正文與注皆别無可考。』

頤煊案：『恌』通作『兆』。《廣韻》：『兆，《説文》云：分也。』《禮記·樂記》『樂者通倫理者也』，鄭注：『理猶分也。』『兆』、『理』同訓爲『分』，故『恌』又訓『理』。倫理、情理，其義一也。或『恌』即『𠨕』字之譌。

賦臧也

『賦，臧也』，戴氏《疏證》：『此義别無可考。』

頤煊案：『臧』，古『藏』字。《爾雅·釋言》：『賦，量也。』『量』亦有藏義。

説文注闕字

盧氏文弨云：『《説文》每部下有不解者，多書闕字，即本《論語》闕如之義。』段氏玉裁云：『凡言闕者，或謂形，或謂音，或謂義，分别讀之。』

頤煊案：《説文》闕字當是徐鉉等校《説文》時所注，非叔重原文。『酉部』『㽎』字注『闕』。

『餂』字注『闕』，《玉篇》多本於《説文》，『譖』字注：『譖餂，味薄也。』『餂』字注：『譖餂。』足證梁時《説文》『譖』、『餂』二注尚未闕。

説文讀例

《説文》讀例有三：『瓔』讀若『柔』，『珣』讀若『宣』，『珛』讀若畜牧之『畜』，『犞』讀若糗糧之『糗』者，釋其音也。『嗼』从口，集聲，讀若『集』；『襡』从衣，蜀聲，讀若『蜀』；『𥢑』讀若『春麥爲𥢑』之『𥢑』〔一〕；『𣪠』讀如『𣪠三苗』之『𣪠』；『𪏙』讀若『江南謂酢母爲𪏙』；『𢻰』讀若『告言不正曰𢻰』者，訓其義也。『雀』讀與『爵』同，『昳』讀與『跌』同者，則通其字矣。

旁溥也

『丄部』：『旁，溥也。』

頤煊案：『溥』當作『薄』。《漢書·揚雄傳》：『旁薄羣生。』《太玄·中》：『昆侖旁薄。』《荀子·榮辱篇》『薄薄之地不得履之』，楊倞注：『薄讀旁薄，廣大之貌。』《性惡篇》：『雜然旁魄而無用。』《文選·吴都賦》：『旁魄而論都。』『旁魄』猶『旁薄』也。

雲夢之藚

『艸部』：『藚，菜之美者，雲夢之藚。从艸，豈聲。』段氏玉裁注：『《廣韻》：藚菜似蕨，生水中，説者謂豐水有芑，即此。』

頤煊案：《説文》『豈』从豆，散省聲。《爾雅·釋草》『薇垂水』，郭璞注：『生於水邊。』《太平御覽》引《廣志》『薇葉似萍，可蒸食』，即此菜，與『薇，山菜』別爲一種。《吕氏春秋·本味篇》作『雲夢之芹』，皆同聲假借字。

平春

『菥，从艸，䚷聲，江夏平春有菥亭。』『菰，从艸，狐聲，江夏平春有菰亭。』

頤煊案：《漢書·地理志》江夏郡無平春，《後漢書》有《平春悼王傳》。《郡國志》：『平春，侯國，屬江夏郡。』此是東京改置，《説文》所引地理皆是東京初年制。

胖廣肉

『半部』：『胖，半體肉也，一曰廣肉。』段氏注：『胖之言般也。般，大也。《大學》「心廣體胖」，其引伸之義也。』

頣煊案：《周禮·腊人》『薦脯膴胖』，鄭注：『鄭司農云：膴，膺肉。杜子春又云：膴、胖皆謂夾脊肉。又云：禮家以胖爲半體。』『膴』、『胖』同物，『廣肉』當是『膺肉』之譌。

牽玄聲

『牛部』：『牽，引前也。从牛，象引牛之縻也，玄聲。』

頣煊案：『叀部』：『𤰇，从叀，引而止之也。叀者，如叀馬之鼻，从此與牽同意。』『叀，从幺省，屮，財見也。古文作𢆶。』孫愐音職緣切。據此，牽字玄聲，是叀字古文𢆶，非玄黄之玄。

識也

『此部』：『啙，識也。从此，束聲。一曰藏也。』段氏注：『《廣雅》「石鍼謂之啙」，與「識」訓相近。又「啙，鞏也」，與「藏」訓相近，鞏同舒卷之卷。』錢氏大昕《荅問》以『啙』即《楚詞》『呰』字。

頣煊案：《廣韻》：『觜，喙也。』啙同上。《廣雅·釋親》：『啙，口也。』口所以言，故曰識也。口所以食，故曰藏也。

逡復也

『辵部』：『逡，復也。』段氏注：『復，往來也。』

頤煊案：《爾雅·釋言》『逡，退也』，郭璞注：『《外傳》曰：「已復於事而逡。」』今《齊語》作『竣』，韋昭注：『竣，退伏也。』《文選·東京賦》『已事而踆』，薛綜注：『踆，退也。』《説文》『退』字作『復』，與『復』字形相似，因譌作『復』。

員　連

『連〔二〕，員連也』，段氏本改作『連，負車也』，注云：『連即古文輦。負車者，人輓車而行，車在後如負也。人與車相屬不絶，故引伸爲連屬字。』

頤煊案：『員，物數也』，物數紛䡾即爲連屬不絶。《説文》有以假借之字爲本義者，此類是也。若連爲負車，字當在『車部』，不宜次在此。

餔旋促也

『言部』：『誎，餔旋促也』，段氏注：『未聞。』

頤煊案：《廣雅·釋言》『誎，促也』，《廣韻》『誎，飾也』，『餔』即『飾』字之譌。『女部』：

『婡，謹也。从女，束聲，讀若謹敕數數』，《史記・張蒼列傳》『娖娖廉謹』，索隱：『小顔云：持整之貌。』『飾』、『飭』、『敕』古字通用，『飾旋促』即謹敕之貌，故與上文『藹，臣盡力之美』爲一例。

取奐也

『収部』：『奐，取奐也。』

頤煊案：『奐』通作『喚』字。《左氏・宣二年》傳『公嗾夫獒焉』，《釋文》：『嗾，使犬也。服本作取。』《正義》：『服虔云：取，嘁也。』『取奐』謂意有所使呼之之辭，單言之，則『奐』即呼也。

周書以爲討

『攴部』：『𢿱，棄也，从攴𠷎聲，《周書》以爲討。《詩》云：「無我𢿱兮。」』

頤煊案：《周書》無『討』字，此五字當在『無我𢿱兮』下。《尚書・無逸》『民無或胥譸張爲幻』，引之以證『𢿱』、『譸』同義，『討』當即『譸』字之譌。

敕擊馬也

『敕，擊馬也，从攴，朿聲。』

頤煊案：《公羊·定八年》傳『臨南騋馬而由乎孟氏』，何休注：『捶馬銜走。』《釋文》：『騋，本又作𢶡，字書無此字，相承用之。』『𢶡』即『敕』字。

宀宀

『目部』：『矏，目旁薄緻宀宀也。』『自部』：『臱，宀宀不見也。』『宀部』：『宀，交覆深屋也。』

頤煊案：『目旁薄緻』在目之上，故『宀』取交覆爲義。『矏』即俗所謂眼櫓。《爾雅·釋訓》『目上爲名』，郭璞注：『名，眉目之間名。』即『宀』聲之轉。

目不相聽

『睽，目不相聽也。』一本作『耳不相聽』。

頤煊案：《玉篇》『目部』『睽』字注『目少精』，『耳部』『聧』字注『耳不相聽也』，《廣韻》引此二注皆作《説文》。今《説文》『耳部』無『聧』字，而以『聧』字注移在『目部』『睽』字下，改作

『目不相聽』，又作『目不相視』，皆後人改併之譌。或云『聧』即『聵』字之省，《玉篇》『耳部』『聧』、『聵』並見，『聧』當是《説文》脱字，非省文。

蔑兜

『眵，目傷眥也，一曰蔑兜。』

頤煊案：『兜』當作『兆』。『兆，廱蔽也。从人，象左右皆蔽形，讀若瞽。』目眶兩末傷則廱蔽甚矣。『見部』『覜，目蔽垢也。从見，𠂤聲，讀若兆』即其證。

涓目

『眏，涓目也。』

頤煊案：『女部』：『妜，鼻目間皃，讀若煙火炔炔。』『火部』『焆』字注：『焆焆，煙皃。』『涓』當作『焆』，『焆目』謂目間出火，亦目之病也。

笑字

『竹部』『笑』字注：『此字本闕，臣鉉等案：孫愐《唐韻》引《説文》云：「喜也，从竹，从大。」而不述其義，今俗皆從犬。李陽冰刊定《説文》从竹，从夭，義云：竹得風，其體夭屈如人之笑。』

頤煊案：『笑』字一本从竹下犬，見張參《五經文字》，今經典相承，皆用此字。一本从竹，从夭，《一切經音義》卷二引作《字林》，非《説文》。一本从竹，从大，孫愐《唐韻》所引。其時『笑』字尚未闕，當是《説文》本文。

古文飪

『食部』：『飪，大孰也。𦞟亦古文飪。』段氏注：『「心部」「恁」云「下齎也」〔三〕，此「古文」系後人增羼。小徐説，李舟《切韻》不云「亦古文飪」。』

頤煊案：《儀禮·聘禮記》『唯羹飪』，鄭注：『古文飪作腍。』《禮記·郊特牲》『腥肆爓腍祭』，鄭注：『腍，孰也。』『恁』即『腍』字之譌。

一曰染也

『木部』：『橪，酸小棗，从木，然聲。一曰染也。』段氏注：『染，小徐作柔，皆未詳。』

頤煊案：『橪』通作『撚』字，『手部』：『撚，執也。从手，然聲。一曰蹂也。』執義近染，『蹂』即『柔』字。《一切經音義》卷十四引《通俗文》『手捏曰撚』，『捏』即『染』也。《淮南·兵略訓》『前後不相撚』，高誘注：『撚，蹂蹈也。』與『一曰蹂也』同。

木下白

『梛，角械也。从木，卻聲。一曰木下白也。』段氏注：『未詳。』

頤煊案：『梛』通作『隙』字。『白部』：『㿟，際見之白也。』《禮記·曾子問》『當室之白』，鄭注：『當室之白，謂西北隅得户明者也。』《莊子·人間世》『虛室生白』，崔注：『白者，日光所照也。』『木下白』謂木下日光，故其字次在『杲』、『杳』後。

上谷薊縣

『邑部』：『郟，周封黄帝之後於郟也。从邑，契聲，讀若薊。上谷有郟縣。』

頤煊案：《漢書·地理志》上谷郡無郟縣，薊屬廣陽國。《後漢·郡國志》『廣陽郡』注：『世祖省并上谷，永平八年復。』此以薊縣屬上谷，當在世祖時。

鄺鄉

『鄺，蜀廣漢鄉也。』

頤煊案：此必廣漢郡廣漢縣之鄉也，其時縣或屬蜀郡而不屬廣漢。《玉篇》『廣漢』上删『蜀』字，非是。

希字

『禾部』:『希,疏也。从禾,希聲。』徐鍇曰:『《説文》無希字。』錢氏大昕《荅問》:『《説文》「稀」、「莃」、「晞」皆取希聲,明有希字。《周禮·司服》「祭社稷五祀則希冕」,鄭氏讀「希」爲「絺」,「希」即古文「絺」也。』

頤煊案:『豕部』:『豕,豨也,讀與豨同。』古文『巿』此即『希』字。

禾若

『秧,禾若秧穰也。』段氏注:『若即上文之穛也。』『穛,禾皮也。』

頤煊案:今俗謂禾之初生者爲秧,非禾皮,『若』當是『苗』字之譌。《玉篇》:『秧,禾苗秧穰也。』字尚不誤。

瘕女病也

『疒部』:『瘕,女病也。』段氏注:『「女」字必是衍字,唐初本無「女」字。』

頤煊案:《山海經·南山經》『麗麐之水多沛育,佩之無瘕疾』,郭璞注:『瘕,蟲病也。』《左氏·昭元年》傳:『是謂近女室,疾如蠱。』則瘕是女病也,不宜删『女』字。

傪好皃

『傪，好皃。』段氏注：『未見其證。《方言》曰：傪，惛也。惛，惡也。此假傪爲慘也。』

頤煊案：『傪』通作『摻』字。《詩·葛屨》『摻摻女手』，《毛傳》：『摻摻猶纖纖。』《説文》作『攕攕』。『攕，好手皃。』與此訓正同。

古文以爲訓字

『侁，送也。从人，㚤聲。吕不韋曰：有侁氏以伊尹侯女，古文以爲訓字。』

頤煊案：『訓』與送義不相近，『訓』當是『引』字之譌。《周禮·春官》『瞽矇』，鄭注：『無目眹謂之瞽。』《釋文》：『眹，本作昫。』『眹』、『昫』同聲，『訓』、『引』又因字形相近而譌。

值措也

『值，措也。』段氏本改作『值，持也』，注云：『措者，置也。』非其義。

頤煊案：『值』本作『直』，通作『植』。《論語·微子》『植其杖』，漢石經作『置其杖』。《尚書·金縢》『植璧秉珪』，鄭注：『植，古置字。』『值』與『置』同，故《説文》訓『值』爲『措』，訓『措』爲『置』，互相轉注，其音義並同。

溺即淝字

『尾部』：『𡱂，人小便也。从尾、从水。』

頤煊案：《一切經音義》卷十七引《字林》：『𡲨，小便也。』『醫方多作溺字。』《史記·范睢列傳》『醉，更溺睢』，正義：『溺，古𡲨字。』『溺』即『淝』字之譌。

髤簪結也

『髟部』：『髤，簪結也。从髟、介聲。』

頤煊案：《廣雅·釋詁》『髤，結也』，曹憲《音義》：『案《説文》髤即籀文髻字也〔四〕。』《説文》本有『髻』字，其籀文作『髤』，今本『髻』字在『新附』中者，傳寫脱也。《儀禮·士冠禮》『將冠者采衣紒』，鄭注：『紒，結髮，今文紒爲結。』『紒』即『髤』字，『結』即『髻』字。

圈養豕也

『豕部』：『豢，以穀圈養豕也。』

頤煊案：『圈』是『圂』字之譌。『口部』：『圂，廁也。从口，象豕在口中也。』《一切經音義》卷九引《蒼頡》：『圂，豕所居也，字从口，豕在其中也。』《漢書·五行志》『豕出圂，壞都竈』，師古曰：『圂者，養豕之牢。』《禮記·少儀》『不食圂腴』，《釋文》：『圂與豢同。』

騷擾也

『馬部』：『騷，擾也，一曰摩馬。』

頤煊案：『擾』當是『懮』字之譌，『懮』通作『憂』字。《史記·屈原列傳》『離騷者，猶離憂也』，索隱：『應劭曰：離，遭也。騷，憂也。』又《離騷序》云：『離，别也。騷，愁也。』『愁』亦憂也，皆是古義，段氏本删之，非是。

黬字晳

『黑部』：『黬，雖晳而黑也，从黑，箴聲。古人名黬字晳。』

頤煊案：《史記·仲尼弟子列傳》『曾蒧』、『奚容蒧』，皆字晳。『黬』當作『黵』，『蒧』、『點』皆『黵』字之省。

意志也

『心部』：『意，志也，从心，音，察言而知意也。』

頤煊案：此篆并注當是後人增加，下文『意，滿也。从心，啻聲』，心滿即爲志，不必更有

『意』字，《説文》从意之字多从啻，可證有『啻』無『意』。『啻』，籒文作『意』，經典通作『意』字。

怞朗也

『怞，朗也。从心，由聲。《詩》曰：「憂心且怞。」』段氏本改『朗』作『朖』，注云：『未聞，疑是「恨也」之譌。』

頤煊案：今《詩·鼓鍾》作『憂心且妯』，《毛傳》：『妯，動也。』『手部』有『抈』字。《國語·晋語》『故不可抈也』，韋昭注：『抈，動也。』與《毛傳》合。『朗』當是『抈』字之譌。

汥都也

『水部』：『汥，都也。』段氏注：『水都者，水所聚也。汥之證未詳。』

頤煊案：《爾雅·釋水》『小洲曰陼，小陼曰沚』，《釋文》：『陼字又作渚。』《詩》『江有渚』，《毛傳》：『渚，小洲也，水岐成渚。』『岐』即『汥』字異文，『都』即『陼』字。

陵上滈水

『沇，陵上滈水也。』

頤煊案：《後漢書・公孫瓚傳》：『滀水陵高。』《莊子》釋文：『滀，結聚也。』『滈』疑『滀』字之譌。

鮝

『魚部』：『鮝，藏魚也，南方謂之魿，北方謂之鮝。从魚，差省聲。』

頤煊案：《困學紀聞》引陸廣微《吴地記》：『闔閭思海魚，而難於生致。治生魚，鹽漬而日乾之，故名爲鮝，讀如想。』此即『鮝』字之譌而改變其音。

婦人小物

『女部』：『妛，婦人小物也。从女，此聲。《詩》曰：「屢舞妛妛。」』『妓，婦人小物也。从女，支聲。』

頤煊案：『小物』當是『小弱』之譌。『姑』字注：『小弱也。一曰女輕薄善走也。一曰多技藝也〔五〕。』皆與『妛』、『妓』義近。古人妓取歌舞，故以俏弱爲能。《方言》：『釥，好也。』與此『小』字義同。

梅目

『娟，夫妬婦也。从女，冒聲。一曰梅目相視也。』段氏注：『梅當作怒，《周語》「道路以目」，杜詩用「抉眼」，即易之反目也。「目部」：「眏，涓目也。」「梅目」或「眏目」之譌。又按：「梅」當作「侮」，謂目相侮也。』

頤煊案：《禮記・玉藻》『視容瞿瞿梅梅』，鄭注：『不審視也。』《正義》：『梅梅猶微微，謂微昧也。』梅目相視謂微目相視，大徐本脫『梅目』二字。

綮有齒

『糸部』：『綮，致繒也。一曰微識信也，有齒。』

頤煊案：『綮』通作『棨』字，『木部』：『棨，傳信也。』《周禮・司關》『凡邦國之使節，以英蕩輔之』，鄭注：『謂以函器盛此節。』『有齒』當是『有函』之譌。《漢書・匈奴傳》『棨戟十』，師古曰：『棨戟，有衣之戟也。』『有衣』亦謂有函也。

遏遮也

『土部』：『堨，遏遮也。从土，則聲。』段氏注：『未詳。』

頤煊案：『垻』當是『㘸』字之譌。《禮記・玉藻》『山澤列而不賦』，鄭注：『列之言遮列也。』《漢書・昌邑哀王傳》『迾宫清中』，李奇曰：『迾，遮也。』其字義並同。

勃排也

『力部』：『勃，排也。』段氏注：『排者，擠也。今俗語謂以力旋轉曰勃，當用此字。』

頤煊案：『排』當是『拂』字之譌。《論語・鄉黨》『色勃如也』，『色部』引作『色艴如也』。《孟子・公孫丑上》『曾西艴然不悦』，『艴然』即『勃然』，『勃』、『拂』同聲字。

鉞

『金部』：『鉞，車鑾聲也。从金，戉聲。《詩》曰：「鑾聲鉞鉞。」』

頤煊案：今《詩・庭燎》、《泮水》並作『鸞聲噦噦』，『戉』與『歲』聲不相近，『鉞』當是『鐬』字之譌。《文苑英華》卷二十九喬潭《羣玉山賦》『和鑾鐬鐬』，字即本此。臣鉉等曰：『今俗作「鐬」。』非是。

馬頭人爲長

《敘》：『諸生競説字解經，乃猥曰：馬頭人爲長。』

頤煊案：『長部』：『長，久遠也。从兀、从匕。兀者，高遠意也，久則變化。亡聲。𠀐者，倒亡也。』今隸書改作『長』字，豈非馬頭人乎？《史記·萬石君列傳》：『誤書馬字〔六〕，與尾當五，今乃四，不足一。』亦是隸書『馬』字。

漢魏六朝説文之學

鄭康成《考工記注》引許叔重《説文解字》。劉淵林《吴都賦注》引許氏《記字》。《三國志·王粲傳》注引《魏畧》云：『邯鄲淳又善《蒼》、《雅》、蟲篆、許氏《字指》。』《嚴畯傳》：『少躭學，又好《説文》。』《魏書·江式傳》：『輒求撰集古來文字，以《説文》爲主。』《李鉉傳》：『鉉以去聖久遠，文字多有乖謬，於講授之暇，遂覽《説文》《蒼》《雅》，删正六藝經注中謬字，名曰《字辨》。』《趙文深傳》：『文帝以隸書紕繆，命文深與黎季明、沈遐等依《説文》及《字林》刊定六體〔七〕，成一萬言，行於世。』此書歷代尊尚，未嘗廢絶，故至今完存。

撰説文年月

許叔重爲郡功曹，後舉孝廉，辟太尉南閣祭酒，後遷汶長，以和帝永元十二年始撰《説文》，至建光元年成書，遣子上之。自余據《後漢書·周澤》、《蔡邕》、《賈逵》、《蔡倫》、《馬融》、《西南夷》等傳考定，於是海内始知有撰《説文》年月，并官階除授。詳見余與孫淵如觀察三書，在

《�軒文鈔》第一卷。

汝南功曹

《後漢書·許慎傳》：『汝南召陵人也，爲郡功曹。』《太平御覽》卷二百六十四引《汝南先賢傳》：『許慎爲功曹，奉上以篤義，率下以恭寬。』許沖《上説文表》稱：『召陵萬歲里公乘艸莽臣沖。』《元和姓纂》作『平輿人』。

校勘記

〔一〕橐讀若春麥爲橐之橐　『春』字原譌作『橐』，今據《説文》改正。

〔二〕『連』字原無，今據《説文》增。

〔三〕心部恁云下齎也　『云下』二字原互倒，今據《説文》乙正。

〔四〕案説文髩即籀文髻字也　『髩』字原脱，今據《廣雅音義》補。

〔五〕一曰多技藝也　『多』字原脱，據《説文》補。

〔六〕誤書馬字　『誤』字原脱，今據《史記》補。

〔七〕命文深與黎季明沈遐等依説文及字林刊定六體　『季』字原脱，據《周書》、《北史》補。

讀書叢録卷十 小爾雅 釋名 廣雅 字林

話治也

《小爾雅·廣詁》:『話,治也。』

頤煊案:『話』當作『詁』。《説文》:『詁,訓故言也。』《毛詩詁訓傳》釋文:『舊本多作「故」。』《爾雅·釋詁》:『治,故也。』則故亦爲治,故『詁』亦訓治也。

靳取也

《廣言》:『靳,取也。』

頤煊案:『取』當作『恥』。《左氏·莊十一年》傳『宋公靳之』,杜預注:『戲而相媿曰靳。』服虔注:『恥而惡之曰靳。』《説文》:『嫸,好枝格人語也。一曰靳也。』皆是恥義。

俘罰也

『俘,罰也。』

頤煊案：『俘』當作『浮』。《禮記・投壺》『若是者浮』，鄭注：『常爵者，常所以罰人之爵也，浮亦謂是也。』《晏子春秋・内篇雜下》『請浮晏子』，『浮』亦罰也。《漢書・敘傳》『皆引滿浮白』，師古曰：『一説白者，罰爵之名也。飲有不盡者，則以此爵罰之。魏文侯與大夫飲酒，令曰「不釂者浮以大白」是也。』是亦以『浮』爲罰也。

枳害也

『枳，害也。』

頤煊案：『枳』通作『忮』字。《詩・雄雉》『不忮不求』，《毛傳》：『忮，害也。』《論語・子罕》『不忮不求』，《集解》：『馬注：忮，害也。』《爾雅・釋地》『中有枳首蛇焉』，《釋文》：『枳，本或作歧，孫云蛇有枝首者。』《隸釋・孫叔敖碑》作『枝首蛇』。『枳』、『忮』古字通用。

整顛也

『整，顛也。』一本『整』作『𢾜』，《永樂大典》本作：『𠡠，顯也。』

頤煊案：《國語・晋語》『以憖御人』，韋昭注：『憖，願也。』《詩・十月之交》『不憖遺一老』，《釋文》：『《爾雅》云願也。』即此篇之文。『整』、『𢾜』、『𠡠』顯皆後人所改。

倍捷曰舉

《廣衡》〔一〕：『倍捷曰舉，倍舉曰鋝。』

頤煊案：《考工記・弓人》『九和之弓，膠三鋝，絲三邸，漆三㪷』，鄭注：『邸、㪷輕重未聞。』『㪷』、『舉』聲相近，『捷』與『㡧』同。疑匕類，醫家所謂刀圭，其法亦以量爲準也。

釋　名

《釋名》八卷，陳振孫《書録解題》：『漢徵士北海劉熙成國撰。』

頤煊案：《三輔黄圖》注引漢博士劉熹《釋名》，徵士之名不見於兩《漢書》，當作『博士』爲是。《世説新語・言語篇》『伏玄度論青州人物』，劉孝標注引《滔集》：『漢時有劉成國。』成國即熙字。

字母所本

《釋天》：『天，豫司兗冀以舌腹言之，天，顯也。青徐以舌頭言之，天，坦也。』『風，兗豫司冀横口合脣言之，風，氾也。青徐言風踧口開脣推氣言之，風，放也。』

頤煊案：反切之學創於魏晋，其時已萌芽矣。舌腹、舌頭、横口、合脣、蹙口、開脣，此即西域四十二字母之所自始。

盧　然

《釋地》：『士黑曰盧，盧然解散也。』

頤煊案：《尚書·禹貢》『下土墳壚』，鄭注：『壚，疏也。』此云『盧然解散』，亦本於鄭義。

東郡南郡

《釋州國》：『東郡、南郡，皆以京師方面言之也。』畢氏沅《疏證》：『京師謂雒陽。』

頤煊案：『東郡』、『南郡』已見於《漢書·地理志》，皆秦所置，不宜耑指雒陽。此據中國形勢而言，《釋名》之言非是。

齊齊也

『齊，齊也，地在勃海之南，勃齊之中也。』

頤煊案：《史記·封禪書》『齊所以爲齊，以天齊也。天齊淵水，居臨菑南郊山下者』，索隱：『顧氏案：解道彪《齊記》云：臨菑城南有天齊泉，五泉並出，有異於常，言如天之腹臍也。』《高祖本紀》『北有勃海之利』，索隱引《齊都賦》：『海旁曰勃。』《淮南·天文訓》『賁星墜而勃海决』，高誘注：『勃，大也。』皆與此異義。

面漫也

《釋形體》：『面，漫也。』畢氏《疏證》：『《説文》無漫字，疑當作𦽏。』

頤煊案：《漢書·西域傳》『罽賓國以金銀爲錢，文爲騎馬，幕爲人面』，張晏曰：『錢文面作騎馬形，漫面作人面目也。』故此訓『面』爲漫。

摩　娑

《釋姿容》：『摩娑，猶末殺也，手上下之言也。』畢氏《疏證》：『《周禮·司尊彝》鄭注：「獻讀爲摩莎之莎，煮鬱和秬鬯，以醆酒摩莎，泲之出其香汁。」摩莎即摩娑也。』

頤煊案：《詩·葛覃》釋文引阮孝緒《字畧》云：『煩撋猶捼莎也。』《説文》：『捼，推也。一曰兩手相切摩也。』《一切經音義》卷十三引《聲類》：『摩抄，猶捫摸也，亦末殺也。』字異而音義並同。

㡀　摘

『㡀摘，猶譎摘也，如醫別人㡀，知疾之意，見事者之稱也。』

頤煊案：《方言》：『譎，過也，南楚以南凡相非議人謂之譎，或謂之𧩙。𧩙，又慧也。』郭璞注：『今名黠爲鬼𧩙。』

舅　章

《釋親屬》：『俗或謂舅曰章，又曰伀。』

頤煊案：《漢書·廣川王傳》『背尊章』，師古曰：『尊章，猶言舅姑也，今關中俗婦呼舅姑爲鍾。鍾者，章聲之轉也。』據此，『章』言舅不言姑。《賈誼傳》：『抱哺其子，與公併倨。』『公』即『㚣』也，今則通呼爲翁。

簪建也

《釋首飾》：『簪，兟也，以兟連冠於髮也。』畢氏《疏證》：『兟，子林反。《太平御覽》引作「連」，非也。』

頤煊案：《隋書·禮儀志〔三〕》、《通典》卷五十七引《釋名》云：『簪，建也，所以建冠於髮也。』『連』即『建』字之譌。今本作『兓也』，是後人所改。

㕞帥也

『㕞，帥也，帥髮長短皆令上從也。』

頤煊案：『帥』當是『飾』字之譌。《説文》云：『㕞，飾也。』『飾，㕞也。』《周禮·封人》『飾其牛牲』，鄭注：『飾謂㕞治潔清之也。』《司尊彝》鄭注：『涚酌者，挩飾勺而酌也。』《釋文》：『飾，本或作拭。』『飾』即『拭』字。

帿頭

《釋衣服》：『齊人謂如衫而小袖曰帿頭，猶言解瀆，臂直通之言也。』

頤煊案：《史記·萬石君列傳》『取親中帬厠牏，身自浣滌』，集解：『晋灼云：今世謂反閉小袖衫爲帿脅。』『帿頭』、『帿脅』、『解瀆』皆聲之轉。

矠矛

《釋兵》：『矠，矛長九尺者也。矠，霍也，所中霍然即破裂也。』畢氏《疏證》：『矛旁从廿从夕不成字，《廣雅》有「矟」字，云「矛也」，曹憲音呼覓切。此下云「矟，霍也」，二字雙聲，誼得相訓，因改從「矟」字。』

頤煊案：《玉篇》：『矝，去的切，矛也。』《廣韻》：『矝，矛也，苦擊切。』『矠』即『矝』字，《廣雅》亦當作『矝』，與曹憲音合。字書無『矠』字，《説文》『矠』字注：『矛屬，从矛，昔聲，讀若笮。』『矝』、『矝』皆當是『矠』之假借字。

軬藩也

《釋車》：『軬，藩也，蔽水雨也。』畢氏《疏證》：『軬當作軓，《説文》：「軓，車耳反出也。从車，反聲。」車耳反出，故可以藩蔽水雨。』

頤煊案：『軓』與『轓』同。《漢書・景帝紀》：『令長吏二千石車朱兩轓〔三〕，千石至六百石朱左轓。』應劭曰：『車耳反出所以爲之藩屏翳塵泥也。』皆與此異。《方言》：『車枸簍，秦晋之間自關而西謂之枸簍，西隴謂之㭉，南楚之外謂之篷。』郭璞注：『㭉即軬字。』

物故

《釋喪制》：『漢以來謂死爲物故，言其諸物皆就朽故也。』畢氏《疏證》：『物故見《史記・司馬相如傳》、《大宛傳》。顔師古注《漢書・蘇武傳》云：「物故謂死也，言其同於鬼物而故也。一説不欲斥言，但云其所服用之物皆已故耳。説者妄欲改物爲歾，非也。」』

頤煊案：《文選・古詩》『奄忽隨物化』，李善注：『化謂變化而死也，不忍斥言其死，故隨物而化也。』《莊子》曰：『聖人之生也天行，其死也物化。』『物故』猶『物化』也，『化』、『故』同聲字。

廣　雅

《隋書·經籍志》：『《廣雅》三卷，魏博士張揖撰。』顔師古《漢書敘例》：『張揖字稚讓，清河人，一云河間人，魏太和中爲博士。』

頤煊案：《魏書·江式傳》：『魏初博士清河張揖著《廣雅》。』《太平御覽》卷六百五引王隱《晉書》：『魏太和六年，博士河間張揖上《古今字詁》。』

岑取也

《釋詁》：『岑，取也。』王氏念孫《疏證》：『岑訓爲取，未見所出。』

頤煊案：『岑』當通作『涔』字。《爾雅·釋器》『槮謂之涔』，郭璞注：『今之作槮者，聚積柴木於水中，魚得寒，入其裏藏隱，因以薄圍捕取之。』『涔』爲取魚之器，是以『岑』爲取也。

魏好也

『魏，好也。』

頤煊案：《史記·殷本紀》『微子啓』，索隱：『《孔子家語》云：「微」或作「魏」，讀從微音。鄒本亦然。』《漢書·古今人表》『魯魏公』，《律曆志》作『微公』。『微』訓爲妙，故『魏』亦爲好也。《方言》：『魏，能也。』『能』亦好也。

誀誘也

『誀，誘也』，王氏《疏證》：『「誀」，古通作「餌」。』

頤煊案：『誀』當是『誧』字之譌。《說文》：『羑，相訹呼也，从厶，从羑。誘，或从言秀。誧，或如此。』《一切經音義》卷十六『誘』古文『羑』、『誧』、『詨』三形，此條『訹詨』訓爲『誘』，不應闕『誧』字。

賢益也

『賢，益也』，王氏《疏證》卷三云：『賢，拏也，紛拏亦多益之義。』

頤煊案：《史記·秦本紀》『柏翳』，《漢書·古今人表》作『柏益』。『賢』、『翳』字異而義同。

啎裂也

『啎，裂也。』

頤煊案：《儀禮·大射儀》『度尺而午』，鄭注：『一從一横曰午。』《特牲饋食禮》記『午割之』，鄭注：『午割，從横割之。』《説文》：『午，啎也。』是以『啎』爲『裂』也。

邁怒也

『怖，怒也。』

頤煊案：『怖』又通作『沛』字。《公羊·宣十二年》傳『是以使君王沛焉』，何休注：『沛焉，怒有餘之貌。』《後漢書·袁術傳》：『是以豪傑發憤，沛然並起。』『沛』亦『怒』也。

挻緩也

『挻，緩也』，王氏《疏證》：『諸書無訓「挻」爲緩者。』

頤煊案：下文『挻，長也』，長亦有緩義。《老子》釋文引《聲類》：『挻，柔也。』《吕氏春秋·任地篇》『使地肥而土緩』，高誘注：『緩，柔也。』『挻』、『緩』同義，是以『挻』爲『緩』也。《勿躬篇》『而莫敢愉綖』，高誘注：『綖，緩。』『綖』與『挻』同。

桀去也

『桀，去也』，王氏《疏證》：『諸書無訓桀爲去者。』

頣煊案：《詩·碩人》『庶士有朅』，《釋文》：『朅，《韓詩》作桀。』《説文》：『朅，去也。』《廣雅》以『桀』爲去，蓋本於《韓詩》。

抑拭也

『抑，拭也。』

頣煊案：《説文》『抑，捽也』，不訓爲拭。『抑』當是『摡』字之譌。《周禮·世婦》『帥女宫而濯摡』，鄭注：『摡，拭也。』《説文》：『摡，滌也。』『滌』亦『拭』也。

撅搔也

『撅，搔也。』

頣煊案：《説文》：『撅，以手有所杷也。』《漢書·貢禹傳》『捽屮杷土』，師古曰：『杷，手掊之也。』『杷』與『搔』義相近。

詾欺也

「詾，欺也。」

頤煊案：卷三「訽，拏也」，「訽」即「詾」字之譌。《説文》：「訇，騃言聲，从言，匀省聲。訇，籀文不省。」「訇」即「詾」字。《一切經音義》卷六引《蒼頡》：「騃，無知之貌。」與欺謾誣拏義正相同。

豉勇也

「豉，勇也。」

頤煊案：「豉」當作「豉」。「豉」，古「投」字。《左氏·成二年》傳「桀石以投人」，《漢書·甘延壽傳》「投石拔距，絶於等倫」，皆是勇也。

菆餘也

「菆，餘也。」

頤煊案：《説文》：「菆，麻蒸也。」《儀禮·既夕》「二燭俟于殯門外」，鄭注：「燭用蒸。」《楚辭·謬諫篇》：「菎蕗雜於黀蒸兮。」菆可以爲燭。《禮記·曲禮上》：「燭不見跋。」是「菆」

爲燭餘也。

魯道也

『魯，道也』，王氏《疏證》：『諸書無訓「魯」爲道者。』

頤煊案：『魯』通作『旅』。《史記·周本紀》『魯天子之命』，《書序》作『旅天子之命』。《爾雅·釋宫》『旅，途也』，郭璞注：『途即道也。』《漢書·枚乘傳》：『魯東海絶吴之饟道。』言道從東海，以絶吴之饟道，此亦以『魯』爲『道』也。

對治也

『對，治也』，王氏《疏證》：『諸書無訓「對」爲治者。』

頤煊案：上文『對，當也』。《漢書·韓安國傳》『公等足與治乎』，師古曰：『治謂當敵也，今人猶云對治。』義即本此。《爾雅·釋言》：『對，遂也。』《灌夫傳》：『遂其前事。』謂治其前事，義亦得通。

縷縮也

『縷，縮也』，王氏《疏證》：『縷者，司馬相如《子虚賦》「襞積褰縐」，張揖注：「褰，縮也。」

「褰」與縷通。」

頤煊案：《説文》：『縮，一曰蹴也。』『手部』：『摍，蹴引也。』『摟，相援也。』『援，引也。』三字相承。『摟摍』與『縷縮』同也。

莫布也

『莫，布也。』

頤煊案：『莫』通作『幕』字。《漢書·李廣傳》：『莫府省文書。』《馮唐傳》：『上功莫府。』『莫』即『幕』字。《周禮·幕人》『掌帷幕幄帟綬之事』，鄭注：『在旁曰帷，在上曰幕。』帷幕皆以布爲之，是以莫爲布也。

枚收也

『枚，收也。』

頤煊案：《爾雅·釋詁》：『收，聚也。』《方言》『枚，凡也。』《説文》：『凡，最也。』『最』古通作『聚』字。是『枚』有收聚義也。《左氏·昭十三年》傳『南蒯枚筮之』，杜預注：『汎卜吉凶。』《正義》：『或以爲枚雷總卜。』『總』亦『聚』也。

�更也

『睃，更也。』

頤煊案：《廣韻》：『睃，更視見皃。』《説文》作『䟗，相顧視而行也』，字當從目作『睃』。

萛調也

『萛，調也。』

頤煊案：諸書無訓『萛』爲『調』者，『萛』當是『箕』字之譌。《史記·天官書》『箕爲敖客，爲口舌』，索隱：『宋均云：敖，調弄也，箕以簸揚，調弄爲象。』是以訓爲調也。『箕』、『萛』字形相近。

弜賈也

『弜，賈也』，王氏《疏證》：『未詳。』

頤煊案：『弜』當作『引』，即『引』字。《説文》：『傿，引爲賈也。』『引爲賈』謂張大之以爲賈。《後漢書·崔實傳》：『悔不小靳，可至千萬。』『傿』、『靳』、『引』三字皆聲相近。

子已似也

《釋言》：『子、已，似也。』

頤煊案：《孟子·萬章上》：『丹朱之不肖，舜之子亦不肖。』《説文》：『肖，骨肉相似也。』不似其先，故曰不肖也，是以『子』爲似也。《詩·斯干》『似續妣祖』，鄭箋：『似讀如巳午之巳。』『巳續妣祖』者，謂已成其宗廟也，是以『已』爲『似』也。

貳然也

『貳，然也』，王氏《疏證》：『未詳。』

頤煊案：『貳』當作『膩』。《説文》：『膩，上肥也。』《漢書·地理志》：『上郡高奴，有洧水，可𧇊。』《水經·河水注》引作『肥可𧇊』。師古曰：『𧇊，古然火字。』是以『貳』爲『然』也。

景景白也

《釋訓》：『景景，白也。』

頤煊案：《莊子·人間世》『虚室生白』，崔注：『白者，日光所照也。』日光即日景，所照謂之白，重言之則『景景，白也』。

管管浴也

『管管，浴也。』

頤煊案：《易・損》『君子以懲忿窒欲』，《釋文》：『孟作浴。』古字『浴』、『欲』通用。《詩・板》『靡聖管管』，《毛傳》：『管管，無所依繫。』鄭箋：『無聖人之法度，管管然以心自恣。』『恣』即『欲』也。

棼閣也

《釋宫》：『棼，閣也。』

頤煊案：《説文》：『檼，棼也。』『棼，複屋棟也。』『笮，迫也，在瓦之下棼上。』《文選・西都賦》：『列棼橑以布翼。』《西京賦》：『結棼橑以相接。』『棼橑』皆所以上載，是以『棼』爲『閣』也。

帊幡也

釋器：『帊，幡也。』王氏《疏證》：『帊，讀若抑，各本譌作帊。』

頤煊案：『帊』當是『帊』字之譌。《説文》：『帊，幡也。从巾，夗聲。』『幡，書兒拭觚布也。』『糸部』『繙，冤也』，亦同聲字。

輅軲車也

『輅軲，車也』，王氏《疏證》：『自輅至柳，皆是車名，則輅軲之下不當更有「車也」二字。』

頤煊案：『車也』二字當是『軘』字之譌。《説文》：『軘，兵車也。』『屯』、『也』字形相近，轉寫者因譌作『車也』二字。

臉䪿也

『臉，䪿也。』

頤煊案：《一切經音義》卷十五引《廣雅》：『臉、縣，孰也。』《玉篇》：『臘、臉，羹也。』《集韻》引《埤蒼》：『臉，膗也。』『羹』、『膗』皆是孰也。《玉篇》『肰，古文㸚』，與『䪿』字形相近。

少原

《釋地》：『少原。』

頤煊案：『少原』當作『少海』。《淮南・墬形訓》『東方曰大渚，曰少海』，高誘注：『東方多水故曰少海，亦澤名也。』

王白蒷也

《釋草》：『王白，蒷也。』王氏《疏證》：『未詳。』

頤煊案：『白』當是『瓜』字之譌。《禮記·月令》『王瓜生』，鄭注：『王瓜，萆挈也。今《月令》云：「王萯生。」《夏小正》云：「王萯秀。」』是『王瓜』一名『萯』也。

字　林

《隋書·經籍志》：『《字林》七卷，晋惤令吕忱撰。』陳振孫《書録解題》：『《字林》五卷，晋惤令吕忱撰，太乙山僧雲勝注。』其書至元始亡，近世任氏大椿撰《字林考逸》七卷，其弟兆麟復補正刊行，今據以訂正。

貌小兒笑也

卷一：『貌，小兒笑也。』

頤煊案：偏檢字書，『貌』無此訓。王氏引之《經義述聞》：『《文選·寡婦賦》「孤女貌焉始孩」，李善注：「《廣雅》曰：貌，小也。《字林》曰：孩，小兒笑也。」是「小兒笑」乃釋「孩」字，非釋「貌」字。俗本《文選注》脱「孩」字，遂以「貌」爲「小兒笑」，其失甚矣。』

蘮蒘也

『蘮，蒘也，似芹』。

頤煊案：《説文》無『蘮』字。《爾雅·釋草》『蘮蒘，竊衣』，郭璞注：『似芹，可食。』《説文》：『蒰，艸之小者，从艸，劂聲。劂，古文鋭字，讀若芮。』『蒰』即『蘮』字，从艸，从罽是後人所造。

犍從牛也

『犍，從牛也。』

頤煊案：《説文》『新附』：『犍，犗牛也。』《一切經音義》卷十四引《通俗文》：『以刀去陰曰犍。』《淮南·氾論訓》：『禽獸可羈而從也。』凡牛已犗者即馴從，故亦謂之從牛。《顔氏家訓·書證篇》引《戰國策》：『寧爲雞尸，無爲牛從。』『延篤以從爲牛子，非是。』

咀齰也

『咀，齰也。』『嚼，咀也。』

頤煊案：《一切經音義》卷六：『咀，《字林》作齟，《説文》作咀。』可證《字林》『口部』無

『咀』字。下引《通俗文》：『咀齧曰嚼，音才弱反，《字林》咀䶢也。』此『嚼』字訓，非『咀』字訓。

喁衆口上見

「喁，衆口上見。」

頣煊案：《説文》：『喁，魚口上見。』此『喁』字本義也。《漢書·司馬相如傳》『喁喁然』，《王莽傳》『天下喁喁』，師古曰：『喁喁，衆口向上也。』此『喁』字單訓，不應改『魚』作『衆』。

唼血也

『唼，蟲食曰唼。』『唼血也，亦蟲食曰唼也。』

頣煊案：《一切經音義》卷六：『唼，古文啑，又作㖢。《通俗文》：「入口曰㖢。」《字林》：「唼血也，亦蟲食曰唼也。」』此當作『㖢，唼血也』。『蟲食』亦『蟲食』之譌。

目有所恨

卷二：『眕，目有所恨也。』

頣煊案：《説文》：『眕，目有所恨而止也。』此當脱『而止』二字。《左氏·隱三年》傳：『憾而能眕者鮮矣。』《爾雅·釋言》：『眕，重也。』重謂重難，亦有恨而止之義。

羣羊相積

『羥，羣羊相積也。』

頤煊案：《説文》：『羥，羣羊相羵也。』『羑，羊相羵也。』『羵，羑羵也。』『羵』謂漬漸，『積』是『羵』字之譌。

食所遺也

『胏，含食所遺也。』

頤煊案：《説文》：『䏌，食所遺也。从肉，仕聲。《易》曰：「噬乾䏌。」』重文作『胏』。《字林》本於《説文》，字作『䏌』，『含』即『䏌』字之譌，不應重出『胏』字。

欃水門也

卷三：『欃，水門也。』

頤煊案：《集韻》引《字林》：『欃，水門也。』《類篇》引《字林》作：『牕，水門也。』《玉篇》：『牕，版也。』

櫒艸木動聲

『櫒，艸木動聲。』

頤煊案：『櫒』通作『蔡』字。《説文》：『蔡，艸聲。』今誤作『艸也』。《史記·司馬相如列傳》『噏呷萃蔡』，集解：『駰案：《漢書音義》曰：「萃蔡，衣聲也。」』《玉篇》：『櫒，聲也。』『櫒』即『櫒』字。

秜劮稻

『秜，劮，稻今年死來年自生曰劮。』

頤煊案：徧檢字書，無『秜』字。《説文》『秜』字注：『稻今年落來年生謂之秜，从禾，尼聲。』『秜』當是『秜』字之譌。《後漢書·光武紀》『野穀旅生』，李賢注：『不因播種而生故曰旅。』今字書作『穭』。《玉篇》：『穭，自生稻。』『劮』疑『旅』字之譌。

偎仿佛

卷四：『偎，仿佛皃，不審也。』

頤煊案：『皃』當是『見』字之譌。『偎』通作『僾』字。《説文》：『僾，仿佛也。从人，愛聲。』

《詩》曰：「僾而不見。」』玉聲。『僾』，愛也，古字當通用。

俋勇壯皃

『俋，勇壯皃。』

頤煊案：『俋』無勇壯訓，當是『仡』字之譌。《説文》：『仡，勇壯也。从人，气聲。《周書》曰：「仡仡勇夫。」』《公羊·宣六年》傳『仡然從乎趙盾』，何休注：『仡然，壯勇貌。』

半浣水

卷五：『湔水，半浣水也，下注江。』

頤煊案：《水經·江水注》：『湔水出綿虒縣之玉壘山。吕忱云：一曰半浣水也。下注江。』《説文》：『湔水出蜀郡綿虒玉壘山，東南入江，一曰手瀚之。』《水經注》譌『手』爲『半』，又以『半浣』爲水名，此酈氏之譌，非《字林》之原文也。《一切經音義》卷八引《字林》：『湔，浣也。』斯得之矣。

施罟於道

卷六：『擙，施罟於道也，一曰以弓罥鳥獸也。』

頤煊案：《玉篇》：『弶，施罝於道也。』《一切經音義》卷十八引字書：『施罥於道曰弶，今畋獵家施弶以取鳥獸者，其形似弓也。』《集韻》引《字林》：『弶，施罟於道。』已見下文，此俗字不當重出。

蝮　蛸

卷七：『蝮，蝮蛸，蟬皮也，猶蛣蜣。』

頤煊案：《一切經音義》卷十三引下句作『猶蛣蜣變爲蟬也』，此脱『變爲蟬也』四字。

埵堅土也

卷七：『埵，丁果翻，聚土也。』

頤煊案：《一切經音義》卷六：『埵，《字林》：丁果反，聚土也。』卷十四：『埵，都果反。《字林》：堅土也。』《説文》：『埵，堅土也。从土，垂聲，讀若朶。』今俗猶以堆土爲垛，『堅土』當是『聚土』之譌。

坊別屋也

『坊，別屋也。』

頤煊案：『别屋』當作『列屋』。《周禮・司市》『以陳肆辨物而平市』，鄭注：『陳猶列也。』《漢書・食貨志》『小者坐列販賣』，師古曰：『列者，若今市中賣物行也。』後世坊廂當因此得名。

校勘記

〔一〕廣衡　『衡』字原脱，今補。

〔二〕隋書禮儀志　『儀』原作『樂』，據《隋書》卷十二《禮儀志七》改。

〔三〕令長吏二千石車朱兩轓　『吏』字、『車』字原脱，據《漢書》補。

讀書叢録卷十一 玉篇 文選注 一切經音義

玉篇

《封氏聞見記》：『梁朝顧野王撰《玉篇》三十卷，凡一萬六千九百一十七字。』今本題顧野王撰本孫强增加字，舊一十五萬八千六百四十一言，新五萬一千一百二十九言。《梁書·蕭子顯傳》：『先是，時太學博士顧野王奉令撰《玉篇》，太宗嫌其書詳畧未當，以蕭愷博學，於文字尤善，使更與學士删改。』則《玉篇》非野王之舊矣。《玉篇》『胏』字注：『野王案：柔色以蘊之，是以今爲柔字。』『昇』字注：『野王謂：縣首於木上竿頭，以肆大罪，秦刑也。』疑《玉篇》原本有野王案語，而後人删之。《法苑珠林》卷二十二引《玉篇序》有『開春申君墓，得其銘文，皆是隷字』，今亦無此文。

祧濯古文

『示部』：『祧，他幺切，遠廟也。濯，古文。』

頤煊案：《周禮·守祧》鄭注：『故書「祧」作「濯」。鄭司農云：濯讀爲祧。』『祧』、『濯』同聲假借字，此從示作『禮』，是俗人所改，非古文。

玉字

『玉部』：『玉，魚録切。《禮記》曰：「君子比德於玉焉。」云云。玊，古文玉，欣救、思六二切。玉，工也，亦姓也。』

頤煊案：《説文》：『王，象三玉之連，丨其貫也，凡王之屬皆从王。』可證『王』字本無右旁一點。自隸書恐玉石之『王』混於帝王之『王』，因古文『玊』省去左旁一點，是以《説文》有『王』無『玉』。《玉篇》既存正文『王』，又兼俗字『玉』。『玉』『玉』並取，後人求其説而不得，因謂玉石之『玉』，點在三畫之側作『玉』。欣救、思六二切之『玉』點在二畫之側作『王』，謬更遠矣。

鎏亦作鏐

『鎏，力牛切，《説文》云：「垂玉也，冕飾。」又美金也，亦作鏐。』

頤煊案：《爾雅·釋器》：『黄金謂之鎏，其美者謂之鏐。』《尚書·禹貢》：『鏐鐵銀鏤。』《史記·夏本紀》集解引鄭注：『黄金之美者謂之鏐。』金、玉同色，故借『鏐』爲『璆』，當在上文『璆』字注下，非『鎏』之通借字。

鄌亦作酇

『邑部』：『鄌，祚柯切，沛郡縣也，亦作酇。』

頤煊案：《說文》：『鄌，沛國縣，从邑，䖒聲。』《漢書·高帝紀》『相國酇侯』，臣瓚曰：『《茂陵書》：何封國在南陽。酇音贊。』師古曰：『瓚説是也，而或云何封沛郡酇縣，音才何反，非也。《地理志》南陽酇縣云侯國，沛酇縣不云侯國也。』小顔本『沛郡鄌縣』作『酇』，與『南陽酇』同，是六朝傳寫譌本，非『鄌』字通轉，此『鄌』下不應有『亦作酇』三字。

娙 娙

『女部』：『娙，亡丁切。《說文》曰：嫈，娙也，一曰娙娙小人皃。』

頤煊案：此即《論語》『硜硜然小人哉』之異文。《孟子·公孫丑下》作『悻悻』，《音義》作『悻悻』，皆同聲通用字。

嫼婦人之稱也

『嫼，許宜切，婦人之稱也。』

頤煊案：此即『姬』之俗字。《漢書·文帝紀》『母曰薄姬』，如淳曰：『姬音怡，衆妾之總稱。』今俗稱『妾』爲『姨』，誤矣。

靦字作䩄

『面部』：『靦，他典切。《詩》云：「有靦面目。」靦，姡也。䩄，字書靦字。䩄，同上。』

頤煊案：《爾雅·釋言》『靦，姡也』，《釋文》引舍人云：『靦，擅也。』『擅』即『䩄』、『䩄』之譌。陸德明謂自專擅之貌，非是。

眮轉目視

『目部』：『眮，大孔、大貢二切。轉目視。』

頤煊案：《説文》：『眮，吴楚謂瞋目顧視曰眮。』《方言》：『矔、眮，轉目也。梁益之間瞋目曰矔，轉目顧視亦曰矔。吴楚曰眮。』《後漢書·梁冀傳》『洞精矘眄』，李賢注：『洞，通也。』『洞』即『眮』字。

言　哢

『口部』：『哢，力凍切，言哢也。』

頤煊案：『哢』即『𠳐』字。《廣韻》『一送』：『𠳐，郭云鳥吟。』後魏孝文帝《弔比干文》：

『執垂益而談卡兮。』《營州刺史高貞碑》：『清暈發於載卡。』『卡』即『弄』字。《説文》：『筭，从竹，从弄。』《論語集解》『筭』作『笇』，从竹，从卞，故俗復以『卡』字爲之。『言咔』當是『音咔』之譌。

㦬㦬

『心部』：『忴，徒冬切，憂也。㦬同上。㦬㦬，憂也，出《楚辭》。』

頣煊案：《楚辭·雲中君》『極勞心兮㦬㦬』，王逸注：『㦬㦬，憂心貌。』《廣雅·釋訓》：『㦬㦬，憂也。』『㦬』是『㦬』字之譌。

信古文訫

『言部』：『信，思刃切，明也，敬也。《論語》曰：「信近於義，言可復也。」訫，古文，又作㐰。』

頣煊案：《説文》『信』，古文『㐰』，从言省。『訫』，古文『信』，从言，从心。『訫』當是『訫』字之譌。

囂嚻不同

『㗊部』：『囂，許朝切，喧譁也。』『嚻，荒貫切，呼也，與喚同。』

頤煊案：《説文》：『囂，聲也，气出頭上，从㗊，从頁。頁，首也。』『嚻，呼也，从㗊，莧聲，讀若讙。』二字音義迥别。《爾雅·釋言》『囂，閑也』，郭璞注：『囂然閑暇貌。』《孟子·盡心上》『人知之亦囂囂』，趙岐注：『囂囂，自得無欲之貌。』字當作『囂』。《周禮·司虣》『禁其鬭囂者』，鄭注：『囂，讙也。』《左氏·成十六年》傳『在陳而囂』，杜預注：『囂，喧嘩也。』字當作『嚻』。今經典多通用。

㚇拜

『夊部』：『㚇，子對、子卧二切。拜失容也，又詐也。亦作葰，《禮記》云：「無葰拜。」』

頤煊案《説文》『新附』：『㚇，拜失容也，从夊，坙聲。』徐鉉所見《禮記》本亦作『㚇』字，不從艸。陸德明《釋文》：『葰，盧本作蹲。』《史記集解》：『徐廣曰：古蹲字作踆。』《説文》『夋，行夋夋也，一曰倨也。』『倨』與『踞』同，『㚇』疑即『夋』字之譌。餘詳見《筠軒文鈔》第七卷。

這　字

『辵部』：『這，宜箭切，迎也。』

頤煊案：《説文》：『誕，詞誕也。从言，延聲。』籀文作『𧨝』。『這』即『𧨝』字。《一切經音義》卷三引《三蒼》：『適，古文商、這二形同之尺反。』《三蒼》所引『這』當是『適』字之譌。

闖或作䫂

『門部』：『闖，勅蔭切，馬出門皃。《公羊傳》曰：「開之則闖然。」何休云：「闖，出頭皃。」或作䫂。』

頤煊案：當作『䫂』，《説文》『䫂，暫見也，从見，炎聲。《春秋公羊傳》曰：「䫂然公子陽生。」』

欃木蘭

『木部』：『欃，仕衫切，木蘭也。』

頤煊案：《史記·司馬相如列傳》『欃檀木蘭』，集解：『駰案：《漢書音義》：「欃檀，檀別名也。」』欃非即木蘭。『木蘭』疑『水門』之譌，見《字林》。

蒛　蒟

『艸部』：『蒛，撫俱切。蒛蒟，花皃。』

頤煊案：《文選・吴都賦》『異荂蓲蘛』，劉淵林注：『蓲，華也。』李善注：『蓲與敷同。』『蒛』即『蓲』字之省。

圅　字

『马部』：『圅，胡閤切，會也。』

頤煊案：《穆天子傳》：『𡆼𡆼爲右。』《列子・周穆王篇》『𡆼𡆼爲右』，張湛注：『上齊下合，此古字未審。』此『圅』字與合音相近，當即本於《列子》。『𡆼』、『𡆼』皆『圅』字之譌。

輹　筐也

『車部』：『輹，房六切，筐也，琠，同上。』

頤煊案：《説文》：『輹，車軸縛也，从車，复聲。《易》曰：「輿脱輹。」』『琠，車笭間皮篋，古者使奉玉以藏之，从車、玨，讀與服同。』二字異義，經典『輹』字無『筐』訓，此疑誤。

映明也

『日部』：『映，於敬切，明也。』鈕氏樹玉《説文新附考》：『《孟子·盡心篇》：「君子所性，仁義禮智根於心。其生色也，睟然見於面，盎於背。」「盎」與「見」對，是「盎」義近「映」，疑古作「盎」字。』

頤煊案：《詩·庭燎》『夜未央』，《毛傳》：『央，旦也。』《説文》：『旦，明也。』鄭箋：『夜未央猶言夜未渠央也。』未渠央即未遽明。《六月》『白旆央央』，《毛傳》：『央央，鮮明貌。』『映』字疑古作『央』，後人加日旁耳。

獄辨獄官也

『犾部』：『獄，息利、息梨二切，辨獄官也，察也。今作伺、覗。』

頤煊案：《説文》：『獄，司空也，从犾，臣聲。復説獄司空。』許所見『獄司空』有作『獄司空』者，故引復説以證之。此『獄』字『辨獄官也』，與《説文》義同。『今作伺、覗』，是俗字。段氏玉裁《説文注》疑『空』爲衍字，直作『獄，伺也』，非是。《太平御覽》卷六百四十三引《風俗通》『犴，司空也』，《高彪碑》『犴』作『狱』，義與『獄司空』同。

豟豕五尺

『豕部』:『豟,於隔切,豕五尺。』『豟,章移切,豕高五尺,丁角切。』

頤煊案:《爾雅·釋畜》『彘五尺爲豟』,郭璞注:『《尸子》曰:大豕爲豟五尺,今漁陽呼豬大者爲豟。』『豟』即『豟』之譌字。

鳶鳶字異

『鳥部』:『鳶,以專切,鴟類也。鳶,同上。』

頤煊案:『鳶』即『鶚』字。《説文》無『鳶』字,『鳶』字次在『鷻』字下。『匪鷻匪鳶』所稱,或三家異文,後人據《毛詩》,即以『鳶』字當之,非也。《爾雅·釋鳥》『鳶烏醜』,《釋文》:『鳶字,亦作戴。』《漢書·五行志》:『有戴焚其巢。』《説文》當有此字,而傳寫脱之。

蠠當作蠠

『䖵部』:『蠠,亡吉切,勉也。又蠭,甘飴也,今作蜜。蠠,同上。』

頤煊案:《爾雅·釋詁》『蠠没,勉也』,《釋文》:『蠠,本或作蠠。』《説文》曰:『蠠,古蜜字。』『蠠』正字,『蠠』俗字,今有『蠠』無『蠠』,非是。

抗仙掌

《文選·西都賦》:『抗仙掌以承露。』

頣煊案:曹子建《又贈丁儀王粲詩》『承露槩泰清』,李善注:『《西都賦》:「抗仙掌與承露。」《廣雅》曰:「抗,摩也。」「槩」與「抗」同,古文通。』此『抗』是『抗』字之譌。

埃堨

『軼埃堨之混濁』,李善注:『許慎《淮南子注》:「堨,埃也。」「堨」與「壒」同,於害切。』

頣煊案:據注,『堨』當作『壒』,《後漢書·班固傳》、《蜀都賦》《魏都賦》李注引俱作『軼埃壒之混濁』,字尚不誤。

功有横

《東都賦》:『功有横而當天。』

頣煊案:《禮記·樂記》『號以立横,横以立武』,鄭注:『横,充也。』《漢書·王莽傳》:『昔唐堯横被四表。』《後漢·馮異傳》:『横被四表,昭假上下。』此謂功有横以當天心,本《古文尚書》。李注不釋『横』字之義。

范氏施御

『由基發射，范氏施御，弦不睼禽，轡不詭遇。』

頤煊案：李注引《括地圖》以釋『范氏施御』，引《孟子》以釋『轡不詭遇』。《後漢書·班固傳》李賢注：『范氏，趙之御人也。』引《孟子》爲證，改『範我』作『范氏』，宋本《文選》注因之，非是。

大厦眈眈

《西京賦》：『大厦眈眈。』薛綜注：『眈眈，深邃之貌也。』

頤煊案：《史記·陳涉世家》『夥頤，涉之爲王沈沈者』，集解：『應劭曰：沈沈，宫室深邃之貌也。』『眈眈』即『沈沈』，古同聲通用字。

龍䶮

東京賦：『日月會於龍䶮。』薛綜音『鬬』。錢氏大昕《文集》：『《廣韻》四「覺部」「豟」訓龍尾，又與「豚」同，乃悟「䶮」爲「豟」之譌。《廣雅》云：「豚，臀也。」故龍尾亦有「龍豟」之稱。』

頤煊案：《玉篇》無『豟』字，『䶰』字注：『音卓，龍尾。』今本作『龍車』，涉『卓』字而譌也。

古字『龍』、『厖』通用，『狵』字俗作『𤞤』，『𤞤』又譌爲『豝』也。薛綜音『闘』，《玉篇》音『卓』，聲之轉耳。

三都賦注

《三都賦》李注：『《三都賦》成，張載爲注《魏都》，劉逵爲注《吴》《蜀》，自是之後，漸行於世。』

頤煊案：今本三賦俱題劉淵林注。《南都賦》李注引張載《吴都賦注》，《後漢書·臧宫傳》李賢注引張載《蜀都賦注》，三賦本一注，或劉或張，由所題之本異耳。《三國志·衛臻傳》裴松之注：『衛瓘作左思《吴都賦》敘及注，敘麄有文辭，至於爲注，了無所發明，直爲塵穢紙墨，不合傳寫。』《世説新語·文學篇》劉孝標注：『劉淵林、衛伯輿並早終，皆不爲思《賦》序、注，凡諸注解皆思自爲，欲重其文，故假時人名姓也。』

矍焉

《魏都賦》：『矍焉相顧。』劉淵林注：『矍，懼也。《左傳》曰：「駟氏矍懼。」』善曰：『張以㦝先隴反，今本並爲矍。』

頤煊案：今本《左氏傳》作『聳懼』，《説文》引《春秋傳》曰：『駟氏㦝懼。』正與張注合。李善本作『矆』字，是後人所改。

昆吾

《子虚賦》：『琳瑉昆吾。』李注：『張揖曰：昆吾，山名也，出美金。《尸子》曰：昆吾之金。』

頤煊案：《史記·司馬相如列傳》作『琳瑉琨珸』，索隱：『司馬彪曰：琨珸，石之次玉也。《河圖》云：流州多積石，名琨珸石，鍊之成鐵以作劍，光明如水精。』《穆天子傳》：『天子升於采石之山，於是取采石焉，天子使重䋄之民鑄以成器於黑水之上。』即此類。

瑊玏

『瑊玏玄厲』，李注：『張揖曰：瑊玏，石之次玉者。』

頤煊案：説文：『玪塾，石之次玉者。』是同聲通用字。

薛莎青薠

『薛莎青薠』，李注：『張揖曰：薛，藾蒿也。』

頤煊案：《漢書·司馬相如傳》作『薛』，《史記·司馬相如列傳》作『薛』。《爾雅·釋草》『苹，藾蕭』，郭璞注：『今藾蒿也。』三字形聲皆相近。

肸蠁

《上林賦》『肸蠁布寫』，李注：『司馬彪曰：肸，過也，芬芳之過若蠁之布寫也。』

頣煊案：《説文》：『肸，蠁布也。』『肸』通作『肹』字，《漢書・武帝紀》：『肹然如有聞。』肹亦聲也。《説文》：『佁，聲也，讀若肹。』又云：『肹，動作切切也。』『切切』亦謂聲也。

捎焦朋

『捎焦朋』，李注：『張揖曰：焦朋似鳳，西方之鳥也。』

頣煊案：『焦朋』當依《史記》《漢書》作『焦明』。《説文》：『鸘，五方神鳥也，東方發明，南方焦明，西方鸘鷞，北方幽昌，中央鳳皇。』『明』『昌』『皇』『鷞』皆同聲字。《吴都賦》『稽鷦鵬』，《玉篇》『鳥部』字亦作『鵬』。

虹蜺爲繯

《羽獵賦》『虹蜺爲繯』，李注：『韋昭曰：繯，旗上繫也。』

頣煊案：《後漢書・馬融傳》『繯槖四野之飛征』，李賢注：『《説文》曰：繯，落也。《國語》曰「繯於山有牢」，賈逵注：繯，還也。』今《國語・齊語》作『環』，韋昭注：『環，繞也。』謂以旌旂繯繞之以爲獵場也。

窮冘閼與

『三軍芒然，窮冘閼與』，李注：『孟康曰：冘，行也。閼，止也。言三軍之盛，窮閼禽獸，使不得逸漏也。』

頤煊案：『冘與』即冘豫，亦謂猶豫，謂禽獸奔竄未定者皆窮遏之，使不得逸也。《老子道經》：『與兮若冬涉川，猶兮若畏四鄰。』《淮南·兵畧訓》：『擊其猶猶，陵其與與。』『冘』、『與』分言之，其義同也。

迄丐

《西征賦》：『洛景悼以迄丐。』

頤煊案：《水經·洛水注》：『魏司徒公崔浩注《西征賦》云：「定」當爲「敬」。』崔所見本作『迄定』，李善本作『迄丐』。『丐』，敬王名也，『丐』、『定』字形相近。

兩絶

《鸚鵡賦》：『何今日之兩絶，若胡越之異區。』

頤煊案：王仲宣《贈蔡子篤詩》『一别如雨』，李注：『《鸚鵡賦》：「何今日以雨絶。」陳琳《檄吴將校》曰：「雨絶于天。」然諸人同有此言，未詳其始。』此『兩』是『雨』字之譌。

玉　府

《赭白馬賦》：『祕寶盈於玉府』，李注：『《周禮》曰：「玉府掌王之金玉玩好。」《尚書》曰：「玉府則有。」』

頤煊案：今《尚書·五子之歌》作『王府則有』，是譌字。

塞　門

『簡偉塞門』，李注：『塞，紫塞也，有關，故曰門。「塞」或爲「寒」，非也。』

頤煊案：《漢書·司馬相如傳》『遺屯騎於玄闕兮，軼先驅於寒門』，應劭曰：『寒門，北極之門也。』《後漢書·張衡傳》『望寒門之絶垠兮，縱余緤乎不周』，李賢注：『《淮南子》曰：北極之山曰寒門。』二字本此。

違世業

《幽通賦》『違世業之可懷』，李注：『曹大家曰：違，恨也。「違」或作「愇」，愇亦恨也。』

頤煊案：《廣韻》：愇，字書云恨也。《玉篇》：『愇，怨恨也。』《漢書敘傳》作『愇』，師古曰：『愇字與韙同。韙，是也。』義與此異。

刻石

『妣聆呱而刻石兮』，李注：『應劭曰：刻其必滅羊舌氏。本或爲刻。項岱曰：舉罪曰劾。』

頤煊案：字書無『刻』字，當是『劾』字之譌。《漢書敘傳》作『刻』，應劭曰：『刻知其後必滅羊舌氏。』此引應劭字當作『刻』。項岱本作『劾』，《文選》從項岱本，注引應劭，故云『本或爲劾』。

揥

《文賦》『意徘徊而不能揥』，李注：『《說文》曰：揥，取也，佗狄切，協韻佗帝切。或爲禘，禘猶去也。』

頤煊案：『揥』本『摘』字，依注當作『掃』，《說文》：『掃，撮取也。』與所引《說文》義合。《左氏正義》引賈逵注：『禘者，遞也，審諦昭穆遷主遞位。』是『禘』有『去』義也。

蒲盧

張茂先《勵志詩》『蒲盧縈繳』，李注：『蒲盧，舊説云即蒲且也。《汲冢書》曰：蒲且子見雙鳥，其不被弋者亦下。』

頤煊案：『且』古字作『虘』，與『盧』字形相近因譌。

荑稊不同

謝靈運《從游京口北固應詔詩》『原隰荑緑柳』，李注：『《大戴禮·夏小正》曰：正月柳稊。稊者，發乎也。荑與稊音義同。』

頤煊案：《詩·静女》『自牧歸荑』，《毛傳》：『荑，茅之始生也。』凡草本之初生通名曰『荑』。《説文》無『稊』字，通作『蕛』。《爾雅·釋草》『蕛英』，郭璞注：『蕛似稗，布地生，穢草。』『荑』、『稊』不同，古字多通用。《夏小正》『柳稊』，是借『荑』爲『稊』也，《孟子·告子上》『不如荑稗』，是借『蕛』爲『荑』也。

連畛

阮嗣宗《詠懷詩》『連畛距阡陌』，李注：『軫當爲畛。宋衷《太玄經注》曰：「畛，界也。」』

《説文》曰：「畛，井田間陌也。」』

頤煊案：『連畛』本作『連軫』，今本作『畛』，是後人據注改。

承明廬

曹子建《贈白馬王彪詩》『謁帝承明廬』，李注：『陸機《洛陽記》曰：「承明門，後宮出入之門。」吾嘗怪「謁帝承明廬」，問張公，云魏明帝作建始殿，朝會皆由承明門。』

頤煊案：《三國志·文帝紀》注：『臣松之案：諸書記是時帝居北宮，以建始殿朝羣臣，門曰承明，陳思王植詩曰「謁帝承明廬」是也。至明帝時，始於漢南宮崇德殿，起太極、昭陽諸殿。』然則建始殿是文帝作，非明帝也。

出爲河間相

張平子《四愁詩序》：『張衡不樂久處機密，陽嘉中出爲河間相。』李注：『范曄《後漢書》曰：順帝初，衡復爲太史令。陽嘉元年造候風地動儀〔一〕。永和初，出爲河間相。而此云「陽嘉中」，誤也。』

頤煊案：《後漢書》本傳：『永和初，出爲河間相，視事三年，上書乞骸骨，徵拜尚書，永和四年卒。』衡之出爲河間相，或在陽嘉七年正月己巳永和未改元以前。

燕髀

《七命》「燕髀猩脣」，李注：「《吕氏春秋》伊尹説湯曰：『肉之美者，巂燕之髀。』《説文》曰：『髀，股外也。』」

頤煊案：今《吕氏春秋·本味篇》作「雋觾之翠」。「翠」或作「臎」，《玉篇》：「臎，鳥尾上肉也。」與「髀」字形相近因譌。

即主臣

《奏彈曹景宗》：「不有嚴刑，誅賞安寘，景宗即主。」李注：「主謂爲主首也。王隱《晋書》：『庾純自劾曰：醉酒荒迷，昏亂儀度，即主臣，謹按河南尹庾純云云。』然以主爲句，臣當下讀也。」

頤煊案：「即主臣」三字當連讀，「即主臣」猶言今掌事之臣，例當彈糾。《漢書·王陵傳》：「平謝曰：主臣，陛下不知其駑下，使待罪宰相。」《馮唐傳》：「主臣，陛下雖有廉頗、李牧，不能用也。」亦「主臣」二字連讀之證。

弭節

《爲鄭冲勸晋王牋》：『迴戈弭節，以麾天下。』李注：『《長楊賦》曰：「迴戈聊指，南越相夷；靡節西征，羌僰東馳。」今以靡爲弭，誤也。』

頤煊案：此與《長楊賦》『靡節』異。《説文》云：『摩，旌旗所以指麾也，从手，靡聲。』『靡』即『摩』字，通作『麾』。《離騷》『吾令羲和弭節兮』，《湘君》『夕弭節兮北渚』，王逸注：『弭，按也。』義與此同。

侮食

《三月三日曲水詩序》『侮食來王』，李注：『《漢書・匈奴傳》曰：「壯者食肥美，老者食其餘。貴壯健，賤老弱也。」古本作「脢食」。《周書》曰：「東越侮食。」』

頤煊案：《昭明》本當作『脢食』，與『腜』字通用。《廣雅・釋訓》：『腜腜，肥也。』故注引《匈奴傳》以證『肥食』。古本作『侮食』，故注引《周書》，今本是後人誤乙。

史孝山

《出師頌》『史孝山』，李注：『范曄《後漢書》曰：「王莽末，沛國史岑字孝山，以文章顯。」』

《文章志》及《集林》《今書七志》並同，皆載岑《出師頌》，而《流别集》及《集林》又載岑《和熹鄧后頌》并序。計莽之末以迄和熹，百有餘年，葢有二史岑。字子孝者，仕王莽之末；字孝山者，當和熹之際。但書籍散亡，未詳孝山爵里。諸家以孝山之文載於子孝之集，非也。』

頤煊案：今本《後漢書·王隆傳》『初，王莽末，沛國史岑子孝亦以文章顯』，並不字『孝山』，注意引范《書》亦當作『字子孝』，今本『字孝山』三字是後人誤改。

離　斐

《辨亡論上》：『丁奉離斐以武毅稱。』

頤煊案：《晉書·陸機傳》、《魏志·三嗣主傳》裴松之注引機此論皆作『丁奉鍾離斐』，《魏志》有『鍾離牧』，而無『鍾離斐』。『斐』或『牧』字之譌。《文選》本『離』上脱『鍾』字，李善因以『黎斐』當之，非也。

寶　刹

《一切經音義》卷一《大方廣佛華嚴經》第一：『刹，又作擦，同音察。案：刹，書無此字，即剎字畧也。剎音初一反，浮圖名。刹者，譌也。』

頤煊案：北魏《敬使君碑》『建七層之寶刹』，『刹』與『剎』字形相近，今省作『刹』，非是。

『寶剎』即寶塔，故以爲浮圖名。

㒒字

第五：『𤇾，古文㤅、㒒二形。』

頤煊案：『㒒』是『㒒』字之譌。《廣雅・釋詁》：『㒒，獨也。』《方言》：『㒒，特也。』郭璞注：『㒒，古𤇾字。』

八梵

第七：『八梵，八種梵音。』錢氏坫曰：『漢《街彈碑》：「梵梵黍稷。」知「梵」即「芃」字異文。』

頤煊案：《玉篇》：『梵，扶風、扶泛二切，木得風皃。』《說文》：『䒠，草得風皃。从艸、風，讀若婪。』從艸、從木同體，『梵』、『芃』、『䒠』三字皆通用。

瓝裂

第五十八：『瓝，宜作攫，九縛、居碧二反。《說文》：「攫，爪持也。」《淮南子》云「獸窮則攫」是也。』

頤煊案：經文『劆裂』，《佛本行集經》作『摑裂』，『劆』即『摑』字。《廣雅·釋詁》：『㩙，裂也。』俗作『摑』字。《説文》：『攫，扟也。』與『㩙』字義别。

𢴊柱

《大集日藏分經》第六：『𢴊柱，勑掌、恥孟二反，今謂邪柱爲𢴊也。經文作棖，非體。』

頤煊案：《大集月藏分經》：『棖，《説文》作撐，柱也，音紂庚反。《字統》作棖，丈庚反。』《文選·魯靈光賦》『枝𢴊杈枒而斜據』，張載注：『𢴊或作棖，又作揨、樘二形。』古字皆通用。

聲䡵

卷二《大般涅槃經》第五：『聲䡵，又作厮，同蘇奚反。《埤蒼》：「䡵，聲散也。」經文作嘶，悲聲也。嘶，噎也，嘶非此義。』

頤煊案〔二〕：卷十四引《通俗文》：『凡病而嚳嚳而聲散曰䡵。』《漢書·王莽傳》『大聲而嘶』，師古曰：『嘶，聲破也。』古字通用。

寱言

第八：『寱言，牛世反，《通俗文》：「夢語謂之寱。」《説文》：「瞑語也。」《聲類》：「不覺妄言也。」經文多作讇。案：字與諂同，佞言也。今多以是鹽、以占二反，此或俗語假借字。」

頤煊案：『讇』是『譫』字假借，非『諂』字。《素問·熱論篇》『不欲食譫言』，王砯注：『譫言謂妄謬而不次也。』與『寱言』義近。

憒丙

卷三《摩訶般若波羅蜜經》第二十七：『憒丙，公對反，下女孝反。《説文》：「憒，亂也。」《韻集》：「丙，猥也。猥，衆也。」字從市，從入，經文從鬥作鬧，俗字也。』

頤煊案：《維摩經》經文作『憒亂』，《説文》『亂』作『𤔔』。『丙』疑即『𤔔』字之壞，後人又別作『鬧』，非也。

打即打字

《放光般若經》第十七：『敂又作𢽴、亭二形，同丈鞕、丈莖二反。《三蒼》：「敂，橦也。」《通俗文》：「撞出曰打。」今之以木若鐵撞出孔中物〔三〕，更補之謂之敂。』

頤煊案：《月光童子經》：『古文敂、𢽴、楟三形。』《説文》：『朾，橦也，从木，丁聲。』即『楟』字之省，俗從手作『打』字。

須躗天

《道行般若經》第三：『須躗天，《三蒼》音帝，郭訓《古文奇字》以爲古文「逝」字，《中陰經》作「須滯天」，經文從無從足作「躛」，音讀作武，非也。』

頤煊案：《史記·平準書》索隱引《古今字詁》：『蹛，今滯字。』《夏小正》：『遰鴻雁。』《說文》：『遰，往也。』『遰』、『蹛』古字通用。『帶』亦作『帶』，『躛』即『躗』字之譌。

眼瞼

卷五《成具光明定意經》：『眼瞼，居儼反。《字畧》云：「眼外皮也。」經文作睫、眊二形，並非此用。』

頤煊案：《大智度論》『睞又作睫。《釋名》作𧼯，同子葉反。《說文》：「目旁毛也。」』與瞼字義别。《說文》『新附』：『瞼，目上下瞼也。』即說文『矈』字，『目旁薄緻宀宀也』，俗謂之眼檐，詳見上《說文》。

㾤字

《觀世音菩薩授記經》：『㾤爛，又作㾤、玢二形，同補閒反，下又作斆，《埤蒼》：「文貌也。」』

《通俗文》云：「文草謂之斒斕。」』

頤煊案：《説文》：『彪，虎文彪也，从虍，彬聲。』與『彬』字通用。『彪』省作『虙』，譌作『虒』字。《正法華經》：『斒又作虙、玢二形。』字尚不誤。

寶　塔

卷六《妙法蓮華經》第一：「寶塔，案塔字諸書所無，唯葛洪《字苑》云：「塔，佛堂也。」音他合反。」

頤煊案：『塔』古當作『闒』字。《説文》：『闒，樓上户也，从門，𦐇聲。』又通作『榻』。《通俗文》：『牀三尺五曰榻。』皆與佛堂義近。後累石爲之，因改作『塔』字。《漢書·貨殖傳》『荅布千石』，《史記·貨殖列傳》作『榻布』。《文選·上林賦》『鏗鎗闛鞈』，李善注：『鞨與鞈古字通。』皆其證。

鶡　鴨

卷七《方等般泥洹經》下：『鶡鴨，案諸經皆作鶡鴨。鶡似雉而大，青色有毛，角若鬥，死乃止也，故武人戴鶡冠以像之也。』

頤煊案：《禮記·月令》『鶡旦不鳴』，鄭注：『鶡旦，求旦之鳥也。』《廣雅·釋鳥》：『鶡鴠，鶻鳴也。』《方言》：『鶻鳴，自關而西秦隴之内謂之鷃鳴。』『鴨』當是『鳴』字之譌。

喫　酒

卷八《無量清净平等覺經》下：『喫酒，口迹反，謂喫噉也，經文作喫，非體也。』

頤煊案：《玉篇》：『喫，去擊切。啖，喫也。噭同上。』《説文》無『噭』字，『喫』當是『齧』之俗字，『契』、『挈』古字通用。

櫪　指

卷十二《修行道地經》第五：『櫪櫯，《通俗文》：「考具謂之櫪櫯。」《字林》：「椑指也。」』莊氏炘曰：『《字林》原作「押其指也」，不可解。案《説文》：「櫪櫯，椑指也。」「椑」又作「榑」，《玉篇》：「榑櫯，下枝也。」《廣韻》：「榑枝，下交皃，又木枝下也。又榑櫯，小樹。」據此知「椑指」是樹枝之下指者，因改。』

頤煊案：《妙法蓮華經》：『壓，周成《難字》作窜。窜，椮也，經文作柙。』説文『櫪』『櫯』承『桎』『梏』之後。當爲考刑之具，『椑指』是『柙指』之譌，此反據譌字以改《字林》，誤矣。

竹　篣

卷十五《僧祇經》第四十：「竹篾，亡界反。《字林》：『折竹筤也。』筤，亡忍反，竹膚也。」

頤煊案：《字書》無「篾」字，當是「篣」字之譌。《說文》：『篙，筡也。』『筡，折竹筤也。』《玉篇》：『篣，同簚，亡支反。』其音亦合。《般若燈論》：「《聲類》云：『篾，蔓也。今蜀土及關中皆謂竹篾爲蔓，音彌。』」『蔓』亦『篣』字之譌。

凹凸

卷十九《佛本行集經》第二十六：「凹凸，烏交反，下徒結反。《蒼頡篇》作『容突』。《抱樸子》云：『凹，陷也。凸，起也。』」孫淵如觀察云：「《說文》：𠫓，从到子，或作『㐬』，即《易》『突』字。知凸即𠫓字譌也。」

頤煊案：《說文》無『凹』字，字書相承作『坳』。古『幼』、『幽』通用，『凹』即『幽』字異文。《玉篇》：『𩑔，頭凹也。』即其證。

謇吃

卷二十一《大菩薩藏經》第六：「謇吃，居展反。《通俗文》：『言不通利謂之謇吃。』又作刋，同居展反。』

頤煊案：《大智度論》第二十八：『謇吃，《聲類》作譾，又作㓞，《通俗文》：「言不通利謂之㓞吃。」』《玉篇》『力部』：『劧，居偃切，難也，吃也。或作譾。』『刋』、『㓞』皆是『劧』字之譌。

角力

卷二十二《瑜伽師地論》第一：『角力，古文斛同，古學反。《廣雅》：「角，量也。」「角，試也。」《説文》：「角，平斗斛也。」皆單作角。』

頤煊案：『斛』是『斠』字之譌。《説文》：『斠平斗斛也。』《大般涅槃經》：『角，古文斠同。』即其證。

柤字

卷二十五《阿毗達磨順正論》第三十一：『柤瀨，仕加反。《通俗文》：「刈餘曰柤。」《廣雅》：「柤，距也。」《詩》云：「如彼棲柤。」是也。』

頤煊案：《水經·漸江水注》：『浙江又東逕柤塘，謂之柤瀆。』劉淵林《吴都賦注》謂之『查浦』。《山海經·海外北經》『爰有甘柤』，郭璞注：『柤音柤棃之柤。』《爾雅·釋木》『樝棃曰鑽之』，《釋文》：『樝，側加反，字亦作查。』『柤』即『樝』字之省。『柤』又通作『槎』，《玉篇》：

『槎，斫也。』《隋書·楊約傳》：『墮地爲查所傷。』即『槎』字。今俗『查』字從木、從旦，吏牘中用之，失其義矣。

校勘記

〔一〕陽嘉元年造候風地動儀　『候風』二字原作『風候』，據《後漢書·張衡傳》乙正。

〔二〕『案』字原無，今依例補。

〔三〕今之以木若鐵撞出孔中物　『孔』字原譌作『空』，今據《一切經音義》卷三改。

讀書叢録卷十二 五經文字 九經字樣 廣韻 漢簡 鐘鼎款識
續鐘鼎款識

檢　撿

《五經文字》『木部』『檢』字注：『檢察之檢，居儉反。從手者，撿手之撿，音斂。』

頤煊案：《説文》：『撿，拱也。』『拱，斂手也。』字本從手。《隷釋・任伯嗣碑》：『姦軌檢手。』《漢書・食貨志》：『孟子亦非「狗彘食人之食不知斂」。』今《孟子》作『檢』，亦借木旁『檢』字爲之。

擩即擩字

『手部』『擩』：『案字書無此字，見《禮經》。』

頤煊案：《儀禮・公食大夫禮》『取韭菹，以辯擩于醢，上豆之間祭』，鄭注：『擩猶染也。』《特牲饋食禮》『右取菹擩于醢，祭于豆間』，鄭注：『擩醢者染於醢也。』『擩』即『擩』字。《隷釋・衛尉衡方碑》：『少以儒術。』《司隷校尉魯峻碑》：『學爲偄宗。』『而』、『[illegible]』字形相似，故

『擩』又作『捼』。

槁　師

『牛部』：『犒，勞師也，見《春秋傳》。《周禮》借「槁」字爲之。』

頤煊案：《地官・牛人》『軍事共其犒牛』，唐石經作『槁牛』，賈疏云：『謂將帥在軍枯槁之賜牛。』字本作『槁』。《左氏・僖二十六年》傳『公使展喜犒師』，服虔注：『以師枯槁，故饋之飲食。』字亦作『槁』。《説文》無『犒』字。

延　字

『廴部』『延』：『案字書從廴者更有「㢟」字，以經典及注並無其文，故不出。』

頤煊案：《説文》、《玉篇》『廴部』無『㢟』字。《説文》：『㢟，安步㢟㢟也。从廴，从止。』《玉篇》：『㢟，丑延切，㢟㢟安步也。』『㢟』當是『延』字石刻譌。

賾　嘖

『貝部』：『賾、嘖，並助革反，上際也，下至也，見《春秋傳》。』

頤煊案：『賾』、『嘖』古字通用。《易・繫辭》『聖人有以見天下之賾』，《釋文》：『京作嘖。』《正義》:『賾謂幽深難見。』《小爾雅·廣詁》:『賾,深也。』徧檢字書,『賾』無際訓,未知其審。

胯字

『肉部』:『胯、胯,音跨,上《説文》,下經典相承隷省。』

頤煊案:《説文》『肉部』:『胯,股也,从肉,夸聲。』無『胯』字。『夊部』:『午,跨步也,从反夊。』與『胯』字相近。疑唐本《説文》『肉部』有『胯』,爲『胯』字正文,而今本脱之。

棲苴

『艹部』:『苴,七余反。又音查,見《詩·大雅》。』

頤煊案:《詩·召旻》:『如彼棲苴。』《一切經音義》引《詩》作『柤』,即『查』字,與『槎』字通用。《毛傳》:『苴,水中浮草也。』字當作『苴』,七余反。鄭箋:『如樹上之棲苴。』唐人皆讀爲『槎』字。

丱字

『艹部』:『丱,古患反,見《詩·風》,《字林》不見。又古猛反,見《周禮》。《説文》以爲古

「卯」字。』

頤煊案：《詩·甫田》『總角丱兮』，《毛傳》：『丱，幼穉也。』《周禮·地官·卝人》鄭注：『卝之言礦也。』《説文》：『卯，冒也。』古文作『兆』，三字不同，據此皆作『卝』字。『卯』，石刻作『夘』譌。

湏即頮字

『彡部』：『須音需，面毛也，今借爲須待字。或須從水譌湏，火外反，物湏爛之湏。』

頤煊案：《玉篇》：『頮，火内切，洒面也。沬同上。湏古文。』『湏』即『頮』字之俗。

絮字

『衣部』：『袈，《説文》作「絮」，京氏作「絮」。見《易》。』

頤煊案：《易·既濟》『繻有衣袽』，《釋文》：『京作絮。』《説文》：『絮，絜緼也，一曰敝絮。从糸，奴聲。《易》曰：「需有衣絮。」』今云《説文》作『絮』，石刻譌。

帆　帊

『巾部』：『帆，敷劒反，見《春秋傳注》，字作帊，音普霸反。』

頤煊案：《左氏·宣十二年》傳杜預注『拔旆投衡上，使不帆風差輕』，《釋文》：『帆，又作帆，普霸反。』『帆』、『帊』二字皆《説文》所無。《一切經音義》卷一引《三蒼》：『颿，船上張布帊也。』《廣韻》引《通俗文》：『帛三幅曰帊。』今通作『帕』。疑古以『帛』字爲之。

前承弱

『广部』：『庪，居委反，前承弱。』

頤煊案：《儀禮·鄉射禮記》鄭注：『正中曰棟，次曰楣，前曰庪。』《士昏禮》賈疏：『楣前接簷爲庪。』《説文》：『弱，橈也。』『前承弱』，恐其簷之橈也。此即本於《禮經》注。

疢　疹

『疒部』：『疢，從火，熱病也。作疹者，《字林》居忍反。』

頤煊案：《説文》『疢，熱病也，从疒，从火』，臣鉉等曰：『今俗别作「疹」，非是。』《廣雅·釋詁》『疢，病也』，曹憲《音義》：『疢，今疹字。』『疹』當與『瘨』字通用，已見《詩》，非『疢』字。

涕　洟

『水部』：『涕洟，上音體，下音替。自目曰涕，自鼻曰洟，今人多以涕爲鼻洟，誤矣。見

《易》及《春秋》。』

頤煊案：《易·萃》『齎咨涕洟』，《釋文》：『鄭云：自目曰涕，自鼻曰洟。』《禮記·内則》『不敢唾洟』，《釋文》：『涕，本又作洟，同吐細反。』由所見本異，或『涕』或『洟』，義得兩通。經典無以『涕』爲鼻洟者。

錞　鐓

『金部』：『錞、鐓二同，並徒對反，矛戟。』

頤煊案：《禮記·曲禮上》『進矛戟者前其鐓』，鄭注：『平底曰鐓。』《説文》：『鐓，矛戟柲下銅鐏也。』《詩·小戎》『厹矛鋈錞』，《毛傳》：『錞，鐏也。』『錞』、『鐓』非即矛戟，下當有脱字。

睪　皋

『幸部』：『睪音繹，今人或以此爲皋陶字，謬誤尤甚。』

頤煊案：《尚書》『皋陶』，《列女傳》作『睪陶』。《左氏·哀二十六年》傳『越皋如』，《春秋繁露》作『大夫睪』。《荀子·王霸篇》『睪牢天下而制之』，《後漢書·馬融傳》李賢注：『皋牢猶牢籠也。』《左氏·襄十七年》傳『澤門之皙』，《釋文》：『本或作皋門。』《詩》『鶴鳴於九皋』，

《毛傳》:『皋,澤也。』《離騷》『步余馬於蘭皋兮』,王逸注:『澤曲曰皋。』『睪』、『皋』古字通用。

朾字

《九經字樣》『手部』:『扑音撲,朾捶也。』

頤煊案:《穀梁·宣十八年》傳『捝殺也』,范甯注:『捝謂捶打殘賊而殺。』《説文》無『打』字,錢氏大昕謂《説文》『朾,橦也』,『朾』即『打』字,據此知唐本『打』字尚有從木作『朾』者。

看從手下目

『目部』:『看,睎也,凡物見不審則手遮目看之,故從手下目。』

頤煊案:《説文》『看,睎也,从手下目』,徐鍇曰:『宋玉所謂「揚袂障日而望所思」也。』與此義相近。

飇從三犬

『犬部』:『猋音標,從三犬。飇字從此、從火譌。』

頤煊案:《説文》:『飇,扶摇風也。从風,猋聲。』《爾雅·釋天》:『扶摇謂之猋。』《釋文》：『《字林》作飈。』字皆從三犬。唯《玉篇》云：『飆，俾遥切，暴風也。』字從三火，非是。

瘏　嘽

「疒部」：『瘏音攤，馬病也，今《詩》作嘽。』

頤煊案：《説文》：『瘏，馬病也。从疒，多聲。《詩》曰：「瘏瘏駱馬。」』古『單』、『多』同聲。《漢書·地理志》『沛郡，鄲』，孟康曰：『音多。』《周緤傳》『景帝子復封緤子應爲鄲侯』，蘇林曰：『音多。』即其證。

廣　韻

《廣韻》今世所行有兩本，一題《廣韻》，即明内庫鏤板，顧亭林所謂中涓删節之本。一題《大宋重修廣韻》，即張士俊刊本。

頤煊案：《永樂大典》引前本曰『陸法言《廣韻》』，後本曰『宋重修《廣韻》』。《大金集禮》卷二十三：『學士院檢到唐《廣韻》去聲「雍」字注云：「姓。《風俗通》云：文王子雍伯之後。」』與重修本同。

陸法言撰本

重修本『三鍾』『恭』字注：『陸以恭、蜙、縱等入冬韻。』『七歌』『泀』下『戕』字注：『陸云：上同。』『十二蟹』『獬』字注：『陸作獬豸。』『四十七證』『瞪』字注：『陸本作眙。』

郭知玄朱箋

『前費州多田縣丞郭知玄拾遺緒正，更以朱箋三百字。』

頤煊案：重修本『五質』『䩮』字注、《孔帖》卷十二引作『郭知玄《韻》』。『十二齊』『鷖』字注、《孔帖》卷九十五引作『郭知玄』。『四覺』『駮』字注、《孔帖》卷九十八引作『郭知玄《韻》』。『十四黠』『豽』字注、《孔帖》卷九十八引作『郭知玄《唐韻》』。唯《孔帖》卷九十五引：『唐郭知玄《韻》：駉䳇，戴勝別名。』不與重修本同。

室中同

『上平聲』『一東』『中』：『又姓，《漢書·藝文志》有「室中周」，著書十篇。』

頤煊案：《藝文志》無室中周著書十篇，唯《高祖功臣表》有『清簡侯室中同，以弩將初起，從入漢，以都尉擊項羽。代侯』。『周』當是『同』字之譌。

鼜鼓聲

『二冬』『鼜』：『鼓聲。』

頤煊案：『鼜』字從金，非力冬切。『一東』『鼕』：『鼓聲，俗作鼜。』『鼜』當是『鼕』字之譌。

茨　光

『六脂』『茨』：『又姓，後漢有茨光。』

頤煊案：『光』當作『充』。《後漢書·衛颯傳》：『南陽茨充，代颯爲桂陽。』李賢注：『《東觀記》曰：充字子河，宛人也。』

霋霽雲

『十二齊』『霋』：『霽雲，出《字林》。』

頤煊案：《尚書·洪範》『曰驛』，《說文》作『曰圛』。《詩·載驅》鄭箋、《古文尚書》以『弟』爲『圛』。《史記·宋微子世家》作『曰涕』，集解：『徐廣曰：一曰洟。』『夷』、『弟』字形相近，『霋』、『洟』皆『弟』字之俗。

蔽蒲草

『十六咍』『茾』：『蔽前草箭。』

頤烜案：四字不可解。《玉篇》：『茾，草也。』《廣雅・釋草》：『蘈、茾，蔽也。』《爾雅・釋草》『蘈蒚藿』，郭璞注：『似蒲而細。』『茾』、『蘈』同物，『蔽前草』當是『蔽蒲草』之謁，『箭』字又涉前字而衍。

瞤 眴

『十八諄』『瞤』：『目動。眴同上。』

頤烜案：《説文》：『瞤，目動，从目，閏聲。』『旬，目揺也，从目，勻省聲。重文作眴。』《玉篇》同。『瞤』、『眴』本二字，此誤合爲一字。

騙 驪

《二十三寬》『騙』：『騙驪，駿馬。』

頤烜案：《史記・秦本紀》『造父以善御幸於周繆王，得驥温驪』，集解：『徐廣曰：温一作盗。』索隱：『劉氏《音義》云：盗，竊也。竊，淺青色。』八駿既因色爲名，竊驪爲得之也。『騙』

又『温』之俗字。

橇　轎

『下平聲』『四宵』『橇』：『蹋摘行，又禹所乘也。轎，上同。』

頤煊案：《史記·夏本紀》：「泥行乘橇，山行乘輂。』《河渠書》：『泥行蹈毳，山行即橋。』『轎』非『橇』字。

䔢宗

『七歌』『䔢』：『姓也，漢有䔢宗。蓹同上。』

頤煊案：《漢書·王尊傳》『會南山羣盜傰宗等數百人』，蘇林曰：『傰音朋。』晋灼曰：『音陪。』『朋』、『多』字形相近，因譌作『䔢』字，讀爲『多』音，非也。

鄳地名

『十六蒸』『鄳』：『《説文》曰地名也。』

頤煊案：《説文》『邑部』：『鄾，地名，从邑，譽聲。』《玉篇》：『鄾音遷，《説文》云地名。』《説文》無『鄳』字。《玉篇》：『鄳，欣陵切，地名。』不云《説文》，此誤。

罙突也

『二十一侵』『罙』：『突也，宩上同。』

頣煊案：『罙』是『㴱』字之譌。説文：『㴱，深也，一曰竈突，从穴，从火，从求省。』《玉篇》：『㴱，式林切，竈突也。』『宩』即『深』字之省。

臉 䶌

『二十四鹽』『臉』：『臉，䏿也，䶌同上。』

頣煊案：《玉篇》：『䶌，初減切，臉䶌，羹也。』『臉，七廉切，臉䶌。又力減切，臉䶌。』『臉』、『䶌』非一字。

浘 潤

『上聲』『七尾』『浘』：『水流皃。又浘潤，海水洩處。案：《莊子》作「尾閭」，字不从水。』

頣煊案：《説文》：『屎，人小便也。』『浘』即『屎』字。人小便與尾閭洩水義近，字當作『浘』。

骽　股

「十四賄」「骽」：「骽，股也，吐猥切，腿俗。」

頤煊案：《玉篇》：「腿，他儡切，腿脛也，本作骽。」《禮記·檀弓下》「文子其中退然」，鄭注：「退或爲妥。」字本通用。

轗　輡

「十六軫」「轗」：「車軾兔革也。」「輡，車伏兔下鞔也。」

頤煊案：《説文》：「轗，車伏兔下革也，从車，𢘉聲。𢘉，古昏字，讀若閔。」「昏」通作「昬」。「輡」即「轗」之俗字。

䠎　字

「二十九篠」「䠎」：「㛠䠎。」

頤煊案：《玉篇》：「㛠，於皎切，㛠䠎長不勁。」「䠎，乃鳥切，㛠䠎也」。《淮南·齊俗訓》「譬若舟車楯䠎」，高誘注：「沙地宜䠎。」《説文》、《玉篇》無「䠎」字，「䠎」即「䠎」字之譌。

仉姓

『三十六養』『仉』：『姓，梁公子仉脣後也。爪，反爪。』

頤煊案：《説文》：『爪，亦丮也，从反爪。』《漢書·揚雄傳》『河靈矍踢，爪華蹈衰』，師古曰：『爪，古掌字。』『仉』即『爪』字。

捀字

『去聲』『三用』『捀』：『灼龜視兆也。《説文》父容切，奉也。』

頤煊案：《史記·龜策列傳》『摓莢定數』，集解：『徐廣曰：摓音逢，一作逢。』索隱：『摓謂兩手執著，分而扐之，故云摓策。』『捀』即『摓』字之省。《漢書·東方朔傳》『逢占射覆』，『逢』與『捀』同，如淳曰：『逢占，逢人所問而占之也。』師古曰：『逢占，逆占事，猶云逆刺也。』非是。

塐捏土容

『十一暮』『塐』：『捏土容，出《古今奇字》。』

頤煊案：《北魏李仲琁脩孔子廟碑》：『命工人脩造容像，雕素十子，口列其側。』『塐』即『素』字之俗。

慖恨也

『十八隊』『慖』:『恨也。』

頤煊案:《玉篇》:『慖,心亂也。』『慖』當作『憻』,『七尾』『愇』:『字書云恨也。』即『憻』字之省。《爾雅・釋訓》『儚儚、洄洄,惽也』,《釋文》:『《音義》云本或作幃。』《説文》引《爾雅》作『褘』,皆通用字,餘見《文選注》。

歑悲意

『三十四嘯』『歑』:『《説文》:悲意也,火弔切。』

頤煊案:《説文》:『歑,悲意也,从欠,嗇聲,火力切。』《玉篇》:『歑,所力切,悲意。』此當誤作『歗』字音,故云『火弔切』。

庫藏曰帑

『四十二宕』『藏』:『《通俗文》曰:庫藏曰帑。』

頤煊案:《周禮・宰夫》『掌官契以治藏』,鄭注:『治藏,藏文書及器物。』『帑』即『藏』之假借字。

菩　薩

『入聲』『十二曷』『薩』：『釋典云菩薩。菩，普也，薩，濟也，能普濟衆生也。』

頣煊案：『薩』之訓『濟』，亦猶『蔡』之言『殺』，『刺』之言『辢』，皆聲之轉。

戫擊也

『二十陌』『戫』：『擊也，鬬也，亦作㪿。』

頣煊案：『戫』是『戫』之譌，《玉篇》：『戫，古額切，鬬也。』『㪿，古額切，亦作戫。』字書無『戫』字。

稄　稧

『二十四職』『稄』：『稫稄，阻力切。稧，一本作此。』

頣煊案：《説文》無此二字，『稄』、『稧』皆當是『稷』字之俗。『稷』之從『稄』，亦猶『㬰』之作『粲』。《易·豐》『日中則昃』，《釋文》：『孟作稷。』《左氏·定十五年》『日下昃』，《穀梁》作『日下稷』。古字本通用。

⿰礻宣字

《汗簡》『示部』：『⿰礻宣，誼。《尚書》。』

頤煊案：《隸釋·司空宗俱碑》『⿰礻宣父司隸校尉』，《孝女曹娥碑》『其先與周同⿰礻宣』，《孔謙碑》『⿰礻宣述家業』，『祖』字皆作『⿰礻宣』。此『誼』當是『祖』字之譌。

蓮當作蓮

『艸部』：『⿱艹連，蓮。裴光遠《集綴》。』

頤煊案：『萋』不與『蓮』字通用。《説文》：『萋，萋餘也。』《詩·關雎》《毛傳》作『接余』。《内則》『接以大牢』，鄭注：『接讀爲捷。』《一切經音義》卷十七引《字詁》：『古文疌，今作接。』《説文》：『箑，扇也。』重文作『篓』。『妾』、『疌』偏旁通用，『蓮』當是『蓮』字之譌。

咶字从舌

『口部』：『⿰口舌，舐。見《莊子》。』

頤煊案：『舌部』：『⿰舌舌，舐。見《史書》。⿰舌舌同上，出《義雲章》。』《説文》：『䑛，以舌取食也，从舌，易聲。』重文作『弛』，《荀子·仲尼篇》『是猶伏而咶天』，楊倞注：『咶與舐同。』字皆从『舌』，今口旁作告，是傳寫之譌。

遂古文速

『辵部』：『𨒪，遂。《尚書》。』

頤煊案：『穴部』：『𥦗，邃。出孫强《集字》。』《説文》：『遂，古文作䢜。』『𨒪』即『䢜』字之省，與『速』字異。

鉁字

『夂部』：『鉁，鎮。』

頤煊案：《説文》『㐱』，重文作『鬒』。《詩·君子偕老》『鬒髮如雲』，《説文》引作『㐱』。《雲漢》『胡寧瘨我以旱』，《釋文》引《韓詩》作『疹』。《論語·鄉黨》『當暑袗絺綌』，皇侃本作『縝』。『真』、『㐱』通用，故『鉁』通作『鎮』字。

⿰皃毛字

『皃部』：『⿰皃毛，⿰皃毛，人勇切。見《尚書》。』

頤煊案：《説文》『皃部』：『古文作𠘧，籀文作⿱𠘧冃，从复省。』『⿰皃弁，从皃，弁聲。或从衣、从朕。《虞書》曰：「鳥獸褎毛。」』《説文》『瓊』，重文作『璚』，故《尚書》『褎』亦作『氄』。此左旁『[篆]』即『毳』字古文，右旁當作『𢑚』，今从米作『𢑚』，是傳寫之譌。

梪字

「木部」：『[篆]，短。』

頤煊案：《説文》：『豆，古文[篆]。』『梪，木豆謂之梪。』《爾雅·釋器》『木豆謂之豆』，《釋文》：『豆，本作梪。』韓勑《孔廟禮器碑》『爵鹿柤梪』，字皆木旁。作『短』當是『梪』字之譌。

運从光作

「宀部」：『[篆]，運。』

頤煊案：《周禮·大卜》『其經運十』，鄭注：『運或爲緷，當爲煇。』《保章氏》鄭注『日有薄食運珥』，《釋文》：『運，本作暈，又作煇。』《説文》：『煇，光也，从火，軍聲。』古文即借从光从宀，以爲煇光之煇。故『冖部』：『[篆]，軍。出《王庶子碑》。』『人部』：『[篆]，軍。出《義雲章》。』皆即『煇』字之省。

從『𣶒』，譌作火。

貴古文𠃝

『耳部』：『□，聵。出徐邈《集古文》。』

頤煊案：耳旁从火是耿字。《説文》：『古文「妻」从𠃝、女。𠃝，古文貴字。』『聵』字當耳旁从『𠃝』，譌作火。

覔　字

『辰部』：『□，寬。出王存乂《切韻》，别本音莫。』

頤煊案：『□』當是『覛』字。《爾雅·釋詁》：『覛，相也』，郭璞注：『謂相視也。』《廣雅·釋詁》：『覔，視也。』『寬』即『覔』字之譌。

邕當从巛

『川部』：『□，邕。裴光遠《集綴》。』

頤煊案：《説文》：『邕，从川，从邑。籀文作邕。』此即『邕』字籀文，字當从川。若从火，當在『火部』，不當在『川部』，是傳寫之譌。

姻字

女部：『，媢。孫强《集字》。』

頤煊案：《説文》：『姻，从女，从因，因亦聲。籀文作婣。』《周禮·大司徒》：『孝友睦婣任卹。』《一切經音義》卷二：『古文婣、姻二形。』『媢』是『姻』字之譌。

丁亥諸嬰

薛尚功《鐘鼎款識》卷二《父乙彝銘》：『□諸□作父乙彝。』釋云：『右銘二字未詳。』

頤煊案：銘文『』上『』當是『丁亥』二字。下『』當是『賏』字，『賏』與『嬰』同，《左氏傳》齊有『晏嬰』，楚有『公子嬰齊』，皆人名。

錫宴貝朋

卷三《丙寅卣銘》：『王錫賓朋。』

頤煊案：銘文『』、『』是一字，舊釋合作『賓』字，非是。『』當是『宴』字，『宴』字從日，從女，此從夕。《聲類》：『雨止曰晴。』《説文》作『姓』，古文通用。《續鐘鼎款識·庚申父丁角》：『錫貝五朋。』《三家彝》：『小臣貝三朋。』此不言數者，畧也。

奕車

卷五《奕車觚銘》『奕車』，釋云：『下一字作挽車之形，葢車軼則致敗，而酒至於流足以敗德，亦示飲之戒。』

頤煊案：《汗簡》：『□，簞。□，輔。並出《義雲章》。□，庫，《華岳碑》。□，軥，出孫强《集字》。』車旁皆横作。《説文》：『車，籀文作𨏥。』『𨏥』即『車』字籀文横形。

冡鐘

卷六《宋公䡖鐘銘》：『宋公成之䡖鐘。』釋云：『顓帝曰六莖，䡖字與莖通用。』

頤煊案：『䡖』當與『硜』、『鏗』通用。《禮記・樂記》『石聲硜』，《漢書・司馬相如傳》『鏗鎗闛鞈』，皆言其聲。

朁邦

卷七《盄和鐘銘》：『故名曰朁邦。』

頤煊案：字書無『朁』，『朁』即『舊』字。《詩・文王》『周雖舊邦，其命維新』，銘義本此。

明刑

《齊侯鎛鐘銘》：『中敷温刑。』

頤煊案：銘文作『盟』，當是『盄』字。《説文》：『盄，篆文作朙，籀文作盟。』『盄刑』即『明刑』。《盄和鐘銘》『叡敷明刑』，『明』作『朙』。《周禮·大司寇》：『以明刑恥之。』《司救》：『三罰而士加明刑。』『明』、『盟』古字通用。

飪鼎

卷九《豐鼎銘》：『豐用作玖鼒彝。』

頤煊案：『玖』，銘文作『任』，左旁是人異文，右旁從壬，當是任字。《説文》：『飪，大熟也。古文作肚，亦作恁。』故亦通作『任』字。

史頊

卷十《史頊父鼎銘》：『史頊作朕皇考。』

頤煊案：銘作『頊』。《隸釋·郎中鄭固碑》『頊親誨弟綏民』，《校尉熊君碑》『頊志皓首』，《李翊夫人碑》『鳳延頸兮涕交頊』，『頤』皆作『頊』。《説文》：『熙，从火，巸聲。』『熙』即『熙』

字之省，故『□』通作『頤』字。

廢法通用

卷十四《龍敦銘》：『夙夜勿廢朕命。』釋云：『《寅簋》亦曰：「夙夕勿廢朕命。」《晋姜鼎》云：「勿廢文侯顧命。」《齊侯鐘銘》云：「勿敢廢乃命。」而「廢」皆用「法」。蓋法有時而廢，於古人通作「廢」字，猶「治亂」謂之「亂」也。』

頤煊案：『廢』、『發』古字通用，據此，『法』又通作『發』字。

㝵屯

阮尚書《續鐘鼎款識》卷三《邢叔鐘銘》：『㝵屯乍魯。』

頤煊案：『㝵』，銘文作『□』。《虢叔大林鐘》『㝵屯乍攸』，『㝵』作『□』，文法與此相同。『□』爲『㝵』字無疑。《隸釋・司隸校尉楊淮表紀》：『追述勒銘，故賕表紀。』孟郁《脩堯廟碑》：『賕紀祖禰所出。』《玉篇》『貝部』：『賕，都勒切。』今作『得』。皆『㝵』字異文。

系君

卷四《叔單鼎銘》：『唯黄孫子系君。』

頤煊案：「系」，銘作「[illegible]」，「[illegible]」即「[illegible]」，「[illegible]」即「司」字省文。《無專鼎》「[illegible]徒南仲」，《羌鼎》「[illegible]車官羌」，「司」皆如此作。《説文》：「嗣，諸侯嗣國也。从册，从口，司聲，古文作孠。」此即借「司」作「嗣」字。

圖室

《無專鼎銘》：「燔於圖室。」釋云：「燔，舊釋作烝。圖室二字無可考。」

頤煊案：銘文「[illegible]」尚存烝字半形，與「[illegible]」字不類。《周禮·春官》「凡以神仕者，掌三辰之灋，以猶鬼神示之居」，鄭注：「猶，圖也。」《淮南·主術訓》「文王周觀得失，徧覽是非，堯舜所以昌，桀紂所以亡者，皆著於明堂」，高誘注：「著猶圖也。」圖室或因此得名，當在明堂中。

㝈作

卷五《周壺銘》：「周㝈作□己尊壺，」

頤煊案：「周」下作「㝈」。《説文》：「㝈，厚脣，从多，从尚。」「[illegible]」當即「㝈」字之省。《官寶壺銘》又省作「[illegible]」，疑皆「㝈」字異文。

兮仲

卷六《兮仲敦銘》：『兮仲作寶敦。』釋云：『兮，語詞也，古無以爲氏者。』

頤煊案：《説文》：『羲，气也，从兮，義聲。』『兮』當是『羲』字之省，蓋堯時羲氏之後。

嗣有司

《召伯虎敦銘》：『余以邑□有司。』又云：『余既□有司。』釋云：『第五行第七字及六行第八字疑是古文詒字。』

頤煊案：銘文第五行第七字作『[illegible]』，六行第八字作『[illegible]』，左旁從叩，右旁從册作[illegible]，皆當是『嗣』字之省。

濾洮

卷八《散氏盤銘》：『自濾洮以南。』又云：『復洮濾。』

頤煊案：『濾洮』，銘文作『[illegible][illegible]』，『[illegible]』是『湋』字，當是水名，『[illegible]』即『涉』字。此言初自湋涉而南，復涉湋而回。《格伯簋》：『涉東門乃書史。』『涉』作『[illegible]』，與此正同，舊釋作『犇』字，非是。

鼏静

《齊侯甗銘》：『𡨦静安寧。』釋云：『𡨦字不可識。吴侃叔云：當是鎮字。』

頤煊案：當是『鼏』字。《儀禮・公食大夫禮》『設扃鼏』，鄭注：『鼏，古文皆作密。』《説文》籒文以『鼎』爲『貞』字，故『鼏』字作『𡨦』。《説文》：『冟，突前也，从見、冃。』《一切經音義》卷九引賈逵《國語注》：『冟没，猶輕觸也。』即此『𡨦』字。

浙江文叢

洪頤煊集

〔第五册〕

讀書叢録（下）

〔清〕洪頤煊 著
王建 林辰達 馮先思 點校

浙江古籍出版社

讀書叢録卷十三 老子 晏子春秋 孫子 墨子 鄧析子

老子序

《金樓子·立言篇》：『河上公《序》言：周道既衰，老子疾時王之不爲政，故著《道德經》二篇。』今本河上公《序》無此文。《辨正論》卷五引葛仙公《序》云：『老子以上皇元年太歲丁卯二月十二日丙午爲周師，無極元年太歲癸丑五月壬午去周，西度關。』今本葛仙公《序》亦無此文。

王弼注

《辨正論》卷七引《老子》『人法地，地法天』四句，王弼云：『言天地之道並不相違，故稱法也，自然無稱窮極之辭，道是智慧靈巧之號。』與今本王弼《注》不同。今本王弼《注》明代始出，或後人掇拾爲之。

谷 神

《道經》『谷神不死』，河上公注：『谷，養也。』

頤煊案：《釋文》引河上公本作『浴』。《易·損》『君子以懲忿窒欲』，孟喜本作『浴』。『谷』、『浴』皆欲之借字，《孟子·盡心下》『養心莫善於寡欲，是以欲神不死』，《列仙傳》『容成公者，能善補導之事，取精於玄牝，其要谷神不死，守生養氣者也』，亦同此義。

用之不勤

『綿綿若存，用之不勤。』

頤煊案：『勤』通作『廑』字。《文選·長楊賦》李善注引《古今字詁》：『僅，今勤字。』《漢書·文帝紀》晋灼曰：『廑，古勤字。』《説文》：『廑，劣少之尻。』言其氣息綿綿若存，其用之則不弱少也。

故能蔽

『故能蔽不新成。』

頤煊案：『蔽』與『新』對言之，『蔽』即『敝』字。下文『弊則新』，《釋文》作『蔽』。《論語·子罕》『衣敝緼袍』，《釋文》：『弊，本作敝。』《莊子·逍遥遊篇》『孰弊弊焉』，《釋文》：『司馬本作蔽。』古字皆通用。

智惠

『智惠出，有大僞。』

頤煊案：『惠』當作『慧』，《釋文》：『本作知慧。』《説文》：『惠，仁也，从心，从叀。』『慧，儇也，从心，彗聲。』『惠』、『慧』不同。《論語·衛靈公》『好行小慧』，《釋文》：『魯讀慧爲惠。』是假借字。

怕

『我獨怕兮其未兆。』河上注：『我獨怕然安静，未有情欲之形兆也。』

頤煊案：《説文》『怕，無爲也，从心，白聲』，義即本此，俗本作『泊』字，非。

輜重

『是以聖人終日行不離輜重。』河上注：『輜，静也，聖人終日行道，不離其静與重也。』

頤煊案：《文選·東京賦》『終日不離其輜重』，薛綜注：『輜重，車也。』李善注：『張揖曰：輜重，有衣之車也。』言聖人終日如處衣車以養静，非謂輜即静也，注義失之。

不轂

《德經》：『是以侯王自謂孤寡不轂。』

頤煊案：《禮記·曲禮》『於内自稱曰不穀』，鄭注：『穀，善也。』《左氏·僖四年》傳『豈不穀是爲』，杜預注：『孤寡、不穀，諸侯謙辭。』字皆作『穀』。《列子·天瑞篇》『鶡之爲布轂』，《釋文》：『轂，本又作穀。』此『轂』爲『穀』之借字，河上注讀爲『車轂』之『轂』，失之。

琭琭落落

『不欲琭琭如玉，落落如石。』

頤煊案：『琭琭』猶『録録』。《廣雅·釋訓》：『逯逯，衆也。』《説文》：『逯，隨從也。』並通用字。玉本貴物，以多而見賤。落落，石堅貌，石本賤物，以堅而自貞，是以兩不欲也。《晏子春秋·内篇問下》：『堅哉石乎落落，視之則堅。無以爲久，是以遬亡也。』即此義。

邦豐

『脩之於國，其德乃豐。』

頤煊案：『國』當作『邦』，上下文『身』『真』、『家』『餘』、『鄉』『長』、『下』『普』皆爲韻，此以『邦』、『豐』爲韻。《韓非子·解老篇》:『修之邦,其德乃豐。』又云:『以邦觀邦。』字尚未改。

峻作

『未知牝牡之合而峻作』,《釋文》本作『全』,云:『河上本作峻,本一作朘。《説文》云:「赤子陰也。」』

頤煊案:《説文》無『朘』字。《玉篇》:『朘,赤子陰也,亦作峻。』《聲類》又作『㞘』,《説文》亦無『㞘』字,『㞘』疑『夋』字之譌。《説文》:『夋,𡿺蓋也,象皮包覆𡿺,下有兩臂,而夊在下,讀若范。』《素問·六節藏象論》:『諸髓者皆屬於腦。』與下文『精之至也』,義亦相合。

苦烹小鮮

『治大國若烹小鮮』,河上注:『烹小魚不去腸,不去鱗,不敢撓,恐其糜也。』

頤煊案:《韓非子·解老篇》:『事大衆而數摇之則少成功,藏大器而數徙之則多敗傷,烹小鮮而數撓之則賊其澤,治大國而數變法則民苦之,是以有道之君貴静不重變法,故曰治大國者苦烹小鮮。』『若』是『苦』字之譌。

懷寶

《晏子春秋·内篇諫上第五》『懷寶鄉有數十』，畢氏沅曰：『言富家也。』

頤煊案：此與下句『飢氓里有數家』對言，『懷寶』當是『壞室』之譌，故下文云：『令柏巡氓，家室不能禦者，予之金。壞室二千七百家，用金三千。』

辟拂

『辟拂嗛齊』，又云：『辟拂三千，謝于下陳。』

頤煊案：『辟拂』當作『辟席』，《文選·上林賦》『逡巡避廗』，李善注：『廗與席古字通。』『廗』、『拂』字形相近。或云几席以拂拭爲敬，故辟席亦謂之辟拂。《史記·孟軻列傳》『側行襒席』，索隱：『張揖《三蒼訓詁》〔二〕：襒，拂也。』即其證。

荷

《第八》：『執瀍之吏並荷百姓。』

頤煊案：『荷』即『苛』字。《禮記·檀弓下》『無苛政』，《釋文》：『本亦作荷。』《左氏·昭十三年》傳『苛慝不作』，《釋文》：『苛，本或作荷。』《隸釋·衡方碑》：『糾剔荷忒。』《街彈碑》：

『吏無荷擾之煩。』『苛』皆作『荷』。

長于胡

《第十三》：『使君之年長于胡，宜國家。』

頤煊案：『胡』即『遐』，字通用。《詩・南山有臺》『遐不眉壽』，鄭箋：『遐，遠也。』『遐』又通作『瑕』，《禮記・表記》『瑕不謂矣』，鄭注：『瑕之言胡也。』皆同聲假借字。壽者，久也。《詩・載芟》『胡考之寧』，《毛傳》：『胡，壽也。』《周書・謚法解》：『彌年壽考曰胡。』皆『胡』字會意。

其子往

《内篇諫下第二》：『其子往辭晏子之家，託曰：負廓之民賤妾，請有道於相國。』

頤煊案：《左氏・成二年》傳『必以蕭同叔子爲質』，杜預注：『子，女也。』《孟子・告子下》『踰東家牆而摟其處子』，趙歧注：『處子，處女也。』凡言子者，男女之通稱，俗本『子』上增『女』字，非是。

泰　呂

《第十二》：『景公泰呂成，謂晏子曰：吾欲與夫子燕。』

頤煊案：《呂氏春秋・侈樂篇》：『齊之衰也，作爲大呂。』《貴直論》：『無使齊之大呂陳之廷。』《史記・樂毅列傳》『大呂陳於玄英』，索隱：『大呂，齊鍾名。』即景公所鑄。

謂於民

《第十八》：『古者之爲宫室也，足以便生，不以爲奢侈也，故節於身謂於民。』

頤煊案：《爾雅・釋詁》：『謂，勤也。』

玼　武

《第二十》：『玄冠玼武，踊而不哭。』

頤煊案：《禮記・玉藻》『縞冠素紕』，鄭注：『紕，既祥之冠也。』『玼』當作『玭』，與『紕』字通用。

挈領而死

《第二十四》：『皆反其桃，挈領而死。』

頤煊案：『挈』通作『契』。《爾雅·釋詁》『契，絶也』，郭璞注：『今江東呼刻斷物爲契斷。』《左氏·定九年》傳：『盡借邑人之車鍥其軸。』『鍥』與『契』同，『挈領而死』即謂斷頸而死也。

敚　曰

《内篇問上第五》：『敚曰：請卑辭重幣以説于諸侯。』

頤煊案：《第十九》：『晏子敚曰：有難不死，出亡不送。』《第二十八》：『晏子敚曰：臣雖不知，必務報君以德。』《説文》：『敚，彊取也。《周書》曰：「敚攘矯虔。」从攴，兊聲。』此假借作『對』字，是古字之僅存者。

勞力歲事

《第十一》：『勞力歲事而不責焉。』

頤煊案：『勞力歲事』與上文『盡智導民』文義不相對，『歲』當是『蔵』字之譌，《左氏·文十七年》傳：『以蕆陳事。』《廣雅·釋詁》：『蕆，敕也。』

蔍 苴

《第十五》：『縵密不能蔍苴。』

頤煊案：『蔍苴』即『麤疏』假借字，言其材之限也。『學者詘身』句，『無以用人，而又不爲人用者卑』句。

量 食

《内篇問下第一》：『師行而量食，貧苦不補，勞者不息。』

頤煊案：量食者，量限其食也。《管子·戒篇》：『夫師行而量食其民者，謂之亡。』字亦當作『量』，今本皆作『糧』者，是後人據《孟子》改。

寀 塗

《第四》：『無不雩途。』

頤煊案：《文選·運命論》李善注引作『無不寀塗』。《匡謬正俗》：『古文采之字多作寀。』《禮記·學記》：『水無當於五色，五色弗得，不章。』故曰『無不采塗』。

犒

《第十三》：『犒魯國化而爲一心。』

頤煊案：『犒』當是『嗃』字之譌。《文選・長笛賦》『錚鐄嚳嗃』，李善注：『嗃，大呼也。』《莊子・在宥篇》『焉知曾史之不爲桀紂嚆矢也』，《釋文》：『嚆，本亦作嗃。《字林》：嚆，大呼也。』言大呼魯語之人而皆化爲一心也。

踊

《内篇雜下第四》：『景公爲路寢之臺，成，而不踊焉。』畢氏沅曰：『《説苑》作「通」，下同，言不到也。「踊」當是「踴」之誤。』

頤煊案：《公羊・成二年》傳『踊于棓而窺客』，何休注：『踊，上也。』『通』是誤字。

屨辨

《第七》：『墮者何如？曰：如屨辨。』

頤煊案：《易・剥》『剥牀以辨』，《釋文》：『辨音辦具之辦，足上也。』『辨』與『鞔』同，《説文》：『鞔，履空也。』足上即履空也，如今所謂鞵幫矣。

稾　邑

《第十六》：『景公禄晏子以平陰與稾邑。』畢氏沅曰：『《地理志》有㮣縣，屬山陽郡，疑「稾」當爲「㮣」。』

頤煊案：齊地不得至山陽郡，『稾』疑是『棠』字之譌。《左氏·襄六年》傳『晏弱圍棠』，杜預注：『棠，萊邑也，北海即墨縣有棠鄉。』《史記·晏嬰列傳》：『萊之夷維人也。』其地相近。

五　卵

《第十九》：『五卵苔菜而已。』

頤煊案：五卵謂鹽也。《禮記·内則》『桃諸、梅諸、卵鹽』，鄭注：『卵鹽，大鹽也。』《正義》：『以其鹽形似鳥卵，故云大鹽。』卵鹽對散鹽言之，如今所謂顆鹽矣。俗本改作『五卵』，非是。

三　气

《第二十六》：『免粟之食飽，士之一乞也。炙三弋，士之二乞也。五卵，士之三乞也。』

頤煊案：『三乞』，字皆當作『气』。《説文》『氣』作『气』，『餼』作『氣』，此復借『气』爲

『飡』，故下文云『嬰無倍人之行而有參士之食』。

雍門之橚

《外篇第九》：『見人有斷雍門之橚者。』

頤煊案：《左氏·襄十八年》傳『伐雍門之萩』，《釋文》：『本又作秋。』《山海經·中山經》『陽華之山多苦辛，其狀如橚』，郭璞注：『橚即楸字也。』『楸』、『萩』古字通用。

子孺

《第十一》：『子孺。』

頤煊案：《玉篇》『孺，孤也』，『孺』即『孺』字之俗。《莊子·大宗師篇》『而色若孺子』，《釋文》云：『孺，弱子也。』『孺』、『孺』字形相近。

四心之間

《第二十一》：『昔吾見鉤星在四、心之間，地其動乎。』

頤煊案：《淮南·道應訓》：『晏子曰：昔吾見句星在房、心之間，地其動乎。』《史記·天官書》：『免一名鉤星，出房、心間，地動。』房爲天駟。《國語·周語》：『駟見而清風戒寒。』『四』

與『駟』通，即房星也。又房四星而稱爲『四』，亦猶心三星而《詩》稱爲『三』也，義亦得通。

浩裾

《外篇第一》：『彼浩裾自順。』

頤煊案：《墨子·非儒篇》作：『浩居而自順者也。』《史記·孔子世家》作：『倨傲自順。』『浩裾』即『傲倨』，假借字。

路世

《第二》：『路世之政，單事之教也。』

頤煊案：《管子·戒篇》：『握路家五十室。』《周書·皇門解》：『自露厥家。』『路』與『露』同，羸也，『路世』猶言衰世也。『單事』與『路世』對言之，俗本改作『道事之教』，非是。

孫子

《孫子》十三篇，魏武帝注。《史記正義》引《七録》云：『《孫子兵法》三卷。』即此本。《史記·淮陰侯列傳》引《兵法》：『十則圍之，倍則戰之。』又曰：『陷之死地而後生，置之亡地而後存。』《黥布列傳》引《兵法》：『諸侯戰其地爲散地。』皆此書之文。

廟勝

《始計篇》：『夫未戰而廟算勝者，得算多也。未戰而廟算不勝者，得算少也。』

頤煊案：《後漢書·楊賜傳》『此孫子所謂不戰而屈人之兵，廟勝之術也』，李賢注引《孫子》兩『廟』下無『算』字。《袁紹傳》：『廟勝之策，不在彊弱。』『廟』下亦當無『算』字。

正合奇勝

《兵勢篇》：『凡戰者以正合，以奇勝。』魏武注：『正者當敵，奇者從旁擊不備也。』

頤煊案：《史記·田單列傳》太史公曰『兵以正合，以奇勝』，集解引魏武注，此上有『先出合戰爲正，後出爲奇』二句。《孫武列傳》正義引魏武帝云：『孫子者，齊人，事於吴王闔閭，爲吴將，作《兵法》十三篇。』今《序》無此文，然則此本《注》非完書也。

歸師勿遏

《軍爭篇》：『歸師勿遏，窮冦勿迫。』

頤煊案：《後漢書·皇甫嵩傳》：『《兵法》：「窮冦勿迫，歸衆勿迫。」』即此篇之文。李賢注以爲《司馬法》之言，非是。

踐　墨

《九地篇》：『踐墨隨敵以決戰事。』魏武注：『行踐，規矩無常也。』

頤煊案：『踐』之言『翦』也。《文選·七發》『徽墨廣博』，李善注：『墨，燒田也。』『踐墨隨敵』謂翦除戰地也。

敵　人

『是故始如處女，敵人開户；後如脱兔，敵不及拒。』

頤煊案：《史記·田單列傳》太史公引此四句：『敵』皆作『適』。『適』，古『敵』字。今本作『敵』，是後人所改。

箕壁翼軫

《火攻篇》：『日者，月在箕、壁、翼、軫也，凡此四宿者，風起之日也。』

頤煊案：《尚書·洪範》『星有好風』，《正義》：『鄭玄引《春秋緯》：「月離於箕，風揚沙。」』《史記·天官書》：『軫爲車，主風。』『壁』、『翼』未詳。

墨子闕篇

《墨子》今本十五卷，自《親士》至《雜守》凡七十一篇，内闕有題八篇，無題十篇。據陳振孫《書録解題》稱《漢志》七十一篇，《館閣書目》有十五卷六十一篇者，多譌脱不相聯屬，是無題十篇宋本已闕。有題八篇闕，又在宋本以後。

墨子在七十子後

《史記·孟荀列傳》：『墨翟或曰並孔子時，或曰在其後。』索隱按：『《别録》云《墨子》書有文子。文子，子夏之弟子，問於墨子。如此則墨子者在七十子之後。』

頤煊案：《耕柱篇》：『子夏之徒問於子墨子曰：君子有鬬乎？』《公孟篇》：『告子謂子墨子曰：我治國爲政。』告子與孟子同時，亦墨子在七十子後之證。

支苟

《親士篇》：『分議者延延，而支苟者詻詻焉，可以長生保國。』

頤煊案：延延，長也。『支苟』當是『致敬』之譌。『詻詻』與『諤諤』同言，分議者皆延延以念久長，而致敬者又諤諤以盡其誠，即上文所謂『上必有詻詻之下也』。

厲公長父

《所染篇》：『厲王染於厲公長父。』

頤煊案：《荀子·成相篇》楊倞注引《墨子》作『𤻮公長父』。《吕氏春秋·當染篇》：『厲王染於虢公長父。』『𤻮』即『虢』字之譌，今本作『厲』字，又後人所改。

敵國

《七患篇》：『邊國至境，四鄰莫救，二患也。』

頤煊案：『邊』當是『適』字之譌，古『敵』字多作『適』，言敵國至境，而四鄰莫救，故可患也。

飾饐

《辭過篇》：『冬則凍冰，夏則飾饐。』

頤煊案：『飾饐』與『凍冰』對文，皆言其食味之壞。『飾饐』當作『餲饐』。《爾雅·釋器》『食饐謂之餲』，郭璞注：『飯穢臭。』《論語·鄉黨》『食饐而餲』，孔注：『饐、餲，臭味變也。』『飾』本作『飭』，『餲』、『飭』字形相近。

唯母

《尚賢中篇》：『古者聖王唯母，得賢人而使之。』畢氏沅曰：『母讀如貫習之貫。』

頤煊案：書中『唯母』二字連文凡二十餘見，『母』即『毋』字，語助之辭，與『無』字通用。《節葬下篇》『今惟無以厚葬久喪者爲政』句三見，字皆作『無』，即其證。

灰於常陽

《尚賢下篇》：『灰於常陽。』

頤煊案：『灰』當是『販』字之譌。《尚書大傳》：『販於頓丘。』《史記・五帝本紀》『就時於負夏』，索隱：『就時猶逐時，若言乘時射利也。』義亦與『販』相近。

耳目之請

《尚同中篇》：『唯其耳目之請。』畢氏沅曰：『請當爲情。』

頤煊案：《列子・説符篇》『發於此而應於外者唯請』，張湛注：『請當作情。』《荀子・成相篇》『聽之經明其請』，楊倞注：『請當爲情。』『言』，古文『[illegible]』，與『心』字篆文『[illegible]』字形相近，故『情』字多爲『請』。

便譬

『今王公大人之爲刑政則反此，政以爲便譬。』

頤煊案：《論語·季氏》：『友便辟。』馬、鄭皆讀『辟』爲『譬』，謂巧爲譬諭以求容媚，義即本此。

中情欲

『今天下王公大人士君子中情欲將爲仁義。』

頤煊案：『中情欲』三字，書中屢見，或作『中請欲』，『請』即『情』字，或作『中實欲』。情，實也，其義並同。

連獨

《兼愛中篇》：『連獨無兄弟者。』

頤煊案：《爾雅·釋畜》『未成雞健』，郭璞注：『江東呼雞少者曰健。』『連』與『健』同，『連獨』猶言『幼獨』也。

喪其主后

《非攻中篇》：『則是鬼神之喪其主后。』

頤煊案：『后』當作『石』，即『祏』字省文。《左氏・昭十八年》傳『使祝史徙主祏于周廟』，杜預注：『祏，廟主石函。』《説文》：『祏，宗廟主也。《周禮》有郊、宗、石室。一曰大夫以石爲主。从示，从石，石亦聲。』

農臣

《非攻下篇》：『率天下之百姓以農臣事上帝。』

頤煊案：《左氏・襄十三年》傳：『小人農力以事其上。』《管子・大匡篇》：『耕者用力不農，有罪無赦。』《廣雅・釋詁》：『農，勉也。』

還

『今還夫好攻伐之君』，又云：『還至乎夏桀，還至乎商王紂。』

頤煊案：《明鬼下篇》『逮至昔三代』，文與此同。『還』當是『遝』字之譌，『遝』、『逮』古字通用。

傂子

『譬若傳子之爲馬然』，畢氏沅曰：『傳子言傳舍之人。』

頤煊案：『傳子』當是『傂子』之譌。《方言》：『燕齊之間養馬者謂之傂。』《後漢書·杜篤傳》李賢注引《方言》：『傂，養馬人也。』

芊䱉

《節用上篇》：『凡爲衣裳之道，冬加温，夏加清者芊䱉，不加者去之。』

頤煊案：篇中言爲『宫室』、『甲盾』、『五兵』、『舟車』，『芊䱉』字凡四見，其文義皆同，以《中篇》言『衣服』、『舟楫』、『宫室』句證之，『芊䱉』當是『則止』二字之譌，『則』譌爲『鮮』，『止』譌爲『且』，傳寫者又割裂譌爲『芊䱉』。

聲翁

《節葬下篇》：『哭泣不秩聲翁，縗絰，垂涕。』畢氏本讀作『翁縗絰』句，注云：『翁義未詳。』

頤煊案：『翁』字屬『聲』爲句，『聲翁』當是『聲嗌』之譌。《説文》：『嗌，咽也，籀文作䕻。』與『翁』字形相近。

泏泏

《明鬼下篇》：『於是泏泏摽羊而漉其血。』

頤煊案：『泏泏』當是『泣盟』之譌。字書無『摽』字，當與『刭』同。《國語·吴語》『自刭於客前』，韋昭注：『刭，刭也。』

叢位

『其始建國，必擇木之脩茂者以爲菆位。』

頤煊案：《史記·陳涉世家》索隱引《墨子》作『叢位』。『菆』即『叢』字，『叢位』謂叢社之位。《耕柱篇》：『季孫紹與孟伯常治魯國之政，不能相信而祝於禁社。』『禁』亦即『禁』字之譌。

庶節窺戎

『武王以擇車百兩，虎賁之卒四百人，先庶國節窺戎。』

頤煊案：《史記·周本紀》『乃告司馬、司徒、司空諸節』，集解：『馬融曰：諸受符節有司也。』『庶節』即『諸節』，『窺戎』即『觀兵』，此當本於《尚書·泰誓篇》。

惡許

《非樂上篇》：『吾將惡許用之。』

頤煊案：『許』猶『所』也。《詩·小雅》『伐木許許』，《説文》引《詩》作『所所』，古字通用。

三表

《非命上篇》：『故言必有三表，何謂三表？子墨子言曰：有本之者，有原之者，有用之者。』

頤煊案：《非命中篇》、《非命下篇》此段文義大畧相同，皆作『言有三法』。『法』，《説文》作『灋』。『表』，古文作『褾』，字形相近。

移則分

『與其百姓兼相愛，交相利，移則分。』

頤煊案：《禮記·郊特牲》『順成之方，其蜡乃通，以移民也』，鄭注：『移之言羨也。』『移』，古通作『侈』字，『侈』亦是有餘之義。

平同高也

《經上篇》：『平同高也。』

頤煊案：『高』當是『亭』字之譌。《史記·始皇本紀》『决河亭水』，正義：『亭，平也。』《太平御覽》引《風俗通》：『亭亦平也。』

諹作嗛也

『諹作嗛也。』

頤煊案：字書無『諹』字，當與『涓』字同義。《説文》：『涓，小流也。』故此云『作嗛也』，『嗛』即『慊』字。

庫易也

『庫易也，法異則觀其宜。』

頤煊案：『易』當是『物』字之譌，庫者，物所藏也，言法異則當觀其所宜物。《經説上篇》：『庫區穴若斯貌常明。』『庫』非譌字。

景不從

《經下篇》：『過仵景不從，説在改爲。』

頤煊案：『仵』即『午』字。《列子・仲尼篇》『影不移者，説在改也』，張湛注：『影改而更生，非向之影。《墨子》曰：「影不移，説在改爲。」』義即本此。

蛇文

《大取篇》：『愛二世有厚薄，而愛二世相若，其類在蛇文。』

頤煊案：『文』當作『玄』，『玄』即『蚿』字之省。《莊子・秋水篇》：『夔憐蚿，蚿憐蛇。』亦取相愛爲義。

撅者

《公孟篇》：『是猶果謂撅者不恭也。』

頤煊案：『果』即『裸』字。《禮記・内則》『不涉不撅』，鄭注：『撅，揭衣也。』謂袒衣與揭衣，其露體不恭一也。《晏子春秋・外篇上》：『吾譏晏子猶訾倮而高撅者也。』其義與此同。

以褋爲械

《公輸篇》:『子墨子解帶爲城,以褋爲械。』

頤煊案:《史記·孟荀列傳》集解引《墨子》作:『以牒爲械。』索隱:『牒,小木札也,故可以爲械。』《文選·陳孔璋爲曹洪與魏文書》:『墨子之守縈帶爲垣,折箸爲械。』『箸』亦與『牒』相近,『褋』是譌字。

磨𧝀

《備城門篇》:『城四面四隅皆爲高磨𧝀。』

頤煊案:下文『深以廣樓撕揗』,『𧝀』當作『撕』,『揗』當作『楯』。《通俗文》:『欄檻謂之楯。』《廣雅·釋詁》:『磃,磨也。』『磨撕』即『欄檻』也。

參石

《備穴篇》:『皆積參石蒺藜。』

頤煊案:『參石』當是『絫石』之譌。『絫石』即『礧石』。《後漢書·杜篤傳》『一卒舉礧,千夫沈滯』,李賢注:『礧石也。《前書》:「匈奴乘隅下礧石。」』《一切經音義》卷十七引《韻集》：『今守城者下石擊賊曰礌。』

蛾傅

《備蛾傅篇》：『蛾傅者，將之忿者也。』

頤煊案：《孫子・謀攻篇》：『將不勝其忿而蟻附之。』『蛾傅』即『蟻附』。《禮記・學記》『蛾子時術之』，《釋文》：『本或作蟻。』古字通用，『忽』即『忿』字之譌。

傑

《號令篇》：『吏卒民各自大書於傑著之。』

頤煊案：『桀』古通作『揭』字。《周禮・職幣》『皆辨其物而奠其録，以書楬之』，鄭注：『楬之，若今時爲書以著其幣。』『傑』、『楬』義同。

循名責實

《鄧析子・無厚篇》：『循名責實，察法立威，是明王也。』

頤煊案：影宋鈔《北堂書鈔》卷十五引作『脩名責實』，《意林》引亦作『脩名責實』。《管子・九守篇》：『脩名而督實。』『脩』、『循』字形相似。《太平御覽》卷六百二十引作：『循名責實，案法立成，是謂明主。』第二句足訂今本之誤。

外圂

『獵羆虎者不於外圂，釣鯨鯢者不居清池。何則？圂非羆虎之窟也，池非鯨鯢之泉也。』

頤煊案：《太平御覽》卷九百三十八引作：『獵猛虎者不於後園，釣鯨鯢者不於清池。何則？園非虎處，池非鯨淵。』《一切經音義》卷九引《蒼頡》：『圂，豕所居也，字从口，豕在其中。』義亦得通。

故之與古

《轉辭篇》：『若扶之與攜，謝之與議，故之與右，諾之與已，相去千里也。』

頤煊案：『右』當作『古』。《淮南·說林訓》：『扶之與提，謝之與讓，故之與先，諾之與已，也之與矣，相去千里。』『古』猶『先』也。

校勘記

〔一〕張揖三蒼訓詁　『訓』字原誤作『字』，今據《史記索隱》改。

讀書叢録卷十四 列子 莊子 公孫龍子 慎子 鶡冠子 韓非子

盡進古今字

《列子》劉向《序目》：『或字誤以盡爲進。』

頤煊案：《漢書・高帝紀》『蕭何爲主吏，主進』，師古曰：『進者，會禮之財也，字本作賮，又作贐，音皆同耳。』古字假借，故轉而爲『進』。『盡』、『進』亦古今字。

過與果同

《天瑞篇》：『此過養乎？ 此過歡乎？』張湛注：『遭刑則不能不養，遇生則不能不歡，此過誤之徒，非理之實當也。』

頤煊案：《莊子・至樂篇》兩『過』字皆作『果』。《國語・晉語》『知果』，《漢書・古今人表》作『知過』，『過』即『果』假借字。

壤

『三年大壤』，殷敬順《釋文》：『壤，如掌反，又作穰。』

頤煊案：《莊子・庚桑楚篇》『居三年，畏壘大壤』，《釋文》：『崔本作穰。』古『穰』字皆作『壤』。

偏肥

《黄帝篇》：『口所偏肥，晋國黜之。』《釋文》：『肥音皮美反，按《説文》《字林》並作㔸，又作圮，皆毁也，字從其省，音鄙。』

頤煊案：《漢書・敘傳》『安滔滔而不葩兮』，鄧展曰：『葩，避也。』『肥』又通作『腓』字，《詩・采薇》『小人所腓』，《毛傳》：『腓，辟也。』『口所偏避』，謂不齒之人。

弟靡

『因以爲茅靡。』《釋文》：『茅靡，當爲頹靡。向秀曰：變化頹靡。』

頤煊案：《莊子・應帝王篇》作『因以爲弟靡』，《釋文》：『弟靡，不窮之貌。崔云：猶遜伏也。』『弟靡』即『迆靡』之借，『第』、『茅』因字形相近而譌。

白𣿬

《周穆王篇》『右驂赤驥而左白𣿬』，張注：『𣿬，古犧字。』

頤煊案：《爾雅·釋獸》『馬屬』：『回毛在肘後，減陽。』『濈』即『減』字。《穆天子傳》作『左白儀』，郭璞注：『古義字。』故注以『儀』釋『濈』，『犧』即『儀』字之譌，『濈』非『犧』字。

牢藉

《仲尼篇》：『長幼羣聚而爲牢藉。』《釋文》：『藉，本作籍。《周禮·鼈人》：「以時籍魚鼈蜃也。」《莊子》云：「以臨牢栅。」李頤云：「牢，豕室也。栅，木欄也。」』

頤煊案：藉，薦也。《易·大過》『藉用白茅』，馬注：『在下曰藉。』《爾雅·釋獸》『豕所寢橧』，郭璞注：『橧，其所卧蓐。』『蓐』即『藉』也。

歸塘

《湯問篇》：『渤海之東有大壑焉，實惟無底之谷，名曰歸墟。』《釋文》：『或作歸塘。』

頤煊案：《文選·吴都賦》李善注、《太平御覽》卷六十七引《列子》皆作『歸塘』，《顔氏家訓·歸心篇》：『歸塘尾閭，渫何所到。』亦與或本同。

夜耳

『甂俞師曠方夜擿耳俛首而聽之〔二〕。』《釋文》：『夜音惕。』

頣煊案：『夜耳』當作『仄耳』，即側耳也。『仄』古作『庂』，與『夜』字形相近，故譌作『夜』耳。

跳往助之

『有遺男，始齔，跳往助之。』《釋文》：『跳音調，躍也。』

頣煊案：《漢書・高帝紀》『漢王跳』，如淳曰：『跳音逃，謂走也。』《史記》作『逃』，晋灼曰：『跳，獨出意也。』《燕王澤傳》：『遂跳驅至長安。』亦謂逃驅也。

顔淵年十八

《力命篇》：『顔淵之才不出衆人之下，而壽十八。』

頣煊案：《淮南・精神訓》高誘注：『顔回十八而卒。』《後漢書・郎顗傳》：『昔顔子十八，天下歸仁。』《抱朴子・逸民篇》：『昔顔回死，魯定公將躬弔焉，使人問仲尼。』《抱朴子》亦以顔淵年十八，故卒當魯定公時。

㛹斫

『㛹斫便辟。』《釋文》：『斫音酌。㛹斫，容止峭巇也。《字林》云：㛹，齊也。斫，齒畧反。』

頤煊案：『㛪斫』即『㛪嫧』。《方言》：『㛪嫧，鮮好也。南楚之外通語也。』《説文》：『嫧，齊也。』《漢書・江充傳》『充爲人魁岸』，師古曰：『岸者，有廉棱如崖岸之形。』『岸』即『㛪』字。

學鳩

《莊子・逍遥遊篇》『蜩與學鳩笑之』，《釋文》：『學，本又作鷽，或作鷽。』

頤煊案：《文選・江文通雜體詩》李善注引作『蜩與鷽鳩笑之』，司馬彪曰：『鷽鳩，小鳥。』

時女

『是其言也，猶時女也。』《釋文》：『時女，司馬云：猶處女也。』

頤煊案：『時女』猶言『是女』，即上文所謂『藐姑射之神人』。《爾雅・釋詁》：『時，是也。』

斷髮

『越人斷髮文身』，《釋文》：『斷，司馬本作敦，云敦斷也。』

頤煊案：《文選・張景陽雜詩》李善注引《莊子》『越人敦髮文身』，司馬彪曰：『敦，斷也。』

不龜手

『宋人有善爲不龜手之藥者，世世以洴澼絖爲事』，郭象注：『其藥能令手不拘拆，故常漂絮於水中也。』

頤煊案：『龜』當作『皸』，即『焦』字。《説文》：『皸，灼龜不兆也。《春秋傳》曰：「龜皸不兆。」讀若焦。』謂恐焦灼其手，故常漂絮於水中。

慮爲大罇

『今子有五石之瓠，何不慮以爲大罇而浮乎江湖。』《釋文》：『罇，本亦作樽。司馬云：樽如酒器縛之於身，浮於江湖。慮，猶結綴也。』

頤煊案：《文選·謝靈運之郡初發都詩》李善注引此『慮』作『攄』。攄，抒也，謂抒空以爲大罇，得以容身而浮乎江湖，故無瓠落之憂。

似 枅

《齊物論篇》『似枅似圈』，《釋文》：『枅音雞，又音肩。《字林》云：柱上方木也。簡文云：欂櫨也。』

頤煊案：郭注此畧舉衆竅之所似，榑櫨非竅穴之物，『枅』當通作『鈃』字。《説文》：『鈃似鐘而頸長。』謂瓶罌之屬，故與杯圈爲一例。

老洫

『其厭也如緘，以言其老洫也。』郭注：『其厭没於欲，老而愈洫，有如此者。』

頤煊案：『老洫』猶言老極而皮色皺急也。《管子・樞言篇》：『吾畏事不欲爲事，吾畏言不欲爲言，故行年六十而老吃也。』吃，極也。《三國志・彭羕傳》：『老革荒悖，可復道邪？』革，急也。其音義並同。

愚芚

『聖人愚芚。』郭注：『芚然無知而直往之貌。』《釋文》：『司馬云渾屯不分察也。』

頤煊案：《説文》『春』作『旾』，『蠢』作『蠹』，『芚』即『蠢』字之省。《楚辭・惜賢篇》『夷蠢蠢之溷濁』，王逸注：『蠢蠢，無禮儀貌也。』與郭注同。

迷陽

《人間世篇》『迷陽迷陽，無傷吾行』，郭注：『迷陽猶亡陽也。』

頤煊案：《史記·孔子世家》：『眼如望羊。』《釋名·釋姿容》：『望羊，羊，陽也，言陽氣在上，舉頭高似若望之然也。』『亡陽』即『望羊』，古字通用。

登假

《德充符篇》『彼且擇日而登假，人則從是也』，《釋文》：『假，借也，徐音遐，讀連上句，人字向下。』

頤煊案：《禮記·曲禮下》『告喪曰天王登假』，鄭注：『登，上也。假，已也。上已者，若僊去云耳。』《淮南·齊俗訓》：『其不能乘雲升假。』徐讀與郭異。

知爲孽

『故聖人有所遊而知爲孽』，《釋文》：『司馬云知慧生妖孽。』

頤煊案：『孽』當讀如『萌櫱』之『櫱』，言知爲思慮之萌櫱，故下文云『聖人不謀，惡用知』，『孽』、『櫱』古字通用。

不雄成

《大宗師篇》『不雄成』，郭注：『不恃其成而處物先。』

頤煊案：《墨子·脩身篇》『雄而不脩者其後必惰』，『雄』即『勇』之假借字。

怛化

『無怛化』，郭注：『將化而死〔三〕，無爲怛之也。』《釋文》：『怛，驚也。鄭玄注《周禮·考工記》「不能驚怛」是也。』

頤煊案：今本鄭注作『憚』字，下文『有旦宅而無情死』，郭注：『以形骸之變爲旦宅之日新耳，其情不以爲死。』《釋文》：『旦宅，李本作怛侘，驚惋之貌。』義亦與此同。

帇

《應帝王篇》『汝又何帇以治天下』，《釋文》：『帇，徐音藝，又魚例反。司馬云：法也。』

頤煊案：『帇』即《說文》『㣇』字之譌。《說文》：『《虞書》：「㣇類于上帝。」』今《尚書》作『肆』，『肆』亦有『法』義，崔本作『爲』，與古文『[illegible]』字形相近。

太沖莫勝

『吾鄉示之以太沖莫勝』，郭注：『居太沖之極，浩然泊心，而玄同萬方，故勝負莫得措其間也。』

頤煊案：《列子·黄帝篇》作『向吾示之以太沖莫眹』，張湛注：『向秀曰：居太沖之極，皓然泊心，玄同萬方，莫見其迹。』是亦向、郭二本不同之證。

羈馽

《馬蹄篇》『連之以羈馽』，《釋文》：『馽，之樹反。司馬、向、崔本並作緽。向云：馬氏音竦。崔云：絆前兩足也。』

頤煊案：《文選·吴都賦》劉淵林注引作『連之羈緽』，音『聳』，與司馬、向、崔本同。『緽』當作『馽』，《説文》：『馽，絆前兩足也。从系，須聲。』劉、馬音並非。

止蟲

《在宥篇》『災及草木，禍及止蟲』，《釋文》：『止蟲，如字，本亦作昆蟲。』

頤煊案：『止蟲』當是『豸蟲』，聲之譌也。

喫詬

《天地篇》『使喫詬索之而不得也』，《釋文》：『司馬云：喫詬，多力也。』

頤煊案：『喫詬』當作『㑚詬』。《漢書·賈誼傳》『頑鈍亡恥，㑚詬亡節』，師古曰：『㑚詬，謂無志分也。』《胠篋篇》：『頡滑堅白解垢同異之變多，則俗惑於辨矣。』『頡滑』即『㖵』字解，『垢』即『詬』字。

歷指

『則是罪人交臂歷指。』《釋文》：『司馬云：交臂，反縛也。歷指猶歷僂貌。』

頤煊案：《説文》：『櫪㯕，柙指也。』『歷指』即柙指刑具，詳見《一切經音義》。

葫區

《天道篇》：『萬物化作，葫區有狀。』

頤煊案：『葫』當是『蘤』字之譌，『葫區』當作『蘤蓲』。《文選・吴都賦》『異荂蓲蘤』，劉淵林注：『蓲，華也。敷蘤，華開貌。』

腞楯

《達生篇》『死得於腞楯之上、聚僂之中，則爲之』，《釋文》：『司馬云：腞猶篆也，楯猶案也。一云聚僂，棺椁也。一云聚當作菆，僂當作蔞，謂殯於菆塗蔞翣之中。』

頤煊案：『腞』通作『篆』字。《周禮・巾車》『孤乘夏篆』，《説文》引作『輲』：『一曰下棺車曰輴。』『楯』即『輴』字。《禮記・檀弓》：『天子龍輴而椁幬。』皆謂殯車。

唐肆

《田子方篇》『是求馬於唐肆也』，郭注：『唐肆，非停馬處也。』《釋文》：『司馬本作廣肆，云廣庭也，求馬於市肆，廣庭非其所也。』

頤煊案：《徐無鬼篇》『其求唐子也』，郭注：『唐，失也。』《釋文》：『唐子，謂失亡子也。』『唐子』通作『蕩子』。蕩，空也，『唐肆』即空肆也。

恂達

《知北遊篇》：『思慮恂達，耳目聰明。』

頤煊案：《史記・五帝本紀》『幼而徇齊』，集解：『徐廣曰：《墨子》曰：年踰十五則聰明，心慮無不徇通矣。』『徇』、『恂』古字通用。

畏壘山

《庚桑楚篇》：『老聃之役有庚桑楚者，偏得老聃之道，以北居畏壘之山。』

頤煊案：《史記・莊周列傳》：『畏累虛亢桑子之屬，皆空語無事實。』『亢桑子』即『庚桑楚』,『畏累虚』即『畏壘山』。《索隱》以『畏累虚』爲《莊子》篇名,非是。

招 世

《徐無鬼篇》:『招世之士興朝。』

頤煊案:『招』通作『高』字。《墨子·親士篇》『招木近伐』,亦謂高木也。

儒墨楊秉

『然則儒墨楊秉四,與夫子爲五,果孰是邪?』

頤煊案:《天下篇》:『古之道術有在於是者,宋鈃、尹文聞其風而悦之。』《荀子·非十二子篇》:『然而其持之有故,其言之成理,足以欺惑愚衆,是墨翟、宋鈃也。』《天論篇》:『墨子有見於齊,無見於畸,宋子有見於少,無見於多。』《漢書·藝文志》:『《宋子》十八篇。』『秉』疑『宋』字之譌。《困學紀聞》謂公孫龍字子秉,非也。

沙丘墓銘

《則陽篇》:『靈公也死,卜葬於沙丘,掘之數仞,得石槨焉。洗而視之,有銘焉,曰:不馮其子。靈公奪而里之。』《釋文》:『「其子靈公」,郭讀絶句。司馬以「其子」絶句,言子孫不足憑，故使公得此處爲冢也。「奪而里」，一本作「奪而埋之」。』

頤煊案：『子』、『里』協韻，當以司馬讀爲正。郭注：『子謂蒯聵也。』言不馮其子，靈公將奪汝處也，其讀亦與司馬同。《文選·幽通賦》李善注引『里』作『埋』。

洞水

《讓王篇》『乃自投椆水而死』，《釋文》：『椆，直留反，本又作桐水。司馬本作洞。』

頤煊案：《水經·潁水注》：『《吕氏春秋》曰：「卞隨恥受湯讓，自投此水而死。」張顯《逸民傳》、嵇叔夜《高士傳》並言「投洞水而死」。』『洞』、『潁』聲相近。《史記·伯夷列傳》索隱引作『桐水』，與此作『椆水』，皆『洞』字之譌。

丁子有尾

《天下篇》『丁子有尾』，《釋文》：『李云：世人謂右行曲波爲尾，今丁子二字雖左行曲波，亦是尾也。』

頤煊案：『丁子』當是『孑孑』二字之譌。《説文》：『孑，無左臂也。』『孑，無右臂也。』無左右臂而有尾，此事之必無也，故以爲辨。

公孫龍子

《公孫龍子》，《漢書·藝文志》十四篇，《新、舊唐志》俱作三卷，今止存一卷，凡六篇。《文苑英華》卷七百五十八有《公孫龍子論》云：『咸亨二年，歲次辛未，十二月庚寅，有宗人王先生因出其書以示僕，凡六篇，勒成一卷。』唐初所傳，即是此本。

慎　子

《漢書·藝文志》：『《慎子》四十二篇。名到。先申韓，申韓稱之。』《舊唐書·經籍志》：『《慎子》十卷，滕輔注。』

頤煊案：《藝文類聚》卷六十有後漢滕輔《祭牙文》，今《慎子》止《威德》《因循》《民雜》《德立》《君人》五篇，《羣書治要》所引又增多《知忠》《君臣》二篇。

先　施

《威德篇》：『毛嬙、西施，天下之至姣也。』

頤煊案：《文選·神女賦》李善注引作『先施』。『先施』、『西施』，一也。今本作『西施』，是後人所改。《史記·趙世家》『反巠分、先俞於趙』，集解：『徐廣曰：《爾雅》曰：西俞，雁門是也。』正義：『西、先，聲相近。』

疑即儗字

《德立篇》：『立天子不使諸侯疑，立諸侯不使大夫疑，立正妻不使羣妾疑，立嫡子不使庶孽疑。疑則動兩，動兩則争。』

頤煊案：『疑』即『儗』字，謂匹也，匹即兩也。

王鈇

《鶡冠子・博選篇》：『王鈇非一世之器者。』

頤煊案：《説文》：『鈇，莝斫刀也。』《後漢書・獻帝紀》李賢注引《蒼頡》：『鈇，斧也。』斧鉞，王者所以示威，故稱王鈇。下文有《王鈇篇》，俗刻作『王鉄』，誤。

謳藉誒詘

『樂嗟苦咄，則徒隸之人至矣。』陸佃注：『樂則嗟之，苦則咄之，不禮甚矣。』一本「樂嗟苦」三字闕。』

頤煊案：宋王應麟《小學紺珠》引此作『謳藉誒咄』。今本『樂嗟苦』三字并注，皆明人妄補。

用賜

《天則篇》：『若礱磨不用賜，物雖詘有不効者矣。』

頤煊案：《方言》：『賜，盡也。』言若礱磨不盡，則物有不効者矣。陸注以『賜』爲賞賜之賜，非是。

均

《環流篇》：『五聲不同均。』

頤煊案：《文選·嘯賦》『音均不恒，曲無定制』，李善注：『均，古韻字也。』引《鶡冠子》此句爲證。《思玄賦》『考治亂於律均兮，意建始而思終』，李善注：『《樂叶圖徵》曰：聖人往承天助，以立五均。均者，亦律調五聲之均也。又依均本字訓之。』

幼歷

《道端篇》『無道之君任用么麽』，陸注：『么麽，一作幼歷。』

頤煊案：本作『幼歷』是也，『幼歷』謂少歷事之人。《大戴禮·用兵篇》『疏遠國老，幼色是與』，盧辨注：『言疏遠老成而與幼色者，若楚共王遠申叔時而用子反也。』《國語》『播棄黎老而近孩童』，亦是此義。

譓　意

《近迭篇》『法度無以譓意爲摸』，陸注：『譓讀爲「嘒彼小星」之嘒。』

頤煊案：『譓』即『慧』字。《方言》：『知或謂之慧。』《論語·衛靈公》：『好行小慧。』『摸』當作『謨』，言法度無以私智爲謀也。

蔷　害

《度萬篇》『天咎先見，菑害並雜』，陸注：『菑或作嗇，亦或作蔷。』《學問篇》『所謂樂者無菑者也』，陸注：『菑或作蔷。』

頤煊案：《隸釋·博士題字》：『甾消□□。』『甾』即『菑』字，『嗇』即『甾』字之譌。《漢書·揚雄傳》『灑沈蔷於豁瀆兮』，師古曰：『蔷，古災字。』『蔷』、『蔷』皆『蔷』字之譌。

傾　傾

《泰鴻篇》『夫物之始也傾傾』，陸注：『傾傾，未正之貌，或作鴻鴻。』

頤煊案：『傾』當是『澒』字之譌。《淮南・精神訓》『澒濛鴻洞』，高誘注：『澒讀項羽之項。』《楚辭・遠遊篇》『貫澒濛以東朅兮』，王逸注：『澒濛，氣也。』『澒濛』通作『鴻濛』，故字亦作『鴻』。

控摶

《世兵篇》：『安可控摶。』

頤煊案：《漢書・賈誼傳》：『何足控揣。』古『專』字多通作『耑』。《文選・江淹雜體詩》李善注引《莊子》司馬注：『摶，團也。』《長笛賦》『冬雪揣封乎其枝』，李善注：『揣與團古字通。』故『控摶』亦作『控揣』，與『揣量』『揣』字義別。

水激則旱

『水激則旱。』

頤煊案：《文選・鵩鳥賦》李善注、《史記・賈誼列傳》索隱引《鶡冠子》皆作：『水激則悍。』《史記・河渠書》：『水湍悍。』《淮南・墬形訓》高誘注：『湍，急流悍水也。』字當作『悍』。今本作『旱』，是後人從《史記》《漢書》《文選》本改。

昔行

《天權篇》『昔行不知所如，往而求者則必惑』，陸注：『蓋昔之亡羊者曰：歧之中又有歧焉，吾不知所之，是以反也。』

頤煊案：昔行，夜行也。《莊子・天運篇》『則通昔不寐』，《釋文》：『昔，夜也。』謂夜行不知處，如往而求則必惑，陸注非。

蕭楯

『極蕭楯之元。』

頤煊案：『蕭』當是『蘭』字之譌。《管子・小匡篇》：『輕罪入蘭盾鞈革二戟。』《隸釋・堯廟碑》：『階陛欄楯。』『蕭』、『蘭』字形相近。

金石相弊

《韓非子・存韓篇》『陛下雖以金石相弊』，舊注：『弊，盡也，以召士盡。』

頤煊案：《漢尚方鏡銘》：『壽敝金石如侯王。』《史記・龜策列傳》：『壽蔽天地，莫知其極。』『金石相弊』謂壽命之延長也。

溶若甚醉

《揚權篇》『聽言之道溶若甚醉』，舊注：『溶，闇漫之貌，凡聽言者欲闇以招明，愚以求智。故闇然若甚醉者，則言者自盡而敷奏也。』

頤煊案：『溶』讀與『鎔』同，謂鎔化其心若甚醉者，則人方能盡其言也。下文『動之溶之，無爲而改之』，其義正同，舊注皆非。

邦 叢

『欲爲其國，必伐其聚，不伐其聚，彼將聚衆。』

頤煊案：上下文皆合韻，此當作：『欲爲其邦，必伐其藂，不伐其藂，彼將聚衆。』『邦』、『叢』合韻，『國』字是避漢諱改。『叢』，古字作『藂』，因譌爲『聚』。

以勸其心

《八姦篇》：『則進爵益禄以勸其心。』

頤煊案：『勸』當作『歡』。《孟子·梁惠王上》：『而民歡樂之。』《音義》：『本亦作勸樂。』『勸』、『歡』古字通用。

延陵生

《十過篇》:『乃召延陵生,令將軍車騎先至晋陽。』《困學紀聞》:『《戰國策》云延陵王,誤也。鮑氏改王爲君,亦未之考。』

頣煊案:《元和姓纂》引作『延陵正』,亦與『王』字同譌。

以疏其諫

『君其遺之女樂以亂其政,而後爲由余請期,以疏其諫,彼君臣有間,而後可圖也。』

頣煊案:『以疏其諫』,謂以疏其諫諍也。《史記·秦本紀》作『以疏其間』,是涉下文『間』字而譌。

横　失

《説難篇》:『又非吾敢盡失而能盡之難也。』

頣煊案:《史記·韓非列傳》『盡失』作『横失』,索隱:『《韓子》「横失」作「横佚」。劉氏云:吾之所言無横失。』舊注亦云:『非敢横失。』今本作『盡失』,是近刻之譌。

讁怒

『自勇之斷則無以其讁怒之。』

頤煊案：《韓非列傳》『讁』作『敵』，索隱：「謂人主自勇其斷，説士無以己意而攻間之，是以卑下之謀自敵於上，以致譴怒也。」『讁』、『敵』字形相近。

楚三王

《和氏篇》『楚人和氏得玉璞』一段。

頤煊案：《後漢書・孔融傳》李賢注引《韓子》『厲王』作『武王』，『武王』作『文王』，『文王』作『成王』。《文選・曹子建贈徐幹詩》李善注引《韓子》又作：『武王薨，成王即位。成王薨，文王即位。』皆與今本不同。以《史記・楚世家》系次證之，孔融傳注本是。

不和

《亡徵篇》：『狠剛而不利。』

頤煊案：『不利』當作『不和』。《後漢書・袁紹傳》李賢注引《韓非》曰：『佷剛而不和。』佷剛自用者，不能和人，故曰可亡。

名問

『不以功伐課試而以名問舉錯。』

頤煊案：『問』通作『聞』字。《莊子·逍遥遊篇》『乃今以久特聞』，《釋文》：『崔本作問。』《庚桑楚篇》『因失吾問』，《釋文》：『問，元嘉本作聞。』『聞』、『問』古字通用。

扼昧

《備内篇》『此鴆毒扼昧之所以用也』，舊注：『扼昧，謂暗中絞縊也。』

頤煊案：《公羊·襄二十六年》傳『昧雉彼視』，何休注：『昧，割也。』《釋文》：『昧，舊音刎，亡粉反。』與『刎』字同用。

廉而不劌

《解老篇》：『故曰方而不割，廉而不穢。』

頤煊案：『穢』是『劌』字之譌。《禮記·聘義》：『廉而不劌。』《荀子·榮辱篇》：『廉而不見劌者，貴也。』揚子《法言》：『廉而不劌，行也。』此所引是《老子》之文，王弼本作『廉而不劌』，河上公本作『廉而不害』。『害』亦與『劌』義相近。

曰衍文

《喻老篇》：『故曰：白圭之行隄也塞其穴，丈人之慎火也塗其隙。』

頤煊案：《解老》、《喻老》二篇引『故曰』者，皆《老子》之文，此二句無之，故下『曰』字當是衍文。

商　葢

《説林上篇》：『周公旦已勝殷，將攻商葢。辛公甲曰：「大難攻，小易服，不如服衆小以劫大。」乃攻九夷，而商葢服矣。』

頤煊案：『葢』當是『奄』字之譌。

屯二甲

《外儲説右下篇》：『訾其里正與伍老屯二甲。』舊注：『屯亦罰也。』

頤煊案：《漢書・陳勝傳》『勝廣皆爲屯長』，師古曰：『人所聚曰屯。』《一切經音義》卷一引字書：『屯亦邨也。』

侵盂

《難二篇》：『昔者文王侵盂，克莒，舉酆，三舉事而紂惡之。』

頤煊案：『盂』當是『盂』字之譌。《史記·周本紀》『明年伐邘』，集解：『徐廣曰：邘城在野王縣西北，音于。』『邘』、『盂』是同聲假借字。

窕言

『語言辨，聽之説，不度於義，謂之窕言。』舊注：『窕，苟且也。』

頤煊案：《左氏·昭二十一年》傳『小者不窕』，杜預注：『窕，細不滿。』《吕氏春秋·適音篇》『不詹則窕』，高誘注：『窕，不滿密也。』《荀子·賦篇》：『充盈大宇而不窕〔三〕。』《淮南·要畧》：『布之天下而不窕。』皆以『窕』爲『空』也。

磏勇

《六反篇》：『行劍攻殺暴憿之民也，而世尊之曰磏勇之士。』

頤煊案：《廣雅·釋器》：『磏，礪也。』《説文》：『磏，厲石也，从石，兼聲，讀若鎌。』『磏勇之士』謂以勇自厲之士。

有方

《八説篇》『搢笏干戚，不適有方鐵銛』，舊注：『方，楯也，言搢笏之儀、干戚之舞，與夫方楯鐵銛，不相稱過也。』

頤煊案：《詩・公劉》『干戈戚揚』，鄭箋：『干，盾也。』然則『方』非『楯』也，『有方』當是『有刃』之譌。

解舍

《五蠹篇》：『故事私門而完解舍，解舍完則遠戰。』

頤煊案：《管子・五輔篇》：『上彌殘苛而無解舍，下愈覆鷙而不聽從。』《商子・墾令篇》：『高其解舍。』『解舍』即今之『廨舍』。《吴子・治兵篇》：『馬疲人倦而不解舍。』《説文》：『卸，舍車解馬也。』謂所卸止之地，其音義並同。

校勘記

〔一〕艫俞師曠方夜擿耳俛首而聽之　『擿』字原脱，今據《列子》補。

〔二〕將化而死　『死』字原譌作『叱』，今據《莊子》改。

〔三〕充盈大宇而不窕　『宇』字原譌作『字』，今據《韓非子》改。

讀書叢録卷十五 荀子 吕氏春秋 賈誼新書

荀子楊倞注

《荀子》楊倞《序》：『分舊十二卷三十二篇爲二十卷，又改《孫卿新書》爲《荀卿子》，其篇第亦頗有移易。』

頤煊案：《舊唐書·經籍志》：『《孫卿子》十二卷。』《新唐書·藝文志》：『《荀卿子》十二卷。』皆非楊倞所見《孫卿新書》之本。今本省『卿』字，稱《荀子》，又不知始自何人。《後漢書·謝該傳》李賢注引劉向《孫卿子後序》所論孫卿事，楊倞本亦無之。

荀子建本

《困學紀聞》：『《荀子·賦篇》「請占之五泰」，監本作「五帝」。監本未必是，建本未必非。』

頤煊案：今世所傳有《荀子》纂圖互注宋刻巾箱本作『五泰』，即建本也。監本乃唐與政台州所刊熙寧舊本，今罕傳者。

問一告二

《勸學篇》『問一而告二謂之嚽』，楊倞注：『嚽即讚字也，謂以言强讚助。』

頤煊案：『嚽』讀如《曲禮》『長者不及毋儳言』之『儳』，謂多言也。『嚽』、『儳』聲相近。

菑然

《脩身篇》：『不善在身也，菑然必以自惡也。』楊注：『菑讀爲災。災然，災害在身之貌。』

頤煊案：《詩・皇矣》『其菑其翳』，《毛傳》：『木立死曰菑。』《考工記・輪人》注：『鄭司農云：泰山平原所樹立物爲菑，聲如截，博立梟棊亦爲菑。』《非相篇》：『周公之狀，身如斷菑。』『菑然』，植立不動之貌。

供冀

『行而供冀，非漬淖也。』楊注：『供，恭也。「冀」當爲「翼」，凡行自當恭敬，非謂漬於泥淖也。』

頤煊案：冀，望也，謂恭敬而有所冀望，非以其漬於泥淖也。

倚魁

『倚魁之行。』楊注：『倚，奇也，奇讀爲奇偶之奇。魁，大也。倚魁皆謂偏僻狂怪之行。』

頤煊案：『倚魁』即『奇瑰』假借字。

吟口

《不苟篇》『盜跖吟口』，楊注：『吟口，吟咏長在人口也。《説苑》作：「盜跖凶貪。」』

頤煊案：『吟口』當是『貪凶』之譌，『吟』字近『貪』，『凶』字近『口』。若如注説，與下文『名聲若日月』句義同，非是。

弃而儑

『窮則弃而儑』，楊注：『儑當爲濕。《方言》云：「濕，憂也。」字書無「儑」字，《韓詩外傳》作：「弃而累也。」』

頤煊案：『儑』即『儽』字。《老子》：『儽儽兮無所歸。』《説文》：『儽，垂貌。一曰嬾解。』《淮南・俶真訓》『孔墨之弟子皆以仁義之術教導於世，然而不免於儡身』，高誘注：『儡身，身不見用，儡儡然也。』『儽』、『儡』、『儽』古字皆通用。

靡儇鈆重

《榮辱篇》：『靡之儇之，鈆之重之。』

頤煊案：『靡』與『磨』字通用。《非相篇》『鄉曲之儇子』，楊注：『儇與翾義同，輕薄巧慧之子也。』『鈆』即『鎔』字，謂或磨之使輕，或鎔之使重，皆取變化陶成之義。

焉廣三寸

《非相篇》『面長三尺焉，廣三寸』，楊注：『面長三尺，廣三寸，言其狹而長甚也。』

頤煊案：『焉』古通作『安』字，『焉』即『頞』字之假借。『焉廣三寸』，言其頞也。楊注以『焉』爲語助詞，非是。

節　族

『故曰文久而息，節族久而絶。』

頤煊案：『族』即『蔟』字。《漢書·律曆志》：『蔟，奏也，言陽氣奏地而達物也。』故楊注即以樂之節奏釋之。宋本作『宗族』，是俗人所改。

府然

『府然若渠匽檃栝之於己也。』楊注：『府與俯同，就物之貌，或讀爲附。』

頤煊案：府，聚也，謂聚之於己。

倓然

《仲尼篇》『倓然見管仲之能』，楊注：『倓，安也。』

頤煊案：『倓』與『睒』同。《説文》：『睒，暫視皃。』『覢，暫見也。』《春秋公羊傳》曰：「覢然公子陽生。」』謂桓公乍見管仲之能，足以託國，故爲天下之大知，楊注非。

炊僓

『可炊而僓也。』楊注：『炊與吹同，僓當爲僵，言可以氣吹之而僵仆。』

頤煊案：《説文》：『滰，浚乾漬米也。《孟子》曰：「夫子去齊，滰淅而行。」』可炊而浚乾，謂不踰時，楊注非。

譎德

《儒效篇》『若夫譎德而定次』，楊注：『譎與商同，古字商，度其德而定位次。本或亦多作譎，譎與決同，謂斷決其德，故下亦有「譎德而序位」之語。』

頤煊案：字書無『譎』字。《君道篇》『論德而定次，量能而授官』，文與此同。『譎』疑即『論』字之譌。《正論篇》：『圖德而定次。』圖，謀，亦論也。『譎』字又譌作『譎』。

淺帶

『逢衣淺帶。』楊注：『淺帶，博帶也。《韓詩外傳》作：「逢衣博帶。」言帶博則約束衣服者淺，故曰淺帶。』

頤煊案：《莊子・盜跖篇》『縫衣淺帶』，《釋文》：『淺帶，縫帶使淺狹。』《考工記・鮑人》『則是以博爲帴也』，鄭注：『鄭司農云：帴讀爲翦，謂以廣爲狹也。』『淺帶』謂狹帶。

解果

『解果其冠』，楊注：『解果未詳。或曰：解果，陿隘也。』

頤煊案：『解』與『懈』同，『果』即『倮』字之譌。『解倮』猶嬾惰也。《非十二子篇》：『弟佗其冠。』『弟』，古『夷』字，『夷佗』、『解倮』皆同聲字。

偯然

『偯然若終身之虜』，楊注：『偯，字書無所見，葢環繞拘囚之貌。』

頤煊案：『偯』當是『僾』字之譌。《説文》『僾』作『僾』，與『偯』形相近。『僾』通作『抑』，抑然志氣卑下，故若終身之虜，而不敢有他志也。

莫若惠之

《王制篇》：『馬駭輿則莫若静之，庶人駭政則莫若惠之。』楊注：『惠，恩惠也。』

頤煊案：惠，順也。

立器

『司徒知百宗城郭立器之數。』楊注：『立器，所立之器用也。』

頤煊案：『立器』當是『任器』之譌。《周禮·地官·載師》：『掌任土之法，以物地事。』『任器』謂賦税之事。

乘白

『司馬知師旅甲兵乘白之數。』楊注：『白謂甸徒，猶今之白丁也。或曰：白當爲百，百人也。』

頤煊案：『白』即『甸』字之譌，『白』、『甸』字形相近。

逢蒙視

《富國篇》『雖爲之逢蒙視，詘要橈膕，君盧屋妾，由將不足以免也』，楊注：『逢蒙，古之善射者，言處女如善射者之視物，謂微眇不敢正視也。』

頤煊案：『逢』疑作『蓬』，下當脱『髮』字。

綦

《王霸篇》『目欲綦色，耳欲綦聲，口欲綦味，鼻欲綦臭，心欲綦佚』，楊注：『綦，極也。綦或爲甚，傳寫誤耳。』

頤煊案：以下文『飲食甚厚，聲樂甚大，臺謝甚高，園囿甚廣』四句證之，『甚』非誤字。

滅苦

《臣道篇》『故無德之爲道也，傷疾墮功滅苦，故君子不爲也』，楊注：『傷疾墮功滅苦，未詳。或恐錯誤耳。』

頤煊案：『傷疾』即上文『事人而不順者不疾者也』，『墮功』即『忠而不順者無功者也』。『滅苦』，『苦』是『敬』字之譌，即『疾而不順者不敬者也』。皆無德之道，故君子不爲。

山林險

《致士篇》：『山林險則鳥獸去之。』

頤煊案：『險』當作『儉』。《富國篇》『俗儉而百姓不一』，楊注：『儉當爲險。』《易·否》『君子以儉德辟難』，虞注：『儉或作險。』『儉』、『險』古字通用。

敦惡

《議兵篇》『則百姓莫不敦惡』，楊注：『敦，厚也。』

頤煊案：『敦』當通作『憝』字。《廣雅·釋詁》：『憝，惡也。』《周書·世俘解》『凡憝國九十有九國』，孔晁注：『憝，惡也。』《尚書·康誥》『凡民罔弗憝』，《孟子·萬章下》作『譈』。

《方言》：『諄憎，所疾也，宋魯凡相惡謂之諄憎，若秦晉言可惡矣。』『諄』即『譈』字之省。

苓

《彊國篇》『其在趙者剡然有苓而據松柏之塞』，楊注：『苓，地名，未詳所在。或曰：苓與靈同。《漢書·地理志》常山郡有靈壽縣。』

頤煊案：清河郡有靈縣，亦當趙地。《魏書·地形志》字作『零』。

黨見

《天論篇》『怪星之黨見』，楊注：『黨見，頻見也，言如朋黨之多。』

頤煊案：《方言》郭璞注：『黨，朗也。』『朗見』猶言明見也。

代睪

《正論篇》『代睪而食』，楊注：『睪未詳。』

頤煊案：『代睪』當作『代皋』。《淮南·主術訓》：『鼛鼓而食，奏雍而徹。』與此上下文義相同。『鼛』、『皋』古字通用。

舌縪

『藉靡舌縪』，楊注：『舌縪未詳。』

頤煊案：《儀禮・鄉射禮記》『倍躬以爲左右舌』，鄭注：『居兩旁謂之个，左右出謂之舌。』《考工記・梓人》鄭司農注：『舌，維持侯者。』『舌縪』謂縛罪人於木，如繫侯於舌也。

葭稾蓐尚

《正名篇》『屋室廬庾，葭稾蓐，尚机筵，而可以養形』，楊注：『以廬庾爲屋室，葭稾爲席蓐，皆貧賤人之居也。尚机筵未詳。』

頤煊案：『尚』字當上屬爲句。《禮記・郊特牲》：『莞簟之安而蒲越稾鞂之尚。』《廣雅・釋詁》：『尚，加也。』『葭稾蓐尚』謂以葭稾爲蓐藉也。《説文》：『机，木也。』

溺者不問遂

《大畧篇》『迷者不問路，溺者不問遂』，楊注：『遂謂徑隧，水中可涉之徑也。』

頤煊案：『遂』當作『墜』。《晏子春秋・内篇雜上》作：『溺者不問墜。』

井里之厥

『和之璧，井里之厥也，玉人琢之爲天子寶』，楊注：『厥也未詳。或曰：厥，石也。』

頤煊案：《説文》：『厥，發石也。』《山海經·海外北經》『相柳之所抵厥爲澤谿』，郭璞注：『厥，掘也。』『井里之厥』，井里之人掘而得之。《晏子春秋·雜上篇》作『井里之困』，謂困窮於井里之中，義亦得通。

無取甜

《哀公篇》『無取甜』，楊注：『未詳。《家語》作：「無取鉗。」王肅云：謂妄對不謹誠者。或曰：捷給鉗人之口者。』

頤煊案：《方言》：『鉗，惡也，南楚凡人殘駡謂之鉗。』

鹿布

《呂氏春秋·貴生篇》：『顔闔守閭，鹿布之衣，而自飯牛。』

頤煊案：『鹿』即『麤』字之省。《莊子·讓王篇》作『苴布之衣』，『苴』即『麤』字。《晏子春秋·外篇》：『晏子相景公，布衣鹿裘以朝，公曰：夫子之家若此其貧也，是奚衣之惡也。』

『鹿裘』亦謂麤裘也。

默守

《論人篇》『意氣宣通，無所束縛，不可收也』，高誘注：『收，守。』畢氏沅曰：『收疑當作牧，與韻叶，牧亦訓守。』

頤煊案：『收』當是『默』字之譌，言意氣宣通，無所束縛，不可以默守也。『默』字與上下文『測』、『息』、『塞』、『得』、『服』、『極』、『惑』、『革』、『匿』韻合。

志嫌

《適音篇》：『太小則志嫌，以嫌聽小則耳不充。』

頤煊案：『嫌』與『慊』同。《禮記・坊記》『貴不慊於用』，鄭注：『慊或爲嫌。』《孟子・公孫丑》『吾何慊乎哉』，趙岐注：『慊，少也。』以小聽小，故耳不充，與上『太鉅則志蕩，以蕩聽鉅則耳不容』文義相對。

質當爲夔

《古樂篇》『帝堯立，乃命質爲樂，質乃效山林谿谷之音以歌』，高注：『質當爲夔。』

頤煊案：《劉寬碑》：『復使五官中郎將何夔持節。』《魏上尊號奏》：『太僕臣夔。』『夔』與『質』古文『貭』形相似因譌。

農　功

《音律篇》：『仲吕之月，無聚大衆，巡勸農事。』

頤煊案：『農事』當作『農功』，與下文『草木方長，無攜民心』合韻，『事』字涉注文而譌。

狼入於邦

《明理篇》：『有狼入於國，有人自天降。』

頤煊案：『國』當作『邦』。『邦』、『降』合韻，此避漢諱所改。

連　反

《蕩兵篇》：『連反兵也。』

頤煊案：《莊子·天下篇》『而連犿無傷也』，《釋文》：『犿，本亦作抃，皆宛轉貌。一云相從之貌，謂與物相從不違，故無傷。』『連反』即『連犿』也，宛轉相從而兵即伏之，故曰『連反兵也』。《漢書·地理志》河南滎陽『卞水』，《水經注》作『汳水』。『卞』、『反』古字通用。

捷於肌膚

《論威篇》『其藏於民心，捷於肌膚也』，高注：『捷，養也。』畢氏沅曰：『注疑未是，捷或當爲浹。』

頣煊案：『捷』古字通作『接』。《爾雅·釋詁》『接，捷也』，郭璞注：『捷謂相接續也。』《荀子·解蔽篇》『雖億萬已不足以浹萬物之變』，楊倞注：『浹或爲接。』其義亦通。

處

《愛士篇》『陽城胥渠處』，高注：『處猶病也。』畢氏沅曰：『注以處訓病，未見所出。』

頣煊案：『處』當作『劇』，上脱一病字，注當作『劇，病甚也』，其義方合。《史記·荀卿列傳》『劇子』，集解：應劭《氏姓注》直云『處子』。古字多通用。

越王授

《審己篇》『越王授有子四人』，高注：『越王授，句踐五世之孫。』

頣煊案：《史記·越王句踐世家》：『句踐五世孫爲王之侯。』《貴生篇》：『越人三世殺其君，王子搜患之。』即其人。『搜』、『授』、『侯』三字聲皆相近。

虞與娱同

《忠廉篇》「利不足以虞其意矣」，高注：「虞猶回也。」

頤煊案：「虞」無「回」訓，「虞」與「娱」同。《莊子·讓王篇》「許由虞於潁濵」，《釋文》：「虞，本作娱。」《孟子·盡心》「驩虞如也」，丁云〔一〕：「驩虞，義當作歡娱，古字通用耳。」

投

《去尤篇》：「《莊子》曰：以瓦投者翔，以鉤投者戰，以黄金投者殆。」

頤煊案：字書無「投」字。《説文》：「豉，繇擊也，从殳，豆聲。古文投如此。」「投」即「豉」字。《列子·黄帝篇》「投」並作「摳」，張湛注：「互有所投曰摳。」「摳」即「投」假借字。《莊子·達生篇》作「注」，《淮南·説林訓》作「鉒」，「注」亦投也，字形相近，合譌作「投」。

旄象之約

《本味篇》「旄象之約」，高注：「約，飾也，以旄牛之尾、象獸之齒以飾物也。一曰約，美也。旄象之肉美，貴異味也。」

頤煊案：「約」當爲「白」，聲之誤也。《文選·張景陽七命》：「髦殘象白。」《詩·韓奕》正義引陸璣疏：『熊脂謂之熊白。』則髦象之脂皆可謂之白也。

甘櫨

『箕山之東、青鳥之所，有甘櫨焉。』高注：『箕山，許由所隱也，在潁川陽城之西。青鳥，崑崙山之東，二處皆有甘櫨之果。』

頤煊案：『櫨』當作『樝』，因字形近而譌。《山海經・海外北經》郭璞注引作『有甘柤焉』，『柤』音柤棃之柤。《淮南・墬形訓》：『昆侖華丘爰有遺玉、青馬、視肉、楊桃、甘樝。』字皆作『樝』。《史記・司馬相如列傳》索隱引應劭曰：『《伊尹書》云：箕山之東、青鳥之所，有盧橘夏熟。』始譌作『櫨』字。《説文》『櫨』字下有『伊尹曰，果之美者，箕山之東、青鳧之所，有櫨橘焉，夏孰也』二十二字，疑後人據應劭注羼入，非許氏原文。

馬郡盡

《長攻篇》『襄子謁於代君，而請觴之，馬郡盡』，高注：『襄子告代君而請飲之，酒醉而殺之，盡取其國也，故曰馬郡盡也。』

頤煊案：『馬郡盡』者，謂盡馬郡之人而皆觴之，高注非。

孔子不以力聞

《慎大覽》『孔子之勁，舉國門之關，而不肯以力聞』，高注：『孔子以一手捉城門關顯而舉之，不肯以有力聞於天下。』

頤煊案：《墨子・非儒下篇》：『孔丘爲魯司寇，舍公家而於季孫。季孫相魯君而走，季孫與邑人争門關，決植。』《列子・説符篇》《淮南・道應訓》、《主術訓》皆言此事，或説即《左氏》聊人紇事，是孔子之父，非是。

發　酒

《報更篇》『晉靈公欲殺宣孟，伏士於房中以待之，因發酒於宣孟』，高注：『發猶致也。』

頤煊案：『發』當讀如《檀弓》『晉獻文子成室，諸大夫發焉』之『發』，蓋飲酒禮名。

王孫滿幼

《悔過篇》『王孫滿要門而窺之』，高注：『要，徼也。』

頤煊案：《左氏・僖三十三年》傳作：『王孫滿尚幼，觀之。』此當讀作『王孫滿要』句，『門而窺之』句。《楚辭・湘君篇》：『美要眇兮宜修。』《漢書・元帝紀》『窮極幼眇』，師古曰：『幼眇，讀曰要眇。』『要』即『幼』假借字。

莫人不能

《審分覽》：『莫人不能，全乃備能也，夫其不全也。』

頤煊案：『莫』古通作『謨』字，謂有謀之人不自恃其能，至全乃備能也，與上文義相應，高注非。

驪馬

《執一篇》『今御驪馬者，使四人，人操一策，則不可以出於門閭者，不一也』，高注：『驪馬，騑馬也，在中曰服，在邊曰騑。』

頤煊案：《漢書・平帝紀》『立軺併馬』，服虔曰：『併馬，驪駕也。』《後漢書・寇恂傳》『恂以輦車驪駕轉輸，前後不絶』，李賢注：『驪駕，併駕也。』一車兩馬併駕，故有四馬，高注以爲騑馬，失之。

義翟

《高義篇》『是以義翟也，義翟何必越，於中國亦可』，畢氏沅曰：『《墨子・魯問篇》作：「是我以義雗也。鈞之雗，亦於中國耳，何必於越哉。」此兩「翟」字譌，「雗」字無考，當是「耀」字之譌。」

頤煊案：『翟』、『雗』皆『耀』字之譌，謂是我以義炫耀於人，何必越。

以爲繼矣

《適威篇》：『知其能力之不足也，則以爲繼矣，以爲繼知。』畢氏沅曰：『此二句疑當作：「則難以爲繼矣，難以爲繼。」脱兩「難」字，下「知」字衍。』

頤煊案：『繼』當是『𢇍』字之譌。『𢇍』，古『絶』字。下『知』字當在下句『以爲繼』上，言知能力之不足，則自以爲絶矣，知以爲絶，則上又從而罪之，義亦得通。

犨於前

《召類篇》『南家之牆犨於前而不直』，高注：『犨猶出，曲出子罕堂前也。』

頤煊案：『犨』當作『讐』，《漢書・灌夫傳》晋灼注：『讎，當也。』

謂勤也

《開春論》『周厲之難，天子曠絶，而天下皆來謂矣』，高注：『謂天子也。』

頤煊案：《爾雅·釋詁》：『謂，勤也。』

秴米

《審時篇》：『秴米而不香。』

頤煊案：字書無『秴』字，『秴』當是『秙』字之譌。《説文》：『秙，春粟不潰也。』

周鼎

周鼎見於《呂氏春秋》者五。《達鬱篇》：『周鼎著鼠，令馬履之。』《慎勢篇》：『周鼎著象。』《先識篇》：『周鼎著饕餮，有首無身。』《離謂篇》：『周鼎著倕，而齕其指。』《適威篇》：『周鼎有竊曲，狀甚長〔二〕，上下皆曲。』《淮南·本經訓》：『周鼎著倕，使銜其指。』所見與《離謂篇》同。

裋褐

賈誼《新書·過秦下篇》：『夫寒者利短褐。』

頤煊案：《史記·始皇本紀》作『裋褐』，集解：『徐廣曰：一作短，小襦，音豎。』《方言》：『襜褕，其短者謂之裋襦。』《廣雅·釋器》：『複襦謂之襏。』『襏』即『裋』字。《列子·力命篇》

『衣則裋褐』，《釋文》：『裋，複襦也，楚人謂袍爲裋，有本作短褐者，誤。』

安士

『安士息民以待其弊。』

頤煊案：《始皇本紀》作『安士息民以待其敝』，索隱：『賈誼《書》安作案。』然則今本作「安士」者，是後人改也。《荀子·勸學篇》『安特將學雜識志順詩書而已耳』，楊倞注：『安或作案，古字通用。』

世世

《益壤篇》：『此世世之利也。』

頤煊案：《漢書·賈誼傳》作『二世』。《後漢書·鄧騭傳》李賢注：『古書字當再讀者，即於上字之下爲小二字。今岐州《石鼓銘》凡重言者，皆爲二字。』此當作『世世』，後人誤乙爲『二世』，非是。

倫猥

《制不定篇》：『特賴其尚幼倫猥之數也。』

頤煊案：《後漢書·鄧禹傳》李賢注引《漢官儀》曰：『其次下土小國侯，以肺腑親公主子孫，奉墳墓於京師，亦隨時朝見，是爲隈諸侯。』『倫猥之數』，謂等於隈諸侯之數，『猥』與『隈』同。

衛侯燬

《審微篇》：『衛侯更其名曰熓。』

頤煊案：《史記·衛世家》：『立戴公弟燬爲衛君。』《左氏·僖二十五》經：『衛侯燬卒。』《説文》：『燬，火也。从火，毁聲。《春秋傳》曰：「衛侯燬。」』《史記集解》引賈誼《書》亦作『燬』。『熓』是『燬』之俗字。

苟 容

《階級篇》：『廉恥不立，則且不自好，苟容而可。』

頤煊案：《賈誼傳》作：『苟若而可。』『若』是『容』字之譌。小顔注：『若猶然。』『若』當通作『諾』字。

請室

『盤水加劍造寢室而請其罪爾。』

頤煊案：『寢室』當依《賈誼傳》作『請室』。應劭曰：『請室，請罪之室。』蘇林曰：『音絜清。《胡公漢官》：車駕出，有請室令在前先驅，此官有别獄也。』

刖

《俗激篇》：『今其甚者，刖大父矣，刖大母矣，踝嫗矣，刺兄矣。』

頤煊案：《賈誼傳》作：『今其甚者殺父兄矣。』『刖』即『殺』也，俗刻本兩『刖』字皆作『則』，誤。

緹以偏諸

《孽産子篇》：『緹以偏諸。』

頤煊案：《賈誼傳》作『緁以偏諸』，晋灼曰：『以偏諸緁著衣也。』師古曰：『緁音妾，謂以偏諸緶著之也。』《説文》：『緹，帛丹黄色也。』謂以緹帛爲偏諸，其義亦通。

顧還面

《傅職篇》：『自執器皿，亟顧還面。〔三〕』

頤煊案：《禮記·玉藻》：『唯君面尊。』《少儀》：『尊壺者面其鼻。』面，向也，『顧還面』謂回環視其所當向之面也。

瞽史

《保傅篇》：『瞽史誦詩。』

頤煊案：《大戴禮·保傅篇》作：『鼓夜誦詩。』『夜』是『史』字之譌。《禮容篇》：『吾非瞽史也，焉知天道。』《周禮·大行人》：『九歲屬瞽史，諭書名。』《國語·楚語》：『臨事有瞽史之道。』皆『瞽史』二字連文，是其證。

掉磬

《容經篇》：『行以微磬之容，臂不摇掉。』

頤煊案：《禮記·内則》鄭注：『雖有勤勞，不敢掉磬。』義即本此。《釋文》引《隱義》云：『齊人以相絞訐爲掉磬。』崔云：『北海人謂相激事爲掉磬。』非也。

在小不塞

『故至人者，在小不寶，在大不窕。』

頤煊案：《大戴禮·王言篇》：『布諸天下而不窕，内諸尋常之室而不塞。』《管子·宙合篇》：『其處大也不窕，其入小也不塞。』《淮南·氾論訓》：『舒之天下而不窕，内之尋常而不塞。』『寶』當是『塞』字之譌。

悇憛養心

《勸學篇》：『則雖王公大人，孰能無悇燂養心，而顧一視之。』

頤煊案：《淮南·脩務訓》引此段畧同，作：『則雖王公大人有嚴志頡頏之行者，無不憛悇癢心而悦其色矣。』高誘注：『憛悇，貪欲也。癢心，煩悶也。』《廣雅·釋訓》：『悇覃，懷憂也。』《楚辭·謬諫篇》『心悇憛而煩寃兮』，王逸注：『悇憛，憂愁貌。』『悇燂』、『憛悇』皆即『悇憛』之譌。『養』、『癢』通用字。

反嚴爲輾

《道術篇》：『臨制不犯謂之嚴，反嚴爲輾。』

頤煊案：『輾』當是『輾』字之譌。《莊子·達生篇》『桓公輾然而笑』，《釋文》：『司馬云：輾，笑貌。』

持斗

《胎教雜事篇》：『太宰持斗而御户右。』

頤煊案：《大戴禮·保傅篇》舊本亦作『持斗』，盧辨注：『斗，所以斟。』《穆天子傳》『佐者承斗』，郭璞注：『斗，斟水杓也。』《詩·行葦》『酌以大斗』，《釋文》：『本又作枓。』《史記·趙世家》『使厨人操銅枓』，正義：『枓其形方有柄，取斟水器。』孔氏廣森《大戴》本改『斗』作『升』，非是。

校勘記

〔一〕丁云　『云』字原誤作『音』，據《孟子音義》改。

〔二〕狀甚長　『長』字原譌作『至』，今據《淮南子》改。

〔三〕自執器皿亟顧還面　『皿』原作『無』，『亟』原作『函』，今據《新書》原文改。

讀書叢録卷十六 淮南子 鹽鐵論 法言 白虎通

淮南子注

《淮南子》二十一卷。《隋書・經籍志》：『一云許慎注，一云高誘注。』陳振孫《書録解題》云：『今本記題許慎注，而詳序文，即是高誘。』

頤煊案：《魏書・劉芳傳》引《孟春令》云『迎春於東郊』，許慎云：『東郊，八里郊也。』高誘云：『迎春氣於東方八里郊也。』《孟夏令》云『迎夏於南郊』，許慎云：『南郊，七里郊也。』高誘云：『南郊，七里之郊也。』《孟秋令》云『迎秋於西郊』，許慎云：『西郊，九里郊也。』高誘云：『西郊，九里之郊也。』《孟冬令》云『迎冬於北郊』，許慎云：『北郊，六里郊也。』高誘云：『北郊，六里之郊也。』兩注並行，非一書明矣。

呴諭

《原道訓》『呴諭覆育，萬物羣生』，高誘注：『呴諭，温恤也。』

頤煊案：《禮記・樂記》『煦嫗覆育萬物』，鄭注：『氣曰煦，體曰嫗。』《正義》：『天以氣煦之，地以形嫗之，是天煦覆而地嫗育，故言「煦嫗覆育萬物」也。』『呴諭』即『煦嫗』，古字通用。

大丙

『昔者馮夷、大丙之御也』，高注：『丙或作白。』

頤煊案：『丙』當是『内』字之譌。『大内』即『大豆』。《吕氏春秋·聽言篇》：『造父始習於大豆。』『内』、『豆』聲相近。《説文》：『㔷，从匚，丙聲。』徐鉉曰：『丙非聲，義當从内會意。』亦其證。

抮抱

『扶摇抮抱羊角而上』，高注：『抮抱，引戾也。』

頤煊案：『抮抱』亦作『軫軳』。《文選·七發》李善注引《淮南》許慎注：『軫，轉也。』《玉篇》：『軳，戾也。』《廣雅·釋訓》：『軫䡎，轉戾也。』『䡎』即『軳』字之譌。

綦衛

『彎綦衛之箭』，高注：『綦，美箭所出地名也。衛，利也。』

頤煊案：『綦』當作『淇』。《兵畧訓》『淇衛箘簬』，高注：『淇衛，箘簬箭之所出也。』淇在衡地，故曰淇衡。

貞蟲

『蚑蟯貞蟲』，高注：『貞蟲，細腰之屬。』《説山訓》『貞蟲之動以毒螫』，高注：『貞蟲，細腰蜂，蜾蠃之屬，無牝牡之合曰貞。』

頤煊案：『貞蟲』不專是蜂，『貞蟲』猶言昆蟲。《墬形訓》：『萬物貞蟲各有以生。』《大戴禮·易本命》作『昆蟲』。『昆蟲』即衆蟲也。

連嶁

『終身運枯形于連嶁列埒之門』，高注：『連嶁猶離嶁也。委曲之類。列埒，不均平也。』

頤煊案：《説文》：『廔，屋麗廔也。』《列子·力命篇》：『居則連欐。』《莊子·徐無鬼篇》『君亦必無陳鶴列於麗譙之閒』，郭象注：『麗譙，高樓也。』皆同聲通用字。《廣雅·釋室》：『埒，隄也。』高注非。

解構

《俶真訓》『孰肯解構人閒之事，以物煩其性命乎』，高注：『解構猶合會也。』

頤煊案：《後漢書·隗囂傳》：『勿用傍人解構之言。』《竇融傳》：『亂惑真心，轉相解搆。』《莊子·胠篋篇》：『解垢同異之變。』《詩·野有蔓草》：『邂逅相遇。』《綢繆》：『見此邂逅。』其音義並同。

唯體道能不敗

『孟門終隆之山不能禁，唯體道能不敗。』

頤煊案：下『湍瀨旋淵吕梁之深不能留也，太行石澗飛狐句望之險不能難也』，與上『孟門終隆之山不能禁』三句連文，不應有『唯體道不能敗』句，『禁』下疑脱『也』字，此六字涉上注而譌。

鋪鮮

『華藻鎛鮮』，高注：『鎛，今之金尊也。』

頤煊案：『鎛』當是『鋪』字之譌，即『敷』字。《易·説卦》『震爲旉』，《釋文》：『干寶注：旉，花之通名爲鋪，花朵謂之敷。』『華藻鋪鮮』皆謂其刻鏤之美，非金尊也。

外景内景

《天文訓》：『明者，吐氣者也是，故火曰外景。幽者，含氣者也，是故水曰内景。』

頤煊案：《大戴禮·天圓篇》：『明者，吐氣者也，是故外景。幽者，含氣者也，是故内景。』張衡《靈憲》：『日譬猶火，月譬猶水，火則外光，水則含景。』此本作「故火日外景，而金水内景。」『火日外景』、『水月内景』，兩『曰』字是俗人所改。

四守

『紫宫、太微、軒轅、咸池、四守、天阿。』高注：『皆星名，下自解。』

頤煊案：下文『太微者，太一之庭也。紫宫者，太一之居也。軒轅者，帝妃之舍也。咸池者，水魚之囿也。天阿者，羣神之闕也。四宫者，所以爲司賞罰』，高注：『四宫、紫宫、軒轅、咸池、天阿。』此『天阿』上不應有『四守』二字，當是衍文，涉下『四宫』而譌。

中央天

『中央曰鈞天，其星角、亢、氐。』

頤煊案：二十八宿皆隨斗杓所指而言，角、亢、氐離斗杓最近，故古法以此三星爲中央天。

四仲四鉤

『太陰在四仲則歲星行三宿，太陰在四鉤則歲星行二宿。』高注：『仲，中也，四中謂太陰在卯、酉、子、午四面之中也。丑鈎辰，申鉤己，寅鉤亥，未鉤戌，謂太陰在四角。』

頤煊案：《開元占經》卷二十二引注云：『太陰謂太歲也，四仲：子、午、卯、酉也。假令歲陰在卯，星守須女、虛、危，故曰三宿。四鉤謂丑寅爲一鉤，辰巳爲一鉤，未申爲一鉤，戌亥爲一鉤。假令歲陰在寅，歲星在斗牛，故曰二宿。』下文云：『子、午、卯、酉爲二繩，丑寅、辰巳、未申、戌亥爲四鉤。』足與今本互相證。

淮南元年

『淮南元年冬，太一在丙子，冬至甲午，立春丙子。』

頤煊案：《漢書·淮南王傳》：『文帝十六年，廼徙阜陵侯安爲淮南王。』是年歲在丁丑，而云太一在丙子者，據冬至在年前立算，從冬至甲午距立春四十三日，而得丙子。以節氣盈縮，故下文云：『日，冬至子午，夏至卯酉。』『壬午冬至，甲子受制，木用事。』亦四十三日而得立春也。

尚菓

《覽冥訓》「夫瞽師庶女位賤尚菓」，高注：「菓者，菓耳，菜名也，幽冀謂之檀菜，雒下謂之胡菓，主是官者至微賤也。」

頤煊案：《周禮·天官·典枲》：「掌布緦縷紵之麻草之物。」是庶女爲之。賈疏：「枲，麻也。」「菓」即「枲」字。

眄眄

「臥倨倨，興眄眄」，高注：「倨倨，臥無思慮也。眄眄然，視無智巧貌也。」

頤煊案：「眄眄」當是「盱盱」之譌。「盱」，《説文》作「盱」，與「眄」字形相近。「倨」、「盱」合韻。《莊子·寓言篇》：「老子曰：而睢睢，而盱盱，而誰與居？」《廣雅·釋訓》：「睢睢、盱盱，氣也。」

恒娥

「羿請不死之藥於西王母，恒娥竊以奔月。」

頤煊案：《歸藏》云：「昔常娥以不死之藥服之，遂奔爲月精。」「恒」改爲「常」是漢人避諱字。張衡《靈憲》作『姮娥』。《説文》無『姮』字，後人所造。

上多故

《主術訓》『是以上多故則下多詐』，高注：『故，詐。』

頤煊案：《原道訓》『不設智故，而方圓曲直弗能逃也』，高注：『智故，巧飾也。』《俶真訓》『不以曲故，是非相見』，高注：『曲故，曲巧也。』《本經訓》：『懷機械巧故之心而性失矣。』《俶真訓》：『巧故萌生。』《吕氏春秋・下賢篇》：『空空乎其不爲巧故也。』『故』當訓爲『巧』，不爲『詐』也。

擊戾

『曲得其宜，無所擊戾』，高注：『擊，掌也。戾，破也。』

頤煊案：《荀子・脩身篇》：『行而俯項，非擊戾也。』《尚書・益稷》：『戛擊鳴球。』《文選・長楊賦》作『拮隔』，韋昭曰：『古文隔爲擊。』『擊戾』即『隔背』，高注非。

意而不戴

《繆稱訓》『凡行戴情，雖過無怨，不戴其情，雖忠來惡』，高注：『戴，心所感也。』又云：『意而不戴，中心必有不合者也。』高注：『意，恚聲。戴，嗟也。』

頤烜案：下文『上意而民載，誠中者也』，高注：『上有意而未言，則民皆載而行之。』古字『載』、『戴』通用。凡行戴情，謂行載其情意，而不戴，謂上有意民不載而行之，是必中心之不合也，兩注非。

照　誋

『目之精者可以消澤，而不可以昭誋』，高注：『昭，道。誋，誠也。不可以教導戒人。』

頤烜案：上文：『可以形勢接而不可以照誋。』《齊俗訓》：『日月之所照誋。』《鹽鐵論・相刺篇》：『天設三光以照記。』『昭』、『照』古字通用，『誋』即『記』字，高注失之。

銖而無刃

《齊俗訓》『其兵戈銖而無刃』，高注：『楚人謂刃頓爲銖。』

頤烜案：《説文》：『殊，死也，从歺，朱聲。《漢令》：蠻夷長有罪當殊之。』《漢書・高帝紀》：『其赦天下殊死以下。』『銖』即『殊』假借字。

隅眥

『衣足以覆形，不務於奇麗之容，隅眥之削。』

頤煊案：『眥』當作『呰』。《本經訓》『衣無隅差之削』，高注：『隅，角也。差，邪也。』『呰』、『差』聲相近，《晏子春秋・諫下篇》：『衣不務於隅肶之削。』『肶』即『眥』之譌字。

扚

《道應訓》『孔子勁杓國門之關』，高注：『杓，引也，古者縣門下從上杓引之者，難也。』

頤煊案：『杓』當作『扚』。《説文》：『扚，疾擊也，从手、勺聲。』《兵畧訓》『爲人扚者死』，高注：『扚，所擊也。』《史記・天官書》『扚雲如繩者居前亘天』，索隱：『《説文》音丁了反，許慎注《淮南》云：扚，引也。』今諸本皆譌作『杓』。

女重

《氾論訓》『古者人醇、工龎、商樸、女重』，高注：『女重，貞正無邪也。』

頤煊案：《大戴禮・王言篇》：『民敦、工璞、商愨、女憧。』『重』即『童』字，『童』、『憧』古通用，謂憧愿無知之貌。

季　襄

『季襄、陳仲子立節抗行，不入洿君之朝，不食亂世之食，遂餓而死』，高注：『季襄，魯人，孔子弟子。』

頤煊案：《史記・仲尼弟子列傳》：『公晳哀字季次。』『孔子曰：天下無行，多爲家臣仕於都，唯季次未嘗仕。』『季次』當作『季哀』，『襄』又『哀』字之譌。

考

『夫夏后氏之璜不能無考』，高注：『考，瑕釁也。』《説林訓》『白璧有考』，高注：『考，釁汚也。』

頤煊案：『考』當作『耇』。《説文》：『耇，老人面如點也，从老省，占聲。』與『玷』字通用，譌脱作『考』。

勒

『勒率隨其蹤跡』，高注：『勒，主問吏。』又云：『勒問其故曰：而盜金於市中何也？』高注：『勒，主問吏。』

頤煊案：《漢書》主問吏無名爲『勒』者，『勒』當是『鞫』字之譌。《張湯傳》『訊鞫論報』，師古曰：『鞫，問也。』『鞫』字譌脱作『勒』。

行成獸

《詮言訓》『行成獸』，高注：『謂古禮執羔麑鹿，取其跪乳，羣而不黨。』

頤煊案：『行成獸』言有迹可法。

腐荷

《兵畧訓》『腐荷之矰』，高注：『荷，蓮華也。矰猶矢也。』

頤煊案：《詩·澤陂》『有蒲與荷』，鄭箋：『芙蕖之莖曰荷。』《證類本草》引陸璣疏亦作：『其莖曰荷。』蓮華不可以爲矢，高注非。

誂

『雖誂合刃於天下，誰敢在於上者？』高注：『誂，卒也，雖卒然合與天下争，人誰敢在其上者？』

頤煊案：《説文》：『誂，相呼誘也，从言，兆聲。』《廣雅·釋詁》：『誂，誘也。』

噬狗

《説山訓》「亡者不敢夜揭炬，保者不敢畜噬狗」，高注：「保城郭居也，保饒人也，不敢畜噬人狗也。」

頤煊案：保，酒家傭也。《鶡冠子·世兵篇》：「伊尹酒保。」《韓非子·外儲説右上篇》：「宋人有酤酒者，升槩甚平，遇客甚謹，爲酒甚美，著然不售。酒酸，問其所知長者楊倩。倩曰：『汝狗猛邪？』曰：『狗猛則酒何故而不售？』曰：『人畏焉。或令孺子懷錢挈壺甕而往酤，而狗迓而齕之，此酒所以酸而不售也。』」是説其事，高注非。

來乍

《説林訓》「猨狖之捷來乍」，高注：「乍，暫疾，以其操捷，來使疾擊而取之。」

頤煊案：「乍」當作「筰」。《繆稱訓》：「猨狖之捷來措。」《漢書·梁平王傳》晋灼曰：「許慎云：措，置。字借以爲筰耳。」《莊子·應帝王篇》「猨狙之便執斄之狗來藉」，《釋文》：「司馬云：藉，繩也，由捷見結縛也。崔云：藉，繫也。」「措」、「藉」亦聲相近。

淮南八公

《史記·淮南列傳》索隱引《淮南·要畧》云：『安養士數千，高才者八人：蘇非、李尚、左吴、陳由、伍被、毛周、雷被、晋昌，號爲八公。』

頤煊案：《要畧》無此文，唯高誘《序》見此八人，『陳由』作『田由』，『毛周』作『毛技』，唐本《序》在《要畧》後，故《索隱》以爲《要畧》文。

齊陶之縑

《鹽鐵論·本議篇》：『非獨齊陶之縑，蜀漢之布也。』

頤煊案：『陶』即定陶，不聞出縑，『陶』當是『阿』字之譌。《淮南·脩務訓》：『衣阿錫。』《史記·司馬相如列傳》『被阿錫』，集解：『《漢書音義》：阿，細繒也。』正義：『東阿出繒。』

販牛

《通有篇》：『弦高飯牛於周。』

頤煊案：『飯』是『販』字之譌。《史記·秦本紀》：『鄭販賣賈人弦高持十二牛，將賣之周。』《淮南·氾論訓》：『鄭賈人弦賈將西販牛，道遇秦師於周鄭之間。』皆其證。

佤刺

《非鞅篇》：『狐刺之鑿，雖公輸子不能善其枘。』

頤煊案：《申韓篇》：『若隱栝輔檠之正弧刺也。』『狐』、『弧』皆當是『佤』字之譌。《周禮・形方氏》鄭注：『華讀爲佤哨之佤，正之使不佤邪。』賈疏：『佤者兩頭寬中狹，邪者謂一頭寬一頭狹。』《廣雅・釋詁》：『刺，衺也。』

不鄰

《刺復篇》：『昔周公之相也，謙卑而不鄰。』

頤煊案：『鄰』是『遴』字之譌。《論語・泰伯》：『如有周公之美，使驕且吝。』《易・蒙》：『以往吝。』《説文》引《易》作『遴』，《漢書・地理志》『民以貪遴争訟』，師古曰：『遴與吝同。』

夏不失複

《輕重篇》：『夏不失複，冬不離窟。』

頤煊案：《説文》『寝，地室也，从穴，復聲。《詩》曰：「陶寝陶穴。」』《淮南・氾論訓》『古者民澤處復穴』，高誘注：『復穴，重窟也。』《禮記・月令》鄭注：『古者複穴。』《正義》：『複穴者，謂窟居也。』三字通用。

賴民

《毁學篇》：『苟非其人，簞食豆羹猶爲賴民也。』

頤煊案：《論語·子張》『未信則以爲厲己也』，鄭注：『厲讀爲賴。』《左氏·昭四年》『遂城賴』，《公羊》、《穀梁》作『厲』。古『厲』、『賴』通用，『賴民』即『厲民』。《論語》王肅注：『厲，病也。』

蔬糲

《孝養篇》：『故飯蔬糲者不可以言孝。』

頤煊案：『蔬』是『蔬』字之譌。《説文》：『疏，通也，从㐬，从疋，疋亦聲。』蔬菜之蔬或作『蔬』，故又譌爲『蔬』字，俗本音『好』，非也。

亜憂

《散不足篇》：『亜憂壁飾。』

頤煊案：『亜憂』當是『堊㱩』之譌。《爾雅·釋宫》：『牆謂之堊。』《説文》：『堊，白涂也。』《釋名·釋宫室篇》：『堊，亞也，次也，先泥之次以白灰飾之也。』獿，古之善塗人也。

唐　銻

『唐銻追人。』

頤煊案：《説文》『鎕銻，火齊也』，『唐銻』即『鎕銻』，通用字。蓋用珠綵裝飾人物，以爲戲弄之具。《玉篇》：『鎕銻，餌也。』是以餅爲之。

蟬　攫

『古者，推車無柔，棧輿無植，及其後，士大夫則單複木具。』

頤煊案：《非鞅篇》：『推車之蟬攫，負子之教也。』《淮南·説林訓》『古之所爲不可更，則推車至今無蟬匷』，高誘注：『匷，車類，讀如孔子射于矍相之矍。』『單複』當是『蟬攫』之譌。《廣雅·釋器》：『轒轉，輞也。』皆字異而音義並同。

登　得

《結和篇》：『登得前利，不念後咎。』

頤煊案：『登得』即『貪得』。《禮記·大學》『一人貪戾』，鄭注：『戾之言利也，《春秋傳》

曰：「登戾之。」』何休《公羊注》：『登讀言得。』是以『登得』爲『貪得』也。

駕　説

《法言・學行篇》『仲尼駕説者也』，舊注：『駕，傳也。』

頤煊案：《淮南・繆稱訓》『子産騰辭』，高誘注：『騰，傳也。』《後漢書・隗囂傳》：『帝數騰書隴蜀。』皆與駕説義同。

分其弓

『羿逢蒙分其弓。』

頤煊案：『分其弓』與下文『良捨其策』、『般投其斧』對言之。『分』當是解散之名，《素問・五常政大論》『分潰癰腫』，王砅注：『分，裂也。』與解散義近。

桐　子

『師哉師哉！　桐子之命也。』

頤煊案：『桐』讀爲『通』，師者所以開通子之性命。《漢書・禮樂志》『桐生茂豫』，師古曰：『桐讀爲通。』《廣陵厲王傳》『毋桐好逸』，師古曰：『桐，輕脱之貌也。』『輕脱』即『通脱』。《隸釋・史晨後碑》：『桐車馬於瀆上。』『桐』即『通』字，皆其證。

別

《吾子篇》：『聖人虎別，其文炳也。君子豹別，其文蔚也。』

頤煊案：《易・革》作『虎變』、『豹變』。『變』古通作『辨』字。《周禮・小宰》『聽稱責以傅別』，鄭注：『傅別，故書作傅辨。』《列子・楊朱篇》『我又欲與若別之』，張湛注：『別猶辨也。』『別』、『辨』、『變』三字通用。

捽　茹

《脩身篇》『簞瓢捽茹』，舊注：『謂以手捽菹茹也。』

頤煊案：『捽』古通作『掇』字。《禮記・檀弓》：『啜菽飲水。』《爾雅・釋言》：『啜，茹也。』郭璞注：『啜者，拾食。』與『掇』字同義。《廣雅・釋詁》：『茹，食也。』舊注失之。

盍勢諸

《問神篇》：『或曰君子病没世而無名，盍勢諸名卿可幾也。』

頤煊案：『勢』當是『埶』字之譌。『埶』，古『藝』字，謂藝習其業，名卿可冀得也。

久幽

《問明篇》：『久幽而不改其操。』

頤煊案：《論語·憲問》：『久要不忘平生之言。』『久幽』即『久要』。《爾雅·釋地》『燕曰幽州』，《釋文》：『李巡云：燕其氣深，要故曰幽，幽，要也。』《詩·七月》『四月秀要』，《夏小正》作『莠幽』。《文選·東京賦》：『澤泊幽荒。』『幽荒』即『要荒』，『幽』、『要』古字通用。

開跡

《五百篇》：『若是則仲尼之開跡諸侯也，非邪？』

頤煊案：《詩·載驅》『齊子發夕』，《毛傳》：『發夕，自夕發至旦。』次章『齊子豈弟』，鄭箋：『豈弟，猶言發夕也。』《爾雅·釋言》：『愷悌，發也。』此『開跡』猶言『愷悌』，謂孔子旦夕發跡於諸侯之國也。

鍾鼓不耺

《先知篇》：『鍾鼓不耺。』

頤煊案：『耺』當是『眩』字之譌。《文選·吴都賦》『鍾鼓之鏗眩有殷』，李善注：『鏗眩，大聲也。』《長門賦》『聲噌吰而似鍾音』，李善注：『噌吰，聲也。』『吰』與『耾』同。

改赴

《白虎通・爵篇》：『忽者，鄭伯也，此未踰年之君當稱子，嫌爲改赴，故名之也。』

頤煊案：當時以鄭伯赴告，故書『鄭伯』，若稱子，是爲『改赴』，文義本明析。盧氏文弨校本據何休《公羊注》改作『嫌爲改伯從子，故名之也』，非是。

死後加王

『故《尚書》曰：「王麻冕黼裳。」此大斂之後也，何以知王，從死後加王也？以《尚書》言「迎子釗」，不言「迎王」也。』盧氏校本作『何以知不從死後加王也？』

頤煊案：『何以知王』句，『從死後加王也』句，文義本明。若改『王』作『不』，死後與大斂後無以異，當從舊本爲是。

銅瑁

『《尚書》曰：「再拜興，對，乃受銅瑁。」』

頤煊案：今本《尚書》『銅』作『同』。《三國志・虞翻傳》裴松之注引翻條奏：『鄭注《尚書》今經益「金」，就作「銅」字。』與此本正同。《周禮・典同》『掌六律、六同之和』，鄭注：『故書同作銅。』『銅』、『同』亦通用字。

不施予一人

《號篇》：『故尚書曰：「不施予一人。」』盧氏文弨曰：『即《盤庚》「不愓予一人」之駁文。』

頤煊案：《詩・皇矣》『施于孫子』，鄭箋：『施猶易也，延也，施讀爲弛。』《爾雅・釋詁》：『弛，易也。』郭璞注：『相延易。』《盤庚》『愓』當作『易』，與此『施』字義合。

竈以雉

《五祀篇》：『一説户以羊，竈以雉。』盧氏校本據《通典》改作『竈以雞』，云：『《説題辭》：雞爲積陽，南方之象。』

頤煊案：《易・説卦》『離爲雉』，離，南方火象，義亦得通。

咸池

《禮樂篇》：『黄帝曰咸池者，言大施天下之道而行之，天之所生，地之所載，咸蒙德施也。』

頤煊案：此以『池』爲『施』之假借字。《禮記・樂記》『咸池備矣』，鄭注：『池之言施也。』

《周禮·大司樂》鄭注：『咸池言其德無所不施。』皆同此說。

短足

《封公侯篇》：『不忍使親屬無短足之居。』

頤煊案：『短』當是『侸』字之譌。《説文》：『侸，立也，從人，豆聲，讀若樹。』《一切經音義》卷十七『駐』古文作『住』、『尌』、『侸』、『逗』四形。

無射

《五行篇》：『射者，終也，言萬物隨陽終也。』

頤煊案：上下文所釋皆取同聲字，『終』當是『繹』字之譌。《禮記·射義》：『射之爲言繹也。』《爾雅·釋詁》『射，厭也』，《釋文》：『射本作斁。』《詩·清廟》『無射於人斯』，《禮記·大傳》鄭注引作『無斁』。『斁』、『繹』、『射』三字皆同聲。

伯諫

《諫諍篇》『伯諫』，盧氏校本據《初學記》改作『陷諫』。

頤煊案：《淮南·人間訓》『陽虎將舉劒而伯頤』，高誘注：『伯，迫也。』『伯諫』謂迫切而諫，下文：『伯諫者，義也，惻隱發於中，直言國之害，勵志忘生，爲君不避喪身。』與廹切義近。『伯』或作『陌』，因又譌作『陷』字。

芝　葢

《考黜篇》：『車者，謂有赤有青之葢，朱輪。』

頤煊案：『之』當作『芝』。《文選·西京賦》『芝葢九葩』，薛綜注：『以芝爲葢，葢有九葩之采也。』《思玄賦》『左青琱以揵芝兮』，舊注：『芝，小葢也。』蔡邕《獨斷》：『三葢車名耕根車，一名芝車，親耕藉田乘之。』

貪　狼

『或曰惡人貪狼重土。』

頤煊案：《淮南·要畧》『秦國之俗貪狼』，高誘注：『狼，荒也。』《史記·律書》『狼者言萬物可度量，斷萬物故曰狼。』《孟子·滕文公上》：『樂歲，粒米狼戾。』《禮記·大學》『一人貪戾』，鄭注：『戾之言利也。』『貪狼』即『貪戾』也。

四　方

《商賈篇》：『《尚書》曰：肇牽車牛遠服賈。用方言遠行可知也。』

頤煊案：『用方』當是『四方』之譌，『四方言遠其行可知』，以證賈亦有行義。下文『方言欽厥父母，欲留供養之也』，『方』讀如《論語》『遊必有方』之『方』，是釋『止曰賈』正義〔一〕。

喜在西方

《情性篇》：『喜在西方，怒在東方，好在北方，惡在南方，哀在下，樂在上。』

頤煊案：《漢書・翼奉傳》：『北方之情好也，好行貪狼，申子主之。東方之情怒也，怒行陰賊，亥卯主之。南方之情惡也，惡行廉貞，寅午主之。西方之情喜也，喜行寬大，己酉主之。上方之情樂也，樂行姦邪，辰未主之。下方之情哀也，哀行公正，戊丑主之。』當是《齊詩》說。

闕　閼

《四時篇》：『二帝爲載，三王爲年，皆謂闕閼。』

頤煊案：『謂』當作『有』，『闕』通作『虧』字，『閼』是『闕』字之譌，虧缺謂歲三百六十有六日，其餘分以置閏。下文：『《春秋傳》曰：三年之喪〔三〕，其實二十五月。』是知有闕闕之證。

帣

《紼冕篇》：『冠者，帣也，所以帣持其髮也。』

頤煊案：『帣』即『帣』字。《説文》：『帣，囊也。』《史記·滑稽列傳》『帣韝鞠䠞』，集解：『徐廣曰：帣，收衣袖也。』《説文》：『冠，絭也。』『絭，攘臂繩也。』謂以繩束持其髮，『帣』、『帣』、『絭』三字音義並同。

校勘記

〔一〕是釋止曰賈正義　『正』字疑『之』字之誤。

〔二〕三年之喪　『年』原作『月』，據《白虎通義》改。

讀書叢録卷十七 史記

史記

《漢書·五行志》引《史記》，師古曰：『此志凡稱《史記》者，皆謂司馬遷所撰也。』

頤煊案：遷所撰，《藝文志》『《太史公》百三十篇』，不名《史記》。據《史記·六國表序》云：『秦既得意，燒天下詩書，諸侯史記尤甚，爲其有所刺譏也。』《天官書》云：『余觀史記，考行事，百年之中，五星無出而不反逆行。』此所稱『史記』，當亦周秦人所記，非遷書。

徇齊

《五帝本紀》『幼而徇齊』，集解：『駰案：徇，疾。齊，速也，言聖德幼而疾速也。』索隱：『《爾雅》齊、速俱訓爲疾，今裴氏注云徇亦訓疾，未見所出。』

頤煊案：《説文》『徇，疾也』，《素問·上古天真論》『黄帝幼而徇齊』，王砯注：『徇，疾也。』

不亭

『乃習用干戈以征不享。』索隱：『一本或作亭。亭訓直，以征諸侯之不直者。』

頤煊案：《詩・韓奕》『幹不庭方』，《毛傳》：『庭，直也。』《國語・周語》『以待不庭不虞之患』，韋昭注：『庭，直也。』《左氏・襄十六年》傳：『同討不庭。』『不亭』即『不庭』，古字通用。

封禪與爲多

『萬國和，而鬼神山川封禪，與爲多焉。』索隱：『與猶許也，言萬國和同而鬼神山川封禪祭祀之事，自古以來，帝王之中推許黄帝以爲多。』

頤煊案：與，語助辭。《國語・周語》『若壅其口，其與能幾何』，韋昭注：『與，辭也。』

溉執中

『帝嚳溉執中而徧天下。』集解：『徐廣曰：古既字作水旁。』

頤煊案：『溉』古通作『概』字。概，平也，言平執中以徧及於天下。

南河之南

『舜讓辟丹朱於南河之南。』集解：『劉熙曰：南河，九河之最在南者。』

頤煊案：《禮記·王制》：『自恒山至於南河，千里而近，自南河至於江，千里而近。』《尚書·禹貢》：『荆州，浮於江沱潛漢，踰於洛，至於南河。』《左氏·閔二年》傳：『晋侯將伐曹，假道於衛，衛人不許，還自南河濟。』皆以河在冀州南，故曰南河，與九河無涉。

負夏

『就時於負夏。』集解：『鄭玄曰：負夏，衛地。』

頤煊案：《禮記·檀弓》：『曾子弔於負夏。』《水經·泗水注》以爲《春秋》之『負瑕』矣。《左氏·哀七年》傳『季康子伐邾，囚於負瑕』是也。『瑕』、『夏』聲相近。

黄熊

《夏本紀》『乃殛鯀於羽山以死』，正義：『鯀之羽山，化爲黄熊，入於羽淵。熊音乃來反，下三點爲三足也。束晳《發蒙記》云：鼈三足曰熊。』

頤煊案：《爾雅·釋魚》：『鼈三足，能。』《説文》：『熊，从能，炎省聲。』字書無能下從三點者，《正義》所見蓋『熊』字壞本，而妄爲之説耳。

英　六

『封皋陶之後於英六。』集解：『徐廣曰：《史記》皆作英字。』

頤煊案：《黥布列傳》：『太史公曰：英布者，其先豈《春秋》所見楚滅英六皋陶之後哉？』《陳杞世家》『皋陶之後，或封英六』，索隱：『本或作蓼六。』《楚世家》成王二十六年滅英，集解：『徐廣曰：《年表》及它本皆作蓼。』『蓼』字是後人據《左氏傳》改。

辛氏冥氏

『辛氏冥氏。』

頤煊案：《周本紀》『乃求有莘氏美女』，正義：『《括地志》云：古莘國城在同州河西縣南二十里。《世本》云：莘國姒姓，夏禹之後。』《廣韻》『冥』：『又姓，禹後。《風俗通》云：「漢有冥都，爲丞相史。」』見《儒林傳》。

泰卷陶

《殷本紀》『湯歸至于泰卷陶，中壘作誥』，集解：『徐廣曰：一無此「陶」字。』索隱：『鄒誕生「卷」作「餉」，又作「洞」，則「卷」當爲「坰」，與《尚書》同，非衍字也。其下「陶」字是衍耳，何以知然？解《尚書》者以大坰今定陶是也。舊本或傍記其地名，後人轉寫遂衍斯字也。』

頤煊案：《書序》：『湯歸自夏，至於大坰。』此『陶』字，太史公釋『大坰』所在，是《史記》本文，非衍字。

御長卿

『湯崩。』集解：『《皇覽》曰：漢哀帝建平元年，大司空御史長卿案行水災，因行湯冢。』索隱：『長卿，諸本多作劫姓。按《風俗通》有御氏爲漢司空御史，其名長卿。明劫非也。』

頤煊案：『大司空』下不得言『御史』，『劫』、『御』聲相近，此本作『大司空史御長卿』，傳寫者誤乙作『御史』，而因以『劫』爲姓。《水經・汳水注》引《皇覽》作『大司空史卻長卿』，『卻』即『御』字之譌。

牖里

『紂囚西伯羑里。』正義：『牖一作羑，音酉，在相州湯陰縣北九里，紂囚西伯城也。』

頤煊案：《水經・蕩水注》：『羑水又東流，逕羑城北，故羑里也。《史記音義》曰：牖里，在蕩陰縣。』《史記》舊本當作『牖』字。

明　水

《周本紀》『毛叔鄭奉明水』，索隱：『明，明水也，舊本皆無水字，今本有水字，若惟云奉明，其義未見，不知明是何物也。』

頤煊案：《禮記·郊特牲》：『縮酌用茅，明酌也，醆酒涚于清，汁獻涚于醆酒，猶明清與醆酒于舊澤之酒也。』明酌曰明，是明水亦可單言明，不必增水字。

蜚　鴻

『蜚鴻滿野』，正義：『飛鴻滿野，喻忠賢君子見放棄也。故《詩》云：「鴻鴈于飛，肅肅其羽。之子于征，劬勞于野。」毛萇云：「之子，侯伯卿士也。」』

頤煊案：《淮南·本經訓》作『飛蛩滿野』，高誘注：『蛩，蟻蠓之屬，一曰蝗也。』『蜚』，古『飛』字，『鴻』即『蛩』同聲借字。

紂石北方

《秦本紀》『是時蜚廉爲紂石北方』，集解：『徐廣曰：皇甫謐云：作石椁於北方。』索隱：『石下無字則不成文意，亦無所見，必是《史記》本脱。皇甫謐尚得其説。徐雖引之而竟不云是脱何字，專質之甚也。』

頤煊案：《水經・汾水注》作：『飛廉先爲紂使北方。』『石』當是『使』字之譌。

盜驪

『造父以善御幸於周繆王，得赤驥、温驪、驊騮、騄耳之駟』，集解：『徐廣曰：温一作盜。』索隱：『温音盜，徐廣亦作盜。』

頤煊案：《後漢書・東夷傳》李賢注引《史記》作『盜驪』，即徐廣本。《隸釋・韓勑碑陰》『河内温』，與『盜』形相近，『温』即『盜』字之譌。

犬丘

『非子居犬丘』，正義：『《括地志》云：犬丘故城一名槐里，亦曰廢丘。』

頤煊案：《漢書・地理志》：『右扶風槐里，周曰犬丘，懿王都之，秦更名廢丘。』『犬』、『廢』聲不相近，『犬』疑『大』字之譌。凡字書『杕』、『釱』、『忕』、『軑』等從大之字，俗書皆譌作從犬，即其證。

蒲坂皮氏

『昭襄王十七年，秦以垣爲蒲坂皮氏』，索隱：『爲當爲易，蓋字譌也。』

頤煊案：『十五年，大良造白起攻魏取垣，復予之』，正義：『前秦取蒲坂，復以蒲坂與魏，魏以爲垣。今又取魏垣，復予之，後秦以爲蒲坂皮氏。』『爲』非『易』字之譌。

茅濛初成

《始皇本紀》三十一年，集解：『先是，其邑謡歌曰：神仙得者茅初成，駕龍上升入泰清。』索隱：『道書：「茅濛字初成。」今此云「茅濛初成」者爲神仙之道，其意失也。蓋由裴氏所引不明，或後人增益「濛」字，遂令七言之詞有衍耳。』

頤煊案：《集解》本『茅』下有『濛』字，今本無者，與《索隱》所見本異。

陶　山

『三十三年，自榆中並河以東屬之陰山。』集解：『徐廣曰：陰山在五原北。』

頤煊案：『陰山』即下文『陶山』。《水經・河水注》引《史記音義》曰：『陶山在五原北。』《穰侯列傳》『復益封陶』，集解：『徐廣曰：一作陰。《七畧》云：「古文以陶爲陰。」』皆因字形相近而譌。

秦焚書

『三十四年，丞相臣斯昧死言：臣請史官非秦紀皆燒之，非博士官所職，天下敢有藏詩書百家語者，悉詣守尉雜燒之。』

頤煊案：始皇焚書僅焚民間所藏，而博士官所職之詩書百家語，固無恙也。故漢興，皆得列於學官。《韓非子・五蠹篇》：『明主之國無書簡之文，無先王之語，以吏爲師。』《和氏篇》：『商君教秦孝公燔詩書而明法令。』秦焚書非始皇創制，亦其國法如此。

浙江

《項羽本紀》：『項梁與籍避仇於吴中，秦始皇帝遊會稽，渡浙江，梁與籍俱觀籍曰：「彼可取而代也。」』

頤煊案：『浙江』即『南江』，《水經・沔水注》：『《地理志》曰：「江水自石城東出，逕吴國南，爲南江。」』會稽郡治吴，浙江在吴縣南，故梁與籍於始皇既渡時得共觀之。

梁期

『項羽使蒲將軍日夜引兵渡三户。』集解：『張晏曰：三户，地名，在梁淇西南。』索隱：『淇當爲湛。』

頤煊案：《水經·濁漳水注》引張晏曰：『在梁期西南。』《水經注》『梁期』、『梁淇』不同，《索隱》所説當云『淇當爲期』，故引晋八王故事、闞駰《十三州志》皆作『梁期』，今《史記》諸本皆失之。

面之

『馬童面之，指王翳曰：「此項王也。」』集解：『張晏曰：以故人故，難視斫之，故背之。如淳曰：面不正視也。』

頤煊案：面，向也，謂向視之，審知爲項王，因以指王翳。《禮記·玉藻》『唯君面尊』，鄭注：『面猶鄉也。』《田完世家》：『淳于髡説畢，趨出至門，而面其僕曰。』『面』即『鄉』也。

秦嘉廣陵人

《高祖本紀》『聞東陽寧君秦嘉』，集解：『文穎曰：秦嘉，東陽郡人也，爲寧縣君。瓚曰：

《陳勝傳》云廣陵人秦嘉，然則嘉非東陽人也。』

頤煊案：《水經・泗水注》引晋灼曰：『東陽縣本屬臨淮郡，明帝分屬下邳，後分屬廣陵。』故張晏曰：『東陽郡，今廣陵郡也。』又《淮水注》：『廣陵城，楚漢之間爲東陽郡。』《項羽本紀》集解引《陳涉世家》曰：『秦嘉，廣陵人。』與臣瓚本同。今本《陳涉世家》作『陵人秦嘉』，《漢書・陳勝傳》作『凌人秦嘉』，張晏曰：『凌，泗水縣也。』『陵』上脱『廣』字久矣。

邌明

『黎明，圍宛城三匝』，索隱：『黎音犂，黎猶比也，謂比至天明也。』

頤煊案：《漢書・高帝紀》作『遲明』，師古曰：『此言圍城事畢，然後天明，明遲於事，故曰遲明。』《史記》『遲』字作『邌』，與今本不同。《廣雅・釋詁》：『邌，遲也。』此正據《漢書》爲義，所見《史記》本亦當作『邌』。

泛戹

《吕后本紀》『太后恐，自起泛孝惠戹』，索隱：『泛音奉，氾也。』

頤煊案：《漢書・武帝紀》『夫泛駕之馬』，師古曰：『泛，覆也。』《食貨志》『大命將泛』，孟康曰：『泛，覆也。』《齊悼惠王傳》作：『太后恐，自起反戹。』『反』即『覆』也，並字異而義同。

張釋卿

『封中大謁者張釋爲建陵侯』，集解：『徐廣曰：一云張釋卿。』

頤煊案：《年表》作『張澤荆』，《燕世家》『大謁者張子卿』，《漢書・高后紀》作『張釋卿』，《燕王澤傳》作『張卿』，《周勃傳》作『張釋』，《文選・宦者傳論》李善注：『張釋字子卿。』字從文省，並是一人。

啑血

《孝文本紀》：『今已誅諸吕，新啑血京師。』

頤煊案：《漢書・文帝紀》作『喋血』，師古曰：『喋音大頰反，本字當作蹀，蹀謂履涉之耳。』《吕氏春秋・期賢篇》『履腸涉血』，『涉血』即『蹀血』也。《吕后本紀》『始與高帝啑血盟』，『啑血』即『歃血』。《史記》皆借『啑』字爲之。

西鄉南鄉

『代王西鄉讓者三，南鄉讓者再』，集解：『如淳曰：讓羣臣也，或曰賓主位東西面，君臣位南北面。故西鄉坐三讓，不受，羣臣猶稱宜，乃更廻坐，示變，即君位之漸也。』

頤煊案：『西鄉讓者』，謂琅邪王劉澤，『南鄉讓者』，謂丞相以下。

兩書日食

『二年十一月晦，日有食之。』『十二月望，日又食。』集解：『徐廣曰：此云「望，日又食」，按《漢書》及《五行志》無此日蝕文也。一本作「月食」，然史書不紀月蝕。』

頤煊案：日無望食之理，月食史不書。下詔云『乃十一月晦，日有食之，適見於天，菑孰大焉』，不言頻食，此乃史之駁文。

北地都尉卬

『十四年，匈奴攻朝那塞，殺北地都尉卬』，集解：『徐廣曰：姓孫，封其子單爲缾侯。』

頤煊案：《漢書集注》師古曰：『《功臣表》云：「缾侯孫單，以父北地都尉卬力戰死事，文帝十四年封。」與此正合。然則卬姓孫，而徐廣乃云姓段，説者因曰段會宗即卬之玄孫，無所據也。』與此不同，豈小顏所引誤耶？抑裴駰引徐廣説未審耶？

晦　雷

《孝景本紀》『後三年十月，日月皆食赤五日，十二月晦雷』，集解：『徐廣曰：一作書字，又作圖字，實所未詳。』

頤煊案：『書』當作『畫』，屬下文『日如紫』句，言十二月晦日畫時日如紫也。『圖』即『啚』字之譌。

魯孝公

《十二諸侯年表》：『魯孝公稱元年，伯御立爲君。』『十一年，周宣王誅伯御，立其弟稱，是爲孝公。』

頤煊案：伯御立十一年而孝公立，《表》於宣王二十二年，即書孝公元年，是史臣追書之法。

殤公名秋

『衛獻公十八年，孫文子攻公，公奔齊，立定公弟秋。』

頤煊案：《衛世家》『孫文子、甯惠子共立定公弟秋爲衛君，是爲殤公』，集解：『徐廣曰：班氏云：獻公弟焱。焱、秋聲相近。』次行書『衛殤公狄元年』，『狄』是『秋』字之譌。

鄭厲公

『鄭厲公元年，厲公亡後，七歲復入。』

頤煊案：鄭厲公四年出居櫟，經昭公二年、子亹一年、子嬰十四年，共十七年。《鄭世家》亦云：『厲公初立四歲，亡居櫟，居櫟十七年復入。』此『七』上當脱『十』字。

靈公庶兄

『鄭襄公堅元年，靈公庶弟。』

頤煊案：《鄭世家》『堅者，靈公庶弟』，集解：『徐廣曰：《年表》云：靈公庶兄。』今《表》作『庶弟』，與《世家》同，是後人所改。

湯起亳

《六國表》：『湯起於亳。』集解：『徐廣曰：京兆杜縣有亳亭。』

頤煊案：《秦本紀》『寧公二年遣兵伐湯杜，三年與亳戰，亳王奔戎，遂滅湯杜』，集解：『皇甫謐云：亳王號湯，西夷之國也，非殷湯。』《水經・汳水注》：『漢哀帝建平元年，大司空史郤長卿按行水災，因行湯冢，在漢屬扶風。今徵之回渠亭，有湯池徵陌，是也。』以亳王湯爲殷湯，與此《表》同。

博陵

『齊威王六年，晉伐我至鱄陵。』索隱：『劉氏：鱄音屬沈反，又音專。』

頤煊案：《地理志》無『鱄陵』。《田完世家》作『晉伐我至博陵』，正義：『在濟西界也。』『鱄』當是『博』字之譌。

王出滎陽

《秦楚之際月表》：『漢三年六月，王出滎陽。』集解：『徐廣曰：《項羽》、《高紀》：七月出滎陽。』

頤煊案：《項羽》、《高紀》出滎陽，不載月數。《高紀》集解：『徐廣曰：按《月表》，三年七月，王出滎陽。』皆與此表差一月。《漢書·高帝紀》又作『五月』。

周苛樅公

『八月，周苛樅公殺魏豹。四年三月，周苛入楚。四月，王出滎陽，豹死。』集解：『徐廣曰：《項羽紀》曰：王出成皋。』

頤煊案：《表》以四年之出成皋爲出滎陽，故重言豹死。周苛未嘗入楚，項羽拔滎陽，殺周苛樅公，亦是三年事，皆《表》誤。

陳嬰都折

《高祖功臣侯年表》：『堂邑，陳嬰定豫章、浙江都折，自立爲王壯息，侯。』

頤煊案：《漢表》作『都漸』，師古曰：『漸，水名，在丹陽黟縣南蠻中。嬰既定諸地而都之。』《説文》『漸江』、『浙江』不同，此『折』字當從《漢表》作『漸』。

安陽

『安陽，中二年封昌孫左車。』

頤煊案：《孝景本紀》：『中元年，封故御史大夫周苛孫平爲繩侯，故御史大夫周昌子左軍爲安陽侯。』此作『昌孫』，涉『周苛孫平』而譌。

湖陵

『費，陳賀定會稽、浙江、湖陽，侯。』

頤煊案：《漢表》作：『定會稽、浙江、湖陵。』《漢書·地理志》湖陽屬南陽郡，不與會稽、浙江相近，當從《漢表》作『湖陵』爲是。

阿　陵

『阿陵，郭亭以塞疏入漢。』集解：『徐廣曰：一云塞路。』索隱：『按路字誤爲疏，小顏云：主遮塞要路也。』

頤煊案：以塞路疏通，義亦得通，非誤字。

安　國

『安國，王陵以客從起豐，以廐將别定東郡、南陽，從至霸上，入漢，守豐。上東，因從戰不利，奉孝惠、魯元出淮水中，及堅守豐，于雍侯。』

頤煊案：《史》、《漢》兩《表》所載侯狀俱同，唯安國武侯王陵，兩《表》絶異，疑此别是一王陵，而史公誤合之。《陳丞相世家》集解作：『奉孝惠、魯元出睢水中。』此作『淮水』，譌。

武　遂

『高梁，酈疥，元光三年，侯勃元年。元狩元年，坐詐詔衡山王取金，當死，病死，國除。』

頤煊案：《酈生列傳》『封疥爲高梁侯，後更食武遂，嗣三世。元狩元年，武遂侯平』，正義：

『《年表》云：卒，子敵嗣。卒，了平嗣。元年，有罪，國除。而《漢書》云：更食武陽，子遂嗣。恐《漢書》誤也。』今《表》不言『更食武遂』，『敵』即『敎』字之譌。『元狩元年』下脱『侯平』二字。

武　城

《惠景間侯者年表》：『武城，齊悼惠王子，侯。』索隱：『《漢志》闕，凡闕者，或鄉名，或尋廢，故《志》不載。』

頤煊案：《漢書·地理志》武城有二，一屬左馮翊，一屬定襄郡，皆非此所封之武城。此當是東武城，《地理志》屬清河郡。

弓　高

『弓高，韓穨當。』索隱：『《漢表》在營陵。』

頤煊案：《漢書·地理志》弓高屬河間國，營陵屬北海郡。凡諸侯食封有不在本邑中者，故《表》、《志》往往不同，詳見下。

涉安

《建元以來侯者年表》:『涉安,以匈奴單于太子降,侯。三年四月丙子,侯於單元年。五年,卒,無後,國除。』

頤煊案:《漢表》作:『五月,薨,亡後。』《漢書·匈奴傳》:『於單降漢,漢封於單爲陟安侯,數月死。』『五年卒』當依《漢表》作『五月』爲是。

僕多

『煇渠,僕多。』索隱:『《漢表》作「僕朋」,此云「僕多」,與《衛青傳》同。』

頤煊案:《廣韻》引《風俗通》亦作『僕多』。

龍亢

『龍亢,廣德。』索隱:『晋灼云:龍,闕。《左傳》齊侯圍龍,龍,魯邑。蕭該云:廣德所封止是龍,有亢者誤也。』

頤煊案:《漢表》作『龍侯』。《南越列傳》『樛樂,其姊爲王太后,首願屬漢,封其子廣德爲龍亢侯』,索隱:『龍亢屬譙國。』《史表》當有『亢』字。

徐悍

《漢興以來將相年表》：『孝文後七年，屬國捍爲將屯將軍。』集解：『徐廣曰：姓徐，一名厲[二]，即祝茲侯。』

頤煊案：《侯表》是祝茲侯徐厲之子悍。

洋音翔

《禮書》：『洋洋美德乎。』索隱：『洋音羊，鄒誕生音翔，非也。』

頤煊案：《老莊列傳》『其言汪洋』，正義：『洋音翔。』《漢書・吴王濞傳》『方洋天下』，師古曰：『方洋，猶翺翔也。』《穆天子傳》『庚辰濟於洋水』，郭璞注：『洋音詳。』皆與鄒誕生音同。

郊疇乎天子

『郊疇乎天子。』索隱：『疇，類也。天子類得郊天，餘並不合祭。今《大戴禮》作「郊止乎天子」，當是也。「止」或作「疇」，因誤耳。』

頤煊案：《大戴禮》『止』當是『匹』字之譌。《國語・齊語》『人與人相疇』，韋昭注：『疇，匹也。』

律　書

《律書》第三。《漢書集注》：『張晏曰：遷没之後，亡《兵書》。師古曰：序目本無《兵書》，張云亡失，非也。』

頤煊案：《太史公自序》：『作律書第三。』序專論兵。『作曆書第四。』序兼論律。疑《律書》自『王者制事立法』以下，至『孔子所稱有德君子者邪』，本爲《兵書》。自『《書》曰七正二十八舍』以下，至篇末爲《曆書》篇首，後人誤割，附於上篇《兵書》之後，而改其目曰《律書》，故張晏以爲亡也。班固撰《漢書》，稱《律曆志》，似猶見其原本。

奎一作畫

『北至於奎。』集解：『徐廣曰：一作畫。』

頤煊案：《説文》：『畫，蠆也。』故下文云：『奎者，主毒螫殺萬物也。』『奎』又通作『刲』，故下文云：『奎而藏之。』《天官書》：『奎爲溝瀆。』亦刲象也。

古霞字

《天官書》：『天雷電蝦虹。』

頤煊案：《漢書·天文志》作『赮蚕』。《文選·江賦》『壁立赮駮』，李善注：『赮，古霞字。』《漢書·揚雄傳》『噏清雲之流瑕兮』，師古曰：『瑕謂日旁赤氣也。』《文選·甘泉賦》作『流霞』。《説文》無『霞』字，古止以『瑕』字爲之，『蝦』、『赮』又『瑕』之借字。

蒲　池

《封禪書》：『北穿蒲池溝水。』正義：『顔師古曰：「蒲池，爲池而種蒲也，蒲字或作滿，言其水滿。」恐顔説非。《括地志》：「渭北咸陽縣有蘭池，始皇逢盜蘭池者也。」疑「蘭」字誤作爲「蒲」，重更錯失。』

頤煊案：『蒲池』疑『滈池』之譌。《始皇本紀》『爲吾遺滈池君』，正義：『《括地志》：「滈水源出長安縣西北滈池。」酈元注《水經》云：「滈水承滈池，北流入渭。」』『蒲』、『滈』字形亦相近。

王　制

『刺六經中作《王制》，謀議巡狩封禪事。』索隱：『劉向《七録》云：「文帝所造書有《兵制》《本制》《服制》篇。」』

頤煊案：即今《禮記·王制篇》，今本無《兵制》《本制》《服制》篇目，亦猶《樂記》十一篇，後人合并爲一，無篇目也。盧植亦云：『漢孝文皇帝令博士諸生作此《王制》之書。』

畝收一鍾

《河渠書》：『收皆畝一鍾，於是關中爲沃野。』

頤煊案：《貨殖列傳》『畝鍾之田』，集解：『徐廣曰：六斛四斗也。』《漢書·食貨志》：『歲收畝一石半。上孰其收自四。』《淮南·主術訓》：『中畝之獲，卒歲之收不過畝四石，其畝收六石四斗者爲上畝矣。』《東方朔傳》：『酆鎬之間號爲土膏，其賈畝一金。』一金，黄金一斤，直錢萬。

萬里沙

『於是天子已用事萬里沙，則還自臨决河。』正義：『《括地志》：「萬里沙在華州鄭縣東北二十里。」』

頤煊案：《封禪書》：『於是天子既出無名，乃禱萬里沙，過祠泰山，還至瓠子，臨决河。』《漢書·地理志》東萊郡曲成有萬里沙祠，《正義》誤。

校勘記

〔一〕一名厲　『一』字原脱，今據《史記集解》補。

讀書叢録卷十八　史記

文身斷髮

《吴太伯世家》：『乃犇荆蠻，文身斷髮，示不可用。』集解：『應劭曰：常在水中，故斷其髮、文其身以象龍子，故不見傷害。』

頤煊案：『斷髮』謂翦其髮，『文身』謂文飾其身。《論語》：『吾其被髮左衽矣。』『被髮』即『斷髮』，『左衽』即『文身』，以其不合於章服，故不可復用。《漢書·嚴助傳》：『越，方外之地，劗髮文身之民也，不可以冠帶之國法度理也。』即其證，應説失之。

畔

『懼猶不足而又可以畔乎？』索隱：『按《春秋左氏傳》曰：「而又何樂。」此「畔」字宜讀曰「樂」，樂謂聞鍾聲也，畔非其義耳。』

頤煊案：『畔』即『般』字，《爾雅·釋詁》：『般，樂也。』《隸釋·張納碑》：『般桓弗就。』《張表碑》：『畔桓利貞。』古字通用。

雍林

《齊太公世家》：『齊君無知游於雍林。』集解：『賈逵曰：渠邱大夫也。』索隱：『賈言渠邱大夫者，蓋雍林爲渠邱大夫也。』

頤煊案：《左氏傳》以『雍廩』爲人名，《史記》以『雍林』爲地名，《集解》引賈注以證《史記》，非也。

懿公

『十九年五月，昭公卒，子舍立爲齊君。昭公之弟商人，十月即墓上弒齊君舍，而商人自立，是爲懿公。』

頤煊案：《年表》作『二十年』，與《左氏傳》同，《左氏傳》弒舍在七月，此『十月』當是『七月』之譌。

嘉天子命

《魯周公世家》：『周公既受命禾，嘉天子命。』集解：『徐廣曰：嘉一作魯，今《書序》作旅也。』索隱：『魯字誤，史意云周公嘉天子命，於文不必作魯。』

頤煊案：《周本紀》作：『魯天子之命。』『魯』、『旅』古字通用。《爾雅・釋詁》：『旅，陳也。』謂陳天子命，《索隱》誤釋。

䩵䩵

『䩵䩵如畏然。』集解：『徐廣曰：䩵䩵，謹敬貌也，見《三蒼》，音窮窮，一本作蘴蘴也。』

頤煊案：《玉篇》：『蘴，巨追切。蘴蘴，悚懼也。蘴，同上，俗。』『蘴』即『蘴』字。

煬公

『考公四年卒，立弟熙，是爲煬公。煬公六年卒，子幽公宰立。』

頤煊案：《三代世表》考公當昭王瑕，煬公當穆王滿，幽公當恭王伊扈，穆王在位五十五年，其所當世次太遠。《漢書・律曆志》：『《世家》煬公即位六十年，子幽公宰立。』此『六』下當脱『十』字。

茅闕門

『煬公築茅闕門。』集解：『徐廣曰：茅一作茀，又作夷。』

頤煊案：『茅』當作『茀』，因字形相近而譌。『茀門』即《春秋》所謂『雉門』。《説文》：

『雉，古文作銻。』《爾雅·釋詁》樊光注：『雉，夷也。』古文『雉』、『弟』、『夷』三字通用。《韓非子·外儲説篇》：『荆莊王有茅門之法，曰：羣臣大夫諸公子入朝，馬蹄踐霤者，廷理斬其輈。』《太平御覽》卷三百五十三引《韓子》作『苐門』，足與此互相證。

桓公

《燕召公世家》：『宣侯十三年卒，子桓侯立。桓侯七年卒。』

頤煊案：《年表》作『燕桓公』。索隱：『燕有三桓公，一襄公卒，桓公立，十六年卒。一釐公卒，桓公立，十一年卒。并此而三。』此作『桓侯』誤。

郱

《管蔡世家》：『封季載於冉。』索隱：『冉或作郱。莊十八年「楚武王克權，遷於那處」，杜預曰：「那處，楚地南郡編縣有那口城。」』

頤煊案：『那』非『郱』字，『郱』當通作『郱』，即沈國也。下文『爲晋滅沈』，集解『杜預曰汝南平輿縣有郱亭』是也，即冉季載所封地。

空籍五歲

《陳杞世家》：『惠公立，探續哀公卒時年而爲元，空籍五歲矣。』索隱：『惠公探取哀公死楚、陳滅之後爲元年，故今空經午籍五歲矣。一云：籍，借也，爲借失國之後年爲五年。』

頤煊案：《年表》哀公自殺次年即書『陳惠公吴元年』，《索隱》前説是。

石曼專

《衛康叔世家》：『衛石曼專逐其君起。』索隱：『《左傳》作「石圃」，此「專」音圃。《穀梁》作「曼姑專」，或音姑。諸本多無「曼」字。』

頤煊案：『專』即『敷』字之省，與『圃』、『姑』音相近。此作『石曼專』，本依《穀梁》，諸本依《左傳》，故删『曼』字。

辟　公

《宋微子世家》：『休公二十三年卒，子辟公辟兵立。』索隱：『《紀年》作「桓侯璧兵」，則「璧兵」謚「桓」也。又《莊子》云：「桓侯行未出城門，其前驅呼辟，蒙人止之，後爲狂也。」司馬彪云：「呼辟，使人避道。蒙人以桓侯名辟，而前驅呼辟，故爲狂也。」』

頤煊案：『辟公』既名『辟兵』，不得謚爲『辟公』，當從《紀年》作『桓公』，『辟』字即涉其名而譌。

臼季

《晉世家》：『六年，趙衰成子、欒貞子、咎季子犯、霍伯皆卒。』

頤煊案：《年表》作『趙成子、欒貞子、霍伯、臼季皆卒』，與《左氏傳》同。杜預注：『成子，趙衰。貞子，欒枝。霍伯，先且居。臼季，胥臣。』此以『臼季』爲『咎季』，因譌作『子犯』。非是。

葛陵鄉

《楚世家》：『武王卒師中而兵罷。』集解：『駰案：《皇覽》曰：楚武王冢在汝南郡鮦陽縣葛陵鄉城東北，民謂之楚王岑。』正義：『有本「葛陂鄉」作「葛陵鄉」者，誤也。』

頤煊案：《後漢書・郡國志》補注引《皇覽》作『葛陂鄉』。《水經・汝水注》：『鮦陽縣，有葛陵城，城之東北有楚武王冢，民謂之楚王琴。』岑，古陵字，『琴』即『岑』字之譌。

滅黄

『成王二十二年，伐黄。二十六年，滅英。』集解：『徐廣曰：《年表》及他本皆作「英」，一本作「黄」。』

頤煊案：『英』當作『黄』，《史記》『英』字，《左氏傳》作『蓼』，穆王四年滅蓼、六，此不得云滅英矣。《左氏傳》魯僖十一年伐黄，十二年滅黄，與此亦微相合。

定陶曰陶

《越王勾踐世家》：『范蠡止於陶，自謂陶朱公。』集解：『徐廣曰：今之濟陰定陶。』

頤煊案：《貨殖列傳》『陶、睢陽亦一都會也』，集解：『徐廣曰：今定陶。』《穰侯列傳》『乃封魏冉於穰，復益封陶』，索隱：『陶即定陶也。』『定陶』，六國時皆曰『陶』。

鄢

《鄭世家》：『京人畔段，段出走鄢。』集解：『杜預曰：鄢，今鄢陵也。』正義：『鄔，音烏古反，今新鄭縣南鄔頭有村，多萬家，舊作鄢。』

頤煊案：《正義》本『鄢』作『鄔』。《淮南・人間訓》：『楚共王與晉人戰於鄢陵。』《左氏》

作『鄢陵』。『鄔』、『鄢』字形相近，故經典常相亂。

單伯

『鄭厲公突因櫟人殺其大夫單伯。』索隱：『依《左傳》作「檀伯」，事在桓十五年，此文誤爲「單伯」者，蓋亦有所因也，按：魯莊公十四年，厲公自櫟侵鄭，事與單伯會齊師伐宋相連，故知誤耳。』

頤煊案：『單』、『亶』古字多通用。《尚書・盤庚》『誕告用亶』，馬本作『單』。《詩・昊天有成命》『單厥心』，《國語・周語》作『亶厥心』。『單伯』即『檀伯』也，與魯莊十四年單伯會齊師伐宋事無涉。

晋哀公

《趙世家》：『出公奔齊，道死，知伯乃立昭公曾孫驕，是爲晋懿公。』索隱：『或作哀公。』

頤煊案：《晋世家》作：『乃立昭公曾孫驕爲晋君，是爲哀公。』《年表》作『哀公忌』，與《世家》不同。

高赫

『唯高共不敢失禮。』集解：『徐廣曰：一作赫。』

頤煊案：《淮南·人間訓》作『高赫』。《隸釋·孔龢碑》：『烎烎彌章。』《武榮碑》：『𣢾燿烎然。』俗書『赫』作『烎』，與『共』字形相近因譌。

顧即鼓國

『中山武公初立。』索隱：『《系本》云中山武公居顧。』

頤煊案：『顧』即『鼓國』。《水經·濁漳水注》：『京相璠曰：下曲陽有鼓聚，故鼓子國也。』《詩·長發》『韋顧既伐』，《漢書·古今人表》作『韋鼓』，古字通用。

榮椽

『魏獻榮椽，因以爲檀臺。』索隱：『劉氏云：「榮椽蓋地名，其中有高處可以爲臺。」非也。按：榮椽是良材，可爲椽，登飾有光榮，所以魏獻之，故趙因用之以爲檀臺。』

頤煊案：《水經·濟水注》：「京城北有壇山罡，《趙世家》成侯二十年，魏獻滎陽，因以爲壇臺罡也。」當由所見本異。

桑丘

『韓舉與齊魏戰，死於桑丘。』集解：『駰案：《地理志》云：「泰山有桑丘縣。」』正義：『《括地志》云：「桑丘城在易州遂城縣界。」或云在泰山，非也，此時齊伐燕桑丘，三晋皆來救之，不得在泰山有桑丘縣。』

頤煊案：《漢書·地理志》泰山郡有乘丘縣，師古曰：『《春秋·莊公十五年》「公敗宋師於乘丘」是也。』《楚世家》：悼王二年，三晋來伐楚，至乘丘而還，《年表》作『桑丘』。『桑』、『乘』因字形相近而譌。

晋陽

『惠文王十六年，廉頗將，攻齊昔陽，取之。』正義：『《括地志》云：「昔陽故城在并州樂平縣東。」《春秋釋地名》云：「昔陽，肥國所都也。」』《年表》同。

頤煊案：『昔陽』當作『晋陽』，是『陽晋』之譌。《廉頗列傳》：『趙惠文王十六年，廉頗爲趙將，伐齊，破之，取晋陽。』索隱：『陽晋，衛地，後屬齊，今趙取之。司馬彪《郡國志》曰今衛國陽晋城，是也。有本作晋陽，非也。』是其證。

陰晉

《魏世家》：『文侯三十六年，秦侵我陰晉。』集解：『徐廣曰：今之華陰。』《索隱》、《年表》作『齊侵陰晉』。

頤煊案：華陰與秦近，與齊遠，不得云齊侵陰晉。今本《年表》作『秦侵陰晉』，《後漢書·郡國志》補注引《史記》曰：『魏文侯三十六年，齊侵陰晉。』與《索隱》本同。

城武都

『惠王五年，與韓會宅陽城。』正義：『《括地志》云：「宅陽故城一名北宅，在鄭州滎陽縣東南十七里。」』

頤煊案：『城』字當屬下『武堵』爲句。《年表》：『惠王五年與韓會宅陽，城武都。』『堵』即『都』字之譌。《韓世家》作『與魏惠王會宅陽』，亦無『城』字。

郪丘

『安釐王十一年，秦拔我郪丘。』集解：『徐廣曰：郪丘一作廩丘〔一〕，又作邢丘。』

頤煊案：《年表》作『廩丘』，《秦本紀》作『邢丘』。以下文『秦固有懷、茅、邢丘』句證之，當作『邢丘』爲是。正義：『《括地志》云：「平皋故城本邢丘邑，在懷州武德縣東南二十里。」』

徐州有二

《田敬仲完世家》：『田氏之徒追執簡公于徐州。』索隱：『徐州，齊邑薛縣是也。』正義：『齊之西北界上地名，在勃海郡東平舒縣。』

頤煊案：徐州有二，薛縣徐州，《左氏傳》作『舒』，《説文》作『郐』，《後漢書·郡國志》『魯國薛縣，六國時曰徐州』是也。下文『威王曰：吾吏有黔夫者，使守徐州，則燕人祭北門，趙人祭西門，徙而從者七千餘家』，即《正義》所説是。

魯莒安陽

『明年伐魯葛及安陵。』正義：『《括地志》：「故魯城在許昌縣南四十里，本魯朝宿邑。長葛故城在許州長葛縣北十二里。」』

頤煊案：《年表》作『伐魯莒及安陽』，以下文連年取魯證之，當作『莒』、『安陽』。《項羽本紀》『行至安陽』，索隱：『《後魏書·地形志》：「己氏有安陽城。」今宋州楚丘西北四十里有安陽故城是也。』其地與魯莒相近。

孔子生

《孔子世家》：『魯襄公二十二年而孔子生。孔子年七十三，以魯哀公十六年四月己丑卒。』索隱：『《公羊傳》：「襄公二十一年十有一月庚子孔子生。」今以爲二十二年，蓋以周正十一月屬明年，故誤。』

頤煊案：『二十二年』當作『二十一年』，若二十二年生，卒時當云孔子年七十二，不當云七十三。襄公二十一年當周靈王二十年。《隸釋·老子銘》：『孔子以周靈王廿年生，到景王十年，年十有七。』亦從《公羊》說。

飾賈

『粥羔豚者弗飾賈。』

頤煊案：《荀子·儒效篇》『仲尼將爲司寇，魯之鬻牛馬者不豫賈。』《循吏列傳》『子産爲相，市不豫賈。』《淮南·覽冥訓》：『黄帝治天下，市不豫賈。』『豫賈』即『飾賈』也。

文無害

《蕭相國世家》：『以文無害，爲沛主吏掾。』集解：『駰案：《漢書音義》曰：「文無害，有文無所枉害也。律有無害都吏，如今言公平吏。」』

頤煊案：《漢書·張湯傳》：『以湯爲無害，調爲茂陵尉。』《趙禹傳》『極知禹無害，然文深不可以居大府』，《論衡·謝短篇》：『夫儒生能説一經，自謂通大道，以驕文吏。文吏曉簿書，自謂文無害，以戲儒生。』深通律文而又無所枉害，因謂之文無害。

臨　濟

《曹相國世家》：『攻定陶，取臨濟。』正義：『淄州高苑縣西北二里，北狄故城，安帝改曰臨濟。』

頤煊案：臨濟與定陶相近，不得在高苑縣西北。《水經·濟水注》：『平丘縣有臨濟亭，田儋死處也。』當即此，餘見下。

楚唯無彊

《留侯世家》：『且夫楚唯無彊，六國立者復橈而從之。』集解：『駰案：《漢書音義》曰：「唯當使楚無彊，彊則六國弱從之。」』

頤煊案：『唯無』見《墨子》，『無』是語助之辭，『且夫楚爲無彊』猶言今唯楚彊，若六國立者復撓亂而從之，則陛下不得而臣之矣。

草具

《陳丞相世家》：『更以惡草具進楚使。』索隱：『《戰國策》云：「食馮煖以草具。」如淳曰：「藁草麄惡之具也。」』

頤煊案：《後漢書·馮衍傳》『饑者毛食』，李賢注：『毛，草也。』『草具』謂菜食，與太牢之禮異矣。

牧民篇

《管仲列傳》：『故曰知與之，爲取政之寶也。』索隱：『《老子》曰：「將欲取之，必固與之。」是知此爲政之寶也。』

頤煊案：此是《管子·牧民篇》文，《索隱》誤證。

蓬累

《老子列傳》：『不得其時則蓬累而行。』

頤煊案：『蓬』謂蓬髮，『累』與『儽』同。《說文》：『儽，垂皃。一曰嬾解。』老子《道經》：『儽儽兮無所歸。』《孔子世家》：『纍纍若喪家之狗。』其音義並同。

拂悟

《韓非列傳》:『大忠無所拂辭,悟言無所擊排。』正義:『拂悟當爲咈忤,古字假借耳。』

頤煊案:《韓非子·説難篇》作:『大意無所拂忤,辭言無所繫縻。』《索隱》解上句『謂不拂悟於君』,下句『謂大忠説諫之詞』,義亦與《正義》本同。今本作『辭悟』是後人誤乙。

佩豭豚

《仲尼弟子列傳》:『仲由字子路,冠雄雞,佩豭豚,陵暴孔子。』

頤煊案:《莊子·盗跖篇》:『使子路去其危冠,解其長劍,而受教於子。』『佩豭豚』謂取豭豚之皮以爲劒飾。

廢居

『子貢好廢舉,與時轉貨貲。』集解:『駰案:『廢舉謂停貯也。』』

頤煊案:《貨殖列傳》『子贛廢著,鬻財於曹魯之間』,集解:『徐廣曰:《子贛傳》云「廢居」,「著」猶「居」也。』此『廢舉』當作『廢居』。《越世家》:『陶朱公廢居,候時轉物,逐什一之利。』《平準書》『廢居居邑』,集解:『徐廣曰:廢居者,貯畜之名也。』

鈒戟

《商君列傳》：『持矛而操闟戟者。』索隱：『闟亦作鈒，同所及反。』正義：『顧野王云：鋋也。《方言》云：矛，吴揚淮南楚五湖之間謂之鋋。』

頤煊案：《玉篇》：『鈒，所及反，鋋也。』《正義》本當作『鈒戟』。

碣石在九門

《蘇秦列傳》：『南有碣石鴈門之饒。』索隱：『《戰國策》碣石在常山九門縣。』《尚書正義》引鄭注：《戰國策》碣石在九門縣。今驗九門，無此山。

頤煊案：《山海經·北山經》：『碣石之山，繩水出焉，而東流注于河。』山次在鴈門、虖沲之間，當與九門相近。今《國策》無此文。

博關

『趙涉河博闕。』集解：『徐廣曰：齊威王六年，晋伐齊，到博陵。東郡有博平縣。』

頤煊案：『博闕』當作『博關』。《張儀列傳》『悉趙兵渡清河，指博關』，正義：『博關在博州。趙兵從貝州渡黄河，指博關。』

郇陽

『北有陘塞郇陽』，索隱：『郇陽地當在潁川汝南之界，檢《地理志》及《太康地記》，北境並無郇邑。』

頤煊案[二]：『郇陽』即『旬陽』，《漢書·地理志》屬漢中郡，其地有關，與楚北境相近。

什谷

《張儀列傳》：『下兵三川，塞斜谷之口。』

頤煊案：『斜谷』是『什谷』之譌。《水經·洛水注》：『洛汭即什谷也，故張儀説秦曰：「下兵三川，塞什谷之口。」謂此川也。』《後漢書·郡國志》補注引《史記》曰：『張儀下兵三川，塞什谷之口。』『什』、『尋』，聲之轉，故《索隱》云：『尋、什，聲相近。』非『斜』字。

愳然顧化

《孟軻列傳》：『王公大人初見其術，愳然顧化。』索隱：『愳音劬，謂衍之術皆動人心，見者莫不愳然駐想，又内心留顧而已化之，欲從其術也。』

頤煊案：『愳』與『懼』同，『化』讀如《公羊傳》『化我』之『化』，『愳然顧化』謂心驚其術，顧而過之也。

方枘

『持方枘，欲内圜鑿。』索隱：『方枘是筍也，圜鑿是孔也，謂工人斲木以方筍而内之圓孔，不可入也。故《楚詞》云：「以方枘而納圓鑿者，吾知其齟齬而不入也。」』

頤煊案：《説文》無『枘』字，依字義即是『笍』字。《一切經音義》卷十一：『枘，乃困反。《通俗文》作枘，再生也。又作嫩，近字也。』『筍』、『嫩』音義皆相近。

信陵

《信陵君列傳》：『封公子爲信陵君。』索隱：『《地理志》無信陵，或曰是鄉邑名。』

頤煊案：《水經·汳水注》：『汳水又東逕葛城北，故葛伯之國也。』葛於六國屬魏，魏襄王以封公子無忌，號信陵君，其地葛鄉，即是城也，在寧陵縣西十里。

故吴墟

《春申君列傳》：『春申君因城故吴墟，以自爲都邑。』正義：『闔閭，今蘇州也，於城内小城西北別築城居之，今圮毁也。』

頤煊案：《周本紀》正義：『太伯奔吴，所居城在蘇州北五十里無錫縣界梅里村，其城及冢見存。』《漢書·地理志》：『會稽郡無錫，春申君歲祠以牛。』春申君所城故吴墟，當是太伯所居之梅里，非闔閭所城之蘇州。

重丘

《樂毅列傳》：『是時齊湣王彊，南敗楚，相唐昧於重丘。』索隱：『《地理志》重丘縣名屬平原郡。』正義：『在冀州城武縣。』

頤煊案：平原郡，齊西北，與趙界，不得云南。《左氏·襄十七年》傳『衛孫蒯田於曹隧，飲馬於重丘』，杜預注：『重丘，曹邑。』此時當屬楚。

武城

《李牧列傳》：『秦破趙，殺將扈輒於武遂城。』索隱：『劉氏云：「武遂本韓地，在趙西。」恐非，《地理志》河間武遂也。』

頤煊案：此當作『武城』，『遂』是衍字。《趙世家》：幽繆王二年，秦攻武城，扈輒率師救之，軍敗，死焉。《始皇本紀》：十三年，桓齮攻趙平陽，殺趙將扈輒。十四年，定平陽、武城。皆無『遂』字。《後漢書·郡國志》：『魏郡鄴，有平陽城，有武城。』皆其證。

扰

《刺客列傳》：『臣左手把其袖，右手揕其胷。』集解：『徐廣曰：揕音張鴆切，一作抗。』索隱：『揕謂以劒刺其胷也，抗音苦浪反，言抗拒也，其義非。』

頤煊案：『抗』當是『扰』字之譌，《説文》：『扰，深擊也，從手，冘聲。』即『揕』字。

求當作來

《李斯列傳》：『求丕豹、公孫支於晉。』

頤煊案：《文選・李斯上秦始皇書》『求』作『來』。索隱：『公孫支爲秦大夫，而云自晉以來，亦未見其所出。』史記亦當作『來』字。

并國二十

『此五子者，不産於秦，而繆公用之，并國二十。』索隱：『《秦本紀》：「穆公用由余謀，伐戎王，益國二十。」故云并國二十，或易爲十二，誤也。』

頤煊案：《文選》李善注引《秦本紀》作『益國十二』。《漢書・韓安國傳》：『昔秦繆公都雍，攻取西戎，并國十四。』『四』亦與『二』字相近。

前拒

《酈商列傳》：『擊黥布，攻其前拒。』集解：『徐廣曰：一作和。駰謂拒，方陳，音矩。』索隱：『鄒氏引《左傳》有「左拒」、「右拒」，徐云一作和，和軍門也。《漢書》作前垣。』

頤煊案：《周禮・大司馬》『以旌爲左右和之門』，鄭注：『軍門曰和。』《韓非子・外儲説左上篇》：『李悝與秦人戰，謂左和曰：「右和已上矣。」又馳而至右和，曰：「左和已上矣。」』《水經・桓水注》引《尚書》鄭注：『和讀曰桓。』《漢書・酷吏傳》集注：『如淳曰：陳宋之俗言桓聲如和。』以漢書『垣』字證之，當作『前和』。

渠

《陸賈列傳》：『使我居中國，何渠不若漢。』索隱：『《漢書》作遽字，小顔以爲有何迫促而不如漢也。』

頤煊案：《詩・庭燎》『夜未央』，鄭箋：『夜未央，猶言夜未渠央也。』《匡謬正俗》作『未遽央』，『遽』、『渠』古字通用。

棘蒲

《靳歙列傳》：『從攻安陽以東，至棘蒲。』齊氏召南曰：『按棘蒲地不可考。《左傳・哀公元年》：師及齊師、衛師、鮮虞人伐晋，取棘蒲。則是晋邑，而杜不言所在，是其地在趙魏之間。』

頤煊案：《趙世家》：『敬侯六年，伐魏，取棘蒲。』正義：『今趙州平棘縣，古棘蒲邑也。』

齊桓侯

《扁鵲列傳》：『扁鵲過齊，齊桓侯客之。』索隱案：『傅玄曰：「是時齊無桓侯。」裴駰云：「謂是齊侯田和之子桓公午也。」蓋與趙簡子頗亦相當。』

頤煊案：《漢書・高帝紀》集注：『韋昭曰：魏桓侯時醫。臣瓚曰：魏無桓侯。』《韓非子・喻老篇》作『蔡桓侯』。《文選・七發》李善注引《韓子》又作『晋桓侯』，皆傳本不同。

成安

《韓長孺列傳》：『御史大夫韓安國者，梁城安人也。』正義：『《括地志》云：「城安故城在汝州梁縣東二十三里。」《地理志》云成安屬潁川郡。陳留郡。又有成安縣，未知孰是。』

頤煊案：《梁孝王世家》『梁地北界泰山，西至高陽』，集解：『徐廣曰：在陳留圉縣。』此成安當屬陳留。

甘泉居室

《衛將軍列傳》：『青嘗從入至甘泉居室。』正義：『居室，署名，武帝改曰保宫，灌夫繫居室是也。』

頤煊案：《漢書・百官公卿表》少府有『居室』，又有『甘泉居室』。武帝太初元年更名居室爲保宫，甘泉居室爲昆臺，二署不同。

平津

《公孫弘列傳》：『以弘爲丞相，封平津侯。』集解：『駰案：《漢書》高成之平津鄉也。』

頤煊案：《始皇本紀》『至平原津而病』，正義：『德州平原縣南六十里有張公故城，東有水津焉，後名張公渡，恐此平原郡古津也。《漢書》公孫弘平津侯亦近此。』平津鄉當因平原津得名，平原津即《漢書・地理志》『篤馬河』。

馳歸成都

《司馬相如列傳》：『相如乃與馳歸，家居徒四壁立。』錢氏大昕曰：『惟倪思《班馬異同》、南宋大字本《史記》「馳歸」下有「成都」二字。』

頤煊案：《文選・左太冲詠史詩》李善注引《史記》有『成都』二字。曩在京師見南宋小字《史記》有《集解》、《索隱》無《正義》本，亦有『成都』二字。

劉棄

《汲黯列傳》：『善灌夫、鄭當時及宗正劉棄。』集解：『徐廣曰：一云名棄疾。』索隱：『《漢書》見名棄疾。』

頤煊案：《漢書・百官公卿表》作『宗正劉棄』。

鞠䐁

《滑稽列傳》：『帣韝鞠䠞。』集解：『徐廣曰：鞠，曲也。䠞音其紀反，又與跽同，謂小跪也。』

頤煊案：『䠞』即『巹』字。《禮記・昏義》『合巹而酳』，《釋文》：『巹，破匏爲杯也。』《說文》：『卺，謹身有所承也，從己、丞。』傳寫者譌作『巹』，『鞠巹』謂曲身奉杯。

賓　正

《日者列傳》：『比周賓正以求尊譽。』集解：『徐廣曰：客旅謂之賓，人求長官謂之正。』

頤煊案：賓正即擯政，謂比周秉政之人。

穰當作糠

《貨殖列傳》：『太陰在卯穰，至午旱，至酉穰，至子大旱。』

頤煊案：在卯之『穰』當作『糠』，與『康』同，謂荒也。《越絶書》：『太陰三歲處金則穰，三歲處水則毁，三歲處木則康，三歲處火則旱。天下六歲一穰，六歲一康。』卯者，木也，太陰在木宜『糠』，今作『穰』字，傳寫之譌。

校勘記

〔一〕鄹丘一作廪丘　『鄹丘』，『丘』字原脱，今據《史記》補。

〔二〕頤煊案　『案』字原無，依例補。

讀書叢録卷十九　漢書

漢書真本

《梁書·劉之遴傳》：『時鄱陽嗣王範得班固所上《漢書》真本，稱「永平十六年五月二十一日己酉，郎班固上」，今本無上書年月日字。』

頤煊案：《後漢書·班固傳》：『固自永平中始受詔，潛精積思二十餘年，至建初中乃成。』永平十六年《漢書》尚未成，真本之謬可知矣。

漢書加前字

《金樓子·聚書篇》：『又使孔昂寫得《前漢》《後漢》《史記》《三國志》《晋陽秋》《莊子》《老子》《肘後方》《離騷》等合六百三十卷。』《漢書》加『前』字，已見於此。

漢書分卷

《隋書·經籍志》：『《漢書》一百一十五卷，太山太守應劭集解。』

頤煊案：《敘傳》班固原目百卷，今本一百二十卷，蓋顔師古《集注》又分《高帝紀》《王子侯表》《百官公卿表》《律曆志》《食貨志》《郊祀志》《地理志》《司馬相如傳》《嚴安以下傳》《揚雄傳》《匈奴傳》《外戚傳》《敘傳》爲二卷，《王莽傳》爲三卷，《五行志》爲五卷，視應劭本又多五卷。《梁書・陸倕傳》：『嘗借人《漢書》，失《五行志》四卷。』顔本作『五卷』。

漢書舊注

《風俗通・聲音篇》引《漢書舊注》云：『菰，吹鞭也。菰者，憮也，言其節憮威儀。』又引《漢書注》：『荻，角也，言其聲音荻荻，名自定也。』

頤煊案：顔師古《集注敘例》：『唯服虔與應劭同時，餘諸家皆在劭後。』《隋書・經籍志》：『《漢書》一百一十五卷，太山太守應劭集解。』劭又撰《集解音義》二十四卷。劭以前注《漢書》者多矣。

漢書音義

《史記正義》云：『《漢書音義》中有全無姓名者，裴氏注《史記》直云《漢書音義》。今有六卷，題曰孟康，或曰服虔。』

頤煊案：《司馬相如列傳》集解：『駰案：《漢書音義》曰：瑕蛤、猛氏皆獸名。』《文選》李善注引作『孟康』。《鄒陽列傳》『申徒狄自沈於河』，集解：『駰案：《漢書音義》曰：殷之末世人。』《文選注》引作『服虔』。

鄭氏注

《漢書集注》有『鄭氏』，曰：『晋灼《音義序》云「不知其名」，而臣瓚以爲鄭德。』汴本《史記索隱》以爲鄭玄。

頤煊案：《高帝紀》『沛公還軍亢父』，鄭氏曰：『屬任城郡。』《郡國志》任城國不名爲郡。《王子侯表》『抑裴戴侯道』，鄭氏曰：『抑裴，音即非，在肥鄉縣南五里。』肥鄉縣黄初二年置。皆在鄭康成後。汴本《索隱》以鄭氏作鄭玄誤。

胡　公

《漢書·文帝紀》應劭注引『胡公曰』，《元帝紀》如淳注引『胡公曰』，《百官公卿表》如淳注引『胡公曰』，《賈誼傳》蘇林注引『胡公《漢官》』。胡公即胡廣也，當時名位尊，故不著其名。顔師古《敘例》不載廣名氏爵里。

王　棶

《漢書·高帝紀》十二年師古注引『臣瓚、王棶或云公者比於上爵』。《景帝紀》中三年臣瓚注引王棶云：『景帝薄后以此年死。』王棶是西晋以前人，《敘例》亦不載。

臣　瓚

《漢書音義》臣瓚，裴駰《史記集解序》云：『莫知姓氏。』劉昭《續漢志補注》、劉孝標《類苑》、杜氏《通典》俱作『干瓚』，《史記索隱》、李善《文選注》俱作『傅瓚』，酈道元《水經注》又作『薛瓚』，顔氏《敘例》不載薛瓚之説。

漢書集注

顔師古《漢書集注》多掩他人之説以爲己説，頤煊以《史索隱》證之，《張蒼傳》『柱下方書』，『師古曰』是姚察説。《淮南王安傳》『會有詔即訊太子』，『師古曰』是樂産説。《郊祀志》『周始與秦國合而別，別五百載當復合』，『師古曰』是顔游秦説。如此類甚多。

泗水監

《高帝紀》：『秦泗水監平將兵圍豐。』師古曰：『泗川郡，川字或爲水，其實一也。』

頤煊案：《夏侯嬰傳》：『降泗水監平。』《樊噲傳》：『擊泗水監，破泗水守薛西。』《曹參傳》：『擊泗水守軍薛郭西。』《周勃傳》：『因東定楚地泗水、東海郡。』《地理志》：『沛郡，故秦泗水郡。』『川』字當作『水』。

高武侯鰓襄侯王陵

『高武侯鰓、襄侯王陵降。』晋灼曰：『《功臣表》戚鰓。安國侯王陵。』師古曰：『戚鰓初從即爲郎，以都尉守蘄城，非至丹水乃降也。此自一人耳，不知其姓，王陵亦非安國侯者。』

頤煊案：《功臣表》『臨轅堅侯戚鰓』，不封高武。下文『高起、王陵對曰』，臣瓚曰：『《漢帝年紀》高帝時有信平侯臣陵、都武侯臣起。魏相、邴吉奏事，高帝時有將軍臣陵、臣起。』此兩王陵皆非安國侯。《功臣表》凡不載者，定次時或先薨，或除封也。

五諸侯

『漢王以故得劫五諸侯兵。』應劭曰：『雍、翟、塞、殷、韓也。』如淳曰：『塞、翟、魏、殷、河南也。』韋昭曰：『塞、翟、韓、殷、魏也。』師古曰：『謂常山、河南、韓、魏、殷也。』

頤煊案：上文明言『悉發關中兵，收三河士，南浮江漢以下，願從諸侯王擊楚之殺義帝者』，『關中』謂塞、翟，『三河』謂魏、殷、河南，此所謂五諸侯也。雍時在廢丘被圍；張耳雖降，未得常山之地；韓本屬漢，不得云劫，皆不在數中，當以如淳之言爲正。

碭郡治彭城

『六年，以碭郡、薛郡、郯郡三十六縣立弟文信君交爲楚王。』《楚元王交傳》：『漢六年立交爲楚王，王薛郡、東海、彭城三十六縣。』

頤煊案：東海即郯郡治。《地理志》：『梁國，故秦碭郡。』是時碭郡當移治彭城，故《紀》言碭郡，《傳》言彭城，明是其治所。

博陽郡

『以膠東、膠西、臨淄、濟北、博陽、城陽郡七十三縣立子肥爲齊王。』

頤煊案：博陽郡不見於《地理志》。《異姓諸侯王表》：『濟北王田安都博陽。』《史記·田儋列傳》：『相横走博陽。』《漢書·田儋傳》作『横走博』，蘇林曰：『泰山博縣。』即博陽郡也。

太上皇后

『十年夏五月，太上皇后崩。』如淳曰：『《王陵傳》：「楚取太上皇、吕后爲質。」又項羽歸太公、吕后，不見歸媪也。又上五年追尊母媪爲昭靈夫人，高后時乃追尊爲昭靈后耳。《漢儀注》：「高帝母，兵起時死小黄北，後於小黄作陵廟。」以此二者推之，不得有太上皇后崩也。李奇曰：「高祖後母也。」』

頤煊案：《楚元王交傳》：『交字游，高祖同父少弟也。』言同父，明其異母，李奇之言未爲失之。

三尺劒

『吾以布衣，提三尺取天下。』師古曰：『三尺，劒也，《韓安國傳》所云「三尺」亦同，而流俗書本或云提「三尺劒」，「劒」字後人所加耳。』

頤煊案：《藝文類聚》卷二十一、《太平御覽》卷四百六十六引《漢書》俱作『提三尺劒』，《史記·韓長孺列傳》亦云『提三尺劒取天下者朕也』。

方上

《惠帝紀》：『視作斥上者，將軍四十金。』服虔曰：『斥上，壙上也。』

頤煊案：《趙廣漢傳》『護作平陵方上』，孟康曰：『壙，臧上也。』《田延年傳》『昭帝大行，時方上事暴起』，師古曰：『方上謂壙中也。』『斥上』疑『方上』之譌，『方』、『斥』字形相近，《張湯傳》作『方中』。

都吏

《文帝紀》：『遣都吏循行。』如淳曰：『律説都吏，今督郵是也。』

頤煊案：漢制，太守屬官凡外事循行督捕盜賊，皆督郵主之，故稱都吏。都，總也。内事考課遷除，皆功曹主之，故稱主吏。《高帝紀》『蕭何爲主吏』，孟康曰：『主吏，功曹也。』

陳武

『三年，以棘蒲侯武爲大將軍。』臣瓚曰：『《漢帝年紀》爲陳武，此云柴武，爲有二姓。』

頤煊案：《史》、《漢》兩表皆作『棘蒲侯陳武』。

中大夫令

『後六年，以中大夫令勉爲車騎將軍，屯飛狐。』師古曰：『中大夫，官名，其人姓令名勉耳。而徐廣以爲「中大夫令」是官名，此説非也。據《百官表》景帝初改衛尉爲中大夫令，文帝時無此官。』

頤煊案：《史記·始皇本紀》：『衛尉竭、内史肆、佐弋竭、中大夫令齊等二十人皆梟首。』『中大夫令』本秦官，非始於景帝時。

漢初雜學

《武帝紀》：『建元元年丞相綰奏：所舉賢良或治申商、韓非、蘇秦、張儀之言，亂國政，請皆罷。奏可。』

頤煊案：《陳平傳》：『治黄帝、老子之術。』《田叔傳》：『學黄老術於樂鉅公。』《張歐傳》：『孝文時以治刑名事太子。』《鼂錯傳》：『學申商刑名於軹張恢生所，與雒陽宋孟及劉帶同師。』《田蚡傳》：『學《盤盂》諸書。』《韓安國傳》：『受韓子雜説鄒田生所。』《主父偃傳》：『學長短縱横術。』《張湯傳》：『王朝，齊人，以術至右内史，邊通學短長。』此皆漢初雜學。《儒林傳序》：『孝文本好刑名之言，孝景不任儒，竇太后又好黄老術。及竇太后崩後，武安君田蚡爲丞相，黜黄老刑名百家之言，延文學儒者以百數。而公孫弘以治《春秋》爲丞相，封侯，天下學士靡然鄉風。』而雜學始廢。

閉城門大搜

『天漢元年秋，閉城門大搜。』李奇曰：『搜索巫蠱也。』『征和元年冬十一月，發三輔騎士大搜上林，閉長安城門索，十一日乃解，巫蠱起。』臣瓚曰：『搜謂索姦人也。』

頤煊案：《五行志》：『征和元年夏，大旱，是歲發三輔騎士閉長安城門大搜，始治巫蠱。明年，衛皇后、太子敗。』是兩次大搜即搜巫蠱，蓋巫蠱之禍始於天漢初，浸淫至征和二年秋始敗耳。

劉屈氂爲丞相

『征和二年春正月，丞相賀下獄死。夏四月，大風發屋折木。閏月，諸邑公主、陽石公主皆坐巫蠱死。』

頤煊案：《劉屈氂傳》：『征和二年，制詔御史：故丞相賀獄已正於理，其以涿郡太守屈氂爲左丞相。』《五行志》：『征和二年三月，涿郡太守劉屈氂爲丞相。後月，巫蠱事興，帝女諸邑公主、陽石公主、丞相公孫賀、子太僕敬聲、平陽侯曹宗等皆下獄死。』是公孫賀以正月下獄，劉屈氂以三月爲丞相，至閏四月而巫蠱事興。《公卿表》：『征和二年四月壬申，丞相賀下獄死。五月丁巳，涿郡太守劉屈氂爲左丞相。』與《紀》、《傳》異。

故廷尉王平

《昭帝紀》：『始元元年，遣故廷尉王平等五人持節行郡國。』師古曰：『前爲此官今不居者皆謂之故也。』

頤煊案：《公卿表》：『始元五年，軍正王平子心爲廷尉〔二〕，四年坐縱道匿謀反者下獄棄市。』事見下元鳳三年。前此平未嘗爲廷尉，疑此《紀》誤。

京輔都尉治所

《宣帝紀》：『本始元年京輔都尉廣漢。』師古曰：『三輔郡皆有都尉，如諸郡左輔都尉治高陵，右輔都尉治郿，京輔都尉治華陰。』

頤煊案：《地理志》華陰下不載京輔都尉治所。

霍山去病孫

『地節四年，今大司馬博陸侯禹與母宣成侯夫人顯，及從昆弟冠陽侯雲、樂平侯山等謀爲大逆。』師古曰：『據《霍光傳》雲、山皆去病孫，則於禹爲子行也，今此《紀》言從昆弟，蓋轉寫者脱「子」字耳，當言從昆弟子也。』

頤煊案：《霍光傳》載此詔本作：『及從昆弟子冠陽侯雲、樂平侯山。』《恩澤侯表》：『樂平侯山，以從祖祖父大將軍光功封。冠陽侯雲，山弟。』《外戚孝宣霍皇后傳》：『宣帝以光故封去病孫山、山弟雲皆爲列侯。』皆與《霍光傳》同。唯《魏相傳》、《蕭望之傳》言『霍光兄子山』爲異。

粲而不殊

『元康三年詔曰：骨肉之親粲而不殊。』師古曰：『粲，明也。殊，絶也。當明於仁恩不離絶也。』

頤煊案：『粲』與『粲』同。《左氏傳》『周公殺管叔而蔡蔡叔』，杜預注：『蔡，放也。』《説文》作『𥻦』，謂散放之。影宋鈔《北堂書鈔》卷四十六引如淳曰：『粲或作散，殊或作誅。』《昌邑王傳》作『析而不殊』。『析』亦是散義。

李　彊

『四年，遣大中大夫彊等十二人循行天下。』

頤煊案：《公卿表》：『元康四年，大中大夫李彊中君守少府。』『神爵三年，少府李彊爲大鴻臚。』李彊，杜陵人，素善揚雄，爲益州牧，欲得嚴君平者，見《王貢兩龔傳序》。少府李彊議，見《蕭望之傳》。

中都官獄

『神爵元年，發三輔中都官徒弛刑。』師古曰：『中都官，京師諸官府也。《漢儀注》：「長安中都官獄三十六所。」』

頤煊案：《魏相傳》：『後遷河南太守，有告相賊殺不辜，事下有司。河南卒戍中都官者二三千人，遮大將軍。』《丙吉傳》：『望氣者言長安獄中有天子氣，於是上遣使者分條中都官詔獄繫者，亡輕重一切皆殺之。内謁者令郭穰夜到郡邸獄，吉閉門拒使者不納，相守至天明。武帝亦寤，因赦天下郡邸獄繫者。』是中都官獄即郡邸獄也。

八歲立爲太子

《元帝紀》：『年二歲，宣帝即位。八歲，立爲太子。』師古曰：『宣帝即位之明年，改元曰本始。本始凡四年而改元曰地節，地節三年立皇太子。若即位年二歲，則立爲太子時年九歲矣。』又宣帝以元平元年七月即位，而《外戚傳》云：「許后生元帝數月，宣帝立爲帝。」是則即位時，太子未必二歲也。𥿄校前後衆文，此《紀》進退爲錯。』

頤煊案：《外戚傳》稱生數月宣帝立爲帝，是以元平即位之日爲始。此《紀》稱年二歲宣帝即位，是據踰年改元本始而言。元帝生於元平元年。《疏廣傳》：『地節三年立皇太子，廣爲少傅。在位五歲，皇太子年十二。』其年數正相合。

幸酒樂燕

《成帝紀》：『其後幸酒樂燕樂。』師古曰：『今流俗本無下樂字。』

頤煊案：晋灼曰：『幸酒，好酒也，樂燕，沈燕也。』晋灼本無下『樂』字。

趙護爲執金吾

『鴻嘉四年冬，廣漢鄭躬等黨與寖廣，犯歷四縣。拜河東都尉趙護爲廣漢太守，旬月平，遷護爲執金吾。』

頤煊案：《公卿表》廣漢太守趙護子夏爲執金吾，在元延元年，《紀》兼後言之，非此年事。

翟方進薨日不同

『綏和二年二月壬子，丞相翟方進薨。』

頤煊案：《天文志》：『綏和二年春，熒惑守心。二月乙丑，丞相翟方進欲塞災異，自殺。』薨日《紀》、《志》不同。

滿歲爲真

《平帝紀》：『元始元年詔：「吏在位二百石以上，一切滿秩如真。」』如淳曰：『諸官吏初除皆試守，一歲迺爲真，食全奉。平帝即位，故賜真。』師古曰：『此説非也，時諸官有試守者，特加非常之恩，令如真耳，非凡除吏皆當試守也。』

頤煊案：《趙廣漢傳》：『守京兆尹，滿歲爲真。』《韓延壽傳》：『入守左馮翊，滿歲稱職爲真。』《朱博傳》：『以高第入守左馮翊，滿歲爲真。』《薛宣傳》：『入守左馮翊，滿歲稱職爲真。』《張敞傳》：『京兆典京師，長安中浩穰，於三輔尤爲劇。郡國二千石以高第入守，及爲真，久者不過二三年，近者數月一歲，輒毁傷失名，以罪過罷。』唯三輔必先試守滿歲然後爲真。《敞傳》又云：『守太原太守，滿歲爲真。』太原邊郡亦試守如三輔，其餘郡不聞試守。《蕭望之傳》：『中二千石試事，歲滿以狀聞。』此云『一切滿秩如真』，當是元成以後所改制也。

太原郡

《異姓諸侯王表》：『元年十月，代王歇還王。趙歇以陳餘爲代王，號安成君。二年十月，漢滅歇。十一月，代屬漢爲太原郡。』

頤煊案：《高帝紀》：『三年冬十月，韓信、張耳東下井陘擊趙，斬陳餘，獲趙王歇，置常山、代郡。』而不及太原。是時代并於太原，故孝文爲代王都中都。中都，《地理志》太原縣也。《高帝紀》：『二年九月，信等虜豹，定魏地，置河東、太原、上黨郡。』《表》言屬漢爲河東、上黨郡，又不及太原，《表》據當時所屬，《紀》據分并後言之，故不同。

波漢之陽

《諸侯王表》：『波漢之陽。』鄭氏曰：『波音陂澤之陂。』師古曰：『波漢之陽者，循漢水而往也，水北曰陽。』

頤煊案：《書・禹貢》『滎波既豬』，《史記・夏本紀》作『滎播』。《廣雅・釋詁》：『播，抵也。』

左官

『武有衡山、淮南之謀，作左官之律。』服虔曰：『仕於諸侯爲左官，絶不得使仕於王侯也〔二〕。』應劭曰：『人道尚右，舍天子而仕諸侯，故謂之左官也。』

頤煊案：《兩龔傳》：『楚人也，以王國人不得宿衛。』《彭宣傳》：『淮陽陽夏人也，遷廷尉，以王國人出爲太原太守。』李奇曰：『初漢制，王國人不得在京師。』當即左官律。

六安真定

『六安。元狩二年七月壬子，恭王慶以康王少子立，三十八年薨。始元四年，夷王禄嗣，十四年薨。本始元年，繆王定嗣。』

頤煊案：《傳》作：『夷王禄嗣，十年薨。』始元四年下距本始元年止十年，《傳》是。『真定，建昭元年，安王雍嗣，十六年薨。陽朔三年，共王普嗣。』《傳》作：『安王雍嗣，二十六年薨。』建昭元年下距陽朔二年止十六年，《傳》非。

王子封邑

《王子侯表》師古曰：『侯所食邑皆書其郡縣於下，其有不書者，史失之也。』

頤煊案：《序》云：『孝武以諸侯王畺土過制，於是制詔御史：諸侯王或欲推私恩分子弟邑者，令各條上，朕且臨定其號名。』其食邑所屬郡縣有不與《地理志》同者，或當時所屬，或彼此互易，不必盡在國中。《淮南厲王傳》：『皇帝初即位，易侯邑在淮南者。』晋灼曰：『侯邑在淮南者，更易以他郡封之，不欲使錯在王國。』即其證。

德哀侯

『德哀侯廣。』注云：『泰山。』

頤煊案：《史表》『德』，索隱：『《漢志》闕，《表》在濟南。』與今本不同。

陸　城

『陸城侯貞，中山靖王子。』

頤煊案：《史表》作『陘城』，索隱：『《表》在涿郡，《志》屬中山。』《地理志》中山國無陘城，有陸成。《水經・滱水注》：『滱水又逕博陵縣故城南，即古陸城，武帝元朔二年封中山靖王子劉貞爲侯國者也。』《三國志・蜀先主傳》亦作『陸城』。

遴柬布章

《高惠高后文功臣表》：『遴柬布章。』晉灼曰：『許慎云：遴，難行也。柬，古簡字，簡少也。言今難行封，則得繼絶者少，若然，此必布聞彰於天下也。』

頤煊案：晉解甚迂。《法言・問明篇》：『鷦明遴集。』『遴集』與『鱗集』同，言其多也。『遴柬布章』謂多列簡牘，徒事空文，故下文云『非所以視化勸後也』。

曹　宗

『平陽懿侯曹參。元鼎二年，侯宗嗣。征和二年，坐與中人姦，闌入宫掖門，入財贖完爲城旦。』

頤煊案：《史表》作：『征和二年，侯宗坐太子死，國除。』與此不同。《曹參傳》亦云：『宗嗣，有罪，完爲城旦。』唯《五行志》：『征和二年，巫蠱事興，丞相公孫賀、子太僕敬聲、平陽侯曹宗等皆下獄死。』與《史表》合。宗坐死在免侯後，故《表》不載。

貰　陽

『射陽侯劉纏。』師古曰：『即項伯也，射字或作貰者，後人改也。』

頤煊案：《史記·高祖本紀》索隱：『臨淮有貰陽縣。』《漢書·功臣表》『貰陽侯劉纏』。

逮御史大夫湯

『武彊嚴侯嚴不職。孝文後二年，侯青翟嗣。元鼎二年，坐爲丞相建御史大夫陽不直，自殺。』師古曰：『以獄建之意而不直也。』

頤煊案：《史表》作：『坐爲丞相與長史朱買臣等逮御史大夫湯不直，國除。』《張湯傳》：

『使吏捕案湯左田信等。』又云：『使吏八輩簿責湯。』『建』當是『逮』字之譌，『陽』當作『湯』。

連將

『南安嚴侯宣虎，以重將破臧荼侯。』師古曰：『重將者，主將領輜重也，重音直用反。一曰持重之將也，音直勇反。』

頤煊案：《史表》作『以亞將破臧荼侯』，索隱：『亞將，《漢表》作「連將」。』『亞』、『重』字形相近，『連』又『重』字之譌。

慎將

『厭次侯爰類，以慎將元年從起留。』師古曰：『以謹慎爲將也。』

頤煊案：慎，縣名，《地理志》屬汝南郡。『陽都敬侯丁復，以越將從起薛。』『曲成圉侯蟲達，以西城户將從起碭。』『深澤齊侯趙將夕，以趙將降。』『昌圉侯旅卿，以齊將從。』皆舉其地名。

南宫

『宣平武侯張敖。高后二年，侯偃爲魯王。孝文元年，復爲侯。』

頤煊案：《張耳傳》：『孝文即位，復封故魯王偃爲南宫侯。』《表》當依前後文例書『南宫』二字，而傳寫失之。

江鄒

『江鄒。元鼎五年，侯石嗣封。九年，太始四年，坐爲太常行幸離宫道橋苦惡，太僕敬聲繫以謁聞，赦免。』

頤煊案：《公卿表》：『太始四年，江都侯靳石爲太常，四年坐爲謁問囚故，太僕敬聲亂尊卑免。』《地理志》無『江鄒』，當是『江都』之譌。《史表》作：『坐爲太常行太僕事，治嗇夫可年，益縱年，國除。』又與兩《表》不同。

李必

『戚圉侯季必』，師古曰：『《灌嬰傳》云「李必」，今此《表》作「季」，《表》、《傳》不同，當有誤。』

頤煊案：《水經·河水注》引作『李必』。《表》：『曾孫信成，元狩五年，坐爲太常縱丞相侵神道，爲隸臣。』《公卿表》作『戚侯李信成』。此《表》作『季』誤。

南陵

《景武昭宣元成功臣表》：『商陵侯趙周。』

頤煊案：《公卿表》：『孝武建元二年，南陵侯趙周爲太常。』《史表》『商陵』，索隱：『《漢表》在「臨淮」，今《表》無此注。』《王子侯表》『南陵侯慶』，注云：『臨淮。』則此《表》『商陵』當是『南陵』之譌。

襄武

『襄城侯桀龍。』

頤煊案：《史表》亦作『襄城侯』，索隱云：『《漢表》作「襄武侯」。《地理志》襄城在潁川，襄武在隴西。』然則此《表》當作『襄武』。注云『襄垣』，《地理志》屬上黨郡，《索隱》以隴西之襄武當之，亦非是。

祟利

『祟利侯郝賢。』注云：『姑莫。』

頤煊案：《地理志》姑幕屬琅邪郡。《史表》索隱云：『《表》在陽城姑莫。』今《表》無『陽城』二字，不知小司馬何所據也。

乏 興

『成安侯韓延年，元封六年，坐爲太常行大行令事留外國書一月，乏興，入穀贖，完爲城旦。』師古曰：『當有所興發，因其遲留，故闕之。』

頤煊案：乏興者，乏軍興也。《趙廣漢傳》：『尉史故劾賢爲騎士屯霸上，不詣屯所，乏軍興。』《黄霸傳》：『又發騎士詣北軍馬不適士，劾乏軍興，連貶秩。』《司馬相如傳》：『用軍興法誅其渠率。』《雋不疑傳》：『暴勝之爲直指使者，以軍興誅不從命者。』『軍興』猶今言軍法從事，蓋律之重者。

駒 普

『騏侯駒幾。侯督嗣。』

頤煊案：《公卿表》：『孝成建始元年，騏侯駒普爲太常，數月薨。』『督』即『普』字之譌。釐侯崇當以建始二年嗣，至陽朔二年薨，可以補《表》所不載。

平　津

《外戚恩澤侯表》：『平津獻侯公孫弘，以丞相詔所褒侯。元朔三年十一月乙丑封，六年薨。』

頤煊案：《公卿表》：『元朔三年，左内史公孫弘爲御史大夫。五年，公孫弘爲丞相。元狩二年三月戊寅，丞相弘薨。』《公孫弘傳》：『凡爲丞相，御史六歲，年八十，終丞相位。』與《公卿表》年數正合。弘爲丞相在元朔五年，不得云三年封，封後止四年，不得云六年薨，《表》並誤。

劉　颯

『陽城繆侯劉德，居攝元年，侯颯嗣。王莽敗，絕。』齊氏召南曰：『沈約《宋書·武紀》：「陽城釐侯慶忌生肅侯岑，岑生宗正平。」是「颯」乃「岑」字之譌。』

頤煊案：《楚元王傳》：『德傳至孫慶忌，復爲太常。薨，子岑嗣，爲諸曹中郎將，列校尉，至太常。薨，傳子，至王莽敗，乃絕。』《表》『颯』上闕『岑嗣』一代，平或是颯弟也。

段　宏

《百官公卿表》：『孝武元朔五年，中尉殷客。』

頤煊案：《汲黯傳》：『濮陽段宏始事蓋侯信，信任宏，官亦再至九卿。』《淮南王安傳》：『遣中尉宏即訊驗王。』『殷客』疑即『段宏』之譌。

王　充

『元鼎元年，蓋侯王信爲太常。』

頤煊案：《恩澤侯表》：『蓋侯王信，孝景中五年五月甲戌封，二十五年薨。元光三年，頃王充嗣。』《史記·三王世家》：『元狩六年，太常臣充。』次年即爲元鼎元年。此作『王信』誤。

搜粟都尉

『天漢元年，大司農桑弘羊。四年，貶爲搜粟都尉。』

頤煊案：《食貨志》：『桑弘羊爲治粟都尉，領大農，盡代僅斡天下鹽鐵。』與此《表》不同。疑此《表》誤。

李　种

『孝昭始元元年，司隸校尉雒陽李仲季主爲廷尉。四年，坐誣罔下獄棄市。』

頤煊案：《昭帝紀》作『李种』，師古曰：『种音冲。』《霍光傳》亦作『李种』。

廣陵太守

『孝宣神爵元年，廣陵太守陳萬年爲右扶風。』

頣煊案：《諸侯王表》：『廣陵厲王，元狩六年四月立。五鳳四年，坐自殺。』神爵間廣陵尚爲國，萬年不得爲廣陵太守，疑此《表》誤。

博陽侯

『甘露三年，博陽侯丙顯爲太僕。一年，爲建章衛尉。』

頣煊案：《恩澤侯表》：『博陽定侯丙吉，五鳳三年，顯嗣。甘露元年，坐酎宗廟騎至司馬門，不敬，奪爵一級爲關内侯。』此不當稱『博陽侯』。

左將軍

『孝元初元三年，衛尉許嘉爲右將軍。五年，遷。』

頣煊案：是年執金吾馮奉世爲右將軍，嘉當爲左將軍。《馮奉世傳》：『永光二年，左將軍許嘉，右將軍奉世。』字尚未譌。

嚴彭祖

『五年，河南太守劉彭祖爲左馮翊。二年，遷太子太傅。』

頤煊案：《儒林・嚴彭祖傳》：『彭祖爲宣帝博士，至河南、東郡太守，以高第入爲左馮翊，遷太子太傅。』『劉』當是『嚴』字之譌。

李延壽

『建昭二年，執金吾李延壽爲衛尉。五年，遷。』

頤煊案：建昭三年即云：『七月戊辰，衛尉李延壽爲御史大夫。三年，卒。』此不得『五年遷』，當是『二年』之譌。

劉慶忌

『孝成鴻嘉元年，千乘令劉慶忌爲宗正。六月，坐平都公主殺子，貶爲遼東太守。』

頤煊案：此與竟寧元年『陽城侯劉慶忌寧君爲宗正』别是一人，以《恩澤侯表》知之。

敤手

《古今人表》:『敤手,舜妹。』師古曰:『敤音口果反,流俗書本作「擊」字者誤。』

頤煊案:《説文》:『敤,从攴,果聲。舜女弟名敤首。』流俗書本誤合爲一,因作『擊』字。《列女傳·母儀篇》:『舜之女弟繫。』『繫』又『擊』字之譌。《列子·楊朱篇》:『舜耕於河陽,陶於雷澤,父母之所不愛,弟妹之所不親。』《列女傳》:『瞽叟速舜飲酒醉,將斬之,舜之女弟繫憐之,與二嫂諧。』《表》『象』在下中,『敤手』在上下,與《列女傳》同。

奚仲

『奚仲。』

頤煊案:《説文》:『車,輪輿之總名,夏后時奚仲所造。』《淮南·齊俗訓》:『堯之治天下也,奚仲爲工。』鄭康成《六藝論》:『黄帝佐官七人,奚仲造車作律管。』奚仲亦子孫之世其官者。《山海經·海内經》:『番禺生奚仲,奚仲生吉光,是始以木爲車。』郭璞注:『《世本》「奚仲作車」,此言吉光,明其父共創作意,是以互稱之。』

老子

『老子。』《表》在中上。

頤煊案：張晏曰：『老子玄默，仲尼所師，而在第四。』《隸釋·老子銘》云：『班固以老子絶聖棄智，禮爲亂首，與仲尼道違，述《漢書古今人表》，檢以法度，抑而下之，老子□與子西同科。』唐法琳《辨正論》卷五引《前漢書》：孔子爲上上流，是聖；老子爲中上流，是賢。今本《漢書》有老子在上上者，是唐天寶元年所改。

校勘記

〔一〕軍正王平子心爲廷尉　《漢書·百官公卿表》『王』上有『齊』字。

〔二〕絶不得使仕於王侯也　『王』字原作『諸』，據《漢書·諸侯王表》服虔注改正。

讀書叢録卷二十 漢書

百六三七

《律曆志》：『《易》九戹曰：初入元，百六，陽九，次三百七十四，陰九。』

頤煊案：初入元，百六歲後遇陽九，即有九年之災，再三百七十四歲遇陰九，又有九年之災。《路温舒傳》：『漢厄三七之間。』《谷永傳》：『當陽數之標季，涉三七之節紀，遭无妄之卦運，直百六之災阸。』《王莽傳》：『深惟漢氏三七之阸。』又云：『陽九之阸既度，百六之會已過。』『百六』謂『陽九』，『三七』即『陰九』，言三七者，舉成數也。

采詩夜誦

《禮樂志》：『乃立樂府，采詩夜誦。』師古曰：『夜誦者，其言辭或秘不可宣露，故於夜中歌誦也。』

頤煊案：下文：『以正月上辛用事甘泉圜丘，使童男女俱歌，昏祠至明。』故樂府肄習禮儀亦在夜間。

穀價貴賤

《食貨志》：『今一夫治田百畮，歲收畮一石半，爲粟百五十石。石三十。』

頤煊案：此言其平率也。《宣帝紀》：『元康四年，比年豐穀，石五錢。』《趙充國傳》：『金城、湟中穀斛八錢。』此言其賤。《食貨志》：『元帝即位，齊地饑，穀石三百，餘民多餓死。』《馮奉世傳》：『是歲時比不登，京師穀石二百，餘邊郡四百，關東五百，四方饑饉。』此言其貴。《高帝紀》：『關中大饑，米斛萬錢，人相食。』《食貨志》：『漢興，接秦之敝，諸侯並起，民失作業而大饑饉，凡米石五千，人相食，死者過半。』『王莽末年，雒陽以東米石二千。饑死者什七八。』此又非常之變矣。

諸布諸嚴諸逐

《郊祀志》：『諸布、諸嚴、諸豖之屬百有餘廟。』師古曰：『諸布、諸嚴、諸逐，未聞其義，「逐」字或作「逑」。』

頤煊案：《爾雅・釋天》：『祭星曰布。』《釋詁》：『逐，病也。』《史記・封禪書》作『逑』，亦謂祈求以去病也。嚴疑『襄』字之譌，《説文》『襄』從衣、𤕦聲，與『嚴』形相近。『襄』即『禳』字之省。

雍　菅

『於杜、亳有五杜主之祠、壽星祠，而雍、菅廟祠亦有杜主。』韋昭曰：『亳音薄，湯所都也。』臣瓚曰：『濟陰薄縣是也。』李奇曰：『菅，茅也。』

頤煊案：菅，縣名，《地理志》屬濟南郡。

星傳

《五行志》劉向引《星傳》曰：『魁者，貴人之牢。』又曰：『孛星見北斗中，大臣諸侯有受誅者。』又曰：『彗星入北斗，有大戰。其流入北斗中，得名人；不入，失名人。』又曰：『心，大星，天王也。其前星，太子也。後星，庶子也。』

頤煊案：《天文志》引夏氏《日月傳》曰：『日月食盡，主位也；不盡，臣位也。』《星傳》曰：『日者，德也；月者，刑也。』此《星傳》疑亦夏氏所作。

悼考廟

『成帝建始元年正月乙丑，皇考廟災。初，宣帝爲昭帝後而立父廟，於禮不正。』

頤煊案：《成帝紀》：『建始元年春正月乙丑，皇曾祖悼考廟災。』文穎曰：『宣帝父史皇孫廟。』此稱『皇考廟』，是沿宣帝時舊名，而史失改正。

酒脯祀鼠

『昭帝元鳳元年九月，燕有黄鼠銜其尾，舞於王宫端門中〔一〕。往視之，舞如故王，使夫人以酒脯祀，鼠舞不休。』

頤煊案：此事《志》凡兩見，一作：『王使吏以酒脯祠鼠。』『夫人』疑即『吏』字之譌。

右内史

《地理志》：『右扶風，武帝建元六年分爲右内史，太初元年更名主爵都尉爲右扶風。』師古曰：『主爵都尉，至太初元年更名右扶風，而治於内史右地，故此《志》追書建元六年分爲右内史，又云更名主爵都尉爲右扶風。』

頤煊案：小顔説是也。《東方朔傳》：『又詔中尉、左右内史表屬縣草田。』《汲黯傳》：『召爲主爵都尉，公孫弘爲丞相，請徙黯爲右内史。』右内史者，京兆尹也，太初以前右扶風未嘗名右内史，觀《百官公卿表》可見。

河上

『太原郡，廣武，河主、賈屋山在北。』

頤煊案：《史記·范睢列傳》：『昭王四十三年，秦攻韓汾陘，拔之，因城河上廣武。』索隱：『劉氏云：此河上蓋近河北之地。』《後漢書·馬成傳》：『代杜茂繕治障塞，自西河至渭橋，河上至安邑。』此『河主』當是『河上』之譌。

慎陽

『汝南郡，慎陽。』師古曰：『慎字本作滇，音真，後誤爲慎。闞駰云：「永平五年失印更刻，遂誤以水爲心。」』

頤煊案：《史記·功臣侯表》索隱：『慎陽，屬汝南。如淳曰：音慎。若闞駰「合作順陽」。《續漢書》作滇陽。』據此，闞駰謂誤以『水』爲『心』，是改『順陽』作『慎陽』，『川』、『水』形相近，『滇陽』又『慎陽』之譌字也。《後漢書·黄憲傳》『汝南慎陽人』，李賢注：『南陽有慎陽國，而流俗書此作順陽者誤。』即闞駰本。

安陵

『平原郡，安侯國。』

頤煊案：《水經・河水注》：「大河故瀆又北逕修縣故城東，又北逕安陵縣西，本修之安陵鄉也。《地理風俗記》：「修縣東四十里有安陵鄉故縣也。」」『安』下疑脱『陵』字。

建新

『千乘郡，莽曰建信。』

頤煊案：《後漢書・崔駰傳》：『以篆爲建新大尹。』《孔僖傳》『及篆仕王莽爲建新大尹』，李賢注：『莽改千乘國曰建信，又改曰建新。』《恩澤侯表》『陽新侯鄭業』，《哀帝紀》《杜鄴傳》作『陽信侯』。《王莽傳》是歲改十一公號，以新爲心，又改心爲信，故紀傳多不同。

著

『濟南郡，著。』師古曰：『音竹庶反，又音直庶反，而韋昭誤以爲蓍龜之蓍，乃音紀咨反，失之遠矣。』

頤煊案：《魏書・地形志》：『濟南郡，著，二漢、晉屬。』此即韋昭本。

魚澤障

『敦煌郡，效穀，本漁澤障也。桑欽説孝武元封六年，濟南崔不意爲魚澤尉，教力田，以勤效得穀，因立爲縣名。』

頤煊案：《孫寶傳》：『尚書僕射唐林，左遷敦煌魚澤障候。』哀帝時魚澤障尚置官。

魯屬徐州

『魯國，屬豫州。』

頤煊案：《後漢·郡國志》：『魯國本屬徐州，光武改屬豫州。』然則西漢魯國不屬豫州，今本是後人改也。《吕氏春秋·有始覧》：『泗上爲徐州，魯也。』周秦間魯國亦當屬徐州。

江水祠

『廣陵國，江都有江水祠。』

頤煊案：《水經·淮水注》引應劭《地理風俗記》曰：『俗謂之伍相廟也。』《後漢書·張禹傳》：『建初中拜揚州刺史，當過江行，郡中士民皆以江有子胥之神，難於濟涉。』《論衡·書虚篇》『吴王夫差殺伍子胥，乃以鴟夷橐投之於江。今時會稽丹徒大江、錢唐浙江皆立子胥之廟。』此皆以江水祠爲子胥之神。

莽縣失注

《王莽傳》:『其以益歲以南付新平。新平,故淮陽。』蘇林曰:『陳留圉縣,莽改曰益歲。』《志》淮陽國圉縣下不注『莽曰益歲』。又云:『以陳留以西付祈隧,祈隧,故滎陽。』《志》滎陽下不注『莽曰祈隧』。《後漢書·馬援傳》『員時爲增山連率』,李賢注:『莽改上郡爲增山。』《志》亦不載。

食封不在本邑

《溝洫志》:『是時武安侯田蚡爲丞相,其奉邑食鄃。』

頤煊案:《何武傳》:『武封氾鄉侯,食邑千户,氾鄉在琅邪不其,哀帝初更以犨之博望鄉爲氾鄉侯國。』《張湯傳》:『封安世爲富平侯,子延壽嗣。侯國在陳留,别邑在魏郡,租歲入千餘萬。』《史丹傳》:『封丹爲武陽侯,國東海郯之武彊聚,户千一百。』《師丹傳》:『其以厚丘之中鄉户二千一百封丹,爲義陽侯。』《王莽傳》:『封莽爲新都侯,國南陽新野之都鄉,千五百户。』其食封皆不在本邑。

段嘉

《藝文志》：『《京氏段嘉》十二篇。』晋灼曰：『《儒林》不見。』師古曰：『嘉即京房所從受易者也，見《儒林傳》及劉向《别録》。』

頤煊案：《儒林·京房傳》：『房授東海殷嘉、河東姚平、河南乘弘，皆爲郎、博士。』『段』、『殷』字形相近。

馮商

『馮商所續《太史公》七篇。』韋昭曰：『馮商受詔續《太史公》十餘篇，在班彪《别録》。商字子高。』師古曰：『《七畧》云：「商，陽陵人，治《易》，事五鹿充宗，後事劉向，能屬文。後與孟柳俱待詔，頗序列傳，未卒，病死。」』

頤煊案：《張湯傳》贊：『馮商稱張湯之先與留侯同祖。』如淳曰：『班固《目録》：「馮商，長安人，成帝時以能屬書待詔金馬門，受詔續《太史公書》十餘篇。」』《趙廣漢傳》贊：『馮商傳王尊。』張晏曰：『劉向作《新序》不道王尊，馮商續《史記》爲作傳。』商書所見僅此，班彪《别録》、班固《目録》疑是一書，或疑《别録》是劉向《别録》之譌，非是。

周史六弢

『《周史六弢》六篇。』師古曰：『即今之《六韜》也。』

頤煊案：《莊子·徐無鬼篇》『《金版》《六弢》』，《釋文》引司馬崔云：『《金版》《六弢》，皆《周書》篇名。』是《周史》又可稱《周書》也。《史記·蘇秦列傳》：『得《周書陰符》，伏而讀之。』影宋本《北堂書鈔》引《六韜》稱《周書》，或稱《周書陰符》，皆其證。

老萊子

『《老萊子》十六篇，楚人，與孔子同時。』

頤煊案：《老萊子》見《大戴禮·衛將軍文子篇》。《史記·仲尼弟子列傳序》云：『孔子之所嚴事，於周則老子，於楚則老萊子。』太史公以老萊子亦與孔子同時，故附見於《老子傳》中。《禮記·曾子問》引『老聃云』，當是適周問禮之老子。《莊子·天運篇》：『孔子行年五十有一而不聞道，乃南之沛，見老聃。』沛地屬楚，疑是老萊子也。

五子胥

『雜家，《五子胥》八篇。兵技巧家，《五子胥》十篇，圖一卷。』

頤煊案：《武帝紀》臣瓚曰：『《伍子胥書》有戈船。』又曰：『《伍子胥書》有下瀨船。』此當在『兵技巧家』十篇中。《史記正義》引《七録》云：『《越絶》十六卷，或云伍子胥撰。』《藝文志》無《越絶》，疑即『雜家』之《五子胥》八篇，後人并爲一。故《文選·七命》李善注引《越絶書伍子胥水戰兵法》一條，《太平御覽》卷三百一十五引《越絶書伍子胥水戰法》一條，引《五子胥書》皆以《越絶》冠之。今本《越絶》無『水戰法』，又篇次錯亂，以末篇證之，《越絶》本八篇，《太伯》一、《荆平》二、《吴》三、《計倪》四、《請糴》五、《九術》六、《兵法》七、《陳恒》八，與『雜家』《五子胥》篇數正同。

書有細注

《藝文志》細注皆班固自注，《史通·補注篇》云：『趙岐之《三輔決録》、陳壽之《季漢輔臣》、周處之《陽羨土風》、常璩之《華陽士女》，文言美辭，列於章句，委曲敘事，存於細書。』《魏書》張淵《觀象賦》注，《文選·月賦》李善注引作淵自注。

臨　濟

《項籍傳》：『初，章邯既殺齊王田儋於臨菑。』師古曰：『《高紀》及《儋傳》並言「於臨濟」，此獨言「臨菑」，疑此誤也。』

頤煊案：《田儋傳》：『狄人也。秦將章邯圍魏王咎於臨濟，急。魏王請救於齊，儋將兵救魏。章邯夜銜枚擊，大破齊楚軍，殺儋於臨濟下。』《後漢·郡國志》『陳留郡，平丘，有臨濟亭，田儋死此。』《史記正義》因安帝改狄爲臨濟，謂田儋即死於狄。非是。

項它

『羽使兄子項它爲大將，龍且爲裨將，救齊。韓信破殺龍且。』師古曰：『《高紀》云「項聲」，此《傳》云「項它」，《紀》、《傳》不同，未知孰是。』

頤煊案：『項聲』、『項它』是二人。《高帝紀》『楚使項聲、龍且攻布』，在三年冬十一月，此使項它、龍且救齊，在四年冬十月，非一時事。

遁逃

『贊：秦人開關延敵，九國之師遁巡而不敢進。』師古曰：『遁巡謂疑懼而卻退也，流俗書本「巡」字誤作「逃」，讀者因之而爲遁逃之義。潘岳《西征賦》云「逃遁以奔竄」，斯亦誤矣。』

頤煊案：《文選·過秦論》作：『九國之師遁逃而不敢進。』《史記》作『逡巡』。『遁逃而不敢進』，《西征賦》作『逃遁』，未爲誤也。

舍人

《張耳傳》：『有厮養卒謝其舍曰。』師古曰：『謝其舍謂告其舍中人也，故下言舍中人皆笑，今流俗書本於此「舍」下輒加「人」字，非也。』

頣煊案：《史記索隱》所見《漢書》本作『舍人』。《曹參傳》：『告舍人趣治行。』《韓信傳》：『其舍人得罪信。』舍人亦小史之屬，此『舍』下義當有『人』字。

壁人

『貫高等乃壁人柏人，要之置厠。』文穎曰：『置人厠壁中以伺高祖。』《史記索隱》引張晏曰：『鑿壁空之，令人止中也。』

頣煊案：壁者，軍壘之名。《項籍傳》：『諸侯軍救鉅鹿者十餘壁，莫敢縱兵，及楚擊秦，諸侯皆從壁上觀。』《韓信傳》：『候趙空壁逐利，即馳入趙壁。』皆是。厠與次同，謂伏兵於柏人，而別置次以待宿。

韓說

《韓王信傳》：『嫣弟説，以校尉擊匈奴，封龍頟侯，後坐酎金失侯。復以待詔爲横海將軍，擊破東越，封按道侯。』師古曰：『《史記·年表》并《衛青傳》載韓説初封龍頟侯，後爲按道侯，皆與此《傳》同，而《漢書·功臣表》龍頟侯名譊，按道侯名説，列爲二人，與此不同，疑《表》誤。』

頤煊案：《表》『譊』即『説』字之譌，小顏不察而反爲『譊』字作音，失其旨矣。

秦漢印小

《韓信傳》：『至使人有功當封爵，刻印刓，忍不能予。』蘇林曰：『刓音刓角之刓，刓與摶同。手弄角譌，不忍授也。』

頤煊案：『刓』與『玩』同，謂玩弄不忍授。《酈食其傳》：『爲人刻印，玩而不能授。』即其證。秦漢印小，故可玩弄於手。《周昌傳》：『高祖持御史大夫印弄之。』《嚴助傳》：『陛下以方寸之印、丈二之組，填撫方外。』《後漢書·徐璆傳》：『送前所假汝南、東海二郡印綬，璆曰：「昔蘇武不墜七尺之節，況此方寸印乎。」』《皇甫規傳》：『可不煩方寸之印。』應劭《漢官儀》曰：『孝武皇帝元狩四年，令通官印五分。』今世所得秦漢印皆如此。

嘸然

『諸將皆嘸然，陽應曰：「諾。」』孟康曰：『嘸音撫，不精明也。』

頤煊案：『嘸』與『憮』同。《三蒼》：『憮，怪愕之詞。』《後漢書·禰衡傳》『表憮然爲駭』，李賢注：『憮然，怪之也。』《論語·微子》『夫子憮然曰』，皇侃疏：『憮然猶驚愕也。』

賜越將軍印

《彭越傳》：『齊王田榮叛項王，漢乃使人賜越將軍印，使下濟陰以擊楚。』

頤煊案：《高帝紀》：『時彭越在鉅野，衆萬人無所屬，榮與越將軍印，因令反梁地，越擊殺濟北王安。』《項籍傳》：『榮怒，自立爲齊王，予彭越將軍印，令反梁地，越廼擊殺濟北王田安，田榮遂并王三齊之地。』是與越將軍印者，齊王田榮，非漢也，『漢』字後人妄加。

削東海薛郡

《楚元王傳》：『王戊稍淫暴，二十年，爲薄太后服私姦，削東海、薛郡。』

頤煊案：《吴王濞傳》：『錯因言楚王戊往年爲薄太后服，私姦服舍，請誅之。詔赦，削東海郡。』而不及薛，此時薛郡已省，故不言。

治淮南獄

『更生父德，武帝時治淮南獄。』錢氏大昕《考異》：『淮南王安以謀反誅，事在元狩元年。

此《傳》言昭帝即位，德待詔丞相府，年三十餘。當淮南獄起之時，恐德尚未生，安得預治獄之列。』

頤煊案：《淮南王傳》：『丞相弘、廷尉湯等以聞，上使宗正以符節治王，未至，安自刑殺。』《公卿表》：『元狩元年，宗正劉受。』受，沈猷侯歲子，更生之從祖父也。

平陽侯

《齊悼惠王傳》：『會漢將欒布、平陽侯等兵至齊。』師古曰：『平陽侯曹襄。』

頤煊案：《史記索隱》云『曹奇』。《功臣表》：『平陽，孝文後四年，簡侯奇嗣。七年，薨。孝景四年，夷侯時嗣。元狩六年，共侯襄嗣。』孝景三年，平陽侯當是曹奇，小顔誤。

徒跣免冠

《蕭何傳》：『何年老，素恭謹，徒跣入謝。』

頤煊案：凡謝罪皆免冠。《黄霸傳》：『尚書令受丞相對，霸免冠謝罪。』《霍光傳》：『光入，免冠頓首謝。』《朱雲傳》：『左將軍辛慶忌免冠，解印綬，叩頭殿下。』其重者始徒跣。《匡衡傳》：『衡免冠徒跣待罪。』《申屠嘉傳》：『通至丞相府，免冠徒跣謝。』皆是。

東垣

《曹參傳》：『追至東垣，生獲魏王豹。』

頤煊案：《地理志》河東郡垣縣即東垣也。《史記·曹相國世家》作『追至武垣』，正義：『《地理志》武垣屬涿郡，誤。』《韓信傳》：『從夏陽以木罌缶渡軍，襲安邑。魏王豹驚，引兵迎信，信遂虜豹。』與此《傳》不同。

講若畫一

『講若畫一。』文穎曰：『講或作較。』師古曰：『講，和也，畫一言整齊也。』

頤煊案：《文選·西都賦》李善注引作：『較若畫一。』《史記·曹相國世家》作：『顜若畫一。』《説文》：『斠，平斗斛也，從斗，冓聲。』『講』、『顜』皆『斠』字之借，與『較』字通用。

圯上

《張良傳》：『良嘗閒從容步游下邳圯上。』服虔曰：『圯音頤，楚人謂橋曰圯。』應劭曰：『汜水之上也。』文穎曰：『沂水上橋也。』師古曰：『下邳之水，非汜水也，又非沂水。』

頤煊案：《後漢·郡國志》《補注》：『戴延之《西征記》曰：「下邳有沂水，自城西西南注泗，別下廻城南，亦注泗。舊有橋，張良與黄石公會此橋。」』《水經・沂水注》：『沂水於下邳縣北西流，分爲二水。一水於城北西南入泗。一水逕城東屈從縣南亦注泗，謂之小沂水，水上有橋，徐泗間以爲圯，昔張子房遇黄石公於圯上，即此處也。』皆同文穎説。

諸將盡讙

《陳平傳》：『是日拜平爲都尉，使參乘，典護軍，諸將盡讙。』師古曰：『讙聑而議也。』

頤煊案：《史記・陳丞相世家》索隱：『《漢書》作「皆怨」。』今本作『盡讙』，是後人據《史記》改。

蓨

《周勃傳》：『文帝擇勃子賢者，皆推亞夫，迺封爲條侯。』師古曰：『縣在勃海，《地理志》作「蓨」字，其音同耳。』

頤煊案：《地理志》『脩』，師古曰：『音條，屬信都國。』《後漢・郡國志》修屬勃海郡。

葢侯

『亞夫果餓死後〔二〕，上迺封王信爲葢侯。』

頤煊案：《景帝紀》：『後元年，條侯周亞夫下獄死。』《恩澤侯表》：『葢侯王信，景帝中五年五月甲戌封。』在亞夫未死前二年。

圉都尉

《樊噲傳》：『後攻圉都尉、東郡守尉於城武。』師古曰：『圉即陳留圉縣。』

頤煊案：《史記·樊噲列傳》作：『從攻圍東郡守尉於成武。』《高帝紀》：『沛公攻破東郡尉於成武。』《周勃傳》：『攻東郡尉於成武，破之。』《曹參傳》：『其後從攻東郡尉軍，破之成武南。』《灌嬰傳》：『從擊破東郡尉於成武。』皆不及圉都尉。此時無都尉之名，又當稱郡不稱縣，『圉』是『圍』字之譌，『都尉』涉下『郡尉』而衍。

柴將軍

『因擊韓信軍於參合，所將卒斬韓信。』

頤煊案：《高帝紀》：『十一年，將軍柴武斬韓王信於參合。』《韓王信傳》：『十一年春，信復與胡騎入居參合，漢使柴將軍擊之，柴將軍屠參合，斬信。』是時柴將軍屬樊噲，所將卒即武也。

面雍樹馳

《夏侯嬰傳》：『嬰常收載行，面雍樹馳。』服虔曰：『高祖欲斬之，故嬰圍樹走，面向樹也。』應劭曰：『古者立乘，嬰恐小兒墮墜〔三〕，各置一面雍持之。樹，立也。』蘇林曰：『南方人謂抱小兒爲雍樹。面者，以面首向臨之也。』

頤煊案：面，背也。雍，抱也。樹與竪同。謂反縛雍竪於背而馳也。

平陽

《灌嬰傳》：『下下邳、壽春，擊破楚騎平陽，遂降彭城。』師古曰：『此平陽在東郡。』

頤煊案：《地理志》東郡有陽平而無平陽，泰山郡有東平陽，山陽郡有南平陽，此與下邳、彭城近，當是南平陽。

期期

《周昌傳》：『臣口不能言，然臣心期期知其不可，陛下欲廢太子，臣期期不奉詔。』師古曰：『以口吃故每重言期期。』

頤煊案：期，急言，讀與極同。《方言》：『極，吃也。』下文：『極知其左遷。』《趙禹傳》：

『極知禹無害。』《荀子·王霸篇》:『目欲綦色,耳欲綦聲。』楊倞注:『綦,極也。』皆與『期』字義同。

高陽

《酈食其傳》:『陳留高陽人也,爲里監門。』

頤煊案:陳留此時未置郡,言陳留者,是舉其縣也,故下文云:『夫陳留,天下之衝,四通五達之郊也,臣知其令。』《梁孝王傳》:『梁北至泰山,西至高陽。』是高陽初屬梁,後屬淮陽國,至後漢屬陳留郡。

魯元公主

《婁敬傳》:『吕后泣曰:「妾唯以一太子、一女,奈何棄之匈奴?」』

頤煊案:《高帝紀》:『吕后生孝惠帝、魯元公主。』《張耳傳》:『五年,耳薨,子敖嗣,尚高祖長女魯元公主爲王后。七年,高祖從平城過趙,趙王旦暮自上食,體甚卑,有子壻禮。』敬此言在七年後,是時魯元公主已尚張敖,敬安得爲此言?

短衣

《叔孫通傳》：『通儒服，漢王憎之，迺變其服，短衣，楚製。』

頤煊案：《蓋寬饒傳》：『斷其襌衣，令短離地。』《朱博傳》：『又敕功曹：「官屬多褒衣大紹，不中節度，自今掾史衣皆令去地三寸。」』《文帝紀》：『所幸慎夫人衣不曳地。』《王莽傳》：『母病，公卿列侯遣夫人問疾，莽妻迎之，衣不曳地。』是時男女禮服尚長，故短者特言之。

漢儀

『徙通爲奉常，定宗廟儀法，及稍定漢諸儀法，皆通所論著也。』

頤煊案：《禮樂志》：『今叔孫通所撰禮儀，與律令同録，臧於理官，法家又復不傳。漢典寢而不著，民臣莫有言者。』《後漢書・曹褒傳》：『章和元年正月，乃召褒詣嘉德門，令小黄門持班固所上叔孫通《漢儀》十二篇，勑褒曰：「此制散略，多不合經，今宜依《禮》條正，使可施行。」』王充《論衡・謝短篇》：『高祖詔叔孫通制作《儀品》十六篇。』視班固所上增加四篇。

大夫但

《淮南王傳》：『大夫但。』張晏曰：『大夫，姓也。上云「男子但」，明其本姓大夫也。』如淳曰：『但，大夫名也。』

頤煊案：《功臣表》：『德侯景建，以長安大夫從莽通共殺如侯，得少傅石德，侯。』《劉屈氂傳》作：『長安男子。』男子通稱大夫，未知其審。

輿地圖

『日夜與左吴等按輿地圖，部署兵所從入。』

頤煊案：《嚴助傳》：『以地圖察其山川要塞，相去不過寸數。』《匡衡傳》：『初衡封僮之安樂鄉，郡圖誤以閩佰爲平陵佰。』《後漢書・鄧禹傳》：『光武舍城樓上，披輿地圖，指示禹曰：「天下郡國如是，今始乃得其一〔四〕。」』其圖當與今制相同，亦所在有之。

如周丘

《衡山王傳》：『王日夜求壯士如周丘等。』師古曰：『下邳人，吴王反時請得漢節下下邳者。』

頤煊案：小顔説非是。《吴王濞傳》：『周丘者，下邳人。破城陽中尉軍，聞吴王敗走，即引兵歸下邳。未至，癰發背死。』此當别是一人。如，姓。周丘，名。

中大夫

《直不疑傳》：『稍遷至中大夫。』錢氏大昕《考異》：『《公卿表》：「景帝中六年，中大夫令直不疑更爲衛尉。」此《傳》脱「令」字。』

頤煊案：《史記·直不疑傳》作：『文帝稱舉，稍遷至大中大夫。』集解引《漢書》亦作『大中大夫』。今本『中』上脱『大』字。不疑文帝時爲大中大夫，景帝時爲中大夫令，非一時事。

張　歐

《張歐傳》：『至武帝元朔中，代韓安國爲御史大夫。』

頤煊案：《公卿表》：『建元六年，大農令韓安國爲御史大夫。四年，病免。元光四年九月，中尉張歐爲御史大夫。』元朔當是元光之譌。

睢陽太守

《梁平王傳》：『元朔中，睢陽人犴反，人辱其父，而與睢陽太守客俱出同車。犴反殺其仇車上，亡去。睢陽太守怒，以讓梁二千石。』

頤煊案：睢陽，梁國都，終漢世未嘗置郡。《史記·梁孝王世家》作『淮陽太守』。元朔中淮陽置郡。今《傳》兩言『睢陽太守』，皆當是『淮陽』之譌。

左内史

《鼂錯傳》：『景帝即位，以錯爲内史。内史府居太上廟堧中，門東出，不便。錯乃穿門南出，鑿廟堧垣。』

頤煊案：《三輔黄圖》『三輔治所』：『馮翊，在故城内太上皇廟西南。』《地理志》：『太初元年，分左内史爲左馮翊。』是錯爲内史者，左内史也。《公卿表》：『孝景元年，中大夫鼂錯爲左内史。一年，遷。』

王恬啟

《張釋之傳》：『中尉條侯周亞夫與梁相山都侯王恬，咸見釋之持議平，迺結爲親友。』

頤煊案：《史記·張釋之列傳》作『山都侯王恬開』，集解：『《漢書》作「啓」，啓者，景帝諱也，故或爲「開」。』今本『啟』作『咸』，屬下句讀，是後人所改。

袨服

《鄒陽傳》：『武力鼎士袨服叢臺之下者一旦成市。』師古曰：『袨服，盛服也。』

頤煊案：《淮南・齊俗訓》『尸祝袀袨』，高誘注：『袨，黑齋衣也。』《左氏・僖五年》傳：『均服振振。』服虔注：『袀服，黑服也。』袀、袨同色，皆爲兵士之服。《梁丘賀傳》：『宣子章夜玄服入廟，居郎間，執戟立廟門。』《文選・豪士賦序》李善注引《漢書》作『袨服』。『袨』、『玄』字通用。

中庶子蒙

『故秦皇帝任中庶子蒙之言，以信荆軻，而匕首竊發。』師古曰：『蒙者，庶子名也，今流俗書本「蒙」下輒加「恬」字，非也。』

頤煊案：《文選・鄒陽獄中上書》作『蒙嘉』。《史記》、《國策》俱云：『荆軻因中庶子蒙嘉而見秦王。』唯《燕丹子》作『中庶子蒙』，與小顔本同。

山邑丞

《路温舒傳》：『舉孝廉爲山邑丞。』蘇林曰：『縣名，在常山。』晋灼曰：『《地理志》常山有石邑，無山邑。』師古曰：『山邑不知其處，今流俗書本云「常山石邑丞」，後人妄加「石」字耳。』

頤煊案：蘇林本必有『石』字，故注云『在常山』，晋灼本已譌脱。

校勘記

〔一〕舞於王宫端門中　『王』字原脱，『宫』作『官』，據《漢書》補改。

〔二〕亞夫果餓死後　《漢書·周亞夫傳》『後』上有『死』字，作『亞夫果餓死，死後』。

〔三〕嬰恐小兒墮墜　『嬰』原譌作『因』，據《漢書》應劭注改。

〔四〕今始乃得其一　『一』下原衍『子』字。《鄧禹傳》：『指示禹曰：「天下郡國如是，今始乃得其一。子前言以吾慮天下不足定，何也？」』『子』字當屬下讀，今據删。

讀書叢録卷二十一　漢書

太后稱東宫

《田蚡傳》：『趙綰請毋奏事東宫，竇太后大怒。』

頤煊案：《夏侯勝傳》：『霍光以爲羣臣奏事東宫，太后省政，宜知經術。』《淳于長傳》：『趣白東宫，莽求見太后。』《孝文竇皇后傳》：『太后崩，遺詔盡以東宫金錢財物賜長公主嫖。』《孝成許皇后傳》：『皇后其孝東宫，毋闕朔望。』師古曰：『東宫，太后所居。』漢制，天子居未央宫，太后居長樂宫，長樂在未央東，故太后稱東宫。

丞相蚡薨

《灌夫傳》：『五年十月，悉論灌夫支屬。』

頤煊案：《鄭當時傳》：『爲右内史，以武安、魏其時議貶秩爲詹事。』《公卿表》：『建元四年，江都相鄭當時爲右内史。五年，貶爲詹事。』則武安、魏其事當在元光二年，上文『元光四年』當是『二年』之譌。此『五年』當作『三年』，丞相蚡以四年春薨，與《武帝紀》《公卿表》《恩澤侯表》年月悉合。

抱兒

《李廣傳》：『暫騰而上胡兒馬，因抱兒，鞭馬南馳。』

頤煊案：《史記・三代世表》『抱之山中』，集解：『抱音普茅反。』『抱』即『抛』字，《李將軍列傳》作『因推墮兒』，即『抛』字義。《枚乘傳》：『譬猶抱薪而救火也。』『抱』義亦作『抛』。

白檀

『乃召拜廣爲右北平太守。』又云：『將軍其率師東轅，彌節白檀。』孟康曰：『白檀，縣名也，屬右北平。』

頤煊案：《地理志》白檀屬漁陽郡，當是後所改屬。

民母

《衛青傳》：『民母之子皆奴畜之。』服虔曰：『民母，嫡母也。』師古曰：『言鄭季正妻本在編户之間，以别於公主家也，今流俗書本云「先母之子」。』

頤煊案：《史記・衛青列傳》作『先母之子』，集解：『服虔曰：先母，適妻也。』服虔本作

『先母』。或作『民母』，皆注家依本書改之。《惠帝紀》：『賜民爵，户一級。』《昭帝紀》：『賜中二千石及天下民爵。』民母有爵者之妻。

附傳

《霍去病傳》：『其裨將及校尉侯者九人，爲特將者十五人，李廣、張騫、公孫賀、李蔡、曹襄、韓說、蘇建皆自有傳。』

頤煊案：李蔡附見《李廣傳》，曹襄附見《曹參傳》，韓說附見《韓王信傳》，凡《漢書》有附見於各傳者，其姓名皆當推此例，特表而出之。

葴持若蓀

《司馬相如傳》：『葴持若蓀。』師古曰：『「持」當爲「苻」字之誤耳。苻，鬼目也。今流俗本「持」字或作「橙」，非也。』

頤煊案：《文選》李善注：『韋昭曰：持音懲。』此本爲『橙』字作音，後人改從『持』字。《史記·司馬相如列傳》亦作『橙』，郭璞曰：『橙，柚也。』姚氏以爲此前後皆草，非橙也。小顏襲其說，因改其字。

望幸蓋

『設壇場望幸，蓋號以況榮。』

頤煊案：《史記·司馬相如列傳》同，索隱云：『本或作「望華蓋」，而孟康、服虔注本皆「幸」下有「華」字，摯虞《流別集》則唯云「望幸」。後人見「幸」下有「蓋」字，又「幸」字似「華」，故因疑惑，遂定「華」字，使誤也。』影宋《北堂書鈔》卷九十一引《漢書》作『望華蓋』，與《索隱》所見本同。

菑川薛

《公孫弘傳》：『菑川薛人也。』《史記正義》：『菑川國都劇，薛屬魯國，薛與劇隔兖州及泰山，未詳。』

頤煊案：此薛是鄉聚名，或暫時所置縣，如《陳平傳》『陽武户牖鄉人』，《酈食其傳》『陳留高陽人』，《路温舒傳》『鉅鹿東里人』，《東方朔傳》『平原厭次人』，《田叔傳》『趙陘城人』，《王式傳》『東平新桃人』，皆不見於《地理志》，《漢書》本有此例。

逡

『有功者上，無功者下，則羣臣逡。』李奇曰：『言有次第也。』

頤煊案：《詩・清廟》『駿奔走在廟』，《禮記・大傳》鄭注引作『逡』。《爾雅・釋詁》：『駿，速也。』謂賞罰明則臣下趨事疾速而有功。

東閤

『於是起客館，開東閤，以延賢人。』師古曰：『閤者，小門也，東向開之，避當庭門而引賓客，以別於掾史官屬也。』

頤煊案：《孫寶傳》：『明府素著威名，今不敢取穉季，當且闔閤，勿有所問。』《王尊傳》：『直符史詣閤下，從太守受其事。』《雋不疑傳》：『不疑盛服至門上謁，吏白勝之，勝之開閤延請。』凡單言『閤』者，皆聽事之正門，言『東閤』者，所以別於正門。

乾没

《張湯傳》：『始爲小吏，乾没，與長安富賈田甲、魚翁叔之屬交私。』服虔曰：『乾没，射成敗也。』如淳曰：『豫居物以待之得利爲乾，失利爲没。』

頤煊案：『乾没』即『幹末』二字之借言，所幹末務即所謂逐什一之利也。《晉書・潘岳傳》：『其母數誚讓之曰：「爾當知足而乾没不已乎？」』《三國志・傅嘏傳》：『豈敢傾根竭本，寄命洪流，以徼乾没乎？』皆其義。

挈令

『受而著讞法廷尉挈令。』韋昭曰：『在板挈也。』師古曰：『獄訟之要也，書於讞法挈令，以爲後式也。』

頤煊案：『挈』古通作『契』字，『挈令』謂刻之於板，著以爲令。《溝洫志》：『今内史稻田租挈重。』《説文》『絬』字注：『樂浪挈令織。』皆是。

富平

『封安世爲富平侯。子延壽既嗣侯，國在陳留，别邑在魏郡，租入歲千餘萬數。上書讓減户邑，廼徙封平原，并一國，户口如故，而租税減半。』

頤煊案：《水經・漯水注》：『商河又東北逕富平縣故城北。闞駰曰：「本車騎將軍張安世之封邑。」』酈氏以爲非，引《陳留風俗傳》曰：『陳留尉氏縣安陵鄉，故富平縣也。』是乃安世所食矣。《地理志》富平屬平原郡，陳留郡無富平縣。疑陳留郡本有富平縣，後移治平原。《漢志》據改後而言，故陳留郡下不書。

太官獻丞

『劾舉太官獻丞陳湯。』蘇林曰：『獻丞，主貢獻物也。』

頤煊案：《陳湯傳》：『西至長安求官，得太官獻食丞。』此傳『獻』下脱『食』字。

敬武公主

『臨尚敬武公主。』文穎曰：『成帝姊也。』臣瓚曰：『敬武公主是元帝姊也。』師古曰：『《薛宣傳》云：「主怒曰：嫂何以取妹殺之？」既謂元后爲嫂，是則元帝妹也。』

頤煊案：敬武公主有二。《趙充國傳》：『孫欽尚敬武公主，主無子。』《薛宣傳》：『初，宣後封爲侯時，妻死，而敬武公主寡居，上令宣尚焉。』以《恩澤侯表》考之，張臨以竟寧元年薨，趙欽以陽朔二年薨，薛宣後封爲侯在永始二年。此《傳》云：『臨薨，子放嗣，放以公主子開敏得幸。放爲天水屬國都尉。永始、元延間，比年日蝕，故久不還。居歲餘，放歸第視母。公主疾數月，主有瘳。』據此，則趙欽所尚之敬武公主，非張臨所尚之敬武公主明甚。當是欽所尚者，後改尚宣，爲王莽所殺。

桑衛昆弟子

《杜周傳》：『周中廢，後爲執金吾，逐捕桑弘羊、衛皇后昆弟子刻深，上以爲盡力無私，遷爲御史大夫。』

頤煊案：《公卿表》『天漢二年，故廷尉杜周爲執金吾。一年，遷。三年二月，執金吾杜周爲御史大夫。四年，卒。』衛皇后之敗在征和二年，桑弘羊伏誅在元鳳元年，皆在周卒後。《武帝紀》：『天漢元年秋，閉城門，大搜。二年秋，大搜。』臣瓚曰：『搜謂索姦人也。』晋灼曰：『搜巫蠱也。』或其時桑、衛昆弟子有連其内者。

合陽侯

『合陽侯梁放舉欽。』齊氏召南曰：『漢代列侯具見於《表》，此合陽侯梁放，《功臣》、《恩澤》二表不見，何也？』師古亦無注。

頤煊案：《功臣表》：『合陽爰侯梁喜，元康四年二月壬午封，四十一年薨。建始二年，侯放嗣。』即其人。

道家

《司馬遷傳》：『乃論六家之要指。』

頤煊案：下文：『陰陽、儒、墨、名、法、道德謂之六家。』道家兼言德，故《老子》稱《道德經》。

以母姓爲別

《戾太子傳》：『納史良娣，産子男，進號曰「史皇孫」。』張晏曰：『皆以舅氏姓爲氏，以相別也。』

頤煊案：臨江王，栗姬所生，因號栗太子；館陶公主，竇太后所生，因號竇太主。皆是。

衛伉

『及皇后弟子長平侯衛伉皆坐誅。』

頤煊案：《表》《傳》衛伉時已免侯，其坐巫蠱死事，《表》《傳》俱不載。牧丘侯石德爲太子少傅，坐巫蠱死事，《表》《傳》亦不載。

令狐茂

『壺關三老茂上書。』師古曰：『荀悦《漢紀》云「令狐茂」，班史不載其姓，不知於何得也。』

頤煊案：《後漢書・張皓傳》李賢注云：『太子死後，壺關三老令狐茂上書訟太子冤，見《前書》。』疑《漢書》舊本有令狐姓，小顔所見本偶脱耳。今本荀悦《漢紀》無『令狐茂』三字。

燕屬縣

《燕刺王傳》：『後坐臧匿亡命，削良鄉、安次、文安三縣。』

頤煊案：《地理志》良鄉屬涿郡，安次、文安屬勃海郡。又下文『使人祠葭水、台水』，晋灼曰：『葭水在廣平南和，台水在鴈門。』當日燕王所封不止廣陽四縣。

太尉田蚡

《嚴助傳》：『建元三年，閩越舉兵，圍東甌。東甌告急於漢，時武帝年未二十，以問太尉田蚡。』

頤煊案：《武帝紀》：『建元二年冬十月，太尉蚡免。』《田蚡傳》：『蚡以侯家居，雖不任職，以王太后故親幸，數言事。』此其證矣。

衛將軍

《主父偃傳》：『元光元年，廼西入關，見衛將軍。』師古曰：『衛青。』

頤煊案：《衛青傳》：『子夫爲夫人，青爲大中大夫，元光六年拜爲車騎將軍，擊匈奴。』是時青尚未爲將軍。

景駒舉郢

《嚴安傳》：『景駒舉郢。』

頤煊案：《陳勝傳》：『勝初立時，凌人秦嘉等皆特起，將兵圍東海守於郯。秦嘉等聞勝軍敗，廼立景駒爲楚王。』『郢』當是『郯』字之譌。

鼱鼩

《東方朔傳》：『譬猶鼱鼩之襲狗。』服虔曰：『音縱劬。』如淳曰：『鼱鼩，小鼠也，音精劬。』

頤煊案：《爾雅·釋獸》『鼩鼠』，郭璞注：『小鼱鼩也，亦名𪕬鼩。』此服音所本。

君侯

《劉屈氂傳》：『願君侯早請昌邑王爲太子。』如淳曰：『《漢儀注》：「列侯爲丞相稱君侯。」』師古曰：『《楊惲傳》：「丘常謂惲爲君侯。」是則通呼列侯之尊稱耳，非必在於丞相也。』

頣煊案：《蓋寬饒傳》：『許伯入第，寬饒卬視屋而歎曰：「君侯可不戒哉？」』《馮野王傳》：『綏和中，封王舅參爲宜鄉侯，以列侯奉朝請。丞相翟方進數謂：「君侯以王舅見廢。」』此皆列侯通稱君侯之證。

故安昌侯

《朱雲傳》：『至成帝時，丞相故安昌侯張禹。』劉攽曰：『故字當在丞相上，禹時罷相，侯如故也。』

頣煊案：《恩澤侯表》：『安昌侯張禹，河平四年以丞相侯，至鴻嘉四年免相，以薛宣代之。』時未免相，亦未免侯。下文：『上問：「誰也？」對曰：「安昌侯張禹。」』此『故』字當是衍文。

九　九

《梅福傳》：『臣聞齊桓之時，有以九九見者。』師古曰：『九九，算術，若今《九章》、《五曹》之輩。』

頤煊案：《管子·輕重戊篇》：『虙戲造六峜以迎陰陽，作九九之數以合天道。』魏劉徽《九章算術序》『昔在庖犧氏，作九九之術，以合六爻之變。』《神仙傳》：『古人貴九九之好，善鳴吠之技。』皆謂算術。

延　壽

《霍光傳》：『執金吾臣延壽。』師古曰：『李延壽。』

頤煊案：《公卿表》：『元鳳五年，沛國太守李壽爲執金吾。元平元年，執金吾延壽。』延壽與李壽當是二人。『孝元初元三年，丞相司直南郡李延壽子惠爲執金吾。』更非是。

京兆尹

『左馮翊臣廣明，右扶風臣德。』

頤煊案：此奏三輔無京兆尹。《趙廣漢傳》：『遷京輔都尉，守京兆尹。會昭帝崩，廣漢以與議定策，賜爵關内侯。』時趙廣漢以京輔都尉守京兆尹，兼官故不書。

太夫人

《金日磾傳》：『欽與族昆弟秺侯當俱封。當母南即莽母功顯君同産弟也。當上南大行爲太夫人。甄邯劾奏失禮不敬。』

頤煊案：《文帝紀》如淳曰：『列侯之妻稱夫人。列侯死，子復爲列侯，乃得稱太夫人；子不爲列侯，不得稱也。』當是賞弟建之孫，紹賞封，其父未爲列侯，不得稱太夫人，故甄邯以爲『失禮不敬』。

拜光禄大夫

《常惠傳》：『昭帝時，廼還漢，嘉其勤勞，拜爲光禄大夫。』

頤煊案：《蘇武傳》：『常惠、徐聖、趙終根皆拜爲中郎，賜帛各二百匹。』

許　伯

《疏廣傳》：『太子外祖父特進平恩侯許伯。』

頤煊案：《蓋寬饒傳》：『平恩侯許伯入第。』《恩澤侯表》及《外戚許皇后傳》俱作『平恩侯許廣漢』。『伯』當是其字。

王　陽

《王吉傳》：『字子陽。』

頤煊案：下文：『東家有樹，王陽婦去。』『王陽在位，貢禹彈冠。』『俗傳王陽能作黄金。』《龔遂傳》：『唯遂與中尉王陽以數諫争得減死。』《王尊傳》：『先是，琅邪王陽爲益州刺史。』皆以字行。

冠石山

《眭弘傳》：『孝昭元鳳三年正月，泰山萊蕪山南匈匈有數千人聲，民視之，有大石自立。』

頤煊案：《劉向傳》『孝昭帝時，冠石立於泰山』，晋灼曰：『《漢注》：冠石，山名。』《地理志》冠石山在泰山郡南武陽，不在萊蕪，與《眭弘傳》異。

張　孺

《李尋傳》：『與張孺、鄭寬中同師。』齊氏召南曰：『孺字誤也，據《儒林傳》：「張山拊事小夏侯建，授同縣李尋、鄭寛中少君、山陽張無故子儒。」此文張孺即張無故，而舉其字，當云「張子儒』。傳寫之譌，遂合兩字爲孺字耳。』

頤煊案：王吉字子陽，稱王陽。張禹字子文，稱張文。《漢書》本有此例。『孺』、『儒』古字通用。

三輔稱官

《趙廣漢傳》：『還爲吾謝界上亭長，京兆不忘卿厚意。』

頤煊案：《薛宣傳》：『高陵令陽湛貪猾不遜。宣自牒湛曰：馮翊敬重令。』《朱博傳》：『馮翊欲洒卿恥。』《蕭育傳》：『扶風怒曰：君課第六裁自脱。』《楊惲傳》：『郎中丘常謂惲曰：聞君侯訟韓馮翊，當得活乎？』三輔皆稱官。

王　遵

《王尊傳》：『字子贛，涿郡高陽人也。』

頤煊案：潘岳《西征賦》李善注、張景陽《雜詩》李善注引《漢書》皆作『王遵』。《公卿表》：『守京輔都尉王遵爲京兆尹。』『尊』、『遵』古字通用。

非蕭何後

《蕭望之傳》：『東海蘭陵人也。』師古曰：『近代譜諜妄相託附，乃云望之蕭何之後，追次昭穆，流俗學者共祖述焉。』

頤煊案：《南齊書·本紀》《新唐書·宰相世系表》皆以望之爲蕭何六世孫。《潛夫論·志姓氏篇》：『相國蕭何封酇侯，本沛人，今長陵蕭其後也。前將軍蕭望之，東海人，杜陵蕭其後也。』二蕭不同系，此其明證。

同郡不同縣

『治齊《詩》，事同縣后倉且十年。』

頤煊案：《后蒼傳》：『東海郯人也。』同郡而不同縣。

張　譚

《匡衡傳》：『至成帝初即位，衡廼與御史大夫甄譚共奏顯。』

頤煊案：《王尊傳》：『初，中書謁者令石顯貴幸，丞相匡衡、御史大夫張譚皆阿附畏事顯。元帝崩，成帝初即位，衡、譚乃奏顯舊惡。』《公卿表》：『建昭三年，匡衡爲丞相。竟寧元年，張譚爲御史大夫。』此作『甄譚』誤。

丞相衡免

『司隸校尉駿、少府忠行廷尉事，劾奏衡。』錢氏大昕《考異》：『《公卿表》衡以建始三年十二月免相，而張忠爲少府在建始四年，不應有劾衡事免相，時廷尉則何壽也。』

頤煊案：《恩澤侯表》：『樂安侯匡衡，建始四年，坐顓地盜土免。』《王商傳》：『建始三年秋，京師民無故驚，言大水至。明年，商代匡衡爲丞相。』衡免相當在建始四年，此是《公卿表》誤。

春秋嚴氏

《馬宫傳》：『治《春秋》嚴氏。』

頤煊案：《儒林傳》：『顔安樂授淮陽冷豐次君，豐授馬宫，宫至大司徒，自有傳。』宫所治《春秋》，是顔氏學。

舉者

《薛宣傳》：『欲遣吏考案，恐負舉者，恥辱儒士。』師古曰：『游本因薦舉得官，而身又是儒者，故云然。』

頤煊案：游受罪恐累及所舉之人，即今所謂罪坐舉主也。《陳湯傳》：『富平侯張勃舉湯，司隸奏湯無循行，勃選舉故不以實，坐削二百户。』《何武傳》：『坐舉方正所舉者召見槃辟雅拜，有司以爲詭衆虚僞，坐左遷楚内史。』皆其證。

遺我寶龜

《翟方進傳》：『天降威，遺我寶龜，固知我國有呰災。』師古曰：『言天所以降威遺龜者，知國有災病。』

頤煊案：以《尚書·大誥》證之，『遺我寶龜』四字當涉上文而衍。

濮陽無鹽

『惟信、義等始發自濮陽，結姦無鹽。』

頤煊案：翟義爲東郡太守，舉兵并東平，立東平王雲子信爲天子。濮陽，東郡治。無鹽，東平治。皆西漢郡治在第一縣之證。

會稽東部都尉

《揚雄傳》：『東南一尉。』孟康曰：『會稽東部都尉也。』

頤煊案：《地理志》『會稽郡，錢塘』注：『西部都尉治。』『回浦』注：『南部都尉治。』而無『東部都尉』。《越絶書》：『漢文帝前九年，會稽并故鄣郡，太守治故鄣，都尉治山陰。前十六年，太守治吴郡，都尉錢塘。』此西部都尉也。《三國志・虞翻傳》注：『元鼎五年，立東部都尉，後徙章安。陽朔二年，又徙治鄞。或有寇害，復徙句章。』《宋書・州郡志》：『臨海太守，本會稽東部都尉，前漢都尉治鄞，後漢分會稽爲吴郡，疑是都尉徙治章安。』此東部都尉也。《晋太康記》：『章安，本鄞縣南之回浦鄉。』《地理志》『南部』是『東部』之譌。

解嘲文

『惟寂寞，自投閣；爰清静，作符命。』師古曰：『以雄《解嘲》之言譏之。今流俗本云：惟寂寞，自投閣；爰清爰静，作符命。』

頤煊案：《解嘲》文：『爰清爰静，游神之庭；惟寂惟寞，守德之宅。』《文選・謝靈運齋中讀書詩》李善注引《漢書》：『惟寂惟寞，自投于閣。』皆與流俗本同。

毛莫如

《施讎傳》:『魯伯授太山毛莫如少路,莫如至常山太守。』

頤煊案:《杜欽傳》:『遣使者毛莫如先考驗,卒得其姦。』《李尋傳》:『賀良等反道惑衆,皆下獄。光禄勳平當、光禄大夫毛莫如與御史中丞、廷尉雜治。』即其人。

霍氏外孫

《梁丘賀傳》:『是時霍氏外孫代郡太守任宣坐謀反誅。』師古曰:『《霍光傳》云任宣霍氏之婿,此云外孫,誤也。』

頤煊案:《霍光傳》:『光薨,太中大夫任宣與侍御史五人持節護喪事。』又云:『禹故長史任宣候問禹。』又云:『太中大夫任宣爲代郡太守。』並不言霍氏之婿。光次婿任勝,宣或是勝子也。

梁丘臨

『臨代五鹿充宗爲少府。』

頤煊案:《公卿表》:『建昭元年,尚書令五鹿充宗爲少府。五年,貶爲玄菟太守。竟寧元年，河南太守召信臣爲少府。』是代五鹿充宗爲少府者，召信臣，非梁丘臨。臨爲少府，《公卿表》不載。

丘　蓋

《王式傳》：『疑者丘蓋不言。』蘇林曰：『丘蓋不言，不知之意也。』如淳曰：『齊俗以不知爲丘。』

頤煊案：《文選·陳孔璋爲曹洪與魏文書》：『恐猶未信丘言。』《廣雅》：『丘，空也。』《法言·問神篇》：『《酒誥》之篇俄空焉。』蓋者，發語辭，空蓋不言，亦闕疑之意。

太守異秩

《循吏傳序》：『孝宣以爲太守，吏民之本。故二千石有治理效，輒以璽書勉厲，增秩賜金，或爵至關内侯。』

頤煊案：《宣帝紀》：『膠東相成治有異等，其秩成中二千石，賜爵關内侯。潁川太守黄霸以治行尤異，秩中二千石，賜爵關内侯。』《王尊傳》：『遷東郡太守，制詔：「秩尊中二千石。」』《孫寶傳》：『拜爲廣漢太守，秩中二千石。』《西南夷傳》：『陳立爲巴郡太守，秩中二千石，賜爵左庶長。』《京房傳》：『元帝以房爲魏郡太守，秩八百石。』《黄霸傳》：『有詔歸潁川太守官，以八百石居。』皆異秩也。

太守稱將

《嚴延年傳》：『爲涿郡太守，遣掾蠡吾趙繡按高氏得其死罪，繡見延年新將。』師古曰：『新爲郡將也，謂郡守爲郡將者〔二〕，以其兼領武事也。』

頤煊案：《尹翁歸傳》：『徵拜東海太守，廷尉于定國乃謂邑子曰：「此賢將，汝不任事也。」』皆謂太守爲將也。

荅　布

《貨殖傳》：『荅布、皮革千石。』孟康曰：『荅布，白疊也。』師古曰：『荅者，重厚之貌，而讀者妄爲榻音，非也。』

頤煊案：《史記·貨殖列傳》作『榻布』。《齊民要術》卷七引《漢書》亦作『榻布千石』。

歸德侯

《陳遵傳》：『更始至長安，大臣薦遵爲大司馬護軍，與歸德侯劉颯俱使匈奴。』

頤煊案：《恩澤侯表》：『陽城繆侯劉德。居攝元年，侯颯嗣。王莽敗絶。』此歸德侯當是更始所封。《後漢書·南匈奴傳》：『光武六年，始令歸德侯劉颯使匈奴。』與此不同。

東粤地遂虚

《閩粤王傳》：『於是天子曰：「東粤陿多阻，閩粤悍，數反覆。」詔軍吏皆將其民徙處江淮之間，東粤地遂虚。』

頤煊案：《武帝紀》『元封元年，詔曰：「東越險阻反覆，爲後世患，遷其民於江淮間。」遂虚其地。』而不及閩粤。《傳》：『漢五年，復立無諸爲閩粤王，王閩中故地，都冶。』《朱買臣傳》：『故東越王居保泉山，今聞東越王更徙處南行，去泉山五百里。』《地理志》會稽郡有冶縣而無泉山，此亦當日僅虚東粤，而不及閩粤之證。

公主封邑名同

《孝文竇皇后傳》：『女爲館陶長公主。』《東方朔傳》：『初帝姑館陶公主號竇太主，堂邑侯陳午尚之。』此文帝女也。《于定國傳》：『子永尚館陶公主施，施者，宣帝長女，成帝姑也。』《孝景王皇后傳》：『皇后長女爲平陽公主。』《衛青傳》：『平陽侯曹壽尚武帝姊陽信長公主，而平陽侯曹壽有惡疾就國，上迺詔青尚平陽主。』如淳曰：『本陽信長公主，爲平陽侯所尚，故稱平陽主。』此景帝女也。《中山衛姬傳》：『長女又爲元帝倢伃，生平陽公主。』此元帝女也。

《夏侯嬰傳》：『曾孫頗尚平陽公主。』《表》在元鼎二年，又當是武帝之女，皆公主封邑名同。敬武公主有二，已見前。

后年十五

《孝昭上官皇后傳》：『皇后立十歲而昭帝崩，后年十四五云。』

頤煊案：《昭帝紀》：『始元四年春三月甲寅，立皇后上官氏。』此《傳》云：『立爲皇后，年甫六歲。』昭帝崩時后年十五，『四』字當衍。

下妻

《王莽傳》：『不知何一男子遮臣建車前，自稱漢氏劉子輿，成帝下妻子也。』師古曰：『下妻，猶言小妻。』

頤煊案：小妻者，妾也。下妻非小妻。《後漢書·光武紀》：『建武七年詔：「吏人遭饑亂及爲青徐賊所掠爲奴婢、下妻，欲去留者，恣聽之。」十三年詔：「益州民或依託爲下妻欲去者，恣聽之。」』《説文》：『嫞，一曰下妻也。』下妻非妾。《王昌傳》：『郎緣是詐稱真子輿，云母故成帝謳者。』亦非妾屬。

漢書述

《敘傳》：『其敘曰。』師古曰：『自「皇矣漢祖」以下，諸《敘》皆班固自論撰《漢書》意，此亦依放《史記》之敘目耳。後之學者不曉此爲漢書敘目，見有述字，因謂此文追述《漢書》之事，乃呼爲漢書述，失之遠矣。摯虞尚有此惑，其餘曷足怪乎。』

頤煊案：《文選》李善注引皆作《漢書述》。

校勘記

〔一〕謂郡守爲郡將者　『爲』字原譌作『謂』，據《漢書集注》改。

讀書叢録卷二十二　後漢書

後漢書序例

《後漢書・光武帝紀》李賢注：『例曰：「多所誅殺曰屠。」』又注：『臣賢案：范曄《序例》云：「《帝紀》略依《春秋》，惟孛彗日食地震書，餘俱悉備於《志》。」』《安帝紀》李注：『《序例》曰：「凡瑞應，自和帝以上，政事多美，近於有實，故書見於某處。自安帝以下，王道衰闕，容或虚飾，故書某處上言。」』

頤煊案：《後漢書序例》今亡，《史記・高祖本紀》索隱引范曄云：『得城曰拔。』《隋書・魏澹傳》：『范曄云：「《春秋》者，文既總略，好失事形，今之擬作，所以爲短。紀傳者，史、班之所變也，網羅一代事，義周悉通，適之後學〔二〕，此焉爲優，故繼而述之。」』當亦《序例》之文。

范書十志

《宋書・謝儼傳》：『范曄所撰十《志》，一皆託儼搜撰，垂畢，遇曄敗，悉蠟以覆車。宋文帝令丹陽尹徐湛之就儼尋不得，一代以爲恨。』劉昭《注補志序》：『范曄《後漢》良史，誠跨衆氏。

序或未周，志遂全闕。《序例》所論，備精與奪。及語八志，頗褒其美。又尋本書，當作《禮樂志》，其《天文》、《五行》、《百官》、《車服》，爲名則同。』

頤煊案：《東平王蒼傳》『《車服》』作『《輿服》』。《南齊書・檀超傳》：『《百官》依范曄，合《州郡》。』則范志《百官》當在《州郡》後也。

范漢音

《隋書・經籍志》：『蕭該《漢書音義》十二卷、《范漢音》三卷。』《光武帝紀》『鄗』字注、『潞』字注，《皇后紀》『孋』字注，《隗囂傳》『鍉』字注，《齊武王縯傳》『淳』字注、『埶』字注引蕭該，皆《范漢音》之文，或以此爲《漢書音義》，則誤矣。

劉昭志補注

《隋書・經籍志》：『《後漢書》一百二十五卷，范曄本，梁剡令劉昭注。』《梁書・劉昭傳》：『昭集《後漢》同異，以注范曄《書》，世稱博悉。』昭《注補志序》云：『乃借舊志，注以補之，分爲三十卷，以合范史。』是昭未嘗注司馬彪全書，唯取八《志》以合於范史，故《隋志》及《梁書》本傳唯言『注范《書》』，而不別出彪《書》之注。李賢注范《書》，大率本於昭，而八《志》全用昭注，故題昭名以别之。

蔡陽人

《光武帝紀》：『南陽蔡陽人。』

頤煊案：光武本蔡陽白水鄉人。《前書·地理志》引《漢記》云：『元朔五年，以零陵泠道之舂陵鄉，封長沙王子買爲舂陵侯。至戴侯仁以舂陵鄉地形下溼，上書徙南陽。元帝許之，以蔡陽白水鄉徙仁爲舂陵侯。』光武生於哀帝建平元年，其時舂陵建國已久，不當云蔡陽人。

新市平林

『伯升於是招新市、平林兵。』李注：『新市縣屬江夏郡，在今郢州富水縣東北。平林，地名，在今隨州隨縣東北。』

頤煊案：《郡國志》南新市屬江夏郡，《前書·地理志》江夏郡無新市縣，是時新市、平林皆當是鄉聚之名。

大彤渠帥

『又別號諸賊銅馬、大彤。』李注：『大彤渠帥樊重。』

頤煊案：《耿弇傳》『故大彤渠帥重異』，李注：『重，姓。異，名。』此注『樊重』是『重異』

之譌。

蒲陽

『光武復與大戰於蒲陽。』李注：『《前書音義》：「蒲陽山，蒲水所出。」在今定州北平縣西北，本或作滿陽。』

頤煊案：《鄧禹傳》《陳俊傳》《馬成傳》俱作『滿陽』。『蒲』、『滿』字形相近，『滿』字者誤也。

右北平

『建武元年，光武北擊尤來、大搶、五幡於元氏，追至右北平，連破之。』李注：『北平縣屬中山國。臣賢案《東觀記》《續漢書》並無「右」字，此加「右」，誤也。』

頤煊案：《耿弇傳》作：『又追尤來、大槍、五幡於元氏，弇常將精騎爲軍鋒，輒破走之。』不言『北平』。此於『北平』上加『右』字，當涉《弇傳》下文『追賊至潞東，及平谷，再戰，遂窮追於右北平』句而譌。

順　水

『又戰於順水北。』李注：『酈元《水經注》云：「徐水經北平縣故城北。」光武追銅馬、五幡，破之於順水，即徐水之别名。本或作「慎」者，誤也。』

頤煊案：《耿弇傳》《馬武傳》俱作『慎水』。『慎』、『順』古字通用。

南平棘

『行到南平棘。』李注：『縣名，屬常山郡。』

頤煊案：《前書・地理志》、《郡國志》常山郡平棘縣皆無『南』字，此當是王莽時所加，尋又除之。

七　郡

『五年，交阯牧鄧讓率七郡太守遣使奉貢。』李注：『七郡謂南海、蒼梧、鬱林、合浦、交阯、九真、日南，並屬交州。』

頤煊案：《岑彭傳》：『初，彭與交阯牧鄧讓厚善，與讓書，陳國家威德。於是讓與江夏太守侯登、武陵太守王堂、長沙相韓福、桂陽太守張隆、零陵太守張翕、蒼梧太守杜穆、交趾太守錫光等相率遣使貢獻，悉封爲列侯。』注誤。

沈水

『十一年，輔威將軍臧宫與公孫述將延岑戰於沈水。』李注：『《水經注》曰：「沈水出廣漢縣下入涪水。」本或作「沅水」及「沆水」者，並非。』

頤煊案：《臧宫傳》作『沅水』。

望元氣

《明帝紀》：『永平二年，升靈臺，望元氣。』李注：『元氣，天氣也。王者承天心，理禮樂，通上下四時之氣也，故望之焉。』

頤煊案：『元氣』當是『雲氣』之譌，《祭祀志》：『永平二年正月辛未，初祀五帝於明堂。卒事，遂升靈臺，以望雲物。』『雲氣』即『雲物』也。

夫犂

《安帝紀》：『元初二年八月，遼東鮮卑圍無慮縣。』李注：『屬遼東郡。』『九月，又攻夫犂營，殺縣令。』李注：『夫犂，縣名，屬遼東屬國。』《鮮卑傳》注同。

頤煊案：《郡國志》遼東屬國無夫犂縣。無慮縣有二，一屬遼東郡，一屬遼東屬國，不應二縣同名，近在一郡。錢氏大昕《考異》謂遼東屬國無慮是夫犂之譌，庶或近之。

虔人羌

『延光元年秋七月，虔人羌反，攻穀羅城，度遼將軍耿夔討破之。』

頤煊案：是歲末已書『虔人羌反，攻穀羅城，度遼將軍耿夔討破之』，此節重出。《西羌傳》：『延光元年，是歲虔人種羌與上郡胡反，攻穀羅城，度遼將軍耿夔擊破之。』不云『七月』，此是史之駁文未刊削者。

王稠

《順帝紀》：『陽嘉二年三月，使匈奴中郎將王稠率左骨都侯等擊鮮卑，破之。』

頤煊案：《鮮卑傳》作：『匈奴中郎將趙稠。』

謝暠

《桓帝紀》：『建和元年，清河劉文反，殺國相謝暠，欲立清河王蒜。』

頤煊案：《清河王傳》『文等遂劫清河相謝暠』，李注：『《帝紀》「謝」作「射」，蓋紀傳不同。』今本《桓帝紀》作『謝暠』，是後人所改。

平原王碩

『二年，封帝弟顧爲平原王，奉孝崇皇祀。』

頤煊案：《河間王開傳》：『更封帝兄都鄉侯碩爲平原王。』《孝崇匽皇后紀》：『以帝弟平原王石爲喪主。』『石』即『碩』字之省，『顧』字誤也。

荀昱

《靈帝紀》：『沛相荀翌。』

頤煊案：『翌』當作『昱』。《黨錮傳序》作『沛相荀昱』。《荀淑傳》：『淑兄子昱爲沛相。』《竇武傳》：『前越巂太守荀昱。』《昱傳》不載。

孟﨧

『熹平六年，太常河南孟﨧爲太尉。』李注：『﨧字叔達。』

頤煊案：《隸釋・孟郁修堯廟碑》：『濟陰太守河南匽師孟府君諱郁，字敬達。』《三國志・孟光傳》『河南洛陽人，漢太尉孟郁之族』，裴松之注：『《續漢書》：郁，中常侍孟賁之弟。』

益涼刺史

《獻帝紀》：『興平元年，前益州刺史种劭戰殁。』

頤煊案：《董卓傳》作『涼州刺史』。《种劭傳》：『遂左轉議郎，出爲益、涼二州刺史。』故紀傳不同。

稾

《光武郭皇后紀》：『真定稾人也。』李注：『稾，縣名，故城在今恒州稾城縣西。』

頤煊案：《銚期傳》：『攻拔樂陽、稾、肥纍。』《前書·地理志》稾城屬真定國。『城』字當是王莽時省。

泚陽

《章德竇皇后紀》：『父勳，尚東海恭王彊女泚陽公主。』又云：『尊母泚陽公主爲長公主。』《竇融傳》：『勳尚東海恭王彊女泚陽公主。』

頤煊家：《和帝紀》《東海恭王傳》《清河孝王傳》皆作『比陽公主』。《前書·地理志》《郡國志》南陽郡有比陽而無泚陽。《桓帝鄧皇后紀》：『康爲泚陽侯。』《鮑昱傳》『後爲泚陽長』，李注引《東觀記》亦作『泚陽』。《水經・泚水注》應劭曰：『泚水出泚陽縣。』則作『泚』字爲是。

偏將軍

《劉永傳》：『四年秋，遣捕虜將軍馬武、騎都尉王霸圍紆、建於垂惠。』

頣煊案：《光武紀》《王梁傳》俱作『偏將軍王霸』。《王霸傳》：『光武即位，拜爲偏將軍，并將臧宫、傅俊兵，而以宫、俊爲騎都尉。四年秋，使霸與捕虜將軍馬武東討周建於垂惠。』《傳》以霸爲騎都尉，蓋涉宫、俊而譌。

許　昌

《李憲傳》：『潁川許昌人也。』

頣煊案：《郡國志》『潁川郡，許縣』，劉昭《補注》：『獻帝徙都改許昌。』此作許昌誤。

彭　宏

《彭寵傳》：『父宏，哀帝時爲漁陽太守。偉容貌，能飲飯，有威於邊。王莽居攝，誅不附己者，宏與何武、鮑宣並遇害。』

頣煊案：《前書・何武傳》：『莽寖盛，爲宰衡，陰誅不附己者。元始三年，吕寬等事起，連引諸所欲誅上黨鮑宣，南陽彭偉、杜公子。』偉即宏也。

大司徒司直

《隗囂傳》：『牛邯字孺卿，大司空司直杜林、太中大夫馬援並薦之。』

頤煊案：『大司空』是『大司徒』之譌。《杜林傳》：『後代王良爲大司徒司直。林薦同郡范逡、趙秉、申屠剛及隴西牛邯等，皆被擢用。』《百官志》司徒下置司直，建武十八年省。司空下無此官。

當塗高

《公孫述傳》：『帝乃與述書曰：「圖讖言代漢者當塗高，君豈高之身邪？」』

頤煊案：《三國志·周羣傳》：『父舒，少學術於廣漢楊厚。人有問《春秋策》曰：「代漢者當塗高，此何謂也？」舒曰：「當塗高者，魏也。」鄉黨學者私傳其語。』《文選·景福殿賦》李善注引《獻帝紀》又以爲故白馬令李雲之言。

臨邑侯

《北海靖王傳》：『封興子復爲臨邑侯，復子騊駼及從兄平望侯毅並有才學。』

頣煊案：《胡廣傳》稱『臨邑侯劉騊駼』。騊駼嗣父爵，而本傳不言。

考侯仁

《城陽恭王傳》：『子戴侯熊渠嗣，熊渠卒，子考侯仁嗣。』

頣煊案：《前書·王子侯表》作：『孝侯仁嗣。』

鄧王

《順陽懷侯傳》：『更始鄧王廖湛將赤眉十八萬攻嘉。』

頣煊案：《王常傳》：『更始西都長安，封爲鄧王。』《劉立傳》：『廷尉大將軍王常爲鄧王，執金吾廖湛爲穰王。』此作『鄧王廖湛』誤。

當鄉

《來歙傳》：『以歙有平羌隴之功，故改汝南之當鄉縣爲征羌國焉。』

頣煊案：《前書·地理志》無當鄉縣，《郡國志》征羌亦不言故當鄉。《范滂傳》『汝南征羌人』，李注：『謝承《書》曰：「汝南細陽人。」』疑當鄉縣東京初年割細陽所置，故承以滂爲細陽人。

邑子

《馮異傳》：『異因薦邑子銚期、叔壽、段建、左隆等。』

頤煊案：異，潁川父城人。銚期，潁川郟人。同郡謂之邑子，故彭寵南陽宛人，光武蔡陽人，《耿弇傳》：『漁陽太守彭寵，公之邑人。』

菟肩

『異復進麥飯、兔肩。』

頤煊案：《爾雅·釋草》『莃，菟葵』，郭璞注：『頗似葵而小葉，狀如藜，有毛，汋啖之滑。』又：『菺，戎葵。』郭璞注：『今蜀葵也，似葵，華如木槿華。』兔肩，葵名，一本作菟肩。

韓鴻南陽人

《吴漢傳》：『更始立，使使者韓鴻徇河北。』李注：『《續漢書》曰：「雒陽人韓鴻爲謁者。」』

頤煊案：《彭寵傳》：『寵南陽宛人也，與鄉人吴漢亡至漁陽。更始立，使謁者韓鴻持節徇北州。鴻至薊，以寵、漢並鄉閭故人，相見歡甚。』注『雒陽』當是『南陽』之譌。

太常將軍

《陳俊傳》：『以宗室劉嘉爲太常將軍，俊爲長史。』

頤煊案：《順陽懷侯嘉傳》：『更始即位，以爲偏將軍。及攻破宛，遷大將軍。』《劉玄傳》『更始乃先封宗室大將軍劉嘉爲漢中王。』嘉未嘗爲太常將軍，當是大將軍之譌。

巨洋水

《耿弇傳》：『追至鉅昧水上。』李注：『鉅昧水，一名巨洋水。』

頤煊案：《水經·巨洋水注》：『即《國語》所謂具水矣，袁宏謂之巨昧，王韶之以爲巨蔑，亦或曰朐彌，皆一水也。』『洋』當作『洋』，《玉篇》：『洋，亡爾切，亦瀰字。』《前書·地理志》引《邶詩》『河水洋洋』，即『河水瀰瀰』，後人誤作『洋』字。

昌 城

《劉植傳》：『鉅鹿昌城人也。』

頤煊案：《前書·地理志》昌成屬信都國。《邳彤傳》李注：『《東觀漢記》曰：「王莽分鉅鹿郡爲和成郡，居下曲陽。」』昌成之改屬鉅鹿，當在此時。『和成』，《光武紀》作『和戎』。

劉　喜

『王郎起，植與弟喜、從兄歆迎世祖。以植爲驍騎將軍，喜、歆偏將軍。』李注：『《東觀記》「喜」作「嘉」。』

頤煊案：《岑彭傳》：『偏將軍劉嘉等與彭并力討鄧奉。』嘉即喜也。

安　陽

《王梁傳》：『漁陽安陽人也。』

頤煊案：《前書・地理志》、《郡國志》漁陽郡無安陽，此當是『要陽』之譌。

王游翁

《馬援傳》：『而納王游翁諂邪之説，自謂函谷以西舉足可定。』李注：『游翁，王元字也。』

頤煊案：《隗囂傳》：『元請以一丸泥爲大王東封函谷關。元字惠孟。』李注引《决録》：『平陵王惠孟。』此稱游翁，當是其别字。

郡國百六

『前披輿地圖，見天下郡國百有六所。』

頤煊案：《前書·地理志》凡郡國一百三，王莽時置西海郡，又分鉅鹿爲和成郡，餘一不知名。

扶樂

『以扶樂侯劉隆爲副。』李注：『扶樂，縣名，屬九真郡。』

頤煊案：《兩漢志》九真郡無扶樂縣，《郡國志》扶樂屬陳國。《劉隆傳》：『明年復封爲扶樂鄉侯。』其時尚未置縣。《阜陵質王傳》：『建武三十年，以汝南之長平、西華、新陽、扶樂四縣益淮陽國。』劉隆即於是年定封慎侯。

許侯

『封防潁陽侯，光爲許陽侯。』

頤煊案：《郡國志》無許陽縣。下文：『其令許侯思愆田廬。』《和帝紀》：『許侯馬光自殺。』『陽』是衍字。

朱　酺

『今益州刺史朱酺。』

頤煊案：《西南夷傳》『永平中，益州刺史梁國朱輔好立功名，慷慨有大略』，李注：『《東觀記》「輔」作「酺」，梁國寧陵人也。』

宣德侯

《卓茂傳》：『今以茂爲太傅，封褒德侯。』李注：『《東觀記》《續漢書》皆作「宣德侯」。』

頤煊案：《二十八將論》亦作『太傅宣德侯卓茂』。

趙　世

《趙熹傳》：『長子代，給事黄門。及薨，子代嗣，官至越騎校尉。永元中，副行征西將軍劉尚征羌，坐事下獄。』

頤煊案：《百官志》補注引《漢官儀》：『明帝欲復更太尉府，時公趙憙，憙子世爲侍中。』《和帝紀》：『永元九年，燒當羌寇隴西，越騎校尉趙世等討破之。』此作『代』，是唐人避諱所改。《來歷傳》《西羌傳》亦作『趙代』。

趙 典

《趙典傳》：『再遷長樂少府、衛尉，公卿復表典篤學博聞，宜備國師，會病卒。』李注：『謝承《書》曰：「靈帝即位，典與竇武、王暢、陳蕃等謀共誅中常侍曹節、侯覽、趙忠等，皆下獄自殺。」不言病卒。』

頤煊案：《黨錮傳序》：『李膺、荀昱、杜密、王暢、劉祐、魏朗、趙典、朱寓爲八俊。』『三君、八俊等三十五人，其名迹存者，並載乎篇。』『唯趙典名見而已。』是范史以八俊趙典與此蜀郡趙典别是一人，故所載不同。

兩州一郡

《馮衍傳》：『君長據位兩州，加以一郡。』李注：『《衍集》：「鮑永行將軍事，安集并州，擁兵屯太原，與太原李仲房同心并力。」』

頤煊案：注引《衍集》義不明析。《鮑永傳》：『行大將軍事，持節將兵，安集河東、并州、朔部。』朔部即朔方郡也，朔方别置刺史，不在十三州之列。《郭伋傳》：『十一年，省朔方刺史，屬并州。』時尚未省，故與并部爲兩州，河東郡不屬并州，是謂一郡兩州。

平　陽

『陵飛廉而太息兮，登平陽而懷傷。』李注：『平陽，縣名，故城在今岐州岐山縣西南。』錢氏大昕《考異》：『按兩漢三輔無平陽縣。《史記·秦本紀》「寧公徙居平陽」，正義云：「岐山縣有陽平鄉，鄉内有平陽聚。」』

頤煊案：《前書·郊祀志》：『雍大雨，壞平陽宫垣。』《三輔黄圖》：『秦有平陽宫。』故與飛廉觀對言之。注誤。

劉　龔

《蘇竟傳》：『初，延岑護軍鄧仲况擁兵據南陽陰縣爲寇，而劉歆兄子龔爲其謀主。』李注：『臣賢案：《前書》及《三輔决録》並云「向曾孫」，今言「歆兄子」，則不同也。』

頤煊案：下文：『龔字孟公，長安人，善論議，扶風馬援、班彪並器重之。』《意林》引桓譚《新論》：『劉子政、子駿、子駿兄子伯玉，俱是通人。』未知是其人否？《前書·王莽傳》有『明德侯劉龔』。

泰　誓

『是時月入于畢，畢爲天網，主網羅無道之君。故武王將伐紂，上祭於畢，求助天也。』

頤煊案：《史記·周本紀》『九年，武王上祭于畢，東觀兵至于盟津』，集解：『馬融曰：畢，文王墓地名也。』此以畢爲星名，當是《泰誓》今文家説。

周天星度

《郎顗傳》：『熒惑以去年春分後十六日在婁五度。推步《三統》，熒惑今當在翼九度，今反在柳三度，則不及五十餘度。』

頤煊案：《律曆志》翼九度至柳三度，相距四十五度，與《三統》星度不同。

閏　月

『去年閏十月十七日己丑夜，有白氣從西方天苑趨左足，入玉井，數日乃滅。』

頤煊案：此陽嘉元年也。《順帝紀》是年閏十二月。下文李注：『謂元年閏十二月己丑夜，有白氣入玉井。』是傳寫『十』下脱『二』字。

以博士徵

《襄楷傳》：『中平中，與荀爽、鄭玄俱以博士徵，不至。』

頤煊案：袁宏《後漢紀》：『中平五年九月己未，詔曰：「頃選舉失所，多非其人。儒法雜揉，學道寖微。處士荀爽、陳紀、韓融、李楷耽道樂古，志行高潔，清貧隱約，爲衆所歸，其以爽等各補博士。」皆不至。』『李楷』疑即『襄楷』之譌。

上谷大尹

《郭伋傳》：『王莽時爲上谷大尹。』李注：『王莽改太守爲大尹。』

頤煊案：《前書・地理志》：『上谷郡，莽曰朔調。』《耿弇傳》：『父況爲朔調連率。』此稱『上谷』誤。

舉大司空

『建武四年，出爲中山太守。明年，轉爲漁陽太守。九年，徵拜潁川太守。十一年，省朔方刺史屬并州，帝以盧芳據北土，廼調伋爲并州牧。是時朝廷多舉伋可爲大司空，帝以并部尚有盧芳之儆，且匈奴未安，欲使久於其事，故不召。』

頤煊案：《鄭興傳》：『建武六年，徵爲太中大夫。明年三月晦，日食。興因上疏云：「今公卿大夫多舉漁陽太守郭伋可大司空者，而不以時定。」』則公卿之舉伋爲大司空，當在九年以前，迄十一年而尚未定。

華　首

《樊宏傳》：『故朝多皤皤之良、華首之老。』李注：『皤皤，白首貌也。《書》曰：「皤皤多士。」華首謂白首也。』

頤煊案：經典凡言華者，皆謂黄色，『華首』即《詩》所謂『黄耇』也。

博士舉狀

《朱浮傳》李注：『《漢官儀》：「博士舉狀曰：生事愛敬，喪没如禮。通《易》《尚書》《孝經》《論語》，兼綜載籍，窮微闡奥。隱居樂道，不求聞達。身無金痍痼疾，世六屬不與妖惡交通、王侯賞賜。行應四科，經任博士。下言某官某甲保舉。」』

頤煊案：《通典》卷二十七引《後漢督郵板狀文》俱同，唯『闡奥』下有『師事某官，經明受謝，見授門徒尚五十人以上。正席謝坐，三郡三人』二十六字。《張酺傳》：『郡吏王青者，前郡守以青身有金夷，竟不能舉。』《前書·薛宣傳》：『博士申咸毁宣，宣子況賕客楊明，欲令創咸面目，使不居位。』此皆『身有金痍，不得保舉』之證。

南粵嶠道

《鄭弘傳》：『舊交阯七郡貢獻轉運，皆從東冶汎海而至，風波艱阻，沈溺相係。弘奏開零陵、桂陽嶠道，於是夷通，至今遂爲常路。』

頤煊案：《前書·武帝紀》：『元鼎五年，遣伏波將軍路博德出桂陽下湟水，樓船將軍楊僕出豫章下湞水，歸義越侯嚴爲戈船將軍出零陵下離水，咸會番禺。』零陵桂陽嶠道本舊時所有，弘特修通之耳。《閩粵王傳》：『樓船將軍僕上書請引兵擊東粵，令諸校留屯豫章梅領待命。』此即『出豫章下湞水』之道。『湞水』，《南粵傳》作『橫浦』。

陵鄉侯

《梁統傳》：『後出爲九江太守，定封陵鄉侯。卒於官，子松嗣。』

頤煊案：《皇后紀》：『皇女義王，建武十五年封舞陽長公主，適延陵鄉侯太僕梁松。』此《傳》『陵』上脱『延』字。《明帝紀》亦作『陵鄉侯梁松』。

齵齒笑

『齵齒笑。』

頣煊案：『齵』當作『齵』。《説文》：『齵，齒不正也。』《考工記》鄭注：『人之牙齒參差謂之齵。』《詩・竹竿》：『巧笑之瑳。』『瑳』即『齹』字。《説文》：『齹，齒參差。』即巧笑之貌。《風俗通》云：『齵齒笑者，若齒痛不忻忻。』失其義矣。

武始

《張純傳》：『更封武始侯，食富平之半。』李注：『武始縣屬魏郡，富平縣屬平原郡。』

頣煊案：《前書・張安世傳》：『放子純，建武中歷位至大司空，更封富平之别鄉爲武始侯。』注以魏郡之武始當之，非是。

鄭康成生日

《鄭玄傳》：『五年春，夢孔子告之曰：「起起，今年歲在辰，來年歲在巳。」既寤，以《讖》合之，知命當終，其年六月卒，年七十四。』

頣煊案：此建安五年也。《太平廣記》卷二百十五引《鄭玄别傳》：『鄭康成以永建二年七月戊寅生。』永建二年丁卯，下距建安五年庚辰，正七十四年。《順帝紀》：『永建二年七月甲戌朔，日有食之。』是鄭君以永建二年七月五日生。自余考定，撰《康成年譜》，海内始知有鄭君生日。阮雲臺尚書前撫浙，於西湖許、鄭祠堂列祀典焉。

五經章句

《桓榮傳》：『初，榮受朱普學章句四十萬言，浮辭繁長，多過其實。及榮減爲二十三萬言，郁復删省定成十二萬言。』

頤煊案：《伏恭傳》：『初，父黯章句繁多，恭迺省減浮辭，定爲二十萬言。』《張奐傳》：『初，牟氏章句浮辭繁多，有四十五萬餘言，奐減爲九萬言。』諸儒章句唯趙歧《孟子章指》傳於今，敷衍文義，其大指如今之鄉塾講章。蓋當時博士傳習，設科射策，利禄所在，士争趨之，通儒不之覽焉。

魯陽鄉

《丁鴻傳》：『建初四年，徙封魯陽鄉侯。』李注：『《東觀記》曰：「魯陽鄉在尋陽郡也。」』

頤煊案：《前書·地理志》《郡國志》尋陽屬廬江郡，並未别置郡，『郡』當是『縣』字之譌。下文：『元和三年，徙封馬亭鄉侯。』馬亭在尋陽，見《郡國志》補注，其地與魯陽相近。

菑丘

《劉般傳》：『光武下詔，封般爲菑丘侯，奉孝王祀。後以國屬楚王，徙封杼秋侯。』

頤煊案：《前書・地理志》甾丘本屬楚國，未知此時改屬何郡。

校勘記

〔一〕適之後學　『適』字原脱，據《隋書・魏澹傳》補。

讀書叢録卷二十三 後漢書

廣平太守

《班彪傳》：『父稚，哀帝時爲廣平太守。』

頤煊案：《前書·敘傳》：『哀帝即位，出穉爲西河屬國都尉，遷廣平相。』《地理志》：『廣平國，武帝征和二年置爲平干國，宣帝五鳳二年復。』故《諸侯王表》：『平干，征和二年，頃王偃以敬肅王小子立。十一年，薨。元鳳元年，繆王元嗣。二十四年，五鳳二年，坐殺謁者，會薨，不得代。』則自平干廢後，廣平仍置爲郡。哀帝建平三年正月壬寅，王漢以夷王弟紹封廣平，穉先遷廣平太守，後隨國改爲相，《敘傳》據終後言之，故所載不同。

清詔使

《第五倫傳》：『種字興先，永壽中，以司徒掾清詔使冀州，廉察災害。』李注：『《風俗通》曰「汝南周勃辟太尉清詔使荆州」，又此言「以司徒清詔使冀州」，蓋三公府有清詔員以承詔使也。』

頤煊案：《范滂傳》：『舉孝廉、光禄四行。時冀州饑荒，盗賊並起，以滂爲清詔使案察之。』

堂邑

《鍾離意傳》：『遷堂邑令。』李注：『堂邑故城在今博州堂邑縣西北。』

頤煊案：《前書·地理志》堂邑屬臨淮郡，《郡國志》堂邑屬廣陵郡。《質帝紀》『廣陵賊張嬰等復反，攻殺堂邑長』，李注：『堂邑縣屬廣陵郡，今揚州六合縣也。』此注失之。

浚遒

《宋均傳》：『浚遒縣有唐后二山，民共祠之。』李注：『浚遒縣屬廬江郡故城，在今廬州慎縣南。』

頤煊案：《郡國志》浚遒縣屬九江郡。劉昭《補注》：『《宋均傳》「縣有唐后二山」是也。』注作『屬廬江郡』，誤。

宗俱

『意字伯志。孫俱，靈帝時爲司空。』

頤煊案：《靈帝紀》『建寧四年，太常宗俱爲司空』，李注：『俱字伯儷，南陽安衆人。』此亦『宋均』當作『宗均』之一證。

黄　老

《楚王英傳》：『晚節更喜黄老學，爲浮屠齋戒祭祀。詔報曰：楚王誦黄老之微言，尚浮屠之祠。此道清浄，貴尚無爲。』

頤煊案：《襄楷傳》：『又聞宫中立黄老浮屠之祠。』《皇甫嵩傳》：『初鉅鹿張角奉事黄老道，畜養弟子，跪拜首過。』《劉焉傳》李注：『《典略》曰：「以老子五千文，使都習號。」』《三國志·烏丸傳》裴松之注：『《浮屠經》曰，浮屠所載，與中國《老子》經相出入。』佛經未入中土以前，學浮屠者皆誦黄老之言。

東朝陽

《濟南安王傳》：『建武三十年，以平原之祝阿、安德、朝陽、平昌、隰陰、重丘六縣益濟南國。』

頤煊案：朝陽，《前書·地理志》屬濟南，不知何時改屬平原，是東漢初年之制。下文『其後人上書告康，顯宗以親親故，但削祝阿、隰陰、東朝陽、安德、西平昌五縣』，『朝陽』上加『東』

字，『平昌』上加『西』字，當即在顯宗時。

懷王忠

《東平憲王傳》：『子懷王忠嗣。立十一年，薨。』

頤煊案：憲王以建初八年薨，懷王忠即以是年嗣。《章帝紀》：『元和元年九月乙未，東平王忠薨。』忠立僅一年，『十』字衍。

參户亭

《任城孝王傳》：『桓帝立河間孝王子恭爲參户亭侯。』李注：『杜預注《左傳》曰：「今丹水縣有三户亭。」故城在今鄧州内鄉縣西南。』

頤煊案：《前書・地理志》勃海郡有參户縣。《水經・濁漳水注》：『應劭曰：「平舒縣西南五十里有參户亭，故縣也。」』恭封當在此。

池陽鄉

《張酺傳》：『汝南細陽人，趙王張敖之後也。敖子壽封細陽之池陽鄉，後廢，因家焉。』

頤煊案：《前書・張耳傳》：『宣平侯敖薨，廼封其前婦子二人，壽爲樂昌侯，侈爲信都侯。』《地理志》樂昌屬東郡，當是壽封樂昌侯，食邑在細陽之池陽鄉。

祋　諷

《陳寵傳》：『尚書令祝諷。』李注：『祝或作祋。』又云：『順帝之爲太子廢也，諸名臣來歷、祝諷等守闕固争。』

頤煊案：《來歷傳》作：『光禄勳祋諷。』李注：『祋，丁外反。』《鄧騭傳》亦作『祋諷』。

筆　耕

《班超傳》：『安能久事筆研間乎？』李注：『《續漢書》作：「久弄筆研乎。」華嶠《書》作：「久事筆耕乎。」』

頤煊案：《文選·任彦昇爲蕭楊州作薦士表》『既筆耕爲養』，李善注：『《東觀漢記》班超歎曰：「安久筆耕乎？」「耕」或爲「研」。』

西平八縣

《陳敬王傳》：『建初七年，乃徙羨爲西平王，分汝南八縣爲國。及帝崩，遺詔徙封爲陳王，食淮陽郡。』《和帝紀》：『章和二年三月丁酉，改淮陽爲陳國，西平并汝南郡，遺詔徙西平王羨爲陳王。』

頤煊案：本傳下文：『永元十一年，吏捕得久，繫長平獄。有司奏，鈞坐削西華、項、新陽三縣。十二年，復坐削圉、宜禄、扶溝三縣。』西平、長平、西華、項、新陽、宜禄六縣皆舊屬汝南郡，羡徙封陳，其八縣并入淮陽，未嘗并入汝南，疑《紀》誤。

修條同縣

《樂成靖王傳》：『和帝立崇兄修侯巡爲樂成王，是爲釐王。』李注：『修縣及條縣皆屬勃海，「條」字或作「修」。』

頤煊案：《前書·地理志》脩屬信都國，師古曰：『脩音條。』《郡國志》修屬勃海郡，注云：『故屬信都。』而别無條縣，修即條也。

程夫人

《崔駰傳》：『程夫人於旁應曰：「崔公冀州名士，豈肯買官？」』

頤煊案：《劉翊傳》：『陽翟黄綱恃程夫人權力，求占山澤。』《蔡邕傳》：『今者道路紛紛，復云有程夫人者。』《陳球傳》：『陽球小妻，程璜之女，璜用事宫中，所謂程夫人也。』皆是一人。《蔡邕傳》、《陳球傳》作『程大人』，疑傳寫之譌。

袁奉高

《黄憲傳》：『郭林宗少游汝南，先過袁閎，不宿而退。進往從憲，累日方還。或以問林宗，林宗曰：「奉高之器，譬諸汎濫，雖清而易挹。」』

頤煊案：『袁閎』當作『袁閬』。閎字夏甫。閬字奉高，見《王龔傳》。

蕣鄉

《楊震傳》：『追前功封蕣亭侯。』李注：『《郡國志》桃林縣有蕣鄉。』

頤煊案：《郡國志》：『弘農郡弘農，有桃丘聚，故桃林，有務鄉。』桃林非縣名。《劉玄傳》『與赤眉戰於蕣鄉』，李注：『《續漢志》弘農有蕣鄉。』斯得之矣。

魏郡劉鮪

《清河孝王傳》：『建和元年，甘陵人劉文與南郡妖賊劉鮪交通，譌言清河王當統天下，欲共立蒜。』

頤煊案：《李固傳》：『甘陵劉文、魏郡劉鮪各謀立蒜爲天子。』甘陵、魏郡皆與清河相近，此作『南郡』誤。《朱穆傳》作『嚴鮪』。

亳皇后

《李雲傳》:『又立掖庭民女亳氏爲皇后。』

頤煊案:《桓帝鄧皇后紀》:『后少孤,隨母爲居,因冒姓梁氏。及懿獻后崩,梁冀誅,立后爲皇后。帝惡梁氏,改姓爲薄。四年,有司奏后本郎中鄧香之女,於是復爲鄧氏。』此在延熹三年,故稱亳也。《五行志》延熹四年五月尚稱亳后,其復姓當在五月以後。《桓帝紀》:『延熹二年八月壬午,立皇后鄧氏。』是史臣追書之。

孟生

《虞詡傳》:『中常侍孟生。』

頤煊案:許冲《上説文表》:『慎前以詔書校書東觀,教小黄門孟生、李喜等。』當即其人。

算罔論

《張衡傳》:『著《靈憲》《算罔論》。』李注:『《衡集》無《算罔論》,蓋網絡天地而算之,因名焉。』

頤煊案:《九章算術》劉徽注引張衡《算》謂:『立方爲質,立圓爲渾。』又言:『質六十四之面，渾二十五之面。』又云：『方八之面，圓六之面。』疑皆《算罔論》之文。

皮傅

『後人皮傅，無所容篡。』李注：『揚雄《方言》曰：「秦晉言非其事謂之皮傅。」謂不深得其情核，皮膚淺近，强相傅會也。後人不達皮膚之意，流俗本多作「頗傅」者，誤也。』

頤煊案：頗，偏也，謂以偏辭相傅會，義亦得通。

更始建號

『又更始居位，人無異望。光武初爲其將，然後即真，宜以更始之號建於光武之初。』

頤煊案：《前書・律曆志》：『更始帝，著紀以漢宗室滅王莽，即位二年。赤眉賊立宗室劉盆子，滅更始帝。自漢元年訖更始二年，凡二百三十歲。』更始稱帝，其説正與衡同。

校書郎中

《馬融傳》：『拜爲校書郎中。』李注：『謝承及《續漢書》並云「爲校書郎，又拜郎中」也。』

頤煊案：《鄧騭傳》：『郎中馬融。』《龐參傳》：『校書郎中馬融。』並不稱『校書郎』。

司徒橋玄

《蔡邕傳》：『建寧三年，辟司徒橋玄府。』

頤煊案：『司徒』當作『司空』。《靈帝紀》：『建寧三年八月，大鴻臚喬玄爲司空。四年三月，司徒許訓免，司空橋玄爲司徒。』

程璜

『叔父衛尉質又與將作大匠楊球有隙，球即中常侍程璜女夫也。』錢氏大昕《考異》：『楊當作陽。據《陳球傳》則程璜即程大人，乃是女子。此《傳》云中常侍，則是宦者，非婦人矣。』

頤煊案：《陳球傳》『用事宫中者』，是程璜之女，非璜也。《傳》於『用事』上衍一『璜』字，致有此錯，詳見上。

涅陽

《左雄傳》：『南郡涅陽人也。』

頤煊案：當作『南陽郡』。

荀諝

《荀淑傳》：『爽字慈明，一名諝。』

頤煊案：《三國志·虞翻傳》裴松之注：『《翻別傳》：「潁川荀諝號爲知《易》。」』諝即爽也。

李翕

《皇甫規傳》：『先是安定太守孫儁受取狼籍，屬國都尉李翕、督軍御史張禀多殺降羌。』

頤煊案：《隸釋》有武都太守李翕《西狹頌》《析里橋郙閣頌》。翕字伯都，漢陽阿陽人。

寫

『有旋車完封，寫之權門。』李注：『言覆軍之將，旋師之日，多載珍寶，封印完全，便入權門。』

頤煊案：《說文》：『寫，置物也。』『卸，舍車解馬也，从卩止午，讀如汝南人「寫書」之「寫」。』『寫』即『卸』字。

金鐻

《張奐傳》：『又遺金鐻八枚。』李注：『郭璞注《山海經》云：「鐻音渠，金食器名。」未詳形制也。』

頤煊案：《山海經·中山經》『䰠武羅穿耳以鐻』，郭璞注：『鐻，金銀器之名。』李注『食』當是『銀』字之譌。《莊子·達生篇》『梓慶削木爲鐻』，《釋文》引司馬注：『鐻，樂器也，似夾鍾。』

孔融不見李固

《孔融傳》：『年十歲，隨父詣京師，時河南尹李膺。』李注：『膺，潁川襄城人。融《家傳》曰：「聞漢中李公清節直亮，意慕之，遂造公門。」李固，漢中人，爲太尉，與此《傳》不同。』

頤煊案：《獻帝紀》：『建安十三年八月，曹操殺太中大夫孔融。』《傳》云：『時年五十六。』融當生於永興元年。《桓帝紀》：『建和元年十一月，前太尉李固下獄死。』時融尚未生。

甄子然

『融爲北海相，郡人甄子然、臨孝存知名，早卒，融恨不及之，乃命配食縣社。』

頤煊案：《第五種傳》：『種坐徙朔方，門下掾孫斌乃謂其友人同縣閭子直及高密甄子然曰云云，於是斌格殺送吏，種匿於閭甄氏。』袁宏《後漢紀》有北海甄子然送張儉事，而范史《張儉傳》不載。

涼州

《皇甫嵩傳》：『五年，梁州賊王國圍陳倉。』

頤煊案：《靈帝紀》：『中平五年十一月，涼州賊王國圍陳倉，右將軍皇甫嵩救之。』『梁』字誤。

种拂

《陶謙傳》：『太僕种拂舉爲方正。』

頤煊案：《种拂傳》：『累遷光禄大夫，初平元年，代荀爽爲司空。明年，以地震策免，復爲太常。』《獻帝紀》：『初平三年六月戊午，陷長安城，太常种拂戰歿。』拂未嘗爲太僕，當是『太常』之譌。

中軍校尉

《袁紹傳》：『中平五年初置西園八校尉，以紹爲佐軍校尉。』李注：『樂資《山陽公載記》：

「袁紹爲中軍校尉。」此云「佐軍」，與彼文不同。』

頤煊案：《何進傳》：『虎賁中郎將袁紹爲中軍校尉。』《蓋勳傳》、《五行志》俱作『佐軍校尉袁紹』。

紙

《蔡倫傳》：『自古書契多編以竹簡，其用縑帛者謂之爲紙。縑貴而簡重，並不便於人。倫廼造意用樹膚、麻頭及敝布、魚網以爲紙。元興元年奏上之。』

頤煊案：《賈逵傳》『建初三年，書奏，與簡紙經傳各一通』，李注：『竹簡及紙也。』《説文》：『紙，絮也。』服虔《通俗文》：『方絮曰紙。』皆尚是縑紙。

元初當作永初

『元初元年，鄧太后以倫久在宿衛，封爲龍亭侯。四年，帝以經傳之文多不正定，廼選通儒謁者劉珍及博士良史詣東觀，各讎校漢家法，令倫監典其事。』

頤煊案：《劉珍傳》：『永初中爲謁者僕射，鄧太后詔使與校書劉騊駼、馬融及五經博士校定東觀五經、諸子傳記、百家蓺術，整齊脱誤，是正文字。』《安帝紀》：『永初四年二月，詔謁者劉珍及五經博士校定東觀五經、諸子傳記、百家蓺術，整齊脱誤，是正文字。』此『元初』是『永初』之譌。

州　輔

《曹騰傳》：『桓帝得立，騰與長樂太僕州輔等七人以定策功，皆封亭侯。』

頤煊案：《隷釋・州輔碑》：『輔拜長樂太僕，以定册功封葉吉成侯。』葉吉成者，南陽葉縣之吉成亭也。

楊仲桓

《楊倫傳》：『字仲理，陳留東昏人也。』

頤煊案：《楊震傳》『震舉薦明經名士陳留楊倫等』，李注：『字仲桓。謝承《書》：「薦楊仲桓等五人，各從家拜博士。」與此「字仲理」不同。』

光禄勳

《召馴傳》：『章和二年，代任隗爲光禄勳。』

頤煊案：《章帝紀》：『章和元年，光禄勳任隗爲司空。』則馴之代隗，亦當在章和元年。

漢舊儀

《衛宏傳》：『宏作《漢舊儀》四篇，以載西京雜事。』

頤煊案：《南齊書・禮志序》：『漢初，叔孫通制漢禮，而班固之《志》不載。及至東京，太尉胡廣撰《舊儀》，左中郎蔡邕造《獨斷》，應劭、蔡質咸綴識時事。』《檀超傳》：『蔡邕稱先師胡廣説《漢舊儀》。』皆以《漢舊儀》爲胡廣作。《隋書・經籍志》：『《漢舊儀》四卷，衛敬仲撰。』

宣　氏

《張玄傳》：『諸生上言玄兼説嚴氏、宣氏，不宜專爲顔氏博士。』

頤煊案：《公羊》家無宣氏。《前書・儒林傳》：『貢禹授潁川堂谿惠，惠授泰山冥都。都與路又事顔安樂，故顔氏復有筦、冥之學。』『宣氏』疑『冥氏』之譌。

劉秋孫

《劉珍傳》：『字秋孫，一名寶，南陽蔡陽人也。永初中，校定東觀五經、諸子傳記、百家藝術。永寧元年，遷侍中、越騎校尉。延光四年，拜宗正。明年，轉衛尉，卒官。』李注：『諸本時有作「祕孫」者，其人名珍，與「祕」義相扶，而作「秋」者多也。』

頤煊案：《百官志》補注引胡廣《小學漢官篇注》曰：『前安帝時，越騎校尉劉千秋校書東觀，好事者樊長孫與書云云。劉君甚然其言，與邑子通人郎中張平子參議未定，而劉君遷爲宗正、衛尉。』千秋即珍之别字，則本作秋孫者是。

鍼　石

《趙壹傳》：『鍼石運乎手爪。』李注：『古者以石爲鍼。』

頤煊案：《説文》：『砭，以石刺病也。』《山海經》『高氏之山多針石』，郭璞注：『可以爲砭針。』《春秋左氏傳》『美不如惡石』，服虔注：『石，砭石也。』古法治病，灼石鍼以灸之，後世專用艾，而砭石之法亡矣。

司徒袁逢

『光和元年，舉郡上計到京師，是時司徒袁逢受計。』

頤煊案：《靈帝紀》：『光和元年二月癸丑，光禄勳陳國袁滂爲司徒。冬十月，屯騎校尉袁逢爲司空。二年三月，司徒袁滂免，大鴻臚劉郃爲司徒。京兆地震，司空袁逢罷。』元年受計者，非袁逢也。

王　惲

《譙玄傳》：『平帝元始四年，選明達政事能班化風俗者八人，時並舉玄爲繡衣使者，持節與太僕任惲分行天下。』

頤煊案：《前書・平帝紀》作『太僕王惲』，《百官公卿表》亦作『王惲子敬』。

鋘　斧

《戴就傳》：『又燒鋘斧，使就挾於肘腋。』李注：『何承天《纂文》曰：「臿，今之鋘也。」張揖《字詁》曰：「臿，刃也。」鋘音華，《説文》《字林》《三蒼》並無「鋘」字。』

頤煊案：『鋘』本從吴作鋘。《吴越春秋》：『兩鋘殖宫牆者，農夫就成田夫耕也。』又云：『兩鋘殖宫牆者，越軍入吴國伐宗廟掘社稷也。』《一切經音義》卷十六：『鋘，此古文奇字。』『鏵』，《説文》作『芣』。

壽光侯

《解奴辜傳》：『初，章帝時有壽光侯者，能劾百鬼衆魅，令自縛見形。』李注：『壽，姓也。』錢氏大昕《考異》：『壽光，國名，光武封更始子鯉爲壽光侯。又北海王普初封壽光侯，是也。』

此侯失其姓名，故舉其爵。』

頤煊案：葛洪《神仙傳》引此作：『劉憑以軍功封壽光金鄉侯。』范史無其人。

篡　慕

《逸民傳序》：『鴻飛冥冥，弋者何篡。』李注：『篡字，諸本或作慕。』

頤煊案：今本《法言》作『篡』，宋衷曰：『篡，取也。』《文選》作『慕』，李善引宋衷注：『今「篡」或爲「慕」，誤也。』《魏齊州刺史高湛墓誌》：『纂申穆之遺風。』『纂』即『慕』字。

嚴光一名遵

《嚴光傳》：『字子陵，一名遵，會稽餘姚人也。』

頤煊案：《藝文類聚》卷一引《會稽典録》：『嚴遵字子陵。』卷五引《鍾離意别傳》：『嚴遵昔與光武俱爲諸生。』《開元占經》卷八十三引《後漢書》曰：『嚴遵字子陵，會稽餘姚人。世祖爲諸生時，與遵游學。』

貂　豽

《東夷傳》：『夫餘國出名馬、赤玉、貂豽。』李注：『豽似豹，無前足。』

頤煊案：《爾雅·釋獸》：『貀，無前足。』《釋文》：『貀，本作豽。《字林》云：「獸無前足，似虎而黑。」此『貂』、『豽』連稱，當言其皮可爲裘者，非豽獸。《説文》：『豽，鼠屬，善旋，从豸、穴聲。』篆文作『豽』，與『豽』字相類因譌，注誤證。

究不事人

《南蠻傳》：『肅宗元和元年，日南徼外蠻夷究不事人邑豪獻生犀、白雉。』李注：『究不事人，蠻夷別號也。』

頤煊案：究，蠻夷附落名，不事人謂不屬於人。《水經·葉榆水注》：『馬援將兵討側，詩走入金溪究。《交州外域記》：「交阯郡界有扶嚴究。」』皆是。

斗曆改憲

《律曆志》：『甲寅詔曰：「《春秋保乾圖》曰三百年斗曆改憲。」』

頤煊案：《志》凡四引『三百年斗曆改憲』，皆《保乾圖》之文。《陳寵傳》：『《春秋保乾圖》曰：「王者三百年一蠲法。」漢興以來三百二年，憲令稍增，科條無限。』《郎顗傳》：『孔子曰：「漢三百載，計曆改憲。」自文帝省刑〔二〕，適三百年。』《楊厚傳》：『陳漢三百五十年之厄，宜蠲法改憲之道。』改憲不專曆家。『斗』當是『計』字之譌。

禊

《禮儀志》：『上巳，官民皆絜於東流水上。』補注：『謂之禊也。《風俗通》曰：「《周禮》：女巫掌歲時以祓除疾病。禊者，絜也。」』

頤煊案：《説文》無『禊』字，『絜』、『契』古字通用，俗加示旁作『禊』。

夏勤策文

補注：『丁孚《漢儀》有《夏勤策文》曰：「維元初六年三月甲子，制詔以大鴻臚勤爲司徒。」』

頤煊案：《安帝紀》：『永初三年夏四月丙寅，大鴻臚九江夏勤爲司徒。』與此年月全異。

瑕丘丁氏

《祭祀志》補注：『馬第伯《封禪儀記》曰：「二月九日到魯，十日，魯遣宗室諸劉及孔氏、瑕丘丁氏上壽受賜。」』

頤煊案：《前書・外戚傳》：『定陶丁姬，《易》祖師丁將軍之玄孫，家在山陽瑕丘。』丁將軍即丁寬，梁人，其子孫在瑕丘。

清河王蒜

《天文志》："『蒜以惡人所劫，廢爲尉氏侯。又徙揵陽都鄉侯，薨，國絶。』"

頤煊案：《桓帝紀》《清河孝王傳》並云："『蒜坐貶爲尉氏侯，徙桂陽，自殺。』"

方　儲

《五行志》補注引方儲《對策》三條。

頤煊案：《藝文類聚》卷八十八引："『後漢方儲字聖明，遭母憂，負土成墳。松柏數十株，鸞鳥棲其上，白兔遊其下。』"《太平御覽》卷三百四十五引謝承《後漢書》曰："『丹陽方儲爲郎中，章帝使文郎居左，武郎居右，儲正住中，曰：「臣文武兼備，在所施用。」上嘉其才，以繁亂絲付儲，使理之。儲拔佩刀，三斷之。對曰：「反經任勢，臨事宜然。」』"頃見《歙縣志》，有《方儲傳》，注云："『出元秘書《李孝光集》。』"疑是謝承《書》之文，今録於此：

方儲字聖公，精孟氏《易》，通圖讖。建初四年舉孝廉，又舉賢良方正，對策爲天下第一。五年春二月庚辰朔，日有食之，詔舉直言極諫之士。丹陽太守周歆以儲進，儲極言天降灾咎之由。上召見儲等，試解棼絲，衆莫能理，儲拔劒斷絲，對曰："『反經任勢，臨事宜然。』"上深偉之。除郎中，尋出爲句曲令。六年，遷阜陵令。遭母喪，奠土成墳，種松栢嘉木數十本，致鸞鶴白兔之瑞。元和初，轉洛陽令。和帝永元五年六月，將郊祭，以儲善天文，問之，勸帝毋往。其日天晴明，帝遂行，詔責其欺。儲曰：『臣受書先師，推步萌兆，今昝時且至，願乘輿亟還。』使者去，儲歎曰：『爲人臣，恥蒙不忠名。』遂自殺。比駕還，雨雹大如鴈子，鹵簿後乘士皆疾馳去。帝大驚，使召儲，儲已死。帝甚傷之，追太常、尚書令，封黟侯，詔護其喪還葬。世皆言聖公仙去，於是民廟祀之。兄儕，南郡太守。儼，丹陽太守。剛果皆類儲。

郡國大水

『中平五年，郡國六大水出。』補注：『臣昭案袁山松《書》曰「山陽、梁、沛、彭城、下邳、東海、琅邪」，則是七郡。』

頤煊案：《靈帝紀》：『中平五年，郡國七大水。』

費　澤

《郡國志》：『河南尹，滎陽，有費澤。』補注：『《左傳·宣十二年》「楚潘黨逐魏錡及滎」，杜預曰：「縣東滎澤也。」』

頤煊案：以《補注》證之，費澤當是滎澤之譌。《水經·濟水注》：『京相璠曰：滎澤在滎陽縣東南。』

廣城

『新城，有廣城聚。』補注：『有廣城苑。』

頤煊案：《陳蕃傳》『車駕幸廣城校獵』，李注：『廣城，苑名，在今汝州梁縣西。』《馬融傳》作『廣成』。

蔡城

『河内郡，山陽邑，有蔡城。』補注：『蔡叔邑此，猶鄭管城之類乎。』

頤煊案：《水經·沁水注》：『丹水逕鄈城西。司馬彪《郡國志》曰：「山陽有鄈城。」京相璠曰：「河内山陽西北六十里有鄈城。」《竹書紀年》曰：「梁惠王元年，趙成侯偃、韓懿侯若伐我葵。」即此城也，』與劉昭本異。

嚴城

『京兆尹，新豐，有嚴城。』

頤煊案：《劉玄傳》『及赤眉立劉盆子，更始使王匡、陳牧、成丹、趙萌屯新豐，李松軍掫，以拒之』，李注：『掫音子侯反，《續漢志》曰：「新豐有鴻門亭。」掫城即此也。』『嚴』是『掫』字之譌。

固始

『汝南郡，固始，故寑也，光武中興更名，有寑丘。』

頤煊案：《前書・地理志》寑屬汝南郡，固始屬淮陽國，光武以固始并入寑，又改寑爲固始，故《志》於固始下不言故屬淮陽。

沙鹿

『魏郡，元城墟，故沙鹿。』

頤煊案：『墟』上有脱字，當作：『有五鹿墟，故沙鹿。』《前書・元后傳》：『元城郭東有五鹿之虚，即沙鹿地也。』是其證。

饒陽

『安平國，饒陽，故名饒，屬涿。』

頤煊案：《前書・地理志》涿郡屬縣本名饒陽。《光武紀》：『光武趣駕南轅至饒陽，』東京初年亦不作饒，此『名饒』二字是衍文。《五行志》：『解瀆亭屬饒陽河間縣也。』是順帝以後所改。

堂　陽

『東平國，東平陸，有堂陽亭。』補注：『故縣，後省。』

頤煊案：《前書・地理志》堂陽屬鉅鹿郡，東京省，與此絶遠，注誤證。

東海郡

『東海郡。』錢氏大昕《考異》：『按：光武封子彊爲東海王，傳國最久，中間無改國爲郡之事，此「郡」字當爲「國」之譌。又按建武二年，封兄子興爲魯王，二十八年徙封北海，此後無封魯王者。而《志》稱「國」不稱「郡」，蓋自光武以魯國益封東海恭王，終東京之世，魯常爲東海國所屬，而魯國之名未改。』

頤煊案：《東海恭王傳》：『帝以彊廢不以過，去就有禮，故優以大封，兼食魯郡，合二十九縣。初，魯恭王好宫室，起靈光殿，甚壯麗，是時猶存，故詔彊都魯。』是彊封東海而國都在魯，故終東京之世，魯稱國置相，而東海仍爲郡，錢氏之説非也。

攝城

『樂安國，蓼城。』補注：『杜預曰：「縣東北有攝城。」』

頤煊案：《左氏·昭二十年》傳『聊攝以東』，杜預注：『聊攝，齊西界也，平原聊城縣東北有攝城。』蓼城非聊城，注誤證。

蓼國

『南陽郡，棘陽，有黄淳聚。』補注：『杜預曰：「蓼國在東南。」《前志》蓼國湖陽是。』

頤煊案：『蓼』當作『廖』。《前書·地理志》『湖陽，故廖國也』，師古曰：『廖音力救反，《左氏傳》作「飂」字，其音同耳。』蓼國在六安，臯陶後，爲楚所滅，與此别。

東部候官

『會稽郡，東部候國。』錢氏《考異》：『按《宋書·州郡志》：「候官，前漢無，後漢曰東候官，屬會稽。」此「東部候國」當即「東候官」之譌。』

頤煊案：《三國志·虞翻傳》：『翻追隨營護，到東部候官，候官長閉城不受。』東部候官，會稽東部之候官城也。張掖屬國、上郡龜兹屬國皆有候官城，後省稱爲東候官。

卬郵置

『蜀郡屬國，嚴道，有邛僰九折坂者，卬刻置。』

頣煊案：《前書·淮南厲王傳》『有司奏請處蜀嚴道邛郵』，張晏曰：『嚴道，蜀郡縣也，卬，郵置名。』『卬刻置』當是『卬郵置』之譌。

北新城

『涿郡，北新城。』

頣煊案：『孫程，涿郡新城人也。』李注：『《東觀記》曰北新城人。』《前書·地理志》北新成屬中山國，此不言故屬中山，亦脱文。

校勘記

〔一〕自文帝省刑　『帝』字原譌作『武』，據《後漢書·郎顗傳》改。

讀書叢録卷二十四 宋、元刊本

周易注疏

《周易兼義》九卷。題國子祭酒上護軍曲阜縣開國子臣孔穎達奉勅撰《正義》，第三行題王弼注。《繫辭》以下題韓康伯注。『上經乾傳』等字，俱與大題相連。前有孔穎達《周易正義序》并《八論》，末附陸德明《周易音義》一卷，王弼《周易畧例》一卷。黑口本，每葉廿行，行廿字。

毛詩注疏

《附釋音毛詩注疏》二十卷，分共七十卷。題唐國子祭酒上護軍曲阜縣開國子孔穎達奉勅撰，前有孔穎達《毛詩正義序》。黑口本，每葉廿行，行廿字。

周禮注疏

《附釋音周禮注疏》四十二卷。題朝散大夫行太學博士弘文館學士臣賈公彦等奉勅撰，國子博士兼太子中允贈齊州刺史吴縣開國男臣陸德明《釋文》。前有賈公彦《周禮正義序》，又《序周禮廢興》一篇。黑口本，每葉廿行，行十七字。

禮記注疏

《附釋音禮記注疏》六十三卷。題國子祭酒上護軍曲阜縣開國子臣孔穎達等撰，國子博士兼太子中允贈齊州刺史吴縣開國男臣陸德明《釋文》。前有孔穎達《禮記正義序》，又《禮記正義》一篇，不題撰人名氏。黑口本，每葉廿行，行十七字。

左傳注疏

《附釋音春秋左傳注疏》六十卷。題孔穎達、陸德明銜名，與《禮記注疏》本同，唯孔穎達等字下有奉勅二字。前有孔穎達《春秋正義序》。黑口本，每葉廿行，行十七字。

公羊注疏

《監本附音春秋公羊注疏》二十八卷。前何休《序》疏不在卷中。每卷『某公』俱與大題相連。天禄琳琅宋本卷首有景德二年六月中書門下牒，此本失之。黑口本，每葉廿行，行十七字。

穀梁注疏

《監本附音春秋穀梁注疏》二十卷。題范甯集解，楊士勛疏。每卷『某公』亦與大題相連。前有范甯《序》。黑口本，每葉廿行，行十七字。

孝經注疏

《孝經注疏》九卷。前有《孝經注疏序》，《序》前有小引，次題翰林侍講學士朝請大夫守國子祭酒上柱國賜紫金魚袋臣邢昺等奉勑校定注疏，成都府學主鄉貢傅注奉右撰。第一卷前亦有邢昺銜名。黑口本，每葉廿行，行十七字。以上八種皆南宋閩中所刊，即世所稱十行本也。間有明正德嘉靖補刻葉。唯《孝經》殘缺最多，原葉幾無一二存矣。阮尚書南昌學宫刊本即從此本翻雕。

伊川周易

《伊川先生點校附音周易》二卷。前後無序跋。宋刊本，每葉廿四行，行廿二字。卷末有『今將伊川先生點校古本逐卦附入陸德明《釋音》，寫作大字刊行，刻畫精微，並無差誤，收書賢士伏幸詳鑒』木長印。宋諱字俱闕筆。

書經集注

《書經集注》十卷，題蔡沈集注。前有嘉定己巳蔡沈《序》，末附《書序》。元刊黑口巾箱本，每葉十八行，行十七字。據晁氏《讀書志》、天禄琳琅藏本，蔡沈《書集傳》俱作六卷，此本改集傳作集注，六卷作十卷，當是坊間重刻本。

書　疑

魯齋《書疑》九卷，前有寶祐丁巳王柏自序。柏此書直取經文，或删或補，重爲編定，變亂妄作，久爲世所詬病。此本尚是宋刊黑口本，每葉廿二行，行廿一字。

儀　禮

《儀禮》十七卷，前後無序跋。十七篇止載經文，無注。黑口本，每葉廿行，行廿字。補刻葉板心有『閩何校』三字，當亦南宋閩中所刊。末附《儀禮旁通圖》一卷。

春秋集解

《春秋經傳集解》三十卷。每卷首『某公第幾』俱與大題相連，次行題杜氏。前有杜預《春秋序》，附載陸德明《音義》。巾箱本，每葉廿行，行大字十八字。末卷尾有『淳熙柔兆涒灘中夏初吉閩山阮仲猷種德堂刊』木長印。《宣十二年》傳：『屈蕩尸之。』惠定宇《補注》稱明人所見淳熙巾箱本作『户』字，即此本也。

左傳句讀直解

《音注全文春秋括例始末左傳句讀直解》七十卷。題梅谿林堯叟唐翁句解。宋刊黑口本，每葉廿二行，行廿四字。今世所行惟有王道焜《杜林合注》，此乃其原帙也。

春秋纂疏

《春秋胡氏傳纂疏》三十卷。題新安汪克寬學。前有引用諸儒姓氏、凡例、汪克寬《自序》、至正辛巳虞集《序》、至元四年汪澤民《序》，末有至正八年吴國英《跋》。元刊黑口本，每葉廿二行，行廿字。

論語叢説

《讀論語叢説》三卷。題東陽許謙。前有至正七年張樞《序》。元刊黑口本，每葉小字卅二行，行廿六字。

禮　書

《禮書》一百五十卷，目録一卷。題左宣義郎太常博士臣陳祥道上進。前有《進禮書表》、《禮書序》、建中靖國元年禮部尚書牒。晁氏《讀書志》題作《太常禮書》〔一〕，又有『象目五彩飾』本，皆與此本不同。此本亦宋刊，每葉廿六行，行約廿二字。

樂　書

《樂書》二百卷，目録一卷。題迪功郎建昌軍南豐縣主簿林宇冲校勘。前有慶元庚申楊萬里《三山陳先生樂書序》、陳暘《進樂書序》、建中靖國元年牒并議詔勑一卷、慶元己未三山陳歧跋，後有林宇冲題識。此本與前《禮書》同時並刊，故行款字數摹印紙色俱同，每葉廿六行，行約廿二字。

六子全書

《纂圖互注六子》。《老子道德經》二卷，題河上公章句。《南華真經》十卷，題晋郭象子玄注。《冲虚至德真經》八卷，次行題《列子》，張湛處度注。《荀子》二十卷，題唐大理評事楊倞注。《揚子法言》十卷，題晋李軌、唐柳宗元注，次行題聖宋宋咸、吴祕、司馬光重添注。《中説》十卷，題阮逸注。前俱有圖，每條下有重言重意互注，俱用黑蓋子别之，不題撰人名氏。宋刊黑口巾箱本，每葉廿二行，行廿一字。

老子鬳齋口義

《老子鬳齋口義》二卷。題須溪劉辰翁點校。鬳齋爲宋林希逸號，希逸紹定間進士，官中書舍人，《萬姓統譜》作『獻齋』。所著有《老、莊、列口義》，此特其一種耳。劉須溪評語羼入注中俱用黑蓋子别之。宋刊黑口本，每葉廿二行，行十八字。

吕氏春秋

《吕氏春秋》二十六卷。前有遂昌鄭元祐序，後有『嘉興路儒學教授陳華至正□□吴興謝盛之刊』一行，即所謂元嘉禾學宫本也。目録後有鏡湖遺老記。每葉廿行，行廿字。

劉　子

《劉子》十卷。目録前題《劉子新論》，梁通事舍人劉勰撰，播州録事衆軍袁孝政注。此書《唐志》作梁劉勰撰。陳氏《書録解題》、晁氏《讀書志》俱據袁孝政序文作北齊劉晝撰。此本無袁《序》而題作劉勰，與《唐志》同。宋刊巾箱本，每葉廿二行，行十八字。

夢谿筆談

《夢谿筆談》二十六卷。題沈括存中。前有沈括《自序》，書中『國家』、『詔書』等字俱空一格。元刊黑口本，每葉廿四行，行十八字。

困學紀聞

《困學紀聞》二十卷。題浚儀王應麟伯厚。前有泰定二年袁桷《序》，至治二年牟應龍《序》，序後有『牟應龍印』、『牟伯成父』、『儒林世家』三木小方印。目録前有深寧叟識語，後有『伯厚甫』、『深寧居士』二木小方印。元刊黑口本，每葉廿行，行十八字。

北堂書鈔

《北堂書鈔》一百六十卷。題秘書郎虞世南撰。此書今世所行止有陳禹謨删改本，此舊影宋鈔本，字畫舛譌，幾於不可句讀。頃在廣東又見一舊鈔本，其譌舛大畧相同。唯《讀書敏求記》聞嘉禾收藏家有原書，蒐訪十餘年而始得，繕寫精妙。繙閱之，心目朗然。當勝於此兩本也。

初學記

《新刊初學記》三十卷。題光禄大夫行右散騎常侍集賢院學士副知院事開國公徐堅等奉勅撰。前有紹興四年福唐劉本《序》。元刊黑口本，每葉廿行，行廿字。

事類賦

《事類賦》三十卷。題宋博士渤海吴淑撰注。前有淑《注事類賦狀》、紹興丙寅邊惇德《序》，末卷後有邊惇德、陳綬、李端民三人校勘銜名。元刊黑口本，每葉廿二行，行廿字。

玉　海

《玉海》二百四卷。題浚儀王應麟伯厚甫。《玉海》本二百卷，末四卷爲《詞學指南》，前有胡助阿、殷圖、王介、李桓四序，至元三年浙東道宣慰使司刊刻《玉海》指揮，後有也乞里不花等銜名。目録後有慶元路儒學刊造《玉海》書籍提調官銜名。其《詩考》等十三種，據至元六年厚孫跋語，亦同時並刊，唯不在月録之中。每葉廿行，行廿字，間有明正德二年、嘉靖庚戌至丁巳補葉。

韻府羣玉

《新增說文韻府羣玉》二十八卷。題晚學陰時夫勁弦編輯、新吴陰中夫復春編注。前有翰林滕賓《序》、至大庚戌江村姚雲《序》，吴興趙孟頫題字。元刊黑口本，每葉廿二行，行小字廿九字。

羣書備數

《羣書備數》十二卷。題臨江張九韶美和編。目録前有《自序》。書分十二門，畧如《小學紺珠》，以備記誦之學。九韶元時累舉不第，洪武間辟爲清江教諭。書中地名官制俱至元止，是元時刻本也。黑口板，每葉廿行，行廿一字。

圖繪寶鑑

《圖繪寶鑑》五卷，《補遺》一卷。題吴興夏文彦士良纂。前有至正乙巳夏文彦《序》。據汲古閣本，前尚有抱遺老人楊維禎《序》，此本失之。元刊黑口巾箱本，每葉廿二行，行廿字。

齊民要術

《齊民要術》十卷。題後魏高陽太守賈思勰撰，前有思勰《自序》。此書世有明胡震亨刻本，第三卷闕第二葉，此本亦闕。中多未刻字，校者俱注於當行之上。元刊本，每葉廿行，行大字十八字。

黄帝内經素問

《新刊補注釋文黄帝内經素問》十二卷。題啟玄子次注，林億、孫奇、高保衡等奉勑校正，孫兆重改誤。前有啟玄子王冰《序》。總目一卷，後題云：『元本二十四卷，今併爲一十二卷。』刊行末卷後有『至元己卯菖節古林書堂新刊』木長印，末附《素問入式論奥》三卷、《遺篇》一卷。黑口本，每葉廿三行，行廿三字。

傷寒論

《傷寒論注解》十卷。題仲景述，王叔和撰次，成無己注解。前有甲子洛陽嚴器之《序》，目録一卷，《圖解運氣》一卷。後有『孝□』木方印，『東山』鼎式木印，『大德甲辰歲孝永堂重刊』木長印。黑口本，每葉廿四行，行廿四字。

傷寒百問

《類證增注傷寒百問歌》四卷。卷一爲《傷寒解惑論》，前有乾道癸巳湯尹才《序》，《解惑論》即尹才所撰，末有淳熙壬寅韓玉《跋》。卷二以下爲《傷寒百問》，題建寧府通守錢聞禮撰。前有至大己酉武夷詹清子子敬《序》。此書爲曹仲立取湯、錢兩家書合刻，詹氏序而行之。元刊黑口巾箱本，每葉廿二行，行廿一字。

千金要方

《重刊孫真人備急千金要方》三十卷。題朝奉郎守太常少卿充秘閣校理判登聞檢院上護軍賜緋魚袋臣林億等校。前有目録一卷，《綱目》一卷，錢象先等校正《序》、經進《後序》。晁氏《讀書志》、陳振孫《書録解題》俱是此本。宋刊黑口本，每葉廿四行，行廿二字。

本草衍義

《本草衍義》二十卷。題通直郎添差充收買藥材所辨驗藥材寇宗奭編撰。前有政和六年十二月二十八日付寇宗奭劄，後題『宣和元年月本宅鏤板印造，姪宣教郎知解州解縣丞寇約校勘』。黑口本，每葉廿四行，行廿一字。

大觀本草

《經史證類大觀本草》三十一卷，目録一卷。題唐慎微纂。前有大觀二年十月朔通仕郎行杭州仁和縣尉管勾學事艾晟《序》，即陳氏《書録解題》本也。卷二以下『大觀』改作『大全』，據艾《序》又本名《經史證類備急本草》。宋刊黑口本，每葉廿四行，行廿字。

政和本草

《重修政和經史證類備用本草》三十卷。題成都唐慎微續證類，中衛大夫康州防禦使勾當龍德宫總轄修建明堂所醫藥提舉入内醫官編類聖濟經提舉大醫學臣曹孝忠奉敕校勘。每卷下有『己酉新增衍義』六字，前有政和六年曹孝忠《序》。别本有大定己酉麻革《序》及劉祁《跋》，此本失之。黑口大字本，每葉廿四行，行廿三字。

史載之方

《史載之方》二卷。據施彦清《北窗炙輠録》稱史載之以紫苑治蔡元長大腸秘固得名，載之爲北宋末年人。影宋鈔本，每葉廿二行，行十七字。

集驗醫方

《類編朱氏集驗醫方》十五卷。題湘麓朱佐君輔集。前有咸淳元年朱景行《序》。分十五門，餘皆依類附之。宋刊黑口本，每葉廿二行，行廿二字。

蘭室秘藏

《新刊東垣先生蘭室秘藏》三卷。題東垣老人李杲撰。《四庫全書》本前有至元丙子羅天益《序》，此本無之。元刊黑口巾箱本，每葉廿行，行十七字。

婦人良方

《新編婦人良方補遺大全》二十四卷，前有卷首《辨識修製藥物法度》一卷，目録一卷，題臨川陳自明良甫編集、鼇峯熊宗立道軒補遺，又有嘉熙元年八月良日建康府明道書院醫諭臨川陳自明良父《序》。宋刊本，每葉廿四行，行廿二字。

太白陰經

《神機制敵太白陰經》十卷。題唐都虞候李筌撰。前有唐永泰四年李筌進書《序》，後有羅士良、張永和、朱永中、譚元吉、趙承信等銜名，舊影宋鈔本。《四庫全書》本止八卷，前缺《天無陰陽》《地無險阻》二卷，又失卷八《分野風角鳥情》、卷九《遁甲》、卷十《玄女式》等篇，此本猶全。

大象賦注

張衡《大象賦》一卷。題苗爲注。《困學紀聞》：『《大象賦》，《唐志》謂黄冠子李播撰，李台集解。今本題楊炯撰，畢懷亮注。《館閣書目》題張衡撰，李淳風注。』皆與此本不同，此是孫之騄手鈔本，與《宋史·藝文志》同。喬令來《步天歌》注引張衡云、洪興祖《楚辭補注》引《天文大象賦注》，皆是此書。

會天曆

《大宋寶祐四年丙辰歲會天萬年具注曆》一卷。前有太史局劄子，後有寶祐三年十月靈臺郎鄧宗文、成永祥二人銜名，卷末又有荆執禮、楊旗、相師堯、譚玉、鄧宗文等五人銜名。影宋寫本。據周密《癸辛雜識》『寶祐四年節氣』，『四月四日立夏』，此《曆》在三日。『八月八日白露』，此《曆》在七日。『九月九日寒露』，此《曆》在十日。『十二月十二日小寒』，此《曆》在十一日。豈所據别曆抑？小説家傳聞謁邪？

金匱玉衡經

《黄帝金匱玉衡經》一卷。在道藏『蘲字號』，影鈔本。前有《序》，皆作四字韻語。《金匱經》十條，《玉衡經》十條，皆論天乙、六壬發用。據《吴越春秋》：『子胥曰：竊觀《金匱》第八。今年七月，辛亥平旦。大吉爲白虎而臨辛，功曹爲太常而臨亥，大吉得辛爲九醜。』與此《金匱第八經》同。『范蠡曰：事將有意，在《玉門》第一。今年十二月，戊寅之日。時加卯而賊戊，功曹爲螣蛇而臨戊，謀利事[二]，在青龍。青龍在，勝先[三]。而臨酉，死氣也，而剋寅。是時剋其日，用又助之。』與此《玉衡第一經》同。『文種曰：吾見王時，正犯《玉門》之第八也，辰剋其日，上賊於下，是謂亂，醜必害其良。』與此《玉衡第八經》同。足證春秋吴越時所用，即是此書。『玉衡』，《序》作『玉房』，與『玉門』義近。

五變中黄經

《五變中黄經》一卷。不著撰人名氏。自《釋己身》至《釋應期》，凡四十二章。焦竑《經籍志》『六壬類』有此書。舊影宋鈔本。《四庫全書》有二卷本，其篇次已變亂矣。

疑龍經

《疑龍經》一卷。題唐國師楊筠松撰。《疑龍》三篇，附《疑龍十問》、《衛龍篇》、《變星篇》。宋刊黑口本，每葉廿八行，行廿五字。

辨正論

《辨正論》八卷。題唐沙門釋法琳撰，前有東宮學士陳子良《序》，在釋藏『陪字號』，書共十二篇。晁氏《讀書志》云：『宣和中，以其斥《老子》語，焚毀其第二、第四、第五、第六、第八凡五卷，序文亦有剪棄者。』此本八卷俱完，其中頗引古書。明初刊本，每葉十二行，行十七字。卷後有『聚寶門來賓樓姜家印行』木長印。

甄正論

《甄正論》三卷。題唐佛授記寺沙門玄嶷撰。在釋藏『輦字號』。此書託滯俗公子甄正先生荅問，大旨屈老以伸佛，其文筆甚古雅。明初刊本，每葉十二行，行十七字。

集沙門不應拜俗等事

《集沙門不應拜俗等事》六卷。題弘福寺沙門釋彦悰纂録。前有太原王隱容《序》。在釋藏『冠字號』。書分三篇，所録多六朝唐人之文。明初刊本，每葉十二行，行十七字。

神異經

《神異經》一卷。題漢東方朔撰，晋張華注，舊鈔本。《隋書·經籍志》有此書。《水經·河水注》引張華《敘東方朔神異經》，《左氏·文十八年》正義引服虔案《神異經》『檮杌狀似虎』一段，與今本不同。

漢武内傳

《漢武帝内傳》一卷，《外傳》一卷。不題撰人姓名，在道藏『海字號』，舊影鈔本。《唐志》《内傳》作二卷。俗本脱《玄靈》二曲、十二字篇目，及『朱雀窗』一段，此本俱完。《外傳》，《隋》、《唐志》不載。《後漢書·方術傳》李賢注引魯女生、封君達、東郭延年、王真事，皆作《漢武内傳》。此即《内傳》之下卷，由後人誤題作《外傳》耳。

史記

《史記》一百三十卷。皆小題在上，大題在下。前有《目録》一卷、《三皇本紀》、《史記正義論例謚法解》、張守節《史記正義序》、司馬貞《史記索隱序》。書中所載止有《集解》《索隱》，無《正義》也。宋刊黑口小字本，每葉廿八行，行廿五字。

資治通鑑

《資治通鑑》二百九十四卷。題朝散大夫右諫議大夫權御史中丞充理檢使上護軍賜紫金魚袋臣司馬光奉勑編集，後學天台胡三省音注。後卷光銜名隨官改换。前有元豐七年光《進書表》、元祐元年下杭州鏤板銜名、紹興二年下紹興府餘姚縣印造銜名，皆宋刊《資治通鑑》原帙。據黄溥《簡籍遺聞》，是書元末刊於臨海，洪武初取其板藏南京國學，即此本也。黑口本，每葉廿行，行廿字。

通鑑紀事本末

《通鑑紀事本末》四十二卷，目録一卷。題建安袁樞編。前有淳熙元年楊萬里《序》。一本前又有寶祐丁巳趙與𥲅《序》，延祐六年陳良弼《序》，稱節齋患嚴陵本字小且譌，於是精加讎校，易爲大字，刊版而家藏之。後節齋孫趙明安者始出所藏板，寘之嘉禾學宫。此即宋刊大字本，每葉廿二行，行十九字。

戰國策

《戰國策》十卷。題縉雲鮑彪校注，東陽吴師道重校。前有《戰國策》劉向《序》、曾鞏《序》、紹興十七年鮑彪《序》、泰定二年吴師道《序》、至正十五年陳祖仁《序》，後有李文叔等題跋，末卷尾有『平江路儒學正徐昭文校勘』十一字。黑口本，每葉廿二行，行廿字。

吴越春秋

《吴越春秋》十卷。題後漢趙曄撰。前有徐天祐《序》，書中音注即天祐作。末卷後有『大德十年歲在丙午三月音注，越六月書成刊版，十二月畢工』。每葉十八行，行十七字。

名臣碑傳

《新刊名臣碑傳琬琰之集上》二十七卷，《中》五十五卷，《下》二十五卷。題眉州進士杜大珪編，前有紹熙甲寅序。《宋史・藝文志》、晁氏《讀書志》、陳氏《書録解題》俱無此書。宋刊本，每葉卅行，行廿五字。

范文正公遺跡

《范文正公遺跡》一册，不分卷數，亦不著撰人姓氏。分山東、吴中、西夏、洛陽，公所至之處，各記其名勝碑記雜文，并冠以圖，字畫工整。元刊本。

高僧傳

《高僧傳》十四卷。題梁嘉祥寺沙門釋慧皎撰，在釋藏『輦』、『驅』二字號。書分十例，每僧各爲之傳，始于漢永平十年，終于梁天監十八年，二百五十七人，又旁出附見者二百餘人。《三國志·吴書》，孫皓以天紀四年三月降晋。此書《康僧會傳》作『四月』。《通鑑》，宋文帝元嘉十年，沮渠牧犍改元永和〔四〕。此書《浮陀跋摩傳》作『承和』。皆足以資考證。明初刊本，每葉十二行，行十七字。

通　志

《通志》二百卷，前有總目一卷，《總序》一篇。題右迪功郎鄭樵。至治壬戌吴繹《序》，又《疏》一篇，後有『至治二年九月印造』、『福州路總管府所委提調官』各銜名。劉壎《隱居通議》『近大德歲間，東宫有令下福州府刊《通志》，凡萬幾千板』，即此。大字本，每葉十八行，行廿一字。

方輿勝覽

《新編方輿勝覽》七十卷。題建安祝穆和父編。前有嘉熙己亥吕午《序》、祝穆《自序》。所載止南宋輿圖，分十八子目。宋刊黑口本，每葉小字廿八行，行廿八字。

中吴紀聞

《中吴紀聞》六卷。題崑山龔明之。前有淳熙元年龔明之《序》。目録一卷，末有至正二十五年武寧盧熊《記》。卷六『石湖』下八條，有目無書。元刊黑口本，每葉廿二行，行廿一字。

金陵新志

《金陵新志》十五卷。前有甲申四月江南諸道行御史臺都事索元岱《序》、鈔録修志文移、臺府提調官掾職名、修志本末。題前奉元路學古書院山長張鉉輯，末有督刊姓氏。此即元至正四年刊本，每葉十八行，行十八字。

茅山志

《茅山志》十五卷。題上清嗣宗師劉大彬造。自《誥副墨》至《金薤編》，凡十二篇。前有泰定甲子趙世延、泰定丁卯吴全節、天曆戊辰劉大彬《序》，末卷後有『金華道士錢唐西湖隱真庵開山何道士施梓』十八字。元刊黑口本，每葉廿六行，行廿三字。

赤城志

《赤城志》四十卷。前有嘉定癸未郡人陳耆卿《序》，末有嘉定十六年郡守齊碩《跋》。《四庫全書》據晁氏《讀書志》稱〔五〕：『原本尚有十三圖，今已佚矣。』此本尚存九圖，又後人附以萬曆丙申二圖。余搜訪十餘年，庚申歲始於武林書肆得之。宋刊黑口大字本，每葉廿行，行廿字。

文苑英華

《文苑英華》一千卷。前有纂修文苑英華事始、嘉泰四年周必大《序》，每卷後有登仕郎胡柯、鄉貢進士彭叔夏校正，末卷後有『新差充筠州臨江軍巡轄馬遞鋪王恭點對兼督工』一行。此從嘉泰刊本影鈔，大字本，每葉廿行，行廿字。惜中多闕卷，書賈往往割一卷爲兩卷，以充全數，前後倒亂，未爲全璧。然其佳處，迥非明隆慶刊本所可及也。

文苑英華辨證

《會通館印正文苑英華辨證》十卷。前有嘉泰四年彭叔夏《序》。宋本《文苑英華》每卷本附《辨證》，此則其單行本也。舊影宋鈔本據周益公《文苑英華序》，始雕於嘉泰改元春，至四年秋訖工。此編序末題『嘉泰四年冬十有二月己丑朔，鄉貢進士廬陵彭叔夏謹識』，則此編作於英華刊成之後，故異同詳畧不復追改。

金石例

《蒼崖先生金石例》十卷。題鄱陽楊本編輯校正，目録前又題王思明重校正。前有至正五年楊本《序》、至正戊子王思明《序》。此書爲元潘昂霄所撰，蒼崖其號也。至正乙酉，楊本刻于饒州。戊子，王思明復梓之，此即思明所刊。黑口本，每葉廿行，行廿二字。

唐詩輯注

《唐詩始音輯注》一卷，《正音輯注》六卷，《遺響輯注》七卷。題襄城楊士宏伯謙編次，新淦張震文亮輯注。前有至正四年楊士宏序并凡例、目録，後有『廣勤堂』鼎式木印、『建安葉氏鼎新綉梓』木長印。元刊黑口本，每葉廿行，行十八字。

蔡中郎文集

《蔡中郎文集》十卷，《外傳》一卷。題漢左中郎將蔡邕伯喈撰。前有天聖癸亥歐静《序》。每葉題作單行大字，正文作雙行小字。目録後有『正德乙亥春三月，錫山蘭雪堂華堅允剛活字銅板印行』廿二字。每葉十四行，行十三字。

曹子建集

《曹子建集》十卷。題魏陳思王曹植撰。前有吴郡徐伯虬《序》，不署年月，稱：『郭子萬程雅好是集，刊布以傳。』萬程，閩清人，嘉靖己未進士，官刑部主事，見《明詩綜》。末有《曹集疑字音釋》二葉，即晁氏《讀書志》所見本。每葉十八行，行十七字。

嵇康集

《嵇中散集》十卷。每卷目録在前，前有嘉靖乙酉黄省曾《序》。《三國志·邴原傳》裴松之注：『張貔父邈，字叔遼，自然好學，論在《嵇康集》。』今本亦有此篇。又詩六十六首，與王楙《野客叢書》本同，是從宋本翻雕。每葉廿二行，行廿字。

陶淵明集

《箋注陶淵明集》十卷。前有梁昭明太子《序》、《總論》一卷。題廬陵後學李公焕集録。詩文句下署有箋釋，間採東坡、山谷、趙泉山、韓子蒼、湯東澗、張縯、胡仔諸家之論，附於詩後，末有陽休之以下《序記》一卷。宋刊黑口巾箱本，每葉十八行，行十五字。

駱賓王集

《駱賓王文集》十卷。前有《唐書》本傳。明刻《駱集》有四卷、六卷、八卷之本，此本乃元時所刊，與晁氏《讀書志》、陳氏《書録解題》卷數相同。據《書録解題》，卷首有魯國郗雲卿《序》，而此本無之。每葉廿二行，行十八字。

李太白詩

《分類補注李太白詩》二十五卷，闕七卷。題舂陵楊齊賢子見集注，章貢蕭士斌粹可補注。前有至元辛卯蕭士斌《序》，《目録》後有『建安余氏勤有堂刊』八字篆書木長印，又有李陽冰以下《序記》一卷。元刊黑口本，每葉廿四行，行廿字。

杜工部詩

《集千家注分類杜工部詩》二十五卷。題東萊徐居仁編次，臨川黄鶴補注。前有杜工部傳、序、碑、銘一卷，後有『廣勤書堂新刊』六字木長印，《年譜》一卷，目録一卷。集注姓氏後有『三峯書舍』鐘式木印，『廣勤堂』三字鼎式木印。元刊黑口本，每葉廿四行，行廿字。

又

《集千家注批點杜工部詩集》二十卷。題須溪先生劉會孟評點。前有大德癸卯劉將孫《序》，序後有『須溪劉氏』、『將孫』、『尚友父』三木印〔六〕。《年譜》一卷，目録一卷，末卷已闕，後人鈔補。元刊黑口本，每葉廿二行，行廿三字。

陸宣公集

《唐陸宣公集》二十二卷，目録一卷。前有權德輿《翰苑集序》、《進奏議劄子》一篇、陸宣公像，至大辛亥厲一鶚《序》。目録後有題識『至大辛亥秋教官厲心齋奏總管王公子中命重新繡梓』云云。黑口本，每葉廿二行，行十九字。

韓昌黎集

《朱文公校昌黎先生文集》四十卷。題晦庵朱先生考異、留耕王先生音釋。目録一卷，題李漢編集，前有朱文公《韓文考異序》，寶慶三年王伯大《序》。《校集凡例》末有題識稱『今本宅所刊，係將南劍州官本爲據，併將《音釋》附正集』云云。宋刊黑口本，每葉廿六行，行廿三字。

柳河東集

《增廣注釋音辯唐柳先生集》四十三卷，《別集》二卷，《外傳》二卷，《附録》一卷。題南城先生童宗説注釋、新安先生張敦頤音辯、雲間先生潘緯音義。前有劉禹錫《序》、《年譜》、乾道三年陸之淵《柳文音義序》，即爲潘緯作也。宋刊黑口本，每葉廿六行，行廿三字。

蘇東坡詩

《增刊校正王狀元集注分類東坡先生詩》二十五卷。題宋禮部尚書端明殿學士兼侍讀學士贈太師謚文忠公蘇軾，廬陵須溪劉辰翁批點。前有《東坡先生詩序》王十朋一篇、趙公夔一篇。集注姓氏題『狀元王公十朋龜陵纂集』，後有『廬陵□□□□書堂新刊』十字木長印。元刊黑口本，每葉廿四行，行廿一字。

趙子昂集

《松雪齋文集》十卷，《外集》一卷，行狀謚文一卷，目録一卷。前有大德戊戌戴表元《序》，末有至元後己卯何貞立《序》。沈璜《跋》稱『松雪翁薨幾二十年，今從公子仲穆求假全集，再加校正，合爲一十二卷，亟鋟諸梓』云云。元刊黑口本，每葉廿四行，行廿二字。

校勘記

〔一〕晁氏讀書志題作太常禮書　『讀書志』，『書』字原脱，今補。
〔二〕謀利事　原乙作『謀事利』，據《吴越春秋》乙正。
〔三〕勝先　『先』字原譌作『光』，據《吴越春秋》改。
〔四〕沮渠牧犍改元永和　『犍』字原譌作『健』，據《資治通鑑》改。
〔五〕四庫全書據晁氏讀書志稱　『讀書志』，『志』字原脱，今補。
〔六〕三木印　『三』字原譌『五』，今改。